13판

TAYLOR

경영과학

THIRTEENTH EDITION
INTRODUCTION TO MANAGEMENT SCIENCE

13판

TAYLOR
경영과학

Bernard W. Taylor III 지음

박찬규 · 서용원 · 임성묵 · 이행주 · 이평수 옮김

Pearson

교문사

Pearson Education South Asia Pte Ltd
63 Chulia St
#15-01
Singapore 049514

Pearson Education offices in Asia: *Bangkok, Beijing, Ho Chi Minh City, Hong Kong, Jakarta, Kuala Lumpur, Manila, Seoul, Singapore, Taipei, Tokyo*

Original edition Introduction to Management Science 13th Edition, Global Edition by Bernard W. Taylor III. ISBN 9781292263045, published by Pearson Education Limited Copyright © 2019. All rights reserved. No part of this book may be reproduced or transmitted in any form or by any means, electronic or mechanical, including photocopying, recording or by any information storage retrieval system, without permission from Pearson Education South Asia Pte Ltd. This edition published by PEARSON EDUCATION SOUTH ASIA PTE LTD, Copyright © 2022. Authorized for sale only in South Korea.

3   2   1
24   23   22

Cover Art Hluboki Dzianis/Shutterstock

발행일 2022년 6월 15일
공급처 교문사(031-955-6111~4/genie@gyomoon.com)
ISBN 978-981-3137-55-4(93320)
가격 39,000원

---

http://pearson.com/asia

역자 서문

4차 산업혁명 시대에 데이터는 매년 기하급수적인 추세로 증가하고 있다. e-비즈니스, 소셜네트워크, 사물인터넷의 확산은 그 추세를 더욱 가속화하고 있다. 전 세계 데이터의 90%가 지난 2년간 생성된 데이터라는 통계는 데이터의 폭발적 증가를 확증해준다. 하지만 축적된 데이터를 기초로 효과적인 의사결정을 수행하려면 비즈니스 애널리틱스라 불리는 분석 도구나 기법이 필요하다.

경영과학은 경영에 관련된 다양한 의사결정 문제를 과학적 방법으로 해결하는 데 도움을 줄 수 있다. 여기서 과학적 방법이란 수학, 통계학, 공학 등에 기초를 둔 체계적인 기법들을 의미한다. 경영과학은 의사결정 문제를 수리적인 모형으로 표현하고 과학적 방법들을 통해 최적의 대안을 제시하는 학문이며 비즈니스 애널리틱스의 핵심 요소이다. 의사결정 시 고려해야 할 사항들이 복잡할수록 경영과학은 더 강력한 힘을 발휘한다. 따라서 데이터가 많아지고 의사결정을 둘러싼 환경이 갈수록 복잡해지는 요즘 시대에 경영과학적 사고와 방법은 경쟁에서 우위를 가져다줄 효과적인 '무기'가 된다.

경영과학의 필요성과 유용성에도 불구하고 경영과학을 선뜻 활용하지 못하는 이유 중의 하나는 배우기가 쉽지 않기 때문이다. 과거에는 수학과 통계학에 대한 기초 지식이 없이는 더더욱 경영과학의 기법들을 이해하기가 쉽지 않았다. 그러나 본 교재는 수식을 가능한 한 줄이고 어려운 수학적 개념도 예제를 통해 알기 쉽게 설명하고 있다. 그러면서도 각 모형에 내재한 기본 원리를 충실히 잘 전달하고 있다. 그러한 점에서 본 교재는 경영과학에 대한 진입 장벽을 없앴다고 할 수 있다. 나아가 풍부한 응용 사례는 전 세계 기업들과 공공기관들이 경영과학을 어떻게 활용하고 있는지를 생생히 보여주며, 경영과학 입문자들에게 많은 시사점을 제공한다.

역자들은 저자의 의도에 부응하여 이해하기 쉬운 번역서를 만들고자 노력했다. 원문에 충실하게 번역하되 때로는 의역을 병행하였으며 불필요한 부분은 생략하기도 했다. 부디 본 역서가 경영과학의 이해와 확산에 조그마한 보탬이 되기를 바란다.

끝으로 본 역서가 나오기까지 지원을 아끼지 않은 교문사 관계자분들께 심심한 감사의 말씀을 전한다.

역자 일동

01 본 개정판의 특징

경영과학은 의사결정자의 문제 해결에 도움을 줄 수 있도록 수학적 모형과 컴퓨터 기술을 적용하는 것이다. 따라서 이번 개정판은 경영과학을 배우는 데 유용한 새로운 특징들뿐만 아니라 기업이나 조직에서 문제 해결을 위해 사용되는 최근의 기술적 발전에도 초점을 맞추고 있다. 다음은 본 교재의 13판에서 새롭게 개정된 주요 사항들을 나열한 것이다.

- 이 개정판은 최신 버전인 엑셀 2016을 포함하고 있으며, 스프레드시트 화면을 새로이 갈무리하여 수록하였다.
- 마이크로소프트 프로젝트 2016, 윈도우용 QM, 엑셀 QM, 그리고 크리스털 볼의 최신 버전에 맞춰 제시 화면을 새로이 갈무리하여 수록하였다.
- 개정판은 장 끝에 있는 연습문제와 사례 문제를 포함하고 있다.
- 강의자 웹사이트에 있는 모든 엑셀 연습문제 파일이 엑셀 2016 파일로 교체되었다.
- 각 장별로 웹 링크를 갱신하였다. 각 장마다 다양한 주제에 관한 소개, 요약, 노트 등이 있는데 웹 링크를 통해 이들에 접근할 수 있다. 또한 추가적인 학습 자료를 제공하는 유튜브 동영상에 대한 링크도 포함되어 있다.
- 본 개정판에는 "경영과학 응용 사례"가 새롭게 추가되었다. 새로이 추가된 사례들은 경영과학 기법이 기업과 조직들에서 적용되는 최신의 예를 담고 있다.

02 경영과학 교수자와 학습자의 고민 해소

경영과학의 목표는 수학적 모형을 통해 기업과 공공기관의 관리자들이 직면한 어려운 의사결정 문제를 푸는 것이다. 전통적으로 각각의 문제 유형에 적합한 수학적 기법들을 이용하여 그러한 문제를 풀어 왔다. 따라서 학문의 분야로서 경영과학은 본질적으로 항상 수학적이며, 그 결과 때때로 복잡하고 엄밀하다. 제1판부터 제13판까지 나의 최우선 목표는 이러한 수학적인 주제를 가능한 덜 어렵게 보이도록 만들어 학부 경영학도들이 매력을 느끼게 하는 일이었다. 이러한 목적을 달성하기 위하여 종종 어려운 수학적 주제를 쉽고 명확하게 설명하려고 노력했다. 나는 모형 수립과 문제 풀이의 가장 기본적인 단계를 보여 주는 많은 예제를 사용하려 했다. 비록 지난 30여 년간 경영과학의 주안점이 엄밀한 수학적 해법에서 주로 컴퓨터를 이용한 해법으로 옮겨 갔지만, 나의 초기 목표는 바뀌지 않았다. 나는 경영과학 기법의 기본이 되는 최소한의 수학도 포함하면서, 동시에 경영과학 모형 수립에 사용되는 기법들에 대한 명확하고 간결한 설명을 덧붙이고, 컴퓨터를 이용하여 해를 찾는 다양한 예제를 제시해 왔다.

경영과학의 내용들은 추상적으로 보일 수 있어서, 많은 학생은 계량적인 과목들의 유용성을 잘 깨닫지 못한다. 나 자신도 대학에서 배운 (다른 많은 것을 포함하여) 수학적 주제들이 졸업 후 어떠한 직종에 사용될 것인지에 대해 전혀 모르고 배웠다. 그 이유 중의 하나는 책에서 사용되는 예제들이 때때로 현실적이지 않았기 때문이다. 불행하게도 교재에 나오는 예제들은 학습 효과를 높이기 위해 간단명료해야 한다. 실제 응용 사례를 보여 주는 대형의 복잡한 예제는 너무나 복잡해서 학생들이 모형 수립 기법을 배우는 데 큰 도움이 되지 못한다. 이 교재에서 사용되는 모형 수립 기법들은 실제 경영환경에서 널리 사용되고 있으며, 컴퓨터와 정보기술, 그리고 새롭게 떠오르는 분야인 비즈니스 애널리틱스의 덕택으로 점점 더 많이 사용되고 있다. 따라서 미래에 학생들이 이 책에서 배운 모형 수립 기법을 각 직종에서 사용할 가능성이 매우 크다.

설사 경영과학의 기법이 여러분의 미래 직업에 직접적으로 사용되지 않더라도, 경영과학에 담긴 문제 해결을 위한 논리적 접근 방식은 모든 조직의 모든 업무에 소중한 자산이 될 것이다. 경영과학은 단순히 수학적 모형 수립의 기법을 모아 놓은 것이 아니다. 경영과학은 다른 과학 분야와 마찬가지로 논리적인 문제 해결이라는 철학을 구체화한다. 따라서 이 책은 특별한 수학적 기법과 함께 문제에 접근하는 방식도 함께 가르친다.

지금까지 이 책의 개정판을 계속 내면서 내가 가장 우선시했던 점은 책을 쉽고 재미있게 읽을 수 있어야 한다는 것이다. 각 장에서 사용된 모형 수립 기법들은 장황한 설명을 피하고 간단명료하고 직접적인 예제를 사용하여 설명하고 있다. 이러한 예제들은 논리적이고 단계적으로 진행되도록 구성되어 있어서 학생들은 추후에 각 장의 끝부분에 있는 연습문제를 가지고 적용해 볼 수 있을 것이다. 그리고 가능하면 어렵고 복잡한 수학 기호와 수식은 피하려 노력했다. 이러한 여러 가지 노력이 학생들로 하여금 더 재미있고 더 쉽게 교재의 내용을 배우는 데 도움이 되기를 바란다.

03 취업에 필수적인 능력 개발

급변하는 취업 시장에서 성공하려면, 학생들은 진로 선택 기회를 갖기 위해 다양한 계량적 분석 능력을 개발하는 방법을 알아야만 한다. 이번 제13판에서는 다음과 같은 방식으로 계량적 분석 능력 개발에 초점을 두었다.

경영과학 응용 사례

'경영과학 응용 사례' 난은 본 교재의 각 장에 수록되어 있다. 이 난은 회사 또는 기관들이 글로벌 환경에서 경쟁하기 위해 각 장의 경영과학 기법을 어떻게 활용하고 있는지를 설명하고 있다. 경영과학 응용 사례는 광범위한 분야의 해외 기업과 공공부문 적용 사례를 다루고 있다.

엑셀 스프레드시트

이번 신판에서도 엑셀 스프레드시트를 이용하여 문제의 해를 구하는 방법을 계속해서 강조한다. 스프레드시트를 이용한 해 찾기 기법은 (제2장의 선형계획법 모형 수립과 그래프식 해법을 제외하고) 책의 모든 장에 걸쳐 경영과학 모형 수립 기법이 소개되는 곳에 제시되어 있다. 이러한 스프레드시트를 이용한 해는 선택적으로 사용될 수 있도록 별도의 절에 수록되어 있다. 교재에는 담겨 있는 엑셀 2016 스프레드시트 화면에는 참고 상자 안에 해를 찾는 단계들이

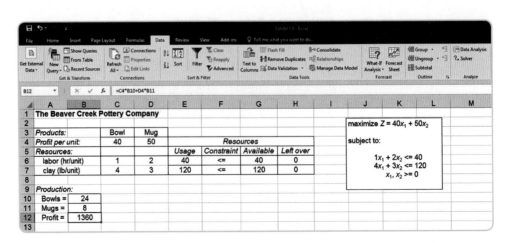

설명되어 있다. 교재에 나오는 예제들의 엑셀 스프레드시트는 교재 웹사이트에서 파일로 제공되므로, 학생들은 쉽게 다운로드 받아서 어떻게 스프레드시트에 입력하고 해를 찾는지 공부할 수 있으며, 연습문제 등을 풀 때 템플릿으로 사용할 수 있다. 덧붙여 교재 끝부분에 있는 부록 B에서는 문제를 풀기 위해 스프레드시트를 설정하고 편집하는 방법을 소개하고 있다. 다음에 나오는 그림은 교재 웹사이트에 있는 (제3장의) 엑셀 스프레드시트 파일의 예이다.

스프레드시트 '추가 기능(add-in)'

여러 가지 스프레드시트 추가 기능 패키지를 본 교재와 함께 사용할 수 있다. 패키지 다운로드에 관한 자세한 정보는 http://www.pearsonhighered.com/taylor에 들어 있다.

엑셀 QM

몇몇 경영과학의 주제에서는 엑셀의 수식이 너무 길고 복잡해서 스프레드시트 상에 모두 입력하는 것이 상당히 지루하고 시간이 걸린다. 제6장에 나오는 수송 및 할당 문제, 제10장의 사결정 분석, 제11장 대기행렬 분석, 제13장 예측에서 엑셀 QM이라 불리는 스프레드시트 추가 기능이 사용되고 있다. 이러한 추가 기능들은 사용하기 쉬운 대화 상자들과 각 문제에 맞게 수식이 이미 입력되어 있는 특별한 스프레드시트를 제공한다. 실제 내부적으로 어떻게 돌아가는지를 알 수 없는 블랙박스와 같은 다른 종류의 소프트웨어와 달리, 이러한 추가 기능은 각 셀에 사용되는 수식을 사용자가 볼 수 있다. 입력 내용과 결과 및 그래프를 모두 볼 수 있으며, 쉽게 수정할 수 있어서 수업시간에 가르칠 때와 학생들이 직접 사용하는 데 이상적이라 할 수 있다. 다음에 나오는 그림은 교재 웹사이트에 있는 (제11장의) 엑셀 QM의 예를 보여 준다.

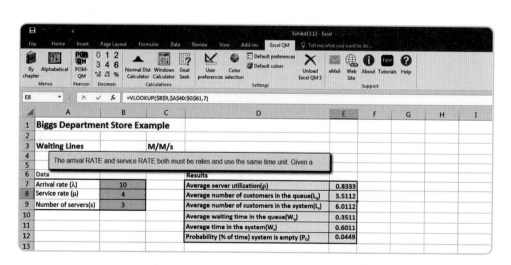

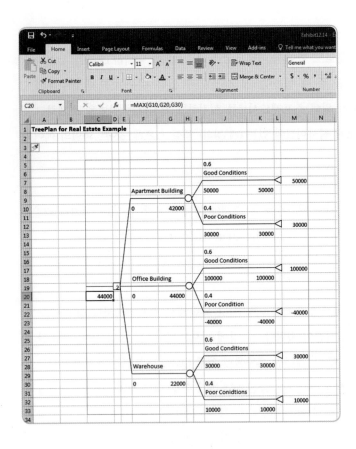

트리플랜

책에 나오는 또 다른 스프레드시트 추가 기능 프로그램은 트리플랜(TreePlan)인데, 이것은 제10장 의사결정 분석의 문제를 해결하는 데 사용되는 프로그램이다. 이것도 교재 웹사이트에서 이용할 수 있다. 다음에 나오는 그림은 교재 웹사이트에 있는 (제10장의) 트리플랜의 예이다.

크리스털 볼

또 다른 스프레드시트 추가 기능 프로그램은 오라클에서 개발된 크리스털 볼(Crystal Ball)이라는 것이다. 크리스털 볼은 제12장 시뮬레이션에 사용되는데, 위험 분석이나 예측 문제를 시뮬레이션으로 분석하여 보여 준다. 다음에 나오는 그림은 웹사이트에 들어 있는 (제12장의) 크리스털 볼의 예를 보여 준다.

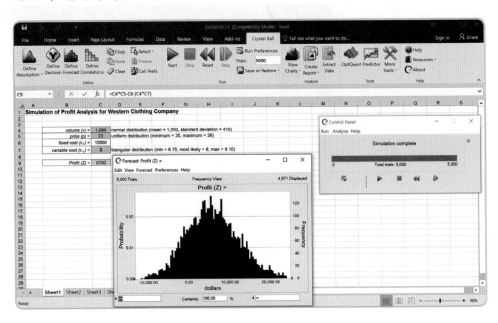

윈도우용 QM 소프트웨어 패키지

윈도우용 QM도 교재 웹사이트에 있는 소프트웨어 패키지이며, 본 교재를 사용하는 많은 학생 및 교수들이 선호하고 있다. 이 소프트웨어는 사용하기 매우 쉬워서 프로그램의 '도움말' 기능 이외의 다른 기능에 대한 사전 교육도 필요 없다. 본 교재에서는 시뮬레이션 장을 제외하고는 윈도우용 QM이 거의 모든 경영과학 모형 수립 기법에 함께 사용되고 있다. 이 책에는 예제 문제를 설명하기 위해 윈도우용 QM 화면을 담고 있다. 따라서 모든 주제에서 엑셀 스프레드시트와 윈도우용 QM 두 가지를 모두 사용하여 문제의 해법을 보여 준다. 예제에 대한 모든 윈도우용 QM의 파일이 교재 웹사이트에 들어 있다. 다음에 나오는 그림은 교재 웹사이트에 있는 (제4장의) 윈도우용 QM을 이용하는 예이다.

Product Mix ExampleSolution	X1	X2	X3	X4		RHS	Dual
Maximize	90	125	45	65			
Processing time (hrs)	.1	.25	.08	.21	<=	72	233.33
Shipping capacity (boxes)	3	3	1	1	<=	1200	22.22
Budget ($)	36	48	25	35	<=	25000	0
Blank sweats (dozens)	1	1	0	0	<=	500	0
Blank T's (dozens)	0	0	1	1	<=	500	4.11
Solution	175.56	57.78	500	0		45522.22	

마이크로소프트 프로젝트

제8장 프로젝트 관리는 널리 사용되는 소프트웨어 패키지인 마이크로소프트 프로젝트를 다루고 있다. 다음 그림은 교재 웹사이트에서 이용 가능한 마이크로소프트 프로젝트 파일의 예를 보여 준다.

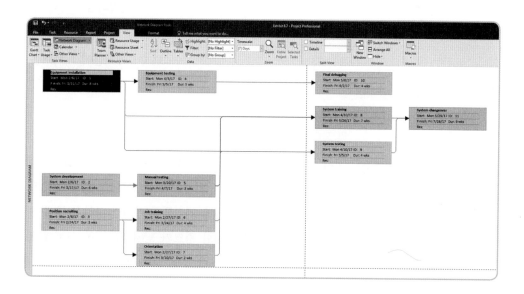

01 Willow 가구 회사는 테이블을 생산한다. 월간 고정 생산비용은 8,000달러이고, 테이블 1개당 가변 생산비용은 개당 180달러된다. 테이블은 개당 180달러에 판매된다.
　a. 1달에 300개의 테이블을 생산한다고 할 때, 총 비용과 총 매출 그리고 총 수익을 계산하시오.
　b. Willow 가구 회사의 손익분기점에서의 월별 생산량을 구하시오.

02 Gobblecakes는 컵케이크를 전문적으로 만드는 제과점이다. 컵케이크를 만드는 데 소요되는 연간 고정비용은 1만 8,000달러이다. 컵케이크 하나를 만드는 데 소요되는 재료비 및 인건비를 포함하는 변동비용은 0.90달러이다. 이 제과점은 컵케이크를 개당 3.20달러의 가격으로 판매한다.
　a. 만일 제과점이 연간 1만 2,000개의 컵케이크를 판매한다면 총 비용, 총 매출, 그리고 이익은 얼마인가?
　b. 손익분기점에 도달하기 위해서는 몇 개의 컵케이크를 판매해야 하는가?

03 Rolling Creek 직물 공장에서는 데님 천을 생산한다. 월간 고정비용은 2만 1,000달러이다. 그리고 1야드당 작업복의 변동비용은 0.45달러이다. 공장에서는 1야드당 1.30달러에 데님 천을 판매한다.
　a. 월간 1만 8,000야드의 생산량에 대해서 총 비용과 총 매출 그리고 총수익을 계산하시오.
　b. Rolling Creek 직물 공장의 손익분기점에서의 연간 생산량을 구하시오.

04 Evergreen 비료 회사에서는 비료를 생산한다. 이 회사의 연간 고정비용은 2만 5,000달러이다. 그리고 가변 비용은 1파운드당 0.15달러이다. Evergreen 회사는 비료를 1파운드당 0.40달러에 판매한다. 손익분기점에서의 월간 생산량을 구하시오.

05 문제 02에서 구한 Gobblecakes의 손익분기점을 그래프로 그리고 설명하시오.

예제 문제와 풀이

연습문제 이전에 두 개의 선형계획법 예제 문제와 그 풀이 과정을 설명한다.

문제 설명 ■ Moore's Meatpacking Company는 1,000파운드 묶음으로 핫도그 혼합 재료를 생산한다. 혼합 재료는 닭고기와 쇠고기의 두 가지 재료로 구성된다. 각 재료의 파운드당 단가는 다음과 같다.

구성요소	파운드당 비용
닭고기	3달러
쇠고기	5달러

각 1,000파운드 묶음은 다음과 같은 조건을 만족시켜야 한다.
　a. 적어도 500파운드의 닭고기가 들어가야 한다.
　b. 적어도 200파운드의 쇠고기가 들어가야 한다.

닭고기와 쇠고기의 비율은 적어도 2 : 1로 넘어야 한다. 이 회사는 비용을 최소화하는 재료의 최적 혼합량을 알고 싶다. 이 문제를 선형계획법으로 정형화하시오.

풀이 ■ 1단계 : 의사결정변수를 파악한다.
전체 문제를 한번에 풀 수는 없음을 기억하자. 의사결정변수부터 시작하여 모형의 구성요소를 하나씩 찾아간다.

$$x_1 = 닭고기의 양(파운드)$$
$$x_2 = 쇠고기의 양(파운드)$$

2단계 : 목적함수를 수식화한다.

$$minimize\ Z = \$3x_1 + \$5x_2$$

여기서, Z = 1,000파운드 배치당 비용

연습문제와 사례 문제

본 교재는 이전 판들과 마찬가지로 꾸준히 많은 연습문제와 사례 문제들을 학생들이 연습할 수 있도록 제공하고 있다.

여백 노트

학생들이 여백에 필기를 하는 것과 똑같이 교재의 여백에 노트가 포함되어 있다. 이 노트에는 학생들이 찾기 쉽도록 특정 주제를 위치시켜 놓았고, 이것들은 중요한 주제를 요약하며, 중요 단어와 개념의 정의를 제공한다.

예제

본 교재에 제시된 다양한 수학적 모형화 기법을 가르치는 주요 수단은 예제를 활용하는 것이다. 따라서 예제들은 책 곳곳에 수록되어 있으며, 주로 다양한 수학적 기법을 가지고 어떻게 문제를 풀어 나가는지를 보여 줌으로써 독자의 이해를 도모한다. 이러한 예제들은 논리적이고 단계적으로 해법의 각 단계를 보여 주며, 학생들은 이러한 풀이 과정을 나중에 연습문제에 적용할 수 있다.

문제 풀이의 예

각 장 끝부분의 연습문제가 시작되기 바로 전에 연습문제를 풀어 나가는 데 길잡이가 될 문제 풀이의 예가 있다. 이 예제들에 대해서는 상세하고 단계적인 풀이 과정이 제공된다.

각 장의 웹 링크

교재 웹사이트에 있는 파일은 교재의 각 장에 대한 웹 링크를 담고 있다. 이러한 웹 링크를 통해 각 장의 여러 가지 기법과 주제에 관한 소개 자료, 요약, 노트들을 인터넷으로 접근할 수 있다. 또한 추가적인 학습 자료뿐만 아니라 다양한 주제와 기법에 관한 소개 자료를 제공하는 유튜브 동영상에 대한 링크가 담겨 있고, 본 교재에 소개된 기법들의 개발/개발자에 대한 링크, 각 장의 경영과학 응용 사례에 실린 회사/기관들에 대한 링크도 담겨 있다. 550여 개 이상의 웹 링크가 파일에 담겨 있다.

모듈

단체법과 수송 문제의 해를 찾는 법과 같이 매우 수학적인 몇몇 주제들이 교재 웹사이트 (http://www.pearsonhighered.com/taylor)의 모듈에 들어 있다.

04 교재의 구성

본 교재의 중요한 목표는 매끄럽게 넘어가고 주제들이 논리적으로 전개되며 다양한 경영과학 모형 수립 기법들을 적절한 관점에 따라 배치함으로써 잘 구성된 교재를 만드는 것이다. 교재 제1장의 그림 1.6은 본 교재에서 다루는 주제들의 구성을 개략적으로 보여 준다.

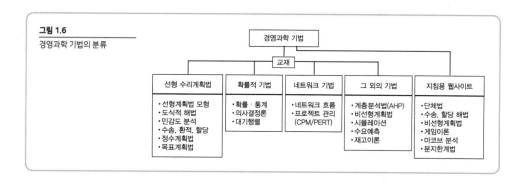

그림 1.6
경영과학 기법의 분류

첫 9개의 장은 선형계획, 정수계획, 네트워크, 목표계획법 등 엑셀 스프레드시트 상에서 풀 수 있는 수리계획법과 관련된 장들이다.

이러한 수리계획법에 관련된 장에는 선형계획법을 수학적으로 풀어 나가는 방법인 단체법이 본 교재와 함께 제공되는 교재 웹사이트(http://www.pearsonhighered.com/taylor) 모듈 A에 담겨 있다. 단체법은 학생들이 선형계획법의 일부분으로서 컴퓨터상에서 공부할 수도 있고, 아니면 생략해도 교재 내용의 흐름에 별 무리가 없다. 정수계획법의 수학적인 해법인 분지한계법도 교재 웹사이트 모듈 C에 담겨 있다. 제6장의 수송 및 할당 문제의 수학적 해법인 서북우선법, VAM, 디딤돌법 등도 교재 웹사이트 모듈 B에 들어 있다. 수송 및 할당 문제는 네트워크 문제의 특별한 종류에 해당하므로, 제6장 수송 및 할당 문제 다음에는 선형계획법과 해당 모형에 특화된 전용 소프트웨어를 사용해 풀 수 있는 네트워크 흐름 모형과 프로젝트 네트워크를 다룬다.

제10장에서 제12장은 일반적으로 확률 모형이라고 여겨지는 의사결정법, 대기행렬 분석, 시뮬레이션을 다룬다. 이와 관련하여 교재 웹사이트의 모듈 D는 마코브 분석, 모듈 E는 게임이론을 다루고 있다. 제13장의 주제인 예측은 생산관리와 관련된 주제이다.

BRIEF CONTENTS

CONTENTS

추가 연습문제는 교문사 홈페이지(GYOMOON.COM) 커뮤니티-자료실에서 확인할 수 있습니다.

CHAPTER 01

경영과학

경영과학은 관리자들이 보다 나은 선택을 하는 것을 돕기 위해 경영 문제를 과학적 접근 방식을 적용하여 해결하는 학문이다. 이 정의가 암시하듯이, 경영과학은 경영과학 분야 내에서 발전되어 왔거나 자연과학, 수학, 통계학 그리고 공학과 같은 여타 분야에서 적용되어 온 수학을 토대로 하는 많은 기법들을 포괄한다. 본 교재는 경영과학의 기반을 이루는 여러 기법과 여러 경영 문제에 대한 이들 기법의 응용사례를 소개한다.

+ 경영과학
경영 문제를 해결하는 과학적 접근법이다.

경영과학은 경영학 내에서 인정되고 확립된 학문 분야 중 하나이다. 경영과학 기법들은 여러 분야에서 광범위하게 응용되고 있으며, 기업의 효율성과 생산성 향상에 기여한 요인으로 자주 언급되어 왔다. 다양한 설문 조사들에서 많은 기업들은 경영과학 기법을 사용하고 있고 아주 좋은 결과를 얻고 있다고 답했다. 오퍼레이션즈 리서치(operations research), 계량적 방법, 계량적 분석, 의사결정분석, 그리고 비즈니스 애널리틱스(business analytics)라고도 불리는 경영과학은 경영 분야의 대부분의 교육 프로그램에서 근간을 이루는 교육과정의 일부를 구성하고 있다.

+ 경영과학은 다양한 조직에서 여러 가지 많은 종류의 문제를 해결하는 데 사용될 수 있다.

본 교재에 포함되어 있는 다양한 경영과학 모형과 기법들을 배워 나가는 데 있어 몇 가지 기억할 것이 있다. 첫째, 경영과학의 주된 사용자는 비즈니스 사업체들이기 때문에 본 교재가 제공하는 대부분의 예들은 비즈니스 조직을 위한 것이다. 하지만 경영과학 기법은 서비스, 정부, 군대, 경제 산업, 의료와 같은 다른 종류의 기관에 존재하는 문제를 해결하는 데도 적용 가능하다.

두 번째, 본 교재의 모든 모델링 기법과 해법은 수학에 바탕을 둔다. 책의 몇몇 예에서는 이러한 모델링 기법이 여러 가지 문제에 어떻게 적용되는지에 대한 이해를 돕기 위해 수작업으로 직접 푸는 수학적 해법이 제시된다. 그러나 본 교재의 각 모델링 기법에 있어 컴퓨터를 이용한 풀이가 가능하고, 많은 경우에 컴퓨터를 이용한 방식이 강조된다. 많은 모델링 기법에 대한 보다 상세한 수학적 해법 과정은 본 교재를 위한 지침용 웹사이트 상의 보충 모듈에 포함되어 있다.

+ 경영과학은 문제 해결의 논리적 접근법을 망라한다.

마지막으로, 다양한 경영과학 기법을 배워 가면서 경영과학은 단지 이러한 기법들을 모아 놓은 것 이상이라는 점을 유념해야 한다. 경영과학은 또한 논리적 방식(즉, 과학적 접근법)으로 문제에 접근한다는 철학을 내포하고 있다. 문제에 대한 논리적이고 모순이 없고 시스템적인 접근 방식은 수학적 기법 자체가 어떻게 작동하는지에 대한 지식만큼이나 유용하다. 이런 사실에 대한 이해는 경영과학과 같이 수학에 바탕을 둔 분야를 공부하는 것으로부터 얻을 수 있는 즉각적인 이점을 종종 인식하지 못하는 독자들에게 특히 중요하다.

문제 해결을 위한 경영과학적 접근

이전 섹션에서 지적했듯이, 경영과학은 논리적이고 체계적인 문제 해결 방식을 아우른다. 이런 문제 해결 방식은 문제를 공략하기 위한 과학적 방법과 가깝고 대등한 개념이다. 이 접근 방식에서는 그림 1.1에 나타나 있는 것과 같이 (1) 관찰, (2) 문제 정의, (3) 모형 수립, (4) 모형 풀이, (5) 결과 이행이라는 일련의 일반적 단계가 순차적으로 이어진다. 여기서 이들 각각의 단계를 개별적으로 살펴보도록 한다.

+ 과학적 방법의 절차는 첫째, 관찰, 둘째, 문제 정의, 셋째, 모형 수립, 넷째, 모형 풀이, 다섯째, 풀이 결과의 이행이다.

관찰

경영과학 프로세스의 첫 번째 단계는 시스템(기관)에 존재하는 문제를 식별하는 것이다. 문제가 발생하거나 발생할 것으로 예상되는 즉시 식별될 수 있도록 지속적이고 세밀하게 시스템을 관찰하여야 한다. 여기서 문제란 반드시 대응해야만 하는 위기의 결과물만을 의미하는 것은 아니고, 예견하고 계획해야 하는 상황과 연결되는 경우도 빈번하다. 문제를 식별하는 사람은 통상적으로 관리자인데, 그 이유는 그들이 문제가 발생할 수 있는 장소에서 근무하기 때문이다. 그러나 경영과학 기법을 사용하여 문제를 해결하도록 특별히 고용되는 경영과학자에 의해서 문제가 보다 더 잘 파악되기도 한다. 여기서 경영과학자란 경영과학 기법에 능숙하고 문제를 식별할 수 있도록 훈련된 전문가이다.

+ 경영과학자
경영과학 기법을 활용하는 데 능숙한 전문가이다.

그림 1.1
경영과학 프로세스

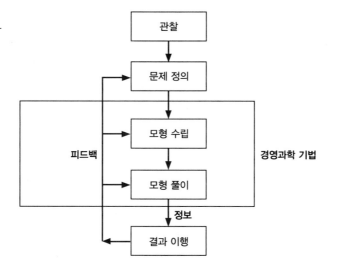

문제 정의

문제가 존재한다는 판단이 이루어지면, 문제는 명백하고 간결하게 정의되어야 한다. 문제가 제대로 정의되지 못한다면 해를 찾을 수 없거나 적절치 못한 해를 얻기 쉽다. 그러므로 문제의 범위와 조직의 다른 부분에 영향을 미치는 정도가 문제를 정의하는 데 반드시 포함되어야 한다. 문제가 존재한다는 것은 회사의 목표가 어떤 식으로든 이루어지지 않고 있다는 것을 의미하기 때문에 조직의 목표 또한 명확하게 정의되어야 한다. 잘 명시된 목표는 문제의 본질에 주의를 집중하는 데 도움을 준다.

모형 수립

+ 모형
문제 상황에 대한 추상화된 수학적인 표현이다.

경영과학 모형(model)은 주어진 문제 상황에 대한 추상적인 표현이다. 그것은 그래프나 차트의 형태가 될 수도 있지만, 대부분의 경영과학 모형은 일련의 수학적 관계식들로 구성되어 있다. 이 수학적 관계식들은 숫자와 기호로 이루어져 있다.

한 제품을 판매하는 회사를 예로 들어 보자. 제품은 만드는 데 5달러가 들고 20달러에 판매된다. 제품을 팔아서 생기는 총 이익을 계산하는 모형은 아래와 같다.

$$Z = \$20x - 5x$$

+ 변수
어떠한 값이든 취할 수 있는 한 항목을 나타내는 데 사용되는 기호이다.

이 식에서 x는 판매된 제품의 수를 나타내며, Z는 제품 판매의 결과인 총 이익을 나타낸다. 기호 x와 Z를 변수(variable)라고 한다. 변수라는 용어는 이 항목에 대한 특정한 수치 값이 아직 설정되어 있지 않다는 뜻에서 사용된다. 판매된 제품의 수 x와 이익 Z는 어떠한 값도 (일정 범위 내에서) 다양하게 가질 수 있다. 이 두 가지 변수는 더 상세히 구분될 수 있다. Z는 그 값이 제품 판매량에 의존하기 때문에 종속변수라고 하며, 제품 판매량 x는 이 식에서 다른 어느 것에도 의존하지 않기 때문에 독립변수라고 한다.

+ 매개변수
식에서 변수의 계수인 상수 값이다.

+ 데이터
문제 상황에서 주어지는 정보의 모음이다.

이 식에서 20달러, 5달러와 같은 숫자는 매개변수(parameter)라고 불린다. 매개변수는 일반적으로 식에서 변수의 계수인 상수 값이다. 매개변수 값은 특정한 문제를 해결하는 과정 하에서는 일반적으로 상수로 남아 있다. 매개변수 값은 문제 상황에서 주어진 데이터(data), 즉 정보의 모음으로부터 도출된다. 때때로 데이터는 쉽게 이용 가능해야 하고 매우 정확해야 한다. 그러나 때로는 관리자나 회사가 데이터를 쉽게 접할 수 없어, 매개변수를 추정하거나 이용 가능한 데이터나 추정치의 조합에 의존해야만 한다. 이런 경우 모형의 정확도는 모형 구성에 사용된 데이터의 정확성에 달려 있다.

+ 모형은 변수, 매개변수, 수식을 포함하는 함수적 관계이다.

이 수식은 전체로 볼 때 함수적 관계(functional relationship)에 해당한다. 함수적 관계라는 용어는 이익 Z가 제품 판매량 x의 함수라는 사실과 함께 이 수식이 이익을 제품 판매량에 연결시킨다는 사실로부터 기인한다.

이 예시에서는 오직 하나의 함수적 관계만이 존재하므로, 모형으로 볼 수도 있다. 이 경우 그 관계식은 회사의 이익을 결정하는 모형이다. 그러나 이 모형이 주어진 문제를 그대로 재현하는 것은 아니다. 그러므로 주어진 문제 상황을 나타내기 위해서는 이 예시를 확장시켜야 한다.

제품은 철로 만들어지고 회사는 100파운드의 철을 가지고 있는 상황을 가정하자. 만약 4파운드의 철이 하나의 제품을 만드는 데 사용된다고 한다면, 철의 사용량을 나타내는 추가적인 수학적 관계식을 다음과 같이 도출할 수 있다.

$$4x = 100파운드의 철$$

이 식은 하나의 제품을 만들 때마다 100파운드의 철 중 4파운드가 사용된다는 것을 나타낸다. 이제 모형은 두 관계식으로 구성된다.

$$Z = \$20x - 5x$$

$$4x = 100$$

이 새로운 모형에서의 이익에 관련된 식을 목적함수(objective function)라고 부르며, 자원에 관련된 식을 제약식이라고 말한다. 다시 말해, 회사의 목적은 가능한 한 많은 이익 Z를 이루는 데 있지만, 가용한 철의 양이 유한함으로 인해 무한한 이익을 이루는 것이 제한된다. 모형에서 두 식의 이러한 차이를 구별하기 위하여 다음과 같은 표기를 추가한다.

$$\text{maximize } Z = \$20x - 5x$$

$$\text{subject to}$$

$$4x = 100$$

이 모형은 이제 제품의 생산량을 결정하려는 관리자의 문제를 표현한다. 생산된 제품의 수를 x라고 정의했던 것을 떠올릴 수 있을 것이다. 따라서 x의 값을 정할 때, 그것은 잠재적인 관리자의 결정을 나타낸다. 그러므로 x는 의사결정변수라고도 불린다. 경영과학 프로세스의 다음 단계는 모형을 풀어 의사결정변수의 값을 정하는 것이다.

모형 풀이

+ 하나의 경영과학 해법은 보통 특정한 형태의 모형에 적용된다.

경영과학에서 모형이 수립되고 나면 본 교재에서 소개되는 경영과학 기법을 이용하여 모형을 푸는 과정이 이어진다. 하나의 경영과학 해법은 보통 하나의 특정한 유형의 모형에 적용된다. 따라서 모형의 유형과 해법은 다함께 경영과학 해법을 구성하는 일부분이 된다. 하나의 모형은 하나의 문제를 나타내므로, "모형을 푼다"라는 말을 쓸 수 있게 된다. 모형을 풀어 얻어진 해를 말할 때 문제에 대한 해를 뜻하기도 한다.

이전 절에서 개발한 다음과 같은 모형에 대해

$$\text{maximize } Z = \$20x - 5x$$

$$\text{subject to}$$

$$4x = 100$$

해법은 간단한 대수적 계산으로 이루어진다. x에 대한 제약식을 풀면 아래의 결과를 얻을 수 있다.

$$4x = 100$$

$$x = 100/4$$

$$x = 25개$$

경영과학의 선구자에 대하여

쉬어가기에서는 각 장에서 소개되는 다양한 기법들을 개발한 선구자들을 소개한다. 이것은 경영과학 분야의 발전에 대하여 역사적인 시각을 제공한다. 첫 번째 사례로 경영과학의 발전에 대하여 개략적인 설명을 다루겠다.

20세기 전후로 경영과학을 뒷받침하는 많은 수학적 기법들이 개발된 것으로 추정되지만, 1939년경의 제2차 세계대전 동안 영국의 군사작전 연구진(military operations research, OR)에서 그 기원을 찾을 수 있다. 이 OR 그룹은 대표적으로 과학, 수학, 군사학과 같은 다양한 분야의 여러 전문가들로 구성되어 군사 관련 문제들에 대한 해답을 찾도록 조직되었다. 이러한 그룹들 중 가장 유명한 그룹 중 하나로 꼽히고 전 해군 장교이자 노벨상 수상자인 맨체스터 대학교의 P.M.S Blackett의 이름을 딴 'Blackett's circus'는 3명의 생리학자, 2명의 수학 물리학자, 1명의 천체 물리학자, 1명의 일반 물리학자, 2명의 수학자, 1명의 육군 장교, 그리고 1명의 조사관으로 구성되었다.

Blackett 그룹과 또 다른 OR 팀들은 영국의 조기경보 레이더 시스템의 개선에 중요한 공헌을 했다(이는 영국의 전쟁 승리에 도움이 되었다). 뿐만 아니라 대공사격, 대잠수함전, 도심 방어, 호송 규모 결정 그리고 독일 공습에 있어서도 중요한 역할을 담당하였다.

영국의 OR 그룹이 이룬 성과를 지켜본 미군의 James B. Conant 박사와 Vannevar Bush 박사는 미군에서도 OR 팀의 도입을 주장하였다. 그 결과로 미 공군과 해군은 OR 팀을 조직하였다.

제2차 세계대전 이후 OR 그룹의 공헌은 매우 높게 평가되어 육·해·공군은 군사 문제의 지속적인 연구를 위해서 여러 기관들을 설립하였다. 가장 유명한 기관들 중 두 곳이 MIT의 Navy's Operations Evaluation Group과 공중전을 연구하기 위해 공군이 설립한 Project RAND이다. OR과 경영과학을 발전시킨 많은 사람들은 제2차 세계대전 이후 이러한 기관들에서 근무하는 동안에도 관련 연구를 지속적으로 수행하였다.

전쟁이 끝나고 그동안 비밀로 유지되던 수학적 모델과 기법들이 공개되기 시작하면서 경영 관련 문제에 적용 가능성을 검증하려는 시도가 자연스럽게 증가하였다. 동시에 많은 컨설팅 회사들이 산업과 경영 문제에 이러한 기법들을 적용하기 위해 설립되었고, 계량경영 기법의 사용에 대한 교과목들이 미국의 대학들에 개설되기 시작했다. 1950년대 초, 경영문제를 풀기 위한 계량기법의 사용이 경영과학이라는 이름으로 알려졌고 영국의 Stafford Beer의 동명 저서에 의해 대중화되었다.

이익 함수에서 x 값에 25를 대입하면 다음과 같은 총 이익을 얻을 수 있다.

$$Z = \$20x - 5x$$
$$= 20(25) - 5(25)$$
$$= \$375$$

+ 경영과학의 해(solution)는 의사결정을 위한 권고안이 되거나 관리자의 의사결정을 지원하는 정보가 될 수 있다.

따라서 관리자가 25개의 제품을 생산하기로 결정하고 25개의 제품이 모두 팔린다면, 회사는 375달러의 이익을 얻을 수 있다. 그러나 의사결정변수의 값이 실제 의사결정을 나타내는 것이 아니라는 것에 주목해야 한다. 대신 그것은 관리자가 의사결정을 내리는 데 도움을 주는 권고안이 되거나 가이드라인의 역할을 하는 정보를 제공한다.

어떤 경영과학 기법에서는 의사결정에 대한 답이나 권고안을 제공하지 않는다. 대신에 모형화된 시스템을 묘사하는 기술적(記述的) 결과(descriptive results)를 제공한다. 예를 들어 앞에서 예로 든 회사가 1년 동안의 월별 평균 판매량을 알려고 한다고 가정하자. 지난해의 월별 판매량 데이터는 다음과 같다.

월	판매량	월	판매량
1	30	7	35
2	40	8	50
3	25	9	60
4	60	10	40
5	30	11	35
6	25	12	50
		합계	480개

경영과학 응용 사례

Marriott의 경영과학을 이용한 객실요금 결정

메릴랜드 주 베데스다에 본부를 두고 있는 Marriott International은 70개국에 위치한 3,300개 이상의 호텔에 14만 명 이상의 직원을 고용하고 있다. 이 회사가 보유한 호텔 프랜차이즈로는 Marriott, JW Marriott, The Ritz−Carlton, Renaissance, Residence Inn, Courtyard, TownePlace Suites, Fairfield Inn, Springhill Suites 등이 있다. 〈Fortune〉지는 Marriott를 숙박 산업에서 가장 존경받는 회사, 그리고 가장 일하기 좋은 회사 중 하나로 평가하고 있다.

Marroitt는 개별 호텔 예약을 위해 수익 관리 시스템을 사용한다. 이 시스템은 고객 수요 예측 및 요금 통제 방법을 제공하고 최적의 방식으로 객실 재고를 분배하며, 매년 7,500만 건 이상의 거래를 처리하는 예약 시스템과 상호작용한다. 이 시스템은 향후 90일에 이르기까지 날짜별로 각각의 요금 구간 및 투숙 기간별 객실 수요를 예측하고, 그에 따른 최적의 객실 재고 분배 방법을 예약 시스템에 제공한다. 이렇게 분배된 객실 재고는 Marriott.com, 본사 무료 예약전화, 개별 호텔 자체 전화, 그리고 글로벌 유통 시스템 등과 같은 채널을 통해 개별 고객들에게 판매된다.

Marriott에게 가장 중요한 수익 흐름 중 하나는 단체 판매로부터 발생하는데, 단체 판매는 일반적인 특급 호텔의 매출 중 절반 이상을 차지한다. 그러나 단체 판매 사업은 불확실성이 높아 모델링을 어렵게 만드는 특성들을 가지고 있는데, 개별 고객에 비해 긴 booking windows(예약 시점과 투숙 시점 간의 시차), 예약 프로세스 중 일부로서의 요금 협상, 객실 구역의 사전 지정 요구, 수요 정보의 부족 등이 그것이다. 하나의 단체 예약 요구가 들어왔을 때, 호텔은 충분한 객실이 있는지와 적절한 요금을 결정해야 한다. 중요한 문제 중 하나는 가용한 객실 재고를 개별 고객 예약을 위해 남겨두지 않고 단체 판매로 할당함으로써 호텔이 포기해야 하는 사업 가치를 추정하는 것이다.

단체 예약 프로세스를 처리하기 위해 Marriott는 Group Pricing Optimizer(GPO)라는 의사결정지원시스템을 개발하였는데, 이 시스템은 Marriott 직원이 단체 고객을 위한 객실 요금을 결정하는 데 도움을 준다. GPO는 시뮬레이션, 예측, 최적화 기법 등을 포함한 다양한 경영과학 모델링 기법과 도구들을 사용하여 최적의 객실 요금을 추천한다. Marriott의 추정에 따르면 GPO가 사용된 첫 2년간 13억 달러의 단체 사업 매출로부터 1억 2,000만 달러의 수익 증가 효과가 있었다.

© David Zanzinger/Alamy Stock Photo

자료 : S. Hormby, J. Morrison, P. Dave, M. Myers, and T. Tenca, "Marriott International Increases Revenue by Implementing a Group Pricing Optimizer," *Interfaces* 40, no. 1 (January–February 2010): 47–57.

월별 판매량 평균은 40개(480 ÷ 12)이다. 이 결과는 의사결정이 아니라 시스템에서 일어나고 있는 상황을 기술하는 정보에 해당한다. 이러한 경영과학 기법의 결과는 본 절에서 제시되는 두 가지 형태, 즉 (1) 해/의사결정과 (2) 기술적 결과의 예시이다.

결과 이행

+ 이행
개발된 모형을 실제로 사용하는 것을 의미한다.

그림 1.1에 제시된 문제 해결을 위한 경영과학 프로세스의 마지막 단계는 풀이 결과의 이행이다. 이행은 개발된 모형이나 그 모형이 풀고자 하는 문제의 해를 실제로 사용하는 것을 의미한다. 이것은 매우 중요한 일이지만 가끔 프로세스 중에서 간과되는 단계이다. 모형이 개발되고 해가 구해졌다고 해서 그것이 자동적으로 사용되는 것은 아니다. 모형과 그 해를 이행해야 하는 사람과 모형을 개발한 사람이 상이한 경우가 종종 있고, 그 경우 사용자는 모형이 어떻게 작동하고 어떤 일을 하게 되어 있는지 완전히 이해하지 못할 수도 있다. 개개인은 또한 평소에 해왔던 일의 방식을 바꾸거나 새로운 것을 시도하기를 주저한다. 이러한 상황에서 모형의 효용성이 주의 깊게 설명되지 못하고 그에 따른 이익이 충분히 제시되지 못하면, 모형과 그 해는 사용되지 않거나 아주 무시당할지도 모른다. 만약 경영과학 모형과 해가 이행되지 않는다면 그것을 개발하는 데 들였던 노력과 자원들이 낭비되는 것이다.

경영과학과 비즈니스 애널리틱스

애널리틱스(analytics)라는 용어는 최근 들어 경영학에서 인기가 높아진 최신의 유행어이다. 기업들은 애널리틱스 부서를 신설하고 있으며, 다른 어떤 경영 기술 분야보다 애널리틱스와 관련한 기술과 전문성을 가진 인력에 대한 수요가 더 빠르게 증가하고 있다. 대학 및 경영교육 기관에서는 애널리틱스 분야의 학위 프로그램 및 교육과정을 개발하고 있다. 그렇다면 비즈니스 애널리틱스라고 불리는 이 새롭고 인기 높은 분야는 정확히 무엇이며, 경영과학과는 어떤 연관성이 있는 것인가?

+ 비즈니스 애널리틱스
경영과학 기법 및 모델링 기법과 함께 대량의 데이터를 사용하여 관리자의 의사결정을 지원한다.

비즈니스 애널리틱스는 다소 일반적인 용어로서 서로 다른 수많은 정의가 존재한다. 그러나 광의의 개념으로 본다면, 관리자가 그들의 경영성과를 향상시킬 수 있도록 문제를 해결하고 의사결정을 내리는 과정을 지원하기 위해 정보기술, 통계학, 경영과학 기법, 수학적 모델링 기법 등과 결합하여 대량의 데이터를 활용하는 프로세스라고 말할 수 있다. 비즈니스 애널리틱스는 이러한 과학기술적 도구들을 이용하여 기업들이 그들의 과거 성과를 이해하고 미래를 위해 계획을 수립하며 의사결정을 내릴 수 있도록 도와준다. 따라서 애널리틱스는 기술적(記述的)이고 예측적이며 처방적인 특성을 가진다고 할 수 있다.

과학이라는 단어가 화학, 생물학, 물리학, 지질학 등과 같은 여러 분야를 묶는 것처럼 애널리틱스라는 단어는 경영과학, 오퍼레이션즈 리서치, 통계학, 컴퓨터과학, 공학, 데이터과학 등과 같은 분야를 함께 묶는 것처럼 보인다. 이러한 모든 분야(일반적으로는 애널리틱스)는 이전 절에서 논의했던 문제들을 해결하기 위한 과학적 방법이라는 점에서 공통점을 가지고 있다.

비즈니스 애널리틱스의 주요 요소 중 하나는 최근 들어 널리 알려지고 있는 대량의 데이터, 즉 "빅데이터"이다. 기업들은 이제 빅데이터에 접근할 수 있고 이는 분석 프로세스의 중요한 부분이자 시작점으로 인식되고 있다. 비즈니스 애널리틱스에서 데이터는 분석 및 의사결정 프로세스를 이끄는 엔진이라고 일컬어진다. 예를 들어, 은행은 데이터를 이용하여 서로 다른 고객 특성들을 결정하고 이들을 은행이 제공하는 서비스와 매칭시키는 방식으로 애널리틱스를 적용할 수 있다. 한편, 소매점에서는 어떤 스타일의 청바지가 그들의 고객 선호도를 충족시킬 수 있을지, 외국의 공급자로부터 얼마나 많은 청바지를 주문할지, 얼마나 많은 재고를 보유할지, 청바지를 언제 판매하는 것이 가장 좋을지, 그리고 최적의 가격은 얼마인지를 결정하기 위해 데이터를 이용하는 방식으로 애널리틱스를 적용할 수도 있다.

눈치 채지 못했을 수도 있겠지만, 애널리틱스는 이전 절에서 설명하였던 "문제 해결을 위한 경영과학 접근법"과 대단히 유사하다. 사실 경영학 분야의 많은 사람들은 비즈니스 애널리틱스를 경영과학을 새롭게 재포장한 것에 불과하다고 말한다. 어떤 경영대학에서는 경영과학 과목들의 이름을 "애널리틱스"라고 변경하고 있기도 하다. 경영대학 학생들은 미래의 기업들은 학생들이 애널리틱스 기술들에 대한 지식을 쌓기를 기대하고 있으며 이 기술들에는 통계학, 수학적 모델링, 계량적 기법들과 같이 본 교재에서 다뤄질 경영과학 관련 전통적 주제들에 대한 지식이 포함된다는 사실을 배우고 있다.

경영과학을 공부하는 목적을 살펴볼 때, 본 교재에 포함되어 있는 계량적 방법들과 기법들은 비즈니스 애널리틱스의 중요하고 주된 부분임이 명확하며, 이는 비즈니스 애널리틱스 프로세스를 어떻게 정의하든지 사실이다. 그러므로 이러한 경영과학 기법들을 사용할 수 있도록 훈련받는 것은 비즈니스 애널리틱스 전문가가 되기를 원하는 사람들에게 꼭 필요하고 중요한 단계이다.

직업적 분석 능력의 개발

이 책을 통해 경영과학 기법들을 배우다보면 그것들이 여러분이 상상하는 미래 직업과 관련이 없다고 생각할 수도 있다. 하지만 그렇지 않다는 사실을 확인하게 될 것이다. 경영과학 혹은 비즈니스 애널리틱스가 핵심 요소가 되는 경력을 여러분이 계획하고 있는지 여부와는 무관하게, 경영과학에서 활용되는 문제해결 및 의사결정을 위한 논리적이고 분석적인 접근방법은 여러분이 선택하게 될 어떠한 경력 경로에서도 도움이 될 것이다. 직장에서의 성공에 핵심적이라고 고용주가 인식하는 기량을 여러분이 개발하는 과정은 여러분의 교육적 경험을 총합함으로써 이루어질 수 있다.

경영과학은 경영과학을 구성하는 계량적 기법만을 단순히 제공하는 것뿐만 아니라 비즈니스 애널리틱스에 대한 전문성에 대해 스스로를 홍보하는 경영학 졸업생들에게서 고용주가 찾고 가치를 부여하는 많은 일련의 기술들을 학생들에게 제공한다. 문제해결 상황에서의 비판적 사고 능력은 비즈니스 애널리틱스의 중요한 측면 중 하나이고, 경영과학은 이를 제공한다. 비판적 사고는 문제를 정의하고 해결하며, 의사결정을 내리고 어떤 특정 상황이나 일련의 환경과 관련하여 판단을 형성하는 데 사용되는 의도적이며 목표지향적인 사고방식을 포함한다. 이는 경영과학이 수행하는 것과 부합되는데, 경영과학이 문제를 관찰하고 정의하며 수학적 모형으로 정형화하는 구조화된 구성방식을 제공하고, 조직의 목표 달성으로 이어지는 의사결정이 도출될 수 있도록 문제를 해결하는 접근방법을 제공한다는 점에서 그러하다.

+ 비판적 사고
문제를 정의하고 해결하며, 의사결정을 내리고 어떤 특정 상황이나 일련의 환경과 관련하여 판단을 형성하는데 사용되는 의도적이며 목표지향적인 사고방식이다.

많은 의사결정 상황들은 협업이 필요한 기술 중 하나로서 요구되는 프로젝트 팀 기반 환경에서 일어난다. 경영과학은 팀원들이 대화와 협상을 통해 하나의 그룹으로서 의미와 지식을 구축해가는 결합된 노력을 기울이면서 주어진 문제에 대해 적극적으로 함께 작업하는 문제 해결 접근법을 제공하며, 이는 팀원들의 공동 행동을 반영하는 모델링 접근법으로 결국 귀결된다. "프로젝트 관리"에 관한 제8장은 이러한 의사결정을 위한 협업적 프로젝트 기반 접근법을 직접적으로 다룬다.

+ 협업
프로젝트 팀 기반 환경에서 발생하는 의사결정 상황에서 요구되는 기술이다.

본 교재에서 학생들이 배우게 될 의사결정 문제들을 푸는 데 컴퓨터 소프트웨어를 사용해야 하므로, 경영과학에서는 고용주에게 대단히 중요하게 인식되는 정보기술 및 컴퓨팅 기술들을 가르친다. 경영과학적 접근법에서는 어떤 특정 유형의 모델링 문제를 풀기 위해 적절한 기술을 선택하여 사용하는 능력이 암묵적으로 요구된다. 경영과학을 배우는 학생들은 문제를 풀기 위해 컴퓨팅 기술을 어떻게 적용하는지 배우게 되고 엑셀, 윈도우용 QM, MS Project, 크리스털 볼(Crystal Ball), 트리플랜(Tree Plan) 등을 포함하여 교재에서 소개되는 다양한 컴퓨터 소프트웨어 프로그램들에 대해 배우게 된다.

+ 정보기술 및 컴퓨팅 기술
의사결정 문제를 풀기 위해서는 컴퓨터 소프트웨어를 사용해야 하기 때문에 고용주가 중요하다고 판단하는 특성이다.

비즈니스 애널리틱스에서 데이터의 중요성에 대해서는 이미 지적한 바 있고, 경영과학이 학생들의 데이터 활용 능력(data literacy), 즉 의사결정 상황에서 데이터에 접근하고, 해석하고, 조작하고, 요약하며, 소통하는 능력을 개발할 수 있는 플랫폼을 제공한다는 점도 언급한 바 있다.

+ 데이터 활용 능력
의사결정 상황에서 데이터에 접근하고, 해석하고, 조작하고, 요약하며, 소통하는 능력이다.

모형 수립 : 손익분기점 분석

+ 손익분기점 분석
이익이 0이 되게 하는 판매량 또는 생산량을 결정하기 위한 모델링 기법이다.

이전 절에서는 간단한 수리적 예를 사용하여 경영과학 모형이 어떻게 정형화되고 풀리는지 간략하고 일반적인 설명을 통해 알아보았다. 이번 섹션에서는 손익분기점 분석, 혹은 이익분석이라고 불리는 방법을 사용하여 경영과학 모형을 수립하고 푸는 과정을 계속 살펴볼 것이다. 손익분기점 분석은 간단명료하고 대부분의 사람들에게 친숙하며 지나치게 복잡하지 않기 때문에 모형을 수립하거나 해를 찾는 것에 대한 논의를 확대시키는 데 좋은 주제가 된다. 게다가 이것은 경영과학 모형들을 풀 수 있는 여러 다른 방법들—수학적인 수작업으로 풀거나 그림을 통하여 아니면 컴퓨터를 이용하는—을 설명하는 데 편리한 수단을 제공한다.

손익분기점 분석의 목적은 구매하거나 생산할 물건의 개수를 총 수익과 총 비용의 식을 통하여 결정하는 데 있다. 총 수익과 총 비용이 같아지는 점을 손익분기점이라고 하고 이 점에서는 이익이 0이 된다. 손익분기점은 이익을 발생시키려면 얼마나 많은 수량이 필요한지에 대한 추정치를 관리자에게 제공한다.

손익분기점의 요소

손익분기점 분석의 세 가지 요소는 수량, 비용 그리고 이익이다. 수량은 한 회사의 생산이나 판매 수준을 의미한다. 이것은 판매 수량, 판매액, 혹은 총 생산 가능 용량의 백분율로 표현된다.

비용의 두 가지 형태는 고정비용과 변동비용이며, 전형적으로 제품의 생산에서 발생한다.

+ 고정비용
수량에 관계없이 일정하다.

고정비용(fixed costs)은 생산되거나 팔리는 수량과 일반적으로 독립적이다. 즉, 고정비용은 주어진 범위 내에 얼마나 많은 물건이 생산되는지에 관계없이 일정하다. 고정비용은 공장과 장비에 대한 임대료, 세금, 직원 및 경영자에 대한 급여, 보험료, 광고비, 감가상각비, 광열비, 공장 유지보수비 등을 포함한다. 이 모든 항목을 합하면 총 고정비용이 된다.

+ 변동비용
생산량에 따라 달라진다.

변동비용(variable costs)은 개당 비용의 형태로 결정된다. 그러므로 총 변동비용은 생산량에 따라 달라진다. 변동비용은 원자재비, 직접 인건비, 포장비, 자재취급 및 운송비를 포함한다.

총 변동비는 수량과 개당 변동비용의 함수이다. 이 관계는 수학적으로 다음과 같이 표현된다.

$$\text{총 변동비용} = vc_v$$

여기서, c_v = 개당 변동비용

v = 판매된 수량

+ 총 비용
개당 변동비용에 수량을 곱하고 이에 고정비용을 더한 값이다.

총 비용(total cost)은 총 고정비용과 총 변동비용를 합산하여 계산되고 다음과 같다.

$$\text{총 비용} = \text{총 고정비용} + \text{총 변동비용}$$

혹은

$$TC = c_f + vc_v$$

여기서, c_f = 고정비용

청바지를 만드는 Western Clothing Company를 예로 들어 생각해 보자. 이 회사는 청바지를 생산하는 데 매달 다음과 같은 비용이 발생한다.

$$\text{고정비용} = c_f = \$10,000$$

$$\text{변동비용} = c_v = \text{한 벌당 } \$8$$

청바지의 월간 판매량 v를 400벌이라고 임의로 설정한다면, 총 비용은 다음과 같다.

$$TC = c_f + vc_v = \$10,000 + (400)(8) = \$13,200$$

+ 이익
총 수익(가격×수량)과 총 비용의 차이이다.

손익분기 모형에서 세 번째 요소는 이익(profit)이다. 이익은 총 수익과 총 비용의 차이이다. 총 수익은 한 벌당 가격에 수량을 곱한 값이다.

$$총 수익 = vp$$

여기서, p = 한 벌당 가격

청바지가 한 벌당 23달러에 팔리고 매달 400벌을 판다면, 매달 총 수익은 아래와 같다.

$$총 수익 = vp = (400)(23) = \$9,200$$

총 수익과 총 비용의 관계를 토대로 이익(Z)을 계산하면 다음과 같다.

$$이익 = 총 수익 - 총 비용$$

$$Z = vp - (c_f + vc_v)$$

$$= vp - c_f - vc_v$$

손익분기점 계산

Clothing Company 예에서 총 수익은 9,200달러이고 총 비용은 1만 3,200달러라는 것을 알아냈다. 이러한 상황에서는 이익은 발생하지 않고 대신에 4,000달러의 손실이 다음과 같이 발생한다.

$$총 이익 = 총 수익 - 총 비용$$

$$= \$9,200 - 13,200$$

$$= -\$4,000$$

다음의 총 이익 공식을 이용하여 이 결과를 확인할 수 있다.

$$Z = vp - c_f - vc_v$$

이 공식에 $v = 400$, $p = \$23$, $c_f = \$10,000$, $c_v = \$8$을 대입하면 아래와 같다.

$$Z = vp - c_f - vc_v$$

$$= \$(400)(23) - 10,000 - (400)(8)$$

$$= \$9,200 - 10,000 - 3,200$$

$$= -\$4,000$$

Clothing Company가 매달 4,000달러의 손실을 보면서 운영하는 것은 원치 않을 것임은 분명한데, 이는 이렇게 계속 운영하다가는 결국 파산하게 될 것이기 때문이다. 만약 시장 상황으로 인해 가격이 고정적이고 고정비용과 한 벌당 변동비용은 변하지 않는다고 가정하면, 모형에서 변화시킬 수 있는 부분은 수량이다. 이 장 초반에 우리가 만든 모델링 용어들을 이용하면 가격, 고정비용 그리고 변동비용들은 매개변수가 되고, 반면에 수량 v는 결정변수가 된다. 손익분기점 분석에서 우리는 이익이 0이 되는 v값을 계산하기를 원한다.

+ 손익분기점
총 수익과 총 비용이 같아져 이익이 0이 되도록 만드는 수량(v)이다.

손익분기점에서 총 수익과 총 비용은 일치하고 이익 Z는 0이다. 따라서 총 이익 방정식에서 이익 Z를 0으로 놓고 v에 대해 풀면 손익분기 수량을 결정할 수 있다.

$$Z = vp - c_f - vc_v$$

$$0 = v(23) - 10,000 - v(8)$$

$$0 = 23v - 10,000 - 8v$$

$$15v = 10,000$$

$$v = 666.7벌$$

즉, 만약 회사가 666.7벌의 청바지를 생산하고 판매한다면, 이익(혹은 손실)은 0이 되고 회사는 손익분기점을 달성하게 된다. 이는 회사가 이익을 내려면 얼마만큼의 청바지를 생산하고 판매해야 되는지에 대한 추정치를 제공한다(주어진 생산능력 제약 하에서). 예를 들어, 청바지 800벌을 판매한다면 매달 다음과 같은 이익을 발생시킬 것이다.

$$Z = vp - c_f - vc_v$$

$$= \$(800)(23) - 10,000 - (800)(8) = \$2,000$$

일반적으로 순익분기 수량은 다음과 같은 방정식을 통해 결정될 수 있다.

$$Z = vp - c_f - vc_v$$

$$0 = v(p - c_v) - c_f$$

$$v(p - c_v) = c_f$$

$$v = \frac{c_f}{p - c_v}$$

예에서,

$$v = \frac{c_f}{p - c_v}$$

$$= \frac{10,000}{23 - 8}$$

$$= 666.7벌의 청바지$$

도식적 해법

경영과학 모형의 대부분이 그래픽으로 표현될 수 있고, 문제들을 풀기 위하여 이러한 그래픽 모형들을 사용할 수 있다. 그래픽 모형들은 때때로 수식만으로 문제를 해결하는 것보다 우리가 모델링 과정을 이해하는 데 더 큰 도움을 줄 수 있는 모형의 '그림'을 제공하는 이점을 가지고 있다. 총 비용과 총 수익이 선형이기 때문에 우리는 Western Clothing Company의 예에 대한 손익분기점을 쉽게 그림으로 그릴 수 있다. 이것은 그림 1.2에 나타나 있는 것처럼, 좌표계에서 직선으로 각 관계를 그릴 수 있다는 것을 의미한다.

그림 1.2에서 고정비용 c_f은 수량과 상관없이 1만 달러로 고정 값이다. 총 비용에 대한 직선은 변동비용과 고정비용의 합으로 표현된다. 총 비용 직선은 수량이 증가함에 따라 변동비용이 증가하기 때문에 증가한다. 총 수익 직선 또한 수량이 증가할수록 증가하지만, 총 비용보다 더 빠른 비율로 증가한다. 이 두 직선은 총 수익과 총 비용이 같아지는 점에서 교차한다. 이 점

에 대응하는 수량 v가 손익분기 수량이다. 그림 1.2에서 손익분기 수량은 청바지 666.7벌이다.

그림 1.2

손익분기점 모형

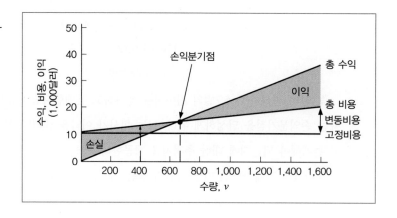

민감도 분석

지금까지 손익분기 수량을 결정하는 데 필요한 일반적인 관계식을 구축하였고, 이는 모델링 과정의 목표였다. 이 관계식은 이익(혹은 손실)의 수준이 수량의 변화에 얼마나 직접적으로 영향을 받는지 알 수 있게 해 준다. 그러나 모형을 개발하면서 고정비용, 변동비용, 가격과 같은 매개변수들의 값은 일정하다고 가정했었다. 실제로 이러한 매개변수들은 대부분 불확실하고 일정하다고 가정할 수 있는 경우는 거의 없으며, 매개변수들 중 어느 하나라도 변경되면 모형의 해는 영향을 받게 된다. 경영과학 모형에서 이러한 변화들에 대한 연구를 민감도 분석이라고 부르는데, 이것은 모형이 변화에 얼마나 민감한지 보는 것이다.

민감도 분석은 모든 경영과학 모형에서 여러 형태로 수행될 수 있다. 사실 때때로 기업은 이미 고려하고 있거나 아니면 경영자들이 미래에 일어날 것으로 예상하는 여러 변화들에 대해 모형이 어떻게 반응할지 실험하기 위한 목적으로 다양한 모형들을 개발한다. 민감도 분석이 어떻게 작동하는지에 대한 예시로서, 앞서 살펴본 손익분기점 모형에 몇 가지 변화를 발생시킨 후 그 영향을 관찰할 것이다.

분석할 첫 번째 사안은 가격이다. 예를 들어, 청바지 가격을 23달러에서 30달러로 올릴 것이다. 예상하는 바대로 이는 총 수익을 증가시키고, 이에 따라 다음과 같이 손익분기점은 666.7벌에서 454.5벌로 줄어든다.

$$v = \frac{c_f}{p - c_v}$$

$$= \frac{10,000}{30 - 8}$$

$$= 454.5벌의 \ 청바지$$

손익분기 수량에 대한 가격 변화의 영향은 그림 1.3처럼 나타난다.

순전히 분석적인 관점에서만 보면 가격을 올리는 의사결정이 솔깃해 보이겠지만, 더 낮은

그림 1.3

가격 인상 시의 손익분기점 모형

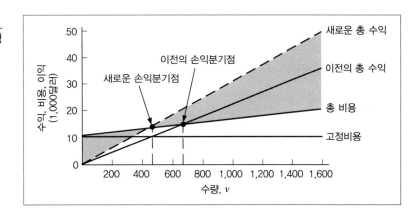

손익분기점과 더 높은 이익이 가능은 할 수 있겠지만 완전히 보장되지는 않는다는 것을 기억해야만 한다. 높은 가격은 제품을 판매하는 데 어려움을 줄 수 있다. 따라서 가격에 대한 변화는 종종 광고, 포장, 그리고 (품질을 향상시키기 위한) 생산 등에서 그에 상응하는 비용 증가가 수반되어야만 한다. 그러나 이러한 직접적 변화들조차 제품 수요에 거의 영향을 미치지 못할 수도 있다. 왜냐하면 가격은 종종 시장의 형태, 독점적 요소, 그리고 제품 차별화와 같은 여러 요인들에 민감하게 반응하기 때문이다.

+ 일반적으로 다른 모든 것이 일정할 때, 변동비용의 증가는 손익분기점을 높인다.

　가격을 올렸을 때 가격 인상에 따라 초래되는 잠재적 판매 손실을 상쇄하기 위한 제품의 질적 개선에 대한 가능성을 언급한 바 있다. 예를 들어, 청바지를 보다 튼튼하고 매력적으로 만들기 위해 바느질 방법을 바꾼다고 해보자. 이러한 변화는 청바지 한 벌당 4달러의 변동비용이 증가되는 결과를 낳는다. 즉, 한 벌당 변동비용 c_v가 12달러로 오른다. 이러한 변화는 다음과 같은 새로운 손익분기 수량으로 이어진다.

$$v = \frac{c_f}{p - c_v}$$

$$= \frac{10,000}{30 - 12}$$

$$= 555.5벌의 청바지$$

　변동비용 변화의 결과로 나타나는 새로운 손익분기 수량과 총 비용 직선의 변화는 그림 1.4에 나타나 있다.

그림 1.4

변동비용 증가 시의 손익분기점 모형

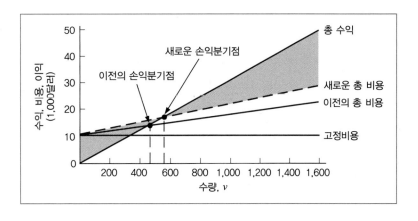

다음으로 가격 인상에 따른 잠재적 판매 손실을 상쇄하기 위해 광고 지출을 증가시키는 상황을 고려해 보자. 광고 지출의 증가는 고정비용의 증가에 해당된다. 예를 들어 Clothing Company가 월 광고 예산을 3,000달러로 증가시킨다면 총 고정비용 c_f는 1만 3,000달러가 된다. 이 고정비용뿐만 아니라 증가된 한 벌당 변동비용 12달러와 인상된 가격 30달러를 토대로 다음과 같이 손익분기 수량을 계산할 수 있다.

$$v = \frac{c_f}{p - c_v}$$

$$= \frac{13,000}{30 - 12}$$

$$= 722.2벌의 \ 청바지$$

가격, 고정비용 그리고 변동비용의 변화를 반영한 새로운 손익분기 수량은 그림 1.5에 나타나 있다. 잠재적 판매 손실을 상쇄하기 위해 필요한 비용 증가의 결과로 손익분기 수량은 이제 원래 수량인 666.7벌보다 더 높아진다는 것에 주목하자. 이는 손익분기 모형의 요소들 중 하나만 변하더라도 손익분기 모형 전체에 걸친 영향을 분석할 필요가 있다는 것을 의미한다. 이는 전체에 대한 고려 없이 모형의 한 가지 구성요소의 변화만을 고려해서는 안 된다는 것을 뜻한다.

그림 1.5
고정비용 변화 시의 손익분기점 모형

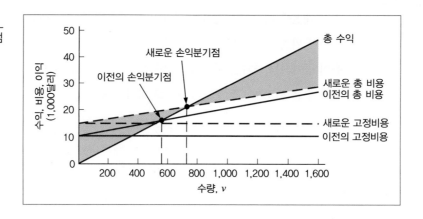

컴퓨터 해법

본 교재 전체에 걸쳐 엑셀 스프레드시트, 윈도우용 QM, 그리고 Howard Weiss가 만든 범용의 계량적 방법 소프트웨어 패키지를 이용하여 컴퓨터로 경영과학 모형들을 푸는 방법을 설명할 것이다. 윈도우용 QM은 독자들이 본 교재에서 만나는 거의 모든 종류의 경영과학 문제들을 푸는 프로그램 모듈들을 포함하고 있다. 윈도우용 QM과 비슷한 성향과 성능을 가진 유사한 계량적 방법 소프트웨어 패키지들이 실제로 많이 존재한다. 거의 대부분의 경우에서 단순하게 문제의 데이터(모형의 매개변수 값들)를 입력하고 풀이 버튼을 누르면 윈도우

형태로 해답이 나타난다. 윈도우용 QM은 본 교재의 지침용 웹사이트에 포함되어 있다.

스프레드시트는 사용하기 쉽지만은 않은데, 그래서 모든 종류의 경영과학 모형을 스프레드시트로 편하게 풀 수는 없다. 대부분의 시간 동안 여러분은 모형 매개변수들을 입력해야 할 뿐만 아니라 공식들을 포함한 수학적 모형을 세워야 하고, 또한 결과 값들을 표시하기 위하여 제목을 포함한 여러분 자신의 모형 템플릿을 만들어야 한다. 그러나 스프레드시트는 여러분이 선택한 포맷에서 여러분의 모형과 결과 값들을 나타낼 수 있는 강력한 리포트 도구를 제공한다. 엑셀 스프레드시트는 컴퓨터를 가진 사람이면 누구에게나 이용 가능한 프로그램이 되었다. 게다가 스프레드시트는 학생들에게 모델링 절차를 잘 안내하고, 그들이 사용하기에 흥미롭고 재미있을 수 있기 때문에 가르치기 위한 도구로서 매우 인기가 있다. 그러나 스프레드시트는 윈도우용 QM보다 모형을 수립하고 적용하기가 다소 어렵기 때문에, 스프레드시트를 사용하여 본 교재에 나오는 여러 종류의 문제들을 푸는 방법에 대해 보다 많은 시간을 할애하여 설명할 것이다.

경영과학 문제를 해결하기 위해 스프레드시트를 사용할 때 어려운 측면 중 하나는 보다 더 복잡한 모델 및 수식이 일부 포함되는 스프레드시트를 작성하는 데 있다. 본 교재에 포함되어 있는 가장 복잡한 모형들에 대해 지침용 웹사이트에 포함되어 있는 추가적인 스프레드시트 매크로인 엑셀 QM이 어떻게 사용되는지 살펴보도록 한다. 매크로는 필요한 방정식들이 스프레드시트 내에 이미 작성되어 있어서 사용자는 모형 매개변수들을 입력하기만 하면 되는 템플릿이다. 이 장을 포함해 제6장(수송, 환적 그리고 할당 문제), 제10장(의사결정 분석), 제11장(대기행렬 분석), 제13장(예측) 등 5개 장에서 엑셀 QM에 대해 설명할 것이다.

본 교재 후반부에는 트리플랜, 크리스털 볼 등 2개의 스프레드시트 추가 기능(add-ins)에 대해 설명할 것이다. 트리플랜은 제10장(의사결정 분석)에서 사용될 의사결정나무를 만들고 푸는 데 이용되는 프로그램이다. 반면에 크리스털 볼은 제12장(시뮬레이션)에서 사용될 시뮬레이션 패키지이다. 또한, 제8장(프로젝트 관리)에서는 Microsoft Project를 소개한다.

본 섹션에서는 Western Clothing Company 예의 손익분기 모형을 이용하여 엑셀, 엑셀 QM, 윈도우용 QM을 이용하는 방법에 대해 설명한다.

엑셀 스프레드시트

엑셀을 이용하여 손익분기 모형을 풀기 위해서는 모형의 매개변수와 의사결정변수들을 식별할 수 있도록 해주는 제목이 표시된 스프레드시트를 만들고, 해답이 표시되기를 원하는 셀 안에 적당한 수학적 공식들을 입력해야 한다. 제시 1.1은 Western Clothing Company 예에 대한 스프레드시트를 보여 준다. 매개변수들과 해를 설명하는 표제를 만드는 것은 어렵지 않지만 엑셀에서 자신만의 방법을 갖는 것이 조금은 필요하다. 부록 B에서는 경영과학 문제를 풀기 위한 "스프레드시트 사용법"이라는 제목의 튜토리얼이 제공된다.

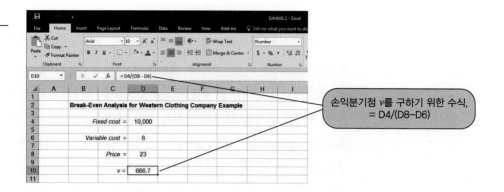

셀 D10은 손익분기 공식을 포함하고 있고, 이 공식은 화면 위쪽 근처에 있는 툴바에 나타나 있다. 고정비용 1만 달러가 셀 D4에 입력되고, 변동비용 8달러는 셀 D6에, 그리고 가격 23달러는 셀 D8에 있다.

앞으로 나올 여러 장에서 좀 더 복잡한 모형과 문제를 다루면서 이러한 문제를 풀기 위해 작성할 스프레드시트는 더욱 복잡해질 것이고, 엑셀과 스프레드시트 모델링의 여타 특징들에 대해 설명하게 될 것이다.

엑셀용 QM 매크로

엑셀 QM은 본 교재를 위한 지침용 웹사이트에 포함되어 있다. 프로그램에 접근할 때 표시되는 일련의 간단한 단계들을 따르면 엑셀 QM을 컴퓨터에 설치할 수 있다.

엑셀을 시작한 후, 컴퓨터의 프로그램 목록(Program Files)에서 엑셀 QM에 접근할 수 있다. 엑셀 QM이 활성화되면, (제시 1.2에 나타나 있는 것과 같이) 스프레드시트 상단에 "추가 기능(Add-Ins)"이 나타난다. "Excel QM(엑셀 QM)"을 클릭하면 엑셀 QM 안에 포함된 여러 주제들에 대한 메뉴가 아래로 펼쳐지는데 이 중 하나가 손익분기점 분석이다. "Break-Even Analysis(손익분기점 분석)"을 클릭하면, 스프레드시트 초기화 창이 나타난다. 메뉴에 나타난 모든 엑셀 QM 매크로는 스프레드시트 초기화 창과 함께 시작된다.

이 창에서 스프레드시트 제목을 입력하고, "Options" 항목에서 수량 분석을 할 것인지 말 것인지, 그리고 그래프를 사용할 것인지 말 것인지를 결정할 수 있다. "OK"를 클릭하면 제시 1.2와 같은 스프레드시트가 나타난다. 첫 번째 단계는 제시 1.2와 같이 Western Clothing Company 예시를 위한 값들을 셀 B10에서 B12까지 입력하는 것이다. 스프레드시트는 셀 B17에 손익분기 수량을 계산하여 표시한다.

제시 1.2

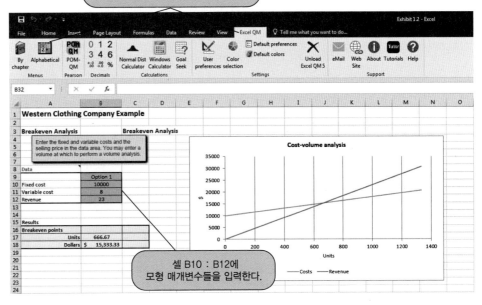

윈도우용 QM

처음 프로그램을 시작할 때 나타나는 메인 창 위쪽에 있는 툴바의 "Module" 버튼을 클릭하여 윈도우용 QM을 시작한다. 이때 윈도우용 QM에서 이용 가능한 모든 모형 솔루션 모듈들의 리스트가 표시된다. "Break-Even Analysis" 모듈을 클릭하면 문제 제목을 써넣기 위한 새로운 창이 뜬다. 다시 클릭하면 모형 매개변수, 즉 고정비용, 변동비용 및 가격(혹은 수익)에 대한 입력 셀들이 있는 화면이 나타난다. 다음에 화면 상단에 있는 "Solve" 버튼을 클릭하면 제시 1.3에 나타난 것과 같이 Western Clothing Company 예시의 해가 표시될 것이다.

제시 1.3

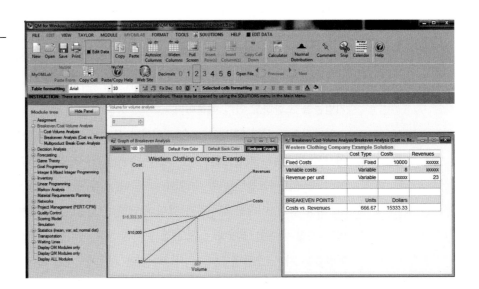

경영과학 모델링 기법

본 교재에서는 그림 1.1에서 서술한 경영과학 프로세스의 다섯 단계 중 두 단계, 즉 모형 수립과 모형 풀이에 주로 초점을 맞춘다. 이 두 단계는 경영과학 기법을 사용하는 단계이다. 교재에서 구조화되지 않은 실제 세계에서의 문제를 어떻게 식별하고 정의하는지 보여 주는 것은 어려운 일인데, 이는 해당 문제에 대한 모든 사항들을 상세하게 기술하는 것이 요구되기 때문이다. 하지만 문제가 명료한 형태의 문장으로 표현되어 주어진다면, 모형을 어떻게 수립하고 해를 어떻게 구할 수 있는지 비교적 용이하게 설명할 수 있다. 본 교재에서 소개하는 기법들은 그림 1.6과 같이 대략 4개의 범주로 분류할 수 있다.

그림 1.6

경영과학 기법의 분류

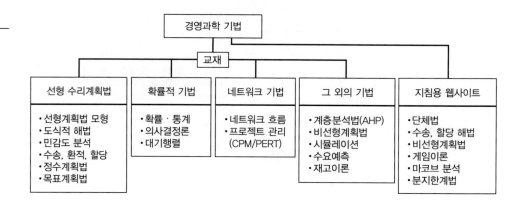

선형 수리계획법

제2장에서부터 제6장까지 그리고 제9장에서는 총칭하여 선형 수리계획법(linear mathematical programming)이라고 할 수 있는 기법에 대해 소개한다(이 장의 앞부분에서 모형 수립을 설명하는 데 쓰였던 첫 번째 예시가 아주 기본적인 선형계획법 모형이다). 이 기법을 표현하는 데 쓰이는 프로그래밍(programming)이라는 용어는 컴퓨터 프로그래밍을 지칭하는 것이 아닌, 문제를 푸는 데 사용하는 일련의 미리 결정된 수학적 단계를 말한다. 여러 기법 중에서도 이 기법은 본 교재에서 중점적으로 다루어지는데, 이는 경영과학에서 가장 자주 사용되고 인기가 많은 기법들을 포함하고 있기 때문이다.

　일반적으로 선형계획법 모형은 경영자가 문제에 대한 해결책을 정하는 데 도움을 주는데, 여기서 해결책은 제한적인 자원이라거나 생산 가이드라인과 같은 제약들이 존재하는 상황에서 주어진 목표를 성취할 수 있게 해 준다. 예를 들어, 아침 식사 비용을 최소화하면서 열량, 지방 함량, 비타민 섭취량과 같이 여러분이 설정한 식이요법 가이드라인을 충족시킬 수 있는 아침 메뉴를 결정하는 데 도움을 주는 선형계획법 모형을 실제로 만들 수 있다. 제조기업들은 자본, 노동력 그리고 시설과 같은 부족한 자원 하에서 그들의 수익을 최대화하기

경영과학과 애널리틱스

"경영과학 및 비즈니스 분석" 섹션에서 논의했듯이 비즈니스 문제에 적용될 때 애널리틱스는 모형 구축을 비롯한 문제 해결과 의사 결정에 대한 경영과학 접근방법을 데이터 활용과 결합하는 경우가 많다. 다음은 농업, 미디어, 도시 계획 및 스포츠 분야에서의 문제 해결을 위해 애널리틱스가 활용되는 최신의 응용 사례들 중 몇 가지를 예시로 제시한다.

2050년에 이르면 세계 총 인구가 96억 명으로 3분의 1이 증가할 것으로 예상되지만, 추가로 24억 명을 먹여 살리기 위해 필요한 식량 생산을 지원할 천연자원과 토지는 부족할 것으로 전망된다. 식물종자 개발업체 Syngenta는 농업인이 단위 면적당 생산하는 콩의 품질과 양을 개선하는 콩 식물번식 전략을 개발하고 시행하기 위한 연구개발 과정에 애널리틱스와 경영과학 모형을 활용하고 있다. 애널리틱스의 응용으로 인해 생산성이 더 높은 작물 개발에 소요되는 시간과 비용을 줄일 수 있는 더 나은 의사결정이 가능해졌고, 이로써 세계의 증가하는 식량 수요를 충족시키는 데 기여함과 더불어 5년간 약 2억 8,700만 달러의 비용을 절감할 수 있게 되었다.

IHM(iHeartMedia, Inc.)은 150개 이상의 도시에 850개 이상의 라디오 방송국을 소유하고 있으며 2,250개 이상의 방송국에 프로그램(뉴스, 스포츠, 교통 보도 및 날씨)을 제공하고 있다. 이 회사는 일련의 경영과학 모델과 판매 데이터를 사용하여 라디오 광고 스팟 재고로부터의 수익을 극대화한다. 광고주들은 날짜, 시간, 스팟 길이, 프로그램, 방송국, 인구통계학적 목표고객 등 주문 사양에 따라 IHM이 가용한 광고 스팟 재고를 공정하고 공평하게 분배하기를 기대한다. IHM은 광고 스팟을 분배하기 위해 두 가지 선형계획법 모형을 사용한다. 애널리틱스를 사용함으로써 가용 재고를 보다 효율적으로 사용하고 고객 서비스를 개선하며 보다 정확한 재고 파악을 통해 판매를 향상시켜 연간 50만 달러 이상의 재정적 이익을 얻을 수 있었다.

ParkPGH는 피츠버그 문화지구 내 주차장 주차 공간에 대한 실시간 예측 정보를 제공하는 의사결정 애널리틱스 애플리케이션이다. 이 모형은 주차장 주차 공간 현황을 입구에 표시하기 위해 실시간 주차 정보를 수집하고, 과거 데이터와 이벤트 일정을 토대로 주차 가능 여부를 예측하며, 모바일 기기 및 인터넷을 통해 주차 가능 공간에 관한 정보를 도심 방문자들에게 제공한다. 이 시스템은 주차 공간 검색시간을 줄이고 도심 주차상황(보안과 이용가능성 등)에 대한 도심 방문자들의 인식을 변화시켰으며 주차장 운영자들의 주차수요 관리에도 도움을 주었다. 1년 동안 이 주차 애플리케이션에 30만 건이 넘는 문의가 접수됐다.

스포츠 산업에서 가장 눈에 띄는 애널리틱스 응용 분야 중 하나는 책과 영화 머니볼에 의해 대중화된 메이저리그 야구에서의 "세이버메트릭스(sabermetrics)"의 개발과 활용이다. 세이버메트릭스는 1980년 빌 제임스(현 보스턴 레드삭스 소속 분석가)에 의해 "야구에 대한 객관적 지식을 탐구하는 것"이라고 정의되었고, 미국야구연구회의 두문자어(SABR)로부터 유래한 명칭이다. 일반적으로 야구 기록의 통계 분석 응용으로 발전하여 주로 득점과 팀 승수의 관점에서 경기 내 선수 개개인의 성적을 평가하고 비교하기 위한 평가 척도와 예측 모형을 개발하는 데 활용되었다. 세이버메트릭스는 팀의 어떤 선수가 팀의 공격에 가장 많이 기여할 것인가와 같은 질문에 답하려 한다. 예를 들어, 세이버메트릭스의 평가 척도 중 하나인 VORP(대체선수 대비 가치)는 어느 한 타자가 가상의 평균 대체선수와 비교하여 공격 면에서 얼마나 더 팀에 기여하는지를 예측하려 한다. 어떤 선수는 같은 포지션(최소한의 비용으로 영입된)의 대체 레벨 선수보다 한 시즌에 50점 더 많은 점수를 얻을 수 있는 정도의 가치를 가진다고 평가될 수도 있다. 현재 모든 메이저리그 팀은 선수 영입, 트레이드, 계약을 결정하기 위해 선수 성과 평가를 위한 계량적 애널리틱스 업무를 전담하는 행정 직원을 두고 있다.

© San Gabriel Valley Tribune/ZUMA Press Inc./Alamy Stock Photo

자료 : J. Byrum, C. Davis, G. Doonan, T. Doubler, D. Foster, B. Luzzi, R. Mowers, C. Zinselmeir, J. Klober, D. Culhane, and S. Mack, "Advanced Analytics for Agricultural Product Development," Interfaces 46, no. 1 (January–February 2016): 5–17; S. Venkatachalam, F. Wong, E. Uyar, S. Ward, and A. Aggarwal, "Media Company Uses Analytics to Schedule Radio Advertisement Spots," Interfaces 45, no. 6 (November–December 2015): 485–500; T. Fabusuyi, R. Hampshire, V. Hill, and K. Sasanuma, "Decision Analytics for Parking Availability in Downtown Pittsburgh," Interfaces 44, no. 3 (May–June 2014): 286–299.

위해(또는 그들의 비용을 최소화하기 위해) 다양한 제품들을 얼마나 생산할지 결정하는 데 도움을 주는 선형계획법 모형을 수립한다.

본 교재의 6개 장에 걸쳐 이 주제를 다루고 있는데, 이는 특정 종류의 문제에 적용할 수 있는 선형계획법 모형이 다양하게 존재하기 때문이다. 제4장에서는 여러 종류의 문제 시나리오에 대한 선형계획법 모형의 예를 설명하는 데 지면 전체를 할애하고 있다. 제6장에서는 수송, 환적, 할당 문제를 위해 사용되는 특수한 형태의 선형계획법 응용에 초점을 둔다. 수송 문제의 한 예로, 공장이나 창고와 같은 여러 출발지에서 소매상과 같은 여러 목적지로 가는 제품들을 배에 실어 보낼 수 있는 항로 중 가장 비용이 적게 드는 항로를 결정하려는 의사결정문제가 있는데, 이때 각각의 출발지는 수송 가능한 제품의 양에 제한이 있고 각각의 목적지는 제품에 대한 수요가 제한되어 있다. 또한, 제9장에서는 두 개 이상의 목적함수를 가지는 문제를 다루기 위한 선형계획법의 한 형태인 목표계획법이라는 주제를 다루고 있다.

본 장의 앞부분에서 언급한 것과 같이, 본 교재에서 다루어지는 많은 수학적 주제 중 일부가 지침용 웹사이트에 추가 모듈로 포함되어 있다. 지침용 웹사이트에 포함된 선형계획법 주제 중에는 단체법(simplex method), 수송·환적·할당 문제 해법, 정수계획법 모형을 풀기 위한 분지-한계법과 같은 모듈이 있다. 또한 비선형계획법, 게임 이론, 마코브 분석 등도 지침용 웹사이트에 포함되어 있다.

확률적 기법

확률적 기법(probabilistic techniques)은 제10장에서 소개될 것이다. 이런 기법들은 결과가 확률적이라는 점에서 수리계획법과는 구별된다. 수리계획법에서는 모형 내의 모든 매개변수의 값을 확실하게 알 수 있다. 그래서 그 모형의 해도 확실하게 알 수 있다고 가정하는데, 여기서는 다른 해가 존재할 확률이 없기 때문이다. 어떤 해가 확실하다고 가정하는 기법을 가리켜 확정적(deterministic)이라고 한다. 반면 확률적 기법으로부터 구한 해는 다른 해가 존재할 수도 있다는 불확실성을 내포한다. 이 장 앞에서 소개한 모형의 해에서, 첫 번째 예의 결과는 확정적($x = 25$개를 생산)인 반면에 두 번째 예의 결과(각 달에 평균 40개씩 팔릴 것이라고 추정)는 확률적이라고 할 수 있다.

+ **확정적 기법**은 해의 확실성을 가정한다.

확률적 기법의 한 예로, 제10장의 주제인 의사결정 분석을 들 수 있다. 의사결정 분석에서는 불확실한(확률적인) 미래의 조건하에서 여러 개의 다른 의사결정 대안 중 어떤 것을 선택해야 하는지를 보여 준다. 예를 들어, 어느 한 개발자는 미래의 경제 상황이 좋을지, 괜찮을지, 나쁠지에 대한 확률이 주어진 상황에서 쇼핑몰을 지을지, 사무 복합 단지를 지을지, 분양 아파트를 지을지, 아니면 아무것도 짓지 않을지 결정하기 원할 수 있다. 예를 들어 제11장 대기행렬 분석에서는 식료 잡화점이나 은행, 또는 극장에서 발생하는 사람들의 대기행렬을 분석하는 데 쓰이는 확률적 기법을 소개한다. 대기행렬 분석의 결과물은 줄서서 기다리는 평균적인 사람의 수나 고객이 서비스를 받기 위해 기다려야 하는 평균 시간을 보여 주는 통계적 평균치이다.

네트워크 기법

제7장과 제8장의 주제인 네트워크는 엄밀한 수학적인 관계보다는 다이어그램으로 표현된다. 이러한 모형은 그 자체로서 분석하려는 시스템을 그림으로 표현한다. 이러한 모형은 확률적이거나 확정적인 시스템을 나타낸다.

예를 들어, 제7장(네트워크 흐름 모형)의 주제 중 하나인 최단경로 문제에서 네트워크 다이어그램은 출발지에서 목적지까지의 여러 다른 경로 중 가장 짧은 경로를 결정하려는 의사결정을 도와줄 수 있다. 예를 들어, 세인트루이스에서 데이토나 비치로 휴가를 즐기러 가는 경우, 가장 짧거나 빠른 길을 결정할 때 이 기법을 이용할 수 있다. 제8장(프로젝트 관리)에서의 네트워크는 집을 지을 때나 새로운 컴퓨터 시스템을 개발하는 것과 같은 프로젝트의 모든 작업과 활동 간의 관계를 보여 주는 데 쓰인다. 이러한 형태의 네트워크를 이용하여 가능한 한 짧은 시간이 소요되도록 할 수 있기 때문에, 경영자가 프로젝트 내 각각의 작업을 성공적으로 해낼 수 있는 최고의 계획을 세우도록 도와줄 수 있다. 교내 배구 대회나 콘서트를 계획할 때 이러한 형태의 기법을 사용할 수 있다.

다른 기법들

본 교재의 몇몇 주제는 여러 범주 사이에 중복되거나 고유한 특성을 가지기 때문에, 쉽게 특정 범주로 분류하기 힘들다. 제9장에서 다루는 계층분석법(analytical hierarchy process, AHP)과 같은 기법은 쉽게 어떤 범주로 분류하기 힘든 주제이다. 이는 하나 이상의 목표하에서 의사결정자가 여러 대안 중 하나를 선택할 수 있도록 도와주는 수학적 기법이다. 하지만 제9장('다기준 의사결정법')에서 함께 소개하고 있는 목표계획법이 선형계획법의 한 형태로 분류될 수 있는 것과 다르게, AHP는 선형계획법의 일종으로 볼 수 없다. 제12장의 주제인 시뮬레이션은 본 교재에서 가장 독특한 주제일 것이다. 이 기법은 확률적이고 확정적인 문제를 풀 수 있고, 다른 경영과학 기법으로 풀 수 없을 때는 마지막 보루로 이용되기도 한다. 시뮬레이션에서의 수학적 모형은 주로 컴퓨터를 통해 분석하려고 하는 현실 세계를 재현하고, 시뮬레이션 모형은 '모사'된 현실 시스템하의 문제를 푸는 데 이용된다. 예를 들어, 빈화한 사거리에서 차들의 교통 패턴에 대한 시뮬레이션 모형을 만들어 교통 신호를 어떻게 설정할지 결정할 수 있다.

제13장에서 다루는 예측(forecasting)은 전통적으로 운영관리(operations management) 영역의 일부분으로 간주되는 주제이다. 하지만 이 주제는 분석을 위해 계량적 모형에 크게 의

의료 분야에서의 경영과학

의료 산업은 미국 내에서 독보적으로 가장 큰 산업 분야로서 의료 분야 소비액은 미국 GDP의 17% 이상(거의 3조 달러)을 차지한다. 그러나 의료 분야 비용 중 30%가량은 비효율적인 프로세스로 인한 낭비로부터 초래된다고 추정된다. 경영과학은 비효율적인 프로세스를 더욱 효율적으로 만드는 데 탁월하다. 따라서 경영과학 기법이 가장 자주 응용되는 분야 중 하나가 의료 분야라는 것은 놀라운 사실이 아니다. 다음은 의료 분야의 많은 경영과학 응용사례들 중 몇 가지를 간단히 요약하고 있다.

병원 내 환자 흐름을 개선하는 것은 병원 운영 효율성을 개선하고 비용을 줄이는 데 중요한 요인이며, 병상 배정을 최적화하는 것은 환자 흐름에 중요한 영향을 미친다. 300개 병상을 가진 평균적인 병원에서 병상 이용률을 27% 증가시키면 1,000만 달러의 공헌이익이 증가하는 것으로 추정된다. 뉴욕에 있는 Mount Sinai Medical Center에서는 정수계획법(제5장)과 목표계획법(제9장)의 조합을 이용한 병상 배정 해법을 사용하여 병상 요청과 병상 배정 간 평균 소요시간을 23%(약 4시간에서 3시간으로) 줄였다. Duke 암센터에서는 외래환자 진료실, 방사선실, 종양치료센터를 포함한 병원 내 여러 부서의 환자 대기시간과 자원 이용률을 예측하기 위해 시뮬레이션 모형(제12장)을 사용하였다. 이 모델을 통해 종양치료 시 간호사가 가용하지 않음으로 인해 환자 흐름에 심각한 병목현상이 발생한다는 사실을 발견하였다. 정수계획법 모형(제5장)을 사용하여 최적의 주간, 월간 간호사 일정계획을 수립함으로써 이러한 병목현상을 완화시킬 수 있었다. 애틀랜타에 있는 그래디 메모리얼 병원에서는 응급실(ED)에 연간 12만 5,000명 이상의 환자가 방문한다. 경영과학 모형(즉, 정수계획법과 시뮬레이션)을 포함한 애널리틱스 접근법을 사용하여, 병원은 환자 체류기간을 약 7시간으로 33% 줄일 수 있었고, 재입원율은 28% 줄였으며, 환자 대기시간도 단축시킬 수 있었다. 그리고 응급실의 효율성 개선으로 환자 진료 처리율이 16% 이상 감소하였고, 이는 추가적인 자금이나 자원 없이 절약된 금액 포함 1억 9,000만 달러의 연간 매출로 이어졌다.

The East Carolina University(ECU)의 Student Health Service는 Greenville, SC에 위치한 이 대학의 2만 3,000명 학생에게 의료서비스를 제공한다. 거의 모든 환자는 사전에 진료 일정을 예약하는데, 최근 1년간 3만 5,000건이 조금 넘는 진료 예약이 이루어졌고 이 중 약 3,800건은 예약 부도(no-shows)가 발생하였다. 의료시설에서 예약 부도는 심각한 문제인데, ECU의 경우 환자 수 감소로 인해 연간 약 40만 달러 이상의 손실이 발생하는 것으로 추정된다. East Carolina의 연구진은 예측(제13장), 의사결정분석(제10장), 시뮬레이션(제12장)을 포함

한 여러 가지 경영과학 기법들을 조합하여 (항공사들이 항공권 예약을 위해 사용하는 것과 유사한) 초과예약 정책에 기반을 둔 해법을 개발하였다. 첫 학기에 병원이 이 정책을 구현한 결과, 7.3%의 초과예약이 이루어졌지만 실제 진료 시간이 겹치는 환자는 거의 발생하지 않았으며 약 9만 5,000달러의 비용 절감을 이룬 것으로 추정되었다.

녹스빌에 있는 테네시 대학 의료센터에서는 63개 병상을 가진 신생아 중환자실에 주 7일, 24시간 의료 서비스를 제공하는 9명의 의사 그룹의 일정을 계획하기 위해 경영과학(정수계획법 포함)이 사용된다. 의사를 근무조에 할당하는 것은 무수히 많은 제약조건으로 인해 복잡한데, 제약조건에는 진료 품질 및 안전 문제에 기초한 근무규칙 및 패턴, 업무량과 라이프스타일 선택을 비롯해 할당된 업무와 시간의 관점에서 그룹 내 모든 의사들은 균등해야 한다는 업무량 공정성 문제 등이 포함된다. 경영과학 모델링 접근법을 통해 수용 가능한 균등 일정들 중에서 개별적으로 더 선호되는 일정이 도출되었다.

© MShieldsPhotos/Alamy Stock Photo

자료 : B. G. Thomas, S. Bollapragada, K. Akbay, D. Toledano, P. Katlic, O. Dulgeroglu, and D. Yang, "Automated Bed Assignments in a Complex Dynamic Hospital Environment," *Interfaces* 43, no. 5 (September–October 2013): 435.448; J. C. Woodall, T. Gosselin, A. Boswell, M. Murr and B. T. Denton, "Improving Patient Access to Chemotherapy Treatment at Duke Cancer Center," *Interfaces* 43, no. 5 (September–October 2013): 449.461; E. Lee, H. Atallah, M. Wright, E. Post, C. Thomas, D. Wu, and L. Haley, "Transforming Hospital Emergency Department Workflow and Patient Care," *Interfaces* 45, no. 1 (January–February 2015): 58.82; J. Kros, S. Dellana, and D. West, "Overbooking Increases Patient Access at East Carolina University'Student Health Services Clinic," *Interfaces* 39, no. 3 (May–June 2009): 271.287; and M. Bowers, C. Noon, W. Wu, and J. Bass, "Neonatal Physician Scheduling at the University of Tennessee Medical Center," *Interfaces* 46, no. 2 (March–April 2016): 168.182

존하는 중요한 경영의 기능적 영역이기 때문에, 경영과학에서도 역시 중요한 주제로 여겨지고 있다. 이 주제에는 확률적인 관점과 확정적인 관점이 모두 포함하여 있다. 제13장에서는 경영자가 서비스와 제품의 미래 수요가 어느 정도일지 예측하는 데 도움을 주는 여러 가지 계량적 모형을 소개한다.

경영 분야에서 경영과학 기법의 활용

모든 경영과학 기법이 회사에서 똑같이 중요하고 똑같은 비중으로 사용되는 것은 아니다. 어떤 기법들은 사업가나 경영자에게 자주 이용되고, 나머지는 덜 이용된다. 선형계획법, 정수계획법, 시뮬레이션, 네트워크 분석(CPM과 PERT 포함), 재고 관리, 의사결정 분석과 대기행렬 이론이 확률 및 통계와 함께 가장 많이 이용되는 기법들이다. 본 교재에서는 얼마나 자주 사용되는지에 상관없이 경영과학의 영역 안이라고 여겨지는 모든 주제에 대해서 심도 있게 다루었다. 비록 몇몇 주제는 직접적으로 응용하는 데 제한이 있음에도 불구하고, 이를 익혀 두면 문제를 해결하는 데 유용하고 독특한 도구가 되고 다른 이의 의사결정 과정을 이해하는 데 도움이 될 수 있다.

사업과 산업뿐만 아니라 정부, 의료, 서비스 조직 등 여러 분야에서 경영과학의 응용과 응용할 수 있는 잠재력의 다양함과 그 폭은 매우 넓다. 응용 분야에는 프로젝트 계획, 자본 예산, 생산 계획, 재고 분석, 일정 관리, 마케팅 계획, 품질 관리, 공장 위치 선정, 유지관리 정책, 인력 관리, 제품 수요 예측 등이 있다. 본 교재에서는 여러 분야에서 경영과학의 응용 가능성을 각 단원의 문제와 각 단원의 예시를 통해 살펴볼 것이다.

매년 수천 개의 경영과학 응용사례 중 일부가 학문적이거나 전문적인 다양한 학술지에 실리고 있다. 종종 이들 학술지 논문은 응용 그 자체로 복잡하거나 읽기에 매우 어렵다. 하지만 〈Interfaces〉라는 저널은 특히 경영과학의 응용에 대해 다루고 있고 대학 교수뿐만 아니라 사업가나 학생들을 대상으로 한다. 〈Interfaces〉는 INFORMS(Institute for Operations Research and Management Sciences)라는 경영과학 및 오퍼레이션스 리서치(operations research)의 응용에 관심이 많은 여러 전문인들로 구성된 세계적인 전문 조직에서 발간된다.

〈Interfaces〉는 여러 다양한 문제에 대해 경영과학을 적용한 것을 보고하는 논문을 정기적으로 발간한다. 다음 단원부터 소개될 경영과학 응용사례의 일부는 〈Interfaces〉나 다른 유명한 저널로부터 가져온 것이다. 여기서 소개되는 이러한 사례들은 실제 모형과 모형의 구성요소를 자세하게 다루지 않는 대신, 회사나 조직에서 직면하게 되는 문제의 종류와 문제를 해결하기 위해 개발된 문제 접근 과정, 그리고 모형이나 기법으로부터 얻은 편익 등을 간략하게 보여 준다. 이와 같은 경영과학 응용에 대해 자세한 정보를 얻기를 희망하는 독자들은 도서관에 가서 〈Interfaces〉나 다른 많은 경영과학의 응용에 대한 논문을 담고 있는 저널을 찾아보는 것을 추천한다.

의사결정 지원 시스템의 경영과학 모형들

역사적으로 경영과학 모형은 여러 종류의 문제 해결에 적용되어 왔다. 예를 들어, 대기행렬 모형은 상점이나 은행의 대기행렬 시스템을 분석하는 데 이용된다. 하지만 컴퓨터와 정보기술의 진화로, 더 복잡하고 서로 연관되어 있는 조직의 문제를 해결하기 위해 여러 경영과학 모형과 해결 기법이 결합된 개방형 컴퓨터 시스템이 발전하였다. 의사결정 지원 시스템(decision support system, DSS)은 의사결정자가 조직의 여러 부서와 운영 영역을 넘나드는 복잡한 문제들을 해결할 수 있도록 도와주는 컴퓨터 기반 시스템이다.

+ 의사결정 지원 시스템(DSS)
관리자의 의사결정을 지원하기 위해 사용되는 컴퓨터 기반 정보시스템이다.

DSS는 보통 상호작용적인데, 다양한 데이터베이스와 여러 가지 경영과학 모형 및 해법들을 사용자 인터페이스와 결합하여 의사결정자가 질의를 하고 그 답을 구할 수 있도록 해준다. 가장 간단한 형태로 의사결정자가 의사결정을 하는 데 도움을 주는 어떠한 형태의 컴퓨터 기반 소프트웨어 프로그램이든 DSS라고 불릴 수 있다. 예를 들어, 제시 1.1에서 손익분기점 분석에 쓰인 엑셀 스프레드시트나 제시 1.3의 윈도우용 QM 역시 실제적으로 DSS라고 부를 수 있다. 반면 기업의 DSS는 많은 여러 가지 종류의 모형과 대규모 데이터 웨어하우스를 포함하고 있고, 조직 내의 여러 의사결정자에게 서비스를 제공한다. 이들 시스템은 의사결정자에게 서로 연관되는 정보와 회사 내의 거의 모든 것들에 관한 분석을 제공한다.

그림 1.7은 데이터베이스 구성요소와 모델링 구성요소, 그리고 의사결정자의 사용자 인터페이스로 구성된 DSS의 기본적인 구조를 나타낸 것이다. 앞에서 언급한 바와 같이, DSS는 하나의 데이터베이스에 연결된 하나의 분석 모델을 가진 소규모 단일 시스템일 수도 있고, 많은 모델과 대형 데이터베이스를 연결하는 매우 크고 복잡한 시스템일 수도 있다. DSS는 주로 데이터 기반의 시스템일 수도 있고, 모형 기반의 시스템일 수도 있다. 새로운 종류의 DSS인 OLAP(online analytical processing system)은 의사결정을 위해 경영과학 모형이나 통계 같은 분석적 기법의 사용에 초점을 맞추고 있다. 개인 사용자의 데스크톱 DSS는 개개인의 문제에 대한 답을 찾기 위한 엑셀과 같은 스프레드시트 프로그램이 될 수도 있다. 제시 1.1은 비용, 수량, 가격 데이터, 손익분기점 모형 그리고 사용자가 데이터를 조작하고 결과를 볼 수 있도록 하는 기능(즉, 사용자 인터페이스) 등 DSS의 모든 구성요소를 포함하고 있다.

DSS 스펙트럼의 또 다른 한편에 있는 전사적 자원 관리(enterprise resource planning, ERP) 시스템은 회사 전체의 구성요소와 기능을 연결시키는 소프트웨어이다. 이는 개별 일일 판매량과 같은 데이터를 정보로 바꾸어 주고 이러한 정보는 주문, 생산, 재고, 유통과 같은 기업 내 여러 부서들이 즉각적인 의사결정을 할 수 있도록 지원해 준다. 기업 ERP 시스템과 같은 큰 규모의 DSS는 판매 데이터를 분석하고 미래의 제품 수요를 결정하는 데 도움을 주는 예

그림 1.7

의사결정 지원 시스템

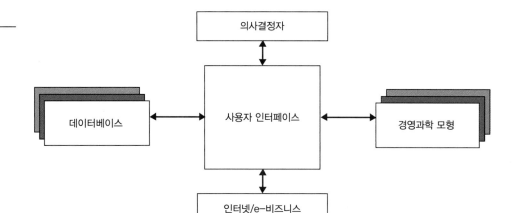

측 모형(제13장), 얼마나 많은 자재를 주문하고, 어떤 제품을 생산하며, 이를 언제 생산해야 하는지 결정하기 위한 선형계획법 모형(제2~5장), 제품을 고객에게 배송하는 가장 비용 효과적인 방식을 결정하는 수송 모형(제6장), 가장 우수한 배달 경로를 결정하는 네트워크 흐름 모형(제7장) 등을 포함할 수 있다. 이러한 다양한 경영과학 모형과 이를 지원하기 위한 데이터는 모두 하나의 전사적 DSS 내에서 서로 연결될 수 있고, 이를 통해 많은 여러 의사결정자들의 의사결정을 지원할 수 있다.

경영자가 특정 질문에 답을 얻고 의사결정을 하는 데 도움을 주는 것 이외에도, DSS는 'What-if?'라는 질문의 답을 얻거나 민감도 분석을 수행할 때에도 가장 유용한 방법이 될 것이다. 달리 표현하면, DSS는 실험할 수 있는 컴퓨터 기반의 실험실을 제공해 준다고 할 수 있다. 여러 가지 데이터베이스를 다양한 경영과학 모형과 연결함으로써, 회사의 한 기능과 관련된 모형의 매개변수가 변경될 때 회사의 다른 기능에 관련된 모형에 어떠한 효과가 초래되는지 사용자가 확인할 수 있도록 해준다. 예를 들어, 예측 모형에서 데이터를 변경함으로써, 제품 수요의 가상적 변화가 생산 일정에서 어떠한 효과를 초래하는지 선형계획법 모형을 통해 경영자는 확인할 수 있다.

정보기술과 컴퓨터 기술의 발전은 DSS에서 여러 가지 모형들을 데이터베이스와 연결시켜 줌으로써 복잡한 조직 문제에 광범위하게 경영과학 기법을 적용할 수 있는 기회를 제공하고 있다. 이러한 발전을 통해 개인은 데스크톱 DSS 형태로 경영과학 모형을 손쉽게 이용할 수 있게 되었으며, 이로 인해 경영자는 더 손쉽게 일상 운영에 관한 의사결정을 할 수 있게 되었다. 미래에는 새로운 소프트웨어의 발전으로 인해 문제 해결을 위한 경영과학의 응용이 더욱 용이해질 것이라는 점은 의심할 여지가 없고, 경영자들이 회사 내에서 정교한 컴퓨터 시스템과 연결되고 인터넷을 통해 다른 회사와도 연결됨으로써 경영과학은 의사결정을 도와주는 도구로서 더욱 중요해지고 폭넓게 퍼져 나갈 것이다.

많은 회사들은 현재 인터넷을 통해 새로운 종류의 DSS를 이용하고 있다. e-비즈니스 응용에서 회사들은 인트라넷(intranet)이라 불리는 컴퓨터 시스템을 통해 전 세계의 다른 부서들과 연결될 수 있고, 엑스트라넷(extranet)이라 불리는 시스템을 통해 다른 회사들과 연결될 수 있으며, 인터넷을 통해서도 연결될 수 있다. 예를 들어, EDI(electronic data interchange)와 바코드를 통한 판매 시점(point-of-sales) 데이터는 회사의 사업상의 거래나 소매점에서의 판매와 같은 정보가 즉각적으로 기록될 수 있도록 해주고, 이러한 기록은 DSS에 즉시 입력되어 경영과학 모형을 이용한 재고 및 생산 일정의 갱신이 이루어질 수 있도록 한다. 인터넷 운송 거래소에서는 웹사이트상에서 기업들이 그들의 제품에 대한 비용 효과적인 운송 방법을 찾을 수 있도록 해주는데, 정교한 경영과학 모형을 활용하여 운송해야 하는 화물에 대해 가장 낮은 비용과 가장 빠른 배송속도를 제공하는 가용 트럭을 매칭해준다.

요약

+ 경영과학은 하나의 예술이다.

앞으로 다룰 단원에서는 각각의 경영과학 기법을 구성하는 모형 수립 및 모형 풀이 방법에 대해 자세히 소개하고 사례를 보여 준다. 사실, 기법을 소개하는 주요 방법은 사례를 통한 것이다. 책에서는 경영과학 기법의 메커니즘에 대한 지식과 이러한 기법을 적용했을 때의 문제점의 종류에 대해 서술한다. 하지만 경영과학자나 경영과학을 이용하는 경영자의 최종 과제는 책 속의 지식을 사업 환경으로 옮기는 것이다. 이러한 경우 경영과학을 적용하는 데 필요한 기술(art)이 있지만, 이는 실무 경험과 온전한 교과서적 지식의 습득이 전제된 기술이어야 한다. 전제의 첫 번째는 본 교재의 영역 밖이지만, 두 번째는 본 교재의 목표이다.

연습문제

01 Willow 가구 회사는 테이블을 생산한다. 월간 고정 생산비용은 8,000달러이고, 테이블 1개당 가변 생산비용은 65달러이다. 테이블은 개당 180달러에 판매된다.

a. 1달에 300개의 테이블을 생산한다고 할 때, 총 비용과 총 매출 그리고 총 수익을 계산하시오.

b. Willow 가구 회사의 손익분기점에서의 월별 생산량을 구하시오.

02 Gobblecakes는 컵케이크를 전문적으로 만드는 제과점이다. 컵케이크를 만드는 데 소요되는 연간 고정비용은 1만 8,000달러이다. 컵케이크 하나를 만드는 데 소요되는 재료비 및 인건비를 포함하는 변동비용은 0.90달러이다. 이 제과점은 컵케이크를 개당 3.20달러의 가격으로 판매한다.

a. 만일 제과점이 연간 1만 2,000개의 컵케이크를 판매한다면 총 비용, 총 매출, 그리고 이익은 얼마인가?

b. 손익분기점에 도달하기 위해서는 몇 개의 컵케이크를 판매해야 하는가?

03 Rolling Creek 직물 공장에서는 데님 천을 생산한다. 월간 고정비용은 2만 1,000달러이다. 그리고 1야드당 작업복의 변동비용은 0.45달러이다. 공장에서는 1야드당 1.30달러에 데님 천을 판매한다.

a. 월간 1만 8,000야드의 생산량에 대해서 총 비용과 총 매출 그리고 총수익을 계산하시오.

b. Rolling Creek 직물 공장의 손익분기점에서의 연간 생산량을 구하시오.

04 Evergreen 비료 회사에서는 비료를 생산한다. 이 회사의 연간 고정비용은 2만 5,000달러이다. 그리고 가변 비용은 1파운드당 0.15달러이다. Evergreen 회사는 비료를 1파운드당 0.40달러에 판매한다. 손익분기점에서의 월간 생산량을 구하시오.

05 문제 02에서 구한 Gobblecakes의 손익분기점을 그래프로 그리고 설명하시오.

06 문제 04에서 구한 Evergreen 비료 회사의 손익분기점을 그래프로 그리고 설명하시오.

07 앤디 멘도사는 수제 인형을 만들어 공예품 시장에서 판매한다. 그는 인형을 대량생산하여 상점에서 파는 것을 고려하고 있다. 그는 공장 및 장비를 구비하기 위한 초기 투자비가 2만 5,000달러에 이를 것으로 추정하고 있고, 인건비, 재료비, 포장비, 그리고 배송비는 인형 하나당 약 10달러가 될 것으로 추정한다. 만일 인형이 하나에 30달러에 팔린다면 앤디가 손익분기점에 도달하기 위한 판매량은 얼마인가?

08 문제 02에서 설명한 Gobblecakes 제과점의 연간 최대 생산능력이 컵케이크 1만 2,000개라고 할 때, 이 생산능력의 백분율 형태로 손익분기점을 구하시오.

09 문제 03에서 설명한 Rolling Creek 방직 공장의 월간 최대 생산능력이 데님 천 2만 5,000야드라고 할 때, 이 생산능력의 백분율 형태로 손익분기점을 구하시오.

10 문제 04에서 설명한 Evergreen 비료 회사의 월간 최대 생산능력이 비료 12만 파운드라고 했을 때, 이 생산능력의 백분율 형태로 손익분기점을 구하시오.

11 문제 02에서 설명한 Gobblecakes 제과점이 컵케이크 하나의 판매 가격을 3.20달러에서 2.75달러로 변경한다면 손익분기점에는 어떤 영향이 있는가?

12 문제 04에서 설명한 Evergreen 비료 회사가 비료의 가격을 파운드당 0.40달러에서 0.60달러로 올린다면, 손익분기점에는 어떤 영향이 있는가?

13 만약 Evergreen 비료 회사가 매출 신장을 위하여 비료의 생산 과정에서 제초제를 첨가한다고 하자. 이로 인해 파운드당 가변 생산비용은 0.15달러에서 0.22달러로 증가할 것이다. 이 경우에는 문제 12에서 계산한 손익분기점에 어떤 변화가 예상되는가?

14 만약 Evergreen 비료 회사가 광고 지출을 연간 1만 4,000달러만큼 증가시킨다고 하자. 이러한 광고 비용의 증가가 문제 13에 계산된 손익분기점에는 어떤 영향을 미치는가?

15 Pastureland Dairy는 치즈를 만들어 근처의 슈퍼마켓에 판매한다. 월간 고정 생산비용은 4,000달러이다. 그리고 치즈의 파운드당 가변 생산비용은 0.21달러이다. 치즈는 파운드당 0.75달러에 판매된다. 그러나 Pastureland Dairy는 파운드당 0.95달러로 가격을 올리는 것을 고려하고 있다. 현재 Pastureland Dairy는 월간 9,000파운드의 치즈를 생산하여 판매하고 있으며, 가격을 인상할 경우에는 매출량이 월간 5,700파운드로 감소할 것이다. Pastureland Dairy는 가격을 인상해야 하는가?

16 데이비드는 졸업 후에 사업가가 되기를 원한다. 그는 장난감 제조에 관심이 있다. 시장 조사를 실시한 후, 새로운 장난감 생산 장비를 구입하기 위한 초기 투자가 3만 달러가 될 것으로 추산했다. 반면 장난감 한 개에 대해 장난감 재료, 노동력, 포장, 운송에 15달러의 비용이 소요된다. 그는 시장이 요구하는 만큼 충분한 양의 장난감을 생산할 계획이다. 그는 장난감 하나를 30달러에 팔 수 있을 것으로 기대하고 있다.
a. 손익분기점에 이르기 위해서 데이비드는 얼마나 많은 장난감을 팔아야 하는가?
b. 데이비드는 지역 매체 광고에 9,000달러를 지출하면 장난감 판매량을 500개 증가시킬 수 있을 것으로 판단하고 있다. 그러면 그는 광고비 지출을 해야 하는가?

17 문제 16의 데이비드는 현재 시장 수요가 그다지 유망해 보이지 않고 손익분기점보다 더 많이 팔지 못할 수도 있을 것이라 우려하고 있다. 따라서 그는 새 장비를 사는 대신 고정비를 줄이기 위해 중고 장비를 2만 달러에 구입할 계획이다. 이 장비는 중고품이기 때문에, 직원들의 작업 속도는 더 느려지게 되고, 따라서 장난감 하나당 변동비용은 20달러로 증가하게 된다. 이러한 변화로 인해 손익분기점이 감소하는가?

18 킴 데이비스는 휴대전화를 구매하기로 했다. 그러나 그녀는 어떤 요금제를 선택할 것인지 아직 결정을 못하고 있다. '일반' 요금제는 매월 1,000분에 대해서 55달러의 고정비용을 부과하고, 추가분에 대해서는 분당 0.33달러의 비용을 추가로 부과한다. '비즈니스' 요금제는 매월 1,200분까지의 사용에 대해서 100달러를 부과하며, 그 이상의 사용분에 대해서는 분당 0.25달러의 요금을 추가로 부과한다.
a. 만약 킴이 전화를 한 달에 21시간 사용할 것으로 예상한다면, 그녀는 어떤 요금제를 선택해야 하는가?
b. 얼마의 사용량에 대해서 킴은 두 요금제 간 선택의 차이가 없어지는가?

19 대학생 베니 오르시니는 캠퍼스 근처에 베니의 빅 슬라이스 피자(Big Slice Pizza)라는 상호의 워크인 피자 레스토랑을 열 계획이다. 매장 내 좌석은 제한적으로만 제공하고, 플레인 치즈 피자와 페퍼로니 피자라는 두 종류의 특대형 조각 피자를 팔 계획이다. 임대료와 장비비를 포함한 연간 고정비는 2만 6,000달러이고, 피자를 만드는 재료와 인건비를 포함한 변동비는 피자 한 판당 5.36달러이다. 만약 베니가 하나의 조각 피자를 3.75달러에 팔 계획이고, 피자 한 판이 8조각이라면, 손익분기점을 맞추기 위해 몇 조각을 팔아야 하는가? 주당 540조각의 수요가 있을 것으로 예측된다면 연간 이익은 얼마나 되는가?

20 문제 19에서 베니의 빅 슬라이스 피자가 사용하는 피자 생산 과정은 매우 노동 집약적이다. 베니는 보다 자동화된 공정 설계를 고려하고 있는데, 이러한 공정을 도입하면 연간 고정비가 4,000달러 증가하고, 피자 한 판당 변동비용은 3.84달러로 감소한다. 이전의 공정과 새로운 공정 간에 차이가 없도록 하는 조각 피자 판매량은 대략적으로 얼마인가? 베니는 이전의 노동 집약적인 공정을 사용해야 하는가, 아니면 새로운 장비를 사용하는 공정을 사용해야 하는가?

21 Tech 대학의 학생인 애니 러셀은 홈경기가 열리는 기간 중에 Tech 대학 축구 경기장 내에 핫도그 가판대를 운영하려고 계획하고 있다. 다가오는 시즌에는 총 7경기의 홈경기가 예정되어 있다. 그녀는 Tech 대학 체육부서에게 가판대 자릿세로 시즌당 3,000달러를 납부해야 한다. 그녀의 가판대와 기타 장비를 위해서 해당 시즌에 4,500달러의 비용이 소요된다. 그녀는 핫도그의 개당 판매비용이 0.35달러가 될 것이라 예상한다. 그녀는 다른 학교에서 게임마다 핫도그를 판매하는 친구와 대화를 나누었다. 그녀가 얻은 정보와 체육부서의 예측에 따르면 그녀는 게임당 약 2,000개의 핫도그를 판매할 수 있을 것이다.
a. 애니가 손익분기점에 도달하기 위해서는 핫도그를 얼마에 팔아야 하는가?
b. 시즌 중 핫도그 판매량이 변경되어 그녀가 손익분기점에 도달하기 위해 설정해야 하는 핫도그 가격이 바뀌는 상황으로 어떤 것들이 발생 가능한지 예상해 보시오.
c. 애니가 다른 음식 가판대들과의 경쟁력을 유지하면서 합리적인 수익을 창출할 수 있게 하는 적정한 가격을 제안해 보시오.

22 해나 바이어스와 캐슬린 테일러는 여름에 아이들에게 수영을 가르치는 것을 고려하고 있다. 근처에 위치한 수영장은 매일 정오에 문을 연다. 따라서 이 수영장을 오전 중에 대여하여 사용하는 것이 가능하다. 해나와 캐슬린이 10주간 수영장을 빌리는 데 드는 비용은 1,700달러이다. 수영장에서는 해나와 캐슬린에게 입장료와 수건 이용료 그리고 인명 구조비로 학생 1명당 7달러의 요금을 부과한다. 해나와 캐슬린은 몇 명의 보조 지도자를 고용하기 위하여 학생 1명당 5달러의 추가적인 비용을 예상하고 있다. 해나와 캐슬린은 10주간의 수영 강좌에 학생 1명당 75달러의 수강료를 받을 예정이다.
a. 몇 명의 수강생을 모집해야 해나와 캐슬린이 손익분기점에 도달하는가?
b. 해나와 캐슬린이 여름 동안에 5,000달러의 수익을 얻기를 원한다고 가정하자. 몇 명의 수강생이 등록해야 하는가?
c. 해나와 캐슬린은 60명 이상의 학생은 모집할 수 없을 것이라 예상하고 있다. 만약 이 수만큼(60명) 모집하게 되면 목적 수익인 5,000달러를 달성하기 위하여 1명의 학생에 대해서 얼마의 수강료를 받아야 하는가?

23   어느 한 소도시의 청소년 크리켓 클럽은 20명의 회원이 활동하고 있다. 그 클럽은 회원들에게 전문적인 교습을 제공한다. 클럽은 소속팀을 지원하고 코치들의 급여를 지불하기 위해 매년 7만 5,000달러의 예산이 필요하다. 이 금액을 확보하기 위해, 클럽은 매년 가을 토너먼트를 개최한다. 대회 개최비용은 1만 달러로 광고비, 다양한 채널을 통한 지역 내 다른 팀과의 커뮤니케이션 비용 등이 포함돼 있다. 팀당 참가비는 300달러이다. 대회에 참가하는 각 팀을 위한 숙박비와 심판에게 지급할 보수로 팀당 70달러가 소요된다. 클럽이 7만 5,000달러를 벌기 위해서는 몇 개의 팀을 초대해야 하는가?

24   Tech 대학 학생회는 매년 여러 개의 캠퍼스 프로젝트를 수행하는데 이를 지원하기 위한 자금을 얻는 주된 원천은 가을에 치러지는 "오렌지색 효과"(Tech 대학의 색상 중 하나가 오렌지색임)라고 알려진 축구 경기 기간 중에 티셔츠를 판매하는 것이다. 클럽이 미디어에 공식적으로 발표한 목표는 축구장에 있는 모든 사람들이 오렌지색 옷을 입는 것이다. 클럽의 재무적인 목표는 15만 달러의 이익을 거두는 것이지만, 상당히 많은 수의 팬들이 티셔츠를 사고 그것을 경기장에 올 때 입고 오게 하기 위해 티셔츠의 가격을 6달러보다 아주 높게는 설정하지 않을 것이다. 경기장에는 6만 2,000명의 팬이 입장할 수 있고, SGA가 원하는 오렌지색 효과를 거두기 위해서는 대략 4만 5,000벌의 오렌지색 티셔츠를 판매하기 원한다. SGA는 이러한 판매량을 거둘 수 있을거라 확신하고 있다. 이렇게 많은 티셔츠를 구매하고 실크스크린 인쇄를 한 후 배송하는 데 드는 비용은 10만 달러가 소요될 것이다. SGA는 티셔츠를 세 가지 판매처를 통해 판매하는데, 온라인, 두 곳의 Tech 대학 서점, 그리고 한 곳의 지역 서점이 그것이다. 서점들은 티셔츠 매출로부터 발생하는 이익을 나누기를 원하지는 않지만, 그들이 부담하는 인건비, 공간 사용료, 기타 비용을 포함한 직접 비용은 회수할 수 있기를 원한다. 두 곳의 Tech 대학 서점들은 티셔츠 한 벌당 0.35달러의 비용을 SGA에 청구하고, 지역 서점 한 곳은 티셔츠 한 벌당 0.50달러의 비용을 청구한다. 취급, 포장, 배송을 포함한 온라인 판매에 소요되는 비용은 티셔츠 한 벌 당 2.30달러이다. SGA는 두 곳의 Tech 대학 서점에서 셔츠의 50%, 지역 서점에서 35%, 그리고 온라인으로 15%의 티셔츠가 판매될 것으로 추정한다. 만일 SGA가 티셔츠를 6달러에 판매하고 주문한 티셔츠 모두를 판매한다면 그들의 재무적 목표를 달성하기에 충분한 이익을 거두게 되는가? 만일 그렇지 않다면 SGA는 티셔츠의 가격을 얼마로 해야 하는가? 아니면 재무적 목표를 달성하기 위해 얼마나 많은 티셔츠를 팔아야 하는가?

25   캐슬린 테일러는 고등학생으로 여름 동안 할 일로 잔디 깎기의 가능성을 살펴보고 있다. 그녀는 일거리별로 시간 단위로 고용할 수 있는 몇 명의 친구가 있다. 두 대의 새 잔디 깎는 기계와 제초기를 포함한 장비 비용은 500달러이고, 평균적인 주거지역 잔디밭 하나를 깎는 데 대해 그녀가 고용한 친구들에게 지급해야 할 인건비(그녀 자신의 인건비는 포함하지 않음)와 작업 장소까지 이동하고 잔디를 깎는 데 소요되는 연료비에 기초하여 산출한 잔디밭 하나당 소용 비용은 약 14달러일 것으로 그녀는 추정한다.

a. 만일 그녀가 잔디밭 하나당 30달러를 고객에게 부과한다고 했을 때, 손익분기점에 이르기 위해서는 몇 개의 잔디밭을 깎아야 하는가?

b. 학교가 다시 개학하기 전에 캐슬린이 잔디 깎는 일에 쓸 수 있는 시간은 8주이고, 하루에 적어도 세 곳의 잔디밭을 깎을 정도의 고객 수요가 있을 것으로 추정하고 있다(1주는 6일). 여름 동안 그녀는 얼마의 돈을 벌 수 있다고 예상되는가?

c. 캐슬린은 잔디밭 하나당 가격을 낮춘다면 더 많은 주문을 얻을 수 있을 것이라고 믿는다. 가격을 하나당 25달러로 낮추어 하루에 받는 주문의 수가 4건(그녀가 해낼 수 있는 최대한의 의뢰수)으로 늘어난다면, 그녀는 이렇게 결정해야 하는가?

26 휘트니 에글스턴은 소매업을 그만두고 온라인 홈 장식 사업을 시작하자는 생각으로 부모님의 집으로 다시 이사했다. 그녀는 공예품 박람회, 주택 박람회, 도매 시장 등에서 장식용 베개, 램프, 그릇, 거울 등을 구입해 자신의 사이트에서 재판매할 계획이다. 고객들이 자신의 방이나 공간을 설명하면 그녀가 일련의 장식품들을 추천하도록 하는 것이 그녀의 마케팅 계획 일부이다. 그녀는 7,500달러에 지역 웹사이트 개발자를 고용해 사이트를 구축하고 운영하고 있다. 사업 첫해에 그녀는 제품 비용으로 매달 2,300달러의 예산을 책정했다. 그녀는 다른 온라인 소매 사이트를 조사했고, 사이트에서 히트 상품 하나로부터 발생하는 그녀의 수익은 대략 0.24달러라고 추정했다. 휘트니가 첫 해에 손익분기점을 맞추기 위해서는 한 달에 몇 개의 히트 상품이 필요한가? 그녀가 2년차에 제품 비용으로 매달 3,500달러의 예산을 책정한다고 했을 때, 4만 5,000달러의 수익을 올려 부모님 집으로부터 독립할 수 있게 되기 위해서는 한 달에 몇 개의 히트 상품이 필요한가?

27 문제 21의 애니 러셀은 Tech 대학의 체육부서로부터 모든 경기가 매진될 것 같다고 들었지만, 날씨가 얼마나 많은 팬들이 실제로 경기장에 오고 핫도그를 구매할지에 영향을 미친다는 사실을 알고 있다. 날씨가 너무 덥거나 너무 추우면 팬들이 경기장에 덜 오려고 할 것이고 날씨가 추우면 핫도그를 사먹지 않을 것이다. 이러한 새로운 사실을 고려하여 애니는 그녀의 의사결정 상황을 분석하여 여러 가지 날씨 조건하에서 발생 가능한 결과들을 생각해 보기로 하였다. 만일 날씨가 시즌 내내 좋다고 할 때 핫도그를 3.25달러에 판매하면 7,000개를 팔 수 있지만, 날씨가 나쁘다면 5,500개밖에 팔지 못할 것이다. 반면, 만일 핫도그를 4달러에 팔고 날씨가 좋다면 6,000개를 팔 수 있지만, 날씨가 나쁘다면 3,500개밖에 팔지 못할 것이다. 애니가 얼마에 핫도그를 팔아야 한다고 생각하는가? 그 이유는 무엇인지 설명하시오.

28 문제 27에서 애니는 과거 날씨 데이터를 이용해 다음 시즌에는 날씨가 좋을 확률이 60%, 나쁠 확률이 40%라는 사실을 알아냈다. 이러한 추가적인 정보하에서, 애니의 의사결정은 어떻게 되어야 한다고 생각하는가? 그 이유는 무엇인가?

29 이 장에서 모형 구축 방법을 설명하는 데 사용한 예제에서 한 회사는 원가가 5달러인 제품을 20달러에 x개 판매하고, 그 제품을 만드는 데 필요한 100파운드의 철을 가지고 있으며, 제품 한 단위를 만드는 데 4파운드의 철이 소요된다. 구축된 모형은 다음과 같다.

$$\text{maximize } Z = 20x - 5x$$
$$\text{subject to}$$
$$4x = 100$$

두 번째 제품이 있어 이익이 10달러이고 한 단위 만드는 데 2파운드의 철이 소요된다고 하자. 두 번째 제품은 y개 판매된다고 하면 모형은 다음과 같이 된다.

$$\text{maximize } Z = 15x + 10y$$
$$\text{subject to}$$
$$4x + 2y = 100$$

목표를 이룰 수 있는 새로운 모형의 해를 찾을 수 있는가? 찾은 해를 설명하시오.

30 마리아 이글은 북미 원주민 장인이다. 그녀는 그릇과 잔을 특수한 도자기 점토로부터 수작업으로 만드는 파트타임 일을 하고, 그녀가 만든 물건들을 북미 원주민 공예품 조합인 Beaver Creek Pottery Company에 판매한다. 그녀가 매달 그릇과 잔을 만드는 데 사용할 수 있는 시간은 60시간이고, 그릇 하나를 만드는 데는 12시간, 잔 하나를 만드는 데는 15시간이 소요된다. 그릇 하나를 만드는 데는 9파운드의 특수 점토를 사용하고 잔 하나를 만드는 데는 5파운드의 점토를 사용한다. 마리아는 매달 30파운드의 점토 사용이 가능하다. 각각의 그릇에 대해서 그녀가 버는 수익은 300달러이고, 잔의 경우는 250달러이다. 마리아가 가진 자원 제약하에서 그녀가 만들어 낼 수 있는 그릇과 잔 개수의 모든 가능한 조합을 나열해 보고, 그중 가장 높은 이익을 주는 그릇과 잔 개수 조합을 선택하시오. 엑셀 모형을 구축하고 이 문제를 풀기 위한 그림을 그리시오.

31 에드 도리스는 State 대학에서 중고 교과서 판매 웹사이트를 개발하였다. 웹사이트의 광고를 판매하기 위해 그는 미래의 웹사이트 방문자 수를 예측해야 한다. 과거 6개월간 웹사이트 방문자 수는 다음과 같다.

개월	1	2	3	4	5	6
사이트 방문자 수	6,300	10,200	14,700	18,500	25,100	30,500

7번째 달에 대해서 페이지 방문자 수를 예측하고, 어떤 논리를 기반으로 그렇게 예측했는지 설명하시오.

32 트레이시 맥코이가 토요일 아침에 눈을 떴을 때, 그녀는 집에서 케이크와 빵을 만들어 오후에 열리는 자선 바자회에 가져가기로 사친회(PTA)와 약속했다는 것을 생각해 냈다. 그러나 그녀는 가게에 가서 재료를 살 시간이 없었다. 그녀는 오븐에 빵을 구울 아주 짧은 시간밖에 없었다. 케이크와 빵은 서로 다른 온도에서 구워야 하기 때문에 그녀는 케이크와 빵을 동시에 구울 수 없었고, 빵을 굽는 데 사용할 수 있는 시간이 단 3시간밖에 없었다. 케이크를 하나 만드는 데는 3컵의 밀가루가 필요하며, 빵을 하나 만드는 데는 8컵의 밀가루가 소요된다. 트레이시에게는 20컵의 밀가루가 있다. 케이크는 45분을 구워야 하며, 빵은 30분을 구워야 한다. PTA에서는 케이크를 10달러에, 빵을 6달러에 판매한다. 트레이시는 얼마나 많은 케이크와 빵을 만들어야 하는지 알고 싶어 한다. 이 문제에 대해서 모든 가능한 해(즉, 주어진 밀가루의 양과 시간하에서 모든 가능한 케이크와 빵의 개수의 조합)를 구하고 최선의 해를 선택하시오.

33 Food King 식료품점은 8개의 계산대를 가지고 있다. 토요일 아침에는 고객들의 유입이 오전 8시부터 정오까지 상대적으로 꾸준히 일어난다. 매장 관리자는 이 시간 동안 얼마나 많은 계산대에 직원을 배치해야 하는지 알고 싶어 한다. 식료품점의 본사에서 제공하는 정보에 의하면 한 고객이 계산대 앞에서 대기한 지 3분이 경과하는 경우 초과하는 1분당 악감정 유발 및 판매 상실로 인해 약 50달러의 비용이 발생한다는 사실을 매장 관리자는 알고 있다. 그 대신에 추가적인 계산대를 토요일 아침에 운영하는 경우 직원 월급 및 복리후생비로 60달러의 비용이 소요된다. 다음 표는 서로 다른 계산대 운영 수준에 따른 대기 시간을 나타낸다.

운영되는 계산대 수	1	2	3	4	5	6	7	8
대기 시간(분)	20.0	14.0	9.0	4.0	1.7	1.0	0.5	0.1

몇 명의 직원들을 계산대에 배치해야 하는가? 그 이유는 무엇인가?

사례 문제

청결 세탁소

몰리 라이는 청결 세탁소를 인수했다. 그녀는 세탁소의 입지가 고소득 가구가 많은 지역에 가까이 있기 때문에, 그저 세탁소의 외양을 조금만 개선하면 자연스럽게 사업이 잘 될 것이라고 생각했다. 그래서 그녀는 많은 돈을 투자하여 세탁소의 외양과 내양을 리모델링하였다. 그러나 세탁소를 인수한 첫해의 수익은 겨우 손익분기점에 도달하는 정도였고, 열심히 일했던 몰리는 만족할 수 없었다. 몰리는 드라이클리닝 서비스가 매우 경쟁적이고, 사업의 성공은 세탁소의 외양이 아닌 가격이나 서비스의 신속성과 같은 서비스의 품질에 의해서 좌우된다는 사실을 알지 못했다.

서비스를 향상시키기 위해서 몰리는 드라이클리닝의 속도를 현저히 향상시킬 수 있는 프레스 기계를 포함한 새로운 장비들을 도입하는 것을 고려하고 있다. 새로운 기계류는 설치하는 데 1만 6,200달러의 비용이 들고 시간당 40벌의 의류를 세탁(즉, 매일 320벌의 의류를 세탁)할 수 있다. 몰리는 의류 1벌당 변동비용을 0.25달러로 추정하고 있고, 이는 새로운 기계를 구입하더라도 변하지 않는다. 현재 그녀의 월간 고정비용은 1,700달러이며, 그녀는 의류 1벌에 대해서 소비자에게 1.10달러의 요금을 부과하고 있다.

A. 몰리는 현재 한 달에 얼마의 세탁물을 처리하고 있는가?

B. 몰리가 새로운 장비를 도입한다면, 손익분기점에 도달하기 위해서는 현재보다 얼마나 많은 수의 세탁물을 처리해야 하는가?

C. 몰리는 새로운 장비를 도입할 경우에 월간 4,300벌의 의류를 처리할 수 있을 것이라고 추정하고 있다. 앞으로 3년간 이 사업을 통해서 몰리는 얼마의 월간 수익을 창출해 낼 수 있는가? 또 3년 이후에는 어떠한가?

D. 몰리는 그녀가 새로운 장비를 구입하지 않고 단순히 그녀의 서비스 가격을 1벌당 0.99달러로 내리는 경우에 그녀의 사업 규모가 커질 것이라고 예상하고 있다. 만약에 가격을 이와 같이 낮춘다면, 새로운 손익분기점은 어떻게 되는가? 만약에 그녀의 가격 인하 전략이 월간 매출을 3,800벌로 늘인다면 그녀의 월간 수익은 얼마가 될 것인가?

E. 몰리가 만약에 새로운 장비를 도입하고 서비스 가격을 1벌당 0.99달러로 내리는 경우, 월간 매출이 4,700벌로 증가할 것이라고 예상하고 있다. 인근 시장의 상황을 고려했을 때, 월간 4,700벌의 매출이 그녀가 현실적으로 기대할 수 있는 최대의 매출이다. 몰리는 어떻게 해야 하는가?

오코비 래프팅 회사

비키 스미스, 페니 밀러, 다릴 데이비스는 스테이트 대학의 학생들이다. 여름에 그들은 종종 다른 학생들과 함께 블루리지 산 옆에 위치한 오코비 강으로 래프팅을 하러 간다. 오코비 강에는 작은 급류 코스가 많이 있지만 일반적으로 그리 위험하지 않다. 학생들의 래프팅 보트는 기본적으로 커다란 고무 튜브로 구성되어 있고 종종 스키 밧줄로 연결되어 있다. 그들은 많은 수의 학생들이 래프팅 보트 없이 강으로 와서 보트를 그들에게 빌려 달라고 하는 것을 알게 되었고, 이는 별로 달가운 일이 아니었다. 이러한 귀찮음에 대해서 얘기하던 중, 비키와 페니와 다릴은 이러한 문제들이 약간의 용돈을 벌 수 있는 기회를 제공할 수 있다는 생각을 떠올렸다. 그들은 래프팅 보트를 파는 사업을 시작하기로 하였고, 오코비 래프팅 회사라고 이름을 붙였다. 그들은 고무보트를 만들어서 팔 수 있는 강 옆의 작은 공터의 대여비용, 영업을 할 장소로 쓰일 텐트 구입비, 공기 주입기와 밧줄 절단기와 같은 여러 장비의 구입비로

3,000달러의 초기 투자비용이 소요될 것이라는 것을 알게 되었다. 그들은 노동비와 재료비로 보트 1대당 약 12달러의 비용이 소요될 것이라고 추정하고 있다. 그들은 보트 1대당 20달러에 판매하려고 하는데, 그 이유는 20달러의 가격이 학생들이 지불할 용의가 있는 최고의 가격이라고 생각하기 때문이다.

비용에 대한 추정을 끝낸 이후에, 그들은 노스캐롤라이나에 기본적으로 비슷한 수익 모형을 가진 래프팅 회사가 존재한다는 사실을 알게 되었다. 비키는 그 회사의 영업자와 연락이 닿았고, 그 영업자는 자신들이 수송비용을 포함하여 최초 계약금 9,000달러에 1대의 보트당 8달러에 보트를 공급할 의사가 있다고 말했다. (이 경우에도 오코비 래프팅 회사는 강 옆의 공터와 텐트를 빌리는 데 1,000달러를 사용해야 한다.) 보트들은 이미 조립되어 공기 주입을 마친 상태이다. 이러한 사업상의 대안은 비키와 페니와 다릴에게 매혹적이었는데, 그 이유는 이러한 제안을 받아들일 경우에 튜브에 공기를 주입하고 조립하는 과정에서 시간을 줄일 수 있고, 그들의 학업을 위한 시간도 늘일 수 있기 때문이었다.

비록 그들이 노스캐롤라이나에서 보트를 구입하는 대안을 선호하였지만, 그들은 높은 초기 비용을 염려하였고, 그들이 결과적으로 돈을 잃지 않을까 염려되었다. 물론, 비키와 페니와 다릴은 수익의 규모는 그들이 파는 보트의 수에 의해서 결정된다는 것을 알고 있었다. 따라서 그들은 각 대안에 대해서 각각 얼마나 많은 수의 보트를 팔아야 수익을 남길 수 있고, 여러 가지 판매량의 수준에 따라서 각 대안이 어떤 수준의 수익을 남기는지에 대하여 먼저 알 필요가 있다고 생각했다. 게다가 페니는 강가에서 간단한 설문조사를 하여 이번 여름의 보트에 대한 수요를 1,000대 정도로 보고 있다.

오코비 래프팅 회사에 대한 분석을 실시하여 여러 수준의 수요에 대하여 어떤 대안이 최적의 대안인지 결정하라. 만약에 수요가 약 1,000대 정도라면 어떤 대안이 선정되어야 하며 얼마의 이익을 회사가 창출할 수 있을지에 대해서 명시하라.

드래이퍼의 시가지 주차장 건설

인구 2만 명의 드래이퍼 마을은 약 2만 7,000명의 학생이 있는 주립 대학교와 인접해 있다. 드래이퍼 마을의 상인들은 오랫동안 그들의 고객을 위한 주차장이 부족한 것에 대해서 불평해 왔다. 그리고 이것은 마을에서의 사업체들이 마을에서 몇 마일 떨어진 곳으로 서서히 이동하는 주된 요인이다. 지역 상인 모임에서는 마을 의회에게 새로운 고층 실내 주차장을 마을에 설립해야 한다는 사실을 인식시켰다. 마을의 공공사업 관리자인 켈리 매팅리는 450만 달러의 비용이 소요되는 시설 수립 계획을 만들었다. 이 프로젝트를 위해 마을에서는 30년 만기의 연 8% 지방채를 발행하려고 한다. 켈리는 또한 주차장을 운영하기 위해서 5명의 직원을 고용해야 한다고 추정했는데, 이는 14만 달러의 연간 노동비용을 초래한다. 또한 주차장에 들어오는 차량들은 평균적으로 2.5시간을 주차하며 평균 3.20달러의 주차비를 지불할 것으로 예상된다. 그리고 주차장의 청소 및 보수 등 연간 유지 비용으로 차 1대당 평균 0.60달러의 비용이 소요된다. 수많은 식당을 포함한 시내의 상점들은 1주일에 7일 영업한다.

A. 손익분기점 분석을 이용하여, 30년 사업 기간 동안 프로젝트 비용 조달을 위해 필요한 연간 주차 차량 대수를 구하시오.

B. A의 결과를 이용하여, 매일 주차장을 사용해야 하는 차량이 평균적으로 몇 대인지 계산하라. 이 수치가 주어진 마을의 인구와 대학교의 인구에 비추어 볼 때 도달 가능한 것이라 생각되는가?

드래이퍼 마을의 버스 서비스

Tech가 위치한 드래이퍼 마을에는 상업용 공항이 없고, 항공 여행을 해야 하는 주민들은 대신 40마일 떨어진 로어노크에 있는 공항으로 이동해야 한다. 마을 의회에서는 지역 상공회의소 및 대학과 함께 마을에서부터 중간 정류장들을 거쳐 로어노크의 공항까지 1년 365일 왕복 운행하는 버스 서비스를 개시하기 위한 공동 경제 개발 계획을 검토 중에 있다. 매일 지속적으로 1.5시간의 왕복 운행 서비스를 제공하기 위해서는 55명의 승객이 탑승 가능한 3대의 버스를 대당 40만 달러의 비용으로 구매하여야 한다. 각각의 버스는 하루에 4번 운행하는데, 첫 비행기 출발시간에 맞출 수 있도록 승객들을 공항에 제 시간에 데려다 주기 위해서는 오전 5시에 첫차가 출발하여야 하고, 마지막 비행기의 도착시간 이후 승객들을 공항에서 태워 와야 한다. 출근하거나 통학하는 승객들은 버스 경로 상의 여러 정류장들에서 타고 내린다. 각각의 버스의 시간당 운영비(연료비 및 기사임금)는 운행 시간당 90달러로 추정된다. 승객 일인당 요금은 어디서 타고 내리든 상관없이 4달러로 계획하고 있다. 고객 설문에 따르면 첫해에 버스 한 번의 운행당 평균적으로 37명의 승객이 탑승할 것으로 추정된다.

A. 첫해에는 버스 서비스에서 적자가 날 것으로 마을은 예측하고 있다. 얼마의 적자가 발생하겠는가?

B. 적어도 6년의 버스 수명 동안 손익분기점에 도달하려면 몇 년이 걸리겠는가?

C. 만일 버스 승객 수가 운행당 평균 45명이라면, 혹은 50명이라면 어떤 영향이 있겠는가?

D. 만일 하루에 버스 한 대가 운행하는 횟수를 3번으로 줄이고 그에 따라 운행당 승객 수가 50명으로 늘면 어떤 영향이 있겠는가?

E. 버스 서비스 프로젝트는 도로에서 차를 없애는 친환경 효과를 불러 일으키고, 또한 드레이퍼로부터 로어노크, 로어노크로부터 대학까지 운행하는 저비용의 정기적 운송 수단을 제공함으로써 경제 개발을 촉진시킬 수 있기 때문에, 마을에서는 버스 구매를 위한 연방정부의 지원을 받을 수 있을 것이라고 믿는다. 이러한 점은 첫해 운행에서의 재정적 손실에 어떤 영향을 미치겠는가? 그리고 손익분기점에 도달하는 데 걸리는 시간에는 어떤 영향이 있겠는가?

CHAPTER 02

선형계획법 :
모형의 수식화와 그래프 해법

회사의 운영 환경에 의하여 경영자들에게는 여러 가지 제약조건이 주어지게 되는데, 이러한 제약조건하에서 기업의 목표를 어떻게 하면 가장 잘 달성할 수 있는가 하는 것이 바로 기업 경영자들이 당면하고 있는 의사결정 문제들이다. 이러한 제약조건들은 시간, 노동력, 에너지, 재료, 자금 등의 제한된 자원의 형태를 취할 수도 있고, 또는 시리얼을 만드는 요리법, 공학적인 세부 사항과 같은 가이드라인의 형태를 가질 수도 있다. 기업들이 가지는 가장 흔한 목표들 중의 하나는 가능한 한 수익을 많이 올리는 것, 즉 다시 말하면 수익의 최대화이다. 기업 내의 생산 부서 또는 포장 부서와 같은 개별 단위의 조직 목표는 종종 들어가는 비용을 최소화하는 것이다. 경영자들이 주어진 제한 조건하에서 어떤 목표를 달성하려는 이러한 일반적인 문제를 풀어야 할 때, 선형계획법(Linear Programming)이라고 불리는 경영과학의 기법이 자주 사용된다.

제1장에서 언급했듯이 실제적 경영과학 응용을 다루는 〈Interfaces〉 저널에 따르면, 선형계획법은 애널리스틱 응용에서 가장 자주 쓰이는 경영과학의 모델링 기법들 중 하나이다. 선형계획법을 적용하는 데 있어 세 가지 단계가 필요하다. 첫째, 주어진 문제가 선형계획법을 사용하여 풀 수 있는지를 파악해야 한다. 둘째, 구조가 갖추어지지 않은 문제에 대하여 수학적인 모형을 수립해야 한다. 셋째, 정립된 수학적 기법을 사용하여 수립된 모형을 푸는 것이다. 선형계획법이라는 이름이 유래된 이유는 수학적 모형에서 사용된 기능적인 관계들이 선형적이며, 미리 정해진 수학적인 단계에 맞춰 해(solution)를 찾아가는 기법이 바로 프로그램화되어 있기 때문이다. 이 장에서 우리는 주어진 문제를 수학적 모형으로 세우고, 그래프를 사용하여 모형을 풀어 나가는 방법에 관하여 주로 다룬다.

+ 기업의 목적은 흔히 이익을 최대화하거나 비용을 최소화하는 것이다.

+ 선형계획법
주어진 목적과 자원 제약에 대한 기업의 의사결정을 선형관계로 구성한 모형이다.

수리적 모형

선형계획법의 모형은 어떠한 공통된 구성요소와 특성을 가지고 있다. 수립되는 모형은 결정해야 할 변수 및 이미 정해진 매개변수로 구성된 의사결정변수, 목적함수, 모형의 제약식을 포함한다. 의사결정변수(decision variables)는 기업에 의한 활동의 수준을 나타내는 수학적 기호이다. 예를 들어, 전자회사에서 라디오를 x_1개, 토스터를 x_2개, 시계를 x_3개 생산하기를 원한다면, 이때 x_1, x_2, x_3는 각각의 제품의 정해지지 않은 수량을 나타내는 것이다. 이때, x_1, x_2, x_3의 최종 값은 이 전자 회사에 의해 내리는 의사결정(예를 들어, $x_1 = 100$이라는 것은 이 회사에서 라디오를 100대 생산한다는 의사결정인 것이다)의 결과이다.

목적함수(objective function)은 의사결정변수를 사용하여 기업의 목표를 선형적인 수학 관계로 표현한다. 목적함수는 언제나 어떤 값을 최대화하거나 최소화(예를 들면, 라디오를 생산하여 얻게 되는 수익을 최대화하거나, 생산하는 비용을 최소화하는 것)한다.

+ 의사결정변수
활동의 수준을 나타내는 수학적 기호이다.

+ 목적함수
운영의 목적을 반영하는 선형관계를 표현한다.

+ 모형 제약식
의사결정에 대한 제약을 나타내는 선형관계식이다.

모형 제약식(model constraints) 또한 의사결정변수들의 선형적인 관계로 표현된다. 이러한 제약식은 경영 환경에 의해 기업에게 주어지는 제한사항을 의미한다. 제약식은 한정된 자원 또는 제한적인 가이드라인의 형태를 종종 취하곤 한다. 예를 들면, 생산 과정에서 라디오를 생산하는 데는 40시간의 노동력만이 이용 가능하다는 식이다. 목적함수와 제약식에 사용되는 실제 수치들(예를 들면, 40시간의 노동력)을 매개변수(parameter)라고 부른다.

+ 매개변수
목적함수와 제약에 포함되어 있는 수치이다.

다음 절에서는 선형계획법으로 정형화하는 방법을 예제를 통하여 보여 준다. 비록 이 예제가 단순하기는 하지만, 선형계획법이 어떻게 적용되는지를 보여 주는 현실적인 문제이다. 예제를 통해 모형의 구성요소들을 구체적으로 정의하고 설명한다. 이 예제를 잘 공부하면 선형계획법 모형을 수립하는 과정에 친숙해질 것이다.

최대화 모형 예시

Beaver Creek 도자기 회사는 미국 인디언 부족 의회에 의하여 운영되는 소규모 수공예 조합이다. 이 회사는 숙련된 장인들을 고용하여 정통 인디언 디자인 및 색상을 가진 그릇과 머그잔을 생산한다. 이 회사가 사용하는 두 가지 주요 자원은 도기용 특수 진흙과 숙련된 노동력이다. 이 두 가지의 제한된 자원을 가지고 수익을 최대화하기 위하여 회사는 몇 개의 그릇과 머그잔을 만들어야 하는지 예측하려고 한다. 이것은 일반적으로 제품 조합(product mix) 문제 유형으로 일컬어진다. 이 시나리오는 그림 2.1에 제시되어 있다.

그림 2.1

Beaver Creek 도자기 회사 시나리오

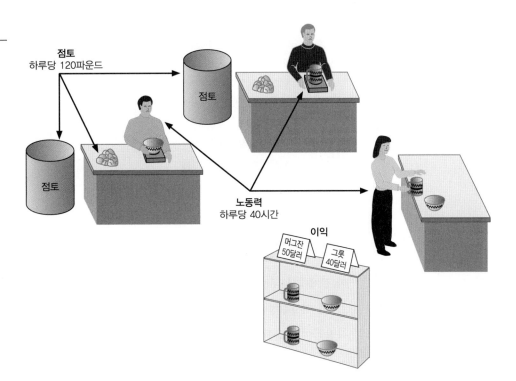

조지 B. 단치히(George B. Dantzig)에 대해

오늘날 선형계획법이라고 알려진 이 기법은 1947년 조지 B. 단치히가 미국 국방성의 공군 산하 부서 중에서 통계적 기법을 사용하는 작전 분석 통제소의 책임자로 있을 때 창시되었다. 군대에서는 훈련, 보급, 군사 배치 등의 일련의 계획을 '프로그램'이라고 불렀다. 단치히가 공군의 여러 계획 문제를 분석할 때, 그러한 것들이 일련의 선형 부등식들로 정형화될 수 있음을 알게 되었다. 그래서 그는 그러한 기법에 대하여 최초로 '선형 구조에 의한 프로그래밍'이라는 이름을 붙였고, 후에 이것은 '선형계획법'이라고 불리게 되었다.

두 가지 제품들은 다음과 같은 모형의 매개변수, 즉 생산에 필요한 자원의 요구 조건들과 생산되는 제품당 수익을 가진다.

제품	자원요구사항		
	노동 (시간/단위)	점토 (파운드/단위)	수익 (달러/단위)
그릇	1	4	40
머그잔	2	3	50

+ 선형계획법 모형
의사결정변수, 목적함수, 제약식으로 구성되어 있다.

제품을 생산하기 위해 하루에 사용 가능한 노동력은 40시간이며 진흙은 120파운드를 가지고 있다. 우리는 이 문제를 선형계획법 모형으로 나타내려 하는데, 먼저 모형의 구성요소를 각각 정의한 후, 나중에 이를 하나의 모형으로 결합하여 나타낸다. 이러한 정형화 과정은 다음과 같이 요약될 수 있다.

선형계획법 모형 수식화 단계 요약
Step 1 : 의사결정변수 정의
　　　얼마나 많은 그릇과 머그잔을 만들어야 하는가
Step 2 : 목적함수 정의
　　　이익 최대화
Step 3 : 제약식 정의
　　　자원(점토 및 노동) 가용 가능성

의사결정변수

이 문제에서 내려져야 할 의사결정은 몇 개의 그릇과 머그잔을 생산할 것인가 하는 것이다. 2개의 의사결정변수는 매일 생산해야 할 그릇과 머그잔의 수를 나타낸다. 생산량은 기호를 사용하여 다음과 같이 나타낼 수 있다.

$$x_1 = \text{그릇의 생산량}$$

$$x_2 = \text{머그잔의 생산량}$$

목적함수

이 회사의 목적은 수익을 최대화하는 것이다. 회사의 수익은 그릇과 머그잔 각각으로부터 얻어지는 개별 수익의 합이다. 그릇으로부터 얻어지는 수익은 그릇 단위당 수익인 40달러에 그릇의 생산량 x_1을 곱하여 얻을 수 있다. 마찬가지로, 머그잔으로부터 얻어지는 수익은 머그잔 단위당 수익인 50달러에 머그잔의 생산량 x_2을 곱하여 얻을 수 있다. 따라서 우리가 Z라는 기호로 나타내는 총 수익은 수학적으로 표현하면 $\$40x_1 + \$50x_2$와 같다. 그리고 수익을 나타내는 함수 앞에 '최대화(maximize)'라는 단어를 위치시킴으로써 이 회사의 목표인 수익의 최대화를 표시한다.

$$\text{maximize } Z = \$40x_1 + \$50x_2$$

여기서, Z = 하루당 총 수익
$\$40x_1$ = 그릇으로부터 얻는 수익
$\$50x_2$ = 머그잔으로부터 얻는 수익

모형 제약

이 문제에서는 노동력과 진흙이라는 두 가지 제한된 자원이 제품 생산에 사용된다. 그릇과 머그잔의 생산에 모두 노동력과 진흙이 사용된다. 그릇을 1개 생산하는 데 1시간의 노동력이 사용된다. 따라서 그릇을 생산하는 데 사용되는 노동력은 $1x_1$시간이다. 마찬가지로 머그잔을 1개 생산하는 데 2시간의 노동력이 필요하다. 따라서 매일 머그잔을 생산하는 데 사용되는 노동력은 $2x_2$시간이다. 사용되는 총 노동력의 시간은 각 제품을 생산하는 데 필요한 노동력의 합과 같다.

$$1x_1 + 2x_2$$

그러나 $1x_1 + 2x_2$로 표시된 노동력의 양은 하루에 40시간으로 제한되어 있다. 따라서 노동력에 대한 완전한 제약식은

$$1x_1 + 2x_2 \leq 40\text{시간}$$

이다.

등호(=) 대신 '작거나 같다(≤)'의 부등호가 사용된 이유는 40시간의 노동력 가용 시간은 사용할 수 있는 최대 허용 한계를 나타내는 것이며, 40시간을 모두 다 써야만 하는 것은 아니기 때문이다. 위 제약식은 회사에게 약간의 융통성을 주는데, 40시간의 가용 노동력을 다 사용할 필요가 없고 수익을 최대화하는 데 필요한 양이 40시간보다 작거나 같기만 하다면

상관이 없다는 뜻이다. 이는 가용 능력의 유휴 또는 초과가 발생할 수 있다는 것을 의미한다. 즉, 40시간 중에서 몇 시간은 사용되지 않고 남을 수도 있다.

진흙에 해당하는 제약식도 노동력의 제약식과 같은 방법으로 세울 수 있다. 그릇은 1개당 진흙이 4파운드 필요하기 때문에, 그릇을 생산하는 데 하루에 사용되는 진흙의 양은 $4x_1$파운드이다. 머그잔 1개당 진흙이 3파운드 필요하기 때문에, 머그잔을 생산하는 데 하루에 사용되는 진흙의 양은 $3x_2$파운드이다. 하루 생산에 사용할 수 있는 진흙의 양은 총 120파운드이므로, 재료에 관한 제약식은 다음과 같다.

$$4x_1 + 3x_2 \leq 120\text{파운드}$$

마지막으로 고려할 제약식은 생산량은 음수가 될 수 없기 때문에 생산할 그릇과 머그잔의 수는 0보다 크거나 같아야 한다는 것이다. 이러한 제약식은 비음 제약식(nonnegativity constraints)이라 불리고, 수학적으로 다음과 같이 표시된다.

+ 비음 제약식
의사결정변수가 0 또는 양의 값을 갖도록 제한한다.

$$x_1 \geq 0, \; x_2 \geq 0$$

이제 이 문제에 대한 전체적인 선형계획법 모형을 정리하면 다음과 같다.

$$\text{maximize } Z = \$40x_1 + \$50x_2$$

$$\text{subject to}$$

$$1x_1 + 2x_2 \leq 40$$

$$4x_1 + 3x_2 \leq 120$$

$$x_1, \; x_2 \geq 0$$

이 모형에 대한 해는 총 수익 Z를 최대화하는 x_1과 x_2의 값을 알려 준다. 가능한 해의 하나로서 $x_1 = 5$그릇과 $x_2 = 10$머그잔을 고려해 보자. 먼저 이러한 가정에 근거한 해를 각각의 제약식에 대입하여 필요한 자원의 양이 허용 가능한 자원의 양을 초과하지 않는지 확인한다.

$$1(5) + 2(10) \leq 40$$

$$25 \leq 40$$

그리고

$$4(5) + 3(10) \leq 120$$

$$50 \leq 120$$

위에서 제시한 가정에 근거한 해에 대해서는 어떠한 제약식도 위배되지 않기 때문에 위의 해를 가능(feasible)하다고 표현한다. 위의 해를 목적함수에 대입하면 $Z = 40(5) + 50(10) = \$700$달러를 얻는다. 그러나 현재로서는 700달러가 최대 수익을 나타내는지를 알 수는 없다.

+ 가능해
어떠한 제약식도 위배하지 않는다.

이번에는 $x_1 = 10$그릇과 $x_2 = 20$머그잔을 고려하여 보자. 이것에 의한 수익은

$$Z = \$40(10) + \$50(20)$$

$$= \$400 + \$1,000$$

$$= \$1,400$$

물론 위의 해는 수익의 측면에서 볼 때 더 좋은 해이기는 하지만, 노동력에 대한 제약식을

경영과학 응용 사례

선형계획법을 사용한 인도 철도청의 좌석 용량 할당

인도 철도청은 매일 7백만 명 이상의 승객을 대상으로 1,600대 이상의 기차를 운영하고 있다. 예약 시스템은 냉난방시설을 갖춘 지정석, 냉난방시설이 없는 지정석, 냉난방시설이 없는 비지정석 등 세 가지 종류의 일반석 예약을 처리한다. 기차는 출발지에서 목적지까지 가는 동안 여러 역에서 정차할 수 있으며, 승객들은 기차의 출발지에서 도착지까지 또는 중간 기차역에서 출발/도착하는 다양한 조합의 승차권을 예약할 수 있다. 승객들은 중간 기차역에서 탑승 또는 하차할 수 있으므로, 출발지에서 도착지까지 가는 동안 여러 명의 승객이 좌석 하나를 사용할 수 있다. 이것은 기차의 이동 구간 중 일부 구간에서는 좌석이 비어 있을 수 있으며, 그동안 어떠한 수익도 발생하지 않는다는 것을 의미한다. 만약 도중에 탑승 또는 하차하는 승객의 예약이 비정상적으로 많다면, 기차의 출발지에서 도착지까지 이동하기 원하는 승객들은 승차권을 예약할 수 없기 때문에 부분적으로 비어 있는 좌석 수가 많을 것이다. 이러한 상황은 열차 좌석 이용률을 최적화시키지 못하게 된다. 그러나 많은 사례에서, 승객 수요는 기차 출발지에서 높지 않았으며, 중간 기차역에서 도중에 타는 승객의 수요가 가장 높았다고 한다. 이 때문에, 전통적으로 철도청에서는 중간 역에 다양한 좌석할당량을 설정하고, 종단여정(end-to-end trip)의 좌석할당량은 제한하는 방식을 사용함으로써, 좌석 용량 가동률을 최대화하고 좌석 예약 확정 수를 증가시키며 중간역의 예약 대기 승객 수를 감소시키고 자 하였다.

이러한 응용문제에서, 선형계획법 모형은 어떤 두 개의 주요 기차역 간의 좌석 수요(일반석 한정)를 충족시키는 데 필요한 좌석 수를 최소화하는 목적함수와, 과거 좌석 수요에 기반한 기차역별 할당량에 대한 제약식으로 구성되어 있다. 뭄바이(Mumbai)에 있는 인도 철도청의 서부 철도지사(Western Railway zone)의 17개 기차에 대한 실험 사례에서, 수익은 2.6~29.3% 증가하였으며, 운송 승객 수 또한 8.4%에서 29%로 증가하였다.

© Neil McAllister/Alamy

자료 : R. Gopalakrishnan and N. Rangaraj, "Capacity Management on Long-Distance Passenger Trains of Indian Railways", *Interfaces* 40, no. 4 (July.August 2010): 291.302.

+ 불가능해
적어도 한 개의 제약식을 위반한다.

만족시키지 않기 때문에 실현 불가능(infeasible)하다.

$$1(10) + 2(20) \leq 40$$

$$50 \nleq 40$$

이 문제의 최적해는 주어진 제약식들을 위반하지 않으면서 수익을 최대화하는 것이어야 한다. 그러한 목표를 달성하는 해는 $x_2 = 24$그릇과 $x_2 = 8$머그잔이고, 그때의 수익은 1,360달러이다. 다음 절에서 이러한 최적해를 결정하는 방법을 도식적 해법에 의하여 설명한다.

선형계획법 모형의 도해법

선형계획법에서 수학적 모형을 세운 후, 다음 단계는 모형의 해를 찾는 것이다. 해를 찾는 일반적인 방법은 모형을 구성하고 있는 수식들을 대수적으로 풀어 의사결정변수의 값을 결정할 수 있는데, 이때 손으로 풀 수도 있고 컴퓨터 프로그램을 이용하기도 한다. 그러나 수학적 관계가 선형이기 때문에 어떤 모형과 해는 그래프를 이용하여 표시할 수 있다.

도해법은 현실적으로는 2차원으로 그래프에 표시할 수 있는 의사결정변수가 2개인 모형에 국한된다. 의사결정변수가 3개인 모형은 3차원상에서 그래프로 나타낼 수는 있지만 그 과정이 상당히 복잡하고, 의사결정변수의 개수가 4개 이상인 경우는 도해법으로 풀 수 없다.

비록 도해법이 해를 찾아내는 접근 방식으로서 제한적이기는 하지만, 이 시점에서는 선형계획법의 해 찾는 과정을 직관적인 그림으로 보여 주기 때문에 유용하다. 그래프에 의한 해법은 다음 장들에서 나오는 컴퓨터와 수학적 해법이 어떻게 작동하는지를 보다 잘 이해하는 데 도움을 줄 것이다.

> ✚ 도해법은 의사결정변수가 2개인 선형계획법 문제에 제한된다.

> ✚ 도해법은 선형계획법 모형의 해를 어떻게 구하는지를 그림으로 나타낸다.

최대화 모형의 도해법

제품 조합(product mix) 모형을 사용하여 선형계획법 문제의 도식적 해법을 해석한다. 제한된 노동력과 진흙의 자원을 가지고 하루에 그릇과 머그잔을 몇 개씩 생산해야 하는지 결정해야 하는 Beaver Creek 도자기 회사 문제로 다시 돌아가 보자. 완전한 선형계획법 모형은 다음과 같다.

$$\text{maximize } Z = \$40x_1 + 50x_2$$

$$\text{subject to}$$

$$x_1 + 2x_2 \leq 40\text{시간의 노동력}$$

$$4x_1 + 3x_2 \leq 120\text{파운드의 진흙}$$

$$x_1, x_2 \geq 0$$

단, x_1 = 생산되는 그릇의 수
x_2 = 생산되는 머그잔의 수

그림 2.2

도식적 해법에 대한 좌표

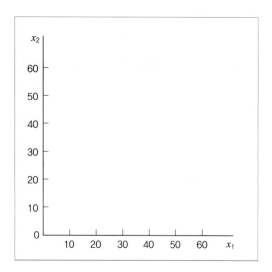

그림 2.2는 위 모형이 그려질 의사결정변수 x_1과 x_2의 좌표를 보여 준다. 비음 제약식 $x_1 \geq 0$ 과 $x_2 \geq 0$ 때문에 x_1과 x_2 모두 양수인 제1사분면만 표시되어 있음을 주목하자.

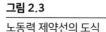 **＋ 제약식의 선은 등식으로 그려진다.**

모형의 그래프를 그리는 첫번째 단계는 제약식을 그래프에 나타내는 것이다. 이것은 각각의 제약식을 등식(즉, 직선)으로 간주하여 그래프에 나타내면 된다. 먼저 노동력 제약식을 고려하여 보자.

$$x_1 + 2x_2 = 40$$

위 직선을 그리는 간단한 방법은 직선상에 있는 두 점을 찾아내고, 그 두 점을 통과하는 직선을 그리는 것이다. 한 점을 $x_1 = 0$으로 놓고 x_2에 대하여 풀면 된다.

$$(0) + 2x_2 = 40$$

$$x_2 = 20$$

따라서 $x_1 = 0$과 $x_2 = 20$이라는 한 점은 찾았다. 또 다른 점은 $x_2 = 0$으로 놓고 x_1에 대하여 풀면 된다.

$$x_1 + 2(0) = 40$$

$$x_1 = 40$$

이제 우리는 두 번째 점인 $x_1 = 40$과 $x_2 = 0$을 찾았다. 그림 2.3에서와 같이 위 두 점을 통과하는 직선을 그림으로써 위 등식을 나타낸다. 그러나 이것은 어디까지나 제약식의 경계선일 뿐이며, 위 직선보다 작거나 같은($\leq$) 모든 값을 나타내는 완전한 제약식은 아니다. 완전한 제약식을 나타내는 영역은 그림 2.4에 나타나 있다.

제약식의 영역이 올바르게 표시되었는지를 테스트하기 위해서는 2개의 점, 즉 하나는 제약식의 내부, 또 다른 하나는 외부의 것을 고른다. 예를 들면, 그림 2.4에 $x_1 = 10$과 $x_2 = 10$을 나타내는 A점으로 시험해 보자. 이 값을 노동력 제약식에 대입하면,

$$10 + 2(10) \leq 40$$

$$30 \leq 40시간$$

그림 2.3

노동력 제약선의 도식

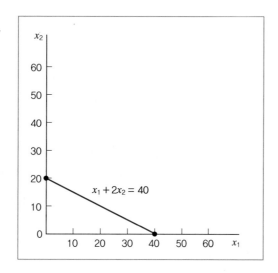

그림 2.4

노동력 제약 범위

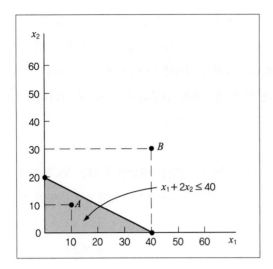

즉, x_1과 x_2의 값을 대입했을 때 노동력의 한계인 40시간을 초과하지 않으므로 A점은 제약식 영역의 내부에 있는 점이다. 다음으로는 $x_1 = 40$과 $x_2 = 30$인 B점을 점검해 보자.

$$40 + 2(30) \leq 40$$

$$100 \nleqq 40시간$$

x_1과 x_2의 값을 대입하면 노동력의 한계인 40시간을 초과하는 값(100)이 되기 때문에 B점은 분명히 제약식 영역의 외부에 존재한다.

다음으로는 노동력 제약식에 대해 사용했던 비슷한 방법으로 진흙의 양에 대한 제약식 직선을 그려 본다. 즉, 제약식 경계선에 있는 두 점을 찾아내고, 두 점을 통과하는 직선을 그린다. 먼저 $x_1 = 0$으로 놓고 x_2에 대하여 풀어 본다.

$$4(0) + 3x_2 = 120$$

$$x_2 = 40$$

연산을 수행하여 $x_1 = 0$, $x_2 = 40$을 찾았다. 다음으로는 $x_2 = 0$으로 놓고 x_1에 대하여 풀어 본다.

$$4x_1 + 3(0) = 120$$

$$x_1 = 30$$

정리하면 $x_1 = 30$, $x_2 = 0$을 얻게 된다. 이 두 점을 그래프에 표시하고, 두 점을 통과하는 직선을 그림으로써 진흙의 양에 대한 제약식을 나타내는 경계선과 영역을 그림 2.5와 같이 나타낼 수 있다.

노동력과 진흙에 대한 2개의 개별 그래프(그림 2.4와 2.5)를 결합하여 모형의 제약식들에 대한 그래프를 그리면 그림 2.6과 같다. 그림 2.6에서 음영으로 표시된 영역이 바로 두 제약식이 공통으로 가지는 영역이다. 따라서 바로 이 부분이 두 제약식을 동시에 만족시키는(x_1과 x_2의 값을 가지는) 점들로 구성된 영역인 것이다. 예를 들어, 그림 2.7에서 R, S, T의 세 점을 고려하여 보자. R점은 두 제약식을 모두 만족시키므로, 이것은 가능해를 나타내는 점이다. S점

그림 2.5

점토에 대한 제약 범위

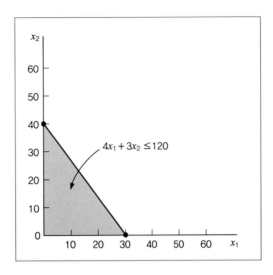

그림 2.6

2개 모형 제약식의 도식

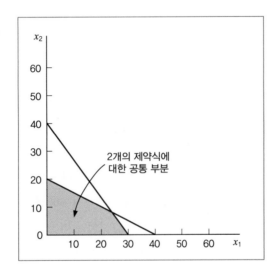

은 진흙의 양에 대한 제약식($4x_1 + 3x_2 \leq 120$)은 만족시키나 노동력 제약식은 만족시키지 않는다. 따라서 이 점은 가능해를 나타내는 점이 아니다. T점은 두 제약식 모두를 만족시키지 않으므로, 당연히 가능해가 아니다.

그림 2.7에서 음영으로 표시된 부분은 모든 제약식들을 만족시키는 점들로 구성되어 있기 때문에 가능해 영역이라고 불린다. 이 가능해 영역 안에 존재하는 어떤 점이 Beaver Creek 도자기 회사의 수익 최대화를 달성하는 점이 된다. 도식적 해법의 다음 단계는 바로 이 점을 찾는 것이다.

+ 가능해 영역

제약식에 의해 경계 지어진 그래프상의 영역이다.

그림 2.7

실현가능 영역 제약식

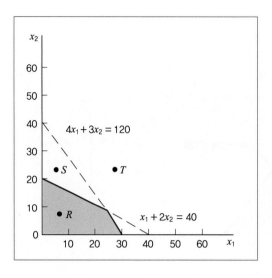

최적해 점

도해법의 두 번째 단계는 가능해 영역에서 최대의 수익을 달성하는 점을 찾는 것이다. 분석을 시작하기 위해서 임의로 선정한 수익 값에 대하여 목적함수를 나타내는 직선을 그려 보자. 예를 들어, 수익 값 Z가 800달러라고 한다면, 목적함수는 다음과 같다.

$$\$800 = 40x_1 + 50x_2$$

제약식을 그래프에 표시하듯이 위 목적함수를 그래프에 표시하면 그림 2.8과 같다. 이 직선상에 있는 모든 점은 가능해 영역 안에 존재하며 800달러의 수익을 낳는다(즉, 이 선상의 모든 x_1과 x_2의 조합은 800달러의 Z값을 낳는다). 그러나 더 큰 수익을 낳는 가능해가 존재하는지 점검해 보자. 예를 들어, 그림 2.9에서와 같이 1,200달러와 1,600달러의 수익을 고려해 보자.

1,200달러의 수익을 나타내는 목적함수의 일부분은 가능해 영역 외부에 있지만 부분적으로는 가능해 영역 내부에도 존재한다. 따라서 이것의 의미는 800달러보다 더 큰 수익을 낳는 가능해가 존재함을 뜻한다. 이제 수익을 1,600달러까지 증가시켜 보자. 그림 2.9에 나타

그림 2.8

Z=800달러에 대한 목적함수 선

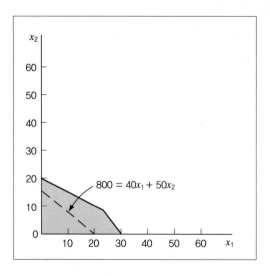

그림 2.9

800달러, 1,200달러, 1,600
달러의 이익, Z에 대한 목적함
수선

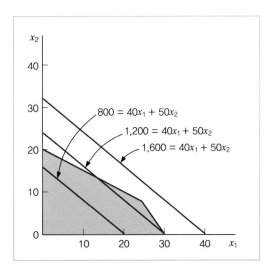

나 있듯이 1,600달러의 수익을 나타내는 직선은 완전히 가능해 영역 외부에 존재한다. 이 선
상에 있는 어떠한 점도 가능해가 아니기 때문에 이것은 1,600달러의 수익을 창출하는 것이
불가능함을 의미한다.

그림 2.9에 나타난 바와 같이 주어진 제약식하에서는 1,600달러의 수익을 만들어 내는 것
이 불가능하므로, 과연 최대 수익이 얼마인지에 관한 질문이 해결되지 않았다. 그림 2.9에서
우리가 볼 수 있는 것은 목적함수를 나타내는 직선이 원점($x_1 = 0$, $x_2 = 0$인 점)으로부터 멀어질
수록 수익이 증가한다는 것이다. 이러한 특성으로부터 답을 얻어 보면, 최대 수익은 목적함
수가 가능해의 한 점을 마지막으로 통과하는, 즉 원점에서 가장 멀리 떨어진 곳에서 얻어진
다. 이 점이 바로 그림 2.10에 나타나 있는 B점이다.

B점을 발견하기 위해서는, 이전에 그렸던 그림 2.10의 $800 = 40x_1 + 50x_2$의 목적함수와 평
행한 직선을 그린 후 가능해 영역을 벗어나지 않으면서 이 선을 원점에서부터 가능한 한 멀
리 움직여 나가야 한다. B점을 최적해(optimal solution)라고 한다.

+ 최적해
가능해 중에서 가장 좋은 예이다.

해의 값

도식적 해법의 세 번째 단계는, 일단 찾아낸 최적해의 점에 대해 x_1과 x_2의 값을 정하는 것이
다. 그림 2.10에 나타난 B점의 좌표 값 x_1과 x_2를 그래프로부터 바로 결정할 수도 있는데, 그
결과가 그림 2.11에 나타나 있다. 그림 2.11에서 B점에 해당하는 좌표 값은 $x_1 = 24$, $x_2 = 8$이
다. 이것이 문제의 의사결정변수에 해당하는 최적해이다. 그러나 완벽하게 정확한 그래프가
그려지지 않는 한 그래프를 사용하여 직접 해를 결정하는 것은 상당히 어렵다. 보다 정확한
접근법은 일단 그래프상에서 최적해의 위치를 발견하고 수학적으로 최적해의 값을 풀어내는
것이다. 수학적으로 해의 값을 정하는 방법은 다음에 설명되어 있다. 그전에 먼저 해의 몇 가
지 특성에 대하여 살펴보자.

그림 2.10

최적해 점의 식별

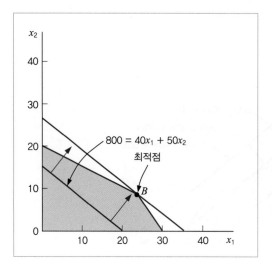

그림 2.11

최적해의 조정

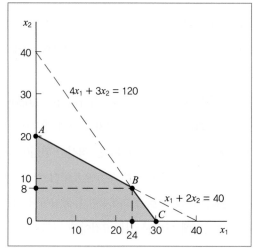

+ 최적해를 나타내는 점은 목적함수가 가능해 영역을 벗어나기 전에 통과하는 점이다.

+ 꼭짓점
가능해 영역의 경계에 있는 모서리 점이다.

　　그림 2.10에서 보면 목적함수가 증가할 때, 가능해 영역을 마지막으로 통과하는 점은 가능해 영역의 경계선상에 존재한다. 원점에서 가장 멀리 존재하는 점(수익이 최대화가 되는 점)은 가능해 영역의 경계선상에 있기 때문에, 최적해를 나타내는 점은 언제나 경계선상에 존재한다. 이러한 선형계획법 문제의 특성을 이용하면 고려해야 할 해의 숫자가 가능해 영역의 내부에 있는 모든 점들로부터 경계선상에 있는 점들로 상당히 줄어들게 된다. 그러나 선형계획법의 또 다른 특성을 이용하면 고려해야 할 해의 점들이 훨씬 더 줄어들게 된다.

　　해를 나타내는 점은 가능해 영역의 경계선상에 있기도 하지만, 2개의 제약식이 교차하는 경계선의 모서리(corners)에도 존재한다($x_1 \geq 0$과 $x_2 \geq 0$ 때문에 그래프의 축 또한 제약식의 경계선을 나타낸다). 그림 2.11에서 A, B, C점에 해당하는 가능해 영역의 모서리는 돌출되어 있기 때문에 꼭짓점(extreme points)이라고도 불린다. 수학적으로 증명된 바에 의하면 선형계획법 모형의 최적해는 항상 꼭짓점에서 발생한다. 따라서 지금까지 고려한 예제 문제에서 최적해가 존재할 수 있는 점은 3개의 꼭짓점 A, B, C로 제한된다. 최적의 꼭짓점은 그림 2.10에 나타나 있듯이 목적함수가 가능해 영역을 벗어날 때 마지막으로 통과하는 꼭짓점이다.

+ 최적해의 값은 연립방정식을 풀어서 구할 수 있다.

그림 2.10에 나타나 있는 것처럼 최적해는 B점이다. 그림 2.11에 나타나듯이 B점에서는 두 제약식의 직선들이 교차하기 때문에 B점에서 두 직선은 같아진다. 그러므로 x_1과 x_2의 값은 제약식의 직선을 나타내는 2개의 연립방정식을 풀어서 구할 수 있다.

먼저 두 연립방정식을 x_1에 대하여 정리한다.

$$x_1 + 2x_2 = 40$$

$$x_2 = 40 - 2x_2$$

그리고

$$4x_1 + 3x_2 = 120$$

$$4x_1 = 120 - 3x_2$$

$$x_1 = 30 - (3x_2/4)$$

이제 첫 번째 식의 x_1과 두 번째 식의 x_1를 같다고 놓는다.

$$40 - 2x_2 = 30 - (3x_2/4)$$

그리고 x_2에 대하여 풀면

$$5x_2/4 = 10$$

$$x_2 = 8$$

$x_2 = 8$을 두 개의 원래 등식 중 하나에 대입하여 x_1의 값을 정한다.

$$x_1 = 40 - 2x_2$$

$$x_1 = 40 - 2(8)$$

$$= 24$$

따라서 그림 2.11에서 최적해인 B점은 $x_1 = 24$와 $x_2 = 8$이다. 이 값들을 목적함수에 대입하면 최대 수익을 구할 수 있다.

$$Z = \$40x_1 + 50x_2$$

$$Z = \$40(24) + 50(8)$$

$$= \$1,360$$

원래 문제의 관점에서 해답을 설명하면(주어진 자원의 제한조건하에서), 위 회사에서 24개의 그릇과 8개의 머그잔을 생산할 때 일일 최대 수익인 1,360달러를 얻을 수 있다.

최적해는 꼭짓점 A, B, C 중 하나라는 사실을 고려한다면, 지금까지 해 왔듯이 목적함수 식을 그린 후 움직이며 가능해 영역을 마지막으로 통과하는 점을 찾아내는 대신, 위 세 꼭짓점 중 어떤 것이 가장 큰 수익을 창출해 내는지 테스트함으로써 최적해를 찾아낼 수도 있다. 그림 2.12는 각각의 점 A, B, C에서 해의 값과 수익 Z값을 보여 준다.

그림 2.10에 나타나 있듯이, B점은 목적함수가 가능해 영역을 벗어날 때 마지막으로 통과하는 점이기 때문에 최적해이다. 다시 말하면, 목적함수가 어떤 꼭짓점이 최적해인지를 결정하는 것이다. 이것은 각 꼭짓점에서 x_1과 x_2 값의 조합에 의해 결정되는 수익을 바로 목적함수가 정하기 때문이다. 만약 목적함수의 x_1과 x_2 값 앞에 있는 계수가 다른 값을 가지게 될

그림 2.12

모든 꼭짓점에서의 해

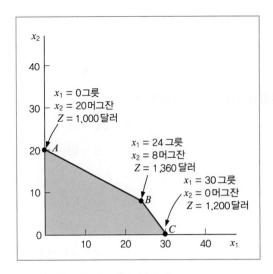

그림 2.13

$Z = 70x_1 + 20x_2$의 최적해

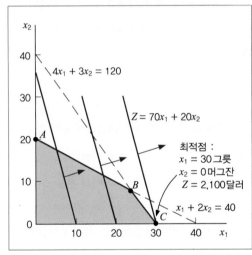

경우, B점이 아닌 다른 꼭짓점이 최적해가 될 수도 있다.

그릇 1개당 수익이 40달러가 아닌 70달러이고, 머그잔 1개당 수익이 50달러가 아닌 20달러라고 가정해 보자. 이러한 값들에 의해 새로운 목적함수 $Z = \$70x_1 + 20x_2$를 가지게 된다. 만약 노동력과 진흙의 양에 대한 모형의 제약식이 변하지 않는다면, 가능해 영역은 그림 2.13에서와 같이 똑같게 된다. 그러나 그림 2.13에서 목적함수의 위치는 그림 2.10에서의 목적함수의 위치와 다르다. 그 이유는 목적함수의 수익에 대한 새로운 계수 값이 다른 기울기를 만들어 내기 때문이다.

목적함수를 일반적인 직선의 수식 형태인 $y = a + bx$(y는 종속변수, a는 y 절편, b는 기울기, x는 독립변수)로 변환함으로써 기울기 값을 결정할 수 있다. 주어진 예제 문제의 목적함수에서 x_2는 y(즉, 수직축)에 해당하는 종속변수이며, x_1은 독립변수이다. 따라서 목적함수는 다음과 같은 일반적인 수식으로 변환될 수 있다.

+ 기울기
가로축 증가량과 세로축 증가량을 이용하여 구한다.

$$Z = 70x_1 + 20x_2$$

$$20x_2 = Z - 70x_1$$

$$x_2 = \frac{Z}{20} - \frac{7}{2}x_1$$

$$\uparrow \qquad \uparrow \qquad \uparrow$$
$$y \qquad a \qquad b$$

이렇게 변환하면 새로운 목적함수의 기울기는 −7/2이다. 반면 원래 목적함수의 기울기는 −4/5였다.

만약 이 새로운 목적함수를 가능해 영역에서 움직여 나간다면 마지막으로 통과하게 되는 꼭짓점은 C점이 된다. C점에 대해 제약식들의 연립방정식을 풀면 결과는 다음과 같다.

$$x_1 = 30$$

$$4x_1 + 3x_2 = 120$$

그리고

$$x_2 = 40 - (4x_1/3)$$

$$x_2 = 40 - 4(30)/3$$

$$x_2 = 0$$

따라서 그림 2.13에서 최적해인 C점에서는 $x_1 = 30$그릇, $x_2 = 0$머그잔을 생산하고 최대 수익 $Z = 2{,}100$달러를 얻게 된다. 목적함수의 계수를 변경하면 새로운 해를 얻게 된다.

목적함수의 변경에 따른 영향을 보여 주는 위 예제는 두 가지 점을 강조하고 있다. 첫째, 최적 꼭짓점은 목적함수에 의하여 결정되며, 어떤 축 위에 있는 꼭짓점도 최적해가 될 가능성이 있다. 둘째, 해는 목적함수의 계수 값의 변화에 민감하게 움직인다. 우리가 본 예제에서와 같이 목적함수의 계수가 변경되면 최적해 또한 변하게 된다. 마찬가지로 제약식의 계수들이 변경되면 해의 영역에 있는 점들이 달라지게 된다. 결과적으로 이러한 정보는 의사결정자가 얼마나 많은 제품을 생산해야 하는가를 결정하는 데 영향을 미친다. 선형계획법에서 모형의 매개변수를 변화시켜 그 영향을 평가하는 민감도 분석(sensitivity analysis)은 제3장에서 다루어진다.

+ **민감도 분석**
모형 매개변수의 변화를 분석하는 데 사용된다.

어떤 문제에서는 최적해가 하나만 존재하는 것은 아니다. 예를 들어, 목적함수가 어떤 제약식의 직선과 평행하다면 2개의 인접한 모서리 점 사이에 있는 선분상의 모든 점이 최적해가 된다. 이 경우 최적해가 유일하게 존재하는 것은 아니다. 즉, 복수의 최적해(multiple optimal solutions)가 존재한다. 이러한 경우 및 선형계획법의 특이한 형태에 대해서는 이 장의 끝 부분에 다시 논의하기로 한다.

+ **복수의 최적해**
목적함수가 제약식 선에 평행할 때 발생할 수 있다.

여유변수

+ 여유변수는 '≤' 형태의 제약식을 등식(=)으로 변환하기 위해 추가된다.

일단 그림 2.12에서 최적해가 B점으로 정해지면, 연립방정식을 풀어 x_1과 x_2의 값을 결정했다. 이 최적해가 제약식들과 또는 수평/수직축과 교차하며 생기는 꼭짓점 중에 존재했었다는 사실을 기억하자. 따라서 모형의 제약식은 ≤ 또는 ≥의 부등식 대신 등식(=)으로 간주될 수 있다.

+ 여유변수
사용되지 않는 자원을 나타낸다.

'≤' 형태의 부등식을 등식으로 변환하는 표준화된 절차가 있다. 이러한 변환은 여유변수(slack variable)라고 불리는 새로운 변수를 추가함으로써 이루어진다. 지금까지 본 예제에서 모형의 제약식은 다음과 같다.

$$x_1 + 2x_2 \leq 40\text{시간의 노동력}$$

$$4x_1 + 3x_2 \leq 120\text{파운드의 점토}$$

여유변수 s_1을 노동력 제약식에, s_2를 진흙에 대한 제약식에 추가하여 다음과 같은 등식들을 얻어 낸다.

$$x_1 + 2x_2 + s_1 = 40\text{시간의 노동력}$$

$$4x_1 + 3x_2 + s_2 = 120\text{파운드의 점토}$$

위 등식에서 여유변수 s_1과 s_2는 등식의 좌변과 우변을 같게 만드는 어떠한 값도 가질 수 있다. 예를 들어, $x_1 = 5$와 $x_2 = 10$의 값을 고려해 보자. 이 값들을 위 등식에 대입하면

$$x_1 + 2x_2 + s_1 = 40\text{시간의 노동력}$$

$$5 + 2(10) + s_1 = 40\text{시간의 노동력}$$

$$s_1 = 15\text{시간의 노동력}$$

그리고

$$4x_1 + 3x_2 + s_2 = 120\text{파운드의 점토}$$

$$4(5) + 3(10) + s_2 = 120\text{파운드의 점토}$$

$$s_2 = 70\text{파운드의 점토}$$

이 예제에서는 $x_1 = 5$그릇과 $x_2 = 10$머그잔은 주어진 전체 노동력과 진흙의 양을 완전히 사용하지 않는 해이다. 노동력 제약식에서 그릇 5개와 머그잔 10개는 단지 25시간의 노동력만을 필요로 한다. 이것은 15시간의 노동력을 사용하지 않고 남겨 놓는다. 그러므로 s_1은 사용되지 않은 노동력의 시간, 즉 여유분을 나타낸다.

진흙의 제약식에서 그릇 5개와 머그잔 10개는 오직 50파운드의 진흙을 필요로 한다. 이것은 70파운드의 진흙이 사용되지 않고 남는 것을 의미한다. 따라서 s_2는 사용되지 않고 남은 여유분의 진흙을 나타낸다. 일반적으로 여유변수는 사용되지 않고 남은 여유 자원의 양을 나타낸다.

사용되지 않고 남는 자원이 가장 많은 경우는 $x_1 = 0$과 $x_2 = 0$의 원점에서 발생한다. 이 값들을 위 등식에 대입하면

$$x_1 + 2x_2 + s_1 = 40$$

$$0 + 2(0) + s_1 = 40$$

$$s_1 = 40\text{시간의 노동력}$$

그리고

$$4x_1 + 3x_2 + s_2 = 120$$

$$4(0) + 3(0) + s_2 = 120$$

$$s_2 = 120\text{파운드의 점토}$$

원점에서는 아무런 생산도 일어나지 않기 때문에 모든 자원이 사용되지 않고 남아 있다. 따라서 여유변수 값은 이용 가능한 각 자원의 총량과 같아져서 $s_1 = 40$시간의 노동력과 $s_2 = 120$파운드의 진흙이 된다.

목적함수에서 이 새로운 여유변수의 영향은 무엇인가? 우리가 다룬 예제에서 목적함수는 그릇과 머그잔을 생산하여 얻게 되는 총 수익을 나타낸다.

$$Z = \$40x_1 + \$50x_2$$

+ 여유변수는 목적함수의 값에 어떠한 영향도 미치지 않는다.

40달러 계수는 그릇 1개당 얻게 되는 수익이고, 50달러는 머그잔 1개당 얻게 되는 수익이다. 그렇다면 s_1과 s_2는 어떤 공헌을 하게 되는가? 이것들은 사용되지 않은 자원의 양을 나타내므로 수익과 아무런 관련이 없다. 수익은 그릇과 머그잔을 만드는 데 자원이 사용될 때만 얻어지는 것이다. 여유변수를 사용하여 목적함수를 다음과 같이 나타낼 수도 있다.

$$\text{maximize } Z = \$40x_1 + \$50x_2 + 0s_1 + 0s_2$$

의사결정변수(x_1과 x_2)의 경우와 마찬가지로 여유변수도 음수의 값을 가지는 것이 불가능하다. 따라서 모형 수립 과정에서 $x_1, x_2, s_1, s_2 \geq 0$이 들어간다.

여유변수가 추가된 선형계획법 모형은 다음과 같고 이러한 형태를 표준형(standard form)이라 부른다.

$$\text{maximize } Z = \$40x_1 + \$50x_2 + 0s_1 + 0s_2$$

$$\text{subject to}$$

$$x_1 + 2x_2 + s_1 = 40$$

$$4x_1 + 3x_2 + s_2 = 120$$

$$x_1, x_2, s_1, s_2 \geq 0$$

각 꼭짓점에서 여유변수를 포함한 해의 값은 다음과 같이 요약된다.

여유변수를 포함하는 해 요약			
점	해 값	Z	여유변수
A	$x_1=0$그릇, $x_2=20$머그잔	1,000달러	$s_1=0$시간; $s_2=60$파운드
B	$x_1=24$그릇, $x_2=8$머그잔	1,360달러	$s_1=0$시간; $s_2=0$파운드
C	$x_1=30$그릇, $x_2=0$머그잔	1,200달러	$s_1=10$시간; $s_2=0$파운드

그림 2.14는 각 꼭짓점에서 여유변수를 포함한 모든 해의 도해법을 보여 준다.

그림 2.14

여유변수를 사용한 점 A, B, C 에서의 해

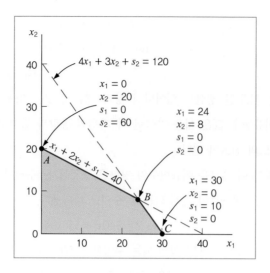

GE 에너지의 신재생에너지 투자 의사결정

GE(General Electric) Energy는 세계 2위 규모의 풍력 발전용 터빈 제조사이며, 태양 관련 사업을 육성하는 중에 있다. 또한 GE Capital의 에너지 투자 정보 서비스(Energy Financial Services)에서는 신재생에너지 발전소에 수십억 달러를 투자하고 있다. 투자 의사결정을 내릴 수 있도록, GE Energy는 신재생 가능 에너지 발전소의 재무성과를 보여 주고, 새로운 신재생에너지의 용량과 향후 10년 이상을 예측하기 위한 수학적 프로그래밍 모형을 개발하였다. 신재생에너지 발전소는 일반 공장의 건설과 비교하여 비용이 많이 들기 때문에, 신재생에너지 자원의 수요 비율을 충족시키기 위한 지원 프로그램인 신재생에너지 의무 할당제(RPS, Renewable Portfolio Standards)와 같은 정부의 인센티브 및 정책에 따라 영향을 받는다. 이러한 수요 비율 의무사항을 충족하지 못한 설비에 대해서는 신재생에너지 크레딧(renewable energy credit)을 구입하거나 컴플라이언스 부담금(compliance payment)을 지불해야 한다. 모형의 목적함수는 10년 이상 RPS 정책을 충족시키기 위한 비용(신규 발전소에서의 에너지 생산비용과 에너지 운송비, 그리고 정책 불이행에 따른 벌금을 합한 비용을 의미) 최소화이며, 프로그램 및 연도별 RPS 수요의 충족과 전송 용량 제약조건의 충족, 신축 용량 제약조건의 충족, 그리고 에너지 용량 제약조건의 충족을 위한 제약함수로 구성되어 있다. 의사결정변수는 기술, 자원, 연도에 건

설된 신재생에너지 발전소와 연도별 주의 신재생에너지 운송량, 그리고 연도별 RPS 정책을 충족시키지 못한 부분에 대한 벌금을 포함하고 있다. 이러한 모형은 GE가 신재생에너지 프로젝트 평가에 사용되는 신재생에너지 크레딧 가격의 추정, 신재생에너지 수요의 예측, 정부 정책의 유효성 평가, 효과적인 정책의 지원 등에 도움을 주고 있다.

© Michele Tantussi/Getty Images

자료 : S. Bollapragada, B. Owens, and S. Taub, "Practice Summaries: An Optimization Model to Support Renewable Energy Investment Decisions," *Interfaces* 41, no. 4 (July.August 2011): 394.95.

도해법 절차의 요약

선형계획법 모형의 도해법 절차는 다음과 같이 요약된다.

1. 모형의 제약식을 그래프상에 등식으로 그린다. 그 다음 제약식의 부등호를 고려하여 가능해 영역을 표시한다.
2. 목적함수를 그린다. 그 다음 이 직선을 원점에서부터 점점 멀리 움직여 최적해의 위치를 찾아낸다.
3. 최적해의 위치에 해당하는 제약식의 연립방정식을 풀어 최적해의 값을 구한다.

또는

1. 각 모서리 점에서 해의 값을 찾아내기 위해 연립방정식을 푼다.
2. 이러한 해의 값을 목적함수에 대입하여 Z값을 최대화시키는 최적해를 찾아낸다.

최소화 모형 예시

이 장의 첫 부분에서 언급했듯이, 선형계획법 문제는 크게 두 종류로 나뉜다. 최대화 문제(Beaver Creek 도자기 회사 예제와 같은)와 이제 설명하려고 하는 최소화 문제이다. 최소화 문제도 최대화 문제와 같은 방식으로 정형화 과정을 거치지만, 몇 가지 사소한 차이점이 존재한다. 다음에 제시되는 예제를 통해 최소화 모형의 수립 과정을 설명한다.

농부가 봄에 농작물을 심을 준비를 하고 있는데 밭에 뿌릴 비료가 필요하다. 선택할 수 있는 비료 브랜드는 Super-gro와 Crop-quick 두 가지이다. 각각의 브랜드는 한 포대마다 정해진 질소 성분과 인산염 성분을 포함하고 있다.

브랜드	화학 성분	
	질소(파운드/포대)	인산염(파운드/포대)
Super-gro	2	4
Crop-quick	4	3

농부의 밭에는 최소한 16파운드의 질소 성분과 24파운드의 인산염 성분을 필요로 한다. Super-gro는 한 포대당 6달러이고, Crop-quick은 3달러이다. 농부는 비료의 비용을 최소화하기 위해 각 브랜드를 몇 포대씩 구입해야 하는지 결정하려고 한다. 이 시나리오는 그림 2.15에 나타나 있다.

그림 2.15
_____
농부의 밭에 거름 주기

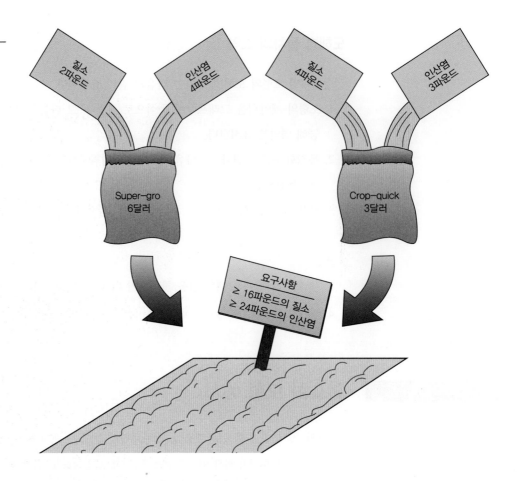

그림 2.15
_____
농부의 밭에 거름 주기

선형계획법 모형의 정형화 과정은 다음과 같이 요약된다.

LP 모형 정형화 단계 요약

Step 1 : 의사결정변수 정의

얼마나 많은 Super-gro와 Crop-quick 포대를 구매해야 하는가

Step 2 : 목적함수 정의

이익 최소화

Step 3 : 제약식 정의

질소와 인산염에 대한 밭의 요구사항

의사결정변수

이 문제는 구입할 각 브랜드 비료의 수량을 나타내는 2개의 의사결정변수를 갖고 있다.

$$x_1 = \text{구입할 Super-gro의 포대 수}$$

$$x_2 = \text{구입할 Crop-quick의 포대 수}$$

목적함수

농부의 목표는 비료를 구입하는 총 비용의 최소화이다. 각 비료를 구입하는 데 들어가는 개별 비용을 합한 것이 총 비용이 된다. 총 비용을 나타내는 목적함수는 다음과 같이 표현된다.

$$\text{minimize } Z = \$6x_1 + 3x_2$$

여기서, $\$6x_1$ = Super-gro 구입 비용
$\$3x_2$ = Crop-quick 구입 비용

모형 제약식

질소 성분과 인산염 성분의 요구 조건은 모형의 제약식을 나타낸다. 각 비료 브랜드의 한 포대마다 밭에 질소 성분과 인산염 성분의 일정량을 공급한다. 질소 성분에 대한 제약식은 다음과 같다.

$$2x_1 + 4x_2 \geq 16\text{파운드}$$

여기서, $2x_1$ = Super-gro 한 포대 안에 들어 있는 질소 성분의 양(파운드)
$4x_2$ = Crop-quick 한 포대 안에 들어 있는 질소 성분의 양(파운드)

Beaver Creek 도자기 회사 모형에서 사용되었던 ≤ 부등호(작거나 같다) 대신 위 제약식은 ≥ 부등호(크거나 같다)를 필요로 한다. 그 이유는 밭에 포함되어야 할 질소 성분의 양이 최소한 16파운드는 되어야 한다는 최소 요구 조건 때문이다. 만약 최소 비용을 달성하는 해가 밭에 16파운드 이상의 질소 성분을 공급한다면 문제가 없다. 그러나 질소 성분의 양이 16파운드 미만일 수는 없다.

인산염 성분에 대한 제약식 또한 질소 성분에 대한 제약식과 같은 방법으로 만들어진다.

$$4x_1 + 3x_2 \geq 24\text{파운드}$$

+ 선형계획법 제약식의 세 가지 유형은 ≤, =, ≥이다.

지금까지 최대화 및 최소화 예제를 통하여, 우리는 선형계획법 모형의 제약식 세 가지 종류 중 두 가지인 ≤와 ≥를 보았다. 세 번째 종류는 정확한 양을 나타내는 = 이다. 이러한 종류는 제약식에서 요구하는 양이 정확하게 같아야 함을 의미한다. 예를 들어, 만약 농부가 밭에 공급해야 할 인산염 성분의 양이 정확히 24파운드가 되어야 한다고 요구한다면, 이러한 제약식은 다음과 같을 것이다.

$$4x_1 + 3x_2 = 24\text{파운드}$$

최대화 문제에서와 마찬가지로 구입할 비료의 양이 음수가 될 수는 없으므로 비음 제약식이 존재한다.

$$x_1, x_2 \geq 0$$

위 최소화 문제에 대한 완전한 모형은 다음과 같다.

$$\text{minimize } Z = \$6x_1 + 3x_2$$

$$\text{subject to}$$

$$2x_1 + 4x_2 \geq 16\text{파운드의 질소}$$

$$4x_1 + 3x_2 \geq 24\text{파운드의 인산염}$$

$$x_1, x_2 \geq 0$$

최소화 모형의 도해법

최소화 모형의 도해법의 절차도 최대화 모형에서 사용된 방법과 같다. 위에서 사용된 비료 예제를 통해 최소화 모형의 도식적 해법을 설명한다.

첫 번째 단계는 그림 2.16에서와 같이 2개 제약식의 등식을 그리는 것이다. 그 다음 ≥ 부등호를 반영한 가능해 영역이 그림 2.17에서와 같이 정해진다.

가능해 영역이 결정되고 나면, 도식적 해법의 두 번째 단계는 최적해의 위치를 찾는 것이

그림 2.16

거름 주기 모형에 대한 제약식 선

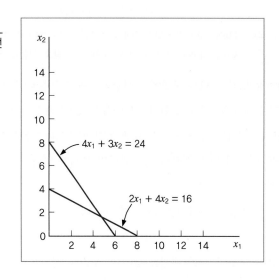

그림 2.17

가능해 영역

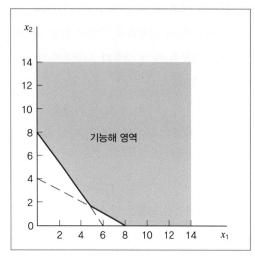

+ 최소화 문제에서는 원점에서 가장 가까운 가능해 영역의 경계선상에 최적해가 되는 꼭짓점이 존재한다.

다. 최대화 문제에서는 원점에서부터 점차 멀어지면서 마지막으로 가능해 영역의 경계선을 통과하는 점에서 최적해가 존재했었다는 사실을 기억하자. 최소화 문제에서도 마찬가지로 가능해 영역의 경계선상에 최적해가 존재한다. 그러나 원점(총 비용이 0이 되는 점)에서 가장 가까운 모서리를 가지는 경계선상에 최적해가 존재한다.

최대화 문제에서와 마찬가지로 최적해는 경계선의 꼭짓점들 중 한 곳에 존재한다. 이 경우, 최적해가 될 수 있는 모서리 점은 원점에서 가장 가까운 곳에 위치한 가능해의 꼭짓점이다. 그림 2.18은 3개의 모서리 점인 A, B, C와 목적함수를 보여 준다.

그림 2.18

최적해 점

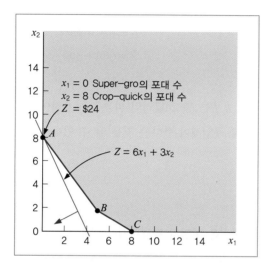

Soquimich(남아메리카)에서의 최적 비료 혼합 결정

칠레의 비료 제조업체인 Soquimich는 80개 이상의 국가에서 거의 5억 달러에 달하는 수익을 올리는 세계적인 주요 생산업체이자 특수비료 유통업체이다. Soquimich는 고객의 요구에 따라 4가지의 주요 특수비료와 200개가 넘는 비료조합을 생산한다. 농부들은 이 회사가 가능한 한 가장 낮은 비용으로 특정 농작물에 적절한 수량의 성분을 제공할 수 있도록 최적 비료조합의 권장사항을 빨리 제시해 주기를 원한다. 농부는 회사의 판매 담당자에게 예전 농작물의 수확량과 농부의 목표 수율에 대한 정보를 제공하고, 그런 다음 회사의 담당자는 회사의 연구실에서 분석에 사용될 토양의 시료를 얻기 위해 농장을 방문한다. 질소, 인, 포타슘(칼륨), 붕소, 마그네슘, 황, 아연 등의 영양분에 대한 토양의 필요사항 등을 나타내는 보고서가 작성된다. 이러한 토양 필요사항들이 주어지면, 회사의 전문가는 토양에 필요한 질소의 수량에 대한 제약식과 생산비용을 최소화하는 목적함수를 포함하는 선형계획법 모형을 사용하여 최적 비료 조합을 결정한다. 이전에 회사는 시간이 많이 소요되는 전문가의 수작업 절차를 사용하여 권장 비료조합을 결정하였다. 선형계획법 모형은

회사에 정확하고, 빠르고, 낮은 비용(절감된) 추정치를 고객에게 제공할 수 있도록 하며, 회사가 새로운 고객을 확보하고 시장점유율을 높일 수 있도록 도와주고 있다.

Alex Havret/Dorling Kindersley

자료 : A. M. Angel, L. A. Taladriz, and R. Weber, "Soquimich Uses a System Based on Mixed-Integer Linear Programming and Expert Systems to Improve Customer Service," *Interfaces* 33, no. 4 (July. August 2003): 41.52.

목적함수의 직선이 원점을 향해 점차 움직여 나갈 때, 가능해 영역을 마지막으로 통과하는 점은 A이다. 다시 말하면, A점은 목적함수가 가능해 영역을 벗어나지 않고 원점에서 가장 가까이 통과할 수 있는 점이다. 따라서 바로 이 점에서 최소 비용을 달성할 수 있다.

도식적 해법의 마지막 단계는 A점에 대해 x_1과 x_2의 값을 구하는 것이다. A점은 x_2축 위에 있으므로 $x_1 = 0$이다. 따라서,

$$4(0) + 3x_2 = 24$$
$$x_2 = 8$$

최적해가 $x_1 = 0$, $x_2 = 8$이므로, 최소 비용 Z는

$$Z = \$6x_1 + \$3x_2$$
$$Z = 6(0) + 3(8)$$
$$= \$24$$

이것을 해석하면, 농부는 총 24달러의 비용을 사용하여 Super-gro는 구입하지 말고 대신 Crop-quick 8포대를 구입해야 한다는 것을 알 수 있다.

초과변수

크거나 같다($\leq$) 제약식은 이전의 제약식처럼 여유변수를 도입하여 등식으로 변환할 수가 없다. 지금까지 고려한 비료 문제의 모형은 다음과 같았다.

$$\text{minimize } Z = \$6x_1 + \$3x_2$$
$$\text{subject to}$$
$$2x_1 + 4x_2 \geq 16\text{파운드의 질소}$$
$$4x_1 + 3x_2 \geq 24\text{파운드의 인산염}$$
$$x_1, x_2 \geq 0$$

여기서, x_1 = Super-gro 비료의 포대 수
x_2 = Crop-quick 비료의 포대 수
Z = 농부의 비료 구입 총 비용($)

+ 초과변수는 등식(=)으로 변환하기 위해 $\geq$ 제약식에서 뺀 것이다.
+ 초과변수
제약 조건 수준 이상의 초과량을 나타낸다.

이 문제는 이전의 Beaver Creek 도자기 회사의 최대화 예제에서 $\leq$ 제약식을 사용했던 것과 달리 $\geq$ 제약식을 가지고 있기 때문에 등식으로 변환하는 과정이 약간 다르다.

제약식에 여유변수를 더했던 것과 달리, 이번에는 초과변수를 빼야 한다. 여유변수는 더했고 사용되지 않은 여유 자원의 양을 나타냈던 것과 달리, 초과변수는 빼야 하고 최소 요구 조건을 초과한 양을 의미한다. 여유변수와 마찬가지로 초과변수도 s_1이라는 기호로 표시되며 음수를 가질 수 없다.

질소 성분의 제약식에 대해 초과변수를 빼면

$$2x_1 + 4x_2 - s_1 = 16$$

초과변수 s_1은 질소 성분 제약식을 등식으로 변환하였다.

예를 들어, 다음과 같은 해를 고려해 보자.

$$x_1 = 0$$

$$x_2 = 10$$

위 값을 이전 등식에 대입하면

$$2(0) + 4(10) - s_1 = 16$$

$$- s_1 = 16 - 40$$

$$s_1 = 24파운드의 질소$$

결과를 해석하면, 10포대의 Crop-quick을 구입함으로써 질소 성분의 최소 요구 조건인 16파운드를 초과한 질소 성분의 양을 s_1이 나타내는 것이다.

마찬가지로 인산염 성분에 대한 제약식은 초과변수 s_2를 빼면 등식으로 변환시킬 수 있다.

$$4x_1 + 3x_2 - s_2 = 24$$

여유변수와 마찬가지로, 초과변수 또한 모형의 총 비용에 아무런 영향을 미치지 못한다. 예를 들면, 추가로 질소 성분이나 인산염 성분을 밭에 공급한다고 하더라도 농부의 총 비용에 영향을 미치지 못한다. 비용에 영향을 미치는 것은 단지 몇 포대의 비료를 구입했는가 하는 것이다.

마찬가지로 위 문제에 대한 선형계획법의 표준형은 다음과 같이 요약된다.

$$\text{minimize } Z = \$6x_1 + 3x_2 + 0s_1 + 0s_2$$

$$\text{subject to}$$

$$2x_1 + 4x_2 - s_1 = 16$$

$$4x_1 + 3x_2 - s_2 = 24$$

$$x_1, x_2, s_1, s_2 \geq 0$$

그림 2.19는 각 꼭짓점에서 초과변수를 포함한 해를 보여 준다.

그림 2.19

비료 예시 그래프

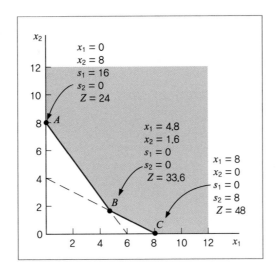

███████ ## 선형계획법 문제의 특이형

지금까지 이 장에서는 전형적인 최대화 또는 최소화 문제에 대한 기본적인 형태를 소개해 왔다. 그러나 전형적인 선형계획법의 틀을 벗어나는 몇 가지 특이한 형태도 있다. 이러한 특이한 형태가 자주 일어나는 것은 아니지만, 이러한 상황이 발생할 때 인식할 수 있도록 지금부터 설명할 것이다. 이러한 특이한 형태는 최적해가 1개 이상인 문제, 가능해가 존재하지 않는 문제, 무한해를 갖는 문제들을 포함한다.

복수의 최적해

Beaver Creek 도자기 회사 예제에서 목적함수가 $Z = 40x_1 + 50x_2$에서 $Z = 40x_1 + 30x_2$로 변경되었다고 하자.

$$\text{maximize } Z = 40x_1 + 30x_2$$
$$\text{subject to}$$
$$x_1 + 2x_2 \leq 40\text{시간의 노동력}$$
$$4x_1 + 3x_2 \leq 120\text{파운드의 점토}$$
$$x_1, x_2 \geq 0$$

여기서, x_1 = 생산되는 그릇의 수
x_2 = 생산되는 머그잔의 수

이 모형의 그래프는 그림 2.20에 제시되어 있다. 약간 변경된 목적함수는 이제 제약식 직선 중의 하나인 $4x_1 + 3x_2 = 120$과 평행하게 되었다. 두 직선 모두 이제 기울기는 $-4/3$이다. 따라서 목적함수의 직선이 원점에서부터 점점 멀어지면서 가능해 영역을 마지막으로 통과하는 곳이 1개의 꼭짓점이 아닌 선분 BC 전체가 된다. 이것은 선분 BC상에 있는 모든 점들이 최적해가 됨을 의미한다(각 점은 모두 $Z = \$1,200$의 이익을 갖는다). 이 선분상의 양쪽 끝 점

그림 2.20

Beaver Creek 도자기 회사에서의 최적해 그래프

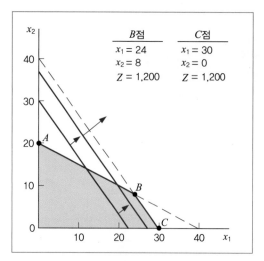

+ 대안최적해
목적함수와 평행한 제약식 선분의 끝 점에 있다.

+ 복수 최적해는 의사결정자에게 더 큰 유연성을 제공한다.

인 B와 C는 일반적으로 대안최적해(alternate optimal solutions)라고 불린다. 이것들은 최적해 범위의 양쪽 끝 점을 나타낸다.

따라서 이 회사는 생산할 그릇과 머그잔의 수를 결정하는 데 있어 몇 가지 옵션을 갖고 있다. 선택할 수 있는 옵션의 가짓수가 늘어나기 때문에 복수의 최적해는 의사결정자에게 도움을 준다. 복수의 최적해(그림 2.20의 선분 BC에 있는)는 의사결정자에게 훨씬 많은 융통성을 가져다준다. 예를 들어, Beaver Creek 도자기 회사의 경우 머그잔보다 그릇이 더 잘 팔릴 수도 있다. 그 경우에는, 그릇만 생산하는 C점의 해가 그릇과 머그잔을 모두 생산해야 하는 B점의 해보다 더 선호될 수 있다.

비가능 문제

+ 비가능 문제는 가능해 영역을 가지고 있지 않다. 즉, 모든 해의 점은 하나 또는 그 이상의 제약식을 위반한다.

어떤 선형계획법 문제는 가능해 영역이 전혀 없는 경우도 있다. 따라서 당연히 문제의 최적해가 존재하지 않는다. 가능해가 존재하지 않는 문제의 예는 다음과 같고, 그림 2.21에 나타나 있다.

$$\text{maximize } Z = 5x_1 + 3x_2$$

$$\text{subject to}$$

$$4x_1 + 2x_2 \leq 8$$

$$x_1 \geq 4$$

$$x_2 \geq 6$$

$$x_1, x_2 \geq 0$$

그림 2.21의 A점은 오직 $4x_1 + 2x_2 \leq 8$ 제약식만을 만족시키고 있으며, C점은 단지 $x_1 \geq 4$와 $x_2 \geq 6$만을 만족시키고 있다. B점은 어떠한 제약식도 만족시키고 있지 않다. 위 문제는 세 가지 제약식들을 공통으로 만족시키는 가능해 영역이 없다. 세 가지 제약식을 만족시키는 점은 하나도 없기 때문에 문제의 해는 존재하지 않는다. 가능해가 존재하지 않는 문제는 일반

그림 2.21
비가능 문제의 그래프

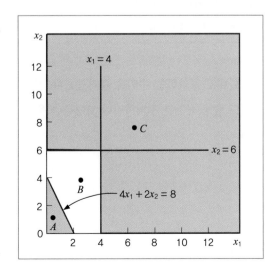

적으로 잘 일어나지 않는다. 그러나 그러한 경우가 일어났다면 흔히 문제를 정의하거나 선형 계획법 모형을 세우는 과정에서 발생한 오류에 기인한다.

무한해를 갖는 문제

+ 무한해를 갖는 문제에서, 목적함수는 최댓값에 도달하지 않고 무한정 증가할 수 있다.

어떤 문제는 모형의 제약식에 의해 형성되는 가능해 영역이 닫혀 있지 않다. 이러한 경우에는 가능해 영역의 경계선이 없기 때문에 목적함수가 무한히 증가할 수 있다.

이러한 문제의 예가 다음에 제시되어 있고 그림 2.22에 나타나 있다.

$$\text{maximize } Z = 4x_1 + 2x_2$$

$$\text{subject to}$$

$$x_1 \geq 4$$

$$x_2 \geq 2$$

$$x_1, x_2 \geq 0$$

그림 2.22에서 목적함수는 제한 없이 계속 증가시킬 수 있다. 따라서 최적해에 도달할 수 없다.

그림 2.22
무한해를 갖는 문제

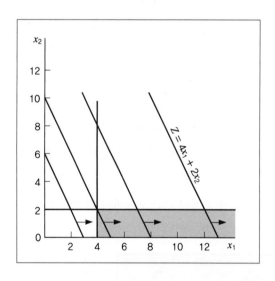

+ 해 공간이 완전하게 닫혀 있지 않다.

실제의 경우에 무한대로 증가하는 수익은 불가능하다. 가능해가 존재하지 않는 문제와 마찬가지로 이 경우에도 종종 문제를 정의하거나 모형을 세우는 과정에서 생긴 오류로 인해 발생할 가능성이 높다.

선형계획법 문제의 특성

지금까지 여러 선형계획법 모형을 살펴보았으므로 선형계획법 문제의 특성을 정리해 보자.

+ 선형계획법 모형의 구성요소는 목적함수, 의사결정변수, 제약식이다.

　선형계획법에서는 여러 의사결정의 대안들 중에서 어떤 선택을 내려야 한다. 모형에서 이러한 결정은 의사결정변수로 나타낸다. 기업들이 내려야 하는 일반적인 선택의 문제는 우리가 이 장에서 살펴본 Beaver Creek 도자기 회사 예제에서와 같이 제품을 몇 개나 생산해야 하는가 하는 결정과 비슷하다. 선택의 문제를 파악하고 이것을 가지고 의사결정변수를 정의하는 것이 모형의 수립 과정에서 가장 선행되어야 하는데, 이것이 정의되지 않고서는 목적함수나 제약식을 세우는 것이 매우 어렵기 때문이다.

　선형계획법 문제에는 의사결정자가 원하는 목표가 있다. 기업들이 가장 흔히 접하는 두 가지 목표는 수익을 최대화하거나 비용을 최소화하는 것이다.

　선형계획법 문제의 세 번째 특징은 제약조건이 존재한다는 것인데, 이것 때문에 목적함수를 무한히 증가시키거나 또는 감소시키는 것이 불가능해진다. 기업의 경우에 이러한 제약조건은 우리가 고려했던 노동력 또는 재료 등의 제한된 자원과 같은 형태를 띤다. 뿐만 아니라 이 장의 예제 모형들에서도 다양한 제약 조건들이 있음을 살펴보았다. 목적함수와 마찬가지로 제약 조건들 또한 선형적인 수학 관계를 사용하여 정의하는 것이 가능해야 한다. 모형의 수립 과정에서 가장 어려운 부분이 이러한 관계를 정의하는 것이다.

선형계획법 모형의 성질

선형의 수학적 관계를 가지고 있어야 한다는 것 이외에, 선형계획법 모형은 이 장에서 계속 나타난 것처럼 여러 성질들을 내재하고 있다. 선형이라는 단어는 함수를 그래프에 표시했을 때 직선으로 그려져야 한다는 것만을 의미하는 것이 아니라 그것이 비례(proportionality) 관계로 변한다는 것을 뜻한다. 다시 말하면 변화의 비율, 즉 함수의 기울기가 일정함을 뜻한다. 따라서 의사결정변수의 크기가 변하면, 함수 값도 상대적으로 같은 크기만큼 변한다는 것이다.

+ 비례
제약식 또는 목적함수 선의 기울기가 일정한 것을 의미한다.

+ 목적함수 또는 제약식의 조건은 가법적(additive)이다.

　선형계획법에서는 목적함수 또는 제약식의 각 항들이 덧셈으로(additive) 표현될 수 있어야 한다. 예를 들어, Beaver Creek 도자기 회사 예제에서 총 수익(Z)은 그릇을 만들고($40x_1$) 머그잔을 만들어($50x_2$) 벌어들이는 각 수익의 합과 같았다. 또한, 노동력과 같은 자원의 총 사용된 양은 제약식에서 각 제품을 만드는 활동량에 의해 소모되는 자원의 합과 같았다.

+ 의사결정변수의 값은 연속적 또는 분할(divisible)할 수 있는 소수값이다.

　선형계획법 모형의 또 다른 성질은 해의 값(또는 의사결정변수의 값)이 정수값만을 가지도록 제한되어 있지 않다는 것이다. 의사결정변수는 어떠한 소수값을 가져도 된다. 즉, 의사결정변수는 정수 또는 이산(discrete)적이지 않고, 연속적이며(continuous) 분할(divisible)할 수 있다. 예를 들어, 그릇이나 머그잔, 비행기, 자동차의 개수 등을 나타내는 의사결정변수는 현실 세계에서는 정수값을 가져야 하지만, 선형계획법의 해법은 꼭 정수해만을 제공하는 것은 아니

+ 모든 모형의 매개변수는 확정적으로 알려져 있다고 가정한다.

다. 이러한 성질은 뒤에 나오는 장에서 추가로 설명하기로 한다.

선형계획법 모형이 가지고 있는 마지막 성질은 모형의 매개변수 값이 모두 확정적(certainty)으로 정해져 변하지 않는 상수라는 것이다. 그러나 현실 세계에서는 모형의 매개변수가 현재뿐만 아니라 정해져 있지 않은 미래의 상황을 나타내기 때문에 종종 불확실성을 드러낸다.

요약하면 선형계획법 모형은 다음과 같은 성질-선형성(linearity), 비례성(proportionality), 가법성(additivity), 분할성(divisibility), 확정성(certainty)을 가지고 있다. 이 책에 나오는 다양한 선형계획법의 해법을 통해 이러한 성질들을 더 확실히 알게 될 것이고, 이러한 성질이 해에 미치는 영향들도 자세히 설명될 것이다.

요약

제2장에서 소개된 두 가지 예제는 선형계획법의 정형화 과정을 보여 주었다. 이러한 문제들은 공통점을 갖고 있는데, 주어진 제약조건하에서 어떤 목표를 달성하려 한다는 것이다. 선형계획법 모형은 다음과 같은 공통적인 특성을 가지고 있다.

- 목적함수의 최대화 또는 최소화
- 일련의 제약식
- 의사결정자의 활동을 측정할 수 있는 의사결정변수
- 목적함수와 제약식의 선형성

선형계획법 모형을 그래프를 사용하여 푸는 해법은 그리 효과적인 문제 풀이 방법이 되지 못한다. 우선 정확한 그래프를 그리는 것이 그다지 쉽지 않다. 게다가 도식적 해법은 의사결정변수가 오직 2개인 경우에만 사용될 수 있다. 그러나 도식적 해법의 분석 방법은 선형계획법 문제와 그 해를 이해하는 데 중요한 직관을 제공한다.

도식적 해법에서 일단 가능해 영역과 최적해를 나타내는 위치가 그래프상에서 결정되고 나면, 연립방정식을 풀어서 x_1과 x_2의 값을 정한다. 제3장에서는 컴퓨터 프로그램을 이용하여 선형계획법의 해를 찾는 방법을 설명한다.

예제 문제와 풀이

연습문제 이전에 두 개의 선형계획법 예제 문제와 그 풀이 과정을 설명한다.

문제 설명 ■   Moore's Meatpacking Company는 1,000파운드 묶음으로 핫도그 혼합 재료를 생산한다. 혼합 재료는 닭고기와 쇠고기의 두 가지 재료로 구성된다. 각 재료의 파운드당 단가는 다음과 같다.

구성요소	파운드당 비용
닭고기	3달러
쇠고기	5달러

각 1,000파운드 묶음은 다음과 같은 조건을 만족시켜야 한다.

   a. 적어도 500파운드의 닭고기가 들어가야 한다.
   b. 적어도 200파운드의 쇠고기가 들어가야 한다.

닭고기와 쇠고기의 비율은 적어도 2 : 1이 넘어야 한다. 이 회사는 비용을 최소화하는 재료의 최적 혼합량을 알고 싶다. 이 문제를 선형계획법으로 정형화하시오.

풀이 ■   **1단계 : 의사결정변수를 파악한다.**

전체 문제를 한번에 풀 수는 없음을 기억하자. 의사결정변수부터 시작하여 모형의 구성요소를 하나씩 찾아간다.

$$x_1 = 닭고기의 양(파운드)$$
$$x_2 = 쇠고기의 양(파운드)$$

2단계 : 목적함수를 수식화한다.

$$\text{minimize } Z = \$3x_1 + \$5x_2$$

여기서, Z = 1,000파운드 배치당 비용
   $\$3x_1$ = 닭고기의 비용
   $\$5x_2$ = 쇠고기의 비용

3단계 : 제약식을 세운다.

이 문제의 제약식은 각 재료가 만족시켜야 할 요구 조건과 혼합 재료의 양이 1,000파운드가 되어야 한다는 것이다.

$$x_1 + x_2 = 1,000파운드$$
$$x_1 \geq 500파운드의 닭고기$$

$$x_2 \geq 200파운드의 쇠고기$$

$$x_1/x_2 \geq 2/1 \text{ 또는 } x_1 - 2x_2 \geq 0$$

그리고

$$x_1, x_2 \geq 0$$

완전한 모형은 다음과 같다.

$$\text{minimize } Z = \$3x_1 + \$5x_2$$

$$\text{subject to}$$

$$x_1 + x_2 = 1,000$$

$$x_1 \geq 500$$

$$x_2 \geq 200$$

$$x_1 - 2x_2 \geq 0$$

$$x_1, x_2 \geq 0$$

문제 설명 ■   다음 선형계획법 모형을 그래프를 이용하여 푸시오.

$$\text{maximize } Z = 4x_1 + 5x_2$$

$$\text{subject to}$$

$$x_1 + 2x_2 \leq 10$$

$$6x_1 + 6x_2 \leq 36$$

$$x_1 \leq 4$$

$$x_1, x_2 \geq 0$$

풀이 ■   1단계 : 제약식을 등식으로 보고 선을 그린다.

제약식 선을 그래프로 그릴 때, 한 변수를 0으로 놓고 다른 변수에 대하여 푼 다음 직선이 통과하는 점을 찾으면 쉽다. 다음 그림에 3개의 제약식 선이 모두 그려져 있다.

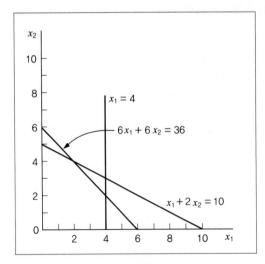

제약등식

2단계 : 가능해 영역을 정한다.

가능해 영역은 3개의 ≤ 제약식을 모두 만족시키는 공통 영역이며, 다음 그림에 나타나 있다.

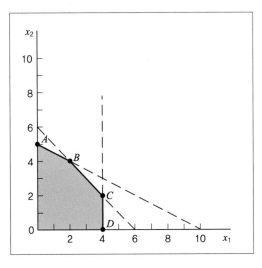

가능해 영역과 꼭짓점

3단계 : 해를 나타내는 점을 찾는다.

A점의 해는 제약식이 x_2축을 통과하기 때문에 5가 된다. 따라서 $x_2 = 5$, $x_1 = 0$, $Z = 25$이다. 다른 축 위에 있는 D점의 해는 비슷한 방법으로 $x_1 = 3$, $x_2 = 0$, $Z = 16$이 된다. B와 C점의 값들은 연립방정식을 풀어서 구해야 한다. B점에서는 $x_1 + 2x_2 = 10$과 $6x_1 + 6x_2 = 36$의 직선이 교차한다. 먼저 두 등식을 x_1에 대하여 정리한다.

$$x_1 + 2x_2 = 10$$
$$x_1 = 10 - 2x_2$$

그리고

$$6x_1 + 6x_2 = 36$$
$$6x_1 = 36 - 6x_2$$
$$x_1 = 6 - x_2$$

이제 두 등식을 같다고 놓고 x_2에 대하여 푼다.

$$10 - 2x_2 = 6 - x_2$$
$$-x_2 = -4$$
$$x_2 = 4$$

이제 위의 등식 중에 $x_2 = 4$를 대입하여 x_1의 값을 정한다.

$$x_1 = 6 - x_2$$
$$x_1 = 6 - (4)$$
$$x_1 = 2$$

따라서 B점에서 $x_1 = 2$, $x_2 = 4$, $Z = 28$이 된다.

C점에서 $x_1 = 4$이다. $x_1 = 4$를 등식 $x_1 = 6 - x_2$에 대입하면 x_2값을 얻는다.

$$4 = 6 - x_2$$
$$x_2 = 2$$

따라서 $x_1 = 4$, $x_2 = 2$, $Z = 26$을 얻는다.

4단계 : 최적해를 결정한다.

최적해는 B점에서 $x_1 = 2$, $x_2 = 4$, $Z = 28$이 된다. 최적해와 다른 꼭짓점에서의 해가 다음 그림
에 나타나 있다.

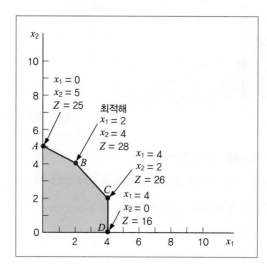

최적해 점

01 제1장의 문제 32에서 트레이시 맥코이는 토요일 아침에 일어나 오후에 판매할 케이크와 빵을 만들어 자선바자회에 가져가기로 사친회에 약속했던 것을 생각해 냈다. 그러나 재료를 사러 갈 시간은 없고, 무언가를 오븐에 구울 수 있는 시간만이 남아 있었다. 케이크와 빵은 서로 다른 온도에서 구워지기 때문에 두 가지를 동시에 구울 수는 없고, 구울 수 있는 시간은 3시간이 남아 있다. 케이크는 밀가루 3컵, 빵 하나에는 8컵이 필요하다. 트레이시는 밀가루를 20컵 가지고 있다. 케이크를 굽는 데는 45분, 빵을 굽는 데는 30분이 걸린다. 사친회는 케이크를 10달러, 빵을 6달러에 판매한다. 트레이시는 케이크와 빵을 얼마나 많이 만들어야 하는지 결정하려고 한다.

a. 이 문제를 해결하기 위한 선형계획법 모형을 세우시오.

b. 도식적 해법을 이용하여 이 모형의 해를 구하시오.

02 스낵 시리얼 회사는 다양한 원료로 시리얼을 만든다. 여러 원료들 중 귀리와 쌀, 이 두 가지는 비타민 A와 B를 제공한다. 이 회사는 비용을 최소화하는 동시에 시리얼 한 박스가 비타민 A는 최소 48mg, 비타민 B는 최소 12mg을 포함하도록 하기 위해 귀리와 쌀이 몇 온스가 필요한지 알고 싶다. 귀리 1온스는 8mg의 비타민 A와 1mg의 비타민 B를 제공하고, 쌀 1온스는 6mg의 비타민 A와 2mg의 비타민 B를 제공한다. 귀리 1온스의 가격은 0.05달러, 쌀 1온스의 가격은 0.03달러이다.

a. 이 문제를 해결하기 위한 선형계획법 모형을 세우시오.

b. 도식적 해법을 이용하여 이 모형을 해결하시오.

03 쌀의 가격이 온스당 0.03달러에서 0.06달러로 상승한다면, 문제 02의 최적해에 어떤 영향을 주는가?

04 금속 공장은 건설 회사들의 창문과 문을 제작한다. 이를 제작하기 위해, 공장은 철, 유리, 인력을 이용한다. 회사는 표준 크기의 철 80개, 60제곱피트(squre feet)의 유리, 노동시간에 제한이 없는 인력을 확보하고 있지만, 공장은 50시간의 인력만 사용할 수 있다. 아래 표는 하나의 창문과 하나의 문을 생산하기 위한 자원들의 필요 조건을 보여 준다.

제품	창문(x_1)	문(x_2)
철	3	4
유리	7	2
인력	3	4
비용	500유로	400유로

a. 이 문제를 해결하기 위한 선형계획법 모형을 세우시오.

b. 도식적 해법을 이용하여 이 모형의 해를 구하시오.

05 문제 04에서

a. 창문과 문이 최적의 수만큼 생산된다면, 얼마나 많은 철과 인력이 사용되지 않고 남는가?

b. 창문 하나에서 얻을 수 있는 이익이 500유로에서 300유로로 변할 때, 이것이 최적해에 미치는 영향을 설명하시오.

06 Crumb and Custard Bakery는 큰 팬으로 커피 케이크와 데니쉬 페스트리를 만든다. 주재료는 밀가루와 설탕이다. 이 가게에서는 25파운드의 밀가루와 16파운드의 설탕이 사용 가능하며, 커피 케이크의 수요는 5개이다. 커피 케이크를 만들기 위해서는 5파운드의 밀가루와 2파운드의 설탕이 필요하며, 데니쉬 한 팬(pan)을 만들기 위해서는 5파운드의 밀가루와 4파운드의 설탕이 필요하다. 커피 케이크 한 팬의 이익은 1달러이며, 데니쉬 한 팬의 이익은 5달러이다. 이익을 최대화하기 위해 하루에 만들어야 할 케이크와 데니쉬의 팬 수를 결정하라.

a. 이 문제를 선형계획법 모형으로 정형화하시오.

b. 도식적 해법을 통해 모형의 해를 구하시오.

07 문제 06에서, 최적 생산 수량에 따라 빵을 만들었을 때 사용되지 않는 밀가루와 설탕의 양은 얼마나 되는가?

08 아래의 선형계획법 모형을 도식화하여 푸시오.

$$\text{maximize } Z = 3x_1 + 6x_2$$

subject to

$$3x_1 + 2x_2 \leq 18$$
$$x_1 + x_2 \geq 5$$
$$x_1 \leq 4$$
$$x_1, x_2 \geq 0$$

09 어떤 보석 가게는 금과 백금으로 목걸이와 팔찌를 제작한다. 이 가게는 금 18온스와 백금 20온스를 가지고 있다. 목걸이는 각각 금 3온스, 백금 2온스를 필요로 하고, 팔찌는 각각 금 2온스, 백금 4온스를 필요로 한다. 팔찌의 수요는 4개보다 크지 않다. 목걸이 1개는 300달러, 팔찌는 400달러의 이익을 낸다. 이 가게는 이익을 최대화하는 목걸이와 팔찌의 생산량을 알고 싶다.

a. 이 문제를 해결하기 위한 선형계획법 모형을 세우시오.

b. 도식적 해법을 이용하여 이 모형의 해를 구하시오.

10 문제 09에서 팔찌의 이익이 400달러에서 600달러로 상승하였을 때, 이것이 최적해에 미치는 영향을 설명하라. 목걸이를 만드는 데 필요한 백금의 양이 2온스에서 3온스로 바뀌는 것은 어떤 영향을 미치는가?

11 문제 09에서

a. 팔찌의 최대 수요는 4개이다. 만약 팔찌와 목걸이를 최적의 수만큼 생산한다면, 팔찌의 최대 수요가 만족되는가? 만약 그렇지 않다면, 얼마나 많은 수요가 충족되지 못하는가?

b. 팔찌를 생산하지 않고 목걸이만 생산했을 때의 이익은 얼마인가? 그리고 이 이익에 대하여 최적해는 무엇인가?

12 한 의류회사는 코트와 바지를 만드는 데 양모 옷감과 노동시간이 소요된다. 이 의류회사는 150 평방야드(square yards)의 양모와 200시간의 노동시간을 사용할 수 있다. 하나의 코트는 3평방야드의 양모와 10시간의 노동시간이 필요하며, 바지 한 벌에는 5평방야드의 양모와 4시간의 노동시간이 필요하다. 코트의 이익은 50달러이며, 바지의 이익은 40달러이다. 의류회사는 이익을 최대화하기 위해 만들어야 할 코트와 바지 한 벌의 수량을 결정하기 원한다.

a. 이 문제를 선형계획법 모형으로 정형화하시오.

b. 도식적 해법을 통해 모형의 해를 구하시오.

13 문제 12에서, 가용할 수 있는 노동시간이 200시간에서 240시간으로 증가한다면 최적해에 어떠한 영향을 미칠 것인가?

14 Amelia는 봄방학 동안 아르바이트를 하고 싶어 한다. 그녀는 현재 두 가지 일을 하는데, 하나는 입학처에서 하는 일이고 다른 하나는 근처 레스토랑에서 하는 일이다. 그녀는 주당 40시간 이상 일하기를 원하지 않는다. 그녀는 레스토랑에서 하는 일이 입학처에서 하는 일보다 더 쉽다고 생각한다. 입학처에서 하는 일은 고도의 집중력을 필요로 하기 때문에 그녀는 레스토랑에서 더 많이 일하기를 원한다. 입학처에서 1시간씩 일할 때마다, 레스토랑에서 2시간씩 일하려고 한다. 그녀는 레스토랑에서 최대 22시간까지 일하기를 원한다. 그녀는 입학처에서 시급 9파운드를, 레스토랑에서 시급 7파운드를 받는다. 그녀는 봄방학 동안 주당 수입을 최대화하기 위해 입학처에서 일하는 시간(x_1)과 레스토랑에서 일하는 시간(x_2)을 결정하려고 한다.

a. 이 문제를 선형계획법 모형으로 정형화하시오.

b. 도식적 해법을 통해 모형의 해를 구하시오.

15 문제 14에서,

a. Amelia가 주당 35시간을 일한다면, 더 많은 돈을 벌 수 있는가?

b. 입학처가 Amelia의 임금을 시간당 8파운드로 줄이고 레스토랑이 임금을 시간당 9파운드로 올릴 경우, Amelia가 레스토랑에서 25시간까지 일한다면 이러한 변화들이 Amelia의 수익에 영향을 주는가?

16 아래의 선형계획법 모형을 도식화하여 푸시오.

$$\text{maximize } Z = 5x_1 + 8x_2$$

$$\text{subject to}$$

$$3x_1 + 5x_2 \leq 50$$

$$2x_1 + 4x_2 \leq 40$$

$$x_1 \leq 8$$

$$x_2 \leq 10$$

$$x_1, x_2 \geq 0$$

17 문제 16의 모형을 표준형으로 바꾸고, 각 꼭짓점에서의 여유변수 값을 나타내시오.

18 아래의 선형계획법 모형을 도식화하여 푸시오.

$$\text{maximize } Z = 6.5x_1 + 10x_2$$

$$\text{subject to}$$

$$2x_1 + 4x_2 \leq 40$$

$$x_1 + x_2 \leq 50$$

$$x_1 \geq 8$$

$$x_1, x_2 \geq 0$$

19   문제 18에서 제약조건 $x_1 \geq 8$이 $x_1 \leq 8$로 바뀐다면, 이것은 가능해 영역과 최적해에 어떤 영향을 미치는가?

20   Universal Claims Processors는 큰 국가 보험 기업의 보험금 청구를 진행하고 있다. 대부분의 청구 과정은 많은 컴퓨터 관리 직원들에 의해 행해지는데, 그들 중 일부는 정규직이고 일부는 비정규직이다. 정규직 직원들은 하루에 16건의 청구를 처리할 수 있고 비정규직 직원들은 하루에 12건의 청구를 처리할 수 있다. 그리고 평균적으로 이 회사는 하루에 적어도 450건의 청구를 처리한다. 회사에는 40대의 컴퓨터 워크스테이션이 있다. 정규직 직원들은 청구 건을 처리하는 데 하루 평균 약 0.5건의 실수를 범하고, 비정규직 직원들은 하루 평균 1.4건의 실수를 범한다. 회사는 실수가 있는 청구 건수를 하루에 25개로 제한하고 있다. 정규직 직원은 하루에 64달러를 받고, 비정규직 직원은 하루에 42달러를 받는다. 회사는 비용을 최소화하기 위해 정규직과 비정규직 직원을 몇 명 고용할 것인지 결정하려고 한다.
   a. 이 문제를 해결하기 위한 선형계획법 모형을 세우시오.
   b. 도식적 해법을 이용하여 이 모형의 해를 구하시오.

21   문제 20에서
   a. 정규직 직원의 하루 임금이 64달러에서 54달러로 변했을 때, 이것이 최적해에 미치는 영향을 설명하라.
   b. 비정규직 직원의 하루 임금이 42달러에서 36달러로 변화하는 것의 영향을 설명하시오.
   c. 만약 Universal Claims Processors가 하루에 결점이 있는 청구 건수를 제한하지 않기로 결정한다면, 이것이 최적해에 어떤 영향을 미치는가?
   d. 문제 22에서 만약 이 회사가 하루에 최소한으로 처리해야 하는 청구 건수가 450건에서 650건으로 증가한다면, 이것이 최적해에 미치는 영향을 설명하시오.

22   다음 선형계획법 모형을 도식적 방법으로 푸시오.

$$\text{maximize } Z = 3x_1 + 6x_2$$
$$\text{subject to}$$
$$3x_1 + 2x_2 \leq 18$$
$$x_1 + x_2 \geq 5$$
$$x_1 \leq 4$$
$$x_2 \leq 7$$
$$x_2/x_1 \leq 7/8$$
$$x_1, x_2 \geq 0$$

23   문제 22에서 제약조건 $x_2 \leq 7$이 $x_2 \geq 7$로 바뀌었을 때 해에 어떤 영향을 미치는가?

24   아래의 선형계획법 모형을 도식화하여 푸시오.

$$\text{maximize } Z = 5x_1 + x_2$$
$$\text{subject to}$$
$$3x_1 + 4x_2 = 24$$
$$x_1 \leq 6$$
$$x_1 + 3x_2 \leq 12$$
$$x_1, x_2 \geq 0$$

25 아래의 선형계획법 모형을 도식화하여 푸시오.

$$\text{maximize } Z = 8x_1 + 2x_2$$

subject to

$$2x_1 - 6x_2 \leq 12$$
$$5x_1 + 4x_2 \geq 40$$
$$x_1 + 2x_2 \geq 12$$
$$x_2 \leq 6$$
$$x_1, x_2 \geq 0$$

26 Gillian 음식점은 아이스크림 판매대에서 다양한 향을 가진 아이스크림과 냉동 요구르트 등 두 가지의 주요 상품을 판매하고 있다. 음식점은 아이스크림과 냉동 요구르트를 1주일에 한 번 주문하고, 가게에는 두 가지 상품을 모두 합쳐 115갤런을 저장할 수 있는 냉동고가 있다. 냉동 요구르트 1갤런의 가격은 0.75달러이고, 아이스크림 1갤런의 가격은 0.93달러이다. 그리고 이 음식점은 이 두 가지 상품에 매주 90달러를 예산으로 편성하고 있다. 경영자는 아이스크림 판매량이 냉동 요구르트 판매량의 2배라고 가정하고 있다. 아이스크림 1갤런당 이익은 4.15달러이고, 냉동 요구르트 1갤런당 이익은 3.60달러이다.

a. 이 문제를 해결하기 위한 선형계획법 모형을 세우시오.

b. 도식적 해법을 이용하여 이 모형의 해를 구하시오.

27 문제 26에서 아이스크림과 냉동 요구르트를 총 20갤런 더 저장할 수 있도록 냉동고의 용량을 증가시킨다면, 음식점은 매주 얼마의 추가적인 이익을 얻는가?

28 통조림 제조 회사는 레귤러와 라지 두 가지 크기의 통조림을 생산한다. 통조림은 1만 개를 한 단위로 하여 생산된다. 통조림은 날인을 찍는 과정과 코팅하는 과정을 거친다. 회사는 두 가지 과정에 30일을 사용할 수 있다. 레귤러 사이즈의 통조림은 날인을 찍는 데 2일, 코팅하는 데 4일이 걸리고, 라지 사이즈의 통조림은 날인을 찍는 데 4일, 코팅하는 데 2일이 걸린다. 레귤러 사이즈 통조림은 800달러의 이익을 내고, 라지 사이즈 통조림은 900달러의 이익을 낸다. 선적 계약을 이행하기 위해서는 적어도 9단위를 생산해야만 한다. 회사는 이익을 최대로 하기 위해 각 사이즈의 통조림(x_1과 x_2) 생산량을 결정하려고 한다.

a. 이 문제를 해결하기 위한 선형계획법 모형을 세우시오.

b. 도식적 해법을 이용하여 이 모형의 해를 구하시오.

29 어떤 제조 기업은 두 종류의 제품을 생산한다. 각 제품은 조립 공정과 마무리 공정을 거쳐야 한다. 그리고 창고로 옮겨지는데, 이 창고에 둘 수 있는 제품의 단위는 한정되어 있다. 회사는 조립하는 데 80시간, 마무리에 112시간을 사용할 수 있고, 창고에 최대 10단위를 쌓아둘 수 있다. 제품 1 한 단위는 30달러의 이익을 가져오고, 조립하는 데 4시간, 마무리에 14시간이 걸린다. 제품 2 한 단위는 70달러의 이익을 가져오고, 조립하는 데 10시간, 마무리에 8시간이 걸린다. 이 회사는 이익을 최대화하기 위하여 생산해야 하는 각 제품의 수량을 예측하려고 한다.

a. 이 문제를 해결하기 위한 선형계획법 모형을 세우시오.

b. 도식적 해법을 이용하여 이 모형의 해를 구하시오.

30 문제 29에서 목적함수가 $Z = 30x_1 + 70x_2$에서 $Z = 90x_1 + 70x_2$로 변화되었다고 가정하자. 각 목적함수의 기울기를 결정하고, 이 기울기가 최적해에 미치는 영향을 논하시오.

31 UAE 국경일에 아이들은 국기가 수놓아진 새 옷을 입는다. 재단사는 국경일 전까지 3주의 시간이 있고, 3주간 주당 최대 40시간 동안 일할 계획이다. 그는 바지 바느질로 100디르함(AED), 셔츠 바느질로 80디르함(AED)의 수익을 얻는다. 그는 90미터의 천과 80개의 포장재 재고를 보유하고 있다. 바지 한 벌은 0.8미터의 천을, 셔츠 한 벌은 0.9미터의 천을 필요로 한다. 재단사가 바지 한 벌을 바느질하는 데에 약 1.2시간, 셔츠 한 벌을 바느질하는 데에 약 0.9시간이 걸린다. 바느질한 후, 바지와 셔츠는 특수 포장재를 사용하여 별도로 포장된다. 바지는 1.2단위의 포장재가 필요하며, 셔츠는 0.5단위의 포장재가 필요하다. 두 가지 옷 모두 충분한 수요가 있다. 재단사는 이익을 최대화하기 위해 생산해야 할 바지(x_1)와 셔츠(x_2)의 수를 결정하길 원한다. 셔츠와 바지의 값이 분수로 표현 가능하다고 가정한다.
a. 이 문제를 선형계획법 모형으로 정형화하시오.
b. 도식적 해법을 통해 모형의 해를 구하시오.

32 문제 31에서,
a. 최적해에서 사용되지 않고 남아 있는 처리시간은 얼마나 되는가?
b. 사용 가능한 천이 90에서 100미터로 증가하는 경우, 최적해에 어떠한 영향을 주는가?

33 Kroeger 슈퍼마켓은 몇몇의 브랜드 제품뿐만 아니라 그들이 제작한 완두콩 통조림을 판다. 이 가게는 자체 생산 완두콩으로는 1캔당 0.28달러의 이익을 내고, 브랜드 제품의 완두콩으로는 1캔당 0.19달러의 이익을 낸다. 완두콩 통조림을 진열해 놓을 공간은 6평방피트가 있고, 각 완두콩 캔은 9평방인치를 차지한다. 판매 기록은 이 가게가 매주 자체 제작 완두콩 캔을 브랜드 제품의 완두콩 캔을 파는 것의 1/2 이상을 팔 수 없다는 것을 보여 준다. 이 슈퍼마켓은 이익을 최대화하기 위하여 매주 할당된 선반에 비치해 놓아야 할 자체 제작 완두콩과 브랜드 제품 완두콩 캔의 수량을 결정하려고 한다.
a. 이 문제를 해결하기 위한 선형계획법 모형을 세우시오.
b. 도식적 해법을 이용하여 이 모형의 해를 구하시오.

34 문제 34에서 Kroeger가 자체 제작 완두콩 캔의 가격을 인하한다면 가게는 적어도 브랜드 제품 완두콩 캔을 자체 제작 판매량의 1.5배는 팔 수 있지만, 자체 제작 시 이익은 1캔당 0.23달러로 감소한다. 가격의 인하가 최적해에 미치는 영향은 무엇인가?

35 Shirtstop은 로고가 있는 티셔츠를 만들고 소매상 체인점을 통해 그것들을 판매한다. 이 회사는 푸에르토리코와 바하마 제도에 있는 두 곳의 서로 다른 공장과 계약을 맺고 있다. 푸에르토리코에 있는 공장에서 생산되는 셔츠는 1벌당 0.46달러의 비용이 발생하고, 이들 중 9%는 불량품으로 판매할 수 없다. 바하마 제도의 공장에서 생산되는 셔츠는 1벌당 0.35달러의 비용이 발생하지만 이 중 18%는 불량품이다. Shirstop은 3,500벌의 셔츠가 필요하다. 두 공장과의 관계를 유지하기 위해서, 이 회사는 각 공장에 적어도 1,000벌의 셔츠를 주문하려고 한다. 또한 적어도 그들이 받는 셔츠의 88%는 판매가 가능해야 한다.
a. 이 문제를 해결하기 위한 선형계획법 모형을 세우시오.
b. 도식적 해법을 이용하여 이 모형의 해를 구하시오.

36 문제 35에서

    a. Shirtstop이 비용을 2,000달러 이하로 유지하는 동시에 불량품을 최소화하기로 결정했다고 가정하자. 이와 같은 변화를 반영하여 이 문제를 다시 정형화하고 도식적 해법으로 풀어라.

    b. (a)의 모형에서 문제 40의 모형보다 얼마나 더 적은 불량품을 얻을 수 있는가?

37 안젤라와 밥 레이는 차우차우맛과 토마토맛 두 종류의 양념을 만들기 위해 양배추, 토마토, 양파를 기르는 큰 정원을 가꾸고 있다. 차우차우맛 양념은 주로 양배추로 만들어지고, 토마토 맛 양념은 차우차우보다 더 많은 토마토가 필요하다. 두 가지 양념은 양파와 아주 적은 양의 피망과 향신료를 필요로 한다. 차우차우 양념 1병에는 양배추 8온스, 토마토 3온스, 양파 3온스가 필요하고, 토마토 양념 1병에는 토마토 6온스, 양배추 6온스, 양파 2온스가 필요하다. 레이 가족은 매년 여름에 120파운드의 양배추, 90파운드의 토마토, 45파운드의 양파를 재배한다. 레이 가족은 최대 288병의 양념을 생산할 수 있다. 차우차우 양념 1병은 2.25달러의 이익을 내고, 토마토 양념 1병은 1.95달러의 이익을 낸다. 그들은 최고의 이익을 창출하기 위해 생산해야 하는 각 양념의 수량을 결정하려고 한다.

    a. 이 문제를 해결하기 위한 선형계획법 모형을 세우시오.

    b. 도식적 해법을 이용하여 이 모형의 해를 구하시오.

38 문제 37에서 안젤라와 밥은 지난 5년간 판매 기록을 점검해 왔고, 차우차우 양념이 토마토 양념보다 적어도 50% 이상 잘 팔린다는 것을 알 수 있었다. 이와 같은 추가적인 정보가 이 모형과 해에 어떤 영향을 미치는가?

39 IREA 다국적 그룹은 바로 조립 가능한 가구, 주방 가전 및 실내장식용 소품을 디자인하고 판매한다. 여러 섹션이 있으며, 각 섹션은 침실, 욕실, 거실 등의 다른 영역들에 각각 중점을 둔다. 섹션들 중 하나는 컴퓨터 테이블과 인체 공학적으로 디자인된 의자를 다룬다. 테이블은 275디르함(AED)에, 의자는 195디르함(AED)에 판매하고 있다.

    목공 섹션은 이러한 제품들을 생산하는 데 주당 200시간을 할당했다. 테이블 하나에는 1.5시간의 인력이 필요하고, 의자 하나에는 1시간의 인력이 필요하다. 현재 매장에는 500개의 목재가 있으며, 테이블 하나에는 6개의 목재가, 의자 하나에는 2개의 목재가 필요하다. 테이블과 의자 모두 바퀴를 사용한다. 테이블에 부착된 바퀴는 고정할 수 있지만 의자에 부착된 바퀴는 고정할 수 없다. IREA에서 사용하는 바퀴에는 두 가지 옵션이 있으며 IREA에는 현재 1,000개의 바퀴 재고가 있다. 테이블은 4개의 바퀴를 사용하고 의자는 5개의 바퀴를 사용한다. 회사는 매주 최소 50개의 테이블과 최대 150개의 의자를 판매할 수 있다. 이번 주에 이익을 최대화하려면 몇 개의 테이블과 의자를 만들어야 하는가?

    a. 이 문제를 해결하기 위한 선형계획법 모형을 세우시오.

    b. 도식적 해법을 이용하여 이 모형의 해를 구하시오.

40 문제 39에서 의자 하나에 필요한 인력이 1시간이 아닌 2시간으로 결정된다면, 이것이 최적해에 미치는 영향은 무엇인가?

41 로빈슨스는 자신의 딸 레이첼의 결혼식과 연회를 계획하고 있다. 연회와 저녁식사에서 가장 비싼 항목 중 하나는 와인과 맥주이다. 로빈슨스는 연회에서 손님 200명을 계획하고 있으며, 부족하게 준비하지 않기 위해서는 손님 한 명당 적어도 4잔 정도의 양(즉, 와인 한 병 또는 맥주 한 병)이 필요할 것으로 예상하고 있다. 와인 한 병에는 5잔의 양만큼 들어 있으며, 손님 중

50% 이상이 맥주보다는 와인을 선호할 것으로 예상하고 있다. 와인 한 병의 가격은 8달러이고, 맥주 한 병의 가격은 0.75달러이다. 로빈슨스는 와인과 맥주를 위해 1,200달러의 예산을 계획하고 있다. 마지막으로, 로빈슨스는 낭비(즉, 남아 있는 와인과 맥주)를 최소화하기 원한다. 요리사는 일반적으로 5%의 와인과 10%의 맥주가 남는다고 조언해 주었다. 로빈슨스이 주문해야 할 와인과 맥주 병 수는 얼마나 되는가?

a. 이 문제를 선형계획법 모형으로 정형화하시오.

b. 도식적 해법을 통해 모형의 해를 구하시오.

42 문제 41에서, 와인을 선호하는 손님들이 맥주를 선호하는 손님들보다 2배 더 많다고 가정하자. 문제 41에서 로빈슨스가 주문한 와인의 양은 충분한가? 문제 41의 해에서 낭비되는 수량은 얼마나 되는가?

43 Xara Stores는 중국과 브라질 공급업체가 판매하는 디자이너 제작 옷(designer-inspired clothes)을 미국에 수입하고 있다. Xara는 1년에 45번의 주문을 해야 할 것으로 예상하고 있으며, 홍콩과 부에노스아이레스의 컨테이너 선박에 주문량을 선적하여(가득 채우지 않고) 수송해야 한다. Xara가 이용하는 해운회사들은 부에노스아이레스에서 14일, 홍콩에서 32일의 이동시간을 가지고 있으며, Xara는 평균 이동시간이 21일을 넘지 않는 주문을 하려고 한다. 홍콩에서의 연간 주문량 중 10% 정도가, 부에노스아이레스에서는 연간 주문량 중 4% 정도가 손상되어 도착하며, Xara는 손상된 제품이 매년 6% 이하가 되기를 원한다. Xara는 한 국가의 공급업체에 의존하고 싶지 않기 때문에, 각 국가의 공급업체로부터 적어도 25%의 주문량을 받고자 한다. 중국의 공급업체에 주문을 하기 위해서는 주문당 3,700달러의 비용이 소요되며, 브라질에서는 5,100달러의 비용이 소요된다. Xara는 운송비를 최소화하기 위해 각 항구에서 선적해야 할 주문량이 얼마나 되는지 알기 원한다.

a. 이 문제를 선형계획법 모형으로 정형화하시오.

b. 도식적 해법을 통해 모형의 해를 구하시오.

44 문제 43에서, 중국의 선적회사는 더 많은 Xara의 주문량을 선적하기 원한다. Xara는 일류기업이고, 중국 선적회사의 인지도를 높여주기 때문이다. 이에 따라 중국 선적회사는 Xara에 다음과 같은 제안을 했다.

a. 선적당 운송비를 2,500달러로 줄인다면, Xara는 중국 선적회사에게 더 많은 주문을 할 수 있는가?

b. 손상된 주문량의 비율을 5%로 줄인다면, Xara는 중국 선적회사에게 더 많은 주문을 할 수 있는가?

c. 이동시간을 28일로 줄인다면, Xara는 중국 선적회사에게 더 많은 주문을 할 수 있는가?

45 자넷 로페즈는 주식 및 채권펀드를 포함하는 투자 포트폴리오를 수립하고 있다. 그녀는 72만 달러의 투자자금을 가지고 있으며, 주식이 포트폴리오에서 차지하는 비율이 65% 이하가 되기를 원한다. 그녀가 투자를 위해 계획한 주식펀드의 연평균수익률(average annual return)은 18%이며, 채권펀드의 연평균수익률은 6%이다. 그녀는 내년에 주식펀드에서 22%, 채권펀드에서 5%의 손해를 입을 수 있을 것으로 예상하고 있다. 그녀는 위험을 줄이기 위해 잠재적인 최대 손실을 10만 달러로 제한하기 원한다.

a. 이 문제를 선형계획법 모형으로 정형화하시오.

b. 도식적 해법을 통해 모형의 해를 구하시오.

46 스미스 교수는 경영통계학의 두 분반을 가르치고, 이 두 과목들은 합해서 기말고사 120명의 기말고사 답안지를 채점해야 한다. 스미스 교수에게는 기말고사 시험지를 채점할 브래드와 사라라는 2명의 대학원생 조교가 있다. 시험이 치러지고 최종 점수가 발표될 때까지는 3일의 시간이 있다. 이 기간 동안 시험지를 채점하는 데 브래드는 12시간을, 사라는 10시간을 낼 수 있다. 브래드는 1장의 시험지를 채점하는 데 평균 7.2분이 걸리고, 사라는 평균 12분이 걸린다. 그러나 최종적으로 브래드가 채점한 시험지의 10%를 스미스 교수가 다시 채점해야 하는 반면 사라가 채점한 것은 단 6%만을 스미스 교수가 다시 채점하면 된다. 스미스 교수는 재채점해야 하는 시험지의 수를 최소화하기 위하여 두 대학원생 조교에게 각각 얼마만큼의 시험지를 할당해야 하는지 결정하려고 한다.
a. 이 문제를 해결하기 위한 선형계획법 모형을 세우시오.
b. 도식적 해법을 이용하여 이 모형의 해를 구하시오.

47 문제 46에서 스미스 교수가 브래드 또는 사라에게 추가적으로 1시간 더 채점하도록 한다면 둘 중의 누구를 선택해야 하는가? 선택된 대학원생 조교에게 1시간을 추가로 채점하도록 하는 것의 효과는 무엇인가?

48 갤러리아 몰에 있는 Starbright 커피숍은 포모나와 코스탈, 두 가지 커피 블렌드를 제공하고 있다. 각각은 콜롬비아산, 케냐산, 인도네시아산 세 가지 커피의 혼합이다. 이 커피숍은 이 커피들을 매일 6파운드를 사용할 수 있다. 커피 1파운드는 16온스의 커피를 만들 수 있다. 이 가게는 매일 두 가지 커피 블렌드를 총 30갤런 혼합할 수 있다. 포모나는 콜롬비아산 20%, 케냐산 35%, 인도네시아산 45%를 혼합한 블렌드이고, 코스탈은 콜롬비아산 60%, 케냐산 10%, 인도네시아산 30%를 혼합한 블렌드이다. 포모나는 매일 코스탈의 1.5배가 팔린다. 포모나는 컵당 2.05달러이고, 코스탈은 컵당 1.85달러이다. 경영자는 매출액을 최대로 올리기 위해서 매일 팔아야 하는 각 블렌드의 양을 결정하려고 한다.
a. 이 문제를 해결하기 위한 선형계획법 모형을 세우시오.
b. 도식적 해법을 이용하여 이 모형의 해를 구하시오.

49 문제 48에서
a. 만약 Starbright 커피숍이 커피 1파운드를 더 획득할 수 있다면 어떤 커피를 가져와야 하는가? 이 커피 1파운드의 증가가 매출액에 미치는 영향은 무엇인가? 이 커피숍이 혼합 능력을 30갤런에서 40갤런으로 올리는 것이 도움이 되는가?
b. 이 가게가 포모나 수요를 코스탈 수요의 2배로 증가시키기 위해서 매일 광고에 20달러를 지출해야 한다면 광고를 해야만 하는가?

50 공과대학 명예 사교클럽인 Beta Upsilon Sigma는 경영과학 수업 학생들을 위한 기금을 마련하기 위해 다음 시즌 동안 축구 경기장에서 음식 판매장(food booth)을 열고 싶어 한다. 이 시즌에는 6번의 홈경기가 열릴 것이며 공과대학 체육부서에서는 부스 임대료로 게임당 1,000달러를 부과하고 있다. 사교클럽에서는 4달러의 피자조각과 3달러의 핫도그를 판매할 계획을 가지고 있다. 지역 식당에서 16인치 피자(8조각짜리)를 10달러에 구매할 것이며, 이 피자는 한 게임당 2번 배달(킥오프 1시간 전과 경기 1쿼터 1시간 후)될 것이다. 핫도그의 경우, 클럽 멤버들의 집에서 직접 만들어 포일로 포장할 것이며, 피자가 배달되는 시간에 맞추어 가져올 것이다. 그러나 클럽 멤버들이 핫도그를 만들기 위한 시간과 주방용량은 핫도그 1,000개 분량밖에 되지 않는다. 사교클럽에서는 음식 구매예산으로 경기당 1,000달러를 책정하고 있다. 각 주

문량은 다음 주문량 도착 시점까지 판매할 것이며, 모든 상품들은 경기 종료 시점까지 판매할 것으로 예상하고 있다. 사교클럽은 판매될 때까지 피자와 핫도그를 저장하기 위한 워밍 오븐 (warming oven)의 구입비용으로 2,600달러가 필요하다. 워밍 오븐은 16개의 선반으로 이루어져 있으며, 각 선반의 저장 공간은 1,728평방인치 정도이다. 피자박스와 핫도그는 선반 위에 쌓아 올릴 때, 서로 다른 제품을 혼재하여 쌓아 올릴 수 없다. 피자박스 1개는 324평방인치, 핫도그 1개는 16평방인치의 공간이 필요하다. 다른 공급업체들과 상담을 통해, 사교클럽에서는 피자조각이 핫도그보다 적어도 20% 더 판매될 것으로 예상하고 있다. 사교클럽은 피자 주문량 및 핫도그 조리 개수와 벌어들이는 이익을 결정하고 싶다.

a. 이 문제를 선형계획법 모형으로 정형화하시오.

b. 도식적 해법을 통해 모형의 해를 구하시오.

51 문제 50에서,

a. 사교클럽이 2,000달러를 추가 지불하고 동일한 치수의 선반을 25개 가지고 있는 더 큰 워밍 오븐을 구매한다면, 이익은 얼마나 증가할 것인가?

b. 게임당 예산을 1,500달러로 증가시킨다면, 이익은 얼마나 증가할 것인가?

c. 핫도그 판매가격을 4달러로 증가시킨다면, 핫도그의 수요는 최대 600 정도로 감소할 것이다. 이러한 경우 사교클럽은 더 큰 이익을 얻을 수 있는가?

52 아래의 선형계획법 모형을 도식화하여 푸시오.

$$\text{maximize } Z = 60x_1 + 90x_2$$

subject to

$$60x_1 + 30x_2 \leq 1{,}500$$
$$100x_1 + 100x_2 \geq 6{,}000$$
$$x_2 \geq 30$$
$$x_1,\ x_2 \geq 0$$

사례 문제

대도시 경찰 순찰

최근 지역 언론이 다운타운에서 경찰서로 걸려 오는 전화에 대해 신속하게 대처하지 않는다고 경찰청을 비난해 왔다. 최근 몇 건의 신고 사례를 보면, 상점에 강도가 침입해 경보 알람이 울렸지만 경찰차가 도착했을 때는 벌써 강도가 떠난 후였고, 상점 주인은 총상을 입고 쓰러져 있었다. 이에 경찰청장은 조 데이비스 경사를 태스크포스팀의 팀장으로 임명하고, 다운타운에서 걸려 오는 전화를 받고 출동하는 평균 시간을 최소화하기 위해 각 경찰차들이 맡아야 할 순찰 지역(면적)을 최적화하는 방법을 찾게 되었다.

데이비스 경사는 경찰청 오퍼레이션 부서의 분석 담당관인 안젤라 마리스에게 도움을 청하고, 그들은 이 문제를 같이 연구하기 시작했다.

데이비스 경사는 보통 순찰 지역은 블록의 수로 표현되는 직사각형으로 나타낸다고 안젤라에게 알려 주었다. 예를 들면 가로 길이를 x, 세로 길이를 y로 놓고 면적을 계산할 수 있다고 설명했다. 그리고 순찰차는 가로와 세로 방향으로만 움직일 수 있으며 방향 전환을 위해서는 우회전한다고 했다. 데이비스 경사는 가로 방향으로 움직인 이후에는 반드시 세로 방향으로 움직여야 하며, 총 이동 거리는 가로와 세로의 이동 거리를 합하면 된다고 덧붙였다. 과거의 도시 지역 순찰에 관한 연구에 의하면 순찰차가 신고 전화를 받고 이동한 평균 거리는 할당 영역의 가로, 세로 크기의 1/3, 즉 $x/3$, $y/3$과 같다고 언급했다. (신고 전화가 오자마자 즉각 출발한다고 가정했을 때) 현장에 도착할 때까지 걸린 시간은 단순히 평균 이동 거리를 평균 이동 속도로 나눈 것이라고 그는 설명했다.

그러자 안젤라는 데이비스 경사에게 신고 전화를 받은 후 현장에 순찰차가 도착하는 데 걸리는 시간이 어떻게 계산되는지 알게 되었으며, 그것은 순찰차가 담당하는 지역의 면적과 밀접한 관계가 있다고 말했다. 그녀는 데이비스 경사에게 순찰 지역의 크기에 대한 어떠한 제약조건이 존재하는지 물었다. 경찰청이 도시 순찰에 대해 일반적으로 갖고 있는 생각은 순찰 지역의 둘레가 5마일보다 작아서도 안 되고, 12마일보다 커서도 안 된다고 데이비스 경사는 말했다. 그는 그러한 세부 조건이 필요한 이유에 대해 정책상의 문제와 인력의 제약조건을 들어 설명했다. 안젤라는 또 다른 추가 제약조건이 있는지 물었고, 데이비스 경사는 순찰 지역에서 세로 방향의 길이가 가로 방향의 길이보다 50%는 더 길어야 한다고 대답했다. 그렇게 순찰 지역을 배치하면 각 순찰 지역 내에 다양한 거주 환경, 소득, 상업 지역을 관장할 수 있기 때문이라고 설명했다. 이렇게 길쭉한 영역은 남북으로 배치되어야 하는데, 만약 순찰 지역을 동서로 길쭉하게 배치하면 그 영역 내의 모든 사람들이 동일한 환경의 인구로만 구성되기 때문이라고 말했다.

안젤라는 이제 거의 모형을 세우기에 충분한 정보를 갖게 되었고, 추가로 필요로 하는 정보는 순찰차가 이동할 때의 평균 속도였다. 데이비스 경사는 경찰차들이 세로 방향으로 움직일 때는 시간당 평균 15마일의 속도로 움직이고, 가로 방향으로 움직일 때는 시간당 평균 20마일의 속도로 움직인다고 설명했다. 이러한 차이는 교통량의 차이에서 기인한다고 말했다.

이 문제에 대해 선형계획법 모형을 세우고, 도식적 해법을 이용하여 문제를 푸시오.

'The Possibility' 레스토랑

안젤라 폭스와 주이 코필드는 친한 친구이고 룸메이트일 뿐 아니라 주립 대학에서 같이 식품영양학을 전공하고 있다. 대학을 졸업하자마자 안젤라와 주이는 대학이 위치한 작은 도시인 Draperton에서 프랑스 레스토랑을 개업하기로 결정했다. Draperton에는 프랑스 레스토랑이 없었기 때문에 두 사람은 약간은 모험적이지만 뭔가 새로운 시도를 해 보려고 생각하고 있었다. 그들은 중심가 바로 옆에 있는 빅토리아 양식으로 지어진 집을 구입하여 레스토랑의 이름을 'The Possibility'라고 정했다.

안젤라와 주이는 처음에는 제대로 갖춰진 다양한 메뉴를 제공할 수 없을 것이라는 것을 알고 있었다. 그들은 지역에 살고 있는 손님들의 프랑스 음식에 대한 입맛이 어떨지에 대해 전혀 감을 잡을 수 없었기 때문에, 일단 매일 저녁 하나는 주요리를 쇠고기로 하고, 또 다른 주요리를 생선으로 하는 두 가지의 풀코스 메뉴를 제공하기로 결정했다. 요리사인 피에르는 두 가지 풀코스 메뉴를 아주 맛있고 독특하게 만들 수 있기 때문에 어떤 음식이 가장 인기가 좋은지에 대한 정보를 얻을 때까지 이 두 가지면 충분하다고 확신했다. 피에르는 주요리가 나올 때 전채(appetizer), 수프, 샐러드, 야채, 디저트를 바꿔 가며 제공함으로써 메뉴들을 다양하게 시도해 볼 수 있다고 이야기했다.

다음으로 안젤라와 주이가 결정해야 할 것은 매일 저녁 얼마나 많은 음식을 준비해야 할 것인가 하는 문제와 이를 위해 어느 정도나 미리 장을 보고 작업 스케줄을 짜야 할지를 결정하는 일이었다. 그들은 남은 음식 재료를 버려도 될 정도로 돈이 많지 않았다. 그들은 매일 저녁 최대 60인분을 판매할 것으로 예상했다. 생선 코스 메뉴는 다른 모든 부분을 준비하는 것을 포함하여 15분이 걸리고, 쇠고기 코스 메뉴는 2배 정도 더 오래 걸린다. 주방에서 일하는 직원의 총 노동 시간은 매일 20시간이다. 안젤라와 주이는 고객들이 건강에 대해 관심이 많기 때문에 쇠고기 코스 메뉴가 2개 나갈 때 생선 코스 메뉴는 적어도 3개 이상 나갈 것으로 예상하고 있다. 그러나 쇠고기 코스 메뉴도 최소한 10% 이상은 될 것으로 예상하고 있다. 두 사람은 생선 코스 요리를 판매하면 약 12달러의 순이익이 남고, 쇠고기 코스 요리를 판매하면 약 16달러의 순이익이 남을 것으로 예상한다.

안젤라와 주이가 매일 저녁 몇 인분의 음식을 준비해야 하는지를 예측하는 선형계획법 모형을 세우고, 이를 도식적 해법으로 푸시오.

만약 안젤라와 주이가 생선 코스 요리의 판매 가격을 쇠고기 코스 요리의 판매 가격과 동일한 수준까지 끌어올린다면 이것이 모형의 해에 미치는 영향은 어떤지 분석하라. 안젤라와 주이가 쇠고기 코스 요리의 수요를 다시 고려해 본 결과 손님들 중 최소한 20%가 쇠고기 요리를 주문할 것으로 예상한다. 이것이 음식 준비에 미치는 영향은 무엇인가?

애너벨의 주식투자

애너벨 시즈모어는 아버지가 그녀를 위해 수년간 넣어 둔 국채와 생명보험금을 모두 현금으로 바꾸었다. 그녀는 또한 대학을 졸업한 이후 10년 동안 양도성 예금증서와 저축 채권을 이용해 돈을 모았다. 그 결과, 12만 달러의 투자금을 확보하게 되었다. 최근 주식시장이 활황이라 그녀는 이 금액 모두를 주식에 투자하려고 고려 중이다. 시장 조사를 한 후 그녀는 S&P와 연동된 인덱스 펀드와 인터넷 관련 주 펀드에 투자하기로 결정했다. 그러나 그녀는 인터넷 관련 주의 큰 변동성을 몹시 두려워하고 있다. 따라서 어느 정도 위험을 분산하기를 원한다.

그녀는 Shield Securities로부터 인덱스 펀드를 구입하고, Madison Funds, Inc.로부터 인터넷 관련 주 펀드를 구입하려고 한다. 그녀는 인터넷 관련 주 펀드에 비해 인덱스 펀드의 투자금액이 적어도 1/3은 되어야 하며, 또한 인터넷 관련 주 펀드의 투자금액이 인덱스 펀드의 2배를 넘어서는 안 된다고 정했다. 인덱스 펀드는 1주당 가격이 175달러이고, 인터넷 관련 주 펀드는 1주당 208달러이다. 인덱스 펀드의 최근 3년간 자료를 보면 연간 평균 수익률이 17%이고, 인터넷 관련 주 펀드의 연간 수익률은 28%이다. 그녀는 두 펀드 모두 올해의 수익률이 과거 평균 수익률과 거의 같을 것으로 예상하고 있다. 그러나 올해 말이 되면 투자 전략을 다시 평가하여 수립할 것이다. 따라서 그녀는 올해 수익을 최대화할 수 있는 투자 전략을 수립하기를 원한다.

애너벨이 각 펀드에 얼마씩을 투자해야 하는지를 결정하는 선형계획법 모형을 수립하고, 이를 도식적 해법을 이용하여 푸시오.

애너벨이 위험을 조정하기 위하여 인터넷 관련 주 펀드에 비해 인덱스 펀드의 투자금액이 최소 1/3은 넘어야 한다는 조건을 삭제한다고 가정해 보자. 이것이 모형의 해에 미치는 영향은 무엇인가? 이제 인터넷 관련 주 펀드의 투자금액이 인덱스 펀드의 2배를 넘을 수 없다는 조건을 삭제한다고 가정하자. 이것이 모형의 해에 미치는 영향은 무엇인가?

만약 애너벨이 1달러를 추가로 투자한다면 이것은 모형의 해에 어떤 영향을 미치는가? 2달러를 추가로 투자한다면? 3달러를 추가로 투자한다면? 이러한 연속적인 투자금액의 변화가 있을 때 수익률은 어떻다고 말할 수 있는가?

CHAPTER 03

선형계획법 :
컴퓨터 해법과 민감도 분석

제2장에서는 선형계획법 모형을 수립하는 과정과 그래프를 이용하여 해를 찾는 방법에 대하여 설명했다. 일반적으로 도식적 해법은 선형계획법과 그 해에 관하여 중요한 통찰을 제공한다. 그러나 도식적 해법은 의사결정 변수의 개수가 오직 2개인 경우에만 사용할 수 있기 때문에, 일반적인 해법으로는 유용성이 제한된다.

이 장에서는 몇몇 PC용 소프트웨어를 사용하여 선형계획법 문제를 풀어 나가는 방법을 보여 줄 것이다. 또한, 민감도 분석(sensitivity analysis)이라 부르는 모형의 매개변수 변화가, 최적해에 어떤 영향을 미치는지 살펴보는 과정을 수행하기 위해 컴퓨터로부터 얻은 결과를 어떻게 이용할 것인지에 대해서도 설명할 것이다.

컴퓨터를 이용한 풀이법

+ 단체법
선형계획법 문제를 풀기 위한 일련의 수학적 단계들로 구성되어 있는 절차이다.

+ 웹사이트 모듈 A를 보면 단체법에 관한 장을 찾을 수 있다.

선형계획법이 처음 개발된 1940년대에, 문제를 풀 수 있는 거의 유일한 방법은 단체법(simplex method)이라고 불리는 수학적 해법의 절차를 오랜 수작업으로 수행하는 것이었다. 그러나 그 이후 60여 년이 지나면서 컴퓨터의 기술은 계속 진화하였고, 선형계획법 문제를 푸는 데 점차 컴퓨터가 사용되었다. 단체법의 수학적 단계들이 선형계획법 문제를 풀기 위해 특별히 제작되는 컴퓨터 소프트웨어에 미리 입력되었다. 문제의 크기에 별 상관없이 컴퓨터를 사용하여 신속하고 저렴하게 선형계획법 문제를 풀어 나감에 따라, 선형계획법은 인기를 얻게 되었고 기업들이 많이 사용하게 되었다. 현재 시장에는 수십 종류의 선형계획법 관련 소프트웨어 패키지가 있다. 이 중 상당수가 일반적인 경영과학 또는 계량경영 관련 패키지로서 선형계획법 모듈을 여러 다른 모듈과 함께 포함하고 있다. 또한 선형계획법과 그로부터 파생된 문제들만 집중적으로 다루는 소프트웨어도 여러 가지 존재한다. 이러한 패키지들은 일반적으로 저렴하고, 효율적이며, 사용하기도 쉽다.

PC와 선형계획법용 소프트웨어를 저렴하고 쉽게 사용하게 되면서, 선형계획법을 가르치는 데 있어서도 단체법은 점점 핵심 부분으로 여겨지지 않게 되었다. 따라서 본 교재에서 선형계획법을 설명할 때는 주로 컴퓨터 해법에 집중하기로 한다. 그러나 단체법에 대한 이해는 선형계획법의 깊이 있는 지식을 얻는 데 유익하다. 이미 설명되었듯이 컴퓨터 해법도 단체법에 기초하고 있다. 따라서 비록 본 교재에서 선형계획법을 설명할 때는 심플렉스법의 사용을 필요로 하지는 않지만, 본 교재를 위한 지침용 웹사이트에 단체법을 자세히 설명해 놓았다.

다음에 나오는 몇 개의 절에서 엑셀 스프레드시트와 범용 계량경영 소프트웨어 패키지인 윈도우용 QM을 사용하여 선형계획법 문제를 풀어 나가는 방법을 설명할 것이다.

엑셀 스프레드시트

엑셀을 사용하면 계량경영을 위해 특수 제작된 윈도우용 QM에 비해 데이터를 입력하는 과정의 시간이 오래 걸리고 지루하긴 하지만, 선형계획법 문제도 엑셀을 이용하여 풀 수 있다. 모형의 매개변수만을 입력하면 되는 윈도우용 QM과 달리, 엑셀 스프레드시트는 개별 모형에 대해 행과 열의 이름을 정하고 제약식과 목적함수 전체를 입력해야 한다. 그러나 이것은 주어진 문제를 보고용이나 발표용에 적합한 형태로 표현할 수 있도록 해준다는 점에서 스프레드시트의 장점이 되기도 한다. 그리고 어떤 특정 문제에 대해 스프레드시트 모형이 세워지고 나면, 이것이 종종 다른 문제에도 기본 틀로 사용될 수 있다. 제시 3.1에서는 우리가 제2장에서 소개했던 Beaver Creek Pottery Company에 대한 엑셀 스프레드시트를 만든 것을 보여 주고 있다. 본 교재의 끝에 있는 [부록 B]는 "스프레드시트 설정과 편집"에 관한 지침서이며 제시 3.4를 하나의 예제로 사용한다.

제시 3.1

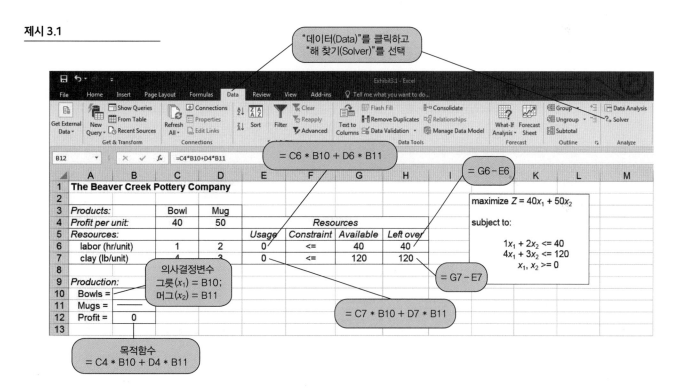

그릇과 머그잔의 수, 이윤값은 B10, B11, B12 셀에 각각 들어 있다. 현재로서는 모형을 풀지 않았기 때문에 이 셀들은 비어 있거나 0의 값을 가진다. 총 이윤에 대한 목적함수인 = C4*B10 + D4*B11은 B12 셀에 입력되어 있고, 화면 상단에 수식을 입력하는 칸에서도 보인다. B10과 B11은 각각 x_1과 x_2를 나타내고 B12는 Z를 나타내므로, 이 공식은 본질적으로 $Z = 40x_1 + 50x_2$와 같다. 목적함수의 계수인 40과 50은 C4와 D4 셀에 들어 있다. 이와 유사한 수식으로 노동력과 진흙에 관한 제약식이 E6와 E7 셀에 입력되어 있다. 예를 들어, E6 셀에는 수식 = **C6*B10** + **D6*B11**이 입력되어 있다. F6와 F7 셀의 부등호 <=는 해당 관계를 보기 좋게 보여 주기 위한 것으로서 실제적인 기능은 없다.

문제를 풀기 위해서는 먼저 화면 상단의 도구 메뉴들 중 "데이터(Data)"를 클릭하고, 그 다음 데이터(Data) 도구들 중 가장 오른쪽에 있는 "해 찾기(Solver)"를 선택한다. 그러면 해 찾기 매개변수(Solver Parameters)라는 창이 제시 3.2와 같이 나타난다. 최초에는 이 창에 아무 값도 입력되어 있지 않으며, 우리가 목적함수가 있는 셀, 의사결정 변수를 나타내는 셀들, 제약식을 구성하는 셀들을 지정해 주어야 한다.

제시 3.2에 보이는 바와 같이 해 찾기(Solver) 매개변수를 입력할 때, 먼저 "목표 설정(Set Objective)"을 하는데, 주어진 예제의 경우 B12를 입력해야 한다(엑셀이 자동적으로 $ 기호를 입력하므로 따로 입력하지 않도록 한다). 다음으로 목적함수를 최대화하기를 원한다는 점을 표시하기 위해 "최댓값(Max)"을 클릭한다. 우리는 B10과 B11 셀들을 변화시켜서 목표를 달성하고자 하는데, 이 셀들이 모형의 의사결정 변수를 나타낸다. "B10 : B11"이라고 쓴 것은 B10과 B11을 포함하여 그 사이에 있는 모든 셀을 의미한다. 다음으로 "추가(Add)" 버튼을 클릭하면 제시 3.3과 같은 창이 뜨게 되고 여기에 제약식을 입력한다.

제시 3.3은 노동력에 관한 제약식을 보여 준다. E6 셀은 노동력에 대한 제약식(= **C6*B10** + **D6*B11**)을 갖고 있고, G6 셀은 사용 가능한 노동력의 한계값인 40을 갖고 있다. 이런 식으로 모형의 모든 제약식을 하나씩 추가한다. 하나의 제약식 수식 **E6 : E7 <= G6 : G7**을 추가함으로써 모든 제약식을 한꺼번에 입력할 수도 있는데, 이것의 의미는 E6 셀과 E7 셀이 각각

제시 3.2

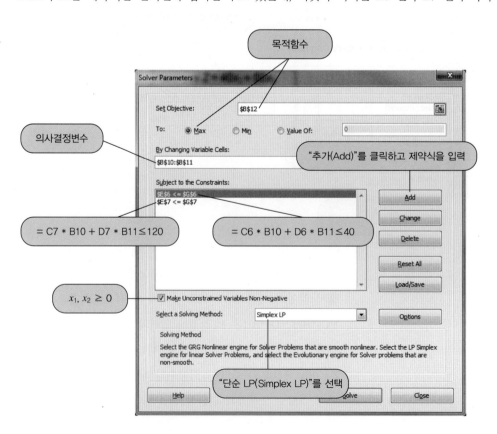

G6 셀과 G7 셀보다 작거나 같다는 것을 뜻한다. 의사결정 변수에 대해 **B10 : B11 >= 0**과 같은 비음 제약식을 여기에 별도로 입력할 필요는 없다. 이러한 비음 제약식의 입력은 해 찾기 매개변수(Solver Parameters)에서 처리할 수 있다(제시 3.2).

모든 제약식을 입력했다면 제약식 추가(Add) 창에서 "OK" 버튼을 클릭한다. 문제를 풀기 전에 해야 할 두 단계가 더 있는데, 첫 번째로 해 찾기 매개변수 창에서 "제한되지 않는 변수를 음이 아닌 수로 설정(Make Unconstrained Variables Non-negative)"을 체크하고, 다음으로는 "해법 선택(Select a Solving Method)"에서 "단순 LP(Simplex LP)"를 선택한다. 이렇게 함으로써 엑셀이 가지고 있는 다른 수치적 방법이 아닌 단체법에 의하여 문제를 풀도록 한다. 이것은 지금 당장은 중요하게 보이지 않을 수 있지만, 나중에 설명하게 될 민감도 분석을 할 때 올바른 보고서를 생성하도록 해준다.

모형의 입력이 완전하게 이루어졌다면 해 찾기 매개변수(Solver Parameters) 창(제시 3.2)의 하단에 위치한 "해 찾기(Solve)" 버튼을 클릭한다. 먼저 해 찾기 결과(Solver Results)라고 이름 붙은 창이 하나 뜨는데 여기에서 원하는 종류의 보고서를 선택할 수 있고, 그 후 "확인(OK)"을 클릭하면 제시 3.4와 같이 해 계산 결과가 나타나게 된다.[1]

만약 노동력이나 진흙 중에서 사용되지 않은 여유 자원이 남았다면 스프레드시트의 H열에 "Left Over"라는 이름 아래에 나타날 것이다. 이 문제의 경우에는 남은 여유 자원이 하나도 없다.

제시 3.3

제시 3.4

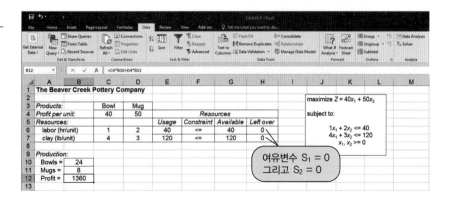

---

1 엑셀의 해 찾기에서는 '심플렉스 LP'를 '단순 LP'로 오역하고 있다.

제시 3.5

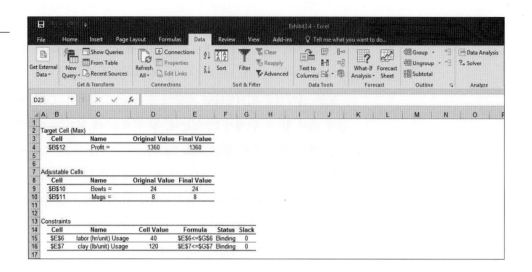

결과를 요약하는 몇몇 보고서를 생성하는 것도 가능하다. 해 찾기 매개변수(Solver Parameters) 창에서 "확인(OK)"을 클릭하고 나면, 원래 스프레드시트 창으로 돌아오기 전 중간 단계의 창이 하나 뜨게 된다. 이 창은 해 찾기 결과(Solver Results)라는 창인데, 제시 3.5와 같은 해답 보고서를 포함하여 몇 가지 보고서를 생성할 수 있다. 이 보고서는 해답 결과를 요약해 준다.

윈도우용 QM

윈도우용 QM을 사용하는 법을 설명하기 전에 선형계획법을 윈도우용 QM으로 풀기 위한 제약식의 적절한 입력 형태에 관해 몇 가지 설명할 것이다. 제2장과 제3장에 제시되는 선형계획법 모형들에서 정형화된 제약식들은 모두 일관된 형태를 따르고 있다. 제약식에서 모든 변수들은 부등식의 좌변에 나타나고, 상수는 우변에 위치해 있다. 예를 들면, Pottery Company 모형에서 노동력에 대한 제약식은 다음과 같다.

$$x_1 + 2x_2 \leq 40$$

여기서, 40은 제약식의 양, 즉 우변 상수라고 일컬어진다.

선형계획법의 표준형은 제약식들이 이러한 형태를 가지도록 요구하는데, 부등식이나 등식의 좌변에는 변수를, 우변에는 상수를 위치시킨다. 선형계획법의 해를 구하기 위해서 이런 식으로 입력 형태를 정리해 놓는 것이 여러 컴퓨터 소프트웨어 및 윈도우용 QM에서 필수적이다.

제품 3(x_3)의 생산량이 제품 1(x_1)과 제품 2(x_2)를 합한 생산량보다 크거나 같아야 하는 제약식을 고려해 보자. 이 모형의 제약식은 다음과 같이 쓸 수 있다.

$$x_3 \geq x_1 + x_2$$

하지만 이 제약식은 지금의 형태로는 적절한 형태가 아니며 윈도우용 QM에 입력될 수 없다. 이것은 우선 다음과 같이 변환되어야 한다.

$$x_3 - x_1 - x_2 \geq 0$$

이제는 컴퓨터 해법에 입력시킬 수 있는 형태의 제약식이 되었다.

다음으로 제품1(x_1)의 생산량과 제품2(x_2)와 제품3(x_3)을 합한 생산량의 비율이 적어도 2 : 1은 되어야 한다는 요구 조건을 고려해 보자. 이러한 모형의 제약식은 다음과 같이 쓰여질 수 있다.

$$\frac{x_1}{x_2 + x_3} \geq 2$$

＋ 의사결정변수가 분수의 형태로 나타나서는 안 된다.

비록 이 제약식은 모든 변수는 부등호의 좌변에, 그리고 상수는 우변으로 위치해야 한다는 조건은 만족하고 있지만 적절한 형태는 아니다. $x_1/(x_2 + x_3)$와 같은 변수들의 분수형 관계식은 대부분의 선형계획법 소프트웨어에서 그 상태 그대로 입력될 수 없다. 이것은 다음과 같이 변환되어야 한다.

$$x_1 \geq 2(x_2 + x_3)$$

그리고 이것은 다음과 같이 정리된다.

$$x_1 - 2x_2 - 2x_3 \geq 0$$

윈도우용 QM의 사용법을 설명하기 위하여 Beaver Creek Pottery Company의 예제를 사용해 보자. 윈도우용 QM에서 선형계획법 모듈을 사용하기 위하여 초기 화면의 상단에 있는 "Module"을 클릭한다. 그러면 윈도우용 QM에서 이용 가능한 모든 수리계획법 모듈들을 나타내는 메뉴가 나타난다. "Linear Programming"이라는 버튼을 클릭하면 새로운 창이 뜨고, 여기서 'File'과 'New'를 선택하면 문제의 크기를 입력할 수 있는 창이 뜬다. 제시 3.6은 Beaver Creek Pottery Company 예제에 대해 모형의 종류와 의사결정변수 및 제약식의 개수 등에 대한 데이터 입력 화면을 보여 준다.

제시 3.7은 본 예제에 대한 데이터 표를 보여 주는데, 목적함수와 제약식의 계수 및 우변 상수값 등의 모형 매개변수를 보여 준다. 각 제약식마다 "노동력(hrs)", "진흙(lbs)"과 같은 이름도 붙여 놓았다. 모형의 제약식이 모두 입력이 되고 나면, 제시 3.8과 같은 해를 구하기 위하여 "Solve"를 클릭한다. 여유변수를 추가한 표준형으로 변환시킬 필요는 없다.

제시 3.6

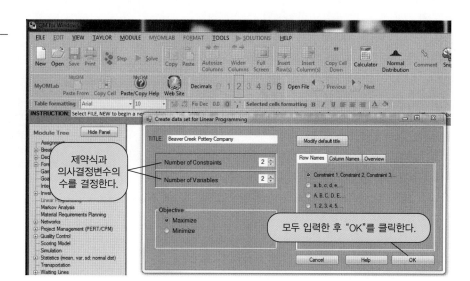

제시 3.7

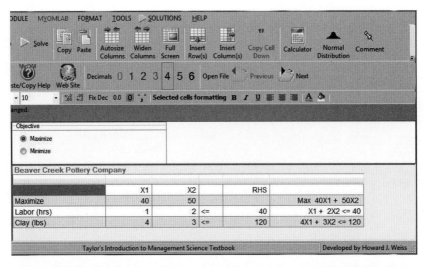

Beaver Creek Pottery Company					
	X1	X2		RHS	
Maximize	40	50			Max 40X1 + 50X2
Labor (hrs)	1	2	<=	40	X1 + 2X2 <= 40
Clay (lbs)	4	3	<=	120	4X1 + 3X2 <= 120

Taylor's Introduction to Management Science Textbook   Developed by Howard J. Weiss

제시 3.8

Linear Programming Results					
Beaver Creek Pottery CompanySolution					
	X1	X2		RHS	Dual
Maximize	40	50			
Labor (hrs)	1	2	<=	40	16
Clay (lbs)	4	3	<=	120	6
Solution	24	8		1360	

온타리오 주(캐나다)의 환자수송기 서비스 일정계획

캐나다의 온타리오 주는 백만 제곱 킬로미터가 넘는 지역에 거주하는 1,300만 명의 주민들에 대한 고품질 의료혜택의 일환으로 항공수송을 제공하고 있다. Ornge는 이런 서비스를 온타리오 주에서 담당하는 비영리 환자수송기 회사이다. 환자수송기 서비스에는 주로 헬기를 이용한 응급구조원의 응급사고 대응이나, 응급시 또는 평상시 병원 간 환자를 이송하는 시설 간 이송 등이 있다. 평상시의 경우는 온타리오 근처에 위치해 있는 고정익 수송기가 사용된다. 이런 평상시 이송은 일상적으로 하루에 10~20명(때때로 많게는 30명)이 이루어진다. Ornge는 최소의 비용으로 이러한 수송기 일정과 경로를 어떻게 수립할 것인가의 문제에 직면해 있다. 수송기는 한 근무시간 동안 최대 4회까지의 요청에 대응하며(하루 전 일정계획), 임의의 순서로 계획될 수 있고, 최대 2명의 환자, 때로는 한 명(예를 들면, 감염환자의 경우)을 이송할 수 있다. 이런 일정계획 문제를 해결하기 위해, 수리계획 모형이 수립되고 이를 일부 엑셀을 사용하여 풀었다. 이송 요청은 출발지, 환자도착지, 가장 빠른 출발시간, 가장 늦은 도착시간, 처치수준, 들것의 개수, (종종 어린이를 위한) 보호자, 한 명 이상의 환자가 이송될 수 있는지, 환자가 최대 수송기에 있을 수 있는 시간 등과 같은 변수들을 포함하고 있다. 이

모형의 목적은 어떤 수송기가 일련의 이송요청들을 수행하는 데 드는 비용(연료비, 실제 운항시간, 요구되는 처치수준, 지상에서 기다리는 비용 등을 포함)을 최소화하는 것이다. 이 모형의 해법은 수작업으로 일정계획을 한 것에 비해서 운항 거리상 13퍼센트, 비용의 측면에서 16퍼센트를 개선하는 효과를 나타냈다.

© Victor Biro/Alamy Stock Photo

자료 : Based on T. A. Carnes, S. G. Henderson, D. B. Schmoys, M. Ahghari and R. D. MacDonald, "Mathematical Programming Guides Air Ambulance Routing at Ornge," *Interfaces* 43, no. 3 (May–June 2013): 232–39.

＋한계가치
자원을 한 단위 더 추구할 때 기꺼이 지불할 수 있는 금액을 나타낸다.

'Dual'이라 이름 붙은 열에 '노동력'와 '진흙'에 해당하는 값인 16과 6을 살펴보자. 쌍대값(dual values)을 나타내는 이 값들은 주어진 문제에서 노동력과 진흙의 한계가치(marginal values)를 나타낸다. 이 값은 선형계획법 모형을 풀 때 얻게 되는 일반적인 해 이외에 유용한 정보를 제공한다. 쌍대값에 대해서는 이 장의 후반부에서 더 자세히 설명하기로 하고, 현재로서는 이 한계가치라는 것이 어떤 자원을 한 단위 추가적으로 획득하고자 할 때 회사가 기꺼이 지불할 용의가 있는 금액을 뜻하는 것으로만 이해하자. 예를 들면, 노동력 제약식에 대한 쌍대값이 16이라는 것은, 만약 이 회사가 추가로 노동력을 1시간 더 얻을 수 있다면 이윤이 16달러만큼 증가한다는 뜻이다. 마찬가지로, 진흙이 1파운드 더 있다면 이윤을 6달러만큼 증가시킬 수 있음을 의미한다. 따라서 이 회사는 노동력 1시간을 추가하기 위해 16달러까지, 그리고 진흙을 1파운드 추가하기 위해서는 6달러까지 기꺼이 지불할 용의가 있다는 뜻이 된다. 이 쌍대값은 자원의 한 단위를 추가 구입할 때 실제 들어가는 비용을 뜻하는 것이 아니고, 회사가 지불할 용의가 있는 최댓값을 의미한다. 이러한 쌍대값은 추가 자원 구입에 관해 회사에서 의사결정을 내려야 할 때 도움이 된다.

윈도용 QM은 몇 가지 다양한 형태로 해를 제공하는데, "Window"를 클릭하고 "Graph"를 선택하면 도식적 해법을 보여 준다. 제시 3.9는 Beaver Creek Pottery Company 예제에 대한 도식적 해법을 보여 준다.

제시 3.9

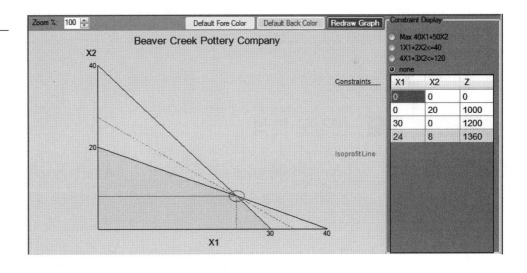

Norske Skog의 선형계획법 모형을 활용한 수익성 개선

노르웨이의 종이(그리고, 신문인쇄용지) 제조기업 Norske Skog은 연간 39억 달러의 매출을 올리고, 12개국의 16개 종이공장에서 6,400명이 넘는 직원들이 근무하는 세계에서 네 번째로 큰 종이 제조기업이다. 종이공장의 펄프플랜트, 종이 생산기계, 마무리 구간으로 구성된 생산라인 구축에는 5억 달러 이상의 비용이 소요된다. 이 생산라인은 일상적인 유지보수를 제외하고 일 년 내내 매일 24시간 동안 운영된다. 그 하루 생산량은 타블로이드판 신문으로 달까지 왕복할 수 있는 양을 만들 수 있다. 그러나, 지난 십여 년간 종이에 대한 수요는 전자매체가 종이출판물들을 대체하면서 감소해 왔고, 이는 이 회사의 재무건전성을 위협하고 일부 플랜트와 종이 생산기계들을 가동 중지하여 비용을 절감하게 만들었다. Norske Skog는 이러한 어렵고 복잡한 의사결정을 내리기 위해 선형계획법 모형을 이용하였다. 그 선형계획법 모형은 매출에서 운영비용과 고정비용을 뺀 것을 최대화하는 것을 목적으로 하였다. 선형계획법 모형은 플랜트와 생산기계의 가동 중지 여부를 나타내는 312개의 이진 변수, 고객별 생산기계별 각 제품 생산량과 생산기계별 원자재 사용량을 나타내는 4만 7,000개의 실수값 변수 및 2,600개의 제약식으로 구성되어 있다. 이 모형의 해법에 따라 한국과 체코에서 각 하나씩의 공장을 폐쇄하고, 노르웨이의 한 개의 종이 생산기계를 가동 중단하게

되었다. 이로 인해 45만 톤의 생산용량을 줄였고 Norske Skog의 연간 매출의 약 3%에 해당하는 연간 1억 달러 비용절감을 이루어낼 수 있었다. 선형계획법 모형에 의한 이런 의사결정으로 이 회사는 재무 안정성이 향상되었다. 또한, 모형화와 의사결정의 분석적 과정을 통해 이해관계자들과 대중들에게 과거의 비계량적 의사결정보다 높은 신뢰를 얻을 수 있었다.

© Volkerpreusser/Alamy Stock Photo

자료 : Based on G. Everett, A. Philpott, K. Vatn, and R. Gjessing, "Norske Skog Improves Global Profitability Using Operations Research," *Interfaces* 40, no. 1 (January–February 2010): 58–70.

민감도 분석

제2장에서 선형계획법 모형을 세울 때, 암묵적으로 가정했던 것은 매개변수가 확정적으로 주어져 있다는 것이었다. 이러한 매개변수는 그릇 1개당 이윤과 같은 목적함수의 계수, 노동력의 이용 가능 한계값과 같은 제약식의 우변 상수값, 그릇 1개당 들어가는 진흙의 양과 같은 제약식의 계수 등을 포함한다. 지금까지 소개된 예제에서는 이러한 매개변수가 변하지 않고 확정적으로 알려져 있다는 가정 하에서 모형화하였다. 그러나 경영자가 모든 매개변수의 값을 확정적으로 아는 경우는 거의 없다. 현실적으로 이러한 매개변수는 변화할 수 있기 때문에 추측을 통해 얻은 최상의 예측치를 사용한다. 이러한 이유로, 경영자들은 어떤 특정 매개변수의 값이 최적해에 미치는 영향에 관심을 갖는다. 매개변수의 예측되는 불확실성 또는 추가 정보를 얻은 경우 매개변수를 변경하게 된다. 이와 같은 매개변수의 변화와 최적해에 미치는 영향을 분석하는 것을 민감도 분석(sensitivity analysis)이라고 부른다.

+ 민감도 분석
매개변수의 변화가 최적해에 미치는 영향을 알아보는 분석 방법이다.

모형의 매개변수를 변화시킬 때 그 영향을 확인하는 가장 확실한 방법은 원래 모형에 직접 매개변수를 변경시킨 후 문제를 다시 풀어서 원 문제의 결과와 변화된 문제의 결과를 비교하는 것이다. 그러나 이 장에서 설명하는 것은, 어떤 경우에는 문제를 다시 푸는 수고를 하지 않고서도 모형 변화의 영향을 측정할 수 있다는 것이다.

목적함수 계수의 변경

매개변수 중에서 목적함수의 계수를 변경시키는 것을 먼저 고려해 보자. 이러한 변경에 대해 설명하기 위해 지금껏 사용해 온 Beaver Creek Pottery Company 예제를 사용하자.

$$\text{maximize } Z = \$40x_1 + 50x_2$$

$$\text{subject to}$$

$$x_1 + 2x_2 \leq 40 \text{ hr. of labor}$$

$$4x_1 + 3x_2 \leq 120 \text{ lb. of clay}$$

$$x_1, x_2 \geq 0$$

이 문제의 도식적 해법은 그림 3.1에 나타나 있다.

그림 3.1에서 최적해는 점선으로 표시된 목적함수가 가능해 영역을 벗어날 때 마지막으로 통과하는 점인 B점($x_1 = 24$, $x_2 = 8$)이다. 그러나 그릇 하나에 대한 이윤 x_1이 40달러에서 100달러로 변경된다면 어떻게 되는가? 이 변화는 그림 3.1에 나타나 있는 해에 어떠한 영향을 주는가? 이 변화는 그림 3.2에 나타나 있다.

그림 3.1

최적해를 나타내는 점

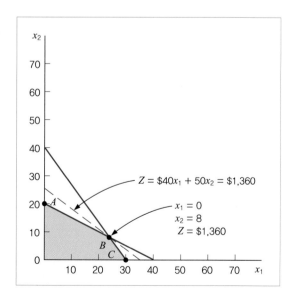

그림 3.2

목적함수에서 x_1의 계수 변화

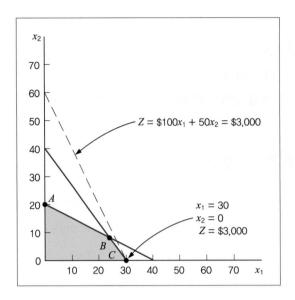

그릇에 대한 이윤(즉, x_1의 계수)을 40달러에서 100달러로 증가시키면 목적함수의 기울기가 매우 가파르게 변화하기 때문에 최적해가 B점에서 C점으로 바뀐다. 반면, 머그잔 1개당 이윤, 즉 x_2의 계수를 50달러에서 100달러로 증가시키면 목적함수의 경사가 완만하게 되어 A점이 최적해가 되고, 다음 값을 가진다.

$$x_1 = 0,\ x_2 = 20,\ Z = 2,000달러$$

이것은 그림 3.3에 나타나 있다.

이 경우에 대한 민감도 분석의 목적은 목적함수의 계수를 변화시켜도 최적해의 x_1과 x_2가 변화하지 않는 목적함수 계수의 범위를 찾는 것이다. 예를 들어, x_1의 목적함수 계수는 원래 문제에서 40달러인데, 40달러보다 크게 변화시킬 때 어떠한 값부터는 C점이 최적해가 되고, 40달러보다 작게 변화시킬 때 어느 순간부터는 A점이 최적해가 된다. 민감도 분석의 초점은

그림 3.3

목적함수에서 x_2의 계수 변화

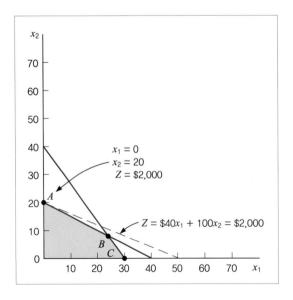

x_1의 목적함수 계수(이를 기호 c_1으로 나타낸다)의 민감도 범위라고 부르는 이 두 가지 값을 결정하는 것이다.

우리가 다루는 이러한 간단한 예제는 그림 3.1의 그래프를 보고 계수에 대한 민감도 범위를 결정할 수 있다. 현재 목적함수의 기울기는 $-4/5$이며, 다음과 같이 결정되었다.

$$Z = 40x_1 + 50x_2$$

또는

$$50x_2 = Z - 40x_1$$

그리고, 이는

$$x_2 = \frac{Z}{50} - \frac{4x_1}{5}$$

이제 목적함수는 직선에 대한 방정식의 형태인 $y = a + bx$와 같이 되었고, 여기서 y절편인 a는 $Z/50$이고, 기울기인 b는 $-4/5$이다.

만약 목적함수의 기울기가 $-4/3$으로 변화하게 되면 목적함수가 다음 제약식과 정확히 평행하게 된다.

$$4x_1 + 3x_2 = 120$$

그리고 B점과 동시에 C점도 최적해가 된다. 이 제약식의 기울기는 $-4/3$이므로, 이제 목적함수에서 x_1의 계수 값을 어떻게 변경시켜야 기울기가 $-4/3$과 같게 되는지 결정해야 한다. 목적함수에서 x_1의 계수를 c_1이라고 하면 그 값은 다음과 같이 정해진다.

$$\frac{-c_1}{50} = \frac{-4}{3}$$
$$-3c_1 = -200$$
$$c_1 = \$66.67$$

x_1의 계수가 66.67이 되면 목적함수의 기울기가 $-66.67/50$, 즉 $-4/3$이 된다. 이 과정이 그림 3.4(a)에 나타나 있다.

그림 3.4

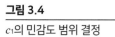

c_1의 민감도 범위 결정

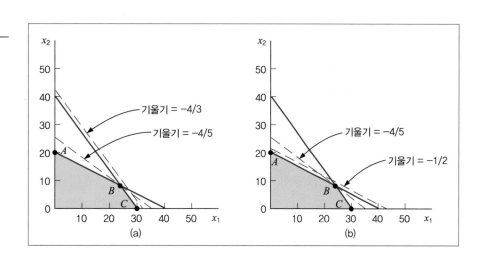

지금까지 x_1의 계수인 c_1의 민감도 범위 상한값이 66.67임을 찾아냈다. 만약, 그릇 1개당 이윤이 정확히 66.67달러로 증가하면, B점과 C점이 동시에 최적해가 된다. 또한, 그릇 1개당 이윤이 66.67달러보다 더 커지게 되면, C점만 최적해가 된다.

민감도 범위의 하한값은 그림 3.4(b)에서와 같이 결정할 수 있다. 이 경우에는 목적함수의 기울기 값이 $-4/5$에서부터 점점 완만해져서 다음 제약식과 평행하게 되면 된다.

$$x_1 + 2x_2 = 40$$

그러면 B점과 동시에 A점도 최적해가 된다. 이 제약식의 기울기는 $-1/2$이고, 즉 $x_2 = 20 - (1/2)x_1$이 된다. 목적함수의 기울기를 $-1/2$과 같게 만들기 위해서는 그릇 1개당 이윤이 다음과 같이 25달러까지 감소해야 한다.

$$\frac{-c_1}{50} = \frac{-1}{2}$$
$$-2c_1 = -50$$
$$c_1 = 25\text{달러}$$

이것이 x_1의 목적함수 계수인 c_1의 민감도 범위의 하한값을 나타낸다.

x_1 계수의 완전한 민감도 범위는 다음과 같다.

$$25 \leq c_1 \leq 66.67$$

이는 그릇 1개당 이윤이 25달러에서 66.67달러 사이의 어떤 값을 가지더라도 최적해는 $x_1 = 24$와 $x_2 = 8$에서 변하지 않는다는 뜻이다. 물론, c_1 값이 어떠한 값을 가지느냐에 따라 총 이윤인 Z 값은 달라지게 된다.

이러한 정보는 경영자에게 도움이 된다. 얼마나 많은 제품을 생산해야 하는가에 대한 생산 스케줄을 변경하는 것은 운영상에 여러 영향을 미치게 된다. 제품에 대한 포장, 물류, 마케팅에 대한 요구사항들이 이에 따라 변경되어야 한다. 그러나 경영자가 위에서 언급된 민감도 범위에 대한 정보를 가지고 있다면, 생산 계획 자체를 변경시키지 않는 선에서 제품의 판매가와 비용에 따른 이윤의 수준을 어떻게 조정해야 하는지 알 수 있다.

마찬가지로 그래프를 이용하여 분석하면 목적함수의 x_2 계수인 c_2의 민감도 범위를 알 수 있다. 이것은 $30 \leq c_2 \leq 80$이 된다. 이 의미는 머그잔 1개에 대한 이윤이 30달러에서 80달러 사이에서 변화할 수 있고 최적해인 B점은 변하지 않는다는 것을 뜻한다. 그러나 이 경우와 앞에서 본 c_1의 경우와 같이, 민감도 범위라는 것은 1개의 계수만 변화시키고 다른 모든 매개변수는 고정되어 있을 때에만 적용하는 것이 가능하다. 따라서 우리가 머그잔 1개에 대한 이윤이 30달러에서 80달러까지 변화할 수 있다고 이야기하는 것은 c_1 값이 고정되어 있을 때만 가능하다.

목적함수의 계수들은 최적해가 변화하지 않는 범위 내에서 두 계수가 동시에 변경되는 것도 가능하다. 그러나 이러한 동시 변화의 영향을 그래프를 이용하여 분석하기에는 너무 복잡하고 시간이 오래 걸린다. 사실 그래프를 사용하여 민감도 분석을 행하는 것은 지루한 방법이고, 의사결정 변수의 수가 3개 이상인 경우에는 3차원 이상의 그림을 그려야 하기 때문에 불가능하다. 그러나 엑셀과 윈도우용 QM은 선형계획법 문제의 기본적인 해답 보고서의 형식으로 민감도 분석도 제공한다. 모형의 매개변수를 동시에 변화시키는 것은 일반적으로 컴퓨터를 사용하면 훨씬 간편하고 실용적이다. 이 장의 뒷부분에서 엑셀과 윈도우용 QM을 이용한 민감도 분석 결과를 보여 줄 것이다.

그러나 컴퓨터가 제공하는 민감도 분석으로 넘어가기 전에 목적함수 계수의 민감도 범위에 대해 한 가지 특성을 더 살펴보자. 제2장에서 본 다음과 같은 비료 최소화 모형을 생각해 보자.

$$\text{minimize } Z = \$6x_1 + 3x_2$$

$$\text{subject to}$$

$$2x_1 + 4x_2 \geq 16$$

$$4x_1 + 3x_2 \geq 24$$

$$x_1, x_2 \geq 0$$

그림 3.5의 그래프에서 제시되어 있는 해는 $x_1 = 0$, $x_2 = 8$, $Z = 24$이다.

목적함수 계수의 민감도 범위는 다음과 같다.

$$4 \leq c_1 \leq \infty$$

$$0 \leq c_2 \leq 4.5$$

x_1 계수 범위의 상한값이 무한대임에 주목하자. 이러한 상한값을 가지게 된 이유가 그림 3.5에 그래프를 통해 나타나 있다.

목적함수 x_1의 계수가 6달러로부터 점차 감소하면, 목적함수의 기울기가 -2로부터 점차 완만해진다. 계수인 c_1이 4달러와 같아질 때, 목적함수의 기울기는 $-4/3$이 되어 제약식 $4x_1 + 3x_2 = 24$의 기울기와 같아진다. 이렇게 되면 A점뿐만 아니라 B점도 최적해가 된다. 따라서 c_1에 대한 민감도 범위의 하한 값은 4달러가 된다. 그러나 c_1이 6달러 이상으로 증가하

그림 3.5

비료 예제로 본 c_1의 민감도 범위

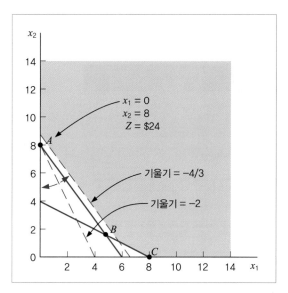

게 될 때, 목적함수는 계속적으로 x_2 축을 향해 회전하면서 점차 기울기가 가파르게 된다. 이러한 변화 과정에서 목적함수는 또 다른 가능해와 만나지 않는다. 따라서 Super-gro 비료의 비용(x_1)이 아무리 증가하더라도 A점은 항상 최적해로 남아 있게 된다.

컴퓨터로 찾는 목적함수 계수의 범위

이 장의 앞부분에서 Beaver Creek Pottery Company 예제에 대한 엑셀 스프레드시트 해답을 설명할 때, 민감도 보고서는 포함하지 않았다. 그러나 엑셀은 목적함수의 계수들이 가지는 민감도 범위에 대한 민감도 보고서를 제공한다. 해 찾기 매개변수(Solver Parameters) 창에서 "해 찾기(Solve)"를 클릭하면 잠시 후 제시 3.10과 같은 해 찾기 결과(Solver Results) 창으로 이동하게 되고, 여기서 해답에 관련된 몇 가지 보고서를 생성할 기회가 주어진다. 이러한 과정은 이전에 설명했던 해답 보고서 생성 방법과 동일하다. Beaver Creek Pottery Company 예제에 관한 민감도 보고서가 제시 3.11에 나타나 있다.

제시 3.10

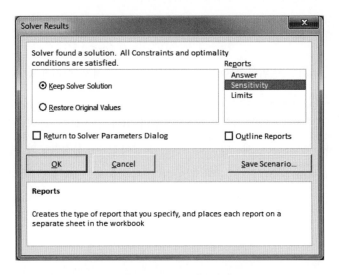

제시 3.11

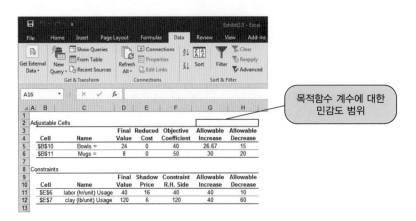

목적함수 계수에 대한 민감도 범위

목적함수 계수에 대한 민감도 범위

엑셀을 사용하면 목적함수의 계수(40과 50)에 대한 민감도 범위를 상한값과 하한값의 형태로 제공해주는 대신 허용 가능 증가치(allowable increase)와 허용 가능 감소치(allowable decrease)를 보여 준다. 예를 들면, 그릇(B10 셀)의 계수 40달러에 대해 허용 가능 증가치는 26.667이므로 상한선은 66.667이 되고, 반면 허용 가능 감소치는 15이므로 하한값은 25가 된다.

제시 3.12는 동일한 예제에 관한 목적함수 계수의 민감도 범위를 윈도우용 QM을 사용하여 얻은 결과이다. 이 결과물에는 변수 x_1과 x_2에 대해 민감도 범위의 상한값과 하한값이 제공된다.

제시 3.12

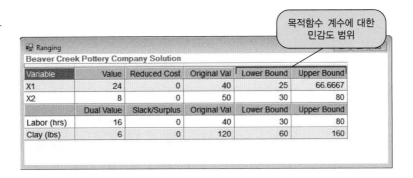

목적함수 계수에 대한 민감도 범위

Beaver Creek Pottery Company Solution

Variable	Value	Reduced Cost	Original Val	Lower Bound	Upper Bound
X1	24	0	40	25	66.6667
X2	8	0	50	30	80
	Dual Value	Slack/Surplus	Original Val	Lower Bound	Upper Bound
Labor (hrs)	16	0	40	30	80
Clay (lbs)	6	0	120	60	160

제약식의 우변 상수값 변경

우리가 고려하는 두 번째 민감도 분석의 형태는 제약식의 우변 상수값에 대한 민감도 범위이다. Beaver Creek Pottery Company 예제를 다시 살펴보자.

$$\text{maximize } Z = \$40x_1 + 50x_2$$

$$\text{subject to}$$

$$x_1 + 2x_2 + s_1 = 40(\text{시간의 노동력})$$

$$4x_1 + 3x_2 + s_2 = 120(\text{파운드의 점토})$$

$$x_1, x_2 \geq 0$$

여기서 제약식 우변 상수값은 40과 120이다.

이 회사의 경영자가 노동력의 한계값을 40시간에서 60시간으로 증가시킬 수 있는 상황을 고려해 보자. 모형의 이러한 변화의 결과가 그림 3.6에 그래프로 표시되어 있다.

이용 가능한 노동력의 한계값을 40시간에서 60시간으로 증가시킴에 따라 가능해 영역이 변하게 되었다. 원래는 $OABC$였지만, 이제 $OA'B'C$가 되었다. 그리고 B점 대신 B'점이 최적해가 되었다. 비록 최적해에서 x_1과 x_2의 값은 ($x_1 = 24$, $x_2 = 8$에서 $x_1 = 12$, $x_2 = 24$로) 변경되었지만,

그림 3.6

노동력 제약식의 우변 상수값 증가

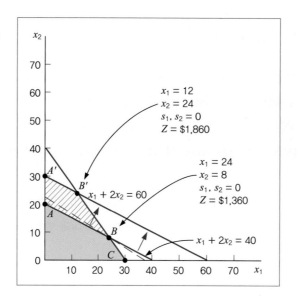

이번 민감도 분석에서 중요하게 고려해야 할 사항은 여유변수를 포함하여 0이 아닌 값을 가지는 변수에 대한 해의 조합이 변화하지 않았다는 것이다. 제약식의 우변 상수값에 대한 민감도 분석 시 핵심 사항은, 여유변수를 포함하여 0이 아닌 값을 가지는 변수의 조합을 유지하면서 제약식의 우변 상수는 어떤 범위 내에서 변경될 수 있는가 하는 것이다.

+ 우변 상수값에 대한 민감도 범위는 여유변수를 포함한 해의 조합이 변하지 않으면서 그 우변 상수 값이 변할 수 있는 값의 범위이다.

　노동력 제약식의 우변 상수값이 40시간에서 80시간으로 증가하면, 그림 3.7(a)에 표시되어 있는 것처럼 새로운 가능해 영역은 $OA'C$가 되고, 새로운 최적해는 A'점이 된다. 원래 최적해였던 B점에서는 x_1과 x_2의 값이 모두 0이 아니었지만, 새로운 최적해 A'점에서는 오직 x_2만 생산된다(즉, $x_1 = 0$, $x_2 = 40$, $s_1 = 0$, $s_2 = 0$).

　따라서 노동력 제약식의 우변 상수값에 대한 민감도 범위 q_1의 상한 값은 80시간이 된다. 이 값부터 0이 아닌 값을 가지는 변수의 조합이 변경되어 더 이상 그릇을 생산하지 않는다. 게다가 q_1이 80시간을 초과하게 되면, 여유변수인 s_1이 증가하기 시작한다. 비슷한 식으로 q_1

그림 3.7

노동력 제약식의 우변 상수값에 대한 민감도 범위 결정

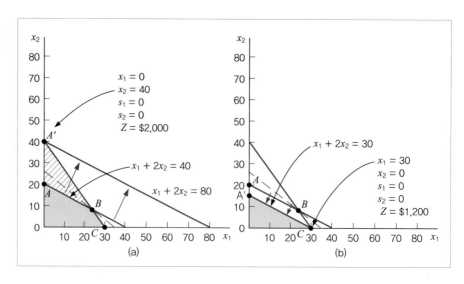

값이 30시간으로 축소되면, 그림 3.7(b)에서와 같이 새로운 실현 가능한 해의 가능해 영역은 $OA'C$가 된다. 새로운 최적해는 C점이 되어 더 이상 머그잔을 생산하지 않는다. 새로운 해는 $x_1 = 30$, $x_2 = 0$, $s_1 = 0$, $s_2 = 0$, 그리고 $Z = 1{,}200$달러가 된다. 역시 변수의 조합도 변경되었다. 노동력 제약식의 우변 상수값에 대한 민감도 범위를 요약하면 다음과 같다.

$$30 \leq q_1 \leq 80\text{시간}$$

진흙 제약식에 대한 민감도 범위 또한 같은 방식으로 그래프를 사용하여 결정할 수 있다. 진흙의 제약식 $4x_1 + 3x_2 \leq 120$에서 우변 상수값이 120에서 160으로 증가되면, 그림 3.8(a)와 같이 새로운 가능해 영역이 OAC'이 되고, 새로운 최적해는 C'점이 된다. 또한, 이 값이 120에서 60으로 감소하게 되면, 그림 3.8(b)와 같이 새로운 가능해 영역은 OAC'이 되고, 새로운 최적해는 A점이 된다$(x_1 = 0, x_2 = 20, s_1 = 0, s_2 = 0, Z = 800$달러$)$.

q_1과 q_2의 민감도 범위를 요약하면 다음과 같다.

$$30 \leq q_1 \leq 80\text{시간}$$

$$60 \leq q_2 \leq 160\text{파운드}$$

목적함수의 계수에 대한 민감도 범위와 마찬가지로, 위의 민감도 범위들은 오직 하나의 q_i 값에 대해서만 유효하다. 다른 모든 q_i 값은 고정되어 있다고 가정한다. 그러나 0이 아닌 변수의 조합에 변화가 없는 한 동시 변경도 가능하다.

이러한 민감도 범위의 값은 경영자에게 유용한 정보를 제공하는데, 특히 생산 스케줄과 계획을 수립할 때 도움이 된다. 사용되는 자원이 감축되면 어느 순간에 어떤 제품은 생산이 중단되고, 그 제품을 생산하기 위해 사용되던 시설과 장비들에 대한 지원도 더 이상 필요하지 않으며, 필요하지 않은 자원에 들어가는 잉여 시간이 남게 된다. 마찬가지로, 자원의 양이 증가하는 경우에도 비슷한 방식으로 결과를 유추할 수 있다.

그림 3.8

점토 제약식의 우변 상수값에 대한 민감도 범위 결정

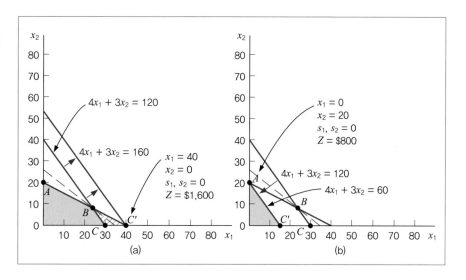

엑셀과 윈도우용 QM을 사용한 제약식 우변 상수값의 민감도 범위 결정

앞에서 제시 3.11을 통해 엑셀이 민감도 보고서를 생성하는 것에 관해 보여 주었다. 이 보고서는 제시 3.13에서 다시 보여지고 있는데, 이번에는 제약식의 우변 상수값에 대하여 민감도 범위를 강조한다. 앞에서 언급했듯이, 이 범위는 상한값과 하한값 대신 허용 가능 증가치와 허용 가능 감소치로서 표시된다.

윈도우용 QM을 이용한 제약식 우변 상수값의 민감도 범위는 제시 3.14에 나타나 있다.

제시 3.13

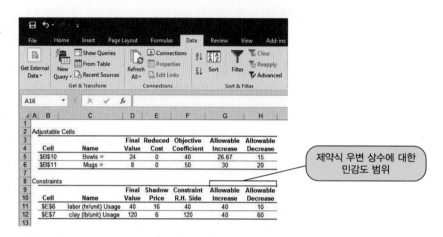

제시 3.14

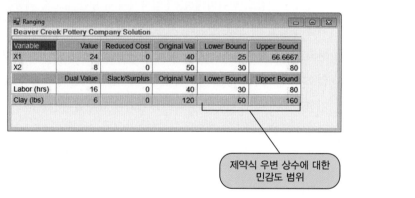

다른 형태의 민감도 분석

+ 제약식의 매개변수를 변경시키거나 새로운 제약식을 추가할 수도 있고, 새로운 의사결정 변수를 추가하는 등 다른 형태의 민감도 분석도 존재한다.

엑셀과 윈도우용 QM은 목적함수의 계수와 제약식의 우변 상수에 대해 기본적으로 민감도 범위를 제공한다. 그러나 제약식의 매개변수를 변경시키거나 새로운 제약식을 추가할 수도 있고 새로운 의사결정변수를 추가하는 등 다른 형태의 민감도 분석도 존재한다.

예를 들어, Beaver Creek Pottery Company 예제에서 숙련이 덜 된 새로운 장인이 고용된다면, 그릇을 1개를 생산하는 데 1시간이 아니라 1.33시간이 걸릴 수도 있다. 따라서 노동력 제약식이 $x_1 + 2x_2 \leq 40$에서 $1.33x_1 + 2x_2 \leq 40$으로 변경된다. 이러한 변화가 그림 3.9에 나타나 있다.

그림 3.9

노동력 제약식에서 x_1의 계수 변경

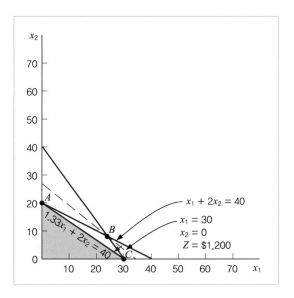

노동력 제약식에서 x_1의 계수를 변경시키면 해당 제약식을 나타내는 직선을 회전시켜 가능해 영역이 $OABC$에서 OAC로 변화하게 된다. 또한 최적해도 C점으로 옮겨져 $x_1 = 30$, $x_2 = 0$, $Z = 1,200$달러가 된다. 그렇다면 1.33시간은 이 제약식 계수에 대해 논리적 상한값이 된다. 그러나 앞에서 말했던 것처럼 제약식 계수에 대한 이러한 종류의 민감도 분석은 보통의 선형계획법 관련 소프트웨어에서 제공되지 않는다. 그 결과, 이런 종류의 민감도 분석의 영향을 확인하기 위해서는 각각의 변경된 값에 대해 선형계획법 모형을 다시 새롭게 컴퓨터를 이용하여 푸는 수밖에 없다.

다른 종류의 민감도 분석은 새로운 제약식 또는 새로운 의사결정변수를 추가하는 것이다. 예를 들어, Beaver Creek Pottery Company 예제에서 포장과 관련된 다음 제약식이 추가된다고 가정하자.

$$0.20x_1 + 0.10x_2 \leq 5\text{시간}$$

제시 3.15

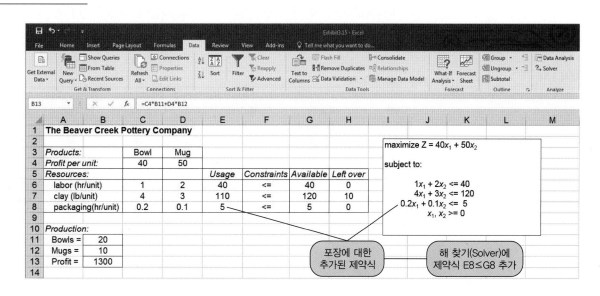

이렇게 되면 새로운 제약식을 추가하여 모형을 다시 풀어야 한다. 새로 제약식을 추가하면 제시 3.15에서 엑셀 스프레드시트상에 나타나 있는 것과 같이 최적해가 바뀌게 된다. 새로운 스프레드시트에는 원래 스프레드시트(제시 3.1)에 비해 8행이 추가되었고, 해 찾기(Solver)에 E8≤G8이 추가되었다. 원래 모형에 대해 제시 3.4에 제시되어 있던 해는 그릇을 24개, 머그잔을 8개 만들어 1,360달러의 이익을 얻었다. 포장에 관한 새로운 제약식을 추가한 후에는, 그릇을 20개, 머그잔을 10개 만드는 것이 최적해이며 이때 1,300달러의 이익을 얻을 수 있다.

새로운 의사결정 변수가 모형에 추가되는 경우에도 그 영향을 보기 위해 문제를 다시 풀어야만 한다. 예를 들어, Beaver Creek Pottery Company 예제에서 세 번째 제품인 컵을 생산하려고 한다고 가정하자. 추가로 자원을 더 증가시킬 수는 없고 컵 1개당 이익은 30달러라고 가정하자. 이러한 사항을 모두 반영하여 다시 모형을 세우면 다음과 같다.

$$\text{maximize } Z = \$40x_1 + 50x_2 + 30x_3$$

subject to

$$x_1 + 2x_2 + 1.2x_3 \leq 40(\text{시간의 노동력})$$

$$4x_1 + 3x_2 + 2x_3 \leq 120(\text{파운드의 점토})$$

$$x_1, x_2, x_3 \geq 0$$

새로운 모형을 컴퓨터를 이용하여 다시 풀어 보면, 새로운 의사결정변수의 추가는 원래 문제의 해에 전혀 영향을 미치지 않음을 알 수 있다. 즉, 이 변경에 대해 위 모형은 민감하게 움직이지 않는다. 컵을 생산함으로써 얻게 되는 예상 이윤이 기존의 그릇이나 머그잔의 생산을 희생할 정도로 높지 않기 때문에 최적해에 변화가 없는 것이다.

잠재가격

이 장의 앞부분에서 윈도우용 QM을 설명하며 간단하게 잠재가격(shadow prices)이라고도 불리는 쌍대값(dual values)에 대하여 논의했다. 쌍대값이란 추가로 자원을 한 단위 얻기 위해 지불할 용의가 있는 한계가치(marginal value)로 정의했던 것을 기억하자. 자원의 한계가치를

제시 3.16

Adjustable Cells

Cell	Name	Final Value	Reduced Cost	Objective Coefficient	Allowable Increase	Allowable Decrease
B10	Bowls =	24	0	40	26.67	15
B11	Mugs =	8	0	50	30	20

Constraints

Cell	Name	Final Value	Shadow Price	Constraint R.H. Side	Allowable Increase	Allowable Decrease
E6	labor (hr/unit) Usage	40	16	40	40	10
E7	clay (lb/unit) Usage	120	6	120	40	60

잠재가격
(쌍대값)

민감도 범위와 함께 고려하여 자원에 관한 의사결정을 내리는 경우가 많기 때문에 민감도 분석을 논의하는 지금 잠재가격에 대하여 다시 언급할 필요가 있다.

Beaver Creek Pottery Company 예제에 대하여 엑셀 민감도 보고서를 다음 제시 3.16에서 다시 고려해 보자.

노동력에 대한 잠재가격(또는 한계가치)은 시간당 16달러이고, 진흙에 대한 잠재가격은 파운드당 6달러이다. 이것은 추가로 증가하는 노동력 1시간당 총 이윤이 16달러씩 늘어남을 의미한다. 이 회사의 경영자가 시간당 16달러에 추가 노동 시간을 증가시킬 수 있다면, 얼마까지 증가시켜야 최적해의 0이 아닌 변수의 조합이 바뀌지 않아 잠재가격의 값이 계속 그대로 유지되는가? 정답은 노동력 제약식의 우변 상수값이 가지는 민감도 범위의 상한값까지이다. 노동력을 최대 80시간까지 사용하기 전에는 최적해에서 0이 아닌 변수의 조합이 바뀌지 않는다. 그러므로 경영자는 엑셀의 민감도 보고서에서 노동력에 관한 허용 가능 증가치에 나와 있듯이 40시간을 추가로 증가시킬 수 있다. 만약 40시간의 노동력을 추가로 더 한다면, 그 노동력의 총 가치는 얼마가 되는가? 답은 (16달러/시간)(40시간) = 640달러이다. 다시 말하면, 40시간의 노동력을 추가하면 640달러만큼 총 이익이 늘어나게 된다. 이것은 다음 제시 3.17에 나와 있는데, 노동력을 40시간에서 80시간으로 증가시키면 총 이익이 1,360달러에서 2,000달러로 640달러만큼 늘어난 것을 보여 준다.

그림 3.7(a)를 다시 보면 이 변화에 따른 새로운 해는 A′점이다. 노동력을 80시간(민감도 범위의 한계 값) 이상으로 증가시켜도 추가로 이익이 증가하지 않고, 최적해도 변화가 없다. 이렇게 해도 단지 노동력에 대한 여유변수의 값만 증가하게 된다.

이번에는 어떤 주간에 장인 중의 1명이 아파서 가능한 노동력의 총 시간이 40시간에서 32시간으로 줄어드는 경우를 고려해 보자. 이 경우 이익은 시간당 16달러씩 줄어들게 되므로 총 128달러가 줄어들게 된다. 따라서 총 이익은 1,360달러에서 1,232달러로 떨어지게 된다.

비슷한 방법으로 이번에는 1주일 동안 120파운드의 진흙 대신에 100파운드만 이용 가

제시 3.17

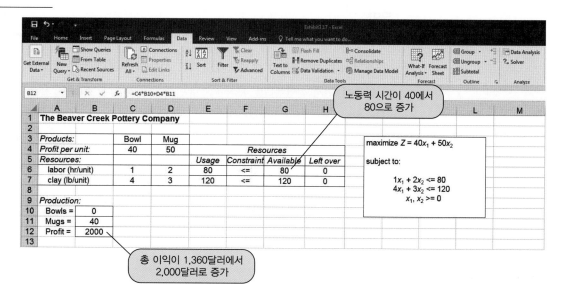

능하다고 가정해 보자. 진흙 1파운드당 6달러씩 20파운드에 대해 이익이 줄어들게 되면 총 120달러의 이익이 감소하게 되는 것이다. 이것에 의해 총 이익이 1,360달러에서 1,240달러로 감소하게 된다.

✚ 제약식의 우변 상수에 대한 민감도 범위는 잠재가격이 유효한 구간을 나타낸다.

제약식 우변 상수에 대한 민감도 범위로부터 얻을 수 있는 또 다른 정보는 잠재가격이 변하지 않는 유효한 구간을 알아내는 것이다. q_i가 민감도 범위의 상한값 이상으로 증가하거나 또는 하한값 이하로 감소하게 되면, 여유변수나 초과변수의 값이 0보다 커지게 되어 잠재가격의 값이 변화하게 된다. 그러므로 제약식의 우변 상수에 대한 민감도 범위는 잠재가격이 변하지 않는 유효한 구간을 나타낸다.

1시간의 추가 노동력에 대한 잠재가격인 16달러는 경영자가 노동력 1시간에 대해 실제로 지불하는 비용은 아니다. 이것은 목적함수가 어떻게 정의되느냐에 따라 달려 있다. Beaver Creek Pottery Company 예제에서 총 이용 가능한 40시간의 노동력과 120파운드의 진흙에 대해 비용을 벌써 지불했다고 가정했었다. 이 자원 중에서 사용하지 않고 남은 것이 있다 하더라도 여전히 비용이 발생한다. 이것이 매몰 비용(sunk cost)이다. 따라서 각 제품으로 인해 목적함수에 있는 이익은 실제 자원이 얼마나 쓰였는가에 영향을 받지 않는다. 총 이익은 사용된 자원의 양에 독립적이다. 이 경우, 잠재가격이라는 것은 경영자가 추가 자원에 대해 기꺼이 지불할 용의가 있는 최대 비용을 나타낸다. 경영자는 추가 노동력 1시간당 16달러를, 그리고 진흙 1파운드당 6달러까지 낼 수 있다.

만약 노동력과 진흙의 사용되는 양에 대해서 비용이 나간다면, 이것은 매몰 비용이 아니며 총 이익은 자원에 들어간 비용의 함수 형태로 나타난다. 이 경우에 잠재가격은 자원 한 단위를 추가적으로 얻게 되는 데 대해 해당 자원의 원래 비용을 초과하여 추가적으로 지불할 용의가 있는 금액을 나타낸다.

요약

제3장에서는 선형계획법 문제를 컴퓨터를 사용하여 푸는 방법에 대해 학습했다. 이렇게 하기 위하여, 먼저 선형계획법 모형에 여유변수를 더하거나 초과변수를 뺀 후 표준형으로 변환하는 것에 대해 설명했다. 컴퓨터를 사용하여 문제를 풀면, 모형의 매개변수를 변화시킬 때 최적해에 미치는 영향을 알아보는 민감도 분석도 동시에 얻어 낼 수 있다. 다음 장에서는 지금까지 보아 온 단순한 선형계획법 모형이 아닌 보다 복잡한 다양한 예제를 보게 될 것이다.

예제 문제와 풀이

이 예제는 선형계획법 모형을 표준형으로 변환하는 과정, 민감도 분석, 컴퓨터 해법, 잠재가격을 구하는 것에 대해 보여 준다.

문제 설명 ■　The Xecko Tool Company는 비행기 날개 부품을 생산하는 어떤 공정에 입찰을 하려고 고려 중이다. 각 날개 부품은 회사에게 주어진 작업 시간의 범위 내에서 세 가지 과정—스탬핑(stamping), 드릴링(drilling), 피니싱(finishing)—을 거쳐 생산된다. 총 이익을 최대화하기 위하여 이 회사는 선형계획법 모형을 통해 날개 부품 $1(x_1)$과 부품 $2(x_2)$을 몇 개씩 생산해야 하는지 결정해야 하며, 모형은 다음과 같다.

$$\text{maximize } Z = \$650x_1 + 910x_2$$

$$\text{subject to}$$

$$4x_1 + 7.5x_2 \leq 105(\text{스탬핑 시간})$$

$$6.2x_1 + 4.9x_2 \leq 90(\text{드릴링 시간})$$

$$9.1x_1 + 4.1x_2 \leq 110(\text{피니싱 시간})$$

$$x_1, x_2 \geq 0$$

A. 그래프를 이용하여 해를 구하시오.

B. 최적해에서 남는 여유 자원의 양을 구하시오.

C. 날개 부품 1의 이익에 대한 민감도 범위와 이용 가능한 총 스탬핑 시간에 대한 민감도 범위를 결정하시오.

D. 이 문제를 엑셀을 이용하여 푸시오.

풀이 ■　A.

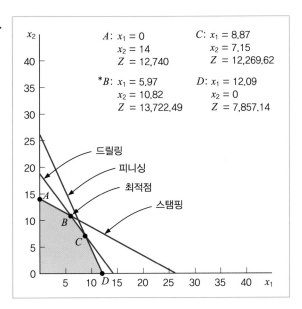

B. 최적해인 B점($x_1 = 5.97$, $x_2 = 10.82$)에서 여유 자원는 다음과 같이 계산할 수 있다.

$$4(5.97) + 7.5(10.82) + s_1 = 105(스탬핑 시간)$$

$$s_1 = 0시간$$

$$6.2(5.97) + 4.9(10.82) + s_2 = 90(드릴링 시간)$$

$$s_2 = 0시간$$

$$9.1(5.97) + 4.1(10.82) + s_3 = 110(패싱 시간)$$

$$s_3 = 11.35시간$$

C. 날개 부품 1에 대한 민감도 범위는 모형의 그래프를 관찰하고 목적함수의 기울기를 얼마나 증가시켜야 최적해가 B점에서 C점으로 이동하는지를 계산함으로써 정할 수 있다. 이것이 바로 민감도 범위의 상한값이며, 목적함수의 기울기를 드릴링 제약식 c_1의 기울기와 같게 만드는 값을 계산하면 된다. $6.2x_1 + 4.9x_2 = 90$

$$\frac{-c_1}{910} = \frac{-6.2}{4.9}$$

$$c_1 = 1,151.43$$

민감도 범위의 하한 값은 목적함수의 기울기를 스탬핑 제약식 $4x_1 + 7.5x_2 = 105$의 기울기와 같게 만드는 값을 계산하면 된다.

$$\frac{-c_1}{910} = \frac{-4}{7.5}$$

$$c_1 = 485.33$$

요약하면,

$$485.33 \leq c_1 \leq 1,151.43$$

이용 가능한 총 스탬핑 시간에 대한 민감도 범위의 상한값은 B점의 해를 드릴링 제약식이 x_2축과 교차하는 지점($x_1 = 0$, $x_2 = 18.37$)까지 옮기는 q_1값을 결정하면 된다.

$$4(0) + 7.5(8.37) = q_1$$

$$q_1 = 137.76$$

민감도 범위의 하한값은 최적해인 B점을 $x_1 = 8.87$, $x_2 = 7.15$인 C점으로 이동시키는 곳에서 발생한다.

$$4(8.87) + 7.5(7.15) = q_1$$

$$q_1 = 89.10$$

요약하면,

$$89.10 \leq q_1 \leq 137.76$$

D. 엑셀 스프레드시트를 이용한 해는 다음과 같다.

	A	B	C	D	E	F	G	H
1	**Example Problem: The Xecko Tool Company**							
2								
3	Products:		Part 1	Part 2				
4	Profit per unit:		650	910				
5	Resources:				Usage	Constraints	Available	Left over
6	stamping (hr)		4.0	7.5	105	<=	105	0
7	drilling (hr)		6.2	4.9	90	<=	90	0
8	finishing (hr)		9.1	4.1	98.6487	<=	110	11
9								
10	Production:							
11	Part 1 =	5.97						
12	Part 2 =	10.82						
13	Profit =	13722.5						
14								

B13 　 f_x 　 =C4*B11+D4*B12

01 다음 선형계획법 모형의 윈도우용 QM 실행 결과를 보고 변수의 값과 여유변수를 포함하여 문제를 그림으로 나타내고 해를 표시하시오.

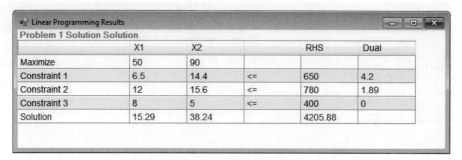

Linear Programming Results					
Problem 1 Solution Solution					
	X1	X2		RHS	Dual
Maximize	50	90			
Constraint 1	6.5	14.4	<=	650	4.2
Constraint 2	12	15.6	<=	780	1.89
Constraint 3	8	5	<=	400	0
Solution	15.29	38.24		4205.88	

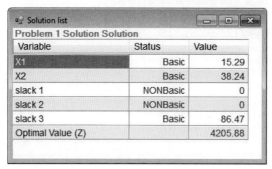

Solution list		
Problem 1 Solution Solution		
Variable	Status	Value
X1	Basic	15.29
X2	Basic	38.24
slack 1	NONBasic	0
slack 2	NONBasic	0
slack 3	Basic	86.47
Optimal Value (Z)		4205.88

02 제1장의 문제 30에 대하여 선형계획법 모형을 수립하고 컴퓨터를 이용하여 풀어라. 이 해는 제1장의 문제 27과 어떻게 다른가?

03 다음의 선형계획 모형에 대한 엑셀 스프레드시트와 해 찾기 창에 대해서 B13 셀에 대한 식을 나타내고 문제를 해결하기 위해 적절한 정보로 해 찾기 창을 채우시오.

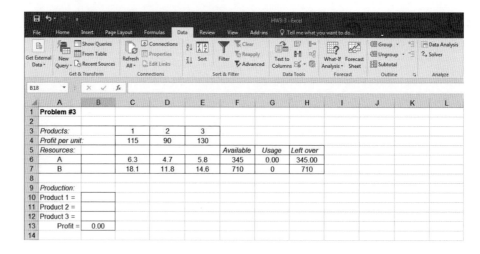

04 제2장(문제 08)에서 나온 다음 모형에 대하여 엑셀을 사용하여 해를 구하시오.

$$\text{maximize } Z = 3x_1 + 6x_2 \text{ (\$, 이익)}$$

subject to

$$3x_1 + 2x_2 \leq 18 \text{ (단위, 자원 1)}$$
$$x_1 + x_2 \geq 5 \text{ (단위, 자원 2)}$$
$$x_1 \leq 4 \text{ (단위, 자원 3)}$$
$$x_1,\ x_2 \geq 0$$

05 제2장 문제 16에서 나온 다음 모형의 해를 도식적 해법으로 구하시오.

$$\text{maximize } Z = 5x_1 + 8x_2 \text{ (\$, 이익)}$$

subject to

$$3x_1 + 5x_2 \leq 50 \text{ (단위, 자원 1)}$$
$$2x_1 + 4x_2 \leq 40 \text{ (단위, 자원 2)}$$
$$x_1 \leq 8 \text{ (단위, 자원 3)}$$
$$x_2 \leq 10 \text{ (단위, 자원 4)}$$
$$x_1,\ x_2 \geq 0$$

이 모형에 대한 엑셀 스프레드시트가 다음과 같이 주어져 있을 때, F6, F7, F8, F9, G6, G7, G8, G9, B14 셀에 대한 함수식을 나타내고 해법을 구하기 위해 필요한 정보를 해 찾기 창에 채우시오. 엑셀을 사용하여 구하시오.

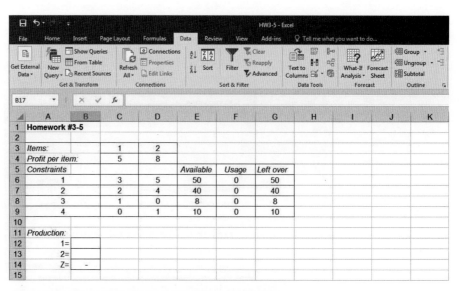

06 한 회사는 두 제품 A와 B를 만드는데, 각각의 이익은 9달러와 7달러이다. 각 제품은 다음과 같이 두 자원을 필요로 한다.

제품	자원/단위	
	1	2
A	12	4
B	4	8
총 자원	60	40

a. 이익을 최대화하기 위해 생산해야 하는 최적 제품조합(product mix)을 결정하기 위한 선형계획법 모형을 설계하시오.

b. 그래프를 그려, 그래프의 각 꼭짓점에서 사용되지 않은 자원들의 양(예를 들면, 여유변수)에 대하여 기술하시오.

c. 자원 1이 40단위로 감소할 경우, 최적해에 어떠한 영향을 미치는가?

d. 제품 B의 이익이 7달러에서 15달러로 증가할 경우 최적해에 어떠한 영향을 미치는가? 20달러로 증가하는 경우에는?

07 문제 06을 컴퓨터를 사용해서 푸시오.

08 설비기술자는 절단기(cutter)와 연마기(grinder)를 사용하여 제품 A와 제품 B의 두 가지 피팅(fitting) 제품을 생산한다. 제품 A를 생산하려면 절단기를 4시간, 연마기를 8시간 사용해야 하며, 제품 B를 생산하려면 절단기를 6시간, 연마기를 4시간 사용해야 한다. 절단기는 최대 300시간, 최소 200시간 작동시켜야 한다. 연마기는 최대 250시간 작동 가능하다. 제품 A의 생산 비용은 8유로이고, 제품 B의 생산 비용은 12유로이다. 설비기술자는 제품 A와 제품 B 생산의 합이 최소 50개 이상이길 원한다. 설비기술자는 제조 비용을 최소화하는 제품 A의 개수(x_1)와 제품 B(x_2)의 개수를 결정하고 싶어 한다.
a. 선형계획법 모형을 세우시오.
b. 이 모형을 표준형으로 바꾸시오.

09 문제 08을 도식적 해법으로 푸시오.
a. 절단기를 몇 시간 사용하는가? 사용되지 않고 남는 시간이 있는가?
b. 만약 설비기술자가 제품 A의 생산 비용을 8유로에서 6유로로 줄이고, 제품 B의 생산 비용을 12유로에서 9유로로 줄일 수 있다면 이것이 최적해의 비용 절감에 미치는 효과는 무엇인가?
c. 만약 문제 08에서, 설비기술자가 50시간을 추가로(250시간에서 300시간으로) 사용할 수 있다면, 최적 제품조합(product mix)은 무엇인가?

10 문제 08의 설비기술자에 관한 선형계획법 모형을 컴퓨터를 사용하여 푸시오.
a. 만약 설비기술자가 절단기 또는 연마기 둘 중 하나에 대해 추가 시간을 얻을 수 있다면, 무엇을 선택해야 하는가? 얼마만큼의 시간을 사용해야 하는가? 이에 대해 설명하시오.
b. 목적함수의 계수와 제약식의 수량 값의 민감도 범위 구하여라. 그리고 제품 수요의 민감도 범위를 설명하시오.
c. 만약 수요가 45로 감소한다면, 최적해에 어떠한 영향을 미치는가?

11 United Aluminum Company of Cincinnati는 두 개의 기기(mill)에서 상급, 중급, 하급의 세 가지 등급의 제품을 생산한다. 각 기기는 다음의 표와 같이 각 등급별 다른 생산능력(톤/일)을 가지고 있다.

	기기	
알루미늄 등급	1	2
상급	6	2
중급	2	2
하급	4	10

이 회사는 한 제조회사와 적어도 12톤 이상의 상급, 8톤 이상의 중급, 5톤 이상의 하급 알루미늄을 공급하기로 계약하였다. 기기 1을 가동하기 위해서는 하루에 6,000달러, 기기 2를 가동하기 위해서는 7,000달러의 비용이 든다. 이 회사는 최소한의 비용으로 계약을 이행하기 위해서 각 기기를 며칠 동안 가동해야 하는지 알고 싶다.
이 문제에 대한 선형계획법 모형을 수립하시오.

12 문제 11에서 제시된 선형계획법 모형을 도식적 해법을 통해 푸시오.

　a. 최적해에 대하여 얼마나 많은 양의 상급, 중급, 하급 알루미늄이 남는가?

　b. 기기 1을 가동하는 비용이 6,000달러에서 7,500달러로 증가하게 된다면 최적해에는 어떤 영향을 미치는가?

　c. 회사가 상급 알루미늄을 단지 10톤만 공급할 수 있다면 최적해에는 어떤 영향을 미치는가?

13 문제 11에서 제시된 선형계획법 모형을 컴퓨터를 활용하여 푸시오.

　a. 각각의 등급에 대한 계약 요건의 잠재가격을 구하고 이에 대하여 설명하시오.

　b. 목적함수의 계수와 제약식 우변 함수값에 대한 민감도 범위를 구하시오.

　c. 만약 상급 알루미늄에 대한 공급 요건이 12톤에서 20톤으로 증가한다면, 최적해는 변하는가? 그렇다면 새로운 해는 어떻게 되는가?

14 파텔 형제는 갠지스 강 유역에 50에이커의 농지를 가지고 있다. 그곳에서 그들은 토마토와 양파를 재배한다. 양파는 더 적은 양의 물로 재배가 가능하기 때문에, 관개 당국은 형제에게 최소 25에이커의 농지에 양파를 재배하라고 한다. 형제는 재배 비용을 절감하기 위해 농장에서 직접 일한다. 또한, 정부에서는 종자와 기타 농업 장비들을 무료로 제공해준다. 그렇다고 해도, 그들이 토마토를 재배하려면 에이커당 500루피가, 양파를 재배하려면 에이커당 800루피가 필요하다. 형제는 현재 3만 루피를 갖고 있다. 그들은 토마토밭 1에이커에서 6,000루피, 양파밭 1에이커에서 4,000루피의 이익을 얻을 수 있다. 형제는 이익을 최대화하기 위해 토마토(x_1)와 양파(x_2)를 몇 에이커씩 심어야 하는지 알고 싶다.

이 문제에 대한 선형계획법 모형을 수립하시오.

15 파텔 형제에 관한 문제 14에서 수립한 선형계획법 모형을 도식적 해법을 이용하여 풀어라.

　a. 최적해에서 몇 에이커의 농지를 경작하는가? 그들은 농지를 모두 사용하는가?

　b. 만약 그들이 양파만을 심는다면, 최대 이익은 얼마인가?

　c. 만약 그들이 20에이커의 농지를 추가적으로 갖는다면, 최적해에서 작물의 조합(mix)은 어떻게 달라지는가?

16 파텔 형제에 관한 문제 14에서 수립한 선형계획법 모형을 컴퓨터를 이용하여 풀어라.

　a. 만약 당국이 형제에게 양파를 최소 20에이커에 경작할 수 있도록 허가할 경우, 그들은 20에이커만 경작하겠는가, 아니면 더 많이 경작하겠는가? 설명하여라.

　b. 형제는 예산을 늘리기 위하여 대출을 고려하고 있다. 대출하는 1루피당 이들은 추가적인 이익을 얼마나 내야 하는가? 만약 그들이 2,000루피를 추가적으로 빌린다면, 경작하는 토마토와 양파의 에이커 수는 변하는가?

17 Heathrow 공항에 있는 패스트푸드 레스토랑의 매니저는 손님들을 위해 몇 개의 샌드위치와 브레드오믈렛(bread-omelettes)을 준비해야 하는지 결정하고 싶다. 이 음식들은 다음의 표에서와 같은 자원들을 필요로 한다.

음식	노동력 (시간)	빵 (파운드)	달걀 (개)
샌드위치	0.10	0.25	–
브레드오믈렛	0.15	0.15	1

이 레스토랑는 매일 25시간의 가용 인력이 있다. 지역 공급업체는 매일 40파운드의 빵과 80개의 달걀을 공급한다. 샌드위치의 이익은 0.50리라이고 브레드오믈렛의 이익은 0.60리라이다. 매니저는 이익을 최대화하고 싶다.

이 문제에 대한 선형계획법 모형을 수립하시오.

18 문제 17의 패스트푸드 레스토랑의 선형계획법 모형을 도식적 해법을 이용하여 푸시오.

   a. 최적해에 대하여 얼마나 많은 빵과 달걀이 남아 있는가? 유휴 노동시간은 있는가?

   b. 샌드위치의 이익이 0.50리라에서 0.60리라로 늘어난다면 최적해는 어떻게 되는가?

   c. 문제 18에서 만약 매니저가 달걀을 추가로 5개 더 갖게 된다면 최적해에 어떤 영향을 미치는가?

19 문제 17의 패스트푸드 레스토랑의 선형계획법 모형을 컴퓨터를 이용하여 푸시오.

   a. 각각의 자원 제약식에 대한 잠재가격을 구하고 이에 대하여 설명하시오.

   b. 어떤 자원 제약식이 가장 이익을 많이 낼 것인가?

   c. 샌드위치와 브레드오믈렛의 이익에 대한 민감도 범위를 구하고 설명하시오.

20 London Fashions는 의류 디자인 및 배송을 전문으로 한다. 매출 향상을 위해, 회사는 TV와 인쇄매체에 광고를 게재한다. TV 채널은 60초 동안 광고 비디오 클립을 재생하고 광고당 25유로를 청구한다. 인쇄매체(책, 잡지, 신문)는 10×10 크기의 지면에 광고를 인쇄하고 광고면당 40유로를 청구한다. TV 광고는 각 5,000명의 잠재 고객에게 도달할 것으로 예상되며, 인쇄매체 광고는 약 6,000명의 잠재 고객에게 도달할 것으로 예상된다. 회사는 최소 총 30만 명의 고객에게 도달하기를 원하며, 최소 10만 명은 TV 광고를 통해, 최소 15만 명은 인쇄매체를 통해 광고가 도달하길 원한다. 회사는 최소한의 비용으로 기대 고객 수에 도달하기 위해 어떤 매체에 각각 몇 개의 광고를 게재해야 하는지 알고 싶다.

이 문제에 대한 선형계획법 모형을 수립하시오.

21 문제 20의 London Fashions의 선형계획법 모형을 도식적 해법을 이용하여 푸시오.

   a. TV 광고 비용의 민감도 범위를 구하시오.

   b. 회사는 필요로 했던 것보다 더 많은 인쇄매체 광고를 게재하는가? 그렇다면 얼마나 더 게재하는가?

   c. 만약 회사가 TV 광고를 더 늘려 10만 명의 고객에서 20만 명의 고객에게 광고를 전달해야 한다면, 최적해에 어떤 영향을 미치는가?

22 문제 20의 London Fashions의 선형계획법 모형을 컴퓨터를 이용하여 푸시오.

   a. 만약 회사가 TV 광고 또는 인쇄매체 광고의 최소 요구조건을 줄일 수 있다면, 어떤 것을 선택해야 하는가? 그 선택이 총 비용을 얼만큼 줄일 수 있는가?

   b. TV와 인쇄매체 광고 비용에 대한 민감도 범위를 구하시오.

23 인도 사람들은 여름에 체온을 낮춰주는 라씨(lassi)를 마신다. 라씨는 요거트로 만들어지며, 다른 맛을 내기 위해 과일주스가 추가된다. 딸기 라씨는 요거트와 딸기주스로 만들어진다. 라씨 제조 회사는 최소 45리터의 맞춤형 혼합 주문을 받았다. 고객은 주문에 반드시 최소 20% 이상의 딸기주스와 최대 40리터의 요거트가 포함되어야 한다고 명시했다. 또한, 그 고객의 명세서는 요거트 2파트(part)와 딸기주스 1파트를 포함하고 있다. 회사는 하루에 최대 50리터의 딸기 라씨를 생산할 수 있다. 요거트는 리터당 50루피의 이익을, 딸기주스는 리터당 70루피의 이익을

낸다. 회사는 혼합 음료를 150루피에 판매한다. 회사는 고객의 요구 사항을 충족하면서 이익을 최대화하는 혼합 조합(blend mix)을 찾고 싶다.

이 문제에 대한 선형계획법 모형을 수립하시오.

24 문제 23의 딸기 라씨의 선형계획법 모형을 도식적 해법을 이용하여 푸시오.

    a. 최적해에서의 여유변수와 초과변수를 나타내고 그 의미를 설명하시오.

    b. 어떤 목적함수 계수의 증가가 최적해를 변경하는가? 설명하시오.

25 문제 23의 딸기 라씨의 선형계획법 모형을 컴퓨터를 이용하여 푸시오.

    a. 목적함수 계수에 대한 민감도 범위를 구하고 상한값과 하한값을 설명하시오.

    b. 추가적인 생산 능력을 갖는 것이 회사에게 얼만큼 가치가 있는가?

    c. 만약 고객이 딸기 라씨에 대한 혼합 요구사항을 요거트 3파트와 딸기주스 1파트 조합으로 변경하기로 했다면, 최적해는 어떻게 변하는가?

26 농부가 쌀과 밀을 200에이커의 땅에 경작하려고 한다. 적당한 이익을 얻기 위해서 그는 최소 150에이커의 땅을 사용해야 한다. 환경청의 권고에 따라, 쌀 1에이커당 밀 1.3에이커의 농지가 있어야 한다. 그러나 그는 쌀 100에이커, 밀 150에이커 이상 경작할 수가 없다. 쌀 1에이커에서 그가 얻을 수 있는 이익은 13만 루피이고, 밀은 에이커당 10만 루피이다. 농부는 이익을 최대화 하기 위해 쌀과 밀을 각각 몇 에이커씩 경작해야 하는지 알고 싶다.

    a. 이 문제에 대한 선형계획법 모형을 수립하시오.

    b. 모형을 도식적 해법을 이용하여 푸시오.

27 농부에 관한 문제 26에서 수립한 선형계획법 모형을 컴퓨터를 이용하여 푸시오.

    a. 만약 농부가 추가로 50에이커의 땅을 더 사용할 수 있다면, 그 땅을 사용하는 것이 그에게 이익이 되겠는가?

    b. 만약 농부가 밀 경작 면적을 100에이커로 제한한다면, 최적해는 어떻게 달라지는가?

    c. 문제 26의 속박적 제약식(binding constraints)은 무엇인가?

28 미국의 Xara Stores는 중국과 브라질에서 생산되어 미국에 있는 유통센터로 수입이 되는 어느 디자이너 청바지를 재고로 축적하고 있다. 이 회사는 매달 2개의 공급업체로부터 500벌의 청바지를 주문한다. 중국 공급자는 11달러를 받고 브라질 공급자는 16달러를 받는다(그리고 Xara는 그것들의 가격을 거의 1,000% 인상한다). 중국산 청바지가 조금 저렴하지만 불량품의 수가 브라질에 비해 많다. 과거 자료에 따르면, 브라질산은 불량이 단지 2%에 불과하지만 중국 산은 7%가 된다고 알려져 있다. 그러나, Xara는 하나의 공급자에 의존하고 싶지 않아서 각 공 급자로부터 적어도 20% 이상의 양을 주문하고자 한다.

이 문제에 대해서 선형계획법 모형을 수립하시오.

29 Xara Stores에 대한 문제 28에서 수립한 선형계획법 모형을 도식적 해법과 컴퓨터를 이용하여 푸시오.

    a. 만약 중국 공급자가 불량을 7%에서 5%로 낮출 수 있다면, 최적해에 어떤 영향을 미치는가?

    b. 만약 Xara Stores가 구매비용을 7,000달러로 제한하면서 불량률을 최소화하고자 한다면, 최적해에 어떤 영향을 미치게 되는가?

30 알렉시스 해링턴은 9만 5,000달러를 상속받았다. 그리고 그녀는 땅 구입과 소 구입의 두 가지 투자를 고려하고 있다. 각 투자의 기간은 1년이다. 현재(정상) 경제 상황에서, 땅에 투자한 돈은 원금의 20%의 수익을 내고, 소에 투자한 돈은 원금의 30%의 수익을 낸다. 하지만 두 가지 투자는 상대적으로 위험하다. 만약 경제 상황이 악화되면, 땅에 투자한 돈을 모두 잃을 확률은 18%이고, 소에 투자한 돈을 모두 잃을 확률은 30%이다. 알렉시스는 2만 달러(평균적으로) 이상의 손실을 입는 것을 원하지 않는다. 그녀는 연말에 투자한 금액의 가치를 최대화하기 위하여 각 대안에 얼마를 투자해야 하는지 결정하려고 한다.

이 문제에 대한 선형계획법 모형을 수립하시오.

31 알렉시스 해링턴을 위하여 문제 31에서 수립한 선형계획법 모형을 도식적 해법을 이용하여 푸시오.

a. 알렉시스가 소에만 투자하기 위해서는 이에 대한 수익이 얼마나 증가해야 하는가?

b. 최적해에 대하여 알렉시스는 상속 재산 전부를 투자해야 하는가?

c. 최적해는 알렉시스가 투자한 것에서 얼마나 많은 '수익'을 얻도록 하는가?

32 알렉시스 해링턴을 위하여 문제 31에서 수립한 선형계획법 모형을 컴퓨터를 이용하여 푸시오.

a. 만약 알렉시스가 상속 재산과 함께 저축한 것의 일부도 투자하기로 결정했다면, 투자한 자신의 저축 금액에 대하여 얼마의 수익이 돌아오는가? 이 수익이 변하기 전에 그녀는 자신의 저축 금액 중 얼마를 투자할 수 있는가?

b. 땅 투자에서 손실을 입을 위험이 30%로 증가하면, 이것은 최적 투자 조합을 어떻게 변화시키는가?

33 제2장의 문제 50에서, 사교클럽이 축구 경기장에서 음식 가판대를 여는 프로젝트에 손익분기를 달성하기 위하여 얼마만큼의 피자 조각과 핫도그를 팔아야 하는지 컴퓨터로 구하시오.

34 Angie Xu는 다운타운 시장에서 봄에 팔 꽃을 씨를 뿌려 키울 계획으로 그녀의 차고를 긴 테이블이 있는 온실로 변경하였다. 그녀는 데이지와 봉선화 두 가지를 재배하고자 한다. 봉선화의 1개의 모판은 테이블의 216제곱인치의 공간을 차지하고 데이지는 324제곱인치의 공간을 차지하고, 총 4만 3,200제곱인치를 기용하였다. 봉선화는 데이지보다 조금 더 까다로워서, Angie는 봉선화를 키우는 데 더 많은 시간을 소비해야 한다. 평균적으로 매주 봉선화는 모판별 8분, 데이지는 4분을 소요할 필요가 있고, 그녀는 매주 18시간 재배할 시간이 있다. 만약 Angie가 모판당 6달러에 봉선화를 팔고, 데이지를 4달러에 판다면, 그녀는 수익을 최대화하기 위해서 얼마만큼의 각 꽃들에 대한 모판을 키워야 하는지를 알고 싶다.

a. 이 문제에 대한 선형계획법 모형을 제시하고 컴퓨터를 이용해서 문제를 푸시오.

b. 만약 Angie가 매주 4시간 정도 꽃을 위해 시간을 더 쓸 수 있다면, 얼마만큼의 수익을 더 낼 수 있을까?

35 다음 선형계획법 모형을 표준형으로 바꾸고, 컴퓨터를 이용하여 푸시오.

$$\text{maximize } Z = 140x_1 + 205x_2 + 190x_3$$

subject to

$$10x_1 + 15x_2 + 8x_3 \le 610$$

$$\frac{x_1}{x_2} \le 3$$

$$x_1 \geq 0.4(x_1 + x_2 + x_3)$$
$$x_2 \geq x_3$$
$$x_1, \, x_2, \, x_3 \geq 0$$

36 Chemco Corporation은 1,000파운드의 배치로 특정 고객을 위해 화학 혼합물을 생산한다. 그 혼합물은 아연, 수은, 칼륨의 세 가지 성분으로 구성되어 있다. 혼합물은 고객이 요구하는 요구사항을 맞춰야 한다. 이 회사는 비용을 최소화하고 혼합물의 요구사항을 맞추면서, 혼합물에 넣어야 하는 각 성분들의 양을 알고 싶다.

고객은 각 배치의 혼합물에 대한 요구사항을 다음과 같이 제시하였다.

- 적어도 200파운드의 수은을 포함시켜야 한다.
- 적어도 300파운드의 아연을 포함시켜야 한다.
- 적어도 100파운드의 칼륨을 포함시켜야 한다.
- 칼륨과 다른 두 개의 성분들의 비율은 1 대 4의 비율을 초과할 수 없다.

수은의 파운드당 비율은 400달러이고, 아연은 파운드당 180달러, 칼륨은 파운드당 90달러이다.

a. 이 문제에 대한 선형계획법 모형을 제시하시오.

b. (a)에서 제시된 모형을 컴퓨터를 이용해서 푸시오.

37 Island 출판사는 〈식당 및 공연 가이드〉와 〈부동산 가이드〉 두 종류의 월간 잡지를 출판한다. 이 회사는 잡지를 사우스캐롤라이나의 Hilton Head Island의 회사, 호텔, 상점에 자유롭게 배치해 놓고 있다. 회사는 오직 잡지에 싣는 광고를 통해서만 이익을 창출한다. 〈식당 및 공연 가이드〉는 권당 0.50달러의 광고 수익을 내고, 반면에 〈부동산 가이드〉는 권당 0.75달러의 수익을 낸다. 〈부동산 가이드〉는 컬러 사진을 싣는 좀 더 정교한 출판물이고 인쇄하는 데는 권당 0.25달러의 비용이 발생한다. 그에 비해 〈식당 및 공연 가이드〉는 권당 0.70달러의 비용이 발생한다. 이 출판 회사는 매달 4,000달러의 예산을 가지고 있다. 그리고 매달 최대 잡지 1만 8,000부를 배포할 수 있는 충분한 배포대가 있다. 기업들이 광고를 싣도록 하기 위해서, Island 출판사는 각 잡지를 적어도 8,000부 배포한다. 이 회사는 광고 수익을 최대로 하기 위하여 매달 인쇄해야 하는 각 잡지의 부수를 예측하려고 한다.

이 문제에 대하여 선형계획 모형을 수립하시오.

38 Island 출판사를 위해 문제 37에서 수립한 선형계획법 모형을 도식적 해법으로 푸시오.

a. 〈부동산 가이드〉로 창출되는 광고 수익의 민감도 범위를 구하시오.

b. 이 회사는 예산을 모두 사용하는가? 그렇지 않다면 얼마의 예산이 남는가?

c. 만약 지역 부동산 업체가 〈부동산 가이드〉를 현재의 8,000부 대신 1만 2,000부를 배포해야 한다고 주장하며, 그렇지 않으면 광고를 중단하겠다고 한다면 이것은 최적해에 어떤 영향을 미치는가?

39 Island 출판사를 위해 문제 37에서 수립한 선형계획법 모형을 컴퓨터를 이용하여 푸시오.

a. Island 출판사가 현재의 1만 8,000부 대신 1만 8,500부를 배포할 수 있도록 추가 공간을 얻는다면 이것은 얼마나 가치가 있는가? 2만 부를 배포할 추가 공간을 얻는 것은 어떠한가?

b. Island 출판사가 〈식당 및 공연 가이드〉를 8,000부에서 7,000부로 배포량을 줄인다면 이것은 얼마나 가치가 있는가?

40 대형 대학의 경영대학은 여섯 개의 전공 프로그램을 제공하고 아래 표와 같이 수강료를 책정했다.

전공	경영 수업	수강료(유로, 단위 : 1,000)
1	데이터 분석	10
2	운영	12
3	재무	16
4	공급사슬	15
5	경제학	11
6	일반	10

경영대학은 6개 전공에 총 3,000명의 학생의 등록을 받고, 각 전공은 최소 200명의 학생들을 받을 것이다. 각 전공은 경영대학에 입학한 학생들의 20% 이상을 받아서는 안 된다. 전공 3부터 6은 공통 자원을 사용하고 있다. 자원의 부족을 방지하기 위해, 재무관리를 듣는 학생들은 많아야(최대로 잡아야) 공급사슬, 경제학, 일반경영을 듣는 학생들의 총합의 25%가 되어야 한다. 각 전공은 학생들이 있어야만 하며, 그렇지 않으면 대학은 해당 과정을 폐지할 것이다. 대학은 수강료 수익을 최대화하기 위해 각 전공에 몇 명의 학생들을 받아야 하는지 알고 싶다.

a. 이 문제에 대하여 선형계획법 모형을 수립하시오.

b. 컴퓨터를 사용하여 모형을 푸시오.

41 a. 문제 40에서, 경영대학은 3,000명의 학생을 수용할 수 있다. 만약, 대학이 수용 가능한 학생 수를 3,500명으로 늘린다면, 경영대학은 이를 수락할 것인가?

b. 수용 가능한 학생이 3,000명일 때 등록하는 학생들과, 3,500명으로 증가했을 때의 학생 수를 분석하시오.

42 Food Max 식료품 가게는 3개 브랜드(자사가 만드는 브랜드, 지역에서만 유통되는 브랜드, 전국에 유통되는 브랜드)의 1/2갤런 사이즈의 우유를 판매하고 있다. 자사 브랜드의 우유 1팩은 0.97달러, 지역 브랜드는 0.83달러, 전국 브랜드는 0.69달러의 이익을 낸다. 1/2갤런 크기의 우유에 할당된 총 냉장 공간은 1주일에 36제곱피트이다. 1/2갤런 크기의 우유 1팩은 16제곱피트를 차지한다. 가게 주인은 매주 항상 지역 브랜드와 자사 브랜드보다 전국 브랜드가 많이 팔리고, 전국 브랜드는 적어도 자사 브랜드의 3배가 팔린다는 사실을 알고 있다. 또한, 지역 유제품 업체는 1주일에 우유를 120팩만 공급할 수 있다. 가게 주인은 이익을 최대화하기 위하여 매주 저장해 놓아야 하는 각 브랜드의 1/2갤런 사이즈의 수량을 예측하려고 한다.

a. 이 문제에 대한 선형계획법 모형을 수립하시오.

b. 이 모형을 컴퓨터를 이용하여 푸시오.

43 a. 만약 문제 42에서 Food Max가 1/2갤런 사이즈의 우유를 저장할 선반 공간을 늘린다면, 우유 1팩당 얼마의 이익이 증가하는가?

b. 만약 지역 유제품 업체가 매주 공급할 수 있는 우유의 양을 늘린다면, 이것은 이익을 증가시키는가?

c. Food Max는 판매량을 늘리기 위해서 자사 브랜드의 가격을 낮추는 것을 고려하고 있다. 만약 가격을 낮춘다면 자사 브랜드의 이익은 우유 1팩당 0.86달러로 감소한다. 하지만 전국 브랜드의 자사 브랜드에 대한 상대적인 수요를 반으로 낮춘다. 이 가게가 가격 할인을 시행해야 하는가에 대하여 토론하시오.

44 존 호크는 Hoke's Spokes라는 자전거 가게를 운영하고 있다. 존의 가게에서 판매되는 자전거 판매의 대부분은 고객의 주문에 의한 것이다. 그러나 그는 예약 없이 들르는 손님에 대비하여 자전거 재고를 두고 있다. 그의 가게에는 세 종류(일반용, 크로스컨트리, 산악용)의 자전거가 있다. 일반용 자전거의 원가는 1,200달러, 크로스컨트리 자전거는 1,700달러, 산악용 자전거는 900달러이다. 그는 일반용 자전거를 1,800달러, 크로스컨트리 자전거는 2,100달러, 산악용 자전거는 1,200달러의 가격에 판매하고 있다. 그는 이번 달에 자전거를 구입하는 데 1만 2,000달러를 사용할 수 있다. 각 자전거는 조립식으로 일반용 자전거는 조립하는 데 8시간, 크로스컨트리 자전거는 12시간, 산악용 자전거는 16시간이 걸린다. 그는 직원들과 함께 자전거를 조립하는 데 총 120시간을 사용할 수 있을 것으로 예상하고 있다. 그는 이번 달에 20대의 자전거를 비축해 둘 수 있는 공간을 가지고 있다. 과거 판매량에 기초해 보았을 때 산악용 자전거가 더 잘 팔리기 때문에, 존은 산악용 자전거를 다른 2종류의 자전거를 합한 것의 적어도 2배를 비축해 두려고 한다.

이 문제에 대한 선형계획법 모형을 수립하시오.

45 Hoke's Spokes에 대하여 문제 44에서 설계된 선형계획법 모형을 컴퓨터를 이용하여 푸시오.

a. 존 호크는 자전거를 구매하기 위한 예산이나 자전거 보관 장소, 자전거를 조립하는 인력의 사용 가능 시간을 늘려야 하는가?

b. 만약 존이 시간당 10달러에 30시간을 일할 수 있는 근로자를 추가로 1명 고용한다면 추가적인 이익이 발생할 때 그 이익은 얼마인가?

c. 만약 존이 더 싼 크로스컨트리 자전거를 1,200달러에 구매하여 1,900달러에 판매한다면, 이것이 본래의 해에 영향을 미치는가?

46 Metro Food Services Company는 신선한 샌드위치를 매일 아침 도시 전역에 위치한 자동판매기에 배달하고 있다. 이 회사는 3종류의 샌드위치(햄치즈, 볼로냐 소시지, 치킨샐러드 샌드위치)를 만들고 있다. 햄치즈 샌드위치는 만드는 데 0.45분이 걸리고, 볼로냐 샌드위치는 0.41분 그리고 치킨샐러드 샌드위치는 0.50분이 걸린다. 이 회사는 샌드위치를 만드는 데 매일 밤 960분을 사용할 수 있다. 자동판매기는 한번에 총 2,000개의 샌드위치를 넣을 수 있다. 햄치즈 샌드위치의 개당 이익은 0.35달러이고, 볼로냐 소시지 샌드위치는 0.42달러, 치킨샐러드 샌드위치는 0.37달러이다. 이 회사는 과거 판매량을 통해서 햄치즈 샌드위치의 판매량이 다른 두 샌드위치의 판매량을 합한 것과 같거나 혹은 그 이상이라는 것을 알고 있다. 그러나 고객들은 다양한 샌드위치의 종류를 원하기 때문에 Metro는 각 샌드위치를 적어도 200개씩은 저장해 두어야 한다. Metro의 경영 부서는 이익을 최대로 하기 위해 저장해 두어야 하는 각 샌드위치의 수량을 예측하려고 한다.

이 문제에 대한 선형계획법 모형을 수립하시오.

47 Metro Food Services Company에 대하여 문제 46에서 수립된 선형계획법 모형을 컴퓨터를 이용하여 푸시오.

a. 만약 Metro Food Services가 또 다른 직원을 고용하여 샌드위치 제작 시간을 480분 더 확대하거나 자동판매기의 용량을 샌드위치 100개만큼 더 늘릴 수 있다면, 이 회사는 어떤 조치를 취해야 하는가? 이유는 무엇인가? 이렇게 내린 결정에 대하여 얼마의 추가적인 이익이 발생하는가?

b. 만약 각 샌드위치를 적어도 200개씩 저장해 놓아야 한다는 조건이 없어지면 최적해에 어떤 영향을 미치는가? 여기서 구한 해와 최적해의 이익을 비교하시오.

c. 햄치즈 샌드위치의 이익이 0.40달러에서 0.45달러로 증가한다면 이것은 최적해에 어떤 영향을 미치는가?

48 도자기 회사는 점토로 식기, 위생 도기, 바닥타일 세 가지의 제품을 생산한다. 회사는 500kg의 점토 재고가 있다. 식기는 2kg, 위생 도기는 4kg, 타일은 1kg의 점토가 필요하다. 오븐에는 생산 중 가열 공정을 위해 200개의 제품이 들어갈 수 있는 공간이 있다. 도예가는 물레로 이 제품들의 틀을 만든다. 식기는 물레를 12분, 위생 도기는 14분, 타일은 10분간 사용해야 한다. 물레의 작동 시간은 2,000시간이다. 회사는 타일의 판매 수량이 다른 두 유형의 제품에 대한 판매 수량의 절반을 초과하지 않기를 원한다. 회사는 식기에서 10리라, 위생 도기에서 13리라, 바닥 타일에서 18리라의 수익을 기대한다.

a. 선형계획법 모형을 수립하고 이익을 극대화할 수 있는 최적 제품 조합(product mix)을 찾으시오.

b. 최적해는 무엇인가?

49 a. 문제 48에서, 만약 도자기 회사가 식기의 수익을 15리라 대신 10리라로 결정한다면, 최적해에 어떠한 영향을 미치는가?

b. 만약 도자기 회사가 추가적인 자원을 확보할 수 있다면, 점토 또는 오븐 용량 또는 물레 사용시간 중 어떤 것을 얼마나 확보할 것을 추천하는가?

c. 만약 도자기 회사가 점토의 재고를 40kg으로 줄이거나, 또는 오븐의 용량을 40단위로 줄인다면, 어떤 것을 추천할 것인가?

d. 만약 회사가 타일의 판매량이 다른 두 종류 제품의 판매량의 1/3을 초과하지 않기를 원한다면, 새로운 이익은 이전과 동일한가?

50 Exeter Mines는 네 곳의 광산에서 철광석을 생산하고 있다. 그러나 각 광산에서 채굴하는 광석은 철 함유량이 서로 다르다. 광산 1은 철을 70% 포함하고 있는 자성을 띠는 철을 생산하고, 광산 2는 철을 60% 포함하는 갈철광, 광산 3은 철을 50% 포함하는 황철광, 광산 4는 철을 30% 포함하는 타코나이트 철광을 생산하고 있다. Exeter는 강철을 생산하는 세 곳의 거래처(Armco, Best, Corcom)가 있다. Armco는 순수(100%) 철광석 400톤이 필요하고, Best는 250톤, Corcom은 290톤이 필요하다. 광산 1의 자성을 띠는 철광 1톤을 추출하고 처리하는 데는 37달러의 비용이 발생하고, 광산 2의 갈철광 1톤을 생산하는 데는 46달러, 광산 3의 황철광은 톤당 50달러, 광산 4의 타코나이트 철광은 톤당 42달러의 비용이 발생한다. Exeter는 광산 1에서 철광석을 350톤, 광산 2에서 530톤, 광산 3에서 610톤, 광산 4에서 490톤을 추출하고 있다. 이 회사는 비용을 최소화하면서 순수(100%) 철광석에 대한 거래처의 수요를 충족시키기 위해 각 광산에서 생산해야 하는 철광석의 양을 예측하려고 한다.

이 문제에 대한 선형계획법 모형을 수립하시오.

51 Exeter Mines에 대하여 문제 50에서 설계된 선형계획 모형을 컴퓨터를 이용하여 푸시오.

a. 광산 중에서 총 생산 가능 용량 중 사용하지 않고 남는 것이 발생하는 곳이 있는가? 만약 그렇다면 어느 곳인가?

b. 만약 Exeter Mines가 광산 중 어느 한 곳의 생산용량을 증가시킬 수 있다면 어느 곳을 선택해야 하는가? 이유는 무엇인가?

c. 만약 Exeter Mines가 (b)에서 밝힌 광산의 생산용량을 증가시키기로 결정한다면, 최적해 (즉, 변수들의 최적 조합)가 변하지 않는 범위 내에서 얼마나 증가시킬 수 있는가?

d. 만약 Exeter가 생산비용을 톤당 43달러로 증액하면서 광산 1의 생산용량을 350톤에서 500톤으로 증가시키기로 결정한다면, Exeter는 이것을 실시해야만 하는가?

52 트레이시 맥코이는 지역 사친회에서 토요일 오후에 팔기 위해 몇 가지의 품목을 굽기로 약속했다. 그녀는 초콜릿 케이크, 흰 빵, 커스터드 파이, 슈거 쿠키를 만들기로 결정했다. 목요일 저녁에 그녀는 상점에 가서 그녀가 만들려고 하는 것들의 세 가지 주성분인 밀가루 20파운드, 설탕 10파운드, 달걀 36개를 샀다. 다음 표는 구울 것 각각에 주성분이 얼마나 필요한지를 나타내고 있다.

	성분			
	밀가루(컵)	설탕(컵)	달걀	제빵 시간(분)
케이크	2.5	2	2	45
빵	9	0.25	0	35
파이	1.3	1	5	50
쿠키	2.5	1	2	16

밀가루 5파운드 1봉지는 18.5컵이 나오고, 설탕 5파운드 1봉지는 12컵이 나온다. 트레이시는 금요일 아침에 일어나 아이들이 학교에 간 뒤에 굽기를 시작하고 아이들이 축구 연습 후 돌아오기 전(8시간)에 굽기를 끝내려고 한다. 그녀는 사친회가 초콜릿 케이크는 12달러, 흰 빵 한 덩어리는 8달러, 커스터드 파이는 10달러, 슈거 쿠키 한 묶음은 6달러에 팔 것이라는 것을 알고 있다. 트레이시는 사친회가 가능한 한 돈을 많이 벌도록 하기 위해 그녀가 구워야 하는 각각의 품목의 양을 결정하려고 한다.

이 문제에 대한 선형계획법 모형을 수립하시오.

53 트레이시 맥코이에 대한 문제 52에서 수립한 선형계획법 모형을 푸시오.

a. 구성 성분 중에 남는 것이 있는가?

b. 만약 트레이시가 어떤 성분을 더 구할 수 있다면 무엇을 선택해야 하는가? 이유는 무엇인가?

c. 만약 트레이시가 달걀 6개, 밀가루 20컵 또는 구울 수 있는 시간 30분을 추가로 얻을 수 있다면 그녀는 무엇을 선택해야 하는가? 이유는 무엇인가?

d. 이 문제의 해의 값은 논리적으로 정수여야만 한다. 만약 해의 값이 정수가 아니라면 트레이시가 구워야 하는 제품의 양을 어떻게 결정해야 하는지 토론해 보라. 이 정수해에서의 총 판매량이 본래의 비정수 해에서의 판매량과 어떻게 비교될 수 있는가?

54 제조업체는 바인더 클립, 연필, 지우개, 연필깎이와 같은 문구류를 생산하고 그것들을 상자에 포장한다. 바인더 클립 상자에는 바인더 클립 12개를, 연필 상자에는 연필 12개를, 연필깎이 상자에는 연필깎이 20개를, 지우개 상자에는 지우개 10개를 넣을 것이다. 다음 표는 필요한 자원을 보여 준다.

	바인더 클립	연필	지우개	연필깎이	가용자원
필요인력(단위 : 분)	40	12	32	8	20,000
포장(단위 : 개)	4	4	10	6	7,000
공간(단위 : cm²)	11	3	10	10	14,000
박스당 이익(단위 : AED)	16	5	3	5	

제조업체는 이익을 최대화하기 위해 각 제품마다 몇 개의 박스를 포장해야 하는지 알고 싶다. 이 문제에 대한 선형계획법 모형을 수립하시오.

55 문제 54의 선형계획법 모형을 컴퓨터를 사용하여 푸시오.

a. 남는 자원(slack)이 있는가?

b. 만약 제조업체가 추가적인 자원을 구할 수 있다면, 어떤 것이 그들에게 가장 큰 가치가 있는가? 그들이 그 자원을 위해 얼마를 기꺼이 지불할 것인가? 왜 그러한가?

c. 만약 제조업체가 총 공간 가용성을 줄일 수 있다면, 얼마만큼의 공간을 줄여야 하는가?

56 관밍(Guanming)은 여름 방학 동안 집과 상가 건물에 페인트칠을 하고 싶어 한다. 그의 고객은 주거용과 상업용 두 가지 유형이 있다. 주거용 부동산의 수익은 HKD500이고, 상업용 부동산의 수익은 HKD750이다. 주거용 부동산은 도색하는 데 3시간, 상업용 부동산은 4시간이 소요된다. 그는 일주일에 48시간 일하기를 원한다. 그는 붓과 다른 소모품에 주당 HKD600의 예산을 쓸 수 있다. 이러한 도구와 소모품에 대하여, 주거용 부동산에는 HKD80이, 상업용 부동산에는 HKD40이 필요하다. 그는 경험을 바탕으로, 그가 주거용 6개와 상업용 8개 이상의 일자리는 구할 수 없다고 판단했다. 그는 수익을 극대화하기 위해 얼마나 많은 주거 및 상업용 일을 해내야 하는지 알고 싶다.

a. 이 문제에 대한 선형계획법 모형을 수립하시오.

b. 도식적 해법을 이용하여 푸시오.

57 문제 56의 선형계획법 모형을 컴퓨터를 사용하여 푸시오.

a. 관밍이 계약할 수 있는 작업 수를 제한하는 자원은 무엇인가?

b. 관밍은 근무시간을 주당 10시간으로 늘리거나, 또는 예산을 HKD100로 늘리기를 원한다. 어떤 것을 추천하는가?

c. 이 문제의 해는 논리적으로 정수여야 한다. 그렇지 않다면, 컴퓨터를 사용하여 최적의 정수 값을 찾아라. 그의 이익은 그의 정수가 아닌 최적값에서 얼마나 벗어났는가?

사례 문제

Mossaic Tiles, Ltd.

길버트 모스와 안젤라 패섹크는 대학 재학 시절 여러 번 여름 방학을 미국 남서부 고고학 지역에서 일을 하며 보냈다. 그들은 그곳에서 여러 가지를 발굴하며 그 지역의 장인들로부터 세라믹 타일을 만드는 법을 배웠다. 대학을 졸업한 후 그들은 대학 시절의 경험을 살려 Mossaic Tiles, Ltd.라는 타일 제조 회사를 차리기로 결정했다. 그들은 타일을 만드는 데 들어가는 특수한 진흙이 풍부하고 접근이 용이한 뉴멕시코 주에 회사를 설립했다. 생산 공정은 단순하기는 하지만 타일의 몰딩(molding), 베이킹(baking), 글레이징(glazing) 단계를 거쳐 완성된다.

길버트와 안젤라는 가정의 화장실, 부엌, 선물, 세탁실 등에 사용되는 두 가지 종류의 타일을 생산할 계획이다. 첫 번째 종류는 단색의 큰 타일이고, 또 다른 종류는 패턴이 있는 작은 타일이다. 생산 과정 중 색이나 패턴은 글레이징 전 단계 때 추가된다. 베이킹 단계를 거친 타일의 표면에는 단색 또는 스텐실된 패턴을 스프레이로 뿌린다.

타일은 100개 단위로 생산된다. 첫 번째 단계인 몰딩은 특별히 제작된 주형에 진흙을 붓는 것이다. 몰딩 단계를 거치는 데 큰 타일 100단위는 18분이 걸리고, 작은 타일 100단위는 15분이 걸린다. 매주 몰딩에 쓸 수 있는 시간은 총 60시간이다. 몰딩 단계가 끝나고 나면 타일을 가마에서 굽는 베이킹 단계에 들어가는데, 큰 타일 100단위는 0.27시간이 걸리고 작은 타일 100단위는 0.58시간이 걸린다. 매주 베이킹에 쓸 수 있는 시간은 총 105시간이다. 베이킹이 끝나고 나면 타일에 색이나 패턴을 입히고 글레이징 단계를 거치게 된다. 이 과정에 큰 타일 100단위는 0.16시간이 걸리고, 작은 타일 100단위는 0.20시간이 걸린다. 이 단계를 위해 쓸 수 있는 시간은 매주 40시간이다. 큰 타일 100단위를 생산하는 데 32.8파운드의 진흙이 필요한 반면, 작은 타

일 100단위를 생산하는 데는 20파운드의 진흙이 필요하다. 이 회사는 매주 6,000파운드의 진흙을 확보하고 있다.

큰 타일 100단위를 생산하여 얻는 순이익은 190달러이고, 작은 타일 100단위를 생산하여 얻는 순이익은 240달러이다. 안젤라와 길버트는 이익을 최대화하기 위하여 큰 타일과 작은 타일의 생산 조합을 어떻게 계획해야 하는지 예측하려고 한다. 그리고 그들은 재료에 관한 몇 가지 질문에 대답을 얻기를 원한다.

A. Mossaic Tiles, Ltd에 대한 선형계획법 모형을 세우고, 매주 생산할 타일의 조합을 결정하시오.

B. 위 모형을 표준형으로 변환하시오.

C. 위 모형을 도식적 해법을 이용하여 푸시오.

D. 최적해의 점에서 사용되지 않고 남는 자원은 얼마인가?

E. 그래프식 해법을 이용하여 목적함수 계수와 제약식의 우변 상수에 대해 민감도 범위를 구하시오.

F. 예술적인 이유로 길버트와 안젤라는 작은 패턴 형식의 타일 생산을 선호한다. 그들은 또한 장기적으로 작은 타일이 성공할 것으로 믿고 있다. 모형의 해가 오직 한 종류 작은 타일만을 생산하는 것으로 나오려면 작은 타일의 순이익이 어떻게 변화하여야 하는가?

G. 선형계획법 모형을 컴퓨터를 이용하여 풀고, (E)에서 구한 민감도 범위를 확인하시오.

H. 몰딩에 걸리는 시간이 큰 타일 100단위인 경우 16분으로 줄이고, 작은 타일 100단위인 경우 12분으로 줄이는 것이 가능할 것으로 예측하고 있다. 이것은 모형의 해에 어떤 영향을 미치는가?

I. Mossaic에 진흙을 공급하는 업체 측에서 매주 추가로 100파운드를 더 공급할 수 있다고 한다. 이 제안을 받아들여야 하는가?

J. Mossaic은 9만 달러의 비용으로 가마의 용량을 증가시켜 글레이징 단계에 추가로 20시간을 확보하는 것을 고려하고 있다. 이러한 투자를 해야 하는가?

K. 글레이징 단계에서 가마가 3시간 사용 중지되어 총 가능 시간이 40시간에서 37시간으로 줄어든다고 한다. 이것은 모형의 해에 어떤 영향을 미치는가?

'The Possibility' 레스토랑(계속)

제2장의 사례 문제에서 다룬 'The Possibility' 레스토랑 편에서 안젤라 폭스와 주이 코필드는 'The Possibility'라는 프랑스 레스토랑을 열었다. 안젤라와 주이는 처음에는 제대로 갖춰진 다양한 메뉴를 제공할 수 없어서, 요리사인 피에르가 매일 저녁 쇠고기와 생선을 주요리로 하는 두 가지 풀코스 메뉴를 계획했었다. 그 사례에서 안젤라와 주이는 선형계획법을 이용하여 쇠고기와 생선 코스 메뉴를 얼마나 준비해야 하는지 결정하려 하고 있다. 이 선형계획법 모형을 컴퓨터를 이용하여 풀어라.

A. 안젤라와 주이는 레스토랑의 고객 수요를 증가시키기 위해 광고를 고려 중이다. 신문을 통해 광고하는 데 하루 30달러의 비용이 들고, 이 경우 일일 최대 수요가 60인분에서 70인분으로 증가할 것으로 예상한다. 광고를 해야 하는가?

B. 주이와 안젤라는 어떤 직원이 결근을 할 가능성이 있어 걱정하고 있다. 이 경우 어떤 날 저녁에는 주방의 총 사용 가능 노동력 시간이 5시간 줄어든다고 한다. 이것은 총 수익에 어떠한 영향을 미치는가?

C. 마지막 질문은 생선 코스 요리의 판매가격을 올리는 것에 관한 것이다. 안젤라는 생선 코스 요리의 현재 판매가격이 약간 낮다고 생각해서, 이것을 쇠고기 코스 요리의 판매가격만큼 올려도 수요가 감소하지 않을 것이라 예상하고 있다. 그러나 주이에 의하면, 피에르는 벌써 선형계획법의 해를 통해 결정된 대로 음식을 준비하려고 계획하고 있다. 안젤라는 생선 코스 요리 가격을 올려 순이익이 14달러가 되도록 하자고 제안한다. 이러한 제안이 피에르의 관점에서 받아들일 수 있는지, 그리고 총 수익이 얼마나 증가할 것인지 계산하시오.

줄리아의 음식 코너

줄리아 로버트슨은 현재 공대 4학년생이며, 학교에서의 마지막 학년을 재정적으로 잘 유지하려면 어떻게 준비할지에 대해 조사하고 있다. 그녀는 풋볼 홈 경기가 열릴 때 공대 스타디움 바깥에 음식 코너 자리를 빌리는 것을 고려하고 있다. 공대 풋볼 경기는 홈에서 열릴 때면 표가 매진되었으며, 줄리아가 직접 경기를 관람하며 관찰해 보니 거의 모든 사람들이 상당히 많은 음식을 사 먹고 있었다. 음식 코너 자리가 그다지 크지는 않지만 빌리기 위해서는 경기 하루당 1,000달러를 지불해야 한다. 경기장 바깥의 음식 코너에서는 식사류 또는 음료 둘 중 하나만 판매가 가능하며, 둘 다 판매할 수는 없다. 스타디움 내에는 공대 체육과가 운영하는 매점이 있는데, 이곳에서만 두 가지 모두를 판매할 수 있다. 그녀는 팬들 사이에서 가장 인기 있는 음식이 조각 치즈피자, 핫도그, 바비큐 샌드위치라 생각하고 이 음식들을 판매하기로 결정했다.

대부분의 음식은 경기가 시작하기 전 1시간 동안과 하프타임 동안 판매된다. 따라서 줄리아가 음식을 판매하며 동시에 요리하고 준비하는 것은 불가능하다. 그녀는 음식을 모두 미리 준비해 놓고, 따뜻한 오븐에 넣어 두어야 한다. 홈 경기가 6번 열리는 동안 오븐을 대여하는 데 600달러를 지불해야 한다. 오븐은 16칸으로 구성되어 있으며 각 칸의 가로, 세로 크기는 3피트, 4피트이다. 그녀는 경기 시작 전과 하프 타임 전에 세 가지 음식으로 오븐을 채워 놓으려고 계획하고 있다.

줄리아는 매 경기마다 경기가 시작하기 2시간 전과 경기가 막 시작하고 난 후 두 번에 걸쳐 14인치짜리 피자를 주문하기로 지역 피자 가게와 배달 계약을 맺었다. 피자 한 판 가격은 6달러이며 8조각이 들어 있다. 경기 전날 밤에 그녀가 직접 준비한다면 핫도그 1개당 0.45달러의 비용이 들며, 바비큐 샌드위치는 0.90달러가 들 것으로 예상된다. 그녀가 측정해 보니 핫도그 1개당 오븐에서 16만큼 면적을 차지하고, 바비큐 샌드위치는 25만큼 차지한다. 그녀는 피자 한 조각과 핫도그는 동일하게 1.50달러에 판매하려고 계획 중이며, 바비큐 샌드위치는 2.25달러를 예상하고 있다. 그녀는 첫 번째 홈 경기에 음식을 사고 주문하기 위해 현금을 1,500달러 확보하였고, 나머지 다섯 홈 경기에 필요한 재료 값은 그 전 경기를 통해 벌어들인 돈으로 해결하려고 계획하고 있다.

줄리아는 이전에 공대 스타디움과 다른 대학 스타디움에서 음식을 팔아 본 학생들과 상인들에게 자문을 구하였다. 그 결과 최소한 피자 판매량이 핫도그와 바비큐 샌드위치를 합한 것보다 더 많을 것이라 예상하게 되었다. 또한 바비큐 샌드위치 판매량보다 핫도그가 최소한 2배 이상 팔릴 것으로 예상하고 있다. 그녀는 이와 같이 수요에 대한 일반적인 가이드라인을 따른다면 준비하는 모든 재고를 판매할 수 있고 고객층을 확보할 것으로 예측하고 있다.

줄리아는 매 경기마다 모든 비용을 제외하고 순이익이 최소 1,000달러가 넘는다면 음식 코너 자리를 빌리는 것이 가치가 있을 것이라 생각한다.

A. 줄리아가 음식 코너 자리를 빌려야 할지에 대해 의사결정을 내릴 수 있도록 선형계획법 모형을 세우고 문제를 푸시오.

B. 만약 첫 번째 경기가 시작하기 전에 줄리아가 재료를 더 확보할 수 있도록 친구에게서 돈을 빌릴 수 있다면 그녀는 총 이익을 더 증가시킬 수 있는가? 그렇다면 얼마나 많은 돈을 빌려야 하고 추가 이익은 얼마나 되는가? (이전 질문에 대한 답에 나타난) 이 금액보다 더 많은 돈을 빌리는 것을 제한하는 요소는 무엇인가?

C. 줄리아는 (A)에서 구한 답을 보고, 그와 같이 모든 핫도그와 바비큐 샌드위치를 준비하는 것이 물리적으로 어려울 것이라고 예상했다. 그녀는 자신을 도와줄 친구를 경기당 100달러에 고용할 수 있다. (A)와 (B)의 결과에 비춰 볼 때 이것이 합리적으로 가능하고, 또 추구해야 할 해결책인가?

D. 지금까지 줄리아는 그녀가 준비하는 모든 음식이 팔려나갈 것이라는 가정하에 분석을 진행했다. 줄리아의 모형이 잘못된 부분과 분석에 부정적인 영향을 미칠 수 있는 불확실한 요소에는 어떤 것들이 있는가? 이러한 불확실한 요소들과 (A), (B), (C)에서 구한 결과를 가지고 당신은 줄리아에게 어떠한 제안을 하겠는가?

CHAPTER 04

선형계획법 :
정형화 예제

제2장과 제3장에서는 선형계획법 모형의 두 가지 기본형인 최대화와 최소화 문제를 이용하여 모형을 세우고, 도식적 해법과 컴퓨터 해법으로 해를 찾으며, 민감도 분석을 수행하는 방법에 대해 알아보았다. 이 모형들은 의사결정변수와 제약식이 각각 2개씩만 있는 매우 간단한 문제였다. 처음 소개되는 선형계획법의 주제가 쉽게 이해되도록 지금까지는 간단한 모형만을 설명해 왔다.

이 장에서는 더 복잡한 모형의 예를 보게 될 것이다. 이러한 예제는 선형계획법이 주로 응용되는 분야를 잘 소개하기 위하여 선택되었다. 예제에서는 다양한 문제들에 대한 모형 수립 가이드라인과 엑셀 및 윈도우용 QM을 이용한 해법도 알아볼 것이다.

각 예제를 공부하다 보면 정형화 과정이 체계적인 단계를 거쳐 수행됨을 알 수 있을 것이다. 첫 번째로 의사결정변수를 찾아낸 다음 목적함수를 정형화하고 마지막으로 모형의 제약식을 수식화한다. 정형화 과정은 어렵고 복잡할 수 있다. 전체 모형을 단번에 수립하려 하지 말고, 대신 모형의 특정 요소를 이끌어내는 각 단계를 따라가다 보면 이해가 쉬울 것이다.

제품 조합 예제

Quick-Screen은 의류 제조 회사인데, 특별히 메이저리그 야구 결승전인 월드시리즈, 풋볼 결승전인 슈퍼볼, 대학농구 최종 4강인 파이널포와 같은 주요 스포츠 경기 직후 기념 의류를 제작한다. 신정 연휴 기간 동안 열리는 대학 풋볼 결승전 직후에 우승한 대학교의 이름이 새겨진 셔츠들도 제작해 오고 있다. 제작하는 옷은 스웨터 두 종류와 티셔츠 두 종류인데, 한 종류는 앞면에 실크 스크린 프린팅을 하고, 다른 종류는 앞면과 뒷면에 프린팅을 한다. 이 옷들은 경기가 끝난 순간부터 72시간 안에 제작이 완료되어야 하는데, 그때가 되면 대형 트레일러 트럭이 와서 옷들을 실어 간다. 주문을 완수하기 위해 이 회사는 24시간 공장을 가동한다. 트럭에는 최대 1,200개의 표준규격 상자를 실을 수 있다. 1개의 표준규격 상자에는 12벌(dozen)의 티셔츠를 담을 수 있고, 스웨터 12벌이 들어가는 상자의 크기는 표준규격 상자보다 3배 더 크다. 이 회사는 이번 옷을 제작하기 위해 2만 5,000달러를 생산에 들어가는 예산으로 책정했다. 현재 아무것도 프린팅되어 있지 않은 스웨터와 티셔츠가 각각 500상자씩 재고로 쌓여 있어서, 바로 프린팅을 통해 옷 제작에 들어갈 준비가 되어 있다. 이 시나리오가 그림 4.1에 나타나 있다.

스웨터와 티셔츠 각 12벌이 들어 있는 상자당 생산에 필요한 자원의 양, 단위 비용, 이익이 다음 표에 나타나 있다.

	12벌당 제작 시간(시)	12벌당 비용(달러)	12벌당 이익(달러)
스웨터 앞면	0.10	36	90
스웨터 앞면/뒷면	0.25	48	125
티셔츠 앞면	0.08	25	45
티셔츠 앞면/뒷면	0.21	35	65

이 회사는 총 이익을 최대화하기 위하여 종류별로 스웨터와 티셔츠를 각각 몇 상자씩 생산해야 하는지 알고 싶다.

그림 4.1

Quick-Screen의 셔츠 문제

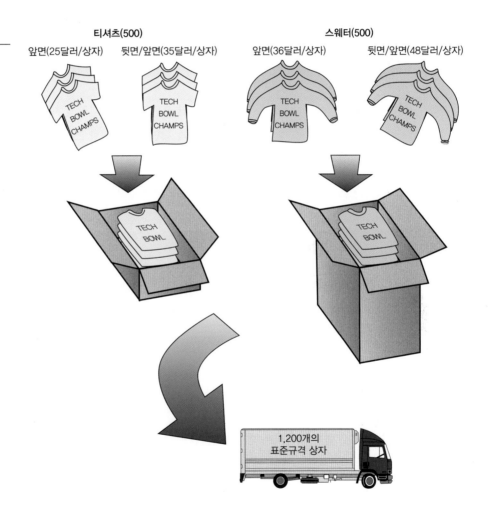

다음은 이 문제의 모형을 세우기 위한 절차를 요약한 것이다.

선형계획법 모형을 세우는 절차의 요약

1단계 : 의사결정변수를 정의한다.

종류별로 생산해야 할 티셔츠와 스웨터의 수량(상자)

2단계 : 목적함수를 세운다.

이익의 최대화

3단계 : 제약식을 세운다.

생산 시간, 재고량, 예산, 운송 능력 등의 자원의 제한

의사결정변수

이 문제는 각 종류별로 생산할 옷의 수량(12벌 들어 있는 상자)을 나타내는 4개의 의사결정변수로 구성되어 있다.

$$x_1 = \text{앞면만 프린팅할 스웨터의 상자 수}$$
$$x_2 = \text{앞면과 뒷면을 프린팅할 스웨터의 상자 수}$$
$$x_3 = \text{앞면만 프린팅할 티셔츠의 상자 수}$$
$$x_4 = \text{앞면과 뒷면을 프린팅할 티셔츠의 상자 수}$$

목적함수

이 회사의 목표는 이익을 최대화하는 것이다. 총 이익은 각 종류의 옷으로부터 얻어지는 이익을 합한 것이다. 목적함수는 다음과 같이 표현된다.

$$\text{maximize } Z = \$90x_1 + 125x_2 + 45x_3 + 65x_4$$

모형의 제약식

첫 번째 제약식은 생산에 들어가는 시간에 관한 것이다. 주어진 총 가공시간은 경기가 끝난 순간부터 트럭이 도착할 때까지의 72시간이다.

$$0.10x_1 + 0.25x_2 + 0.08x_3 + 0.21x_4 \leq 72\text{시간}$$

두 번째 제약식은 1,200개의 표준규격 상자인 트럭의 운송 용량에 관한 것이다. 스웨터 상자의 크기는 표준규격 상자보다 3배나 더 크다. 따라서 스웨터 상자 하나는 티셔츠 상자 3개와 같은 크기이다. 크기의 차이를 고려하여 다음과 같은 제약식을 세울 수 있다.

$$3x_1 + 3x_2 + x_3 + x_4 \leq 1,200\text{상자}$$

세 번째 제약식은 예산과 관련된 것이다. 생산에 할당된 예산은 2만 5,000달러이다.

$$\$36x_1 + 48x_2 + 25x_3 + 35x_4 \leq \$25,000$$

마지막 2개의 제약식은 재고로 확보하고 있는 아직 프린팅이 안 된 스웨터와 티셔츠에 관한 것이다.

$$x_1 + x_2 \leq 500상자의 \ 스웨터$$
$$x_3 + x_4 \leq 500상자의 \ 티셔츠$$

모형의 요약

+ 이 모형은 컴퓨터에 입력할 수 있는 형태로 되어 있다.

Quick-Screen에 대한 선형계획법 모형을 정리하면 다음과 같다.

$$maximize \ Z = \$90x_1 + 125x_2 + 45x_3 + 65x_4$$
$$subject \ to$$
$$0.10x_1 + 0.25x_2 + 0.08x_3 + 0.21x_4 \leq 72$$
$$3x_1 + 3x_2 + x_3 + x_4 \leq 1{,}200$$
$$36x_1 + 48x_2 + 25x_3 + 35x_4 \leq 25{,}000$$
$$x_1 + x_2 \leq 500$$
$$x_3 + x_4 \leq 500$$
$$x_1, x_2, x_3, x_4 \geq 0$$

엑셀을 이용한 컴퓨터 해법

위의 제품 조합 예제에 대한 엑셀 스프레드시트를 이용한 풀이가 제시 4.1에 나와 있다. 의사결정변수는 셀 B14 : B17에 놓여 있다. 총 이익은 셀 B18에 들어 있고, 스프레드시트 상단의 수식 칸에 표시되어 있듯이 수식으로는 = B14*D5 + B15*E5 + B16*F5 + B17*G5와 같이 나타낼 수 있다. 제약식은 'Usage'라 이름 붙여진 열에 셀 H7부터 H11에 공식이 입력되어 있다. 예를 들어, 가공시간에 관한 제약식 공식은 셀 H7에 = D7*B14 + E7*B15 + F7*B16 + G7*B17과 같이 입력되어 있다. 셀 H8부터 H11까지에도 비슷한 공식들이 들어 있다.

K7에서 K11까지의 셀은 사용하지 않고 남은 자원, 즉 여유변수에 대한 공식을 담고 있다. 예를 들어, 셀 K7은 = J7 − H7 수식을 담고 있다. 사용하지 않고 남은 자원을 여러 셀에 비슷한 공식으로 입력해야 하는데, 스프레드시트의 연산 기능을 잘 이용하면 빠르게 입력할 수 있다. 먼저 설명한 것처럼 셀 K7에 남은 자원의 수식인 = J7 − H7을 입력한다. 다음 이 셀을 선택하고 마우스의 오른쪽 버튼을 클릭하여 '복사'를 선택한다. 이제 왼쪽 버튼을 누른 상태로 마우스를 끌어 셀 K8 : K11을 선택한다. 오른쪽 마우스 버튼을 클릭하여 '붙여넣기'를 선택한다. 이렇게 하면 자동적으로 셀 K8에서 K11까지 사용하지 않고 남은 자원에 해당하는 수식이 적절히 들어가기 때문에 일일이 수식을 손으로 입력할 필요가 없다. 이러한 복사 기능은 수식의 변수가 모두 같은 행 또는 열에 있는 경우에 사용할 수 있다. 복사 기능을 사

제시 4.1

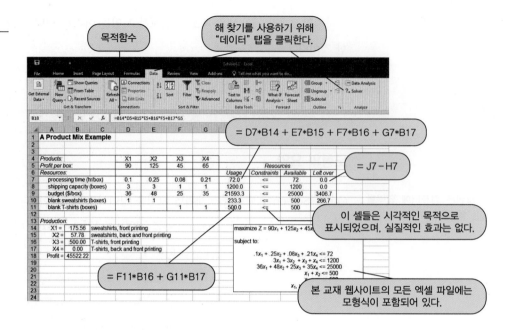

용하면 복사되는 수식이 들어가는 셀에서 수식의 행 번호가 하나씩 증가한다(예를 들면, J8과 H8, J9과 H9, J10과 H10, J11과 H11).

또한 모형의 식이 제시 4.1의 오른쪽 아래 박스에 주어져 있다. 교재 웹사이트에 있는 엑셀 파일에는 본 장 이후로 나오는 모든 선형계획법 모형의 식이 포함되어 있다.

이 모형에 대한 해 찾기 매개변수 설정 창이 제시 4.2에 나와 있다. 5개의 제약식들을 '제한 조건에 종속' 칸에 한 줄로 모두 표현할 수 있다는 것에 주목하자. 여기서 제약식을 **H7 : H11 <= J7 : J11**로 표시하였는데, 이 의미는 셀 H7부터 H11까지에 들어 있는 자원의 사용량 각각이 J7부터 J11까지에 들어 있는 총 이용 가능한 자원의 양보다 작거나 같아야 한다는 뜻이다.

제시 4.2

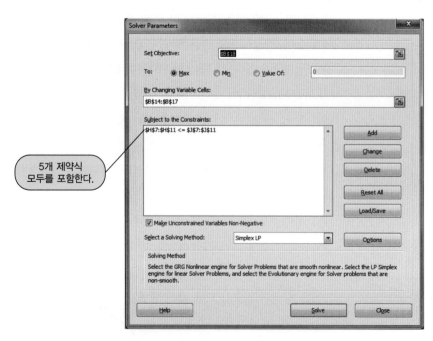

윈도우용 QM을 이용한 컴퓨터 해법

윈도우용 QM을 이용하여 이 문제를 푼 것은 제시 4.3에 나타나 있다.

제시 4.3

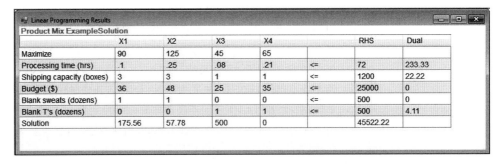

Linear Programming Results							
Product Mix ExampleSolution							
	X1	X2	X3	X4		RHS	Dual
Maximize	90	125	45	65			
Processing time (hrs)	.1	.25	.08	.21	<=	72	233.33
Shipping capacity (boxes)	3	3	1	1	<=	1200	22.22
Budget ($)	36	48	25	35	<=	25000	0
Blank sweats (dozens)	1	1	0	0	<=	500	0
Blank T's (dozens)	0	0	1	1	<=	500	4.11
Solution	175.56	57.78	500	0		45522.22	

해답 분석

위 모형에 대한 해는 다음과 같다.

$$x_1 = 175.56(앞면만 프린팅할 스웨터의 상자 수)$$

$$x_2 = 57.78(앞면과 뒷면을 프린팅할 스웨터의 상자 수)$$

$$x_3 = 500(앞면만 프린팅할 티셔츠의 상자 수)$$

$$Z = 45,522.22달러(이익)$$

Quick-Screen의 관리자는 소수점 이하를 버려 운송할 상자의 개수를 정수로 만들 수도 있다. 예를 들면, 앞면만 프린팅할 스웨터 175상자, 앞면과 뒷면을 프린팅할 스웨터 57상자, 앞면만 프린팅할 티셔츠 500상자와 같이 소수점 이하를 버리면 정수해를 얻을 수 있다. 소수점 이하를 버리더라도 최적해를 통해 얻을 수 있는 총 이익인 4만 5,522.22달러보다 겨우 147.22달러가 적은 4만 5,375.00달러의 총 이익을 얻는 것이 가능하다.

정수 최적해를 구하는 방법에 관해서는 5장에서 자세히 다루기로 한다.

민감도 분석

살펴본 바와 같이 모형을 세우고 해를 구했지만, Quick-Screen은 각 종류의 옷을 최소 수량 이상 만큼 생산하기로 결정할 수도 있다. 현재의 해에서 생산량이 0인 "앞면과 뒷면을 프린팅하는 티셔츠" x_4를 포함하여 모든 종류의 옷에 대해 최소 생산량을 지정하는 4개의 제약식을 추가함으로써 가능성을 평가해 볼 수 있다. 그리고 제약식의 이용 가능한 자원을 증가시킬 경우 그 영향이 어떻게 되는지 알아보는 실험을 해 볼 수도 있다. 예를 들어, 제시 4.4에 있는 윈도우용 QM의 Ranging 창을 보면 가공시간의 잠재가격으로부터 가공시간이 늘어남에 따라 이익이 시간당 233.33달러씩 증가함을 알 수 있다(이 제약식의 민감도 분석 범위의 상한인 98.33시간으로 늘어날 때까지). 비록 72시간이라는 제약이 매우 엄격한 제약처럼 보

조지 단치히

조지 단치히(George B. Dantzig)는 선형계획법 문제를 푸는 단체법(simplex method)을 개발하고 나서 이를 시험해 볼 좋은 문제를 필요로 하고 있었다. 그가 선택한 문제는 1945년 노벨 경제학상 수상자인 스터글러(George Stigler)에 의해 정형화된 "식단문제(diet problem)"였다. 식단문제는 최소의 비용으로 영양 있는 적절한 식단을 결정하는 문제이다(이는 제2차 세계대전 동안 군과 민간 부문에서 중요한 문제였다). 식단문제는 선형계획법 모형으로 정형화되었는데, 77개의 의사결정변수와 9개의 제약식으로 이루어져 있다. 9명의 직원이 수동으로 작동하는 (기계식) 탁상 계산기를 사용하여 120인일(person-days) 만에 최적해를 찾았다. 최적식단은 주로 밀가루, 양배추, 건조 흰강낭콩(navy bean)으로 구성되며 비용은 연간 39.69달러(1939년 가격으로)였다. 스터글러가 자신의 계산 방법을 써서 찾아낸 해는 최적해보다 고작 0.24달러만큼 비용이 더 들었다.

제시 4.4

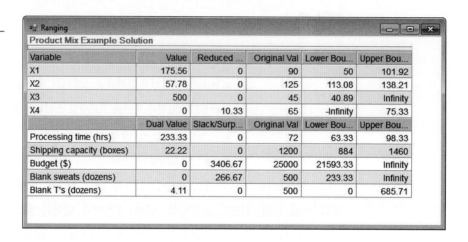

Variable	Value	Reduced ...	Original Val	Lower Bou...	Upper Bou...
X1	175.56	0	90	50	101.92
X2	57.78	0	125	113.08	138.21
X3	500	0	45	40.89	Infinity
X4	0	10.33	65	-Infinity	75.33
	Dual Value	Slack/Surp...	Original Val	Lower Bou...	Upper Bou...
Processing time (hrs)	233.33	0	72	63.33	98.33
Shipping capacity (boxes)	22.22	0	1200	884	1460
Budget ($)	0	3406.67	25000	21593.33	Infinity
Blank sweats (dozens)	0	266.67	500	233.33	Infinity
Blank T's (dozens)	4.11	0	500	0	685.71

이기는 하지만, 옷 1벌을 제작하는 데 들어가는 가공시간을 단축시켜도 동일한 효과를 달성할 수 있다.

식단 예제

헬스 피트니스 센터인 Breathtakers는 노인들을 위해 오전 피트니스 프로그램을 운영하고 있다. 이 프로그램은 에어로빅 운동과 수영 또는 스텝 기기를 통한 운동을 한 후 식당에서 건강식 아침 식사를 하는 것으로 구성되어 있다. Breathtakers의 영양사는 노인들에게 특히 중요한 칼로리, 칼슘, 단백질, 섬유질을 많이 함유하고 지방과 콜레스테롤 수치를 낮게 유지하는 아침 식사를 개발하려고 한다. 이러한 요구 조건을 만족시키면서 식단 구성을 위한 비용을 최소화하는 것이 목표이다. 영양사는 다음의 표에 나타나 있는 음식 재료들을 선정하였고, 식단을 구성하는 데 사용될 재료의 영양소와 비용에 관한 정보는 다음 표와 같다.

영양사는 아침 식사에 최소한 420칼로리, 5mg의 철분, 400mg의 칼슘, 20g의 단백질, 12g

아침 식사	칼로리	지방 (g)	콜레스테롤 (mg)	철분 (mg)	칼슘 (mg)	단백질 (g)	섬유질 (g)	비용 (달러)
1. 밀기울 시리얼(cup)	90	0	0	6	20	3	5	0.18
2. 드라이 시리얼(cup)	110	2	0	4	48	4	2	0.22
3. 오트밀(cup)	100	2	0	2	12	5	3	0.10
4. 오트 밀기울(cup)	90	2	0	3	8	6	4	0.12
5. 달걀	75	5	270	1	30	7	0	0.10
6. 베이컨(slice)	35	3	8	0	0	2	0	0.09
7. 오렌지	65	0	0	1	52	1	1	0.40
8. 우유-2%(cup)	100	4	12	0	250	9	0	0.16
9. 오렌지 주스(cup)	120	0	0	0	3	1	0	0.50
10. 토스트(slice)	65	1	0	1	26	3	3	0.07

의 섬유질이 함유되기를 바란다. 또한, 지방은 기껏해야 20g, 콜레스테롤은 30mg으로 제한하려 한다.

의사결정변수

이 문제에는 아침 식사 한 끼에 음식들을 각각 몇 단위씩 넣을 것인지를 정하는 10개의 의사결정변수가 있다.

$$x_1 = 밀기울\ 시리얼의\ 양(컵)$$

$$x_2 = 드라이\ 시리얼의\ 양(컵)$$

$$x_3 = 오트밀(컵)$$

$$x_4 = 오트\ 밀기울(컵)$$

$$x_5 = 달걀$$

$$x_6 = 베이컨(조각)$$

$$x_7 = 오렌지$$

$$x_8 = 우유(컵)$$

$$x_9 = 오렌지\ 주스(컵)$$

$$x_{10} = 토스트(조각)$$

목적함수

영양사의 목표는 아침 식사의 비용을 최소화하는 것이다. 총 비용은 각 음식 비용의 합과 같다.

$$\text{minimize } Z = \$0.18x_1 + 0.22x_2 + 0.10x_3 + 0.12x_4 + 0.10x_5 + 0.09x_6 + 0.40x_7$$
$$+ 0.16x_8 + 0.50x_9 + 0.07x_{10}$$

모형의 제약식

제약식은 각 영양소에 대한 요구 사항이다.

$$90x_1 + 110x_2 + 100x_3 + 90x_4 + 75x_5 + 35x_6 + 65x_6 + 100x_8 + 120x_9 + 65x_{10} \geq 420\text{칼로리}$$
$$2x_2 + 2x_3 + 2x_4 + 5x_5 + 3x_6 + 4x_8 + x_{10} \leq 20\text{g지방}$$
$$270x_5 + 8x_6 + 12x_8 \leq 30\text{mg콜레스테롤}$$
$$6x_1 + 4x_2 + 2x_3 + 3x_4 + x_5 + x_6 + x_{10} \geq 5\text{mg철분}$$
$$20x_1 + 48x_2 + 12x_3 + 8x_4 + 30x_5 + 52x_6 + 250x_8 + 3x_9 + 26x_{10} \geq 400\text{mg칼슘}$$
$$3x_1 + 4x_2 + 5x_3 + 6x_4 + 7x_5 + 2x_6 + x_7 + 9x_8 + x_9 + 3x_{10} \geq 20\text{g단백질}$$
$$5x_1 + 2x_2 + 3x_3 + 4x_4 + x_6 + 3x_{10} \geq 12\text{g섬유질}$$

모형의 요약

이 문제에 대한 선형계획법 모형은 다음과 같이 요약할 수 있다.

$$\text{minimize } Z = 0.18x_1 + 0.22x_2 + 0.10x_3 + 0.12x_4 + 0.10x_5 + 0.09x_6 + 0.40x_7$$
$$+ 0.16x_8 + 0.50x_9 + 0.07x_{10}$$

subject to

$$90x_1 + 110x_2 + 100x_3 + 90x_4 + 75x_5 + 35x_6 + 65x_7 + 100x_8 + 120x_9 + 65x_{10} \geq 420$$
$$2x_2 + 2x_3 + 2x_4 + 5x_5 + 3x_6 + 4x_8 + x_{10} \leq 20$$
$$270x_5 + 8x_6 + 12x_8 \leq 30$$
$$6x_1 + 4x_2 + 2x_3 + 3x_4 + x_5 + x_7 + x_{10} \geq 5$$
$$20x_1 + 48x_2 + 12x_3 + 8x_4 + 30x_5 + 52x_7 + 250x_8 + 3x_9 + 26x_{10} \geq 400$$
$$3x_1 + 4x_2 + 5x_3 + 6x_4 + 7x_5 + 2x_6 + x_7 + 9x_8 + x_9 + 3x_{10} \geq 20$$
$$5x_1 + 2x_2 + 3x_3 + 4x_4 + x_7 + 3x_{10} \geq 12$$
$$x_i \geq 0$$

엑셀을 이용한 컴퓨터 해법

엑셀 스프레드시트를 이용하여 식단 예제에 대한 해답을 구한 것이 제시 4.5에 나타나 있다. 각 음식을 얼마나 포함시킬지를 나타내는 의사결정변수는 셀 C5 : C14에 들어 있고, 제약식에 대한 공식은 셀 F15에서 L15까지에 입력되어 있다. 셀 F17에서 L17까지에는 제약식의 우변

제시 4.5

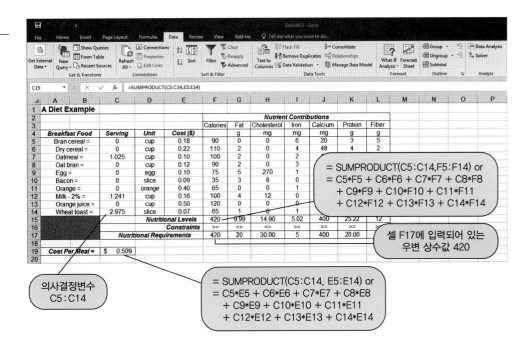

의사결정변수
C5 : C14

= SUMPRODUCT(C5:C14, E5:E14) or
= C5*E5 + C6*E6 + C7*E7 + C8*E8
+ C9*E9 + C10*E10 + C11*E11
+ C12*E12 + C13*E13 + C14*E14

상수가 들어 있다. 예를 들어, 셀 F15에는 칼로리에 관한 제약식인 = **SUMPRODUCT**(C5 : C14, F5 : F14)가 입력되어 있다. 그리고 나서 해 찾기 매개변수 창이 뜨면, 제한조건 칸에 **F15 >= F17**을 입력하면 된다. 셀 F15에 입력하는 공식을 C열과 F열의 각 값들을 곱하여 만들 수도 있다. SUMPRODUCT 기능 대신 제약식 공식을 직접 쓰면, = **C5*F5 + C6*F6 + C7*F7 + C8*F8 + C9*F9 + C10*F10 + C11*F11 + C12*F12 + C13*F13 + C14*F14**와 같다.

목적함수는 셀 C19에 = **SUMPRODUCT**(C5 : C14, E5 : E14)와 같이 들어 있다. 이 경우에도 C열과 E열의 각 값을 곱한 후 더하는 방식을 취하지 않고 엑셀의 SUMPRODUCT 기능을 사용하여 목적함수의 값을 간단히 얻어 낸다. SUMPRODUCT를 사용하지 않고 셀 C19에 각 항을 하나씩 입력해야 한다면 매우 지루한 작업이 될 것이다. SUMPRODUCT 기능을 사용하면 C5에서 C14 사이의 각 셀과 E5와 E14 사이의 각 셀의 값을 하나씩 곱하고 모두를 더하는 작업을 한번에 해 준다.

이 문제에 대한 해 찾기 매개변수 설정 창이 제시 4.6에 나타나 있다.

해답 분석

위 모형에 대한 해를 구하면,

$$x_3 = 1.025컵의 오트밀$$
$$x_8 = 1.241컵의 우유$$
$$x_{10} = 2.975조각의 토스트$$
$$Z = 0.509달러(한 끼 식사당)$$

제시 4.6

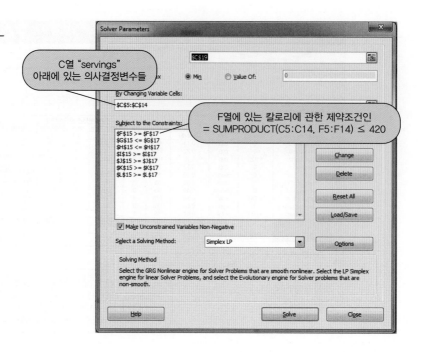

위의 간단한 다이어트 모형에 대한 결과는 매우 실용적이기 때문에 흥미를 끈다. 위의 식단은 누구에게나 적용될 수 있는 건강식 아침 식단이다.

민감도 분석

위 모형에서는 최소 칼로리의 섭취량을 420칼로리로 정하였다. 성인에게 일일 권장 칼로리 섭취량은 대략 2,000칼로리 정도이다. 따라서 이 식단에 따라 아침 식사를 하면 성인에게 일일 권장 칼로리 섭취량의 약 21%밖에 섭취하지 못하는 것이다. 이 모형에서는 영양사가 노인들은 고칼로리의 점심과 저녁 식사를 하므로 아침에는 저칼로리 식사를 하는 것이 바람직하다고 생각했을 수도 있다. 일일 건강 식단을 짜는 다른 방법은 고칼로리의 아침 식사 후에 점심과 저녁 식사를 저칼로리로 하는 것이다. 그러나 위 모형을 사용하면, 칼로리의 최소 섭취 요구량을 420칼로리 이상으로 증가시켜도 오트밀의 양이 늘어날 뿐이다. 예를 들어, 최소 칼로리 양을 700칼로리로 설정하고 문제를 풀면 오트밀만 5~6컵을 먹어야 하는데, 이것은 필요한 영양 기준은 맞출 수 있지만 별로 맛있는 식사가 되지는 않는다. 이러한 문제를 해결하기 위해서는 각 음식물이 포함될 수 있는 양의 상한선을 설정해 놓고 고칼로리 제약을 갖는 문제를 풀면 된다.

■ 투자 예제

개인 투자자인 캐슬린 앨런은 투자금액 7만 달러를 가지고 있다. 투자할 수 있는 대상은 연 8.5% 수익률의 지방 채권(municipal bonds), 5% 수익률의 양도성 예금증서(certificates of deposit), 수익률 6.5%의 단기재정증권(treasury bills), 수익률 13%의 성장형 주식 펀드이다. 투자를 하고 나면 1년 후에 수익률을 평가한다. 또한, 투자자는 투자대상의 위험 정도가 각각 다르다고 인지하고 있다. 따라서 다양한 곳에 분산 투자하는 것이 바람직하다. 캐슬린은 수익을 최대화하기 위하여 각 대상에 얼마씩 투자해야 하는지 알고 싶다.

다음의 가이드라인은 투자자가 인지하는 위험을 줄이고 분산 투자를 하도록 기준을 제시하고 있다.

1. 전체 투자 금액의 20% 이상을 지방 채권에 투자할 수 없다.
2. 양도성 예금증서의 투자 금액은 다른 세 가지에 투자하는 금액의 합보다 더 클 수 없다.
3. 단기재정증권과 양도성 예금증서에 투자하는 금액은 전체 투자금의 30% 이상이 되어야 한다.
4. 위험을 줄이기 위해 양도성 예금증서와 단기재정증권에 투자하는 금액의 합과 지방 채권 및 성장형 주식 펀드에 투자하는 금액의 합의 비율이 적어도 1.2 : 1은 되어야 한다.

캐슬린은 7만 달러 전액을 투자하기 원한다.

의사결정변수

4개의 의사결정변수는 각각의 투자 대안에 투자하는 금액을 나타낸다.

$$x_1 = \text{지방 채권에 투자한 금액(달러)}$$
$$x_2 = \text{양도성 예금증서에 투자한 금액(달러)}$$
$$x_3 = \text{단기재정증권에 투자한 금액(달러)}$$
$$x_4 = \text{성장형 주식 펀드에 투자한 금액(달러)}$$

목적함수

투자자의 목표는 4개의 대안에 투자하여 총 수익을 최대화하는 것이다. 총 수익은 각각의 대안으로부터 얻게 될 개별 수익의 합이다. 따라서 목적함수를 표현하면 다음과 같다.

$$\text{maximize } Z = \$0.085x_1 + 0.05x_2 + 0.065x_3 + 0.130x_4$$

여기서, Z = 투자를 통한 총 수익

$0.085x_1$ = 지방 채권에 투자하여 얻는 수익

$0.05x_2$ = 양도성 예금증서에 투자하여 얻는 수익

$0.065x_3$ = 단기재정증권에 투자하여 얻는 수익

$0.130x_4$ = 성장형 주식 펀드에 투자하여 얻는 수익

모형의 제약식

이 문제에서 제약식은 총 투자금액의 분산 투자에 관한 가이드라인을 따르는 것이다. 각각의 가이드라인은 수식 형태의 제약식으로 변환할 수 있다.

첫 번째 가이드라인은 지방 채권에 총 투자금액의 20% 이상을 투자하면 안 된다는 것이다. 총 투자금액이 7만 달러이므로 이것의 20%는 1만 4,000달러이다. 따라서 이 제약식은

$$x_1 \leq \$14{,}000$$

이다.

두 번째 가이드라인은 양도성 예금증서의 투자금액은 다른 세 가지에 투자하는 금액의 합보다 더 클 수 없다는 것이다. 양도성 예금증서에 투자하는 금액은 x_2이고 다른 세 가지 대안에 투자하는 금액은 $x_1 + x_3 + x_4$이므로, 제약식은

$$x_2 \leq x_1 + x_3 + x_4$$

이다.

+ 표준형에서 모든 변수는 부등호의 좌변에 있어야 하고 우변 상수들은 부등호의 우변에 있어야 한다.

이 제약식은 우리가 제3장에서 언급했던 컴퓨터에 입력할 표준형이 아니다. 표준형에서는 부등호($\leq$)의 좌변에 모든 변수들이 위치하고, 오른쪽에는 제약식의 우변 상수만 놓인다. 위와 같은 제약식이 엑셀에서는 사용될 수 있지만, 윈도우용 QM에서는 표준형으로 변환되어야 한다. 우리는 이 모형에 나오는 위 제약식과 다른 것들도 모두 표준형으로 변환하지만, 엑셀을 사용할 경우를 위해 (표준형이 아닌) 원래 제약식이 어떻게 이용되는지도 설명할 것이다. 위 제약식을 표준형으로 변환하기 위해서는 부등호($\leq$)의 양변에서 $x_1 + x_3 + x_4$를 빼면 된다.

$$x_2 - x_1 - x_3 - x_4 \leq 0$$

세 번째 가이드라인은 단기재정증권과 양도성 예금증서에 투자하는 금액은 전체 투자 금액의 30% 이상이 되어야 한다는 것이다. 7만 달러의 30%는 2만 1,000달러이고 양도성 예금증서와 단기재정증권에 투자하는 금액은 $x_2 + x_3$이므로, 제약식은

$$x_2 + x_3 \geq \$21{,}000$$

이다. 네 번째 가이드라인은 위험을 줄이기 위해, 양도성 예금증서 및 단기재정증권에 투자하는 금액과 지방 채권 및 성장형 주식 펀드에 투자하는 금액의 비율이 적어도 1.2 : 1은 되어야 한다는 것이다.

+ 표준형에서는 의사결정변수들 간의 분수 형태의 관계식이 없어야 한다.

$$[(x_2 + x_3)/(x_1 + x_4)] \geq 1.2$$

이 제약식은 의사결정변수들이 $(x_2 + x_3)/(x_1 + x_4)$와 같이 분수의 형태로 들어가 있기 때문에

선형계획법의 표준형이 아니다. 이것을 표준형으로 변환하면 다음과 같다.

$$x_2 + x_3 \geq 1.2(x_1 + x_4)$$

$$-1.2x_1 + x_2 + x_3 - 1.2x_4 \geq 0$$

마지막으로 투자자는 4개의 투자 대안을 통해 7만 달러 전액을 투자하기 원한다. 따라서 4개의 대안에 투자된 금액을 모두 합하면 7만 달러와 같아야 한다.

$$x_1 + x_2 + x_3 + x_4 = \$70{,}000$$

모형의 요약

이 문제에 대한 선형계획법 모형은 다음과 같이 요약할 수 있다.

$$\text{maximize } Z = \$0.085x_1 + 0.05x_2 + 0.065x_3 + 0.130\,x_4$$

subject to

$$x_1 \leq 14{,}000$$

$$x_2 - x_1 - x_3 - x_4 \leq 0$$

$$x_2 + x_3 \geq 21{,}000$$

$$-1.2x_1 + x_2 + x_3 - 1.2x_4 \geq 0$$

$$x_1 + x_2 + x_3 + x_4 = 70{,}000$$

$$x_1, x_2, x_3, x_4 \geq 0$$

엑셀을 이용한 컴퓨터 해법

엑셀 스프레드시트를 이용하여 위 투자 예제를 풀어 보면 제시 4.7과 같고, 해 찾기 매개변수 설정 창은 제시 4.8과 같다. 이 스프레드시트는 제품 조합 예제의 제시 4.1과 매우 유사하

제시 4.7

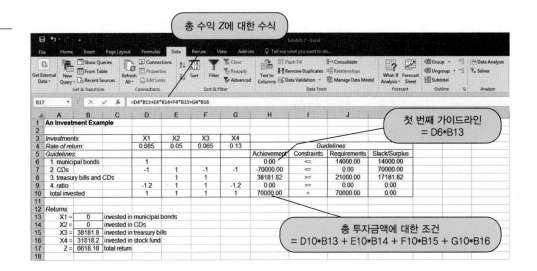

다. 의사결정변수는 셀 B13 : B16에 나타나 있다. 총 수익(Z)은 스프레드시트 상단의 수식 입력 줄에 나타나 있다. 투자의 가이드라인에 관한 제약식들은 셀 H6에서 H10까지에 입력되어 있다. 예를 들어, 첫 번째 가이드라인에 대한 수식은 = D6*B13과 같이 셀 H6에 들어 있고, 두 번째 가이드라인은 = D7*B13 + E7*B14 + F7*B15 + G7*B16과 같이 셀 H7에 입력되어 있다(제약식의 매개변수들을 셀 D6 : G10에 배열로 입력시키는 것보다 가이드라인의 수식을 직접 입력하는 것이 더 쉽지만, 데모용 목적으로 모든 매개변수 값을 표시해 놓았다).

앞에서 언급한 바와 같이 엑셀을 사용하여 문제를 풀 때는 원래 모형의 제약식을 굳이 표준형으로 변환시킬 필요가 없다. 예를 들어, 양도성 예금증서에 관한 제약식인 $x_2 \leq x_1 + x_2 + x_4$는 다음의 설명에 나오는 바와 같이 제시 4.7의 7열에 입력할 수 있다. x_2의 계수인 1은 셀 E7에 넣고, 수식 = E7*B14는 셀 J7에 입력하고, 부등호의 우변에 있는 제약식의 나머지는 = B13 + B15 + B16과 같이 셀 H7에 입력할 수 있다. 이제 해 찾기 매개변수 설정 창에서 이 제약식은 지방 채권에 관한 제약식과 함께 H6 : H7 <= J6 : J7과 같이 넣어 주면 된다. 네 번째 제약식도 비슷한 방법으로 원래 형태대로 입력하면 된다.

제시 4.8

해답 분석

위 모형에 대한 해를 구하면,

$$x_3 = 38,181.80달러(단기재정증권에 투자)$$
$$x_4 = 31,818.20달러(성장형 주식 펀드에 투자)$$
$$Z = 6,818.18달러$$

가 된다.

민감도 분석

이 문제에 대한 엑셀 스프레드시트의 민감도 보고서가 제시 4.9에 나타나 있다.

제시 4.9

Adjustable Cells

Cell	Name	Final Value	Reduced Cost	Objective Coefficient	Allowable Increase	Allowable Decrease
B13	X1 =	0	-0.045	0.085	0.045	1E+30
B14	X2 =	0	-0.015	0.050	0.015	1E+30
B15	X3 =	38181.82	0	0.065	0.065	0.015
B16	X4 =	31818.18	0	0.13	45354.805	0.045

Constraints

Cell	Name	Final Value	Shadow Price	Constraint R.H. Side	Allowable Increase	Allowable Decrease
H6	1. municipal bonds Achievement	0.00	0.000	14000	1E+30	14000
H7	2. CDs Achievement	-70000.00	0.000	0	1E+30	70000
H8	3. treasury bills and CDs Achievement	38181.82	0.000	21000	17181.82	1E+30
H9	4. ratio Achievement	0.00	-0.030	0	70000	37800
H10	total invested Achievement	70000.00	0.095	70000	1E+30	31500

> 투자 가능한 금액에 대한 잠재가격

다섯 번째 제약식(총 투자금액이 7만 달러가 되어야 한다는 제약식)에 대한 잠재가격이 0.095 임을 주목하자. 이것은 캐슬린이 현재의 투자에 대한 가이드라인을 따르면서 (7만 달러를 넘어) 추가로 하는 투자 1달러당 9.5%의 수익률을 기대할 수 있음을 뜻한다. 민감도 범위 부분을 보면 그녀가 투자할 수 있는 금액의 상한선은 존재하지 않고, 투자하는 대로 계속하여 이 수익률을 올릴 수 있다.

위 문제에서 총 보유금액인 7만 달러를 모두 투자해야 한다는 조항을 없애는 것도 흥미로운 문제가 될 수 있다. 이 경우에는 첫 번째와 세 번째 가이드라인에 대한 제약식이 바뀌어야 하고, 마지막 제약식인 7만 달러를 모두 써야 한다는 것도 삭제해야 한다.

첫 번째 가이드라인이 "지방 채권에 총 투자 금액의 20% 이상을 투자하면 안 된다"였던 것을 상기하자. 총 투자금액이 7만 달러가 아닐 수도 있으며, 그 경우 총 투자금액은 $x_1 + x_2 + x_3 + x_4$이다. 지방 채권에 투자하는 금액인 x_1과 전체 투자금액의 비율이 20%를 넘어서는 안 된다는 제약식은 다음과 같이 표현할 수 있다.

$$\frac{x_1}{x_1 + x_2 + x_3 + x_4} \leq 0.20$$

이 제약식에서 분수 형태를 없애고, 선형계획법에 더 적합한 형태로 변형하면

$$x_1 \leq 0.2(x_1 + x_2 + x_3 + x_4)$$

가 되고, 정리하면

$$0.8x_1 - 0.2x_2 - 0.2x_3 - 0.2x_4 \leq 0$$

이 된다.

단기재정증권과 양도성 예금증서에 투자하는 금액은 전체 투자금액의 30% 이상이 되어

야 한다는 세 번째 가이드라인에 관한 제약식도 비슷한 방법으로 다음과 같이 쓸 수 있다.

$$\frac{x_2 + x_3}{x_1 + x_2 + x_3 + x_4} \geq 0.30$$

정리하면

$$-0.3x_1 + 0.7x_2 + 0.7x_3 - 0.3x_4 \geq 0$$

이 된다.

또한, 7만 달러가 모두 다 투자에 쓰여야 하는 것은 아니므로 마지막 제약식은

$$x_1 + x_2 + x_3 + x_4 \leq 70,000$$

가 된다.

이제 변형된 문제의 선형계획법 모형은 다음과 같이 요약할 수 있다.

$$\text{maximize } Z = \$0.085x_1 + 0.05x_2 + 0.065x_3 + 0.130x_4$$

$$\text{subject to}$$

$$0.8x_1 - 0.2x_2 - 0.2x_3 - 0.2x_4 \leq 0$$

$$x_2 - x_1 - x_3 - x_4 \leq 0$$

$$-0.3x_1 + 0.7x_2 + 0.7x_3 - 0.3x_4 \geq 0$$

$$-1.2x_1 + x_2 + x_3 - 1.2x_4 \geq 0$$

$$x_1 + x_2 + x_3 + x_4 \leq 70,000$$

$$x_1, x_2, x_3, x_4 \geq 0$$

이 변형된 문제의 해답을 구해 보면, 원래 문제의 해답과 같아서 7만 달러를 모두 투자해야 함을 발견할 수 있다. 모든 투자 대안에 대하여 수익만 나고 손해는 보지 않기 때문에 이것은 당연한 결과이다. 그러나 어떤 투자가 손실을 유발할 수도 있다면 가용한 자금을 모두 투자할 필요는 없다는 모형을 세우는 것이 좋다.

마케팅 예제

Biggs 백화점 체인은 자사의 백화점을 광고할 때, 어느 매체를 통하여 몇 회나 광고를 내보내야 하는지 정하기 위하여 광고 대행사를 고용하였다. 세 가지 종류의 가능한 광고 매체 수단은 TV, 라디오, 신문이다. 이 회사는 광고가 전달되는 사람의 숫자를 최대화하기 위하여 각각의 매체를 통하여 광고를 몇 회 내보내야 하는지 예측하려고 한다. 각각의 매체를 통해 광고할 때, 예상되는 광고 노출자 수와 광고 비용에 대한 정보는 다음 표와 같다.

	노출자 수(광고당 전달되는 사람 수)	비용(달러)
TV 광고	20,000	15,000
라디오 광고	12,000	6,000
신문 광고	9,000	4,000

이 회사는 다음과 같이 자원에 대한 제약식을 가지고 있다.

1. 광고 비용으로 할당된 예산은 10만 달러이다.
2. TV를 통해서는 4회까지 광고할 수 있다.
3. 라디오를 통해서는 10회까지 광고할 수 있다.
4. 신문을 통해서는 7회까지 광고할 수 있다.
5. 광고 대행사의 제한된 시간과 인력으로 인해 모든 매체에 내보낼 수 있는 총 광고 횟수는 최대 15회이다.

의사결정변수

선형계획법 모형은 각각의 매체를 통한 광고 횟수를 나타내는 3개의 의사결정변수를 갖고 있다.

$$x_1 = \text{TV를 통한 광고 횟수}$$
$$x_2 = \text{라디오를 통한 광고 횟수}$$
$$x_3 = \text{신문을 통한 광고 횟수}$$

목적함수

이 문제의 목표는 이윤을 최대화하거나 비용을 최소화하는 기존의 예제에 나오는 목표와는 다르다. 이 문제에서는 이윤을 최대화하는 것이 아니라, 대신 광고가 전달되는 사람의 숫자를 최대화하는 것이 목표이다. 따라서 이번 목적함수도 선형계획법 모형을 사용하여 어떤 목표를 최대화 또는 최소화한다는 사실은 같지만, 목표 자체가 어떠한 활동 사항이나 평가의 양도 될 수 있다는 것을 보여 준다.

이 문제에서 목표로 하는 광고가 전달되는 총 사람 수는 각 매체에 노출되는 사람의 수를 더하여 구할 수 있다.

$$\text{maximize } Z = 20,000x_1 + 12,000x_2 + 9,000x_3$$

여기서, Z = 광고에 노출되는 총 사람 수
$20,000x_1$ = TV 광고가 전달되는 사람 수
$12,000x_2$ = 라디오 광고가 전달되는 사람 수
$9,000x_3$ = 신문 광고가 전달되는 사람 수

애널리틱스와 선형계획법을 이용한 라디오 광고 일정 수립

라디오 방송은 매일 웹보다 더 많은 사람들(13세 이상)이 이용하는데 매주 240백만 명이 청취한다. 이로 인해 라디오 방송은 가장 효과적인 광고 미디어 중 하나이다. 다양한 프로그램 형식을 가진 다수의 라디오 방송국이 존재하기 때문에 광고회사는 라디오를 통해 많은 고객 시장을 대상으로 광고할 수 있다. iHeart Media(IHM) 회사는 150개 이상의 도시에 850개가 넘는 라디오 방송국을 소유하고 있으며, 2,250개 방송국에 프로그램(즉, 뉴스, 스포츠, 교통 리포트, 날씨)을 제공하고 있다. IHM은 대략 200개 시장(즉, 휴스턴, 뉴욕 등과 같은 대도시 지역들)을 보유하고 있으며, 각 시장은 보통 10~20개 라디오 방송국이 서비스를 제공하고 있다. 광고 목적으로 하루는 8개 시간대로 나뉘며 각 시간대는 3시간이다. 라디오 광고의 주문 규격은 날짜, 시간, 프로그램, 방송국, 인구통계학적 고객층 등에 의해 결정되는데, 광고회사는 IHM이 가용한 광고 시간대를 주문 규격에 따라 공정하고 공평하게 배분할 것을 기대하고 있다. IHM은 매출 데이터와 두 개의 선형계획법 모형을 포함한 애널리틱스 및 경영과학 모형을 사용하여 가용한 광고 시간대로부터 매출을 최대화하고 있다. 그중 한 모형은 선형계획법을 사용하여 10~24주의 기간 동안 매출에서 범칙금을 뺀 금액을 최대화할 수 있는 전략적 계획을 수립하고 있다. 여기서 범칙금은 방송국, 요일, 광고 시간대 등을 공정하고 공평하게 분배하지 않음으로써 발생하는 비용을 의미한다. 가장 큰 24주 계획 기간은 2.3백만 개의 광고 스폿(spot), 2,277개 방송국, 300만 개 광고 시간대를 포함하고 있다. 모형의 제약 조건에는 다른 시장과 시간대로 이동될 수 있는 광고회사 수요량에 대한 제약, 공정하고 공평한 분배로부터 벗어나는 수준에 대한 제약, 가용한 광고 시간대 내에서 동일한 광고회사에게 배정할 수 있는 광고 개수에 대한 제약 등이 있다. 이 계획 모형은 특정 시장에서 광고주의 주문을 충족할 수 있는 최적의 광고 배정 방안을 결정하는 모형의 입력 자료를 제공한다. 애널리틱스와 경영과학의 활용으로 IHM은 연간 수백만 달러의 매출을 증가시킬 수 있었고, 가용한 광고 스폿을 보다 효율적으로 사용할 수 있었으며, 광고 스폿의 가시성을 향상시켜 운영 인력이 2배나 더 많은 광고 스폿을 처리할 수 있게 했다. 또한 더 공정하고 공평한 광고 스폿의 분배로 고객 서비스를 개선하여 고객 불만을 줄였고, 광고 스폿 재고에 대한 보다 정확한 가시성으로 인해 매출을 증대하였으며, 전체적으로 연간 0.5백만 달러의 재무적 이익을 얻을 수 있었다.

© Andrey Tsidvintsev/123RF.Com

자료 : S. Venkatachalam, F. Wong, E. Uyar, S. Ward, A. Aggarwal, "Media Company Uses Analytics to Schedule Radio Advertisement Spots," *Interfaces* 45 (6): 485–500, 2015

모형의 제약식

첫 번째 제약식은 광고 비용으로 할당된 10만 달러에 관한 것이다.

$$\$15,000x_1 + 6,000x_2 + 4,000x_3 \leq \$100,000$$

여기서, $\$15,000x_1 = $ TV 광고에 들어가는 비용

$6,000x_2 = $ 라디오 광고에 들어가는 비용

$4,000x_3 = $ 신문 광고에 들어가는 비용

다음에 나오는 세 가지 제약식은 TV, 라디오, 신문을 통해서 내보낼 수 있는 최대 광고 횟수가 각각 4회, 10회, 7회로 제한되어 있다는 것이다.

$$x_1 \leq 4(\text{TV 광고 횟수})$$

$$x_2 \leq 10(\text{라디오 광고 횟수})$$

$$x_3 \leq 7(\text{신문 광고 횟수})$$

마지막 제약식은 세 가지 매체를 통하여 내보낼 수 있는 총 광고의 횟수가 15회를 넘을 수 없다는 것이다.

$$x_1 + x_2 + x_3 \leq 15(\text{총 광고 횟수})$$

모형의 요약

이 문제에 대한 완전한 선형계획법 모형은 다음과 같이 요약된다.

$$\text{maximize } Z = 20{,}000x_1 + 12{,}000x_2 + 9{,}000x_3$$

$$\text{subject to}$$

$$\$15{,}000x_1 + 6{,}000x_2 + 4{,}000x_3 \leq \$100{,}000$$

$$x_1 \leq 4$$

$$x_2 \leq 10$$

$$x_3 \leq 7$$

$$x_1 + x_2 + x_3 \leq 15$$

$$x_1, x_2, x_3 \geq 0$$

엑셀을 이용한 컴퓨터 해법

지금까지 살펴본 마케팅 예제를 엑셀을 이용하여 풀어 보면 제시 4.10과 같다. 모형의 의사결정변수는 셀 D6 : D8에 들어 있다. 셀 E10에 입력된 목적함수는 화면 상단의 수식 칸에도 나타나 있다. 제시 4.11에서와 같이 해 찾기 창을 열고 제약식을 입력할 때, 하나의 식 H6 : H10 <= J6 : J10을 입력하면 된다.

해답 분석

위 모형에 대한 해를 구하면,

$$x_1 = 1.818\text{회의 TV 광고}$$

$$x_2 = 10\text{회의 라디오 광고}$$

$$x_3 = 3.182\text{회의 신문 광고}$$

$$Z = 18\text{만 } 5{,}000\text{명의 광고 노출 사람 수}$$

이다.

제시 4.10

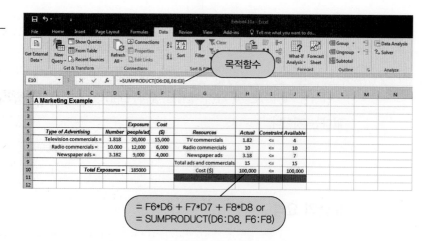

= F6*D6 + F7*D7 + F8*D8 or
= SUMPRODUCT(D6:D8, F6:F8)

제시 4.11

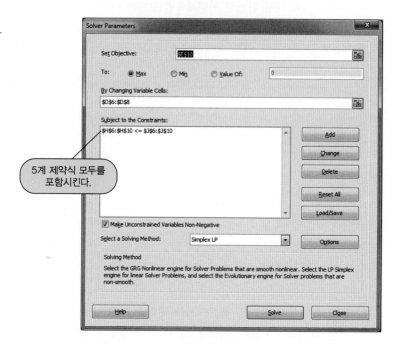

위의 경우는 비정수해(non-integer solution)가 야기하는 어려움을 보여 준다. 1,818번의 TV 광고 횟수를 2번으로 반올림하고, 10번 라디오 광고를 하고, 신문을 통해 3번만 광고를 내보내는 것은 현실적으로 가능하지 않다. 예산에 대한 제약식을 간단히 검토해 보면, 이 경우 비록 2,000달러 정도이긴 하지만 할당된 예산 10만 달러를 초과하게 된다. 따라서 이 회사는 광고에 대한 예산을 증가시키든지 아니면 1회 TV 광고, 10회 라디오 광고, 3회 신문 광고를 해야 한다. 이 경우, 광고가 전달되는 사람의 숫자는 16만 7,000명으로 원래 최적해보다 10% 정도, 즉 1만 8,000명 정도 더 감소하게 된다. 사실 이와 같이 소수점을 버려서 얻은 해보다 더 좋은 해가 존재한다.

이 경우 최적해가 정수값을 갖도록 제한하는 정수 선형계획법(integer linear programming, 간단히 integer programming이라 부른다)을 사용하면 된다. 정수계획법(integer programming)에 관해서는 다음 제5장에서 더 자세히 설명하겠지만, 현재로서는 해 찾기 창에서 제약식

을 입력하는 곳에 간단히 하나의 조건을 추가함으로써 정수해를 구할 수 있다. 제시 4.12와
4.13에 나타나 있는 것과 같이 제한조건 추가 창에서 의사결정변수인 셀 **D6 : D8**을 정수값
으로 지정해 주면 된다. 이렇게 해 주면 제시 4.14의 스프레드시트에 나타나 있는 해를 구할
수 있고, 앞에서 설명했듯이 소수점을 버리고 얻었던 해보다 총 광고 전달 사람 수가 증가한
더 좋은(즉, 노출되는 사람 수가 1만 7,000명 더 많은) 해를 찾을 수 있다.

제시 4.12

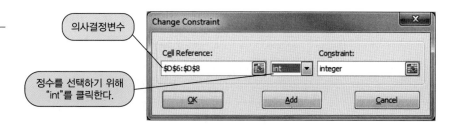

제시 4.13

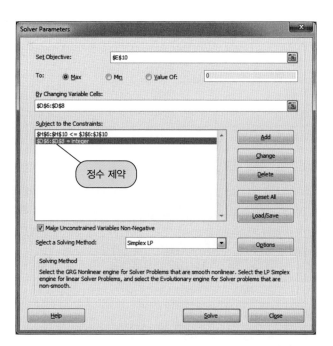

제시 4.14

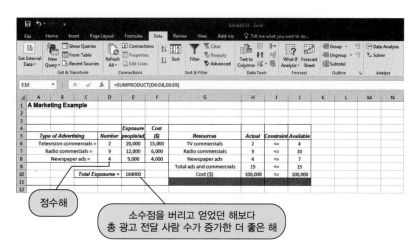

수송 예제

Big Buy 소매체인은 매월 세 군데의 유통센터/창고로부터 세 곳의 소매점으로 TV를 수송한다. 각각의 창고에서는 매달 일정 양의 TV를 공급하고 있으며, 각각의 소매점에서는 매달 일정양의 수요를 가진다. 이 회사는 수송비용을 최소화하기 위하여 각 창고에서 각 소매점에 몇 대의 TV를 수송해야 하는지 알고 싶다.

각 창고는 매월 다음과 같은 TV 공급량을 갖고 있다.

창고	공급량
1. 신시내티	300
2. 애틀랜타	200
3. 피츠버그	200
합계	700

각 소매점은 매월 다음과 같은 TV 수요량을 갖고 있다.

소매점	수요량
A. 뉴욕	150
B. 댈러스	250
C. 디트로이트	200
합계	600

운송 수단과 거리의 차이로 인해 각 창고에서 각 소매점으로 수송하는 비용은 서로 달라진다. 각 경로를 통한 TV 1대당 수송비용은 다음과 같다.

출발지 (창고)	도착지(소매점)		
	A(달러)	B(달러)	C(달러)
1	16	18	11
2	14	12	13
3	13	15	17

의사결정변수

위 모형에는 세 군데의 창고로부터 세 곳의 소매점으로 수송해야 할 TV의 수량을 나타내는 총 9개의 의사결정변수가 존재한다.

$$x_{ij} = \text{창고 } i \text{로부터 소매점 } j \text{로 수송해야 하는 TV의 수량}$$

$$\text{단, } i = 1, 2, 3 \text{ 그리고 } j = \text{A, B, C}$$

+ 2개의 아래첨자를 갖는 변수는 변수 이름의 또 다른 형태일 뿐이다.

의사결정변수 x_{ij}는 아래첨자를 2개 가지고 있다. 아래첨자가 1개이거나 2개이거나, 아래첨자가 다르면 서로 다른 의사결정변수가 된다. 예를 들어, 의사결정변수 x_{3A}는 피츠버그에 있는 창고 3으로부터 뉴욕에 있는 소매점 A에 수송해야 할 TV의 수량을 나타낸다.

목적함수

이 회사가 가지고 있는 목적함수는 모든 수송을 고려한 총 수송 비용을 최소화하는 것이다. 따라서 목적함수는 각 창고에서 각 소매점으로의 수송 비용을 합하면 된다.

$$\text{minimize } Z = \$16x_{1A} + 18x_{1B} + 11x_{1C} + 14x_{2A} + 12x_{2B} + 13x_{2C} + 13x_{3A} + 15x_{3B} + 17x_{3C}$$

모형의 제약식

위 모형에 대한 제약식은 각 창고의 TV 공급량과 각 소매점에서 요구하는 TV의 수요량에 관한 것이다. 각 창고의 공급량과 각 소매점의 수요량에 대하여 하나씩 제약식이 존재하므로 총 6개가 된다. 예를 들어, 신시내티에 있는 창고 1에서는 모든 소매점으로 공급할 수 있는 TV의 수량이 300대로 제한되어 있다. 창고 1에서 모든 소매점으로 보내는 수량은 단순히 x_{1A}, x_{1B}, x_{1C}를 합하면 되므로 창고 1에 대한 제약식은 다음과 같다.

$$x_{1A} + x_{1B} + x_{1C} \leq 300$$

+ **균형 수송모형**(balanced transportation model)에서는 수요와 공급이 같기 때문에 제약식이 등식 형태가 되지만, **불균형 수송모형**(unbalanced transporation model)에서는 공급이 수요와 같지 않고, 제약식 중 적어도 하나는 부등호(≤) 형태가 된다.

이 제약식에서 부등호가 사용되는 이유는 크게 두 가지이다. 첫째, 300대의 TV는 창고가 확보하고 있는 총 수량이므로 300대를 초과하여 수송할 수 없다. 둘째, 총 수요량인 600대를 만족시키기 위해 300대의 TV를 모두 수송하지 않아도 되기 때문이다. 다시 말하면, 총 수요량은 총 공급량인 700대보다 작다. 상점 세 곳의 수요를 만족시키기 위해서 각 창고의 모든 공급량을 수송할 필요는 없다. 따라서 창고 2와 3의 공급량에 대한 제약식도 부등식으로 표현된다.

$$x_{2A} + x_{2B} + x_{2C} \leq 200$$

$$x_{3A} + x_{3B} + x_{3C} \leq 200$$

수요와 관련된 3개의 제약식도 공급에 관한 제약식과 비슷한 방식으로 쓸 수 있는데, 이 경우 변수의 합은 세 군데의 창고에서 공급되는 TV 수량의 합을 의미한다. 따라서 한 곳의 소매점으로 수송되어 오는 TV의 수는 세 군데의 창고에서 오는 수량의 합이다. 모든 수요는 만족되어야 하므로 이 경우 등식으로 표현된다.

$$x_{1A} + x_{2A} + x_{3A} = 150$$

$$x_{1B} + x_{2B} + x_{3B} = 250$$

$$x_{1C} + x_{2C} + x_{3C} = 200$$

모형의 요약

이 문제에 대한 완전한 선형계획법 모형은 다음과 같이 요약된다.

$$\text{minimize } Z = \$16x_{1A} + 18x_{1B} + 11x_{1C} + 14x_{2A} + 12x_{2B} + 13x_{2C} + 13x_{3A} + 15x_{3B} + 17x_{3C}$$

subject to

$$x_{1A} + x_{1B} + x_{1C} \leq 300$$

$$x_{2A} + x_{2B} + x_{2C} \leq 200$$

$$x_{3A} + x_{3B} + x_{3C} \leq 200$$

$$x_{1A} + x_{2A} + x_{3A} = 150$$

$$x_{1B} + x_{2B} + x_{3B} = 250$$

$$x_{1C} + x_{2C} + x_{3C} = 200$$

$$x_{ij} \geq 0$$

엑셀을 이용한 컴퓨터 해법

지금까지 살펴본 수송 예제를 엑셀을 이용하여 풀어 보면 제시 4.15와 같다. 셀 C11에 입력된 목적함수는 화면 상단의 수식 칸에도 나타나 있다. 공급에 관련된 제약식은 셀 F5, F6, F7에 입력되어 있고, 수요에 관련된 제약식은 셀 C8, D8, E8에 입력되어 있다. 따라서 신시내티에 대한 공급량 제약식은 **C5 + D5 + E5 ≤ H5**가 된다. 해 찾기 매개변수 창은 제시 4.16에 나타나 있다.

제시 4.15

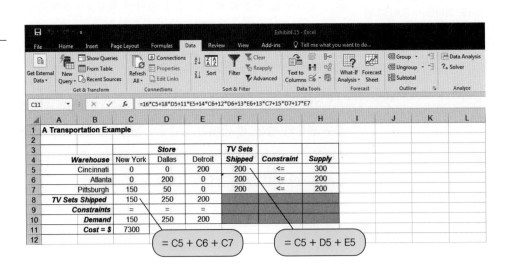

제시 4.16

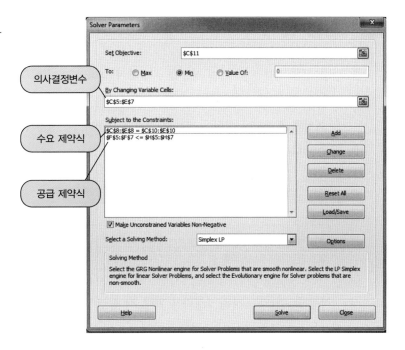

해답 분석

위 모형에 대한 해를 구하면,

$$x_{1C} = 200(신시내티에서 \ 디트로이트로의 \ TV \ 수송량)$$

$$x_{2B} = 200(애틀랜타에서 \ 댈러스로의 \ TV \ 수송량)$$

$$x_{3A} = 150(피츠버그에서 \ 뉴욕으로의 \ TV \ 수송량)$$

$$x_{3B} = 50(피츠버그에서 \ 댈러스로의 \ TV \ 수송량)$$

$$Z = 7,300달러(총 \ 수송비용)$$

이다.

첫 번째 제약식에서 보면 신시내티의 공급량 중 100대의 TV가 남았다. 이곳에서 100대의 TV가 수송되지 않고 남아 있기 때문에, 경영자는 재고량과 재고비용에 대해 고려해야 할 것이다.

이 예제는 선형계획법의 특수한 형태로서, 우리가 제6장에서 다룰 주제인 수송 문제이다. 구해진 해가 모두 정수값을 가진다는 것에 주목하자. 제약식의 매개변수 계수들이 모두 0 또는 1이라는 값만 가지는 특수한 구조를 가지고 있기 때문에 항상 해가 정수값을 가지게 된다.

혼합 예제

다음 정유 회사는 세 가지 성분을 혼합하여 슈퍼, 프리미엄, 엑스트라 등 세 가지 등급의 휘발유를 생산한다. 이 회사는 이익을 최대화하기 위하여 각 등급의 휘발유 내에 있는 성분들을 어떻게 혼합해야 최적이 되는지 결정하고 싶다. 각 성분의 이용 가능한 최대량과 배럴당 비용은 다음과 같다.

성분	일일 최대 이용 가능 배럴	배럴당 비용(달러)
1	4,500	12
2	2,700	10
3	3,500	14

적절히 혼합되는 것을 보장하기 위해, 각 등급마다 정해진 혼합 기준이 있다. 각 등급의 휘발유는 성분 1을 최소 어느 정도 포함해야 하며, 다른 성분들도 다음과 같이 혼합되어야 한다.

등급	성분의 혼합 기준	배럴당 판매가격(달러)
슈퍼	성분 1이 최소 50% 이상 성분 2는 30%를 초과할 수 없음	23
프리미엄	성분 1이 최소 40% 이상 성분 3은 25%를 초과할 수 없음	20
엑스트라	성분 1이 최소 60% 이상 성분 2가 최소 10% 이상	18

이 회사는 각 등급의 휘발유를 최소 3,000배럴 이상은 생산하기를 원한다.

의사결정변수

이 문제에 대한 의사결정변수는 각 등급의 휘발유에 들어갈 성분의 양을 의미한다. 이것을 위해 다음과 같이 총 9개의 의사결정변수가 필요하다.

$$x_{ij} = 하루당\ 휘발유\ 등급\ j에\ 들어가는\ 성분\ i의\ 양(배럴)$$

여기서, $i = 1, 2, 3$이고 $j = s$(슈퍼), p(프리미엄), e(엑스트라)이다.

예를 들어, 슈퍼 등급에 들어가는 성분 1의 양은 x_s가 된다. 각 등급별로 생산되는 총 휘발유량은 다음과 같다.

$$슈퍼\ x_{1s} + x_{2s} + x_{3s}$$
$$프리미엄\ x_{1p} + x_{2p} + x_{3p}$$
$$엑스트라\ x_{1e} + x_{2e} + x_{3e}$$

목적함수

이 정유 회사의 목표는 이익을 최대화하는 것이다. 이익은 매출에서 비용을 빼서 얻을 수 있다. 매출은 각 휘발유 등급의 총 생산량에 판매 가격을 곱하여 얻는다. 또한 비용은 각 성분의 총 사용량에 성분당 비용을 곱하여 계산한다.

$$\text{maximize } Z = \$23(x_{1s} + x_{2s} + x_{3s}) + 20(x_{1p} + x_{2p} + x_{3p}) + 18(x_{1e} + x_{2e} + x_{3e})$$
$$- 12(x_{1s} + x_{1p} + x_{1e}) - 10(x_{2s} + x_{2p} + x_{2e}) - 14(x_{3s} + x_{3p} + x_{3e})$$

목적함수를 정리하면 다음과 같다.

$$\text{maximize } Z = 11x_{1s} + 13x_{2s} + 9x_{3s} + 8x_{1p} + 10x_{2p} + 6x_{3p} + 6x_{1e} + 8x_{2e} + 4x_{3e}$$

모형의 제약식

이 혼합 문제는 여러 개의 제약식을 가지고 있다. 첫 번째, 하루당 이용 가능한 성분의 양이 한정되어 있다는 것이다.

$$x_{1s} + x_{1p} + x_{1e} \leq 4,500\text{배럴}$$
$$x_{2s} + x_{2p} + x_{2e} \leq 2,700\text{배럴}$$
$$x_{3s} + x_{3p} + x_{3e} \leq 3,500\text{배럴}$$

다음 제약식은 각 등급의 휘발유마다 성분의 혼합 기준을 만족시키는 것이다. 먼저 슈퍼 등급은 전체 중에서 성분 1을 적어도 50% 포함해야 한다.

$$\frac{x_{1s}}{x_{1s} + x_{2s} + x_{3s}} \geq 0.50$$

이 의미는 슈퍼 등급으로 생산되는 양 중에서 성분 1의 양이 적어도 50%는 되어야 한다는 뜻이다. 이 제약식을 선형계획법에 적합한 형식으로 변환하면

$$x_{1s} \geq 0.50(x_{1s} + x_{2s} + x_{3s})$$

가 되고, 정리하면

$$0.50x_{1s} - 0.50x_{2s} - 0.50x_{3s} \geq 0$$

이다. 이것은 컴퓨터에 입력하기 전에 반드시 갖추어야 할 형태의 선형계획법 제약식이다. 모든 의사결정변수는 부등호의 좌변에 있고 우변에는 오직 상수만 있다.

슈퍼 등급에 대한 또 다른 제약 조건으로 성분 2의 함유량이 30%를 넘을 수는 없다는 제약도 비슷한 방법으로 다음과 같이 식을 세울 수 있다.

$$\frac{x_{2s}}{x_{1s} + x_{2s} + x_{3s}} \leq 0.30$$

정리하면

$$0.70x_{2s} - 0.30x_{1s} - 0.30x_{3s} \leq 0$$

이다.

프리미엄 등급에 대한 2개의 혼합 제약식은 다음과 같다.

$$0.60x_{1p} - 0.40x_{2p} - 0.40x_{3p} \geq 0$$

$$0.75x_{3p} - 0.25x_{1p} - 0.25x_{2p} \geq 0$$

엑스트라 등급에 대한 2개의 혼합 제약식은 다음과 같다.

$$0.40x_{1e} - 0.60x_{2e} - 0.60x_{3e} \geq 0$$

$$0.90x_{2e} - 0.10x_{1e} - 0.10x_{3e} \geq 0$$

마지막 제약식은 각 등급의 휘발유가 최소한 3,000배럴씩은 생산되어야 한다는 것이다.

$$x_{1s} + x_{2s} + x_{3s} \geq 4,500 \text{배럴}$$

$$x_{1p} + x_{2p} + x_{3p} \geq 2,700 \text{배럴}$$

$$x_{1e} + x_{2e} + x_{3e} \geq 3,500 \text{배럴}$$

모형의 요약

이 문제에 대한 완전한 선형계획법 모형은 다음과 같이 요약된다.

$$\text{maximize } Z = 11x_{1s} + 13x_{2s} + 9x_{3s} + 8x_{1p} + 10x_{2p} + 6x_{3p} + 6x_{1e} + 8x_{2e} + 4x_{3e}$$

subject to

$$x_{1s} + x_{1p} + x_{1e} \leq 4,500$$

$$x_{2s} + x_{2p} + x_{2e} \leq 2,700$$

$$x_{3s} + x_{3p} + x_{3e} \leq 3,500$$

$$0.50x_{1s} - 0.50x_{2s} - 0.50x_{3s} \geq 0$$

$$0.70x_{2s} - 0.30x_{1s} - 0.30x_{3s} \leq 0$$

$$0.60x_{1p} - 0.40x_{2p} - 0.40x_{3p} \geq 0$$

$$0.75x_{3p} - 0.25x_{1p} - 0.25x_{2p} \geq 0$$

$$0.40x_{1e} - 0.60x_{2e} - 0.60x_{3e} \geq 0$$

$$0.90x_{2e} - 0.10x_{1e} - 0.10x_{3e} \geq 0$$

$$x_{1s} + x_{2s} + x_{3s} \geq 4,500$$

$$x_{1p} + x_{2p} + x_{3p} \geq 2,700$$

$$x_{1e} + x_{2e} + x_{3e} \geq 3,500$$

$$x_{ij} \geq 0$$

엑셀을 이용한 컴퓨터 해법

지금까지 살펴본 혼합 예제를 엑셀을 이용하여 풀어 보면 제시 4.17과 같다. 해 찾기 창은 제시 4.18에 나타나 있다. 의사결정변수는 제시 4.17의 셀 **B7 : B15**에 들어 있다. 총 이익은 셀 C16에 수식 **= SUMPRODUCT(B7 : B15, C7 : C15)**와 같이 입력되어 있고, 화면 상단의 수식 칸에도 나타나 있다. 제약식은 H6에서 H17까지의 셀에 입력되어 있다. 이번 경우 제약식의 계수를 스프레드시트 상에 배열로 나타내지 않았음을 주의하자. 대신 좀 더 쉽게 셀 H6 : H17에 제약식의 계수를 직접 입력하였다. 예를 들어, 셀 H6에 제약식은 **= B7 + B10 + B13**과 같이 입력되어 있고, 셀 H9에 제약식은 **= .5*B7 − .5*B8 − .5*B9**로 들어 있다. H열의 나머지 셀에도 비슷한 방식으로 제약식이 입력되어 있다.

제시 4.17

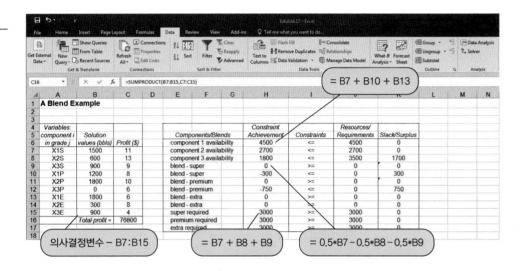

제시 4.18

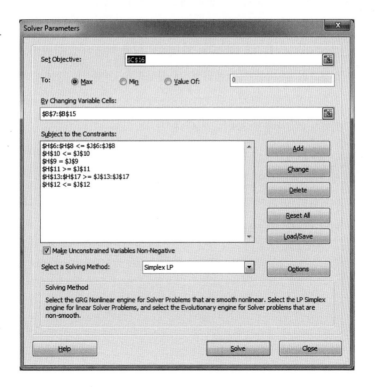

해답 분석

위 모형에 대한 해를 구하면,

$$x_{1s} = 1,500\text{배럴}$$

$$x_{2s} = 600\text{배럴}$$

$$x_{3s} = 900\text{배럴}$$

$$x_{1p} = 1,200\text{배럴}$$

$$x_{2p} = 1,800\text{배럴}$$

$$x_{1e} = 1,800\text{배럴}$$

$$x_{2e} = 300\text{배럴}$$

$$x_{3e} = 900\text{배럴}$$

$$Z = \$76,800$$

이다. 결과를 보면 슈퍼, 프리미엄, 엑스트라 각 등급별로 휘발유가 3,000배럴씩 생산된다. 또한, 4,500배럴의 성분 1과 2,700배럴의 성분 2 그리고 1,800배럴의 성분 3(이 문제는 복수의 최적해를 가진다)이 사용되었다.

민감도 분석

+ 잠재가격은 추가로 얻게 되는 자원 한 단위가 가지는 경제적 한계 가치를 의미한다.

제시 4.19에는 혼합 문제에 대한 엑셀의 민감도 보고서가 나와 있다. 성분 1의 잠재가격 (shadow price)이 20달러임을 주목하자. 성분 1은 이익을 가장 많이 증가시키는 중요 성분이다. 추가로 성분 1을 한 배럴 확보하게 되면 이윤이 20달러씩 증가하게 된다. 예를 들어, 현재 성분 1의 총 이용 가능량인 4,500배럴을 4,501배럴로 증가시키면, 그 결과로 얻게 되는 총 이익은 7만 6,800달러에서 7만 6,820달러(이 잠재가격은 성분 1의 민감도 범위 상한 값인 6,200배럴까지 유효하다)로 늘어나게 된다.

　정유업계에서는 원유의 성분과 질에 따라 여러 등급의 휘발유를 만들어 낼 수 있다. 따라서 원유의 성질이 변화하게 되면, 혼합의 기준 또한 바뀌어야 한다. 이용 가능한 성분의 양도 변화한다. 따라서 하루마다 변하는 성분의 이용 가능량과 혼합 기준을 바꿔 가면서 위 모형의 일반적인 구조를 매일 적용할 수 있다.

제시 4.19

Adjustable Cells

Cell	Name	Final Value	Reduced Cost	Objective Coefficient	Allowable Increase	Allowable Decrease
B7	X1S values (bbls)	1500	0	11	1E+30	3
B8	X2S values (bbls)	600	0	13	0	0
B9	X3S values (bbls)	900	0	9	0	0
B10	X1P values (bbls)	1200	0	8	3	1E+30
B11	X2P values (bbls)	1800	0	10	2	0
B12	X3P values (bbls)	0	0	6	0	1E+30
B13	X1E values (bbls)	1800	0	6	3	1E+30
B14	X2E values (bbls)	300	0	8	0	1E+30
B15	X3E values (bbls)	900	0	4	22.67	0

Constraints

Cell	Name	Final Value	Shadow Price	Constraint R.H. Side	Allowable Increase	Allowable Decrease
H13	blend - extra Achievement	0	-18	0	1.1E-05	8.5E+02
H14	blend - extra Achievement	0	0	0	6.0E+02	3.0E+02
H15	super required Achievement	3000	0	3000	2.2E-05	1.0E+30
H16	premium required Achievement	3000	-1	3000	2.7E-05	8.3E+02
H17	extra required Achievement	3000	-7	3000	1.8E-05	3.0E+03
H12	blend - premium Achievement	-750	0	0	1.0E+30	7.5E+02
H11	blend - premium Achievement	0	-18	0	1.1E-05	6.0E+02
H9	blend - super Achievement	0	-18	0	1.1E-05	8.5E+02
H10	blend - super Achievement	-300	0	0	1.0E+30	3.0E+02
H6	component 1 availability Achievement	4500	20	4500	1.7E+03	1.1E-05
H7	component 2 availability Achievement	2700	4	2700	3.0E+02	6.0E+02
H8	component 3 availability Achievement	1800	0	3500	1.0E+30	1.7E+03

성분 1에 대한 잠재가격은 20달러이다.

성분 1에 대한 민감도 범위의 상한선은 4,500 + 1,700 = 6,200이다.

다기간 스케줄링 예제

PM 컴퓨터는 국내와 해외에서 부품을 구입한 후 자사 브랜드의 컴퓨터를 조립하여 판매한다. PM은 지역의 개인과 기업체뿐만 아니라 주립대학교의 여러 학과에도 컴퓨터를 공급하고 있다.

PM은 매주 160대의 컴퓨터를 생산할 능력을 갖추고 있다. 또한, 초과 근무시간까지 가동하면 추가로 50대를 더 생산할 수 있다. 정규 근무시간에 컴퓨터를 1대 조립하고 검사하고 포장하는 데는 190달러가 들지만, 초과 근무시간에 생산하면 260달러의 비용이 소요된다. 게다가 나중에 배달할 목적으로 미리 생산하여 재고를 보유하게 되면, 1대당 매주 10달러의 비용이 들어간다. PM은 서비스 품질을 중요하게 생각하기 때문에 고객의 주문을 모두 충족시키기를 원한다. 향후 6주 동안 PM의 주문 스케줄은 다음과 같다.

주	컴퓨터 주문	주	컴퓨터 주문
1	105대	4	180대
2	170대	5	150대
3	230대	6	250대

PM 컴퓨터는 비용을 최소화하면서 고객의 주문량을 모두 만족시키기 위해 정규 근무시간

정유산업의 혼합 과정에 선형계획법 적용

1950년대에 민간기업은 조지 단치히의 선형계획법 방법을 사용하기 시작하였다. 선형계획법을 처음으로 광범위하게 적용한 중요 사례 중의 하나가 정유산업이었다. 나중에 단치히가 회고하였듯이 "그들은 적절한 인화점, 적절한 점도(viscosity), 그리고 적절한 옥탄가를 갖는 휘발유를 가장 저렴하게 혼합하는 방법에 관한 간단한 문제부터 시작했다." 1955년 기포드 사이먼즈 (Gifford Symonds)는 정유산업의 선형계획법 응용에 관한 최초의 공식적인 기술인 《선형계획법 : 정제 문제의 해답》이라는 저서를 썼다. 이 저서에는 항공기 휘발유 혼합, 생산공정 조건을 충족하는 원유 선정, 가변적인 계절적 요구사항을 충족시키기 위한 생산량과 재고수준의 결정 등과 같은 문제가 포함되어 있다. 오늘날에도 정유산업의 혼합과 생산계획 문제는 선형계획법의 가장 유명하고 효과적인 응용 사례이다.

이러한 다양한 등급의 휘발유는 정유소에서 생산되는 중간 단계 제품인 증류 휘발유(distilled gasoline), 개질 휘발유 (reformate gasoline), 접촉분해 휘발유(catalytically cracked gasoline) 등에 옥탄가를 높이는 첨가제를 혼합하여 만들어 낸다. 보통의 정유소에서는 20개 정도의 성분들을 혼합하여 4종류 정도의 휘발유를 생산한다. 혼합물의 특성이나 성질은 증기압, 유황의 함유량, 옥탄가 등과 같은 휘발유 원료에 내재하는

(원유로부터 비롯되는) 특성들의 조합에 의해 결정된다. 선형계획법 모형은 주어진 제한조건인 원료 성분의 이용 가능량, 수요, 특성 규격(예를 들어, 혼합 방법) 등을 만족시키면서 각 성분을 얼마나 혼합해야 하는지를 결정한다. 4종류의 휘발유를 생산하는 선형계획법 모형은 보통 40개 이상의 변수와 70개 이상의 제약식을 포함한다.

© Will Newitt/Alamy Stock Photo

자료 : C. E. Bodington and T. E. Baker, "A History of Mathematical Programming in the Petroleum Industry," *Interfaces* 20, no. 4 (July–August 1990): 117–127.

과 초과 근무시간에 생산 계획을 어떻게 짜야 하는지 결정하려고 한다. 6주의 기간이 끝나는 시점에는 남은 재고량이 없도록 할 계획이다.

의사결정변수

이 문제는 크게 세 가지 그룹의 의사결정변수를 가지고 있는데, 매주마다 정규 근무시간 생산량, 초과 근무시간 생산량, 재고로 비축해 둘 수량이다. 이렇게 하면 총 17개의 의사결정변수가 나온다. 이 변수 그룹에 대하여 다음과 같이 이름을 붙인다.

$r_j = j$번째 주의 정규 근무시간 컴퓨터 생산량($j = 1, 2, 3, 4, 5, 6$)

$o_j = j$번째 주의 초과 근무시간 컴퓨터 생산량($j = 1, 2, 3, 4, 5, 6$)

$i_j = j$번째 주의 재고량($j = 1, 2, 3, 4, 5$)

이렇게 정의하면 정규 근무시간 생산량에 관한 의사결정변수가 6개 나오고, 초과 근무시간 생산량에 관한 의사결정변수가 6개 나온다. 재고량에 대해서는 의사결정변수가 5개밖에 없는데, 그 이유는 6주의 기간이 끝날 때 재고가 없어야 한다고 문제에 주어져 있기 때문이다.

목적함수

이 회사는 정규 근무시간과 초과 근무시간의 생산비용과 재고비용의 합인 총 비용을 최소화하는 것이 목표이다.

$$\text{minimize } Z = \$190(r_1 + r_2 + r_3 + r_4 + r_5 + r_6) + 260(o_1 + o_2 + o_3 + o_4 + o_5 + o_6)$$
$$+ 10(i_1 + i_2 + i_3 + i_4 + i_5)$$

모형의 제약식

이 문제는 크게 세 가지 종류의 제약식을 가지고 있다. 처음 두 가지 종류의 제약식은 정규 근무시간과 초과 근무시간을 통한 생산능력에 관한 것이고, 세 번째 종류는 매주 생산 스케줄에 관한 것이다.

매주 정규 근무시간 동안 컴퓨터의 생산능력은 160대이므로 다음과 같이 6개의 제약식이 나온다.

$$r_j \leq 160\text{대}(j = 1, 2, 3, 4, 5, 6)$$

매주 초과 근무시간을 통한 컴퓨터의 생산능력은 50대이므로 마찬가지로 다음과 같이 6개의 제약식이 나온다.

$$o_j \leq 50\text{대}(j = 1, 2, 3, 4, 5, 6)$$

다음에 나오는 6개의 제약식은 정규 근무시간 및 초과 근무시간 생산량과 재고량을 통해 매주 주문 수량을 만족시켜야 한다는 것이다.

$$
\begin{aligned}
1주 &: \quad r_1 + o_1 - i_1 = 105 \\
2주 &: \quad r_2 + o_2 + i_1 - i_2 = 170 \\
3주 &: \quad r_3 + o_3 + i_2 - i_3 = 230 \\
4주 &: \quad r_4 + o_4 + i_3 - i_4 = 180 \\
5주 &: \quad r_5 + o_5 + i_4 - i_5 = 150 \\
6주 &: \quad r_6 + o_6 + i_5 = 250
\end{aligned}
$$

예를 들면, 첫 번째 주에는 105대의 컴퓨터를 주문받았다. 정규 근무시간 생산량인 r_1과 초과 근무시간 생산량인 o_1이 주문량을 만족시켜야 하고, 남는 양 i_1은 미래를 위해 비축할 재고량이며 현 기간의 주문 충족에 사용되지 않기 때문에 여기서 뺀다. 마찬가지로 두 번째 주에도 정규 근무시간과 초과 근무시간을 통한 생산량 $r_2 + o_2$와 첫 번째 주에서 넘어온 재고량 i_1의 합이 주문량 170대를 만족시킬 수 있어야 한다.

모형의 요약

이 문제에 대한 완전한 선형계획법 모형은 다음과 같이 요약된다.

$$\text{minimize } Z = \$190(r_1 + r_2 + r_3 + r_4 + r_5 + r_6) + 260(o_1 + o_2 + o_3 + o_4 + o_5 + o_6)$$

$$+ 10(i_1 + i_2 + i_3 + i_4 + i_5)$$

$$r_j \leq 160(j = 1, 2, 3, 4, 5, 6)$$

$$o_j \leq 50(j = 1, 2, 3, 4, 5, 6)$$

$$r_1 + o_1 - i_1 = 105$$

$$r_2 + o_2 + i_1 - i_2 = 170$$

$$r_3 + o_3 + i_2 - i_3 = 230$$

$$r_4 + o_4 + i_3 - i_4 = 180$$

$$r_5 + o_5 + i_4 - i_5 = 150$$

$$r_6 + o_6 + i_5 = 250$$

$$r_j, o_j, i_j \geq 0$$

경영과학을 이용한 인력 스케줄링

경영과학 모형의 가장 큰 응용 분야 중 하나가 인력 스케줄링(employee scheduling)인데, 이는 용량계획 문제(capacity-planning problem)로도 불린다. 이 모형은 인력배치(staffing)와 스케줄링 두 개의 요소로 구성된다. 인력배치는 언제 어디에 몇 명의 직원이 필요한지를 결정하며, 스케줄링은 각 직원을 언제 어디에 할당할지를 결정한다. 이 문제는 두 단계에 걸쳐서 푼다. 먼저 인력배치 문제를 풀게 되는데, 이때 수요 예측, 대기열 분석, 시뮬레이션, 재고 관리 등과 같은 경영과학 기법들을 사용한다. 인력배치 계획이 개발되고 나면, 다음으로 일정 계획을 만든다. 일정 계획은 대개의 경우 선형계획법을 이용하여 직원들을 특정한 시간에 특정한 업무나 위치에 할당한다. 이러한 유형의 문제 중 하나가 간호사 스케줄링 문제인데, 이 문제에서는 정해진 기간 동안 병원에 소속된 간호사의 근무일과 교대조를 정한다. 간호사 스케줄링 문제의 목적은 환자에 대한 적절한 서비스를 보장하면서도 인력 낭비(그리고 비용)를 줄이기 위해 간호사 수를 최소화하는 것이다. 좋은 해란 병원 정책, 법적 요건, 노조 정책들을 충족시켜야 하고 간호사와 환자의 사기를 유지하여 이들의 이탈을 막을 수 있어야 한다. 지난 40년 동안 (고속 컴퓨터가 가용해진 이후) 인력 스케줄링 문제 그리고 특히 간호사 스케줄링 문제를 풀기 위한 많은 해법들이 개발되었다. 최근 조사에 따르면 간호사 스케줄링 문제만을 다루는 시스템이 570여 개 이상 가용한 것으로 추산되고 있다.

© Richard Green/Alamy Stock Photo

자료 : D. Kellogg and S. Walczak, "Nurse Scheduling: From Academia to Implementation or Not?" *Interfaces* 37, no. 4 (July–ugust 2007): 355–69.

엑셀을 이용한 컴퓨터 해법

지금까지 살펴본 다기간 스케줄링 예제를 엑셀을 이용하여 풀어 보면 제시 4.20과 같고, 해 찾기 매개변수 창은 제시 4.21에 나타나 있다. 목적함수는 셀 C13에 입력되어 있고, 화면 상단의 수식 칸에도 나타나 있다. 정규 근무시간 생산량의 의사결정변수는 셀 B6：B11에 들어 있고, 초과 근무시간 생산량의 의사결정변수는 D6：D11에 있다. G열의 'Computers Available' 칸에는 정규 근무시간과 초과 근무시간 생산량에 직전 주에 넘어 온 재고량을 모두 합한 수량이 들어 있다. 예를 들어, 셀 G7(2주째 총 가능 컴퓨터 수량)에는 수식 = B7 + D7 + I6이 입력되어 있다. 셀 I7(2주째 재고량)은 수식 = G7 − H7(즉, 총 컴퓨터 수량에서 주문량을 뺀 값)이 들어 있다.

제시 4.20

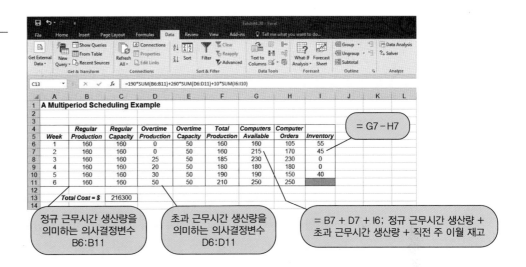

제시 4.21

두 번째 주에 **G7 >= H7** 제약식이 주어져야 한다. 또한, 정규 근무시간과 초과 근무시간의 생산능력에 대한 제약식도 해찾기 창에 입력되어야 한다. 예를 들어, 정규 근무시간에 대한 생산능력은 **B6 : B11 ≤ 160**과 같이 입력할 수 있다.

해답 분석

위 모형에 대한 해를 구하면 다음과 같다.

$$r_1 = 160(\text{1주째 정규 근무시간 생산량})$$
$$r_2 = 160(\text{2주째 정규 근무시간 생산량})$$
$$r_3 = 160(\text{3주째 정규 근무시간 생산량})$$
$$r_4 = 160(\text{4주째 정규 근무시간 생산량})$$
$$r_5 = 160(\text{5주째 정규 근무시간 생산량})$$
$$r_6 = 160(\text{6주째 정규 근무시간 생산량})$$
$$o_3 = 25(\text{3주째 초과 근무시간 생산량})$$
$$o_4 = 20(\text{4주째 초과 근무시간 생산량})$$
$$o_5 = 30(\text{5주째 초과 근무시간 생산량})$$
$$o_6 = 50(\text{6주째 초과 근무시간 생산량})$$
$$i_1 = 55(\text{1주째 재고량})$$
$$i_2 = 45(\text{2주째 재고량})$$
$$i_3 = 40(\text{5주째 재고량})$$

PM 컴퓨터는 6주 기간 동안 계속하여 정규 근무시간 생산을 최대로 가동시켜야 한다. 또한, 3주째와 6주째의 높은 주문량을 만족시키기 위하여 3, 4, 5, 6주에는 초과 근무시간에도 생산해야 한다.

민감도 분석

생산이 진행되어 가는 중에 주문량에 변화가 생기면 PM 컴퓨터는 이 모형을 사용하여 생산 계획을 수정할 수 있다. 예를 들어, 현재 PM 컴퓨터가 2주째 생산 중에 있고, 5주째 주문량이 150에서 200으로 바뀌어도 위 모형을 변경하여 새로운 스케줄을 얻을 수 있다. 위 모형은 6주 이상으로 연장된 생산 스케줄을 구할 때도 사용할 수 있다.

PM 컴퓨터는 3주와 6주째에 초과 근무시간이 상당히 많기 때문에, 정규 근무시간의 생산 능력을 증가시키는 것을 고려해 볼 만하다. 컴퓨터 해법을 이용하여 얻은 민감도 보고서에 나오는 3주째와 6주째 정규 근무시간 생산량 제약식에 대한 잠재가격을 보면, 정규 근무시간에 컴퓨터를 1대 더 생산할 때마다 총 비용은 약 70달러에서 80달러 정도 감소한다(이러한 비용 절감은 노동력의 증가 없이 1대당 생산 시간이 단축되는 경우에도 가능하다. 만약 생산능력을 증가시키기 위해 추가 노동력이 들어간다면, 잠재가격에서 추가 노동력 비용을 빼면 된다).

자료포락분석 예제

자료포락분석(data envelopment analysis, DEA)은 선형계획법 응용의 하나로서 입력(자원)과 출력을 기초로 동일한 유형의 서비스 기관들을 비교하는 방법이다. 자료포락분석의 해로부터 특정 기관이 다른 기관들에 비해 효율적인지 또는 생산적인지를 알 수 있다. 예를 들어, DEA는 병원들을 서로 비교할 수 있는데 여기서 입력에는 병상 수와 직원 수가 포함되고 출력에는 다양한 연령 그룹의 환자 입원일 수가 포함된다.

DEA의 예제로 Alton, Beeks, Carey, Delancey 등 4개의 초등학교를 보유한 도시를 고려해본다. 모든 초등학교 5학년을 대상으로 읽기, 수학, 역사 학습성과 평가 시험을 실시하고 있다. 시험의 평균점수가 학교의 수행도를 측정하는 출력이라고 하자. 초등학교의 시험점수에 영향을 미치는 입력에는 교사 대 학생 비율, 학생 1인당 보조기금(즉, 교사, 학부모 및 기타 사설 단체로부터 조성된 정규 예산 이외의 기금), 학부모의 평균 교육수준(예로, 12 = 고졸, 16 = 대졸) 등과 같은 3개의 핵심자원이 있다. 이러한 입력과 출력을 요약하면 다음과 같다.

입력 1 = 교사 대 학생 비율

입력 2 = 학생 1인당 보조기금

입력 3 = 학부모의 평균 교육수준

출력 1 = 읽기 시험 평균점수

출력 2 = 수학 시험 평균점수

출력 3 = 역사 시험 평균점수

학교별 실제 입력과 출력 수치는 다음과 같다.

학교	입력			출력		
	1	2(달러)	3	1	2	3
Alton	0.06	260	11.3	86	75	71
Beeks	0.05	320	10.5	82	72	67
Carey	0.08	340	12.0	81	79	80
Delancey	0.06	460	13.1	81	73	69

예를 들어, Alton의 경우, 교사 대 학생 비율은 0.06(대략 학생 16.17명당 교사 1명)이고, 학생 1인당 260달러의 보조기금이 있으며, 학부모의 평균 교육수준은 11.3이다. Alton의 읽기, 수학, 역사 평균점수는 각각 86, 75, 71이다.

교육청에서는 다른 초등학교들과 비교했을 때 입력을 출력으로 전환하는 데 있어 비효율적인 초등학교를 찾고 싶다. DEA는 특정 초등학교와 그 외의 모든 초등학교들을 비교한다.

따라서 완전한 분석을 위해서는 각 초등학교마다 별도의 모형이 필요하다. 예로, Delancey 초등학교를 나머지 다른 초등학교들과 비교하기로 한다.

의사결정변수

이번 장의 다른 예제들과 다르게 DEA 모형의 정형화는 바로 유도되지 않는다. 특히 의사결정변수를 의미 있는 형태로 정의하는 것이 쉽지 않다.

DEA 모형에서 의사결정변수는 각 출력과 입력의 단위당 가격으로 정의된다. 이 가격이 입력과 출력들의 실제 가격을 의미하는 것은 아니다. 경제학적 용어로 이러한 가격은 암시가격 (implicit prices) 또는 기회비용(opportunity cost)으로 불린다. 이러한 가격은 학교들 사이에서 입력과 출력의 상대적 가치이다. DEA 모형이 만들어지면 명확해지겠지만 이러한 가격들의 의미가 크게 중요한 것은 아니다. 우선은 의사결정변수를 다음과 같이 간단히 정의한다.

$$x_i = \text{각 출력의 단위당 가격}(i = 1, 2, 3)$$
$$y_i = \text{각 입력의 단위당 가격}(i = 1, 2, 3)$$

목적함수

DEA 모형의 목적은 Delancey 초등학교가 효율적인지 아닌지를 결정하는 것이다. 어떤 기관 (즉, 학교)이 효율적인지 여부를 결정하고자 할 때, 그 기관의 입력값의 합이 1이 되도록 입력들의 가격을 규모화하면 문제가 단순해진다. 그렇게 되면, 그 기관의 효율은 그 기관의 입력들의 합과 같게 된다. 예로, Delancey 초등학교의 입력 가격들을 규모화하여 입력들의 합이 1이 되면, Delancey의 효율은 출력값과 같아진다. 따라서 목적함수는 Delancey의 출력값을 최대화하는 것인데, 이는 Delancey의 효율을 최대화하는 것이다.

$$\text{maximize } Z = 81x_1 + 73x_2 + 69x_3$$

이 학교의 입력값이 1이 되도록 규모화했기 때문에, 목적함수에 표현된 것처럼 Delancey의 출력이 가질 수 있는 최댓값은 1이 된다. 따라서 목적함수값이 1이 되면, 이 학교는 효율적이다. 반대로 목적함수값이 1보다 작으면, 이 학교는 비효율적이다.

모형의 제약식

Delancey의 입력값의 1이 되도록 규모화하는 제약식은 다음과 같이 표현된다.

$$0.06y_1 + 460y_2 + 13.1y_3 = 1$$

위 제약식은 입력들의 합이 1이 되도록 만들면서 궁극적으로 출력값이 1 이하가 되게 만든다. 또한, 위 제약식은 의사결정변수의 의미를 더 불명확하게 만들기도 한다.

다음 제약식들에 의해 출력들의 합이 1 이하가 된다. 일반적으로 어느 학교(또는 어느 기관)의 효율은 다음과 같이 정의된다.

$$효율 = \frac{출력들의\ 가치}{입력들의\ 가치}$$

어느 학교 또는 서비스 기관이 100%를 초과하는 효율을 갖는 것은 불가능하다. 따라서 어느 학교의 효율은 1 이하가 되어야 한다.

$$\frac{학교의\ 출력들의\ 가치}{학교의\ 입력들의\ 가치} \leq 1$$

이를 선형 형태로 변환하면

$$학교의\ 출력들의\ 가치 \leq 학교의\ 입력들의\ 가치$$

가 된다.

모형의 의사결정변수와 입출력 매개변수를 위 식에 대입하면 다음과 같이 각 학교마다 하나씩 총 4개의 제약식이 만들어진다.

$$86x_1 + 75x_2 + 71x_3 \leq .06y_1 + 260y_2 + 11.3y_3$$
$$82x_1 + 72x_2 + 67x_3 \leq .05y_1 + 320y_2 + 10.5y_3$$
$$81x_1 + 79x_2 + 80x_3 \leq .08y_1 + 340y_2 + 12.0y_3$$
$$81x_1 + 73x_2 + 69x_3 \leq .06y_1 + 460y_2 + 13.1y_3$$

모형의 요약

Delancey 초등학교의 효율성 여부를 결정하는 완전한 선형계획법 모형은 다음과 같다.

$$maximize\ Z = 81x_1 + 73x_2 + 69x_3$$

subject to

$$0.06y_1 + 460y_2 + 13.1y_3 = 1$$
$$86x_1 + 75x_2 + 71x_3 \leq .06y_1 + 260y_2 + 11.3y_3$$
$$82x_1 + 72x_2 + 67x_3 \leq .05y_1 + 320y_2 + 10.5y_3$$
$$81x_1 + 79x_2 + 80x_3 \leq .08y_1 + 340y_2 + 12.0y_3$$
$$81x_1 + 73x_2 + 69x_3 \leq .06y_1 + 460y_2 + 13.1y_3$$
$$x_i, y_i \geq 0$$

이 모형의 목적은 Delancey가 비효율적인지 여부를 결정하는 것이다. 목적함수값이 1이면, 이 학교는 효율적이다. 만약 목적함수값이 1보다 작으면, 이 학교는 비효율적이다. 앞서 언급한 바와 같이, 의사결정변수 x_i와 y_i의 값 자체는 큰 의미가 없다. 의사결정변수는 입력을 출력으로 변환하는 암시가격이지만 모형을 단순화하기 위해 1로 규모화되었다. 모형의 해는 학교의 효율을 최대화하기 위해 x_i와 y_i의 값을 선택한 결과다. 학교의 효율은 최대 1이지만 구

DEA를 활용한 미국 적십자 지부들의 효율 평가

미국 적십자(American Red Cross, ARC)는 세계에서 가장 큰 비영리 사회봉사기관 중 하나이다. ARC는 재난구호, 군대의 비상 통신, 건강 및 안전 교육 등의 서비스를 제공한다. ARC는 1,000여 개의 지부와 지부를 감독하는 8개 지역 사무소로 구성되며 본부는 워싱턴 D.C.에 있다. 지부들은 수익을 위해 기금 모금 활동을 수행하며, 건강 및 안전 강좌에 대한 수수료와 기부금을 받아 운영된다.

ARC 지부들은 교부금과 계약 등을 지원받아서, 시설, 물자, 장비, 그리고 인력 채용, 교육 및 유지 등과 같은 지부의 서비스 인프라를 유지한다. 따라서 ARC는 서비스 제공과 성과 달성을 위해 지원받은 자금과 자원들을 적절히 사용할 책임을 가지며 이를 대중에게 증명해야 하는 사회적 압력을 받고 있다. 하지만 2001년 이전에는 지부들이 성과 자료를 본부에 보고하였지만, 개별적으로 평가를 받거나 개선을 위한 피드백을 받지 못했으며, 고객 만족도에 관한 정보도 거의 받지 못했다. 따라서 ARC는 얼마나 효과적으로 입력들(즉, 자원, 직원의 총 근무시간, 서비스 제공에 사용된 비용)을 출력들(즉, 서비스 제공 결과에 대한 지표들)로 변환했는지를 정량적으로 측정하고 평가한 결과를 제공함으로써 지부들을 돕고자 했다.

ARC의 DEA 모형은 4개 활동 영역에 걸쳐 입력을 출력으로 변환하는 효율에 따라 지부들을 비교한다. 4개 활동 영역은 기금 모금, 용량 확충 및 이용률, 제공된 서비스의 양과 질, 결과

의 효과성 등이다. DEA 모형에서는 매년 각 지부마다 4개 활동에 대해 선형계획법 모형을 적용하며(총 4,000회 선형계획법 적용), 선형계획법 모형은 엑셀을 통해 푼다. 자료 분석과 보고에 매년 약 70만 달러를 절감한 것 이외에도, DEA 기반 성과 측정 및 보고 시스템을 통해 지부들을 비교 평가함으로써 개별 지부들에게 개선 권고사항을 제공할 수 있게 되었다. 또한, 비전문가들도 쉽게 이해할 수 있는 투명하고 알기 쉬운 평가 결과를 제공할 수 있게 되었다.

© Jonathan Larsen/Diadem Images/Alamy

자료 : K. Pasupathy and A. Medina-Borja, "Integrating Excel, Access, and Visual Basic to Deploy Performance Measurement and Evaluation at the American Red Cross," *Interfaces* 38, no. 4 (July–August 2008): 324–37.

체적인 효율값이 쉽게 해석 가능한 의미를 갖지는 않는다.

엑셀을 이용한 컴퓨터 해법

DEA 예제를 위한 엑셀 스프레드시트는 제시 4.22와 같다. 해 찾기 매개변수 창은 제시 4.23에 나타나 있다. 의사결정변수는 셀 B12 : B14와 D12 : D14에 담겨 있다.

Delancey가 비효율적인지 여부를 나타내는 목적함수 값 Z는 셀 C16에 있다. 목적함수 값은 Delancey 초등학교의 출력을 계산하는 식인 = B8*B12 + C8*B13 + D8*B14를 써서 계산하며 이는 셀 H8에도 나타나 있다. 각 학교의 입력과 출력값들은 각각 셀 H5 : H8과 J5 : J8에 담겨 있다. 이 값들은 해 찾기 창에서 H5 : H8 <= J5 : J8과 같은 제약식을 입력할 때도 사용된다. 규모화 제약식은 J8 = 1로 입력되며 Delancey 초등학교의 입력값을 계산하는 식 = E8*D12 + F8*D13 + G8*D14은 셀 J8에 담겨 있다.

제시 4.22

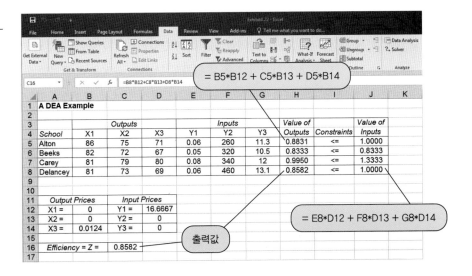

제시 4.23

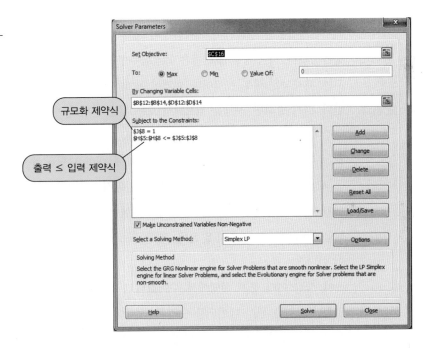

해답 분석

해에서 의미가 있는 수치는 목적함수의 값으로

$$Z = 0.8582$$

이다. 이 값은 1보다 작으므로 Delancey 초등학교는 다른 학교에 비해 비효율적이다. 즉, 자원을 출력으로 변환하는 데 있어 다른 학교들보다 더 비효율적이다. 이는 효율적인 학교들을 조합하면 Delancey 초등학교가 사용한 자원보다 더 적은 자원으로도 동일한 수준의 출력을 달성할 수 있음을 의미한다. 이러한 결과는 Delancey의 입력과 출력들을 자세히 살펴보면 얻을 수 있는 논리적인 결론이기도 하다. 왜냐하면 Delancey의 입력값은 다른 학교들에 비해 가장 높고, 출력인 시험 점수는 가장 낮기 때문이다.

다른 3개 학교의 효율성 평가도 단순한 과정을 통해 수행할 수 있다. 예를 들어, Alton 초등학교의 효율성을 평가하려면, 해 찾기 창에서 셀 H5에 있는 출력값을 목적함수로 바꾸고, 셀 I5에 있는 Alton 초등학교의 입력값을 계산하는 식을 규모화 제약식 J5 = 1로 만들어 주면 된다. 다른 두 개 초등학교의 효율성도 비슷한 방법으로 평가할 수 있다. 평가 결과 다른 3개 학교를 위한 DEA 모형의 목적함수 값이 각각 1로 나타났고 이는 다른 3개 학교는 모두 효율적임을 뜻한다.

요약

+ 모형 수립을 위한 체계적인 접근방법은, 먼저 의사결정변수를 정의하고, 다음으로 목적함수를 구성하고, 마지막으로 각 제약식을 구성하는 것이다. 이 모두를 한꺼번에 세우려 하지 말아야 한다.

의사결정변수를 정하면서 목적함수와 제약식 모두를 동시에 같이 세우는 것은 일반적으로 불가능하다. 더 신중한 접근법은 목적함수를 먼저 세우고 문제의 제한조건을 검토한 후 해당되는 제약식을 세우는 것이다. 이것이 체계적인 모형 수립 과정이며, 한번에 한 단계씩 고려한다. 다시 말하면, 문제를 읽으면서 모든 것을 한번에 세우려고 하지 않는 자세가 중요하다.

주어진 문제 설명으로부터 선형계획법의 모형을 세워 나가는 것도 어렵지만, 아무런 설명도 주어지지 않은 현실 세계의 '실제' 문제에 대한 모형을 수립하는 것은 훨씬 어렵다. 모형을 세울 때 이 장에서 설명한 단계들이 일반적으로 사용되는 방식이다. 그러나 무엇보다 문제가 먼저 정의되어야 한다. 즉, 문제에 대한 상황 설명이 정리되어야 한다. 그러한 문제의 설명을 정리하는 것은 쉽지 않은데, 때때로 조직 내의 여러 개인 또는 부서로부터 도움을 받아야 한다.

이 장의 여러 문제 설명에서 주어졌다고 가정했던 매개변수의 값을 정하는 일은 종종 엄청난 노력을 써서 데이터를 수집하는 과정을 요구하기도 한다. 목적함수와 제약식들도 매우 복잡하여 세워 나가는 데 엄청난 시간과 노력을 필요로 한다. 종종 문제의 모든 제약식을 찾아내고, 중요한 제약식을 빠뜨리지 않는 것조차 쉽지 않다. 마지막으로, 여러분이 실제 생활 속에서 접하게 되는 문제는 이 장에서 소개된 문제들보다 일반적으로 규모가 훨씬 크다. 실제 문제의 선형계획법 모형을 보면, 수백 개의 함수식과 의사결정변수를 가지고 있는 경우가 흔하다. 불행하게도 교재에서는 문제 설명도 없고 차원도 방대한 현실 문제를 재현해 내는 것이 쉽지 않다. 본 교재에서는 실제 선형계획법 문제를 푸는 데 필수적으로 요구되는 선형계획법 정형화와 해법 등에 관한 기본 개념들을 설명했다.

예제 문제와 풀이

연습문제에 앞서 여기서는 선형계획법 문제의 모형을 세우고 컴퓨터를 이용하여 해를 구하는 방법을 제시한다.

문제 설명 ■ Bark's Pet 식품회사는 고양이용 캔 음식인 미아우 차우와 강아지용 캔 음식인 바우 차우를 생산한다. 이러한 캔 음식의 재료는 말고기, 생선, 시리얼 첨가물이다. 매주 이 회사는 600파운드의 말고기와 800파운드의 생선, 1,000파운드의 시리얼 첨가물을 가지고 두 종류의 동물용 캔 음식을 생산한다. 미아우 차우는 적어도 절반 이상이 생선으로 구성되어야 하며, 바우 차우는 적어도 절반이 말고기 성분이어야 한다. 또한, 매주 16온스짜리 캔 2,250개를 사용할 수 있다. 미아우 차우 캔당 0.80달러, 바우 차우 캔당 0.96달러의 이윤을 얻는다. 이 회사는 총 이익을 최대화하기 위하여 미아우 차우와 바우 차우를 각각 몇 개씩 생산해야 하는지 알고 싶다.

A. 이 문제를 선형계획법 모형으로 정형화하시오.

B. 컴퓨터를 이용하여 모형을 푸시오.

풀이 ■ **A. 모형 수립**

1단계 : 의사결정변수를 정한다.

이 문제에서는 각 음식 성분 i가 각 캔 음식 j에 얼마나 들어가야 하는지를 나타내는 6개의 의사결정변수가 있다.

$$x_{ij} = 매주 음식 성분 i가 캔 음식 j에 들어가는 양(온스)$$

여기서, $i = h$(말고기), f(생선), c(시리얼)

$j = m$(미아우 차우), b(바우 차우)

생산되는 두 종류의 동물용 캔 음식의 개수는 생산되는 미아우 차우의 총 온스인 $x_{hm} + x_{jm} + x_{cm}$과 생산되는 바우 차우의 총 온스인 $x_{hb} + x_{jb} + x_{cb}$를 16으로 나누면 된다.

2단계 : 목적함수를 세운다.

목적함수는 매주 벌어들이는 총 이익을 최대화하는 것인데, 이것은 생산되는 총 캔 음식의 개수와 각 캔당 벌어들이는 이윤을 곱하여 얻는다. 그러나 의사결정변수의 단위가 온스이기 때문에, 이것을 16으로 나누면 단위를 캔으로 바꿀 수 있다.

$$\text{maximize } Z = \frac{0.18}{16}(x_{hm} + x_{fm} + x_{cm}) + \frac{0.96}{16}(x_{hb} + x_{fb} + x_{cb})$$

정리하면,

$$\text{maximize } Z = 0.05(x_{hm} + x_{fm} + x_{cm}) + 0.06(x_{hb} + x_{fb} + x_{cb})$$

이다.

3단계 : 제약식을 세운다.

첫 번째 종류의 제약식은 매주 이용 가능한 음식 성분의 양에 관한 것이다. 이 문제에서는 매주 말고기, 생선, 시리얼의 이용 가능한 양을 파운드 단위로 주었다. 의사결정변수의 단위는 온스이기 때문에 파운드로 주어진 단위에 16을 곱하여 단위를 온스로 변환한다. 이렇게 하여 다음의 세 가지 제약식을 얻는다.

$$x_{hm} + x_{hb} \leq 9{,}600\text{온스의 말고기}$$

$$x_{fm} + x_{fb} \leq 12{,}800\text{온스의 생선}$$

$$x_{cm} + x_{cb} \leq 16{,}000\text{온스의 시리얼}$$

다음으로는 캔 음식을 제조할 때 미아우 차우에는 절반 이상이 생선으로 구성되어야 하며, 바우 차우는 절반 이상이 말고기로 되어야 한다는 것이다. 미아우 차우에 대한 요구 조건을 표시하면

$$\frac{x_{fm}}{x_{hm} + x_{fm} + x_{cm}} \geq \frac{1}{2}$$

이고, 정리하면

$$-x_{hm} + x_{fm} - x_{cm} \geq 0$$

이다. 바우 차우에 대한 제약식도 비슷한 방식으로 세워 보면,

$$\frac{x_{hb}}{x_{hb} + x_{fb} + x_{cb}} \geq \frac{1}{2}$$

이다. 정리하면

$$x_{hb} - x_{fb} - x_{cb} \geq 0$$

이다. 마지막으로, 매주 16온스짜리 캔 2,250개를 사용할 수 있다고 문제에 주어져 있다. 이 캔의 수량도 의사결정변수와 단위를 통일시켜 온스로 변환하면 다음과 같은 제약식이 된다.

$$x_{hm} + x_{fm} + x_{cm} + x_{hb} + x_{fb} + x_{cb} \leq 36{,}000\text{온스}$$

4단계 : 모형의 요약

완전한 모형은 다음과 같다.

$$\text{maximize } Z = \$0.05x_{hm} + 0.05x_{fm} + 0.05x_{cm} + 0.06x_{hb} + 0.06x_{fb} + 0.06x_{cb}$$

subject to

$$x_{hm} + x_{hb} \leq 9{,}600$$

$$x_{fm} + x_{fb} \leq 12{,}800$$

$$x_{cm} + x_{cb} \leq 16{,}000$$

$$-x_{hm} + x_{fm} - x_{cm} \geq 0$$

$$x_{hb} - x_{fb} - x_{cb} \geq 0$$

$$x_{hm} + x_{fm} + x_{cm} + x_{hb} + x_{fb} + x_{cb} \leq 36{,}000$$

$$x_{ij} \geq 0$$

B. 컴퓨터 해법

Linear Programming Results Example ProblemSolution	Xhm	Xfm	Xcm	Xhb	Xfb	Xcb		RHS	Dual
Maximize	.05	.05	.05	.06	.06	.06			
Horse meat (oz)	1	0	0	1	0	0	<=	9600	.02
Fish (oz)	0	1	0	0	1	0	<=	12800	0
Cereal additive (oz)	0	0	1	0	0	1	<=	16000	0
Meow Chow recipe	-1	1	-1	0	0	0	>=	0	0
Bow Chow recipe	0	0	0	1	-1	-1	>=	0	-.01
Cans (oz)	1	1	1	1	1	1	<=	36000	.05
Solution	0	8400	8400	9600	4400	5200		1992	

윈도우용 QM을 사용하여 이 선형계획법 모형의 해를 구하면 다음과 같다.

$$x_{hm} = \$0$$

$$x_{fm} = \$8{,}400$$

$$x_{cm} = \$8{,}400$$

$$x_{hb} = \$9{,}600$$

$$x_{fb} = \$4{,}400$$

$$x_{cb} = \$5{,}200$$

$$Z = \$1{,}992$$

동물용 캔 음식의 수를 정하기 위해서는 먼저 각 캔 음식에 들어가는 음식 성분을 다 합한 후, 그것을 (캔의 크기인) 16온스로 나누면 된다.

$$x_{hm} + x_{fm} + x_{cm} = 0 + 8{,}400 + 8{,}400 = 16{,}800온스의 미아우 차우$$

따라서,

$$16{,}800 \div 16 = 1{,}050캔의 미아우 차우$$

를 생산한다. 또,

$$x_{hb} + x_{fb} + x_{cb} = 9{,}600 + 4{,}400 + 5{,}200 = 19{,}200온스의 바우 차우$$

이고, 정리하면

$$19{,}200 \div 16 = 1{,}200캔의 바우 차우$$

를 생산한다.

위 모형은 복수의 최적해를 가지고 있다. 또 다른 최적해는 $x_{fm} = 10{,}400$, $x_{cm} = 6{,}400$, $x_{hb} = 9{,}600$, $x_{cb} = 9{,}600$이다. 이것의 단위를 변환하면 캔 음식의 수는 동일하게 된다. 다만 음식의 구성 성분이 달라질 뿐이다.

01 이 장의 제품 조합 예제에서 Quick-Screen은 네 가지 의류 각각의 가공시간을 10% 정도 감소시킬 수 있는 근로자들을 추가적으로 고용하는 것을 고려하고 있다. 이와 같은 추가 근로자의 고용은 각 아이템의 비용을 10% 증가시키고, 1단위당 이윤은 그만큼 감소(판매 가격의 증가는 불가능하기 때문이다)시킨다. 본래의 해만을 이용하여 이와 같은 민감도 분석을 수행할 수 있는가? 아니면 이 모형을 다시 풀어야 하는가? Quick-Screen은 이 대안을 시행해야 하는가?

이 문제에서 셔츠당 이익은 판매 가격에서 고정 및 변동 비용을 뺀 가격이다. 컴퓨터 해의 결과는 티셔츠의 잠재가격이 4.11달러임을 나타낸다. 만약 Quick-Screen이 티셔츠를 추가로 더 확보하기로 결정했다면, 이 회사는 티셔츠의 민감도 한계인 500 이상 확보한 추가 티셔츠 각각에 대하여 4.11달러의 추가적인 이익을 기대할 수 있는가?

만약 Quick-Screen이 4종류의 셔츠를 같은 수량만큼 생산하려고 했다면, 이 회사가 이와 같은 조건을 반영하기 위해 선형계획법 모형을 어떻게 다시 정형화해야 하는가? 다시 세워진 모형의 새로운 해는 무엇인가?

02 이 장의 투자 예제에서, 7만 달러 모두가 투자되어야 한다는 제약 조건이 완화되어 가용한 투자 자금이 7만 달러인 것으로 변경되면 해에는 어떤 영향을 미치는가?

만약 가용한 투자 자금이 모두 투자될 필요가 없고 가용한 자금이 1만 달러 증가하여 총 8만 달러가 된다면, 최적 총 수익률은 얼마나 증가하는가? 증가된 1만 달러가 하나의 투자 대안에 모두 투자되는가?

03 이 장의 수송 예제에서, 운반되지 않고 남은 TV는 보관비용을 발생시키는데, 신시내티의 경우 9달러, 애틀란타의 경우 7달러, 피츠버그의 경우 7달러의 보관비용이 발생한다. 이러한 보관비용을 선형계획법 모형에 어떻게 반영시킬 수 있는가? 그리고, 새로운 해가 존재한다면 그 해는 무엇인가?

Big Buy 회사는 멤피스에 새 창고를 임대하는 것을 고려하고 있다. 새 창고는 200대의 TV를 공급할 수 있으며 뉴욕, 댈러스, 디트로이트로의 운송비용은 각각 18달러, 9달러, 12달러이다. 현재의 창고를 운영할 때보다 (창고 임대 비용은 무시하고) 총 수송비용이 더 낮다면, 이 회사는 새 창고를 임대할 것이다. 새 창고를 임대해야 하는가?

만약 창고의 공급량이 증가될 수 있다면, 어떤 창고의 공급량이 증가되어야 하는가? 증가될 수 있는 공급량에는 어떤 제약이 있는가?

04 프렌들리가(家)는 농장에서 사과를 재배하고 있다. 이들은 매년 가을에 사과를 수확하여 세 가지의 상품(사과버터, 사과소스, 사과젤리)을 만든다. 이들은 세 가지 상품을 지역 식료품점, 지역 장터, 10월에 2주 동안 열리는 그들만의 Friendly Farm Pumpkin Festival에 판다. 세 가지 주요 자원은 주방에서의 요리 시간, 노동 시간과 사과이다. 그들은 요리에 총 500시간을 사용할 수 있고, 사과버터 10갤런 1단위를 만드는 데는 3.5시간, 사과소스 10갤런에는 5.2시간, 사과젤리 10갤런에는 2.8시간이 걸린다. 사과버터 10갤런 1단위에는 1.2시간의 노동 시간, 사과소스 1단위는 0.8시간, 사과젤리 1단위는 1.5시간이 필요하다. 프렌들리가는 가을에 노동 시간이 240시간 사용 가능하다. 이들은 매년 가을마다 약 6,500개의 사과를 생산한다. 사과버터 1단위(batch)에는 사과 40개, 사과소스 10갤런 1단위에는 사과 55개, 사과젤리 1단위에는 사과 20개가 필요하다. 통조림 사과버터 1단위는 190달러, 사과소스는 170달러, 사과젤리는 155달러의 수익을 낸다. 프렌들리가는 수익을 최대로 하기 위해 사과버터, 사과소스, 사과젤리를 얼마나 많이 생산해야 하는지 결정하려고 한다.

   a. 이 문제에 대한 선형계획법 모형을 세우고, 컴퓨터를 이용하여 이 모형을 푸시오.

   b. 만약 프렌들리가 남은 사과를 가축 사료로 사용하려 하고, 이는 사과 1개당 0.08달러의 비용 절감 효과를 가져올 것으로 예상될 때, 이것은 모형과 해에 어떤 영향을 미치는가?

   c. 남은 사과를 가축 사료로 사용하는 것 대신에 프렌들리가는 사과 사이다를 만드는 것을 고려하고 있다. 사이다 1단위는 조리하는 데 1.5시간, 노동 시간 0.5시간, 사과 60개를 필요로 하고, 45달러에 팔릴 것이다. 프렌들리가는 사과를 모두 사용하여 다른 세 종류의 상품과 함께 사이다를 만들어야 하는가?

05 Lakeside Boatworks는 세 종류의 휴양용 유리 섬유 보트(낚시 보트, 수상 스키 보트, 소형 모터보트)를 제작하려고 한다. 각 보트의 예상 판매 가격과 변동비용은 다음 표와 같다.

보트	변동비용(달러)	예상 판매 가격(달러)
낚시 보트	12,500	23,000
수상 스키 보트	8,500	18,000
소형 모터보트	13,700	26,000

이 회사는 제조 공정을 준비하고 생산을 시작하는 데 280만 달러의 고정비용을 지출하였다. Lakeside는 또한 지역의 몇몇 보트 판매상과 낚시 보트를 최소 70대, 수상 스키 보트를 최소 50대, 모터보트를 최소 50대 공급하기로 계약을 체결하였다. 그 대신 이 회사는 실제 수요가 얼마나 될지는 확신할 수 없으므로, 어떤 종류의 보트도 120대를 초과하여 생산하지 않기로 결정하였다. 이 회사는 총 변동비용을 최소화하면서 손익분기점에 도달하기 위해 반드시 판매해야만 하는 보트의 수를 결정하려고 한다.

a. 이 문제에 대한 선형계획법 모형을 세우시오.

b. 컴퓨터를 이용하여 이 모형을 푸시오.

06 Roadnet Transport Company는 파산한 경쟁자에게서 90대의 트레일러 트럭을 구입하여 수송 용량을 확장하였다. 그리고 구입한 트럭을 창고가 있는 샬럿, 멤피스, 루이스빌에 각각 30대씩 배치하였다. 이 회사는 이 세 개의 창고에서 터미널이 있는 세인트루이스, 애틀랜타, 뉴욕까지 운송한다. 각 트럭은 주당 1회만 운송 가능하다. 터미널은 추가 운송을 위한 여유 용량을 가지고 있다. 세인트루이스는 주당 40대, 애틀랜타는 주당 60대, 뉴욕은 주당 50대의 트럭을 추가적으로 수용할 수 있다. 이 회사는 창고에서 터미널까지 1회 운송할 때마다 다음과 같은 이윤을 얻는다. 이때 운송되는 제품, 운송 비용, 운송 단가가 달라지므로 이윤도 다르다.

창고	터미널(달러)		
	세인트루이스	애틀랜타	뉴욕
샬럿	1,800	2,100	1,600
멤피스	1,000	700	900
루이스빌	1,400	800	2,200

이 회사는 이윤을 최대화하기 위해 각 (창고에서 터미널로 가는) 노선에 몇 대의 트럭을 배정해야 하는지를 알고 싶다.

a. 이 문제를 위한 선형계획법 모형을 세우시오.

b. 컴퓨터를 이용하여 이 모형을 푸시오.

07 Lawns Unlimited는 잔디 관리 회사이다. 이들이 제공하는 서비스 중의 하나는 기존 잔디밭에서 손상된 부분뿐만 아니라 빈 땅에도 씨를 뿌리는 것이다. 회사는 세 가지의 기본적인 잔디 씨앗 혼합(Home 1, Home 2, Commercial 3)을 사용한다. 이들은 세 종류의 잔디 씨앗(tall fescue, mustang fescue, bluegrass)으로 만들어진다. 각 씨앗 혼합의 요구 조건은 다음과 같다.

혼합	혼합 요구 조건
Home 1	• tall fescue가 최대 50%를 넘어서는 안 됨 • mustang fescue가 최소 20%는 넘어야 함
Home 2	• bluegrass가 최소 30%는 넘어야 함 • mustang fescue가 최소 30%는 넘어야 함 • tall fescue가 최대 20%를 넘어서는 안 됨
Commerlial 3	• tall fescue가 50~70%가 되어야 함 • bluegrass가 최소 10%를 넘어야 함

이 회사는 적어도 Home 1 혼합 1,200파운드, Home 2 혼합 2,400파운드, Commercial 3 씨앗 혼합 2,400파운드를 가지고 있어야 한다. 이 회사는 tall fescue 1파운드에 1.70달러, mustang fescue 1파운드는 2.80달러, bluegrass 1파운드는 3.25달러의 비용을 지불해야 한다. 이 회사는 비용을 최소화하기 위해 잔디 씨앗을 각각 몇 파운드씩 구매해야 하는지 알고 싶다.

a. 이 문제에 대한 선형계획법 모형을 세우시오.

b. 컴퓨터를 이용하여 이 모형을 푸시오.

08 최근 통과된 법안에 따라 어떤 국회의원의 지역구에 프로그램과 프로젝트를 위해 쓰일 400만 달러가 할당되었다. 이 돈을 어떻게 배분하는가는 국회의원에게 달려 있다. 이 국회의원은 관할 지역구에서 각 프로그램이 가지는 중요성 때문에 진행 중인 네 가지 프로그램에 돈을 할당하기로 결정했다. 네 가지 프로그램은 직업훈련 프로그램, 공원 프로젝트, 공중위생 프로젝트, 이동 도서관이다. 그런데 이 의원은 최대한 많은 유권자들을 만족시킬 수 있도록, 즉 그가 다가오는 선거에서 가장 많은 표를 얻을 수 있도록 자금을 배분하기를 원한다. 다양한 프로그램에 지출되는 1달러당 획득할 수 있는 표의 수는 다음과 같이 추정된다.

프로그램	특표 수/달러
직업 훈련 프로그램	0.02
공원 프로젝트	0.09
공중위생 프로젝트	0.06
이동 도서관	0.04

또한 그의 선거에 자금을 조달해 준 몇몇 영향력 있는 시민들을 만족시키기 위하여 그는 다음과 같은 지침을 준수해야만 한다.

• 어떤 프로그램에도 총 할당액의 40%를 초과할 수 없다.

• 공원에 할당되는 금액은 공중위생 프로젝트와 이동 도서관에 할당되는 총 금액을 초과할 수 없다.

• 직업훈련 프로그램에 할당되는 금액은 공중위생 프로젝트에 쓰이는 금액과 적어도 같아야만 한다.

이 지역구에 쓰이지 않는 금액은 정부로 환원된다. 그러므로 의원은 그 자금을 모두 사용하기를 원한다. 국회의원은 득표를 최대화하기 위해 각 프로그램에 자금을 얼마나 배분해야 하는지 결정하려고 한다.

a. 이 문제에 대한 선형계획법 모형을 세우시오.

b. 컴퓨터를 이용하여 이 모형을 푸시오.

09 Midland Tool Shop은 네 개의 프레스 기계를 사용하여 전자 제품의 금속 덮개와 하우징을 찍어내고 있다. 네 개의 프레스는 작동 방식과 크기가 서로 다르다. 이 회사는 현재 세 가지 종류의 제품을 생산하도록 계약을 체결하였다. 계약에 따르면 제품 1은 400개, 제품 2는 570개, 제품 3은 320개를 생산해야 한다. 제품을 각 프레스에서 생산하는 데 필요한 시간(분)은 다음 표와 같다.

제품	기계(분)			
	1	2	3	4
1	35	41	34	39
2	40	36	32	43
3	38	37	33	40

프레스 기계 1은 150시간, 기계 2는 240시간, 기계 3은 200시간, 기계 4는 250시간 가용하다. 생산 시간, 자재 폐기물, 운영 비용의 차이로 어느 기계에서 생산하느냐에 따라 제품의 이익이 달라진다. 기계마다 각 제품의 이익은 다음과 같이 요약할 수 있다.

제품	기계(달러)			
	1	2	3	4
1	7.8	7.8	8.2	7.9
2	6.7	8.9	9.2	6.3
3	8.4	8.1	9.0	5.8

이 회사는 이익을 최대화하기 위해 기계마다 각 제품을 몇 개 생산해야 하는지를 알고 싶다.

a. 이 문제를 선형계획법으로 정형화하시오.

b. 컴퓨터를 이용하여 이 모형을 푸시오.

10 Ampco는 제조 회사로 어떤 고객에게 4~9월까지 부품을 공급하기로 계약을 체결하였다. 그러나 Ampco는 이 기간 동안에 부품을 보관할 충분한 저장 공간을 확보하지 못했다. 따라서 이 회사는 6개월 동안 창고를 추가로 빌려야만 한다. Ampco가 필요한 저장 공간은 다음과 같다.

월	저장 공간(평방피트)	월	저장 공간(평방피트)	월	저장 공간(평방피트)
4	47,000	6	52,000	8	19,000
5	35,000	7	27,000	9	15,000

Ampco와 거래하고 있는 임대 업체는 창고에 대해서 Ampco에게 다음과 같은 비용을 제시하고 있다. 이 표를 통해 공간을 오래 빌릴수록 가격이 저렴해짐을 알 수 있다. 예를 들어, Ampco가 6개월 동안 장소를 빌린다면 매달 1.00달러/평방피트를 지불하면 된다. 반면에 같은 공간을 1개월만 빌리면 1달에 1.70달러/평방피트를 지불해야 한다.

임대 기간(개월)	달러/평방피트/매달	임대 기간(개월)	달러/평방피트/매달
6	1.00	3	1.20
5	1.05	2	1.40
4	1.10	1	1.70

Ampco는 전체 기간 중 언제든지 원하는 크기의 창고 공간을 임의의 개월 수만큼 빌릴 수 있다. Ampco는 각 달에 필요한 공간을 정확히 만족시키면서 사용되지 않는 공간이 생기지 않게 하는 최소 비용의 임대계획을 결정하려고 한다.

a. 이 문제에 대한 선형계획법 모형을 세우시오.

b. 컴퓨터를 이용하여 이 모형을 푸시오.

c. Ampco는 매달 정확히 필요한 만큼만 임대를 해야 한다는 제약을 완화하여 가격이 더 저렴할 경우에는 추가의 공간을 더 빌릴 수 있다고 가정하자. 이것은 최적해에 어떤 영향을 미치는가?

11 어느 공과대학 비즈니스애널리틱스학과장은 학과 교수 10명의 다음 학기 강의 일정을 결정하려 한다. 20개의 강좌가 개설되며 이 강좌들은 화요일/목요일 6개 시간대(8T, 9T, 11T, 12T, 14T, 15T)에 배정된다. 각 시간대는 75분 강의, 15분 휴식으로 이루어진다. 8T는 8 A.M., 9T는 9 : 30 A.M., 11T는 11 : 00 A.M., 12T는 12 : 30 P.M., 14T는 2 P.M., 15T는 3 : 30 P.M.에 시작한다. 각 교수는 2개의 강좌를 담당한다. 학과장은 학기초에 교수들에게 강좌에 대한 선호도를 조사하였는데, 선호도 1은 가장 바람직함, 3은 상관 없음, 5는 가장 적게 선호함을 의미한다. 다음 표는 강좌 시간대와 교수들의 선호도를 나타낸다.

교수	강좌							
	3424, 9T, 11T	3434, 8T, 14T	3444, 8T, 12T	3454, 9T	4434, 8T, 11T, 12T	4444, 8T, 9T, 15T	4454, 11T, 4T, 15T	4464, 8T, 9T
아브라함	3	4	1	3	2	5	5	5
브린턴	4	3	2	1	4	5	5	4
클라크	4	3	2	1	3	4	4	4
딘	3	4	2	5	3	4	2	5
에버렛	5	1	4	4	5	3	3	5
포겔	2	3	1	5	4	3	3	4
그래디	3	1	3	5	3	4	2	4
홀트	3	1	3	5	5	4	5	3
이만	4	1	3	4	3	5	5	5
제어드	4	3	1	5	5	3	3	4

a. 교수들의 강좌 선호도를 최대한 만족시키는 강의 일정을 결정하는 선형계획법 모형을 세우고 컴퓨터를 이용하여 모형을 푸시오.

b. 아브라함 교수, 브린턴 교수, 홀트 교수는 어린 자녀가 있어 아이들이 등교하는 8T 시간대와 하교하는 15T 시간대에는 강의하지 않기를 선호한다. 이러한 추가적인 선호를 반영한 강의 일정을 결정하시오.

12 연합 자선단체의 연간 모금 활동이 다음 주에 시작하기로 예정되어 있다. 기부금은 주간과 야간 동안 전화와 개인적인 접촉을 통해 모금된다. 각 방법을 통해 평균적으로 모금된 기부금은 다음과 같다.

구분	전화 모금(달러)	개인 모금(달러)
주간	2	4
야간	3	7

자선단체는 주간과 야간을 합쳐 최대 300건의 개인적인 접촉을 취할 수 있을 만큼 기부받은 휘발유와 차를 가지고 있다. 각 종류의 인터뷰를 수행하기 위해 필요한 자원봉사자의 시간은 다음과 같다.

구분	전화 모금(분)	개인 모금(분)
주간	6	15
야간	5	12

자선단체는 주간에는 20시간의 자원봉사 시간을 사용할 수 있고, 야간에는 40시간을 사용할 수 있다. 모금 활동의 책임자는 총 기부금을 최대화하기 위해서 24시간 동안(즉, 1회의 주간과 야간)에 각 접촉 방법을 얼마나 많이 계획해야 하는지 알고 싶다.

a. 이 문제에 대한 선형계획법 모형을 세우시오.

b. 컴퓨터를 이용하여 이 모형을 푸시오.

13 어느 대학의 동아리에서는 자선 기금 마련 행사의 일환으로 풋볼 경기가 열리는 토요일 하루 과자류 판매 행사를 개최할 계획이다. 회원들은 수업이 끝나는 금요일 오후 5시부터 자정까지 한 회원의 아파트에 있는 오븐에서 케이크, 컵케이크, 쿠키를 만들 것이다. 모든 과자류는 동일한 온도에서 구워지지만 굽는 시간은 다르다. 케이크는 40분, 컵케이크는 25분, 쿠키는 8분이 소요되며, 한 번에 한 종류씩 구울 수 있다. 오븐은 한 번에 12개의 케이크 또는 48개의 컵케이크 또는 60개의 쿠키를 구울 만한 용량을 가지고 있다. 한 개의 케이크를 만들려면 달걀 2개, 버터 0.5컵, 밀가루 1.5컵, 설탕 1컵이 필요하다. 12개의 컵케이크는 달걀 2개, 버터 0.5컵, 밀가루 1.5컵, 설탕 1컵을 필요로 한다. 60개의 쿠키는 달걀 2개, 버터 1컵, 밀가루 2컵, 설탕 1컵을 필요로 한다. 한 식료품 가게에서 달걀 120개, 버터 30파운드, 설탕 30파운드, 밀가루 30파운드를 기증하였다. (버터 1파운드는 2컵, 설탕 1파운드는 2.4컵, 밀가루 1파운드는 4컵에 해당한다.) 회원들은 케이크를 하나에 15달러, 컵케이크는 하나에 3달러, 쿠키는 하나에 2달러에 판매할 계획이다. 회원들은 수익을 최대화하기 위해 케이크, 컵케이크, 쿠키를 몇 개 만들어야 하는지를 알고 싶다.

a. 이 문제를 위한 선형계획법 모형을 세우시오.

b. 컴퓨터를 이용하여 이 모형을 푸시오.

c. 만약 각 자원들을 더 확보할 수 있다면, 어느 자원을 얼마나 더 확보해야 하는가? 그 이유를 설명하시오.

14 의류회사는 잠재고객을 접촉함으로써 회사 제품이 유행하기를 희망한다. 이 회사는 최소 500명의 남성, 400명의 여성, 300명의 아동, 420개의 학교를 접촉할 대상으로 설정했다. 주간에는 콜당 1.5파운드의 비용이 발생하고 야간에는 2.5파운드의 비용이 발생한다. 다음 표는 작년 캠페인 기간 동안 고객이 응답한 콜의 비율을 보여 준다.

그룹	고객 유형	응답한 주간 콜 비율	응답한 야간 콜 비율
1	남성	20	25
2	여성	10	25
3	아동	10	15
4	학교	10	20

예를 들어, 남성은 주간 콜의 20%에 응답했고 야간 콜의 25%에 응답했다. 이 회사는 야간 콜은 제품 판매 저하로 이어지기 때문에 야간 콜이 하루 전체 콜의 40%를 넘지 않아야 한다고 생각한다. 주간 콜 개수는 최소 1,500건, 야간 콜 개수는 최소 1,200건이어야 한다. 하루 전체 콜은 최소 2,500건이어야 한다.

이 회사는 최소의 비용으로 고객을 접촉하려면 몇 건의 콜이 필요한지 결정하고 싶다.

a. 선형계획법 모형을 세우시오.

b. 컴퓨터를 이용하여 모형을 푸시오.

c. 만약 이 회사가 야간 콜의 비율을 최대 40%에서 최대 30%로 변경한다면 비용은 얼마가 되는가?

15 Toyz는 Valley Wood Mall에 있는 장난감 대형 할인 매장이다. 이 가게는 보통 여름에는 판매량이 적고 크리스마스에는 판매량이 급격히 증가하여 최대가 된다. 여름과 가을 동안 이 가게는 크리스마스 기간에 판매할 만큼 충분한 재고를 확보해야만 한다. 수익이 낮은 이 기간에 재고를 구매하고 확보하기 위해 이 가게는 대출을 받아야만 한다.

다음은 7~12월까지의 장난감 가게의 예상 수익과 대출 일정(수익은 매달 초에 발생하고 대출 상환도 매달 초에 이루어진다)이다.

월	수익	대출
7	20,000	60,000
8	30,000	60,000
9	40,000	80,000
10	50,000	30,000
11	80,000	30,000
12	100,000	20,000

7월 초 이 가게는 11%의 이자율로 6개월짜리의 대출을 받을 수 있고, 이 경우 12월 말까지 상환해야 한다. 대출 금액을 일찍 상환하더라도 이자비용은 줄일 수 없다. 이 가게는 또한 매달 5%의 이자율로 1개월씩 대출을 받을 수도 있다.

1개월 단위로 빌린 돈은 반드시 다음 달 초에 상환해야 한다. 이 가게는 대출비용을 최소화하면서 현금 흐름에 필요한 돈을 충당할 수 있을 만큼의 자금을 대출받고 싶다.

a. 이 문제에 대한 선형계획법 모형을 세우시오.

b. 컴퓨터를 이용하여 이 모형을 푸시오.

c. 만약 Toyz가 다른 은행에서 6개월짜리 대출에 9% 이자만 지불해도 된다면 이것은 최적해에 어떤 영향을 미치는가?

16 어느 과자 상점은 Bulk 초콜릿과 Mini 막대사탕 두 가지 제품을 생산하고 있다. 두 제품 모두 액상 초콜릿, 버터, 설탕을 사용하여 만든다. 현재 이 상점은 25파운드의 액상 초콜릿, 16파운드의 버터, 80파운드의 설탕을 보유하고 있다. 각 제품은 다음과 같은 비율로 원료를 사용한다.

캔디	구성
Bulk 초콜릿	• 10% 이상의 버터 • 최소 30%의 액상 초콜릿 • 최대 60%의 액상 초콜릿
Mini 막대사탕	• 최소 10% 이상의 버터 • 15% 이상의 액상 초콜릿

액상 초콜릿 비용은 5파운드, 버터 비용은 7파운드, 설탕 비용은 6파운드이다. Bulk 초콜릿 수요는 최소 60lb, Mini 막대사탕은 최소 40lb이다. Bulk 초콜릿은 £50/lb에 판매되고 Mini 막대사탕은 60파운드에 판매된다.

이 상점은 매출을 최대화하기 위해 각 제품을 몇 파운드 생산해야 하는지를 결정하고 싶다.

a. 이 문제에 대한 선형계획법 모형을 세우시오.

b. 컴퓨터를 이용하여 모형을 푸시오.

17 조 헨더슨은 작은 금속 부품 가게를 운영하고 있다. 이 가게에는 드릴, 선반, 분쇄기 등 세 가지 기계가 있다. 조는 3명의 기계공을 고용하고 있고, 이들 각각은 세 가지 기계를 모두 사용할 수 있다. 그러나 각 기계공은 다른 것들보다 하나의 기계를 조금 더 잘 다룰 수 있다. 이 가게는 세 가지 기계를 모두 필요로 하는 큰 작업을 하기로 계약을 맺었다. 기계공들이 작업을 하는 데 필요한 시간은 다음과 같이 요약된다.

기계공	드릴 작업 시간(분)	선반 작업 시간(분)	분쇄기 작업 시간(분)
1	22	18	35
2	41	30	28
3	25	36	18

조 헨더슨은 세 명의 기계공 모두에게 필요한 총 작업 시간을 최소화하기 위하여 기계공들을 각 기계에 배정하려고 한다.

a. 이 문제에 대한 선형계획법 모형을 세우시오.

b. 컴퓨터를 이용하여 이 모형을 푸시오.

c. 조의 형인 프레드는 기계기사인 그의 아내 켈리를 고용해 달라고 조에게 부탁했다. 켈리는 세 가지 기계 작업을 각각 20분에 마칠 수 있다. 조가 그의 형수를 고용해야만 하는가?

18 Green Valley Mills는 세인트루이스와 리치몬드에 있는 공장에서 카펫을 생산한다. 공장에서는 시카고와 애틀랜타에 있는 판매점으로 카펫을 운송한다. 공장으로부터 판매점으로 카펫을 운송하는 데 소요되는 비용은 다음과 같다.

출발지	도착지	
	시카고(달러/톤)	애틀랜타(달러/톤)
세인트루이스	40	65
리치몬드	70	30

세인트루이스 공장은 주당 250톤의 카펫을 공급할 수 있고 리치몬드 공장은 주당 400톤의 카펫을 공급할 수 있다. 시카고 판매점에는 주당 300톤의 수요가 있고, 애틀랜타 판매점에는 주당 350톤의 수요가 있다. 이 회사의 관리자들은 운송 비용을 최소화하기 위해 각 공장에서 판매점으로 몇 톤의 카펫을 운송해야 하는지를 결정하고 싶다.

a. 이 문제를 위한 선형계획법 모형을 세우시오.

b. 컴퓨터를 이용하여 이 모형을 푸시오.

19 욕실 설비를 제작하는 한 회사는 몰딩, 스무딩, 페인팅의 세 가지 공정으로 구성된 조립 과정을 통해 섬유 유리로 된 욕조를 제작하고 있다. 각 공정에서 1시간 동안에 처리할 수 있는 제품 개수는 다음과 같다.

공정	시간당 처리 개수
몰딩	7
스무딩	12
페인팅	10

(주의 : 세 과정은 계속적이고 연속적이다. 따라서, 몰딩된 것보다 더 많은 수가 스무딩되거나 페인팅될 수 없다.) 시간당 노동의 비용은 몰딩의 경우 8달러, 스무딩의 경우 5달러, 페인팅의 경우 6.50달러이다. 노동 비용에 대한 예산은 1주일에 3,000달러이다. 1주일에 세 가지 공정에 총 120시간의 노동력을 사용할 수 있다. 하나의 욕조가 완성되는 데는 90파운드의 섬유 유리가 필요하고 이 회사는 매주 섬유 유리를 총 1만 파운드를 사용할 수 있다. 욕조 하나는 175달러의 이익을 창출한다. 이 회사의 경영자는 이익을 최대화하기 위하여 매주 각 공정을 몇 시간 운영해야 하는지 알고 싶다.

a. 이 문제에 대한 선형계획법 모형을 세우시오.

b. 컴퓨터를 이용하여 이 모형을 푸시오.

20 Suzuki Motors는 구르가온에 공장을 두고 인디아의 자동차 제조를 선도하고 있는 기업이다.

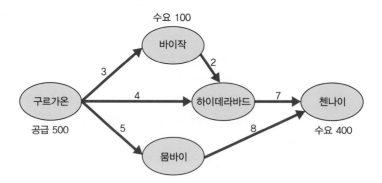

Suzuki Motors는 500대의 자동차를 생산해왔다. 생산된 차는 바이작과 첸나이에 있는 고객들에게 운송되어야 한다. 첸나이로부터 400대, 바이작으로부터 100대 주문을 받았다. 첸나이로 가는 차량은 그림과 같이 세 가지 경로를 따라 이동한다. 그림의 화살표 위 숫자는 출발 도시로부터 도착 도시까지 차량 한 대를 운반하는 데 소요되는 비용을 의미한다. 이 회사는 운송 비용을 최소화하는 경로를 결정하고 싶다.

a. 이 문제에 대한 선형계획법 모형을 세우시오.

b. 컴퓨터를 이용하여 모형을 푸시오.

21 멜리사 비들은 대학생으로 하루에 몇 시간씩을 각 활동에 할애해야 하는지 결정하고 싶다. 활동들에는 수업, 공부, 여가 생활, 개인 생활(식사, 목욕, 청소, 세탁 등), 수면 등 다섯 가지가 있다. 각 활동에 투입되는 시간이 성적과 얼마나 관련이 있는지를 나타내는 가중치를 설정하였다. 수업에 1시간을 할애할 때마다 성적이 0.3점 향상되며, 공부, 여가 생활, 개인 생활, 수면에 1시간을 할애할 때마다 성적이 각각 0.2점, 0.05점, 0.1점, 0.15점이 향상된다. 멜리사에게는 하루 4시간의 수업이 있고 하루에 공부할 수 있는 시간은 최대 8시간이다. 여가 생활에는 하루 최대 10시간까지 쓸 수 있고, 개인 생활에는 최소 2시간에서 최대 3시간까지 쓸 수 있으며, 수면 시간은 최소 3시간, 최대 10시간이다.

a. 멜리사의 성적이 최대가 될 수 있도록 멜리사의 하루 시간을 배정하는 선형계획법 모형을 세우시오.

b. 활동들에 대한 각자의 개인적인 선호도를 반영하여 모형을 다시 세우시오.

22 Cash and Carry Building Supply Company는 다음과 같이 세 가지 길이의 판자를 주문받았다.

길이	주문량
7피트	700
9피트	1,200
10피트	300

이 회사는 25피트의 표준 길이 판자를 재고로 가지고 있다. 그러므로 표준 길이의 판자는 주문 조건을 만족시키는 길이로 잘라야 한다. 이 회사는 사용되는 표준 길이 판자의 수를 최소화하기 원한다. 그러므로 회사는 주문 조건을 만족시키고 사용되는 표준 길이 판자를 최소화하기 위해 25피트 판자를 어떻게 자를 것인지 결정해야 한다.

a. 이 문제에 대한 선형계획법 모형을 세우시오.

b. 컴퓨터를 이용하여 이 모형을 푸시오.

c. 판자 하나가 특정한 패턴으로 잘릴 때, 남는 판자의 양을 손질 손실(trim loss)이라고 한다. 사용되는 판자의 총수를 최소화하는 것 대신 손질 손실을 최소화하는 것이 목표라고 가정하고, 이 문제에 대한 선형계획법 모형을 재수립한 다음 이 모형을 푸시오. 이것은 해에 어떤 영향을 미치는가?

23 Jones, Jones, Smith and Rodman 상품거래 회사는 다가오는 4개월 동안 특정 상품을 구매하고 판매할 수 있는 가격을 알고 있다. 월별로 구매가격(c_i)과 판매가격(p_i)은 다음과 같다.

	*i*번째 달(달러)			
	1	2	3	4
c_i	5	6	7	8
p_i	4	8	6	7

이 회사 창고의 최대 용량은 1만 부셸(bushel)이다. 첫 번째 달의 초에 2,000부셸의 상품이 창고에 있다. 이 회사는 이익을 최대화하기 위해 각 달에 구매하고 판매해야 하는 양을 알고 싶다. 저장 비용은 없고 매월 초에 판매가 일어난 다음 구매가 이루어진다고 가정한다.

a. 이 문제에 대한 선형계획법 모형을 세우시오.

b. 컴퓨터를 이용하여 이 모형을 푸시오.

24 Ewing and Barnes 백화점의 경영자는 4명의 직원을 백화점의 3개 부서에 배치할 수 있다. 3개 부서는 조명, 스포츠 용품, 린넨 제품이다. 경영자는 3개 부서 각각에 적어도 1명의 직원이 배치되기를 원하지만 2명을 초과해서는 안 된다. 그러므로 2개 부서에는 1명씩, 1개 부서에는 2명이 배치된다. 각 직원은 서로 다른 영역에 전문 지식을 가지고 있고, 이것은 직원들이 각 부서에서 성취할 수 있을 것으로 기대되는 일일 판매량에 반영된다. 그 내용은 다음과 같다.

직원	백화점 일일 판매량(달러)		
	조명	스포츠 용품	린넨 제품
1	130	150	90
2	275	300	100
3	180	225	140
4	200	120	160

경영자는 기대 판매량을 최대화하기 위하여 직원들을 각 부서에 어떻게 배치해야 하는지 알고 싶다.

a. 이 문제에 대한 선형계획법 모형을 세우시오.

b. 컴퓨터를 이용하여 이 모형을 푸시오.

c. 백화점 경영자가 각 부서에 단 1명의 직원만을 배정하고 가장 생산력이 떨어지는 직원을 해고할 계획을 세우고 있다고 가정하자. 이와 같은 새로운 조건을 반영하는 새로운 선형계획법 모형을 세우고 컴퓨터를 이용하여 푸시오.

25 Carillon Health Systems은 세 개의 병원을 소유하고 있으며 어떤 병원이 비효율적인지 결정하고 싶다. 매월 병원들의 입력은 다음과 같다.

　　　　입력 1 = 병상 수

　　　　입력 2 = 의사 외 인력(1,000시간)

　　　　입력 3 = 공급품 규모(1,000달러)

출력은 세 가지 연령대별 입원일 수(100단위)로서 다음과 같다.

　　　　출력 1 = 15세 미만

　　　　출력 2 = 15~65세까지

　　　　출력 3 = 65세 초과

각 병원의 입력과 출력은 다음 표와 같다.

병원	출력			입력		
	1	2	3	1	2	3
A	9	5	18	7	12	40
B	6	8	9	5	14	32
C	5	10	12	8	16	47

DEA를 이용하여 어느 병원이 비효율적인지 결정하시오.

26 어느 법률 회사는 내년에 대비하여 법학대학원을 대상으로 새로운 변호사를 모집하고 있다. 이 회사는 새로운 변호사가 내년에 사건을 담당하는 데 필요한 시간을 다음과 같이 월별로 추정하였다.

이 회사가 고용한 새로운 변호사 각각은 사건 처리에 매달 150시간을 사용하며 1년 내내 일한다. 모든 사건 처리는 그해 말까지 완료되어야 한다. 이 회사는 내년에 몇 명의 새로운 변호사를 고용해야 하는지 알고 싶다.

a. 이 문제에 대한 선형계획법 모형을 세우시오.

b. 컴퓨터를 이용하여 이 모형을 푸시오.

27 문제 26에서 최적해는 분수(즉, 정수가 아닌)의 변호사가 고용되어야 함을 나타낸다. 논리적으로 고용되어야 할 변호사의 수는 정수가 되어야 하는데, 어떻게 새로운 해를 찾을 것인가를 설명하고 새로운 해와 문제 26에서 얻은 비정수 최적해와의 차이점을 논하시오.

28 Goliath Tool and Machines Shop은 세 가지 부품을 조립하여 제품을 생산한다. 세 가지 부품은 2대의 선반과 3대의 프레스 기계를 사용하는 공정을 통해 만들어진다. 각 유형의 기계에서 세 가지 부품을 처리하는 데 소요되는 시간은 다음과 같다.

	처리시간(분)		
	부품 1	부품 2	부품 3
선반	10	8	6
프레스	9	21	15

이 회사에서는 2대의 선반 각각에 동일한 부하가 걸리도록 일을 균등하게 배분하며, 마찬가지로 3대의 프레스 각각에 동일한 부하가 걸리도록 균등하게 일을 배분한다. 또한, 이 회사는 선반 작업과 프레스 작업에 걸리는 부하가 비슷해서 어떤 기계도 다른 기계보다 하루에 1시간 초과하여 더 많이 작동되지 않게 하는 양만큼만 부품을 생산하고 싶다. 각 기계는 하루 8시간까지 작동된다.

이 회사는 남은 부품(즉, 재공품 재고) 없이 모든 부품이 조립될 수 있는 양만큼 부품을 생산하기를 원한다. 목적은 하루 조립되는 제품의 개수를 최대화하는 것이다.

a. 이 문제를 선형계획법으로 정형화하시오.

b. 컴퓨터를 이용하여 이 모형을 푸시오.

c. 이 회사의 생산 정책은 비교적 제약이 많은 편이다. 만약 기계 간 균등 부하 제약(즉, 어떤 기계도 다른 기계들보다 1시간을 초과하여 더 많이 작동되지 않아야 한다는 제약)과 재공품 재고가 없어야 한다는 제약 중 한 개를 완화한다면, 어느 제약이 제품 생산량에 더 큰 영향을 미치는가? 만약 두 개의 제약이 모두 완화된다면 어떤 영향을 미치는가?

29 Eyewitness News는 월요일에서 금요일 저녁 오후 5~6시까지 1시간 동안 채널 5에서 방송된다. 1시간 동안 계속되는 방송 동안 18분이 광고에 할당되어 있다. 방송 시간 중 남은 42분은 지역 뉴스와 특집 기사, 전국 뉴스, 스포츠, 날씨에 하나 혹은 다수의 시간 구간이 할당된다. 방송국은 몇몇 시청자 조사를 통해 시청자들이 뉴스 프로그램 전체를 꾸준하게 보지 않고 좀 더 친근한 몇몇 부분에만 집중하는 것을 파악했다. 예를 들어 시청자들은 전국 뉴스보다 지역 날씨에 더 많은 관심을 보이는 경향이 있다. (왜냐하면 그들은 지역 방송 다음에 나오는 네트워크 뉴스를 볼 것을 알기 때문이다.) 이와 같이, 다양한 방송 시간 구간에 내보내는 광고로부터 얻는 매출은 지역 뉴스와 특집 기사 1분당 850달러, 전국 뉴스 1분당 600달러, 스포츠 1분당 750달러, 날씨 1분당 1,000달러이다. 지역 뉴스의 제작 비용은 1분당 400달러, 전국 뉴스는 1분당 100달러, 스포츠는 1분당 175달러, 날씨는 1분당 90달러이다. 방송국은 제작비용으로 1편당

9,000달러를 예산으로 책정하고 있다. 지역 뉴스와 특집 기사에 할당되는 방송 시간은 적어도 10분이어야 하고 25분은 넘지 않도록 하고, 반면에 전국 뉴스, 스포츠, 날씨는 각각 적어도 5분은 방송되어야 하고 10분은 넘지 못한다는 것이 방송사의 방침이다. 광고 시간은 네 가지의 방송 프로그램에 대하여 6분을 넘지 않도록 제한된다. 방송사 경영자는 광고 매출을 최대화하기 위해 지역 뉴스, 전국 뉴스, 스포츠, 날씨에 광고 시간과 방송 시간을 얼마나 할당해야 하는지 알고 싶다.

a. 이 문제에 대한 선형계획법 모형을 세우시오.

b. 컴퓨터를 이용하여 이 모형을 푸시오.

30   White Horse Apple Products Company는 지역 재배상으로부터 사과를 구매하여 사과소스와 사과주스를 만든다. 사과소스 1단지를 만드는 데는 0.60달러의 비용이 발생하고, 사과주스 1병을 생산하는 데는 0.85달러의 비용이 발생한다. 회사는 생산량의 적어도 30%가 사과소스이여야 하지만 60%는 넘지 않도록 정책을 세워 놓았다.

이 회사는 각 상품에 대한 수요를 만족시키되 초과하지는 않도록 하고 있다. 마케팅 부서의 책임자는 사과소스의 최대 수요는 5,000단지와 광고로 추가되는 양의 합으로 예측하고 있다. 광고에 투입되는 비용 1달러당 3단지의 사과소스 수요가 추가된다. 사과주스의 최대 수요는 4,000병과 판촉 활동으로 늘어나는 양의 합이다. 사과주스의 판매를 촉진하기 위해 소비된 1달러당 5병의 수요가 추가된다고 한다. 사과소스는 단지당 1.45달러에 판매되고, 사과주스는 1병당 1.75달러에 판매된다. 이 회사는 이익을 최대화하기 위해 각 상품을 얼마나 생산해야 하고 각 상품에 광고비로 얼마를 투자해야 하는지 알고 싶다.

a. 이 문제에 대한 선형계획법 모형을 세우시오.

b. 컴퓨터를 이용하여 이 모형을 푸시오.

31   Venture Systems는 전자상거래 시스템과 의뢰인을 위한 웹사이트를 개발해 주는 컨설팅 회사이다. 이 회사에는 6명의 컨설턴트, 계약 중인 프로젝트가 8건 있다. 컨설턴트들은 각기 다른 기술적 능력과 경험을 가지고 있고, 따라서 이 회사는 이들의 작업에 대해 서로 다른 시급을 지급한다. 또한, 어떤 컨설턴트들의 기술은 다른 컨설턴트들보다 특정 프로젝트에 더 적합하고, 의뢰인은 때때로 다른 컨설턴트보다 특정 컨설턴트들을 선호한다. 어느 컨설턴트의 특정 프로젝트에 대한 적합성은 5점 만점에서 1점이 최하, 5점이 최상으로 평가된다. 다음 표는 각 컨설턴트들이 일할 수 있는 시간과 각 프로젝트에 계약된 시간 및 최대 예산뿐만 아니라 컨설턴트 개인의 각 프로젝트에 대한 평가를 보여 준다.

컨설턴트	시간당 임금(달러)	프로젝트								이용 가능 시간
		1	2	3	4	5	6	7	8	
A	155	3	3	5	5	3	3	3	3	450
B	140	3	3	2	5	5	5	3	3	600
C	165	2	1	3	3	2	1	5	3	500
D	300	1	3	1	1	2	2	5	1	300
E	270	3	1	1	2	2	1	3	3	710
F	150	4	5	3	2	3	5	4	3	860
프로젝트 시간		500	240	400	475	350	460	290	200	
예산(1,000달러)		100	80	120	90	65	85	50	55	

이 회사는 의뢰인의 요구를 만족시키면서 컨설턴트들을 최적으로 활용하기 위하여 각 프로젝트에 컨설턴트 개개인을 몇 시간씩 배정해야 하는지 알고 싶다.

a. 이 문제에 대한 선형계획법 모형을 세우시오.

b. 컴퓨터를 이용하여 이 모형을 푸시오.

c. 만약 회사의 목표가 의뢰인의 선호도와 컨설턴트의 적합성은 무시하고 매출을 최대화하는 데 있다면, 이것은 (b)의 해를 변화시키는가?

32 Great Northwoods Outfitters는 야외 활동용 옷과 장비를 전화 주문을 통해 판매하는 소매상이다. 이 회사의 전화판매대에는 8명의 정규직 근로자와 하루에 8시간을 일하는 비정규직 근로자가 있다. 정규직 근로자는 그들의 경험과 교육 때문에 비정규직 근로자들보다 많은 주문을 처리하고 실수를 더 적게 한다. 그러나 비정규직 근로자는 월급이 낮고 다른 수당을 받지 않으므로 비용이 더 적게 든다. 정규직 근로자는 1주일에 360건의 주문을 처리할 수 있는 반면에 비정규직 근로자는 1주일에 270건의 주문을 처리할 수 있다. 정규직 근로자 1명은 1주일에 평균 1.1건의 주문을 잘못 처리하고, 비정규직 근로자 1명은 1주일에 약 2.7건의 주문을 잘못 처리한다. 이 회사는 잘못 처리된 주문을 1주일에 200건 이내로 제한하고 싶다. 정규직 근로자 1명을 고용하는 비용은 1주일에 610달러이고, 비정규직은 1주일에 450달러이다. 과거 자료와 예측 기법을 이용하여, 회사는 다음과 같이 8주간의 전화 주문량을 예측했다.

주	주문량	주	주문량
1	19,500	5	33,400
2	21,000	6	29,800
3	25,600	7	27,000
4	27200,	8	31,000

이 회사는 첫 번째 주가 지난 이후에 정규직 근로자를 고용하거나 해고하기를 원하지 않는다. (즉, 회사는 8주 동안 정규직 근로자가 계속해서 유지되기를 원한다.) 이 회사는 임금을 최소화하면서 주별 수요를 만족시키기 위해 정규직 근로자를 몇 명 고용해야 하는지 그리고 매주 몇 명의 비정규직 근로자를 고용해야 하는지 결정하고 싶다.

a. 이 문제에 대한 선형계획법 모형을 세우시오.

b. 컴퓨터를 이용하여 이 모형을 푸시오.

33 문제 32에서 Great Northwoods Outfitters는 이들의 인력 배치 정책을 바꾸려고 한다. 전체 8주 내내 정규직 근로자를 동일하게 유지하는 대신, 8주 동안 시간이 경과함에 따라 정규직 근로자를 추가로 고용하려고 한다. 물론 정규직 근로자를 일단 고용하면 해고할 수 없다. 이와 같이 변경된 정책을 반영하여 선형계획법 모형을 재수립하고 문제를 풀어 비용 절감이 가능한지 확인하시오.

34 물놀이 공원에서는 주중과 주말의 수요에 따라 7가지 게임을 펼치고 있다. 공원은 이 게임으로부터 매출(천 유로)을 올리며 그 금액은 날마다 다르다. 어떤 게임은 주말 기간에 더 많은 매출을 발생시키며, 어떤 게임은 매출을 전혀 발생시키지 않는다. 공원측은 매출 데이터를 분석하여 다음과 같은 매출 행렬을 정리하였다(단위 : 유로).

게임	월요일	화요일	수요일	목요일	금요일	토요일	일요일
A	2	2	0	3	8	7	4
B	2	0	0	3	5	5	5
C	2	0	0	3	7	4	5
D	0	0	0	2	8	5	6
E	0	0	1	0	5	8	8
F	0	0	1	0	6	4	8
G	0	2	1	3	5	4	8

게다가 게임들에 사용되는 기계는 유지보수를 필요로 하며 다른 비용들을 발생시킨다. 공원측은 게임 F와 G는 주당 최대 2회 실시할 수 있음을 알았다. 반면 다른 모든 게임은 주당 3회까지 실시할 수 있다. 하루에 특정 게임은 한 번까지만 실시될 수 있다. 또한 월요일부터 목요일까지는 최대 2가지 게임만을 실시할 것을 계획하고 있다. 주말(금요일, 토요일, 일요일)에는 대규모 방문객을 즐겁게 하기 위해 최대 5가지 게임을 실시한다. 이 공원은 매출을 최대화하기 위해 어떤 게임이 어느 요일에 실시되어야 하는지 알고 싶다.

a. 이 문제에 대한 선형계획법 모형을 세우시오.

b. 컴퓨터를 이용하여 모형을 푸시오.

c. 주말 동안 7가지 게임을 모두 실시한다면, 매출은 얼마인가?

d. 비용 대신 게임에 대한 고객의 선호도 순위를 고려하여 제약식을 충족하면서 선호도 순위를 최대화한다면, 최적해는 어떻게 변하는가? 조사에 의하면 고객들은 다음과 같이 게임의 순위를 평가하였다. (1: 가장 덜 좋아함, 7: 가장 좋아함)

게임	월요일	화요일	수요일	목요일	금요일	토요일	일요일
A	1	4	7	1	6	7	1
B	7	3	6	2	7	6	2
C	2	2	5	3	1	1	3
D	3	1	1	7	2	2	7
E	6	5	2	6	3	3	6
F	5	6	3	5	4	4	5
G	4	7	4	4	5	5	4

35 Air Jet 회사는 델리와 관광지인 다르즐링 간 항공편을 운영하며, 이 항공편은 약 2시간 소요된다. 조종사는 어느 지점에 고용되었는지에 따라 출근하는 곳이 달라진다. 예를 들어, 조종사 데이비드는 이 회사의 델리 지점에 고용되어서 매일 델리 공항에 출근해야 한다. 데이비드는 델리에서 비행을 시작하여 다르즐링에 도착한 다음 같은 날 델리로 돌아온다. 최적 운항 일정에 따라 항공사는 모든 조종사의 출근 공항을 정한다. 만약 특정 도시에 조종사가 부족하면, 항공편에 한 명의 조종사를 추가로 태워 그 도시로 가게 한 다음 추가로 탔던 조종사가 돌아오는 항공편을 운항하게 할 수 있다. 조종사는 비행과 다음 비행 사이에 최소 1시간의 지상 휴식시간을 가져야 한다. 이 항공사는 지상 휴식시간을 최소화할 수 있도록 최적의 조종사 근무 일정을 결정하고 싶다.

항공편	델리	다르즐링	항공편	다르즐링	델리
1	오전 6시	오전 8시	A	오전 7시	오전 9시
2	오전 8시	오전 10시	B	오전 10시	낮 12시
3	낮 12시	오후 2시	C	오후 2시	오후 4시
4	오후 2시	오후 4시	D	오후 4시	오후 6시
			E	오후 6시	오후 8시
			F	오후 10시	밤 12시

a. 선형계획법 모형을 세우시오.

b. 컴퓨터를 이용하여 모형을 푸시오.

36 어느 자동차 제조회사는 독일, 영국, 프랑스에 생산 공장을 가지고 있으며, 다른 여러 나라로 생산된 자동차를 수출한다. 이 회사의 공급사슬은 제조회사, 유통회사, 소매회사를 포함하고 있다. 독일 공장은 자동차 5,000대를, 영국 공장은 2,500대를, 프랑스 공장은 3,000대를 수출하고 싶다. 인디아의 자동차 수요는 최소 2,000대, 남아프리카 수요는 최소 4,000대, 싱가포르 수요는 최소 1,000대이다. 자동차는 공장으로부터 소매회사로 바로 운송되지 않는다. 자동차는 먼저 이집트와 아랍에미리트에 있는 유통회사로 수출되고, 거기서 소매회사의 국가로 수출된다. 유통회사는 자동차를 보유하지 않으며 제조회사로부터 받은 물량을 모두 수출한다. 세관 규정과 환율이 이들 국가마다 다르므로 운송 비용은 운송 거리만으로 결정되지는 않는다. 다음 표는 자동차 1대를 두 지역 간 운송할 때 운송 비용을 달러로 표시한 것이다.

국가	이집트(4)	아랍에미리트(5)
독일(1)	300	400
영국(2)	350	450
프랑스(3)	250	300

이집트와 아랍에미리트에서 세 개 국가로 운송하는 데 드는 비용은 다음 표와 같다.

국가	인디아(6)	남아프리카(7)	싱가포르(8)
이집트	450	500	600
아랍에미리트	400	350	550

자동차 제조회사는 운송 비용을 최소화할 수 있도록 공장별 자동차 수출 물량을 결정하고 싶다.

a. 이 문제를 위한 선형계획법 모형을 세우시오.

b. 컴퓨터를 이용하여 모형을 푸시오.

37 커피 전문점 체인인 Startrak과 Mill Mountain은 콜럼버스 시장을 지배하고 있다. Startrak는 가을 시즌에 대비하여 세 가지 마케팅 전략 1, 2, 3을 개발하였는데, 마케팅 전략은 미디어 광고, 판촉 등을 포함하고 있다. Mill Mountain은 Startrak이 마케팅 캠페인을 계획하고 있음을 알고 있고, 이에 맞서 자사의 마케팅 전략 A, B, C를 수립하였다. 다음 표에는 Mill Mountain의 전략을 줬을 때 Startrak의 각 전략이 Startrak에게 가져다주는 시장점유율 득실(%)이 나타나 있다. Startrak은 당연히 시장점유율 증가를 최대화하려고 할 것이고 반면에 Mill Mountain은 Startrak의 시장 점유율 증가를 최소화하려고 할 것이다.

구분		Mill Mountain 전략		
		A	B	C
Startrak 전략	1	8	−3.5	5.5
	2	−2	7	4
	3	1	6	3

Startrak은 Mill Mountain의 전략에 관계없이 이득을 동일하게 만들 수 있는 혼합 전략을 선정하고 싶다. 다시 말해 Startrak의 목적은 예상 이득의 최솟값을 최대화하는 혼합 전략(즉, 세 가지 전략의 선정 확률)을 선정하는 것이다. 이 문제는 게임이론 분야에 나오는 문제로서 선형계획법 문제로 정형화하여 풀 수 있다. Startrak이 최대화하기를 원하는 게임의 값을 V로 표현하고, Startrak이 전략 1, 2, 3을 선택할 확률을 각각 P_1, P_2, P_3로 표현할 때, 이 게임 상황을 선형계획법 모형으로 정형화하고 해를 구하라.

사례 문제

주립 대학의 여름 스포츠 캠프

매리 켈리는 주립 대학에서 장학금을 받고 있는 축구 선수이다. 여름 방학 동안은 대학교의 코치들이 운영하는 청소년 스포츠 캠프에서 일을 한다. 스포츠 캠프는 7월과 8월에 걸쳐 총 8주 동안 운영된다. 캠프 참가자는 각 1주일씩 진행되는 프로그램 동안 학교 기숙사에서 머물며 체육관 및 학교 시설을 이용한다. 주말이 되면 새로운 그룹의 캠프 참가자들이 들어온다. 매리는 캠프의 축구 지도자 중 1명으로 일하고 있다. 그리고 그녀는 기숙사에서 캠프 참가자들이 덮고 자는 침대 시트의 공급 및 관리 또한 담당하고 있다. 매리는 가능한 한 최소의 비용으로 매주 침대 시트를 구입하고 빨래하는 계획을 세우도록 지시받았다.

깨끗한 침대 시트는 매주 초에 공급되며, 캠프 참가자는 이 침대 시트를 1주일 동안 사용한다. 주말에 퇴소할 때 캠프 참가자들은 침대에서 시트를 벗겨 내어 큰 빨래통에 넣는다. 매리는 침대 시트를 새로 구입하거나 아니면 깨끗하게 빨아서 새로 오는 캠프 참가자에게 공급해야 한다. 새로운 침대 시트를 구입하는 데는 10달러의 비용이 든다. 동네 세탁소는 시트당 4달러에 세탁을 해준다. 또한 매리의 몇몇 친구들은 빨래를 대신 해줄 수도 있다고 제안하고 있다. 그들은 빨래를 해주는 대신 침대 시트당 2달러를 청구하겠다고 한다. 하지만 그 세탁소는 1주일 만에 세탁을 해주지만 매리 친구들은 2주일 만에 세탁된 시트를 배달해준다. 그들도 낮 동안에는 여름 학교에 다니기 때문에 동네 빨래방에서 저녁 시간 동안 빨래를 할 수 있다고 한다.

다음에 제시되는 표에 향후 8주 동안 등록한 캠프 참가자의 수가 주어져 있다. 여름 캠프에서 예전에 행정 사무를 담당했던 직원들과 이야기를 해 보고, 또 과거의 기록과 영수증 등을 확인한 결과, 깨끗하게 빨래가 된 침대 시트 중에서 약 20%를 버리고 새로 구입해야 할 것으로 예측되었

다. 캠프 참가자는 음식물을 침대 시트에 쏟기도 하는데, 때로 빨래를 해도 지워지지 않는 얼룩들이 있다. 또한 종종 캠프 참가자들이 침대 시트를 찢기도 하고, 때로는 빨래를 하는 동안 낡은 침대 시트가 찢어지기도 한다. 두 경우 중 어떤 경우이든 간에 빨래를 마친 후 침대에 끼워 넣는 동안 약 20%가 찢어져 못쓰게 된다.

여름에 캠프를 시작할 당시에는 침대 시트가 전혀 없기 때문에 새 침대 시트를 구입해야 한다. 여름이 끝나면 침대 시트는 버려진다.

주	캠프 참자가 수	주	캠프 참자가 수
1	115	5	260
2	210	6	300
3	250	7	250
4	230	8	190

매리의 전공은 경영과학이고, 그녀는 침대 시트의 구매와 빨래 계획을 선형계획법을 이용하여 풀고 싶다. 선형계획법 모형을 세우고, 이를 컴퓨터를 이용하여 푸시오.

Spring 정원용 연장

스프링가(家)는 1952년 이후로 정원에서 사용하는 연장들을 생산하는 공장을 운영해 오고 있다. 이 회사는 정원용 연장을 유통업자와 하드웨어 상점, 홈 인테리어 할인점에 직접 공급한다. Spring 회사의 가장 인기 있는 정원용 연장 중 네 가지는 모종삽, 괭이, 갈퀴, 삽이다. 각 연장들은 내구성이 좋은 철과 손잡이 부분의 나무로 구성된다. Spring은 최고 품질의 연장에 대해 자부심이 대단하다.

생산 공정은 크게 2단계로 구성된다. 첫 번째 단계는 2개의 과정을 거쳐야 하는데, 먼저 금속 머리 부분을 찍어내는 스탬핑 과정과 그곳에 나사 구멍을 뚫는 드릴링 과정이다.

이렇게 완성된 머리 부분은 두 번째 단계로 넘어가는데, 그곳에서 머리와 핸들 부분을 조립하고 마무리한 후 포장을 하게 된다. 각 과정에서 연장마다 필요한 프로세스 시간은 다음의 표와 같다.

작업	도구(시간/단위)				매달 사용 가능한 총 시간
	모종삽	괭이	갈퀴	삽	
스탬핑	0.04	0.17	0.06	0.12	500
드릴링	0.05	0.14	–	0.14	400
조립	0.06	0.13	0.05	0.10	600
마무리	0.05	0.21	0.02	0.10	550
포장	0.03	0.15	0.01	0.15	500

이 회사에서 사용하는 철은 일본의 제철소에서 공급되며, 매달 1만 평방피트의 철판이 공급 가능하다. 연장당 필요로 하는 철의 양과 공급하기로 계약한 연장의 수량은 다음 표와 같다.

연장	철판(제곱피트)	매달 공급계약 수량
모종삽	1.2	1,800
괭이	1.6	1,400
갈퀴	2.1	1,600
삽	2.4	1,800

지금까지 회사가 잘 견뎌 오고 번영하게 된 주된 이유는 연장의 우수한 품질뿐만 아니라 고객들에게 납품하기로 한 기일을 잘 지켜 왔기 때문이다. 따라서 Spring 회사는 고객의 수요를 적기에 맞추기 위하여 초과시간도 이용할 것이며, 연장의 머리 부분을 만들기 위해서 지역 내의 다른 업체들과도 하청 계약을 맺고 있다. Spring 회사는 앞에서 언급된 1단계의 과정들에 대해서는 하청 계약을 맺는 것이 편리하다고 생각하는데, 그 이유는 조립과 마무리 작업에 들어가기 전에 불량품을 발견할 수 있기 때문이다. 마찬가지 이유로 마무리가 되고 포장이 된 후에는 불량품을 발견하는 것이 어렵기 때문에 연장의 전체 제작을 맡기는 일에 대해서는 하청 계약을 맺지 않는다. Spring 회사는 두 단계의 각 과정에 대해 매달 100시간의 초과시간을 갖고 있다. 각

단계에서 연장을 만드는 데 정규시간과 초과시간의 생산비용은 다음 표와 같다.

연장	1단계		2단계	
	정규시간 비용(달러)	초과시간 비용	정규시간 비용	초과시간 비용
모종삽	6.00	6.20	3.00	3.10
괭이	10.00	10.70	5.00	5.40
갈퀴	8.00	8.50	4.00	4.30
삽	10.00	10.70	5.00	5.40

1단계를 하청 업무로 계약하게 되면 정규시간 생산비용보다 20% 더 비싸다.

Spring 회사는 최소의 비용이 들도록 정규시간과 초과시간의 생산 스케줄을 어떻게 짜야 하는지, 그리고 하청 계약을 통해 연장의 머리 부분을 얼마나 생산해야 하는지 계획을 수립하고 싶다. 이 문제를 선형계획법 모형으로 정형화하고, 컴퓨터를 이용하여 문제를 푸시오. 생산과정에서 어떠한 자원이 가장 중요한가?

수잔 웡의 개인 예산 모형

수잔 웡은 주립 대학에서 경영과학을 전공하고 졸업한 후 워싱턴에 있는 컴퓨터 시스템 개발 회사에 취직했다. 주립 대학 재학 시절, 수잔은 아파트 월세 비용, 식비, 여가 활동비 등을 그녀의 부모가 개설해 준 은행 계좌에서 지불했다. 그녀의 부모는 매달 지정된 금액을 수잔의 계좌로 입금해 주었다. 그녀의 부모는 자동차 기름값, 전화요금, 신용카드 대금도 지원해 주었다. 수잔은 또한 의료보험, 자동차보험, 주택보험, 생명보험, 관리비, 면허 및 자동차 등록세, 잡지 정기 구독료 등에 대해서도 걱정해 본 적이 없었다. 따라서 그녀는 대학 시절에 매달 정해진 예산 내에서 생활하는 데는 익숙했지만, 직장인이 된 후 불규칙적으로 매달 지출이 생기는 것에 대해서는 그다지 잘 준비가 되어 있지 않았다.

어떤 달은 특별한 지출 항목이 없어서 수잔의 수입 범위 내에서 지불할 수 있었지만, 어떤 달은 큰 액수의 보험금을 내야 하거나 소유하고 있는 콘도미니엄에 대해 세금을 내야 하며, 신용카드를 많이 사용한 달도 있고, 잡지 구독료 등으로 지출이 상당히 늘어나는 때도 종종 있었다. 그러한 달에는 통장의 잔액이 바닥나기도 했다. 그럴 때면 그녀는 신용카드의 현금 서비스를 이용하여 높은 이자를 지불하면서 세금 등을 내기도 했다. 학교를 졸업하고 1년이 지날 때까지 그녀는 열심히 일을 하여 조금이라도 저축할 수 있기를 바라지만, 저축은커녕 여전히 빚에 시달리고 있었다.

이러한 어려움에 좌절감을 맛본 수잔은 자신의 재무 상태를 다시 재정비하기로 결심했다. 먼저, 그녀의 부모가 그녀를 위해 구입해 준 콘도미니엄을 팔고 저렴한 월세 아파트로 들어갔다. 그러자 수잔은 남은 돈으로 빚을 모두 갚고도 새해가 시작되었을 때 약 3,800달러의 여유자금이 생겼다. 그 후 수잔은 예산을 계획할 때 대학교 시절 배운 몇몇 경영과학의 기법을 사용하기로 했다. 구체적으로, 매달 불규칙적인 지출에 대비하고 일부를 저축하기 위해서 단기 투자에 돈을 얼마나 적립해 두어야 하는지를 결정하는 선형계획법 모형을 개발하려 한다.

먼저 수잔은 현재의 재무 관련 기록을 모두 검토한 후 내년도 매월 지출금액을 다음 표와 같이 예측했다.

월	지출(달러)	월	지출(달러)
1	2,750	7	3,050
2	2,860	8	2,300
3	2,335	9	1,975
4	2,120	10	1,670
5	1,205	11	2,710
6	1,600	12	2,980

세금을 모두 공제한 뒤 남은 수잔의 연봉은 2만 9,400달러이고, 이 돈은 12달로 균등하게 나누어 은행 계좌로 입금된다.

수잔은 지출하고 남은 돈을 이자도 얼마 붙지 않는 은행 계좌에 넣어 두기보다는 1개월, 3개월, 7개월짜리 단기투자 상품에 넣어 두기로 결정했다. 1개월 단기투자 상품의 연평균 수익은 6%이고, 3개월 단기투자 상품의 연평균 수익은 8%이며, 7개월 단기투자 상품의 연평균 수익은 12%이다. 그녀 나름의 투자 전략으로서, 원금은 다양한 투자 상품에 재투자를 하지만 발생한 이자는 또 다른 장기투자 상품으로 송금한다(이 문제에서 본 장기투자 상품은 고려하지 않았다). 예를 들어, 1월에 3개월짜리 단기투자 상품에 100달러를 넣어 두면, 만기인 4월이 되면 원금 100달러는 다시 찾아 단기 상품에 재투자하지만 100달러에서 붙은 이자는 다른 장기 투자 상품으로 송금한다(따라서 본 문제에서는 발생한 이자가 다시 복리를 얻는 것은 고려하지 않아도 된다).

수잔은 투자금액에 대해 수익률을 최대화하는 선형계획법 모형을 세워, 한 해가 끝나고 나면 장기투자 상품에 재투자하기를 원한다. 그러나 연말에 투자 상품의 만기가 맞아떨어지도록 제한할 필요는 없다. 올해 말에 만기가 맞아떨어지지 않는 상품에 돈을 넣어 둘 수도 있다. 그녀의 투자 계획은 내년에도 계속될 것이기 때문에, 12월 말에 이자를 인출하여 장기투자 상품에 재투자할 수도 있다.

a. 수잔이 매달 불규칙적인 지출에 대비하면서 동시에 투자 측면에서도 목적을 달성할 수 있는 선형계획법 모형을 세우고, 이를 푸시오.

b. 만약 수잔이 연초에 3,800달러를 모두 단기 상품에 투자하지 않고 일부분은 장기 상품에 직접 투자하기를 원한다면, 실현 가능한 예산을 계획하기 위해 3,800달러 중 얼마를 떼어 놓아야 하는가?

자료 : T. Lewis, "Personal Operations Research: Practicing OR on Ourselves," *Interfaces* 26, no. 5 (September–October 1996): 34–41.

Walsh's Juice Company

Walsh's Juice Company는 중간 단계의 포도주스로부터 세 가지 완제품 병에 담긴 포도주스, 냉동주스 농축액, 젤리를 생산한다. 이 회사는 오대호 연안에 있는 세 곳의 포도원으로부터 중간 단계의 포도주스를 구입한다. 포도원에서 포도가 재배된 후 곧바로 포도원에 있는 공장에서 중간 단계의 포도주스로 변환되고, 냉장 탱크에 저장된다. 그런 다음 중간 단계의 포도주스는 버지니아, 미시간, 테네시, 인디애나 주에 있는 네 곳의 공장으로 운송된다. 포도원의 생산량은 추수하는 계절 동안 매월 달라지며, 각 포도원에 있는 공장은 가공 능력도 모두 다르다.

어떤 달에 뉴욕에 있는 포도원에서는 1,400톤의 중간 단계 포도주스가 공급 가능하고, 오하이오의 포도원에서는 1,700톤이 가능하며, 펜실베이니아에서는 1,100톤이 공급 가능하다. 버지니아에 있는 공장에서는 한 달에 1,200톤의 중간 단계 주스를 가공할 능력을 갖추고 있으며, 미시간에서는 1,100톤, 테네시에서는 1,400톤, 인디애나에서는 1,400톤을 가공할 능력을 갖추고 있다. 각 포도원에서 공장으로 중간 단계의 주스를 운송하는 톤당 비용(달러)은 다음과 같다.

포도원	공장			
	버지니아	미시간	테네시	인디애나
뉴욕	580	720	910	750
펜실베니아	970	790	1,050	880
오하이오	900	830	780	820

각 공장들은 설립 연도가 다르고 장비가 동일하지 않을 뿐더러 임금 체계도 모두 다르다. 각 제품을 가공하는 데 들어가는 톤당 비용(달러)은 다음과 같다.

제품	공장			
	버지니아	미시간	테네시	인디애나
주스	2,100	2,350	2,200	1,900
농축액	4,100	4,300	3,950	3,900
젤리	2,600	2,300	2,500	2,800

이번 달에 이 회사는 1,200톤의 병에 담긴 포도주스와 900톤의 냉동주스 농축액, 700톤의 젤리를 네 곳의 공장에서 생산해 내야 한다. 그러나 냉동주스 농축액을 가공하는 과정에서 어느 정도 탈수 과정을 거치게 되고, 젤리를 가공하는 과정에는 수분을 끓여 증발시키는 요리 과정이 포함되어 있다. 구체적으로, 1톤의 냉동주스 농축액을 생산해 내기 위해 2톤의 중간 단계 주스가 필요하고, 1톤의 젤리를 생산해 내기 위해서는 1.5톤의 중간 단계 주스가 필요하며, 1톤의 병에 담긴 주스를 생산하는 데는 1톤의 중간 단계 주스가 필요하다.

Walsh's 경영진은 각 포도원에서 각 공장으로 몇 톤의 중간 단계 포도주스를 운반해야 할지와 각 공장에서 각 제품을 얼마나 생산해야 할지를 결정하려고 한다. 따라서 경영진은 로지스틱스 측면과 생산 과정 측면을 모두 포함하는 모형을 필요로 하며, 포도원에서 공장으로의 운송비용과 제품 가공비용의 합계를 최소화하는 해를 찾기 원한다. 선형계획법 모형을 세우고, 컴퓨터를 이용하여 이 문제를 푸시오.

King's Landing 놀이공원

King's Landing은 버지니아에 위치한 대형 놀이공원이다. 이 놀이공원은 5~9월에 걸친 여름 동안 고등학생과 대학생을 직원으로 고용한다. 고용된 학생 직원들은 거의 모두 컴퓨터화된 기구들을 작동하고, 엔터테이너로서 공연도 하고, 업무 시간 동안 관리인으로서 일도 하고, 식당 일도 하고, 기념품을 팔기도 하며, 케이블카를 운전하기도 하고, 공원의 운송차를 운행하기도 한다. 놀이공원의 경영진은 지난 여름 동안의 방문객 수와 일할 수 있는 직원 수를 감안하여 매달 몇 명을 고용할 것인지 결정한다. 공원의 방문객 수는 공립학교가 방학을 시작할 때까지 5월에는 상대적으로 낮고 6, 7, 8월에 증가하다가 노동절 이후 학교가 개학을 하고 나면 9월에는 급감한다. 놀이공원은 여름 동안은 주 7일간 운영하지만 9월에는 주말에만 운영한다. 5월의 첫 2주 동안은 매주 2만 2,000시간의 노동력이 필요할 것으로 놀이 공원 경영진은 예상하고 있고, 5월의 세 번째 주는 2만 5,000시간, 5월의 마지막 주는 3만 시간이 필요할 것으로 생각한다. 6월의 첫 2주 동안은 매주 3만 5,000시간의 노동력이, 그 다음 2주간은 매주 4만 시간의 노동력이 필요할 것으로 예상한다. 7월에는 매주 4만 5,000시간의 노동력이 필요할 것으로 예상되고, 8월에도 매주 4만 5,000시간의 노동력이 필요할 것으로 예상된다. 9월에는 첫 주에는 1만 2,000시간, 두 번째와 세 번째 주는 각 1만 시간, 마지막 주는 8,000시간의 노동력이 필요할 것으로 예상한다.

놀이공원에서는 5월 첫 번째 주부터 8월까지 매주 새로운 직원을 고용한다. 새로운 직원은 대부분 첫 번째 주에 숙련된 직원이 하는 것을 관찰하고 도우면서 훈련을 받으며, 숙련된 직원의 감독하에 약 10시간 일을 한다. 첫 주를 보내고 나면 숙련된 직원으로 간주된다. 때때로 생기는 야근과 각종 수당을 줄이고 더 많은 학생들에게 일할 기회를 제공하기 위해 숙련된 직원은 주당 약 30시간 일을 하는 파트타임으로 고용된다. 하지만 어떤 직원도 강제로 해고되지는 않고, 비록 필요한 직원 수보다 현재 고용되어 있는 직원의 수가 많더라도 30시간보다 더 적거나 많은 시간을 일하도록 변경되지 않는다. 많은 학생 직원들이 여름 동안 공원에서 일하며 근처에 있는 해변에서 살기 위해 이곳으로 이사 오기 때문에 이러한 조건이 필요조건이라고 경영진은 생각하고 있다. 만약 이곳에서 일하는 직원들이 종종 해고되어 월세 등 생활비를 충당하는 데 어려움이 생기게 된다면, 향후 여름에 학생들을 직원으로 고용하는 데 나쁜 영향을 미칠 것으로 생각하고 있다. 비록 강제로 해고되는 사람은 없지만, 매주 약 15%의 숙련된 직원들이 향수병 및 질병 때문에 그리고 어떤 사람들은 너무 일을 못해서 그만두도록 권고를 받고 떠난다.

놀이공원 경영진은 지난 여름에도 이곳에서 일을 했고, 또 이 지역에 살고 있는 700명의 숙련된 직원들과 함께 5월의 첫 주에 놀이공원을 개장한다. 이 직원들은 일반적으로 주말에 더 많은 시간을 일할 수 있고, 주중에는 부분적으로 가능하다. 그러나 5월에는 주로 주말에 방문객들이 몰리기 때문에 대부분의 인력이 사실 그때 필요하다. 놀이공원은 5월의 첫 주에 1,500명의 지원자 풀을 확보할 것으로 예상한다. 첫 주 이후에 지원자 풀은 그 전 주에 고용된 사람의 수만큼 줄어들지만, 6월까지는 매주 200명의 신규 지원자가, 그리고 나머지 여름 동안은 매주 100명의 신규 지원자가 있을 것으로 예상한다. 예를 들면, 5월의 두 번째 주에 가능한 지원자 풀의 수는 전 주의 풀인 1,500명에서 첫 번째 주에 고용된 직원의 수를 빼고, 여기에 200명의 신규 지원자를 더하면 계산된다. 8월의 마지막 주에는 숙련된 직원의 75%가 개학을 하는 학교로 돌아가고, 9월에는 신규 직원을 고용하지 않는다. 9월에는 이 지역에 살고 있는 숙련된 직원들로 놀이공원을 운영하며, 매주 그만두는 사람의 수가 10%로 감소한다.

여름 동안 놀이공원 신규 고용 직원의 총수를 최소화하기 위해 매주 몇 명을 고용해야 하는지를 결정하는 선형계획법 모형을 세우고, 문제를 푸시오.

CHAPTER 05

정수계획법

앞 장에서 모형 수립과 모형 풀이를 했던 선형계획법 모형은 암묵적으로 해가 분수 혹은 실수(즉, 비정수)의 값을 취할 수 있다고 가정한다. 그러나 비정수해가 항상 현실 가능한 것은 아니다.

정수해만이 현실 가능하거나 논리적으로 의미가 있는 경우가 있을 수 있는데, 이때 비정수해를 가장 가까운 정수 가능해로 '반올림'하여 사용할 수 있다고 가끔 가정하기도 한다. 예를 들어, 만일 $x_1 = 8,000.4$개인 못의 수를 8,000개로 반올림한다고 해서 큰 문제가 되지는 않는데 그 이유는 못 1개의 비용이 불과 몇 센트에 지나지 않을 만큼 매우 작은 값이기 때문이다. 그러나 만약 제트 항공기의 제작을 생각하고 있는 경우라면 $x_1 = 7.4$개의 항공기를 반올림하는 것은 이익(혹은 비용)에 수백만 달러의 차이를 초래할 만큼 심각한 영향을 미칠 수 있다. 이 경우에는 최적의 정수해가 보장될 수 있도록 문제를 풀어야 할 필요가 있다. 이 장에서는 이처럼 여러 가지 서로 다른 형태의 정수 선형계획법 모형들을 살펴보기로 하자.

정수계획법 모형

+ 전체, 0-1, 혼합 등 세 가지 형태의 정수계획법 모형이 있다.

대략 세 가지 형태의 정수계획법 모형들이 존재하는데 전체 정수 모형(total integer model), 0-1 정수 모형(0-1 integer model) 그리고 혼합 정수 모형(mixed integer model)이 그것이다. 전체 정수 모형에서는 모든 의사결정변수들이 정수 값을 취하도록 요구된다. 0-1 정수 모형에서는 모든 의사결정변수들이 0 혹은 1의 정수 값을 취한다. 마지막으로 혼합 정수 모형에서는 (전부는 아니더라도) 몇몇 의사결정변수들이 정수 값을 취하도록 되어 있다. 다음의 세 가지 예제는 이들 세 가지 형태의 정수계획법 모형들을 각기 설명하기 위한 것이다.

전체 정수 모형 예제

+ 전체 정수 모형에서는 모든 의사결정변수가 정수해를 가진다.

어느 기계 작업장의 주인이 새로운 기계(압축기와 선반) 몇 개를 구입해서 사업을 확장하려고 계획 중이다. 그 주인은 구입할 압축기가 대당 매일 100달러의 이익을, 선반은 대당 매일 150달러의 이익을 증가시킬 것으로 예측한다. 작업장 주인이 구입할 수 있는 기계의 대수는 기계의 구입비용과 기계를 들여놓을 작업장 면적에 의해 제약된다. 기계의 대당 구입 단가와 대당 설치 면적은 다음과 같다.

기계	필요한 설치 면적(제곱피트)	구입 가격(달러)
압축기	15	8,000
선반	30	4,000

주인은 기계를 구입하기 위한 예산으로 4만 달러와 설치 공간으로 200제곱피트를 확보하

고 있다. 작업장 주인은 일당 최대의 이익 증가를 얻기 위해 2종류의 기계를 각각 몇 대씩 구입해서 들여놓을지 알고 싶어한다.

정수계획법 문제를 풀기 위한 선형계획법 모형은 제2, 3, 4장에서 살펴본 선형계획법 예제들과 정확히 동일한 방식으로 구성할 수 있다. 유일한 차이점이 있다면 하나의 기계를 일부분만 사는 것은 가능하지 않으므로 문제의 의사결정변수들은 오직 정수 값만을 취하도록 제약된다는 사실이다. 선형계획법 모형은 다음과 같다.

$$\text{maximize} \ \ Z = \$100x_1 + 150x_2$$

$$\text{subject to}$$

$$\$8{,}000x_1 + 4{,}000x_2 \leq \$40{,}000$$

$$15x_1 + 30x_2 \leq 200\text{제곱피트}$$

$$x_1, x_2 \geq 0 \ \text{그리고 정수}$$

여기서, x_1 = 압축기의 수
x_2 = 선반의 수

모형에서 의사결정변수들은 완제품인 기계의 대수를 나타내도록 제약된다. 두 의사결정변수가 모두 0보다 크거나 같은 정수 값만을 취하도록 가정한다는 사실 때문에 이 모형은 전체 정수 모형으로 불리운다.

0-1 정수 모형의 예제

+ 0-1 정수 모형에서는 모든 의사결정변수의 값이 0 또는 1 이다.

어느 지역의 운영위원회에서 그 지역의 관내에 설치할 체육 시설의 종류를 결정하려고 한다. 수영장, 테니스 센터, 육상 경기장 그리고 체육관 등 네 가지 종류의 체육 시설이 제안되었다. 운영위원회는 이용 가능한 토지의 넓이와 비용의 제한 등을 고려하여 그 지역 주민들의 하루 평균 기대 이용 횟수를 최대화할 수 있는 체육 시설을 건립하려고 한다. 각 체육 시설이 건립될 경우 하루 평균 기대 이용 횟수와 비용 및 토지 요구량은 아래의 표와 같다.

체육 시설	하루 기대 이용자(명/일)	비용(달러)	토지 요구량(에이커)
수영장	300	35,000	4
테니스 센터	90	10,000	2
육상 경기장	400	25,000	7
체육관	150	90,000	3

운영위원회는 체육 시설 건립 예산으로 12만 달러와 토지 12에이커를 확보하고 있다. 그런데 수영장과 테니스 센터는 반드시 동일한 토지 구획 내에 지어져야 하므로 이 두 가지 시설 중 하나만 건립할 수 있다. 운영위원회는 체육 시설의 하루 평균 기대 이용 횟수를 최대화하기 위해서는 어느 시설을 건립해야 할지 결정하고자 한다. 문제의 모형은 다음과 같이 정형

화될 수 있다.

$$\text{maximize} \quad Z = 300x_1 + 90x_2 + 400x_3 + 150x_4$$

subject to

$$\$35,000x_1 + 10,000x_2 + 25,000x_3 + 90,000x_4 \leq \$120,000$$

$$4x_1 + 2x_2 + 7x_3 + 3x_4 \leq 12\text{에이커}$$

$$x_1 + x_2 \leq 1\text{시설}$$

$$x_1, x_2, x_3, x_4 = 0 \text{ 또는 } 1$$

여기서, x_1 = 수영장 건립

x_2 = 테니스 센터 건립

x_3 = 육상 경기장 건립

x_4 = 체육관 건립

모형에서 의사결정변수는 0 혹은 1의 값을 해로서 갖는다. 만약 어느 시설의 건립이 선택되지 않는다면 해당 의사결정변수는 0의 값을 가진다. 만약 어느 시설의 건립이 선택된다면 해당 의사결정변수는 1의 값을 가진다.

마지막 제약조건인 $x_1 + x_2 \leq 1$은 수영장(x_1) 혹은 테니스 센터(x_2) 중 오직 하나만이 선택될 수 있음을 의미하는 상황(contingency) 제약식이다. 두 의사결정변수 x_1과 x_2의 합이 1보다 작거나 같기 위해서는 두 변수 중 어느 하나가 1의 값을 가지거나 혹은 두 변수가 모두 0의 값을 가질 때이다. 이 제약식을 상호 배타적 제약식(mutually exclusive constraint)이라고도 부른다.

만약 그 지역 주민들이 수영장(x_1)과 테니스 센터(x_2) 중 하나는 반드시 건립되어야 하고 둘 다는 아니라는 선호를 갖는다면, 위 모형의 마지막 제약식은 $x_1 + x_2 = 1$이 될 것이다. 이는 $x_1 = 1$ 혹은 $x_2 = 1$을 포함하는 해를 가질 수는 있지만 두 의사결정변수 x_1과 x_2가 모두 1이거나 0일 수는 없도록 한다. 이러한 방식으로 두 종류의 시설 중 오직 하나만의 선택을 강제한다는 이유에서 이 제약식을 다지선택 제약식(multiple-choice constraint)이라고 부른다.

다지선택 제약식의 변형으로서 전체 중에서 몇 개의 시설만을 건립하는 상황을 표현할 수 있다. 예를 들어, 만약 그 지역의 운영위원회가 4개 중 정확히 2개의 시설 건립을 요구하였다면 제약식은 다음과 같다.

$$x_1 + x_2 + x_3 + x_4 = 2$$

만약 운영위원회가 둘 이하의 시설 건립을 요구하였다면 제약식은 다음과 같다.

$$x_1 + x_2 + x_3 + x_4 \leq 2$$

추가적인 0-1 모형 제약식으로는 조건부 제약식(conditional constraint)이 있다. 조건부 제약 하에서 어느 한 시설의 건립 여부는 다른 시설의 건립 여부에 의존한다. 예를 들어, 운영위원회 의장의 최우선 관심이 수영장 건립이고 테니스 센터 건립에 대해서는 유보적 입장을 취한다고 하자. 그 의장은 매우 영향력 있는 인물이어서 만약 수영장이 먼저 선택되지 않는다면 테니스 센터가 선택될 가능성은 없는 것으로 나머지 위원들은 알고 있다고 하자. 그러나 만약 수영장이 선택되더라도 테니스 센터 또한 선택되리라는 보장은 없다. 그러므로 테니스 센터(x_2)는 수영장(x_1) 건립 여부에 조건부로 의존하는데 이 조건을 식으로 표현하면 다음과 같다.

$$x_2 \leq x_1$$

위의 조건에서 주목할 점은 수영장(x_1)이 1이 아니라면 테니스 센터(x_2)가 1일 수(선택될 수) 없다는 사실이다. 만약 수영장(x_1)이 0이라면(즉, 선택되지 않는다면) 테니스 센터(x_2) 역시 반드시 0이어야 한다. 그러나 이 조건은 수영장(x_1)이 선택되었을지라도 테니스 센터(x_2)는 선택되지 않을 가능성을 허용한다.

조건부 제약식의 변형된 형태는 동시 요구 제약식(corequisite constraint)이다. 이 제약식하에서는 어느 한 시설이 건립된다면 다른 하나도 역시 건립되어야 한다. 예를 들어, 만일 수영장이 선택된다면 테니스 센터도 선택되어야 한다고 운영위원회가 제안하였다고 하자. 이 제안은 다음의 제약식으로 표현할 수 있다.

$$x_2 = x_1$$

위의 제약식하에서 x_1과 x_2는 0 혹은 1로서 동일한 값을 갖는다.

혼합 정수 모형의 예제

+ 혼합 정수 모형에서는 어떤 의사결정변수의 해는 정수이고 나머지 의사결정변수의 해는 정수가 아닐 수 있다.

낸시 스미스는 세 가지 대체적 자산으로 콘도미니엄, 토지, 채권에 투자할 자금 25만 달러를 가지고 있다. 그녀는 1년 후 가장 높은 이익을 창출하는 자산에 투자하려고 한다.

콘도미니엄 1채의 비용은 5만 달러이고 1년 후 매각하면 9,000달러의 이익을 올릴 수 있다. 토지 1에이커의 비용은 1만 2,000달러이고 1년 후 매각하면 1,500달러의 이익을 얻을 수 있다. 채권 한 단위의 비용은 8,000달러이고 1년 후 매각하면 1,000달러의 이익을 얻는다. 구입 가능한 콘도미니엄은 4채이고 토지는 15에이커 그리고 채권은 20단위까지 구입할 수 있다.

문제에 대한 선형계획법 모형은 다음과 같이 정형화될 수 있다.

maximize $Z = \$9,000x_1 + 1,500x_2 + 1,000x_3$

subject to

$\$50,000x_1 + 12,000x_2 + 8,000x_3 \leq \$250,000$

$x_1 \leq 4$콘도미니엄

$x_2 \leq 15$에이커

$x_3 \leq 20$채권

$x_2 \geq 0$

$x_1, x_3 \geq 0$ 그리고 정수

여기서, x_1 = 콘도미니엄 구입량
x_2 = 토지 구입량
x_3 = 채권 구입량

모형에서 콘도미니엄(x_1)과 채권(x_3)은 정수 값을 취한다는 점에 주목하라. 콘도미니엄이나 채권의 (전체가 아니라) 한 부분을 구입할 수는 없기 때문이다. 그러나 토지의 경우에는 단위 에이커보다 작은 면적(즉, 1에이커의 한 부분)을 얼마든지 구입할 수 있다. 그러므로 이 모형에서 의사결정변수 중 2개(x_1과 x_3)는 반드시 정수값을 취하는 것으로 제한되는 반면 다른 한 변수(x_2)는 0보다 크거나 같은 모든 실수 값을 취할 수 있다.

경영과학 응용 사례

Eli Lilly의 빈곤 지역 자원봉사 팀 선정

인디애나폴리스에 본사를 두고 전 세계에 걸쳐 3만 8,000명 이상의 종업원을 고용하고 있는 Eli Lilly and Company는 세계에서 열 번째로 큰 제약회사이며 125개국에 제품을 판매하고 있다. 이 회사는 가장 일하기 좋은 직장 중 하나로 평가되고 있고, 종업원과 고객에 대한 진실성과 존중의 문화를 가지고 있다. 이 회사는 글로벌 보건 향상을 목표로 하는 Connecting Hearts Abroad 프로그램을 시행하고 있는데, 매년 종업원들에게 아시아, 아프리카, 중미 및 남미 지역사회에 봉사하는 2주간의 여행에 참가할 수 있는 기회를 제공한다. 8명 내지 9명으로 구성되는 봉사 팀들은 진료소에서 일하며 어린이 및 노인들을 돌보고, 지역개발 프로젝트에 참여하여 일을 돕는다. 봉사팀 선정 과정은 매우 경쟁이 치열하며 매년 1,000명 이상의 적격한 지원자들 중 단지 10~20%만이 선정되어 약 23개 지역에 보내어진다. 이 회사는 그간 수작업 과정을 통해 지원자들을 봉사 팀에 배정해 왔는데 이는 수주의 긴 시간이 소요되었고, 지원자가 가진 기술, 흥미, 선호도와 일치하는 팀으로 배정하는 데 종종 실패하곤 했다. 이에 이 회사는 여러 가지 제약조건하에서 모든 지원자의 총 선호도를 최대화하는 좀 더 효율적인 팀선정 과정을 만들기 위한 정수계획법 모형을 개발하였는데, 이를 통해 지원자의 기술과 흥미에 부합하고 다양성이 높은 팀들이 구성되었고 모든 지원자가 공평하다고 인식하는 투명한 팀 선정이 이루어졌다. 모형의 제약조건에는 팀 구성원의 수를 비롯하여 출신국가, 직무 및 고용유형별 팀 내 구성원 수의 제한, 각 출신국가 및 직무별 팀 내 구성원의 해당 부류 총 지원자 수 대비 비율, 총 여성 지원자 수 대비 팀 내 여성 구성원의 비율, 각 회사 구역별 팀 내 구성원 수의 제한 등이 포함된다. 설문을 통해 지원자의 선호도, 성별, 고용유형, 직무, 출신국가, 회사 구역에 관한 데이터를 수집하였다. 이 모형으로 15초 이내에 팀 편성을 완료할 수 있고 회사가 설정한 팀 균형과 공정성 목표를 모두 달성하였는데, 선정된 지원자들 중 3명만이 자신들이 두 번째로 선택한 팀에 배정되었고 나머지 모두는 첫 번째로 선택한 팀으로 배정되었다.

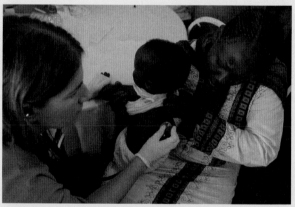

© Eddie Gerald/Alamy Stock Photo

자료 : S. Mahar, W. Winston, and P. D. Wright, "Eli Lilly and Company Uses Integer Programming to Form Volunteer Teams in Impoverished Countries," *Interfaces* 43, no. 3 (May-June 2013): 268-84.

정수계획법의 도식적 해법

분수해를 반올림 처리하여 정수계획법 문제가 요구하는 정수해를 구하는 방식이 논리적으로는 쉬워 보인다. 그러나 이 방식은 준최적(suboptimal)해를 제공할지라도 최적해에는 미치지 못할 수 있다. 이 결과는 도식적 분석을 이용하여 확인해 볼 수 있다. 앞 절에서 소개한 기계 작업장에 관한 전체 정수 모형의 예제를 살펴보자.

$$\text{maximize } Z = 100x_1 + 150x_2$$

$$\text{subject to}$$

$$8{,}000x_1 + 4{,}000x_2 \leq 40{,}000$$

$$15x_1 + 30x_2 \leq 200$$

$$x_1, x_2 \geq 0 \text{ 그리고 정수}$$

먼저 제시 5.1에 나타나 있는 것과 같이 엑셀을 이용하여 정수해 조건이 없는 일반적인 선형계획법 모형으로 문제를 풀어 보자.

제시 5.1

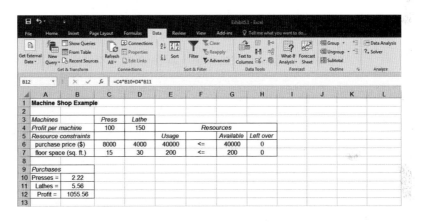

모형은 비정수해인 2.22대의 압축기와 5.56대의 선반, 즉 $x_1 = 2.22$와 $x_2 = 5.56$을 도출한다. 모형의 해가 정수값을 가져야 하므로 도출된 비정수해를 가장 가까운 정수값으로 반올림하면 $x_1 = 2$와 $x_2 = 6$이 된다. 그러나 이렇게 해서 얻은 정수해($x_1 = 2$와 $x_2 = 6$)를 두 번째 제약식에 대입하면 제약식이 만족되지 않아 결국 (반올림하여 얻은) 정수해들은 불가능한 해임을 발견할 수 있다.

+ 비정수해 값을 가장 가까운 정수 값으로 반올림하면 불가능한 해가 도출될 수 있다.

$$15x_1 + 30x_2 \leq 200$$

$$15(2) + 30(6) \leq 200$$

$$210 \nleq 200$$

제약식이 모두 ≤ 이고 제약식의 계수가 모두 양(+)인 모형에서 가능한 해는 내림(rounding down)하는 경우에만 항상 보장될 수 있다. 그러므로 문제에서 비정수해를 내림하면 가능한 정수해를 다음과 같이 구할 수 있다.

+ 비정수해 값을 내림하여 가능한 해의 도출을 보장할 수 있다.

$$x_1 = 2$$

$$x_2 = 5$$

$$Z = \$950$$

그러나 비정수해를 단순히 내림하여 정수해를 구할 때의 문제점은 더 높은 이익을 달성할 수 있는 또 다른 정수해가 존재할 수 있다는 점이다. 즉, 이 예제에서 950달러보다 더 높은 이익을 내는 정수해가 존재할 수 있다. 이를 확인하기 위해 그림 5.1에 나타나 있는 것처럼 모형의 그래프를 분석해 보도록 하자.

+ 비정수해를 내림하여 구한 정수해는 최적이 아닌 준최적해일 수 있다.

그림 5.1에서 점들은 정수해들의 좌표들을 표시하고 점 $x_1 = 2$, $x_2 = 5$는 비정수해를 내림하여 구한 내림해(rounded-down solution)이다. 목적함수 선이 가능해 영역을 바깥쪽 방향으로 통과하면서 내림해보다 더 높은 이익을 달성하는 정수해를 만나게 된다는 점에 주목하자. 이 점의 좌표는 $x_1 = 1$, $x_2 = 6$이다. 이 점에서 얻을 수 있는 기계 작업장의 하루 이익 $Z = 1,000$달러는 내림한 정수해($x_1 = 2$, $x_2 = 5$)보다 50달러가 더 높다.

상기 도식적 분석은 정수계획법 문제를 단순히 내림하여 풀 때의 오류를 명백히 보여 준다. 기계 작업장 예제에서, 최적 정수해는 내림으로 구한 준최적해 $x_1 = 2$, $x_2 = 5$가 아니라, $x_1 = 1$, $x_2 = 6$이다. 이처럼 비정수해를 내림하는 방식은 잘못된 결과를 초래할 수 있으므로, 정수계획법을 효과적으로 풀기 위한 좀 더 직접적인 접근법이 필요하다.

그림 5.1

정수해 점들을 포함하는 가능해 영역

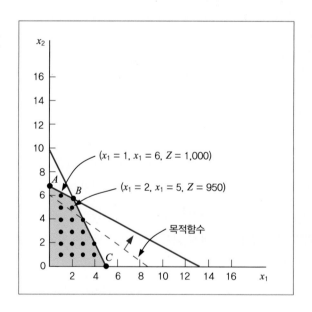

정수계획법 문제를 풀기 위한 전통적인 접근법으로는 분지-한계법(branch and bound method)이 있다. 이는 여러 가지 다른 종류의 문제들에 적용할 수 있는 수학적 해법이다. 분지-한계법은 (그림 5.1에서의 가능해 영역과 같은) 가능해들의 전체 집합이 해들의 좀 더 작은 소규모 부분집합으로 분할될 수 있다는 원리에 기초하고 있다. 이들 소규모 부분집합들은 최적해가 도출될 때까지 체계적으로 평가될 수 있다. 분지-한계법은 종종 지루하고 복잡한

+ 웹사이트 모듈 C에 있는 '정수계획법 : 분지-한계법'을 참조 하라.

수학적 과정으로 인식되기도 한다. 다행히 엑셀이나 윈도우용 QM은 모두 정수계획법 문제를 풀어낼 수 있는 기능을 내장하고 있으므로 우리는 이 장에서 논의하고 있는 다양한 종류의 정수계획법 문제를 풀기 위해 컴퓨터를 이용하기로 하자. 그러나 관심 있는 독자를 위하여 본 교재의 지침용 웹사이트에서는 분지-한계법을 상세히 설명하는 모듈인 '정수계획법 : 분지-한계법'을 제공하고 있다.

엑셀과 윈도우용 QM을 이용한 정수계획법의 컴퓨터 해법

정수계획법 문제는 엑셀 스프레드시트나 윈도우용 QM을 이용하여 풀 수 있다. 이 절에서는 앞에서 소개한 전체, 0-1, 혼합 정수계획법의 예제들을 중심으로 이들 두 가지를 이용한 컴퓨터 해법을 설명할 것이다.

엑셀을 이용한 0-1 모형의 해법

앞에서 소개한 체육 시설의 예제를 생각해 보자.

$$\text{maximize } Z = 300x_1 + 90x_2 + 400x_3 + 150x4$$

subject to

$$\$35{,}000x_1 + 10{,}000x_2 + 25{,}000x_3 + 90{,}000x_4 \leq \$120{,}000$$

$$4x_1 + 2x_2 + 7x_3 + 3x_4 \leq 12\text{에이커}$$

$$x_1 + x_2 \leq 1\text{시설}$$

$$x_1, x_2, x_3, x_4 = 0 \text{ 또는 } 1$$

여기서, x_1 = 수영장 건립
x_2 = 테니스 센터 건립
x_3 = 육상 경기장 건립
x_4 = 체육관 건립
Z = 하루 총 이용자 수 기댓값

엑셀 스프레드시트에 입력된 위의 예제가 제시 5.2에 나타나 있다. 각 시설들에 대한 의사결정변수는 셀 C12 : C15에, 목적함수는 셀 C16에 입력되어 있다. 목적함수는 스프레드시트 상단에 위치한 수식 칸에서 찾아볼 수 있다. 모형의 제약식들은 셀 G7, G8, 그리고 G9에 입력되어 있다. 예를 들어, 셀 G7은 비용 제약식, = C7*C12 + D7*C13 + E7*C14 + F7*C15를 포함하고 이용 가능한 예산 12만 달러는 셀 I7에 입력되어 있다. 그러므로 해 찾기 매개변수 창에 입력하는 비용 제약식은 G7 ≤ I7과 같이 표현될 수 있다.

제시 5.3은 이 예제를 해결하기 위한 해 찾기 매개변수 창을 보여 준다. 제시 5.4의 '제한조건 추가(Add Constraint)' 창에서 보여지는 것처럼 의사결정변수 셀들의 값을 이진수로 제한함으로써 의사결정변수들에 대한 0-1 조건을 명시하고 있음에 주목하라(즉, 0 또는 1).

제시 5.2

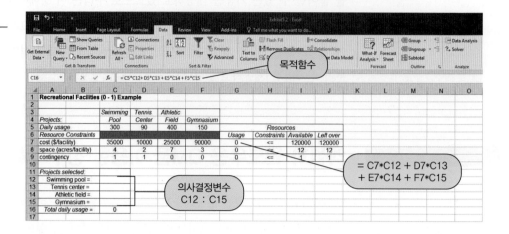

제시 5.3

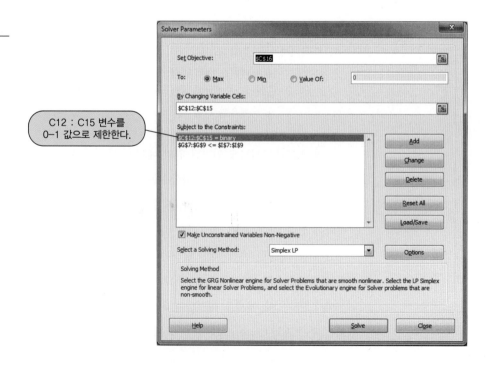

제시 5.4

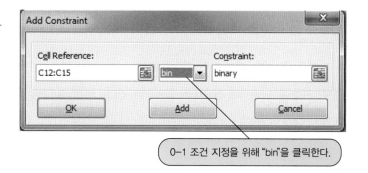

0-1 조건 지정을 위해 "bin"을 클릭한다.

문제를 풀기 전, 제시 5.3에서와 같이 해 찾기 매개변수 창의 "옵션(Option)" 탭을 누른다. 제시 5.5와 같이 옵션 창이 나타나면, "정수 제한 조건 무시(Ingnore Integer Constrains)"가 비활성화되어 있는 것을 확인한다. 해 찾기 매개변수 창으로 돌아가서 "해 찾기(Solve)"를 누르면 제시 5.6과 같이 최적해가 출력된다.

제시 5.5

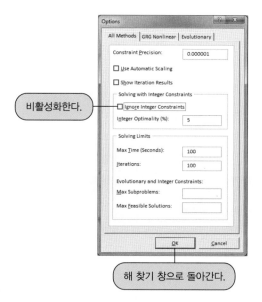

비활성화한다.

해 찾기 창으로 돌아간다.

제시 5.6

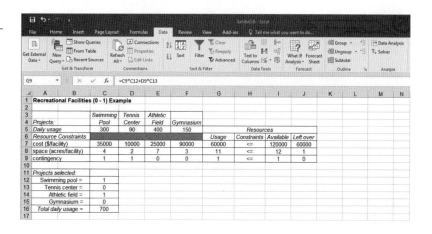

	Swimming Pool	Tennis Center	Athletic Field	Gymnasium					
Projects:									
Daily usage	300	90	400	150		Resources			
Resource Constraints					Usage	Constraints	Available	Left over	
cost ($/facility)	35000	10000	25000	90000	60000	<=	120000	60000	
space (acres/facility)	4	2	7	3	11	<=	12	1	
contingency	1	1	0	0	1	<=	1	0	

Recreational Facilities (0 - 1) Example

G9 — fx =C9*C12+D9*C13

Projects selected:	
Swimming pool =	1
Tennis center =	0
Athletic field =	1
Gymnasium =	0
Total daily usage =	700

윈도우용 QM을 이용한 0-1 모형의 해법

0-1 정수계획법은 윈도우용 QM에 내장된 '정수와 혼합 정수(Integer and Mixed Integer)' 모듈을 이용해서 풀어낼 수 있다. 앞에서 엑셀을 써서 풀어낸 체육 시설 예제를 중심으로 이 모듈을 설명해 보자.

제시 5.7은 체육 시설 예제에 관련된 자료의 입력 화면을 보여 준다. 화면 하단에서 '변수 유형(Variable Types)'을 클릭하면 메뉴가 나타나는데 여기서 변수가 0-1인지, 정수인지, 혹은 실수인지를 선택하도록 되어 있다. 이 예제의 경우, 모든 변수값들은 0-1로 지정되어야 한다. 예제의 해답은 화면 상단의 'Solve'를 클릭함으로써 제시 5.8에 나타나 있는 것과 같이 구할 수 있다.

윈도우용 QM을 이용해서 구한 정수해의 값은 다음과 같다.

$$x_1 = 1 \text{ (수영장)}$$
$$x_2 = 0 \text{ (테니스 센터)}$$
$$x_3 = 1 \text{ (육상 경기장)}$$
$$x_4 = 0 \text{ (체육관)}$$
$$Z = 700 \text{ (하루 이용자 수 기댓값)}$$

제시 5.7

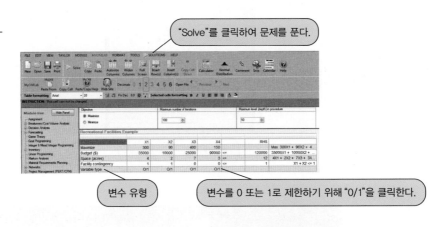

"Solve"를 클릭하여 문제를 푼다.

변수 유형

변수를 0 또는 1로 제한하기 위해 "0/1"을 클릭한다.

제시 5.8

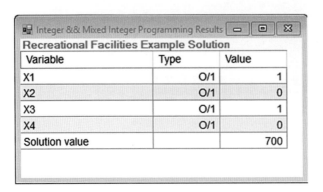

Variable	Type	Value
X1	O/1	1
X2	O/1	0
X3	O/1	1
X4	O/1	0
Solution value		700

정수계획법을 이용한 버지니아 항소 법원의 재판개정 일정 계획

매년 5월이 되면 버지니아 항소 법원의 부행정서기는 3개월에 걸쳐 수작업으로 재판개정 일정계획을 수립하는 프로세스를 실시하는데, 이를 위해 150시간의 직접 노동이 소요된다. 일정계획은 벽면 크기의 12개월 달력을 이용하여 작성되는데, 달력에는 여기저기 옮길 수 있는 색 분류체계를 가지는 자석들이 부착되어 있다. 자석을 여기저기 이동시키면서 여러 가지 법정 일정 관련 제약조건들을 만족시키는데, 이러한 제약조건으로는 소송 수요, 법정 규칙, 판사 기피 날짜(예를 들어, 공휴일, 휴가, 출장 등), 개정 시기 및 위치, 판사의 업무량, 각각의 판사는 다른 모든 판사와 적어도 일 년에 한번은 3인 재판부에 동석하여야 한다는 조건 등이 포함된다. 이렇게 작성된 일정계획은 법원 행정서기에 의해 다시 한 번 검토되고 법원장이 수락하는 최종 일정이 도출될 때까지 수정된다. 한 부분이 수정되면 전체 일정에 도미노 효과가 발생할 수 있고 그 결과 처음부터 다시 전면적으로 재작업해야 할 수도 있다. 버지니아 대법원의 IT 부서는 Virginia Commonwealth University의 연구진과 공동으로 연간 재판개정 일정을 작성하기 위한 정수계획법 기반 모형을 개발하였다. 모형에서는 재판개정 일정을 수립하고 판사들을 배정하는 데 4개의 정수(0-1) 변수 군을 사용하는데, 여기에는 판사들을 재판개정 일정에 배정하고, 이미 일정이 잡힌 재판개정일, 특정 월에 근무하는 판사들, 한 재판에서 특정 다른 판사와 함께 동석해야 하는 판사들 등에 관한 변수들이 포함된다. 모형의 목적함수는 판사 기피 날짜 요청을 위반하는 데 따른 "비용"(즉, 수치화

된 페널티)을 최소화하는 것이다. 지난해의 수요 데이터를 이용하여 소송 건수를 예측하고 이에 기초하여 재판개정 회수를 결정하는데, 최근에는 연간 29번의 3인 재판부 개정과 5번의 전원 재판부(통상적으로 법원의 11명 판사 전원으로 구성) 개정이 이루어져 왔다. 이렇게 개발된 정수계획법 모형(데이터 및 파라미터 포함)을 계산하고 일정을 도출하는 데 클라우드 컴퓨팅 환경을 이용하는데, 이를 통해 법원은 하드웨어 및 소프트웨어 비용으로 1만 달러가량 절감할 수 있고 더불어 150시간의 노동시간 또한 줄일 수 있다.

© Marmaduke St. John/Alamy Stock Photo

자료 : J. P. Brooks, "The Court of Appeals of Virginia Uses Integer Programming and Cloud Computing to Schedule Sessions," *Interfaces* 42, no. 6 (November–December 2012): 544–53.

엑셀을 이용한 전체 정수 모형의 해법

앞에서 소개한 분지-한계법을 기계 작업장 예제에 적용하여 전체 정수 모형의 엑셀 해를 구해 보자. 모형은 다음과 같이 정형화될 수 있었음을 기억하자.

$$\text{maximize } Z = \$100x_1 + 150x_2$$

$$\text{subject to}$$

$$8{,}000x_1 + 4{,}000x_2 \leq \$40{,}000$$

$$15x_1 + 30x_2 \leq 200\text{제곱피트}$$

$$x_1, x_2 \geq 0 \text{ 그리고 정수}$$

여기서, x_1 = 압축기의 수
x_2 = 선반의 수

기계 작업장 예제가 엑셀 스프레드시트에 입력한 형태로 제시 5.9에 제시되어 있다. 여기까지는 정규적인 선형계획법 모형과 동일한 기본 형태를 취하고 있다. 정수계획법 모형의 해법이 정규적인 선형계획법 모형과 다른 결정적인 차이점은 의사결정변수를 표시하는 셀들을 '정수'로 지정한다는 사실이다. 이 작업은 제시 5.11에 나타나 있는 것과 같이 해 찾기 매개변수 창에서 셀 **B10 : B11**의 의사결정변수들을 정수로 지정하는 제약을 추가함으로써 처리할 수 있다. 모든 제약식들의 입력이 완결된 해 찾기 매개변수 창은 제시 5.10에서 볼 수 있다. 여기서 "해 찾기(Solve)" 버튼을 클릭함으로써 제시 5.12에 나타나 있는 것과 같은 스프레드시트 최적해를 얻을 수 있다.

제시 5.9

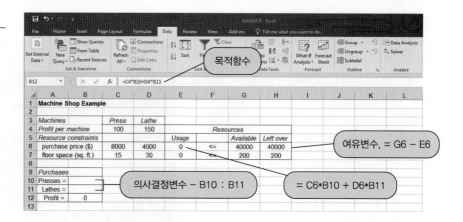

제시 5.10

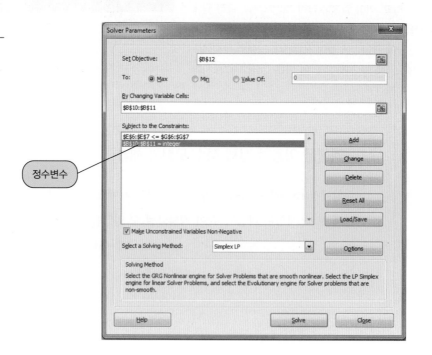

제시 5.11

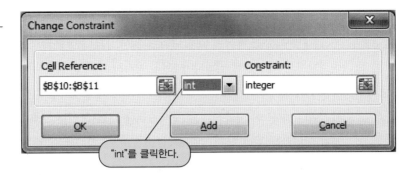

제시 5.12

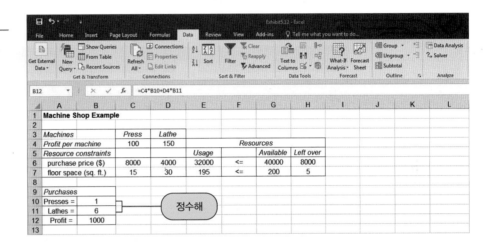

엑셀을 이용한 혼합 정수 모형의 해법

엑셀을 이용한 혼합 정수 모형의 해법은 앞에서 소개한 투자의 예제를 중심으로 설명할 수 있다.

$$\text{maximize } Z = \$9{,}000x_1 + 1{,}500x_2 + 1{,}000x_3$$

$$\text{subject to}$$

$$\$50{,}000x_1 + 12{,}000x_2 + 8{,}000x_3 \leq \$250{,}000$$

$$x_1 \leq 4\text{콘도미니엄}$$

$$x_2 \leq 15\text{에이커}$$

$$x_3 \leq 20\text{채권}$$

$$x_2 \geq 0$$

$$x_1, x_3 \geq 0 \text{ 그리고 정수}$$

여기서, $x_1 =$ 콘도미니엄 구입량

$x_2 =$ 토지 구입량

$x_3 =$ 채권 구입량

엑셀 스프레드시트 해는 제시 5.13에 나타나 있는 것과 같으며 이를 도출하기 위한 해 찾기 매개변수 창은 제시 5.14에 나타나 있다. 의사결정변수들은 셀 **B8 : B10**에 포함되어 있다. 목적함수는 셀 B11에 입력되어 있다. 여기서 주목할 점은 각 구입량의 상한(즉, 4채의 콘도미니엄, 15에이커의 토지, 20단위의 채권)들이 스프레드시트에 명시적으로 포함되어 있지 않다는 사실이다. 대신 이 제약식들은 제시 5.14에 나타나 있는 것과 같이 해 찾기 매개변수 창에서 직접 입력하는 편이 한층 수월하다. 아울러 해 찾기 매개변수 창에서 셀 B8과 셀 B10을 정수해로 지정하였으나 셀 B9는 정수해로 지정하지 않았음을 주목하자. 이는 x_1과 x_3은 정수인 반면 x_2는 실수임을 반영하는 것이다.

제시 5.13

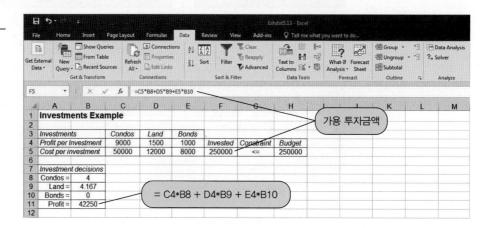

제시 5.14

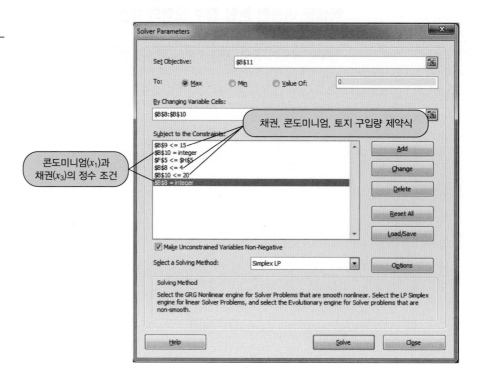

Indiana University에서 경영 사례 과제 학생 팀 편성

Indiana University(Bloomington)의 The Kelley School of Business에는 4,000명의 학생들이 재학 중이다. 이 학교에서는 동시에 제공되는 4개의 교과목으로 구성되는 "통합 핵심" 프로그램을 운영 중인데, 경영대학 학생들은 여기서 최소 C등급 이상을 받아야만 자신의 특화 전공영역 내 고급 교과목으로 옮겨 갈 수 있다. 프로그램의 요구사항 중 하나는 학생들이 자신들의 재무, 마케팅, 운영, 전략 관련 지식을 가상의 경영 상황에 관한 사례연구에 적용하는 것이다. 학생들은 6명 정도 크기의 팀들로 나뉘어 사례연구를 수행하는데, 그 성과는 프로그램 내 4개 교과목의 성적등급을 결정하는 데 25%를 차지한다. 가을 학기에는 약 800명의 학생이 이 교과목들을 수강하고 가을/봄 학기에는 약 300명의 학생들이 수강하므로, 50~130개의 팀들이 구성된다. 이렇게 많은 학생들을 공평한 방식으로, 즉 어떤 팀 구성원도 팀 구성으로 인해 불리한 조건에 처한다고 느끼지 않도록 팀을 배정하는 것은 어렵고 복잡한 일이다. 프로그램 코디네이터는 팀 편성이 최대한 공평성을 가지도록 하는 조건들을 설정하였는데, 비슷한 학업 성과, 경영 기능 분야별 다양성, 여학생 또는 외국인 학생이 홀로 있지 않게 하는 것 등이 포함된다. 팀별로 비슷한 학업 성과를 가지도록 하는 것이 왜 필요한지는 명백하고, 사례연구가 학기말 10일 동안 실시되므로 그 시점까지 각 학생들의 학업 성과를 결정하여 참조할 수 있다. 경영 기능 분야별 다양성은 바람직한 팀 편성을 위한 특성 중 하나로 간주되었다. 그러나 경영대학에는 재무 전공과 마케팅 전공 학생들이 더 많기 때문에 임의로 팀을 배정하게 되면 경영 기능 분야별로 다양하게 섞인 팀 구성이 되지 않을 수 있다. 마지막으로, 과거 경험에 의하면 여학생 또는 외국인 학생이 팀 내 홀로 있는 경우 종종 의사소통에 지장이 발생하고 해당 학생이 언제나 긍정적인 경험을 하는 것은 아닌 것으로 밝혀졌다. 이러한 조건들을 충족시키는 공평한 팀들이 구성될 수 있도록 학생들을 팀에 배정하는 정수계획법 모형이 개발되었다. 목적함수는 전체 학급의 평균 학업 성과와 각 팀의 학업 성과 간 편차의 최댓값을 최소화하는 것이다. 모형의 제약조건으로는 각각의 학생들이 하나의 팀에 배정되어야 하는 것, 팀의 크기는 6명의 학생이라는 것, 하나의 팀 내에 속하는 재무 또는 마케팅 전공 학생의 수가 2명이 넘지 않는 것, 팀 내 여학생 및 외국인 학생의 수는 2의 배수가 되어야 한다는 것(즉, 팀 내에 여학생 또는 외국인 학생이 없거나 만약 있다면 적어도 2명이 되어야 한다는 것)이 포함된다. 정수계획법 모형 접근법을 이용하여 팀 편성을 한 결과, 이전의 팀 편성 방법에 의한 결과보다 더욱 응집력이 있고 마찰이 덜한 팀 편성이 이루어졌다. 이로써 프로그램 코디네이터는 새로운 방법이 학생의 관점에서 더욱 공평한 방법이라고 결론내릴 수 있었다.

© Leah Warkentin/Design Pics Inc./Alamy Stock Photo

자료 : R. Cutshall, S. Gavirneni, and K. Schultz, "Indiana University's Kelley School of Business Uses Integer Programming to Form Equitable, Cohesive Student Teams," *Interfaces* 37, no. 3 (May–June 2007): 265–76.

윈도우용 QM을 이용한 혼합 정수 모형의 해법

윈도우용 QM의 '정수와 혼합 정수(Integer and Mixed Integer)' 모듈을 이용하여 투자 예제를 풀어 보자. 예제의 데이터를 입력한 후 각 의사결정변수의 형태를 지정해야 한다. 이 경우에 x_1과 x_3은 정수로, x_2는 실수로 입력한다. 윈도우용 QM에서 투자 예제에 관한 입력 화면은 제시 5.15에 나타난 것과 같고 해가 출력된 화면은 제시 5.16과 같다.

제시 5.15

Investment Example						
	X1	X2	X3		RHS	
Maximize	9000	1500	1000			Max 9000X1 + 1500X2 ...
Budget ($)	50000	12000	8000	<=	250000	50000X1 + 12000X2 + ...
Condominiums	1	0	0	<=	4	X1 <= 4
Land (acres)	0	1	0	<=	15	X2 <= 15
Bonds	0	0	1	<=	20	X3 <= 20
Variable type	Integer	Real	Integer			

"Real"을 선택한다.

제시 5.16

Integer && Mixed Integer Programming Results

Investment Example Solution

Variable	Type	Value
X1	Integer	4
X2	Real	4.17
X3	Integer	0
Solution value		42250

0-1 정수계획법 모형화 예제

가장 흥미롭고 유용한 정수계획법 응용들 중에는 0-1 변수를 가지는 경우가 많다. 이 응용들에서 의사결정변수들은 특정 사안(혹은 행위)의 선택을 표시할 수 있다. 여기서 변수값 1은 특정 사안이 선택됨을, 변수값 0은 그 사안이 선택되지 않음을 뜻한다. 예를 들어, 어느 의사결정변수가 빌딩의 구입을 표시한다고 하자. 만약 변수값이 1이라면 빌딩을 구입함을 의미하고 변수값이 0이라면 빌딩을 구입하지 않는 것이다. 우리는 가장 널리 알려진 세 가지 0-1 정수계획법의 응용들—자본 예산 문제, 고정비용과 시설 위치 선정 문제, 집합 커버링(set covering) 문제—을 살펴보기로 하자.

자본 예산 문제

어느 대학 서점에서 몇 가지 사업 확장 프로젝트를 검토하고 있다. 검토 중인 프로젝트로는 온라인 소매 및 제품 카탈로그를 통한 구매를 가능케 하는 매장의 웹사이트 구축, 캠퍼스 외부의 창고 구입과 지속적인 확장, 학교의 로고가 새겨진 옷을 전문적으로 취급하는 의류 및 기념품 판매 부서의 개발, 하드웨어와 소프트웨어를 동시에 취급하는 컴퓨터 관련 판매 부서의 개설, 매장 외부에 3대의 자동 은행 업무 처리 기계를 설치하는 것 등이 포함된다. 자금이 뒷받침된다면 이 중 몇 개의 프로젝트는 개발하는 데 2년의 기간이, 몇 개는 3년의 기간이 소요된다고 한다. 5년의 기간에 걸친 각 프로젝트의 연간 순 현재 가치 비용과 순 현재 가치 수익은 다음의 표에 요약된 바와 같다.

프로젝트	NPV 수익(1,000달러)	연간 프로젝트 비용(1,000달러)		
		1	2	3
웹사이트	120	55	40	25
창고	85	45	35	20
의류 부서	105	60	25	–
컴퓨터 부서	140	50	35	30
자동 은행 업무 처리 기계	70	30	30	–
연간 가능 자금		150	110	60

이와 더불어, 매장 안에는 컴퓨터 관련 부서와 의류 관련 부서를 모두 설치할 만한 충분한 공간이 부족하다고 가정하자. 대학 서점 운영자는 이익을 최대화하고자 할 때 어떤 프로젝트를 선택해야 할지 알고 싶어 한다. 이 문제를 풀기 위해서는 아래와 같은 0-1 정수계획법 모형이 필요하다.

x_1 = 웹사이트 구축 프로젝트의 선택

x_2 = 창고 구입 프로젝트의 선택

x_3 = 의류 판매부서 프로젝트의 선택

x_4 = 컴퓨터 판매부서 프로젝트의 선택

x_5 = 자동 은행 업무 처리 기계 프로젝트의 선택

x_i = 1(프로젝트 i가 선택된다면), 0(프로젝트 i가 선택되지 않는다면)

maximize $\$120x_1 + 85x_2 + 105x_3 + 140x_4 + 70x_5$

subject to

$55x_1 + 45x_2 + 60x_3 + 50x_4 + 30x_5 \leq 150$

$40x_1 + 35x_2 + 25x_3 + 35x_4 + 30x_5 \leq 110$

$25x_1 + 20x_2 + 30x_4 \leq 60$

$x_3 + x_4 \leq 1$

$x_i = 0$ 또는 1

제시 5.17은 자본 예산 문제를 엑셀 스프레드시트 형태로 입력한 형태를 보여 준다. 의사결정변수들은 셀 C7 : C11에 위치하며, 목적함수는 셀 D17에 입력되어 있다. 목적함수는 스프레드시트 상단의 수식 칸에서 찾아볼 수 있다. 모형의 제약식들은 셀 E12 : G12에 입력되어 있다. 예를 들어, 셀 E12는 첫해의 예산 지출식을 포함하며, = SUMPRODUCT(C7 : C11, E7 : E11), 첫해의 사용 가능한 예산액은 E14에 입력되어 있다. 그러므로 이 예산 제약식은 해 찾기 매

제시 5.17

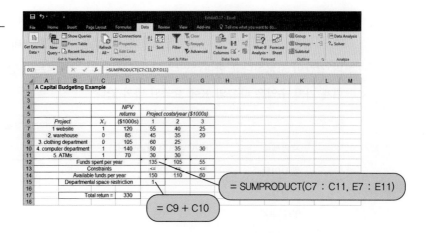

제시 5.18

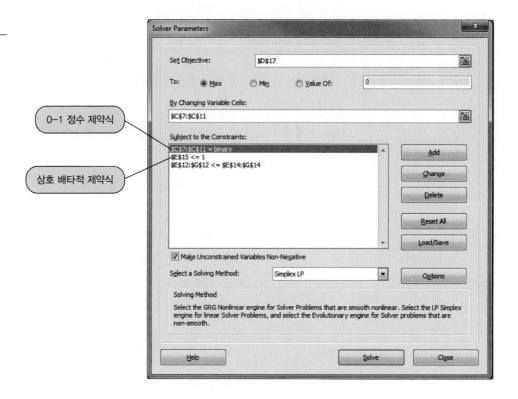

개변수 창에서 **E12 : G12 ≤ E14 : G14**로 쓰여질 것이다. 상호 배타적 제약식(mutually exclusive constraint) $x_3 + x_4 ≤ 1$은 셀 E15에 = **C9 + C10**으로 입력되어 있다.

제시 5.18은 자본 예산 문제를 해결하기 위한 해 찾기 매개변수 창을 보여 준다. 의사결정 변수의 0-1 제약은 "제한조건 추가(Add Constraint)" 창에서 "bin"(변수가 이진수임을 나타냄)을 선택함으로써 표현된다. 상호 배타적 제약조건은 **E15 ≤ 1**로 나타낸다.

이 모형의 해는

$$x_1 = 1 \text{ (웹사이트)}$$

$$x_4 = 1 \text{ (컴퓨터 판매부서)}$$

$$x_5 = 1 \text{ (자동 은행 업무 처리 기계)}$$

$$Z = 33\text{만 달러}$$

고정비용과 시설 위치 선정 문제

Frijo-Lane 식품 회사는 미국의 서남부와 중서부에 농장을 소유하고 있으며 이곳에서 감자를 재배하여 수확한다. 이 회사는 수확된 감자를 애틀랜타, 배턴루지, 시카고에 위치한 세 곳의 식품 가공 공장으로 보내 감자칩을 비롯한 다양한 종류의 감자 제품을 생산해 낸다. 최근에 이 회사는 자사 제품에 대한 수요 증가를 경험하였고 더 많은 감자 제품을 생산하기 위해서 한 곳 이상의 새 농장을 구입하려고 한다. 이 회사는 다음 표에 요약된 바와 같은 연간 고정비용과 추정 수확량을 가진 여섯 곳의 새 농장을 검토하고 있다.

농장	연간 고정비용 (1,000달러)	연간 추정 수확량 (1,000톤)
1	405	11.2
2	390	10.5
3	450	12.8
4	368	9.3
5	520	10.8
6	465	9.6

현재 이 회사는 다음과 같이 추가적인 가용 생산능력(톤)을 자사가 소유한 세 곳의 식품 가공 공장(애틀랜타, 배턴루지, 시카고)에 확보하고 있고, 이를 활용하고자 한다.

공장	가용 생산능력(1,000톤)
A	12
B	10
C	14

구입을 고려하고 있는 농장으로부터 식품 가공 공장까지의 톤당 수송비용은 다음과 같다.

농장	공장(수송비용, 달러/톤)		
	A	B	C
1	18	15	12
2	13	10	17
3	16	14	18
4	19	15	16
5	17	19	12
6	14	16	12

회사에서는 연간 고정비용과 수송비용을 포함한 총 비용을 최소화하면서 가용 생산능력을 충족하려면 6개 농장 중 어떤 농장을 구입해야 하는지 알고자 한다.

농장을 선택하는 것은 0-1 의사결정변수들을 요구하므로 이 문제는 0-1 정수계획법 모형으로 정형화할 수 있다.

$$y_i = 0(\text{농장 } i \text{가 선택되지 않는다면}) \text{ 또는 } 1(\text{농장 } i \text{가 선택된다면})$$

여기서, $i = 1, 2, 3, 4, 5, 6$

각각의 농장으로부터 식품 가공 공장까지 수송할 감자의 양을 표시하는 변수는 비정수이고 다음과 같이 정의할 수 있다.

$$x_{ij} = \text{농장 } i \text{로부터 공장 } j \text{까지 수송할 감자의 양(단위 : 1,000톤)}$$

$$i = 1, 2, 3, 4, 5, 6 \text{이고 } j = A, B, C$$

다음의 목적함수(Z)는 수송비용과 연간 고정비용을 합한 것이고 Z의 단위는 1,000달러이다.

$$\text{minimize } Z = 18x_{1A} + 15x_{1B} + 12x_{1C} + 13x_{2A} + 10x_{2B} + 17x_{2C} + 16x_{3A} + 14x_{3B}$$
$$+ 18x_{3C} + 19x_{4A} + 15x_{4B} + 16x_{4C} + 17x_{5A} + 19x_{5B} + 12x_{5C} + 14x_{6A}$$
$$+ 16x_{6B} + 12x_{6C} + 405y_1 + 390y_2 + 450y_3 + 368y_4 + 520y_5 + 465y_6$$

농장의 생산능력을 나타내는 제약식은 구입하기로 선택한 농장으로부터만 감자가 수송되도록(즉, x_{ij}가 양의 값을 가질 수 있도록) 제약한다. 예를 들어, 농장 1에 대하여

$$x_{1A} + x_{1B} + x_{1C} \leq 11.2y_1$$

이 제약식에서 만약 $y_1 = 1$이라면 11.2천 톤의 감자가 농장 1에서 생산되고 이 감자는 한 군데 이상의 공장으로 수송될 것이다. 다른 다섯 곳의 농장에 대해서도 비슷한 제약식을 도출할 수 있다. 또한, 각 공장의 생산능력을 나타내는 제약식이 필요한데 이들을 모두 포함하는 완전한 모형은 다음과 같다.

$$\text{minimize } Z = 18x_{1A} + 15x_{1B} + 12x_{1C} + 13x_{2A} + 10x_{2B} + 17x_{2C} + 16x_{3A} + 14x_{3B}$$
$$+ 18x_{3C} + 19x_{4A} + 15x_{4B} + 16x_{4C} + 17x_{5A} + 19x_{5B} + 12x_{5C} + 14x_{6A}$$
$$+ 16x_{6B} + 12x_{6C} + 405y_1 + 390y_2 + 450y_3 + 368y_4 + 520y_5 + 465y_6$$

subject to

$$x_{1A} + x_{1B} + x_{1C} - 11.2y_1 \leq 0$$
$$x_{2A} + x_{2B} + x_{2C} - 10.5y_2 \leq 0$$
$$x_{3A} + x_{3B} + x_{3C} - 12.8y_3 \leq 0$$
$$x_{4A} + x_{4B} + x_{4C} - 9.3y_4 \leq 0$$
$$x_{5A} + x_{5B} + x_{5C} - 10.8y_5 \leq 0$$
$$x_{6A} + x_{6B} + x_{6C} - 9.6y_6 \leq 0$$
$$x_{1A} + x_{2A} + x_{3A} + x_{4A} + x_{5A} + x_{6A} = 12$$
$$x_{1B} + x_{2B} + x_{3B} + x_{4B} + x_{5B} + x_{6B} = 10$$
$$x_{1C} + x_{2C} + x_{3C} + x_{4C} + x_{5C} + x_{6C} = 14$$
$$x_{ij} \geq 0$$
$$y_i = 0 \text{ or } 1$$

제시 5.19

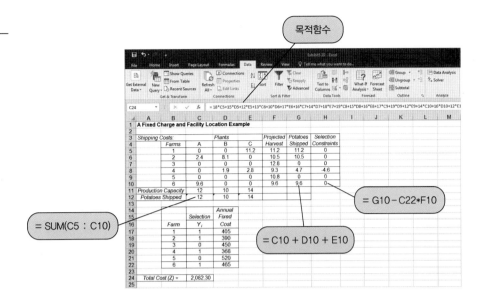

제시 5.19는 엑셀 스프레드시트에 입력한 문제의 모형을 나타낸다. 농장과 공장 사이의 수송량을 표시하는 의사결정변수 x_{ij}들은 셀 **C5 : E10**에 위치하고 있다. 구입할 농장의 선택을 나타내는 0-1 결정변수 y_i들은 셀 **C17 : C22**에 위치하고 있다. 목적함수(Z)는 셀 **C24**에 입력되어 있고 스프레드시트 상단의 수식 칸에서 읽을 수 있다. 각 농장에서 감자의 이용 가능량을 표시하는 모형의 제약식은 셀 **H5 : H10**에 입력되어 있다. 예를 들어, 농장 1로부터 수송되어 나간 총량 $x_{1A} + x_{1B} + x_{1C}$은 셀 **G5**에 = **C5 + D5 + E5**로 입력되어 있고 셀 **H5**에 들어갈 제약식 공식은 = **G5 − C17*F5**이다. 공장에 도착한 감자의 총량에 관한 제약식은 셀 **C12 : E12**에 위치한다. 예를 들어, C12에 들어갈 제약식 수식은 = **SUM(C5 : C10)**이다.

제시 5.20

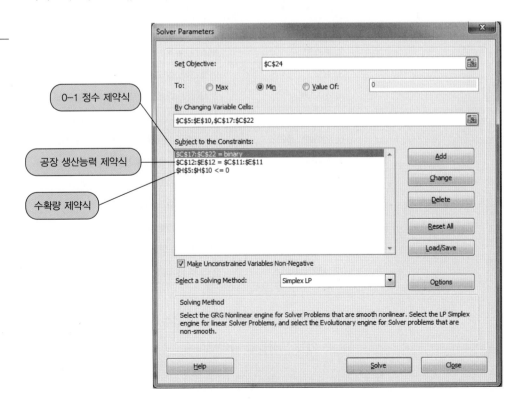

제시 5.20은 문제에 대한 해 찾기 매개변수 창을 보여 준다. 의사결정변수 y_i에 대한 0-1 변수 제약식은 **C17 : C22 = 이진수(binary)**로 나타나 있다. 농장에서의 수확량(농장으로부터 수송 가능한 감자의 총량) 제약식은 **H5 : H10 ≤ 0**으로 주어지고, 가공 공장에서의 제품 생산능력 제약식은 **C12 : E12 = C11 : E11**이다.

결과적으로 모형의 해는 다음과 같이 구할 수 있다.

$$x_{1C} = 11{,}200톤 \qquad y_1 = 1 \ (농장\ 1)$$
$$x_{2A} = 2{,}400톤 \qquad y_2 = 1 \ (농장\ 2)$$
$$x_{2B} = 8{,}100톤 \qquad y_3 = 1 \ (농장\ 4)$$
$$x_{4B} = 1{,}900톤 \qquad y_6 = 1 \ (농장\ 6)$$
$$x_{4C} = 2{,}800톤$$
$$x_{6A} = 9{,}600톤 \qquad Z = \$2{,}082{,}300$$

집합 커버링(Set Covering) 문제

미국 우편 서비스(American Parcel Service)는 미시시피 강 동쪽에 위치한 12개 도시들에 우편물을 배달하기 위한 몇 개의 새 수송거점(허브) 도시를 선정하기로 결정하였다. 이 회사는 아래에 주어진 12개 도시 중 최소 개수의 거점을 건설하여 각 도시마다 300마일 이내에 하나 이상의 거점이 위치할 수 있도록 하기를 원한다. 즉, 모든 도시가 하나 이상의 거점에 의해 커버(cover)되기를 원한다.

도시	반경 300마일 이내에 위치한 도시들
1. 애틀랜타	애틀랜타, 샬럿, 내슈빌
2. 보스턴	보스턴, 뉴욕
3. 샬럿	애틀랜타, 샬럿, 리치먼드
4. 신시내티	신시내티, 디트로이트, 인디애나폴리스, 내슈빌, 피츠버그
5. 디트로이트	신시내티, 디트로이트, 인디애나폴리스, 밀워키, 피츠버그
6. 인디애나폴리스	신시내티, 디트로이트, 인디애나폴리스, 밀워키, 내슈빌, 세인트루이스
7. 밀워키	디트로이트, 인디애나폴리스, 밀워키
8. 내슈빌	애틀랜타, 신시내티, 인디애나폴리스, 내슈빌, 세인트루이스
9. 뉴욕	보스턴, 뉴욕, 리치먼드
10. 피츠버그	신시내티, 디트로이트, 피츠버그, 리치먼드
11. 리치먼드	샬럿, 뉴욕, 피츠버그, 리치먼드
12. 세인트루이스	인디애나폴리스, 내슈빌, 세인트루이스

이 문제를 풀기 위해서는 0-1 정수계획법 모형이 필요하며, 의사결정변수는 거점으로 선택될 수 있는 도시들을 나타낸다.

$$x_i = \text{도시 } i, \quad i = 1\text{부터 } 12$$

여기서, $x_i = 0$ (도시 i가 거점으로 선택되지 않을 경우)

$x_i = 1$ (도시 i가 거점으로 선택될 경우

목적함수는 거점의 개수를 최소화하는 것으로서 다음과 같다.

$$\text{minimize } Z = x_1 + x_2 + x_3 + x_4 + x_5 + x_6 + x_7 + x_8 + x_9 + x_{10} + x_{11} + x_{12}$$

모형의 제약식은 커버링 요구조건(즉, 각 도시는 하나 이상의 거점으로부터 300마일 이내에 위치해야 함)을 나타낸다. 예를 들면, 애틀랜타는 자신과 샬럿 그리고 내슈빌에 의해 커버된다.

$$\text{애틀랜타}: x_1 + x_3 + x_8 \geq 1$$

이 제약식에서 애틀랜타의 300마일 이내에 거점이 하나 이상 존재할 수 있도록 적어도 하나 이상의 변수가 1의 값을 가져야 한다. 다른 11개 도시에 대해서도 유사한 제약식들을 수립할 수 있다. 완결된 0-1 정수계획 모형은 다음과 같다.

$$\text{minimize } Z = x_1 + x_2 + x_3 + x_4 + x_5 + x_6 + x_7 + x_8 + x_9 + x_{10} + x_{11} + x_{12}$$

subject to

애틀랜타 :	$x_1 + x_3 + x_8 \geq 1$
보스턴 :	$x_2 + x_9 \geq 1$
샬럿 :	$x_1 + x_3 + x_{11} \geq 1$
신시내티 :	$x_4 + x_5 + x_6 + x_8 + x_{10} \geq 1$
디트로이트 :	$x_4 + x_5 + x_6 + x_7 + x_{10} \geq 1$
인디애나폴리스 :	$x_4 + x_5 + x_6 + x_7 + x_8 + x_{12} \geq 1$
밀워키 :	$x_5 + x_6 + x_7 \geq 1$
내슈빌 :	$x_1 + x_4 + x_6 + x_8 + x_{12} \geq 1$
뉴욕 :	$x_2 + x_9 + x_{11} \geq 1$
피츠버그 :	$x_4 + x_5 + x_{10} + x_{11} \geq 1$
리치먼드 :	$x_3 + x_9 + x_{10} + x_{11} \geq 1$
세인트루이스 :	$x_6 + x_8 + x_{11} \geq 1$

$$x_i = 0 \text{ 또는 } 1$$

이 모형을 위한 엑셀 스프레드시트는 제시 5.21에 제시되어 있다. 도시들과 거점을 표시하는 의사결정변수들은 셀 **B20 : M20**에 나타나 있고 목적함수(Z)는 셀 B22에 입력되어 있다. 셀 B22에 입력된 목적함수 수식은 거점으로 선택된 도시들의 개수로서, = **SUM(B20 : M20)**이다. 모형의 제약식들은 셀 N7 : N18에 위치한다. 예를 들어, 셀 B7, D7 그리고 I7은 애틀랜타에 위치할 수 있는 허브에 의해 커버될 수 있는 도시들을 가리킨다.

제시 5.22은 이 문제에 대한 해 찾기 매개변수 창을 보여 준다. 변수들의 0-1 조건은 제약식 **B20 : M20 = 이진수**(binary)로 표현되었다. 셀 N7 : N18에 입력된 수식은 모형의 '집합 커버링(set covering)' 제약식을 만족시키기 위해서 ≥ 1(즉, N7 : N18 ≥ 1)로 설정되었음에 주목하자.

제시 5.21

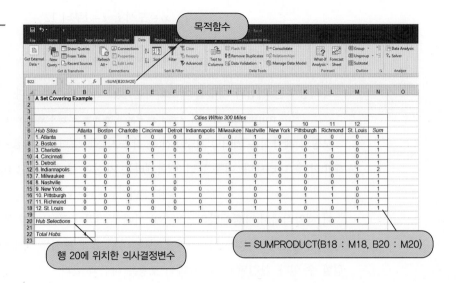

제시 5.22

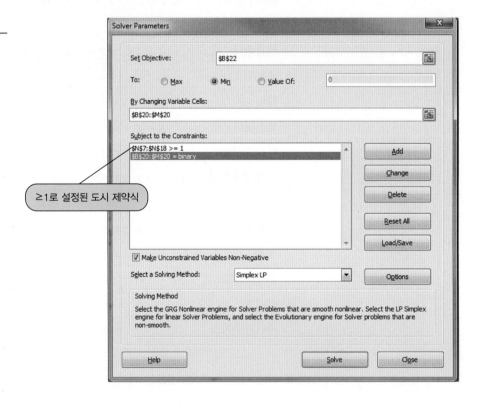

　　오직 한 도시가 두 거점에 의해서 커버되고 있음에 주목할 필요가 있는데, 인디애나폴리스
(즉, 셀 N12의 2)는 디트로이트와 세인트루이스가 형성하는 허브 권역의 교차점에 위치한다.
또한, 이 문제에는 다수의 최적해(즉, 네 가지 거점의 서로 다른 조합)가 존재한다.

이스탄불 소방서 위치 결정을 위한 집합 커버링 모형

1,350만 명의 인구를 가진 이스탄불은 세계에서 가장 큰 도시 중 하나이고 문화, 금융 중심지이다. 이스탄불 광역지자체(The Istanbul Metropolitan Municipality, IMM)는 도시 내 790개 소구역에 행정서비스를 제공하고 있으며, 임의의 소방서에 응급출동 요청이 접수된 후 도시 내 어느 거주지 및 역사유적지든 5분 이내에 응급차량이 도달할 수 있도록 소방서들의 위치를 결정하려고 한다. 이스탄불에서는 소방서의 위치를 효과적으로 정하는 것이 특히 중요한데, 도시가 지진대에 위치해 있어 대규모 지진을 경험한 바 있고, 2,500년의 역사로 로마시대부터 오스만 시대에 이르기까지 수많은 역사 고고학적 유적지들을 가지고 있기 때문이다. 이 문제에 대한 해법이 제안되었는데, 서비스 요청 후 5분 내 모든 소구역에 출동할 수 있도록 하는 데 필요한 신규 소방서들의 개수를 최소화하는 것을 목적함수로 하는 집합 커버링 모형을 포함하고 있다. 소구역들 내 소방서들의 위치를 정의하기 위해 0–1 의사결정변수가 사용되고(즉, 해당 위치에 소방서가 구축되면 1, 아니면 0의 값을 가짐), 모형의 제약조건은 각 소구역에 대해 출동 가능한 소방서가 적어도 하나 이상 있도록 설정된다. 필요한 투입 자료를 수집하는 데는 GIS가 활용된다. 구축된 모형을 기존 60개 소방서에 의해 제공되는 서비스 범위를 대상으로 초기 시험해본 결과, 56.6%의 서비스 요청

에 대해서만 5분 내 출동이 가능하였다. 예산 제약 조건이 없을 경우 100% 서비스 범위를 충족시키기 위해서는 149개의 소방서를 추가로 구축해야 한다는 결과가 모형으로부터 도출되었으며, 이는 경제적으로 실현 불가능하였다. 최대 64개의 신규 소방서만이 가능하다는 예산 제약을 모형에 추가하여 좀 더 현실적인 해가 도출되었는데, 이로써 93.9%의 서비스 요청을 충족시킬 수 있고 85.9%의 소구역을 충족시키실 수 있었다.

© John R. Kreul/Independent Picture Service/Alamy Stock Photo

자료 : E. Aktas, O. Ozaydin, B. Bozkaya, F. Ulengin, and S. Onsel, "Optimizing Fire Station Locations for the Istanbul Metropolitan Municipality," *Interfaces* 43, no. 3 (May–June 2013): 240–55.

요약

이 장에서 우리는 정수해를 요구하는 모형을 푸는 과정에서 비정수해를 단순히 반올림하는 것이 반드시 적절하지는 않음을 발견하였다. 반올림은 종종 최적해보다는 준최적해를 도출할 가능성이 있기 때문이다. 그러므로 정수계획법의 세 가지 모형—전체 정수 모형, 0–1 정수 모형 그리고 혼합 정수 모형—을 풀기 위해서는 컴퓨터를 이용한 해를 직접 구하는 절차가 필요하다.

정수계획법과 이를 풀기 위한 컴퓨터 해법을 분석함으로써 우리는 선형계획법 모형의 대부분의 형태와 그 해법을 공부하였다. 이외의 선형계획법으로는 수송 모형(transportation model)과 하나 이상의 목표를 고려하는 목표계획법(goal progra-mming)이 있다. 이들 특수한 경우의 선형계획법은 이후 장에서 다루기로 한다.

예제 문제와 풀이

아래의 예제는 전체 정수계획법 문제를 풀기 위한 모형의 정형화와 해법을 보여 준다.

문제 설명 ■   어느 교과서 출판 회사가 영업 지역 두 곳을 새로이 개척하고 기존의 영업 인력 중 일부를 이들 두 지역으로 옮기려고 계획하고 있다. 회사는 10명의 영업 직원이 새로 개척된 두 지역으로 이동 가능한 것으로 파악하고 있다. 두 지역의 지형과 관내 학교들의 위치가 다르므로 영업 직원 1명당 연 평균 지출경비 역시 두 지역이 서로 다른 것으로 나타났다. 제1지역 영업 직원 1명당 평균 지출경비는 1만 달러인 반면 제2지역에 속한 영업 직원 1명당 평균 경비 지출은 7,000달러이다. 이들 두 지역의 연간 총 지출경비 예산은 7만 2,000달러이다. 제1지역에 속한 영업 직원 1명당 연평균 판매수익은 매년 8,500달러인 반면 제2지역 영업 직원 1명당 연평균 판매수익은 매년 6만 달러일 것으로 예측된다. 이 회사는 최대의 판매 수익을 얻기 위해 두 지역으로 각각 몇 명의 영업 직원을 파견해야 할지 알고 싶어 한다.

이 문제를 정형화하고 윈도우용 QM을 사용하여 푸시오.

풀이 ■   **1단계 : 정수계획법 모형을 정형화한다.**

$$\text{maximize } Z = \$85,000x_1 + 60,000x_2$$

$$\text{subject to}$$

$$x_1 + x_2 \leq 10 \text{ 영업 직원}$$

$$\$10,000x_1 + 7,000x_2 \leq \$72,000 \text{ 지출경비 예산}$$

$$x_1, x_2 \geq 0 \text{ 그리고 정수}$$

2단계 : 모형을 윈도우용 QM을 사용하여 푼다.

Original Problem with solution
Chapter5-Example Solution

	X1	X2		RHS
Maximize	85000	60000		
Salespeople	1	1	<=	10
Expense budget ($)	10000	7000	<=	72000
Variable type	Integer	Integer		
Solution->	3	6	Optimal Z->	615000

01 한 인테리어 디자인 및 건설 회사에서 두 가지 유형의 타일, 즉 바닥 타일과 벽 타일을 생산한다. 바닥 타일은 표면이 약간 거칠어 미끄러지지 않게 만들어진 반면, 벽 타일은 매끄럽고 거울처럼 마감되어 있다. 현재 이 회사는 타일을 생산하기 위해 두 대의 기계를 사용한다. 한 묶음의 바닥 타일을 생산하기 위해서는 기계 1에서 3시간의 작업시간과 기계 2에서 2시간의 작업시간이 필요하다. 한 묶음의 벽 타일은 기계 1에서 2시간의 작업시간과 기계 2에서 3시간의 작업시간이 필요하다. 기계 1은 최대 120시간, 기계 2는 최대 90시간의 작업시간이 가용하다. 바닥 타일 한 묶음을 생산하려면 작업자 2명이 필요하고 벽 타일 한 묶음은 작업자 4명이 필요하다. 현재 이 회사는 100명의 직원을 고용하고 있다. 바닥 타일 한 묶음은 2,000유로로, 벽 타일 한 묶음은 3,000유로로의 이익을 얻는다. 이 회사는 이익을 최대화하기 위해 각 타일 유형별로 생산할 묶음의 수를 결정하려 한다.

a. 문제를 풀기 위한 정수계획법 모형을 수립하시오.

b. 컴퓨터를 이용하여 모형의 해를 구하시오.

02 컴퓨터를 이용하여 제3장의 문제 52를 정수계획법 모형으로 푸시오.

03 어느 재단사가 모직 스포츠 코트와 모직 바지를 만든다고 하자. 재단사는 코트와 바지를 만들기 위해서 150평방야드의 모직을 매달 스코틀랜드로부터 들여올 수 있고 매달 200시간의 노동력을 제공할 수 있다. 스포츠 코트는 3평방야드의 모직과 10시간의 노동력이 필요하고 바지를 만들기 위해서는 5평방야드의 모직과 4시간의 노동력이 필요하다. 재단사는 코트 1벌을 제작해서 50달러의 이익을 얻을 수 있고 바지 1벌을 제작하면 40달러의 이익을 얻는다. 이익을 극대화하기 위해서 그는 몇 벌의 코트와 바지를 만들어야 할지 알고 싶어 한다.

a. 문제를 풀기 위한 정수계획법 모형을 수립하시오.

b. 컴퓨터를 사용하여 정수해를 구하라. 이 정수해를 정수 조건 없이 구한 해와 비교하고, 정수 조건 없이 구한 해를 반내림할 때 최적해가 되는지 확인하시오.

04 한 유리 장인은 유리병과 유리쟁반을 주간 단위로 제조한다. 각각의 병과 쟁반을 만드는 데 1파운드의 유리가 소요되고 유리 장인은 매주 15파운드의 유리를 사용할 수 있다. 유리병 하나를 만드는 데 4시간의 노동시간이 필요하고 유리쟁반 하나를 만드는 데는 단지 1시간의 노동시간이 필요한데, 유리 장인은 매주 총 25시간의 노동시간을 사용할 수 있다. 유리병 하나를 팔면 50달러의 이익을 거둘 수 있고, 유리쟁반 하나를 팔면 10달러의 이익을 거둘 수 있다. 유리 장인은 이익을 최대화하기 위해 총 몇 개의 유리병(x_1)과 유리쟁반(x_2)을 제조해야 하는지 결정하고 싶어 한다.

a. 문제를 풀기 위한 정수계획법 모형을 수립하시오.

b. 컴퓨터를 사용하여 모형의 해를 구하시오.

05 헬렌 홈스는 그녀의 지하실에서 수작업으로 도기를 제작한다. 사발과 병을 만드는 데 주당 20시간을 제공할 수 있다. 사발은 3시간의 노동력을, 병은 2시간의 노동력을 필요로 한다. 사발 1개를 만드는 데는 2파운드의 특수 점토가, 병 1개를 제작하는 데는 5파운드의 특수 점토가 사용된다. 그녀는 특수 점토를 매주 35파운드 정도 확보할 수 있다. 사발을 개당 50달러에, 병은 개당 40달러에 판매한다. 수입을 극대화하기 위해서 헬렌은 각 품목을 매주 몇 개씩 생산해야 할지 결정하려고 한다.

a. 문제를 풀기 위한 정수계획법 모형을 세우시오.

b. 컴퓨터를 사용해서 정수해를 구하시오. 이 정수해를 정수 조건 없이 구한 해와 비교하고, 정수 조건 없이 구한 해를 반내림할 때 최적해가 되는지 알아보시오.

06 한 종합기계 상회의 주인은 선반, 인쇄기, 연마기, 혹은 이들의 조합을 구입하기 위해서 1만 달러를 보유하고 있다. 다음의 0-1 정수 선형계획법 모형은 연간 이윤을 극대화하고자 할 때 3종류의 기계(선반 x_1, 인쇄기 x_2, 연마기 x_3) 중 어느 것을 구입할지 결정할 목적으로 고안되었다.

maximize $Z = 1{,}000x_1 + 700x_2 + 800x_3$(이익, 달러)

subject to

$\$5{,}000x_1 + 6{,}000x_2 + 4{,}000x_3 \leq 10{,}000$(이익, 달러)

$x_1, x_2, x_3 = 0$ 또는 1

컴퓨터를 사용하여 모형의 해를 구하시오.

07 본 장 '예제 문제와 풀이'에 소개된 예제의 해에서, 교과서 출판 회사는 각기 새로운 두 지역에 몇 명의 판매원을 둘지 결정하려고 했다. 회사는 만약 지역 1에 단 1명의 판매원이라도 배치된다면 그곳에 판매 지점을 개설하기로 했는데 그러면 연간 1만 8,000달러의 비용이 든다. 이 변형된 형태의 문제는 '고정비용' 문제로 알려진 정수계획법의 한 예제이다.

a. 새로운 조건을 반영하는 정수계획법 모형을 다시 수립하시오.

b. 컴퓨터를 사용하여 모형의 해를 구하시오.

08 Mazy's 백화점은 24시간 영업을 하기로 결정하였다. 매장 관리자는 하루 24시간을 4시간씩 6개의 시간대로 나누고 시간대 단위당 필요로 하는 최소 직원 수를 다음과 같이 결정하였다.

시간	필요한 직원 수
자정~오전 4 : 00	90
4 : 00~오전 8 : 00	215
8 : 00~정오	250
정오~오후 4 : 00	65
4 : 00~오후 8 : 00	300
8 : 00~자정	125

고용된 매장 직원은 이들 시간대 중 어느 하나의 시초에 작업 개시를 보고하고 연속해서 8시간을 일해야 한다. 매장 관리자는 총 고용 인원을 최소화하기 위해 각 (4시간 단위) 시간대에 배치할 최소 직원 수를 결정하려고 한다. 식을 세우고 문제를 푸시오.

09 시 예술협의회(MAC)는 다가올 시즌의 연극, 콘서트, 발레 공연을 홍보하기 원한다. 2만 5,000달러의 비용이 소요되는 텔레비전 광고 한 단위를 통해 5만 3,000명의 잠재적 예술 고객에게 홍보할 수 있다. 시청자의 구성은 다음과 같다.

연령	남성	여성
≥ 35	12,000	20,000
< 35	7,000	14,000

신문 광고는 하나당 7,000달러의 비용이 소요되는데, 신문사에서는 하나의 신문 광고를 통해 3만 명의 잠재적 예술 고객에게 홍보할 수 있다고 주장한다. 신문 독자의 구성은 다음과 같다.

연령	남성	여성
≥ 35	12,000	8,000
< 35	6,000	4,000

라디오 광고는 하나당 9,000달러의 비용이 소요되고 4만 1,000명의 잠재적 예술 고객에게 홍보할 수 있을 것으로 추정된다. 라디오 청취자의 구성은 다음과 같다.

연령	남성	여성
≥ 35	7,000	11,000
< 35	10,000	13,000

시 예술협의회는 몇 가지 마케팅 지침을 수립하였다. 적어도 20만 명의 잠재적 예술 고객에게 홍보를 하고 싶어 한다. 나이가 많은 사람들이 어린 사람들에 비해 표를 살 확률이 좀 더 높다고 생각하기 때문에, 35세 미만 사람들에 비해 적어도 1.5배 이상의 35세 이상 사람들에게 홍보가 이루어지기를 원한다. 또한 여성들이 남성들에 비해 좀 더 예술공연 표를 사는 경향이 높다고 생각하므로, 홍보 대상의 60% 이상이 여성이기를 원하고 있다.

a. 최소의 비용으로 원하는 홍보 수준을 달성하기 위해 MAC이 각 유형의 광고를 몇 개씩 시행해야 하는지 결정할 수 있도록 정수계획법 모형을 수립하고 푸시오.

b. 정수 조건을 제거한 후 모형을 풀고 그 결과를 비교하시오.

10 한 정당이 다가오는 선거를 위해 선거 운동을 하고자 한다. 경선 대상인 4개 선거구에 자원봉사자를 배정할 계획이다. 자원봉사자들은 각자 자신이 배정받은 선거구를 찾아 유권자들을 만나고 자신의 당을 위한 표를 구한다. 때때로 자원봉사자들은 공개 모임을 주선하고 많은 유권자들에게 다가갈 수 있다. 자원봉사자 1명당 하루에 50명 안팎의 유권자를 만날 수 있다. 각 자원봉사자는 개인 경비 및 홍보 재료비로 하루에 500달러가 필요하다. 다음 표는 당이 접촉하고자 하는 최소 유권자 수와 선거일 전에 가능한 선거 운동 기간을 나열한 것이다.

	접촉하고자 하는 최소 유권자 수	기간(일)	가용 예산(달러)
선거구 1	4,500	10	50,000
선거구 2	9,000	12	90,000
선거구 3	6,500	12	72,000
선거구 4	5,000	10	50,000

당은 접촉할 수 있는 유권자 수를 최대로 하면서 각 선거구에서 선거운동을 하는 데 필요한 자원봉사자의 수를 결정하고자 한다.

a. 문제를 풀기 위한 정수계획법 모형을 수립하시오.

b. 컴퓨터를 이용하여 모형의 해를 구하시오.

11 한 농부가 150에이커의 땅을 소유하고 있으며 밀, 쌀, 옥수수를 재배할 계획이다. 그는 정부의 저장시설을 사용할 수 있지만 농작물을 심기 전에 공간을 예약해야 한다. 그는 공공운하에서 무료로 물을 공급받는다. 계획 목적에 따라 농부는 자신의 재배 지역을 당국에 보고해야 한다.

그는 밀의 에이커당 수확량이 15톤, 쌀의 에이커당 수확량은 18톤, 옥수수의 에이커당 수확량은 20톤이 될 것으로 예상하고 있다. 자신의 농산물을 비축하기 위해 최대 3,000톤의 공공 저장 공간을 예약할 수 있다. 그 농부는 2,000명의 노동자를 고용하고 있다. 1에이커의 밀 재배에는 12명의 노동자가 필요하고, 1에이커의 쌀 재배에는 10명의 노동자가 필요하며, 1에이커의 옥수수 재배에는 18명의 노동자가 필요하다. 농부는 수확량을 최대화하기 위해 각 유형의 농산물을 심을 에이커 수를 결정하고자 한다.

a. 문제를 풀기 위한 정수계획법 모형을 수립하시오.

b. 컴퓨터를 이용하여 모형의 해를 구하시오.

12   한 용접공은 절단 및 용접 기계를 사용하여 강철 문, 게이트, 테이블을 제작한다. 그에게는 200단위의 강철과 630시간의 절삭기 가공시간, 600시간의 용접기 가공시간이 가용하다. 그는 문으로 750달러, 게이트로 700달러, 테이블로 800달러의 이익을 올린다. 다음 표는 각 제품의 자원 요구사항을 요약하고 있다.

	문	게이트	테이블
강철(단위)	5	4	3
절삭기 가공시간	14	16	12
용접기 가공시간	10	12	14

용접공은 이익을 최대화하기 위한 각 제품별 생산량을 결정하고자 한다.

a. 문제를 풀기 위한 정수계획법 모형을 수립하시오.

b. 컴퓨터를 이용하여 모형의 해를 구하시오.

c. 앞에서 구한 해와 정수 제약조건을 완화하여 얻은 해를 비교하고, 실수해를 반내림하여 구한 해가 최적인지 알아보시오.

13   해리와 멜리나 제이콥슨 부부는 그들의 농장 작업실에서 수제 가구를 생산한다. 그들은 인근에서 600보드피트의 자작나무 원목을 얻었고 이를 이용해서 3개월 동안 식탁용 원형 테이블과 등받이 의자를 만들 계획이다. 식탁용 테이블 제작에는 개당 30시간의 노동이 소요되고 의자 제작에는 개당 18시간의 노동이 소요되며, 이들을 제작하는 데 사용할 수 있는 총 노동 시간은 480시간이다. 식탁용 테이블은 40보드피트의 목재가 필요하고, 의자는 15보드피트의 목재가 필요하다. 부부는 식탁용 테이블로는 개당 575달러의 이익을 얻을 수 있고 의자로는 120달러의 이익을 얻을 수 있다. 식탁용 테이블을 구입하는 대부분의 사람들은 의자 4개를 함께 구입하기 때문에, 비록 추가적인 의자를 낱개로 판매할 수도 있지만, 테이블 1개당 적어도 4개의 의자를 만들어야 한다. 이익을 극대화하기 위해서 제이콥슨 부부가 만들어야 할 테이블과 의자의 수를 결정하기 위한 정수계획법 모형을 세우고 푸시오.

14   문제 13의 제이콥슨 부부에게 목재 간이의자를 판매용으로 주문하기 원하는 가정용 가구업체가 접근해 왔다. 이 가구 업체는 제이콥슨 부부에게 20개의 목재 간이의자를 생산해 달라고 요청하였으며 제이콥슨 부부는 간이의자의 개당 이윤이 65달러임을 알게 되었다. 간이의자의 제작에는 4보드피트의 목재와 5시간의 노동이 필요하다. 제이콥슨 부부가 이 가구업체의 요청을 받아들여 간이의자를 생산하는 것이 좋을지 결정하기 위한 정수계획법 모형을 세우고 이 문제를 푸시오.

15 식스시그마는 널리 알려진 품질경영시스템으로서, 비즈니스 프로세스를 개선하기 위한 개선 프로젝트를 통해 제품 및 서비스 결함을 줄이고, 비용을 절감하며, 이익을 증가시킨다. 각 프로젝트에는 고위 경영진 중 한 사람으로 프로젝트의 성공을 책임지는 "챔피언"이 있다. 프로젝트 리더는 "블랙 벨트"로 불리고, 프로젝트 팀원들은 "그린 벨트"라고 불린다. 휴대폰 부품 제조업체인 심선은 현재 8개 개선 프로젝트를 검토 중이며, 챔피언 6명, 블랙벨트 10명, 그린벨트 25명이 있어 프로젝트에 배정 가능하다. 다음 표는 각 프로젝트에 대해 필요한 그린벨트의 수, 예상되는 결함 감소율, 비용 절감(100만 달러) 및 이익 개선(100만 달러) 정도를 보여 준다.

프로젝트	그린벨트	결함 감소율(%)	비용 절감(100만 달러)	이익 개선(100만 달러)
1	3	0.97	1.32	1.9
2	4	1.35	1.16	2.3
3	7	1.16	0.95	3.6
4	2	0.82	0.88	2.7
5	6	1.02	1.05	4.1
6	5	0.86	1.26	3.8
7	4	1.15	1.13	5.3
8	6	0.96	0.85	4.8

업체에서는 최소 5%의 불량 감소와 최소 630만 달러의 비용 절감을 달성하면서 가장 큰 이익 개선 효과를 거둘 프로젝트를 선택하려고 한다. 이 문제에 대한 정수계획법 모형을 수립하고 그 해를 구하시오.

16 Reliance Manufacturing 회사는 한 종류의 항공기 부품을 생산한다. 회사는 여러 대의 전산화된 기계들로 구성된 유연 작업장 한 곳에서 모두 생산할 수 있다. 회사는 4대의 기계를 보유하고 있는데, 구매 시기가 달라서 서로 다른 성능을 가지고 있다. 각각의 기계는 한 사람의 작업자에 의해 작동된다. 그러나 작업자들은 서로 다른 기술 수준을 가지고 있기 때문에 일간 생산량과 제품 품질은 작업자마다 서로 다르다. 다음 표는 해당 항공기 부품을 생산할 수 있는 5명의 작업자 각각에 대한 평균 일일 산출량과 평균 일일 불량품 수를 나타낸다.

작업자	기계별 평균 일일 산출량				작업자	기계별 평균 일일 불량품 수			
	A	B	C	D		A	B	C	D
1	18	20	21	17	1	0.3	0.9	0.6	0.4
2	19	15	22	18	2	0.8	0.5	1.1	0.7
3	20	20	17	19	3	1.1	1.3	0.6	0.8
4	24	21	16	23	4	1.2	0.8	0.6	0.9
5	22	19	21	21	5	1.0	0.9	1.0	1.0

회사는 일간 산출량을 최대화하고 불량률을 4% 미만으로 유지하기 위해 각각의 기계에 어떤 작업자를 배정할지 결정하기를 원한다.

a. 이 문제를 풀기 위한 0–1 정수계획법 모형을 수립하시오.

b. 컴퓨터를 이용하여 이 모형을 푸시오.

17 한 트럭 제조업체는 세 개의 제조 공장과 네 개의 소매점을 보유하고 있다. 소매점에서의 수요량, 공장에서의 공급량, 공장과 소매점 간 운송 비용(단위는 라크이며, 라크는 인도의 숫자 체계에서 10만을 뜻함)에 관한 상세 사항은 다음 표에 제시되어 있다.

	소매점 1	소매점 2	소매점 3	소매점 4	공급량(트럭)	생산비용(라크)
공장 1	0.10	0.12	0.15	0.18	300	15
공장 2	0.15	0.14	0.18	0.23	250	17
공장 3	0.22	0.23	0.24	0.18	350	16
공장 A	0.18	0.22	0.16	0.23		18
공장 B	0.19	0.17	0.13	0.17		19
수요량(트럭)	350	400	250	300		

수요량이 공급량을 초과하기 때문에 균형 수요를 충족시키기 위해 공장(A 또는 B)을 하나 더 지을 계획이다. 제안된 공장 A와 B에서의 생산비용은 표에 제시되어 있다. 표에 제시된 비용 외에 공장 A의 건설을 위한 고정비용은 500라크이고 공장 B는 600라크이다. 회사는 생산, 운송, 건설을 포함한 비용을 최소화하기를 원한다.

a. 문제를 풀기 위한 정수계획법 모형을 수립하시오.

b. 컴퓨터를 이용하여 모형의 해를 구하시오.

18 Sobha 부동산 회사는 여러 나라에 주거용 아파트를 건설한다. 향후 3년간의 후보 건설 부지 5곳의 가치를 평가해 최대 수익으로 이어지는 부지를 선정할 계획이다. 다음 표는 예상 수익, 가용 자금, 그리고 관련 연간 비용을 백만 디르함 단위로 제시하고 있다.

	연간 비용(100만 디르함)			수익
	1년차	2년차	3년차	100만 디르함
부지 1	5	2	8	25
부지 2	6	8	9	42
부지 3	7	6	7	30
부지 4	6	7	6	20
부지 5	9	5	8	32
가용 자금	22	25	27	

주어진 데이터를 고려하여, 회사에게 최대의 수익을 가져다줄 최적 부지 조합을 선정하시오.

a. 문제를 풀기 위한 정수계획법 모형을 수립하시오.

b. 컴퓨터를 이용하여 모형의 해를 구하시오.

19 Tech 대학은 주 내 여러 지역에서 운영되는 정보기술 전문 및 최고위 석사학위 프로그램들에서 수많은 교외 교과목을 제공하고 있다. 이 교과목들은 Tech 대학 정보기술 전공 교수들과 주 내 여러 지역에서 고용된 보조 교수들이 가르친다. 교수 개개인을 교과목에 배정하는 데에는 두 가지 주요 고려사항이 있는데, 하나는 이동 거리이고 다른 하나는 과거의 평균 교수 평가 점수이다. 대학에서는 수업을 위해 이동하는 거리를 최소화하기를 원하는데, 이는 교수 개개인에게 혜택일 뿐만 아니라 프로그램 운영경비도 절감할 수 있게 해준다. 또한, 어떤 교과목에 대해 그 교과목을 가장 잘 가르치는 교수가 담당하기를 원한다. 다음 표는 각각의 교수의 위치로

부터 각각의 교과목이 개설되는 장소까지의 거리와 함께 해당 교수의 가을 학기 평균 교수 평가 점수(5점 척도로서 "5"는 가장 우수함을, "1"은 나쁨을 나타냄)를 나타낸다.

교과목 (거리/점수)	교수							
	Abrahams	Bray	Clayton	Dennis	Evans	Farah	Gonzalez	Hampton
MIT 125	35/4.10	35/4.63	71/4.55	35/4.43	119/3.78	215/4.21	35/4.93	94/4.06
MIT 225	74/40.05	74/3.78	95/4.61	74/4.26	147/3.69	135/2.78	74/4.12	112/4.02
MIT 250	74/3.97	74/4.17	95/4.12	74/3.45	147/3.91	135/3.94	74/4.33	112/4.11
MIT 300	35/2.95	35/3.67	71/4.14	35/3.95	119/3.25	215/4.33	35/4.71	94/3.99
MIT 325	210/4.63	210/4.12	105/3.95	210/4.55	55/3.45	45/3.52	210/4.85	110/4.06
MIT 375	175/4.15	175/3.95	115/4.06	175/3.92	67/3.88	65/4.11	175/4.13	134/4.07
MIT 400	210/4.22	210/4.55	105/3.52	210/4.34	55/3.66	45/4.16	210/4.66	110/3.95
MIT 425	175/4.36	175/4.44	115/3.95	175/3.88	67/4.01	65/3.77	175/4.15	134/4.23
MIT 450	74/3.78	74/4.03	95/4.11	74/3.94	147/3.54	135/2.95	74/4.24	112/3.96
MIT 500	175/3.87	175/3.45	115/3.86	175/3.84	67/3.92	65/3.45	175/3.81	134/3.76

모든 교과목에 교수가 배정될 수 있도록 하고 각각의 교수가 적어도 하나의 교과목을 가르치되 두 개 이상의 교과목은 가르치지 않도록 한다는 조건을 만족시킬 수 있도록 교수를 배정하는 선형계획법 모형을 수립하고 푸시오. 어떤 접근법으로 해를 도출하였는지 설명하시오.

20 한 의료 회사가 지정된 예산 범위 내에서 7개 도시(도시 1부터 도시 7까지)에 새로운 클리닉 체인을 열 계획이다. 도시의 인구 규모(단위 : 1,000명)와 관련 투자 예산은 아래에 표로 제시되어 있다.

도시	인구 규모(천 명)	투자 요구액(라크)
1	45	12
2	55	16
3	66	17
4	40	12
5	35	11
6	48	20
7	56	14

회사는 신규 투자를 위해 90라크를 배정했다. 회사는 최대 5개의 클리닉을 개원하기 원한다. 도시 1과 도시 3 중에서 하나 이상은 선택되지 않기를 원한다. 도시 2가 포함되면 도시 4도 포함돼야 한다. 선택 도시 내 인구 규모를 최대화하기 위한 도시 조합을 결정하시오.

a. 문제를 풀기 위한 정수계획법 모형을 수립하시오.

b. 컴퓨터를 이용하여 모형의 해를 구하시오.

21   Globex Investment Capital Corporation은 향후 3년 이내에 매각하면 다음과 같이 추정되는 수익을 거둘 수 있는 6개 회사를 소유하고 있다.

회사	매각 연도(추정 수익, 100만 달러)		
	1	2	3
1	14	18	23
2	9	11	15
3	18	23	27
4	16	21	25
5	12	16	22
6	21	23	28

운영자금을 마련하기 위해 1차년도에 적어도 2,000만 달러 가치의 자산을 매각해야 하고, 2차년도에는 2,500만 달러, 3차년도에는 3,500만 달러 가치의 자산을 매각해야만 한다. Globex는 수익을 최대화하기 위한 향후 3년간의 회사 매각 계획을 수립하고자 한다.
이 문제를 풀기 위한 정수계획법 모형을 수립하고 컴퓨터를 이용하여 푸시오.

22   Kreeger 식료품 슈퍼마켓 체인은 경쟁 관계에 있는 어느 식료품 슈퍼마켓 체인을 인수하였다. 그 결과 이 회사는 이제 특정 도시에서는 근접 거리 안에 너무 많은 수의 점포를 가지게 되었다. 로어노크 시에서는 아래의 표에서와 같은 10개의 점포를 가지고 있는데 이 회사는 특정 점포로부터 2마일 거리 안에 또 다른 점포를 두지 않기를 원한다. 다음 표는 각 점포의 월수입(단위 : 1,000달러)이고 지도는 이 점포들의 근접 상태와 위치 분포를 보여 준다. 서로 2마일 거리 안에 위치하는 가게들은 원형으로 묶어서 표시하였다.

점포	월 수입 (1,000달러)
1	127
2	83
3	165
4	96
5	112
6	88
7	135
8	141
9	117
10	94

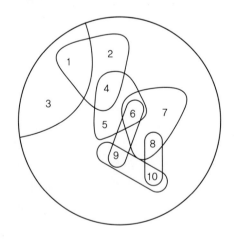

Kreeger 체인이 로어노크 시에서 어느 점포를 개설할지 결정하기 위한 정수계획법 모형을 세우고 이 문제를 푸시오.

23   Tech 소프트웨어 학교는 다양한 소프트웨어와 패키지 사용법을 회사의 종업원들에게 교육하는 계약을 맺는다. 모든 교육은 연속 3일 동안 제공되고 교육하는 소프트웨어 제품에 따라 하루의 교육 시간은 달라진다. 주말을 포함하여 특정 주의 7일 동안 이 학교는 8개의 서로 다른

회사와 다양한 소프트웨어 교육을 위한 계약을 체결하였다. 다음 표에서 볼 수 있는 바와 같이 각 회사들은 종업원을 Tech 교육 시설에 오직 특정한 날에만 보낼 수 있고 하루에 요구되는 교육 시간은 표에 요약된 바와 같다.

회사	교육 시간			가장 빠른 시작일	가장 늦은 시작일
	첫째 날	둘째 날	셋째 날		
A	4	6	3	1	4
B	3	2	5	1	3
C	7	1	1	2	5
D	1	3	6	2	5
E	8	5	2	3	5
F	5	5	5	1	5
G	6	3	3	3	5
H	4	6	6	3	4

Tech 소프트웨어 학교는 이 교육 과정에 투입할 수 있는 20시간의 스태프 시간을 확보하고 있다.

a. 위의 8개 회사들을 위하여 실현 가능한 교육 스케줄을 작성하시오.

b. 주말(위 표에서 주말은 제6일과 제7일을 포함하는 기간임)에 이루어지는 교육 시간을 최소화할 수 있는 실현 가능한 교육 스케줄을 작성하시오.

24 HTM 부동산 회사는 Tech 캠퍼스 옆에 위치한 작은 대학촌인 Draperton 도심지에 가게 앞 임대 자산을 보유하고 있다. 그 자산은 College Avenue로 향하는 네 곳의 수익성 사업 공간을 포함한다. HTM은 각 사업 공간에 장기 입주자를 들이고 있는데 그들의 임대 기간은 대략 같은 시기에 만료될 예정이다. HTM은 각 사업 공간에 대해서 임대료를 크게 올리고 싶어 하고 현 입주자들은 약간 인상된 임대료라면 계속 머물겠지만 HTM이 원하는 임대 가격에서는 계속 입주할 수 없다는 입장이다. HTM은 자신이 제시하는 높은 임대 가격에서도 입주할 수 있는 새로운 입주자를 물색한 결과 4명의 후보자들로부터 긍정적인 확답을 얻어 냈다. 그러나 HTM은 새로운 세입자들이 그들의 사업을 계속하면서 임대료를 완납할 가능성이 현 입주자들에 비해서 훨씬 떨어지는 반면 현 입주자들은 사업을 계속하면서 향후 3년의 계약 기간 동안 임대료를 낼 가능성이 대단히 높다는 사실을 알게 되었다. 다음 표는 HTM의 사업 공간에 입주하는 현재와 미래의 세입자들과 3년의 임대 기간 동안 그들이 지불할 월 임대료 및 각 세입자들이 사업을 계속할 확률을 보여 준다.

사업 공간	현 세입자	임대료	확률	신규 세입자	임대료	확률
A	도넛 가게	1,200	.90	서브 숍	2,400	.50
B	주얼리 숍	800	.90	드레스 숍	1,200	.70
C	음반 가게	1,000	.95	레스토랑	2,000	.40
D	선물 & 카드 숍	1,100	.95	전문 로고 숍	1,800	.60

HTM은 그의 기대 임대 수입을 극대화할 수 있는 사업자들에게 각 사업 공간을 임대하기 원한다. 또한 HTM은 사업을 계속하는 사업자가 적어도 3명은 될 수 있는 가능성을 원한다. 이 문제에 대한 정수계획법 모형을 세우고 문제를 푸시오.

25 BigRig 트럭 수송 회사는 한 인터넷 수송 거래소에 참가하는데, 그곳에서는 고객들이 자신들이 처리하고자 하는 화물에 대해 무게, 부피, 출발지와 도착지 등의 정보를 광고한다. 그러면 BigRig는 각 화물 배송에 소요되는 비용 및 시간을 산정하고 일정 수준의 이익을 얻기 위해서는 얼마의 가격으로 입찰해야 하는지 결정한다. 12명의 고객이 거래소에 화물을 등록했고, BigRig는 화물 배송에 투입할 수 있는 세 대의 트럭을 보유하고 있다. 각각의 트럭은 8만 파운드 무게, 5,500세제곱피트의 부피를 적재할 수 있으며, 90시간을 운행할 수 있다. 다음 표에는 각 고객 화물의 적재 특성(즉, 파운드 단위의 무게와 세제곱피트 단위의 부피)과 BigRig가 각 화물로부터 얻을 수 있는 이익을 보여 준다.

고객	이익(달러)	무게(파운드)	부피(세제곱피트)	시간
1	20,000	44,000	1,600	51
2	17,000	39,000	2,100	22
3	15,000	24,000	3,200	45
4	7,000	33,000	3,700	36
5	18,000	18,000	4,400	110
6	12,000	21,000	2,900	105
7	5,000	15,000	1,100	44
8	4,600	19,000	1,600	56
9	11,000	23,000	800	60
10	6,200	36,000	1,800	25
11	14,000	55,000	3,700	37
12	9,000	45,000	2,900	41

BigRig가 이익을 최대화하기 위해 어떤 고객의 화물에 대해 응찰할지 결정할 수 있는 선형계획법 모형을 세우고 푸시오.

26 한 경영학과 학생은 중퇴일 또는 그 이전까지 다음 학기 등록을 마쳐야 한다. 학생은 교수를 만나 잠재적인 성적과 공부 시간 요구사항을 가늠한다. 그의 전공에는 8개의 과목이 개설되어 있다. 다음 표는 학생이 각 과목에서 최소 점수를 얻기 위해 일주일에 몇 시간 공부해야 하는지를 보여 준다.

과목 소개	과목 번호	예상 최소 점수	공부 시간
경영과학	1	90	6
공급사슬관리	2	70	5
인적자원관리	3	80	4
운영관리	4	85	6
기업가정신	5	75	7
리더십	6	80	5
MIS	7	80	7
비즈니스 프로세스 시뮬레이션	8	90	6

학생은 개설된 강좌 중 최대 6개, 최소 4개를 수강하여야 그 신분을 유지할 수 있다. 운영관리와 공급사슬관리는 같은 시간대에 배정되기 때문에 두 과목을 함께 수강할 수 없다. 학생은 일주일에 35시간 이상 공부하는 것은 원하지 않는다.

a. 학생이 취득 점수를 최대화할 수 있도록 하는 정수계획법 모형을 수립하고 컴퓨터를 이용해 그 해를 구하시오.

b. 학생이 공부 시간을 최소화할 수 있도록 하는 정수계획법 모형을 수립하고 컴퓨터를 이용해 그 해를 구하시오.

c. 두 모형 간의 결과를 비교하시오.

사례 문제

PM 컴퓨터 서비스

폴레트 스미스와 모린 베커는 각각 State University에서 공학과 경영학을 전공하는 졸업반 학생들이다. 그들은 PM 컴퓨터 서비스라는 회사를 설립하여 그들 자신만의 브랜드로 개인용 컴퓨터를 조립하고 판매한다. 그들은 오픈마켓을 통해 미국 및 해외의 여러 곳으로부터 부품을 구매하고, 그들의 방 3개짜리 아파트에서 주로 밤에 컴퓨터를 조립한다. 주로 State University의 학과들이나 학생들을 대상으로 컴퓨터를 판매한다. 다른 학생들을 고용하여 조립 작업, 테스트 작업, 그리고 포장 작업을 하고 있다. 폴레트와 모린은 운영관리와 더불어 판매 및 회계를 포함한 기타 모든 업무들을 서로 도와 함께 한다. 고용되어 일하는 학생들에게는 주당 40시간 근무에 시간당 8달러, 즉 한 달에 1,280달러를 지급한다. 학생들은 월 단위로 고용하고, 제품 배송 일정 또한 월간 단위(즉, 월말)이다. PM은 현재 5명의 직원을 고용하고 있다. PM 컴퓨터는 각각의 직원이 한 달에 평균적으로 12.7대의 컴퓨터를 생산할 수 있다고 판단한다. 월간 컴퓨터 수요가 생산 능력을 초과하는 경우 PM은 제한된 초과근무를 실시한다. 초과근무를 통해 컴퓨터를 생산하는 경우 대당 12달러의 추가 인건비가 소요된다. PM의 직원 한 사람은 초과근무를 통해 월간 0.6대의 컴퓨터를 생산할 수 있다.

폴레트와 모린은 향후 6개월간 다음과 같은 컴퓨터 주문을 접수하였다.

월	컴퓨터 주문	월	컴퓨터 주문
1	63	4	57
2	74	5	68
3	95	6	86

과거에 PM은 정규근무 및 초과근무 생산을 통해 수요를 정확히 충족시켰다. 충분한 정규근무 및 초과근무 생산량이 확보되지 못하는 달의 수요를 충족시키기 위해 회사는 사전에 계획을 세워 가용한 생산 능력이 있는 이전 달에 컴퓨터를 미리 생산하도록 하였다. 그러나 폴레트와 모린의 아파트는 부품들과 작업공간으로 꽉 차 있었기 때문에 조립이 완료된 컴퓨터를 보관할 수는 없었다. 대신 그들은 마을의 창고 공간을 임대하여 완제품 컴퓨터를 배송 시점이 될 때까지 보관하였다. 회사는 완제품 컴퓨터를 마을을 통과해 창고까지 수송해야 했고 모든 취급 비용을 지불해야 했다. 또한 창고는 온습도가 조절되어야만 했다. 컴퓨터 한 대를 창고에 보관하는 비용은 월간 15달러이다.

폴레트와 모린은 월간 단위로 필요에 따라 인력을 고용하고 해고하는 생산 전략 대안을 고려하고 있다. 신규 인력을 고용하는 데 드는 비용은 주로 서류 작업 및 훈련 비용으로 200달러로 추정된다. 직원 한명을 해고하는 데 소요되는 비용은 320달러로서 대략적으로 일주일치 임금에 해당한다. 해고했던 직원들 중 일부는 이후에 다시 재고용해야 할 필요도 있으므로 PM에 대해 좋은 감정을 가지고 회사를 떠나게 만들기를 원한다.

PM 컴퓨터 서비스의 생산 일정을 결정하라. 생산 일정에는 신규 고용되고 해고되는 직원의 수를 포함한 월별 직원의 수를 비롯하여, 월별로 정규 근무와 초과 근무시간에 생산되는 컴퓨터 대수, 월별 기말 재고 컴퓨터 대수 등이 나타나야 한다. 6개월 후에 남는 재고는 없어야 한다. 여러 가지 변수들에 대한 정수해를 구하시오. 이 해를 정수 조건을 없앤 경우의 해와 비교하시오.

The Tennessee Pterodactyls

The Tennessee Pterodactyls는 내슈빌의 새로운 프로농구단이다. 농구단의 단장인 제리 이스트와 감독인 필 라일리는 선수단을 구성하려고 노력 중이다. 리그의 다른 농구단들로부터 2명씩 차출하여 구성된 선수 풀로부터 7명의 선수를 선발하였다. 그러나 단장과 감독이 느끼기에 이 선수들은 역할별 선수에 불과하였고, 새로운 팀의 핵심선수는 현재 시장에 나와 있는 자유계약선수들로부터 선발해야만 한다고 믿고 있다. 팀의 연봉 총액 상한까지는 많은 여유가 있고, 구단주는 선수 계약을 위해 매년 5,000만 달러씩 내놓고 있다. 감독과 단장은 다음과 같은 12명의 자유계약선수 명단을 작성하였고, 각각의 선수들에 대해 그들이 요구하고 있다고 알려진 연봉을 포함하여 중요한 기록들을 표시하였다.

제리와 필은 5명의 자유계약선수와 계약하고 싶어 한다. 그들은 자신들이 계약할 선수 그룹이 과거에 경기당 평균적으로 적어도 80점 이상 득점했고(선수당 16점), 경기당 평균적으로 40개의 리바운드를 따냈으며(선수당 8개), 경기당 평균적으로 25개의 도움을 따내고 190분의 경기시간(선수당 38분)을 기록하였기를 원하고 있다. 이와 더불어, 2명 이상의 프런트코트(front court) 선수와 3명 이상의 백코트(back court) 선수와는 계약하고 싶어 하지 않는다. 목적함수는 최소의 비용으로 상기 제약조건들을 만족시킬 수 있는 선수 그룹을 찾는 것이다.

A. 어떤 선수들과 계약해야 하는지 결정하는 데 단장과 감독에게 도움을 줄 수 있는 정수선형계획법 모형을 수립하고 컴퓨터를 이용하여 푸시오.

B. (A)에서 결정된 선수 그룹과 계약하는 데 구단주가 제공하는 금액이 충분한가? 그렇지 않다면, 가용한 금액을 제약조건으로 추가하고 선수 그룹의 평균 득점을 최대화하도록 모형을 다시 정형화하시오.

선수	포지션	경기당 평균				추정 연봉 (100만 달러)
		득점	리바운드	도움	경기시간	
1. Mack Madonna	백코트	14.7	4.4	9.3	40.3	8.2
2. Darrell Boards	프런트코트	12.6	10.6	2.1	34.5	6.5
3. Silk Curry	백코트	13.5	8.7	1.7	29.3	5.2
4. Ramon Dion	백코트	27.1	7.1	4.5	42.5	16.4
5. Joe Eastcoast	백코트	18.1	7.5	5.1	41.0	14.3
6. Abdul Famous	프런트코트	22.8	9.5	2.4	38.5	23.5
7. Hiram Grant	프런트코트	9.3	12.2	3.5	31.5	4.7
8. Antoine Roadman	프런트코트	10.2	12.6	1.8	44.4	7.1
9. Fred Westcoast	프런트코트	16.9	2.5	11.4	42.7	15.8
10. Magic Jordan	백코트	28.5	6.5	1.3	38.1	26.4
11. Barry Bird	프런트코트	24.8	8.6	6.9	42.6	19.5
12. Grant Hall	프런트코트	11.3	12.5	3.2	39.5	8.6

Atlantic Management System 사의 신규 사무실

Atlantic Management Systems 사는 컴퓨터 제조회사들을 위한 전산화된 의사결정지원시스템을 개발하는 것을 전문으로 하는 컨설팅 회사이다. 이 회사는 현재 시카고, 샬럿, 피츠버그, 휴스턴에 사무실을 가지고 있다. 애틀랜타, 보스턴, 워싱턴 DC, 세인트루이스, 마이애미, 덴버, 디트로이트 등을 포함한 여러 도시들 중 한 곳 또는 여러 곳에 새로운 사무실을 여는 것을 고려하고 있으며, 이러한 목적으로 1,400만 달러의 가용 자금으로 가지고 있다. 첨단 기술 컨설팅이라는 고도로 전문화된 일의 특성으로 인해, 새로운 사무실에는 기존 사무실 근무 직원들이 최소한 몇 명 이상은 반드시 배치되어야만 한다. 그러나 새로운 사무실로 옮겨갈 수 있는 기존 직원들의 숫자는 제한되어 있다. 게다가 직원을 전근시키는 데 소요되는 비용은 어느 도시에서 떠나는지와 어느 도시로 옮겨가는지에 따라 달라진다.

후보 도시들 각각에 대해 새로운 사무실을 여는 데 드는 비용과 초기 직원 소요는 다음과 같다.

후보 도시	사무실 개소 비용(100만 달러)	직원 소요(명)
1. 애틀랜타	1.7	9
2. 보스턴	3.6	14
3. 덴버	2.1	8
4. 디트로이트	2.5	12
5. 마이애미	3.1	11
6. 세인트루이스	2.7	7
7. 워싱턴 DC	4.1	18

기존 사무실 각각으로부터 전근이 가능한 직원의 수는 다음과 같다.

기존 사무실	가용 직원 수
시카고	24
샬럿	19
피츠버그	16
휴스턴	21

기존 사무실로부터 직원 한 명을 새로운 사무실로 전근시키는 데 소요되는 비용(1,000달러 단위)은 주택비용과 이주비를 비롯해 생활비 수준에 따라 달라진다. 해당 비용은 다음과 같다.

신규 사무실 후보 도시(비용, 1,000달러)							
	1. 애틀랜타	2. 보스턴	3. 덴버	4. 디트로이트	5. 마이애미	6. 세인트루이스	7. 워싱턴 DC
1. 시카고	19	32	27	14	23	14	41
2. 샬럿	14	47	31	28	35	18	53
3. 피츠버그	16	39	26	23	31	19	48
4. 휴스턴	22	26	21	18	28	24	43

회사는 신규 사무실 후보 도시들을 잠재 수익성에 따라 순위를 매겼고, 그 결과 다음과 같이 워싱턴 DC가 최선의 도시(즉, 가장 잠재 수익성이 높은 도시)로 평가되었다.

신규 사무실	순위
워싱턴 DC	1
마이애미	2
애틀랜타	3
보스턴	4
덴버	5
세인트루이스	6
디트로이트	7

이와 더불어, 회사는 중서부 지역(즉, 디트로이트 또는/그리고 세인트루이스)에 적어도 하나의 신규 사무실과 남동부 지역(즉, 애틀랜타 또는 마이애미)에 하나의 신규 사무실을 개소하고자 한다.

Atlantic Systems 사가 얼마나 많은 신규 사무실을 개소할지, 어디에 사무실을 위치시킬지, 직원들을 어떻게 전근시킬지 결정하는 데 도움을 줄 수 있도록 정수계획법 모형을 수립하고 해를 구하시오.

The United Broadcast Network의 TV 광고 시간 구간 일정 계획

The United Broadcast Network(UBN)은 TV 쇼 프로그램 내 상업 광고 시간 구간들을 광고주들에게 판매한다. 이 방송사는 다가오는 가을 기간의 TV 방영 일정을 이전 봄 기간 동안 발표하고, 곧이어 광고 시간 구간들을 고객들에게 판매하기 시작한다. 오래 기간 관계를 맺어온 우선순위 높은 고객들은 첫 번째로 광고 시간 구간을 구매할 수 있는 기회를 얻게 된다. 다가오는 가을 시즌은 9월 셋째 주에 시작한다. 광고 시간 구간들은 대부분은 15초와 30초의 길이를 가진다. UBN은 통상적으로 월 단위, 2개월 단위, 6주 단위, 또는 분기 단위로 그 해의 상세 판매 계획을 수립한다. 일반적으로 광고주들은 구체적인 광고 예산을 비롯하여 자신들의 광고를 내보내기를 선호하는 특정 쇼 프로그램들을 염두에 두고 있는데, 이들 프로그램에 광고함으로써 그들의 제품을 마케팅하기 원하는 특정 인구통계학적 시청자들에게 닿을 수 있기 때문이다. UBN은 광고 시간 구간을 팔 때 주로 인구통계학적 특성과 시청자 규모에 의해 결정되는 쇼 프로그램의 인기도와 연관된 성과 점수에 기초하여 과금한다.

경영 소프트웨어 개발 회사인 Nanocom은 다가오는 가을에 몇 가지 쇼 프로그램에 30초 및 15초의 광고 시간 구간을 구매하기 원하고 있다. Nanocom은 많은 첨단 기술 사업가들이 포함될 것으로 보이는 연령대가 높고 좀 더 원숙한 상위 소득 계층의 시청자들에게 광고가 닿길 원하고 있다. 광고에 책정된 예산은 60만 달러이며, UBN 광고 부서에 Bayside, Newsline, The Hour, Cops and Lawyers, The Judge, Friday Night Football, ER Doctor 등의 쇼 프로그램에 광고를 구매하기를 원한다고 알려 놓은 상태이다. Newsline과 The Hour는 뉴스 매거진 쇼이고, 프로 축구인 Friday Night Football을 제외한 다른 프로그램들은 성인 드라마이다. Nanocom은 구매할 전체 광고 시간 구간 중 적어도 50%는 Newsline, The Hour, Friday Night Football에 할당되기를 원하고 있다. Nanocom은 UBN이 11월 방송개편 시즌을 포함한 10월 셋째 주부터 11월까지 6주 기간의 판매 계획을 수립하기를 원하고 있다.

앞서 언급하였듯이, UBN은 여러 쇼 프로그램들의 성과 점수에 기초하여 판매 계획을 수립한다. UBN과 광고주들의 주요 목표는 최고의 총 성과 점수를 달성하는 판매 계획을 수립하는 것이다. 성과 점수는 희망하는 시청자의 인구통계학적 특성에 쇼 프로그램이 얼마나 잘 부합되는지, 쇼 프로그램의 시청자 강도, 광고 시간 구간에 대한 과거 과금 이력, 동일 시간 구간의 경쟁 쇼 프로그램, 인접한 쇼 프로그램의 성과 등을 포함한 여러 가지 요인들에 따라 결정된다. UBN은 이러한 성과 점수에 기초하여 광고 요금을 결정한다. 그런 후 성과 점수와 광고 요금에 쇼 프로그램이 방영되는 주(week)와 (방영되는 주가 일 년 중 언제인지에 따라 시청자 규모가 달라지므로) 해당 주에 기대되는 시청자 규모에 따른 가중치가 곱해진다. 다음 표는 각각의 쇼 프로그램에 대해 15초 및 30초 광고 시간 구간의 요금, 성과 점수, 가용 재고를 보여 준다.

쇼 프로그램	광고 길이	요금	성과 점수	가용 재고
Bayside	30	$50.0	115.2	3
	15	25.0	72.0	3
Newsline	30	41.0	160.0	4
	15	20.5	100.0	1
The Hour	30	36.0	57.6	3
	15	18.0	36.0	3
Cops and Lawyers	30	45.0	136.0	4
	15	27.5	85.0	2
The Judge	30	52.0	100.8	2
	15	26.0	63.0	2
Friday Night Football	30	25.0	60.8	4
	15	12.5	38.0	2
ER Doctor	30	46.0	129.6	3
	15	23.0	81.0	1

UBN은 6주의 기간 내 매주 광고 시간 구간의 최소 및 최대 개수에 대한 제한이 있다는 것과 매주 쇼 프로그램

당 최대 하나(15초 또는 30초)의 광고 시간 구간만을 가질 수 있다고 요구하고 있고, Nanocom은 이에 동의하고 있다. 다음 표는 주별 가중치와 매주 광고 시간 구간의 최소 및 최대 개수를 제시하고 있다.

주	10월		11월			
	3	4	1	2	3	4
가중치	1.1	1.2	1.2	1.4	1.4	1.6
최소 개수	1	1	2	2	2	3
최대 개수	4	5	5	5	5	5

UBN을 도와 Nanocom의 총 성과 점수를 최대화하는 6주간의 판매 계획을 수립하시오.

Draperton 공원 및 여가 부서의 여학생 농구팀 구성

매해 가을이 되면 Draperton 공원 및 여가 부서는 소년 소녀 농구 리그들을 위한 일련의 선발심사를 개최한다. 모든 리그들은 연령대별로 구성되는데, 각각의 리그는 보통 2년의 연령대를 포괄한다. 그러한 구성 중 하나는 12~13세 소녀들로 이루어지는 리그이다. 이 리그는 특히나 경쟁이 치열한데, 해당 리그의 모든 소녀들이 가까운 미래에 고등학교 주니어 대표팀이 되고 몇 년 후에는 고등학교 대표팀이 되려는 희망을 품고 그들의 기술을 향상시키기 위해 노력하기 때문이다. 현재 1학년인 소녀들 중 일부는 심지어 내년에 고등학교 대표팀이 되려는 희망을 가지고 있다. 이 리그는 또한 선발심사에 참여하는 소녀들 모두가 팀에 선발되지는 않는 첫 번째 연령 그룹으로서 일부 소녀들은 탈락하기도 한다. 더 어린 연령 그룹에서는 모든 선수들이 팀에 배정된다. 그러나 이 연령 그룹에서는 4개의 팀이 구성되고 각 팀은 7명의 선수들만으로 이루어진다. 이러한 정책은 여가 부서장, 과거 선수들의 부모 단체, 고등학교 남학생 및 여학생 농구 코칭 스태프로 구성된 위원회에 의해 합의된 바 있다. 팀의 선수단 규모가 작아짐에 따라 선수들은 좀 더 긴 경기 시간을 가질 수 있게 되고 좀 더 치열한 경기가 진행될 수 있게 된다. 또한 다른 도시나 마을에서 온 팀들과의 토너먼트에서도 좀 더 치열한 경쟁이 이루어지게 만든다. 이는 소녀들 사이에 높은 경쟁을 유발하고 그들 부모들 간의 경쟁은 더욱 크게 유발한다. 여가 부서의 팀 스포츠 담당 책임자인 Sandy Duncan은 부모들이 선발심사 과정에서 크게 다투고 정치공작을 펼친다는 사실을 과거 경험으로부터 알고 있다. 이 때문에 선발심사 과정과 선수 선발 및 팀 배정에 관해 부모들의 항의를 초래해 왔다. Sandy와 선수 평가자들은 종종 편파적 판정과 어리석은 짓을 범했다는 비난을 받기도 하였다.

올해에는 이러한 비난을 일부 누그러뜨리기 위해 Sandy는 선수 선발과 팀 구성 과정에 그녀를 포함해 어느 누구도 직접적으로 관여되지 않도록 하는 선발심사 과정을 고안하였다. 우선, 매주 금요일 저녁에 한 번, 토요일에 두 번, 일요일 오후에 한 번 등 4회의 세션으로 구성되는 두 번의 주말 선발심사에 참가하는 36명 선수 전원에 대해 심사를 진행하였다. 평가팀은 다른 마을에서 온 여러 명의 코치들과 기존 선수들 몇 명, 그리고 인근 주립대학 여자 농구팀의 보조 코치들로 구성하였다. 각각의 선수들은 선발심사 번호를 부여받고 여러 가지 기술과 능력에 대해 평가받았으며, 선발심사가 끝나면 다음과 같이 1~10점까지의 총점(10점이 최고점)이 매겨졌다.

선수	점수	선수	점수	선수	점수
1	7	13	10	25	8
2	6	14	9	26	4
3	9	15	9	27	9
4	5	16	4	28	9
5	7	17	5	29	3
6	8	18	5	30	3
7	3	19	6	31	3
8	3	20	3	32	6
9	4	21	2	33	6
10	6	22	1	34	7
11	4	23	8	35	8
12	8	24	5	36	10

Sandy는 주립대학에서 학생으로 공부할 때 경영과학 수업을 수강하였으며, 선수들을 선발하고 이들을 공정하고 공평한 방식으로 4개 팀에 배정하는데 상기와 같은 평가 프로세스를 사용하기 위한 정수선형계획법 모형을 개발하고자 한다. 그녀는 최고의 선수들을 선발하기 원하며, 경쟁을 유발하고 서로 비슷한 경기력을 갖춘 팀들로 구성하기 위해 각 팀 선수들의 평균 평가 점수가 6~7점 사이가 되기를 원하고 있다. 이 문제를 연구하기 위해 앉아 있던 어느 저녁 시간에, 그녀는 이것이 상대적으로 복잡한 정수계획법 모형을 요구한다는 것을 즉시 깨달았다. 최고의 선수를 선발하여 각 팀에 7명의 선수를 배정하고 그녀가 원하는 각 팀의 평균 평가 점수를 달성하여 이 문제를 해결할 수 있도록 정수계획법 모형을 정형화하고 최적해를 구하시오. 여러분의 모형으로부터 도출된 팀들을 서로 비교하여 그들 간의 경쟁이 유발되는지(즉, 모형이 Sandy의 목표를 달성할 수 있는지) 알아보시오. 또한 선발될 자격이 있는 선수가 모형에 의해 불공정하게 탈락되지는 않았는지 알아보시오.

Management 4394 과목의 프로젝트 팀 구성

State University의 경영대학 학생들은 모두 졸업학년의 마지막 학기에 종합설계 과목인 Management 4394를 수강하여야 한다. 이 과목은 경영관리, 마케팅, 재무, 회계, 계량모형, 그리고 운영관리 등 주요 경영 분야에 대한 학생들의 지식을 평가하기 위해 제반 경영학 학문분야를 포괄하는 사례 프로젝트를 한 학기에 걸쳐 진행하는 것으로 구성된다. 이 과목의 강사가 해야 하는 어려운 일 중 하나는 한 반의 학생들을 공평한 팀들로 나누어 교육 과정을 증진시키고 팀 협동심을 불러일으킬 수 있도록 하는 것이다. 프로젝트 팀들은 학생들의 능력과 성과 측면에서 상대적으로 균등하여야 한다. 이와 더불어, 팀들은 서로 다른 기능 영역별 기량을 가진 학생들로 고루 구성되어야 한다. 즉, 서로 다른 전공분야별 학생들로 구성되어야 한

다. 또한 대학에서는 학생들이 졸업 후 취업하였을 때 다양한 사람들과 함께 일할 수 있도록 준비시키기 위해 성별 및 국적 면에서 다양성을 가지도록 팀이 구성되기를 원하고 있다. 18명의 학생들로 이루어진 Management 4394 과목의 한 분반을 생각해 보자. 강사는 이 반의 학생들을 3명씩으로 구성되는 6개의 프로젝트 팀으로 나누고 싶어 한다. 팀 구성에 있어서 강사의 주요 목표는 팀들 간의 학업 역량이 상대적으로 비슷하도록 만드는 것이다. 학업 역량을 측정하는 유일한 방법은 학생들의 평점 평균(GPA)이므로, 상기 목표를 달성하기 위한 하나의 방법은 팀들의 평균 GPA가 최소 2.80 이상은 되도록 하고 또한 전체적으로 팀들의 평균 GPA를 최대한 높이도록 하는 것이라고 강사는 생각하였다. 팀의 기능적 다양성을 제고하기 위해 서로 다른 전공을 가진 구성원들로 팀을 구성하는 것 또한 중요하지만, 하나의 팀 내에 같은 전공을 가진 사람이 세 명 이상 포함되는 것은 원치 않았다. 팀 구성원들 간 일정 정도의 다양성을 확보하기 위해, 강사는 각 팀에 적어도 한 명의 여학생과 한 명의 외국인 학생이 포함되기를 원하지만 세 명 이상의 여학생이 포함되거나 세 명 이상의 외국인 학생이 포함되는 것은 원치 않았다. 다음 표에는 각각의 학생들의 GPA, 전공, 성별, 외국국적 여부가 나타나 있다.

단 두 명의 학생만이 여성이면서 외국 국적을 가지고 있고, 두 번째 학생은 복수 전공을 하고 있다.

팀 구성에 관한 강사의 가이드라인을 충족하는 프로젝트 팀을 결정하는 문제를 위한 선형 정수계획법 모형을 정형화하고 해를 찾으시오. 여러분의 모형이 강사의 가이드라인을 얼마나 성공적으로 충족하고 있다고 생각하는가? 즉, 모형을 통해 도출된 팀 구성이 기능적인 면에서 다양성이 있고 학업 역량의 면에서 균등하다고 생각하는가? 만일 그렇지 않다면, 팀 구성의 가이드라인을 더 잘 충족시키기 위해서는 여러분의 모형을 어떻게 수정하는 것이 필요하다고 생각하는가?

학생	GPA	성별	외국 국적 여부	전공
1	3.04	남성	예	재무
2	2.35	남성	아니오	재무/회계
3	2.26	남성	예	인사조직
4	2.15	남성	예	마케팅
5	3.23	여성	아니오	인사조직
6	3.95	여성	아니오	재무
7	2.87	남성	아니오	재무
8	2.65	여성	아니오	재무
9	3.12	남성	아니오	재무
10	3.08	남성	예	마케팅
11	3.35	남성	예	마케팅
12	2.78	남성	아니오	회계
13	2.56	여성	예	마케팅
14	2.91	여성	아니오	회계
15	3.40	여성	예	인사조직
16	3.12	남성	예	재무
17	2.75	남성	예	회계
18	3.06	여성	아니오	인사조직

이 사례 문제의 출처 : R. Cutshall, S. Gavirneni, and K. Schultz, "Indiana University's Kelley School of Business Uses Integer Programming to Form Equitable, Cohesive Student Teams," *Interfaces* 37, no. 3 (May–June 2007): 265–76.

Lead Balloon의 여름 투어 일정 계획

Lead Balloon은 인기 있는 80년대 록 밴드로서 1990년대에 해체되었다가 최근에 다시 재결합하여 신규 음반을 발매하고 투어를 진행하고 있다. 그들은 미국 동부 지역 16개 도시를 아우르는 여름 투어의 일정을 수립하고자 한다. 그러나 가족과 사업상의 문제, 그리고 그들이 예전처럼 젊고 활기차지 않기 때문에 투어는 5월 중순에서 8월 중순까지 12주간만 진행할 계획이다. 이 기간에는 그들의 자녀들이 방학을 맞을 것이고 그래서 투어 기간 대부분 가족들이 함께할 수 있을 것이다. 그들은 또한 매주 진행할 공연의 횟수도 제한하고자 한다. 다음은 선택 가능한 도시들의 목록과 함께 각 도시별로 투어 기간 동안 공연장이 가용한 주들을 X 표시로 나타내고 있다. 또한 각 도시별 공연장의 수용 가능 인원도 함께 표시되어 있다.

그들의 인기와 유명세로 볼 때 어디를 가든 공연 티켓이 매진될 것이라는 것은 기정사실이다. 그러므로 그들은 공연에 입장하는 관람객 수를 최대화할 수 있도록 도시들을 선택하여 일정 계획을 세우기를 원하고 있고, 이것은 기본적으로 가능하다면 가장 큰 공연장을 가진 도시들을 선택하여 일정 계획을 세우기를 원한다는 것을 의미한다. 그들은 또한 매주 적어도 한 번의 공연을 하되 두 번은 초과하지 않기로 하였다. 또한 밴드가 사용하는 첨단 기기 및 장비와 음향 및 무대장치의 설치 요건 때문에 한 주에 이동하는 두 도시 간 이동 거리는 500마일로 제한된다.

도시	5월		6월				7월				8월		수용 인원
	3	4	1	2	3	4	1	2	3	4	1	2	
아틀랜타		X			X		X		X				19,500
보스턴			X		X	X		X		X			18,500
신시내티	X	X		X					X		X	X	16,200
샬럿	X	X		X		X		X			X	X	17,600
클리블랜드			X			X	X			X			22,700
디트로이트	X	X			X	X		X	X			X	24,200
워싱턴 DC		X					X				X	X	21,500
필라델피아	X		X	X	X			X	X				21,300
댈러스				X	X					X		X	17,400
마이애미	X	X		X			X				X		15,700
올랜도	X		X			X		X	X				16,300
휴스턴		X		X	X	X					X		18,200
인디애나폴리스			X	X				X	X		X	X	25,400
내슈빌		X		X		X			X	X	X		16,500
시카고			X		X		X	X				X	22,800
뉴욕	X	X				X			X		X		20,700

총 관람객 수를 최대화하기 위한 밴드의 여름 투어 일정 계획을 수립하시오.

Kathleen Taylor의 401(k) 연금 플랜

Kathleen Taylor은 Washington DC에 위치한 정부 계약업체인 Summit Solutions에서 1년 넘게 근무하고 있다. 그녀는 이제 회사가 제공하는 401(k) 퇴직 연금 플랜에 가입할 수 있는 자격이 생겼다. 회사는 Kathleen에게 그녀가 투자할 수 있는 여러 가지 펀드들에 대한 정보를 다음 페이지의 표와 같이 제공하였다.

국제 펀드는 글로벌 해외 기업에 투자한다. 소형주 펀드는 일반적으로 시가총액(즉, 발행 주식 수에 주당 가격을 곱한 액수)이 3~20억 달러 사이에 있는 기업에 투자하고, 중형주 펀드는 시가총액이 20~100억 달러 사이의 기업에, 대형주 펀드는 시가총액이 100억 달러를 초과하는 기업에 투자한다. Evening Star 평가는 어느 한 독립투자분석회사에 의해 개발되었으며, 여러 기간에 걸친 위험 조정 성과에 기초하여 펀드들을 평가한다. "5"는 최고점을 나타내고 "1"은 최저점을 나타낸다. 그들의 애널리스트들이 추정한 공정가치에 근접하여 거래되는 주식은 "3"의 평가를 받고, 공정가치보다 크게 할인되어 거래되는 주식은 "4" 또는 "5"의 평가를 받는다. 보수비용비율은 운영비용(즉, 행정, 관리, 광고비용 등)을 위해 사용되는 펀드 자산의 총 비율을 나타낸다.

Kathleen은 젊고 401(k) 플랜을 오랜 기간에 걸쳐 적립할 것으로 예상되기 때문에, 그녀는 상대적으로 공격적인 투자 전략을 채택하기 원한다. 그녀가 읽은 투자 관련 문헌에 의하면 상대적으로 공격적인 플랜의 경우 5~35%의 자금은 국제 펀드에, 5~25%의 자금은 소형주 펀드에, 5~35%의 자금은 중형주 펀드에, 20~50%의 자금은 대형주 펀드에, 그리고 5~10%의 자금은 채권 펀드에 투자하도록 권고하고 있다. Kathleen은 매월 그녀의 월급 중 900달러를 연금 플랜에 적립하고자 하고, 이에 매칭하여 회사의 부담액

	Evening Star 평가	5년 수익률	펀드 규모(100만 달러)	보수비용비율
국제 펀드				
Parham International Value	3	12.58	2,066	1.67
Jarus Overseas	4	6.94	7,404	1.97
U.S. Fund EuroPacific	3	7.86	19,859	1.19
Admiral Foreign Investor	5	7.54	42,035	1.32
SPS Emerging Market	3	5.57	11,139	1.15
소형주 펀드				
Maxam Small Cap Return	4	5.87	1,302	1.43
U.S. Small Cap Select	2	3.99	770	1.21
Veritas Small Cap Value	4	2.97	3,049	1.74
Oak Small Cap Growth	3	3.8	4,320	1.49
중형주 펀드				
Federal Mid Cap Growth	3	4.13	729	1.05
T. Row Price Growth	2	6.30	4,145	1.33
Draper Structured Mid Cap	2	7.7.	1,467	1.31
Jarus Mid Cap Value	3	4.05	4,632	1.52
Maxam Mid Cap Opportunity	4	5.76	2,537	1.17
대형주 펀드				
T. Row Price Bluechip Growth	3	6.01	6,374	1.23
Jarus Diversified Equity Income	2	3.22	962	1.05
Draper Strategic Growth	4	7.81	9,991	1.16
Centennial Common Stock Growth	3	2.16	20,194	0.99
Marius Stock Growth	2	9.88	19,648	1.12
채권 펀드				
Maxam Global Bond	3	8.37	12,942	1.03
Parham High Yield	5	6.25	3,106	1.00
Madison Federated Bond Portfolio	3	5.66	8,402	1.14
Draper U.S. Government Bond	4	7.41	1,045	0.90
Federated High Income	3	5.85	11,211	0.82

도 적립된다. 그녀는 또한 자신만의 투자 가이드라인을 정하였는데, 투자의 분산을 위해 각 펀드 유형별로 하나씩 다섯 개의 펀드에 투자하기를 원하고 Evening Star 평가는 적어도 3.7 이상을 달성하기를 원하고 있다. 투자하는 펀드들의 규모의 평균이 적어도 100억 달러 이상이고, 5개 펀드들의 평균 보수비용비율이 1.10 이하이기를 원한다. 또한 그녀가 선택한 5개 펀드의 5년 평균 수익률(각 펀드에 투자한 투자액으로 가중 평균한 수익률)을 최대화하고자 한다.

Kathleen의 투자 계획을 수립하기 위한 선형계획법 모형을 수립하시오. 만일 그녀가 Evening Star 평가를 최대화하고자 한다면 투자 계획이 어떻게 바뀌는가?

야구장 방문 일정

Chuck과 그의 딸 Kathleen은 7월에 Chuck의 1주일 간의 휴가기간 동안 가능한 많은 메이저리그 야구 경기장을 방문하여 야구를 관람하는 여행을 떠나기를 원한다. 그들은 최근에 지어진 야구장을 가능한 많이 방문하기를 원하고 있으나, Chuck의 휴가 주일 동안 어느 팀들이 홈경기를 가지는지에 따라 일정에 제약이 있다. Chuck과 Kathleen은 신시내티에 살고 있으며 Chuck의 휴가 주일에 는 마이애미, 뉴욕, 피츠버그, 세인트루이스, 미니애폴리스, 시카고 그리고 댈러스에서 매일 홈경기가 열린다. 모든 경기는 오후 7시에 시작한다. Chuck과 Kathleen은 토요일 아침 일찍 이 7개 도시를 향해 운전 여행을 출발할 예정이다. 총 운전 거리를 최소화하는 운전 여행 일정을 수립하시오. 만일 Chuck과 Kathleen이 매일 밤 6시간의 수면을 취한다고 한다면, 7개 도시를 모두 방문하고 다음 일요일까지 신시내티로 돌아와 월요일에 출근할 수 있도록 하는 일정 수립이 가능한가?

CHAPTER 06

수송, 환적, 할당 문제

이 장에서 우리는 세 가지 특수한 형태의 선형계획법 모형—수송, 환적 그리고 할당 문제 등—을 배운다. 이들은 네트워크 흐름 문제(network flow problem)라고 알려진 더 큰 범주의 선형계획법에 속한다. 우리가 이 문제들을 별도의 장으로 다루는 이유는 이들이 빈번하게 사용되는 선형계획법의 적용사례를 제공하기 때문이다.

수송, 환적 그리고 할당 문제들은 경영과학자들이 매우 효율적이고 독특한 수리적 해법을 개발할 수 있도록 해주는 특별한 수학적 특성을 지닌다. 그리고 그 해법들은 전통적인 단체법(simplex solution approach)의 변형된 형태이다. 수송법 및 할당법으로 불리는 이러한 정교하고 수작업에 의한 수학적 해법 절차에 관한 사항은, 단체법과 마찬가지로, 본 교재의 지침용 웹사이트에 수록되어 있다. 이 장에서는 앞 장에서 마찬가지로 모형 수립과 엑셀이나 윈도우용 QM 등 컴퓨터 해법에 초점을 두고 수송, 환적 그리고 할당 문제들을 설명할 것이다.

+ 웹사이트 모듈 B에 있는 '수송 및 할당 해법'을 참조하라.

수송 모형

+ 수송 문제에서는 물품들이 최소 비용으로 출발지로부터 도착지로 배분된다.

수송 모형(transportation model)은 다음과 같은 독특한 특성을 지니는 일련의 문제들을 해결하기 위해 사용된다. (1) 제품을 다수의 출발지들로부터 다수의 도착지들까지 가능한 한 최소의 비용으로 수송한다. 그리고 (2) 각 출발지들은 제품을 일정량만큼만 공급할 수 있고 각 도착지들은 제품에 대한 일정한 수요량을 가진다. 비록 일반 수송 모형은 다양한 종류의 문제들에 적용될 수 있지만, 제품을 수송하는 문제에 적용하는 것이 가장 익숙하게 알려져 있으며 그러한 이유로 수송 모형이라는 이름을 얻게 되었다.

다음은 수송 모형을 정형화하는 과정을 설명하는 예제이다. 미국에서 밀은 주로 중서부에서 수확되어 세 도시 캔자스시티, 오마하 그리고 디모인에 위치한 집산지에 저장된다. 이 집산지들은 시카고, 세인트루이스, 신시내티에 위치한 도정 공장에 밀을 공급한다. 밀은 화물열차 편으로 도정 공장에 수송하는데 화물열차당 1톤의 밀을 실을 수 있다. 집산지들은 매달 각각 다음 톤수(즉, 화물열차 수)의 밀을 도정 공장들에 공급한다.

집산지	공급
1. 캔자스시티	150
2. 오마하	175
3. 디모인	275
총량	600톤

도정 공장들은 매달 각기 다음 톤수의 밀을 요구한다.

공장	수요
A. 시카고	200
B. 세인트루이스	100
C. 신시내티	300
총량	600톤

+ 수송 문제를 풀기 위한 선형계획법 모형은 각 출발지의 공급 제약식과 각 도착지의 수요 제약식을 가진다.

밀 1톤을 각 집산지(출발지)에서 각 도정 공장(목적지)까지 수송하는 데 드는 비용은 거리와 철도 상태에 따라 다르다(예를 들어, 밀 1톤을 오마하에서 시카고까지 수송하는 데 드는 비용은 7달러이다). 다음 표는 이와 같은 수송 단가들을 보여 준다.

집산지	도정 공장까지의 수송비용(달러)		
	A. 시카고	B. 세인트루이스	C. 신시내티
1. 캔자스시티	6	8	10
2. 오마하	7	11	11
3. 디모인	4	5	12

총 수송비용을 최소화하기 위해 매달 몇 톤의 밀을 각각의 집산지(출발지)로부터 각각의 도정 공장(도착지)까지 수송할지 결정하는 것이 문제의 핵심이다. 그림 6.1은 수요량 및 공급량과 함께 상황을 설명하는 여러 가지 수송경로를 보여 준다.

그림 6.1

밀의 수송경로 네트워크

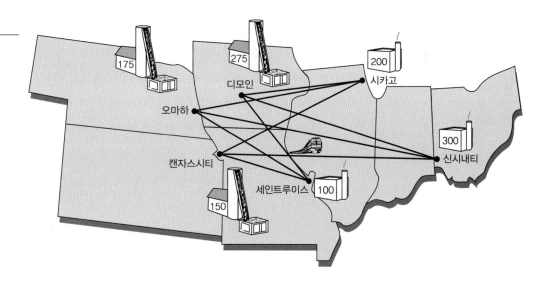

이 문제의 선형계획법 모형은 다음과 같이 정형화할 수 있다.

$$\text{minimize } Z = \$6x_{1A} + 8x_{1B} + 10x_{1C} + 7x_{2A} + 11x_{2B} + 11x_{2C} + 4x_{3A} + 5x_{3B} + 12x_{3C}$$

subject to

$$x_{1A} + x_{1B} + x_{1C} = 150$$

$$x_{2A} + x_{2B} + x_{2C} = 175$$

$$x_{3A} + x_{3B} + x_{3C} = 275$$

$$x_{1A} + x_{2A} + x_{3A} = 200$$

$$x_{1B} + x_{2B} + x_{3B} = 100$$

$$x_{1C} + x_{2C} + x_{3C} = 300$$

$$x_{ij} \geq 0$$

모형의 의사결정변수 x_{ij}은 각각의 집산지 i로부터 각각의 도정 공장 j까지 수송하는 밀의 톤수를 의미한다. 목적함수는 총 수송비용이다. 목적함수에서 각각의 항들은 각 수송경로를 이용할 때 소요되는 수송비용을 의미한다. 예를 들어, 집산지 1에서 공장 A까지 20톤의 밀을 수송한다면 $x_{1A}(= 20)$에 집산지 1에서 공장 A까지의 단위 수송비용(= 6달러)을 곱하여 수송비용은 120달러가 된다.

앞의 선형계획법 모형에서 첫 3개의 제약식은 각 집산지에서의 공급을 의미한다. 마지막 3개의 제약식은 각 공장에서의 수요를 의미하다. 예를 들어, 첫 번째 공급 제약식 $x_{1A} + x_{1B} + x_{1C} = 150$은 캔자스시티에서 세 공장, 즉 시카고($x_{1A}$), 세인트루이스($x_{1B}$) 그리고 신시내티($x_{1C}$)까지 수송하는 밀의 톤수를 의미한다. 캔자스시티에서 수송하는 밀의 총량은 150톤으로 제약된다. 수요지의 총 수요량 600톤을 충족시키기 위해서는 공급지의 공급 가능한 밀의 총량을 모두 공급해야 하므로(다른 제약식들과 마찬가지로) 첫 번째 제약식이 부등호($\leq$)가 아닌 등호($=$)를 취하고 있음을 주목해야 한다. 세 공장이 필요로 하는 총 600톤의 밀은 세 집산지의 총 공급 물량 600톤과 정확히 맞아 떨어진다. 이와 같이 수요량과 공급량이 일치하는 모형을 균형 수송 모형(balanced transportation model)이라고 부른다.

+ 수요와 공급이 일치하는 **균형 수송 문제**에서는 모든 제약식이 등호로서 성립한다.

+ **불균형 수송 문제**에서는 공급이 수요보다 크거나 수요가 공급보다 크다.

그러나 현실적으로는 공급량이 수요량을 초과하거나 수요량이 공급량을 초과하는 불균형 수송 모형(unbalanced transportation model)이 발생할 가능성이 훨씬 높다. 위의 예제에서 만일 신시내티의 수요량이 어떤 이유로 300톤에서 350톤으로 늘어난다면 총 수요량은 650톤이지만 총 공급량은 600톤에 머물게 된다. 이때의 선형계획법 모형은 다음과 같이 변형된다.

minimize $Z = \$6x_{1A} + 8x_{1B} + 10x_{1C} + 7x_{2A} + 11x_{2B} + 11x_{2C} + 4x_{3A} + 5x_{3B} + 12x_{3C}$

subject to

$$x_{1A} + x_{1B} + x_{1C} = 150$$

$$x_{2A} + x_{2B} + x_{2C} = 175$$

$$x_{3A} + x_{3B} + x_{3C} = 275$$

$$x_{1A} + x_{2A} + x_{3A} \leq 200$$

$$x_{1B} + x_{2B} + x_{3B} \leq 100$$

$$x_{1C} + x_{2C} + x_{3C} \leq 300$$

$$x_{ij} \geq 0$$

총 수요량을 충족시킬 충분한 총 공급량이 제공되지 않으므로 수요 제약식 중의 적어도 하나는 만족되지 않을 것이고 수요 제약식은 부등호(≤)를 취한다. 반대로 만일 총 공급량이 총 수요량을 초과한다면 공급 제약식이 부등호(≤)를 취한다.

때로는 수송 모형의 하나 혹은 그 이상의 수송경로가 사용 불가능할 수도 있다. 즉 어떠한

프랭크 L. 히치콕과 찰링 C. 코프만스

조지 단치히(George Dantzig)가 선형계획법 기법을 체계화하기 수년 전인 1941년 프랭크 히치콕(F. L. Hitchcock)은 수송비용이 가변적일 때 몇몇 공장들로부터 여러 도시들로 상품을 공급하기 위한 수송 문제를 정형화하였다. 1947년에는 찰링 코프만스(Tjalling C. Koopmans)가 동일한 유형의 문제를 독자적으로 정형화하였다. 네덜란드 출신의 미국 경제학자이자 시카고 대학교와 예일 대학교의 교수였던 코프만스는 1975년 노벨상을 수상했다.

경영과학 응용 사례

캘리포니아 절화 산업의 수송비용 절감

캘리포니아 절화 산업의 매출은 3억 달러 이상이며 미국 전체 절화 생산량의 75% 이상을 차지한다. 그러나 과거 20년간 캘리포니아가 미국 절화 시장에서 차지하는 시장점유율은 64%에서 20%로 떨어져 왔는데, 그 주된 이유는 남미의 재배업자들로 인해 심화된 경쟁 때문이며 그들은 현재 미국 시장의 약 70%를 차지하고 있다. 남미 재배업자들이 가지는 중요한 경쟁우위 요소는 그들이 마이애미에서 공유하여 사용하고 있는 유통센터에 있다. 남미에서 배송된 절화들은 이 단일 집화 및 픽업 장소로 우선 수입되고 그 후 미국 내 고객들에게 선적된다. 이곳 단일 센터에서의 대규모 배송량으로 인해 남미 재배업자들은 트럭 배송 업체와 좀 더 나은 배송 단가로 협상할 수 있다. 반면, 캘리포니아 재배업자들은 각자 독립적으로 꽃을 재배하고 선적하므로 배송 업체는 모든 재배업자들의 농장에서 각각 꽃을 픽업해야 한다. 만일 캘리포니아 재배업자들이 배송비용을 절감할 수 있고 이 절감분을 고객에게 돌려줄 수 있다면, 외국 재배업자 대비 그들의 경쟁력은 좀 더 높아질 것이다. 이에 따라 캘리포니아 주정부 산하 공공기관 중 하나인 캘리포니아 절화 위원회는 로스앤젤레스에서 서쪽으로 55마일 떨어진 태평양 연안에 위치한 옥스나드에 구축 가능한 통합유통센터의 실현가능성 및 비용을 평가하는 모형을 개발하기 위한 연구 프로젝트에 착수하였다. 재배업자들로부터 옥스나드의 통합센터로 배송하고 그곳에서 미국 전역의 고객에게 배송하는 수송비용을 최소화하기 위한 수송 모형을 개발하였다. 재배업자로부터 센터까지, 그리고 센터에서 고객까지 배송하는 완전 적재되는 트럭 및 부분 적재되는

트럭의 대수와 함께 택배업체에 의한 소규모 배송량이 의사결정 변수에 포함된다. 주문이 접수되면 즉시 꽃이 통합 센터로 배송되는데 센터에서는 하루 이상 머무르지는 않는다. 재배업자들의 참여율 수준을 여러 가지로 달리하여 모형을 계산하였다. 모형 계산 결과 만일 20개의 최상위 규모 재배업자들(전체 배송량 중 63%를 점유)이 센터로 배송량을 통합한다면 연간 배송비용을 30% 감축할 수 있고, 참여율이 높아진다면 비용 감축효과는 더욱 커지는 것으로 밝혀졌다. 모형에 의해 도출된 결과는 캘리포니아 의회 대표단에 의해 작성된 센터 구축을 위한 연방 지원금 신청서에 포함되었다.

© Glowimages RM/Alamy Stock Photo

자료 : C. Nguyen, A. Toriello, M. Dessouky, and J. E. Moore II, "Evaluation of Transportation Practices in the California Cut Flower Industry," *Interfaces* 43, no. 2 (March–April 2013): 182–93.

이유로 특정 출발지로부터 도착지까지의 수송경로를 이용하는 수송이 불가능할 수 있다. 이러한 상황에서는 그 수송경로에 해당하는 변수값이 최적해에서 (0이 아닌) 어떤 값을 가질 수 없도록 하여야 한다. 이는 목적함수에서 해당 변수의 계수를 상대적으로 매우 높은 수송 단가로 설정함으로써 처리할 수 있다. 예를 들어, 앞의 밀 수송 예제에서 캔자스시티로부터 시카고에 이르는 수송경로가 (철도 파업 등의 이유로) 사용할 수 없게 되었다고 하자. 이때 변수 x_{1A}의 계수로 매우 높은 비용인 100을 6 대신 설정한다면 x_{1A}은 수송 대안으로 선택되지 않고 최적해 값으로 0을 취하게 된다. 다른 방법으로는 선형계획법 모형에서 금지된 변수 x_{1A}를 아예 생략해 버리는 대안을 선택할 수도 있다.

수송 문제의 컴퓨터 해법

수송 문제는 선형계획법 모형으로 정형화할 수 있으므로 앞 장에서 소개한 엑셀이나 윈도우용 QM의 선형계획법 모듈을 사용하여 풀어낼 수도 있다. 그러나 윈도우용 QM과 같은 경영과학 컴퓨터 패키지 안에는 수송 문제에 특화된 테이블 행태로 문제를 입력할 수 있는 전문적인 '수송 모듈'이 내장되어 있다. 여기서는 우선 앞에서 풀었던 밀 수송 문제를 이번에는 엑셀 스프레드시트를 사용하여 푸는 과정을 소개한다.

엑셀을 이용한 컴퓨터 해법

먼저 엑셀을 이용하여 어떻게 수송 문제를 풀어낼 수 있는지 살펴보자. 엑셀을 이용한다면 수송 문제를 선형계획법 모형으로 정형화한 후 제3장과 제4장에서 설명한 대로 해 찾기 기능을 이용해서 해를 구해야 한다. 다음의 제시 6.1은 앞의 밀 수송 예제를 풀기 위해 정형화한 스프레드시트를 보여 준다. 총 비용을 의미하는 목적함수는 셀 C10에 입력되어 있고 해당 수식은 스프레드시트 상단에 위치한 수식 칸에 나타나 있다. 목적함수는 셀 C5 : E7에 위

제시 6.1

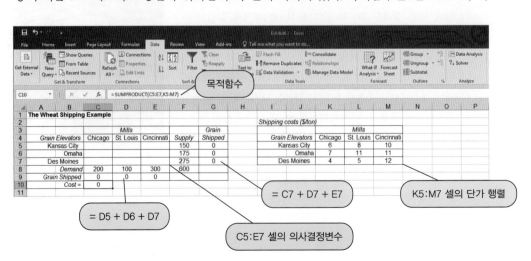

치하는 의사결정변수들과 셀 **K5 : M7**에 입력된 비용 단가들의 SUMPRODUCT로서 정형화할 수 있다. G행에 위치한 셀 **G5 : G7**과 9열에 위치한 셀 **C9 : E9**들은 "Grain Shipped"라는 라벨이 붙은 대로 각기 공급과 수요를 나타내는 제약식의 수식들을 포함하고 있다. 예를 들어, G7에 위치한 공급 제약식의 수식 = C7 + D7 + E7은 디모인에서 세 공장으로 운송된 밀의 양을 표시하고 해당 제약식 우변의 공급 가능량 275는 셀 F7에 입력되어 있다.

제시 6.2을 이 예제를 해결하기 위한 해 찾기 매개변수 창을 보여 준다. 목적함수가 입력된 셀 C10을 최소화한다. 제약식 수식 **C9 : E9 = C8 : E8**은 총 3개의 수요 제약식을 포함하고, 제약식 수식 **G5 : G7 = F5 : F7**은 총 3개의 공급 제약식을 포함한다. 이 문제를 풀기 전에, 선형계획법 해법 모듈을 작동시키기 위해 "단순 LP(Simplex LP)"를 선택해야 함을 기억하자.

제시 6.2

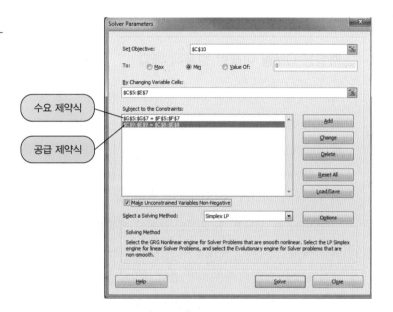

제시 6.3

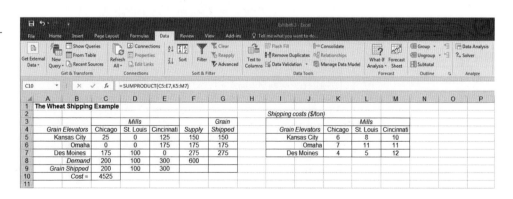

다음의 제시 6.3은 출발지에서 도착지까지 수송된 밀의 양과 총 비용이 표시된 최적해를 보여 준다. 이어서 그림 6.2는 최적 수송량의 네트워크 다이어그램을 보여 준다.

그림 6.1

밀 수송 예제의 수송 네트워크 최적해

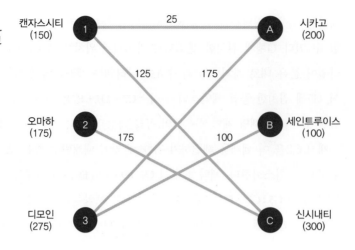

엑셀용 QM을 이용한 컴퓨터 해법

엑셀용 QM은 제1장에서 이미 소개한 바 있는데, 수송 문제를 해결하기 위한 스프레드시트 매크로 기능을 내장하고 있다. 제1장에서 설명한 바와 같이 엑셀용 QM을 작동하였을 때 스프레드시트 상단의 메뉴 바에 "QM"이 나타남을 기억하자. 먼저 "QM"을 클릭하고 이어서 "Transportation"을 선택하면 제시 6.4에 나타나 있는 것과 같은 스프레드시트의 초기 화면이 나타난다. 이 화면에서 출발지와 도착지의 수를 각각 "3"으로 두고 목적함수로 "Minimize"를 선택한 후 분석할 문제의 제목을 입력한다. 이어서 이 화면을 종료시키기 위해 "OK"를 클릭하면 제시 6.5에 나타나 있는 것과 같은 스프레드시트가 나타난다. 이 화면에서 필요한 모든 수식은 이미 셀에 내장되어 있으며 수송 문제의 풀이를 위한 포맷이 완전히 작성되어 있다. 그러나 초기에는 셀 B10:E13에 들어갈 숫자가 비어 있는데 제시 6.5의 스프레드시트는 우리가 입력한 값들로 셀 B10:E13이 채워져 있는 상태를 보여 준다.

제시 6.4

제시 6.5

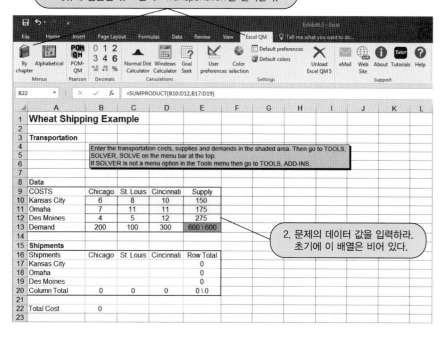

문제를 풀기 위해 제시 6.5의 스프레드시트에 겹쳐서 나타나는 대화 상자의 안내문을 따라 스프레드시트 상단의 "데이터(Data)"를 클릭한 후 "해 찾기(Solver)" 버튼을 누른다. 이어서 해 찾기 화면이 나타나면 "해 찾기(Solve)" 버튼을 클릭한다. 여기서 해 찾기 매개변수 창은 생략하였는데, 앞 장에서 여러 차례 소개한 엑셀 해 찾기와 동일하기 때문이다. 해 찾기 매개변수 창에는 문제 풀이에 필요한 모든 의사결정변수와 제약식들이 이미 입력되어 있으므로 우리가 할 일은 단지 "해 찾기(Solve)" 버튼을 클릭하는 것이다. 이어서 얻을 수 있는 최적해 스프레드시트는 제시 6.6에 나타나 있는 바와 같다. 이 화면에서 비록 총 비용은 제시

제시 6.6

6.3에서 엑셀로 구한 값과 같을지라도 셀 **B17 : D19**에 나타난 의사결정변수의 값들은 이전과 다름을 알 수 있다. 그 이유는 이 문제가 다수의 최적해를 가지기 때문이며 제시 6.6에서 얻은 해는 이전 해의 대안해임을 의미한다.

윈도우용 QM의 해법

윈도우용 QM의 수송 모듈에 접근하기 위해서는 화면 상단의 "Module"을 클릭한 후 "Transportation"을 클릭한다. 일단 수송 모듈에 접근하면 데이터 입력을 위해 "File"에 이어서 "New"를 클릭한다. 윈도우용 QM은 세 가지의 초기해 해법 northwest corner, minimum cell cost, VAM 중 하나를 선택하도록 하는데, 이는 수송 문제를 풀기 위한 수리적 과정에서

제시 6.7

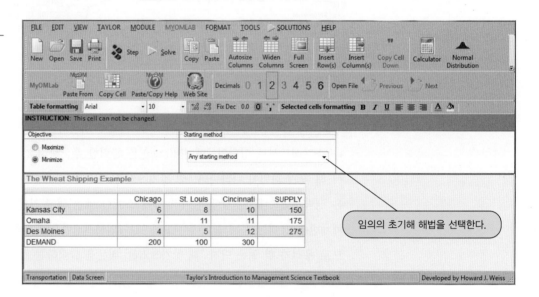

제시 6.8

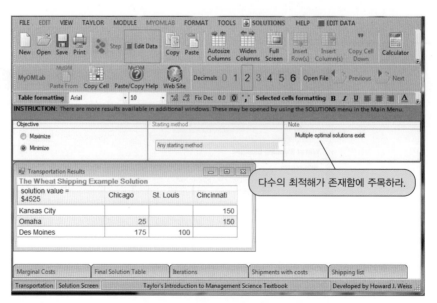

제시 6.9

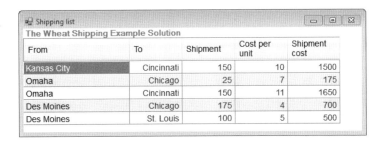

Shipping list

The Wheat Shipping Example Solution

From	To	Shipment	Cost per unit	Shipment cost
Kansas City	Cincinnati	150	10	1500
Omaha	Chicago	25	7	175
Omaha	Cincinnati	150	11	1650
Des Moines	Chicago	175	4	700
Des Moines	St. Louis	100	5	500

필요한 것이다. 본 교재에서는 이들 방법에 대한 내용을 다루지 않으므로(비록 본 교재의 지침용 웹사이트 모듈 B 수송 및 할당 문제에 이들 내용이 포함되어 있지만) 어느 초기해 해법을 사용하든 무관하다. 제시 6.7은 밀 수송 예제에 관련한 데이터 입력 상황을 보여 준다.

데이터를 입력한 후 화면 상단의 "Solve"를 클릭하면 제시 6.8과 제시 6.9에 나타나 있는 것과 같은 최적해를 얻을 수 있다. 윈도우용 QM은 다수의 최적해가 존재하는지 표시해 주지만 대안해까지 구해 주지는 않는다. 화면의 해는 엑셀용 QM을 써서 이전에 구한 해와 완전히 동일한 최적해이다. 제시 6.8과 제시 6.9는 결과로 얻은 해를 2개의 서로 다른 형식의 표로 보여 준다. 제시 6.8은 각 셀의 수송량(혹은 의사결정변수)과 총 비용을 보여 주는 방식을 취하는 반면, 제시 6.9는 각각의 출발지로부터 각각의 도착지까지의 개별적인 수송량과 수송비용을 열거식으로 보여 준다.

민감도 분석

하나의 수송 문제를 엑셀, 엑셀 QM, 또는 윈도우용 QM 등의 소프트웨어 포맷에 맞추어 정형화하고 나면, 모형의 크기 또는 매개변수를 변화시켜가면서 간단하게 민감도 분석을 수행할 수 있다. 예를 들어 276쪽에서 논의하였던 밀 수송 예제에서의 불균형 조건을 반영하여 신시내티에서의 수요를 350톤이라고 하면, 수요량이 가용 공급량을 초과하게 된다. 또한 디모인으로부터 세인트루이스까지의 수송 단가를 톤당 5달러에서 톤당 7달러로 증가시켜 보

제시 6.10

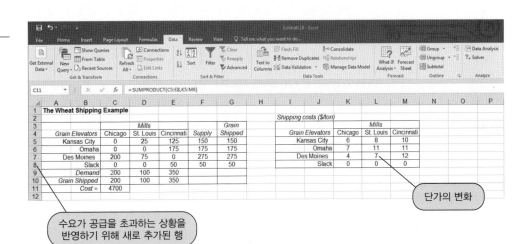

수요가 공급을 초과하는 상황을 반영하기 위해 새로 추가된 행

단가의 변화

경영과학 응용 사례

Davisville(RI) 항만의 잠재적 컨테이너 트래픽 분석

1974년 미국 해군은 로드아일랜드 주 Quonset Point에 위치한 Davisville 항만 기지를 폐쇄하고, 이를 상업용 개발을 위해 주정부에 반환하였다. 그 이후 항만은 연간 10만 대 이상의 외제차를 수입하는 장소로 진화하였다. 그러나 항만은 여전히 잉여 처리능력을 가지고 있었고 잉여 능력을 활용하기 위한 세 가지 방안이 점차 제안되었는데, 초대형 국제 컨테이너 항만으로의 대규모 확장, 이보다 더 적은 비용이 소요되는 지역적 국제 컨테이너 항만으로의 확장, 그리고 근해 컨테이너 항만(즉, 동부 해안의 항만 간 수송을 위해 주요 내륙 고속도로 경로를 대체할 수 있는 항만)으로의 소규모 확장 등이 포함된다. 이 대안들을 분석하기 위해 두 가지 형태의 일반 수송 네트워크 모형이 개발되었다. 첫 번째 모형은 Davisville을 초대형 컨테이너 항만으로 확장하는 방안과 지역적 컨테이너 항만으로 확장하는 방안을 고려하였다. 모형은 22개 최상위 규모의 미국 컨테이너 항만들과 Davisville을 검토하였고, 노드 간 중계 수단으로는 철도, 노드와 고객 간 중계 수단으로는 트럭을 고려하였다. 목적함수는 항만으로부터 중계 지점을 거쳐 고객에 이르기까지의 수송비용을 최소화하는 것이다. 제약조건으로는 미국으로 수입되는 전체 컨테이너 트래픽을 비롯하여, 모든 항만 및 중계 지점에서의 유입량과 유출량 간 균형, 그리고 고객 수요의 충족 등이 포함된다. 두 번째 모형은 Davisville을 동부 해안의 주요 통관 항만들로 수입되는 컨테이너 트래픽을 처리하기 위한 근해 항만으로서 검토하였다. 두 번째 모형에서는 주요 통관 항만에서의 수입 컨테이너 트래픽으로 첫 번째 모형으로부터 계산되는 최적값 대신

실제 발생량을 사용한다는 점에서 첫 번째 모형과 차이점이 있으며 그 이외에는 유사하다. 모형 계산 결과, Davisville에서 발생할 것으로 추정되는 컨테이너 물량으로는 Davisville을 초대형 국제 항만 또는 지역적 국제 항만으로 업그레이드하는 데 소요되는 투자를 충분히 정당화할 수 없었다. 두 번째 모형의 계산 결과, Davisville은 컨테이너 트래픽 수요만으로도 NY/NJ 항만으로부터의 근해 운송에 적합하다는 결론을 얻었다. 근해 운송을 위한 기능을 수행할 수 있도록 항만 시설을 업그레이드하는 데 필요한 1,200만 달러의 투자에 대한 수익률 평가는 모형에서 하지 않았다. 그러나 이후 연방 정부에서는 이에 소요되는 투자에 대해 자금을 지원하였다.

© S_oleg/Shutterstock

자료 : J. R. Kroes, Y. Chen, and P. Mangiameli, "Estimating Demand for Container Freight Service at the Port of Davisville," *Interfaces* 43, no. 2 (March-April 2013): 170-81.

자. 이 예제에 대한 수정된 모형에 대한 새로운 엑셀 최적해는 제시 6.10에 제시되어 있다. 초과 수요를 두 가지 방식으로 처리할 수 있다는 점에 주목하라. 해 찾기에서 수요 제약식을 ≤ 형태로 바꿀 수도 있고, 수요는 있지만 공급이 되지 않는 양을 흡수하기 위해 "여유" 변수로 구성되는 추가 행을 생성할 수도 있다. 여기서는 두 번째 방법을 선택하였으며, 이는 제시 6.10의 셀 **C8 : E8**에 나타나 있다.

환적 모형

+ 환적 모형에는 출발지와 도착지 사이에 중간지점이 포함된다.

환적 모형(transshipment model)은 출발지와 도착지 사이에 중간 환적거점(transshipment point)을 포함하도록 수송 모형을 확장한 형태이다. 중간 환적거점의 예로는 공장과 매장 사이에 위치한 분배거점(distribution center)이나 창고 등을 들 수 있다. 환적 문제에서 물건은

출발지로부터 환적거점을 거쳐 목적지까지 도달하거나 출발지로부터 목적지까지 직접 전달 혹은 이들 여러 가지 경로의 혼합된 형태로 운송될 것이다.

환적 모형으로 정형화하기 위해 지금까지 우리가 살펴본 밀 수송 예제를 확장시켜 보자. 밀은 네브래스카나 콜로라도의 농장에서 재배되어 캔자스시티, 오마하, 디모인에 위치한 세 곳의 집산지로 운송되는데 이들 세 집산지가 환적거점이다. 각 농장에서 재배된 밀의 수확량은 300톤이다. 밀은 시카고, 세인트루이스, 신시내티에 위치한 세 곳의 도정 공장까지 운송될 것이다. 집산지에서 공장까지의 수송비용은 이전과 동일하게 유지하고 농장에서 집산지까지의 수송비용은 다음의 표와 같다.

농장	집산지까지의 수송비용(달러)		
	3. 캔자스시티	4. 오마하	5. 디모인
1. 네브래스카	16	10	12
2. 콜라라도	15	14	17

이 모형의 기본 구조는 그림 6.3의 네트워크에 나타나 있다.

그림 6.3

환적 경로 네트워크

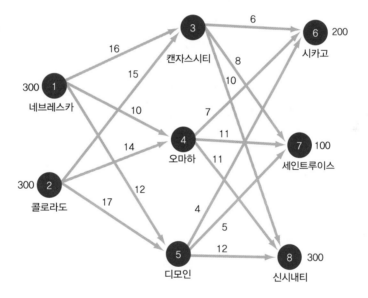

수송 문제에서와 마찬가지로 공급과 수요 제약식을 가진 선형계획법 모형으로 정형화할 수 있다. 네브래스카와 콜로라도 농장의 공급 제약식은

$$x_{13} + x_{14} + x_{15} = 300$$

$$x_{23} + x_{24} + x_{25} = 300$$

시카고, 세인트루이스, 신시내티 공장의 수요 제약식은

$$x_{36} + x_{46} + x_{56} = 200$$

$$x_{37} + x_{47} + x_{57} = 100$$

$$x_{38} + x_{48} + x_{58} = 300$$

다음으로 캔자스시티, 오마하, 디모인에 위치한 세 집산지(즉, 환적거점)들을 위한 제약식을 세워야 한다. 이를 위해 각 환적거점으로 들어오는 밀의 양과 나가는 밀의 양이 일치해야 한다는 원리를 이용한다. 예를 들어, 캔자스시티로 수송되어 들어오는 밀의 양은

$$x_{13} + x_{23}$$

이고 수송되어 나가는 밀의 양은 다음과 같다.

$$x_{36} + x_{37} + x_{38}$$

따라서 수송되어 들어온 물량은 또한 수송되어 나가야 하는 물량이므로, 환적거점 캔자스시티에서 두 물량은 서로 정확히 일치해야 한다.

$$x_{13} + x_{23} = x_{36} + x_{37} + x_{38}$$

혹은

$$x_{13} + x_{23} - x_{36} - x_{37} - x_{38} = 0$$

유사한 방식으로 다른 환적거점 오마하나 디모인에서의 환적 제약식은 다음과 같이 나타낼 수 있다.

$$x_{14} + x_{24} - x_{46} - x_{47} - x_{48} = 0$$

$$x_{15} + x_{25} - x_{56} - x_{57} - x_{58} = 0$$

목적함수를 포함하는 완전한 형태의 선형계획법 모형은 다음과 같이 요약된다.

$$\text{minimize } Z = \$16x_{13} + 10x_{14} + 12x_{15} + 15x_{23} + 14x_{24} + 17x_{25} + 6x_{36} + 8x_{37} + 10x_{38}$$
$$+ 7x_{46} + 11x_{47} + 11x_{48} + 4x_{56} + 5x_{57} + 12x_{58}$$

subject to

$$x_{13} + x_{14} + x_{15} = 300$$
$$x_{23} + x_{24} + x_{25} = 300$$
$$x_{36} + x_{46} + x_{56} = 200$$
$$x_{37} + x_{47} + x_{57} = 100$$
$$x_{38} + x_{48} + x_{58} = 300$$
$$x_{13} + x_{23} - x_{36} - x_{37} - x_{38} = 0$$
$$x_{14} + x_{24} - x_{46} - x_{47} - x_{48} = 0$$
$$x_{15} + x_{25} - x_{56} - x_{57} - x_{58} = 0$$
$$x_{ij} \geq 0$$

엑셀을 이용한 컴퓨터 해법

환적 모형은 선형계획법 모형으로 정형화할 수 있으므로 엑셀이나 윈도우용 QM을 써서 풀어낼 수 있다. 여기서 우리는 엑셀을 이용한 해법을 살펴보자.

앞에서 설명한 밀 환적 문제에 관해 제시 6.11은 스프레드시트로 작성한 해법 화면을, 제

시 6.12는 해 찾기 매개변수 창을 보여 준다. 제시 6.11의 스프레드시트는 각각의 농장으로부
터 집산지까지의 수송과 집산지로부터 공장까지의 수송을 표시하는 2개의 변수 표로 이루
어지는 점을 제외하면 정규적인 수송 문제를 다루는 제시 6.1의 스프레드시트와 유사하다.
그러므로 각각의 출발지에서 각각의 목적지로 수송되는 밀의 양을 표시하는 의사결정변수
들이 셀 **B6 : D7**과 셀 **C13 : E15**에 위치한다. 네브래스카 농장에서 세 곳의 집산지로 운반되는
밀의 총량(즉, 네브래스카의 공급 제약식)은 셀 F6에 = **SUM(B6 : D6)**으로 입력되어 있는데 이는
세 셀의 합 **B6 + C6 + D6**을 의미한다. 네브래스카와 콜로라도의 농장으로부터 캔자스시티로
수송되는 밀의 총량은 셀 B8에 = **SUM(B6 : B7)**로 입력된다. 비슷한 방식으로 각각의 집산지

제시 6.11

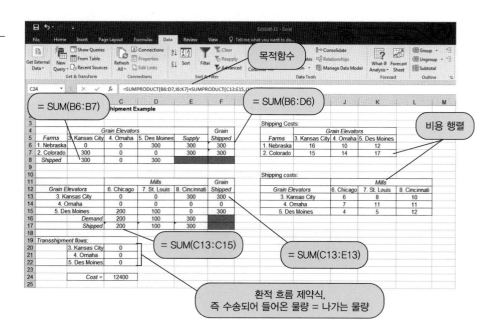

제시 6.12

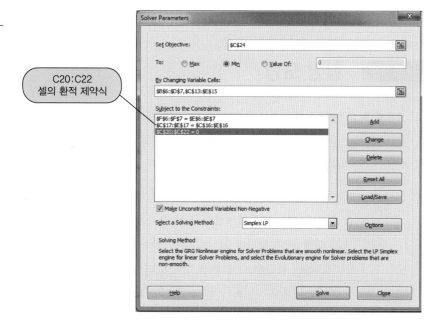

에서 각각의 공장으로 운송되는 밀의 총량을 표시하는 제약식들이 스프레드시트에 입력되어 있다.

2개의 수송비용 행렬(cost arrays)들이 셀 I6 : K7과 셀 J13 : L15에 입력되어 있는데 이들을 B6 : D7과 C13 : E15에 위치하는 의사결정변수들과 곱한 뒤 합산할 것이다. 목적함수 = SUMPRODUCT(B6 : D7, I6 : K7) + SUMPRODUCT(C13 : E15, J13 : L15)는 제시 6.11 상단의 수식 칸에 나타나 있다. 이와 같이 다수의 의사결정변수들과 비용값들이 존재할 때 수송비용 행렬을 써서 목적함수를 구성하는 것이 단일의 목적함수에 모든 의사결정변수들과 비용들을 일일이 수작업으로 입력하는 것보다 용이함을 알 수 있다. 최적해를 네트워크로 나타내면 그림 6.4와 같다.

그림 6.4
밀 수송 예제에 대한 환적 네트워크 해

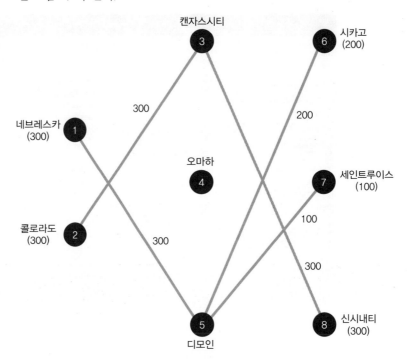

할당 모형

+ 할당 모형은 모든 수요와 공급이 1로 주어지는 수송 모형의 특수한 형태이다.

할당 모형(assignment model)은 선형계획법 모형의 특수한 형태로서 수송 모형과 유사하지만 차이점도 지닌다. 할당 모형에서는 각 출발지의 공급과 각 목적지의 수요가 각각 한 단위씩으로 제한된다.

다음의 예제는 이러한 할당 모형을 설명하기 위한 것이다. Atlantic Coast Conference (ACC)는 어느 저녁에 4건의 농구 경기를 동시에 개최하려고 한다. 이를 위해서 협회는 네 팀의 심판을 네 경기에 할당하려고 하는데 심판의 총 이동 거리를 최소화하기 원한다. 각 경기당 심판 공급은 언제나 한 팀이며 심판 수요 또한 언제나 한 팀이다. 각 심판 팀이 각 경기 장소로 이동할 거리의 마일 수는 다음 표에 나타나 있다.

+ 각 심판 팀의 각 경기 장소까지의 이동거리

심판 팀	경기 장소			
	롤리	애틀랜타	더럼	클렘슨
A	210	90	180	160
B	100	70	130	200
C	175	105	140	170
D	80	65	105	120

할당 모형을 풀기 위한 선형계획법 모형의 정형화는 수송 모형과 같다. 다만 할당 모형에서는 각 출발지의 모든 공급 값이 1이라는 것과 각 목적지의 모든 수요 값이 1이라는 것이 다를 뿐이다. 그러므로 이 예제의 선형계획법 모형은 다음과 같이 정형화할 수 있다.

경영과학 응용 사례

유니언 퍼시픽 철도의 공화차 공급

미 서부 지역 3분의 2에 해당하는 23개 주에서 서비스를 제공하는 유니언 퍼시픽(Union Pacific, UP) 철도는 북미에서 가장 큰 철도회사로서, 3만 2,000마일 이상의 선로를 보유하고 있으며 연간 급여 총액이 370억 달러에 이른다. 회사는 자동차 수송차, 유개 화차, 무개 화차, 곤돌라를 포함하여 약 10만 5,000대의 화차를 보유하고 있다. UP는 고객에게 공화차를 배송하고, 고객은 이를 받아 북미 및 멕시코 내 여러 위치들 간에 화물을 수송하는 데 사용한다. UP는 또한 자신의 고객들이 그들의 고객들에게 보내는 적재 화차도 수송하고, UP의 철도 네트워크 내에 고객이 위치하는 다른 철도회사의 발송인에 의해 적재된 화차도 수송한다. 고객의 수요를 충족시키도록 화차를 배정하는 것은 여러 가지 요인들로 인해 UP에게 어려운 문제이다. 이러한 요인들에는 공화차가 방대한 UP 철도 네트워크에 걸쳐 종종 고객 수요지로부터 아주 먼 거리에 흩어져 있다는 사실, 가용한 공화차의 공급이 종종 수요에 비해 크게 부족하다는 점, 그리고 최소의 비용으로 훌륭한 서비스를 제공한다는 UP의 표준에 따라 화차 배정이 이루어져야 한다는 점 등이 포함된다. 이 회사는 이 문제를 풀기 위해 수요-공급 제약조건하에서 수송비용(페널티 비용, 인센티브, 수요 미충족 비용, 재고유지비용 포함)을 최소화하는 수송 모형을 사용하였다. 의사결정변수로는 고객 수요를 충족시키기 위해 일간 일정에 따라 배정된 특정 유형의 화차 개수가 포함된다. UP는 화차 배정 문제를 정기적으로 풀고 새로운 운영 정책을 검토하기 위해 이 모형을 주기적으로 이용한다. 모형을 사용함으로 인해 수요를 충족시키는 과정에서 소요되는

인력을 줄이고 공화차를 이동시키는 데 소요되는 운영 비용을 줄일 수 있었고, 이로써 35%의 투자수익률을 달성하였다.

© Susan E. Benson/Alamy Stock Photo

자료 : A. K. Narisetty, J.-P. P. Richard, D. Ramcharan, D. Murphy, G. Minks, and J. Fuller, "An Optimization Model for Empty Freight Car Assignment at Union Pacific Railroad," *Interfaces* 38, no. 2 (March-April 2008): 89-102.

$$\text{minimize } Z = 210x_{AR} + 90x_{AA} + 180x_{AD} + 160x_{AC} + 100x_{BR} + 70x_{BA} + 130x_{BD}$$
$$+ 200x_{BC} + 175x_{CR} + 105x_{CA} + 140x_{CD} + 170x_{CC} + 80x_{DR} + 65x_{DA}$$
$$+ 105x_{DD} + 120x_{DC}$$

subject to

$$x_{AR} + x_{AA} + x_{AD} + x_{AC} = 1$$
$$x_{BR} + x_{BA} + x_{BD} + x_{BC} = 1$$
$$x_{CR} + x_{CA} + x_{CD} + x_{CC} = 1$$
$$x_{DR} + x_{DA} + x_{DD} + x_{DC} = 1$$
$$x_{AR} + x_{BR} + x_{CR} + x_{DR} = 1$$
$$x_{AA} + x_{BA} + x_{CA} + x_{DA} = 1$$
$$x_{AD} + x_{BD} + x_{CD} + x_{DD} = 1$$
$$x_{AC} + x_{BC} + x_{CC} + x_{DC} = 1$$
$$x_{ij} \geq 0$$

이는 균형 할당 모형(balanced assignment model)이다. 불균형 모형(unbalanced model)은 공급이 수요를 초과하거나 수요가 공급을 초과할 때 나타난다.

할당 문제의 컴퓨터 해법

할당 문제는 윈도우용 QM의 할당 모듈이나 엑셀용 QM, 엑셀 스프레드시트 등을 써서 풀어낼 수 있다. ACC 심판들을 경기 장소로 배정하는 앞의 예제를 엑셀, 엑셀용 QM, 그리고 윈도우용 QM을 차례로 이용하여 해를 구해 보자.

엑셀을 이용한 컴퓨터 해법

수송 문제에서와 마찬가지로 엑셀을 사용하여 할당 문제를 풀 수 있는데 선형계획법 문제로 간주하여 푸는 방식이다. 제시 6.13은 ACC 심판 예제를 풀기 위한 엑셀 스프레드시트를 보여 준다. 셀 C11의 목적함수는 셀 C16 : F19에 입력한 이동거리 행렬(mileage array)과 셀 C5 : F8에 위치한 의사결정변수들을 곱함으로써 얻을 수 있었다. 보낼 수 있는 심판 팀의 수(공급)를 표시하는 공급 제약식은 H행의 셀들에 포함되어 있고, 각 경기장에 배정될 심판 팀의 수(수요)를 표시하는 수요 제약식은 10열의 셀들에 입력되어 있다.

제시 6.13

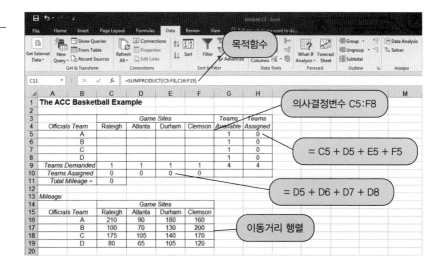

제시 6.14는 예제에 대한 해 찾기 매개변수 창을 보여 준다. 여기서 "해 찾기(Solve)" 버튼을 클릭하기 전에 선형계획법 모형으로 풀기 위해서는 "단순 LP(Simplex LP)"를 선택해야 함을 기억하자. 최적해는 제시 6.15에 나타나 있다. 최적해의 네트워크 다이어그램은 그림 6.5에 제시되어 있다.

제시 6.14

엑셀용 QM을 이용한 컴퓨터 해법

엑셀용 QM 역시 할당 문제를 풀 수 있는 스프레드시트 매크로 기능을 내장하고 있다. 이 기능은 본 장의 앞에서 설명한 수송 모형의 엑셀용 QM 매크로와 대단히 유사하고 스프레드시트 작성법은 제시 6.15의 엑셀 스프레드시트와 매우 비슷하다. 할당 문제의 매크로는 "QM"

제시 6.15

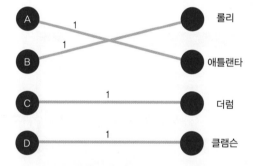

	A	B	C	D	E	F	G	H
1	**The ACC Basketball Example**							
2								
3				*Game Sites*			*Teams*	*Teams*
4	Officials Team	Raleigh	Atlanta	Durham	Clemson		Available	Assigned
5	A	0	1	0	0		1	1
6	B	1	0	0	0		1	1
7	C	0	0	1	0		1	1
8	D	0	0	0	1		1	1
9	*Teams Demanded*	1	1	1	1		4	4
10	*Teams Assigned*	1	1	1	1			
11	*Total Mileage =*	450						
12								
13	Mileage:							
14				*Game Sites*				
15	Officials Team	Raleigh	Atlanta	Durham	Clemson			
16	A	210	90	180	160			
17	B	100	70	130	200			
18	C	175	105	140	170			
19	D	80	65	105	120			
20								

메뉴를 통해서 접근하는데 수송 문제의 매크로에서와 같은 방식으로 작동한다. 엑셀용 QM의 매크로는 문제를 푸는데 필요한 모든 셀과 조건 제약식의 수식들을 이미 입력하고 있다. 제시 6.16은 엑셀용 QM을 이용해서 ACC 심판 예제의 해를 구한 결과를 보여 준다.

그림 6.5

ACC 심판 예제의 할당
네트워크 해

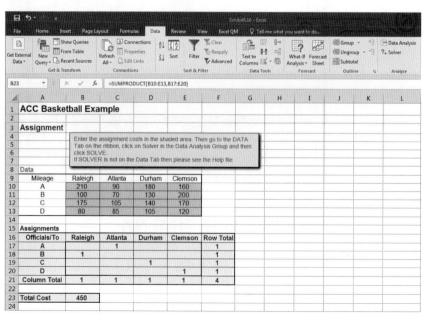

제시 6.16

	A	B	C	D	E	F
1	**ACC Basketball Example**					
2						
3	**Assignment**					
4						
5						
6						
7						
8	Data					
9	Mileage	Raleigh	Atlanta	Durham	Clemson	
10	A	210	90	180	160	
11	B	100	70	130	200	
12	C	175	105	140	170	
13	D	80	85	105	120	
14						
15	Assignments					
16	Officials/To	Raleigh	Atlanta	Durham	Clemson	Row Total
17	A		1			1
18	B	1				1
19	C			1		1
20	D				1	1
21	Column Total	1	1	1	1	4
22						
23	Total Cost	450				
24						

윈도우용 QM을 이용한 컴퓨터 해법

우리가 다루고 있는 ACC 심판 예제의 데이터 입력 화면은 제시 6.17에 제시되어 있고, 문제의 해는 제시 6.18에 나타나 있다.

제시 6.17

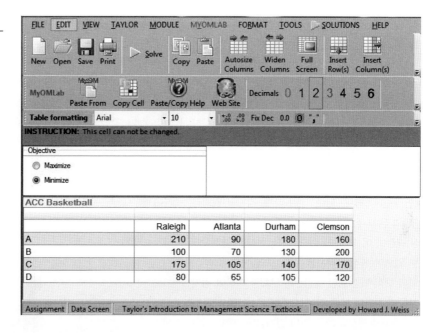

제시 6.18

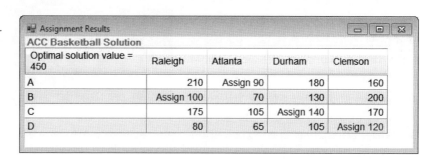

프로 테니스 토너먼트 대회에서의 심판진 배정

모든 스포츠 경기에서와 마찬가지로 테니스 토너먼트 경기에서도 경기의 규칙을 해석하고 집행하는 심판의 역할은 아주 중요하다. 프로 테니스 대회에서는 하나의 심판군이 경기를 감독한다. US 오픈과 같은 대규모 테니스 토너먼트에서는 18개에 이르는 경기가 동시에 진행되고, 각각의 경기장에서는 1명의 주심과 아홉 명의 선심을 포함하여 10명에 이르는 심판들이 하나의 경기를 진행한다. 주심들은 경험, 자격, 기술 등을 토대로 한 복잡한 일련의 가이드라인에 따라 심판진을 경기에 배정한다. 주심을 배정할 때에는 주로 국적, 선수 이력, 경험 등을 토대로 하며, 반면 선심의 배정은 특정 포지션(즉, 경기장의 여러 경계선)에서의 기술과 경험에 따라 이루어진다. 또한, 경기 중에는 코칭이 금지되므로 남자든 여자든 상관없이 모든 선수들은 경기장을 떠날 때 심판과 동행해야만 한다. 이에 따라, 각각의 경기장에는 적어도 2명의 남자 심판과 2명의 여자 심판이 항상 있을 수 있도록 선심 배정이 이루어져야 한다. 또한, 선심은 경기장에 종일 머무를 수 없으며 휴식과 식사를 위해 로테이션이 이루어져야 한다. 하나의 대회 기간 동안 심판진은 단체를 이루어 경기장과 경기장 간을 이동하며 보통 한 시간 단위로 로테이션하는데, 이에 따라 다수의 심판진이 한 무리의 경기장에 배정되어야 한다. 토너먼트는 1~3주까지 진행될 수 있으며, 토너먼트가 진행됨에 따라 점점 더 관심도 높은 경기가 펼쳐져 더 높은 수준의 심판 기술이 요구된다. 2002년 저자들 중 1명은 US 오픈 대회를 참관하면서 주심들이 긴 우천 연기로 인한 심판진 일정 재조정에 어려움을 겪고 있다는 사실을 관찰하였다. 이후 그와 공저자들은 토너먼트 동안 심판진을 경기에 배정하기 위한 선형계획법 모형을 개발하였다. 이 모형은 심판들을 그들의 과거 성과에 따라 1(최고점)~7까지 평가하는 기술 평가 시스템에 기초하고 있다. 각각의 경기장에는 우선순위가 매겨지고, 각 경기장의

포지션별 선심 배치는 요구되는 최대, 최소 기술 수준에 따라 이루어진다. 모형의 전체 목적함수는 경기장 각 포지션별로 배정된 심판들의 기술 수준과 해당 포지션별(주심과 선심들) 목표 기술 수준 간 차이의 가중합을 최소화하는 것이다. 모형에는 여러 제약조건들이 포함된다. 첫째, 하나의 시간 구간 동안에 각각의 가용한 심판들은 오직 한 번씩만 배정될 수 있다. 둘째, 각각의 심판진은 정확한 수의 심판들로 구성되어야 하고 각각의 심판은 배정된 경기장 포지션에서 요구되는 기술 수준을 갖추어야 한다. 셋째, 각각의 심판진은 최소한의 성별 구성 요건을 적절하게 갖추어야 한다. 2004년 미국 테니스 연맹은 그해 개최되는 모든 US 토너먼트들에 대한 심판진 일정을 수립하는 데 2,513시간을 사용하였다. 저자들에 의해 개발된 모형으로 인해 이 시간이 68%에서 91%까지 감축되었고, 주심들은 과거에 심판진 일정 계획을 위해 소모하던 시간의 약 75%만을 사용해도 충분하게 되었다.

© Sang Tan/AP Images

자료 : A. Farmer, J. Smith, and L. Miller, "Scheduling Umpire Crews for Professional Tennis Tournaments," *Interfaces* 37, no. 2 (March–April 2007): 187–96.

요약

이 장에서는 세 가지 특수한 종류의 선형계획법 모형을 소개하였다. 수송 문제, 환적 문제, 할당 문제가 그것이다. 이 장의 서두에서 언급한 바와 같이 이들은 네트워크 흐름 모형이라고 알려진 더 큰 범주의 선형계획법 문제에 속한다. 다음 장에서 우리는 최단경로 모형, 최소 신장나무 문제, 최대유통 문제를 포함한 몇 가지 추가적인 네트워크 흐름 모형의 예들을 살펴보려고 한다. 이 모형들은 비록 목적은 다르지만 수송 혹은 할당 문제들과 공유하는 일반

특성들을 지니는데, 바로 출발지로부터 목적지까지의 물류를 다룬다는 점이다.

예제 문제와 풀이

다음의 예제는 수송 문제를 풀기 위한 과정을 보여 준다.

문제 설명 ■　콘크리트 회사가 콘크리트를 세 곳의 공장으로부터 세 군데의 건설 현장까지 수송한다. 세 공장의 공급 능력과 세 건설 현장의 수요 요구량 및 톤당 수송비용은 다음과 같다.

공장	건설 현장(달러)			공급(톤)
	A	B	C	
1	8	5	6	120
2	15	10	12	80
3	3	9	10	80
수요(톤)	150	70	100	280

이 문제에 대한 선형계획법 모형을 정형화하고 엑셀을 이용해서 푸시오.

풀이 ■　**단계 1 : 선형계획법 모형의 정형화**

$$\text{minimize } Z = \$8x_{1A} + 5x_{1B} + 6x_{1C} + 15x_{2A} + 10x_{2B} + 12x_{2C} + 3x_{3A} + 9x_{3B} + 10x_{3C}$$

subject to

$$x_{1A} + x_{1B} + x_{1C} = 120$$

$$x_{2A} + x_{2B} + x_{2C} = 80$$

$$x_{3A} + x_{3B} + x_{3C} = 80$$

$$x_{1A} + x_{2A} + x_{3A} \leq 150$$

$$x_{1B} + x_{2B} + x_{3B} \leq 70$$

$$x_{1C} + x_{2C} + x_{3C} \leq 100$$

$$x_{ij} \geq 0$$

단계 2 : 엑셀 해법

01 다음과 같은 비용, 공급, 수요를 가지는 수송 문제가 주어졌다.

출발지	도착지(비용)				공급
	A	B	C	D	
1	500	750	300	450	12
2	650	800	400	600	17
3	400	700	500	550	11
수요	10,750	10	10	10	

이 문제를 컴퓨터를 이용하여 푸시오.

02 다음과 같이 수송 문제가 주어졌다.

출발지	도착지 (비용)			공급
	1	2	3	
A	6	9	7	130
B	12	3	5	70
C	4	8	11	100
수요	80	110	60	

이 문제를 선형계획법 모형으로 정형화하고 컴퓨터를 이용해 푸시오.

03 남아프리카는 세계에서 가장 큰 석탄 생산 및 수출 국가 중 하나이다. 석탄을 취급하는 한 회사는 하이벨드, 에말레레니, 에르멜로, 클립 리버 등 네 곳의 탄전으로부터 석탄을 공급받는다. 각 탄전의 생산능력은 다음과 같다.

탄전	생산능력(톤)
하이벨드	100
에말레레니	150
에르멜로	180
클립 리버	200
	630

석탄은 소한두, 케이프타운, 유핑턴, 포트엘리자베스 등 네 곳의 철강공장으로 운반된다. 각 공장의 수요는 다음과 같다.

공장	수요(톤)
소한두	100
케이프타운	160
유핑턴	210
포트엘리자베스	130
	600

지역 간 석탄 운송 비용은 탄광의 생산능력 및 철강공장의 정확한 수요와 함께 다음에 표로 제시되어 있다.

출발지	도착지(비용, 1,000랜드)			
	소한두	케이프타운	유핑턴	포트엘리자베스
하이벨드	470	1,446	807	1,110
에말레레니	473	1,540	927	1,200
에르멜로	532	1,543	1,000	1,155
클립 리버	554	1,378	777	1,044

이 문제를 선형계획법 모형으로 정형화하고 컴퓨터를 이용하여 해를 구시오.

04   한 타이어 제조업체가 현대, 혼다, 도요타 등 세 개의 자동차 제조업체에 타이어를 공급한다. 자동차 한 대에는 네 개의 타이어가 부착되고 한 개의 타이어가 여분으로 제공되기 때문에, 자동차 제조업체는 타이어 공장으로부터 다섯 개 단위로 타이어를 구매한다.

타이어 제조공장은 A, B, C 세 도시에 위치하고 있다. 각 공장의 생산능력은 다음과 같다.

도시	생산능력(타이어 개수)
A	80
B	1,200
C	1,700

자동차 제조업체들의 계획 생산량은 아래와 같다.

자동차 제조업체	계획 생산량(자동차 대수)
현대	200
혼다	350
도요타	100

각 타이어 제조공장에서 자동차 제조업체 시설까지 타이어 하나당 운송비용(유로)은 다음 표와 같다.

출발지	도착지(비용, 유로)		
	현대	혼다	도요타
A	3	6	4
B	2	5	2
C	4	7	3

타이어 제조업체는 총 운송비용을 최소화할 수 있도록 각 타이어 제조공장에서부터 각 자동차 제조업체 시설로 공급되는 타이어 개수를 결정하고자 한다. 문제에서 '도시'라는 단어와 '공장'이라는 단어는 동의어로 사용된다.

문제를 선형계획법 모형으로 정형화하고 컴퓨터를 이용하여 해를 구하시오.

05 영국의 코카콜라는 20개 브랜드의 80개 이상의 음료 제품을 제공한다. 이 회사는 요크셔와 시드컵에 있는 병입 공장에서 웨스트미들랜즈, 이스트미들랜즈, 사우스이스트, 사우스웨스트 등 4개 지역에 음료 제품을 유통하고 있다. 병입 공장에서 지역 유통센터까지 한 트럭분의 음료 제품을 운송하는 데 소요되는 비용(단위 : 파운드)은 아래 표와 같다.

	1. 웨스트미들랜즈	2. 이스트미들랜즈	3. 사우스이스트	4. 사우스웨스트	공급 (트럭 분)
요크셔	2,000	1,200	1,000	1,300	200
시드컵	3,000	800	1,000	1,500	250
수요(트럭분)	130	120	100	100	

품질상의 이유로 웨스트미들랜즈는 전체 공급량의 40% 이상을 시드컵 공장으로부터 공급받기 원하고, 사우스웨스트는 공급량의 20% 이상을 시드컵 공장으로부터 공급받을 필요가 있다. 코카콜라는 유통비용을 최소화하기를 원한다.

a. 문제를 선형계획법 모형으로 정형화하고 컴퓨터를 이용하여 해를 구하시오.

b. 요크셔와 이스트미들랜즈 간 한 트럭분당 운송비용이 100만큼 줄어든다면, 최적해에는 어떤 영향이 있는가?

06 IP 컴퓨터는 세 국가(미국, 중국, 말레이시아)에서 컴퓨터를 조립한다. 세 개의 조립 공장의 생산능력은 다음과 같다.

조립 공장	생산능력(컴퓨터 대수, 1,000대)
미국	150
중국	100
말레이시아	125

이 회사는 다른 세 국가(한국, 이란, 우크라이나)에 컴퓨터를 수출한다. 각국의 수요는 다음과 같다.

국가	수요량(컴퓨터 대수, 1,000대)
한국	100
이란	220
우크라이나	100

조립 공장과 여러 국가 간 컴퓨터 한 대당 운송비용(단위 : 달러)은 다음 표와 같다. "NT"로 표시된 셀은 수출입세가 높아 해당 두 국가 간에는 교역이 이루어지지 않음을 나타낸다. 예를 들어, 중국은 한국과 교역하지 않는다. 따라서 한국의 수요는 미국이나 말레이시아, 또는 미국과 말레이시아 양쪽에서 충족된다.

출발지	도착지(비용, 달러)		
	한국	이란	우크라이나
미국	13	NT	10
중국	NT	14	12
말레이시아	7	10	8

회사는 수요 요구량을 충족시키기 위한 최소비용 운송계획을 수립하고자 한다.

a. 문제를 선형계획법 모형으로 정형화하고 컴퓨터를 이용하여 해를 구하시오.

b. IP 컴퓨터는 각 국가별로 컴퓨터 수요 한 단위가 충족되지 못할 때마다 미래 매출 손실과 고객 선의 상실 등으로 인해 발생하는 재고부족비용을 다음과 같이 추정하고 있다.

국가	재고부족비용(컴퓨터 1대당, 달러)
한국	20
이란	40
우크라이나	30

계산 과정에 재고부족비용을 포함시켜 푸시오. 총 운송비용과 총 재고부족비용을 계산하시오.

c. IP 컴퓨터는 증가하고 있는 컴퓨터 수요에 대응하기 위해 조립 공장 중 하나를 확장하는 방안을 고려하고 있다. 회사는 두 가지 대안을 파악하였는데, (1) 중국 조립 공장의 생산능력을 145로 확장하는 방안 또는 (2) 말레이시아 조립 공장의 생산능력을 170으로 확장하는 방안이다. 단위 운송비용에는 변화가 없다. 회사는 어떤 대안을 선택해야 하는가?

07 큰 제조업체가 현존하는 공장들 중 세 곳의 문을 닫고, 그 곳의 더 숙련된 종업원을 계속 운영할 세 곳의 공장으로 전근시키려고 한다. 폐쇄할 공장별로 전근이 가능한 종업원 수는 다음과 같다.

폐쇄할 공장	전근 가능한 종업원의 수
1	60
2	105
3	<u>70</u>
합계	235

계속 운영할 세 곳의 공장에서 수용 가능한 종업원 수는 다음과 같다.

계속 운영할 공장	필요한 종업원의 수
A	45
B	90
C	<u>35</u>
합계	170

각각의 공장으로 전근된 종업원은 해당 공장의 일간 제품 생산량을 다음과 같이 증가시킨다.

	계속 운영할 공장(일간 제품 생산량 증가)		
폐쇄할 공장	A	B	C
1	5	8	6
2	10	9	12
3	7	6	8

회사는 일간 제품 생산량을 최대로 증가시킬 수 있도록 종업원을 전근시키고자 한다. 이 문제를 컴퓨터를 이용하여 푸시오.

08 Bayville은 초등학교 한 곳을 새롭게 지었으며 이로써 도시 내 초등학교는 Addison, Beeks, Canfield, Daley 등 총 네 곳이 되었다. 각각의 초등학교는 400명의 학생을 수용할 수 있다. 학교 이사회는 학생들이 버스를 타고 이동하는 시간을 최대한 짧게 만들 수 있도록 학생들을 학교에 배정하고자 한다. 학교 이사회는 인구 밀도에 따라 도시를 북부, 남부, 동부, 서부, 그리고 중부 등 다섯 개의 구역으로 나누었다. 각 구역으로부터 각 학교까지 평균적인 버스 이동 시간은 다음과 같다.

구역	이동 시간(분)				학생 수
	Addison	Beeks	Canfield	Daley	
북부	12	23	35	17	250
남부	26	15	21	27	340
동부	18	20	22	31	310
서부	29	24	35	10	210
중부	15	10	23	16	290

학생들의 총 이동 시간을 최소화하기 위해서는 각 구역으로부터 각 학교로 몇 명의 학생들을 배정해야 하는지 결정하시오.

09 문제 08에서 학교 이사회는 어느 한 학교가 다른 학교들에 비해 너무 많은 학생이 배정되는 것을 원치 않는다. 네 곳의 학교 간에 학생 등록이 균등하게 이루어질 수 있도록 각 구역으로부터 각 학교로 학생들을 배정하고자 한다. 그러나 학교 이사회는 이러한 배정 방식이 학생들의 이동 시간을 크게 증가시킬 수 있다는 점을 우려하고 있다. 학교 간 등록 학생 수가 균등해지도록 하기 위해서는 각 구역으로부터 각 학교로 몇 명의 학생들을 배정해야 하는지 결정하시오. 이러한 새로운 배정 방법이 학생당 이동 거리를 크게 증가시키는 것으로 보이는가?

10 Johnson 유제품 회사는 여러 지역, 주로 마을 내 우유 생산농가로부터 우유를 조달하고, 이를 자체 처리시설에서 가공한 후, 여러 도시에서 서로 다른 가격으로 팩 단위로 판매하고 있다. 차등가격제가 적용되기 때문에 우유 1리터당 이익도 판매 지역마다 차이가 있다. 다음 표는 각 마을에서 조달하여 각 도시별로 판매되는 우유 1리터당 이익을 루피화 단위로 나타낸 것이다.

조달 농가	판매 도시(리터당 이익, 루피)					공급량(리터)
	C1	C2	C3	C4	C5	
마을 1	9	8	11	12	7	1,000
마을 2	10	10	8	6	9	1,400
마을 3	8	6	6	5	7	2,100
마을 4	4	6	9	5	8	1,250
마을 5	12	10	8	9	6	1,450
수요량(리터)	1,150	1,450	1,600	1,800	1,400	

도시 1의 소비자들은 250밀리리터 팩 우유제품을 구매하고, 도시 2의 소비자들은 500밀리리터 팩 우유제품을, 도시 3, 4, 5의 소비자들은 1리터 팩 우유제품을 구매한다. 회사는 이익을 최대화하기를 원한다.

a. 이익을 최대화할 수 있도록 도시별로 유통시킬 우유팩 수를 구하시오.

b. 조달되는 우유를 모두 250밀리리터 팩으로 포장하기로 결정한다면, 최적해는 변경되는가?

c. 물류 측면의 이유로 인해 도시 3으로 공급되는 우유는 마을 3으로부터만 조달하기로 결정한다면, 이익에는 어떤 영향이 있는가?

11 중동에서의 미국의 군사행동 기간에 미국의 보급창으로부터 많은 양의 군수 물자가 매일 수송되어야 했다. 이러한 군수 물자의 수송에서 중요한 요소는 속도였다. 다음 표는 여섯 곳의 보급창 각각으로부터 매일 수송 가능한 군수 물자의 양(항공기 탑재 대수)과 중동의 다섯 곳의 기지 각각에서 매일 요구되는 군수 물자의 양(항공기 탑재 대수)을 나타내고 있다(각각의 항공기 탑재 대수는 톤수로 거의 동일함). 표에는 또한 선적, 급유, 실제 비행시간, 하역, 재급유 등의 시간을 포함한 항공기당 수송시간도 나타나 있다.

보급창	군사 기지					공급량
	A	B	C	D	E	
1	36	40	32	43	29	7
2	28	27	29	40	38	10
3	34	35	41	29	31	8
4	41	42	35	27	36	8
5	25	28	40	34	38	9
6	31	30	43	38	40	6
수요량	9	6	12	8	10	

총 수송시간을 최소화하는 최적의 일간 항공 수송 일정을 결정하시오.

12 중국에 본사를 둔 Suntrek은 전 세계 의류 회사에 청바지를 공급하는 글로벌 회사이다. 회사는 면화를 아칸소, 미시시피, 텍사스에 있는 생산업체로부터 사들인 후 이로부터 무명실을 뽑고 타래로 만들어 휴스턴, 뉴올리언스, 서배너, 찰스턴에 있는 항구로 평상형 트럭을 이용해 수송한다. 이들 항구에서는 무명실 타래를 80피트 컨테이너에 적재한 후 해외 도처의 공장으로 수송한다. 다가올 해를 대비하여 Suntrek은 미국 중개업자와 7만 1,000타래(550파운드)의 무명실 공급 계약을 체결했고, 각각의 무명실 처리 시설로부터 각 항구까지의 수송 및 취급비용과 각 항구의 컨테이너 처리능력(단위 : 타래 수)은 다음과 같다.

면화 농장	항구				공급량(타래 수)
	휴스턴	서배너	뉴올리언스	찰스턴	
아칸소	18	23	15	23	31,000
미시시피	26	19	14	27	45,000
텍사스	14	29	21	32	27,000
수요량(타래 수)	26,000	19,000	14,000	12,000	

수송비용을 최소화하기 위한 각각의 처리 시설로부터 각 항구까지의 최적 수송계획을 구하시오.

13 문제 12의 Suntrek은 구매한 무명실을 미국 항구로부터 사바나, 카라치, 사이공에 있는 해외 항구까지 수송하는데, 해외 항구에는 회사의 데님 직물 공장도 위치하고 있다. 미국 항구로부터 각각의 Suntrek 해외 공장까지 한 타래의 무명실을 수송하고 처리하는 데 소요되는 비용과 이들 공장에서의 무명실 수요는 다음과 같다.

항구	항구/데님 직물 공장		
	상하이	카리치	사이공
휴스턴	23	28	30
서배너	28	24	32
뉴올리언스	26	26	27
찰스턴	29	23	34
수요량(타래 수)	34,000	22,000	15,000

총 수송비용을 최소화하는 최적 수송계획을 구하시오.

14 문제 13의 Suntrek은 상하이, 카리치, 사이공에 있는 공장에서 데님 직물을 제조하고, 그것을 중국, 인도, 일본, 터키, 이탈리아에 있는 청바지 제조 시설로 수송한다. 한 타래의 무명실로부터 약 3250야드의 데님 직물이 생산된다. 다음 표는 각각의 청바지 공장에서 요구되는 직물 수요와 직물 제조 시설로부터 청바지 공장까지의 야드당 수송 및 취급비용을 나타내고 있다.

데님 직물 공장	청바지 공장				
	중국	인도	일본	터키	이탈리아
상하이	0.027	0.043	0.036	0.055	0.075
카라치	0.034	0.025	0.046	0.049	0.058
사이공	0.049	0.037	0.037	0.067	0.063
수요량(1,000야드)	5,425	6,350	3,450	4,750	3,100

각각의 직물 공장으로부터 청바지 제조 시설까지의 최적 수송계획과 최소의 총 수송비용을 결정하시오.

15 문제 14의 Suntrek은 청바지 완제품을 미국의 뉴욕과 뉴올리언스, 유럽의 브리스틀과 마르세유에 있는 고객 유통센터로 공급한다. 청바지 한 벌은 1.50야드의 데님 직물을 필요로 한다. 다음 표는 각각의 Suntrek 고객 유통센터로의 계약 수송 물량과 청바지 공장으로부터 유통센터까지의 청바지 한 벌당 수송 및 취급비용을 나타내고 있다.

청바지 공장	항구/유통센터			
	뉴욕	브리스톤	마르세유	뉴올리언스
중국	0.45	0.51	0.56	0.41
인도	0.40	0.47	0.48	0.46
일본	0.53	0.55	0.61	0.47
터키	0.39	0.42	0.45	0.51
이탈리아	0.47	0.48	0.52	0.48
청바지 수요량(1,000벌)	7,127	2,435	3,422	2,400

각각의 청바지 공장으로부터 각 유통센터로의 최적 수송계획과 최적 총 수송비용을 결정하시오.

16 모하메드는 트럭 2대를 소유하고 있으며 두바이로부터 배송 물량을 받아 아부다비로 운송하고 있다. 그의 트럭은 적재 하중 및 부피에 일정한 제한이 있다. 다음 표는 트럭의 적재 용량 제한을 보여 준다.

	최대 적재 용량	
	하중(킬로그램)	부피(세제곱피트)
트럭 1	12,000	2,500
트럭 2	8,000	2,000

그는 지역 산업체로부터 7개의 배송 주문을 받았는데, 각 배송 물량별 하중과 부피는 다음 표와 같다. 하나의 배송 물량에 대해 전량이 트럭에 적재될 수도 있고 일부만이 적재될 수도 있다. 수익은 배송 물량 1킬로그램당 디르함 단위로 주어진다.

	하중(킬로그램)	부피(세제곱피트)	수익
배송 물량 1	2,350	940	1.50
배송 물량 2	2,250	675	2.50
배송 물량 3	3,100	620	1.50
배송 물량 4	3,150	1134	2.70
배송 물량 5	2,700	675	6.00
배송 물량 6	3,300	495	3.25
배송 물량 7	3,000	600	3.25

그는 수익을 최대화하기 위해 각 트럭에 각 배송 물량의 얼마만큼을 적재해야 하는지 결정하고자 한다.

a. 컴퓨터를 이용하여 문제를 푸시오.

b. 어떤 배송 물량이 전량 적재되지 않는가? 병목은 어디에 있는 것으로 파악되는가? 병목을 제거하기 위한 방법을 제안하시오.

17 Binford Tools는 정원용 도구를 제작한다. 수요 변동을 흡수하기 위해 재고, 초과 근무, 하도급 등의 방식을 사용한다. 철제 정원용 도구 기본 제품군에 대해 향후 4분기 동안에 예상되는 수요, 정규 및 초과 근무 생산 능력, 하도급 생산 능력이 다음 표에 제시되어 있다.

분기	수요	정규 생산 능력	초과 근무 생산 능력	하도급 생산 능력
1	9,000	9,000	1,000	3,000
2	12,000	10,000	1,500	3,000
3	16,000	12,000	2,000	3,000
4	19,000	12,000	2,000	3,000

정규 생산비용은 단위당 20달러, 초과 근무 생산비용은 단위당 25달러, 하도급 생산비용은 단위당 27달러, 재고 유지비용은 단위당 2달러이다. 회사는 연초에 300개의 재고를 보유하고 있다.

총 비용을 최소화하는 4분기 동안의 최적 생산일정을 구하시오.

18 네 명의 학생 아메드, 밥, 찬드니, 그리고 데이비드는 선호하는 모바일 기기에 대한 설문조사에 응답하였다. 10개의 모바일 기기가 시연되었고, 학생들은 이들 기기에 대해 1~10까지 순위를 매겼는데 숫자가 높을수록 더 선호한다는 의미이다.

	아메드	밥	찬드니	데이비드
1. Huawei P20 Pro	1	8	1	5
2. Samsung Galaxy S9/S9+	10	1	3	4
3. Apple iPhone X	9	4	2	1
4. LG G7 Thinq	2	2	8	3
5. Samsung Galaxy Note 8	8	5	5	8
6. Google Pixel 2	3	3	4	6
7. Apple iPhone 8/8 plus	7	10	6	7
8. Huawei Mate 10Pro	6	9	7	2
9. OnePlus 5T	4	7	9	10
10. Sony Xperia XZ2	5	6	10	9

각 학생에게 두 대의 모바일 기기가 선물로 주어진다고 할 때 학생들의 만족도를 최대로 할 수 있는 방법을 결정하시오. 각 모바일 기기를 두 사람 이상에게 줄 수는 없다.
이렇게 결정된 선물에 대해 각 참가자는 공정하다고 생각할까?

19 스포츠 의류 회사가 대학 농구팀의 전국 챔피언십 티셔츠 주문을 받았다. 회사는 티셔츠를 멕시코, 푸에르토리코, 아이티의 방직 공장에서 구매할 수 있다. 셔츠는 이들 공장에서부터 미국에 있는 실크스크린 회사로 보내지고 그 후 유통센터로 배송된다. 다음 표는 티셔츠 공장으로부터 실크스크린 회사로, 그리고 다시 유통센터로 셔츠를 보내는 데 소요되는 생산 및 수송비용(달러/셔츠)을 나타내며, 공장에서의 티셔츠 공급량과 유통센터에서의 티셔츠 수요량도 함께 제시되어 있다.

티셔츠 공장	실크스크린 회사			공급량(1,000벌)
	4. 마이애미	5. 애틀랜타	6. 휴스턴	
1. 멕시코	$4	$6	$3	$18
2. 푸에르토리코	3	5	5	15
3. 아이티	2	4	4	23

실크스크린 회사	유통센터		
	7. 뉴욕	8. 세인트루이스	9. 로스앤젤레스
4. 마이애미	$5	$7	$9
5. 애틀랜타	7	6	10
6. 휴스턴	8	6	8
수요량(1,000벌)	20	12	20

의류회사의 총 생산 및 수송비용을 최소화하기 위한 최적의 수송계획을 구하시오.

20 전국 단위로 카탈로그 통신 판매와 인터넷 판매를 하는 한 소매업체는 세 곳의 창고와 전국에 걸쳐 위치한 세 곳의 대형 유통센터를 가지고 있다. 통상적으로 제품은 창고로부터 유통센터로 직접 배송된다. 그러나 각각의 유통센터는 중간 중개지점으로도 사용될 수 있다. 어느 특정 주간에 창고와 유통센터 간 수송비용(단위 : 달러)과 창고에서의 공급량(단위 : 100) 및 유통센터에서의 수요량(단위 : 100)이 다음 표와 같이 주어졌다.

창고	유통센터			공급량
	A	B	C	
1	$12	$11	$7	70
2	8	6	14	80
3	9	10	12	50
수요량	60	100	40	

유통센터 간에 수송비용(단위 : 달러)은 다음과 같다.

유통센터	유통센터		
	A	B	C
A	$-	$8	$3
B	1	-	2
C	7	2	-

총 수송비용을 최소화하기 위한 창고와 유통센터 간 최적 수송계획을 구하시오.

21 한 망고 가공 시설에서는 망고가 수확되는 4개월 동안에만 망고주스를 생산한다. 다음 다이어그램은 리터 단위의 생산능력, 리터 단위의 주스 수요와 함께, 화살표 위쪽에 루피 단위의 리터당 주스 생산 비용과 수직 화살표 오른쪽에 리터당 월간 주스 재고유지비용을 나타내고 있다.

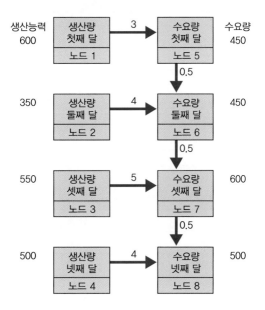

이 가공 시설에서는 생산 및 재고유지비용의 합을 최소화하기 위한 생산일정 및 재고정책을 결정하고자 한다.

a. 네트워크 개념을 이용하여 이 문제를 선형계획법 모형으로 정형화하시오.

b. 컴퓨터를 이용하여 문제의 푸시오.

22 KanTech Corporation은 전기 부품과 구성품의 글로벌 유통업체이다. 이 회사의 고객은 컴퓨터 제조업체와 음향/영상 제품 제조업체를 포함한 미국의 전기제품 회사들이다. 회사는 러시아, 동유럽 및 서유럽, 그리고 지중해 연안의 제조업자들로부터 구성품 및 부품들을 구입하는 계약을 맺었고, 그것들을 그단스크, 함부르크, 리스본 등 세 곳의 유럽 항구에 위치한 창고로 배송되도록 하였다. 미국 고객의 수요에 맞추어 다양한 구성품과 부품들이 컨테이너로 적재된다. 각각의 항구에는 매월 가용한 컨테이너 수가 제한, 고정되어 있다. 이후에 컨테이너들은 컨테이너선에 의해 노퍽, 잭슨빌, 뉴올리언스, 갤버스턴에 위치한 항구로 수송된다. 이들 해안 항구에서 컨테이너는 대개 트럭과 짝지어져 프론트로얄(버지니아), 캔자스시티, 댈러스에 있는 내륙 항구로 수송된다. 각 항구에는 매달 정해진 수의 화물 트럭이 가용하다. 이들 내륙 항구는 때때로 "화물 마을" 또는 다수단 연계지점이라고 불리는데, 이곳에서는 컨테이너들을 모아서 하나의 운송수단에서 다른 운송수단으로 옮겨진다(예를 들어 트럭에서 철도로, 또는 그 반대로). 컨테이너들은 내륙 항구로부터 투손, 피츠버그, 덴버, 내슈빌, 클리블랜드에 있는 KanTech의 유통센터로 수송된다. 이러한 해외 공급망 상에서 각각의 승선지점과 도착지점 간의 취급 및 배송비용(단위 : 달러) 그리고 각 항구에서 가용한 컨테이너 개수는 다음과 같다.

| 유럽 항구 | 미국 항구 | | | | 가용한 컨테이너 수 |
	4. 노퍽	5. 잭슨빌	6. 뉴올리언스	7. 갤버스턴	
1. 그단스크	$1,725	$1,800	$2,345	$2,700	125
2. 함부르크	1,825	1,750	1,945	2,320	210
3. 리스본	2,060	2,175	2,050	2,475	160

| 미국 항구 | 내륙 항구 | | | 다수단 연계 용량 (컨테이너 수) |
	8. 댈러스	9. 캔자스시티	10. 프론트로얄	
4. 노퍽	$825	$545	$320	85
5. 잭슨빌	750	675	450	110
6. 뉴올리언스	325	605	590	100
7. 갤버스턴	270	510	1,050	130
다수단 연계 용량 (컨테이너 수)	170	240	140	

| 내륙 항구 | 유통센터 | | | | |
	11. 투손	12. 덴버	13. 피츠버그	14. 내슈빌	15. 클리블랜드
8. 댈러스	$450	$830	$565	$420	$960
9. 캔자스시티	880	520	450	380	660
10. 프론트로얄	1,350	390	1,200	450	310
수요량	85	60	105	50	120

이러한 공급망 상에서 총 배송비용을 최소화할 수 있는 출항지점과 도착지점 간 최적 배송계획을 결정하기 위한 선형계획법 모형을 세우고 해를 구하시오.

23 문제 22의 KanTech Corporation은 그들의 선적 비용을 최소화하는 것에 신경을 쓰는 것만큼이나 미국의 유통업체들이 최단 시간 내에 화물을 받는 데에도 신경을 쓰고 있다. 각각의 미국 유통업체는 매달 하나의 주요 컨테이너 화물을 받는다고 가정하자. 다음은 KanTech의 해외 공급망 상에서 각각의 출항지점과 도착지점 간 배송기간(단위 : 일)을 정리해 놓은 것이다. 이 배송기간에는 이동시간 뿐만 아니라 각 항구에서의 처리시간 및 상하역 시간도 포함되어 있다.

유럽 항구	미국 항구			
	4. 노퍽	5. 잭슨빌	6. 뉴올리언스	7. 갤버스턴
1. 그단스크	22	24	27	30
2. 함부르크	17	20	23	26
3. 리스본	25	21	24	26

미국 항구	내륙 항구		
	8. 댈러스	9. 캔자스시티	10. 프론트로얄
4. 노퍽	10	8	6
5. 잭슨빌	12	9	8
6. 뉴올리언스	8	7	10
7. 갤버스턴	12	6	8

내륙 항구	유통센터				
	11. 투손	12. 덴버	13. 피츠버그	14. 내슈빌	15. 클리블랜드
8. 댈러스	8	6	5	7	8
9. 캔자스시티	6	4	4	5	7
10. 프롤트로얄	10	5	7	4	6

a. 이러한 공급망 상에서 총 배송기간을 최소화하기 위한 각 유통센터의 최적 배송경로를 결정할 수 있도록 선형계획법 모형을 수립하고 해를 구하시오. 각 미국 유통업체의 배송경로 및 배송기간을 구하시오.

b. 유럽 항구들이 각각 3개의 화물만을 수용하는 것이 가능하다고 가정하자. 이는 (a)에서 구한 최적해에 어떤 영향을 미치는가?

24 The Pinnacle Company는 미국에 위치한 가구 및 가정용 기기 제조업체로서 약 10년 전에 실질적으로 모든 생산운영 부문을 아시아 지역으로 해외 이전시켰다. 회사는 동부 해안 항구 인근 여러 곳에 유통센터를 설립하였고 그곳에서 컨테이너 선박으로 품목들을 수입하였다. 많은 경우 Pinnacle의 가정용 기기 및 가구는 반조립된 상태로 도착하고, 회사는 유통센터에서 조립을 완성한 후 완제품을 소매점으로 발송한다. 예를 들어 기기 모터, 전기 제어장치, 덮개, 가구 구성품들이 서로 다른 아시아 제조업체들로부터 별도의 컨테이너에 실려 도착한다. 최근 들어 Pinnacle은 자신의 제품들을 유럽의 여러 지역에 수출하기 시작했고 수요는 점차적으로 늘어나고 있다. 그 결과 회사는 품목들을 미국으로 배송하여 조립하고 그것들을 다시 되돌려 유럽으로 배송하는 방식이 비효율적이고 비용 효과적이지 않다고 판단하였다. 회사는 이제 세 곳의 새로운 유통센터를 유럽의 항구 인근에 설립하고자 계획하고 있다. 품목들을 아시아 항구로부터 유럽 항구에 위치한 유통센터로 배송하고, 최종 제품 조립을 위해 일부 품목을 내린 후

부분적으로 채워진 컨테이너를 계속해서 미국 유통센터로 배송하는 방식을 추진할 계획이다. 다음 표에는 Pinnacle이 계획한 세 곳의 유통센터를 짓기 위해 알아본 유럽 컨테이너 항구 인근 7곳의 후보 위치와 각 지역별 컨테이너 수용능력이 제시되어 있다. 표에는 또한 아시아 항구 각각으로부터의 컨테이너 화물의 수, 아시아 항구 각각으로부터 유통센터 후보위치 각각으로의 컨테이너 배송비용이 나타나 있다.

아시아 항구	계획된 유통센터							컨테이너 화물의 수
	F. Rotterdam	G. Hamburg	H. Antwerp	I. Bremen	J. Valencia	K. Lisbon	L. Le Havre	
센터 비용	$16,725,000	$19,351,000	$13,766,000	$15,463,000	$12,542,000	$13,811,000	$22,365,000	
A. 홍콩	$3,466	$3,560	$3,125	$3,345	$3,060	$3,120	$3,658	235
B. 상하이	$3,190	$3,020	$3,278	$3,269	$2,987	$2,864	$3,725	170
C. 부산	$2,815	$2,700	$2,890	$3,005	$2,465	$2,321	$3,145	165
D. 뭄바이	$2,412	$2,560	$2,515	$2,875	$2,325	$2,133	$2,758	325
E. 가소슝	$2,600	$2,800	$2,735	$2,755	$2,473	$2,410	$2,925	405
수용능력	565	485	520	490	310	410	605	

다음 표에는 각 미국 항구에서의 수요와 각각의 유통센터 후보위치로부터 각각의 미국 항구로의 컨테이너 화물 배송비용이 제시되어 있다.

계획된 유통센터	미국 항구			
	M. 뉴욕	N. 서배너	O. 마이애미	P. 뉴올리언스
F. 로테르담	$2,045	$1,875	$1,675	$2,320
G. 함부르크	$2,875	$2,130	$1,856	$2,415
H. 앤트워프	$2,415	$2,056	$1,956	$2,228
I. 브레멘	$2,225	$1,875	$2,075	$2,652
J. 발렌시아	$1,865	$1,725	$1,548	$1,815
K. 리스본	$1,750	$1,555	$1,420	$1,475
L. 르아브르	$3,056	$2,280	$2,065	$2,425
수요	440	305	190	365

a. Pinnacle이 유럽의 유통센터 위치로 어느 세 곳을 선택해야 하는지, 각각의 아시아 항구로부터 선택된 유통센터로의 배송계획, 그리고 유럽 유통센터로부터 미국 항구로의 배송계획을 결정하기 위한 선형계획법 모형을 수립하고 해를 구하시오.

b. Pinnacle이 세 곳의 새로운 유통센터를 4,500만 달러의 예산 범위 내에서 선정하되 수송비용을 최소화하도록 모형을 재수립하시오. 최적해에는 어떤 차이가 발생하는가?

25   문제 12와 13에서 설명한 Suntrek의 상황을 다시 생각해 보자. 무명실 처리 시설로부터 미국 항구로, 그리고 미국 항구로부터 해외 항구와 Suntrek의 직물 공장까지의 무명실 배송을 위한 환적모형을 수립하고 해를 구하시오.

26   컴퓨터를 이용하여 제4장의 문제 17을 푸시오.

27 한 공장에서는 4명의 기술자를 4대의 기계에 배정하고 있다. 각 기술자가 각 기계를 작동시키는 데 드는 시간당 비용은 다음과 같다.

기술자	기계(비용/시간)			
	A	B	C	D
1	$12	$11	$8	$14
2	10	9	10	8
3	14	8	7	11
4	6	8	10	9

그러나 기술자 3은 충분한 경험이 없기 때문에 기계 B를 작동시킬 수 없다.

a. 최적 배정방법을 구하고 최소 총 비용을 계산하시오.

b. 일반 선형계획법 모형으로 이 문제를 정형화하시오.

28 The Bunker Manufacturing 회사는 5명의 종업원과 6대의 기계를 가지고 있으며, 비용을 최소화할 수 있도록 종업원을 기계에 배정하고자 한다. 각각의 작업자가 각각의 기계에 배정될 때 발생하는 비용은 다음 표와 같다.

종업원	기계					
	A	B	C	D	E	F
1	$12	$7	$20	$14	$8	$10
2	10	14	13	20	9	11
3	5	3	6	9	7	10
4	9	11	7	16	9	10
5	10	6	14	8	10	12

부서 이동에 관한 노동조합 규정 때문에 종업원 3은 기계 E에 배정될 수 없고 종업원 4는 기계 B에 배정될 수 없다. 이 문제를 풀고 최적 배정방법을 제시하고 최소 총 비용을 계산하시오.

29 한 전기 회사는 전기 부품들을 생산하여 여러 전기 제조업체에 공급한다. 품질관리 기록에 의하면 각 종업원들이 만들어내는 불량품의 개수는 서로 다르다. 각각의 종업원들이 6개의 부품 각각을 만들 때 발생하는 불량품의 평균 개수는 다음 표와 같다.

종업원	부품					
	A	B	C	D	E	F
1	30	24	16	26	30	22
2	22	28	14	30	20	13
3	18	16	25	14	12	22
4	14	22	18	23	21	30
5	25	18	14	16	16	28
6	32	14	10	14	18	20

회사가 매월 생산하는 불량품 총 개수의 평균을 최소화할 수 있는 최적의 배정방법을 구하시오.

30 남동부 농구연맹은 3개의 연맹 경기에 각 경기당 3명씩 9명의 심판을 배정하여야 한다. 연맹 사무국은 심판이 이동하는 총 거리를 최소화될 수 있도록 배정하기를 원한다. 각 심판들이 각 경기장까지 이동하게 되는 거리(단위 : 마일)는 다음 표에 제시되어 있다.

심판	경기			심판	경기		
	아테네	콜롬비아	내슈빌		아테네	콜롬비아	내슈빌
1	165	90	130	6	150	170	190
2	75	210	320	7	170	110	150
3	180	170	140	8	105	125	160
4	220	80	60	9	240	200	155
5	410	140	80				

심판이 이동하게 되는 총 거리를 최소화하는 최적의 배정방법을 구하시오.

31 문제 30에서 심판 2번과 8번은 최근 아테네에서 있었던 경기에서 코치 중 한 명과 대치했다. 몇 번의 테크니컬 파울 이후에 그들은 강제로 그 코치를 퇴장시킬 수밖에 없었다. 연맹 사무국은 이러한 대치 이후에 곧 바로 아테네 경기에 이들 두 심판을 투입하는 것은 좋은 생각이 아니라고 결정했고, 이 때문에 그들은 2번과 8번 심판을 아테네 경기에 배정하지 않기로 했다. 이는 이 문제의 최적해에 어떤 영향을 미치는가?

32 State 대학교는 토요일에 있는 홈커밍 미식축구 게임을 위한 6개의 특별한 연회 이벤트를 계획했다. 이벤트는 졸업생 브런치, 학부모 브런치, 후원자 클럽 브런치, 시즌 티켓 소지자를 위한 게임 후 파티, 운동선수 파티, 주요 기부자를 위한 기금 조성 디너를 포함한다. 대학은 이들 이벤트의 음식 준비를 위해 대학 케이터링 서비스뿐만 아니라 지역 케이터링 회사를 이용하기를 원하고, 케이터링 업체에 각 이벤트에 입찰하기를 요청했다. 입찰금액(단위 : 1,000달러)은 대학에 의해 준비된 이벤트를 위한 메뉴 지침에 기초하여 다음 표에 나타나 있는 것과 같다.

케이터링 업체	이벤트					
	졸업생 브런치	학부모 브런치	후원자 클럽 점심	게임 후 파티	운동선수 디너	기부자 디너
Al's	$12.6	$10.3	$14.0	$19.5	$25.0	$30.0
Bon Apetit	14.5	13.0	16.5	17.0	22.5	32.0
Custom	13.0	14.0	17.6	21.5	23.0	35.0
Divine	11.5	12.6	13.0	18.7	26.2	33.5
Epicurean	10.8	11.9	12.9	17.5	21.9	28.5
Fouchess	13.5	13.5	15.5	22.3	24.5	36.0
University	12.5	14.3	16.0	22.0	26.7	34.0

Bon Apetit, Custom, University 연회 업체는 2개의 이벤트를 치를 수 있고, 반면에 다른 네 곳의 연회 업체는 각각 1개의 이벤트만 치를 수 있다. 대학은 모든 연회 업체가 높은 품질의 업무를 해낼 것이라 확신하기 때문에 이벤트에 최소의 총 비용이 소요되는 연회 업체를 선택하기를 원한다.

총 비용을 최소화하도록 최적의 연회 업체를 선택하시오.

33   State 대학교의 여자 수영팀 코치는 연맹 수영 대회를 준비하고 있고, 800미터 혼계영팀에 배정할 4명의 수영 선수를 선택해야 한다. 혼계영은 배영, 평영, 접영, 자유형 등 4가지의 영법으로 구성된다. 코치는 시즌 기간 내 치러진 이전의 수영 대회에서 그녀가 지도하는 6명의 최상위 수영 선수들이 4가지 영법의 200미터 경기 각각에서 달성한 평균 기록(단위 : 분)을 계산하였으며, 그 결과는 다음과 같다.

수영 선수	영법(분)			
	배영	평영	접영	자유형
애니	2.56	3.07	2.90	2.26
베스	2.63	3.01	3.12	2.35
카를라	2.71	2.95	2.96	2.29
데비	2.60	2.87	3.08	2.41
에린	2.68	2.97	3.16	2.25
페이	2.75	3.10	2.93	2.38

코치는 혼계영팀을 어떻게 구성해야 하는가? 그리고 예상되는 총 계영 시간을 계산하시오.

34   Vanguard 출판사는 여름 동안 백과사전을 파는 외판원으로 지원한 8명의 대학생 중 7명을 고용하고자 한다. 출판사는 그들을 세 곳의 판매 지역에 배정하려고 한다. 1번 판매 지역은 3명의 외판원을 필요로 하고, 2번과 3번 판매 지역은 각각 2명의 외판원을 필요로 한다. 각 외판원이 판매 지역 세 곳 각각에서 하루에 거둘 수 있는 매출액은 다음 표와 같을 것으로 추정된다.

외판원	판매 지역		
	1	2	3
A	110	150	130
B	90	120	80
C	205	160	175
D	125	100	115
E	140	105	150
F	100	140	120
G	180	210	160
H	110	120	90

매출액이 최대가 될 수 있도록 출판사를 도와 판매 지역 세 곳에 외판원을 배정하시오.

35   두바이에 있는 한 여행사는 각기 다른 좌석 수를 가진 네 대의 승용차를 소유하고 있다. 여행당 수익은 연중 계절, 관광객 요구사항, 여행이 시작되는 시간, 그리고 관광객들이 해당 장소에 머무르고 싶어 하는 기간과 같은 여러 가지 요인에 따라 달라진다. 여행사는 이 승용차들을 여러 관광 명소에 배정한다. 관광 명소로는 페라리 월드, 부르즈 칼리파, 미라클 가든, 지구촌, 사막 사파리 등이 포함된다. 각 자동차는 관광객들을 한 곳의 명소로 데려다 주고 본사로 돌아간다. 여행당 차량 한 대당 디르함 단위의 이익이 아래의 표에 제시되어 있다.

승용차	페라리 월드	부르즈 칼리파	미라클 가든	지구촌	사막 사파리
유형 1	700	500	950	1,200	600
유형 2	600	660	850	1,400	800
유형 3	100	1,300	120	1,300	750
유형 4	120	800	1,050	1,600	725

여행당 총 수익을 최대화하기 위한 최적 배정 방법을 구하시오.

36 HMO 건강 관리 제공자인 CareMed는 Tech 캠퍼스 근처 Draperton에서 24시간 외래 클리닉을 운영한다. 시설에는 날마다 예약된 스케줄에 따라 정기적으로 지역 환자를 돌보는 의사, 간호사로 구성된 의료 스태프가 있다. 그러나 클리닉은 가족들이 CareMed 네트워크의 일원이기 때문에 예약 없이 밤낮으로 클리닉을 방문하는 수많은 Tech 학생들을 진찰한다. 클리닉에는 8시간 3교대에 따라 근무하는 12명의 간호사들이 있다. 오전 8시에서 오후 4시까지 5명의 간호사가 필요하고, 오후 4시에서 자정까지 4명의 간호사가 근무하며, 밤사이 3명의 간호사가 자정부터 오전 8시까지 근무한다. 클리닉 관리자는 그들의 선호도와 연공서열(즉, 특정 근무 시간대를 원하는 간호사 수가 해당 근무 시간대에 요구되는 간호사 수를 초과했을 때, 간호사들은 연공서열에 따라 배정된다)에 따라 간호사들을 근무 시간대에 배정하기를 원한다. 대부분의 간호사들이 주간 근무 시간대을 선호하는 반면, 몇몇은 그들의 배우자나 가족들의 직업과 학교 스케줄로 인해 다른 근무 시간대를 선호한다. 다음은 간호사들의 근무 시간대 선호도(가장 선호하는 것은 1)와 클리닉에서의 근무연수이다.

	근무 시간대			
간호사	오전 8시~오후 4시	오후 4시~자정	자정~오전 8시	근무연수
애덤스	1	2	3	2
백스터	1	3	2	5
콜린스	1	2	3	7
데이비스	3	1	2	1
에번스	1	3	2	3
포레스트	1	2	3	4
고메즈	2	1	3	1
황	3	2	1	1
인치오	1	3	2	2
포스	2	1	3	3
킹	1	3	2	5
로페즈	2	3	1	2

선호도와 연공서열에 따른 간호사들을 근무 시간대에 배정하기 위한 선형계획법 모형을 수립하고 해를 구하시오.

37 한 회사에서 영업 사원 10명을 8개의 서로 다른 영업 구역에 배치하려고 한다. 각 영업 사업으로부터 기대되는 이익은 영업 구역별로 달라지는데, 해당 영업 구역 내 고객들에 대한 경험에 의해 영향을 받는다. 각 영업 구역에는 최소 한 명 이상의 영업사업이 배치될 필요가 있다. 다음 표는 서로 다른 구역 내 각 영업 사원별 월 기대 이익을 천 달러 단위로 보여 준다.

영업 사원	영업 구역(수익, 1,000달러)							
	A	B	C	D	E	F	G	H
1	3	12	3	5	9	3	12	4
2	3	4	5	9	11	10	10	10
3	3	8	11	6	10	3	8	3
4	7	11	7	3	8	11	5	4
5	5	4	12	8	3	11	11	5
6	7	10	3	4	4	12	9	6
7	11	6	7	5	6	7	3	4
8	11	6	5	4	9	5	10	12
9	9	8	10	4	3	4	3	12
10	4	6	8	8	5	12	6	12

회사는 기대 수익을 최대화할 수 있는 최적 배정 방법을 알고자 한다.

a. 문제에 대한 선형계획법 모형을 수립하시오.

b. 컴퓨터를 이용하여 문제를 푸시오.

38 문제 37에 주어진 데이터를 참조하라. 그리고 한 명의 영업 사업은 오직 하나의 영업 구역에만 배정되어야 한다고 가정하시오.

a. 최적 배정 방법을 구하시오.

b. 기대 수익에는 어떤 영향이 있는가?

39 전국 대학생 라크로스 협회는 연례 전국 챔피언십 토너먼트 대회를 계획하고 있다. 연맹 챔피언들과 최상위 전주 대표 팀들 중 16개 팀을 선정하여 토너먼트 방식으로 경기를 치르도록 한다. 팀들을 1위(최고)부터 16위(최저)까지로 순위를 매긴 후, 협회는 토너먼트의 첫 번째 회전에서 최상위 팀들이 최하위 팀들과 붙을 수 있도록 대결 팀을 짝짓고 싶어 한다(즉, 1위 팀이 16위 팀과 대결하고, 2위 팀이 15팀과 대결하는 방식으로 강약팀을 짝짓고자 한다). 첫 번째 회전 8개 경기가 열리는 장소는 미리 정해졌고 경기장 크기와 상태, 과거 지역 팬들의 라크로스에 대한 관심도 등에 따라 선정되었다. 라그로스에 대한 학교 예산은 제한되어 있고 경기 관람객을 증진시키려는 열망으로 인해, 협회는 모든 학교들이 가능한 한 가장 짧게 이동할 수 있도록 팀들을 경기장에 배정하고자 한다. 다음 표에 16개 팀을 순위에 따라 나열하고 각 팀이 8개 경기장 각각에 이르는 거리(단위 : 마일)를 나타내었다.

팀	순위	경기장							
		1	2	3	4	5	6	7	8
Jackets	1	146	207	361	215	244	192	187	467
Big Red	2	213	0	193	166	312	233	166	637

(계속)

팀	순위	경기장							
		1	2	3	4	5	6	7	8
Knights	3	95	176	348	388	337	245	302	346
Tigers	4	112	243	577	0	179	412	276	489
Bulldogs	5	375	598	112	203	263	307	422	340
Wasps	6	199	156	196	257	379	388	260	288
Blue Jays	7	345	231	207	326	456	276	418	374
Blue Devils	8	417	174	175	442	0	308	541	462
Cavaliers	9	192	706	401	194	523	233	244	446
Rams	10	167	157	233	294	421	272	367	521
Eagles	11	328	428	175	236	278	266	409	239
Beavers	12	405	310	282	278	344	317	256	328
Bears	13	226	268	631	322	393	338	197	297
Hawks	14	284	161	176	267	216	281	0	349
Lions	15	522	209	218	506	667	408	270	501
Panthers	16	197	177	423	183	161	510	344	276

a. 협회의 가이드라인에 따라 팀들을 경기장에 배정하는 선형계획법 모형을 수립하고 해를 구하시오.

b. 협회는 순위에 따라 대결 팀을 짝짓는 방식(즉, 강약팀 배정)을 일정 정도 탄력적으로 조정할 때 전체 팀 이동거리를 얼마나 줄일 수 있을지 확인하고 싶어 한다. 예를 들어 팀 1이 팀 14와 대결할 수도 있고 팀 2가 팀 12와 대결할 수 있다. 이러한 변화가 어떤 영향을 초래할지 확인할 수 있도록 모형을 재수립하고 해를 구하시오.

사례 문제

Tech 대학교 경영과학 및 정보기술학과

Tech 대학교 경영과학 및 정보기술학과에서는 매학기 36~40개의 3학점짜리 과목 분반들을 개설하고 있다. 몇 개의 과목은 대학원생 강사가 가르치지만 20개의 과목 분반들은 학과에 속한 10명의 정규 정년트랙 교수들이 가르친다. 매년 초가 시작되기 전에 학과장은 교수들에게 각 과목에 대한 선호도를 1점에서 5점까지의 척도로 평가하도록 하는 설문지를 배포하는데, 1은 "매우 선호", 2는 "1만큼 강하지는 않지만 선호", 3은 "중립", 4는 "매우 싫지는 않지만 가르치고 싶지 않음", 5는 "이 과목을 가르치는

것을 매우 싫어함"을 뜻한다. 교수들은 다음과 같이 자신들의 선호도를 응답하였다.

이번 가을 학기에 학과는 3424와 4464를 각각 두 분반씩, 3434, 3444, 4434, 4444, 그리고 4454를 각각 세 분반씩, 그리고 3454를 한 분반 개설할 계획이다.

통상적으로 한 학기에 정규 교원에 대한 강의 부담은 두 개 분반이다. (학과장이 어떤 과목을 개설할지 결정하고 나면 상호 충돌이 발생하지 않도록 교수와 과목 분반의 일정을 배정한다.) 학과장을 도와 교수들의 강의 선호도를 최대한으로 만족시킬 수 있는 과목 개설 계획을 결정하시오.

교수	과목							
	3424	3434	3444	3454	4434	4444	4454	4464
Clayton	2	4	1	3	2	5	5	5
Houck	3	3	4	1	2	5	5	4
Huang	2	3	2	1	3	4	4	4
Major	1	4	2	5	1	3	2	2
Moore	1	1	4	4	2	3	3	5
Ragsdale	1	3	1	5	4	1	1	2
Rakes	3	1	2	5	3	1	1	1
Rees	3	4	3	5	5	1	1	3
Russell	4	1	3	2	2	5	5	5
Sumichrast	4	3	1	5	2	3	3	1

Stateline Shipping and Transport 회사

레이첼 선더스키는 Stateline Shipping and Transport 회사의 South-Atlantic 사무소의 관리자이다. 그녀는 산업용 화학물질을 제조하는 회사인 Polychem과 새로운 운송계약을 협상 중에 있다. Polychem은 Stateline이 자신의 6개 공장으로부터 폐기물을 수거하여 세 곳의 폐기

물 처리장으로 운송해주기를 원하고 있다. 레이첼은 이렇게 제안된 계약 조건에 대해 큰 염려를 가지고 있다. 운송되는 화학 폐기물이 누출된다면 인간과 환경에 위협이 될 수 있다. 게다가 공장이 위치한 지역 내 많은 도시와 커뮤니티들은 그들의 도시 경계를 통과하여 위험 물질이 운송되는 것을 금지하고 있다. 따라서 화물들은 조심스럽게 취급되고 낮은 속도로 수송되어야만 할 뿐만 아니라, 많은 경우 빙

돌아가는 우회 경로를 따라 움직여야 할 것이다.

레이첼은 1배럴의 폐기물을 6개 공장 각각으로부터 3개 폐기물 처리장 각각으로 수송하는 데 소요되는 비용을 다음 표와 같이 추정하였다.

공장	폐기물 처리장		
	Whitewater	Los Canos	Duras
Kingsport	$12	$15	$17
Danville	14	9	10
Macon	13	20	11
Selma	17	16	19
Columbus	7	14	12
Allentown	22	16	18

공장들은 다음과 같은 양의 폐기물을 매주 배출해 낸다.

공장	주당 폐기물 양(배럴)
Kingsport	35
Danville	26
Macon	42
Selma	53
Columbus	29
Allentown	38

Whitewater, Los Canos, 그리고 Duras에 위치한 세 곳의 폐기물 처리장은 각각 주당 65, 80, 105배럴의 폐기물을 최대로 처리할 수 있다.

레이첼은 6개 공장 각각으로부터 세 곳의 폐기물 처리장 중 하나로 직접 수송하는 방식과 함께, 각각의 공장과 폐기물 처리장을 중계 수송 지점으로 사용하는 방식도 고려하고 있다. 트럭들이 하나의 공장 또는 폐기물 처리장에 화물을 내려놓으면 다른 트럭들이 해당 화물을 수거하여 최종 목적지까지 수송할 수 있으며, 그 반대의 경우도 가능하다. 공장과 폐기물 처리장에서 이루어져야 하는 모든 폐기물에 대한 취급은 Polychem이 담당하기로 동의하였기 때문에 Stateline은 일체의 취급 비용을 부담하지 않는다. 즉, Stateline이 부담하는 비용은 실제적인 수송비용뿐이다. 그래서 레이첼은 직접 수송하는 것보다 중계 지점에서 화물

을 내리고 수거하는 방식의 비용이 더 저렴할 개연성을 고려할 수 있게 되기를 원하고 있다.

레이첼은 6개 공장들 간의 배럴당 수송비용을 다음과 같이 추정하고 있다.

공장	공장					
	Kingsport	Danville	Macon	Selma	Columbus	Allentown
Kingsport	$–	$6	$4	$9	$7	$8
Danville	6	–	11	10	12	7
Macon	5	11	–	3	7	15
Selma	9	10	3	–	3	16
Columbus	7	12	7	3	–	14
Allentown	8	7	15	16	14	–

세 곳의 폐기물 처리장들 간의 배럴당 수송비용은 다음과 같이 추정된다.

폐기물 처리장	폐기물 처리장		
	Whitewater	Los Canos	Duras
Whitewater	$–	$12	$10
Los Canos	12	–	15
Duras	10	15	–

레이첼은 Polychem에게 제출할 폐기물 처리 계약 제안서를 작성하기 위해 Stateline의 총 비용을 최소화할 수 있는 수송 경로를 개발하려고 한다. 그녀는 특히 공장에서 폐기물 처리장까지 직접 수송하는 방식의 비용이 더 적은지, 아니면 몇몇 공장들과 폐기물 처리장에 화물의 일부를 내리고 수거하는 방식을 채택해야 하는지를 알고 싶어 한다. 레이첼을 도와 모형을 구성하고, 그 모형을 풀어 최적 수송 경로를 결정하시오.

Burlingham 섬유 회사

ㅂ 렌다 라스트는 Burlingham 섬유 회사의 인사부장이다. 회사의 공장은 확장 중에 있으며, 브렌다는 소면, 방적, 제직, 검사, 선적 작업에 대한 5명의 관리자 직위

공석을 새롭게 채워야 한다. 해당 직위에 대한 지원자는 서면으로 심리 테스트 및 적성 테스트를 치러야 한다. 테스트는 특정 영역 및 직위에 대한 지원자의 적성 및 적합도를 나타낼 수 있는 여러 가지 모듈로 구성되어 있다. 예를 들어, 한 모듈은 검사 부서에 가장 적합한 심리적 특성과 지적 능력을 테스트하며, 이는 선적 업무에서 요구되는 특성 및 능력과는 다를 것이다. 브렌다는 5개 직위에 대한 10명의 지원자를 받았고 테스트 결과를 수집하였다. 각각의 지원자가 획득한 각각의 직위에 해당하는 모듈의 테스트 점수(높을수록 좋음)는 다음과 같다.

지원자	모듈의 테스트 점수				
	소면	방적	제직	검사	선적
Roger Acuff	68	75	72	86	78
Melissa Ball	73	82	66	78	85
Angela Coe	92	101	90	79	74
Maureen Davis	87	98	75	90	92
Fred Evans	58	62	93	81	75
Bob Frank	93	79	94	92	96
Ellen Gantry	77	92	90	81	93
David Harper	79	66	90	85	86
Mary Inchavelia	91	102	95	90	88
Marilu Jones	72	75	67	93	93

브렌다는 자격 조건이 가장 잘 갖추어진 5명의 후보자들에게 공석인 직위를 제안하기를 원한다. 브렌다를 위한 최적의 배정 방법을 결정하시오.

선정된 지원자들 중 1명 또는 그 이상이 해당 직위에 대한 제안을 거절할 개연성도 있으며, 만일 어떤 사람이 직위 제안을 거절할 경우 브렌다는 그 자리에 차선으로 우수한 사람을 고용할 수 있기를 원한다. 만일 소면 분야 직위에 선정된 지원자가 제안을 거절한다면, 그 다음으로 브렌다는 해당 직위를 누구에게 제안해야 하는가? 만일 소면과 방적 분야 직위의 지원자들이 모두 제안을 거절한다면 나머지 지원자들 중 누구에게 해당 직위들을 제안해야 하는가? 만일 세 가지 직위 제안이 모두 거절된다면 세 번째 지원자는 어떻게 골라야 하는가?

브렌다는 현재의 지원자들이 모두 특별히 훌륭하다고 생각한다. 그녀는 조만간 공석이 될 몇 개의 추가적인 관리자 직위들을 위해 현재 지원자들 중 몇 사람을 잡아 두고 싶어 한다. 브렌다는 현재 2개의 사무직 직위를 공석으로 가지고 있고, 이를 원래 제안한 5개의 관리자 직위에 선정되지 못한 지원자들 중 가장 우수한 2명의 지원자들에게 제안할 수 있다. 그런 후 추가적인 관리자 직위가 공석이 될 때 이들을 그 자리로 옮길 수 있다. 브렌다는 이러한 두 사람을 어떻게 선정해야 하는가?

Graphic Palette

사우스캐롤라이나, 찰스턴에 위치한 Graphic Palette는 그래픽 작업과 함께 컬러 및 흑백 포스터, 석판 인쇄, 현수막 등을 제작하는 회사이다. 회사의 소유주인 캐슬린과 린지 테일러에게 한 고객이 곧 개최될 예술 축제를 위한 멋진 컬러 포스터를 제작해 줄 것을 제안하였다. 그 포스터는 캐슬린과 린지가 예전에 작업했던 그 어떤 것들보다 더 복잡한 것이었다. 세 단계에 걸친 컬러 스크리닝이 필요하고, 이 공정은 원하는 컬러 효과를 얻기 위해 빠르게 진행되어야만 한다.

다른 모든 작업들을 중지시켜서 세 대의 기계는 첫 번째 단계에, 네 대의 기계는 두 번째 단계에, 그리고 두 대의 기계는 공정의 마지막 단계에 투입할 수 있다. 각 단계를 마치고 나온 포스터들은 후속 단계에 있는 임의의 기계에서 계속 가공된다. 그러나 모든 기계들은 서로 다른 모델들이고 사용연수도 다양하므로, 일을 끝내는 데 필요한 특정 시간 구간 동안 처리할 수 있는 포스터의 개수가 서로 다르다. 각 단계에 있는 기계들의 처리능력은 다음과 같다.

단계 1	단계 2	단계 3
기계 1 = 750	기계 4 = 530	기계 8 = 620
기계 2 = 900	기계 5 = 320	기계 9 = 750
기계 3 = 670	기계 6 = 450	
	기계 7 = 250	

기계들의 사용연수와 유형이 모두 다르기 때문에 포스터를 제작하는 데 소요되는 비용도 모두 다르다. 예를 들어, 하나의 포스터가 기계 1에서 시작하여 기계 4에서 처리된다면 18달러의 비용이 소요된다. 기계 4에서 처리된 이 포스터가 기계 8로 이어져 마무리된다면 추가적인 36달러의 비용이 소요된다. 단계 1, 2, 3에서 각각의 기계 조합에 따른 처리 비용은 다음과 같다.

기계	기계(비용)			
	4	5	6	7
1	$18	$23	$25	$21
2	20	26	24	19
3	24	24	22	23

기계	기계(비용)	
	8	9
4	$36	$41
5	40	52
6	42	46
7	33	49

캐슬린과 린지는 포스터의 공정 경로를 어떻게 구성해야 최소의 비용으로 가장 많은 포스터를 만들어 낼 수 있을지 알고 싶어 한다. Graphic Palette를 위해 비용을 최소화할 수 있는 포스터의 공정 경로를 결정하시오.

Hawk Systems 사의 일정계획

짐 후앙과 로더릭 휠러는 경쟁이 치열하고 성장하고 있는 마이크로 컴퓨터 사업에 뛰어들 생각을 가지게 된 것은 그들이 버지니아 주 알링턴의 한 쇼핑몰에 위치한 컴퓨터 상점에서 영업 사원으로 일하고 있을 때였다. 짐은 여름 기간에 친척들을 방문하기 위해 대만에 갔고 마이크로 컴퓨터용 디스플레이 모니터를 생산하는 한 신생 기업과 접촉하였는데, 그 회사는 미국 동부 연안의 유통업체를 찾고 있는 중이었다. 짐은 이 회사와 최대 월 500대의 모니터를 공급하는 가계약을 맺었고, 로더릭에게 연락하여 작업장으로 쓸 건물과 잠재적 고객을 찾을 수 있을지 알아보라고 하였다.

로더릭은 회사로 갔다. 그가 처음 한 일은 학교에서 사용할 모니터를 공급하는 공인업체 계약을 추진하기 위해 메일랜드, 버지니아, 펜실베니아에 있는 몇몇 대학들에게 응찰서를 발송하는 것이었다. 다음으로 작업장으로 사용할 시설을 찾기 시작하였다. 짐과 그의 작업장에서는 라벨 부착, 검사, 포장, 그리고 선적 준비를 위한 보관 작업을 포함하여 모니터에 소규모 물리적 변경을 가하는 작업을 수행할 것이다. 그는 양호한 보안시설, 공조시설, 그리고 하역장을 갖춘 건물이 필요하다는 것을 알았다. 그러나 그러한 건물을 찾는 것은 예상보다 더 어려웠다. 그가 필요로 하는 유형과 규모의 건물 공간은 그 지역에서 아주 제한적이었고 매우 비쌌다. 로더릭은 적합한 시설을 찾는 것이 전혀 불가능할 것이라고 걱정하기 시작하였다. 버지니아와 메일랜드의 외곽 및 농촌지역에서 공간을 찾기로 결정하였다. 몇몇 좋은 위치를 찾기는 했으나 이들 위치로의 수송비용이 너무 높았다.

일이 성공적으로 진행되지 못해 낙심한 로더릭은 지역 부동산 중개인인 처제 미리엄의 도움을 구하였다. 로더릭은 어머니의 집에서 저녁식사를 하면서 그가 겪고 있는 어려움을 미리엄에게 상세히 털어 놓았고, 그녀는 공감하며 들어주었다. 그녀는 로더릭에게 그가 찾고 있는 것과 정확히 일치할 것 같은 알링턴에 있는 건물 하나를 자신이 소유하고 있다고 말해 주었고, 다음 날 그에게 보여 주겠다고 말했다. 약속한대로 그녀는 그에게 그 건물의 1층을 보여 주었고 그것은 완벽하였다. 넓은 공간, 양호한 보안시설, 그리고 멋진 사무실까지 갖추고 있었다. 더군다나 좋은 식당들이 많이 있는 고급 쇼핑 지역에 위치하고 있었다. 로더릭은 한껏 고무되었다. 그 건물은 그가 상상해오던 그들의 사업을 시작하기 위한 환경을 정확히 갖추고 있었다. 그러나 미리엄에게 임대비용이 얼마인지 물었을 때 그의 기쁨은 사그라졌다. 그녀는 자세한 사항은 따져보지 않았지만 연간 임대비용이 대략 10만 달러일 것이라고 말했다. 로더릭은 충격을 받았고, 그래서 미리엄은 그에게 대안을 제시하겠다고 말했다. 그녀가 제시한 대안은 운영 개시 후 첫 달에는 구매하여 재고로 보유하는 각각의 모니터에 대해 한 대당 10달러의 보관비용을 부과하고, 그 해 나머지 기간 동안은 대당 보관비용을 매월 2달러씩 인상하는 방식이다. 미리엄이 설명하기를, 그가 그녀에게 말한 사업 내용을 토대로 볼 때 대학들이 개강하는 8월 말 또는 9월 초까지는 매출이 전혀 발생하지 않을 것이고, 5월이나 6월에는 매출이 줄어 사라질 것이다. 그녀가 말하길 그녀의 제안은 그들의 성공 또는 실패를 그녀가 공유하는 것을 의미한다. 만일 그들의 몇몇 대학과 계약을 체결하게 된다면 그녀는 그들과 함께 수익을 거둘 것이고, 만일 그들이 많은 모니터를 팔지 못한다면 그녀 또한 계약에서 손실을 입게 될 것이다. 그러나 대학이 종강하고 난 후 여름 기간 동안 그들이 재고로 보유한 모니터가 없다면 그들이 그녀에게 지불할 비용은 없게 된다.

로더릭은 그녀의 제안을 숙고하였고 공정하다고 생각하였다. 그는 그 건물이 좋았다. 또한 고정 임대비용을 지불하지 않아도 된다는 것과 실질적으로는 모니터 수량에 기초하여 임대비용이 부과된다는 사실이 마음에 들었다. 만일 그들이 실패한다 할지라도 적어도 엄청난 임대비용에는 얽매이지 않게 된다. 그래서 그는 미리엄의 제안에 동의하였다.

짐이 대만으로부터 돌아왔을 때, 그는 로더릭이 미리엄과 체결한 임대계약에 대해 회의적이었다. 그는 로더릭이 좀 더 엄밀한 비용 분석을 하지 않았다는 사실을 유감스럽게 생각하였으나, 로더릭은 비용, 잠재적 판매량, 판매가격 등을 모르는 상태에서 그러한 분석을 하는 것은 상당히 어려웠다고 설명하였다. 짐은 일리가 있다고 말하였고, 로더릭이 5개의 대학들과 모니터를 한 대당 150달러의 판매 가격으로 공급하는 공인업체 계약을 체결했다는 사실로 인해 그가 가진 걱정이 어느 정도 덜어질 수 있었다. 그래서 그들은 그들의 운영 계획을 수립하기 시작하였다.

먼저, 짐은 Hawk Systems라는 회사 이름을 하나 생각해 놓았으며 이는 Huang and Wheeler Computers를 뜻한다고 말하였다. 로더릭이 짐에게 어떻게 k가 computers를 뜻하는지 물었을 때, 짐은 시적 허용이라는 이유를 댔다.

짐이 말하길 그가 계산해 보니 구매비용, 수송비용, 그리고 재료비, 노무비, 관리비 등을 포함한 총 비용이 초기 4개월간은 대당 100달러이지만 그 다음 4개월간은 90달러로 떨어지고 최종적으로 그해 잔여기간 동안은 매월 85달러로 떨어질 것이다. 대만 회사가 점차 경험을 축적해 가면서 생산비용이 감소되면 구매비용을 더 낮출 수 있게 될 전망이라고 짐은 말하였다.

짐은 그들의 비용 또한 내려갈 것이라고 생각하였다. 그는 또한 어떠한 제품도 반품이 되지 않기 때문에 비용을 최소화하는 좋은 주문 계획을 수립하는 것이 중요하다고 설명하였다. 재고수준에 기초한 특이한 임대계약 때문에 주문 계획의 중요성은 짐이 원래 생각했던 것보다 훨씬 높았다. 로더릭은 그들이 계약을 체결한 대학들에 대한 과거의 컴퓨터 판매량을 조사하였고, (9월부터 다음 해 5월까지의) 9개월에 걸친 학년도 동안의 판매량 예측치를 다음과 같이 추정하였다.

9월	340
10월	650
11월	420
12월	200
1월	660
2월	550
3월	390
4월	580
5월	120

대학에서의 컴퓨터 장비 구매는 가을에 증가하였다가 1월이 될 때까지 감소한 후, 학년도 말 대학의 예산이 소진되기 바로 직전인 4월이 되면 다시 고점에 이른다고 로더릭이 짐에게 설명하였다.

짐은 로더릭에게 대만으로부터의 월별 주문 계획을 어떻게 수립해야지 비용을 최소화하면서 수요를 충족시킬 수 있을지 물었다. 로더릭은 그것이 어려운 질문이라고 말했지만, 그가 대학에서 경영과학 과목을 수강하면서 수송모형을 사용해 생산계획을 수립했던 것을 기억해 냈다. 짐은 오래된 교과서를 꺼내 바쁘게 움직이지 않는다면 그들의 모든 이익을 미리엄에게 줄 수밖에 없을 것이라고 말하였다.

그러나 로더릭이 주문계획을 수립할 수 있게 되었을 즈음에 짐은 대만 회사로부터 전화를 받았다. 그 전화에서 대만 회사는 그해 더 많은 주문을 수주하였고 더 이상 매월 500대의 제품을 공급할 수 없게 되었다고 알려왔다. 대신 첫 4개월간은 700대의 모니터를 공급하고 그 다음 5개월간은 300대의 모니터를 공급할 수 있다고 하였다. 짐과 로더릭은 이러한 변화가 그들의 재고비용에 어떠한 영향을 미치게 될지 걱정하였다.

A. 수송모형을 정형화하고 풀어서 Hawk Systems의 비용을 최소화할 수 있는 최적의 월별 주문 및 유통 계획을 수립하시오.
B. 만일 Hawk Systems가 사업을 시작하기 위해 대략 20만 달러를 빌려야 한다면, 첫해에 수익을 남기면서 마무리할 수 있는가?
C. 대만 회사로부터의 공급 패턴이 변경됨에 따라 Hawk Systems의 비용은 어떤 영향을 받는가?
D. 미리엄은 임대 계약을 잘한 것인가? 10만 달러의 고정 임대료를 부과하는 것보다 더 나은 선택인가?

Tech 대학 "Give-Back Weekends"

매년 봄이 되면 Tech 대학의 학생회(SGA)는 "Give Back Weekends"라는 행사를 주최한다. SGA는 4월의 연이은 네 번의 토요일 동안 대학 커뮤니티 거주자들을 위한 프로젝트들을 수행할 학생 팀들을 모집한다. 남녀 혼성 학생 팀들은 일반적으로 여러 기숙사 그룹, 남학생 모임, 여학생 모임, 학생 클럽 및 조직에 소속된 3~5명의 학생들로 구성된다. SGA는 겨울 기간 거주자들의 공과금 청구서에 관련 양식을 동봉하여 발송하고 신문광고 및 인터넷 사이트를 통해 거주자들로부터 프로젝트를 공모한다. 거주자들은 자신들의 집에서 수행되기를 원하는 일을 간략히 설명한 양식을 작성하는데, 그러한 일에는 주로 마당 청소를 비롯해 창문 닦기, 페인트칠, 필요 없는 물건을 중고 상점에 가져다주거나 버리는 것 등이 포함된다. 공모 양식들이 모두 접수되고 나면 SGA 행사 진행자들은 학생 팀들의 팀장들과 함께 각 집들을 방문하여 수행해야 하는 일들을 평가하고 팀장들은 자신들이 팀이 해당 프로젝트를 완료하는 데 얼마의 시간이 소요될지 추정치를 제공한다. 하나의 프로젝트를 완료하는 데 소요되는 시간은 팀별로 다른데, 이는 프로젝트들이 대부분 육체적 노동을 필요로 하고 팀별로 팀원의 수, 보유 기술, 그리고 육체적 능력이 다르기 때문이다. 프로젝트에 참가할 6개 팀이 행사 기간 첫 번째 토요일에 수행할 12개 프로젝트들에 대해 제출한 소요 시간 추정치(단위 : 시간)는 다음과 같다.

팀	프로젝트											
	1	2	3	4	5	6	7	8	9	10	11	12
1	5	1.5	6	4	3.5	3	6	1.5	5	1	3	3.5
2	4	2	5	5	3	3	5.5	2	4	1.5	4	2.5
3	5	1.5	6.5	3.5	2.5	4	4.5	3	3.5	1	3.5	4
4	3.5	2	5.5	4	3.5	2.5	5	2.5	4	1.5	2.5	4
5	3.5	3	5	3	2	4	5	2	5	2	4	3
6	4	2.5	6	3	3	3	6	3	3	2	3	3.5

SGA의 주된 목표는 가능하다면 12개 프로젝트 모두를 완수하는 것이다. 각 팀은 여러 개의 프로젝트를 수행할 수 있지만 토요일에 8시간 이상 일할 수는 없다. SGA는 각 팀이 적어도 하나의 프로젝트에는 참여하기를 원하고 있다.

a. 완수되는 프로젝트의 수를 최대화하도록 팀을 프로젝트에 배정하는 최적의 방법을 찾으시오.
b. 만일 SGA가 6개 팀 모두에 소요되는 총 시간을 최소화하면서 12개 프로젝트를 모두 완수하고자 한다면 어떻게 팀을 프로젝트에 배정해야 하는가? 두 가지 배정 결

과에 어떤 차이가 발생하는가? 팀당 평균 소요 시간은 어떻게 되는가?

Erken Apparel International의 글로벌 배송

E rken Apparel International은 의료 제품을 전 세계에서 생산하고 있다. 이 회사는 현재 다가오는 크리스마스 시즌을 대비하여 남성용 염소가죽 및 양가죽 재킷 제품을 유통하기 위해 미국 소매 의류를 취급하는 도매 유통업체와 계약을 체결하였다. 그 유통업체는 인디애나, 노스캐롤라이나 주 그리고 펜실베니아 주에 유통센터를 가지고 있다. 또한 할인 소매 체인점, 쇼핑몰 부티크 상점 체인, 그리고 백화점 체인에 가죽 재킷을 공급하고 있다. 재킷은 덜 완성된 상태로 유통센터에 도착하고, 센터에서는 고객 각각에 특화된 독특한 안감과 라벨을 부착하는 작업이 이루어진다. 이 유통업체는 다음과 같은 수량의 가죽 재킷을 늦가을에 유통센터로 배송해줄 것을 Erken과 계약하였다.

유통센터	염소가죽 재킷	양가죽 재킷
인디애나 주	1,000	780
노스캐롤라이나 주	1,400	950
펜실베니아 주	1,600	1,150

Erken은 스페인, 프랑스, 이탈리아, 베네수엘라, 브라질에서 가죽 재킷을 생산하기 위한 제혁 공장 및 의류 제조 공장을 가지고 있다. 제혁 공장은 프랑스 몽데, 이탈리아 포자, 스페인 사라고사, 브라질 페이라, 베네수엘라 엘티그레에 위치하고 있다. 제조 공장은 유럽의 리모주, 나폴리, 마드리드와 남미의 상파울로 및 카라카스에 위치하고 있다. 본 가죽 재킷 계약에 대해 각 제혁 공장에서 공급할 수 있는 가죽의 양과 각 제조 공장의 처리 능력(단위 : 파운드)은 다음과 같다.

제혁 공장	염소가죽 공급량(파운드)	양가죽 공급량(파운드)
몬데	4,000	4,400
포자	3,700	5,300
사라고사	6,500	4,650
페이라	5,100	6,850
엘티그레	3,600	5,700

제조 공장	처리 능력(파운드)
마드리드	7,800
나폴리	5,700
리모주	8,200
상파울로	7,600
카라카스	6,800

제조 공장에서 재킷을 생산하는 과정에서 염소가죽의 37.5%와 양가죽의 50%는 낭비된다. 즉, 생산 공정 중에 버려지거나 다른 부산물 용도로 판매된다. 제조가 완료되고 나면 (미국에서 추가되는 안감을 제외하고) 염소가죽 재킷 한 벌의 무게는 약 3파운드이고 양가죽 재킷 한 벌의 무게는 약 2.5파운드이다.

재단되지 않은 가죽을 제혁하고 이를 제조 공장으로 배송한 후 공장에서 가죽 재킷을 생산하는 데 소요되는 파운드당 비용(단위 : 미국 달러)은 다음과 같다.

제혁 공장	제조 공장(달러/파운드)				
	Madrid	Naples	Limoges	Sao Paulo	Caracas
몽데	$24	22	16	21	23
포자	31	17	22	19	22
사라고사	18	25	28	23	25
페이라	–	–	–	16	18
엘티그레	–	–	–	14	15

재킷 생산에 소요되는 비용은 염소가죽과 양가죽이 모두 동일하다. 또한 가죽이 프랑스, 스페인, 이탈리아에서 제혁된 후 재킷 생산을 위해 남미의 제조 공장에서 바로 배송될 수는 있지만, 높은 관세 제약으로 인해 그 반대는 가능하지 않다. 즉, 제혁된 가죽이 재킷 생산을 위해 유럽으로 배송되지는 않는다.

유럽과 남미의 제조 공장에서 가죽 재킷이 생산된 후에 Erken은 이를 리스본, 마르세유, 카라카스에 있는 항구로 수송하고, 다시 이들 항구로부터 미국 뉴올리언스, 잭슨빌, 서배너에 있는 항구로 수송한다. 각 항구의 가용 처리 능력과 제조 공장에서 항구까지의 수송비용은 다음과 같다.

제조 공장	항구(달러/파운드)		
	리스본	마르세유	카라카스
마드리드	0.75	1.05	–
나폴리	3.45	1.35	–
리모주	2.25	0.60	–
상파울로	–	–	1.15
카라카스	–	–	0.20
처리 능력(파운드)	8,000	5,500	9,000

유럽 및 남미의 각 항구에서부터 미국의 각 항구로의 수송비용(달러/파운드)과 미국 항구에서 가용한 트럭 및 철도 수송 능력은 다음과 같다.

항구	미국 항구(달러/파운드)		
	뉴올리언스	잭슨빌	서배너
리스본	2.35	1.90	1.80
마르세유	3.10	2.40	2.00
카라카스	1.95	2.15	2.40
처리 능력(파운드)	8,000	5,200	7,500

미국의 각 항구로부터 세 곳의 유통센터까지의 수송비용(달러/파운드)은 다음과 같다.

미국 항구	미국 항구(달러/파운드)		
	인디애나	노스캐롤리나	펜실베니아
뉴올리언스	0.65	0.52	0.87
잭슨빌	0.43	0.41	0.65
서배너	0.38	0.34	0.550

Erken은 미국 유통센터에서의 수요를 충족시킬 수 있는 최소 비용의 자재 및 재킷 배송계획을 수립하기 원한다. Erken을 위해 최소 비용 배송계획을 구하기 위한 환적모형을 세우시오.

WeeMow Lawn Service

WeeMow Lawn Service는 잔디 깎기, 잔디 관리, 조경, 잔디 유지보수와 같은 잔지 서비스를 드레이퍼 시의 주택 및 상업시설 고객에게 제공하고 있다. 여름 기간 동안 MeeMow는 3개의 팀에 대한 일간 작업 일정을 수립해야 한다. 팀 1은 5명, 팀 2는 4명, 팀 3은 3명으로 구성되어 있다. WeeMow는 통상적인 여름날 하루에 약 14건의 작업을 한다. 각 팀은 하루에 10시간을 일하지만 무더위와 휴식으로 인해 실제로는 매시간 45분만 일한다. 다음 표는 어느 특정한 날 각 팀이 14개의 작업을 수행하는 데 소요되는 시간(분)과 비용(달러)을 나타낸다.

작업	팀 1		팀 2		팀 3	
	시간(분)	비용(달러)	시간(분)	비용(달러)	시간(분)	비용(달러)
A	45	48	65	55	78	50
B	67	70	72	60	85	55
C	90	94	105	84	125	75
D	61	65	78	65	97	60
E	75	80	93	75	107	66
F	48	55	70	65	95	60
G	65	70	83	70	110	67
H	67	72	84	74	100	65
I	95	100	110	90	130	80
J	60	65	78	65	95	62
K	47	55	64	57	84	56
L	144	118	135	110	155	95
M	85	90	107	98	125	75
N	63	67	81	72	102	68

WeeMow의 관리자는 이 날에 대한 각 팀의 작업 배정계획을 수립하고자 한다. 일간 예산이 1,000달러라는 조건 하에서, 전체 작업 시간을 최소화하는 팀 작업 배정계획을 수립하기 위한 선형계획법 모형을 정형화하고 푸시오. 하루 동안 각 작업자가 얼마나 오래 일하게 되는지 나타내시오. 다음으로 비용 최소화가 목적함수가 되도록 모형을 다시 정형화하고 푸시오. 두 가지 모형 중에서 관리자는 어떤 것을 선택해야 하는가? 왜 그런가?

CHAPTER 07

네트워크 흐름 모형

- 네트워크 구성요소
- 최단경로 문제
- 최소신장나무 문제
- 최대유통 문제

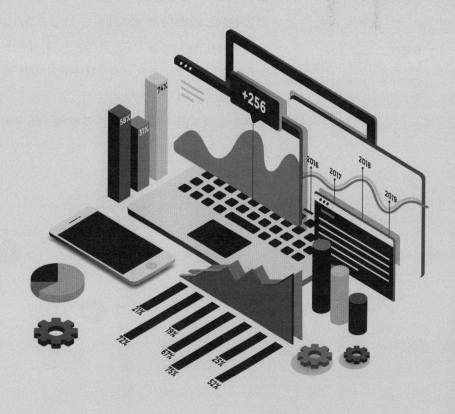

+ 네트워크
점들을 연결한 경로의 배열이며, 개체들은 경로를 통해 흘러간다.

+ 네트워크는 시스템을 도식화하고 여러 시스템이 네트워크로 표현될 수 있기 때문에 널리 활용된다.

+ 네트워크 흐름 모형은 시스템을 통과하는 개체들의 흐름을 표현한다.

네트워크(network)는 여러 점이 연결된 경로들의 배열이며, 경로를 통해 하나 또는 그 이상의 개체가 한 점에서 다른 점으로 이동해 갈 수 있다. 고속도로 체계나 전화망, 철도망 또는 텔레비전망 등과 같이 네트워크는 모두에게 매우 친숙하다. 예를 들어 철도망은 수많은 고정 철도 경로로 구성되어 있고, 각 경로는 철도 노선들의 교차점에 위치한 터미널들의 연결이다.

네트워크 모형은 최근 들어 매우 인기 있는 경영과학 기법이 되었는데 여기에는 두 가지 중요한 이유가 있다. 첫 번째, 네트워크는 다이어그램으로 그려지며, 다이어그램은 분석할 시스템에 대한 그림을 제공한다. 이를 통해 관리자는 시스템을 시각적으로 해석할 수 있고 시스템을 더 잘 이해할 수 있다. 두 번째, 수많은 실제 시스템들이 네트워크로 모형화될 수 있고, 네트워크 모형은 비교적 이해와 구성이 쉽다.

이 장과 다음 장에서 여러 유형의 네트워크 모형을 살펴볼 것이다. 이 장에서는 개체의 흐름이라는 측면에서의 몇 가지 네트워크 모형을 살펴볼 것이다. 이들은 네트워크 흐름 모형이라고 불린다. 네트워크 흐름 모형을 활용하여 세 가지 종류의 문제를 분석하는 방법을 알아본다. 최단경로 문제, 최소신장나무 문제, 그리고 최대유통 문제이다. 제8장에서는 프로젝트 분석에 널리 사용되는 PERT, CPM 기법을 알아본다.

네트워크 구성요소

+ 마디
원으로 표현되며, 분지들을 연결하는 접합점이다.

+ 분지
선으로 표현되며, 마디들을 연결하여 한 점에서 다른 점으로의 흐름을 나타낸다.

네트워크는 두 가지 주요 구성요소인 마디(node)와 분지(branch)로 이루어진 다이어그램으로 표현된다. 마디는 접합점을 나타낸다. 예를 들면 길들의 교차로와 같다. 분지는 마디 사이를 연결하며 네트워크의 한 점에서 다른 한 점으로의 흐름을 나타낸다. 마디는 네트워크 다이어그램 상에서 원으로 표시되면, 분지는 마디 사이를 연결하는 선으로 표시된다. 마디는 일반적으로 도시나, 교차 지점, 공항이나 철도역 같은 특정 지점을 나타낸다. 분지는 마디를 연결하는 경로인데, 도시나 교차 지점 사이를 연결하는 도로나 터미널 사이를 연결하는 철도 선로나 항공 경로 같은 것이다. 예를 들면, 조지아 주의 애틀랜타, 미주리 주의 세인트루이스 그리고 중계 터미널 사이를 연결하는 서로 다른 철도 경로들이 그림 7.1에 표현되어 있다.

그림 7.1
철도 경로 네트워크

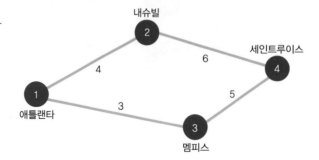

+ 분지에 붙어 있는 값들은 일반적으로 거리, 시간, 비용을 나타낸다.

그림 7.1에 나타난 네트워크는 4개의 마디와 4개의 분지를 가지고 있다. 애틀랜타를 나타내는 마디를 출발지로 보면, 나머지 3개의 마디는 목적지로 볼 수 있다. 목적지, 출발지는 네트워크로부터 무엇을 결정하려고 하는지에 따라 달라진다. 각 마디에는 숫자가 붙어 있다. 이렇게 숫자로 마디나 분지를 지칭하면 이름을 사용하는 것보다 더 편리하다. 예를 들어 출발지(애틀랜타)를 마디 1로 부르고, 애틀랜타에서 내슈빌로 가는 분지는 분지 1-2로 부른다.

일반적으로 각 분지에 붙여진 값은 거리, 시간, 비용 등을 나타낸다. 따라서 네트워크의 목적은 네트워크 내의 마디들 사이의 최단 거리, 최소 시간, 최소 비용 등을 찾는 데 있다. 그림 7.1에서 4개의 분지에 할당된 값 4, 6, 3, 5는 해당 마디 사이의 소요 시간을 시간 단위로 표시한 것이다. 따라서 여행자는 세인트루이스까지의 소요 시간이 내슈빌을 거치면 10시간이지만, 멤피스를 거치면 8시간이라는 것을 알 수 있다.

최단경로 문제

+ **최단경로 문제**
출발지와 여러 목적지 간의 최단 거리를 갖는 경로를 찾는 문제이다.

최단경로 문제(shortest route problem)는 출발지와 여러 목적지 사이의 가장 짧은 거리의 경로를 찾는 문제이다. 예를 들면, 스테이지코치 화물 회사는 6대의 트럭으로 오렌지를 로스앤젤레스에서 서부와 중서부에 위치한 6개 도시로 수송한다고 가정해보자. 그림 7.2에는 로스앤젤레스와 도착 도시들 간의 경로와 트럭으로 각 분지를 이동하는 데 소요되는 시간이 표시되어 있다.

그림 7.2
로스앤젤레스 출발 수송 경로

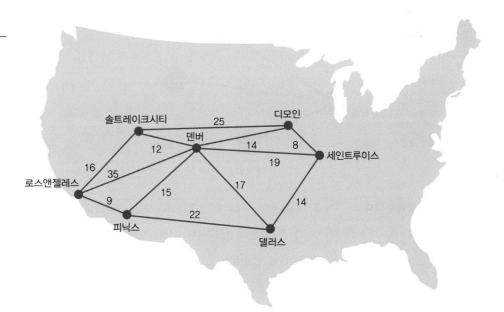

화물 회사 관리자는 트럭들이 각자의 목적지까지 도달하기 위한 (소요 시간이 가장 짧은) 최적 경로를 결정하고 싶어 한다. 이 문제는 최단경로 문제 해법을 통해 풀 수 있다. 이 해법

그림 7.3

수송 경로 네트워크

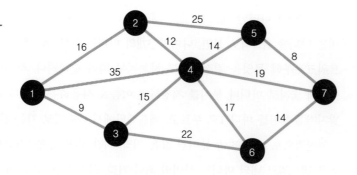

+ 출발지(마디 1)에서 가장 가까운 마디 3까지 가는 최초 최단경로를 설정한다.

을 적용하기 위해서는 그림 7.3과 같이 트럭 경로들을 네트워크로 표현하면 편리하다.

그림 7.3과 관련하여 문제의 목적을 다시 정리하면, 출발지(마디 1)로부터 6개의 목적지(마디 2부터 마디 7)까지의 최단경로를 찾는 것이다.

최단경로 해법의 접근 방법

최단경로 문제 해법은 마디 1(출발지)에 직접 연결된 마디들까지의 최단 시간을 찾는 것으로 시작한다. 그림 7.4를 보면, 마디 1과 직접 연결되어 있는 세 마디는 2, 3 그리고 4이다. 세 마디 중에서 가장 짧은 시간은 마디 3까지 가는 9시간이다. 따라서 마디 1에서 마디 3으로의 (로스앤젤레스에서 피닉스로의) 첫 번째 최단경로를 정했다. 마디 1과 마디 3을 영구집합(permanent set)이라고 부르는데, 이 마디들까지는 최단경로가 찾아졌음을 의미한다(마디 1로 가는 경로는 없으므로 마디 1은 영구집합에 자동으로 속한다).

+ 영구집합
최단경로가 이미 찾아진 마디들의 집합이다.

그림 7.4

영구집합에 마디 1만 있는 네트워크

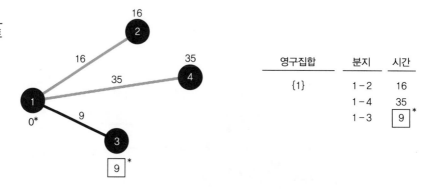

영구집합	분지	시간
{1}	1 – 2	16
	1 – 4	35
	1 – 3	9 *

+ 영구집합에 직접 연결된 마디를 모두 찾는다.

그림 7.4를 보면 마디 3으로의 최단경로는 두꺼운 선으로 그려져 있고, 마디 3으로의 최단 시간(9시간)은 박스로 표시되어 있다. 그림 7.4에 첨부된 표는 최단경로를 선택하는 절차를 나타내고 있다. 영구집합에는 마디 1만 있다. 마디 1로부터 나가는 3개의 분지는 1-2, 1-4, 1-3이며, 이 중 마지막 분지에서 최단 시간인 9시간이 소요된다.

다음으로, 마디 3까지 최단경로를 찾는 데 사용된 앞의 절차들을 반복한다. 먼저 영구집합(마디 1과 마디 3)에 포함된 마디들과 직접 연결된 다른 마디들을 찾아야 한다. 그림 7.5에서 볼 수 있듯이 마디 2, 4, 그리고 6은 마디 1, 3과 직접 연결되어 있다.

그림 7.5

영구집합에 마디 1과 3이 있는
네트워크

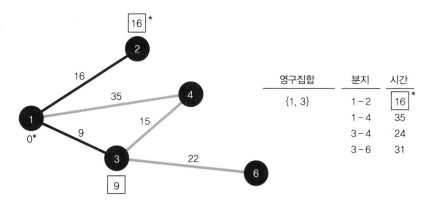

영구집합	분지	시간
{1, 3}	1 - 2	16 *
	1 - 4	35
	3 - 4	24
	3 - 6	31

+ 영구집합을 다시 설정한다.

다음 단계는 영구집합과 직접적으로 연결된 세 마디(2, 4, 6)까지의 최단경로를 찾는 것이다. 마디 1에서 시작하는 분지는 2개가 있으며(1-2와 1-4) 마디 3에서 시작하는 분지도 2개가 있다(3-4와 3-6). 최단 시간의 분지는 마디 2로 가는 것이며, 16시간이 소요된다. 따라서 마디 2는 영구집합에 속해진다. 그림 7.5에 첨부된 계산을 살펴보면 마디 6(분지 3-6)까지는 31시간인데, 이는 마디 3까지 가는 최단경로의 9시간과 분지 3-6의 22시간을 합친 시간이다.

다음 과정으로 가면, 영구집합은 마디 1, 2, 3으로 구성된다. 이는 마디 1, 2, 3으로 가는 최단경로는 찾았음을 의미한다. 이제 영구집합에 있는 마디들과 직접 연결되어 있는 마디들을 찾아야 한다. 마디 5는 영구집합과 현재까지 연결되지 않은 유일한 인접 마디이고, 마디 2와 직접 연결되어 있다. 그리고 마디 4는 이제 마디 2와 직접적으로 연결된다(왜냐하면 마디 2가 영구집합이 되었기 때문이다). 이렇게 수정한 결과는 그림 7.6에 나타나 있다.

그림 7.6

마디 1, 2, 3이 영구집합에 있는
네트워크

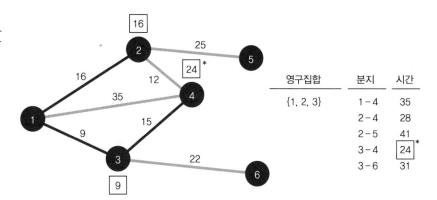

영구집합	분지	시간
{1, 2, 3}	1 - 4	35
	2 - 4	28
	2 - 5	41
	3 - 4	24 *
	3 - 6	31

그림 7.6의 첨부된 표에서 볼 수 있듯이, 5개의 분지에 의해 영구집합의 마디 1, 2, 3과 바로 인접한 마디들이 연결된다. 최단 경로는 24시간의 시간을 갖는 분지 3-4이다. 따라서 마디 4로 가는 최단경로를 찾았고 마디 4를 영구집합에 포함시킨다. 여기서 마디 4까지 가는 최단 시간(24시간)은 마디 1에서 마디 3을 경유하는 경로의 시간임을 주목하자. 마디 4로 가는 다른 경로인 마디 1 또는 마디 2를 경유하는 경로는 더 오래 걸린다. 따라서 이러한 경로는 마디 4로의 경로로 더 이상 고려되지 않는다.

요약하면, 마디 1, 2, 3, 4까지의 최단경로는 모두 결정되었고 이 마디들은 영구집합을 형

성한다. 다음으로 영구집합 마디들에 직접 연결된 마디들을 찾는 과정을 반복한다. 그림 7.7
에서 보듯이 직접 연결된 마디들은 5, 6, 7이다. 그림 7.7을 보면 마디 1과 2에서 4로 향하는
분지를 모두 제거해 놓은 것을 알 수 있는데, 그 이유는 마디 4로의 최단경로는 이 분지들을
포함하지 않기 때문이다.

그림 7.7

마디 1, 2, 3, 4가 영구집합에
있는 네트워크

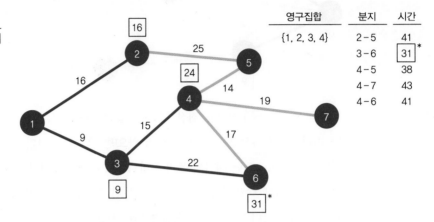

그림 7.7에 첨부된 표에 의하면, 마디 5, 6, 7로 향하는 분지들 중에서 분지 3-6이 31시간
의 가장 짧은 누적 시간을 가진다. 따라서 영구집합에 마디 6이 추가된다. 이는 마디 1, 2, 3,
4, 6으로 가는 최단경로들을 찾았음을 의미한다.

이전 과정을 다시 반복하면 그림 7.8에서 보듯이 영구집합에 직접 연결된 마디들은 마디 5
와 7임을 알 수 있다. 이때 분지 4-6은 제거되었는데 마디 6으로 가는 최단경로는 마디 4가
아니라 마디 3을 경유하기 때문이다.

그림 7.8

마디 1, 2, 3, 4, 6이 영구집합
에 있는 네트워크

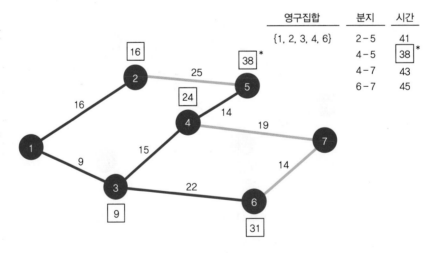

영구집합에 포함된 마디로부터 마디 5와 7을 향하는 분지들 중에, 분지 4-5가 38시간으
로 가장 짧은 누적 시간을 가진다. 따라서 마디 5도 영구집합에 포함된다. 이제 마디 1, 2, 3,
4, 5, 6(그림 7.8에서 굵은 선으로 나타낸 분지들과 같이)에 도달하기 위한 최단 시간 경로를 찾아
냈다.

그림 7.9에서 보는 것과 같이, 영구집합에 직접 연결되는 마디는 이제 마디 7만 남았다. 마

디 7과 영구집합을 연결하는 3개의 분지들 중에서 4-7이 43시간으로 가장 짧은 시간을 가진다. 따라서 마디 7도 영구집합에 포함된다.

그림 7.9

마디 1, 2, 3, 4, 5, 6이 영구집합에 있는 네트워크

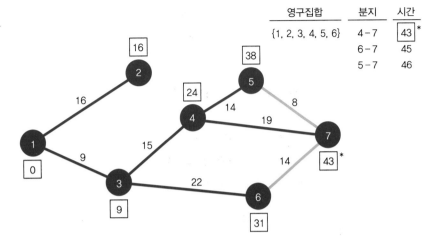

출발지(마디 1)로부터 여섯 개 마디들까지의 최단 시간 경로와 그 소요 시간은 그림 7.10과 표 7.1에 정리되어 있다.

그림 7.10

로스앤젤레스로부터 모든 목적지까지의 최단경로

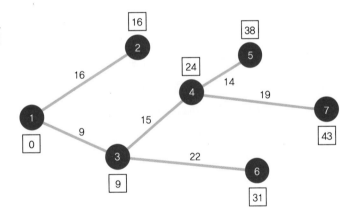

표 7.1

최단경로 해법의 단계들

목적지	경로	전체 소요시간
솔트레이크시티(마디 2)	1-2	16
피닉스(마디 3)	1-3	9
덴버(마디 4)	1-3-4	24
디모인(마디 5)	1-3-4-5	38
댈러스(마디 6)	1-3-6	31
세인트루이스(마디 7)	1-3-4-7	43

최단경로 해법의 수행 단계를 요약하면 다음과 같다.

단계 1. 출발지로부터 최단경로로 직접 연결된 마디를 선택한다.

단계 2. 단계 1에서 선택된 마디와 출발지 마디로 이루어진 영구집합을 만든다.

단계 3. 영구집합의 마디들과 직접 연결된 모든 마디를 찾는다.

단계 4. 영구집합과 직접 연결된 마디 중에서 최단경로(분지)를 가지는 마디를 선택한다.

단계 5. 모든 마디가 영구집합에 포함될 때까지 단계 3과 4를 반복한다.

윈도우용 QM을 이용한 최단경로 문제의 컴퓨터 해법

윈도우용 QM은 이 장에서 다루는 세 가지 네트워크 흐름 모형—최단경로, 최소신장나무, 최대유통—을 위한 모듈을 포함하고 있다. 스테이지코치 화물 회사의 마디 1에서 7까지의 최단경로를 찾는 문제의 윈도우용 QM 해법은 제시 7.1에 있다.

제시 7.1

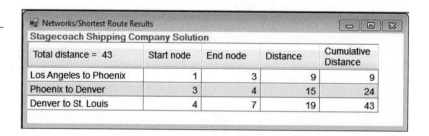

제시 7.1의 해법 화면은 시작 마디 1(로스앤젤레스)에서부터 도착 마디 7(세인트루이스)까지의 최단경로를 보여주고 있다. 해법 화면 상단에서 희망하는 출발지와 목적지를 선택함으로써 네트워크의 임의의 출발지에서 임의의 목적지까지의 최단경로를 찾을 수 있다. 예를 들어 마디 1에서 출발하여 마디 5까지의 최단경로는 제시 7.2와 같이 구할 수 있다.

제시 7.2

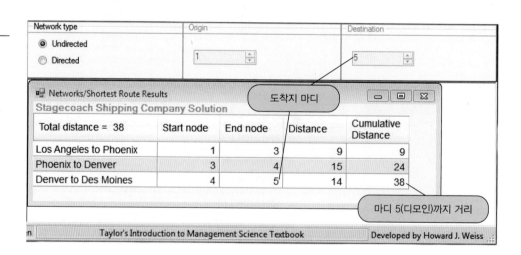

엑셀을 이용한 최단경로 문제의 컴퓨터 해법

최단경로 문제는 엑셀 스프레드시트를 통해 0-1의 정수 선형계획법 문제로 정형화하여 풀수 있다. 선형계획법 모형으로 표현하기 위해 먼저 네트워크 내의 각 분지를 나타내는 의사결정 변수를 다음과 같이 정의한다.

x_{ij} = 만약 분지 $i - j$가 최단경로에 포함되지 않으면 0, 만약 분지 $i - j$가 포함되면 1

모형을 표현하는 데 있어 복잡성과 크기를 줄이기 위해, 개체는 반드시 낮은 숫자 마디에서 높은 숫자 마디(예를 들어 3에서 4는 가능하지만 4에서 3은 안 된다)로 흘러간다고 가정한다. 이 가정은 고려해야 할 분지의 수와 변수의 수를 크게 줄여 준다.

목적함수는 위에서 설정한 각 분지의 값에 분지의 소요 시간을 곱한 결과의 합을 최소화하는 것으로 표현된다.

$$\text{minimize } Z = 16x_{12} + 9x_{13} + 35x_{14} + 12x_{24} + 25x_{25} + 15x_{34} + 22x_{36} + 14x_{45} + 17x_{46}$$
$$+ 19x_{47} + 8x_{57} + 14x_{67}$$

각 마디에는 한 가지 제약이 존재하는데, 마디에 무엇이든 들어오면 다시 모두 나가야 한다는 것이다. 이 제약을 흐름의 보존(conservation of flow)이라고 부른다. 즉, 마디 1(로스앤젤레스)을 떠나 분지 1-2, 분지 1-3, 또는 분지 1-4를 통해 가는 "트럭"의 수는 하나라는 것이다. 이 제약은 다음과 같이 표현된다.

$$x_{12} + x_{13} + x_{14} = 1$$

마디 2에서 1대의 트럭이 분지 1-2를 통해 들어올 수 있고, 2-4나 2-5를 통해 떠났다고 하면 다음과 같다.

$$x_{12} = x_{24} + x_{25}$$

이 제약식을 다음과 같이 다시 쓸 수 있다.

$$x_{12} - x_{24} - x_{25} = 0$$

마디 3, 4, 5, 6, 7에서도 유사한 방식으로 제약식이 만들어지며, 완전한 선형계획법 모형은 다음과 같이 요약된다.

$$\text{minimize } Z = 16x_{12} + 9x_{13} + 35x_{14} + 12x_{24} + 25x_{25} + 15x_{34} + 22x_{36} + 14x_{45} + 17x_{46}$$
$$+ 19x_{47} + 8x_{57} + 14x_{67}$$

subject to

$$x_{12} + x_{13} + x_{14} = 1$$
$$x_{12} - x_{24} - x_{25} = 0$$
$$x_{13} - x_{34} - x_{36} = 0$$
$$x_{14} + x_{24} + x_{34} - x_{45} - x_{46} - x_{47} = 0$$
$$x_{25} + x_{45} - x_{57} = 0$$
$$x_{36} + x_{46} - x_{67} = 0$$

$$x_{47} + x_{57} + x_{67} = 1$$

$$x_{ij} = 0 \text{ 또는 } 1$$

이 모형은 다른 선형계획법 문제와 같은 방식으로 엑셀 스프레드시트 해 찾기(Solver)를 사용하여 풀 수 있다. 제시 7.3은 스테이지코치 화물 회사 문제를 풀기 위한 스프레드시트 설정을 보여 주고 있다. 의사결정변수 x_{ij}는 셀 A6 : A17로 표현된다. 따라서 이 셀들의 값 중 1은 그 분지가 최단경로의 한 부분으로 선택되었다는 것을 의미한다. 셀 F6 : F17은 각 분지의 소요 시간을 담고 있으며, 화면 상단 수식 칸에 표현된 목적함수는 셀 F18에 담겨 있다. 모형에서 각 마디의 흐름을 반영하는 제약식들은 스프레드시트 오른쪽에 위치한 표에 담겨 있다. 예를 들어 마디 1의 제약식을 담고 있는 셀 I6에는 = A6 + A7 + A8, 그리고 마디 2의 제약식을 담고 있는 셀 I7에는 = A6 − A9 − A10가 들어 있다.

제시 7.3

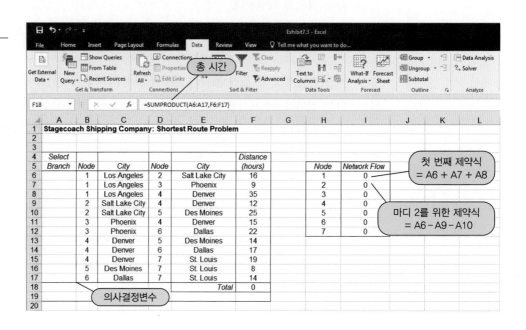

제시 7.4는 해 찾기 매개변수(Solver Parameters) 화면이며 엑셀 메뉴 "데이터(Data)"에서 선택할 수 있다. 셀 I6에 들어 있는 마디 1의 제약식 값이 1인 것은 마디 1에서 트럭 1대가 떠난다는 것을 의미하고, 또 셀 I12에 적힌 마디 7의 제약식의 값이 1인 것은 마디 7에 트럭 1대가 도착한다는 것을 의미한다. 이 모형은 정수계획법이므로 "옵션(Options)"을 눌러 "정수 제한 조건 무시(Ignore Integer Constraints)" 버튼을 비활성화해야 한다.

제시 7.4

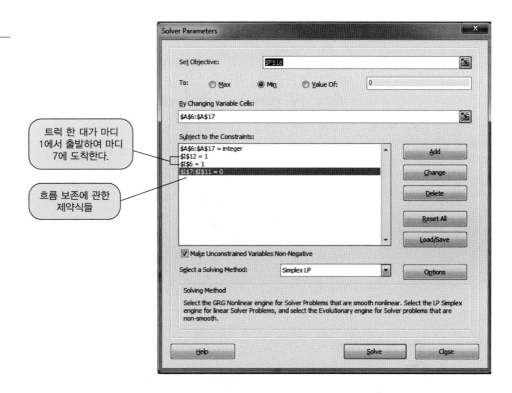

엑셀의 해는 제시 7.5에 나타나 있다. 셀 A7, A11, A15가 값 1을 가지고 있고, 이는 해당 분지 1-3, 3-4, 4-7이 최단경로 상에 있다는 것을 의미한다. 총 소요 시간은 43시간이며 셀 F18에 나타나 있다.

제시 7.5

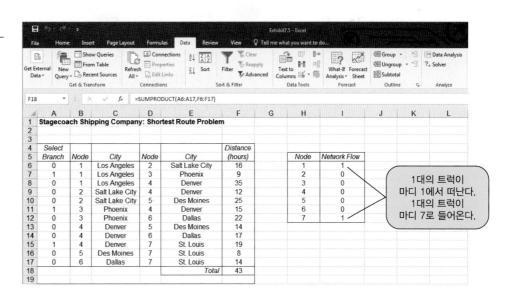

최소신장나무 문제

앞 절에서 다루었던 최단경로 문제의 목적은 네트워크 내에서 출발지와 목적지 사이의 최단경로를 찾는 것이었다. 예제 문제에서 로스앤젤레스로부터 여섯 곳의 도착 도시까지의 최단경로를 결정하였다. 최소신장나무 문제(Minimal Spanning Tree Problem)는 최단경로 문제와 유사하지만, 목적이 전체 분지의 길이의 합은 최소화하면서 네트워크 내의 모든 마디를 연결하는 것에 있다는 점이 다르다. 도출된 네트워크에서는 거리의 합이 최소화되면서 네트워크 내의 모든 점이 연결되어 있다.

+ 최소신장나무 문제는 분지들의 거리의 합을 최소화하면서 네트워크의 모든 마디를 연결한다.

최소신장나무 문제의 예로 다음 예제를 살펴보자. 메트로 케이블 텔레비전 회사는 7개의 마을로 구성되어 있는 지역 사회에 텔레비전 케이블 시스템을 설치하려고 한다. 각 마을은 반드시 주케이블 시스템에 연결되어 있어야 한다. 케이블 텔레비전 회사는 최소한의 길이로 케이블을 설치하도록 주케이블 네트워크를 설계하려고 한다. 케이블 텔레비전 회사의 (지역 의회로부터 허가받은) 가능한 경로들과 각 케이블의 길이(1,000피트 단위)가 그림 7.11에 나타나 있다.

그림 7.11

가능한 케이블 경로들의 네트워크

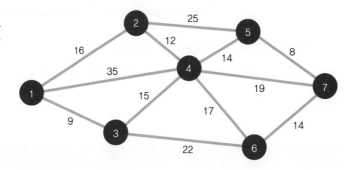

그림 7.11에서 마디 1로부터 2까지의 분지는 마을 1과 마을 2 사이에 가능한 케이블 경로를 나타낸다. 이 분지는 1만 6,000피트 길이의 케이블이 필요하다. 그림 7.11의 네트워크는 최단경로 문제를 설명하기 위해 사용했던 그림 7.2의 네트워크와 동일하다. 이 네트워크들은 두 가지 네트워크 모형으로부터 나온 결과의 차이를 보여 주기 위해 일부러 동일하게 만든 것이다.

최소신장나무 해법

+ 네트워크의 임의의 마디에서 시작하여 가장 가까운 마디를 선택하여 신장나무에 연결한다. 이후에는 신장나무의 마디에서 가장 가까운 마디를 선택한다.

최소신장나무 문제에 대한 해법은 최소경로 문제의 해법보다 더 간단하다. 최소신장나무 해법은 네트워크의 임의의 마디에서 시작할 수 있다. 그러나 통상적으로 마디 1에서 시작한다. 마디 1에서 시작하여 가장 가까운 마디(즉, 가장 짧은 분지)를 찾아 신장나무에 연결시킨다. 마디 1로부터 가장 가까운 마디는 3이고, 길이는 9(1,000피트 단위)이다. 이 분지는 그림 7.12에서 굵은 선으로 표현되어 있다.

그림 7.12

그림 7.12

마디 1과 3으로 이루어진 신장나무

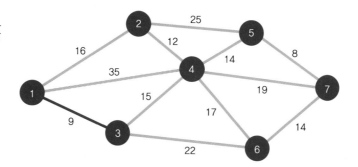

이제 마디 1, 3으로 이루어진 신장나무가 만들어졌다. 다음 단계는 신장나무에서 가장 가까운 마디를 선택하는 것이다. 마디 1이나 마디 3으로부터 가장 가까운 것은 마디 4번이고 분지의 길이는 1만 5,000피트이다. 마디 4번이 추가된 신장나무가 그림 7.13에 나타나 있다.

그림 7.13

마디 1, 3, 4로 이루어진 신장나무

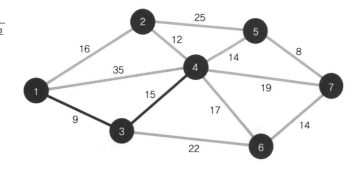

다음으로 현재의 신장나무(마디 1, 3, 4)를 얻는 데 사용했던 방법을 그대로 반복한다. 현재의 신장나무로부터 가장 가까운 마디를 선택한다. 현재의 신장나무에 있지 않은 마디 중 가장 가까운 마디는 마디 2이다. 마디 4로부터 마디 2까지의 거리는 1만 2,000피트이다. 신장나무에 마디 2를 추가한 것이 그림 7.14에 나타나 있다.

그림 7.14

마디 1, 2, 3, 4로 이루어진 신장나무

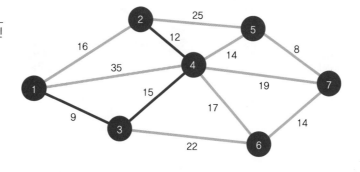

신장나무는 이제 마디 1, 2, 3, 4를 포함하고 있다. 신장나무에 가장 가까운 다음 마디는 5이고 마디 4와 1만 4,000피트의 거리에 있다. 따라서 마디 5가 그림 7.15와 같이 신장나무에 추가된다.

그림 7.15

마디 1, 2, 3, 4, 5로 이루어진 신장나무

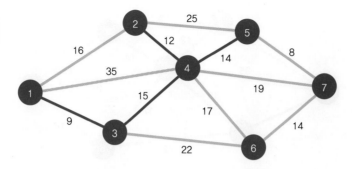

신장나무는 이제 마디 1, 2, 3, 4, 5를 포함한다. 연결되지 않은 마디 중에서 신장나무에 가장 가까운 마디는 7이다. 마디 7에서 마디 5를 잇는 분지의 길이는 8,000피트이다. 그림 7.16은 마디 7을 종전의 신장나무에서 추가한 것이다.

그림 7.16

마디 1, 2, 3, 4, 5, 7로 이루어진 신장나무

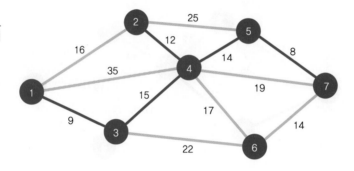

이제 신장나무는 마디 1, 2, 3, 4, 5, 7을 포함하고 있으며, 포함되지 않은 유일한 마디는 6이다. 마디 6에 가장 가까운 마디는 7이고 1만 4,000피트 떨어져 있다. 모든 7개의 마디를 잇는 최종적인 신장나무가 그림 7.17에 나타나 있다.

그림 7.17

케이블 TV 네트워크의 최소신장나무

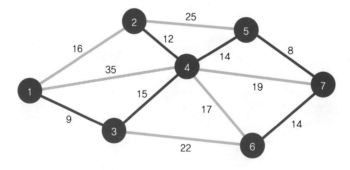

그림 7.17의 신장나무에 의하면, 7개의 마을을 모두 잇기 위한 최소의 텔레비전 케이블 길이는 7만 2,000피트이다. 마디 1이 아닌 다른 마디에서 시작하더라도 동일한 최소신장나무가 얻어진다.

그림 7.17의 최소신장나무 네트워크와 그림 7.10의 최단경로 네트워크와의 차이를 살펴보면, 최단경로 네트워크는 출발지와 각 목적지 간의 최단경로를 나타낸다(즉, 6개의 다른 경로를

필요로 한다). 반면, 최소신장나무 네트워크는 총 거리를 최소화시키면서 모든 마디를 연결하는 방법을 보여준다.

+ 최소신장나무 문제 해법의 단계들

요약하면, 최소신장나무 문제의 해법은 다음과 같다.

단계 1. 임의의 한 마디(일반적으로 마디 1)를 시작점으로 선택한다.

단계 2. 시작 마디로부터 가장 가까운 마디를 선택하여 신장나무에 추가한다.

단계 3. 현재의 신장나무에 가장 가까운 마디를 추가한다.

단계 4. 모든 마디가 포함될 때까지 단계 3을 반복한다.

경영과학 응용 사례

이탈리아에서 우유 회수를 위한 최적 경로 결정

ASSO.LA.C는 이탈리아의 유제품 회사로서 여러 마을의 농장으로부터 원유를 조달한다. 많은 농장들이 소규모여서 탱크 트럭이 트레일러를 매단 채로 접근하기가 어렵다. 따라서 트레일러를 탱크 트럭에서 분리하여 정차시키고, 트럭이 농장을 방문하여 우유를 회수한 후, 트레일러가 다시 트럭에 연결된다. 농장에서 우유를 회수한 다음에 우유는 중앙 창고로 수송된다. 트럭들은 수송하는 우유의 종류에 따라 구분되어 있으며, 특정 종류의 우유를 실은 트럭은 다른 종류의 우유를 운송할 수 없다.

이 문제는 다음과 같은 제약식을 갖는다. 농장들로 이루어진 네트워크의 각 마디는 상차(上車) 지점 또는 (트레일러 분리를 위한) 정차 지점이 될 수 있다. 탱크 트럭은 용량을 초과하여 실을 수 없다. 복수 개의 트럭들이 특정 농장으로부터 우유를 회수할 수 있다. 경로를 따라 우유를 회수하는 데 소요되는 시간은 교대조의 근무시간을 초과할 수 없다. 각 그룹의 트럭들은 한 종류의 우유만을 수송할 수 있다. 이 문제의 해결 방법은 두 개의 수리모형으로 구성되는데, 하나는 트럭 대수를 최소화하는 모형이고 다른 하나는 회수 경로의 길이를 최소화하는 모형이다.

시범 사례에서 이 회사는 이탈리아 남부 지방에 있는 4개 마을의 158개 농장으로부터 우유를 수집하여 중앙창고로 운송하였다. 모형의 해법을 사용하여 트럭의 총 이동거리를 14.4% 단축하였고 트럭의 적재률을 85%에서 95%로 개선하였다. 이로 인해 연간 1만 66,000유로를 절감하였다. 이러한 수송비용 절감으로 이 회사는 농장에 더 높은 가격을 지불할 수 있었고 이로 인해 더 많은 우유를 회수할 수 있게 되었다.

© blojfo/Shutterstock

자료 : M. Caramia and F. Guerriero, "A Milk Collection Problem with Incompatibility Constraints," *Interfaces* 40, no. 2 (March–April 2010): 130–43.

윈도우용 QM을 이용한 최소신장나무 문제의 컴퓨터 해법

윈도우용 QM을 이용하여 메트로 케이블 텔레비전 회사 문제의 최소신장나무를 구한 결과가 제시 7.6에 나타나 있다.

제시 7.6

Networks/Minimum Spanning Tree Results					
Metro Cable Television Company Solution					
Branch name	Start node	End node	Cost	Include	Cost
1	0	2	16		
2	1	3	9	Y	9
3	1	4	35		
4	2	4	12	Y	12
5	2	5	25		
6	3	4	15	Y	15
7	3	6	22		
8	4	5	14	Y	14
9	4	6	17		
10	4	7	19		
11	5	7	8	Y	8
12	6	7	14	Y	14
Total					72

최대유통 문제

최단경로 문제에서는 출발지(로스앤젤레스)로부터 여섯 개의 목적지로 가는 최단경로를 결정하였다. 최소신장나무 문제에서는 최단 길이로 텔레비전 케이블을 연결하는 네트워크를 찾았다. 이 두 문제에서는 어떤 분지도 용량에 제한이 없었다. 그러나 네트워크 문제에서는 많은 경우에 분지의 용량에 한계가 있다. 이러한 네트워크에서의 목적은 출발지에서 목적지로 흘러가는 유량을 최대화하는 것이다. 이러한 문제를 최대유통 문제라고 한다.

+ 최대유통 문제는 출발지에서 목적지로 가는 유량을 최대화한다.

최대유통 문제(Maximal Flow Problem)에는 파이프라인으로 이루어진 네트워크를 통해 흘러가는 물, 가스, 기름 등의 흐름을 다룬다. 또한 문서 처리 시스템(예를 들어, 정부 기관)을 따라 흘러가는 문서, 도로망을 통해서 이동하는 교통 흐름, 생산 라인 시스템을 따라 흘러가는 제품의 흐름 등을 다룬다. 이러한 네트워크의 분지는 제한되며 서로 상이한 용량을 가진다. 이런 조건하에서, 의사결정자는 시스템을 통해서 흘러갈 수 있는 최대유량을 결정하기를 원한다.

그림 7.18은 오마하에서 세인트루이스로 이어지는 철도 네트워크이다. 스콧 트랙터 회사는 철도를 이용해서 트랙터의 부품을 오마하에서 세인트루이스로 수송한다. 그러나 각 분지별로 일주일에 사용할 수 있는 철도 차량의 숫자는 계약에 의해 제한되어 있다.

그림 7.18

철도 시스템 네트워크

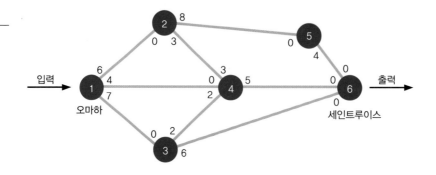

주어진 제한된 조건에서, 이 회사는 일주일 동안 오마하에서 세인트루이스로 수송되는 트랙터 부품을 적재할 열차의 최대 개수를 알고자 한다. 각 분지에서 사용 가능한 열차의 개수는 각 마디(철도의 교차점을 나타냄)의 바로 오른쪽에 명시되어 있다. 예를 들어 마디 1의 오마하에서 마디 2로는 열차 6량이 가용하고, 마디 2에서 마디 5로는 8량이 가용하다. 마디 4에서 마디 6의 세인트루이스로는 5량이 가용하다. 각 마디의 바로 왼편에 있는 숫자는 분지의 반대 방향으로 수송 가능한 차량 대수를 나타낸다. 예를 들어서 마디 2에서 마디 1로의 가능 차량은 없다. 마디 1에서 마디 2로의 분지는 유방향 분지(directed branch)라고 하는데, 그 이유는 마디 1에서 마디 2로의 수송만 가능하고 반대편으로의 수송은 불가능하기 때문이다. 마디 2와 4 사이, 그리고 마디 3과 4 사이에서는 양 방향의 수송이 가능한데, 이들은 무방향 분지(undirected branch)라고 불린다.

+ 유방향 분지의 경우 한쪽 방향으로만 흐름이 가능하다.

최대유통 문제 해법

+ 출발지에서 목적지로 가는 경로 중 임의의 경로를 선택하여 가능한 한 많은 양을 흘러 보낸다.

철도 시스템에서 최대 가능 유량을 찾는 첫 단계는 출발지로부터 목적지로 가는 임의의 경로를 선택하고 그 경로에 최대한 많은 양을 수송하는 것이다. 그림 7.19에서는 임의로 1-2-5-6의 경로를 선택하였다. 이 경로로 보낼 수 있는 최대 차량 수는 4대이다. 최대 차량 수가 4대로 제한받는 이유는 마디 5와 마디 6 사이의 최대 차량 수가 4대이기 때문이다. 아래의 그림 7.19에 이 경로가 나타나 있다.

쉬어가기

딕스트라, 포트 주니어 그리고 풀커슨

1959년에 네덜란드의 딕스트라(E. W. Dijkstra)는 이 장에 소개된 최소신장나무와 최단경로 문제에 대한 해법을 제안하였다. 그보다 앞서 1955년 RAND 사의 포트 주니어(L. R. Ford, Jr.)와 풀커슨(D. R. Fulkerson, 조지 단치히의 친구들이기도 함)은 수송 문제에서 진화한 최대흐름 네트워크 문제의 해법을 발표하였다. 최초로 분석했던 문제는 도시들을 연결하는 철도 네트워크였는데 이 네트워크에서는 철도 구간마다 용량 제한이 있었다.

마디 1과 마디 2 사이와 마디 2와 마디 5 사이의 잔여 용량이 각각 2, 4대임을 주목하자. 그리고 마디 5와 마디 6 사이에는 잔여 용량이 없다. 이 값들은 각 마디의 가능한 차량 대수

그림 7.19

경로 1-2-5-6의 최대유량

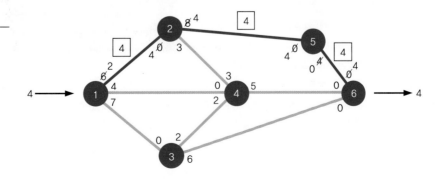

에서 4대를 차감함으로써 얻어진다. 각 마디 사이의 실제 유량을 나타내는 4에 대해서는 박스가 쳐져 있다. 마디 1에 들어가는 현재 차량 대수와 마디 6에서 나가는 차량 대수도 역시 표시되었음을 주목하자.

이 경로에 대해 마지막으로 수행해야 할 조정 작업은 경로 1-2-5-6의 각 마디마다 4대라는 지정된 유량을 마디 왼쪽 값에 더해 주는 것이다. 이 숫자들은 반대 방향으로 흘러갈 수 있는 유량을 나타낸다. 따라서 마디 2, 5, 6의 왼쪽 값인 0에 4라는 값을 더한다. 불가능한 방향으로 이렇게 유량을 지정하는 것은 일견 모순으로 보일 수 있으나, 이는 각 분지를 따라 흘러가는 순유량(net flow)을 계산하기 위한 방법이다(예를 들어, 만약 나중 단계에서 마디 5로부터 마디 2로의 유량 1을 흘러보낸다면, 올바른 방향의 유량은 올바른 방향의 종전 유량인 4에서 잘못된 방향으로 가는 유량 1을 차감함으로써 구할 수 있다. 이 결과가 올바른 방향의 순유량이라고 할 수 있다).

철도 차량을 고객들에게 배분하기

CSX Transportation은 미국의 주요 철도화물 회사 중 하나로서 2만 1,000마일의 철도 네트워크와 3만 5,000명의 종업원을 보유하고 있다. CSX는 미국과 캐나다의 동부 지역에 있는 23개 주의 70개 항구에 서비스를 제공하고 있으며 연매출은 110억 달러에 달한다. CSX는 매일 수백 대의 공차(空車)(즉, 박스차, 곤돌라, 호퍼차, 탱크차)를 고객들에게 배분한다. CSX는 공차를 고객이 화물을 상차하는 장소로 수송하고, 화물이 열차에 실어지면, 고객의 목적지까지 열차를 수송한다. 목적지에서 화물이 하차되면, 공차는 다른 고객 주문 처리에 사용된다. 공차 배분 문제는 규모가 크고 복잡하며 비용에 상당한 영향을 끼친다.

CSX는 9만 대의 열차를 보유하고 있으며, 철도 네트워크에 있는 수천 개의 장소에 매일 열차를 재배치한다. 공차를 매일 수십만 마일 운반하게 되면, 철로와 열차가 마모되고, 운반을 위해 별도의 열차가 필요해지며, 조차장(操車場)이 혼잡해지지만 수익은 전혀 창출되지 못한다. 이 회사는 고객들에게 최소의 비용으로 공차를 제공하기를 원하며, 가용한 공차 대수는 하루 동안에도 끊임없이 변한다.

CSX은 해결책으로 네트워크 흐름 최적화 모형을 사용하였다. 이 모형의 목적함수는 공차 수송 비용을 최소화하는 것인데, 수송 비용에는 열차의 이동 거리 비용, 시간 및 취급 비용, 지연이나 잘못된 배분으로 인한 위약금 등이 포함된다. 모형의 제약조건으로는 모든 주문이 충족되어야 하고, 각 유형의 열차 공급량을 초과할 수 없으며, 허용된 시간 안에 열차를 운송해야 하고,

주문한 유형의 열차가 배송되어야 한다는 조건 등이 있다. 공급과 수요 변화와 같은 변동 상황에 즉각적으로 대응하기 위해 모형을 하루 내내 15분마다 풀게 된다.

CSX는 공차 배분 시스템을 통해 연간 510만 달러를 절감하고 시스템 도입 이래 수년 동안 총 5,610만 달러를 절감한 것으로 추정하고 있다. 또한, 이 시스템으로 인해 1만 8,000대의 신규 열차를 도입하는 데 들어가는 14억 달러의 자본 지출을 막을 수 있었던 것으로 추정하고 있다. 나아가 고속도로 안전성 향상, 혼잡/공해/온실가스 배출 감소, 정부 지원 철도 유지비용 감소 등을 통해 6,000만 달러의 공익을 창출한 것으로 추정하고 있다.

© Eric Bechtold/Alamy Stock Photo

자료 : M. Gorman, D. Acharya, and D. Sellers, "CSX Railway Uses OR to Cash In on Optimized Equipment Distribution," *Interfaces* 40, no. 1 (January–February 2010): 5–16

이제 해를 찾는 과정의 첫 회를 마쳤고, 이와 같은 과정을 반복해야 한다. 이번에도 그림 7.20과 같이 임의의 경로 1-4-6을 선택한다. 이 경로의 최대유량은 4대이며, 이는 각 마디로 부터 차감된다. 이로써 네트워크의 총 유량은 8대로 증가한다(경로 1-4-6의 유량이 그림 7.19에서 계산된 종전의 유량에 더해지기 때문이다).

그림 7.20

경로 1-4-6의 최대유량

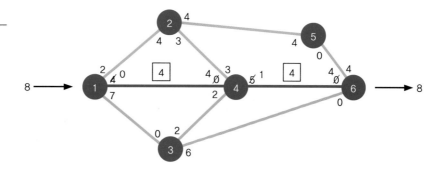

마무리로, 4번 마디와 6번 마디의 경로 역방향으로 4대의 차량이 추가된다.

이제 임의의 경로를 또 하나 선택한다. 이번에는 1-3-6로 가는 경로를 선택하고, 이 경로의 최대유량은 6대이다. 6대의 유량을 1-3-6 상의 각 분지에서 차감하고, 경로 반대 방향의 분지에 6대를 더하면 그림 7.21과 같아진다.

그림 7.21

경로 1-3-6의 최대유량

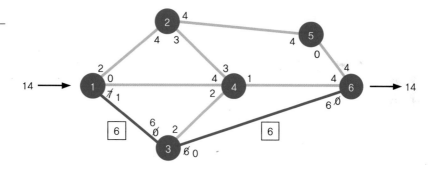

이 경로의 유량 6을 종전 유량인 8에 더하면, 총 유량은 14대가 된다.

이 시점에서 추가로 선택할 수 있는 경로의 수가 제한되어 있음을 주목하자. 예를 들어, 마디 3에서 마디 6으로 가는 경로는 선택할 수 없는데, 그 이유는 해당 경로의 잔여 용량이 0이기 때문이다. 마찬가지로, 마디 1에서 마디 4로 가는 분지를 포함하는 경로도 선택할 수 없다.

경로 1-3-4-6의 가능한 유량은 오직 1대이며, 그림 7.22에 나타나 있다. 따라서 총 유량은 14대에서 15대로 증가한다. 변경된 네트워크는 그림 7.23에 있다. 그림 7.23을 자세히 보면 잔여 용량을 가진 경로가 더 이상 없음을 알 수 있다. 마디 3, 4, 5에서 나가는 모든 경로의 잔여 용량은 0이므로 네트워크를 따라 흘러 보낼 수 있는 더 이상의 경로가 없다.

그림 7.22

경로 1-3-4-6의 최대유량

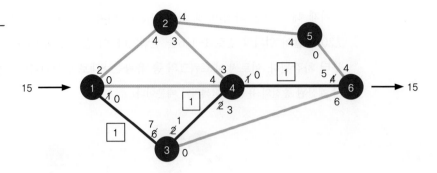

그림 7.23

철도 네트워크의 최대유량

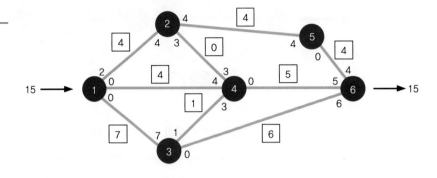

이로써 최대유통 문제의 해답을 얻을 수 있다. 여기서 최대유량은 15대이다. 그림 7.23의 박스 안에는 각 분지를 따라 흘러가는 유량이 표시되어 있다.

요약하면, 최대유통 문제 해법은 다음과 같다.

단계 1. 출발지에서 목적지로 가는 임의의 경로를 선택한다.

단계 2. 선택된 경로 상에 있는 마디의 잔여 용량에서 경로의 최대유량을 차감하여 용량을 조정한다.

단계 3. 각 마디에서 경로의 반대 방향에 최대유량을 더한다.

단계 4. 잔여 용량이 남아 있는 경로가 더 이상 없을 때까지 단계 1, 2, 3의 과정을 반복한다.

제시 7.7

Networks/Maximal Flow Results					
Scott Tractor Company Solution					
Branch name	Start node	End node	Capacity	Reverse capacity	Flow
Maximal Network Flow	15				
1	1	2	6	0	5
2	1	3	7	0	6
3	1	4	4	4	4
4	2	4	3	3	1
5	2	5	8	0	4
6	3	4	2	2	0
7	3	6	6	0	6
8	4	6	5	0	5
9	5	6	4	0	4

윈도우용 QM을 이용한 최대유통 문제의 컴퓨터 해법

윈도우용 QM을 이용하여 스콧 트랙터 회사 문제의 해를 구할 때 입력값과 최대유통 문제의 해답은 제시 7.7에 나타나 있다(이 문제는 여러 개의 최적해를 가지고 있어서, 최적해마다 분지의 유량이 조금 다를 수 있음에 주의하자).

엑셀을 이용한 최대유통 문제 해법

최단경로 문제를 풀었던 방식과 동일하게, 최대유통 문제도 엑셀을 이용해서도 풀 수 있다. 먼저 최대유통 문제를 정수계획법 모형으로 표현한 다음 해 찾기(Solver)를 사용하여 해를 구한다.

의사결정변수는 분지를 따라 흘러가는 유량을 나타내며, 다음과 같이 정의된다.

$$x_{ij} = 분지 \ i - j의 \ 유량으로 \ 정수$$

모형의 크기와 복잡도를 줄이기 위해, 반대 방향의 유량을 제거한다(예를 들어, 분지 4-2의 유량은 0이다).

모형의 목적함수를 정의하기 전에 문제를 선형계획법 모형으로 풀 수 있도록 네트워크를 조금 변형할 필요가 있다. 마디 6에서 마디 1로 이어지는 새로운 분지를 만든다. 마지막 마디에서 처음의 마디로 연결되는 이 분지를 따라 이동하는 유량은 마디 6에서 마디 1로 보내져 다시 네트워크를 따라 마디 6으로 보내질 수 있는 최대유량을 의미한다. 요컨대 네트워크를 관통하는 연속적인 유량의 흐름을 만들어, 마디 6을 거쳐서 나가는 최대유량이 마디 1에서 시작해 네트워크를 거쳐 흘러갈 수 있는 최대유량이 되게 만든다. 결과적으로, 목적은 마디 6에서 마디 1로 되돌아가는 양을 최대화하는 것이 된다.

$$maximize \ Z = x_{61}$$

제약식들은 최단경로 문제와 같은 가정을 따른다. 즉, 마디로 들어온 모든 유량은 반드시 나가야 한다. 따라서 마디 1에서는 분지 6-1의 유량이 분지 1-2, 1-3, 1-4로 모두 나가야 한다는 제약식이 있다.

$$x_{61} = x_{12} + x_{13} + x_{14}$$

이 제약식은 다음과 같이 쓸 수 있다.

$$x_{61} - x_{12} - x_{13} - x_{14} = 0$$

유사하게 마디 2에서의 제약식은 아래와 같이 쓸 수 있다.

$$x_{12} - x_{24} - x_{25} = 0$$

또한 다음과 같이 각 분지의 최대용량을 반영하는 제약식들이 있어야 한다.

$$x_{12} \leq 6 \quad x_{34} \leq 2$$
$$x_{13} \leq 7 \quad x_{36} \leq 6$$

$$x_{14} \leq 4 \quad x_{46} \leq 5$$
$$x_{24} \leq 3 \quad x_{56} \leq 4$$
$$x_{25} \leq 8 \quad x_{61} \leq 17$$

x_{61}의 용량은 상대적으로 큰 숫자(다른 가지에서의 용량에 비해서)가 될 수 있다. 그래서 x_{61}의 용량을 마디 1에서 나가는 모든 분지 용량의 합으로 설정한다.

스콧 트랙터 회사의 예제 문제를 위한 완전한 선형계획법 모형은 다음과 같다.

$$\text{maximize } Z = x_{61}$$

$$\text{subject to}$$

$$x_{61} - x_{12} - x_{13} - x_{14} = 0$$
$$x_{12} - x_{24} - x_{25} = 0$$
$$x_{13} - x_{34} - x_{36} = 0$$
$$x_{14} + x_{24} + x_{34} + x_{46} = 0$$
$$x_{25} - x_{56} = 0$$
$$x_{36} + x_{46} + x_{56} - x_{61} = 0$$
$$x_{12} \leq 6$$
$$x_{13} \leq 7$$
$$x_{14} \leq 4$$
$$x_{24} \leq 3$$
$$x_{25} \leq 8$$
$$x_{34} \leq 2$$
$$x_{36} \leq 6$$
$$x_{46} \leq 5$$
$$x_{56} \leq 4$$
$$x_{61} \leq 17$$

$$x_{ij} \geq 0 \text{ 그리고 정수}$$

스콧 트랙터 회사 문제의 정수 선형계획법 모형을 풀기 위한 엑셀 스프레드시트 설정 화면은 제시 7.8에 있다. 의사결정변수 x_{ij}는 셀 C6:C15에 표현되어 있으며, D6:D15는 분지의 용량을 나타낸다. 분지 6-1를 이동하는 총유량을 최대화시키는 것을 뜻하는 목적함수는 셀 C16에 나타나 있다. 각 마디의 유량을 반영하는 모형의 제약식들은 스프레드시트의 오른쪽 표에 나타나 있다. 예를 들어, 셀 G6은 마디 1에 대한 제약식 = C15 − C6 − C7 − C8을 담고 있고, G7은 마디 2에 대한 제약식 = C6 − C9 − C10을 담고 있다. 분지의 용량에 관한 제약식들은 제시 7.9에 나타난 해 찾기 매개변수(Solver Parameters) 창에서 C6:C15 ≤ D6:D15를 추가하여 얻을 수 있다.

제시 7.8

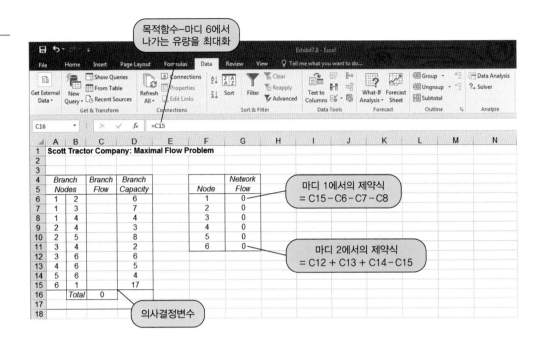

제시 7.9

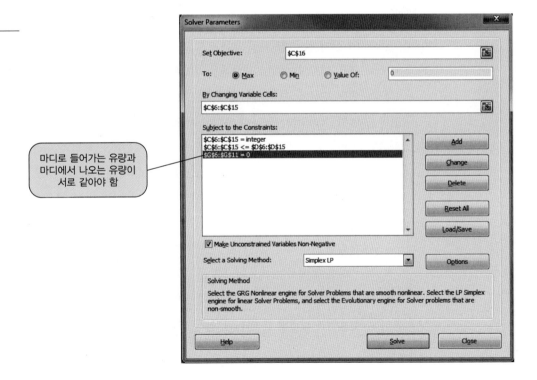

엑셀에 의한 해가 제시 7.10에 나타나 있다. 셀 **C6 : C15**에 각 분지의 유량이 표시되어 있고, C16에 나타난 네트워크의 총 유량은 15다.

제시 7.10

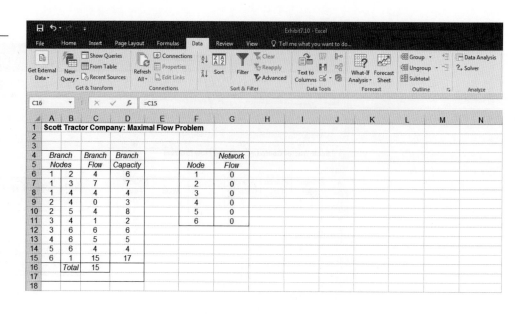

요약

이 장에서는 네트워크 흐름 모형으로 불리는 여러 모형을 살펴보았고, 이러한 모형에는 최단 경로 네트워크, 최소신장나무 네트워크, 그리고 최대유통 네트워크가 있다. 이 네트워크 모형은 모두 경로를 따라 흘러가는 개체의 흐름을 다룬다.

이 장에서는 세 가지 유형의 네트워크 모형에 대한 해법도 다루었다. 네트워크를 자세히 살펴보는 것만으로도 해를 쉽게 찾을 수 있는데도 해법의 여러 단계를 일일이 수행하는 것이 때로는 소모적으로 보일 수도 있다. 그러나 네트워크의 규모가 점점 커지면 관찰에 의한 직관만으로 해를 찾는 것은 점점 어려워진다. 따라서 이 경우에는 해를 찾는 정형화된 방법을 가지는 것이 중요하다. 물론, 본 교재에서 나타난 바와 같이 네트워크 문제가 매우 크고 복잡한 경우에는 컴퓨터를 이용해서 해를 찾는 것이 가장 좋다.

다음 장에서는 네트워크를 분석하는 방법으로 알려진 CPM과 PERT를 다룬다. 이러한 네트워크 기법은 프로젝트 분석에 쓰인다. 그리고 CPM과 PERT는 네트워크 분석기법 중 가장 선호되는 방법일 뿐 아니라, 가장 널리 활용되는 경영과학 기법이기도 하다.

예제 문제와 풀이

다음 예제는 최단경로 문제와 최소신장나무 네트워크 문제의 해법을 보여 준다.

문제 설명 ■ Healthproof 제약회사의 한 판매원은 애틀랜타에 위치한 그의 사무실에서 고객들이 위치한 남동부의 다섯 도시 중 한 도시로 매주 출장을 간다. 도시 간의 소요 시간이 시간 단위로 아래의 네트워크에 나타나 있다.

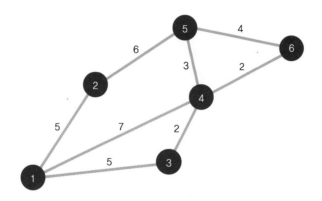

A. 애틀랜타로부터 다섯 도시에 이르는 최단경로를 구하시오.

B. 주어진 네트워크가 여섯 곳에 위치한 마을을 나타내고, 지역 교통 당국이 여섯 곳의 마을을 모두 잇는 철도 시스템을 최소 거리로 설계하려고 한다고 가정하자. 각 마을 간의 거리가 마일 단위로 분지에 표시되어 있다. 이 문제를 최소신장나무 모형으로 풀어보시오.

풀이 ■ 문제 A에 대한 해답 : 최단경로 문제의 해 구하기

	영구집합	분지	시간
1.	{1}	1-2	5
		1-3	5̄
		1-4	7
2.	영구집합	분지	시간
	{1, 2}	1-3	5
		1-4	7̄
		2-5	11
3.	영구집합	분지	시간
	{1, 2, 3}	1-4	7
		2-5	11̄
		3-4	7

4.	영구집합	분지	시간
	{1, 2, 3, 4}	4-5	10
		4-6	$\boxed{9}$
5.	영구집합	분지	시간
	{1, 2, 3, 4, 6}	4-5	$\boxed{10}$
		6-5	13
6.	영구집합		
	{1, 2, 3, 4, 5, 6}		

최단경로 네트워크는 다음과 같다.

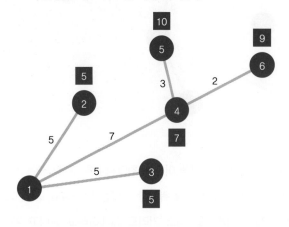

문제 B에 대한 해답 : 최소신장나무 구하기

1. 마디 1과 가장 가깝지만 연결되지 않은 마디는 마디 2이다.

2. 마디 1, 2와 가장 가깝지만 연결되지 않은 마디는 마디 3이다.

3. 마디 1, 2, 3과 가장 가깝지만 연결되지 않은 마디는 마디 4이다.

4. 마디 1, 2, 3, 4와 가장 가깝지만 연결되지 않은 마디는 마디 6이다.

5. 마디 1, 2, 3, 4, 6과 가장 가깝지만 연결되지 않은 마디는 마디 5이다.

최소신장나무는 다음과 같다. 총 거리의 합은 17마일이다.

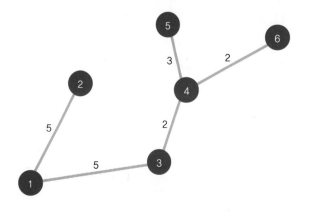

연습문제

01 마디 간의 거리(단위 : 마일)가 주어진 다음 네트워크에서 마디 1에서 다른 6개 마디(마디 2, 3, 4, 5, 6, 7)로 가는 최단경로를 구하시오.

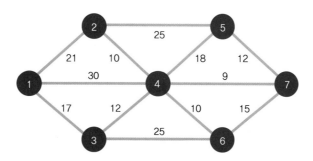

02 로스앤젤레스에 위치한 Berger Doodle 레스토랑 가맹점들은 잉글우드에 위치한 중앙 창고에서 물품을 공급받는다. 다음 네트워크는 창고의 위치와 가맹점까지의 이동시간(단위 : 분)을 보여 준다. 트럭을 이용하여 매일 각 가맹점에 공급된다. 잉글우드에 위치한 창고에서 각 9개의 가맹점까지의 최단경로를 구하시오.

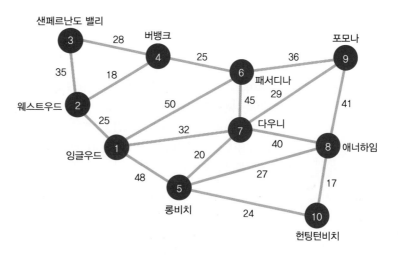

03 Hylton 호텔은 리무진 밴을 이용하여 손님들을 다양한 사업체와 관광지로 수송한다. 다음 네트워크는 마디 1에 해당하는 호텔에서 9개 마디(마디 2에서 마디 10)까지의 여러 경로를 보여 준다.

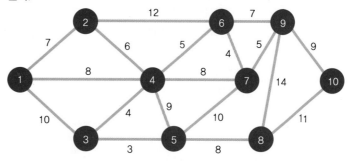

분지 위의 값은 두 지점 간의 거리(단위 : 마일)를 표시한 것이다. 호텔에서 각 9개의 목적지까지의 최단경로를 구하고 각각의 최단경로의 거리를 구하시오.

04 다음 네트워크에서 마디 1(출발지)에서 마디 12(목적지)까지의 최단경로를 구하시오. 각 지점
    간의 거리는 분지 위에 표시되어 있다.

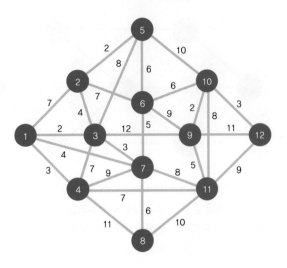

05 공화국의 날을 기리기 위해 지역사회 축하 행사가
    도시 1에서 진행된다. 대중교통 당국은 다른 도시
    (2에서 6)에서 축하 장소까지 버스를 운행 할 계
    획이다. 오른쪽 다이어그램은 가능 경로와 도시
    간의 이동시간(단위 : 분)을 보여 준다.
    a. 각 도시에서 도시 1까지의 최단경로를 구하시오.
    b. 컴퓨터를 이용하여 이 문제를 풀 때, 무슨 문제
       점이 있는가?

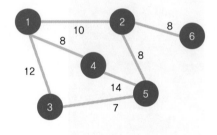

06 1862년 독립전쟁 두 번째 해
    에 토마스 잭슨 장군은 버지
    니아 주 쉐넌도어 밸리에서 뛰
    어난 군사작전을 수행했다. 그
    가 승리한 전투 중의 하나가
    맥도웰 전투이다. 아래 그림과
    상상력을 동원하여, 잭슨 장
    군이 군대를 윈체스터에서 맥
    도웰까지 이동시킬 때 사용할
    최단경로와 소요 기간(단위 :
    일)을 구하시오.

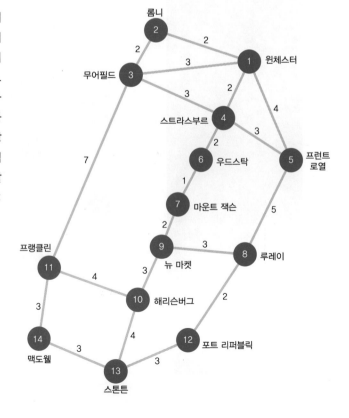

07 알래스카의 비행사인 존 클루니는 정기적으로 수상 비행기를 타고 알래스카 서쪽에 위치한 여러 마을과 도시로 전세 비행을 한다. 그의 승객들은 사냥꾼과 어부, 배낭 여행자와 캠핑자들, 여러 지역에서 고용된 상인들로 구성되어 있다. 또한 그는 수화물을 배달하는 일도 한다. 다음의 네트워크는 존이 선택할 수 있는 여러 마을과 도시로의 가능한 모든 공중 경로를 나타내고 있다. 각 지점 간의 거리는 비행 소요 시간으로 표시되어 있다. 안전상의 이유 때문에 네트워크 상의 경로를 따라 출발지에서 목적지로 비행하는 방식을 택한다. 즉, 경로 상에 있는 중간 도시에 착륙하지 않더라도 그 도시를 경유하는 항로를 따라 비행해야 한다. 다음 주에 존은 코처뷰, 놈, 스테빈스로의 전세 비행을 예약했다. 앵커리지에 위치한 존의 본거지로부터 각 목적지로 가는 최단경로를 결정하시오.

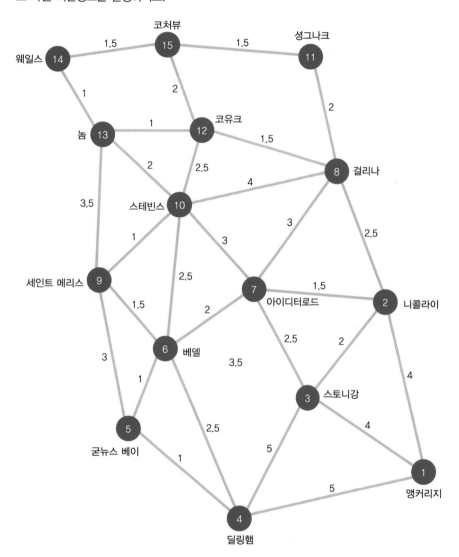

08　새 경찰차는 베이시티의 경찰 당국에 2만 6,000달러의 비용을 초래한다. 차의 연간 유지비용은 매년 초에 계산된 차의 사용 연수(모든 차들은 대략적으로 매년 같은 주행 거리를 가진다고 본다)에 의해서 결정된다. 차의 유지비용은 차가 오래될수록 높아지며, 아래 표에 나타나 있다.

사용 연수(년)	연간 유지비용(달러)	중고차 가격(달러)
0	3,000	–
1	4,500	15,000
2	6,000	12,000
3	8,000	8,000
4	11,000	4,000
5	14,000	2,000
6		0

매년 증가하는 높은 유지비용을 피하기 위하여 경찰 당국은 매년 말에 차를 팔고 새 차를 구입할 수 있다. 매년 말에 차를 팔 때 받을 수 있는 가격 역시 위의 표에 나타나 있다. 새 차의 가격은 매년 500달러씩 오른다고 가정한다. 경찰 당국은 차의 교환 계획을 수립하여 앞으로 6년간의 총 비용(즉, 새 차의 구입비용과 차의 유지비용의 합에서 중고차를 판매할 때 받을 수 있는 돈을 차감한 것)을 최소화할 계획이다. 최단경로 방법을 이용하여 차량 교환 계획을 개발하시오.

09　한 개발자가 주택, 집단 주택, 타운하우스, 아파트 단지, 쇼핑몰, 탁아소와 운동장, 지역 센터, 학교, 다른 시설들을 10개의 구역으로 분할할 계획이 있다. 개발자는 모든 시설과 영역들을 최소 개수의 도로를 이용해서 연결하고 싶다. 다음의 네트워크에는 모든 가능한 경로와 거리(단위 : 1,000피트)가 나타나 있으며, 10개의 구역은 서로 연결되어야 한다.
10개의 영역을 모두 연결하는 최소신장나무 네트워크를 결정하고, 도로의 총 거리를 계산하시오.

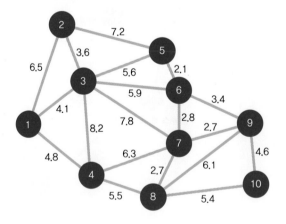

10　Dynaco 제조 공장은 지게차 경로를 이용하여 공장 내의 8개 주요 제조 구역을 연결하려고 한다. 이러한 경로의 개설은 막대한 비용을 필요로 하고 정상적인 활동을 방해하기 때문에, 경영진에서는 경로의 총 길이를 최소화하고 싶다. 아래의 네트워크는 각 1번 지점에서부터 8번 지점 간의 거리를 야드 단위로 표시하고 있다.

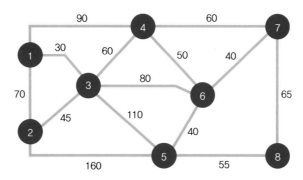

지게차의 경로를 나타내는 최소신장나무를 구하고, 필요한 총 길이를 야드로 표시하시오.

11 두바이 개발 계획의 일환으로, 도로교통국(Roads and Transport Authority, RTA)은 대중
교통을 이용하여 여러 쇼핑몰과 휴양지를 연결할 계획이다. 아래의 네트워크와 같이 당국은 9
곳의 장소를 연결하고자 한다. 분지 위의 숫자는 각 지점 간의 거리(단위 : 킬로미터)이다. 네트
워크의 점선은 현재는 해당 위치 사이에 도로가 없음을 나타낸다. 하지만 최적해에 도로가 포
함되는 경우, 당국은 해당 위치 간에 도로를 건설할 예정이다. 당국은 전 지역을 연결하기 위해
서 건설되어야 하는 도로의 길이(단위 : 킬로미터)를 알고자 한다.

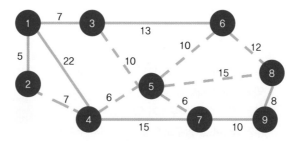

최소한의 공사로 모든 시설을 연결하는 경로를 결정하고 총 길이를 구하시오.

12 화이트스빌 시의회는 쇼핑 센터, 도심 지역, 지역 대학 등의 주변 지역을 연결하는 자전거 도로
건설을 결정하였다. 시의회는 시민들이 이 자전거 도로를 이용함으로써 에너지를 절약하고 교
통 체증을 줄일 수 있기를 희망하고 있다. 건설 가능한 여러 경로와 그 경로의 길이(단위 : 마
일)가 아래 네트워크에 나타나 있다.

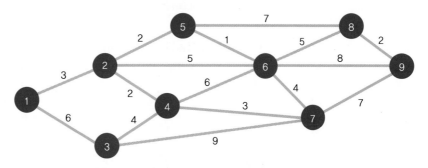

최소한의 공사를 통해 도시의 모든 지역을 연결하는 자전거 도로의 경로를 구하시오. 그 경로
의 총 길이를 구하시오.

13 문제 04의 네트워크에 대해서 최소신장나무를 구하시오.

14 주립 대학은 캠퍼스의 동쪽에 휠체어로 접근 가능한 보도를 재건설하려고 한다. 그러나 이러한 개선 공사에는 막대한 비용이 소요된다. 따라서 우선 첫 번째 단계로 대학 행정관계자는 휠체어 접근이 가능한 모든 건물을 잇는 최소 거리의 보도를 재건설하려고 한다. 아래는 캠퍼스의 동부에 현존하는 보도이고, 각 지점 간의 거리는 피트 단위로 표시되어 있다.

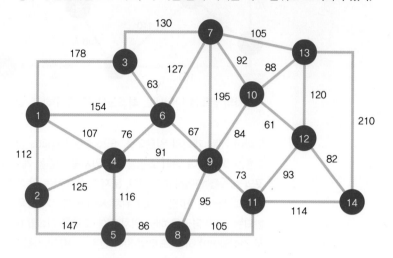

휠체어 접근이 가능한 보도로 모든 캠퍼스 빌딩을 연결하는 최소신장나무 네트워크를 결정하고, 보도의 총 길이(단위 : 피트)를 구하여라.

15 Fedex는 도시 1에 본사가 있고, 다른 상업 지역에 6개의 사무실이 있다. Fedex는 본사로 가는 길에 다른 사무소가 있는 경우에는 중앙 수거 사무소를 방문하지 말 것을 현지 수거 대리인에게 권고한다. 소포를 위탁받은 도시는 본사로 가는 도중에 다른 사무실이 있으면 소포를 모두 위탁하거나, 본사와의 사이에 다른 사무실이 없는 경우에는 본사에 직접 위탁한다. 사무실들은 오른쪽 네트워크에 그려져 있다. 분지의 값은 사무실 간의 이동시간이다. 최소신장나무 네트워크를 구하시오.

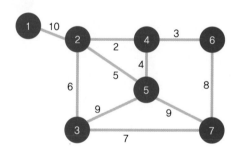

16 각 지점 간의 가능한 수송 용량이 표시된 아래 네트워크에서, 마디 1에서 목적지인 마디 7로 이어지는 최대유량을 구하고, 각 분지의 유량을 구하시오.

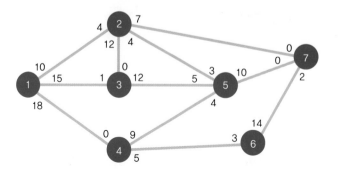

17 아부다비(출발지)에 있는 유정(oil well)은 여러 도시를 따라 통과하는 기존 파이프라인을 통해 아부다비에서 알 아인(목적지)으로 석유를 퍼내야 한다. 파이프라인은 모듈 방식으로 구성되었기 때문에 파이프 직경이 다르다. 따라서 오일 운반 용량도 다르다. 분지의 값은 파이프라인의 하루 선적 용량(단위 : 백만 배럴)을 나타낸다.

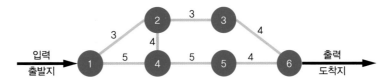

엑셀을 이용하여 출발지에서 목적지까지의 최대유량을 구하시오.

18 National Express 택배 서비스는 다양한 트럭 경로와 비행기 경로를 설정해 놓고 있다. 휴가철이 다가옴에 따라 소포 물량이 급격히 증가할 것으로 예상하고 있다. 이 회사는 사업소 1로부터 사업소 7로 수송할 수 있는 최대 물량(단위 : 톤)을 알고 싶다. 경로들로 이루어진 네트워크와 각 경로의 용량(단위 : 톤/일)이 다음 네트워크에 표시되어 있다.

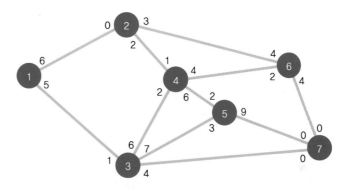

사업소 1로부터 사업소 7까지 일일 운송될 수 있는 소포의 최대량을 구하고 각 분지를 따라 흐르는 양을 표시하시오.

19 Dynaco 회사는 다섯 단계의 공정을 거쳐서 제품을 만들어 낸다. 각 단계의 공정은 다른 공장에서 이루어진다. 아래의 네트워크는 다섯 단계의 다른 공정과 각 공정 간의 이동 경로를 나타낸다.

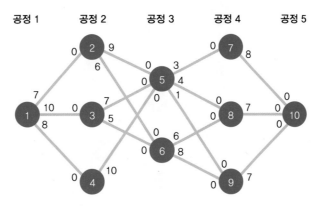

공정 5(마디 10)는 최종 생산품이 저장되는 물류 센터이다. 비록 각 마디가 각기 다른 공장을 의미하지만, 같은 공정의 공장들은 같은 과업(예를 들면, 공정 2의 공장 2, 3, 4에서는 모두 같은 제조 공정을 실시)을 수행한다. 각 마디에서 나오는 분지의 값은 특정 공장에서 생산해서 다음 공정의 공장으로 운반할 수 있는 최대 운송량(단위 : 1,000개)을 의미한다(예를 들어 공장 3에서는 공장 5로 7,000개의 제품을 생산하여 보낼 수 있다). 다섯 제조 공정을 통해서 생산할 수 있는 최대 제품 개수를 구하고 각 공장에서 생산되는 제품 개수를 구하시오.

20 문제 19에서 서로 다른 기계류와 작업자의 능력, 간접비 등 때문에 각 공장의 생산비용이 아래의 표와 같이 다르다고 가정하자.

공정 1	공정 2	공정 3	공정 4
1. 3달러	2. 5달러	5. 22달러	7. 12달러
	3. 7달러	6. 19달러	8. 14달러
	4. 4달러		9. 16달러

분배 창고인 공정 5에서는 비용이 없다. 70만 달러의 예산이 주어졌다고 할 때, 다섯 공정을 거쳐서 생산되는 제품의 최대 개수를 구하시오.

21 아래 네트워크에서 각 분지에 표시된 숫자는 각 지점 간의 용량을 나타낸다. 마디 1에서 목적지인 마디 10으로 가는 최대유량을 구하고, 각 분지의 유량을 구하시오.

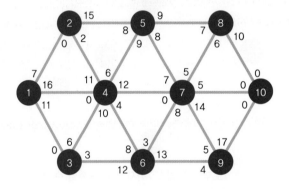

22 급수소(water station, 마디 1)는 현재의 파이프 및 변전소 네트워크를 통해 새로운 도시(마디 13)에 물을 공급할 계획이다. 아래의 다이어그램은 각 파이프의 용량을 분당 1,000갤런 단위로 보여 준다.

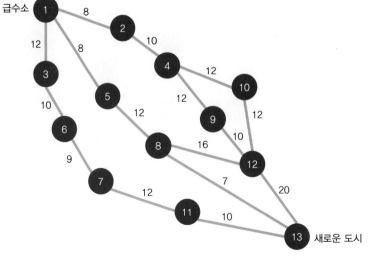

엑셀을 이용하여 급수소에서 새로운 도시까지의 최대유량을 구하시오.

23   Liu and Fong은 전 세계 의류 회사에 청바지를 공급하는 글로벌 업체이다. 이 업체의 공급망
은 미국의 면 생산; 동남아시아와 환태평양 지역의 직물 제조; 극동 및 중동 지역의 청바지 제
조; 미국, 유럽, 남미 센터의 물류를 포함한다. 이 회사는 휴스턴, 사바나, 뉴올리언스의 항구
에서 배송할 7,500베일의 면화(각 무게는 500파운드)를 미국 남동부 지역에 보유하고 있다. 각
베일은 325야드의 직물을 생성하며, 청바지 한 벌에는 1.5야드의 직물이 필요하다. 휴스턴에
3,400베일, 사바나에 2,200베일, 뉴올리언스에 1,500베일을 수송할 수 있는 철도 및 트럭 운송
서비스가 있다. 휴스턴에는 상하이(800베일), 카라치(400베일), 사이공(900베일), 마닐라(600베
일) 직물 공장으로 수송할 컨테이너 선박과 컨테이너가 있다. 사바나는 상하이(500 베일), 카라
치(600베일), 사이공(300베일), 마닐라(1,000베일)로의 수송용량(선박과 컨테이너)이 있고, 뉴
올리언스는 상하이(400베일), 카라치(200베일), 사이공(500베일), 마닐라(300베일)로의 배송
용량이 있다. 직물 공장에서는 대만, 인도, 터키의 청바지 제조 공장으로 직물을 수송할 수 있
다. 상하이에서는 대만으로 17만 야드, 인도로 26만 야드, 터키로 34만 야드의 직물을 수송할
수 있다. 카라치에서는 대만으로 46만 야드, 인도로 38만 야드, 터키로 80만 야드의 직물을 수
송할 수 있다. 사이공에서는 대만으로 27만 야드, 인도로 53만 야드, 터키로 42만 야드의 직물
을 수송할 수 있다. 마닐라에서는 대만으로 17만 야드, 인도로 51만 야드, 터키로 25만 야드의
직물을 수송할 수 있다. 이 세 공장에서 완성된 청바지는 뉴욕, 브리스톨, 잉글랜드, 마르세유,
부에노스아이레스의 물류 센터로 수송된다. 대만에서는 뉴욕으로 23만 벌, 브리스톨로 14만
벌, 마르세유로 37만 벌, 부에노스아이레스로 97만 5,000벌을 보낼 수 있다. 인도에서는 뉴욕으
로 17만 벌, 브리스톨로 12만 벌, 마르세유로 27만 벌, 부에노스아이레스로 13만 벌을 보낼
수 있다. 터키 공장에서는 뉴욕으로 6만 벌, 브리스톨로 21만 벌, 마르세유로 14만 벌, 부에
노스아이레스로 75만 벌을 보낼 수 있다. 물류센터는 뉴욕에 75만 벌, 브리스톨에 92만 벌, 마
르세유에 56만 벌, 부에노스아이레스에 28만 벌의 청바지를 수용할 수 있는 창고 공간이 있다.
Liu and Fong이 공급망을 통해 생산하여 수송할 수 있는 최대 청바지 수를 정하시오.

사례 문제

펄스버그 구조대

버지니아 주 서부의 펄스버그(Pearlsburg) 구조대는 남서부 버지니아의 시골 산악지역에서 구조 활동을 벌이고 있다. 가옥이나 농장 그리고 마을의 교차로나 시가지로 가려면 먼지와 자갈 그리고 비포장도로로 된 경로를 거쳐야만 한다. 구조대는 방금 블레이크 교차로로부터 구조를 마치고 돌아왔다. 구조대 멤버 중의 2명인 멜라니 하트와 벤 크로스는 구급차를 청소하고 다음 위급 상황에 대비하여 구급차를 출동 가능 상태로 준비시켜 놓았다.

"벤, 너도 알잖아. 이번에는 정말 위험했어. 우리가 농장에 몇 분만 늦게 도착했더라도 랜디를 구하지 못했을 수도 있어." 멜라니가 말했다.

"맞아." 벤이 말했다.

잠시 후 멜라니는 말을 계속했다. "나는 데이브가 거기에 가려고 택했던 경로에 대해 의문이 들어. 내 생각에는 우리가 세더 강(Cedar Creek)을 우회해서 갔다면 몇 분 먼저 도착할 수 있었을 것 같아. 그리고 아슬아슬한 상황일수록 몇 분의 차이가 큰 차이를 만들 수 있는 거잖아. 그렇지 않니?"

"맞아." 벤은 말했다.

"벤, 내 생각에는 말이야. 우리가 이 근처에 있는 여러 다른 마을과 농장으로 가는 길을 연구해서 어떤 길로 가는 것이 빠른지에 대해서 알아보는 것은 어떨까?"

벤은 잠시 생각한 후에 이렇게 말했다.

"우리가 여기로부터 갈 수 있는 모든 장소에 대해 걸리는 시간을 조사한다면 시간이 꽤 걸릴 거야."

"그렇긴 해." 멜라니가 대답했다.

"그러나 난 예전에 대학 다닐 때 이와 비슷한 문제에 대해서 공부해 본 적이 있어. 단지 길의 각 구간을 지나는 데 얼마나 걸리는지만 알면 돼. 그 이후는 나한테 맡겨. 한번 해 볼래?"

"물론이지." 벤이 말했다.

"좋아, 그렇다면 우리가 해야 할 일은 말이야. 내가 모든 경로를 적어 줄 테니까, 너는 각 경로별로 걸리는 시간을 재

구간	시간	구간	시간
Pearlsburg to Kitchen Corner	10	Cedar Creek to Blake's Crossing	10
Pearlsburg to Quarry	15	Cedar Creek to Willis Farm	17
Pearlsburg to Morgan Creek	12	Cedar Creek to Homer	5
Kitchen Corner to Cutter's Store	20	Cutter's Stone to Blake's Crossing	12
Kitchen Corner to Stone House	14	Cutter's Stone to Bottom Town	14
Kitchen Corner to Quarry	8	Blake's Crossing to Bottom Town	6
Quarry to Blake's Crossing	18	Blake's Crossing to Holbrook	15
Quarry to Cedar Creek	9	Blake's Crossing to Wellis Farm	9
Morgan Creek to Quarry	16	Homer to Wellis Farm	11
Morgan Creek to Cedar Creek	7	Homer to McKinney Farm	8
Morgan Creek to Homer	18	McKinney Farm to Wellis Farm	21
Morgan Creek to McKinney Farm	11	Wellis Farm to Holbrook	10
Stone House to Cutter's Store	10	Bottom Town to Holbrook	12
Stone House to Blake's Crossing	6		

봐. 나는 홀브룩(Holbrook)으로 가는 나머지 경로의 시간을
재도록 할게."

표에는 멜라니와 벤이 펄스버그와 홀브룩 사이의 모든 길
에 대한 이동시간(단위 : 분)이 있다.

펄스버그에서 모든 다른 마을과 농장에 이르는 최단경로
를 구하시오.

80일간의 세계일주

쥘베른의 소설 〈80일간의 세계일주〉에서 필리어스 포
그는 영국에 있는 리폼 클럽의 4명의 회원들과 각각
5,000파운드를 걸고 80일 안에 세계일주를 할 수 있는지에
대한 내기를 한다. 소설의 배경이 된 1872년 당시로는 상당
히 참신한 내용이었다. 당시에 가장 빠른 여행 수단은 철도
와 선박이었다. 그러나 전 세계적으로 여전히 마차나 말, 코
끼리나 당나귀, 혹은 심지어 도보에 의존한 여행이 주를 이
루었다. 필리어스 포그는 경솔한 사람이 아니었다. 주의 깊
게 그 여행의 성공 가능성을 조사하고 성공을 확신하지 않
았다면, 아마도 그렇게 큰 돈을 걸고 내기를 하지 않았을 것
이다. 물론 지구를 순회하기 위한 여러 가지 경로를 분석했
겠지만, 최단경로 방법과 같은 기법에 대한 지식은 없었을
것이고, 최적의 경로를 찾기 위한 컴퓨터도 없었다. 만약 그
러한 지식이나 컴퓨터가 있었더라면, 80일보다 짧은 기간
내에 여행을 마칠 수 있는 경로를 찾아냈거나 그렇게 빨리
내기를 결정하지 않았을 것이다. 오른쪽에는 런던으로부터
여행 가능한 여러 경로가 표시된 네트워크가 주어져 있다.
포그는 동쪽 방향으로 여행을 했다. 일 단위로 계산된 이동
시간은 당시의 가능한 교통수단을 고려하여 산출된 것이
다. 최단경로 기법과 컴퓨터를 이용하여 포그의 최단경로를
찾으시오. 찾아낸 경로로 볼 때 그가 내기에 이기겠는가?

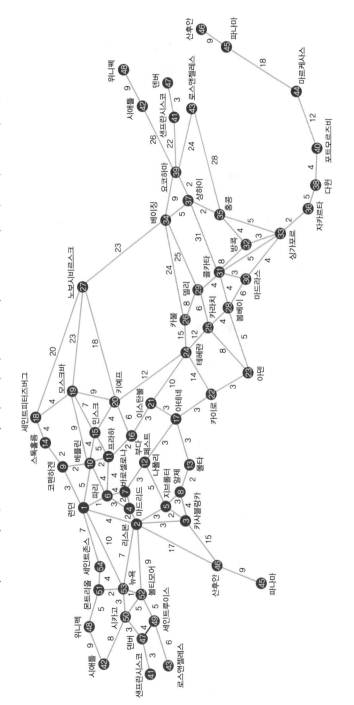

벌지 대전투

제2차 세계대전의 마지막 해였던 1944년의 12월 16일, 보병 3군단의 지원을 받은 독일의 팬저 탱크 부대 2개 군이 북부 프랑스에 집결했는데, 총 병력은 25만 명 이상으로 프랑스 북부에 강력한 반격을 꾀하며 아르덴의 미 제1군의 병력을 압도했다. 룩셈부르크 시의 북부에 위치한 뮤즈 강에 걸친 독일 방어선으로부터의 공격은 거의 벨기에의 나무르와 리에즈의 서쪽까지 다다랐다. 수일간에 걸친 전투의 결과는 동맹군의 전선을 크게 '확장'시켰고, 그 결과 제2차 세계대전의 마지막 전투는 '벌지 전투'라고 불린다(역자 주 : 벌지는 영어로 Bulge이며 '부풀린다'는 뜻이다).

12월 20일, 동맹군 최고 사령관인 드와이트 D. 아이젠하워 장군은 조지 패튼 장군에게 독일군 남부의 좌측 부분으로부터 100마일 정도 떨어진 곳인 베르에 위치한 3군단을 이용해서 독일군을 공격할 것을 지시하였다. 패튼의 일차적인 목적은 바스토뉴에 포위된 101 공수여단과 패튼 휘하의

제9, 제10 기갑사단을 구출하는 것이었다. 48시간 이내인 12월 22일, 패튼은 3개 사단 6만 2,000명의 병력으로 반격을 개시할 수 있었다.

그해 겨울은 눈과 안개로 뒤덮인 혹한이었고, 도로는 얼어붙어 있어서 병력과 탱크, 군수품 그리고 장비의 이동을 악몽으로 만들었다. 그럼에도 불구하고, 12월 26일 바스토뉴는 탈환되었다. 그리고 1945년 1월 12일, 벌지 전투는 동맹군 최고의 승리로 종결되었다.

패튼 장군의 참모진은 최대유통 기법이나 벌지 전투 중에 3군단의 이동을 계획하는 데 도움을 줄 수 있었던 컴퓨터를 보유하고 있지 않았다. 그러나 아래의 그림은 베르뎅(Verdun)과 바스토뉴(Bastogne) 사이의 길을 따라서 이동할 수 있는 병력의 최대 규모(단위 : 1,000명)를 보여 주고 있다. 최대유통 문제 해법(그리고 독자의 상상력)을 사용하여, 바스토뉴에 도달하는 병력의 규모를 최대화하기 위해 각 도로를 통해 보내야 할 병력의 규모를 결정하고 바스토뉴에 도달 가능한 병력의 최대 규모를 구하시오.

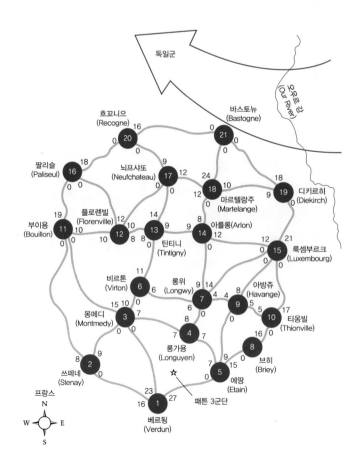

핵폐기물 처리

P AWV Power and Light 사는 펜실베이니아 주의 핵 발전소로부터 배출되는 핵폐기물을 네바다 주의 정부 운영 핵폐기물 처리소로 이관하기 위해 폐기물 처리 회사와 계약을 체결하였다. 폐기물은 강화 컨테이너 트럭을 통해 운송되며, 운송 경로는 반드시 고속도로로 제한되어 있다. 정부 방침에 따르면 폐기물 수송은 반드시 42시간 이내에 완료되어야 하며, 트럭은 인구가 가장 적은 지역을 따라 이동해야 한다. 다음 네트워크는 피츠버그에서 네바다 주의 폐기물 처리소로 갈 때 지날 수 있는 고속도로 구간과 이동 시간(단위 : 시간)을 나타낸다.

트럭 이동이 지나갈 수 있는 대도시 지역의 인구(단위 : 백만 명)는 오른쪽 표와 같다.

가능한 한 인구가 가장 적은 지역을 지나 42시간 이내에 수송을 완료하기 위해 트럭이 피츠버그에서 네바다 폐기물 처리소로 갈 때 택해야 하는 최적경로를 구하시오.

도시	인구 (백만 명)	도시	인구 (백만 명)
애크런	0.50	라스베이거스	1.60
앨버쿼키	1.00	렉싱턴	0.50
애머릴로	0.30	리틀락	0.60
찰스턴	1.30	루이즈빌	0.93
샤엔	0.16	멤피스	1.47
시카고	10.00	내슈빌	1.00
신시내티	1.20	오클라호마시티	1.30
클리블랜드	1.80	오마하	1.40
콜럼버스	0.75	솔트레이크시티	1.20
대븐포트/몰린/락아일랜드	1.00	스프링필드	0.36
덴버	2.20	세인트루이스	2.00
드모인	0.56	톨레도	0.76
에번스빌	0.30	토피카	0.30
인디애나폴리스	1.60	툴사	1.00
캔자스시티	2.10	위치타	0.73
녹스빌	0.54		

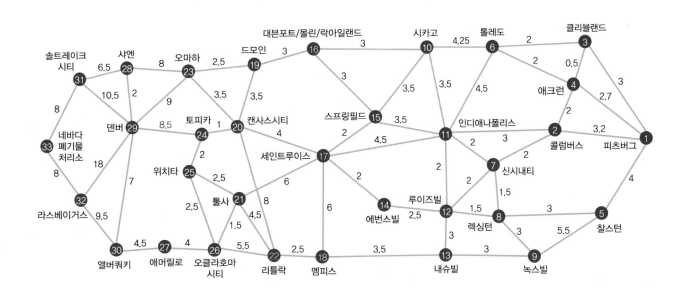

파리에서의 하루

공과대학의 학생인 캐슬린 테일러는 여름 방학 동안 프랑스 툴루스에 살고 있는 언니 린지를 방문하는 계획을 짜고 있다. 그녀는 워싱턴의 덜리스 공항에서 출발하여 파리 샤를드골 공항으로 갈 것이며 이 여정은 시차로 인해 꼬박 하루가 걸린다. 파리에서 캐슬린은 이틀 밤과 꼬박 하루를 보낸 다음 기차를 타고 툴루스로 갈 것이다. 캐슬린은 파리에 가본 적이 없어 파리에서 하루를 보내면서 에펠탑, 루브르, 노틀담 성당, 개선문, 판테온, 베르사유 궁전 등 가능한 한 많은 관광명소를 둘러보고 싶다. 그녀는 몽마르트 사크레 꾀리 대성당 근처의 유스 호스텔에 숙박하면서 파리 지하철을 이용하여 하루 동안 가능한 한 많은 장소를 방문할 계획을 갖고 있다. 그녀는 철도 웹사이트에서 자세한 지도를 다운로드받았고, 파리 지하철은 약 250개의 역과 14개 노선을 가지고 있어 매우 복잡하다는 사실을 알게 되었다.

지하철을 통해 모든 명소에 갈 수 있다는 점은 확실하나, 캐슬린이 걱정하는 바는 제한된 시간과 한 장소에서 다른 장소를 빠르게 이동할 수 있는 민첩성이다. 각 노선의 지하철역 간의 이동시간(단위 : 분)은 다음 표와 같다.

노선	시간	노선	시간
1	2.1	8	1.8
2	1.5	9	1.6
3	1.5	10	1.6
4	1.3	11	1.6
5	2.1	12	1.6
6	1.5	13	2.3
7	1.3	14	3.4

또한 각 지하철역에서 열차는 1분 정도 정차한다. 만약 지하철을 갈아타려면, 최소 5분 정도의 시간이 소요되는 것으로 추정하고 있다. 그녀는 명소가 개장하는 이른 아침에 출발하며 돌아오는 시간에 대한 제약은 특별히 없다.

경영학을 전공하는 학생으로서 캐슬린은 논리적이고 체계적인 접근방법을 사용하여 도시의 여러 명소를 지하철로 순회하는 계획을 세우고 싶다. 그녀가 파리에 머무르는 하루 동안 몽마르트 유스호스텔에서 출발하여 보고자 하는 각 명소로 가는 경로를 구성해보시오. 캐슬린이 보고자 하는 모든 명소를 볼 수 있다고 생각하는가?

Suntrek의 국제적인 컨테이너 네트워크 흐름

중국에 본사를 둔 Suntrek은 전 세계의 의류회사에 데님 청바지를 공급하는 회사이다. 이 회사는 원면(原綿)을 아칸소, 미시시피, 그리고 텍사스 주에서 구매하는데 이곳에서 원면이 수확되어 씨앗이 제거되고 포장된 다음 트럭으로 휴스턴, 뉴올리언스, 사바나, 그리고 찰스턴의 항구로 운송된다. 항구에서 원면은 80피트 컨테이너에 적재되어 해외 공장으로 수송된다. 이 회사는 미국에서 구매한 면을 데님 옷감 공장이 위치한 상하이, 카라치, 사이공의 해외 항구로 수송한다. Suntrek은 이들 공장에서 데님 옷감을 제조한 다음 옷감을 다시 컨테이너에 적재하여 대만, 인도, 일본, 터키, 이탈리아의 데님 청바지 제조 시설로 운송한다. 이 회사는 완성된 데님 청바지를 컨테이너에 실어 미국의 뉴욕, 뉴올리언스와 유럽의 리버풀, 마르세유에 있는 고객의 유통센터에 공급한다. 이 회사의 공급사슬에서 중요한 이슈는 청바지 회사 고객에게 신속한 배송이 가능하도록 필요한 때 필요한 장소에 충분한 양의 컨테이너를 가지고 있는 것이다. 고객이 신속한 배송을 원하는 경우 가용한 컨테이너 양에 관한 정보만으로 어느 옷감 또는 어느 청바지 공장에서 주문을 처리할지가 결정된다. Suntrek은 200개의 컨테이너 분량의 면 공급을 위해 미국의 면 중개회사와 계약을 체결하였다. 60개의 면 컨테이너는 휴스턴에서, 40개의 면 컨테이너는 사바나에서, 70개의 면 컨테이너는 뉴올리언스에서, 30개의 면 컨테이너는 찰스턴에서 선적된다. 이러한 면으로 200개 컨테이너 분량의 청바지 주문을 충족하는데 완성된 청바지를 실은 컨테이너는 미국과 유럽의 고객 유통센터로 배송된다. 이때 50개의 컨테이너가 뉴욕으로, 50개의 컨테이너가 리버풀로, 60개의 컨테이너가 마르세유로, 40개의 컨테이너가 뉴올리언스로 배송된다. 다음은 각 항구 또는 제조시설에 가용한 컨테이너 개수를 나타낸다.

각 항구나 제조 시설에서 수송 네트워크를 통해 선적할 컨테이너 개수를 구하고 Suntrek 고객의 수요를 충족할 만큼 충분한 개수의 컨테이너가 네트워크에 있는지 말해 보시오.

미국 항구	목적지	가용한 컨테이너	항구/시설	목적지	가용한 컨테이너	항구/시설	목적지	가용한 컨테이너
휴스턴 (60개 컨테이너)	상하이	40	상하이	대만	30	대만	뉴욕	10
	카라치	30		인도	30		리버풀	30
	사이공	30		일본	40		마르세유	10
사바나 (40개 컨테이너)	상하이	20		터키	20		뉴올리언스	20
	카라치	40		이탈리아	30	인도	뉴욕	40
	사이공	20	카라치	대만	20		리버풀	20
뉴올리언스 (40개 컨테이너)	상하이	40		인도	10		마르세유	50
	카라치	30		일본	40		뉴올리언스	40
	사이공	10		터키	30	일본	뉴욕	20
찰스턴 (40개 컨테이너)	상하이	20		이탈리아	10		리버풀	20
	카라치	20		대만	30		마르세유	10
	사이공	30		인도	20		뉴올리언스	20
			사이공	일본	20	터키	뉴욕	20
				터키	30		리버풀	30
				이탈리아	10		마르세유	20
							뉴올리언스	20
						이탈리아	뉴욕	20
							리버풀	30
							마르세유	20
							뉴올리언스	10

CHAPTER 08

프로젝트 관리

네트워크가 널리 활용되는 분야 중 하나는 프로젝트 분석이다. 건축 프로젝트, 신약 개발, 컴퓨터 시스템의 설치 등과 같은 프로젝트들은 네트워크로 나타낼 수 있다. 이러한 네트워크 들은 프로젝트의 부분부분들이 어떻게 구조화되는지 묘사하며, 또한 그 프로젝트의 수행기 간을 결정할 때에도 사용될 수 있다. 이와 같이 프로젝트 분석에 쓰이는 네트워크 기법에는 CPM과 PERT가 있다. CPM은 임계경로 방법(Critical Path Method)의 약어이며, PERT는 프로 젝트 평가 및 검토 기법(Project Evaluation and Review Technique)을 의미한다. 이 두 개의 기 법들은 매우 유사하다.

CPM과 PERT에는 본래 두 개의 주요한 차이점이 존재했다. CPM으로 활동시간을 표현할 때 단일 또는 확정적인 추정치가 사용되었던 반면, PERT는 확률적인 추정치가 사용되었다. 또 하나의 차이점은 프로젝트 네트워크를 그리는 기법과 관련된 것이다. PERT에서 활동은 원으로 표시된 마디(node) 사이의 화살표로 표시된 분지(arc)로 표현되었지만, CPM에서 활 동들은 마디로 표현되었다. 하지만 이는 매우 작은 차이점들이며, 시간이 지나면서 CPM과 PERT는 효과적으로 하나의 기술로 합쳐지게 되어 관습적으로 CPM/PERT로 간단하게 불리 게 되었다.

CPM과 PERT는 1950년대 후반이라는 거의 비슷한 시기에(그렇지만 서로 독립적으로) 개발 되었다. 이러한 기술들이 이미 빈번하고 폭넓게 사용되었다는 사실은 경영과학 기법으로서 의 가치를 증명하고 있다.

프로젝트 관리의 요소

관리란 기본적으로 계획, 조직화, 그리고 상품의 생산 또는 서비스의 수행과 같이 진행 중인 프로세스 및 활동의 통제를 의미한다. 프로젝트 관리는 비교적 짧은 기간 동안 중요한 활동 에 자원 및 인력의 집중적인 투입이 이루어지며 그 기간이 지나면 관리 노력이 소멸된다는 측면에서 일반적인 관리와 다르다. 생산 과정의 관리에서 일반적으로 이루어지는 지속적 감 독 활동이 프로젝트에는 나타나지 않는다. 이와 같이 프로젝트 관리의 특성 및 특징은 다소 독특하다고 할 수 있다.

그림 8.1은 계획, 일정 관리, 통제라는 3개의 주요 단계를 아우르는 프로젝트 관리의 개요 를 나타낸다. 이는 또한 이러한 과정에 속해 있는 몇 개의 중요한 요소들을 포함하고 있다. 이제부터 우리는 프로젝트 계획 단계의 여러 특성들을 살펴볼 것이다.

프로젝트 계획

프로젝트 계획은 일반적으로 다음의 기본적인 요소들을 포함한다.

- **목표** : 이 프로젝트에 의해 무엇이 달성되어야 하는지, 어떻게 회사의 목표를 달성하고 전략 계획을 충족시킬 것인지, 프로젝트가 언제까지 완료되어야 하는지, 완료 기간과 비용 및 수익 추정치에 대한 상세한 기술

- **프로젝트 범위** : 이 프로젝트를 어떻게 착수할 것인지에 관한 논의, 기술 및 자원 실현 가능성, 포함된 주요 과업, 예비 일정. 이 부분에는 프로젝트의 정당성과 프로젝트 성공에 무엇이 포함되는지에 관한 것이 기술되어 있다.

- **계약 요건** : 관리, 보고 및 성과의 책임에 대한 일반적 구조. 여기에는 직원 명세표, 공급업체, 하도급업체, 관리 요구 조건 및 협정, 보고 일정, 조직 구조 계획이 포함된다.

- **일정** : 기본 일정 계획을 구성하는 모든 주요 이벤트, 과업, 세부 일정에 대한 목록

- **자원** : 전반적 자원 요구 조건 및 예산 통제 절차에 대한 전반적인 프로젝트 예산

- **직원** : 프로젝트 팀에 필요한 직원의 식별 및 채용. 여기에는 특별한 기술 및 교육훈련 요구사항이 포함된다.

- **통제** : 일정 및 비용을 포함하여 진행 과정과 성과를 평가하고 감독하기 위한 절차

- **위험 및 문제 분석** : 프로젝트 지연 및(또는) 실패 위험을 증가시키고 프로젝트 성공을 위협할 수 있는 불확실성, 문제점, 그리고 잠재적 어려움에 대한 예측 및 평가

그림 8.1

프로젝트 관리 프로세스

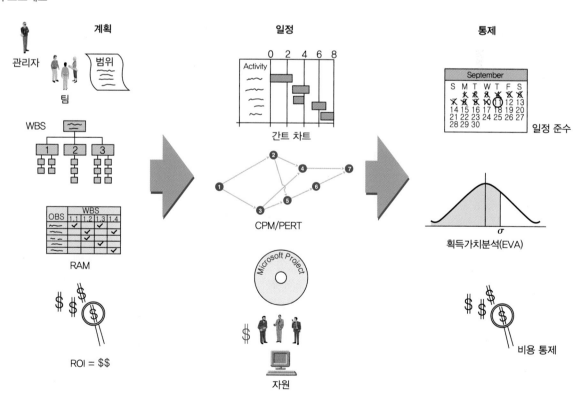

프로젝트 수익

+ 투자수익률(ROI)
이익에서 비용을 뺀 다음 이를 비용으로 나눈 것으로 프로젝트를 평가하기 위해 사용되는 척도이다.

프로젝트를 선택하고 착수하기 위해서는, 그 프로젝트가 조직에게 긍정적인 수익과 편익을 줄 수 있어야 한다. 사업에서 수익을 측정하는 가장 널리 사용되는 방법 중 하는 투자수익률 (Return on Investment, ROI)이다. ROI는 성과 척도로서, 프로젝트의 예측 결과 평가나 여러 개의 서로 다른 프로젝트를 비교하는 데 사용된다. ROI는 프로젝트 수익을 프로젝트 비용으로 나눔으로써 계산할 수 있으며, 이러한 결과 값은 백분율이나 비율로써 표현된다.

$$ROI = \frac{\text{프로젝트부터 얻는 수익} - \text{프로젝트 비용}}{\text{프로젝트 비용}}$$

만약 어떠한 프로젝트의 ROI 값이 양의 값이 아니거나 다른 프로젝트가 더 높은 ROI 값을 나타낸다면, 그 프로젝트는 착수되지 않을 수도 있다. 융통성과 단순함의 측면에서, ROI 값은 프로젝트 계획에 있어서 매우 일반적인 측정 기준이다.

하지만, 때때로 프로젝트에는 ROI와 같이 유형적으로만 측정되지 않는 이익이 있다. 이러한 무형적 이익을 "소프트(soft)" 수익이라 한다. 예를 들어, 직원 만족도 향상 목적의 프로젝트에서는 생산성 증대, 품질 향상, 비용 감소와 같은 단기간에 금전적으로 측정하기 어려운 혜택이 나타날 수 있다. 정전이 되는 동안 계속해서 주문을 받고 고객들을 만족시키기 위해 예비 발전기를 설치하려는 온라인 소매업체 프로젝트는 절대로 일어나지 않는 일에 대한 보험과도 같으며, 이는 ROI로 결정하기 어렵다. "그린(green)" 프로젝트는 명확하게 금전적 ROI를 갖기 어렵지만, 이러한 프로젝트는 규제 위반으로부터 회사를 보호할 수 있고 회사의 대외 이미지를 향상시킬 수 있다. 정부 관계 기관과 비영리 단체가 착수한 프로젝트는 "공익 (public good)"을 위해 착수되었기 때문에 ROI 유형의 수익을 가지고 있지 않다. 일반적으로, 재무적인 이익의 관점에서만 프로젝트의 수익을 측정하기보다는 프로젝트가 회사의 직원 및 고객에게 긍정적인 영향(예를 들어, 품질 향상)을 미치는지의 관점에서도 측정하는 것이 더 적절하다.

프로젝트 팀

+ 프로젝트 팀은 회사의 여러 분야 및 부서에서 온 개인으로 구성된다.

프로젝트 활동과 관련된 특별한 기술, 전문성, 그리고 경험 때문에 프로젝트 팀은 일반적으로 여러 다른 분야의 조직에서 선발된 개인이나 조직 외부의 컨설턴트의 그룹으로 구성된다. 기술부 직원, 특히 산업공학 부문의 직원들이 종종 그들의 전문적 기술 때문에 프로젝트 수행 시 배정된다. 또한 프로젝트 팀은 프로젝트와 관련된 특정 분야의 다양한 관리자 및 직원을 포함하기도 한다. 프로젝트 활동이 작업자의 직무인 경우에는 작업자들도 프로젝트 팀에 포함되기도 한다. 예를 들어, 공장의 새로운 하역장 시설을 건설하는 프로젝트 팀은 이론적으로 트럭 운전자, 지게차 운전자, 부두 작업자와 구매, 운송, 수신, 포장 등과 관련된 직원 및 관리자와 차량 흐름, 노선, 공간 소요 등을 평가하는 기술자를 포함할 것이다.

프로젝트 팀에 배정되는 것은 보통 임시적이므로 긍정적 영향과 부정적 영향이 모두 존재한다. 정규직 작업자 및 직원의 일시적인 감소는 직원 본인과 작업 부문 모두에게 지장을 줄 수 있다. 직원은 때때로 "2명의 상사를 섬기며", 즉 프로젝트 관리자와 일반 관리자 둘 다에게 보고해야만 한다. 그 대신에, 프로젝트는 보통 혁신적이고 새로운 일을 할 수 있는 기회를 부여하여 "흥미(exciting)"롭기 때문에 직원들은 프로젝트 종료 후에 일상적인 업무로 돌아가는 것을 꺼릴 수도 있다.

+ 프로젝트 관리자는 흔히 많은 압박을 받는다.

프로젝트 팀에서 가장 중요한 구성원은 프로젝트 관리자이다. 프로젝트를 관리하는 일은 불확실성이 크고 실패할 가능성이 충분하다. 각각의 프로젝트는 고유하고 이전에 시도되지 않았던 것들이기 때문에, 프로젝트의 결과는 일상적인 프로세스들의 결과와 같은 수준의 확실성을 가질 수 없다. 일상적인 프로세스는 지속적인 프로세스 감독을 통해 어느 정도의 안전성을 얻을 수 있지만, 이러한 지속적인 프로세스의 감독은 프로젝트 관리에는 존재하지 않는다. 프로젝트 팀 구성원은 조직의 여러 분야에서 차출되고 서로 다른 기술을 보유하고 있다. 이러한 다양한 인력과 기술은 프로젝트의 성공적인 완수를 위해 하나의 집중화된 노력으로 조정되어야 한다. 또한, 프로젝트는 예외 없이 시간 및 예산 제약의 대상이 되며, 이

파나마 운하 확장 프로젝트

1914년에 완공된 파나마 운하는 48마일로, 파나마 지협을 가로지르며 대서양과 태평양을 연결하고, 매년 약 1만 2,000척의 선박이 운하를 통과하는 주요 글로벌 운송 통로이다. 운하의 양쪽 끝에는 갑문이 있는데, 이것들로 해발 85피트의 가툰 호수(Gatun Lake)까지 배를 들어올린다. 미국토목기술자학회는 이 운하를 현대 7대 불가사의 중 하나로 본다.

2007년 50억 달러를 들인 확장 프로젝트에서, 두 개의 새로운 갑문을 운하 양쪽 끝에 건설하고 갑문으로 향하는 새로운 수로를 파고 기존 수로를 더 넓고 깊게 만들기 시작하여, 운하의 수용력은 두 배가 되었고 더 큰 선박이 통과할 수 있게 되었다. 운하는 4,000~5,000TEU(20피트의 컨테이너 박스 1개를 나타내는 단위)의 선박을 수용할 수 있는데, 이러한 확장으로 선박들은 최대 1만 4,000TEU까지의 화물을 실을 수 있게 되었다. 프로젝트 완공일은 운하 개통 100주년 기념일인 2014년 8월로 예정되어 있었다. 그러나, 완공일이 계속해서 뒤로 밀렸고, 마침내 2016년 봄에 완성되었다. 이 프로젝트는 각각 다른 사람, 다른 프로젝트 팀과 협력하고 있는 전 세계의 계약자들로 인해 매우 복잡했다. 프로젝트의 많은 부분들을 조정하기 위해, 사업관리정보시스템(PMIS)을 사용하는 작고 긴밀하게 맺어진 프로젝트 관리 사무실이 만들어졌다. 이 프로젝트 팀은 환경운동가와 (파나마 사람을 위한) 노동 옹호자의 반대 등의 많은 이슈에 효과적으로 대응했고, 더 이상의 지연을 막았다. 소득 및 고용 증가와 파나마 정부가 예상한 운하 확장으로 인한 경제성장으로 인해, 지연은 프로젝트의 최종 성공을 저해하지 않는 수준으로 평가되었다.

© Carlos Jasso/REUTERS/Alamy Stock Photo

자료 : Based on Moving Ahead by Matt Alderton. 2014 PM Network

러한 제약은 일상적인 프로세스의 작업 일정과 자원 소비와는 다르다. 종합적으로, 프로젝트의 관리에는 일반적인 관리보다는 더 많은 압박이 있다. 하지만, 그에 따른 잠재적 보상도 있는데, 어려운 상황 속에서 자신의 관리 능력을 입증하는 기회, 특별한 프로젝트에서 일해 보는 도전, 그리고 새로운 무언가를 시도해 본다는 흥분 등이 있다.

범위기술서

+ 범위기술서는 프로젝트 타당성과 예상 결과를 포함하고 있다.

범위기술서(scope statement)는 프로젝트의 일반적인 이해를 돕는 문서라고 할 수 있다. 이 문서에는 프로젝트를 실행하는 타당한 이유와 함께, 회사가 이 프로젝트를 왜 실행하게 되었는지, 그 필요성이 함께 기재되어 있다. 또한 이러한 문서에는 프로젝트의 예상 결과에 대한 설명과 프로젝트 성공에는 무엇이 포함되어야 하는지 나타나 있다. 더 나아가, 범위기술서는 프로젝트 관리 프로세스에 사용되는 계획 보고서 및 문서의 유형에 대한 목록을 포함하고 있다. 이와 유사한 계획 문서에는 작업기술서(Statement of Work, SOW)가 있다. 규모가 큰 프로젝트에서는 각 팀 구성원, 그룹, 부서, 하도급업체 및 공급업체를 위한 SOW를 마련하기도 한다. 이러한 기술서는 작업에 대한 책임을 맡은 팀 구성원에게 필요한 것이 무엇인지, 그리고 작업을 제 시간에 성공적으로 완수하기 위해 충분한 자원을 보유하고 있는지 알 수 있도록 프로젝트 작업에 대해 충분히 상세하게 기술되어 있다. 이러한 문서는 보통 공급업체 및 하도급업체들에게 작업 수행 및 입찰 가능 여부를 결정하기 위한 기반이 되기도 한다. 일부 회사에서는 공급업체 및 하도급업체와의 공식적인 계약의 일부로서 SOW를 필요로 한다.

작업분류체계

+ 작업분류체계(WBS) 계획에 대한 모듈로 프로젝트를 나누어 놓은 조직도이다.

작업분류체계(Work Breakdown Structure, WBS)는 프로젝트 계획에 사용되는 조직도이다. 이는 프로젝트에서 수행되어야 할 작업들을 모듈이라고 하는 주요 구성요소로 세분화하여 조직화하는 것이다. 이러한 구성요소는 한층 더 상세히 하위 구성요소로 세분화되며, 이러한 하위 구성요소는 더 세분화된 활동으로, 그리고 최종적으로는 개별 업무로 세분화된다. 그 결과, 프로젝트는 다양한 층으로 구성되어 조직화된 구조를 띠게 되며, 가장 최상위 계층에는 전체적인 프로젝트가, 가장 최하위 계층에는 개별 업무가 자리하게 된다. WBS는 작업을 식별하고 개별 업무, 프로젝트 작업량, 그리고 필요한 자원을 결정하는 데 도움을 준다. 또한 WBS를 통해 모듈과 작업의 관계를 파악할 수 있으며, 작업의 불필요한 중복을 방지할 수 있다. WBS는 프로젝트 일정, 자원, 변경의 개발 및 관리를 위한 기준점을 제공한다.

WBS는 보통 차트나 표의 형태를 띠고 있지만, 특정한 형태가 정해져 있지는 않다. 일반적으로, WBS를 개발하는 데는 두 가지 좋은 방법이 있다. 첫 번째는 WBS가 충분히 상세하게 개발될 때까지 "각각의 층을 구성하는 구성요소는 무엇인가?"라고 물으며, 최상위 계층에서

그림 8.2

전산화된 주문 처리 시스템 프로젝트에 대한 작업분류체계

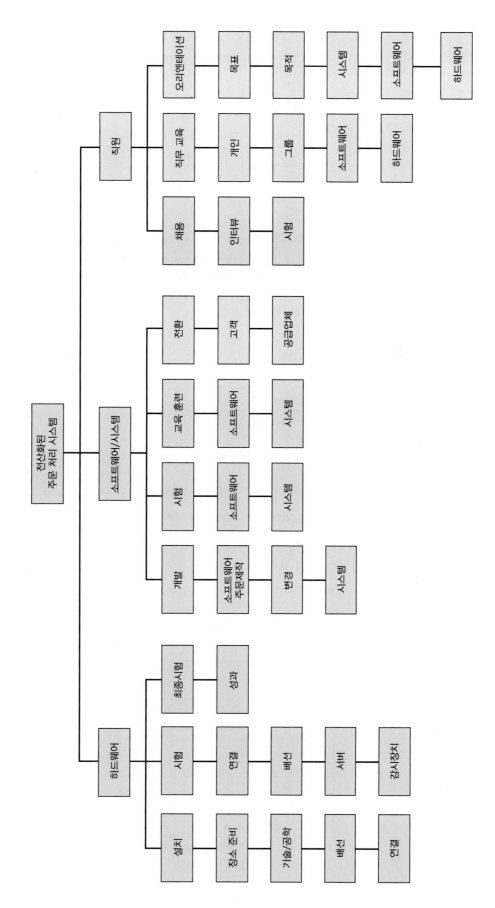

시작하여 하위 계층으로 작업해 나가는 방법이다. 다른 방법은 전체 프로젝트를 브레인스토밍하는 것으로, 각각의 항목을 작은 종이에 메모하고 이러한 메모를 WBS로 체계화하는 것이다. WBS의 상위 계층은 프로젝트의 작업 요약, 주요 구성요소 또는 기능 영역 등 무엇을 해야 하는지에 대한 내용들을 포함하는 경향이 있다. 하위 계층의 경우에는 프로젝트의 주요 구성요소 또는 모듈의 세부 작업 활동을 기술하는 경향이 있다. 이러한 하위 계층에서는 일반적으로 작업이 어떻게 진행되는지를 나타내고 있다.

그림 8.2는 소비자, 제조업체, 그리고 제조업체의 공급업체를 연결하는 새로운 전산화된 주문 처리 시스템을 설치하는 프로젝트에 대한 WBS이다. WBS는 시스템 개발을 위해 하드웨어, 소프트웨어/시스템, 직원의 3가지 주요 프로젝트 범주에 따라 구체화되었다. 이러한 범주 내에서, 주요 업무 및 활동이 상세하게 기술된다. 예를 들면, 하드웨어 하위의 주요 업무에는 설치가 있으며, 설치에 필요한 활동에는 장소 준비, 기술적/공학적 배치 및 환경 설정, 배선, 전기 연결이 포함된다.

책임 할당 매트릭스

+ 책임 할당 매트릭스
프로젝트 업무에 대해 누가 책임을 지고 있는지 보여주는 표 또는 차트이다.

WBS 개발 후에, 프로젝트 관리자는 프로젝트 업무를 관리 가능한 더 작은 요소로 구체화하기 위해 조직분류체계(Organizational Breakdown Structure, OBS)를 사용하여 업무 요소를 부서, 그룹, 개인 또는 하도급업체의 조직 단위로 배정한다. OBS는 작업 항목에 해당되는 조직 단위를 표 또는 차트로 나타낸다. OBS 개발 후에, 프로젝트 관리자는 책임 할당 매트릭스(Responsibility Assignment Matrix, RAM)를 개발할 수 있다. RAM은 프로젝트에서 조직의 어떤 사람이 업무를 담당하고 있는지 보여 준다. 그림 8.3은 그림 8.2에 나타난 전산화된 주문 처리 프로젝트의 WBS에서 "하드웨어/설치" 범주에 대한 RAM을 나타내고 있다. 이러한 매트릭스에는 3가지 계층의 업무 할당이 있으며, 어떤 사람이 업무를 담당하는지, 어떤 사람이 업무를 실제로 수행하는지, 그리고 어떤 사람이 지원활동을 수행하는지를 나타내고 있다.

그림 8.3
책임 할당 매트릭스

OBS 항목	WBS 활동─하드웨어/설치			
	1.1.1 장소 준비	1.1.2 기술/공학	1.1.3 배선	1.1.4 연결
하드웨어 엔지니어링	3	1	1	1
시스템 엔지니어링		3		3
소프트웨어 엔지니어링		3		
기술 지원	1	2		2
전기직 직원	2		2	2
하드웨어 판매 업체	3	3	3	3
품질 관리자				3
고객/공급업체 연락 담당자				3

책임의 수준 : 1=전반적 책임, 2=성과 책임, 3=지원

WBS와 같이 OBS와 RAM은 회사, 프로젝트 팀, 프로젝트 관리자의 필요와 선호에 따라 여러 형태를 가질 수 있다.

프로젝트 일정

프로젝트 일정(project schedule)은 앞에서 논의된 계획 문서들을 기반으로 도출된다. 이는 프로젝트 관리 프로세스, 특히 실행 단계(즉, 실제 프로젝트 업무가 이루어지는 단계)에서 일반적으로 가장 중요한 요소이며, 분쟁과 문제의 가장 큰 원인이다. 한 가지 이유는 프로젝트 성공에 있어서 가장 중요한 기준이 제 시간 내에 완료하는 것이기 때문이다. 만약 경기장이 시즌 첫 경기에 맞춰서 건설되어야 하는데 그렇지 못했다면 많은 티켓 구매자들이 불만을 가질 것이다. 마찬가지로, 만약 학기가 시작하기 전에 학교가 건설되지 못한다면 많은 부모들이 불만을 가질 것이며, 쇼핑몰이 제 시간 내에 건설되지 못한다면 많은 입점자들이 불만을 가질 것이다. 뿐만 아니라 새로운 상품이 출시 예정 날까지 완성되지 못한다면 수백만 달러의 손해가 날 수 있으며, 새로운 군사 무기가 제 시간에 완성되지 못한다면 국가 안보에 영향을 줄 수 있을 것이다. 또한 시간은 프로젝트의 진행 정도를 가장 시각적으로 보여 준다. 돈을 적게 쓰거나 사람을 적게 쓸 수는 있지만, 시간을 늦추거나 멈출 수는 없기 때문에 시간은 융통성이 거의 없다고 할 수 있다.

일정 개발은 4가지의 기본적인 단계를 따른다. 첫째, 프로젝트를 완료하기 위해서 실행되어야 할 활동을 정의한다. 둘째, 완료되어야 할 순서대로 활동을 배치한다. 셋째, 각 활동을 완료하기 위해 필요한 시간을 추정한다. 넷째, 활동의 순서 및 예상 시간을 기반으로 일정을 개발한다.

일정관리는 계량 척도인 시간을 포함하고 있기 때문에, 프로젝트 일정을 개발하기 위해 간트 차트(Gantt chart) 및 CPM/PERT와 같은 여러 가지 정량적 기법을 사용할 수 있다. 또한 많은 사람들이 사용하는 마이크로소프트 프로젝트(Microsoft Project)와 같이, 프로젝트의 일정을 관리할 수 있는 다양한 컴퓨터 소프트웨어 패키지도 있다. 이 장의 마지막 부분에서, CPM/PERT 및 마이크로소프트 프로젝트에 대해 더 자세히 다루도록 한다. 우선은, 일정관리 기법에서 가장 오래되고 널리 쓰이고 있는 간트 차트에 대해 살펴본다.

헨리 간트에 대해

CPM과 PERT는 프로그램의 시간적 요소를 통제하기 위해 고안된 막대 그래프(bar chart) 또는 간트 차트로부터 발생한 네트워크 다이어그램을 기반으로 한다. 산업공학 분야의 개척자인 헨리 간트(Henry Gantt)는, 1914년 제1차 세계대전이 선포될 당시 프랭크포드 아스날(Frankford Arsenal)의 포병탄약 공장에서 간트 차트를 처음 사용하였다. 간트 차트는 실제 생산시간 대비 추정 생산시간을 도표로서 표시하였다.

간트 차트

간트 차트(Gantt chart)는 활동 및 선후관계가 비교적 적은 소규모 프로젝트의 일정관리 및 계획에 쓰이는 전통적인 관리 기법이다. 막대 그래프라고도 불리는 이러한 일정관리 기법은, 1914년 프랭크포드 아스날 포병탄약 공장에서 산업공학 분야 개척자인 헨리 간트에 의해 개발되었다. 간트 차트는 개발 이래로 현재까지 여전히 널리 사용되고 있는 유명한 프로젝트 일정관리 도구이며, 나중에 다루게 될 CPM/PERT 기법의 선도자 격이라 할 수 있다.

간트 차트는 분석 대상이 되는 프로젝트 내 각 활동의 시간을 막대 그래프로 나타내고 있다. 그림 8.4는 주택 건설에 대해 단순화한 프로젝트 기술서를 간트 차트로 표현한 것이다. 프로젝트는 주택 설계, 기초 공사, 자원 주문 등의 7가지 기본적 활동을 포함하고 있다. 첫 번째 활동은 차트의 맨 왼쪽 막대 그래프와 같이 "주택 설계 및 자금 조달"이며, 완료하는 데에 3개월 정도가 소요된다. 첫 번째 활동이 완료된 후, "기초 공사"와 "자원 주문 및 수령"의 2가지 활동을 동시에 시작할 수 있다. 이러한 일련의 활동들은 주택 설계 및 자금 조달이 그 뒤에 있는 2가지 활동 앞에 있어야 한다는 것과 같이 선후 활동의 관계가 어떻게 되는지를 보여 준다.

"기초 공사" 활동은 완료하는 데에 2개월이 소요되므로, 이르면 5월 말경에 마무리될 것이다. "자원 주문 및 수령"은 완료하는 데에 1개월이 소요되며, 4월 이후에 마무리될 것이다. 하지만 그림으로부터 이 업무의 시작을 4월까지, 1개월 정도 늦출 수 있다는 것을 확인할 수 있다. 이렇게 날짜를 늦춘다고 해도 그 다음 활동인 "주택 건설"이 시작되기로 예정되어

그림 8.4
칸트 차트

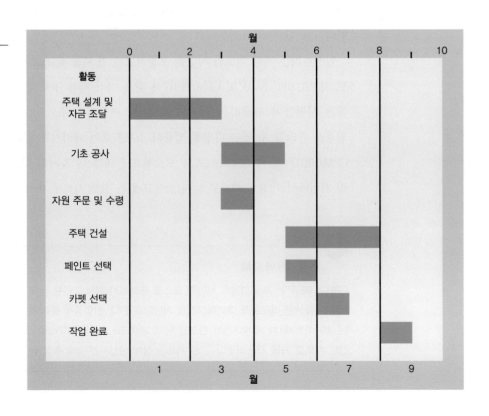

+ 여유
프로젝트를 지연시키지 않으면서 어떤 활동을 미룰 수 있는 시간의 양이다.

있는 5월 말까지 이 업무를 완료하는 데에 지장을 주지 않는다. "자원 주문 및 수령" 활동에 대해서, 이러한 여분의 시간을 여유(slack)라 한다. 여유는 프로젝트 전체 또는 그 다음의 활동이 지연되지 않는 한에서 활동을 지연시킬 수 있는 시간이다. 간트 차트의 나머지 부분은 이와 유사한 방법으로 생성되며, 프로젝트는 9월 말경에 완료 예정이다.

간트 차트는 활동의 시작과 완료가 언제로 예정되어 있는지, 어디에서 추가 시간을 사용 가능한지, 지연이 가능한 활동이 어디인지와 같은 프로젝트 일정관련 사항을 시각적으로 보여 준다. 프로젝트 관리자는 간트 차트를 이용하여 활동의 진척을 감시하고 일정보다 빠른 활동이 어떤 것인지, 또한 일정보다 늦은 활동은 어떤 것인지 확인할 수 있다. 또한 간트 차트는 활동들 간의 선후관계도 나타내지만, 경우에 따라서는 이러한 관계가 쉽게 인식되지 않는다. 이러한 문제점은 간트 차트 방법의 단점 중 하나이며, 이 때문에 비교적 활동이 적은 소규모의 프로젝트로 사용이 제한된다. 그러나 나중에 다루게 될 CPM/PERT 네트워크 기법은 이러한 단점을 가지고 있지 않다.

프로젝트 통제

프로젝트 통제(project control)는 프로젝트가 성공적으로 완수되도록 프로젝트 진행상황을 확인하는 프로세스이다. 프로젝트 계획을 준수하고 특히 계획된 프로젝트 일정에서 벗어나는 것을 최소화하기 위해서는, 프로젝트를 감시하고 진행상황을 평가해야 한다. 만약 프로젝트가 계획에서 벗어난다고 판단될 때, 예를 들어 예정 일정대로 되지 않거나, 비용이 초과되는 상황이 일어나거나, 예상하지 못한 활동 결과가 도출되는 등의 경우에는 수정 조치를 취해야 한다. 이 절의 나머지 부분에서, 시간 및 비용관리, 성과 모니터링과 같은 프로젝트 통제의 몇 가지 주요 요소들을 살펴볼 것이다.

시간관리(time management)는 프로젝트 일정이 지연되지 않고 제 시간 내에 진행되도록 관리하는 프로세스이다. 시간관리를 위해서는 개별 활동을 모니터링하고 수시로 상황을 업데이트해야 한다. 만약 일정이 프로젝트의 성공을 위험하게 할 만큼 많이 지연되고 있다면, 프로젝트 관리자는 자원을 이전하여 중요한 활동을 촉진시켜야 할 필요가 있다. 일부 활동에서는 여유시간(slack time)이 있을 수도 있기 때문에, 제 시간에 끝낼 수 없는 활동을 위해 자원이 옮겨 투입될 수 있는 것이다. 이를 시간−비용 상충(time-cost trade-off)이라고 한다. 그러나 이는 정해진 예산보다 더 큰 프로젝트 비용을 야기할 수도 있다. 어떤 경우에는 활동이 수정되어야 하거나, 더욱 효율적으로 바뀌어야 할 수도 있다. 다른 경우에는, 실행에 따른 본래의 활동 시간 추정치가 비현실적으로 나타나서 일정을 수정해야 할 수도 있으며, 이러한 수정이 프로젝트에 미치는 영향을 평가해야 할 수도 있다.

비용관리(cost management)는 앞에서 언급한 시간−비용 상충 현상 때문에 시간관리와 아주 밀접하게 연관되어 있다. 만약 일정이 지연된다면, 프로젝트를 정해진 일정대로 되돌리기 위해 비용이 올라가는 경향이 있다. 또한 프로젝트 진행과정에서, 일부 비용 추정치는 비현실적이거나 잘못되었다고 판단될 수도 있다. 따라서 비용 추정치를 수정하고 이에 따라 예산 편성을 갱신해야 할 수도 있다. 만약 비용 초과량이 지나치게 많다면, 수정 조치가 반드시 취해져야 할 것이다.

성과관리(performance management)는 프로젝트의 목표와 계획이 잘 지켜지도록 프로젝트를 모니터링하고 정기적인(일일, 주간, 월간) 상황보고를 작성하는 프로세스이다. 성과관리에서는 프로젝트가 예정대로 행해지고 있는지, 아니면 예정보다 늦게 되고 있는지를 밝히기 위해 이벤트, 중요한 단계, 업무 완료에 대한 목표일을 실제 행해지고 있는 날짜와 비교한다. 성과의 주요 척도는 일정을 벗어난 정도, 자원 사용량, 비용 초과 등이 있다. 성과 책임이 있는 프로젝트 관리자, 구성원, 그리고 조직 단위는 이러한 현황보고서를 작성한다.

획득가치분석(Earned Value Analysis, EVA)은 성과관리를 위한 시스템이다. 활동은 완료되면서 "가치를 얻는다." EVA는 프로젝트의 진행 정도를 산술적으로 측정해주며, 완료 날짜와 최

교통시설 건설 프로젝트

프로젝트 관리가 가장 빈번하게 응용되는 분야 중 하나는 건설 프로젝트이다. 하나의 예로 현재 건설 중인 캘리포니아 고속철도 프로젝트가 있다. 2029년에 완료될 예정인 1단계는 520마일에 걸쳐 로스앤젤레스와 샌프란시스코를 연결할 것이며, 기차는 시속 220마일까지 속도를 높일 수 있고, 약 680억 달러의 비용이 들 것으로 추산되는데 이는 미국 역사상 가장 비용이 많이 드는 공공사업이다. 아직 일정이 없는 2단계는 새크라멘토와 샌디에이고를 로스앤젤레스로 연결할 것이다. 프로젝트 관리를 위해 캘리포니아 고속철도 당국은 신속한 의사결정을 할 수 있도록 프로젝트를 9개의 매트릭스의 프로젝트 부문으로 나누었다. 이러한 규모와 복잡성을 가진 프로젝트에서 발생할 수 있는 문제와 지연을 해결하기 위한 위험관리 프로그램 또한 실행되었다.

또 다른 주요 건설 프로젝트는 애틀랜타의 벨트라인(BeltLine) 프로젝트인데, 이 프로젝트는 이전에 버려진 철도수송로 내에서 단계적으로 건설되고 있는 다용도 산책로이다. 경전철(light rail transit), 1,300에이커의 공원, 5,600채의 적당한 가격의 주택, 33마일의 다용도 산책로를 포함하도록 설계되었다. 벨트라인의 총 길이는 22마일로, 애틀랜타 중심 상업지구 양쪽에 약 3마일로 뻗어 있을 것이다. 2030년까지 30억 달러를 들여 완공될 예정인 전체 프로젝트는 45개 지역사회에 걸쳐 120여 개의 개별 프로젝트를 포괄하게 되며, 서로 다른 단계를 거쳐 진행되면서도 동시에 관리되어야 한다.

현재 진행 중인 세 번째 주요 교통 프로젝트는 워싱턴 DC 메트로레일을 덜레스 공항까지 23마일 연장하는 버지니아 북부의 덜레스 코리더 메트로레일 프로젝트인데, 2020년 경에 완공될 예정이며 거의 70억 달러의 비용이 들 것으로 예상된다. 프로젝트는 두 단계로 나누어 진행되는데, 1단계는 완료되었으며 철도 시스템을 버지니아 주 페어팩스 카운티의 레스턴 이스트 역까지 12마일 연장했다. 2020년 경 완공될 예정인 2단계는 덜레스 공항까지 철도를 연장할 예정이다. 이 프로젝트에는 11개의 새로운 철도역과 여러 개의 주차장과 차고가 포함될 것이다.

© The Washington Post/Getty Images

자료 : Based on Matt Alderton, "Moving Ahead," *PM Network* 28 (3); (March 2014); pp. 24–35; and Dulles Metrorail Project at www.dullesmetro.com/.

종 비용을 예측해주고, 활동이 완료되어감에 따른 일정 및 예산 변화를 측정해주는 공인된 표준절차이다. 예를 들어, 일정 편차(schedule variance)와 같은 EVA 척도(metric)는 일정 기간 동안 실제 수행된 작업과 일정 계획상에서 수행하기로 되어 있었던 작업을 비교하여, 만약 음의 편차가 나왔다면 프로젝트가 일정보다 늦어지고 있음을 의미한다. 비용 편차(cost variance)는 수행된 작업의 예산원가에서 업무에서 실제 사용된 비용을 뺀 값이며, 만약 음의 편차가 나왔다면 프로젝트 예산이 초과되었음을 의미한다. EVA는 프로젝트 작업을 더 쉽게 평가될 수 있도록 작은 묶음으로 나누어 주는 WBS와 함께 사용되었을 때 가장 효과가 좋다. EVA의 문제점은 때로 업무 진행과정을 평가하기가 쉽지 않으며, 데이터를 측정하는 데에 상당히 많은 시간을 필요로 할 수 있다는 것이다.

프로젝트 위험

모든 프로젝트는 서로 다른 규모와 정도의 위험이 존재한다. 위험(risk)이란 프로젝트의 진행과정과 성공적 완료를 잠재적으로 방해할 수 있는 불확실한 요인, 사건, 또는 일 등을 일컫는다. 위험은 문제가 아니며, 문제가 발생할 수도 있다는 것에 대한 인식이다. 잠재적 문제를 사전에 인지, 이해하고 식별하여 그에 대한 계획을 세운다면, 프로젝트 팀과 관리자는 이러한 문제를 막기 위한 시도를 할 수 있을 것이다. 프로젝트의 위험을 관리하고 최소화하는 것은 프로젝트 관리자의 직무이다.

　프로젝트 위험관리는 계획 단계에서 가장 잘 다룰 수 있다. 위험관리 계획은 프로젝트가 진행되는 동안 어떻게 위험관리가 되는지를 기록한다. 잠재적 위험을 식별하는 것 이외에, 다양한 영역에서의 위험관리를 어떤 팀 구성원이 할 것인지, 프로젝트 생애주기에 따라 위험을 어떻게 관리할 것인지, 위험 대비 사전 대책을 어떻게 개발하고 실행할 것인지, 그리고 위험을 다루기 위해 프로젝트 자원을 어떻게 할당할 것인지를 명시해야 한다.

　프로젝트 위험관리는 사전 대책을 강구하는 일이다. 첫 번째 단계는 프로젝트에서 예상되는 모든 잠재적 위험을 식별하는 것이다. 자원 변경, 잘못된 추정, 회사 목적 및 필요에 따른 변화, 그리고 기술 변화 등이 이러한 잠재적 위험에 포함된다. 이때 식별된 위험은 있을 수 있는 만일의 사태(가능성)에 대한 관점에서 평가되며, 가능하면 정량화한다. 비록 위험평가와 위험측정이 추정치에 불과하지만, 프로젝트 성공에 가장 위협적인 관점에서 위험을 서로 비교하여 위험의 우선순위를 정하는 프로세스를 갖추는 것을 목적으로 한다. 가장 중요한 위험들 중 통제가 가능한 위험은 완화시킬 수 있으며, 통제가 불가능한 위험에 대해서는 이러한 위험을 완화시키기 위한 전략을 개발해야 할 것이다.

+ 애자일 프로젝트 관리
프로젝트에서 불확실성이나 위험을 야기하는 변화에 더욱 잘 적응할 수 있는 점진적 접근방법이다.

　애자일(agile) 프로젝트 관리는 프로젝트 불확실성 및 위험에 대한 적용 가능성에 더 집중하는 비교적 새로운 프로젝트 관리 접근법이다. 특히 이것은 IT와 소프트웨어 개발 사업에 더욱 적합하다. 애자일 프로젝트 관리는 증분 반복법을 사용하여 프로젝트 관리에서 생기는 변화를 다루는 방법이다. 예로서, 건설 프로젝트와 같이 사전에 결정되고 계획된 단계(범위기술서, 프로젝트 네트워크 등)가 있는 전통적 프로젝트 관리 프로세스와는 달리, 애자일 방법론은 최소한의 계획으로 과업을 소규모 증분으로 나눈다. 이는 변화에 대해 지속적인 조정을 수용할 수 있게 하며, 변화에 대한 빠르고 유연한 대응을 유도한다. 이러한 반복적인 프로세스의 유형은 예를 들어 소프트웨어 프로젝트에 더 도움이 된다. 소프트웨어 프로젝트의 착수 단계에서는 사용자가 어떤 제품을 원하는지 정확하게 모르기 때문에, 매우 빠르고 예측할 수 없는 변화가 있을 수 있다. 반복은 "타임박스(time-boxes)"라 불리는 몇 주 정도의 짧은 기간 동안 이루어진다. 이는 전반적인 위험을 줄이고 프로젝트가 변화에 빠르게 적응하는 것을 가능케 한다.

애자일 프로젝트에서 팀 구성은 보통 여러 직종의 일을 하는 사람으로 이루어져 있으며, 일반적으로 고객 담당자를 포함한다. 팀 구성원 간에 대면하는 커뮤니케이션이 강조되고, 발생할 수 있는 문제를 밝히는 데 도움을 주는 이러한 커뮤니케이션은 보통 매일 빈번하게 이루어진다(이러한 회의를 간단히 말하면 스크럼(scrums)이라 한다). 팀 규모는 팀 커뮤니케이션과 협력을 단순화하기 위해 보통 소규모(5~9명)로 구성된다. 팀이 다른 장소에서 일을 한다면, 화상회의, 음성통화, 이메일 등의 방법으로 매일 연락을 주고받을 수 있다. 각 반복 단위의 마지막에서, 진행상황은 검토되고 ROI를 최대한 좋게 만드는 우선순위를 재평가하며, 고객의 필요와 목적에 맞게 프로젝트를 조정하는 것을 보장해준다. 이와 같이 애자일 접근법은 계획을 그대로 따르기보다는 변화에 대응하고, 공식적인 프로세스와 도구 대신 소통하는 개인에 의존하고, 사용자와 자주 소통하고 협동한다는 점에서 전통적인 프로젝트 관리와 다르다.

CPM/PERT

임계경로 방법(Critical Path Method, CPM)과 프로젝트 평가 및 검토 기법(Project Evaluation and Review Technique, PERT)은 본래 별도의 기법으로 개발되었다(384쪽의 쉬어가기 참고). 2가지 모두 간트 차트에서 파생된 것으로서, 매우 유사하다. CPM과 PERT 사이에는 본래 2가지 주요 차이점이 있었다. CPM에는 활동 시간에 편차를 허용하지 않는 단일 추정치가 사용되고 있는데, 이러한 추정치는 확실성을 가지고 알려져 있는 활동 시간으로 다루고 있다. PERT에는 각 활동에 편차를 반영한 다중시간 추정치가 사용되고 있는데, 이러한 추정치는 확률론적인 활동 시간으로 다루고 있다. 또 다른 차이점은 네트워크를 그리는 방법이다. PERT에서 활동은 마디(node)라 불리는 원들 사이에 화살표로 나타난 분지로 표현되는 반면, CPM에서 활동은 마디로 표현되며, 마디 사이의 화살표는 선후관계(예를 들어, 어떤 활동이 더 먼저 왔는지)를 보여 주었다. 하지만, 시간이 흐르며, CPM과 PERT는 일반적으로 CPM/PERT라 불리는 하나의 기술로서 효과적으로 병합되었다.

간트 차트 대비 CPM/PERT의 장점은 활동 간의 선후관계를 나타내기 위해서 그래프 대신 네트워크를 사용한다는 것이다. 간트 차트는 특히 대규모 네트워크에 대한 선후관계를 명확하게 보여 주지 못한다. 간단하게 말하자면, CPM/PERT 네트워크는 시각적으로 보다 쉽게 사용할 수 있는 더 나은 그림을 보여 주며, 이는 프로젝트 기획자 및 관리자들 사이에서 CPM/PERT 기법을 더욱 유명하게 만들고 있다.

AOA 네트워크

CPM/PERT 네트워크는 그림 8.5와 같이 분지와 마디로 그린다. 앞에서 언급한 바와 같이, CPM과 PERT가 처음 개발되었을 때, 서로 다른 도식 방법을 사용하고 있었다. CPM에서, 그림 8.5의 마디들은 프로젝트 활동을 나타낸다. 마디 사이의 화살표가 그려진 분지들은 활동 간의 선후관계를 나타낸다. 예를 들어, 그림 8.5에서 활동 1을 나타내는 마디 1은 활동 2의 선행활동이며, 활동 2는 활동 3이 시작하기 전에 완료되어야 한다. 이와 같은 네트워크 구성 접근법을 마디 활동 기법(Activity on Node, AON)이라 한다. 대신에 PERT에서는, 마디 사이의 분지들이 활동을 나타내며, 마디는 활동의 끝과 다른 활동의 시작과 같이 시간 흐름상의 이벤트나 지점을 나타낸다. 이와 같은 접근법을 분지 활동 기법(Activity on Arrow, AOA)이라 하며, 활동은 활동 시작과 끝의 마디 번호를 통해 식별한다(예를 들어, 그림 8.5에서 활동 1 → 2는 활동 2 → 3에 선행해야 한다). 이 장에서는 AON 방식에 중점을 두겠지만, AOA 네트워크에 대한 개요를 먼저 살펴보도록 할 것이다.

그림 8.5

마디 및 분지

AOA 네트워크가 어떻게 그려지는지 보기 위해서, 그림 8.4의 주택 건설에 대한 간트 차트 예시를 다시 살펴보려고 한다. 예시 프로젝트에 대응하는 CPM/PERT 네트워크는 그림 8.6과 같다. 이러한 네트워크에서 선후관계는 화살표들의 배치에 따라 나타난다. 프로젝트의 첫 번째 활동은 주택 설계와 자금 조달이다. 이러한 활동은 이어지는 활동이 시작되기 전에 완료되어야 한다. 따라서 기초 공사에 해당하는 2 → 3 활동과 자원 주문 및 수령에 해당하는 2 → 4 활동은 마디 2가 구현된 후에야 시작할 수 있으며, 이는 1 → 2 활동이 완료되었음을 나타낸다. 분지 위에 있는 숫자 3은 이러한 활동을 완료하기 위해서 3개월이 소요된다는 것을 의미한다. 2 → 3 활동과 2 → 4 활동은 동시에 진행할 수 있으며, 이러한 2개의 업무는 1 → 2 활동의 완료에만 종속되며 서로에게는 종속되지 않는다.

그림 8.6

주택 건설에 대한 확장 네트워크에서의 현재 활동

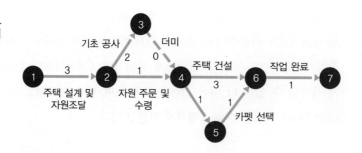

모건 워커, 제임스 켈리 그리고 D. G. 말콤에 대해

1956년에 E. I. du Pont de Nemours & Company 사에서, 듀퐁(duPont) 사의 엔지니어인 모건 워커(Morgan R. Walker)와 Remington-Rand 사의 컴퓨터 전문가인 제임스 켈리(James E. Kelley, Jr.)가 이끄는 연구 팀이 회사의 엔지니어링 프로그램(플랜트 유지보수 및 건설 프로젝트 등)의 계획, 스케줄 수립 및 보고를 전산화하는 시스템을 개발하는 프로그램에 착수하였다. 이 결과로 나온 네트워크 접근 방법이 임계경로 방법(Critical Path Method, CPM)이다. 거의 같은 시기에 미국 해군은 Navy Special Projects Office와 Lockheed(핵심 공급자) 및 Booz, Allen, Hamilton 컨설팅 회사의 인원으로 구성되고 D. G. 말콤(D. G. Malcolm)이 이끄는 연구팀을 구성하여, Polaris 미사일 프로젝트(탄도 미사일 탑재 핵 잠수함)를 위한 관리통제 시스템의 일환으로 PERT를 개발하였다. Polaris 프로젝트는 최종적으로 2,000개의 이벤트와 3,000개의 활동을 포함하는 23개의 PERT 네트워크로 구성되었다.

+ 더미 활동
선후관계를 보여주지만 경과시간을 보여주지는 않는다.

기초 공사 활동(2 → 3)과 자원 주문 및 수령 활동(2 → 4)이 완료되면, 4 → 5 활동과 4 → 6 활동을 동시에 시작할 수 있다. 여기서 더미 활동(dummy activity)이라고 하는 3 → 4 활동을 주목해보자. 더미 활동은 AOA 네트워크에서 선후관계를 보여 주기 위해 사용되지만, 실제 시간의 흐름을 보여 주지는 못한다. 기초 공사 활동과 자원 주문 및 수령 활동의 선후관계는 그림 8.7(a)와 같다. 그러나 AOA 네트워크에서 2개 이상의 활동이 같은 이름(즉, 2 → 3)으로 지정되기 때문에, 동일한 시작 마디와 종료 마디를 사용할 수 없다. 따라서 그림 8.7(b)과 같이 종료 마디를 별도로 두어 서로 다른 식별기호로 구분하기 위해 3 → 4 활동이 추가된다.

그림 8.7

더미 활동

그림 8.6의 네트워크로 돌아가 마디 4에서 시작하는 2개의 활동을 주목해보자. 4 → 6 활동은 실제로 주택을 건설하는 일이며, 4 → 5 활동은 주택 외부와 내부의 페인트를 선택하기 위해 탐색하는 일이다. 4 → 6 활동과 4 → 5 활동은 동시에 시작 및 진행될 수 있다. 카

펫 색상은 페인트 색상에 종속되기 때문에, 4 → 5 활동의 페인트 선택과 마디 5가 구현된 후에 5 → 6 활동의 카펫 선택을 할 수 있다. 이러한 활동은 주택을 건설하는 4 → 6 활동과 동시에 진행할 수 있다. 건설이 완료되고 페인트와 카펫을 선택한 후에는 6 → 7 활동의 주택 건설이 완료된다.

AON 네트워크

그림 8.8의 AON 네트워크는 그림 8.6의 AOA 네트워크와 비교 가능하다. 활동 및 활동 시간이 AOA 네트워크에서처럼 활동 위에 있는 것이 아니라, 마디 위에 있다는 것을 주목하자. 분지와 화살표는 단순히 활동 간의 선후관계를 보여 주고 있다. 또한, 여기에는 더미 활동이 존재하지 않는다. AON 네트워크는 동일한 시작 및 종료 마디를 가지는 2개 활동이 존재하지 않아 혼동될 일이 없기 때문에, 더미 활동이 필요하지 않다. AOA와 AON 모두 사소한 장단점을 보유하고 있겠지만, 더미 활동이 필요하지 않다는 것은 AON 방식의 장점 중 하나이다. 일반적으로, 이러한 두 가지 방법은 같은 것을 달성하게 되며, 보통 개인의 선호에 따라 두 가지 방법 중 하나를 사용한다.

하지만 우리가 목표로 하는 AON 네트워크에서는 한 가지 분명한 장점을 가지고 있는데, 널리 사용되는 마이크로소프트 프로젝트 소프트웨어 패키지에서 사용되는 방식이라는 것이다. 본 장 뒷부분에서 이러한 소프트웨어를 어떻게 사용하는지 다룰 것이기 때문에, AON 네트워크를 활용하고자 한다.

그림 8.8

주택 건설 프로젝트에 대한 AON 네트워크

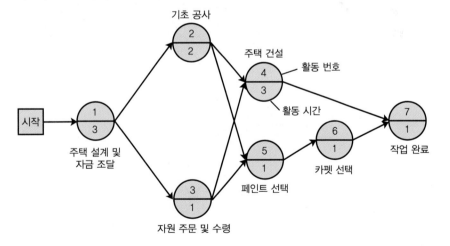

임계경로

네트워크 경로는 네트워크의 시작에서 끝까지 진행되는 연결된 활동의 순서이다. 그림 8.8의 네트워크는 여러 개의 경로를 가지고 있다. 네트워크를 자세히 살펴보면, 4개의 경로를 가지고 있으며, 표 8.1과 같이 A, B, C, D로 식별된다.

표 8.1
주택 건설 네트워크 경로

경로	이벤트
A	$1 \to 2 \to 4 \to 7$
B	$1 \to 2 \to 5 \to 6 \to 7$
C	$1 \to 3 \to 4 \to 7$
D	$1 \to 3 \to 5 \to 6 \to 7$

네트워크에서 가장 긴 경로가 완료될 때까지 프로젝트는 완료될 수 없다(주택이 건설되지 못한다). 이는 프로젝트가 완료될 수 있는 가장 최소의 시간을 의미한다. 가장 긴 경로를 임계경로라 한다. 최소한의 프로젝트 시간과 임계경로 간의 관계를 더 잘 이해하기 위해, 그림 8.8에 나와 있는 4개 경로의 길이를 살펴보고자 한다. 그림 8.8에 제시되어 있는 4개 경로에 따라 활동 시간을 합해보면, 다음과 같이 각 경로의 길이를 계산할 수 있다.

+ 임계경로
네트워크를 통과하는 가장 긴 경로이다. 네트워크를 완료할 수 있는 최소한의 시간이다.

$$\text{경로 A}: 1 \to 2 \to 4 \to 7$$
$$3 + 2 + 3 + 1 = 9\text{개월}$$
$$\text{경로 B}: 1 \to 2 \to 5 \to 6 \to 7$$
$$3 + 2 + 1 + 1 + 1 = 8\text{개월}$$
$$\text{경로 C}: 1 \to 3 \to 4 \to 7$$
$$3 + 1 + 3 + 1 = 8\text{개월}$$
$$\text{경로 D}: 1 \to 3 \to 5 \to 6 \to 7$$
$$3 + 1 + 1 + 1 + 1 = 7\text{개월}$$

그림 8.9
활동 시작 시간

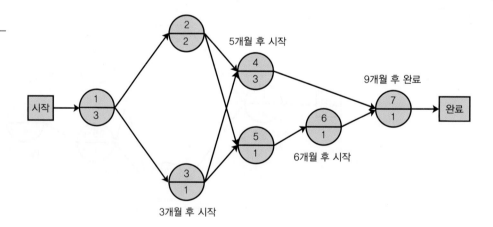

임계경로는 길이가 가장 긴 경로 A이며, 프로젝트 완료에 소요되는 최소한의 시간은 9개월이다. 이제 임계경로를 좀 더 자세하게 분석해보자. 그림 8.9에서 활동 3은 3개월이 지난 후에야 시작할 수 있다는 것을 알 수 있다. 또한 활동 4는 5개월(활동 1, 2에 대한 활동 시간의 합)이 지난 후에야 시작할 수 있는 것을 쉽게 알 수 있다. 활동 4의 시작은 마디 4로 이어지는 2개의 활동에 종속된다. 활동 2는 5개월이 후에 완료되지만, 활동 3은 4개월이 지난 후에야 완료된다. 따라서 활동 4는 5개월과 4개월이라는 2개의 시작 가능한 시간을 가지고 있다. 하지만 마디 4의 활동은 이전 활동들이 완료된 후에야 시작할 수 있기 때문에, 마디 4는 빨라야 5개월 후에나 시작할 수 있다.

이제 마디 4를 따르는 활동에 대해 살펴보자. 이전과 같은 논리를 사용하면, 활동 7은 8개월(마디 4의 5개월과 활동 4에 필요한 3개월의 합)이 지난 후, 또는 7개월(경로 1-3-5-6-7)이 지난 후에야 시작할 수 있다. 마디 7에 선행하는 모든 활동은 활동 7 시작 전 모두 완료해야 하므로, 빨라야 8개월 후에나 시작할 수 있다. 프로젝트의 지속기간은 마디 7의 시간에 활동 7의 1개월을 더하여 9개월이 된다. 이것이 네트워크에서 가장 긴 경로의 시간이자 임계경로라는 것을 상기시켜보자.

이러한 짧은 분석은 임계경로의 개념과 프로젝트의 최소 완료 시간 결정 과정을 보여 주고 있다. 그러나 임계경로를 결정하는 것은 번거로운 방법이다. 다음으로는 프로젝트 활동에 대한 일정을 정하고, 임계경로를 결정하는 데 사용할 수 있는 산술적인 접근법에 대해 살펴보고자 한다.

활동 일정 수립

+ ES는 활동을 시작할 수 있는 가장 이른 시간이다.

임계경로 분석에서, 우리는 각 활동이 완료될 수 있는 가장 짧은 시간을 결정하였다. 예를 들어, 활동 4를 시작할 수 있는 가장 빠른 시기는 5개월 후라는 것을 알 수 있었다. 이러한 시간은 가장 이른 시작 시간(earliest start time)이라 하며, 줄여서 ES라 표현한다. 우리는 네트워크에서 가장 이른 시작 시기와 다른 활동의 시간을 보여 주기 위한 일정관리 프로세스를 개발할 것이며, 마디의 구조를 조금 바꿔볼 것이다. 그림 8.10은 네트워크 예시에서 첫 번째 활동인 주택 설계 및 자금 조달에 대한 마디 1의 구조를 나타내고 있다.

그림 8.10

AON 설정

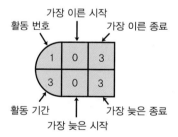

모든 활동의 가장 이른 시작 시간을 결정하기 위해, 우리는 네트워크에 따라 전진 계산을 한다. 즉, 첫 번째 마디에서 시작해 네트워크를 따라 앞으로 진행해 나간다. 하나의 활동에 대한 가장 이른 시간은 그 이전에 완료된 모든 선행 활동들의 최대 시간이며, 이는 시작 마디가 구현될 때의 시간을 의미한다.

+ EF
가장 이른 시작 시간에 활동시간 추정치를 더한 것이다.

활동의 가장 이른 종료 시간(earliest finish time, EF)은 활동의 가장 이른 시작 시간에 활동 시간 추정치를 더한 값이다. 예를 들어, 활동 1의 가장 이른 시작 시간이 0이라면, 이 활동이 완료되는 데 걸리는 가장 빠른 시간은 3개월이다. 일반적으로, 하나의 업무에 대한 가장 이른 시작 시간 및 종료 시간은 다음과 같은 수학적인 공식에 의해 계산된다.

$$ES = \text{Max}(\text{직전 활동들의 } EF)$$

$$EF = ES + t$$

그림 8.11은 예시의 프로젝트 네트워크에서 모든 활동들에 대한 가장 이른 시작 시간과 종료 시간을 보여 주고 있다.

그림 8.11

가장 이른 활동 시간과 종료 시간

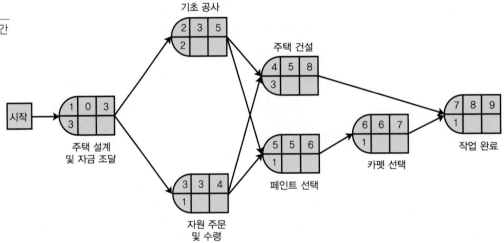

예시의 네트워크에서 선행 활동이 없는 첫 번째 활동의 가장 이른 시작 시간은 항상 0이며, $ES = 0$으로 표시한다. 활동 1의 가장 이른 종료 시간을 다음과 같이 계산할 수 있다.

$$EF = ES + t = 0 + 3 = 3\text{개월}$$

활동 2의 가장 이른 시작 시간은

$$ES = \text{Max}(\text{직전 활동들의 } EF) = 3\text{개월}$$

이에 해당하는 가장 이른 종료 시간은

$$EF = ES + t = 3 + 2 = 5\text{개월}$$

활동 3의 가장 이른 시작 시간은 3개월이며, 가장 이른 종료 시간은 4개월이다.

이제 2개의 선행 활동을 가지고 있는 활동 4를 살펴보자. 가장 이른 시작 시간은 다음과 같이 계산할 수 있다.

$$ES = \text{Max}(\text{직전 활동들의 } EF) = \text{Max}(5, 4) = 5\text{개월}$$

그리고 가장 이른 종료 시간은 다음과 같다.

$$EF = ES + t = 5 + 3 = 8\text{개월}$$

가장 이른 시작 시간과 종료 시간은 이와 유사한 방법으로 계산할 수 있다. 그림 8.11의 네트워크에서 가장 늦은 활동인 활동 7은 가장 이른 종료 시간이 9개월이라는 것에 주목하고, 이는 프로젝트 전체의 지속 시간 또는 임계경로 시간을 의미한다.

+ LS는 임계경로 시간을 지연 시키지 않고 활동을 시작할 수 있는 가장 늦은 시간이다.

가장 이른 시작 및 종료 시간의 반대에는 가장 늦은 시작 시간(latest start time, LS) 및 가장 늦은 종료 시간(latest finish time, LF)이 있다. 가장 늦은 시작 시간이란 프로젝트의 임계경로 시간을 초과하여 프로젝트 완료의 지연 없이 시작할 수 있는 어떠한 활동의 가장 늦은 시간 이다. 예시에서, 마디 7의 프로젝트 종료 시간(가장 이른 종료 시간)은 9개월이다. 이와 같이, 가장 늦은 시간을 결정하는 목적은 프로젝트 진행상황이 9개월을 초과하지 않는 선에서 각 각의 활동이 언제까지 늦춰질 수 있는지를 알아보는 것이다.

일반적으로, 어떠한 활동의 LS 및 LF는 다음의 공식에 따라 계산할 수 있다.

$$LS = LF - t$$

$$LF = \text{Min}(\text{직후 활동들의 } LS)$$

+ 전진 계산
가장 이른 시간을 결정하기 위해 사용된다.

+ 후진 계산
가장 늦은 시간을 결정하기 위해 사용된다.

가장 이른 시간을 결정하기 위해서 네트워크에 따라 전진 계산해야 하는 반면, 가장 늦은 시간을 계산하기 위해서는 후진 계산을 사용해야 한다. 네트워크의 가장 끝인 마디 7에서 시작해서 각 활동의 가장 늦은 시간을 거꾸로 계산해 나간다. 프로젝트 기간을 연장하지 않 는 선에서 네트워크의 각 활동이 언제까지 지연되는지 확인해야 하므로, 마디 7의 가장 늦 은 종료 시간은 가장 이른 종료 시간을 초과할 수 없다. 따라서 마디 7의 가장 늦은 종료 시 간은 9개월이다. 마디 7 및 다른 모든 마디의 가장 늦은 시간은 그림 8.12와 같다.

그림 8.12

가장 늦은 활동 시간과 종료 시간

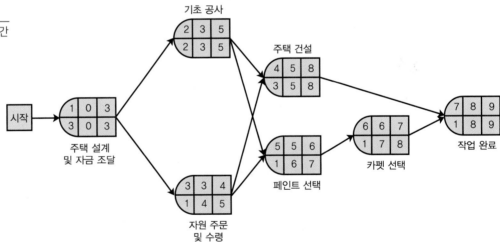

네트워크의 끝에서부터 시작하여, 임계경로 시간, 즉 활동 7의 가장 이른 종료 시간은 9개월 이다. 이는 다음과 같이 자동적으로 활동 7의 가장 늦은 종료 시간이 된다.

$$LF = 9\text{개월}$$

이 값을 사용하여 활동 7의 가장 늦은 시작 시간을 계산할 수 있다.

$$LS = LF - t = 9 - 1 = 8\text{개월}$$

활동 6의 가장 늦은 종료 시간은 마디 6을 뒤따르는 활동들에 대한 가장 늦은 시작 시간의 최솟값이다. 활동 7이 마디 6을 뒤따르기 때문에, 가장 늦은 시작 시간을 다음과 같이 계산할 수 있다.

$$LF = \text{Min(직후 활동들의 } LS) = 8\text{개월}$$

활동 6의 가장 늦은 시작 시간은

$$LS = LF - t = 8 - 1 = 7\text{개월}$$

활동 4의 가장 늦은 종료 시간은 8개월이며, 가장 늦은 시작 시간은 5개월이다. 또한 활동 5의 가장 늦은 종료 시간은 7개월이며, 가장 늦은 시작 시간은 6개월이다.

이제 2개 활동이 뒤따르는 활동 3을 보자. 가장 늦은 종료 시간은 다음과 같이 계산된다.

$$LF = \text{Min(직후 활동들의 } LS) = \text{Min}(5, 6) = 5\text{개월}$$

가장 늦은 시작 시간은

$$LS = LF - t = 5 - 1 = 4\text{개월}$$

나머지 활동들의 가장 늦은 시작 시간과 가장 늦은 종료 시간은 이와 비슷하게 계산할 수 있다. 그림 8.12는 모든 활동에 대한 가장 이른 및 늦은 시작 시간과 가장 이른 종료 시간 및 가장 늦은 종료 시간을 나타내고 있다.

활동 여유

모든 활동의 시작 및 완료 시간이 제시되어 있는 그림 8.12의 프로젝트 네트워크는, 우리가 이전에 검토했던 임계경로(1 → 2 → 4 → 7)를 강조하고 있다. 임계경로에 있는 활동은 가장 이른 시작 시간과 가장 늦은 시작 시간이 동일하다는 것에 주목하자. 이것은 임계경로에 있는 활동이 제 시간에 반드시 시작해야 하며, 절대로 지연되면 안 된다는 것을 의미한다. 만약 임계경로에 있는 어떠한 활동의 시작이 지연된다면, 전반적인 프로젝트 시간이 증가하게 될 것이다. 결과적으로, 우리는 단순히 네트워크를 점검하는 것 외에 임계경로를 결정하는 다른 방법을 알게 되었다. 임계경로에 있는 활동은 $ES = LS$ 또는 $EF = LF$에 해당하는 값을 가지는지 여부에 따라 결정할 수 있다. 그림 8.12의 활동 1, 2, 4, 7은 모두 동일한 가장 이른 시작 시간과 가장 늦은 시작 시간을 가지고 있으며(또한 $EF = LF$), 이에 따라 이러한 활동들은 임계경로에 존재한다.

임계경로에 있지 않은 활동들은 가장 이른 시작 시간과 가장 늦은 시작 시간이 동일하지 않으며, 여유 시간(slack time)을 가지고 있다. 여유란 전체 프로젝트 기간에 영향을 주지 않는 선에서 활동이 지연될 수 있는 시간의 양을 의미한다. 사실상 여유란 어떠한 활동을 완료하기 위한 추가 시간이다.

여유 S(slack)는 다음과 같은 공식을 사용하여 계산할 수 있다.

$$S = LS - ES \text{ 또는 } S = LF - EF$$

예를 들어, 활동 3의 여유는 다음과 같이 계산된다.

표 8.2

활동 여유

활동	LS	ES	LF	EF	여유, s
*1	0	0	3	3	0
*2	3	3	5	5	0
3	4	3	5	4	1
*4	5	5	8	8	0
5	6	5	7	6	1
6	7	6	8	7	1
*7	8	8	9	9	0

* 임계 경로 활동들

그림 8.13

활동 여유

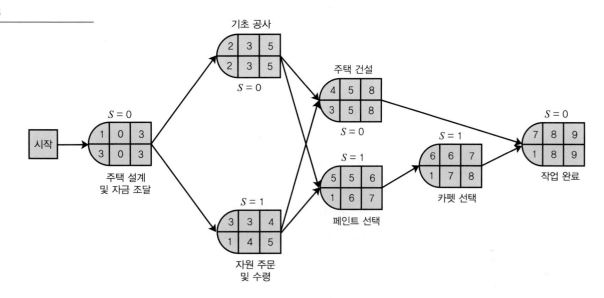

$$S = LS - ES = 4 - 3 = 1\text{개월}$$

만약 활동 3의 시작이 1개월 지연되었다면, 그 활동은 프로젝트 완료 시간을 지연시키지 않는 선에서 5개월 내로 완료할 수 있다. 표 8.2와 그림 8.13은 예시 프로젝트 네트워크의 각 활동에 대한 여유를 나타내고 있다.

그림 8.13에서 활동 3은 1개월을 지연할 수 있으며 이를 뒤따르는 활동 5는 1개월을 더 지연할 수 있지만, 그렇게 되면 활동 6은 비록 1개월의 여유가 있지만 전혀 지연할 수 없게 된다. 만약 활동 3이 3개월이 아닌 4개월로, 늦게 시작하게 된다면, 완료에 5개월이 걸릴 것이며, 이는 활동 5가 5개월이 될 때까지 시작할 수 없다는 것이다. 만약 활동 5의 시작이 1개월 늦춰진다면, 완료에 7개월이 걸릴 것이며, 활동 6은 임계경로 시간을 준수하려면 지연할 수 없을 것이다. 이 3개 활동에서의 여유를 공유 여유(shared slack)라고 한다. 이는 활동 3 → 5 → 6의 순서를 프로젝트를 지연시키지 않는 선에서 공동으로 2개월 지연할 수 있지만, 3개월은 불가능하다는 것을 의미한다.

여유를 가진 활동으로부터 자원을 일시적으로 가져와서 다양한 이유 또는 시간 추정의 오

+ 공유 여유
활동의 조합에 대해 가용한 전체 여유이다.

류로 인해 지연되었던 다른 활동에 사용하는 것이 가능하기 때문에, 여유는 분명히 프로젝트 관리자에게 이로운 것이다.

　네트워크 활동들에 대한 시간은 역사적인 근거 없이 결정된 단순한 추정치에 불과하다(프로젝트는 고유한 사업인 경향이 있기 때문이다). 그렇기 때문에, 활동 시간 추정치는 상당히 불확실할 수 있다. 하지만 활동 시간 추정치에 내재된 불확실성은, 우리가 지금까지 사용해왔던 단일, 확정적 추정치 대신에 확률적 추정치를 사용하여 어느 정도까지 반영할 수 있다.

확률적 활동 시간

이전 절에서 다루었던 주택 건설 프로젝트 네트워크에서, 모든 활동 시간 추정치는 단일값이었다. 단일 활동 시간 추정치를 이용하여, 우리는 활동 시간이 확실성을 가지고 있다고 가정했다(즉, 값이 확정적이다). 예를 들어, 그림 8.8의 활동 2(기초 공사)에 대한 시간 추정치는 2개월이었다. 이러한 단일값만이 주어졌기 때문에, 우리는 그 활동이 2개월에서 크게 변화하지 않을 것이라고 가정해야만 했다. 하지만 현실에서 활동 시간 추정치가 확정적으로 결정되는 일은 극히 드물다. 프로젝트 활동은 매번 고유하여 실제 시간을 예측하는 데 사용될 수 있는 과거 근거자료가 거의 없다고 할 수 있다. 그러나 우리는 PERT가 확률적 활동 시간을 사용하고, 이것이 CPM과 PERT의 주요 차이점이라는 것을 이미 언급한 바 있다. 이 절에서는 프로젝트 네트워크에 대한 활동 시간을 추정하기 위한 접근법을 살펴보도록 한다.

확률적 시간 추정치

확률적 활동 시간을 살펴보기 위해서 새로운 예시를 사용할 것이다(이전 절에서 다루었던 주택 건설 네트워크를 사용할 수도 있지만, 조금 더 크고 복잡한 네트워크가 프로젝트의 다양한 유형과 함께 더 나은 경험을 줄 수 있을 것이다). Southern Textile Company는 회사와 고객들, 그리고 공급자들을 온라인상으로 연결시킬 수 있는 새로운 전산화된 주문 처리 시스템을 설치하기로 결정했다. 과거에는 회사가 생산하는 직물의 주문이 수동으로 처리되었으며, 이에 따라 주문 건에 대한 배송이 지연되었고 판매 손실이라는 결과를 가져왔다. 이 회사는 새로운 시스템을 설치하는 데 얼마나 오랜 시간이 소요되는지 알기를 원했다.

　새로운 주문 처리 시스템의 설치에 필요한 네트워크는 그림 8.14에 나타나 있다. 활동들을 간략하게 살펴보면 다음과 같다.

　네트워크는 동시에 발생하는 3개의 활동으로 시작한다. 활동 1은 새로운 컴퓨터 장비의 설치, 활동 2는 전산화된 주문 처리 시스템의 개발, 활동 3은 시스템 운영을 위한 인력 채용이다. 활동 6은 채용된 인력에 대한 직무 교육이며, 활동 7은 마케팅, 회계, 생산 직원과 같이

그림 8.14

주문 처리 시스템 설치에 대한 네트워크

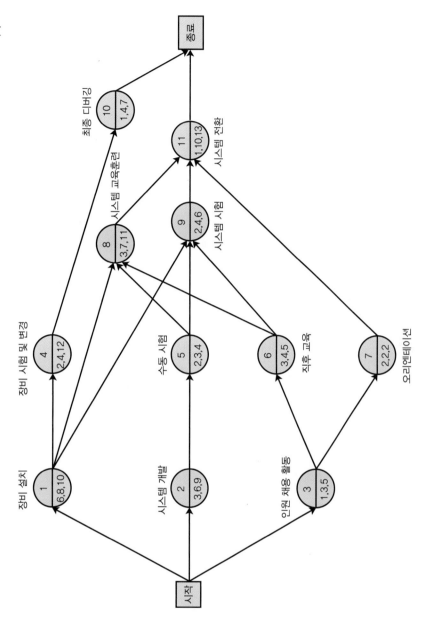

회사의 다른 인력에 대한 새로운 시스템의 소개이다. 시스템이 개발되면(활동 2), 활동 5에서 논리적으로 타당한지 수동으로 시험한다. 활동 1 다음의 활동 4에서는 새로운 장비가 시험되고 필요시 변경하며, 활동 8에서는 새로 직무 교육을 받은 직원을 대상으로 전산화 시스템에 대한 교육 훈련을 시작한다. 또한 활동 9인 마디 9는 오류를 확인하기 위해 컴퓨터 시스템을 시험하는 것에서 시작한다. 마지막 활동은 활동 11의 시스템 시운전 및 전환과 활동 10의 컴퓨터 시스템 최종 디버깅이다.

이러한 프로젝트 네트워크 단계에서, 이전에는 각 네트워크 활동에 단일 시간 추정치를 할당했었다. 그러나 PERT 프로젝트 네트워크에서는, 각 활동에 대해 3개의 시간 추정치를 결정하며, 이는 활동 시간의 베타 분포에 대한 평균 및 분산을 추정할 수 있게 한다. 활동 시간

+ 베타 분포
3개의 추정치를 기반으로 형성되는 확률분포이다.

이 베타 분포로 표현될 수 있는 데에는 여러 가지 이유가 있다. 첫째, 배타 분포의 평균과 분산은 3개의 추정치로 근사하여 계산할 수 있다. 둘째, 베타 분포는 연속적이지만, 정규 곡선에서의 종 모양과 같이 사전에 결정된 형태를 가지고 있지는 않다. 베타 분포는 시간 추정치에 의해 비대칭 형태를 나타낸다. 일반적으로 고유한 프로젝트 네트워크에서 활동 시간 분포의 형태에 대한 사전 지식이 없기 때문에 이러한 베타 분포가 유익하다. 셋째, 다른 분포의 유형이 베타 분포보다 더 정확하지는 않기 때문에, 확률적 네트워크 분석에 베타 분포를 사용하는 것이 전통이 되었다.

+ 각 활동에 대한 **통상 추정 시간**, **낙관 추정 시간**, **비관 추정 시간**의 3개 시간 추정치는 베타 분포의 평균 및 편차의 추정치를 제공한다.

각 활동에 대한 3개의 시간 추정치는 통상 추정 시간(most likely time), 낙관 추정 시간(optimistic time), 비관 추정 시간(pessimistic time)이다. 통상 추정 시간은 활동이 여러 번 반복되었을 때 가장 빈번하게 나타나는 시간이다. 낙관 추정 시간은 모든 것이 정상적으로 돌아갔을 때 활동을 완료할 수 있는 가장 짧은 시간이다. 비관 추정 시간은 모든 것이 비정상적으로 돌아갔을 때 활동을 완료할 수 있는 가장 긴 시간이다. 일반적으로 어떠한 활동에 가장 익숙한 사람이, 자신이 가지고 있는 지식과 능력을 최대한 이용하여 이러한 추정치를 정한다. 즉, 이러한 추정치는 매우 주관적이라 할 수 있다.

이러한 3개 추정치는 후에 베타 분포의 평균과 분산을 추정하는 데 사용할 수 있다. 만약

$$a = 낙관\ 추정\ 시간$$
$$m = 통상\ 추정\ 시간$$
$$b = 비관\ 추정\ 시간$$

이라면, 평균과 분산은 다음과 같이 계산한다.

$$평균(기대\ 시간) : t = \frac{a + 4m + b}{6}$$

$$분산 : v = \left(\frac{b - a}{6} \right)^2$$

이러한 공식은 연속적이고 비대칭과 같이 다양한 형태를 띠는 베타 분포의 평균과 분산에 대한 적정 추정치를 제공한다.

각 활동에 대한 3개의 시간 추정치는 그림 8.14과 표 8.3에 나타나 있다. 그림 8.14에 나타난 네트워크의 모든 활동의 평균 및 분산은 표 8.3에 나타나 있다.

각 활동의 평균 시간 및 분산의 계산에 대한 예시로서, 활동 1을 고려한다. 3개의 시간 추정치($a = 6, m = 8, b = 10$)를 다음과 같은 베타 분포 공식에 대입한다.

$$t = \frac{a + 4m + b}{6} = \frac{6 + 4(8) + 10}{6} = 8주$$

$$v = \left(\frac{b - a}{6} \right)^2 = \left(\frac{10 - 6}{6} \right)^2 = \frac{4}{9}\ 주$$

표 8.3의 다른 평균 및 분산값들도 이와 유사한 방법으로 계산된다.

각 활동에 대한 예상 활동 시간이 계산되면, 예상 활동 시간을 t로 사용하는 것을 제외하고, 이전과 같은 방식으로 임계경로를 결정할 수 있다. 프로젝트 네트워크에서는 0의 여유를

표 8.3

그림 8.14의 활동 기간 추정치

작업	시간 추정치(단위 : 주)			평균 시간 t	분산 v
	a	m	b		
1	6	8	10	8	4/9
2	3	6	9	6	1
3	1	3	5	3	4/9
4	2	4	12	5	25/9
5	2	3	4	3	1/9
6	3	4	5	4	1/9
7	2	2	2	2	0
8	3	7	11	7	16/9
9	2	4	6	4	4/9
10	1	4	7	4	1
11	1	10	13	9	4

가진 활동들로 이루어진 경로가 임계경로가 되었음을 기억하자. 그림 8.15에 제시되어 있는 것처럼, 이는 가장 이른 및 늦은 시간의 결정을 필요로 한다.

＋ 임계경로는 여유를 가지고 있지 않는다.

＋ 프로젝트 편차는 임계경로 활동들에 대한 편차의 합이다.

그림 8.15를 살펴보면, 임계경로가 활동 2 → 5 → 8 → 11을 포함하고 있다는 것을 알 수 있으며, 이러한 활동들은 이용 가능한 여유를 가지고 있지 않다. 또한 우리는 예상 프로젝트 완료 시간(t_p)이 25주라는 것을 알 수 있다. 하지만 프로젝트 완료 시간의 분산을 계산하는 것은 가능하다. 프로젝트 분산을 결정하기 위해서는 임계경로의 활동들에 대한 분산을 모두 더해야 한다. 표 8.3에 계산된 분산과 그림 8.15에 제시되어 있는 임계경로 활동들을 이용하여, 프로젝트 기간(v_p)에 대한 분산을 다음과 같이 계산 할 수 있다.

임계 경로 활동	분산
2	1
5	1/9
8	16/9
11	4
	62/9

$$v_p = 62/9 = 6.9주$$

그림 8.15

가장 이른 및 늦은 활동 시간

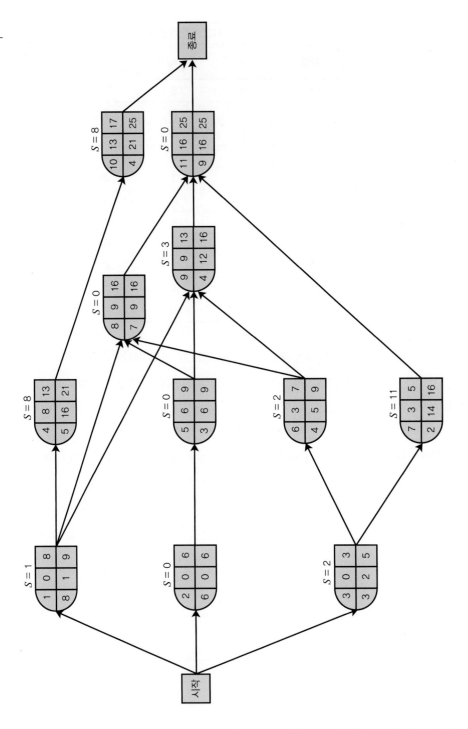

+ 예상 프로젝트 시간은 중심 극한정리에 기반을 둔 정규분포라 가정하고 있다.

CPM/PERT 방법은 활동 시간이 통계적으로 독립이므로, 각각의 예상 활동 시간 및 분산을 합하여 예상 프로젝트 시간 및 분산을 얻을 수 있다고 가정하였다. 나아가 네트워크 평균 및 분산은 정규분포를 따른다고 가정하였다. 이러한 가정은 확률의 중심극한정리(central limit theorem)에 기반을 두었으며, CPM/PERT 분석과 우리의 목적에 따라, 만약 활동의 수가 충분히 크고 활동이 확률적으로 독립이라면 임계경로에 있는 활동들에 대한 평균의 합은 정규분포의 평균에 근접할 것이라 말하고 있다. 그렇지만 이 장의 작은 규모의 예에서 평균 프로젝트 완료 시간 및 분산이 정규분포에 근접할 만큼 활동 수가 충분한지는 의문의 여지가 있다. 네트워크 규모에 상관없이 정규분포를 사용하여 확률 분석을 하는 CPM/PERT 분석이 관습이 되었지만, CPM/PERT 분석을 신중하게 사용하려면 이러한 한계를 유념해야 할 것이다.

이러한 가정을 고려해볼 때, 우리는 예상 프로젝트 시간(t_p) 및 분산(v_p)을 정규분포의 평균(μ) 및 분산(σ^2)으로 해석할 수 있을 것이다.

$$\mu = 25주$$
$$\sigma^2 = 6.9주$$

결과적으로, 우리는 이러한 통계적 파라미터를 프로젝트의 확률적 표현법(probabilistic statements)을 만드는 데 사용할 수 있을 것이다.

프로젝트 네트워크의 확률적 분석 방법

정규분포를 이용하여, 그림 8.16에 제시되어 있는 것과 같이 표준편차의 몇 배만큼 평균으로부터 떨어져 있는지를 나타내는 Z 값을 계산함으로써 확률을 결정할 수 있다.

그림 8.16

네트워크 기간의 정규분포

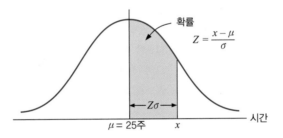

Z 값은 다음과 같은 공식을 사용하여 계산할 수 있다.

$$Z = \frac{x - \mu}{\sigma}$$

이 값은 부록 A의 표 A.1에서 이에 해당하는 확률을 찾는 데 사용된다.

예를 들어, 직물 회사 관리자가 고객에게 새로운 주문 처리 시스템이 30주 내에 완벽하게 설치된다고 전했다 가정하자. 이러한 것이 제 시간에 준비될 확률은 얼마일까? 이 확률은 그림 8.17에 음영 부분으로 표현되어 있다.

그림 8.17

네트워크가 30주 이내에 완료될 확률

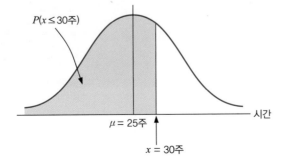

30주의 시간에 대한 Z 값을 계산하기 위해, 우리는 먼저 분산(σ^2)으로부터 표준편차(σ)를 계산해야 한다.

$$\sigma^2 = 6.9$$
$$\sigma = \sqrt{6.9} = 2.63$$

다음으로, 아래의 공식에 평균 및 제안된 프로젝트 완료 시간(30주)과 표준편차를 대입한다.

$$Z = \frac{x - \mu}{\sigma}$$
$$= \frac{30 - 25}{2.63} = 1.90$$

Z 값 1.90은 부록 A의 표 A.1에서 0.4713에 해당한다. 이는 프로젝트를 30주 이내에 완료할 수 있는 확률이 0.9713(0.5000 + 0.4713)에 있다는 것을 의미한다.

한 명의 고객이 지연된 주문에 불만을 가져서, 직물 회사에게 새로운 주문 시스템이 22주 내에 운영되지 않는다면 다른 곳과 거래할 것이라고 말했다 가정하자. 프로젝트가 22주 내

경영과학 응용 사례

코스타 콩코르디아 호 인양

2012년 1월 13일, 코스타 콩코르디아 호는 4,000명의 승객 및 승무원들과 함께 이탈리아 토스카나 연안 질리오(Giglio) 섬 인근에서 좌초되었다. 32명이 사망했으며, 배는 일부만 남아 물에 잠기고 우현 쪽으로 기울어 바위가 많은 수중 난간에 위태롭게 걸쳐 있었다. 코스타 콩코르디아 호는 타이타닉 호의 2배 크기로 전복되었던 배들 중 가장 컸으며, 그 결과 역사상 가장 큰 규모의 해군 인양 프로젝트가 되었다.

프로젝트팀은 세 가지 우선순위를 정했는데, 질리오(Giglio) 근처의 수질 환경 보호, 안전한 작업 환경 유지, 그리고 가능한 한 빠르게 프로젝트를 끝내는 것이었다. 프로젝트의 첫 번째 단계는 배의 2,380톤의 연료와 하수를 주의하여 제거하는 것으로, 난파사고 후로 2개월이 걸렸다. 그 다음으로, 16개월 동안 500명의 프로젝트 팀이 "파버클링(parbuckling)"을 위해 배를 청소하고 준비했는데, 이는 선박을 수직으로 65° 회전시켜 위치를 잡은 후, 배를 띄워 인양하는 것이다. 이 단계에서 배를 강철 케이블로 해저에 정박하여 걸쳐진 바위에서 미끄러지는 것을 방지했고, 그 후 수평의 수중 플랫폼이 선박 아래에 건설되어 선박을 수직으로 회전시킨 후 그 위에 선박을 놓을 수 있도록 하였다. 프로젝트 내내, 프로젝트팀은 악천후 등의 잠재적 위험에 대한 대응을 테스트하기 위해 컴퓨터 시뮬레이션을 사용하여 리스크 관리를 수행했다. "스폰손(sponsons)"이라고 불리는 밀폐된 탱크를 선체의 좌현(수면 윗부분)에 부착했다. 파버클링 과정은 잭을 사용하여 배를 해저지반에서 빼내기 위해 시작

되었고, 3시간이 걸렸다. 그 다음 선체의 좌현에 힘을 가하기 위해, 선박이 수중 플랫폼에 바로 설 때까지 스폰손에 원격 제어 밸브를 사용하여 바닷물을 채웠다. 회전 과정은 19시간이 걸렸으며, 전체 파버클링 활동은 문제를 감지하는 수중 음파탐지기를 사용하여 엔지니어들이 선박 근처의 바지선에서 원격으로 수행하였다. 수면 위로 올라온 선체의 우현에 스폰손들이 추가적으로 부착되었고, 선박은 인양되었다. 좌초되고 대략 2년 반 후, 4일의 여정(2노트의 속도로 14척의 배의 호위를 동반한 여정) 끝에, 코스타 콩코르디아 호는 제노바 항구에 도착하였고 1년이 넘는 해체작업이 진행되었다. 질리오 섬의 피해복구 비용을 포함하여, 인양 작업의 총 비용은 약 15억 유로로 예상되었다.

© Hans-Werner Rodrian/imageBroker/Alamy Stock Photo

자료 : Based on In Shipshape by Ambreen Ali, 2014 PM Network.

에 완료될 확률은 다음과 같이 계산할 수 있다.

$$Z = \frac{22 - 25}{2.63}$$

$$= \frac{-3}{2.63} = -1.14$$

Z 값 1.14(음의 값은 영역이 평균의 왼쪽에 위치하고 있음을 의미)는 부록 A의 표 A.1에서 0.3729의 확률에 해당한다. 따라서 0.1271(0.5000 − 0.3729)의 확률로 고객이 계속해서 이 회사와 거래를 할 것이라는 사실을 표 8.18을 통해 알 수 있다.

그림 8.18

네트워크가 22주 이내에 완료될 확률

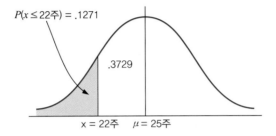

$P(x ≤ 22주) = .1271$

.3729

x = 22주 μ = 25주

윈도우용 QM 및 엑셀용 QM을 이용한 CPM/PERT 분석

CPM/PERT 네트워크 분석 수행 능력은 대부분의 개인 컴퓨터에 사용되는 경영과학 소프트웨어 패키지의 표준사항이다. 윈도우용 QM과 엑셀용 QM의 적용을 설명하기 위해, Southern Textile Company의 주문 처리 시스템 설치 예시를 사용할 것이다. 윈도우용 QM의 풀이 결과는 제시 8.1에, 엑셀용 QM 솔루션은 제시 8.2에 나타나 있다.

제시 8.1

Project Management (PERT/CPM)/Triple time estimate Results

Southern Textile Company Solution

Activity	Activity time	Early Start	Early Finish	Late Start	Late Finish	Slack	Standard Deviation	Variance
Project	25						2.62	6.89
1	8	0	8	1	9	1	.67	.44
2	6	0	6	0	6	0	1	1
3	3	0	3	2	5	2	.67	.44
4	5	8	13	16	21	8	1.67	2.78
5	3	6	9	6	9	0	.33	.11
6	4	3	7	5	9	2	.33	.11
7	2	3	5	14	16	11	0	0
8	7	9	16	9	16	0	1.33	1.78
9	4	9	13	12	16	3	.67	.44
10	4	13	17	21	25	8	1	1
11	9	16	25	16	25	0	2	4

제시 8.2

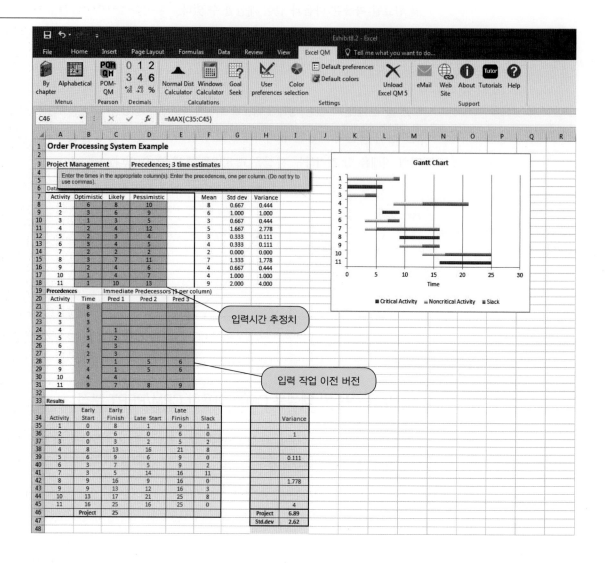

마이크로소프트 프로젝트

마이크로소프트 프로젝트(Microsoft Project)는 프로젝트 관리와 CPM/PERT 분석을 위해 널리 사용되고 있는 소프트웨어 패키지이다. 마이크로소프트 프로젝트는 비교적 쉽게 사용할 수 있다. 그림 8.13의 주택 건설 프로젝트 네트워크를 사용하여 마이크로소프트 프로젝트를 어떻게 사용하는지 설명하고자 한다(예시의 마이크로소프트 프로젝트 파일은 본문의 웹사이트에서 다운로드받을 수 있다).

마이크로소프트 프로젝트를 실행하여 신규 프로젝트에 대한 새로운 문서를 열 때, 제시 8.3에서 보이는 것과 같은 화면이 뜨게 된다. 이때, 화면 위쪽의 툴바 리본 위에 있는 "간트 차트 도구(Gantt Chart Tools)" 탭이 강조되고 있음을 주목하라. 첫 번째 단계는 이 윈도우에서 프로젝트를 설정하는 것이다. 먼저, 활동명인 "설계 및 자금(Design and finance)"을

"과업명(Task Name)" 열 아래에 입력하고, "기간(Duration)" 열 아래에 활동 기간인 3개월을 입력한다. "3 mo"라 입력해야 하며, 프로젝트는 이를 3개월로 인식할 것이다. 다음으로는, "November 11, 2013"과 같이 "시작(Start)" 일을 입력한다. 시작일은 드롭다운(drop-down) 달력에서 선택할 수 있다(시작일은 반드시 이전에 행해지는 활동이 없는 모든 시작 활동에 지정되어야 한다는 것에 주목해야 하며, 이는 우리의 예시에서 첫 번째 활동에 해당한다). 첫 번째 활동은 선행되는 활동이 없기 때문에, 이 활동의 "선행자(Predecessor)" 칸은 빈칸으로 남겨두고, 다음 활동인 "기초 공사(Lay foundation)"를 입력하기 위해 다음 줄로 내려간다. 첫 번째 활동에 따라 기간 입력 프로세스를 반복하지만, 시작 및 종료일에 "2 mo"라 입력하지는 않는다. 선행 활동을 식별하기 시작하면, 프로그램이 자동으로 이러한 작업을 수행하기 때문이다. 이 활동의 "선행자(Predecessor)" 칸으로 옮겨 "1"을 입력한다(활동 1이 활동 2에 대한 선행 활동임을 의미). 그 후, 다음 줄로 내려가서 활동 3의 정보인 "자재 주문(Order materials)", 기간 "1 mo", "선행자(Predecessor)"인 활동 1을 입력한다. 제시 8.4는 지금까지의 진행과정을 보여 주고 있다.

제시 8.3

제시 8.4

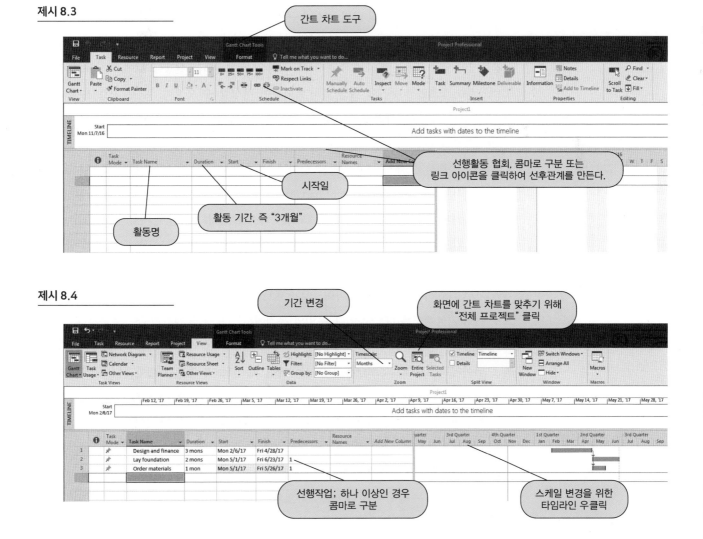

프로젝트 데이터 입력을 완료하는 작업을 진행하기 전에 몇 가지 코멘트를 하고자 한다. 첫 번째, 우리가 입력한 활동들에 대한 윈도우(화면 오른쪽에 있는)의 달력 부분에 생성된 간트 차트를 주목하자. 달력의 기간이 사용자가 설정한 시작일과 다를 수 있기 때문에, 처음 시작할 때 화면에 이러한 차트가 뜨지 않을 수도 있다. 만약 간트 차트가 나타나지 않는다면, 화면 위에 있는(오른쪽) 달력 아래 부분의 스크롤 탭을 움직여 시작일이 나타나게 할 수도 있으며, 간트 차트가 시작되게 할 수도 있을 것이다. 윈도우 위쪽에서 "보기(View)" 탭으로 옮겨진 것을 주목하자. 만약 툴바 리본에서 "기간(Timescale)"을 클릭했다면, 예시에서 개월(months)인 프로젝트 시간 단위를 입력할 수 있을 것이다. 또는 간트 차트 바로 위에 있는 타임라인의 오른쪽을 클릭한 후, 드롭다운 메뉴의 "기간(Timescale)"을 클릭하여 똑같은 결과를 볼 수도 있다. 또한 툴바의 "전체 프로젝트(Entire Project)" 아이콘을 클릭함으로써 간트 차트의 크기를 화면 달력 부분에 맞출 수도 있다.

마이크로소프트 프로젝트는 프로젝트 활동 일정관리에 "기본(standard)" 달력을 사용하는데, 예시로서 자동으로 근무일 리스트에서 주말을 제거한다. 또한 휴일 및 휴가의 경우, 먼저 "프로젝트(Project)" 탭을 클릭하고, "근무일 변경(Change Working Time)" 아이콘을 클릭하여 지정할 수 있다. 이렇게 하면 변경된 근무일에 대한 달력 및 메뉴가 나타나는 윈도우가 뜰 것이다.

활동 1이 활동 2를 선행하는 것과 같이, 활동의 선행관계는 활동 1 위에 커서를 올린 후 "Ctrl" 키를 누르면서 동시에 활동 2를 클릭하여 생성할 수 있으며, "간트 차트 도구(Gantt Chart Tools)" 아래의 "과업(Task)" 탭의 "링크(link)" 아이콘(작은 체인 모양의 링크)을 클릭하는 방법으로 확인할 수 있다.

다음으로, 제시 8.5에서 보이는 것과 같이, 나머지 프로젝트 정보의 입력을 종료할 것이다. 이 화면에서 "간트 차트 도구(Gantt Chart Tools)" 아래의 "구성(Format)" 탭으로 돌아갔다는 점에 주목하자. 이는 "핵심과업(Critical Tasks)" 박스를 선택하여 간트 차트의 임계경로를 빨간색으로 강조하는 것을 가능하게 한다. 데이터 윈도우에서 "과업 모드(Task Mode)" 열의 각 활동 옆에 있는 칸의 "핀(pins)"은 활동에 대한 일정관리를 수동으로 했음을 나타낸다. 다른 "과업 모드(Task Mode)" 옵션은 마이크로소프트 프로젝트가 활동에 대한 일정관리를 자동으로 관리 가능하도록 하는 것이다. 우리의 목적에서는, 수동 일정관리로도 충분하다.

프로젝트의 네트워크 다이어그램을 보기 위해, 툴바의 "보기(View)"를 클릭한 다음 "네트워크 다이어그램(Network Diagram)"을 클릭하면 제시 8.6과 같은 화면이 나온다(네트워크를 크게 만들기 위해 "줌(Zoom)" 아이콘을 사용하였다). 임계경로가 빨간색으로 강조되었음을 주목하자. 툴바 리본의 좌측 끝에 있는 "간트 차트(Gantt Chart)" 아이콘을 클릭하면, 프로젝트 데이터를 입력해 놓았던 간트 차트 화면으로 돌아갈 것이다.

마이크로소프트 프로젝트는 PERT(3개의 시간 추정치) 능력이 없다. 따라서 3개의 시간 추정치를 가지고 있는 상황에서 마이크로소프트 프로젝트를 사용하려면, 먼저 수동으로(또는

제시 8.5

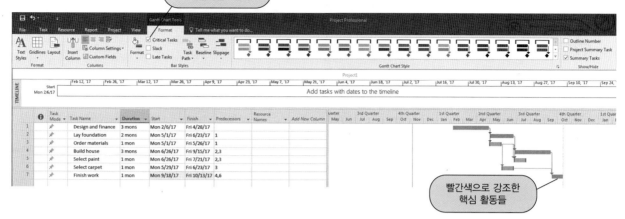

제시 8.6

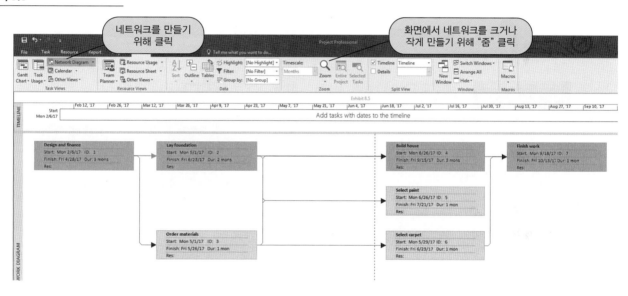

엑셀을 사용해서) 활동 시간의 평균을 계산하여 이를 마이크로소프트 프로젝트의 단일 시간 추정치로 사용하면 된다. 제시 8.7은 "주문 처리 시스템(Order Processing System)" 프로젝트 예시의 마이크로소프트 프로젝트 "간트 차트(Gantt Chart)" 윈도우를 나타내고 있으며, 여기에는 평균 활동 시간 추정치가 사용되었다. 제시 8.8은 네트워크 다이어그램을 나타내고 있다. 우리가 이 프로젝트의 시작일을 2017년 2월 2일로 잡았다는 것을 알 수 있으며, 이는 선행자가 없는 3개의 시작 활동 1, 2, 3의 시작일로도 지정되어야 한다.

또한 마이크로소프트 프로젝트는 프로젝트 업데이트, 활동 완료, 자원관리, 작업 정지, 작업분류체계(WBS)의 개발, 단축일이나 휴일 및 휴가 등의 근무일 변경 능력 등 많은 부가적인 툴 및 기능이 있다. 이러한 기능에 대한 정보를 확인하려면, 별도의 마이크로소프트 프로젝트 윈도우로부터 다양한 "도움(Help)" 화면에 접속하거나 F1 키를 누르면 된다.

제시 8.7

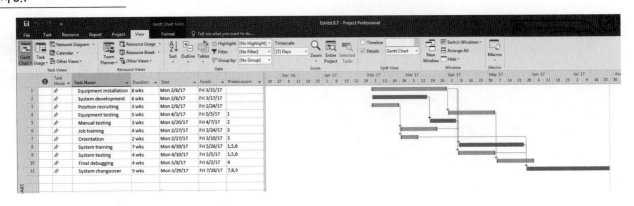

제시 8.8

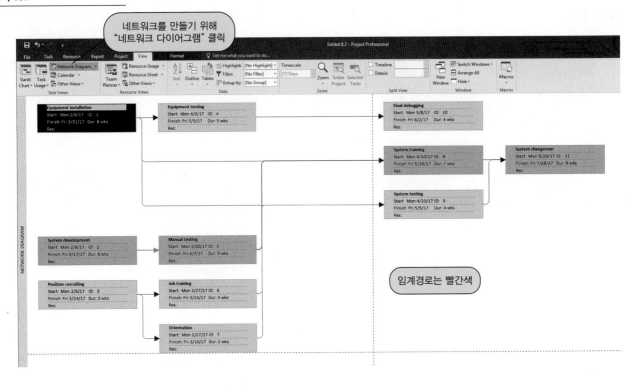

프로젝트 공정 압축과 시간–비용 상충 관계

이제까지 프로젝트 시간 계획표를 결정하기 위해 CPM과 PERT 네트워크 분석의 사용을 실제로 해보았다. 이는 그 자체로도 프로젝트를 계획하는 관리자에게 가치가 있다. 그러나 프로젝트 관리자는 프로젝트 계획뿐만 아니라 마감 시기에 맞추기 위해 프로젝트의 예정된 완료 시기를 앞당겨야 하는 문제에 종종 직면하게 된다. 다시 말해서, 관리자는 CPM 또는 PERT 네트워크 분석에 의해 나타난 시기보다 더 빨리 프로젝트를 완료해야 한다는 것이다.

프로젝트 기간은 때때로 초과근무와 같은 형태로, 프로젝트 활동에 더 많은 노동력 및 자원(재료, 장비 등)을 할당하여 줄일 수 있다. 하지만 추가적인 노동력과 자원은 금전적인 비용이 들게 되어 전체적인 프로젝트 비용을 증가시킨다. 그러므로 프로젝트 기간의 감소에 대한 의사결정은 시간과 비용 간의 상충관계 분석에 기반을 두어야 한다.

+ 프로젝트 공정 압축
대가를 지불하여 임계 활동 시간을 줄임으로써 프로젝트 시간을 단축한다.

프로젝트 공정 압축(project crashing)은 단일 또는 복수의 중요한 프로젝트 활동에 소요되는 시간을 일반적인 프로젝트에 소요되는 시간보다 더 짧게 함으로써 프로젝트 기간을 단축시키기 위한 방법이다. 이러한 일반적인 프로젝트 활동 시간의 단축을 공정 압축이라 한다. 공정 압축은 달러로 측정되는 더 많은 자원을 압축될 활동에 투입함으로써 이뤄진다.

어떻게 프로젝트 공정 압축이 이뤄지는지 설명하기 위해, 그림 8.8의 주택 건설 네트워크를 사용할 것이다. 그림 8.19과 같이 이러한 네트워크는 월 단위였던 활동시간이 주 단위로 바뀐 것을 제외하고는 동일하다. 비록 이 네트워크의 예시가 단지 단일 활동 시간 추정치를 포함하지만, 프로젝트 공정 압축 절차는 확률적 활동 시간 추정치와 함께 PERT 네트워크에 동일한 방법으로 적용될 수 있다.

그림 8.19에서 네트워크 활동에 나타난 시간(주별)을 정상 활동 시간(normal activity times)이라 가정하자. 예를 들어, 12주는 활동 1을 정상적으로 완료하는데 필요한 시간이다. 또한 활동을 이러한 시간에 완료하기 위해서 필요한 비용을 3,000달러라고 가정하자. 이 비용을 정상 활동 비용(normal activity cost)이라 한다. 그 다음으로, 건설 사업자가 활동 1을 7주 만에 완료할 수는 있지만, 이 때 비용은 3,000달러가 아니라 5,000달러가 소요될 것이라 가정하자. 이렇게 새로이 추정된 활동 시간을 공정 압축 시간(crash time)이라 하고, 수정된 비용을 공정 압축 비용(crash cost)이라 한다.

그림 8.19
주택 건설의 프로젝트 네트워크

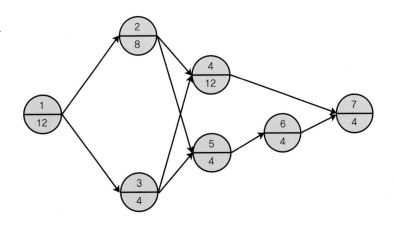

활동 1은 총 5주(정상 시간 – 공정 압축 시간 = 12 – 7 = 5주)로 압축되며, 총 공정 압축 비용은 2,000달러(공정 압축 비용 – 정상 비용 = 5,000달러 – 3,000달러 = 2,000달러)이다. 총 공정 압축 비용을 총 소요 공정 압축 시간으로 나누면 주당 공정 압축 비용을 계산할 수 있다.

$$\frac{전제\ 공정\ 압축\ 비용}{전체\ 공정\ 압축\ 시간} = \frac{2,000달러}{5} = 주당\ 400달러$$

+ 공정 압축 비용 및 시간은 선형관계를 가지고 있다.

만약 공정 압축 비용과 공정 압축 시간의 관계를 선형으로 가정한다면, 활동 1은 주당 400달러의 비율로 모든 시간(최대 허용 공정 압축 시간을 초과하지 않는 범위 내에서)이 공정 압축될 수 있다. 예를 들어, 사업자가 활동 1을 단지 2주(10주의 활동시간에 대해)만을 공정 압축하기로 결정했다면, 공정 압축 비용은 800달러(주당 400달러 × 2주)가 될 것이다. 공정 압축 비용과 공정 압축 시간, 정상 비용과 정상 시간 간의 선형 관계는 그림 8.20과 같다.

그림 8.19의 네트워크에서 각 활동의 정상 시간 및 비용, 공정 압축 시간 및 비용, 총 허용 공정 압축 시간, 주당 공정 압축 비용은 표 8.4에 나타나 있다.

주택 건설 네트워크의 임계경로가 활동 1 − 2 − 4 − 7이고, 프로젝트 기간이 9개월 또는 36주였던 것을 떠올려 보자. 건축업자가 30주 이내에 주택을 완성하기 위해서 얼마나 많은 추가비용이 필요한지에 대해 알고 싶어 한다고 가정해보자. 이러한 상황을 분석하기 위해서, 표 8.4에 나타난 정보를 사용하여 프로젝트 네트워크를 30주로 공정 압축할 것이다.

그림 8.20

활동 1의 공정 압축에 대한 시간-비율 관계

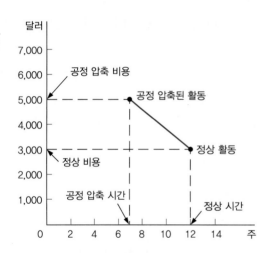

표 8.4

그림 8.19의 네트워크에 대한 정상 활동 및 공정 압축 데이터

활동	정상 시간 (주)	공정 압축 시간 (주)	정상 비용 (달러)	공정 압축 비용 (달러)	전체 허용 가능 공정 압축 시간 (주)	주당 공정 압축 비용 (달러)
1	12	7	3,000	5,000	5	400
2	8	5	2,000	3,500	3	500
3	4	3	4,000	7,000	1	3,000
4	12	9	50,000	71,000	3	7,000
5	4	1	500	1,100	3	200
6	4	1	500	1,100	3	200
7	4	3	15,000	22,000	1	7,000
			75,000	110,700		

+ 공정 압축된 활동에서 임계 경로는 변화하며, 여러 경로가 임계경로가 될 수 있다.

프로젝트 공정 압축의 목표는 공정 압축 비용을 최소화하는 동시에 프로젝트 기간을 단축하는 것에 있다. 프로젝트 완료시간은 오직 임계경로의 활동을 압축하는 것만을 통해서 단축될 수 있기 때문에, 모든 활동이 공정 압축될 필요는 없을 것이다. 하지만 활동이 공정 압축된다면 임계경로는 바뀔 수 있으며, 프로젝트 완료 시기를 더 단축시키기 위해서는 이전에 중요하지 않았던 활동들에 대한 공정 압축이 요구될 수도 있다.

공정 압축 과정은 임계경로를 검토하고 어떠한 활동이 최소의 주당 공정 압축 비용을 가지는지 알아봄으로써 시작한다. 표 8.4와 그림 8.21을 보면, 임계경로 활동 1이 400달러의 최소 공정 압축 비용을 가지고 있다는 것을 알 수 있다. 그러므로 활동 1은 가능한 한 많이 감소될 것이다. 표 8.4는 활동 1의 최대 허용 감소시간이 5주임을 보여주고 있지만, 활동 1은 다른 경로가 중요해지는 지점까지만 감소시킬 수 있다. 두 경로가 동시에 중요해지는 경우, 두 경로의 활동들은 반드시 동일한 양에 의해서만 감소될 수 있다(만약 활동 시간이 다른 경로가 중요해지는 지점을 넘어서까지 감소시킨다면, 불필요한 비용이 발생할 수 있다).

그림 8.21
정상 활동 시간 및 주별 활동 공정 압축 비용 네트워크

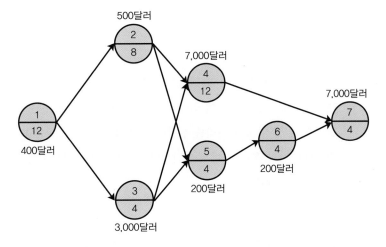

마지막 조건은 개별 활동을 감소시킬 때 반드시 모든 네트워크 경로들을 확인해야 함을 뜻하며 수동으로 하는 공정 압축을 매우 까다롭게 하는 조건이다. 이후에는 선형계획법을 사용하여 프로젝트 공정 압축을 하는 대체적인 방법을 설명할 것이나, 지금 이 시점에서는 프로젝트 공정 압축의 논리를 설명하기 위해 이러한 예시를 사용할 것이다.

활동 1은 이러한 네트워크에서 4개의 모든 경로에 포함되어 있기 때문에, 다른 경로를 중요하게 하지 않고 활동 1이 총 5주로 공정 압축될 수 있음을 나타낸다. 이 활동의 공정 압축을 통해 프로젝트 기간은 31주로 수정되고 2,000달러의 공정 압축 비용이 발생한다. 수정된 네트워크는 그림 8.22와 같다.

이 과정은 이제 다시 반복될 것이다. 그림 8.22의 임계경로는 여전히 그대로이며, 임계경로에서 새로운 최소 활동 공정 압축 비용은 활동 2의 500달러이다. 활동 2는 총 3주로 공정 압축될 수 있지만, 사업자가 네트워크를 단지 30주만 공정 압축하기를 원하기 때문에, 활동 2를 1주만 공정 압축할 필요가 있다. 활동 2를 1주 동안 공정 압축하는 것은 다른 어떤 경

그림 8.22

공정 압축된 활동 1의 수정된
네트워크

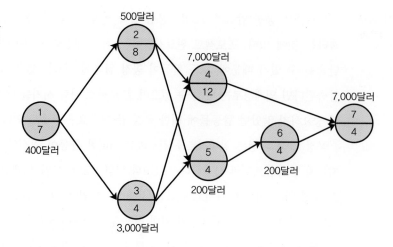

로도 임계경로로 만들지 않기 때문에 안전하게 단축할 수 있다. 활동 2를 7주(즉, 1주 단축)로
공정 압축하는 것은 500달러의 비용을 들게 하고, 프로젝트 기간을 30주로 단축시킨다.

   프로젝트를 30주로 공정 압축하는 데 드는 추가적인 비용은 2,500달러이다. 따라서 사업
자는 고객에게 30주 내에 주택을 완공하기 위해서 단지 2,500달러의 추가적인 비용이 소요
된다고 알려줄 수 있을 것이다.

   앞에서 말한 바와 같이, 네트워크의 공정 압축을 수동으로 진행하는 것은 매우 까다로우
며, 프로젝트 공정 압축에 일반적으로 적용할 수 없다. 이는 근본적으로 시행착오 방식의 접
근이며, 공정 압축의 논리를 설명하는 데 유용하지만, 곧 보다 큰 네트워크에 적용하기는 쉽
지 않다. 만약 우리가 이 주택건설의 예시를 30주 이상으로 공정 압축하려고 한다면, 이 접
근법은 어렵게 될 것이다.

윈도우용 QM을 이용한 프로젝트 공정 압축

윈도우용 QM도 네트워크 공정 압축을 완벽하게 할 수 있다. 다시 말해서, 이는 가능한 한
최대로 네트워크를 공정 압축한다는 것이다. 이전 절의 주택 건설 예시에서, 우리는 네트워
크를 단지 30주에 공정 압축했지만, 그 네트워크가 실제로 얼마나 많이 공정 압축될 것인지
에 대해서는 고려하지 않았다. 그에 반해 윈도우용 QM는 가능한 한 최대로 네트워크를 공
정 압축한다. 주택 건설 예시에 대한 윈도우용 QM의 결과는 제시 8.9와 같다. 총 공정 압축
비용 3만 1,500달러로 네트워크가 24주로 공정 압축되었다는 점을 주목하자.

제시 8.9

Project Management (PERT/CPM)/Crashing Results							
House Building Example Solution							
Activity	Normal time	Crash time	Normal Cost	Crash Cost	Crash cost/pd	Crash by	Crashing cost
Project	36	24					
1	12	7	$3000	$5000	$400	5	$2000
2	8	5	$2000	$3500	$500	3	$1500
3	4	3	$4000	$7000	$3000	0	$0
4	12	9	$50000	$71000	$7000	3	$21000
5	4	1	$500	$1100	$200	0	$0
6	4	1	$500	$1100	$200	0	$0
7	4	3	$15000	$22000	$7000	1	$7000
TOTALS			$75000				$31500

경영과학 응용 사례

9/11 테러 이후의 펜타곤 재건

2001년 9월 11일 오전 9:37분, 테러리스트에게 납치된 아메리칸 항공(American Airlines) 77편 항공기가 알링턴(Arlington), 버지니아(Virginia)에 위치한 펜타곤 서쪽 측면에 추락했다. 40만 평방피트가 넘는 사무 공간이 파괴되었고, 추가적으로 160만 평방피트가 손상을 입었다. 곧바로 펜타곤을 복구할 "피닉스 프로젝트(Phoenix Project)"가 시행되었다. 건물의 붕괴된 부분을 폭파하고 제거한 후, 석회로 된 외벽을 포함해서 건물을 복구하는 이 프로젝트의 완성 기한은 1년이었다. 펜타곤은 건물의 중심부에서 퍼져나가는 다섯 개 링(ring) 구역의 사무 공간(2만 5,000명의 직원을 수용하는)으로 구성되어 있다. A동은 가장 깊은 부분의 링이고, E동은 가장 바깥 부분의 링이다. 건물의 중심으로부터 열 개의 복도가 링을 가르며 뻗쳐나가고 이것이 펜타곤의 다섯 웨지(wedge)를 구성한다. 공격을 받았을 때 펜타곤은 20년간 12억 달러가 투입된 보수 계획 중에 있었고 9/11 테러에서 피해를 입은 웨지 1구역은 거의 완성단계였다. 결과적으로, 피닉스 프로젝트의 책임자들은 웨지 1구역 보수 프로젝트의 조직과 계획을 재건 계획의 기반으로 하였으며, 이는 재건 과정에 있어 많은 시간을 아낄 수 있었다. 프로젝트 책임자는 공격 받은 당일에 준비가 되어 있었고 자원을 할당할 수 있었다. 프로젝트는 3만개 이상의 활동과 3천명의 프로젝트 팀원이 포함되어야 했으며, 300만 명의 인부가 필요하였다. 현장에서 5만 6,000톤이 넘는 잔해물이 제거되었고, 250만 파운드의 석회암이 외벽 재건을 위해 사용되었다(1941년 최초의 청사진을 사용하여), 2만 1,000입방야드의 콘크리트가 사용되었으며, 3,800톤의 강철이 배치되었다. 피닉스 프로젝트는 계획보다 거의 한달 정도 먼저 완성되었으며, 당초 예상되었던 7억 달러의 예산과 비교하여 약 1억 9,400백만 달러의 비용이 절약되었다.

© 미국 국방성/AP Images

자료 : Bauer, "Rising from the Ashes," PM Network.

시간과 비용의 일반적인 관계

프로젝트 공정 압축에 대한 논의에서, 노동과 직접적인 자원에 대한 지출 증가를 통해 프로젝트의 임계경로 시간이 어떻게 단축될 수 있는지에 대해 설명하였다. 공정 압축의 절대적인 목적은 계획된 완료 시간 그 자체를 단축시키는 것으로서, 즉 프로젝트의 결과를 더 빨리 얻기 위해서이다. 그러나 프로젝트 시간을 단축시키는 또 다른 이유들이 있을 수도 있다. 프로젝트가 계속해서 시간을 지체하는 경우, 이는 설비나 장비, 기계의 비용, 투자 이자, 그리고 공공요금이나 작업자, 직원 비용을 포함한 다양한 간접비용을 소비하고, 프로젝트 팀 구성원이 통상적인 직무에서 벗어남으로써 발생하는 기술 및 노동력의 손실을 유발한다. 또한 프로젝트가 제 시간에 완료되지 않음으로써, 직접적으로 금전적인 위약금이 발생할 수도 있다.

+ 프로젝트 시간이 감소할수록 공정 압축 비용은 증가한다; 프로젝트 시간이 증가할수록 직접비용은 증가한다.

일반적으로 프로젝트 공정 압축 비용과 간접비용은 반비례의 관계인데, 공정 압축 비용은 프로젝트를 단축시키면 가장 높아지지만, 간접비용은 프로젝트 기간이 늘어날수록 증가한다. 이러한 시간-비용의 관계는 그림 8.23과 같다. 가장 좋은 또는 최적의 프로젝트 시간은 총 비용 곡선상의 가장 낮은 점에 위치한다.

그림 8.23
시간-비용 상충관계

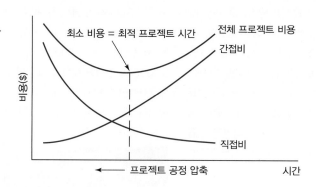

CPM/PERT 네트워크의 선형계획법 모형 수식화

여기서는 먼저 일반적인 CPM/PERT 네트워크 모형을 선형계획법 형태로 정형화하는 방법에 대해 알아보고, 그 이후에 프로젝트 공정 압축 네트워크의 정형화에 대해 살펴볼 것이다.

우리는 AOA 방식을 사용하여 CPM/PERT 네트워크 모형의 선형계획법을 정형화한다. 선형계획법 모형 정형화의 첫 단계로써, 의사결정변수를 정의한다. AOA 방식을 사용한 CPM/PERT 네트워크에 대한 논의에서, 활동은 시작과 끝의 마디 번호로 나타내었다. 이에 따라 마디 1에서 시작하고 마디 2에서 끝나는 활동을 활동 1이라고 언급하였다. 우리는 선형계획법 모형의 의사결정 변수를 정의하는 데 이와 유사한 방식을 사용할 것이다.

우리는 다른 일정관리 방식을 사용할 것이다. 각 활동의 최초 활동 시작 시간을 결정하는

+ 선형계획법 모형의 목적함수는 프로젝트 시간을 최소화하는 것이다.

대신 각 마디에서 최초 이벤트 시간을 사용할 것이다. 이것은 마디(i 또는 j)가 구현될 수 있는 가장 이른 시간이다. 다시 말해, 마디가 나타내는 이벤트의 가장 이른 시간에서는 해당 마디에서 끝나는 모든 활동의 완료 또는 해당 마디에서 시작하는 모든 활동의 시작이 일어날 수 있다. 활동 $i \rightarrow j$에 있어서 마디 i의 최초 이벤트 시간은 x_i로, 마디 j의 가장 최초 이벤트 시간은 x_j로 나타내기로 한다.

프로젝트 네트워크의 목표는, 프로젝트가 완료될 수 있는 가장 이른 시간을 결정하는 데 있다(즉, 임계경로 시간). 우리는 이미 CPM/PERT 네트워크 분석에 대한 논의에서, 네트워크의 마지막 마디에 대한 최초 이벤트의 시간은 임계경로 시간과 같다고 결정한 적이 있다. 만약에 우리가 x_i를 네트워크에서 마디의 가장 이른 이벤트 시간과 동일하게 둔다면, 목적함수는 다음과 같이 표현할 수 있다.

$$\text{minimize } Z = \sum_i x_i$$

Z의 값이 모든 가장 이른 이벤트 시간들의 합이기 때문에 아무런 의미가 없지만, 이는 각 마디의 가장 이른 이벤트 시간을 보장한다.

다음으로, 우리는 모형의 제약식을 만들어야 한다. 우리는 이벤트 $i \rightarrow j$까지의 시간을 t_{ij}라고 정의할 것이다(본 장의 초반부와 같이). CPM/PERT 네트워크 분석에 대한 이전의 논의로부터, 우리는 마디 j의 가장 이른 이벤트 시간과 마디 i의 가장 이른 이벤트 시간 간의 차이가 적어도 활동 시간 t_{ij}보다 커야 한다는 것을 알고 있다. 이러한 조건을 표현하는 일련의 제약은 다음과 같이 정의된다.

$$x_j - x_i \geq t_{ij}$$

CPM/PERT 네트워크 형태에 대한 일반적인 선형계획법 모형은 다음과 같이 요약할 수 있다.

$$\text{minimize } Z = \sum_i x_i$$

subject to

$$x_j - x_i \geq t_{ij}, \text{ for all activities } i \rightarrow j$$

$$x_i, x_j \geq 0$$

여기서,

x_i = 마디 i의 가장 이른 사건 시간

x_j = 마디 j의 가장 이른 사건 시간

t_{ij} = 활동 $i \rightarrow j$의 시간

이러한 선형계획법 모형의 해는 네트워크 기간과 프로젝트 기간에 있는 각 마디의 가장 이른 이벤트 시간을 가리킨다.

프로젝트 네트워크의 선형계획법 모형 정형화와 그 해에 대한 예시를 위해, 우리는 그림 8.6의 주택 건설 네트워크에서 시간 단위를 주 단위로 바꾼 예제를 사용할 것이다. 그림 8.24에 이 네트워크의 활동 시간과 가장 이른 이벤트 시간을 나타내었다.

그림 8.24

가장 이른 사건 시간에 대한 주택 건설 프로젝트 네트워크

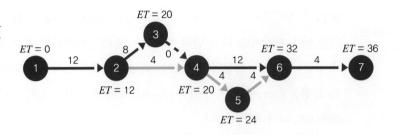

그림 8.24의 네트워크에 대한 선형계획법 모형은 다음과 같다.

$$\text{minimize } Z = x_1 + x_2 + x_3 + x_4 + x_5 + x_6 + x_7$$

subject to

$$x_2 - x_1 \geq 12$$
$$x_3 - x_2 \geq 8$$
$$x_4 - x_2 \geq 4$$
$$x_4 - x_3 \geq 0$$
$$x_5 - x_4 \geq 4$$
$$x_6 - x_4 \geq 12$$
$$x_6 - x_5 \geq 4$$
$$x_7 - x_6 \geq 4$$
$$x_i, x_j \geq 0$$

이 모형에서는 네트워크의 각 활동마다 제약식이 하나씩 만들어짐을 주목하자.

엑셀을 이용한 CPM/PERT 선형계획법 모형 풀이

이전 절의 CPM/PERT 네트워크 선형계획법 모형은 우리가 엑셀을 사용하여 프로젝트를 계획할 수 있도록 하고 있다. 제시 8.10은 각 마디별 최초 이벤트 시간을 결정하기 위한 엑셀 스프레드시트의 설정을 나타내고 있는데, 즉 주택 건설 예시에서 선형계획법 모형의 x_i 및 x_j 값을 의미한다. 의사결정 변수인 가장 이른 시작 시간은 셀 B6 : B12에 있다. 셀 F6 : F13은 모델의 제약조건을 포함하고 있다. 예를 들어, 셀 F6은 제약조건 공식인 "= B7 − B6"을, 셀 F7은 공식 "B8 − B7"을 포함하고 있다. 이러한 제약조건 공식들은 해 찾기 기능을 사용할 때, G열의 활동시간보다 크거나 같다(≥)로 설정될 것이다(또한, 활동 3 → 4가 더미이므로, F9 = 0에 대한 제약조건을 해 찾기에 추가하여야 한다).

모형 데이터의 해 찾기 매개변수 창은 제시 8.11과 같다. 셀 B13에서 활동시간 총합을 최소화하는 것이 목표라는 점에 주의하자. 따라서 셀 B12는 사실상 마디 7에 대한 가장 이른 이벤트 시간인 프로젝트 기간을 포함한다.

제시 8.10

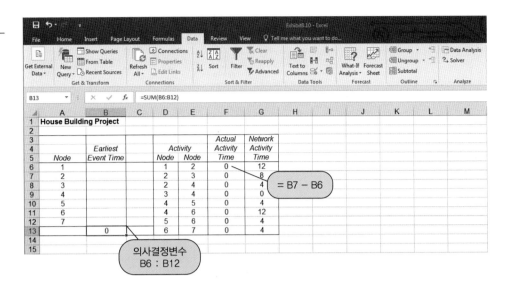

제시 8.11

해는 제시 8.12에 나타나 있다. 각 마디에서 가장 이른 시간이 셀 **B6：B12**에 주어져 있다는 것과 전체 프로젝트 기간이 36주인 점에 주의하라. 하지만 이러한 결과가 임계경로를 나타내지는 않는다. 임계경로는 문제에 대한 민감도 보고서를 통해 결정할 수 있다. 해 찾기에서 "해 찾기(Solve)"를 클릭했을 때, 해 찾기가 해를 찾았다는 화면이 나타났던 것을 기억하자. 또한 이러한 화면은 응답 보고서 및 민감도 보고서를 포함하고 있어, 다른 결과들을 확인할 수 있는 기회를 제공하고 있다. 보고서 옵션에 있는 "민감도(Sensitivity)"를 클릭하면, 제시 8.13의 정보가 나타난다.

제시 8.12

| B13 | | | f_x | =SUM(B6:B12) |

	A	B	C	D	E	F	G	H	I	J	K
1	House Building Project										
2											
3						Actual	Network				
4		Earliest		Activity		Activity	Activity				
5	Node	Event Time		Node	Node	Time	Time				
6	1	0		1	2	12	12				
7	2	12		2	3	8	8				
8	3	20		2	4	8	4				
9	4	20		3	4	0	0				
10	5	24		4	5	4	4				
11	6	32		4	6	12	12				
12	7	36		5	6	8	4				
13		144		6	7	4	4				
14											
15											

제시 8.13

Changing Cells

Cell	Name	Final Value	Reduced Cost	Objective Coefficient	Allowable Increase	Allowable Decrease
B6	Start Time	0	1	0	1E+30	1
B7	Start Time	12	0	0	1E+30	1
B8	Start Time	20	0	0	1E+30	1
B9	Start Time	20	0	0	1E+30	1
B10	Start Time	28	0	0	0	1
B11	Start Time	32	0	0	1E+30	1
B12	Start Time	36	0	1	1E+30	1

Constraints

Cell	Name	Final Value	Shadow Price	Constraint R.H. Side	Allowable Increase	Allowable Decrease
F6	Time	12	1	12	1E+30	12
F7	Time	8	1	8	1E+30	4
F8	Time	8	0	4	4	1E+30
F9	Time	0	1	0	1E+30	4
F10	Time	8	0	4	4	1E+30
F11	Time	12	1	12	1E+30	4
F12	Time	4	0	4	4	1E+30
F13	weeks Time	4	1	4	1E+30	36

잠재가격인 1이
임계경로를 나타낸다.

우리가 관심이 있는 정보는, 각 활동 제약식의 잠재가격이다. 각 활동의 잠재가격은 1 또는 0 둘 다 될 수 있다. 활동에 대한 양의 잠재가격인 1은 전체 프로젝트 기간을 활동 기간만큼 감소시킬 수 있다는 것을 의미한다. 이와 반대로, 잠재가격이 0이라는 것은 활동 기간을 일정 정도로 변화시켜도 프로젝트 기간이 변하지 않는다는 것을 의미한다. 이는 잠재가격이 1인 활동들이 임계경로에 있다는 것을 의미한다. 셀 F6, F7, F9, F11, F13은 잠재가격 1을 가지고 있고, 제시 8.12에서와 같이 이러한 셀들이 임계경로 활동인 활동 1 → 2, 2 → 3, 3 → 4, 4 → 6, 6 → 7과 대응되고 있다는 것을 확인할 수 있다.

선형계획법을 이용한 프로젝트 공정 압축

프로젝트 공정 압축 분석에 필요한 선형계획법 모형은 이전 절에서 다루었던 일반적인 CPM/PERT 네트워크에 대한 선형계획법 모형과 다르다. 프로젝트 공정 압축에 대한 선형계획법 모형은 보다 길고 복잡하다.

+ 프로젝트 공정 압축 모형의 목표는 공정 압축 비용을 최소화하는 것이다.

일반적인 선형계획법 모형의 목표는 프로젝트 기간의 최소화에 있지만, 프로젝트 공정 압축의 목표는 개별 활동들이 얼마나 공정 압축될 수 있는지에 대한 제약하에서 공정 압축 비용을 최소화하는 것이다. 결과적으로, 일반적인 선형계획법 모형의 형태는 공정 압축 시간 및 비용을 포함할 수 있도록 확장되어야 한다. 우리는 활동 $i \rightarrow j$에 대한 가장 이른 이벤트 시간을 x_i와 x_j로 정의할 것이다. 또한 공정 압축되는 활동 $i \rightarrow j$의 시간을 y_{ij}로 정의할 것이다. 이에 따라, 의사결정 변수는 다음과 같이 정의된다.

$$x_i = \text{마디 } i \text{의 가장 이른 이벤트 시간}$$
$$x_j = \text{마디 } j \text{의 가장 이른 이벤트 시간}$$
$$y_{ij} = \text{활동 } i \rightarrow j \text{가 공정 압축될 수 있는 시간의 양}$$

프로젝트 공정 압축의 목표는 가능한 한 최소의 공정 압축 비용으로 프로젝트 기간을 단축시키는 데 있다. 주택 건설 네트워크의 목적함수는 다음과 같다.

$$\text{minimize } Z = \$400y_{12} + 500y_{23} + 3{,}000y_{24} + 200y_{45} + 7{,}000y_{46} + 200y_{56} + 7{,}000y_{67}$$

목적함수 계수는 표 8.4의 활동에 대한 주당 공정 압축 비용이다. 변수 y_{ij}는 단축이 되는 각 활동에 대한 주(weeks) 수를 나타낸다. 예를 들어, 활동 $1 \rightarrow 2$가 2주로 공정 압축되면, $y_{ij} = 2$이고 800달러의 비용이 발생하게 된다.

모형의 제약조건은 공정 압축될 수 있는 각 활동 시간에 대한 제약을 지정해야 한다. 표 8.4에 나타난 각 활동의 허용 가능한 공정 압축 시간을 사용하여 다음과 같은 일련의 제약 조건을 설정할 수 있다.

$$y_{12} \leq 5$$
$$y_{23} \leq 3$$
$$y_{24} \leq 1$$
$$y_{34} \leq 0$$
$$y_{45} \leq 3$$
$$y_{46} \leq 3$$
$$y_{56} \leq 3$$
$$y_{67} \leq 1$$

예를 들어, 첫 번째 제약식 $y_{12} \leq 5$는 활동 $1 \rightarrow 2$를 5주 이상 압축할 수 없음을 설명하고 있다.

이전에 설명한 선형계획법 모형에서처럼, 제약조건의 다음 그룹은 네트워크의 각 활동에 대한 가장 이른 이벤트 시간 간의 관계를 수학적으로 표현하는 $x_j - x_i \geq t_{ij}$와 같은 형태의 수식으로 구성되어야 할 것이다. 그러나 활동 시간은 최대 y_{ij}만큼 공정 압축될 수 있음을 반드시 반영해야 한다. 이전 절의 일반적인 선형계획법 모형에서 활동 1 → 2의 제약조건에 대한 수식은 다음과 같았다.

$$x_2 - x_1 \geq 12$$

이 제약식은 또한 다음과 같이 쓸 수 있다.

$$x_1 + 12 \leq x_2$$

마지막의 제약식은 마디 1(x_1)의 가장 이른 이벤트 시간에 정상 활동 시간(12주)을 합한 것이 마디 2(x_2)의 가장 이른 활동 시간을 초과할 수 없다는 것을 나타낸다. 이러한 활동이 공정 압축될 수 없다는 점을 반영시키기 위해서, 이전 제약조건의 좌변에서 공정 압축이 가능한 정도를 빼야 한다.

$$x_1 + 12 - y_{12} \leq x_2$$

↖ 활동 1 → 2를 공정 압축할 수 있는 양

수정된 제약식은 활동 시간에 마디 1의 가장 이른 이벤트 시간을 합한 것이며, 또한 활동이 공정 압축되는 정도에 따라 마디 2(x_2)의 최초 이벤트 시간이 결정된다는 것을 나타내고 있다. 네트워크의 각 활동별로 이와 같은 제약식을 나타내어야 한다.

$$x_1 + 12 - y_{12} \leq x_2$$
$$x_2 + 8 - y_{23} \leq x_3$$
$$x_2 + 4 - y_{24} \leq x_4$$
$$x_3 + 0 - y_{34} \leq x_4$$
$$x_4 + 4 - y_{45} \leq x_5$$
$$x_4 + 12 - y_{46} \leq x_6$$
$$x_5 + 4 - y_{56} \leq x_6$$
$$x_6 + 4 - y_{67} \leq x_7$$

마지막으로, 우리가 찾고자 하는 프로젝트 기간(즉, 공정 압축된 프로젝트 시간)을 나타내야 한다. 주택사업자가 정상적인 임계경로 시간인 36주를 30주로 공정 압축하기를 원하고 있기 때문에, 우리의 마지막 모형 제약식에서 마디 7의 가장 이른 이벤트 시간이 30주를 넘지 않도록 지정해야 한다.

$$x_7 \leq 30$$

최종적인 선형계획법 모형은 다음과 같이 나타낼 수 있다.

minimize $Z = \$400y_{12} + 500y_{23} + 3{,}000y_{24} + 200y_{45} + 7{,}000y_{46} + 200y_{56} + 7{,}000y_{67}$

subject to

$$y_{12} \leq 5$$
$$y_{23} \leq 3$$

$$y_{24} \leq 1$$

$$y_{34} \leq 0$$

$$y_{45} \leq 3$$

$$y_{46} \leq 3$$

$$y_{56} \leq 3$$

$$y_{67} \leq 1$$

$$y_{12} + x_2 - x_1 \geq 12$$

$$y_{23} + x_3 - x_2 \geq 8$$

$$y_{24} + x_4 - x_2 \geq 4$$

$$y_{34} + x_4 - x_3 \geq 0$$

$$y_{45} + x_5 - x_4 \geq 4$$

$$y_{45} + x_6 - x_4 \geq 12$$

$$y_{56} + x_6 - x_5 \geq 4$$

$$y_{67} + x_7 - x_6 \geq 4$$

$$x_7 \leq 30$$

$$x_i, y_{ij} \geq 0$$

엑셀을 이용한 프로젝트 공정 압축

프로젝트 공정 압축을 위한 선형계획법 모형을 구축할 수 있기 때문에, 이러한 모형을 엑셀로 해결하는 것이 가능하다. 제시 8.10의 주택 건설 프로젝트에 대한 CPM/PERT 네트워크에서, 가장 이른 이벤트 시간을 결정하기 위해 우리가 이전에 구축한 엑셀 스프레드시트를 수정한 것이 제시 8.14에 있다. 활동 공정 압축 비용, 활동 공정 압축 시간, 실제 활동 공정 압축 시간에 대해 열 H, I, J을 추가하였다. 셀 J6：J13은 선형계획법 모형의 변수 y_{ij}에 대응한다. 각 활동에 대한 제약식 공식은 셀 F6：F13에 포함되어 있다. 예를 들어 셀 F6이 = J6 + B7 − B6 공식을 포함하며, 셀 F7은 = J7 + B8 − B7 공식을 포함한다. 이들 제약식과 열F의 다른 제약식은, G열에서 "≥ 활동시간"으로 설정되어야 한다. 셀 B16의 목적함수 공식은 스프레드시트 최상단의 수식 표시줄(formula bar)에 나타나 있다. 30주의 공정 압축 목표는 셀 B15에 포함되어 있다.

　제시 8.14의 문제는 제시 8.15과 같이 해 찾기로 해결하였다. 셀 B6：B12와 셀 J6：J13에 2개의 의사결정변수가 있다는 것을 주의해야 한다. 프로젝트 공정 압축 해는 제시 8.16과 같다.

제시 8.14

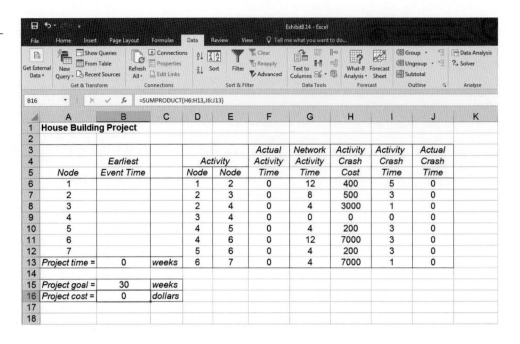

제시 8.15

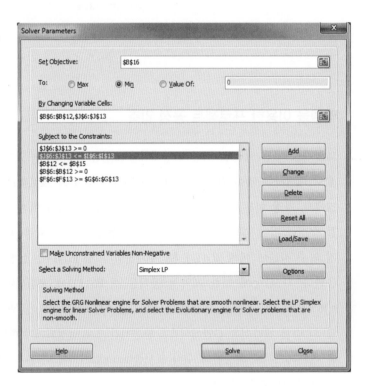

제시 8.16

| | | | | Activity | Activity | Network | Activity | Activity | Actual |
Node	Earliest Event Time		Activity Node	Node	Actual Activity Time	Network Activity Time	Activity Crash Cost	Activity Crash Time	Actual Crash Time
1	0		1	2	12	12	400	5	5
2	7		2	3	8	8	500	3	1
3	14		2	4	7	4	3000	1	0
4	14		3	4	0	0	0	0	0
5	22		4	5	8	4	200	3	0
6	26		4	6	12	12	7000	3	0
7	30		5	6	4	4	200	3	0
Project time =	30	weeks	6	7	4	4	7000	1	0
Project goal =	30	weeks							
Project cost =	2500	dollars							

House Building Project. B16 =SUMPRODUCT(H6:H13,J6:J13)

요약

이 장에서, 우리는 CPM 및 PERT 네트워크라는 가장 널리 알려진 경영과학 기법에 대해 논의하였다. 이러한 기법이 선호되는 이유는 네트워크 분석에 있어서 관리자가 해석하기 용이하도록 시스템을 그림으로 구성하였다는 점이다. 때로는 수학적인 등식을 관리자에게 설명하기는 어려울 수도 있겠지만, 네트워크는 비교적 쉽게 설명할 수 있을 것이다. CPM/PERT는 프로젝트를 통제가 필요한 군사기관, 미국 항공 우주국(National Aeronautics and Space Administration, NASA), 연방 항공국(Federal Aviation Administration, FAA), 그리고 조달청(General Services Administration, GSA) 등을 포함한 여러 정부 기관에서 사용되어 왔다. 이러한 기관은 많은 하도급 업체와 연관되어 있고, 계약 금액이 큰 대규모 프로젝트에 자주 연관되어 있다. 무기 체계의 개발, 항공기 그리고 NASA 우주탐험선 프로젝트 등이 이러한 정부 차원 프로젝트의 예이다. 무수히 많은 프로젝트 구성요소와 부차적인 프로젝트의 경영 관리를 유지하기 위해, 하도급 업체가 CPM/PERT 분석을 개발하고 사용하도록 요구하는 것이 일반적인 관행이 되었다.

또한 CPM/PERT는 민간 분야에서도 폭넓게 사용되어 왔다. 민간 분야의 CPM/PERT 적용에 있어서 커다란 2가지 영역은 연구개발(R&D)과 건설 분야이다. CPM/PERT는 신약개발, 신제품 계획 및 도입, 그리고 새롭고 더 강력한 컴퓨터 시스템의 개발과 같이 다양한 R&D 분야에 적용되어 왔다. 특히 CPM/PERT는 건설 프로젝트에 적용되기도 했다. 주택 건설에서부터 대형 경기장 건설, 선박건조, 송유관 건설에 이르기까지 거의 모든 유형의 건설 프로젝트는 네트워크 분석을 활용한다.

뿐만 아니라, 네트워크 분석은 정상회담(summit conferences), 스포츠 행사, 농구 토너먼트, 축구 게임, 퍼레이드, 정치적 회의, 학교 등록 그리고 음악 콘서트와 같이 큰 행사의 계획 및 일정관리에 사용될 수 있다. 개인용 컴퓨터를 위한 강력하고 사용자 친화적인 프로젝트 관리 소프트웨어 패키지가 제공됨에 따라 이러한 기법이 더욱 널리 사용되고 있다.

예제 문제와 풀이

다음의 예시는 CPM/PERT 네트워크 분석과 통계 분석을 나타내고 있다.

문제 설명 ■ 다음의 AON 네트워크와 활동 시간 추정치가 주어져 있을 때, 프로젝트가 28일 이내에 완료될 확률과 예상 프로젝트 완료 시간 및 편차를 결정하시오.

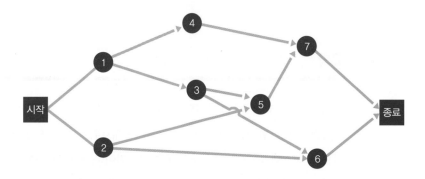

작업	시간 추정지(주)		
	a	m	b
1	5	8	17
2	7	10	13
3	3	5	7
4	1	3	5
5	4	6	8
6	3	3	3
7	3	4	5

풀이 ■ 1단계 : 예상 활동 시간 및 편차 계산

다음 공식을 사용하여, 각 활동에 대한 예상 시간 및 편차를 계산한다.

$$t = \frac{a + 4m + b}{6}$$

$$v = \left(\frac{b-a}{6}\right)^2$$

예를 들어, 활동 1에 대한 예상 시간 및 편차는,

$$t = \frac{5 + 4(8) + 17}{6} = 9$$

$$v = \left(\frac{17 - 5}{6}\right)^2 = 4$$

각 활동에 대한 값과 잔존 예상 시간 및 편차는 다음과 같다.

작업	t	v
1	9	4
2	10	1
3	5	4/9
4	3	4/9
5	6	4/9
6	3	0
7	4	1/9

2단계 : 각 마디의 가장 이른 시간 및 가장 늦은 시간 결정

가장 이른 시간 및 가장 늦은 시간, 활동 여유는 다음의 네트워크와 같다.

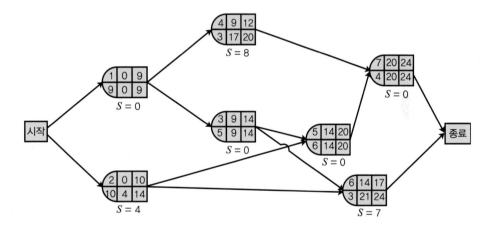

3단계 : 임계경로 식별과 예상 프로젝트 완료 시간 및 편차 계산

앞의 네트워크와 여유가 없는 활동들(즉, S = 0)을 살펴본 후, 임계경로가 1 → 3 → 5 → 7임을 확인할 수 있다. 예상 프로젝트 완료 시간(t_p)은 24일이다. 편차는 임계경로의 활동들에 대한 편차를 합하여 계산할 수 있다.

$$v_p = 4 + 4/9 + 4/9 + 1/9$$

$$= 5일$$

4단계 : 프로젝트가 28일 이내에 완료될 확률 결정

다음의 정규확률분포는 확률 분석을 나타내고 있다.

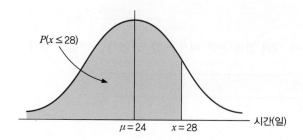

다음의 공식을 사용하여 Z를 계산한다.

$$Z = \frac{x - \mu}{\sigma}$$
$$= \frac{28 - 24}{\sqrt{5}}$$
$$= 1.79$$

부록 A의 표 A.1에서 대응되는 확률은 0.4633이다. 따라서,

$$P(x \leq 28) = .5000 + .4633 = .9633$$

연습문제

01 다음 작업들에 대해 간트 차트를 생성하고, 프로젝트 완료 시간을 나타내시오.

작업	선행작업	시간(주)
1	–	5
2	–	4
3	1	3
4	2	6

02 다음 작업들에 대해 간트 차트를 생성하여 네트워크 각 경로의 시간을 계산하고, 임계경로를 나타내시오.

작업	선행작업	시간(주)
1	–	4
2	–	7
3	1	8
4	1	3
5	2	9
6	3	5
7	3	2
8	4, 5, 6	6
9	2	5

03 다음 네트워크의 모든 경로에 대한 시간을 계산하고, 임계경로를 나타내시오(작업 시간은 주 단위).

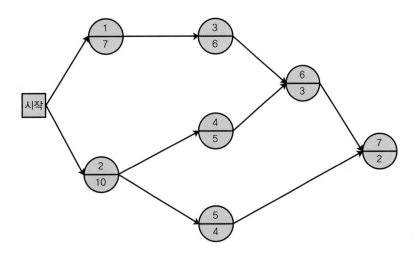

04 문제 03의 네트워크에서, 가장 이른 시간(earliest activity times) 및 가장 늦은 시간(latest activity times), 그리고 각 작업에 대한 여유(slack)를 결정하시오. 이러한 정보로부터 임계경로를 어떻게 결정하는지 나타내시오.

05 작업 시간이 주 단위인 다음의 네트워크에서, 가장 이른 시간 및 가장 늦은 시간, 그리고 각 작업에 대한 여유를 결정하시오. 프로젝트 기간과 임계경로를 나타내시오.

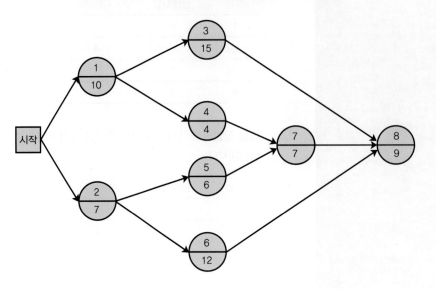

06 남북 전쟁에서 거의 알려지지 않은 전투 중 하나는, 티컴세 보르가드(Tecumseh Beauregard) 장군이 적군이 공격할 때 준비가 완료되지 않아 불 런(Bull Run)의 세 번째 전투에서 패배한 것이다. 만약 장군이 임계경로 방법을 이용할 수 있었다면, 좀 더 나은 계획을 세울 수 있었을 것이다. 다음과 같이 작업 시간이 일 단위인 네트워크 계획을 이용했다고 가정했을 때의 가장 이른 시간 및 가장 늦은 시간, 각 작업에 대한 여유를 결정하시오. 임계경로와 장군의 전투 명령 승인과 전투 시작 사이의 시간을 나타내시오.

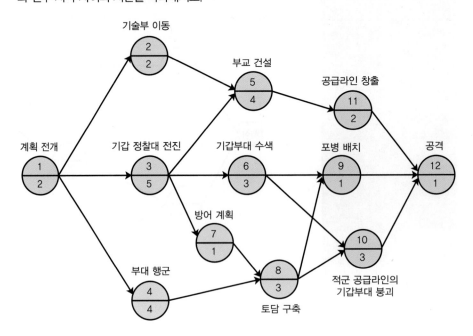

07 개발 회사 그룹은 새로운 쇼핑 센터를 건설하고 있다. 개발 회사의 컨설턴트는 다음과 같은 프로젝트 네트워크를 만들고 주 단위의 작업 시간을 할당하였다. 가장 이른 시간 및 가장 늦은 시간, 그리고 각 작업에 대한 여유를 결정하시오.

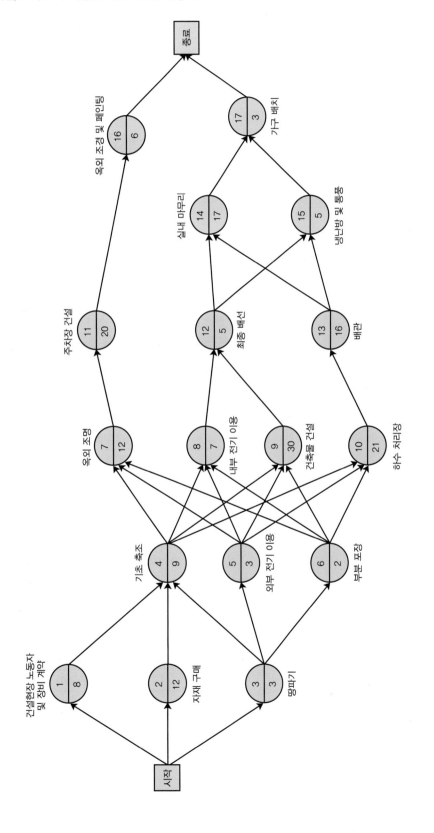

08 세스와 레비 테일러는 12월에 부모님의 기념일 파티를 계획하고 있고, 휴가 테마를 원한다. 그들은 아래와 같이 작업 계획과 시간 추정치를 정했다.

작업	작업 설명	선행 작업	시간 추정치(일)
a	일자 결정	–	3
b	장소 예약	–	5
c	초대장 인쇄 및 발송	a, b	4
d	RSVP	c	10
e	휴가 테마 및 장식 선정	a	2
f	음식 및 음료 주문	d	3
g	장식 구매	e	2
h	테이블 좌석 배치도 준비	d	2
i	음식 및 음료 픽업, 준비	f	1
j	장식	g	1

프로젝트에 대한 네트워크를 생성하여 임계경로를 확인하고, 프로젝트 기간을 결정하시오.

09 콜럼버스 시민 클럽은 5K 레이스를 열어 어린이놀이터를 짓기 위한 기금 마련을 계획하고 있다. 활동 계획 및 시간 추정치는 다음과 같다. 프로젝트에 대한 네트워크를 생성하여 임계경로를 확인하고, 프로젝트 기간을 결정하시오.

작업	작업 설명	선행 작업	시간 추정치(일)
a	일자 및 장소 결정	–	3
b	코스 계획	a	5
c	레이스 명칭 결정	a	4
d	자원봉사자 모집	a	10
e	후원자 모집	a	2
f	정부와 경찰에 허가받기	b	3
g	광고	b, c, e, f	2
h	웹사이트 및 온라인 등록 개설	c	2
i	등록 시작	g, h	1
j	코스 스테이션 배치	f	1
k	상, 메달, 티셔츠 주문	i	8
l	자원봉사자 일정 및 배정	d, j	5
m	등록 마감 및 레이스 패킷 개발	j, k	5
n	음식 및 물 기부받기	f	5
o	보험 가입	f	3
p	코스 장비 및 스테이션 설치	l, n	2
q	레이스	m, o, p	1

10 리스버그(Leesburg)의 파머스 아메리칸 뱅크(Farmer's American Bank)는 새로운 전산화 회계 시스템 설치를 계획하고 있다. 은행 경영은 다음 표와 같이 프로젝트 완료를 위해 필요한 작업 및 작업들의 선후 관계, 그리고 작업 시간 추정치를 결정한다. 프로젝트 예상 완료 시간 및 편차를 결정하고, 프로젝트가 40주 이내에 완료될 확률을 결정하시오.

작업	작업 설명	선행 작업	시간 추정치(주 단위)		
			a	m	b
a	채용	–	5	8	17
b	시스템 개발	–	3	12	15
c	시스템 교육훈련	a	4	7	10
d	장비 교육훈련	a	5	8	23
e	수동 시스템 시험	b, c	1	1	1
f	예비 시스템 전환	b, c	1	4	13
g	컴퓨터 관계자 인터페이스	d, e	3	6	9
h	장비 변경	d, e	1	2.5	7
i	장비 테스트	h	1	1	1
j	시스템 디버깅 및 설치	f, g	2	2	2
k	장비 전환	g, i	5	8	11

11 프로젝트의 8개의 작업과 관련 선행작업은 아래 표와 같다. CPM/PERT 네트워크를 생성하고 프로젝트 일정을 결정하시오. 임계경로를 확인하고, 평균 프로젝트 기간, 임계경로의 분산을 결정하시오. 25일 이내에 프로젝트가 완료될 확률은 얼마나 되는가?

작업	선행 작업	시간 추정치(일)		
		a	m	b
A		2	3	4
B		3	4	5
C	B	2	3	4
D	A	3	5	7
E	C	2	5	8
F	B, E	2	3	10
G	E, D	4	5	12
H	F, G	2	3	4

12 문제 06의 네트워크에서, 각 활동에 대해 다음과 같이 새로운 시간 추정치가 주어졌다고 하자. 다음을 결정하시오.

작업	시간 추정치(일)		
	a	m	b
1	1	2	6
2	1	3	5
3	3	5	10
4	3	6	14
5	2	4	9
6	2	3	7
7	1	1.5	2
8	1	3	5
9	1	1	5
10	2	4	9
11	1	2	3
12	1	1	1

a. 예상 작업 시간
b. 가장 이른 작업 시간
c. 가장 늦은 작업 시간
d. 작업 여유
e. 임계경로
f. 평균 프로젝트 기간 및 분산

13 주립 대학의 정보기술센터(Center for Information Technology)는 베이츠 홀(Bates Hall, B)에 있는 사무실이 작아서 앨런 홀(Allen Hall, A)로 이사하려고 한다. 이사는 여름학기가 끝나고 가을학기가 시작되는 사이 3주의 휴식기간 동안 행해질 것이다. 가구, 책 및 파일 상자는 직원들이 포장할 것이며, 이사를 위해 대학의 체육부서에서 용역을 고용하고자 한다. 센터는 사무실 컴퓨터를 안전하게 옮기기 위해 지역의 소매 컴퓨터 회사를 고용하였다. 프로젝트에 대한 활동, 선후관계, 확률적 시간 추정치 리스트는 다음과 같다.

작업	작업 설명	선행 작업	시간 추정치(일)		
			a	m	b
a	A 사무실 짐 싸기	–	1	3	5
b	A 사무실 네트워크 연결	–	2	3	5
c	B 사무실 짐 싸기	–	2	4	7
d	이사 용역 A 사무실 이동	a	1	3	4
e	A 사무실 페인트칠 및 청소	d	2	5	8
f	컴퓨터 이동	b, e	1	2	2

(계속)

작업	작업 설명	선행 작업	시간 추정치(일)		
			a	m	b
g	이사 용역 B 사무실 이동	b, c, e	3	6	8
h	컴퓨터 설치	f	2	4	5
i	직원 이동 및 짐 풀기	g	3	4	6
j	직원 컴퓨터 및 사무실 준비	h, i	1	2	4

가장 이른 시작 시간, 가장 늦은 시작 시간 및 종료 시간, 임계경로, 평균 프로젝트 기간을 결정하시오. 센터가 가을 학기가 시작되기 전에 이사를 완료할 확률은 얼마나 되는가?

14 OSHA(Occupational Safety and Health Administration, 미국 직업안전 위생국)는 스톤 리버 직물공장(Stone River Textile Mill)을 검사하였으며, 다수의 안전 규정 위반을 발견하였다. OSHA 검사관은 안전을 위해 기존의 몇몇 기계에 대처할 수 있도록 공장에 지시하였다 (안전 덮개의 추가 등). 일부 새로운 기계를 구입하고, 안전한 통행과 출입구가 잘 보이도록 하기 위해 위험한 기계 및 일부 기계를 재배치하도록 지시하였다. OSHA는 공장에 단지 35주의 변경 기간을 주었으며, 만일 변경이 되지 않았을 때에는, 공장은 30만 달러의 벌금을 내야 한다. 공장은 이러한 변경을 완료할 CPM/PERT 네트워크에 들어갈 작업들을 결정하였으며, 다음의 표와 같이 개별 작업 시간을 추정하였다. 이 프로젝트에 대한 프로젝트 네트워크를 생성하고 다음을 결정하시오.

작업	작업 설명	선행 작업	시간 추정치(주)		
			a	m	b
a	새로운 기계 주문	–	1	2	3
b	새로운 물리적 배치 계획	–	2	5	8
c	기존 기계의 안전성 변경 결정	–	1	3	5
d	장비 수령	a	4	10	25
e	신규 직원 채용	a	3	7	12
f	공장 개조	a, b	10	15	25
g	기존 기계의 변경	c	5	9	14
h	신규 직원 교육훈련	d, e	2	3	7
i	새로운 기계 설치	d, e, f	1	4	6
j	이전 기계 재배치	d, e, f, g	2	5	10
k	직원 안전 오리엔테이션 실시	h, i, j	2	2	2

a. 예상 작업 시간
b. 가장 이른 및 늦은 작업 시간과 작업 여유
c. 임계경로
d. 평균 프로젝트 기간 및 분산
e. 30만 달러의 벌금을 낼 확률

15 문제 12의 불 런(Bull Run)의 3번째 전투에 대한 CPM/PERT 네트워크에서, 만약 보르가드 장군이 15일 내에 준비를 완료한다면 전투에서 승리할 수 있을 것이다. 보르가드 장군이 전투에서 승리할 확률은 얼마나 되는가?

16 자치주의 종합병원(County General Hospital)은 입원 환자의 퇴원과 신규 환자의 입원에 필요한 처리 시간에 문제가 있음을 발견하였다. 이러한 처리 시간은 의사 및 환자의 불만을 초래하는 병원 수술실의 지연을 야기한다. 병원은 이러한 문제를 해결하기 위한 개선 프로젝트를 착수하였으며, 처음에는 1년에 3,000명의 환자가 있는 외과수술 단위 하나에 집중하였다. 프로젝트 팀을 채용하는 프로세스는 다음의 작업, 작업 시간, 선후관계를 포함하고 있다. 이 프로젝트에 대한 네트워크를 생성하고, 가장 이른 및 늦은 작업 시간과 임계경로를 결정하시오.

작업	작업 설명	선행 작업	시간 추정치(일)		
			a	m	b
a	침대 할당 프로세스 기술	–	4	7	10
b	프로세스에 대한 간호사 설문	a	6	12	15
c	침대 처리 목표 시간 수립	b	2	5	8
d	프로세스 검토 및 결함이 있는 곳 찾기	a, c	5	7	11
e	처리 시간에 영향을 미치는 변수 식별	b	3	9	14
f	변수의 통계 분석 수행	e	4	6	10
g	가능한 솔루션 분석	c, d, f	5	9	14
h	솔루션 접근법 식별	g	3	7	9
i	프로세스 개선	h	10	14	20
j	통계적 프로세스 통제를 이용한 감시 및 통제 프로세스	i	15	23	30
k	병원 전체에 개선된 프로세스 적용	j	12	18	25

17 러스텍 공작소(RusTech Tooling)는 전문화된 물품의 제조 부문에 대한 공작기계와 금형을 만드는 큰 규모의 주문생산 공장이다. 회사는 주로 군용기 및 무기 시스템과 같은 물품의 부품을 생산하는 정부 관련 계약에 입찰한다. 회사는 새로운 우주왕복선 기체를 조립하기 위한 구성 부품을 생산하는 계약에 입찰하고 있다. 적은 비용 외에 낙찰을 받기 위한 주요 기준은 부품을 생산하기 위해 요구되는 시간이다. 그러나 만약 회사가 계약을 하게 된다면, 입찰에 명시된 완료 시간을 엄격하게 지켜야 할 것이며, 지연이 발생한다면 심각한 금전적 페널티를 받게 될 것이다. 입찰 신청을 위한 프로젝트 완료 시간을 결정하기 위해 회사는 다음 표와 같이 프로젝트 활동, 선후관계, 활동 시간을 식별하였다.

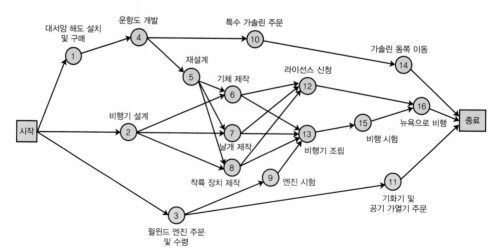

작업	선행 작업	시간 추정치(주)		
		a	m	b
a	–	3	5	9
b	a	2	5	8
c	a	1	4	6
d	a	4	6	10
e	b	2	8	11
f	b	5	9	16
g	c	4	12	20
h	c	6	9	13
i	d	3	7	14
j	d	8	14	22
k	f, g	9	12	20
l	h, i	6	11	15
m	e	4	7	12
n	j	3	8	16
o	n	5	10	18

만약 러스텍이 페널티 발생 없이 90%의 부품을 확실하게 만든다고 한다면, 입찰에 명시할 기간은 얼마로 해야 하는가?

18 마케팅 회사는 고객 중 한 사람을 대상으로, 잠재적 제품들 중 일부에 대한 설문조사를 계획하고 있다. 설문조사를 준비하기 위한 계획 프로세스는 다음과 같이 선후관계 및 활동 시간 추정치를 포함하여 6개의 활동으로 구성되어 있다.

작업	작업 설명	선행 작업	시간 추정치(일)
a	설문조사 목표 결정	–	3
b	인력 선정 및 고용	a	3
c	설문지 설계	a	5
d	인력 교육훈련	b, c	4
e	광고 타깃 선정	c	3
f	인력 할당	d, e	2

a. 마디 a에서 마디 f의 네트워크를 통하는 모든 경로와 각 경로의 기간을 결정하시오. 또한 임계경로를 식별하시오.

b. 가장 이른 작업 시작 및 종료 시간과 가장 늦은 작업 시작 및 종료 시간을 결정하시오.

c. 각 활동에 대한 여유를 결정하시오.

19   밸리 유나이티드 축구 클럽(Valley United Soccer Club)은 4월 29일과 30일의 주말 동안에 축구 토너먼트를 계획하고 있다. 클럽의 담당자는 3월 30일까지 참가 신청한 팀에게 승인을 해주어야 하며, 4월 15일까지 경기에 선발된 팀에게 토너먼트 경기 일정을 보내주어야 한다는 것을 알고 있다. 그들의 잠정적 계획은 1월 20일에 예상 팀에게 신청서 발송 등 토너먼트 준비에 대한 초기 활동을 준비하는 것이다. 토너먼트 활동, 선후관계, 수행시간(일 단위)에 대한 추정치가 다음 표와 같을 때, 프로젝트 클럽의 토너먼트 준비 프로세스에 대한 네트워크를 생성하고 4월 29일까지의 일정 이정표를 충족시키며 토너먼트 일정에 따라 프로세스를 완료할 가능성을 결정하시오.

작업	작업 설명	선행 작업	시간 추정치(일)		
			a	m	b
a	신청서 발송	–	5	7	10
b	자원봉사자 확보	–	10	18	26
c	심판 라인업	–	7	10	14
d	경기장 예약	–	14	21	35
e	수령 및 프로세스 유형	a	30	30	30
f	연령 구분 결정	b, c, d, e	4	9	12
g	구분별 경기장 할당	f	4	7	10
h	프로그램 광고 판매	b	14	21	30
i	팀 선물가방에 더한 기부 물품 획득	b	15	20	26
j	경기 일정 편성	g	6	14	18
k	광고 디자인	h	5	8	10
l	선물 가방 채우기	i	9	12	17
m	팀 티셔츠 주문 프로세스	e	7	10	14
n	승인 통지서 발송	f	4	7	12
o	프로그램 디자인 및 프린트	j, k, l, n	14	18	24
p	등록판 준비(프로그램 선물 등)	o	5	7	10
q	경기 일정 발송	j, k, l, n	5	8	12
r	경기 심판 배정	j, k, l, n	4	7	10
s	트로피 준비	f	20	28	35
t	실크스크린 티셔츠	m	12	17	25
u	팀 티셔츠 포장	l	5	8	12

20 다음 표는 결혼식 계획에 대한 활동과 활동 추정시간을 나타내고 있으나 활동 간의 선후관계는 포함되어 있지 않다. 신중하게 판단하여, 프로젝트 네트워크, 임계경로, 평균 프로젝트 기간을 결정하시오. 만약 현재 시점이 1월 1일이고 한 커플이 6월 1일에 결혼식을 올릴 것이라 계획하고 있다면, 제 시간에 결혼식이 완료될 확률은 얼마인가?

작업	작업 설명	시간 추정치(일)		
		a	m	b
a	일자 결정	1	10	15
b	결혼 허가서 취득	1	5	8
c	결혼식 하객 선정	3	5	7
d	드레스 주문	10	14	21
e	드레스 맞춤	5	10	12
f	신랑 들러리 선택	1	2	4
g	턱시도 주문	3	5	7
h	교회 찾기 및 대여	6	14	20
i	플로리스트 고용	3	6	10
j	프로그램 개발/프린트	15	22	30
k	사진사 고용	3	10	15
l	하객 리스트 만들기	14	25	40
m	초대장 주문	7	12	20
n	초대장 발송	10	15	25
o	RSVP 리스트 편집	30	45	60
p	피로연장 예약	3	7	10
q	출장뷔페 고용	2	5	8
r	피로연 메뉴 결정	10	12	16
s	최종 주문	2	4	7
t	밴드 고용	10	18	21
u	피로연장 장식	1	2	3
v	결혼식	0.5	0.5	0.5
w	결혼 피로연	0.5	0.5	0.5

21   다음 표는 프로젝트 네트워크 생성에 필요한 정보와 프로젝트 공정 압축 데이터를 나타내고 있다.

작업	(i, j)	선행 작업	작업 시간(주)		작업 비용(달러)	
			정상	공정 압축	정상	공정 압축
a	(1, 2)	–	16	8	2,000	4,400
b	(1, 3)	–	14	9	1,000	1,800
c	(2, 4)	a	8	6	500	700
d	(2, 5)	a	5	4	600	1,300
e	(3, 5)	b	4	2	1,500	3,000
f	(3, 6)	b	6	4	800	1,600
g	(4, 6)	c	10	7	3,000	4,500
h	(5, 6)	d, e	15	10	5,000	8,000

a. 프로젝트 네트워크를 생성하시오.

b. 네트워크가 28주가 되도록 수작업으로 공정 압축하시오.

c. 이 네트워크에 대한 일반 선형계획법 모형을 세우시오.

d. 최대한으로 네트워크를 공정 압축할 수 있는 선형계획법 공정 압축 모형을 수립하시오.

22   그림 8.14의 주문처리 시스템 프로젝트 네트워크에 대한 일반 선형계획법 모형을 만들고 푸시오.

23   다음 표는 문제 10의 네트워크 프로젝트에 대한 공정 압축 데이터를 제공하고 있다. 정상 활동 시간은 확률적이지 않고 확정적이라 가정한다. 컴퓨터를 사용하여, 네트워크를 26주로 공정 압축하시오. 은행이 지불해야 할 비용과 임계경로를 나타내시오.

작업	작업 시간(주)		작업 비용(달러)	
	정상	공정 압축	정상	공정 압축
a	9	7	4,800	6,300
b	11	9	9,100	15,500
c	7	5	3,000	4,000
d	10	8	3,600	5,000
e	1	1	0	0
f	5	3	1,500	2,000
g	6	5	1,800	2,000
h	3	3	0	0
u	1	1	0	0
j	2	2	0	0
k	8	6	5,000	7,000

사례 문제

무혈 쿠데타 콘서트

존 아론은 총학생회의 요구에 따라 프로그램 및 예술위원회 회의에 초청을 받았다.

"알았어요, 알았어, 여러분 조용히 하세요. 제가 중요한 발표를 할 게 있습니다." 그는 소음 때문에 큰 소리로 외쳤다.

그 공간은 조용해졌으며, 존은 다시 시작했다. "좋아요, 여러분, 우리는 쿠데타를 할 수 있을 겁니다."

청중은 어리둥절한 표정을 지었으며, 랜디 존스가 질문을 했다. "존, 이 시점에서 무슨 쿠데타를 할 수 있다는 건가요?"

"쿠데타, 쿠데타요! 아시잖아요, 록 그룹인 무혈 쿠데타(Bloodless Coup)입니다."

자리에 있는 모든 사람들이 환호하고 흥분하며 말하기 시작했다. 존은 팔을 흔들며 서서 소리쳤다. "이봐요, 모두들 진정하고 잘 들으세요." 그 공간은 다시 조용해졌으며, 모두가 존에게 집중했다. "좋은 소식은 그들이 올 수 있다는 겁니다." 그는 잠시 멈추었다. "나쁜 소식은 그들이 18일 후에 여기 온다는 겁니다."

학생들은 신음소리를 냈으며, 짐 헤이스팅스의 기분을 공유하는 것 같이 보였다. "절대로 안 돼. 그렇게는 못해요. 왜 몇 주 늦출 수 없는 거지?"

존이 대답했다. "그들이 새로운 투어를 막 시작했고 콘서트를 준비하기 위한 것들을 찾고 있는 것 같아요. DC에서의 첫 번째 콘서트 일자에 맞추어 그들이 이 부근을 지나갈 것이며, 우리가 보낸 편지를 보고 지금 이쪽으로 오고 있다고 답장이 왔어요. 그러나 지금이 아니면 절대 안 된다고 하네요." 그가 침통한 얼굴로 회의실을 둘러봤다. "여러분들, 있잖아요, 우리는 이 건을 잘 처리할 수 있어요. 우리가 무엇을 할지 생각해 보세요. 어서 기운을 차려보세요. 우리가 준비해야 할 모든 것에 대한 목록을 만들고 얼마나

걸릴지 계산해 봅시다. 우리가 첫 번째로 해야 할 일이 무엇인지 누가 말해주세요."

안나 멘도사는 회의실 뒤쪽에서 소리 질렀다. "장소를 찾아야 해요. 알겠지만 어딘가에 있는 강당을 빌려야 합니다. 저는 이전에 해본 적이 있고 장소에 따라 2일에서 7일이 걸리는데, 아마도 4일 정도는 걸릴 겁니다."

"좋아요, 훌륭합니다." 존이 한쪽에서 기다리면서 "강당 확보" 활동을 칠판에 적으면서 말했다. "다음은 무엇일까요?"

"티켓을 빨리 인쇄해야 합니다." 트레이시 쉐어가 말했다. "인쇄업체가 바쁘지 않다면 이 작업은 1일 정도 걸리지만, 그렇지 않다면 4일 정도 걸릴 겁니다. 아마 2일 정도 소요될 것 같습니다."

"그렇지만 콘서트 장소 준비 때문에, 장소가 정해질 때까지 티켓을 인쇄할 수 없습니다." 앤디 테일러가 말했다.

"맞아요." 존이 말했다. "강당을 확보하는 것이 첫 번째이고, 그 다음이 티켓을 인쇄하는 거네요. 그밖에 다른 건요?"

"무혈 쿠데타를 위한 호텔과 교통편을 준비해야 하며, 그들이 여기 왔을 때의 수행단이 있어야 합니다." 짐 헤이스팅스가 제안했다. "그렇지만 강당을 확보하기 전까지 안 하는 것이 좋을 것 같아요. 만약 콘서트 장소를 찾지 못한다면, 모든 것이 끝날 겁니다."

"준비하는 데 얼마나 걸릴 것 같나요?" 존이 물었다.

"아, 3일에서 10일, 아마 5일 정도 걸릴 것 같아요" 짐이 대답했다.

"또한 콘서트 인력, 무대 담당자, 그 밖에 우리에게 필요한 사람들의 채용과 관련하여 지역 조합과 협상을 해야 합니다." 레기 윌크스가 한마디 하였다. "이러한 일에는 1일에서 8일 정도, 아마 3일 정도가 될 것으로 추측됩니다."

"아마 강당을 확보하기 전까지 조합과의 대화를 시작하지 않을 겁니다." 존이 덧붙여 말했다. "이러한 것은 아마도 협상의 요소가 될 것 같네요."

"우리가 조합과 함께 잘 해결한 후에 무대 담당자들을 고용할 수 있을 겁니다." 레기가 이어서 말했다. "이런 일은 2일에서 7일 정도 걸릴 수 있어요. 제가 생각하기로는 약 4일 정도 걸릴 것 같아요. 또한 우리는 조합의 승인을 받자마자, 동시에 학생 좌석 안내원을 확보해야 해요. 이런 일은 1일 정도면 할 수 있지만, 과거에는 5일 정도 걸렸어요. 아마도 3일 정도가 될 것 같아요."

"기자회견을 준비할 필요가 있습니다." 벽에 기대어 있는 아트 코헨(Art Cohen)이 말했다. "이건 유명 그룹입니다. 엄청난 일이죠."

"하지만 기자회견은 보통 호텔에서 개최되지 않나요?" 존이 물었다.

"맞아요." 아트가 대답했다. "우리는 호텔 관련된 일을 잘 해결할 때까지 기자회견 준비를 할 수 없어요. 이런 일을 한다면, 기자회견을 준비하는 데 약 3일 정도가 걸릴 것 같아요. 만약 운이 좋다면 2일 정도가 걸릴 것이고 최대 4일 정도 걸릴 것 같아요."

모두가 생각에 잠겨서 회의장이 조용해졌다. "다른 건 없나요?" 존이 물었다.

"이봐요, 나는 알아요." 애니 로크가 소리 높여 말했다. "우리가 무대 담당자를 고용하자마자 무대를 세울 것 같아요. 제 생각에는 2일 정도 걸릴 것 같지만, 아마 3일 정도가 더 포함되어 6일 정도가 될 수도 있을 것 같아요." 그녀는 잠시 멈춘 뒤 다시 말했다. "그리고 우리는 또한 고용한 좌석 안내원들을 배정할 수 있어요. 이런 일은 그리 오래 걸리지 않을 것 같아요. 아마도 1일이나 최악의 경우에는 3일이 걸릴 것 같아요. 아마도 2일이 이에 상응하는 시간인 것 같아요."

"또한 우리가 이러한 것들을 사람들에게 보여 주고 싶다면, 광고와 홍보도 해야 합니다." 아트가 무관심하게 말하였다. "제가 생각하기에 우리는 티켓이 인쇄될 때까지 기다려야 할 것 같아요. 그래서 우리는 미디어나 신문, 라디오 방송국에 무언가 판매할 것이 있어야 합니다. 저는 예전에 이런 일을 해 본 적이 있습니다. 만약 올바른 계약을 할 수 있다면, 이런 일은 정말 빨리 할 수 있습니다. 하지만 이런 일은 어떠한 문제에 부딪히면, 12일 정도로 더 오래 걸릴 수 있어요. 아마도 최상의 기대치는 6일 정도로 기대할 수 있을 것 같아요."

"저기, 만약 우리가 홍보를 한다면, 다른 그룹에서의 선행 활동이 있을까요?" 애니가 물었다.

"와, 그런 것들은 다 잊고 있었어요!" 존이 소리쳤다. "누군가를 고용하는 활동은 4일에서 8일 정도 걸릴 것 같습니다. 아마도 5일 정도면 할 수 있을 것 같아요. 여러분이 강당을 마련하는 동시에 제가 이 일을 바로 시작할 수 있을 것 같습니다." 그는 잠시 생각에 잠겼다. "하지만 진두지휘하는 그룹을 확보하기 전까지 홍보를 시작할 수 없을 것 같아요. 그럼 무엇이 더 남았을까요?"

"티켓 판매." 동시에 여러 명의 사람들이 소리쳤다.

"맞아요." 존이 말했다. "티켓이 인쇄될 때까지 기다려야 하지만, 광고와 홍보에 대해 기다리고만 있을 수 없다고 생각합니다. 그렇지 않나요?"

"아니오." 짐이 대답했다. "하지만 사람들이 무엇을 위해 티켓을 사야 하는지 알 수 있는 선행활동을 해야 합니다."

"동의합니다." 존이 말했다. "티켓은 빨리 팔릴 수도 있으며, 저는 하루 정도가 될 것이라 생각합니다."

"또는," 마이크 에글스턴(Mike Eggleston)이 끼어들었다. "더 걸릴 수도 있어요. 제가 기억하기로는 2년 전에 코스믹 모뎀(Cosmic Modem) 공연을 모두 판매하는 데 12일이 걸렸습니다."

"좋아요, 그럼 티켓 판매를 1일에서 12일로 하겠습니다." 존이 말했다. "하지만 제 생각에는 약 5일 정도가 더 가능성이 높을 것 같습니다. 모두 동의하시나요?"

그룹은 일제히 고개를 끄덕였으며, 즉시 존이 칠판에 작성하고 있던 활동 및 시간표로 시선을 옮겼다.

PERT 분석을 이용하여 콘서트 준비가 제시간에 완료될 확률을 구하시오.

무어 주택 건설

무어 주택 건설은 신규 개발 택지에 6개의 주택을 건설하기 위해서 컨트리사이드 부동산회사와 거래를 협상하고 있다. 컨트리사이드는 무어 건설이 날씨가 풀리기 시작하는 늦은 겨울이나 이른 봄에 착수하여 여름과 가을 동안에 건설되기를 원한다. 여름은 부동산 회사가 특히 바쁜 시간대이며, 준비가 되는 즉시, 또는 그 이전에라도, 주택의 대부분을 판매할 수 있을 것이라 믿고 있다. 주택은 모두 유사한 평면도를 가지고 있으며, 거의 동일한 규모로서, 외관만이 눈에 띄게 다른 점이다. 컨트리사이드 부동산회사에게 완료시간은 매우 중요하다. 프로젝트 관리 네트워크는 주택에 대한 완료시간의 추정치와 함께 그 일에 대한 사업자의 입찰을 동반한다. 또한 부동산회사는 여름 동안의 주택 제공 및 마케팅을 계획할 수 있어야 한다. 이런 것이

시작되고 난 후 45일 이내에 각각의 주택이 완료되기를 원한다. 만약 주택이 이 기간 내에 완료되지 못한다면, 사업자에게 위약금을 부과할 수 있기를 원한다. 무어 건설의 회장 및 부회장인 메리와 샌디 무어는 이러한 위약금 부과 측면에 관해 염려하고 있다. 그들은 벌금이 포함된 합의를 시작하기 전에, 주택에 대한 데드라인을 지킬 수 있는지 확신하기를 원한다(만약 45일 이내에 종료할 수 없는 타당한 가능성이 있다면, 잠재적 위약금 부과에 대해 조치를 취하기 위하여 입찰가를 높이기 원할 것이다).

무어는 능숙한 주택 건설 회사여서, 주택 건설에 포함되는 작업들을 작성하는 것이나 작업 시간을 추정하는 것이 어렵지 않았다. 그러나 추정치가 보수적으로 추정될 수 있으며, 악천후 가능성과 작업자의 편차를 보충하기 위해 비관적인 추정치가 증가하는 경향이 있다. 주택 건설에 포함되는 작업들과 작업시간 추정치 표는 다음과 같다.

작업	작업 설명	선행 작업	시간(일)		
			a	m	b
a	땅 파기, 푸터 붓기	–	3	4	6
b	기초 공사	a	2	3	5
c	골격 및 지붕	b	2	4	5
d	배수관 설치	b	1	2	4
e	하수구(바닥) 배수	b	1	2	3
f	단열재 설치	c	2	4	5
g	지하층 붓기	c	2	3	5
h	임시 배관, 파이프	c	2	4	7
i	창문 설치	f	1	3	4
j	임시 전기 배선	f	1	2	4
k	난로, 에어컨 설치	c, g	3	5	8
l	외벽 벽돌	i	5	6	10
m	석고보드, 진흙, 석고반죽 설치	j, h, k	6	8	12
n	지붕널, 비막이 장치	l	2	3	6
o	배수로, 선홈통 부착	n	1	2	5
p	경사 완화	d, o	2	3	7
q	마루 밑 속바닥강 깔기	m	3	4	6
r	진입로, 인도, 조경 깔기	p	4	6	10
s	목공일 종료	q	3	5	12
t	부엌 가구, 싱크대, 가전제품	q	2	4	8
u	욕실 가구, 고정 가구	q	2	3	6
v	페인팅(인테리어 및 익스테리어)	t, u	4	6	10
w	나무 바닥재 종료, 카펫 깔기	v, s	2	5	8
x	전기 조명 기구 종료	v	1	3	4

a. 무어 주택 건설에 대한 CPM/PERT 네트워크를 생성하고, 이 회사가 45일 이내에 주택 건설을 완료할 수 있는 확률을 결정하시오. 잠재적 위약금에 대한 보상을 위해 무어는 입찰가를 높일 필요가 있음을 분명히 해야 하는가?

b. 무어 주택 건설사가 언제나 가용할 수 있는 확실한 작업자 및 자원을 예정대로 유지하기 위해서 특히 성실하게 해야 하는 프로젝트 작업은 어떤 것인지 나타내시오. 또한 회사가 필요에 따라 작업자를 빼내 이동시켜도 되는 작업은 어떤 것인지 나타내시오.

CHAPTER 09

다기준 의사결정법

- 목표계획법
- 윈도우용 QM과 엑셀을 이용한
  목표계획법의 컴퓨터 해법
- 계층분석법
- 평점모형

제2장에서 제8장에 걸쳐 다룬 선형계획법 모형은 모두 단일 목표를 최대화하거나 최소화하는 것이었다. 그러나 회사나 조직에는 이익이나 비용이 아닌 다른 목표가 하나 이상 있는 경우가 종종 있다. 사실 회사는 의사결정을 할 때 보통 하나의 목표보다는 다수의 기준(multiple criteria)을 갖고 있어 이를 의사결정에 활용한다. 예를 들면, 직원들의 파업 위험에 처한 회사는 이익을 최대화하는 것뿐만 아니라 종업원들의 강제 휴업도 피하고 싶을 것이고, 환경오염으로 벌금을 낼 위기에 있는 회사는 오염 물질의 방출을 최소화하기를 원할 것이다. 여러 개의 R&D 프로젝트 중 하나를 택하려는 회사는 각 프로젝트의 성공 확률과 각 프로젝트에 필요한 시간과 비용 그리고 수익성을 고려하려 할 것이다.

이 장에서는 여러 개의 목표를 가진 문제를 해결하는 데 사용되는 세 가지 기법을 다룬다. 그 세 가지는 목표계획법(goal programming), 계층분석법(analytical hierarchy process, AHP), 평점모형(scoring model)이다. 목표계획법은 목적함수에서 목표(goals)라고 하는 하나 이상의 목적(objective)을 고려한다는 측면에서 선형계획법의 변형된 형태라 할 수 있다. 목표계획법 모형 역시 선형계획법 모형과 마찬가지로 목적함수와 선형의 제약식들을 갖는 형태로 이루어진다. 목표계획법에서 구한 해 역시 선형계획법에서 구한 해와 매우 비슷하다. 그러나 계층분석법과 평점모형의 형태는 선형계획법과는 상당한 차이가 있다. 이러한 방법들은 의사결정자의 선호도를 반영하는 여러 기준들에 따라 대안을 비교한다. 이 방법들의 최종 결과는 각 대안들의 수치화된 점수이며, 의사결정자는 이 점수를 통해 선호도 측면에서 대안들의 순위를 매길 수 있다.

목표계획법

+ **목표계획법**은 하나의 목적이 아니라 여러 개의 목적을 가지는 선형계획법 형태로 표현된다.

앞에서 언급하였듯이 목표계획법(goal programming)은 목적함수, 의사결정변수, 제약식을 갖는다는 점에서 선형계획법과 매우 유사하다. 2개의 의사결정변수를 갖는 선형계획법이나 목표계획법과 같은 모형들은 그래프를 이용하거나 윈도우용 QM 또는 엑셀을 이용하여 해를 구할 수 있다. 선형계획법에서와 마찬가지로 모형으로 정형화하는 방법의 예를 통하여 목표계획법에 대한 설명을 시작한다. 이를 통해 목표계획법과 선형계획법의 주요 차이를 보여줄 것이다.

모형 정형화

목표계획법 모형의 정형화 방법 그리고 선형계획법과 목표계획법의 차이를 알아보기 위해서 Beaver Creek 도자기 회사 예제를 다시 사용하기로 한다. 이 모형을 제2장에서 정형화했던 것을 상기해 보자.

$$\text{maximize } Z = \$40x_1 + 50x_2$$

$$\text{subject to}$$

$$x_1 + 2x_2 \leq 40\text{시간의 노동력}$$

$$4x_1 + 3x_2 \leq 120\text{파운드의 진흙}$$

$$x_1, x_2 \geq 0$$

여기서, x_1 = 생산되는 그릇의 개수

x_2 = 생산되는 머그잔의 개수

목적함수 Z는 그릇 1개당 40달러, 머그잔 1개당 50달러의 이익이 발생한다는 조건하에 그릇과 머그잔에서 발생하는 총 이익을 나타낸다. 첫 번째 제약식은 가용 노동력에 대한 것이다. 그릇 1개당 1시간의 노동력이 필요하고, 머그잔 1개당 2시간의 노동력이 필요하며, 하루에 총 40시간의 노동력이 이용 가능하다. 두 번째 제약식은 진흙에 대한 것이다. 그릇 1개당 4파운드의 진흙이 필요하고, 머그잔 1개당 3파운드의 진흙이 필요하다. 그리고 하루에 사용 가능한 진흙의 총량은 120파운드이다.

이는 이익에 관한 하나의 목적함수를 갖는 전형적인 선형계획법 모형이다. 그러나 이 도자기 회사가 하나의 목표가 아니라 중요도 순서에 따라 다음에 열거된 여러 목표를 갖는다고 가정해 보자.

1. 직원들의 강제 휴업을 피하기 위해, 회사는 하루 노동시간이 40시간 이하가 되는 것을 원하지 않는다.
2. 회사는 하루 1,600달러 정도의 만족스러운 이익 수준을 달성하고 싶다.
3. 진흙은 마르지 않도록 특별한 장소에 보관되어야 하므로, 회사는 하루 120파운드 이상을 갖고 있지 않으려고 한다.
4. 정규시간를 초과하여 공장을 계속 가동하면 높은 간접비용이 발생하기 때문에 회사는 초과근무시간을 최소화하고 싶다.

+ 목표계획법 문제에서 서로 다른 목적(objective)을 목표(goal)라고 부른다.

이렇게 상이한 목적들이 목표계획법에서 말하는 목표(goal)이다. 당연히 회사는 각 목표들을 가능한 한 달성하려 할 것이다. 이전 장들에서 다루어졌던 보통의 선형계획법 모형에서는 한 가지 목표만을 고려하기 때문에 여러 목표를 고려할 수 있는 새로운 형태의 모형을 개발해야 한다. 목표계획법으로 정형화하는 첫 번째 단계는 선형계획법 제약식들을 목표들로 변환하는 것이다.

노동력 목표

이 도자기 회사의 첫 번째 목표는 노동력 과소 이용(underutilization)을 피하는 것이다. 즉, 노동 시간이 하루에 40시간 미만이 되는 것을 막아야 한다. 노동력의 불충분한 이용 가능성을 나타내기 위해 노동력에 대한 선형계획법의 식을 다음과 같이 바꾼다.

$$x_1 + 2x_2 + d_1^- - d_1^+ = 40\text{시간}$$

+ 모든 목표 제약식은 편차변수 d^-와 d^+를 포함하는 등식 형태의 제약식이다.

이렇게 바뀐 식을 목표 제약식이라 부른다. 2개의 새로운 변수 d_1^-과 d_1^+는 편차변수라 한다. 이 편차변수는 40시간 이하의 노동 시간(d_1^-)과 40시간을 초과하는 노동 시간(d_1^+)을 나타낸다. 다시 말해서 d_1^-은 노동력 과소 이용(labor underutilization)을 나타내고, d_1^+는 초과 시간(overtime)을 나타낸다. 예를 들어 $x_1 = 5$(그릇 5개)이고, $x_2 = 10$(머그잔 10개)이면, 총 25시간의 노동력이 사용된다. 이러한 값들을 앞서 설정한 목표 제약식에 대입하면 다음의 식을 얻을 수 있다.

$$(5) + 2(10) + d_1^- - d_1^+ = 40$$
$$25 + d_1^- - d_1^+ = 40$$

+ 양의 편차변수(d^+)는 목표 수준을 초과한 양을 나타낸다.

단지 25시간이 생산에 사용되었기 때문에 15시간이 활용되지 않았다(40 − 25 = 15). 그러므로 $d_1^- = 15$시간과 $d_1^+ = 0$으로 둔다면(연장 근무가 없기 때문에) 다음 식을 만들 수 있다.

+ 음의 편차변수(d^-)는 목표 수준에 미달된 양을 나타낸다.

$$25 + d_1^- - d_1^+ = 40$$
$$25 + 15 - 0 = 40$$
$$40 = 40$$

이제 $x_1 = 10$(그릇 10개), $x_2 = 20$(머그잔 20개)인 경우를 생각해 보자. 이는 총 50시간의 노동 시간이 사용되었음을 의미하며, 40시간의 목표 수준에서 10시간이 초과되었음을 뜻한다. 이 추가적인 10시간은 추가 근무이므로 $d_1^- = 0$(노동력 과소 이용은 없었으므로), $d_1^+ = 10$시간이 된다.

이 두 가지 간단한 예에서 적어도 하나의 편차변수는 0이 된다는 것을 알 수 있다. 첫 번째 예에서는 $d_1^+ = 0$이었고, 두 번째 예에서는 $d_1^- = 0$이었다. 이는 40시간 이하의 노동을 하면서 동시에 40시간 이상 노동할 수는 없기 때문이다. 물론, 노동 시간이 정확히 40시간이었다면, 두 편차변수 d_1^-과 d_1^+ 모두 0이 되었을 것이다. 이러한 예에서 목표계획법의 기본적인 속성 중 하나를 발견할 수 있다. 목표 제약식의 편차변수들 중 적어도 하나는 0이거나 2개 모두 0이어야만 한다.

+ 목표 제약식의 두 편차변수 중 적어도 하나 또는 두 개 모두 0이 되어야 한다.

목표계획법으로 정형화하는 다음 단계는 노동력을 40시간 이하로 사용하지 않는다는 목표를 나타낸다. 이를 위해 다음과 같이 목적함수의 형태를 바꾼다.

$$\text{minimize } P_1 d_1^-$$

모든 목표계획법 모형의 목적함수는 목표 제약식 수준으로부터의 편차를 최소화하는 것이다. 여기서 사용된 목적함수의 목표는 노동력 과소 이용을 나타내는 d_1^-의 최소화이다. 만약 d_1^-이 0이라면, 40시간 미만으로 노동력을 사용하지 않을 것이다. 그러므로 d_1^-를 0 또는 최소로 만드는 것이 목적이 된다. 목적함수에 있는 기호 P_1은 d_1^-의 최소화를 첫 번째 우선순위를 갖는 목표로 지정함을 의미한다.

+ 목표계획법 모형의 목적함수는 목표들의 우선순위에 따라 목표로부터 편차를 최소화한다.

이 문제의 네 번째 순위의 목표도 역시 노동력 제약조건과 관련이 있다. 네 번째 목표 P_4는 초과시간을 최소화하고자 함을 나타낸다. 여기서 초과시간은 d_1^+로 표시됨을 상기하자. 따라서 목적함수는 다음 식이 된다.

$$\text{minimize } P_1 d_1^-,\ P_4 d_1^+$$

앞에서와 마찬가지로, 목적은 편차변수 d_1^+의 최소화이다. 다시 말해서 d_1^+이 0이 되면, 초과 근무시간은 전혀 없다고 볼 수 있다. 이 모형을 푸는 데 있어서 첫 번째, 두 번째, 세 번째 목표들이 모두 고려된 후에야 이 네 번째 순위의 목표 달성을 고려하게 된다.

이익 목표

현재 목표계획법 모형에서 두 번째 목표는 매일 1,600달러의 이익을 달성하는 것이다. 원래 선형계획법의 목적함수가 다음과 같았음을 기억하자.

$$Z = 40x_1 + 50x_2$$

이제 이 목적함수들을 다음과 같은 목표 수준들에 맞게 목표 제약식으로 변환해 보자.

$$40x_1 + 50x_2 + d_2^- - d_2^+ = \$1,600$$

편차변수 d_2^-과 d_2^+는 이익이 1,600달러에 부족한 금액(d_2^-)과 1,600달러를 초과한 금액(d_2^+)을 나타낸다. 1,600달러의 이익을 달성한다는 Beaver Creek 도자기 회사의 목표는 다음과 같은 목적함수로 표시된다.

$$\text{minimize } P_1 d_1^-,\ P_2 d_2^-,\ P_4 d_1^+$$

상식적으로 Beaver Creek 도자기 회사 입장에서 1,600달러를 초과하는 이익에 대해서는 문제가 되지 않기 때문에 초과 이익 부분인 d_2^+를 최소화하려 하지는 않을 것이다. 따라서 d_2^+는 최소화되지 않고, d_2^-만 최소화됨을 알 수 있다. 회사는 두 번째 순위로 d_2^-를 최소화시킴으로써 d_2^-가 0이 되기를 바랄 것이다. 다시 말해서 1,600달러 이상의 이익을 기대할 것이다.

자재 목표

회사의 세 번째 목표는 진흙의 하루 보유량이 120파운드를 초과하지 않게 하는 것이다. 목표 제약식은 아래와 같다.

$$4x_1 + 3x_2 + d_3^- - d_3^+ = 120\text{파운드}$$

편차변수 d_3^-는 120보다 적게 사용한 진흙의 양을 의미하고, d_3^+는 120을 초과하는 점토의 양을 나타낸다. 따라서 이와 같은 목표는 다음과 같은 목적함수로 나타낼 수 있다.

$$\text{minimize } P_1 d_1^-, \ P_2 d_2^-, \ P_3 d_3^+, \ P_4 d_1^+$$

$P_3 d_3^+$ 항은 120파운드를 초과하는 점토의 양인 d_3^+를 최소화하려는 회사 측의 의도를 나타낸다. P_3는 이 회사의 세 번째로 중요한 목표임을 나타낸다.

이제 완전한 목표계획법 모형은 다음과 같이 정리할 수 있다.

$$\text{minimize } P_1 d_1^-, \ P_2 d_2^-, \ P_3 d_3^+, \ P_4 d_1^+$$

$$\text{subject to}$$

$$x_1 + 2x_2 + d_1^- - d_1^+ = 40$$

$$40x_1 + 50x_2 + d_2^- - d_2^+ = 1{,}600$$

$$4x_1 + 3x_2 + d_3^- - d_3^+ = 120$$

$$x_1, x_2, d_1^-, d_1^+, d_2^-, d_2^+, d_3^-, d_3^+ \geq 0$$

+ 편차변수들은 서로 다른 척도를 나타내기 때문에 목적함수에 있는 항들의 총합을 구하지 않는다.

보통의 선형계획법 모형과 이 모형의 기본적인 차이점은 목적함수 항들을 전체 총합 Z로 나타내지 않는다는 것이다. 이는 목적함수의 편차변수들이 서로 다른 척도를 나타내기 때문이다. 예를 들어, d_1^-와 d_1^+는 노동 시간을 나타내고, d_2^-는 달러를 나타내며, d_3^+는 진흙의 무게인 파운드를 나타낸다. 시간과 돈(dollars), 무게(pounds)를 단순히 더한다는 것은 비논리적이다. 목표계획법 모형의 목적함수는 우선순위에 따라 목표로부터의 편차를 각각 최소화해야 함을 명시할 뿐이다.

목표 제약식의 다른 형태

위의 목표계획법 모형에서 네 번째 우선순위 목표를 초과 근무시간 최소화가 아니라 초과 근무시간을 10시간으로 제한하는 것으로 바꿔 보자. 노동력에 대한 목표 제약식은 다음과 같았음을 상기하자.

$$x_1 + 2x_2 + d_1^- - d_1^+ = 40$$

여기서 d_1^+는 초과 근무시간을 의미한다. 새로운 네 번째 순위 목표가 초과 근무시간을 10시간으로 제한하는 것이므로 다음과 같은 목표 제약식을 구할 수 있다.

$$d_1^+ + d_4^- - d_4^+ = 10$$

+ 목표계획법 제약식은 편차변수들만으로 이루어질 수도 있다.

이러한 목표 제약식의 설정이 이례적인 것으로 보이긴 하지만, 목표계획법은 편차변수들로만 구성된 제약식을 가질 수 있다. 위의 식에서 d_4^-는 초과 근무시간이 10시간에 모자란 양을 나타내고, d_4^+는 초과 근무시간의 10시간 초과분을 나타낸다. 회사 측에서 초과 근무시간을 10시간까지로 제한하려 하기 때문에 d_4^+는 다음의 목적함수에서 최소화된다.

$$\text{minimize } P_1 d_1^-, \ P_2 d_2^-, \ P_3 d_3^+, \ P_4 d_4^+$$

이제 예제에 다섯 번째 순위 목표를 추가해 보자. 이 도자기 회사의 창고 공간이 제한되어 있어서 하루에 그릇 30개와 머그잔 20개까지만 생산할 수 있다고 하자. 가능하면 회사 측에서는 이 숫자를 꼭 채워서 생산하고 싶을 것이다. 그러나 머그잔의 이익(개당 50달러)이 그릇의 이익(개당 40달러)보다 더 크므로 머그잔의 생산 목표를 달성하는 것이 더 중요하다. 이 다섯 번째 목표는 다음과 같은 2개의 새로운 목표 제약식으로 표현된다.

$$x_1 + d_5^- = 30 \text{그릇}$$

$$x_2 + d_6^- = 20 \text{머그잔}$$

양의 편차변수 d_5^+와 d_6^+가 위의 목표 제약식들에서는 제거된 것에 주목할 필요가 있다. 이는 다섯 번째 목표가 "그릇 30개와 머그잔 20개를 초과하여 만들 수는 없다"라고 했기 때문이다. 다시 말해서 양의 편차변수, 즉 초과 생산이 불가능하다.

회사의 실제 목표가 위의 두 목표 제약식에 나타나 있는 생산 수준을 달성하는 것이기 때문에 음의 편차변수 d_5^-와 d_6^-는 목적함수에서 최소화된다. 하지만 머그잔의 이익이 더 크기 때문에 머그잔에 대한 목표를 달성하는 것이 회사 입장에서 더 중요하다는 점을 생각하면 이러한 조건은 다음의 목적함수와 같이 나타낼 수 있다.

$$\text{minimize } P_1 d_1^-, P_2 d_2^-, P_3 d_3^+, P_4 d_4^-, 4P_5 d_5^- + 5P_5 d_6^-$$

그릇에 대한 목표보다 머그잔에 대한 목표가 더 중요하기 때문에, 중요도는 이익의 크기(머그잔 1개당 50달러, 그릇 1개당 40달러)에 비례해야 한다. 그러므로 비록 두 목표가 동일한 우선순위에 놓여 있다고 해도, 머그잔이 그릇보다 5 대 4의 비율로 더 중요하게 된다.

+ 같은 우선순위를 갖는 두 개 이상의 목표들에게는 상대적 중요도에 따라 가중치가 부여될 수 있다.

$P_5 d_6^-$의 계수 5와 $P_5 d_5^-$의 계수 4를 각 항의 가중치(weight)라고 부른다. 즉, 다섯 번째 우선순위 목표에서 d_6^-의 최소화는 d_5^-의 최소화보다 더 큰 비중을 가진다. 이런 모형을 풀 때, d_6^-의 최소화와 d_5^-의 최소화가 같은 우선순위 수준에 있지만 d_6^-의 최소화가 더 중요하다.

하지만 이 두 개 목표들의 가중합을 구하는 이유는 두 개 목표가 동일한 우선순위를 갖기 때문이다. 두 목표의 합은 특정 우선순위에서 희망했던 목표의 성취 정도를 나타낸다. 초과 시간과 생산량에 대한 새로운 목표를 반영한 완전한 목표계획법 모형은 다음과 같다.

$$\text{minimize } P_1 d_1^-, P_2 d_2^-, P_3 d_3^+, P_4 d_4^-, 4P_5 d_5^- + 5P_5 d_6^-$$

subject to

$$x_1 + 2x_2 + d_1^- - d_1^+ = 40$$

$$40x_1 + 50x_2 + d_2^- - d_2^+ = 1{,}600$$

$$4x_1 + 3x_2 + d_3^- - d_3^+ = 120$$

$$d_1^+ + d_4^- - d_4^+ = 10$$

$$x_1 + d_5^- = 30$$

$$x_2 + d_6^- = 20$$

$$x_1, x_2, d_1^-, d_1^+, d_2^-, d_2^+, d_3^-, d_3^+, d_4^-, d_4^+, d_5^-, d_6^- \geq 0$$

그래프를 이용한 목표계획법 해법

제2장에서 도식적 분석을 통해 선형계획법의 해를 찾는 방법을 다루었다. 목표계획법은 선형적인 특성을 가지므로 목표계획법도 도식적 분석 방법으로 해석할 수 있다. 이 장의 처음 부분에서 모형화한 Beaver Creek 도자기 회사에 대한 목표계획법을 예로 사용한다.

$$minimize \ P_1 d_1^-, \ P_2 d_2^-, \ P_3 d_3^+, \ P_4 d_1^+$$

$$subject \ to$$

$$x_1 + 2x_2 + d_1^- - d_1^+ = 40$$

$$40x_1 + 50x_2 + d_2^- - d_2^+ = 1,600$$

$$4x_1 + 3x_2 + d_3^- - d_3^+ = 120$$

$$x_1, x_2, d_1^-, d_1^+, d_2^-, d_2^+, d_3^-, d_3^+ \geq 0$$

이 모형을 그래프로 나타내려면 제2장에서 했던 것과 마찬가지로, 각각의 목표 제약식의 편차변수들을 0으로 설정하고 좌표 평면상에 각 방정식들을 나타내야 한다. 세 가지 목표 제약식에 대한 그래프는 그림 9.1에 나타나 있다.

그림 9.1을 보면 보통의 선형계획법과 다르게 가능한 해 공간(solution space)이 없음을 알 수 있다. 이는 모든 목표 제약식이 등식 형태를 띠므로 모든 해가 제약식 선 위에 있기 때문이다.

그림 9.1

목표 제약식

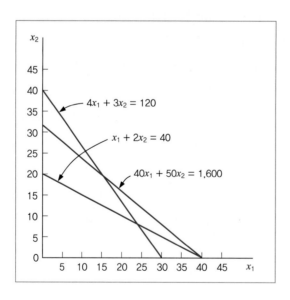

+ 우선순위에 따라 편차를 최소화함으로써 목표 달성을 추구하는 목표계획법 해법의 논리를 도식적 해법에서 볼 수 있다.

목표계획법에서 해를 찾는 기본 논리(logic)는 우선순위에 따라 목적함수의 목표를 달성해 나가는 것이다. 하나의 목표가 달성되면 그 다음으로 높은 우선순위를 갖는 목표를 고려한다. 그러나 하위의 목표를 달성하기 위해 이미 달성된 상위의 목표를 희생해서는 안 된다.

Beaver Creek 도자기 회사의 예에서 d_1^-을 최소화함으로써 첫 번째 우선순위 목표를 고려하였다. 목표 제약식에 대한 d_1^-과 d_1^+의 관계는 그림 9.2에 나타내었다. 목표 제약식 선(goal constraint line) $x_1 + 2x_2 = 40$ 아래 영역은 d_1^-의 값이 양수가 될 수 있는 영역을 나타내고, 위쪽 영역은 d_1^+의 값이 양수가 될 수 있는 영역을 나타낸다. d_1^- 값의 최소화라는 목표를 달성하기 위해서는 d_1^-에 대응하는 제약식 선 아래 영역을 제거하고, 색칠한 영역을 가능해 영역(solution area)으로 남겨 둔다.

그림 9.2

첫 번째 우선순위 목표 : d_1^- 최소화

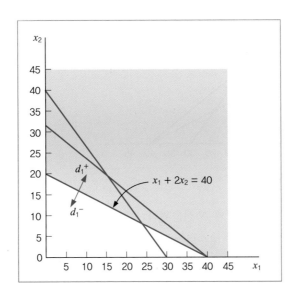

+ 우선순위가 더 높은 목표를 희생하여 우선순위가 더 낮은 목표를 만족시키지는 않는다.

다음으로 두 번째 우선순위의 목표를 고려하기 위해 d_2^-를 최소화한다. 그림 9.3에서 제약식 선 $40x_1 + 50x_2 = 1,600$ 아래 영역은 d_2^-의 값이 양수가 될 수 있는 영역을 나타내고, 위쪽 영역은 d_2^+의 값이 양수가 될 수 있는 영역을 나타낸다. d_2^- 값을 최소화하기 위해 d_2^-에 대응하는 제약식 선 아래 영역을 제거한다. 해당 영역을 제거하더라도 d_1^-을 최소화하는 첫 번째 우선순위 목표에는 영향을 주지 않음에 주의하자.

그림 9.3

두 번째 우선순위 목표 : d_2^- 최소화

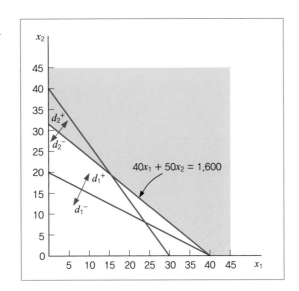

그림 9.4

세 번째 우선순위 목표 : d_3^+ 최
소화

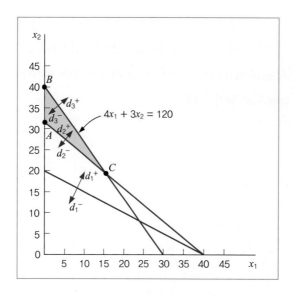

그 다음으로 세 번째 우선순위의 목표를 고려하기 위해서 d_3^+를 최소화해야 한다. 그림 9.4에 d_3^-과 d_3^+에 대응되는 영역을 표시하였다. d_3^+를 최소화하기 위해서 제약식 선 $4x_1 + 3x_2 = 120$ 위쪽 영역을 제거한다. 세 번째 우선순위의 목표까지를 고려하고 나면, AC와 BC 사이의 영역만 남게 된다. 이 영역이 처음 3개의 목표를 만족시키는 가능해 영역이다.

마지막으로 d_1^+를 최소화함으로써 네 번째 우선순위 목표를 고려해야 한다. 이 마지막 목표를 달성하기 위해서는 제약식 선 $x_1 + 2x_2 = 40$ 위쪽 영역을 제거해야만 한다. 그러나 만약이 영역을 제거하게 되면 d_2^-과 d_3^- 값 모두 양의 값을 갖게 된다. 다시 말해서, 첫 번째 우선순위 목표와 두 번째 우선순위 목표를 침해하지 않고서는 d_1^+를 완전히 최소화할 수 없다. 따라서 처음 3개의 목표를 만족시키고, 네 번째 목표는 가능한 정도까지 달성하는 선에서 해를 찾아야 한다.

그림 9.5

네 번째 우선순위 목표 : d_1^+ 최
소화와 해

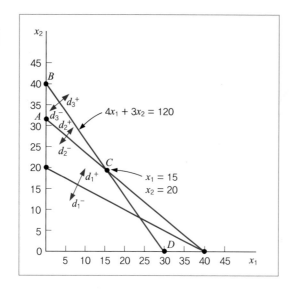

그림 9.5의 점 *C*는 이러한 조건들을 만족시키는 점이다. 만약 목표 제약식 선 $4x_1 + 3x_2 = 120$을 점 *D*까지 내린다면 d_1^+는 더 작은 값을 갖게 될 것이다. 그러나 d_2^-는 점 *C*를 지나면서 양의 값을 갖게 된다. 따라서 d_1^+의 최소화는 상위 목표들의 희생이 있어야만 달성할 수 있다.

점 *C*를 지나는 두 직선에 대한 연립방정식을 풀면 점 *C*를 구할 수 있다. 그 결과는 다음과 같다.

$$x_1 = 15그릇$$
$$x_2 = 20머그잔$$
$$d_1^+ = 15시간$$

+ 목표계획법 해는 항상 모든 목표를 달성하는 것은 아니고 모든 목표의 최적해도 아니다. 목표계획법 해는 가능한 한 최선의 또는 가장 만족스러운 해를 나타낼 뿐이다.

편차변수 d_1^-, d_2^-, d_3^+가 모두 0이기 때문에 세 변수는 모두 최소화되었고, 처음 세 가지의 목표는 모두 달성하였다. $d_1^+ = 15$시간이므로 네 번째 순위의 목표는 달성하지 못했다. 목표계획법을 통해 구한 이러한 해는 특정 목표들을 가능한 정도까지 만족시키므로 최적해라기보다는 가장 만족스러운 해라고 볼 수 있다.

윈도우용 QM과 엑셀을 이용한 목표계획법의 컴퓨터 해법

목표계획법 문제는 윈도우용 QM과 엑셀 스프레드시트를 이용하여 풀 수도 있다. 이 절에서는 앞 절에서 그래프를 이용하여 풀었던 Beaver Creek 도자기 회사 예제를 이 두 가지 방법으로 푸는 방법을 설명하려 한다.

윈도우용 QM

Beaver Creek 도자기 회사의 예를 사용하여 목표계획법의 해법을 설명한다. Beaver Creek 도자기 회사 문제는 다음과 같이 정형화되었다.

$$\text{minimize } P_1 d_1^-, P_2 d_2^-, P_3 d_3^+, P_4 d_1^+$$
$$\text{subject to}$$
$$x_1 + 2x_2 + d_1^- - d_1^+ = 40$$
$$40x_1 + 50x_2 + d_2^- - d_2^+ = 1,600$$
$$4x_1 + 3x_2 + d_3^- - d_3^+ = 120$$
$$x_1, x_2, d_1^-, d_1^+, d_2^-, d_2^+, d_3^-, d_3^+ \geq 0$$

윈도우용 QM에는 목표계획법 모듈이 포함되어 있는데, 화면 맨 위에 있는 "Module" 버튼을 클릭함으로써 실행할 수 있다. 모형 매개변수들은 제시 9.1에서와 같이 데이터 입력 줄에 입력하면 된다. 각 우선순위의 편차변수에는 반드시 가중치를 설정해 주어야 한다(예제의

목표계획법을 활용한 미국 육군 의료부의 인력 계획

미국 육군 의료부(Army Medical Department, AMEDD)는 1775년 설립되었고, 규정에 따라 미국 육군, 군사 기관 등에 의료 서비스를 제공한다. AMEDD는 의료 봉사단, 간호사단, 치과 군단, 수의 사단, 의료 전문가 군단, 의료 서비스 군단 등 6개의 군단으로 구성되며, 병사 지원에 필요한 조직 리더십과 임상 지식을 제공한다. 각 군단은 전문 분야(areas of concentration, AOCs)로 불리는 개별적인 경력 분야와 임무로 이루어져 있으며, AMEDD는 100개의 AOC를 규정하고 있다. AMEDD는 의료 전문 분야별로 장교의 고용 및 승진 인원, 인력풀 숫자 등을 계획해야 하는데 장교는 30년 근무하는 것을 가정한다(30년은 대령의 최대 근속 기간인데, 계획 모형에서 최고 계급은 대령이다). 각 군단별로 AOC 개수에 차이가 있으나 의료 전문가 군단이 4개로 가장 적은 AOC 개수를 가지고 있다. 각 AOC별로 인가된 인원의 직위 개수가 다른데 직위 개수는 분야의 특이성과 육군의 요구에 따라 결정된다. 6개 군단에 걸쳐 각 의료 전문 분야별 고용 및 승진 인원, 인력풀 숫자를 결정하는 인력계획은 AMEDD에게도 복잡한 문제이다. 의료전문가 군단의 인력 계획 문제를 해결하기 위해 목표계획법이 개발되었고, 그 결과로 지루하고 시간 소모적인 수작업 과정을 대체하게 되었다. 인력계획 모형의 의사결정변수로는 각 AOC별로 소령, 중령, 대령의 승진 인원, 각 AOC별로 소위, 중위, 대위 고용 인원, AOC별/계급별/연도별로 예상되는 인력풀 크기 등이 있다. 목적함수는 각 계급별/AOC별 총 장교 인원의 목표값과의 편차, AOC별 대령 인원 목표값과의 편차, AOC별 중령 인원 목표값과의 편차, AOC별 소령 인원 목표값과의 편차, AOC별 소위, 중위, 대위 인

원 합계와의 편차 등을 최소화하는 것이다. 또한, 인력계획 모형은 인력풀과 승진 통제에 관한 선형계획법 제약식을 포함하고 있다. 이 모형은 60개의 제약식과 27개의 변수로 이루어져 있으며, 엑셀로 0.5초 만에 모든 목표를 충족시키는 해를 구할 수 있는 반면에, 기존 수작업 과정은 1개월이 소요되었다. 이 모형을 사용하여 AMEDD 최고 지도부는 채용, 승진, 해고와 관련된 핵심 의사결정을 시기적절하게 수행할 수 있게 되었는데, 이는 미국 육군의 지속적인 인력 감축에 필수적이다.

© Huntstock/Disability Images/Alamy Stock Photo

자료 : N. Bastian, P. McMurray, L. Fulton, P. Griffin, S. Cui, T. Hanson, and S. Srinivas, "The AMEDD Uses Goal Programming to Optimize Workforce Planning Decisions," *Interfaces* 45, no. 4(July–August 2015): 305–324.

경우는 항상 1이다). 화면 맨 위에 있는 "Solve" 버튼을 클릭하면 해를 얻을 수 있다. 계산 결과는 제시 9.2에 나타나 있다.

제시 9.1

Beaver Creek Pottery Company								
	Wt(d+)	Prty(d+)	Wt(d-)	Prty(d-)	X1	X2		RHS
Labor (hr)	1	4	1	1	1	2	=	40
Profit ($)	0	0	1	2	40	50	=	1600
Material (lb)	1	3	0	0	4	3	=	120

제시 9.2

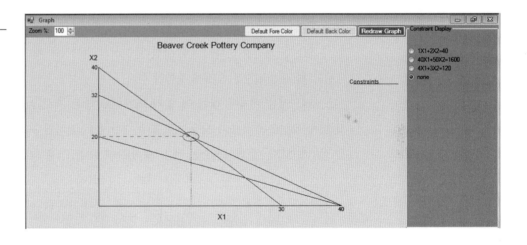

Item			
Beaver Creek Pottery Company Solution			
Decision variable analysis	Value		
X1	15		
X2	20		
Priority analysis	Nonachiev...		
Priority 1	0		
Priority 2	0		
Priority 3	0		
Priority 4	15		
Constraint Analysis	RHS	d+ (row i)	d- (row i)
Labor (hr)	40	15	0
Profit ($)	1600	0	0
Material (lb)	120	0	0

윈도우용 QM은 목표계획법 모형의 도식적 분석 기능을 제공한다. "Windows" 버튼을 클릭하여 메뉴에서 "Graph"를 선택하면 된다. Beaver Creek 도자기 회사 예제의 도식적 분석 결과는 제시 9.3과 같다.

제시 9.3

엑셀 스프레드시트

엑셀을 이용하여 목표계획법 문제를 푸는 것은 선형계획법 모형의 경우와 유사하지만, 선형계획법 모형보다는 다소 복잡하다고 할 수 있다. Beaver Creek 도자기 회사 예제에 대한 스프레드시트는 제시 9.4에 나타나 있다. "Constraint Total"이라는 머리글 아래에 있는 셀 G5, G6, G7에는 편차변수를 포함하는 목표 제약식의 공식이 들어 있다. 제시 9.4에서는 노동력 제약식(labor constraint)이 화면 상단에 있는 수식 입력줄에 나타나 있다. 모형 의사결정변수들(model decision variables)은 셀 B10과 B11에 있고, 편차변수들은 셀 **E5 : F7**에 있다. 셀 G5에서 G7까지의 제약식이 셀 I5에서 I7까지의 목표 수준과 같다고 둠으로써 목표를 설정한다.

제시 9.4

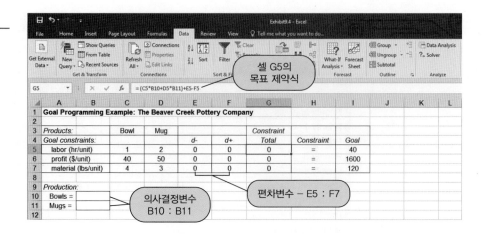

스프레드시트(또는 다른 어떤 일반적인 선형계획법 프로그램이든지)를 사용하여 목표계획법 문제를 풀 때는 반드시 순차적으로 풀어야 한다. 우선순위가 높은 목표부터 시작하여 차례로 다음 우선순위 목표에 관한 문제를 정형화하고 해를 구한다. 다시 말해서, 가장 높은 순위의 편차변수를 최소화하는 것이 첫 번째 목표가 된다. 일단 이 식의 해가 구해지면 목표였던 편차변수의 값을 모형의 제약식으로 추가하고, 두 번째 우선순위의 편차변수가 새로운 목표가 된다. 각각의 새로운 목표에 대한 해를 모든 우선순위에 대해서 또는 더 이상 좋은 해를 찾을 수 없는 단계까지 순차적으로 구한다. 그러기 위해서는 매번 새로운 해를 찾을 수 있도록 엑셀의 해 찾기 설정을 수정해 주어야 한다.

스프레드시트 예제에 대한 해 찾기 매개변수 창을 제시 9.5에서 볼 수 있다. 예제에서의 첫 번째 우선순위 목표가 노동력 목표에 대한 음의 편차변수(d_1^-)를 최소화하는 것이었던 것을 상기해 보자. 이 편차변수는 셀 E5에 있으므로 셀 E5을 최소화하는 것으로 해 찾기를 시

제시 9.5

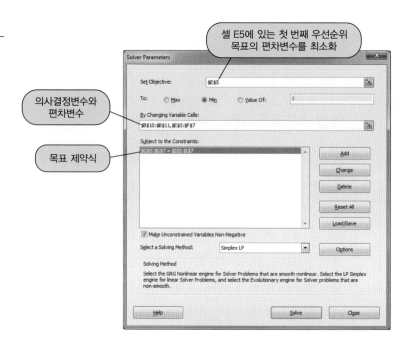

제시 9.6

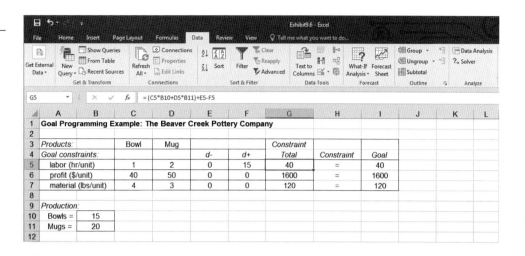

아브라함 차니즈와 윌리엄 쿠퍼

목표계획법 개념은 1955년 카네기 공과대학에 근무하던 아브라함 차니즈(Abraham Charnes)와 윌리엄 쿠퍼(William W. Cooper), 그리고 Methods Engineering Council의 컨설턴트였던 퍼커슨(R. O. Ferguson)에 의해 처음 소개되었다. 그들은 (경영진에게 경쟁력 있는 임금을 제시하는 것을 다중 목표로 사용하는) GE(General Electric) 사업부의 경영진에 대한 보상 계획 모형을 개발하였고, 이를 선형계획법 모형으로 변환하여 풀었다. 하지만, 차니즈와 쿠퍼는 1961년에 가서야 비로소 목표계획법이라는 용어를 만들어냈다. 1965년 스탠포드대학교의 유지 이지리(Yuji Ijiri, 카네기 공과대학에서 쿠퍼의 제자였음)가 다중 목표들을 다룰 수 있는 선제 우선권(preemptive priority) 개념과 일반적인 해법을 개발하였다.

작한다. 모형의 의사결정변수는 B10 : B11에 있고 편차변수들은 E5 : E7에 들어 있다. 모형의 제약식들로부터 모형의 목표를 설정한다(즉, G5 : G7 = I5 : I7로 둔다).

예제에 대한 해는 제시 9.6에 있는 스프레드시트에서 확인할 수 있다. 이 결과는 윈도우용 QM에서 구했던 가장 만족스러운 해와 같다는 것을 알 수 있다. 따라서 추가적인 과정은 수행할 필요가 없을 것이다. d_1^+를 최소화시키는 네 번째 순위의 목표를 제외하고 나머지 모든 목표가 달성되었음을 스프레드시트에서 확인할 수 있다. 그러나 만약 상위 목표들을 바로 달성할 수 없었다면, 다음 단계는 해 찾기에서 E5 = 0를 제약식으로 추가하고 다음 우선순위의 목표인 E6(즉, d_2^-)을 최소화하는 것이다.

다음으로 엑셀을 이용하여 조금 더 복잡한 목표계획법 문제를 풀어 보려 한다. 이 장의 앞부분에서 다루었던 Beaver Creek 도자기 회사 예제를 변형시켜 초과 근무시간과 그릇 및 머그잔에 대한 최대 저장 수준 목표도 함께 고려한다.

$$\text{minimize } P_1 d_1^-, \ P_2 d_2^-, \ P_3 d_3^+, \ P_4 d_4^+, \ 4P_5 d_5^- + 5P_5 d_6^-$$

$$\text{subject to}$$

$$x_1 + 2x_2 + d_1^- - d_1^+ = 40$$

$$40x_1 + 50x_2 + d_2^- - d_2^+ = 1,600$$

$$4x_1 + 3x_2 + d_3^- - d_3^+ = 120$$

$$d_1^+ + d_4^- - d_4^+ = 10$$

$$x_1 + d_5^- = 30$$

$$x_2 + d_6^- = 20$$

$$x_1, x_2, d_1^-, d_1^+, d_2^-, d_2^+, d_3^-, d_3^+, d_4^-, d_4^+, d_5^-, d_6^- \geq 0$$

변형된 예제에 대한 스프레드시트는 제시 9.7에 있다. 초과 근무시간에 대한 제약식 부분만 빼면, 원래 예제에 대한 스프레드시트와 거의 같다. 이 목표 제약식은 셀 **G8**(= F5 + E8 − F8)에 포함되어 있다. 또한, 마지막 2개의 목표 제약식들에 대한 양의 편차변수들이 셀 G9와 G10에 들어 있다. 예를 들어, 셀 G9의 제약식은 = **C9*B13 + E9**이다.

제시 9.7

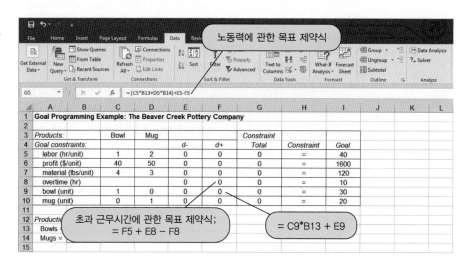

이 스프레드시트에 대한 해 찾기 매개변수 창은 제시 9.8에 있고, 결과값은 제시 9.9에 있다.

제시 9.8

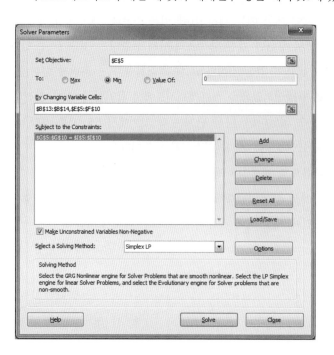

제시 9.9

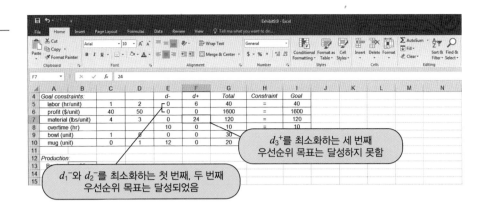

		C	D	E	F	G	H	I
4	*Goal constraints:*			*d-*	*d+*	*Total*	*Constraint*	*Goal*
5	labor (hr/unit)	1	2	0	6	40	=	40
6	profit ($/unit)	40	50	0	0	1600	=	1600
7	material (lbs/unit)	4	3	0	24	120	=	120
8	overtime (hr)			10	0	10		10
9	bowl (unit)	1		0	0	30		
10	mug (unit)	0	1	12	0	20		

d_3^+를 최소화하는 세 번째
우선순위 목표는 달성하지 못함

d_1^-와 d_2^-를 최소화하는 첫 번째, 두 번째
우선순위 목표는 달성되었음

구해진 해를 보면 셀 E5와 E6에 있는 d_1^-과 d_2^-를 최소화하는 첫 번째, 두 번째 우선순위 목표가 달성되었음을 알 수 있다. 그러나 d_3^+ 값을 나타내는 셀 F7의 값이 24이기 때문에 d_3^+를 최소화하는 세 번째 목표는 달성되지 않았다. 따라서 더 나은 결과 값을 얻기 위해서는 반드시 순차적인 접근 방법을 따라야 한다. 첫 번째 목표 달성을 의미하는 E5 = 0이라는 제약식과 두 번째 목표 달성을 뜻하는 E6 = 0를 해 찾기 제한조건에 포함시킨 다음 F7을 최소화해야 한다. 이러한 해 찾기 매개변수 창은 제시 9.10에 있다.

제시 9.10

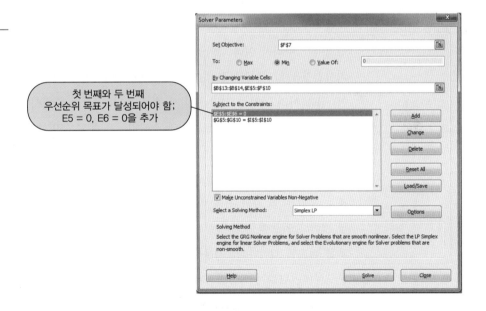

첫 번째와 두 번째
우선순위 목표가 달성되어야 함;
E5 = 0, E6 = 0을 추가

해는 제시 9.11과 같다. 이 해는 초과 근무시간과 생산량 수준 조건의 변경이 없을 때의 원래 예제 해와 같다. 이 해는 처음 3개의 목표를 달성한다. F7 = 0을 제한조건으로 포함시키고 셀 F5를 최소화함으로써 네 번째 우선순위 목표의 달성을 시도할 수도 있었다. 하지만 상위 수준의 목표 달성을 희생시키지 않고는 더 좋은 결과값을 얻을 수 없다. 따라서 이 값이 달성 가능한 최선의 해이다.

제시 9.11

초과시간 d_1^+를 최소화하는
네 번째 우선순위 목표는 달성하지 못함

	A	B	C	D	E	F	G	H
1	Goal Programming Example: The Beaver Creek Pottery Company							
2								
3	Products:		Bowl	Mug			Constraint	
4	Goal constraints:				d-	d+	Goal	Total
5	labor (hr/unit)		1	2	0	15	40	40
6	profit ($/unit)		40	50	0	0	1600	1600
7	material (lbs/unit)		4	3	0	0	120	120
8	overtime (hr)				10	0	10	10
9	bowl (unit)		1	0	15	0	30	30
10	mug (unit)		0	1	0	0	20	20
11								
12	Production:							
13	Bowls =	15						
14	Mugs =	20						
15								

계층분석법

+ AHP는 다양한 의사결정 기준들이 주어진 상황에서 대안들의 순위를 매기고 최선의 대안을 선택하기 위한 방법이다.

목표계획법은 여러 목표를 가장 잘 달성하는 의사결정변수의 값을 알려 주는 방법이다. 그리고 목표계획법은 목표를 '얼마나?' 달성했는지에 답을 제시해 준다. 토마스 사티(Thomas Saaty)가 개발한 계층분석법(analytical hierarchy process, AHP)은 다양한 목표와 의사결정 기준을 가지고 있는 상황에서 대안들의 순위를 매기고 최선의 대안을 선택할 수 있게 해주는 방법이다. 따라서 여러 대안들 중에 '어느 것'을 선택해야 하는가에 대한 답을 제시해 준다. 의사결정을 할 때 의사결정자는 보통 여러 개의 선택 가능한 대안을 가지고 있다. 예를 들어, 집을 사려고 하는 사람은 현재 매물로 나온 집들 중에서 고르게 된다. 새 차를 사려는 사람은 몇 개의 자동차 제조사들과 스타일들을 두고 고민한다. 진학을 고려 중인 학생은 여러 학교 중에서 자신에 맞는 학교를 선택해야 한다. 이런 예시들에서 의사결정자들은 몇 가지 기준을 갖고 여러 대안들을 비교하여 그 결과에 따라 의사결정을 하게 된다. 집을 사려고 하는 사람은 몇 개의 집을 비교할 때 비용, 통학 거리, 자연 환경, 이웃, 대중교통 등을 고려할 것이다. 자동차 구입자는 가격, 인테리어의 편안함, 연비, 디자인 등에 근거하여 여러 자동차를 비교할 것이다. 각 경우에 의사결정자는 자신의 기준에 가장 잘 부합하는 대안을 선정할 것이다. AHP는 의사결정자의 기준에 얼마나 잘 부합하는지에 따라 각 대안들에 수치화된 점수를 부여하는 방법으로 그 점수에 따라 대안들의 순위를 매길 수 있게 해준다.

예를 통해 AHP에 대해 알아본다. Southcorp Development는 전국에 쇼핑몰을 건립하고 운영하는 회사다. 그 회사는 애틀랜타, 버밍햄, 샬럿 중 한 곳을 선택해서 쇼핑몰을 만들 계획이다. 각 위치를 비교하기 위해 다음 네 가지 기준을 설정하였다.

(1) 고객 시장(시장의 크기와 연령 분포를 고려)

(2) 소득 수준

경영과학 응용 사례

AHP를 이용하여 피레네 산맥을 가로지르는 지속가능한 교통 경로 선정하기

유럽의회에서 제정한 법률로 인해 유럽 국가와 지방정부는 오염도가 낮은 친환경적인 "녹색"교통 경로를 찾는 데 관심을 갖게 되었다. 스페인 북부 지방에 있는 나바르(Navarre) 지방정부는 그의 수도인 팜프로나(Pamplona)에서 피레네 산맥을 통과해 프랑스로 가는 다섯 개 주요 도로를 평가하는 프로젝트를 시작하였다. 프로젝트의 목적은 AHP를 사용하여 통행 차량이 완충지역(buffered area)으로 불리는 도로 인접지역에 미치는 환경영향을 최소화시킬 수 있는 경로들을 찾는 것이다. 경로를 비교하는 데 사용되는 세 가지 주요 평가기준은 경제적 기준, 사회적 기준, 자연환경적 기준이고 각 기준 내에 세부적인 평가기준들을 식별하였다. 예를 들어, 경제적 기준의 세부기준 중의 하나는 관개 작물 수확량이고, 사회적 기준의 세부기준 중의 하나는 여가 생활 구역이다. 교통 관련 부처 정부 직원, 환경 연구가, 교통 관련 회사 직원 등 관련 전문가를 인터뷰하여 쌍대비교 결과를 생성하였다. 이 프로젝트의 결과로 물류 회사들이 배송과 화물차 경로를 계획할 때 이용할 수 있는 친환경적인 경로들을 찾을 수 있었다. Hydro Inasa와 GamesaEolica와 같은 민간회사들은 추천된 경로를 실제로 이용하고 있다. 이러한 회사들은 추천된 경로를 이용함으로써 화물차가 환경에 미치는 영향을 줄

이고, 마케팅 활동 시 환경 중시 기업임을 강조할 수 있게 되었으며, 운전사들에게 연료 소모량 감소 필요성을 보다 잘 주지시킬 수 있는 등의 효과를 거두고 있다.

© Juergen Richter/LOOK Die Bildagentur der Fotografen GmbH/Alamy Stock Photo

자료 : J. Faulin, E. de Paz, F. Lera-Lopez, A. A. Juan, and I. Gil-Ramirez, "Practice Summaries: Distribution Companies Use the Analytical Hierarchy Process for Environmental Assessment of Transportation Routes Crossing the Pyrenees in Navarre, Spain," *Interfaces* 43, no. 3 (May-June 2013): 285-87.

(3) 산업 기반(전기·가스·수도와 같은 공공 시설과 도로 포함)

(4) 교통(제품 제조업자의 운송 편의성과 고객의 접근 편의성을 위한 도시 간의 고속도로)

이 회사의 전체적인 목표는 가장 좋은 위치를 고르는 것이다. 이 목표는 문제의 계층구조 상에서 가장 상위에 있다. 계층구조의 다음 단계에서는 이 목표를 이루기 위해서 네 가지 기준들이 얼마나 기여하는지를 결정해야 한다. 마지막 단계에서는 세 가지 대안(애틀랜타, 버밍햄, 샬럿)이 네 가지 기준 각각에 얼마만큼 부합하는지를 결정해야 한다.

AHP에서 사용되는 수학적 과정을 통해 각 계층 단계에서의 선호도를 계산한다. 첫째, 각 기준에 대한 각 위치의 선호도를 수학적으로 결정한다. 예를 들어, 첫 번째로 고객 시장 기준에 대한 각 위치의 선호도를 계산한다. 애틀랜타가 다른 두 위치보다 더 좋은 시장이라고 결정할 수도 있다. 즉, 고객 시장 기준에 따르면 애틀랜타가 더 선호될 수 있다. 같은 방식으로, 소득 수준 등의 다른 기준에 대해서도 각 위치의 선호도를 계산한다. 다음으로는 네 가지 기준 자체에 대한 선호도를 계산한다. 즉, 네 가지 기준 중 가장 중요한 기준이 어느 것이고, 다음으로 중요한 기준은 어느 것인지 결정한다. 예를 들어, 고객 시장 기준이 다른 기준보다 더 중요할 수 있다. 마지막으로, 이런 두 가지 선호도(각 기준 내에서 각 위치에 대한 선호

도와 각 기준에 대한 선호도)를 함께 묶어서 각 위치에 대한 점수를 수학적으로 계산한다. 가장 높은 점수를 갖는 위치가 최적의 대안이 될 것이다.

다음 절에서는 이러한 일반적인 단계를 더 상세히 살펴본다.

쌍대비교법

+ **쌍대비교법**에서는 한 가지 기준에 따라 두 개의 대안을 비교한다.

+ **선호도 척도**는 선호도 수준에 따라 수치화된 점수를 부여한다.

AHP 방법에서 의사결정자는 쌍대비교법을 사용하여 각 대안이 어느 기준에 얼마나 적합한지를 결정한다. 쌍대비교법에서는 특정 의사결정 기준에 대해 두 가지 대안을 비교하고 선호도를 결정한다. 예를 들어, Southcorp는 고객 시장 기준 관점에서 애틀랜타(A)와 버밍햄(B) 중 어느 쪽을 더 선호하는지 비교한다. 이런 비교는 선호도 척도를 사용하여 수행되며, 선호도 척도에 따라 수치화된 점수가 부여된다.

AHP에 사용되는 표준 선호도는 표 9.1과 같이 요약된다. 이 선호도 척도는 AHP 전문가들에 의해 결정되었는데 두 개의 대상을 비교할 때 합리적인 근거가 된다. 두 대안의 비교 결과에 따라 선호도 척도의 각 점수를 부여한다. 예를 들어, 애틀랜타가 버밍햄보다 "약간 선호된다"면, 3이라는 값이 할당된다. 3이라는 점수는 의사결정자가 둘 중 어느 한 대안을 다른 대안보다 선호하는 정도를 나타낸다.

만약 Southcorp가 고객 시장 기준 관점에서 애틀랜타를 버밍햄과 비교하고 애틀랜타를 약간 선호하여 3이라는 선호도 값을 할당했다면, 반대로 버밍햄을 애틀랜타와 비교하여 별도의 선호도 값을 결정할 필요는 없다. A에 대한 B의 선호도 값은 B에 대한 A의 선호도 값의 역수로 간단히 계산할 수 있다. 그러므로 위 예에서는 버밍햄과 비해 애틀랜타의 선호도 값은 3이고, 애틀랜타에 비해 버밍햄의 선호도 값은 1/3이다.

표 9.1

쌍대비교의 선호도 척도

선호도 수준	값
동등하게 선호됨	1
동등하게 선호됨과 약간 선호됨의 사이	2
약간 선호됨	3
약간 선호됨과 강하게 선호됨의 사이	4
강하게 선호됨	5
강하게 선호됨과 매우 강하게 선호됨의 사이	6
매우 강하게 선호됨	7
매우 강하게 선호됨과 극단적으로 선호됨의 사이	8
극단적으로 선호됨	9

+ **쌍대비교 행렬**은 어느 기준에 대한 쌍대비교 결과를 요약해 놓은 것이다.

고객 시장 기준에 대해 3개 위치의 쌍대비교 값을 구해보면 하나의 행렬로 요약된다. 쌍대비교 행렬의 행과 열 개수는 대안 개수와 같다.

위치	고객 시장		
	A	B	C
A	1	3	2
B	1/3	1	1/5
C	1/2	5	1

이 행렬은 애틀랜타(A)의 고객 시장이 샬럿(C)의 고객 시장보다 같거나 약간 선호됨의 사이에 있지만, 샬럿(C)의 고객 시장은 버밍햄(B)보다 강하게 선호됨을 보여 준다. 모든 대안이 자기 자신과 비교되는데 이 경우 선호도 값은 1이 되어야 한다는 점에 유의하자. 예를 들어, A는 A 자신과 비교되고 이때 선호도 값은 1이다. 따라서 쌍대비교 행렬의 대각요소 값은 1이 된다.

Southcorp는 세 가지 다른 기준들(소득 수준, 산업 기반, 교통)에 대한 쌍대비교 행렬을 다음과 같이 만들었다.

$$
\text{소득 수준} \qquad\qquad \text{산업 기반} \qquad\qquad \text{교통}
$$

$$
\begin{array}{c} A \\ B \\ C \end{array}
\begin{bmatrix} 1 & 6 & 1/3 \\ 1/6 & 1 & 1/9 \\ 3 & 9 & 1 \end{bmatrix}
\quad
\begin{array}{c} A \\ B \\ C \end{array}
\begin{bmatrix} 1 & 1/3 & 1 \\ 3 & 1 & 7 \\ 1 & 1/7 & 1 \end{bmatrix}
\quad
\begin{array}{c} A \\ B \\ C \end{array}
\begin{bmatrix} 1 & 1/3 & 1/2 \\ 3 & 1 & 4 \\ 2 & 1/4 & 1 \end{bmatrix}
$$

기준 내에서 선호도 계산

AHP의 다음 단계는 각각의 기준 내에서 의사결정 대안들의 우선순위를 결정하는 것이다. 위치 선정 예제에서는 가장 선호되는 위치, 두 번째로 선호되는 위치, 세 번째로 선호되는 위치를 결정함을 의미한다. AHP에서는 이런 과정을 합성(synthesization)이라 한다. 수학적인 합성 과정은 매우 복잡하여, 이 책의 수준을 넘어선다. 대신에 근사적인 합성 방법을 사용하여, 각 기준 내에서 대안들의 선호도 점수를 추정한다.

+ 합성을 통해 의사결정 대안들의 우선순위가 결정된다.

선호도 점수를 계산하는 첫 번째 단계는 쌍대비교 행렬의 각 열에 있는 값들을 합산하는 것이다. 고객 시장 행렬에서 각 열의 합을 계산하면 다음과 같다.

위치	고객 시장		
	A	B	C
A	1	3	2
B	1/3	1	1/5
C	1/2	5	1
	11/6	9	16/5

다음으로, 각 열의 모든 값을 열의 합계로 나눈다. 이렇게 계산된 행렬을 정규화 행렬

(normalized matrix)이라 하고 다음과 같다.

위치	고객 시장 A	B	C
A	6/11	3/9	5/8
B	2/11	1/9	1/16
C	3/11	5/9	5/16

이제 각 열의 합은 1이 되었음에 주목하자. 다음 단계는 각 행의 평균값을 계산한다. 표 9.2와 같이 이 시점에 행렬에 나타난 분수를 모두 소수로 바꿔서 표현했다. 각 행의 평균값도 표 9.2에 나타나 있다.

표 9.2
정규화 행렬과 행의 평균값

위치	고객 시장 A	B	C	행의 평균값
A	0.5455	0.3333	0.6250	0.5012
B	0.1818	0.1111	0.0625	0.1185
C	0.2727	0.5556	0.3125	0.3803
				1.0000

표 9.2의 행 평균값으로부터 Southcorp가 고객 시장 기준에 대해 가지고 있는 세 위치의 선호도를 알 수 있다. 가장 선호되는 곳은 애틀랜타, 다음으로 샬럿이고, 가장 덜 선호되는 곳은 버밍햄이다. 이 선호도를 하나의 벡터로 표시할 수 있는데, 이 벡터를 선호도 벡터라 부른다.

$$
\begin{array}{c}
\text{고객 시장} \\
\begin{array}{c} A \\ B \\ C \end{array}
\begin{bmatrix} 0.5012 \\ 0.1185 \\ 0.3803 \end{bmatrix} \\
1.0000
\end{array}
$$

유사한 방법으로 다른 기준에 따른 선호도 벡터를 계산한다.

$$
\begin{array}{ccc}
\text{소득 수준} & \text{산업 기반} & \text{교통} \\
\begin{array}{c} A \\ B \\ C \end{array}
\begin{bmatrix} 0.2819 \\ 0.0598 \\ 0.6583 \end{bmatrix} &
\begin{array}{c} A \\ B \\ C \end{array}
\begin{bmatrix} 0.1790 \\ 0.6850 \\ 0.1360 \end{bmatrix} &
\begin{array}{c} A \\ B \\ C \end{array}
\begin{bmatrix} 0.1561 \\ 0.6196 \\ 0.2243 \end{bmatrix}
\end{array}
$$

지금까지 계산한 네 가지 기준에 따른 선호도 벡터를 요약하면 표 9.3과 같다.

표 9.3

각 기준에 대한 선호도 행렬

위치	기준			
	고객 시장	소득수준	산업 기반	교통
A	0.5012	0.2819	0.1790	0.1561
B	0.1185	0.0598	0.6850	0.6196
C	0.3803	0.6583	0.1360	0.2243

기준들의 순위 매기기

AHP의 다음 단계에서는 각 기준에 대한 상대적인 중요도 또는 가중치(weight)를 결정하여 가장 중요한 기준부터 가장 덜 중요한 기준까지 순위를 결정한다. 이는 각 기준에 대해 쌍대비교를 통해 위치들의 순서를 매기는 것과 동일한 방식으로 수행된다. Southcorp 예에서 표 9.1의 선호도 척도를 사용하여 네 가지 기준 간 쌍대비교를 수행한 결과로 얻어지는 행렬은 다음과 같다.

기준	고객 시장	소득 수준	산업 기반	교통
고객 시장	1	1/5	3	4
소득 수준	5	1	9	7
산업 기반	1/3	1/9	1	2
교통	1/4	1/7	1/2	1

소수로 바꾼 정규화 행렬과 각 기준별로 행의 평균값을 구하면 표 9.4와 같다.

표 9.4

기준들에 대한 정규화 행렬과 행 평균값

기준	고객 시장	소득 수준	산업 기반	교통	행의 평균값
고객 시장	0.1519	0.1375	0.2222	0.2857	0.1993
소득 수준	0.7595	0.6878	0.6667	0.5000	0.6535
산업 기반	0.0506	0.0764	0.0741	0.1429	0.0860
교통	0.0380	0.0983	0.0370	0.0714	0.0612
					1.0000

표 9.4에 나타난 정규화 행렬의 각 행의 평균값을 계산함으로써 얻어지는 선호도 벡터는 다음과 같다.

$$\begin{array}{c} \text{기준} \\ \begin{array}{c} \text{고객 시장} \\ \text{소득 수준} \\ \text{산업 기반} \\ \text{교통} \end{array} \begin{bmatrix} 0.1993 \\ 0.6535 \\ 0.0860 \\ 0.0612 \end{bmatrix} \end{array}$$

새로운 쇼핑몰을 위한 최적의 위치를 결정하는 데 소득 수준이 가장 높은 우선순위를 갖고, 고객 시장 기준이 두 번째로 중요한 것으로 나타났다. 산업 기반과 교통은 상대적으로 덜 중요해서, 세 번째와 네 번째의 우선순위로 나타났다. AHP의 다음 단계는 네 가지 기준에 대한 선호도 벡터와 각 위치에 대한 선호도 행렬을 종합하는 것이다.

전체적인 순위 결정

앞에서 본 것과 같이 표 9.3의 선호도 행렬에서 각 기준에 대한 각 위치의 선호도를 요약하면 다음과 같다.

$$
\begin{array}{c}
\text{기준} \\
\begin{array}{cccc}
\text{고객 시장} & \text{소득 수준} & \text{산업 기반} & \text{교통}
\end{array} \\
\text{위치}\ \begin{array}{c} A \\ B \\ C \end{array}
\begin{bmatrix}
0.5012 & 0.2819 & 0.1790 & 0.1561 \\
0.1185 & 0.0598 & 0.6850 & 0.6196 \\
0.3803 & 0.6583 & 0.1360 & 0.2243
\end{bmatrix}
\end{array}
$$

앞 절에서 쌍대비교법을 통해 네 가지 기준에 대한 선호도 벡터를 다음과 같이 구했었다.

$$
\begin{array}{c}
\text{기준} \\
\begin{array}{c} \text{고객 시장} \\ \text{소득 수준} \\ \text{산업 기반} \\ \text{교통} \end{array}
\begin{bmatrix}
0.1993 \\
0.6535 \\
0.0860 \\
0.0612
\end{bmatrix}
\end{array}
$$

각 위치의 전체 점수는 각 기준에 대한 선호도 행렬에 기준들의 선호도 벡터를 곱하여 계산된다. 계산식을 표시하면 다음과 같다.

위치 A 점수 = 0.1993(0.5012) + 0.6535(0.2819) + 0.0860(0.1790) + 0.0612(0.1561) = 0.3091
위치 B 점수 = 0.1993(0.1185) + 0.6535(0.0598) + 0.0860(0.6850) + 0.0612(0.6196) = 0.1595
위치 C 점수 = 0.1993(0.3803) + 0.6535(0.6583) + 0.0860(0.1360) + 0.0612(0.2243) = 0.5314

세 위치를 AHP에 의한 점수 순으로 표시하면 다음과 같다.

위치	점수
샬럿	0.5314
애틀랜타	0.3091
버밍햄	0.1595
	1.0000

AHP에 의해 계산된 점수에 따르면, 샬럿이 새로운 쇼핑몰을 위한 최적의 위치이고, 애틀랜타가 두 번째, 버밍햄이 세 번째가 된다. 위치에 대한 의사결정을 내릴 때, 이 결과를 이용하려면 Southcorp는 쌍대비교법에 따른 판단에 확신이 있어야 하고, AHP 기법에 대해서도 확신이 있어야 한다. 그러나 Southcorp가 AHP에 따라 의사결정을 하든 안 하든, AHP 절차를 따르는 것은 의사결정 기준들을 식별하고 그것들의 우선순위를 정하는 데 도움을 주며, 나아가 의사결정 과정을 명확하게 보여 줄 수 있다.

다음은 AHP에서 추천하는 의사결정에 도달하기까지 수학적 단계를 요약한 것이다.

1. 각 기준에 대해 대안(위치)들의 쌍대비교 행렬을 구한다.
2. 합성
    a. 쌍대비교 행렬의 각 열의 값을 합한다.
    b. 쌍대비교 행렬의 각 값을 해당 열의 합으로 나눈다. 이것이 정규화 행렬이다.
    c. 정규화 행렬의 각 행의 평균값을 계산한다. 이것이 선호도 벡터이다.
    d. 각 기준의 선호도 벡터를 합쳐 각 기준에 대한 대안들의 선호도를 보여주는 하나의 선호도 행렬을 만든다.
3. 기준들의 쌍대비교 행렬을 구한다.
4. 행렬 요소의 값을 해당 열의 합으로 나눠서 정규화 행렬을 계산한다.
5. 정규화 행렬에서 각 행의 평균을 계산하여 선호도 벡터를 구한다.
6. 단계 2(d)의 행렬과 단계 5의 선호도 벡터를 곱하여 각 대안에 대한 점수를 계산한다.
7. 단계 6에서 계산된 점수에 따라 각 대안의 순위를 결정한다.

AHP 일관성

AHP는 여러 기준에 대한 대안들 간의 선호도를 정하기 위해 사용하는 쌍대비교법에 기반을 두고 있다. 이러한 쌍대비교를 위한 일반적인 절차는 표 9.1에 있는 선호도 표를 이용하여 의사결정자가 구두로 선호도를 답하게 하는 것이다. 그러나 의사결정자가 여러 번의 비교 답변을 해야 할 때, 이전 답변과 일관성이 떨어질 수 있다. AHP는 이러한 답변에 의존하기 때문에 확실한 판단력과 답변의 일관성이 중요하다. 다시 말해서, 한 가지 비교에 대한 선호도 답변이 쌍대비교에서도 일관되게 나타나야 한다.

위치 선정 예제에서, 소득 수준 기준 관점에서 Southcorp가 "A는 B보다 매우 강하게 선호된다", "A는 C보다 약간 더 선호된다"라고 했다고 가정하자. 그리고 Southcorp가 동일한 기준에 의해 "C가 B와 동등하게 선호된다"라고 말했다고 하자. 마지막 비교는 이전 2개의 쌍대비교와 완벽하게 일관성을 갖는다고 할 수 없다. A가 B보다 강하게 선호되고 A가 C보다 약간 더 선호되는데도 C가 B와 동등하게 선호된다면, 이런 세 대안 간의 쌍대비교는 일관된 선호도 값을 반영하고 있다고 볼 수 없다. 더 논리적인 비교 결과는 "C는 B보다 어느 정도 더 선호된다"라는 답변일 것이다. 의사결정자에게 많은 쌍대비교 질문을 하고 구두로 답변을 만들 때, 이런 비일관성은 AHP에서 자주 발견된다. 대개의 경우 비일관성이 심각한 수준으로 나타나지는 않고 경미한 수준의 비일관성이 나타날 것으로 기대된다. 그럼에도 불구하고, 쌍대비교 결과의 비일관성 정도를 나타내는 일관성 지수(consistency index, CI)를 계산해 볼 필요가 있다.

✚ 일관성 지수는 쌍대비교 결과 의 비일관성 정도를 측정한다.

일관성 지수를 계산하는 방법을 설명하기 위해, 4개의 위치 선정 기준에 대한 쌍대비교 행렬의 일관성을 조사해 본다. 다음과 같이 쌍대비교 행렬에 기준들의 선호도 벡터를 곱한다.

	고객 시장	소득 수준	산업 기반	교통		기준들
고객 시장	1	1/5	3	4		0.1993
소득 수준	5	1	9	7	×	0.6535
산업 기반	1/3	1/9	1	2		0.0860
교통	1/4	1/7	1/2	1		0.0612

이 행렬과 벡터의 곱은 다음과 같이 계산된다.

$$(1)(0.1993) + (1/5)(0.6535) + (3)(0.0860) + (4)(0.0612) = 0.8328$$

$$(5)(0.1993) + (1)(0.6535) + (9)(0.0860) + (7)(0.0612) = 2.8524$$

$$(1/3)(0.1993) + (1/9)(0.6535) + (1)(0.0860) + (2)(0.0612) = 0.3474$$

$$(1/4)(0.1993) + (1/7)(0.6535) + (1/2)(0.0860) + (1)(0.0612) = 0.2473$$

다음으로, 위에서 나온 값들을 기준들의 선호도 벡터의 해당 가중치로 나눈다.

$$0.8328/0.1993 = 4.1786$$
$$2.8524/0.6535 = 4.3648$$
$$0.3474/0.0860 = 4.0401$$
$$0.2474/0.0612 = \underline{4.0422}$$
$$16.6257$$

Southcorp의 의사결정자가 완벽하게 일관성 있는 답변을 했다면, 위 식의 각각의 값은 비교 항목의 개수(이 경우 기준이 4개임)인 4와 정확하게 일치할 것이다. 다음으로, 이들 값의 평균을 계산하기 위해 합을 4로 나눈다.

$$\frac{16.6257}{4} = 4.1564$$

일관성 지수(CI)는 다음 식을 사용하여 계산한다.

$$CI = \frac{4.1564 - n}{n - 1}$$

여기서, n = 비교 항목의 개수
4.1564 = 이전 식에서 계산한 평균값

계산해 보면,

$$CI = \frac{4.1564 - 4}{3}$$
$$= 0.0521$$

이다. 만약 $CI = 0$이면, Southcorp의 의사결정자는 완벽하게 일관성 있는 답변을 한 것이다. Southcorp의 의사결정자가 완벽한 일관성을 갖고 있지 않기 때문에, 다음 질문은 어느 정도의 비일관성을 수용할 수 있는 가이다. 수용할 수 있는 일관성 수준은 CI와 RI(random index, 무작위 지수)를 비교하여 결정하는데 여기서 RI는 무작위로 쌍대비교 행렬을 만들어 일관성 지표를 계산한 값이다. RI는 비교 항목 개수인 n에 따라 달라지는데 그 값이 표 9.5에 나타나 있다. 우리의 예제에서는 4개의 기준을 비교하므로, $n = 4$가 된다.

표 9.5
비교 항목이 n개일 때 RI 값

n	2	3	4	5	6	7	8	9	10
RI	0	0.58	0.90	1.12	1.24	1.32	1.41	1.45	1.51

의사결정 기준들의 쌍대비교 행렬의 일관성 정도는 CI와 RI의 비율에 의해 결정된다.

경영과학 응용 사례

AHP를 사용하여 20세기 미국 육군 장군들의 순위 매기기

10명의 군 역사가로 이루어진 그룹은 AHP를 이용하여 20세기 가장 위대한 미국 육군 장군들의 순위를 매기는 연구에 참여하였다. 처음에는 21명의 장군이 고려되었으나 7명으로 압축되었으며, 여기에는 오마 브래들리(Oma Bradley), 드와이트 아이젠하워(Dwight Eisenhower), 더글라스 맥아더(Douglas MacArthur), 조지 마샬(George Marshall), 조지 패턴(George Patton), 존 퍼싱(John Pershing), 그리고 매튜 리지웨이(Mattew Ridgeway)가 포함된다. 이 그룹은 역량과 영향 두 가지 주요 기준을 사용하였다. 역량 기준은 다시 네 개의 세부 기준으로 나뉘는데, 여기에는 아이디어를 다루고 정보를 처리하며 불확실성에 대처하는 개념적 능력(conceptual skill), 다른 사람과 의사소통하고 협동하는 대인관계 능력(interpersonal skill), 능수능란한 전술적 능력(tactical skill), 임무를 달성하기 위해 장비, 인력, 일정, 예산, 시설 등을 조합하고 조직화할 수 있는 기술적 능력(technical skill) 등이 있다. 영향 기준에는 갈등 해결에 대한 기여도(즉, 전시 갈등에 미치는 파급효과와 결과에 대한 기여도), 지휘했던 병력의 규모와 위치 등과 같은 책임과 의사결정의 중요성, 성공 여부, 총 전시 복무기간 등이 있다. 각 장군의 수행도는 최상, 매우 우수, 우수, 저조 등 다섯 등급으로 평가하였다. 순위를 매긴 결과 크게 세 그룹의 장군이 있다. 최우수 그룹에 속하는 장군은 조지 마샬, 다음에는 드와이트 아이젠하워이다. 두 번째 우수그룹에는 매튜 리지웨이, 더글라스 맥아더, 존 퍼싱이 포함되었다. 마지막 그룹에는 조지 패턴과 오마 브래들리가 포함되었다.

© Roger Viollet/Getty Images

자료 : T. Retchless, B. Golden, and E. Wasil, "Ranking U.S. Army Generals of the 20th Century: A Group Decision-Making Application of the Analytical Hierarchy Process," *Interfaces* 37, no. 2 (March-April 2007): 163-75.

$$\frac{CI}{RI} = \frac{0.0521}{0.90} = 0.0580$$

일반적으로, CI/RI가 0.10보다 작으면, 일관성 수준은 만족할 만하다고 보는데 이 예에서는 CI/RI가 0.10보다 크므로 비일관성이 심각하며, AHP 결과가 의미 없을 수도 있다.

위 예에서는 선정 기준 선호도 행렬에 있는 쌍대비교에 대해서만 일관성 정도를 계산했음을 기억하자. 즉, AHP의 모든 쌍대비교에 대해 일관성을 검증한 것이 아님을 의미한다. 4개의 각 기준별 쌍대비교에 대해 일관성을 평가해야 전체 AHP의 일관성 여부를 확실하게 알 수 있다.

엑셀을 이용한 AHP 계산

AHP의 여러 계산 과정은 엑셀을 통해서 수행 가능하다. 제시 9.12는 Southcorp의 위치 선정 예제를 풀기 위한 스프레드시트를 보여 준다. 이 시트는 고객 시장 기준에 따른 쌍대비교 행렬을 포함하고 있다. 엑셀에서 쌍대비교 값은 분수로도 입력이 가능하다. 분수로 입력하기 위해 대상 범위를 드래그하여 셀들(이 경우는 **B5 : D7**)을 선택하고, 메뉴에서 '서식'을 클릭한다. 서식의 하위 메뉴 중 '셀 서식'을 클릭하여 셀 서식 창이 나오면, '분수'를 선택한다.

제시 9.12

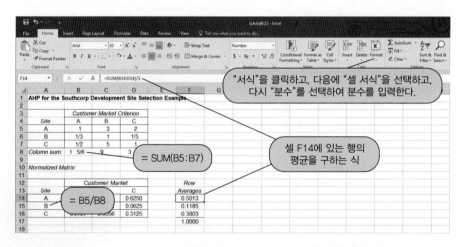

쌍대비교 행렬에서 열의 합을 계산하려면, 셀 B8에 수식 = **SUM(B5 : B7)**을 입력한다. 열 B와 C의 합도 계산하기 위해 셀 B8에 커서를 놓고, 마우스 오른쪽 버튼을 클릭하고 '복사'를 클릭한다. 그리고 셀 **B8 : D8**을 드래그한 뒤, '엔터' 키를 누른다. 이렇게 하면, 다른 두 열에 대한 합도 계산된다.

제시 9.12의 시트 아래쪽에 있는 정규화 행렬의 셀 값은 다음과 같이 계산한다. 먼저 셀 값을 소수로 바꿔야 한다. 셀 B14에 = **B5/D8**을 입력하여 셀 B5 값을 셀 B8에 있는 열의 합으로 나누어 준다. 이 결과는 0.5455로 셀 B14에 계산된다. 다음으로 셀 B14에 커서를 놓고, 마우스 오른쪽 버튼을 클릭하고 '복사'를 클릭한다. 셀 **B14 : D14**를 드래그한 뒤, '엔터' 키를 누른다. 이렇게 하면 C14와 D14의 값도 계산된다. 각 열에 대해 이 과정을 반복하여 정규화 행렬을 완성한다.

정규화 행렬의 행 평균을 구하기 위해 먼저 셀 F14에 수식 = SUM(B14 : D14)/3을 입력한다. 그러면 셀 F14에 0.5013 값이 계산될 것이다. 다음으로 셀 F14에 커서를 두고, 마우스 오른쪽 버튼을 클릭하고 '복사'를 클릭한 후, 셀 **F14 : F16**을 드래그하여 F14의 수식을 F15와 F16으로 복사한다.

제시 9.13

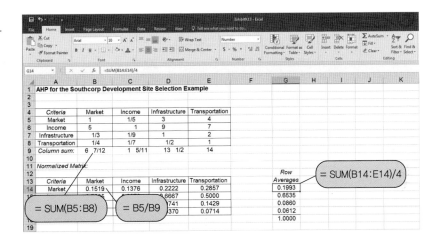

이렇게 계산된 행 평균은 고객 시장 기준에 대한 선호도 벡터를 나타낸다. 다른 세 가지 기준(소득 수준, 산업 기반, 교통)에 대해서도 선호도 벡터를 계산하면 이 단계는 완료된다.

AHP의 다음 단계는 네 가지 기준에 대한 쌍대비교 행렬과 정규화 행렬을 구하는 것이다. 제시 9.13에서는 이 단계를 보여 주고 있다. 이 시트에 있는 두 행렬은 제시 9.12에 있는 행렬과 유사한 방법으로 구할 수 있다.

AHP의 마지막 단계는 전체 순위를 매기는 것이다. 이 단계에서는 Southcorp의 네 가지 기준에 대한 각 위치의 선호도 행렬(표 9.3)과 각 기준에 대한 선호도 벡터가 필요하다. 두 가지 모두 제시 9.14의 시트에 포함되어 있다.

제시 9.14

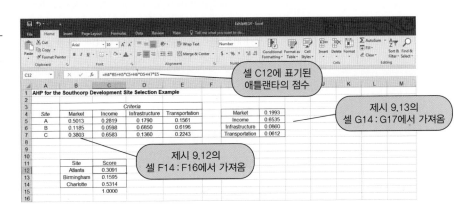

제시 9.14에서 두 행렬의 모든 값은 이전 단계에서 이미 계산된 값이다. 수식 입력 줄에

보이는 수식을 셀 C12에 입력하면, 애틀랜타에 대한 점수가 계산된다. 비슷한 방식으로 셀 C13과 셀 C14의 점수도 계산할 수 있다.

제시 9.15는 네 가지 기준에 대한 선호도 행렬에서 쌍대비교의 일관성 정도를 계산한 시트를 보여 준다. 이 시트의 계산 과정은 자명하므로 생략한다.

제시 9.15

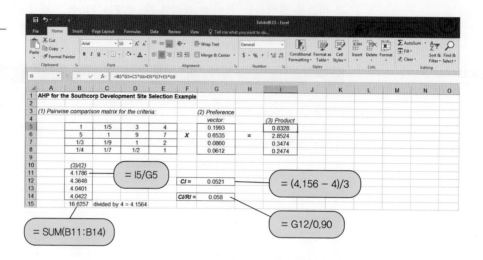

평점모형

평점모형(scoring model)은 다양한 기준에 따라 몇 가지 대안 중에 하나를 선택한다는 면에서는 AHP와 유사하지만, 수학적으로 계산이 더 간단하다. 여러 가지 다른 방식의 평점모형이 존재한다. 여기서 사용할 평점모형은 선정 기준의 상대적인 중요도에 따라 가중치를 부여하고, 각 대안이 기준에 얼마나 잘 맞는지에 따라 순위가 매겨진다. 수식은 다음과 같다.

$$S_i = \sum g_{ij} w_j$$

여기서, w_{ij} : 기준 j에 할당된 가중치로 0과 1 사이의 값을 갖는다. 1에 가까울수록 상대적으로 더 중요하고, 0에 가까울수록 중요도는 떨어진다. 가중치의 총합은 1이 된다.

g_{ij} : 대안 i가 기준 j를 얼마나 잘 만족시키는지에 따라 0과 100 사이의 값을 갖는다. 100은 높은 만족도를 나타내고, 0은 사실상 전혀 만족시키지 못함을 나타낸다.

S_i : 대안 i의 총 점수이고, 이 값이 클수록 더 좋은 대안이 된다.

평점모형을 설명하기 위해 예를 들어 보자. Sweats and Sweaters는 면 의류 전문 체인이다. 이 회사는 애틀랜타 중심지에 있는 4개의 상권 중 하나에 새로운 상점을 개설하려고 한다. 그 회사는 상점의 위치 결정을 위해 5개의 중요한 기준을 설정했는데, 기준은 학교에 대한 근접성, 지역 평균 소득, 상권의 교통 흐름 및 주차 공간, 상권의 질과 규모(상권의 상점 수), 다른 상권에 대한 근접성이다. 이 회사는 의사결정 과정에서 각 기준에 대한 상대적인 중요도 관점에서 가중치를 계산했다. 그리고 각 상권의 위치를 분석하여 각 기준에 따라 등급을 결정했고, 그 결과는 다음 표와 같다.

선정기준	가중치 (0~1)	각 대안들의 등급(0~100)			
		상권 1	상권 2	상권 3	상권 4
학교 근접성	0.30	40	60	90	60
평균 수입	0.25	75	80	65	90
교통 흐름	0.25	60	90	79	85
상권의 질과 규모	0.10	90	100	80	90
다른 상권과의 근접성	0.10	80	30	50	70

각 의사결정 대안의 점수는 다음과 같이 계산된다.

$$S_1 = (.30)(40) + (.25)(75) + (.25)(60) + (.10)(90) + (.10)(80) = 62.75$$

$$S_2 = (.30)(60) + (.25)(80) + (.25)(90) + (.10)(100) + (.10)(30) = 73.50$$

$$S_3 = (.30)(90) + (.25)(65) + (.25)(79) + (.10)(80) + (.10)(50) = 76.00$$

$$S_4 = (.30)(60) + (.25)(90) + (.25)(85) + (.10)(90) + (.10)(70) = 77.75$$

상권 4가 가장 큰 점수를 받았기 때문에 가장 먼저 추천되고, 다음으로 상권 3, 상권 2, 상권 1의 순서가 된다.

엑셀을 이용한 평점모형의 계산

평점모형에서 점수를 계산하는 단계는 상대적으로 간단하며 쉽다. 제시 9.16의 시트는 Sweats and Stweaters의 상점 위치 선정 예제를 보여 준다. 상권 1의 점수를 계산하기 위에 시트의 수식 칸에 보이는 것과 같이 셀 D10에 수식 '= SUMPRODUCT (C5 : C9, D5 : D9)'을 입력한다. 마우스 오른쪽 버튼을 이용하여 셀 E10, F10, G10에도 복사해 준다.

제시 9.16

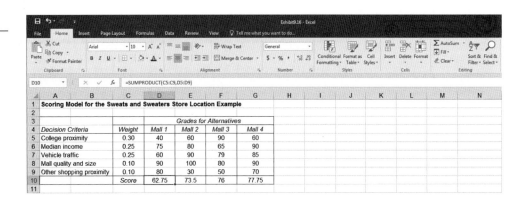

미국 육군 지역본부 위치 선정을 위한 평점모형

2002년 이전에 미 육군은 미국 내 100여 개의 주요 기지를 포함하는 육군 주둔지를 관리하기 위해 5개의 본부를 운용하고 있었다. 그러나, 군 수뇌부는 이러한 분산화로 인해 표준화된 서비스 제공과 기지 간 공평한 자원 배분이 이루어질 수 없음을 우려하였다. 더군다나, 분산화로 인해 간접비가 불필요하게 증가하고 지원 활동들의 중복이 발생하고 있었다. 결과적으로 워싱턴 D.C.에 본부를 둔 주둔지 관리국(Installation Management Agency, IMA)이 설립되어 미국 내 4개 지역뿐만 아니라 전 세계의 육군 주둔지를 관리하게 되었다. IMA는 세 가지 주요 기능을 가지고 있다. 첫째는 주둔지 지휘와 통제를 중앙집중화하며, 둘째는 작전 능력(즉, 주둔지가 부대, 병사 및 가족들을 훈련, 배치 및 지원할 수 있는 시설과 장비를 보유하는 것)을 향상시키며, 셋째는 자원 요구를 분석하고 우선순위를 정하는 자원 할당 과정의 품질 제고와 품질 보장이다. 부분적으로는 정치적 압력 때문이긴 하지만, 미국 육군 사관학교는 4개 지역으로 나뉜 관리 구조를 분석하고 개수, 위치 및 인력 면에서 더 나은 지역 조직구조를 제안하라고 요청받았다. 하나의 지역으로 묶는 안부터 8개의 지역으로 나누는 안까지 총 8개의 대안이 분석 대상으로 고려되었다. 대안 분석 시 중요한 기준들은 앞서 언급된 IMA의 기능들 이외에 지역에 배정될 인력, 지역 개수, 지역의 경계, 본부들의 위치 등이다. 분석 기준들과 관련된 다양한 척도에 따라 각 대안이 IMA 기능을 얼마나 잘 수행하는지를 평가하는 평점 모형이 개발되었다. 중요도에 따라 각 척도에 가중치가 부여되었다. 평정 모형에 따른 분석에 의하면 4개 지역으로 나누는 것이 주둔지를 효과적으로 관리하는 것으로 나타났다. 지역 개수를 4개 미만으로 줄이면 기능적 효과성이 저하되고, 반면 지역 개수를 4개 초과하여 증가시키면 추가적인 편익이 거의 없는 것으로 나타났다.

© Lucas Jackson/Reuters/Alamy Stock Photo

자료 : T. Trainor, G. Parnell, B. Kwinn, J. Brence, E. Tollefson, and P. Downes, "The U.S. Army Uses Decision Analysis in Designing Its U.S. Installation Regions," *Interfaces* 37, no. 3 (May–June 2007): 253–64.

요약

이 장에서는 고려해야 할 목표와 기준이 여러 개 있을 때 의사결정을 하는 방법에 대해 알아보았다. 여러 기준이 있는 의사결정 문제를 해결할 수 있는 세 가지 기법이 제시되었다. 첫째, 목표계획법, 둘째, 계층분석법, 셋째, 평점모형이다. 이런 기법들은 목표가 이익 또는 비용에 관련되어 있는 의사결정 상황에서 널리 사용될 수 있다. 이 기법들은 계량화된 목표를 달성하는 데 있어 이익이나 비용보다 서비스 수준 또는 효율성이 더 중요시되는 공공기관이나 정부의 의사결정 문제에도 적용될 수 있다.

목표계획법을 소개함으로써 선형계획법이 다룰 수 있는 모든 범위의 문제를 다 살펴보았다. 선형계획법의 함축된 가정 중의 하나는 모형의 매개변수와 수치들이 확실하게 알려져 있어야 한다는 점이다. 다음 장들에서는 불확실성을 포함하는 확률적 기법을 알아보도록 한다.

예제 문제와 풀이

연습문제를 풀기 전에 예제를 통해 목표계획법과 AHP의 정형화와 해법을 정리해 보자.

문제 설명 ■ Rucklehouse Public Relations는 뉴햄프셔 예비선거의 설문조사를 담당하기로 계약했다. 회사는 조사를 수행할 조사원들을 할당해야 한다. 조사원들은 전화와 개인 면담으로 조사를 수행한다. 한 사람당 하루에 전화로 80명, 면담으로 40명을 설문조사할 수 있다. 전화 조사자에게는 하루에 50달러, 면담 조사자에게는 70달러를 지급한다. 중요도에 따라 세 가지 목표가 아래에 나열되어 있다.

a. 최소 3,000명의 설문조사가 필요하다.

b. 조사자는 하루에 전화 조사, 면담 조사 둘 중 하나만 진행해야 하고, 하루 예산은 2,500달러이다.

c. 최소 1,000명은 전화로 조사를 진행해야 한다.

위의 목표를 만족시키기 위해 고용해야 할 조사자 수를 결정하는 문제를 목표계획법으로 정형화하고, 모형의 해를 구하시오.

풀이 ■ 단계 1 : 정형화

$$\text{minimize } P_1 d_1^-, \ P_2 d_2^+, \ P_3 d_3^-$$

$$\text{subject to}$$

$$80x_1 + 40x_2 + d_1^- - d_1^+ = 3,000 \text{(면담설문 응답자 수)}$$

$$50x_1 + 70x_2 + d_2^- - d_2^+ = 2,500 \text{(예산)}$$

$$80x_1 + d_3^- - d_3^+ = 1,000 \text{(전화설문 응답자 수)}$$

$$x_1, \ x_2, \ d_1^-, \ d_1^+, \ d_2^-, \ d_2^+, \ d_3^-, \ d_3^+ \geq 0$$

여기서, $x_1 =$ 전화설문 조사자 수

$x_2 =$ 면담설문 조사자 수

단계 2 : 윈도우용 QM을 활용한 해법

Rucklehouse Public Relations								
	Wt(d+)	Prty(d+)	Wt(d-)	Prty(d-)	X1	X2		RHS
Interviews	0	0	1	1	80	40	=	3000
Budget ($)	1	2	0	0	50	70	=	2500
Telephone interviews	0	0	1	3	80	0	=	1000

Summary — Rucklehouse Public Relations Solution			
Item			
Decision variable analysis	Value		
X1	30.56		
X2	13.89		
Priority analysis	Nonachiev…		
Priority 1	0		
Priority 2	0		
Priority 3	0		
Constraint Analysis	RHS	d+ (row i)	d- (row i)
Interviews	3000	0	0
Budget ($)	2500	0	0
Telephone interviews	1000	1444.44	0

문제 설명 ■ 그레이스 레만수는 산악 자전거를 새로 사려고 한다. 그녀는 Xandu Mark III, Yellow Hawk Z9와 Zodiak MB5 세 가지 제품을 고려하고 있다. 그레이스는 제품을 선택하는 기준으로 세 가지를 설정하였는데, 세 기준은 구매가격, 기어 성능, 무게/내구성이다. 그레이스는 세 가지 기준 각각에 대한 쌍대비교 행렬을 다음과 같이 만들었다.

산악 자전거	가격		
	X	Y	Z
X	1	3	6
Y	1/3	1	2
Z	1/6	1/2	1

산악 자전거	기어 성능		
	X	Y	Z
X	1	1/3	1/7
Y	3	1	1/4
Z	7	4	1

산악 자전거	무게/내구성		
	X	Y	Z
X	1	3	1
Y	1/3	1	1/2
Z	1	2	1

그레이스는 다음 쌍대비교 행렬과 같이 세 가지 기준의 우선순위를 정하였다.

기준	가격	기어	무게
가격	1	3	5
기어	1/3	1	2
무게	1/5	1/2	1

AHP를 사용하여 세 가지 자전거 제품의 순위를 결정하시오.

풀이 ■　단계 1 : 각 기준별 쌍대비교 행렬로부터 정규화 행렬과 선호도 벡터를 계산한다.

산악 자전거	가격			행의 평균값
	X	Y	Z	
X	0.6667	0.6667	0.6667	0.6667
Y	0.2222	0.2222	0.2222	0.2222
Z	0.1111	0.1111	0.1111	0.1111
				1.0000

산악 자전거	기어 성능			행의 평균값
	X	Y	Z	
X	0.0909	0.0625	0.1026	0.0853
Y	0.2727	0.1857	0.1795	0.2132
Z	0.6364	0.7500	0.7179	0.7014
				1.0000

산악 자전거	무게/내구성			행의 평균값
	X	Y	Z	
X	0.4286	0.5000	0.4000	0.4429
Y	0.1429	0.1667	0.2000	0.1698
Z	0.4286	0.3333	0.4000	0.3873
				1.0000

선호도 벡터는 다음 행렬과 같이 요약된다.

산악 자전거	기준		
	가격	기어	무게
X	0.6667	0.0853	0.4429
Y	0.2222	0.2132	0.1698
Z	0.1111	0.7014	0.3873

단계 2 : 기준들의 순위를 매긴다.

기준	가격	기어	무게	행의 평균값
가격	0.6522	0.6667	0.6250	0.6479
기어	0.2174	0.2222	0.2500	0.2299
무게	0.1304	0.1111	0.1250	0.1222
				1.0000

기준들에 대한 선호도 벡터는 다음과 같다.

$$
\begin{array}{c}
\text{기준} \\
\begin{array}{c} \text{가격} \\ \text{기어} \\ \text{무게} \end{array}
\begin{bmatrix} 0.6479 \\ 0.2299 \\ 0.1222 \end{bmatrix}
\end{array}
$$

단계 3 : 전체 순위를 계산한다.

$$
\begin{array}{c}
\quad\quad \text{가격} \quad\ \text{기어} \quad\ \text{무게} \\
\begin{array}{c} X \\ Y \\ Z \end{array}
\begin{bmatrix} 0.6667 & 0.0853 & 0.4429 \\ 0.2222 & 0.2132 & 0.1698 \\ 0.1111 & 0.7014 & 0.3873 \end{bmatrix}
\times
\begin{array}{c} \text{가격} \\ \text{기어} \\ \text{무게} \end{array}
\begin{bmatrix} 0.6479 \\ 0.2299 \\ 0.1222 \end{bmatrix}
\end{array}
$$

$$\text{자전거 X의 점수} = 0.6667(0.6479) + 0.0853(0.2299) + 0.4429(0.1222)$$
$$= 0.5057$$

$$\text{자전거 Y의 점수} = 0.2222(0.6479) + 0.2132(0.2299) + 0.1698(0.1222)$$
$$= 0.2138$$

$$\text{자전거 Z의 점수} = 0.1111(0.6479) + 0.7014(0.2299) + 0.3873(0.1222)$$
$$= 0.2806$$

자전거	점수
Xandu	0.5057
Zodiak	0.2806
Yellow Hawk	0.2138
	1.0000

01　어느 제조업체는 세 가지 종류의 제품을 생산한다. 이 세 가지 제품의 자원 소요량과 이윤은 다음과 같다.

제품	노동력(시간/개)	재료(파운드/개)	이윤(달러/개)
1	5	4	3
2	2	6	5
3	4	3	2

현재 이 회사가 가용한 노동력은 일일 240시간이며 가용한 원료의 공급량은 400파운드이다. 이 문제를 선형계획법 모형으로 정형화하면 다음과 같다.

maximize $Z = 3x_1 + 5x_2 + 2x_3$

subject to

$$5x_1 + 2x_2 + 4x_3 \leq 240$$
$$4x_1 + 6x_2 + 3x_3 \leq 400$$
$$x_1, x_2, x_3 \geq 0$$

경영진에서는 목표들을 도출하였고 중요도 순으로 목표들을 나열하면 다음과 같다.

a. 최근 노사 관계에 곤란을 겪고 있어서 경영진은 정규 생산용량보다 낮은 이용률은 피하고 싶다.

b. 만족할 수준의 일일 이익은 500달러로 설정하였다.

c. 가능한 한 초과근무는 최소화되어야 한다.

d. 취급 및 보관 문제를 피하기 위해 추가적인 재료 구입을 최소화하고 싶다.

목표들을 가장 잘 달성하도록 각 제품의 생산량을 결정하는 문제를 목표계획법 모형으로 정형화하시오.

02　제6장 문제 07에서, Computers Unlimited 회사는 소형 컴퓨터를 판매하는데 세 곳의 물류 창고로부터 4개의 대학으로 분배한다. 세 곳의 물류 창고에서 가능한 공급량과 각 대학의 수요 및 운송비용이 다음 표에 나타나 있다.

물류 창고	대학(달러)				공급 (대)
	테크	A&M	주립	센트럴	
리치언드	22	17	30	18	420
애틀랜타	15	35	20	25	610
워싱턴	28	21	16	14	340
수요	520	250	400	380	

비용 최소화라는 원래의 목표 대신에 Computers Unlimited에서는 아래의 목표들을 명시했고 중요도에 따라 나열하였다.

(1) A&M은 장기에 걸쳐 우수 고객이었다. 따라서 Computers Unlimited는 이들의 수요를 모두 만족시키고 싶다.

(2) 최근의 트럭 노조와의 문제 때문에, Computers Unlimited는 최소한 80단위의 제품을 워싱턴 물류 창고에서 센트럴 대학에 보내려고 한다.

(3) 모든 고객과 가급적 좋은 관계를 유지하기 위해 Computers Unlimited는 모든 고객의 수요에 대해서 최소한 80% 이상을 만족시키려고 한다.

(4) 수송문제 해법으로 구해진 최소 운송비용인 2만 2,470달러의 110%를 초과하지 않는 범위에서 총 운송비용을 조절하려고 한다.

(5) 애틀랜타에서 주립 대학으로 배송하는 업체에 대한 불만으로 인해 해당 경로로 수송되는 컴퓨터의 양을 최소화하고 싶다.

a. 목표들을 만족시키기 위해서 각 경로에 몇 대의 소형 컴퓨터가 배달되어야 하는지를 결정하는 문제를 목표계획법 모형으로 정형화하시오.

b. 컴퓨터를 이용하여 이 모형을 푸시오.

03 Bay City 공원과 레크리에이션 부서는 연방 정부로부터 60만 달러의 자금을 받아 공공 레크리에이션 시설을 확장하려고 한다. 시의회 의원들은 체육관, 운동장, 테니스 코트 그리고 수영장 등 네 가지 시설들을 요구한다. 사실 지역사회 곳곳에서도 7개의 체육관, 10개의 운동장, 8개의 테니스 코트, 그리고 12개의 수영장을 요구한다. 각 시설의 건설에는 일정한 비용과 일정한 대지가 소요되며, 이 정보와 각 시설의 이용자 추산 정보가 다음 표에 나타나 있다.

시설	비용(달러)	요구 면적(에이커)	기대 이용(사람/주)
체육관	80,000	4	1,500
운동장	24,000	8	3,000
테니스 코트	15,000	3	500
수영장	40,000	5	3,000

공원과 레크리에이션 부서에서는 건설을 위해서 50에이커의 대지를 확보하였다(그러나 필요한 경우에 대지를 추가로 사용할 수도 있다). 부서에서는 아래와 같은 목표들을 수립하였다. 목표는 중요도에 따라 나열하였다.

(1) 모든 예산을 사용하기를 원한다. 그렇지 않으면 남는 예산이 정부에 반환되기 때문이다.

(2) 최소한 1주일에 2만 명의 사람들이 시설들을 이용하기 원한다.

(3) 현재 확보된 50에이커의 대지 이외에 추가로 대지를 구하는 것을 피하고자 한다.

(4) 새로운 시설에 관한 시의회의 요구사항을 충족하려고 한다. 그러나 이 목표는 각 시설물을 이용할 것으로 예상되는 사람 수에 의해서 가중 평가되어야 한다.

a. 목표를 달성하기 위해 각 종류의 시설을 몇 개씩 건설해야 하는지 결정하는 문제를 목표계획법 모형으로 정형화하시오.

b. 컴퓨터를 이용하여 정수인 해를 구하시오.

04 Growall 비료 회사는 슈퍼그로, 다이나 플랜트, 소일세이버 등 세 가지 종류의 비료를 생산한다. 회사는 주당 2,000톤의 비료를 생산할 수 있는 능력을 가지고 있다. 1톤의 비료를 생산하는 데 슈퍼그로는 800달러, 다이나 플랜트는 1,500달러, 소일세이버는 500달러의 비용이 소모된다. 1톤을 생산하는 과정에 슈퍼그로는 10시간, 다이나 플랜트는 12시간, 소일세이버는 18시간의 노동 시간이 소모된다. 회사는 주당 800시간의 정규 노동 능력을 보유하고 있다. 주 단위로 회사가 예측하고 있는 수요는 각각 슈퍼그로는 800톤, 다이나 플랜트는 900톤, 소일세이버는 1,100톤이다. 이 회사에서는 중요한 순서로 다음과 같은 목표를 설정하였다.

(1) 이 회사는 가급적이면 생산을 위해 주당 200만 달러 이상을 소비하고 싶지 않다.

(2) 이 회사는 초과 근무시간을 주당 100시간 이내로 제한하려고 한다.

(3) 이 회사에서는 가급적이면 세 비료에 대한 모든 수요를 충족시키려고 한다. 그러나 슈퍼그로의 수요를 맞추는 것은 다이나 플랜트의 수요를 맞추는 것보다 2배 중요하며, 또한 다이나 플랜트의 수요를 맞추는 것은 소일세이버의 수요를 맞추는 것에 비해 2배 더 중요하다.

(4) 가능하다면 생산능력 미만으로 생산하는 것을 피하고 싶다.

(5) 노동조합과의 합의 때문에, 회사는 유휴 노동력을 두고 싶지 않다.

a. 목표를 만족시키기 위해 각 비료 제품의 생산량을 구하는 문제를 목표계획법 모형으로 정형화하시오.

b. 컴퓨터를 이용해 모형을 푸시오.

05 다음의 목표계획법 모형을 그래프와 컴퓨터를 이용해서 푸시오.

$$\text{minimize } P_1 d_1^+, \ P_2 d_2^-, \ P_3 d_3^-$$

$$\text{subject to}$$

$$4x_1 + 2x_2 + d_1^- - d_1^+ = 80$$

$$x_1 + d_2^- - d_2^+ = 30$$

$$x_2 + d_3^- - d_3^+ = 50$$

$$x_j, \ d_i^-, \ d_i^+ \geq 0$$

06 다음의 목표계획법 모형을 그래프와 컴퓨터를 이용해서 푸시오.

$$\text{minimize } P_1 d_3^-, \ P_2 d_2^-, \ P_3 d_1^+, \ P_4 d_2^+$$

$$\text{subject to}$$

$$4x_1 + 2x_2 + d_1^- - d_1^+ = 48$$

$$2x_1 + x_2 + d_2^- - d_2^+ = 20$$

$$d_2^+ + d_3^- - d_3^+ = 10$$

$$x_2 + d_4^- = 6$$

$$x_j, \ d_i^-, \ d_i^+ \geq 0$$

07 East Midvale 방직 회사는 데님과 잔털 달린 면 섬유를 생산한다. 두 종류의 천에 대한 생산 속도는 각각 시간당 1,000야드이다. 정상적인 주간 가동 시간은 (2교대를 편성하여 근무) 80시간이다. 마케팅 부서는 주간 최대 수요를 데님은 6만 야드, 잔털 달린 면 섬유는 3만 5,000야드로 추정하고 있다. 데님에 대해서는 야드당 3.00달러, 잔털 달린 면 섬유에 대해서는 야드당 2.00달러의 이익이 예상된다. 이 회사는 중요도 순서에 의거하여 다음과 같은 4개의 목표를 수립하였다.

(1) 안정적인 고용 수준을 유지하기 위하여 생산 가동 시간을 놀리는 일이 없도록 한다.

(2) 초과 근무 시간을 10시간 이내로 제한한다.

(3) 제품의 이익 크기만큼 가중치를 부여하여 제품 수요를 충족한다.

(4) 초과 근무 시간을 최소화한다.

a. 목표를 만족시키기 위해 각 제품의 생산량을 결정하는 문제를 목표계획법 모형으로 정형화하시오.

b. 컴퓨터를 이용하여 모형을 푸시오.

08 교외의 병원은 파트타임 방식으로 인근 도시와 마을에서 직원을 고용한다. 클리닉에서는 의사, 간호사, 그리고 매주 일정 시간 근무할 수 있는 내과 전문의를 채용하려 한다. 클리닉은 1주일에 1,200달러의 예산을 사용한다. 클리닉에서는 의사에게 시간당 40달러의 임금을 지불해야 한다. 그리고 간호사에게는 시간당 20달러, 내과 전문의에게는 시간당 150달러의 임금을 지불한다. 병원에서는 중요도의 순서로 다음과 같은 목표를 수립하였다.

(1) 간호사는 1주일에 최소한 30시간은 근무할 수 있어야 한다.

(2) 주당 예산인 1,200달러를 초과하지 않아야 한다.

(3) 최소한 주당 20시간 이상 의사 또는 내과 전문의가 가용해야 한다.

(4) 내과 전문의는 매주 최소 6시간 이상 가용해야 한다.

a. 각 직원의 고용 규모를 결정하는 문제를 목표계획법 모형으로 정형화하시오.

b. 컴퓨터를 이용하여 모형을 푸시오.

09 Mac's Warehouse는 대규모 할인매장으로서 주 7일 동안 영업을 한다. 이 매장에서는 매주 각 요일마다 정규 직원이 필요한데, 필요한 정규 직원 수는 다음 표와 같다.

요일	직원 수	요일	직원 수
일요일	47	목요일	34
월요일	22	금요일	43
화요일	28	토요일	53
수요일	35		

각 직원은 일주일 동안 5일 연속 근무해야 하며 이후 이틀 동안 쉰다. 예를 들어, 일요일부터 목요일까지 근무하는 직원은 금요일과 토요일에 쉰다. 이 매장에는 현재 총 60명의 직원이 있다. 이 매장은 직원의 근무 일정에 관해 목표들을 설정하였고 우선순위에 따라 목표들을 나열하면 다음과 같다.

(1) 직원을 추가 고용하는 것은 피해야 한다.

(2) 필요한 직원이 모두 충족되어야 하는 가장 중요한 요일은 토요일과 일요일이다.

(3) 그 다음으로 필요한 직원이 모두 충족되어야 하는 가장 중요한 요일은 금요일이다.

(4) 나머지 4개 요일에도 필요한 직원이 모두 충족되기를 희망한다.

a. 이 매장의 목표들을 달성할 수 있도록 매주 각 요일마다 근무를 시작하는 직원 수를 결정하는 문제를 목표계획법 모형으로 정형화하시오.

b. 컴퓨터를 이용하여 모형을 푸시오.

10 어느 실내 디자인 및 건설 회사는 바닥 타일과 벽 타일 두 가지 종류의 타일을 생산하고 있다. 바닥 타일은 미끄러지지 않도록 약간 거친 표면을 가진 반면에 벽 타일은 매끄럽고 반짝이게 마무리를 해야 한다. 이 회사는 현재 2대의 기계를 사용하여 타일을 생산하고 있다. 바닥 타일 한 묶음은 기계 1에서 3시간, 기계 2에서 2시간 작업해야 한다. 벽 타일 한 묶음은 기계 1에서 2시간, 기계 2에서 3시간 작업해야 한다. 기계 1은 최대 120시간 가용하며 기계 2는 90시간 가용하다. 기계를 사용하여 묶음을 온전히 다 생산할 수도 있고 묶음의 일부만 생산할 수도 있다. 바닥 타일 생산에는 2명, 벽 타일 생산에는 4명의 작업자가 필요하다. 현재 이 회사는 100명의 작업자를 고용하고 있다. 바닥 타일 한 묶음은 2,000유로, 벽 타일 한 묶음은 3,000유로의 이익을 가져다 준다. 이 회사는 다음 목표를 충족하고 싶다.

(1) 기계 1을 효율적으로 사용하고 싶으므로 기계 1의 사용 시간이 120시간 이상이어야 하며 동시에 기계 1의 초과 사용 시간이 40시간 이하가 되어야 한다.

(2) 최소 12만 유로 이상의 이익을 달성하고 싶다.

a. 이 문제를 목표계획법 모형으로 정형화하시오.

b. 컴퓨터를 이용하여 모형을 푸시오.

11　Tech 대학의 3학년인 캐트니스 에버그린은 2년간 살았던 기숙사를 나와 아파트로 이사갈 예정이다. 그녀는 테러스, 비스타스, 폭스필드 등 세 개의 아파트 단지를 고려 중이다. 캐트니스는 비용, 상태(노후도, 보존상태), 그리고 위치(즉, 캠퍼스 근접성, 교통, 쇼핑 등) 등 세 가지 기준을 사용하여 아파트를 평가하고자 한다. 세 개 아파트 단지를 각 기준에 대해 쌍대비교한 결과, 그리고 세 개의 기준들에 대한 쌍대비교 행렬은 다음과 같다.

아파트	비용		
	테러스	비스타스	폭스필드
테러스	1	2	1/3
비스타스	1/2	1	1/5
폭스필드	3	5	1

아파트	상태		
	테러스	비스타스	폭스필드
테러스	1	3	1/2
비스타스	1/3	1	1
폭스필드	2	1	1

아파트	위치		
	테러스	비스타스	폭스필드
테러스	1	3	6
비스타스	1/3	1	2
폭스필드	1/6	1/2	1

기준	비용	상태	위치
비용	1	3	5
상태	1/3	1	2
위치	1/5	1/2	1

a. AHP를 사용하여 세 아파트 단지들의 순위를 결정하시오.

b. 기준들 간 쌍대비교 행렬의 일관성을 확인하고, 일관성 수준이 적절한지 여부에 대해 설명해 보시오.

12 메건 모펫은 Technical Software System(TSS)의 영업 사원으로 그녀가 고객에게 판매·설치한 시스템마다 일정 수수료를 받는다. 과거 몇 년 동안 그녀의 수입은 매우 많아서 그 일부를 뮤추얼펀드에 투자하고 싶다. Temple Global 펀드, Alliance Blue Chip 펀드, Madison Bond 펀드 등 세 가지 펀드를 고려 중이다. 펀드 선택 기준으로는 잠재 수익률, 위험, 수수료 등 세 가지 기준이 있다. 각 기준에 대한 펀드들의 쌍대비교 행렬과 세 가지 기준들 간 쌍대비교 행렬은 다음과 같다.

수익률			
펀드	Global	Blue Chip	Bond
Global	1	1/4	2
Blue Chip	4	1	6
Bond	1/2	1/6	1

위험			
펀드	Global	Blue Chip	Bond
Global	1	2	1/3
Blue Chip	1/2	1	1/5
Bond	3	5	1

수수료			
펀드	Global	Blue Chip	Bond
Global	1	1	1/3
Blue Chip	1	1	1/3
Bond	3	3	1

기준	수익률	위험	수수료
수익률	1	3	5
위험	1/3	1	2
수수료	1/5	1/2	1

메건이 투자해야 할 펀드를 결정하시오.

13 문제 12에서 메건이 8만 5,000달러를 가지고 있고 세 종류의 펀드에 분산투자하고 싶은 경우에는 각 펀드에 얼마씩 투자해야 하는가?

14 리치먼드의 WRCH 방송국은 뉴스 쇼 〈6시의 목격자〉의 앵커를 모집하고자 후보자를 인터뷰하고 있다. 준 폴리, 켈리 쿠릭, 팀 브로크노가 3명의 최종 면접자이다. 방송국 매니저의 선발 기준은 외모, 지적 능력, 그리고 언변이다. 매니저가 정한 각 기준별 지원자들의 쌍대비교 행렬과 기준들의 쌍대비교 행렬은 다음과 같다.

앵커	외모		
	폴리	쿠릭	브로크노
폴리	1	2	7
쿠릭	1/2	1	5
브로크노	1/7	1/5	1

앵커	지적 능력		
	폴리	쿠릭	브로크노
폴리	1	1/3	1/4
쿠릭	3	1	1/2
브로크노	4	1	1

앵커	언변		
	폴리	쿠릭	브로크노
폴리	1	1/3	2
쿠릭	3	1	6
브로크노	1/2	1/6	1

기준	외모	지적 능력	언변
외모	1	8	5
지적 능력	1/8	1	1/5
언변	1/3	5	1

AHP를 이용하여 매니저가 어떤 앵커를 고용해야 할지 결정하시오.

15 아론 제이텔은 고등학교 졸업반 학생으로 가을에 어떤 대학을 가야 할지 결정해야 한다. 그는 선택 범위를 애링턴, 바턴, 클레이본의 세 예술대학으로 좁혔다. 선택을 위한 기준은 학교의 학문적 명성, 장소(집에서의 인접도), 등록금과 주거비용, 그리고 대학이 제공하는 사회적·문화적 기회이다. 아래는 네 기준에 대한 아론의 쌍대비교 행렬과 기준들의 쌍대비교 행렬이다.

대학	대학 평판		
	A	B	C
A	1	1/2	3
B	2	1	4
C	1/3	1/4	1

대학	위치		
	A	B	C
A	1	1	3
B	1	1	5
C	1/3	1/5	1

대학	비용		
	A	B	C
A	1	1/2	1/4
B	2	1	1/2
C	4	2	1

대학	문화생활		
	A	B	C
A	1	3	6
B	1/3	1	3
C	1/6	1/3	1

기준	대학 평판	위치	비용	문화생활
대학 평판	1	4	1/2	2
위치	1/4	1	1/5	1/2
비용	2	5	1	3
문화생활	1/3	2	1/3	1

아론이 어느 대학을 가야 할지 AHP를 이용하여 결정하고, 기준들 간 쌍대비교 행렬의 일관성을 확인하시오.

16 Rockingham System은 A, B, C 3개의 연구 개발 프로젝트를 고려하고 있다. Rockingham은 세 프로젝트를 모두 수행할지 불확실하기 때문에 선호도에 따라서 세 프로젝트의 순위를 매기려고 한다. Rockingham은 잠재적인 이익, 성공 가능성, 그리고 비용 등 세 가지 기준을 바탕으로 순위를 매긴다. Rockingham의 세 기준에 대한 각 프로젝트와 기준 자체에 대한 쌍대비교 행렬이 아래에 나타나 있다.

대학	수익		
	A	B	C
A	1	4	6
B	1/4	1	2
C	1/6	1/2	1

대학	P(성공)		
	A	B	C
A	1	2	1/3
B	1/2	1	1/6
C	3	6	1

대학	비용		
	A	B	C
A	1	1/3	1/4
B	3	1	1/2
C	4	2	1

기준	수익	P(성공)	비용
수익	1	2	6
P(성공)	1/2	1	4
비용	1/6	1/4	1

AHP를 이용하여 세 프로젝트의 순위를 매기시오.

17 Bay City 공원 레크리에이션 부서는 체육관, 운동장, 테니스 코트, 수영장과 같은 여러 시설을 건설하는 것을 고려 중이다. 어떤 시설을 건설할지 결정하는 기준은 설문조사를 통한 예상 이용률, 건설 및 유지 비용이다. 이 부서에서는 선택 기준으로 비용보다는 이용률을 강하게 선호한다. 아래는 두 기준에 대한 각 시설의 선호를 나타내는 쌍대비교 행렬이다.

기관	이용률			
	체육관	운동장	테니스 코트	수영장
체육관	1	1/3	3	2
운동장	3	1	5	4
테니스 코트	1/3	1/5	1	1/3
수영장	1/2	1/4	3	1

기관	비용			
	체육관	운동장	테니스 코트	수영장
체육관	1	1/4	1/2	3
운동장	4	1	3	7
테니스 코트	2	1/3	1	4
수영장	1/3	1/7	1/4	1

AHP를 이용하여 시설의 순위를 매기고 일관성을 확인하시오.

18 피어슨 출판사는 직원들에게 줄 여름 휴가 깜짝 선물을 계획하고 있다. 출판사가 이러한 아이디어를 공개하자 흥분한 직원들은 여름 휴가지로 스코트랜드의 스카이섬, 프랑스 파리, 스위스의 베른 세 곳을 탐색하였다. 일주일간의 논의 끝에 직원들은 만장일치로 날씨 즐기기, 놀이 활동 참여하기 등 두 가지를 여름 휴가의 주제로 선정하였다. 논의 결과 다음 두 개의 쌍대비교 행렬이 만들어졌다.

국가	날씨		
	스코트랜드(SL)	프랑스(F)	스위스(SWL)
스코트랜드(SL)	1	3	4
프랑스(F)	1/3	1	1/2
스위스(SWL)	1/4	2	1

국가	놀이		
	스코트랜드(SL)	프랑스(F)	스위스(SWL)
스코트랜드(SL)	1	2	1/3
프랑스(F)	1/2	1	1/2
스위스(SWL)	3	2	1

피어슨이 여행 비용을 부담하므로, 비용면에서 다음과 같은 쌍대비교 행렬을 만들었다.

국가	비용		
	스코트랜드(SL)	프랑스(F)	스위스(SWL)
스코트랜드(SL)	1	3	4
프랑스(F)	1/3	1	2
스위스(SWL)	1/4	1/2	1

피어슨은 날씨, 놀이, 비용 기준에 따라 장소를 선택하므로 기준들을 비교하여 다음과 같은 쌍대비교 행렬을 생성하였다.

기준	날씨	놀이	비용
날씨	1	3	4
놀이	1/3	1	1/4
비용	1/4	4	1

만약 피어슨이 AHP에 기초하여 의사결정을 한다면, 세 도시의 순위를 결정하시오.

19 문제 18의 쌍대비교 행렬의 일관성을 확인하라.

20 차기 정부 구성을 위해 선거가 실시될 예정이다. 최근 투표 자격을 획득한 유권자는 처음으로 투표하는 것을 고대하고 있다. 유권자는 세 정당의 성과를 과거 집권 당시 거버넌스, 고용 증가, 삶의 질 측면에서 평가한다. 유권자는 수업 시간에 배운 AHP 기법을 적용하여 다음과 같은 쌍대비교 행렬을 준비하였다.

기준	기준		
	거버넌스	고용 증가	삶의 질
거버넌스	1	2	1/2
고용 증가	1/2	1	1/4
삶의 질	2	4	1

정당	거버넌스		
	정당 1	정당 2	정당 3
정당 1	1	4	1/2
정당 2	1/4	1	1/3
정당 3	2	3	1

정당	고용 증가		
	정당 1	정당 2	정당 3
정당 1	1	2	2
정당 2	1/2	1	1
정당 3	1/2	1	1

정당	삶의 질		
	정당 1	정당 2	정당 3
정당 1	1	1	9
정당 2	1	1	7
정당 3	1/9	1/7	1

위의 데이터에 비추어 어떤 정당에 투표해야 하는가?

21 다음과 같이 주어진 비교 대상들에 대해 쌍대비교를 수행할 때, 표 9.1의 선호도 척도에 따라 각자의 선호도를 나타내 보시오.

a. 스테이크 대 치킨   b. 핫도그 대 햄버거
c. 공화당 대 민주당   d. 축구 대 풋볼
e. 대학 농구 대 프로 농구   f. 경영과학 대 경영
g. 도미노 피자 대 피자 헛   h. 맥도날드 대 웬디스
i. 포드 대 혼다   j. 디킨스 대 포크너
k. 비틀즈 대 베토벤   l. 뉴욕 대 로스앤젤레스
m. 시카고 대 애틀랜타   n. 아메리칸 리그 대 내셔널 리그

22   Suntrek은 중국에 본부를 두고 전 세계의 의류회사에 청바지를 공급한다. 이 회사는 미국의 면 생산업체로부터 다량의 면을 구매하여 미 동부 해안의 항구로 운송한 다음 컨테이너에 적재하여 데님 옷감과 청바지를 생산하는 해외 공장으로 면을 수송한다. Suntrek은 해외 항구 중 하나에 창고/유통 센터를 건설하고자 하며 상하이, 사이공, 카라치 등 세 곳을 고려 중이다. 위치를 선정하는 데 사용하는 기준들로는 건설/운영 비용, 노동 임금 및 가용성, 컨테이너 및 선박 가용성, 위치 요소(예를 들어, 관세, 가용 토지, 정부 규제와 안정성) 등이다. 각 기준에 대해 후보지들 간 쌍대비교 행렬과 네 개 기준들 간 쌍대비교 결과는 다음과 같다.

항구	비용		
	상하이	사이공	카라치
상하이	1	1/2	4
사이공	2	1	5
카라치	1/4	1/5	1

항구	노동		
	상하이	사이공	카라치
상하이	1	2	4
사이공	1/2	1	5
카라치	1/4	1/5	1

항구	컨테이너/선박		
	상하이	사이공	카라치
상하이	1	1/3	1/4
사이공	3	1	1/2
카라치	4	2	1

항구	위치		
	상하이	사이공	카라치
상하이	1	4	1/6
사이공	1/4	1	3
카라치	6	1/3	1

기준	비용	노동	컨테이너/선박	위치
비용	1	5	1/3	4
노동	1/5	1	1/6	1/2
컨테이너/선박	3	6	1	3
위치	1/4	2	1/3	1

AHP를 이용하여 Suntrek는 어느 항구를 선택해야 하는지를 결정하고 기준들 간 쌍대비교 행렬의 일관성을 확인하시오.

23　야구팀 Sox의 관리자인 벤 치어리는 돌아오는 야구 시즌에 대비하여 최소한 한 명 이상의 자유계약 선수를 영입하고 싶다. 그가 고려 중인 네 명의 선수는 존 아론, 마이크 배스, 카를로스 카브레라, 그리고 조쉬 도널드이다. 그는 세 가지 기준을 사용할 예정인데, 연봉/계약기간에 관한 선수의 요구조건, 선수의 과거 부상 이력, 대체 수준 대비 승리 기여(Wins Above a Replacement, WAR) 등이다. 다음은 기준들 간 선호도를 나타낸다.

기준	WAR	계약조건	부상이력
WAR	1	1/4	1/3
계약조건	4	1	1/2
부상이력	3	2	1

각 기준별로 벤의 쌍대비교 행렬은 다음과 같다.

| 선수 | WAR | | | |
	아론	배스	카브레라	도널드
아론	1	3	1/5	6
배스	1/3	1	1/7	4
카브레라	5	7	1	9
도널드	1/6	1/4	1/9	1

| 선수 | 계약조건 | | | |
	아론	배스	카브레라	도널드
아론	1	1/2	1/4	1/5
배스	2	1	1/2	1/3
카브레라	4	2	1	2
도널드	5	3	1/2	1

| 선수 | 부상이력 | | | |
	아론	배스	카브레라	도널드
아론	1	1/6	4	3
배스	6	1	6	4
카브레라	1/4	1/6	1	1/3
도널드	1/3	1/4	3	1

AHP를 이용하여 자유계약 선수들의 순위를 결정하시오.

24　문제 23에서 벤의 쌍대비교 행렬들의 일관성을 확인하시오.

25　문제 11에서 아파트 단지 또는 대학 주변의 거주지를 선택할 때 사용하는 각자의 선정 기준을 제시하고 그 선정 기준에 대한 쌍대비교 행렬을 만들어 보시오. 그리고 AHP를 사용하여 각자가 선택 가능한 아파트 단지들의 순위를 결정하시오.

26 Tech 대학의 경영과학과에서는 이번 가을 학기에 계량모형의 입문반으로 4개의 섹션을 개설한다. 각 섹션은 각기 다른 강사가 강의한다. 학생들은 시간과 요일, 강사의 학점 주는 경향, 수업 분위기, 과제의 양, 그리고 선생님의 유머 감각을 바탕으로 섹션을 선택하려고 한다. 아래는 학생들의 기준에 대한 선호도이다.

기준	시간/요일	학점 주는 경향	수업 분위기	과제량	강사의 유머
시간/요일	1	2	7	3	8
학점 주는 경향	1/2	1	6	3	9
수업 분위기	1/7	1/6	1	1/4	2
과제량	1/3	1/3	4	1	7
강사의 유머	1/8	1/9	1/2	1/7	1

아래는 각 기준에 대한 쌍대비교 행렬이다.

섹션	시간/요일			
	1	2	3	4
1	1	3	5	7
2	1/3	1	2	5
3	1/5	1/2	1	3
4	1/7	1/5	1/3	1

섹션	학점 주는 경향			
	1	2	3	4
1	1	1/7	1/8	2
2	7	1	2	6
3	8	12	1	5
4	1/2	1/6	1/5	1

섹션	수업 분위기			
	1	2	3	4
1	1	6	3	3
2	1/6	1	3	2
3	1/3	1/3	1	1
4	1/3	1/2	1	1

섹션	과제량			
	1	2	3	4
1	1	1/4	1/8	1/2
2	4	1	1/3	4
3	8	3	1	5
4	2	1/4	1/5	1

섹션	강사의 유머			
	1	2	3	4
1	1	1/5	3	4
2	5	4	6	7
3	1/3	1/6	1	3
4	1/4	1/7	1/3	1

a. AHP를 이용하여 섹션의 순위를 매기시오.

b. 이러한 틀과 기준을 이용하여, 자신의 선호에 따라 자신의 학교에 개설된 여러 과목들의 순위를 매기시오.

27 유럽계 석유 탐사 회사는 합병 전략의 일환으로 설계 센터를 아랍에미레이트로 이전하고 싶다. 선호도를 평가하기 위해 다음과 같은 쌍대비교 행렬을 만들었다.

도시	아부다비	두바이	샤르자
아부다비	1	1/3	1/2
두바이	3	1	9
샤르자	2	1/9	1

a. 세 도시 간의 우선순위를 정하시오.

b. 일관성을 확인하시오.

28 미국 남북전쟁 당시 유명했던 네 명의 장군으로 율리시스 그랜트, 윌리엄 셔먼, 로버트 리, 스톤월 잭슨 등이 있다. 역사가들은 이 네 명의 장군 중 누가 가장 위대한지를 놓고 항상 논쟁을 해왔다. 다음에는 장군을 평가하는 데 사용될 수 있는 다섯 개 기준들에 대한 쌍대비교 결과가 제시되어 있다. 여기서 다섯 개 기준으로는 리더십(대인관계 능력과 의사소통/권한위임 능력 등을 포함), 계획하고 부대를 지휘하는 전술적/기술적 능력(자원의 효율적 사용을 포함), 참여한 전투에 미친 직접적 영향, 전시 또는 평상시 의사결정 능력, 그리고 전쟁에서의 전반적인 성공 정도 등이 있다.

장군	대인관계 능력 및 리더십			
	그랜트	리	잭슨	셔먼
그랜트	1	1/4	1/3	2
리	4	1	2	8
잭슨	3	1/2	1	5
셔먼	1/2	1/8	1/5	1

장군	전술적 능력			
	그랜트	리	잭슨	셔먼
그랜트	1	1/4	1/5	2
리	4	1	1/3	6
잭슨	5	3	1	8
셔먼	1/2	1/6	1/8	1

장군	전투에 미친 영향			
	그랜트	리	잭슨	셔먼
그랜트	1	1/4	1/7	2
리	4	1	1/3	3
잭슨	7	3	1	9
셔먼	1/2	1/3	1/9	1

장군	의사결정			
	그랜트	리	잭슨	셔먼
그랜트	1	1/2	3	3
리	2	1	3	5
잭슨	1/3	1/3	1	3
셔먼	1/3	1/5	1/3	1

장군	전반적인 성공 정도			
	그랜트	리	잭슨	셔먼
그랜트	1	5	7	6
리	1/5	1	2	3
잭슨	1/7	1/2	1	2
셔먼	1/6	1/3	1/2	1

기준	대인관계 능력 및 리더십	전술적 능력	전투에 미친 영향	의사결정	전반적인 성공 정도
대인관계 능력 및 리더십	1	1/4	1/3	1/5	1/9
전술적 능력	4	1	1/2	1/3	1/6
전투에 미친 영향	3	2	1	1/2	1/5
의사결정	5	3	2	1	1/4
전반적인 성공 정도	9	6	5	4	1

AHP를 이용하여 남북 전쟁 당시 네 명의 장군들의 순위를 매기시오.

29 문제 28에서 각자의 지식과 인터넷 검색 등에 기반하여 각 기준별 쌍대비교 행렬과 기준들 간 쌍대비교 행렬을 각자가 만들어 보시오. 그리고 네 명의 장군들의 순위를 결정하시오.

30 경영과학과의 어느 대학생은 스마트폰을 구매하고 싶다. 그는 주로 가격, 배터리 수명, 부가 기능 등 세 가지 기준에 관심을 두고 있다. 3개의 모델 M1, M2, M3을 최종 구매 후보로 선정하였다. AHP 기법을 사용하여 다음과 같은 쌍대비교 행렬을 생성하였다.

기준	기준		
	가격	배터리 수명	부가 기능
가격	1	2	1/4
배터리 수명	1/2	1	1/5
부가 기능	4	5	1

	가격		
스마트폰	M1	M2	M3
M1	1	1/2	1/5
M2	2	1	1/2
M3	5	2	1

	배터리 수명		
스마트폰	M1	M2	M3
M1	1	2	3
M2	1/2	1	1/2
M3	1/3	2	1

	부가 기능		
스마트폰	M1	M2	M3
M1	1	3	4
M2	1/3	1	1/5
M3	1/4	5	1

3개 모델의 순위를 결정하시오.

31 문제 30에서 쌍대비교 행렬의 일관성을 확인하여시오.

32 라브랜 존스는 지난 8년 동안 클리블랜드 프로 농구팀에 소속했었고 최고 선수 중의 한 명으로 자리 잡았다. 그는 최근 자유계약선수가 되어 클리블랜드와 새로운 계약을 체결하거나 아니면 다른 어떤 팀과 계약할 수 있다. 그는 자신의 고향 근처에 있는 클리블랜드에서 활약하는 것을 기쁘게 생각해 왔으나, 클리블랜드는 한 번도 우승에 가까이 가본 적이 없다. 그래서 라브랜은 우승할 가능성이 높은 다른 세 팀 중의 하나로 이적하는 것을 고려하고 있다. 그가 고려하고 있는 다른 요인들로는 연봉(비록 클리블랜드가 다른 어떤 팀보다 더 많은 연봉을 제시하고 있지만), 홈 도시의 미디어 관심도와 상품광고 출연, 홈 도시와 그 도시의 생활 스타일 등이다. 이러한 네 가지 기준별로 네 팀에 대한 쌍대비교 결과와 기준 간 쌍대비교 결과는 다음과 같다.

	연봉			
도시	클리블랜드	마이애미	뉴욕	시카고
클리블랜드	1	5	4	3
마이애미	1/5	1	1/3	1/2
뉴욕	1/4	3	1	2
시카고	1/3	2	1/2	1

	미디어 노출/상품광고			
도시	클리블랜드	마이애미	뉴욕	시카고
클리블랜드	1	1	1/4	1/2
마이애미	1	1	1/4	1/2
뉴욕	4	4	1	2
시카고	2	2	1/2	1

도시	도시/생활 스타일			
	클리블랜드	마이애미	뉴욕	시카고
클리블랜드	1	1/4	3	2
마이애미	4	1	5	4
뉴욕	1/3	1/5	1	1/2
시카고	1/2	1/4	2	1

도시	우승 가능성			
	클리블랜드	마이애미	뉴욕	시카고
클리블랜드	1	1/7	1/2	1/4
마이애미	7	1	5	3
뉴욕	2	1/5	1	1/2
시카고	4	1/3	2	1

기준	연봉	미디어 노출/상품광고	도시/생활 스타일	우승 가능성
연봉	1	1/4	1/3	1/5
미디어 노출/상품광고	4	1	1/2	1/3
도시/생활 스타일	3	2	1	1/2
우승 가능성	5	3	2	1

AHP를 이용하여 라브랜이 어느 팀과 새로운 계약을 체결해야 하는지를 결정하시오.

33   문제 32에서 각 기준별 쌍대비교 행렬과 기준들 간 쌍대비교 행렬의 일관성을 확인하시오.

34   Balston Healthcare 회사는 세 개의 병원과 도시에 있는 여러 클리닉을 운영하고 있다. 이 회사는 어느 교외지역에 노인 환자를 대상으로 하는 새로운 요양병원시설 건립을 계획하고 있다. 후보 지역의 평가 점수는 다음 표와 같다.

위치 요인	가중치	점수(0~100점)			
		Ashcroft	Brainerd	Crabtree	Dowling
노인 인구	0.55	75	80	65	75
소득 수준	0.15	65	75	90	85
토지 가용성	0.10	90	70	90	80
평균 연령	0.10	80	70	80	75
대중 교통	0.05	95	55	75	95
범죄율	0.05	95	70	85	90

위치 요인들의 가중치와 점수에 근거하여 새로운 시설의 위치를 추천해보시오.

35 여러분이 구매하고 싶은 네 개의 자동차 모형을 선택한 뒤 AHP와 자신의 선호도를 이용하여 일곱 가지 기준에 따라 선택한 자동차들의 순위를 매기시오. 기준들로는 가격, 스타일/외관, 신뢰성/유지보수, 엔진 크기, 연비, 안전성, 옵션 등이 있다(판단을 돕기 위해 컨슈머 리포트와 같은 참고서적을 읽어도 된다). AHP를 이용하여 자동차 모델에 대한 순위를 매긴 후, 같은 분석을 수행하기 위한 평점모형을 개발하시오. 그리고 두 모형의 결과를 비교하고 더 선호하는 방법을 논의하시오.

36 Dynaco 제조회사는 자동차나 트럭에 사용되는 링 베어링을 만드는 새로운 공장을 건설하려고 한다. 부지를 선정하는 팀에서는 세 곳을 평가하고 각 기준별 점수를 다음과 같이 정하였다.

기준	가중치	건설 부지		
		1	2	3
노동력 풀 및 풍토	0.30	80	65	90
공급업체 근접성	0.20	100	91	75
임금	0.15	60	95	72
지역사회 환경	0.15	75	80	80
고객 근접성	0.10	65	90	95
운송 수단	0.05	85	92	65
항공 서비스	0.05	50	65	90

평점모형을 적용하여 이 팀이 어느 부지를 추천해야 하는지를 결정하시오.

37 문제 23에서 야구팀 Sox의 관리자인 벤 치어리는 평점모형을 이용하여 돌아오는 야구 시즌을 위해 어느 자유계약선수와 계약을 체결해야 하는지를 결정하고 싶다. 다음 표는 그가 개발한 선정기준들의 가중치와 각 선수들이 기준들을 얼마나 잘 충족하는지를 보여 준다.

의사결정 기준	가중치	선수			
		1	2	3	4
계약 연봉	0.28	70	80	90	85
계약 기간	0.20	80	85	95	90
WAR	0.15	75	60	95	70
부상이력	0.12	80	90	50	60
나이	0.09	75	60	70	50
포지션	0.07	90	70	70	80
태도	0.04	60	75	70	60
수비 능력	0.03	70	80	65	55
타격 통계	0.02	75	90	80	55

점수에 따라 선수들의 순위를 결정하시오. 이렇게 도출된 순위가 문제 23에서 결정된 순위와 어떻게 다른가?

38 주립대학은 서점, 우체국, 극장, 마트, 소규모 몰, 회의실, 수영장, 체력단련실 등을 포함하는 새로운 학생센터 및 경기장을 건설할 예정이다. 대학본부는 부지 선정 전문가를 고용하여 최적의 부지를 선정하려고 한다. 이 부지 선정 전문가는 캠퍼스 내 네 곳의 후보지를 찾고 의사결정 기준에 따라 각 부지에 다음과 같이 점수를 부여했다.

의사결정 기준	가중치	후보지			
		남쪽	서쪽 A	서쪽 B	동쪽
기숙사 근접성	0.23	70	90	65	85
학생 통행량	0.22	75	80	60	85
주차 가용성	0.16	90	60	80	70
부지 크기 및 지형	0.12	80	70	90	75
기반시설	0.10	50	60	40	60
교외 접근성	0.06	90	70	70	70
식당 근접성	0.05	60	80	70	90
외부인 통행량	0.04	70	80	65	55
풍경 및 미관	0.02	50	40	60	70

이 전문가는 어느 부지를 추천해야 하는가?

39 카터가(家)는 사우스캐롤라이나 주 힐튼헤드에서 여름 일주일을 보낼 공용 콘도미니엄을 구매하려고 한다. 그곳에는 많은 콘도미니엄들이 있는데, 카터가는 그중 다섯 곳을 후보지로 고려하고 있다. 그들은 아래와 같은 가중치를 사용해 각 후보지에 대해 점수를 매겼다.

결정 기준	가중치	후보 지역				
		Albermarle	Beachfront	Calypso	Dafuskie	Edenisle
이용 가능한 특정 여름 주간	.40	80	70	70	90	60
비용	.20	50	70	90	60	90
해변과의 거리	.15	70	60	70	50	80
콘도미니엄의 질	.05	90	80	90	60	80
수영장 크기	.05	40	60	70	80	100
청결	.05	70	90	90	80	90
해변의 혼잡	.05	30	80	50	70	60
콘도미니엄 크기	.05	100	70	90	80	90

평점모형을 사용하여 카터가에게 추천할 리조트를 결정하시오.

40 네 개의 컴퓨터 브랜드에 대한 조사 결과 다음과 같은 쌍대비교 행렬이 만들어졌다. 고려된 요인은 처리속도, 저장 용량, 판매 후 서비스, 가격이다.

	처리속도	저장 용량	판매 후 서비스	가격
처리속도	1	3	6	1/4
저장 용량	1/3	1	4	1/5
판매 후 서비스	1/6	1/4	1	1/6
가격	4	5	6	1

a. 요인 간 우선순위를 정하시오.
b. 쌍대비교 행렬의 일관성을 확인하시오.

41 Suntrek은 청바지를 생산하여 전 세계 의류 소매업체에 판매한다. Suntrek은 아시아 지역의 신규 시장을 서비스하기 위해 이 지역에 새로운 창고/유통센터를 건설하고 싶다. 후보 사이트로 항구도시인 상하이, 싱가폴, 부산, 가오슝, 그리고 홍콩을 고려하고 있다. 위치 결정 요인들과 각 요인에 대한 점수는 다음 표와 같다.

| 위치 요인 | 항구의 점수(0~100점) | | | | |
	상하이	싱가폴	부산	가오슝	홍콩
시설 비용	65	75	80	90	55
노동 임금	75	70	85	95	60
노동력 가용성	70	65	85	80	70
기반시설	80	80	65	70	95
교통	75	65	75	75	90
컨테이너 가용성	70	80	65	75	85
확장/현대화	80	75	90	80	95
정치 안정성	65	70	85	80	90
관세, 세금 및 수수료	75	80	80	90	70
무역 규제	65	75	80	80	75

위치 요인들의 중요도를 나타내는 가중치가 제시되지 않았다. 각자가 가중치를 정하고 새로운 유통센터의 최적 위치를 추천하시오.

사례 문제

오크데일 카운티 학교의 버스

오크데일 카운티 학교위원회는 임시 회기에 회의를 개최했다. 연방 법원은 위원회에 오크데일 카운티의 4개 고등학교에 인종 비율을 맞출 수 있도록 버스 수송 계획을 일주일 내에 세우기를 명령하였다. 법원에서는 지금까지도 여러 차례 학교위원회에 기회를 주었지만, 위원회 회원들은 합의점을 찾는 데 실패하였다. 그들이 만나서 학생들을 한 고등학교 학군에서 다른 고등학교 학군으로 이동시키려는 계획을 세우려고 할 때마다, 처음으로 버스를 운행시키기도 전에 논쟁이 붙었고 회의는 중지되었다. 그러나 위원회는 법원에서 그동안 참을 만큼 참았기 때문에 이번에는 반드시 어떤 합의를 도출해야 한다는 것을 알고 있다.

4개의 학교 중에서, 단지 웨스트 고등학교만이 500명의 흑인 학생과 500명의 백인 학생으로 인종적 조화를 이루고 있다. 노스 고등학교는 1,000명의 백인 학생이 있지만, 흑인 학생은 300명밖에 없다. 이스트 고등학교는 1,050명의 백인 학생과 400명의 흑인 학생이 있다. 사우스 고등학교는 800명의 흑인 학생과 450명의 백인 학생으로 흑인 학생의 수가 우세하다. 전체적으로 5,000명의 학생이 오크데일 카운티 학군에 있으며, 60%는 백인, 나머지 40%는 흑인이다.

"이봐요, 학생들을 여기저기로 옮기려고 하기보다 먼저 우리가 무얼 원하는지, 그러니까 우리의 목적이 무엇인지에 대해서 먼저 이야기하는 것이 어때요?" 웨스트 고등학교에서 온 존 코너가 말했다.

몇 명의 다른 회원들이 동의의 뜻으로 고개를 끄덕였다. 위원회 의장인 프레드 하비가 말했다. "좋은 아이디어야, 존."

"네, 처음 목표는 매우 명백해 보여요. 우리 학생의 60%는 백인이고 40%는 흑인이에요. 그러니까 우리는 우리의 학교들을 60대 40으로 만들어야 해요." 존이 말했다.

"존, 당신 입장에서는 그렇게 말하면 쉽겠죠." 베티 필립스가 반박했다. "왜냐하면 당신의 구역에는 벌써 그런 비율을 가지고 있기 때문에 당신은 60 대 40으로 균일하게 분할을 하더라도 버스를 운행할 필요가 없죠. 그러나 우리 구역인 노스는 그 비율과 상당한 차이가 있고, 60 대 40의 비율을 맞추기 위해서는 버스를 많이 운행해야 해요."

"베티, 내 말은 그게 아니야. 그건 기본적으로 배리 판사가 6개월 동안 말해 왔던 거야." 존이 말했다.

"존이 맞아, 베티. 그리고 우리는 아직 학생을 수송하지 않았어. 우리는 단지 목적을 분명히 하려는 것뿐이야. 내 생각에는 그게 가장 높은 중요도를 가지는 목표가 되어야 할 것 같아. 나머지 분들의 생각은 어때요?" 프레드가 말했다.

모두 고개를 끄덕였다. 베티 필립스도 마지못해 동의했다.

"우리는 어쨌든 학생들을 수송해야 한다는 것을 아니까, 내 생각에는 우리는 학생의 수송비용을 최소화시킬 필요가 있을 것 같아요." 사우스 학군에서 온 미키 지보니가 제안했다.

프레드 하비는 모두가 받은 유인물의 10쪽에 각 학군으로부터 다른 학군으로 버스를 타고 갈 경우의 거리를 나타낸 차트가 있다고 말했다. 차트는 아래와 같다.

구역/학교	거리(마일)			
	노스	사우스	이스트	웨이트
노스	–	30	12	20
사우스	30	–	18	26
이스트	12	18	–	24
웨이트	20	26	24	–

"버스 수송의 총 거리, 학생들의 편의 그리고 예산의 문제에 대해서 몇 개의 합리적인 목적을 세우는 게 어떨까요?" 카산드리아 왓킨스가 물었다. "나는 우리가 현재 학생들을 수송하는 것에 기초해서 하루에 3만 마일을 제안하겠어요. 만약 이것보다 많은 수송을 해야 한다면, 자금이 부족할 거예요. 그리고 이보다 많은 수송은 학생을 모든 곳으로 이동시키는 것이나 마찬가지예요."

다른 회원들이 모두 고개를 끄덕이며 동의했다.

"좋아요. 그것을 우리의 두 번째 목적으로 하죠." 프레드 하비가 말했다.

베티 필립스가 다시 말했다. "그리고 내가 한 가지 더 염려하는 것이 있어요. 우리 노스 고등학교에는 현재에도 수용 가능한 학생보다 100명이 더 많아요. 노스 고등학교에 학생이 더 많아지면 곤란합니다."

"당신만 문제 있다고 생각하는군요!" 밥 윌슨이 외쳤다.

"이스트에는 1,450명의 학생이 있는데 1,000명이 정원이에요. 수용 가능 범위에서 학생을 받는 것이 좋은 생각으로 여겨지네요!"

"동의해요. 우리 사우스 고등학교에서도 250명이 정원 초과예요." 미키 지보니가 말했다.

"맞아요, 좋은 생각이에요." 존 코너가 대답했다. "그리고 내가 알기로는 웨스트 고등학교에는 정원보다 200명이 적어요. 그러나 우리가 감수할 부분이 있어요. 카운티에는 4,400명의 정원이 있어요. 이는 학생 수인 5,000명에 비해서 부족하죠. 그러니까 어쨌든 정원 초과 사태는 벌어진답니다. 제 생각에 우리의 목표는 모든 학교에서 정원 초과의 비율이 분산되어야 한다는 겁니다."

"합리적인 생각으로 들립니다. 다른 분들은 어떠세요? 우리의 세 번째 목적이 최대한 학교의 정원에 맞추는 것이고, 그러나 정원 초과는 균등하게 나누는 것으로 하는 게 어때요?" 프레드 하비가 말했다.

모두 찬성했다.

"그래요. 내 생각에는 우리의 계획을 성취하기 위한 여러 목적이 다 드러난 것 같군요. 이제 우리는 단지 몇 개의 마법의 도구를 사용하여 모든 목적을 만족시킬 수 있도록 학생 수송 계획을 세우는 것뿐이군요." 존 코너가 마무리했다.

사람들은 끄덕이면서도 난색을 표시했다.

A. 위원회의 딜레마를 해결할 수 있는 목표계획법 모형을 세우시오.

B. 컴퓨터를 이용해서 모형을 푸시오.

카토바 밸리 고속도로 순찰

ㅂ로데릭 크로포드는 펜실베이니아 주의 서부에 위치한 카토바 밸리 고속도로의 순찰을 맡고 있는 순찰대의 구역 대장이다. 그는 구역 내의 도로에 순찰 차량을 분할하려고 한다. 그가 맡은 순찰대의 가장 중요한 기능은 도시 외곽의 도로를 순찰하면서 교통 위반과 사고를 막는 것이다. 이러한 목적은 단순히 도로상에서 순찰대가 보이기만 하면 달성된다. 즉, 운전자에게 어느 정도 규칙적으로 순찰대를 볼 수 있게 하여 일종의 경고 메시지를 줄 수 있다. 두 번째로 중요한 기능은 운전자를 돕는 일과 구조 요청 전화를 받고 긴급 사태나 사고를 담당하는 일이다. 그리고 때때로 범인들을 체포하기도 한다. 크로포드는 23대의 순찰 차량을 가지고 있으며 아래의 주요 여섯 도로에 할당하려고 한다.

- 도로 구역 1 : 주간(州間) 고속도로, 북부
- 도로 구역 2 : 도심, 북부
- 도로 구역 3 : 4차선 고속도로, 동부
- 도로 구역 4 : 2차선 고속도로, 서부
- 도로 구역 5 : 주간/4차선 고속도로, 남부
- 도로 구역 6 : 2차선 고속도로(화물차 구간), 남부

각 도로 구역은 주요 간선도로를 포함하고 있으며 인접한 도로도 포함하고 있다. 모든 도로 구역은 각기 다른 교통 혼잡도와 사고율을 가지고 있는데 이는 얼마나 많은 순찰 차량이 투입되어야 하는지를 결정하는 가장 중요한 요소이다. 그러나 이러한 요소가 단순히 우연에만 의존하는 것은 아니다. 예를 들어, 주간 고속도로 구간은 일반적으로 높은 교통량을 가지지만 사고율은 낮다. 반면, 2차선의 고속도로는 통행량은 많지 않지만, 교통사고율이 높다. 이러한 차이는 때로는 급커브, 시야 확보, 도로 너비 등의 도로 사정의 차이로 인해서 생긴다. 또, 도로 구역 6의 대형 화물 트럭과 같은 요소들도 높은 교통사고율에 기여한다.

각 도로의 구간은 서로 보수비용, 연료비용 등의 다른 운영비용을 필요로 한다. 크로포드 대장의 가장 중요한 목적은 매일 운영비용을 450달러 이하로 유지하는 것이다. 각 도로별로 일간 유지비용은 다음과 같다.

도로 구역	일간 유지비용(달러)
1	20
2	18
3	22
4	24
5	17
6	19

크로포드 대장은 가급적 운전자와 물리적 접촉 및 시각 접촉을 늘려서 잠재적으로 교통 법규 위반을 줄일 뿐 아니라 구역 내의 사고율을 낮추기를 원한다. 대장은 또한 순찰 차량이 각 도로의 긴급 상황에 빨리 출동할 수 있는 적당한 수준의 평균 출동 시간을 유지하려고 한다. 100만 마일당 평균적인 사고율의 감소와 물리적, 시각적인 접촉의 빈도가 아래에 나타나 있다.

도로 구역	순찰대		
	사고율 감소 (100만 마일 주행 기준)	물리적 접촉 (1일 기준)	시각 접촉 (1일 기준)
1	0.27	18	1,700
2	0.21	26	900
3	0.28	10	650
4	0.19	34	230
5	0.23	25	1,600
6	0.33	17	520

크로포드 대장의 중요한 두 번째 목적은 100만 마일당 사고율을 평균 다섯 건 밑으로 내리는 것이다. 대장의 다음 목적은 구역 내에서 매일 350번의 물리적 접촉과 3만 번의 시각 접촉을 하는 것이다.

만약에 순찰 차량이 구역에 배치되지 않는다면, 구조 요청이 들어왔을 때 본부나 주차장으로부터 평균 출동 시간은 28분이다. 각 도로 구역에 배치된 차량은 1대당 출동 시간을 다음과 같이 낮출 수 있다.

도로 구역	평균 출동 시간의 감소(분)
1	0.32
2	0.65
3	0.43
4	0.87
5	0.55
6	0.49

크로포드 대장의 마지막 목적은 평균 출동 시간을 15분 이하로 낮추는 것이다. 지역적인 그리고 정치적인 압력 때문에 대장은 각 도로 구간에 대해서 최소한 2대의 순찰 차량을 배치해야 한다. 그리고 대장은 어떤 도로 구간에 대해서도 5대의 순찰 차량이면 충분하다고 생각한다.

목표계획법 모형을 수립하고 풀어서 대장의 목적을 만족시킬 수 있도록 각 도로에 배치할 순찰 차량의 수를 결정하시오.

캐서린 밀러의 직업 선택

캐서린 밀러는 테크 대학의 정보공학과 졸업반 학생이다. 지난 몇 개월간 그녀는 직업 선택의 과정을 겪고 있다. 그녀는 높은 학점과 학교 내 각종 클럽 활동에 적극적으로 참여하여 좋은 이력을 가지고 있다. 그 결과로 그녀는 여러 회사에서 좋은 인터뷰 기회를 여러 차례 가졌다. 그녀는 현재 다섯 군데의 회사로부터 입사 제의를 받은 상태이다. 다섯 회사는 아메리칸 시스템 개발, 앤더슨 컨설팅, 국립 컴퓨터 소프트웨어 개발(NCSS), 걸프 사우스 컴퍼니 그리고 일렉트로닉 빌리지이다.

아메리칸 시스템 개발과 앤더슨 컨설팅은 둘 다 여러 개의 대도시에 지사를 두고 있는 컨설팅 회사이다. 만약에 캐서린이 이들 기업 중에 하나의 제안을 받아들이게 되면, 그녀는 전국에 있는 고객들을 위해서 의사결정 지원과 정보 시스템을 개발할 것이다. 만약에 그녀가 아메리칸 시스템 개발에 입사한다면 그녀의 본거지는 애틀랜타가 될 것이고, 앤더슨에 입사한다면 워싱턴에서 지내게 될 것이다. 그러나 두 경우에 모두 많은 시간을 고객을 따라서 떠돌게 될 것이고 어쩌면 6~9개월 동안이나 떠돌지도 모른다. NCSS는 대학교와 같은 환경에 시카고에 위치해 있는 소프트웨어와 컴퓨터 개발 회사이다. 비록 NCSS에서의 직업도 출장이 필요하지만 기껏해야 몇 주에 걸친 일회성 출장일 것이다. 걸프 사우스는 은행 보유 회사로, 8개의 은행을 가지고 있고 남동부 지역 주들에 수많은 지점을 가지고 있다. 만약에 걸프 사우스에 입사하게 된다면, 탬파에서 운영 시스템에 관한 일을 하게 된다. 그녀는 정보를 개발하고 시스템을 개발하는 일을 하게 될 것이며, 따라서 그녀는 최소한의 출장만 다니면 된다. 일렉트로닉 빌리지는 텔레비전, DVD, CD 플레이어, MP3 플레이어 및 컴퓨터를 판매하는 전국적인 유통망을 가진 할인 상점이다. 입사한다면 그녀는 테네시에 위치한 내슈빌의 본사에서 수백 개 일렉트로닉 빌리지 상점의 재고 관리를 하는 컴퓨터 시스템을 개발, 유지, 보수하는 일을 할 것이다. 그녀는 거의 출장을 다닐 일이 없다.

아메리칸 시스템 개발은 캐서린에게 초봉으로 3만 8,000달러를 제안했으며, 앤더슨 컨설팅은 4만 1,000달러, NCSS는 4만 6,000달러, 걸프 사우스는 3만 5,000달러를 제안했다. 그리고 일렉트로닉 빌리지는 3만 2,000달러를 제안했다.

캐서린은 심각하게 고민하고 있다. 모든 회사들은 훌륭한 명성과 탄탄한 재무 구조를 가지고 있으며, 자기 발전에도 좋은 기회가 될 것이다. 모든 기업은 일정량의 근무 강도를 요구하고 있으며, 5개 기업 모두가 캐서린에게 단지 몇 주일의 시간을 생각하도록 허락하였다.

캐서린은 AHP(대안의 정량적 분석법)를 이용해 어느 기업으로 갈지 결정하려고 한다. 그녀는 직업 선택의 기준이 되는 몇 개의 기준을 생각해 보았다. 그 기준들은 (1) 급여, (2) 그녀가 지낼 도시의 생활비, (3) 업무를 위한 출장의 빈도, (4) 그녀가 지낼 곳의 날씨, (5) 스포츠, 극장, 박물관, 공원 등 문화적인 기회, (6) 파트타임으로 MBA를 취득 가능한 학교가 있는지 여부, (7) 그녀가 살 도시의 범죄율, (8) 그녀가 할 일의 성격, (9) 친구와 친척들과의 근접도 등이다. 캐서린은 각 기준에 대해서 5개 직업을 비교할 제한된 정보만을 가지고 있다. 그래서 그녀는 도서관에 가서 정보를 검색해 보려고 한다.

캐서린의 입장이라고 생각하고 AHP를 이용하여 자신만의 기준과 선호 그리고 지식을 통해 직업들의 선호도를 매기시오.

야구 명예의 전당 회원 선정하기

매년 11월에 미국 야구 기자 협회(Baseball Writers' Association of America, BBWAA)는 뉴욕 쿠퍼스타운에 있는 야구 명예의 전당에 입성할 그해의 후보 명단을 발표한다. BBWAA에는 575명의 투표 회원이 있으며 명예의 전당에 입성하기 위해서는 75% 찬성을 얻어야 한다. 후보로 지명되거나 선정되는 선수 숫자에는 제한이 없다. BBWAA 웹사이트(http://bbwaa.com/)에 방문하여 올해의 후보 명단에서 가장 유력하다고 생각되는 야수(field players) 다섯 또는 여섯 명을 선택하고, 각자의 기준들로 AHP 모형을 적용하여 이 선수들의 순위를 결정하시오. 기준들로는 안타, 생애 전체 타율, 홈런, 타점, 득점, 도루, 수상 실적, 선수 활약 기간(연수), 수비율(fielding percentage), 월드 시리즈 참가 횟수, 기존 명예의 전당 회원 및 동일 포지션과의 비교 등을 고려할 수 있다. 경기 통계를 포함한 선수들의 이력은 인터넷을 통해 찾을 수 있다.

선트렉의 청바지 공장 및 유통센터

선트렉은 데님 옷감과 청바지를 생산하는 글로벌 회사이다. 세계 각지에서 (주로 미국과 멕시코에서) 원면(raw cotton)을 구매하여 주로 아시아-태평양, 그리고 인도양 지역에 위치한 공장으로 운송하여 이곳에서 데님 옷감과 청바지를 생산한다. 또한 이 회사는 옷감의 일부를 청바지를 생산하는 다른 공장으로 운송하기도 한다. 최종적으로 모든 청바지는 미국, 유럽, 그리고 일본에 주로 위치한 의류 소매 회사로 운송된다. 이 회사는 원면, 데님 옷감, 청바지를 위한 창고/유통시설을 갖춘 새로운 공장 건설을 고려하고 있다. 새로운 공장을 위한 다섯 개 후보 항구는 다낭, 뭄바이, 마닐라, 상하이, 가라치 등이다. 선트렉의 의사결정 기준과 가중치는 노동 임금(0.20), 면과 옷감 공급(0.18), 선박/교통 가용성 및 비용(0.15), 기반시설(0.12), 위험(0.10), 수입/수출 규제 및 관세(0.09), 정부 안정성(0.06), 노동 지속가능성(0.05), 환경 지속가능성(0.05) 등이다. 인터넷을 이용하여 다섯 후보 항구를 찾아보고 각 기준별로 점수를 부여하시오. 그리고 후보 지역의 순위를 결정하시오.

CHAPTER 10

의사결정 분석

앞의 장들에서 선형계획법을 다루면서 관리자들의 의사결정 과정을 돕기 위한 모형들을 정형화하고 해법을 도출한 바 있다. 이들 모형들에 대한 해답들은 의사결정변수들의 값으로 제시되었다. 그러나 이러한 선형계획법 모형들은 모두 확실성의 가정하에서 세워진 것들이었다. 즉, 모든 모형들의 계수, 제약식의 값 그리고 해의 값들은 확실성하에서 도출되고 변하지 않는다고 가정하였다.

그러나 실제로 많은 의사결정은 불확실한 상황에서 발생한다. 예를 들면, 특정 제품의 수요는 (불확실한) 시장 상황에 따라 다음 주에 100단위가 아닌 50단위 혹은 200단위일 수 있다. 불확실성이 내재된 이와 같은 의사결정 상황에서 결정을 해야 하는 의사결정자(decision maker)를 돕기 위한 몇 가지 기법들이 있다.

의사결정 상황은 두 부류로 대별될 수 있다. 미래의 사건에 확률을 부여할 수 없는 경우와 확률을 부여할 수 있는 상황이 그것이다. 이 장에서는 이들 두 부류의 의사결정 상황을 구별하여 살펴보고 각각의 상황에서 가장 널리 사용되는 의사결정 기준을 설명할 것이다. 둘 혹은 그 이상의 의사결정자들이 서로 경쟁하는 의사결정 상황은 게임 이론(game theory)의 주제이며, 본 교재의 웹사이트에서 제공되고 있다.

+ 의사결정 상황은 미래에 일어날 사건에 대해 **확률**을 부여할 수 있는 경우와 확률을 부여할 수 없는 경우로 구분된다.

+ 게임 이론과 마코브 분석은 웹사이트를 통해 제공되는 모듈 E와 모듈 F를 참고하도록 한다.

의사결정의 구성요소

+ 가능한 상황은 미래에 발생할 수 있는 실제 사건을 의미한다.

의사결정 상황은 몇 가지 구성요소들을 포함하는데 의사결정 그 자체와 미래의 가능한 상황(states of nature)으로 알려진 실제 사건들이 그것이다. 의사결정을 내리는 순간에 의사결정자는 어떠한 상황이 미래에 일어날지 모르므로 그들에 대한 통제력을 가지지 못한다.

어느 물류 회사가 물류처리 능력을 증대시키기 위해서 컴퓨터 구입안을 검토하고 있다고 가정하자. 만약 경제 상황이 좋다면 그 물류 회사는 큰 이윤의 증가를 얻을 수 있다. 그러나 만약 경제 상황이 좋지 않다면 그 물류 회사는 손실을 입을 것이다. 이러한 의사결정 상황에서, 가능한 의사결정은 컴퓨터를 구입하는 것 또는 구입하지 않는 것이 될 것이다. 미래의 가능한 상황으로는 경제 상황이 좋을지 혹은 나쁠지를 고려해야 한다. 미래의 가능한 상황들이 의사결정의 결과(outcome)를 결정하지만, 의사결정자는 경제적 호황과 불황 중 어느 쪽이 발생할 것인지에 대한 통제력을 갖추지 못하고 있음은 분명하다.

또 다른 예로서, 11월 중에 열리는 미식축구 경기장에 커피 자동판매기를 설치하는 문제를 생각해 보자. 만일 날씨가 쌀쌀하다면 대부분의 커피가 팔리겠지만 날씨가 무덥다면 아주 소량의 커피만 팔릴 것이다. 이 문제의 의사결정은 커피 자동판매기를 설치할지 말지를 결정하는 것이 되고, 가능한 상황은 무덥운 날씨 또는 쌀쌀한 날씨가 될 것이다.

+ 성과표는 여러 가능한 상황하에서 각 의사결정 대안으로부터 발생할 수 있는 성과를 보여주는 도구이다.

이와 같은 의사결정 상황의 분석을 용이하게 하고 그 결과로 최선의 의사결정을 내리기 위해 의사결정의 구성요소들을 성과표(payoff table)로 조직화한다. 일반적으로, 성과표는 의사결정 문제에 관련된 다양한 상황이 주어졌을 때, 서로 다른 의사결정의 결과로 발생하는 성과(payoff)들을 표현하기 위한 방법을 지칭한다. 성과표는 표 10.1에 나타나 있는 것과 같이 구성된다.

표 10.1

성과표

의사결정 대안	가능한 상황	
	a	b
1	성과 1a	성과 1b
2	성과 2a	성과 2b

표 10.1에서 각각의 의사결정 대안(1 혹은 2)은 미래의 가능한 특정 상황(a 혹은 b)에 대한 결과 혹은 성과를 도출한다. 일반적으로 성과는 (다양한 단위를 기준으로 하는) 이익, 수입 혹은 비용으로 표현된다. 예를 들어, 만약 의사결정 대안 1이 경제적 호황인 상황 a에서 컴퓨터를 구입하는 결정을 의미한다면 상금액 1a는 10만 달러의 이익이 될 수 있을 것이다.

종종 의사결정자가 최선의 성과를 도출하는 의사결정을 내리도록 가능한 상황에 확률을 부여할 수 있다. 그러나 경우에 따라서는 의사결정자가 확률을 부여하기 어려울 수도 있는데 먼저 이와 같은 의사결정 상황을 살펴보기로 하자.

비확률적 의사결정

확률을 부여하지 않는 경우의 성과표 작성을 다음 예제를 통해서 살펴보자. 그림 10.1에 표현된 대로 한 투자자가 아파트 건물, 사무실 건물, 창고 중 하나의 부동산을 구입하려고 한다. 투자자의 수익을 결정하는 미래의 가능한 상황은 경제의 호황과 불황이다. 각각의 가능한 상황하에서 각각의 의사결정 대안으로부터 발생하는 이익은 표 10.2에 요약되어 있다.

표 10.2

부동산 구입에 대한 성과표

의사결정 대안 (구입)	가능한 상황(달러)	
	경제의 호황	경제의 불황
아파트 건물	50,000	30,000
사무실 건물	100,000	−40,000
창고	30,000	10,000

의사결정 기준

의사결정 상황이 성과표로 조직화되고 나면 실제로 의사결정을 내리기 위한 몇 가지 기준을 적용할 수 있다. 이 절에서는 maximax, maximin, minimax 기회손실(regret), 후르비츠(Hurwicz) 그리고 등확률(equal likelihood) 등의 결정기준을 설명한다. 때로는 이 결정기준들이 동일한 의사결정 결과를 보여주기도 하지만, 종종 서로 다른 의사결정 결과를 도출하기도

그림 10.1

부동산 투자자의 의사결정 대안과 상황

한다. 의사결정자는 자신의 필요에 가장 적합한 의사결정 기준 혹은 혼합된 기준을 선택해야 한다.

Maximax 의사결정 기준

+ maximax 의사결정 기준
최대의 성과들 중에서 최대치를 도출해 내는 기준을 의미한다.

maximax 기준을 가진 의사결정자는 가장 좋은 성과 중에서 가장 좋은 결과를 주는 대안을 선택한다. 사실, 최대 중의 최대(maximum of maximum)를 선택한다는 의미가 이 의사결정 기준의 이름을 maximax로 부르게 된 이유이다. maximax 의사결정 기준은 대단히 낙관적(optimistic)이다. 의사결정자는 각각의 의사결정 대안에 대해서 가장 호의적인 상황만 일어난다고 가정한다. 예를 들어, 이 기준을 사용하는 투자자는 미래에 경제 호황이 일어날 것이라고 낙관적으로 가정할 것이다.

표 10.3에서는 maximax 기준이 적용되고 있다. 의사결정자는 먼저 각각의 대안에 대해서 가장 좋은 성과를 선택한다. 가장 좋은 성과 3개는 모두 경제 호황하에서 일어나고 있음에 주목하라. 가장 높은 성과인 5만 달러, 10만 달러, 3만 달러의 성과 중에서 최댓값은 10만 달러이다. 그러므로 이에 해당하는 의사결정은 사무실 건물을 구입하는 것이다.

표 10.3

maximax 기준의 성과표

의사결정 대안 (구입)	가능한 상황(달러)	
	경제의 호황	경제의 불황
아파트 건물	50,000	30,000
사무실 건물	100,000	−40,000
창고	30,000	10,000

최대 성과액

비록 사무실 건물을 구입하는 의사결정이 가장 높은 성과(10만 달러)를 내지만, 이와 같은 의사결정은 잠재적 손실의 가능성(−4만 달러)을 전혀 고려하지 않고 있다. maximax 기준을 사용하는 의사결정자는 가능한 상황에 대해서 대단히 낙관주의적인 미래를 가정하는 것이다.

다음의 의사결정 기준들을 설명하기에 앞서, 여기서 설명한 maximax 의사결정 기준은 이익을 다루고 있다는 사실을 지적하려고 한다. 그러나 만약 성과표가 비용으로 이루어져 있다면, 정반대의 의사결정이 내려질 것이다. 이 경우에는 최소 중의 최소(minimum of minimum) 비용, 즉 minimin 기준이 적용될 것이다. 이후 우리가 논의할 의사결정 기준에서도 비용 개념을 사용하는 경우에 같은 논리를 사용할 수 있다.

Maximin 의사결정 기준

+ maximin 의사결정 기준
최소의 성과들 중에서 최대치를 도출해 내는 기준을 의미한다.

대단히 낙관주의적인 maximax 의사결정 기준과는 반대로 maximin 기준은 비관주의적이다. maximin 기준을 가진 의사결정자는 최소의 성과액들 중에서 최대의 성과액(maximum of the minimum payoffs)을 주는 대안을 선택한다. 각각의 결정 대안에 대해 의사결정자는 최소의 성과액이 발생할 것이라고 가정한다. 이어서 최소의 성과액들 중 최댓값이 선택된다. 우리의 투자 예제에 maximin 기준을 적용한 성과표가 표 10.4에 나타나 있다.

표 10.4

maximin 기준의 성과표

의사결정 대안 (구입)	가능한 상황(달러)	
	경제의 호황	경제의 불황
아파트 건물	50,000	30,000
사무실 건물	100,000	−40,000
창고	30,000	10,000

최대 성과액

우리 예제에서 최소의 성과액들은 3만 달러, −4만 달러, 1만 달러이다. 이들 세 성과액들 중 최댓값은 3만 달러이다. 그러므로 maximin 기준을 적용하여 얻을 수 있는 의사결정은 아파트 건물을 구입하는 것이다. 이 기준은 고려하는 대안들이 오직 최악의 결과들만을 포함한다는 의미에서 상대적으로 보수적이다. maximax 기준으로 사무실 건물을 구입하는 결정은 큰 손실(−4만 달러)의 가능성을 내포하고 있다. 그러나 maximin 기준으로 아파트 건물을 구입할 때 얻을 수 있는 성과액은 최악의 경우라고 하더라도 이익은 3만 달러이다. 다른 한편으로, 아파트 건물 구입에서 얻을 수 있는 가장 높은 성과액은 사무실 건물 구입으로부터 얻을 수 있는 가장 높은 성과액보다 훨씬 낮다(즉, 5만 달러 대 10만 달러).

만약 표 10.4가 성과액으로 이익 대신 비용을 포함하고 있다면, 보수적 투자자는 우선 각각의 선택 대안에 대해서 최대의 비용을 선택할 것이다. 이어서 최대의 비용들 중 최솟값을 도출하는 대안을 선택하면 된다.

Minimax 기회손실 의사결정 기준

우리의 투자 예제에서, 어느 투자자가 창고를 구입하기로 결정하였으나 미래의 경제 상황이 예상했던 것보다 좋았다고 가정하자. 당연히 그 투자자는 사무실 건물을 구입하지 않았음을 후회할 것이고, 그 이유는 경제 호황에서 사무실 건물이 가장 높은 성과액(10만 달러)을 낼 것이기 때문이다. 사실, 이 투자자는 사무실 대신 창고를 구입한 자신의 결정을 후회(regret)할 것이고 그 후회의 정도는 투자자가 선택한 대안의 성과액(3만 달러)과 최선의 선택 대안의 성과액(10만 달러)의 차이인 7만 달러가 될 것이다.

이 간단한 사례는 minimax 기회손실 기준(minimax regret criterion)으로 알려진 의사결정 기준의 중요한 원리를 제시한다. 즉, 이 기준을 가진 의사결정자는 최대의 기회손실을 최소화하는 의사결정 대안을 선택함으로써 기회손실을 가능하면 피하려고 시도한다. minimax 기회손실 기준을 사용하기 위해서 의사결정자는 먼저 각각의 가능한 상황하에서 최대의 성과액을 선택한다. 우리의 투자 예제에서, 경제 호황하의 최대 성과액은 10만 달러이고 경제 불황하의 최대 성과액은 3만 달러이다. 각각의 경제 상황하에서 이들 최대 성과액으로부터 모든 다른 성과액들을 빼면 다음과 같다.

> **+ 후회**
> 최대의 성과와 다른 의사결정 성과와의 차이를 의미한다.

> **+ minimax 기회손실 기준**
> 최대 후회를 최소화하려는 방식으로 의사결정 대안을 선택한다.

경제 호황	경제 불황
$100,000 − 50,000 = $50,000	$30,000 − 30,000 = $0
$100,000 − 100,000 = $0	$30,000 − (−40,000) = $70,000
$100,000 − 30,000 = $70,000	$30,000 − 10,000 = $20,000

위의 값들은 최대의 성과액에 못 미치는 의사결정이 내려질 경우 투자자가 감수하게 되는 기회손실액을 나타낸다. 이 값들은 표 10.5에서 나타나 있는 것과 같이 성과표의 변형된 형태인 기회손실표(regret 표 혹은 opportunity loss 표)에 요약되어 있다.

표 10.5

기회손실표

의사결정 대안 (구입)	가능한 상황(달러)	
	경제 호황	경제 불황
아파트 건물	50,000	0
사무실 건물	0	70,000
창고	7,000	20,000

minimax 기회손실 기준에 따라 의사결정을 내리기 위해서는 먼저 각각의 결정 대안에 대하여 최대 기회손실액이 파악되어야 한다. 이어서 이들 최대 기대 손실액들 중에서 최소값에 해당하는 결정 대안이 선택된다. 이 과정이 표 10.6에 설명되어 있다.

표 10.6
minimax 기회손실 기준의 기회손실표

의사결정 대안 (구입)	가능한 상황(달러)	
	경제 호황	경제 불황
아파트 건물	50,000	0
사무실 건물	0	70,000
창고	7,000	20,000

minimax 기회손실 기준을 따르는 의사결정은 사무실 건물이나 창고보다는 아파트 건물을 구입하는 것이다. 이 특수한 의사결정은 아파트 건물을 구입함으로써 최소의 기대 손실액을 감수하겠다는 투자자의 논리가 반영된 것이다. 달리 표현하면, 표 10.6의 투자자가 사무실 건물이나 창고를 구입할 경우 7만 달러의 기대 손실을 입게 될 것이다. 그러나 아파트 건물을 구입하면 투자자의 기대 손실은 기껏해야 5만 달러에 그칠 것이다.

후르비츠 의사결정 기준

+ **후르비츠 기준**
maximax 기준과 maximin 기준을 절충한 기준이다.

+ **낙관계수**
의사결정자가 얼마나 낙관적인가를 반영한다.

+ **후르비츠 기준**은 최대 성과와 낙관계수의 곱, 그리고 최소 성과와 비관계수의 곱을 도출하고 그 합을 이용하여 최적 대안을 선택한다.

후르비츠 기준(Hurwicz Criterion)은 maximax와 maximin 기준을 절충한 형태이다. 이 의사결정 기준의 논리는 의사결정자가 (maximax 기준이 가정하는 것처럼) 완전히 낙관적이지도, (maximin 기준이 가정하는 것처럼) 완전히 비관적이지도 않다는 것이다. 후르비츠 기준에 따르면 각 의사결정 성과액은 의사결정자의 낙관성의 척도인 낙관계수(coefficient of optimism)를 적용한 가중합으로 도출된다. 낙관계수는 α로 정의할 수 있고, 0과 1 사이의 값을 가진다(즉, $0 \leq \alpha \leq 1$). $\alpha = 1.0$이면 의사결정자가 완전히 낙관적인 것이고, $\alpha = 0$이면 의사결정자가 완전히 비관적인 것이다. 이 정의에 따르면, α가 낙관계수이면 $1 - \alpha$는 비관계수(coefficient of pessimism)가 된다.

후르비츠 기준은 각각의 결정 대안에 대하여 최대 성과액에 $1 - \alpha$를 곱하고 최소 성과액에 α를 곱하도록 요구한다. 투자 예제에서 만일 α가 .4이면(즉, 투자자가 약간의 비관주의자면) $1 - \alpha = .6$이고 다음의 값들이 도출된다.

의사결정 대안	값
아파트 건물	$50,000(.4) + 30,000(.6) = $38,000
사무실 건물	$100,000(.4) − 40,000(.6) = $16,000
창고	$30,000(.4) + 10,000(.6) = $18,000

후르비츠 기준은 최대 가중합에 해당하는 결정 대안을 고르는 것인데 이 예제에서 이 값

은 3만 8,000달러이다. 그러므로 의사결정은 아파트 건물을 구입하는 것으로 이루어진다.

한 가지 지적할 점은 $\alpha = 0$일 때 후르비츠 기준은 사실상 maximin 기준이 되고 $\alpha = 1.0$이면 maximax 기준이 된다는 것이다. 후르비츠 기준은 α가 의사결정자의 판단에 의해 결정되어야 한다는 점에서 한계점을 갖는다. 의사결정자가 자신의 낙관지수를 정확히 결정한다는 것은 매우 어려울 수 있다. 의사결정자가 어떤 방법으로 α를 결정할지에 관계없이, α는 의사결정자의 낙관성의 정도를 측정하는 완전히 주관적인 척도이다. 따라서 후르비츠 기준은 완전히 주관적인 의사결정 기준이다.

등확률 의사결정 기준

+ 등확률 의사결정 기준 또는 라플라스 기준
각 상황에 동일한 가중치를 적용한 후 가중합을 이용하여 대안을 선택하는 방식이다.

Maximax 기준이 의사결정 상황에 적용될 경우, 의사결정자는 암묵적으로 자신에게 가장 유리한 상황이 실현될 것으로 가정한다. 반면에 maximin 기준이 적용될 경우, 가장 불리한 상황이 일어날 것을 가정한다. 등확률 의사결정(equal likelihood) 또는 라플라스(LaPlace) 기준은 각각의 가능한 상황들에 동일한 가중치를 적용함으로써 각각의 상황들이 발생할 가능성이 정확히 같은 것으로 가정한다.

예제에서는 2개의 가능한 상황이 존재하므로 각각의 상황들에 .50의 가중치를 적용하기로 한다. 다음으로 각각의 대안에 대하여 이 가중치를 각 성과액에 곱한다.

의사결정 대안	값
아파트 건물	$50,000(.50) + 30,000(.50) = $40,000
사무실 건물	$100,000(.50) − 40,000(.50) = $30,000
창고	$30,000(.50) + 10,000(.50) = $20,000

후르비츠 기준에서와 같이, 우리는 이 가중합들 중에서 최댓값에 해당하는 결정 대안을 선택한다. 위에서 4만 달러가 가장 높은 가중합이므로 투자자의 결정은 아파트 건물을 구입하는 것이다.

등확률 의사결정 기준을 적용할 때, 우리는 50%의 가능성 혹은 .50의 확률로 각 상황이 발생할 것을 가정한다. 같은 논리를 사용하면 많은 의사결정 문제에서 가능한 상황들에 서로 다른 가중치를 적용하는 것이 가능하다. 다시 말하면, 서로 다른 확률이 각각의 가능한 상황들에 부과되어 어느 한 상황이 다른 상황에 비해서 발생 가능성이 높음을 표시할 수 있다.

결과의 요약

지금까지 살펴본 기준들에 의한 의사결정은 다음과 같이 요약될 수 있다.

기준	의사결정(구매 결정)
Maximax	사무실 건물
Maximin	아파트 건물
Minimax 기회손실	아파트 건물
후르비츠	아파트 건물
등확률	아파트 건물

다양한 의사결정 기준들에 의해서 아파트 건물을 구입하는 의사결정이 가장 많이 이루어 졌다. 창고를 구입하는 의사결정은 어느 기준에 의해서든 한 번도 이루어지지 않았음에 주 목하자. 그 이유는 아파트 건물을 구입하는 대안이 창고를 구입하는 대안보다 어느 경제 상 황하에서든 성과액이 높기 때문이다. 따라서 어느 상황하에서든 아파트 건물을 구입하는 결 정 대안이 창고를 구입하는 결정 대안보다 항상 우월하다. 사실상 이런 의미에서 창고 구입 안은 어느 의사결정 기준하에서든 고려 대상에서 제외될 수 있었다. 즉, 창고 구입안은 아파 트 건물 구입안에 비해서 '열위에 있다(dominated)'고 말할 수 있을 것이다. 일반적으로, 다 양한 의사결정 기준의 적용 시에 열위에 있는 선택 대안을 성과표에서 제거하고 고려하지 않 음으로써 의사결정 분석의 복잡성을 경감시킬 수 있다. 그러나 의사결정 기준의 적용을 논의 하는 이 장에서는 설명의 편의를 위하여 열위에 있는 선택 대안일지라도 성과표에 계속 남 겨 둘 것이다.

+ '열위에 있다'는 것은 각 가능 한 상태에서 다른 의사결정 대 안보다 좋은 성과를 보이지 못 하는 대안에 대한 평가이다.

몇 개의 의사결정 기준을 사용할 때 종종 어느 대안도 다른 대안에 비해서 더 많이 선택 되지 않는 의사결정의 혼재로 이어질 가능성이 있다. 사용되는 의사결정 기준과 내려지는 결론은 의사결정자의 특성과 취향에 달려 있다. 예를 들어, 극도로 낙관적인 의사결정자는 maximax 기준이 자신의 개인적인 의사결정 취향에 가장 근접하게 부합하기 때문에 대부분 의 다른 결론들을 무시하고 사무실 건물을 구입하는 결정을 내릴 것이다.

+ 의사결정 기준의 선택은 의사 결정자의 위험에 대한 성향이나 철학에 따라 달라진다.

윈도우용 QM을 이용한 비확률적 의사결정 문제의 해법

윈도우용 QM은 의사결정 분석 문제를 해결하기 위한 모듈을 내장하고 있다. 윈도우용 QM 을 이용하여 maximax, maximin, minimax 기회손실, 등확률 그리고 후르비츠 기준을 이 절에서 살펴본 부동산 예제에 적용시켜 보자. 제시 10.1에는 maximax, maximin 그리고 후 르비츠 기준들을 적용한 투입 및 산출 해가 요약되어 있다. 등확률 기준을 적용한 의사결정 은 후르비츠 기준의 알파(α) 값을 동일 확률로 주고 얻을 수 있는데 제시 10.2는 α 값이 .5 일 때의 산출 해를 보여 준다. 제시 10.3은 minimax 기회손실 기준하의 의사결정 결과를 보 여 준다.

제시 10.1

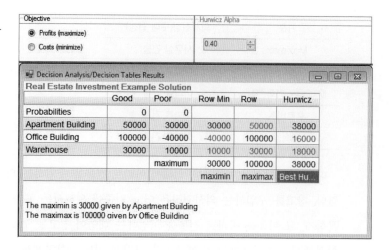

제시 10.2

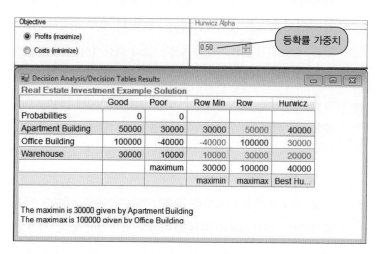

제시 10.3

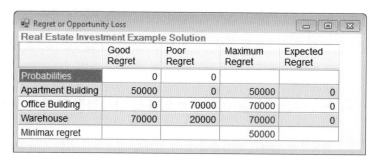

엑셀을 이용한 비확률적 의사결정 문제의 해법

이 절에서 살펴본 기준들을 적용하는 의사결정 문제를 엑셀을 이용하여 해결할 수도 있다. 제시 10.4는 부동산 투자 예제에 maximax, maximin, minimax 기회손실, 후르비츠, 등확률 기준을 사용하는 해법을 보여 준다.

제시 10.4

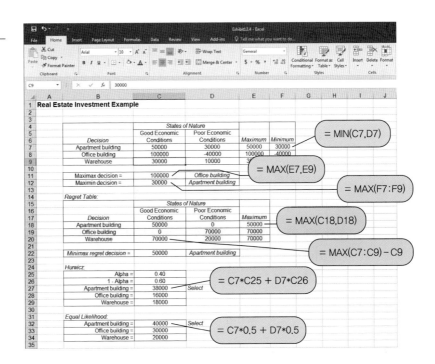

셀 E7에서 공식 = **MAX(C7, D7)**은 아파트 건물을 구입하는 결정의 최대 성과액을 선택한다. 다음으로 셀 C11에서 최대 중의 최대 성과액은 공식 = **MAX(E7 : E9)**에 의해서 결정된다. Maximin 기준을 적용하는 의사결정 역시 유사한 방식으로 이루어진다.

제시 10.4의 기회손실표에서 셀 C18에 입력할 공식 = **MAX(C7 : C9) − C7**은 호황인 경제 상황에서 아파트 건물을 구입할 경우의 기회손실을 구한다. 이어서 아파트 건물을 구입할 경우의 최대 기회손실이 공식 = **MAX(C18,D18)**을 써서 셀 E18에서 결정된다. 공식 = **MIN(E18 : E20)**으로 구하는 minimax 기회손실 값은 셀 C22에서 결정된다.

후르비츠나 등확률 기준을 사용하는 의사결정은 해당되는 각각의 공식에 의해 셀 **C27 : C29**와 셀 **C32 : C34**에서 이루어진다.

확률을 고려한 의사결정

지금까지 살펴본 의사결정 기준은 가능한 상황이 일어날 확률에 대한 정보가 없다는 가정에 기초한 것이었다. 그러므로 등확률 기준을 사용하는 경우를 제외하고는 어떠한 확률도 가능한 상황들에게 부여되지 않았다. 등확률 기준을 사용하는 예제에서는 각 상황의 발생가능성이 같다고 가정하고 .50의 가중치를 부여함으로써 암묵적으로 각각의 확률을 .50로 간주하였었다.

그러나 때로는 의사결정자가 미래의 가능한 상황들을 충분히 인지하고 각각의 가능한 상황들에 확률을 부여하는 것이 가능할 수 있다. 이처럼 확률이 부여될 때 의사결정자를 돕기 위한 몇 가지 의사결정 기준들이 있는데, 이 중에서 기댓값과 기회손실의 기대치를 살펴보도록 하겠다.

기댓값

+ 기댓값
각 가능 상황에서의 의사결정 성과와 발생확률을 곱하는 방식으로 계산된다.

의사결정 기준으로서의 기댓값(expected value) 개념을 적용하기 위해서 의사결정자는 먼저 가능한 각각의 상황이 발생할 확률을 추정해야 한다. 일단 이러한 추정이 이루진 후에는 각각의 의사결정 대안들에 대한 기댓값이 계산될 수 있다. 특정 결정 대안의 기댓값은 각각의 성과액에 해당 확률을 곱한 후 이들을 더함으로써 구할 수 있다. $EV(x)$로 표현되는 확률변수 x의 기댓값은 다음과 같이 계산된다.

$$EV(x) = \sum_{i=1}^{n} x_i P(x_i)$$

여기서, n = 확률변수 x가 취할 수 있는 값의 개수

부동산 투자 예제에서 몇 가지 경제 예측에 기초하여 경제 상황이 좋을 확률이 .6이고, 경제 상황이 좋지 않을 확률이 .4인 것으로 투자자가 예측할 수 있었다고 가정하자. 이 새로운 정보는 표 10.7에 나타나 있다.

표 10.7
가능 상황에 대한 확률과 성과표

의사결정 대안 (구입)	가능한 상황(달러)	
	경제의 호황(.60)	경제의 불황(.40)
아파트 건물	50,000	30,000
사무실 건물	100,000	−40,000
창고	30,000	10,000

각 결정 대안에 대한 기댓값(EV)은 다음과 같이 계산된다.

$$EV(\text{아파트}) = \$50,000(.60) + 30,000(.40) = \$42,000$$

$$EV(\text{사무실}) = \$100,000(.60) - 40,000(.40) = \$44,000$$

$$EV(\text{창고}) = \$30,000(.60) + 10,000(.40) = \$22,000$$

최선의 결정은 최대의 기댓값을 산출하는 대안을 선택하는 것이다. 가장 큰 기댓값이 4만 4,000달러이므로, 최선의 선택은 사무실 건물을 구입하는 것이다. 이것은 투자자가 사무실 건물을 구입할 경우 4만 4,000달러를 확정적으로 얻을 수 있다는 의미가 아니다. 오히려 10만 달러와 −4만 달러 두 성과값 중 어느 한 결과가 나올 것인데, 만약 이와 같은 결정 상황이 여러 차례 반복된다면 평균적으로 4만 4,000달러의 성과값을 얻을 수 있다는 의미로 이해할 수 있다. 반면에 만약 성과가 비용 단위로 표시된다면 최선의 결정은 기댓값이 가장 낮은 대안을 선택하는 것이 될 것이다.

기회손실의 기대치

+ 기회손실의 기대치
각 결정에 대한 후회값의 기댓값을 의미한다.

기댓값과 밀접하게 연결된 의사결정 기준으로서 기회손실의 기대치(expected opportunity loss, EOL)가 있다. 이 기준을 사용하려면 각 상황이 발생할 확률을 기회손실에 곱해야 한다. 기회손실의 개념은 minimax 기회손실 기준을 논의할 때 이미 설명하였다. 각 의사결정 대안의 기회손실 값과 발생 확률은 표 10.8에 나타나 있다.

표 10.8

가능 상황에 대한 확률과 기회손실

의사결정 대안 (구입)	가능한 상황(달러)	
	경제의 호황(.60)	경제의 불황(.40)
아파트 건물	50,000	0
사무실 건물	0	70,000
창고	70,000	20,000

각각의 선택 대안에 대한 기회손실의 기대치들은 다음과 같이 구할 수 있다.

$$EOL(\text{아파트}) = \$50,000(.60) + 0(.40) = \$30,000$$

$$EOL(\text{사무실}) = \$0(.60) + 70,000(.40) = \$28,000$$

$$EOL(\text{창고}) = \$70,000(.60) + 20,000(.40) = \$50,000$$

Minimax 기회손실 기준에서 기회손실을 최소화함으로써 최선의 선택을 얻을 수 있었던 것처럼 이 경우 최선의 선택 또한 기회손실의 기대치를 최소화함으로써 얻을 수 있다. 이 예제에서 최소 기회손실의 기대치는 2만 8,000달러이므로 최선의 결정은 사무실 건물을 구입하는 것이다.

+ 완전 정보가 있다고 가정하는 경우, 기댓값 기준과 기회손실의 기대치 기준의 의사결정 결과는 같다.

기댓값 기준과 기회손실의 기대치 기준으로 결정한 결과가 사무실 건물을 구입하는 것으로 일치하는 것에 주목할 필요가 있다. 이들 두 기준은 항상 동일한 결과를 가져오므로 이것은 우연의 일치가 아니다. 그러므로 둘 중 어느 하나의 기준을 쓸 수 있을 때도 두 기준 모두를 사용하는 것은 반복적이고 불필요할 수 있다.

뿐만 아니라, 기댓값이나 기회손실의 기대치 기준으로 도출되는 결과는 의사결정자가 사용하는 확률의 추정값에 전적으로 의존한다. 따라서 만약 부정확한 확률이 사용된다면 잘못된 의사결정이 도출될 가능성이 있다. 그러므로 의사결정자는 발생 확률을 가능한 한 정확히 추정할 필요가 있다.

윈도우용 QM을 이용한 기댓값 문제의 해법

윈도우용 QM은 비확률적 의사결정 문제의 해법을 제시할 뿐만 아니라 기댓값 기준을 사용하는 문제를 해결할 수도 있다. 제시 10.5에는 부동산 예제에 대한 데이터 입력과 산출 해가 나타나 있다. 기댓값 결과는 그림의 세 번째 열(EMV)에 나타나 있다.

제시 10.5

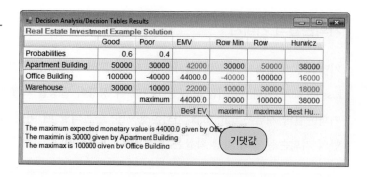

엑셀과 엑셀용 QM을 이용한 기댓값 문제의 해법

기댓값 문제는 엑셀 스프레드시트를 이용해서도 해를 구할 수 있다. 제시 10.6은 부동산 투자 예제의 해법을 스프레드시트 포맷으로 제시하고 있다. 셀 E7, E8, E9은 이 예제에 대한 기댓값 공식을 포함하고 있다. 첫 번째 결정 대안인 아파트 건물 구입의 기댓값 공식은 셀 E7

제시 10.6

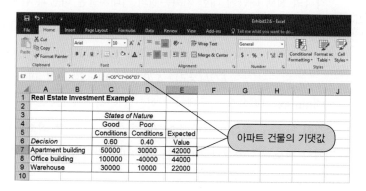

제시 10.7

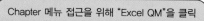

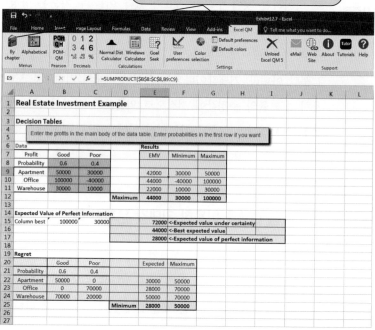

에 입력되어 있고 스프레드시트 상단의 수식 칸에 나타나 있다.

엑셀용 QM은 엑에서 활용할 수 있는 매크로 프로그램이며, 의사결정 분석을 수행할 수 있다. 본 교재의 웹사이트를 통해 제공되는 엑셀용 QM을 구동시킨다. 이어서 "Decision Analysis" 버튼을 누르면 스프레드시트 초기 화면이 시작된다. 문제에 관련된 몇 가지 계수들—결정 대안의 개수와 가능한 상황의 수—을 입력한 후 "OK"를 클릭하면 제시 10.7에 나타나 있는 것과 같은 화면이 나타난다. 처음에는 스프레드시트의 셀 B8:C11이 초기 숫자들로 채워져 있다. 제시 10.7은 부동산 투자 예제 관련 데이터를 모두 입력하고 난 후의 화면을 보여 준다. 분석의 결과는 데이터를 입력할 때 매크로에 이미 내장되어 있는 공식들에 의해서 자동으로 계산된다.

완전정보 기대가치

+ **완전정보 기대가치**
의사결정자가 추가 정보를 위해 지불할 수 있는 최대의 가치를 의미한다.

때로는 보다 나은 의사결정을 내리기 위해서 미래 상황에 대한 정보를 구입하는 것이 가능할 수도 있다. 예를 들어, 미래에 일어날 경제 상황을 보다 정확히 알기 위해서 투자자는 경제 예측 전문가를 고용할 수 있을 것이다. 그러나 경우에 따라서는 미래의 정보로부터 얻을 수 있는 추가적인 이익보다 더 많은 비용을 대가로 지불해야 할 수도 있을 것이다. 즉, 정보는 투자자가 정보의 대가로 지불할 용의가 있는 최대 금액만큼 최대 가치를 가진다. 이러한 정보의 최대 가치는 기댓값을 이용하여 계산할 수 있는데 이를 완전정보 기대가치(expected value of perfect information, EVPI)라고 부른다.

완전정보 기대가치를 구하기 위해서는 우선 각각의 가능한 상황에서 선택할 수 있는 대안들을 살펴볼 필요가 있다. 만약 어느 의사결정자가 미래에 어떤 상황이 실현될 것인지에 대한 완전한 정보를 얻을 수 있다면, 그는 실현될 그 상황하에서의 가장 우수한 대안을 선택할 것이다. 예를 들어, 우리가 고려하는 부동산 투자의 예제에서, 만약 의사결정자가 미래의 경기가 좋을 것을 확실히 알 수 있다면 그는 경기 호황에서 성과값이 가장 높은 사무실 건물을 구입할 것이다. 마찬가지로 만약 의사결정자가 미래의 경기가 나쁠 것을 확실히 알 수 있다면 그는 경기 불황에서 성과값이 가장 양호한 아파트 건물을 구입할 것이다. 이처럼 가상적이지만 '완전한(perfect)' 의사결정들이 표 10.9에 요약되어 있다.

표 10.9
완전정보에서의 성과표

의사결정 대안 (구입)	가능한 상황(달러)	
	경제의 호황(.60)	경제의 불황(.40)
아파트 건물	50,000	30,000
사무실 건물	100,000	−40,000
창고	30,000	10,000

이제 부동산 투자 예제에서와 같은 의사결정 상황이 여러 해에 걸쳐서 반복적으로 시행된

다고 가정하자. 실현 가능한 각 상황의 확률(표 10.9의 .60과 .40)이 의미하는 바는 해당 연도들 중 60%의 기간 동안 투자자는 경기 호황을, 40%의 기간 동안 경기 불황을 체험한다는 것이다. 달리 표현하면, 비록 완전한 선행 정보가 투자자에게 항상 옳은 투자 결정을 가능하도록 하지만, 호황 혹은 불황으로 실현되는 각각의 경제 상황은 완전한 정보의 획득 여부에 관계없이 (각기 60%와 40%로) 정해진 일정 기간만큼씩 발생한다는 뜻이다. 따라서 완전한 정보로서 얻은 결정 결과들에 각각의 확률을 곱하여 가중합을 다음과 같이 구할 수 있다.

$$\$100,000(.60) + 30,000(.40) = \$72,000$$

가중합 7만 2,000달러는 완전한 정보하에 내려진 의사결정의 기댓값이다. 그러나 이 값을 완전정보 기대가치로 볼 수는 없다. 완전정보 기대가치는 의사결정자가 아무런 정보 없이 내리게 될 의사결정보다 개선된 의사결정을 위하여 구입할 수 있는 추가적인 정보에 대해서 지불할 용의가 있는 최대 금액을 의미한다. 앞 절에서 우리는 이미 무정보하의 기댓값 결정이 사무실 건물을 구입하는 것임을 살펴보았고 이때의 기댓값은 다음과 같이 구할 수 있다.

$$EV(\text{사무실}) = \$100,000(.60) - 40,000(.40) = \$44,000$$

+ 완전정보 기대가치는 완전정보하에서 계산된 의사결정의 기댓값에서 무정보하의 기댓값을 뺀 금액이다.

완전정보 기대가치는 무정보하의 기대가치(4만 4,000달러)를 완전한 정보가 주어졌을 때 내려진 결정의 기댓값(7만 2,000달러)에서 차감하여 다음과 같이 구할 수 있다.

$$EVPI = \$72,000 - 44,000 = \$28,000$$

완전정보 기대가치(2만 8,000달러)는 경제 예측가와 같은 별도의 근원으로부터 완전한 정보를 구입하는 대가로 투자자가 지불할 용의가 있는 최대 금액이다. 물론 완전한 정보라는 것은 드물고 통상적으로 입수 불가능하다. 전형적으로 입수되는 정보가 얼마나 정확하다고 신뢰하는지에 따라 의사결정자는 2만 8,000달러보다는 적은 금액을 지불하려고 할 것이다.

+ 완전정보 기대가치는 기회손실의 기대치 기준으로 선택한 최선의 의사결정 대안에 대한 기회손실의 기대치의 일치한다.

예제에서 선택된 대안의 완전정보 기대가치(2만 8,000달러)가 기회손실의 기대치와 일치한다는 사실에 주목할 만하다.

$$EOL(\text{사무실}) = \$0(.60) + 70,000(.40) = \$28,000$$

이것은 항상 성립하는 사실이고 논리적으로 타당하다. 왜냐하면 기회손실이란 특정 상황에서 최선의 의사결정과 실제로 내려지는 의사결정 간의 차이를 반영하는 것이기 때문이다. 이것은 완전정보 기대가치로 결정되는 것과 사실상 일치한다.

제시 10.7에서 스프레드시트 하단의 셀 E17은 의사결정 분석을 엑셀용 QM으로 수행하여 구한 완전정보 기대가치를 보여 준다. 완전정보 기대가치는 엑셀을 사용하여 구할 수도 있는데 제시 10.8은 부동산 투자 예제의 완전정보 기대가치를 보여 준다.

제시 10.8

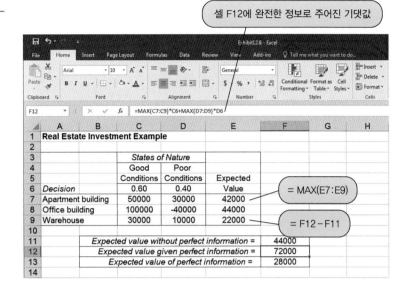

의사결정나무

+ **의사결정나무**
마디와 분지로 이루어진 그림의 형태로 만들어진 의사결정 지원 모형을 의미한다. 네모는 의사결정 마디, 동그라미는 확률마디, 분지들은 각 의사결정 마디에서 선택 가능한 결정 대안을 의미한다.

의사결정 상황을 분석하는 또 하나의 유용한 기법은 의사결정나무(decision tree)를 이용하는 것이다. 의사결정나무는 마디(node)와 분지(branch)로 구성된 그림이다. 의사결정나무에서 의사결정자는 각 결정 대안의 기댓값을 계산하고 그 기댓값에 기초하여 의사결정을 내린다. 의사결정나무의 최대 장점은 의사결정 과정을 일목요연하게 보여 주는 그림을 제시하는 데 있다. 이 그림은 필요한 기댓값을 보다 쉽고 정확하게 계산할 수 있게 하고, 의사결정 과정을 이해하는 데에도 도움을 준다.

의사결정나무의 기본적인 원리를 설명하기 위해서 우리의 부동산 투자 예제를 사용하기로 하자. 이 예제의 의사결정 대안, 확률, 성과값들은 표 10.7에서 처음으로 제시하였으나 표 10.10에 다시 나타내었다. 이 예제에 대한 의사결정나무는 그림 10.2에 나타나 있다.

표 10.10

부동산 투자 예제의 성과표

의사결정 대안 (구입)	가능한 상황(달러)	
	경제의 호황(.60)	경제의 불황(.40)
아파트 건물	50,000	30,000
사무실 건물	100,000	−40,000
창고	30,000	10,000

그림 10.2의 동그라미(●)와 네모(■)는 마디라고 불린다. 네모는 의사결정 마디이고, 의사결정 마디로부터 뻗어 나온 분지들은 각 의사결정 마디에서 선택 가능한 결정 대안들을 나타낸다. 예를 들어, 그림 10.2에서 첫 번째 마디는 아파트 건물, 사무실 건물 그리고 창고를 구입하는 의사결정을 의미한다. 동그라미는 확률 혹은 사건 마디를 의미하고 동그라미 마디들

그림 10.2

부동산 투자 예제를 위한 의사
결정나무

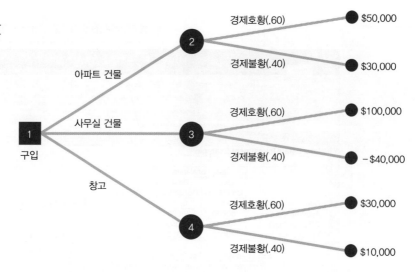

로부터 뻗어 나온 분지들은 발생 가능한 상황, 즉 경제 호황과 불황을 나타낸다.

의사결정나무는 의사결정 상황에서 이루어지는 연속적인 사건들을 보여 준다. 먼저, 세 가지 결정 대안들 중 하나가 마디 1에서 선택된다. 선택되는 분지에 따라 의사결정자는 확률 마디 2, 3 혹은 4에 도달하게 되는데 여기서 다시 가능한 상황(경제 호황 혹은 불황) 중 하나씩이 발생하여 결과적으로는 도합 여섯 가지 중 하나인 성과값에 이르게 된다.

+ 기댓값은 각 확률 마디에서 계산된다.

의사결정나무를 이용하여 최선의 결정에 이르기 위해서는 각 확률 마디에서 기댓값을 계산해야 한다. 이 작업은 마지막 마디의 성과값으로부터 시작하여 마디 1에 이르기까지 역방향으로 거슬러 올라가면서 이루어져야 한다. 먼저 각 확률 마디에서 성과값의 기댓값들이 다음과 같이 계산된다.

$$EV(마디\ 2) = .60(\$50,000) + .40(\$30,000) = \$42,000$$

$$EV(마디\ 3) = .60(\$100,000) + .40(-\$40,000) = \$44,000$$

$$EV(마디\ 4) = .60(\$30,000) + .40(\$10,000) = \$22,000$$

+ 가장 높은 기댓값을 보여 주는 분지가 선택된다.

이들은 그림 10.3의 의사결정 마디 1로부터 뻗어 나온 세 분지의 기댓값이라고 볼 수 있다. 그림 10.3의 확률 마디 2, 3 그리고 4 위에 위치한 세 기댓값들은 각기 의사결정 마디 1에서 선택할 수 있는 세 가지 가능한 결정 대안들의 상금액이다. 마지막 확률 마디들로부터 마디 1로 거슬러 올라가면서 우리는 가장 높은 기댓값에 대응하는 분지를 고를 것이다. 그림 10.3에서 가장 높은 기댓값(4만 4,000달러)에 해당하는 분지는 마디 1과 마디 3 사이에 위치한다. 이 분지는 사무실 건물을 구입하는 결정을 의미한다. 즉, 사무실 건물을 구입하는 결정의 기댓값은 4만 4,000달러이고 이 의사결정은 앞에서 기댓값 기준을 적용하여 얻은 결과와 정확히 일치한다. 사실 (여러 차례의 연속적인 의사결정이 아니고) 오직 한 번의 의사결정만을 내릴 때 의사결정나무는 기댓값 기준을 적용할 때와 항상 동일한 의사결정 결과와 기대 성과값을 도출한다. 결국 의사결정나무는 단일의 의사결정 상황에서는 특별히 유용하다고 할 수 없다. 기댓값 기준을 활용하는 것과 동일하기 때문이다. 그러나 여러 차례의 순차적인 의사결정이

그림 10.3
각 확률 마디에서의 기댓값

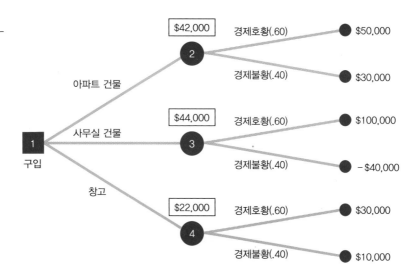

요구되는 상황에서는 대단히 효과적일 수 있다.

엑셀 QM을 이용한 의사결정나무

윈도우용 QM과 엑셀 QM 모두 의사결정나무 분석을 수행할 수 있는 모듈을 가지고 있다. 그러나, 엑셀 QM은 실제로 의사결정 나무를 구성할 수 있으나 윈도우용 QM은 각 마디에서 계산만 가능할 뿐이다. 그래서, 엑셀 QM을 부동산 투자 예제를 사용하여 의사결정나무 분석을 어떻게 수행할 수 있는지 보여주고자 한다.

엑셀 QM을 열고, "Add-Ins"를 클릭하고 "Taylor"를 클릭한다. Drop-down 메뉴에서 "Decision Analysis"를 선택하고 "Decision Trees"를 클릭한다. 제시 10.9에서와 같이 셀 A10에서 마디 "1"과 함께 창이 나타난다. 의사결정나무를 그리는 데 주요 도구인 Decision Tree Creation이란 이름의 창이 화면에 나타난다. "Decision Tree Creation" 창은 자동으로

제시 10.9

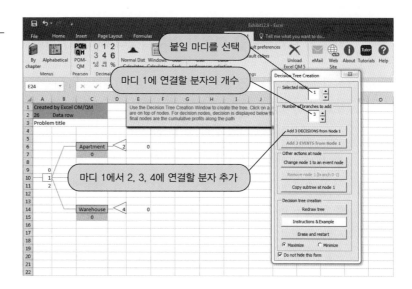

제시 10.10

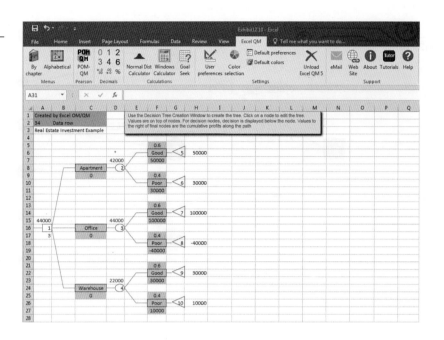

"Selected node"에 "1"을 "Number of branches to add"에 "2"를 나타낸다. 그래서 첫 번째 단계는 이것을 "3"으로 늘리고 "Add 3 DECISIONS from node 1"을 클릭한다. 이로써 제시 10.9에서와 같이 마디 2, 3, 4와 연결된 세 개의 새로운 가지들을 생성하게 되는 것이다.

다음으로, 마디 2, 3, 4로부터 두 개의 새로운 "Event"를 추가하기 위해서 Decision Tree Creation을 사용한다. 제시 10.10에 새로운 결과창이 나타나 있다. 여기서 6개의 새로운 가지가 생성된 것을 확인하여라. 마디 5 옆의 셀들은 초기에는 비어 있고, 우리가 셀 F5에 "0.6"을, 셀 F7에 "50,000"을 기입한다. 셀 F9에서는 자동으로 "0.4"가 나타나게 된다. 그림 10.3에서의 의사결정나무를 다시 만들기 위해서 다음 4개의 새로운 사건 가지에 대하여 이러한 작업을 반복한다. 마디 1 위에 있는 셀 A15과 마디 3 위의 셀 D15에서, 사무실 건물이 최선의 의사결정임을 보여주는 최대 기댓값이 4만 4,000달러가 됨을 확인할 수 있다.

엑셀과 트리플랜을 이용한 의사결정나무(http://www.treeplan.com)

트리플랜(TreePlan)은 엑셀 QM처럼 엑셀에서 의사결정나무를 형성하고 풀기 위한 엑셀 추가(Excel add-in) 프로그램이다.

트리플랜을 사용하기 위한 첫 단계는 트리플랜을 설치하는 것이다. 설치를 위해 본 교재의 웹사이트에서 트리플랜의 추가 파일인 TreePlan.xla를 다운받아 하드 드라이브로 복사한다. 이후, 스프레드시트 화면 상단의 "Add – Ins" 메뉴에 이 파일을 추가시킨다. 일단 트리플랜을 "Add – Ins" 메뉴에 추가한 후에는 "**CTRL + SHIFT + T**"를 클릭함으로써 이 파일을 구동시킬 수 있다.

트리플랜을 사용하여 그림 10.3에 나타나 있는 부동산 투자 예제를 해결해 보기로 하자.

트리플랜을 사용할 때 가장 먼저 할 일은 작업을 수행할 의사결정나무를 형성하는 것이다. 제시 10.11은 트리플랜을 사용하여 만들어진 의사결정나무를 보여 준다. 메뉴로부터 "New Tree"가 나타나는데 이를 다시 클릭함으로써 제시 10.11에 나타나 있는 것과 같은 의사결정 나무를 형성한다.

제시 10.11에 나타난 의사결정나무는 그림 10.2와 그림 10.3에서 의사결정나무를 그릴 때 사용한 마디 규정을 채택하고 있다. 즉, 네모는 의사결정 마디를, 동그라미는 확률 마디를 표시하고 이는 사건 마디라고 불리기도 한다. 그러나 이 의사결정나무는 그림 10.3의 예제를 표현하기 위해 확대할 필요가 있는 출발점 혹은 템플릿에 불과하다.

그림 10.3에서 첫 번째 의사결정 마디로부터 갈라져 나오는 분지는 세 가지 투자 의사결정을 나타낸다. 트리플랜을 사용하여 세 번째 마디를 만들려면 제시 10.11의 셀 D9에 위치한 의사결정 마디를 클릭한 후, "**CTRL + SHIFT + T**"를 클릭하여 의사결정나무를 구동시킨다. "Add Branch"를 포함하는 몇 가지 메뉴 항을 지닌 윈도우가 나타날 것이다. 여기서 "Add Branch" 메뉴 항을 선택하고 "OK"를 클릭하면 이 의사결정나무의 세 번째 분지가 제시 10.12에서와 같이 생성된다.

다음으로, 확률 마디(그림 10.3의 마디 2, 3, 4)와 이들로부터의 분지들을 추가함으로써 제시 10.12의 의사결정나무를 확장시킬 필요가 있다. 새로운 분지를 추가하기 위해서는 제시 10.12의 셀 F3에 위치한 마감 마디를 클릭한 후 "Decision Tree"를 통해 트리플랜을 구동시킨다. 메뉴 윈도우가 나타나면, 차례로 "Change to Event Node"와 "Two Branches"을 같은 메뉴창에서 선택한 후 "OK"를 클릭한다. 이와 동일한 작업을 다른 2개의 마감 마디들에서도 반복적으로 실시하여 도합 3개의 확률 마디들을 생성한다. 이와 같은 작업의 결과로 셀 F5, F15, F25에 생성한 확률 마디들과 이들로부터의 분지들이 제시 10.13에 나타나 있다.

제시 10.11

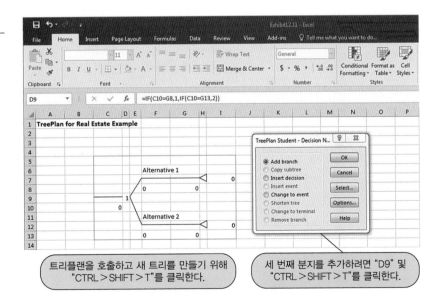

제시 10.12

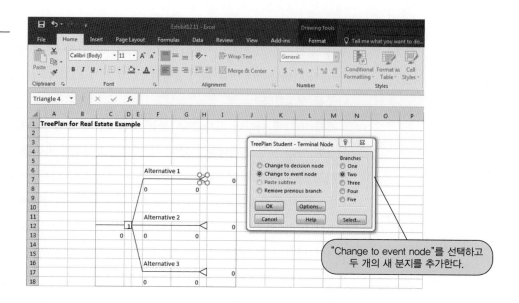

다음 단계는 의사결정나무의 라벨들을 편집하고 예제의 수치들을 입력하는 것이다. 제시 10.13의 각 마디 위에 그 마디의 특성을 기술하는 라벨들이 표시된다. 예를 들어, 셀 F8에는 "Alternative 1"을, 셀 J6에는 "Outcome 4"를 입력한다. 라벨을 입력하는 방법은 다른 스프레드시트에서의 입력 방식과 같다. 예를 들어, 제시 10.13에서와 같이 해당 마디의 의사결정 내

제시 10.13

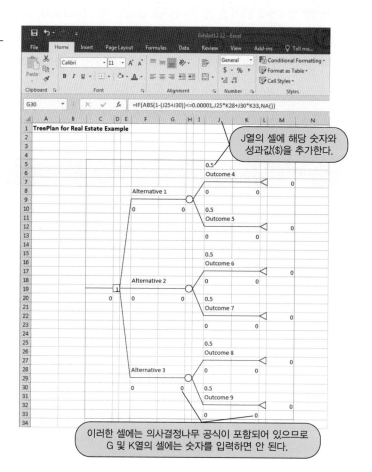

용을 표시하기 위해서 셀 F8을 클릭하고 "Alternative 1"자리에 "Apartment Building"이라고 적어 넣으면 된다. 다른 마디 위에도 동일한 방식으로 라벨을 입력하여 넣으면 된다. 우리의 부동산 투자 예제에 해당하는 의사결정나무와 입력된 라벨들이 제시 10.14에 나타나 있다.

제시 10.13을 잠시 다시 살펴보면, 예를 들어 셀 F10과 G10 그리고 H9와 I4에서처럼 각 분지 밑에 2개의 0이 연속적으로 위치하고 있는 것을 발견할 수 있다. 첫 번째 0이 있는 셀은 해당 분지의 성과값(즉, 달러 금액)을 숫자로 입력하는 곳이다. 예제에서 셀 J8에는 5만을, 셀 J13에는 3만을, 그리고 셀 J16에는 10만을 입력할 것이다. 이 값들은 제시 10.14의 의사결정나무에 나타나 있다. 마찬가지로, 각 분지의 윗부분에 위치한 셀들—J5, J10, J15 등—에는 해당 분지의 확률들을 입력한다. 예를 들어 셀 J5에는 0.60을, 셀 J10에는 0.40을 입력한다. 이 확률들 역시 제시 10.14에 제시되어 있다. 그러나 마디 아래의 두 번째 0이 있는 분지 셀들—예를 들어, G10, K8, K13, G20, K18, K23 등—에는 아무 숫자도 입력하지 않도록 주의해야 한다. 이들 셀에는 해당 마디의 기댓값을 자동으로 계산해 주는 공식들이 입력되어 있다. 이 공식들이 지워지지 않도록 하기 위해서 다른 숫자를 이 곳에 입력해서는 안 된다.

우리의 예제를 반영한 이 의사결정나무의 기댓값 4만 4,000달러는 제시 10.14의 셀 C20에 나타나 있다.

제시 10.14

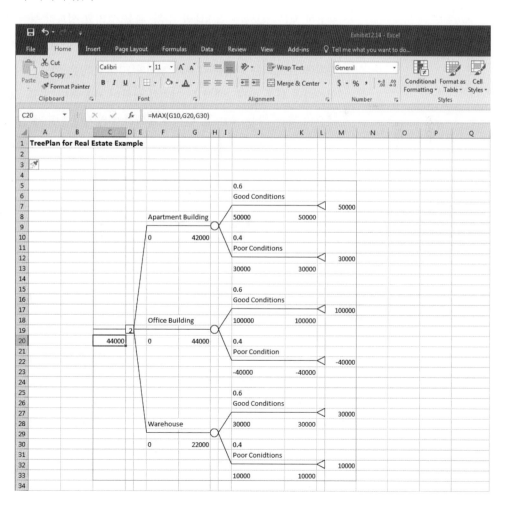

순차적 의사결정나무

+ 순차적 의사결정나무는 순차적인 단계로 의사결정이 이루어지는 상황을 묘사한다.

앞에서 언급한 바와 같이, 의사결정 상황이 단일의 의사결정을 요구한다면 기대가치 성과표는 의사결정나무와 같은 결과를 도출할 것이다. 그러나 우리의 부동산 투자 예제에서와 같이, 성과표는 통상적으로 단일의 의사결정 상황에 제한되어 사용된다. 만일 의사결정 상황이 여러 차례의 순차적인 의사결정들을 요구한다면 성과표를 그릴 수 없으므로 의사결정나무가 의사결정 분석을 위한 최선의 방법이 된다.

여러 차례의 순차적인 의사결정 문제를 해결하기 위한 의사결정나무의 사용법을 설명하기 위해서, 우리의 부동산 투자 예제를 수정해서 10년 동안에 걸친 순차적 투자 결정을 진행해야 하는 것으로 가정하자. 이 새로운 예제에서, 투자자가 직면하는 첫 번째 결정은 아파트 건물을 구입할 것인지 혹은 토지를 구입할 것인지를 정하는 것이다. 만일 투자자가 아파트 건물을 구입한다면 두 가지 상황이 가능하다. 그 마을의 인구가 (.60의 확률로) 증가할 것인지 아니면 인구가 (.40의 확률로) 증가하지 않든지이고, 각각의 상황은 성과값을 도출할 것이다. 반면에 만일 투자자가 토지를 구입하는 결정을 내린다면 3년 후에 그는 구입한 토지를 개발할 것인지에 대한 결정을 내려야 한다. 그림 10.4에 나타나 있는 이 예제의 의사결정나무는 필요한 모든 정보들—결정대안, 상황, 확률 그리고 성과값 등—을 보여 주고 있다.

그림 10.4의 의사결정 마디 1에서의 선택 대안은 아파트 혹은 토지를 구입하는 것이다. 각 투자에 소요되는 비용(각각 80만 달러와 20만 달러)은 괄호 안에 표시되어 있다. 아파트를 구입한다면 확률 마디 2에서 두 가지의 상황이 가능하다. 확률 .60으로 그 마을의 인구가 증가하든지 혹은 확률 .40으로 인구가 증가하지 않거나 인구가 감소하는 상황이다. 만일 인구가 증가한다면 투자자는 10년 동안 200만 달러의 수익을 올릴 것이다. (이 예제의 전체 의사결정

그림 10.4

순차적 의사결정나무

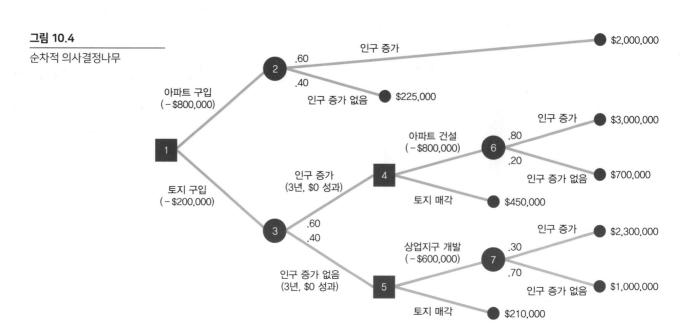

상황은 10년 동안 일어나고 있음을 기억하자.) 그러나 만일 인구가 증가하지 않는다면 투자자의 수익은 22만 5,000달러에 머물고 말 것이다.

만약 투자자가 토지를 구입한다면 확률 마디 3에서 두 가지 상황이 가능하다. 그 두 가지 상황과 각각의 확률은 확률 마디 2에서의 그것들과 동일하지만 수익은 다르다. 만일 인구 증가가 3년 동안 일어난다면 수익은 발생하지 않지만 투자자는 마디 4에서 토지 개발에 대한 또 하나의 결정을 내려야 한다. 즉, 투자자는 80만 달러를 지불하고 아파트를 지을 것인지, 45만 달러를 받고 토지를 매각할 것인지 결정할 것이다. 주의할 점은 마디 4에서의 의사결정 상황은 인구 증가가 선행되었을 경우에만 가능하다는 것이다. 만일, 마디 3에서 인구 증가가 없다면 수익은 없을 것이고 마디 5에서 또 하나의 의사결정 상황이 필요한데 토지를 60만 달러의 비용을 들여 상업지구로 개발하든지 혹은 21만 달러를 받고 토지를 매각하는 것이다. (여기서 인구 증가가 없을 경우의 토지 매각은 인구 증가가 있을 경우에 비해서 적은 수익을 올리고 있음에 주의하자.)

만약 의사결정 마디 4에서의 결정이 아파트를 짓는 것이라면 두 가지 상황이 가능하다. 조건부 확률 .80으로 인구가 증가하든지 혹은 조건부 확률 .20으로 인구가 증가하지 않는 것이다. 인구 증가의 확률은 전기에 비해서 더 높은데 그 이유는 마디 3과 마디 4 사이의 분지에서 볼 수 있는 것처럼 지난 3년 동안 이미 인구 증가가 있었기 때문이다. 그림 10.4는 10년이 경과한 후 이들 두 가지 상황에서 발생하는 수익이 각각 300만 달러와 70만 달러임을 보여 준다.

만약 투자자가 마디 5에서 토지를 개발하는 결정을 내린다면 역시 두 분지의 상황이 발생하는데 확률 .30으로 인구 증가가 일어나서 230만 달러의 수익을 올리든지, 확률 .70으로 인구는 증가하지 않고 100만 달러의 수익을 얻는 것이다. 여기서 인구 증가의 확률이 .30으로 낮은 이유는 마디 3과 마디 5 사이의 분지에 나타나 있는 것과 같이 이전에 이미 인구 증가가 일어나지 않았기 때문이다.

이러한 의사결정 상황은 의사결정나무 접근법으로 분석할 수 있는 몇 가지의 순차적인 결정을 포함한다. 의사결정나무의 끝에서부터 시작하여 마디 1로 역행하면서 이 문제를 풀어보자.

먼저 마디 6과 7에서의 기댓값을 구하면 다음과 같다.

$$EV(\text{마디 } 6) = .80(\$3,000,000) + .20(\$700,000) = \$2,540,000$$

$$EV(\text{마디 } 7) = .30(\$2,300,000) + .70(\$1,000,000) = \$1,390,000$$

이 기댓값들(그리고 다른 모든 마디에서의 기댓값들)은 그림 10.5의 네모 안에 나타나 있다.

의사결정 마디 4와 5에서 의사결정자는 결정을 내려야 한다. 통상적으로 성과표를 활용한 방식과 마찬가지로, 가장 높은 기댓값을 도출하는 결정 대안을 선택하게 된다. 마디 4에서는 다음의 두 값—(확률 마디 6에서의) 기대 성과액 254만 달러에서 아파트 건설비용(80만 달러)을 차감한 174만 달러와 확률 1.0으로 토지 매각 시의 기댓값 45만 달러—중 하나를 선택한다.

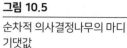

그림 10.5

순차적 의사결정나무의 마디 기댓값

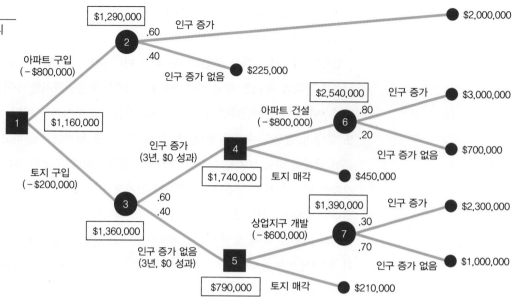

이와 동일한 의사결정 과정이 마디 5에서도 반복된다. 마디 5에서의 의사결정은 투자자에게 79만 달러(즉, 139만 달러 – 60만 달러 = 79만 달러)와 21만 달러를 성과액으로 줄 수 있다. 여기서 성과액 79만 달러가 21만 달러보다 크기 때문에 투자자는 토지를 상업적으로 개발하는 결정을 내린다.

다음으로, 마디 2와 3에서의 기댓값을 계산하면 다음과 같다.

$$EV(\text{마디 } 2) = .60(\$2,000,000) + .40(\$225,000) = \$1,290,000$$

$$EV(\text{마디 } 3) = .60(\$1,740,000) + .40(\$790,000) = \$1,360,000$$

(마디 3에서의 기댓값은 이전 마디 4와 5에서 결정된 성과액으로부터 계산할 수 있음에 주의하자.)

이제 마디 1에서의 마지막 결정을 내려야 한다. 이전처럼 의사결정자는 각 결정 대안의 비용을 차감한 후의 가장 높은 기댓값을 선택할 것이다.

$$\text{아파트 건물} : \$1,290,000 - 800,000 = \$490,000$$

$$\text{토지} : \$1,360,000 - 200,000 = \$1,160,000$$

가장 높은 순기댓값(net expected value)은 116만 달러이므로 투자자의 최종 의사결정은 토지를 구입하는 것이고, 이 결정으로부터 얻을 수 있는 성과액은 116만 달러이다.

이 예제는 의사결정나무 분석의 유용성을 잘 보여 준다. 의사결정나무는 의사결정 순서도를 제공하여 의사결정자에게 의사결정의 논리를 이해할 수 있도록 도와준다. 의사결정나무는 이전에 소개한 단순 의사결정의 예제보다 복잡한 의사결정 문제들을 다룰 때 유용하게 사용될 수 있다.

엑셀 QM을 이용한 순차적 의사결정나무 분석

우리는 이미 의사결정나무 분석을 수행하기 위한 엑셀 QM의 기능을 제시 10.9와 10.10을 통해 살펴본 바 있다. 앞 절에서 설명하였고 그림 10.4와 그림 10.5에서 제시한 순차적 의사결정나무 예제를 풀기 위한 엑셀 QM의 의사결정나무는 제시 10.15에 나타나 있다. 의사결정나무에 대한 기댓값(가령, 투자 의사결정), 116만 달러는 셀 A17에 나타나 있다. 제시 10.15에서 마디의 번호들이 그림 10.3과는 조금 다르다는 것을 알아둘 필요가 있다. 그 이유는 엑셀 QM은 모든 마디에 번호를 순차적으로 할당하는 반면, 그림 10.3에서 그려진 의사결정나무는 마디 번호를 마지막 마디까지 할당하지 않기 때문이다.

제시 10.15

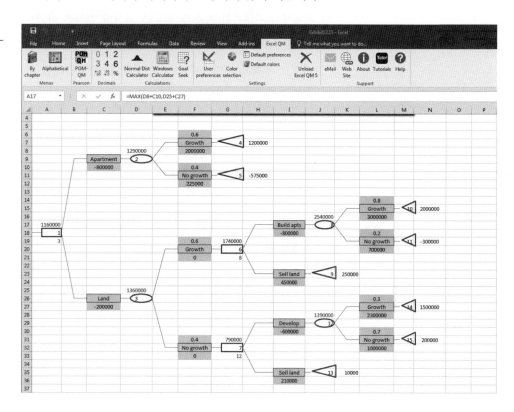

추가정보를 통한 의사결정 분석

이 장의 서두에서 우리는 완전정보 기대가치의 개념을 공부하였다. 미래 상황에 대한 완전한 정보를 얻을 수 있다면 의사결정자는 분명히 더 나은 의사결정을 내릴 수 있음을 학습하였다. 비록 미래에 대한 완전한 정보는 드물지만, 의사결정을 개선할 수 있는 어느 정도의 (불완전하지만) 추가적인 정보를 얻는 일은 종종 가능하다.

+ 베이지안 분석에서는 추가적인 정보를 이용하여 사건의 발생에 대한 주변 확률(marginal probability)을 바꾸게 된다.

이 절에서는 베이지안 분석(Bayesian analysis)을 적용하여 의사결정에서 추가적인 정보를 이용하는 방식을 소개할 것이다. 이 장 전체에 걸쳐 사용되고 있는 부동산 투자의 예제를 가지고 이 방식을 설명하려고 한다. 부동산 투자의 예제를 간략히 요약하면 다음과 같다. 어느 부동산 투자자가 다음의 표 10.11에 제시된 바와 같은 두 가지 경제 상황에서 고려할 수 있는 세 가지 투자 대안을 검토하고 있다.

표 10.11
부동산 투자 예제의 성과표

의사결정 대안 (구입)	가능한 상황(달러)	
	경제의 호황(.60)	경제의 불황(.40)
아파트 건물	50,000	30,000
사무실 건물	100,000	−40,000
창고	30,000	10,000

이 예제에서 기대가치 기준을 적용한 최선의 결정은 아파트 건물 구입이고 그때의 기대가치는 4만 4,000달러였다. 우리는 또한 완전정보 기대가치가 2만 8,000달러인 것을 계산하였다. 그러므로 투자자는 미래에 가능한 상황의 예측에 대한 정보의 정확도에 따라 정보의 대가로 최대 2만 8,000달러를 지불할 용의가 있다.

이제 그 투자자가 미래의 경제 상황을 예측하는 데 도움을 줄 수 있는 정보를 제공하는 전문적인 경제분석가를 고용하기로 결정하였다고 하자. 미래의 경제 상황에 대하여 경제분석가가 지속적으로 연구한 결과물을 투자자가 구입하기로 되어 있다.

경제분석가는 투자자에게 두 가지 경제 상황 중 하나를 예측하는 보고서를 제출할 것이다. 이 보고서는 앞으로 경제가 좋아질 것을 예측하는 긍정적이거나 혹은 경제가 나빠질 것을 예측하는 부정적인 내용을 담고 있을 것이다. 경제분석가가 과거에 수행한 경기 예측 실적을 근거로, 투자자는 각각의 경제 상황이 실현되었을 때 앞의 두 가지 경기 예측 보고서의 **조건부 확률**(conditional probabilities)을 계산할 수 있다. 이 조건부 확률들을 표현하기 위해서 다음의 기호들을 사용하기로 하자.

+ 조건부 확률
다른 사건이 일어난 상황하에서 한 사건이 일어날 확률을 의미한다.

g = 경기가 좋은 상황(good economic conditions)

p = 경기가 나쁜 상황(poor economic conditions)

P = 긍정적인 경기 예측 보고서(positive economic report)

N = 부정적인 경기 예측 보고서(negative economic report)

각각의 경제 상황이 실현되었을 때 각 보고서 결과에 대한 조건부 확률은 다음과 같다.

$$P(\text{P}|\text{g}) = .80$$
$$P(\text{N}|\text{g}) = .20$$
$$P(\text{P}|\text{p}) = .10$$
$$P(\text{N}|\text{p}) = .90$$

예를 들어, 만일 미래의 경제 상황이 실제로 좋다면(g) 긍정적인(P) 보고서가 제출되었을 확률 $P(\text{P}|\text{g})$은 .80이다. 나머지 3개의 조건부 확률들도 유사한 방식으로 해석될 수 있다. 이 확률들로 미루어 볼 때 경제분석가는 비교적 정확히 미래의 경제 상황을 예측하고 있음을

알 수 있다.

　이제 투자자가 상당한 정도의 확률 정보를 수집하였다고 하자. 즉 보고서의 조건부 확률뿐만 아니라 각각의 경제 상황이 실현될 사전적 확률(prior probabilities)들까지도 포함하는 정보를 알고 있다고 하자. 그리고 각각의 경제 상황이 미래에 실현될 사전적 확률은 다음과 같다고 가정하자.

$$P(g) = .60$$

$$P(p) = .40$$

조건부 확률이 주어졌을 때 사전적 확률은 베이즈의 정리(Bayes' theorem)에 의하여 사후적 확률(posterior probabilities)로 전환될 수 있다. 만일 우리가 좋은 경제 상황이 주어졌을 때 긍정적 보고서가 제출될 조건부 확률 $P(P|g)$을 알고 있다면, 긍정적인 보고서가 제출되었을 때 실제로 좋은 경제 상황이 실현될 사후적 확률 $P(g|P)$을 베이즈의 법칙을 이용하여 다음과 같이 구할 수 있다.

+ 사후적 확률
추가적 정보가 알려진 상황에서 조정된 주변 확률이다.

$$P(g|P) = \frac{P(P|g)P(g)}{P(P|g)P(g) + P(P|p)P(p)}$$

$$= \frac{(.80)(.60)}{(.80)(.60) + (.10)(.40)}$$

$$= .923$$

미래에 경기가 좋을 사전적 확률은 .60이다. 그러나 추가적 정보인 긍정적 경기 전망 보고서를 경제분석가로부터 입수함으로써 투자자는 경제가 좋을 것이라는 사전적 확률을 .923으로 높일 수 있었다. 나머지 사후적 (수정된) 확률들은 다음과 같다.

$$P(g|N) = .250$$

$$P(p|P) = .077$$

$$P(p|N) = .750$$

사후적 확률을 활용하는 의사결정나무 모형

부동산 투자 예제에 적용한 본래의 의사결정나무 분석은 그림 10.2와 그림 10.3에서 찾아볼 수 있다. 의사결정나무를 이용한 최종 의사결정은 사무실 건물을 구입하는 것으로 이때의 기대가치는 4만 4,000달러였다. 그러나 만약 투자자가 경제분석가를 고용한다면, 그 경제분석가가 경기 전망 보고서를 제출할 때까지 어떤 종류의 부동산을 구입할지에 대한 결정은 유보될 것이다. 이는 본래의 의사결정 과정에 추가적인 단계가 더해지는 것을 의미하고 해당 의사결정나무는 그림 10.6에 나타나 있다.

그림 10.6

사후적 확률을 활용한
의사결정나무

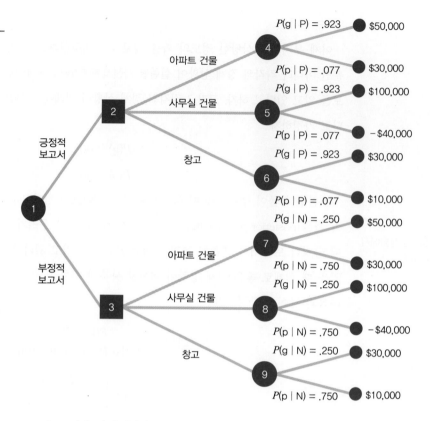

그림 10.6의 의사결정나무는 두 가지 점에서 그림 10.2와 그림 10.3에 소개된 의사결정나무와 차이를 보인다. 첫째로, 의사결정나무가 시작하는 부분에 2개의 새로운 분지들이 위치하는데 이들은 경제분석가가 제출할 2종류—긍정적 혹은 부정적인—의 경제 전망 보고서 결과들을 의미한다. 그러나 어떤 종류의 경제 전망 보고서가 나오느냐와 관계없이 의사결정 대안들이나 가능한 상황들 그리고 성과들은 모두 그림 10.2와 그림 10.3의 그것과 동일함에 주의할 필요가 있다.

둘째로, 각각의 가능한 경제 상황들의 확률은 더 이상 그림 10.2에서 주어진 사전적 확률이 아니다. 그 대신 그림 10.6의 확률들은 베이즈 정리로부터 도출되어 수정된 사후적 확률이다. 만약 경제분석가가 긍정적인 경제 전망 보고서를 제출하였다면 그림 10.6의 마디 1에서 마디 2에 이르는 분지가 선택될 것이다. 만약 아파트 건물을 구입하기로 결정하였을 때 (마디 2로부터 마디 4에 이르는 분지) 경제 상황이 좋을 확률은 .923이고 좋지 않을 확률은 .077이다. 이들은 긍정적인 경제 전망 보고서가 나왔을 때 실제의 경제 상황에 대한 수정된 사후적 확률들이다. 그러나 우리가 의사결정나무를 사용한 기대가치 분석을 실제로 수행하기 이전에 한 가지의 확률 정보가 더 필요하다. 그것은 긍정 혹은 부정적 경제 전망 보고서 중 어느 것이 제출될 것인지를 의미하는 초기 마디의 확률에 관한 것이다.

긍정적 보고서가 제출될 확률 $P(P)$와 부정적 보고서가 제출될 확률 $P(N)$은 다음의 논리에 따라 결정된다. 2개의 종속적 사건 A와 B가 있다고 할 때, 이 두 사건이 동시에 발생할 확률은 다음과 같다.

$$P(\text{AB}) = P(\text{A}\,|\,\text{B})P(\text{B})$$

만일 사건 A가 긍정적인 경제 전망 보고서 제출을, 사건 B가 경제 호황을 의미한다면 위의 공식에 의거하여 다음과 같이 나타낼 수 있다.

$$P(\text{Pg}) = P(\text{P}\,|\,g)P(g)$$

마찬가지 방식으로 우리는 또한 긍정적인 경제 전망 보고서가 제출되고 경제 불황이 일어날 확률을 다음과 같이 구할 수 있다.

$$P(\text{Pp}) = P(\text{P}\,|\,p)P(p)$$

다음으로, 결합 확률(joint probabilities)이라고 불리는 두 확률 $P(\text{Pg})$와 $P(\text{Pp})$를 살펴보자. 이들은 각각 긍정적인 보고서와 경제 호황 그리고 긍정적인 보고서와 경제 불황이 함께 발생할 확률을 의미한다. 뿐만 아니라 이들 두 쌍의 사건들은 상호 배타적(mutually exclusive)이다. 왜냐하면 적어도 가까운 미래의 시점에서 호황과 불황의 경제 상황이 동시에 실현될 가능성은 없기 때문이다. 경제 상황은 좋거나 혹은 좋지 않을 뿐이지 둘 다일 수는 없기 때문이다. 긍정적인 경제 전망 보고서가 제출될 확률을 구하기 위해서는 상호 배타적인 관계에 있는 두 쌍의 사건들, 즉 긍정적인 보고서와 경제 호황 그리고 긍정적인 보고서와 경제 불황이 발생할 확률들을 다음과 같이 합산해야 한다.

+ 한 사건이 일어났을 때 다른 사건이 일어날 수 없는 경우, 사건들을 **상호 배타적**이라고 한다.

$$P(\text{P}) = P(\text{Pg}) + P(\text{Pp})$$

이제 앞에서 구한 두 결합 확률 $P(\text{Pg})$와 $P(\text{Pp})$ 관계식들을 위의 식에 대입하면 다음과 같은 식을 얻을 수 있다.

$$P(\text{P}) = P(\text{P}\,|\,g)P(g) + P(\text{P}\,|\,p)P(p)$$

이 식의 우변은 이전 절에서 $P(g\,|\,P)$를 계산하기 위하여 사용한 베이즈 정리의 분모와 같음을 발견할 수 있다. 이미 값을 알고 있는 조건부 확률과 사전적 확률을 이용해서 우리는 경제분석가가 긍정적인 경제 전망 보고서를 제출할 확률을 다음과 같이 구할 수 있다.

$$P(\text{P}) = P(\text{P}\,|\,g)P(g) + P(\text{P}\,|\,p)P(p) = (.80)(.60) + (.10)(.40) = .52$$

마찬가지로, 경제분석가가 부정적인 경제 전망 보고서를 제출할 확률은 다음과 같이 구할 수 있다.

$$P(\text{N}) = P(\text{N}\,|\,g)P(g) + P(\text{N}\,|\,p)P(p) = (.20)(.60) + (.90)(.40) = .48$$

$P(\text{P})$와 $P(\text{N})$를 특별히 주변 확률(marginal probability)이라고 부른다.

이제 의사결정나무 분석을 수행할 모든 정보를 갖추었다. 우리의 예제에 대한 의사결정나무 분석이 그림 10.7에 나타나 있다. 의사결정나무 분석이 어떻게 진행될지 살펴보기 위해서 먼저 마디 4에서의 기대 수익을 추론해 보자. 성과액 4만 8,400달러는 두 가지 경제 상황에서 아파트 건물을 구입하는 결정을 내렸을 때의 기대 수익이다. 이 기대 수익은 다음과 같이 계산될 수 있다.

$$EV(\text{아파트 건물}) = \$50,000(.923) + 30,000(.077) = \$48,460$$

마디 5, 6, 7, 8, 9에서의 기대 수익도 마찬가지 방법으로 구할 수 있다.

그림 10.7

부동산 투자 예제의 의사결정
나무

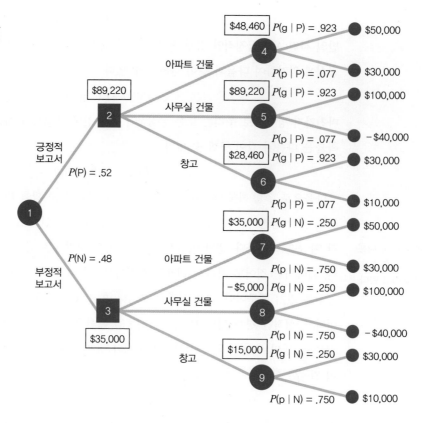

투자자는 마디 2와 3에서 실제 의사결정을 내릴 것이다. 투자자는 어떤 경우에서든 가장 높은 기대 수익을 내는 최선의 결정 대안을 선택할 것이라고 가정한다. 그러므로 마디 2에서의 의사결정은 사무실 건물을 구입하는 것이고, 이때의 기대 수익은 8만 9,220달러이다. 마디 3에서의 의사결정은 아파트 건물을 구입하는 것이고, 이때의 기대 수익은 3만 5,000달러이다. 마디 2와 3에서의 이들 두 결과물을 의사결정 전략(decision strategy)이라고 부른다. 이들은 긍정적이든 부정적이든 경제분석가가 경제 전망 보고서를 제출하였을 때 내릴 투자자의 의사결정 계획을 의미한다.

의사결정나무 분석의 마지막 단계는 의사결정 전략의 기대가치를 계산하는 것이다. 그림 10.7의 마디 1에서 구하는 기대 수익(6만 3,194달러)은 다음과 같이 계산된다.

$$EV(전략) = \$89,220(.52) + 35,000(.48)$$

$$= \$63,194$$

6만 3,194달러는 경제분석가가 제출한 경제 전망 보고서가 주어졌을 때 투자자가 선택할 의사결정 전략의 기대가치(expected value)이다.

표를 이용한 사후적 확률의 계산

추가적인 정보가 제공되는 의사결정에서 생기는 한 가지 어려운 점은 문제의 규모가 커짐에 따라(즉, 더 많은 선택 대안들과 상황들이 추가됨에 따라), 사후적 확률 계산을 위해 베이즈 법칙을 적용하는 작업이 훨씬 더 복잡해진다는 것이다. 이 경우, 복잡한 사후적 확률 계산은 다음과 같은 표를 이용해서 수행하면 편리하다. 우리가 지금까지 사용한 부동산 투자 예제를 가지고 표를 이용한 사후적 확률의 계산법을 살펴보자. 경제분석가가 긍정적인 경제 전망 보고서를 냈을 때 사후적 확률을 계산하기 위한 표와 계산된 $P(\text{P})$가 표 10.12에 나타나 있다.

표 10.12

사후적 확률의 계산

(1) 가능 상황	(2) 사전적 확률	(3) 조건부 확률	(4) 사전적 확률×조건부 확률 : (2)×(3)	(5) 사후적 확률 : (4)÷Σ
경제 호황	$P(g) = .60$	$P(\text{P}\|g) = .80$	$P(\text{P}g) = .48$	$P(g\|\text{P}) = \dfrac{.48}{.52} = .923$
경제 불황	$P(p) = .40$	$P(\text{P}\|p) = .10$	$P(\text{P}p) = .04$ $\overline{\Sigma = P(\text{P}) = .52}$	$P(p\|\text{P}) = \dfrac{.04}{.52} = .077$

경제분석가가 부정적인 경제 전망 보고서를 제출하였을 때 각각의 경제 상황에 대한(호황이든 불황이든) 사후적 확률도 비슷한 방법으로 계산할 수 있다.

의사결정 문제의 규모가 아무리 크더라도, 비교적 작은 문제를 다룰 때와 같은 방식으로 표를 이용한 접근법의 절차들을 한 단계씩 밟으면 된다. 표를 이용하는 사후적 확률의 계산 방법은 (이전처럼 베이즈의 법칙을 직접 적용할 때보다) 규모가 큰 문제에 적용할 때 더 쉽고 체계적으로 사용될 수 있다.

엑셀을 이용한 사후적 확률의 계산

표 10.12에서 구한 사후적 확률은 엑셀을 이용하여 계산할 수도 있다. 제시 10.16은 엑셀의 스프레드시트 포맷에 작성한 표 10.12와 $P(\text{N})$을 계산하기 위한 표를 함께 보여 준다.

표본정보 기대가치

추가적인 정보가 전혀 주어지지 않을 때 부동산 투자 예제의 기대 수익이 4만 4,000달러로 계산되었음을 기억하자. 그러나 경제분석가가 제공하는 추가적인 경제 전망 정보를 입수한 후의 기대 수익은 그림 10.7에 제시된 의사결정나무를 이용하여 계산한 결과 6만 3,194달러에 이르는 것을 발견하였다. 이들 두 기대 수익 간의 차이를 표본정보 기대가치(expected value of sample information, EVSI)라고 부르고 다음과 같이 계산한다.

+ 표본정보 기대가치
추가정보가 존재할 경우의 기대가치와 정보가 없을 경우의 기대가치의 차이이다.

$$EVSI = \text{정보하의 기대가치} - \text{무정보하의 기대가치}$$

우리의 부동산 예제에서 표본정보 기대가치는 다음과 같다.

$$EVSI = \$63,194 - 44,000 = \$19,194$$

제시 10.16

F22	fx	=SUM(F20:F21)

Real Estate Investment Example - Posterior Probabilties

Posterior probability table for a positive report:

	(1)	(2)	(3)	(4)	(5)
					Posterior
	States of	Prior	Conditional		Probabilities
	Nature	Probabilities	Probabilities	(2) X (3)	(4)/Sum(4)
	Good conditions	0.6	0.80	0.48	0.923
	Poor conditions	0.4	0.10	0.04	0.077
				P(P) =	0.52

Posterior probability table for a negative report:

	(1)	(2)	(3)	(4)	(5)
					Posterior
	States of	Prior	Conditional		Probabilities
	Nature	Probabilities	Probabilities	(2) X (3)	(4)/Sum(4)
	Good conditions	0.6	0.20	0.120	0.250
	Poor conditions	0.4	0.90	0.360	0.750
				P(N) =	0.48

이것은 부동산 투자자가 경제분석가에게 미래의 경제 상황을 예측하는 경제 전망 보고서의 대가로 최대 1만 9,194달러를 지불할 용의가 있음을 의미한다.

이 예제에서 추가적 정보가 없는 투자의 기대가치를 구한 후 완전정보 기대가치를 계산하면 2만 8,000달러였음을 기억하자. 그러나 앞에서 계산한 표본정보 기대가치는 1만 9,194달러에 불과하다. 완전무결한 정보를 얻는다는 것은 극히 드문 일이므로 위의 결과는 논리적인 설득력을 가진다고 볼 수 있다. 왜냐하면 추가적인 정보는 완벽할 수 없고 얼마든지 덜 완전할 수 있으며 이를 의사결정자는 완전정보보다는 가치가 덜한 정보로 인식하기 때문이다. 그러므로 우리는 표본정보의 효율성을 다음과 같이 계산함으로써 우리가 입수한 표본정보가 얼마만큼 완전에 가까운지 평가할 수 있다.

+ 표본정보의 효율성
완정정보 기대가치와 표본정보 기대가치의 비율로써 정의된다.

효율성 = 표본정보 기대가치(*EVSI*) ÷ 완전정보 기대가치(*EVPI*)

= \$19,194 / 28,000 = .69

그러므로 이 예제의 경제분석가가 작성한 경제 전망 보고서는 69%의 완전성을 지닌 정보로 투자자에게 인식될 것이다. 일반적으로 높은 효율성 지수는 정보가 대단히 우수하거나 완전정보에 가까움을 의미하고 낮은 효율성 지수는 추가된 정보가 우수하지 않음을 나타낸다. 예제에서 계산된 효율성 지수 .69는 비교적 높은 수치이므로 투자자가 다른 경로로 추가 정보를 입수하려는 노력을 기울일 것 같지는 않다(그러나 이러한 노력은 보통 투자자가 추가 정보 구입에 사용할 수 있는 자금의 여유분에 의존할 것이다). 만일 정보의 효율성이 낮았더라면 투자자는 추가 정보를 입수할 다른 경로를 물색하였을 것이다.

로스앤젤레스 카운티의 의사결정 분석을 통한 테러 공격과 전염병에 대한 계획 수립

미국 질병통제예방센터(Centers for Disease Control and Prevention, CDC)는 미국 내의 모든 주와 지역 보건당국에게 생화학 테러 공격 또는 자연 전염병에 대비하여 일반인들에게 제공할 백신과 항생제(예방)를 제공할 계획을 수립하라고 요청해 왔다. 탄저병과 같은 질병은 매우 짧은 잠복기를 거쳐 48시간 이내에 사망하는 반면, 천연두나 감기와 같은 질병의 발생은 상당히 전염성이 높다. 그래서, 예방약품들은 48시간 이내에 분배가 되어야 한다. 1,000만 거주자와 100만 관광객들, 몇 백만의 불법체류자가 있는 로스앤젤레스 카운티와 같은 곳에 예방약을 분배하는 것은 매우 복잡한 일이다.

　CDC는 예방약을 분배하는 주된 수단으로서 분산지점(POD)을 사용할 것을 요구한다. POD 계획은 CDC에 의해서 자금 지원을 받아 시험되어왔으며 여러 곳에서 효과적인 것이 증명되었다. 그러나, 로스앤젤레스와 같이 큰 지역은 지리적으로 분산된 167개의 POD를 필요로 하는데, 이들 POD에는 출발지에 집결하여 훈련을 받고 수 시간 내에 파견되는 4만 8,000명의 인력이 배치된다. 로스앤젤레스와 같은 도시는 단지 POD를 넘어 백신과 항생제를 분배하는 보완 방식도 필요할 것이다.

　이 경영과학 사례에서는 예방약을 분배하는 대안 방식들을 평가하기 위한 다기준 의사결정 분석을 사용하였다. 이미 제한된 곳에서 시험된 방식과 평시 독감 시즌에 사용되는 대안 분배 방식은 지역 약국을 통해 분배하는 것과 미국 우체국(USPS)이 배송하는 것, 차량 탑승 수령형 POD 방식으로 구분된다. 각 대안 분배방식들에 대한 가치 측정은 분배 속도, 요구되는 인력의 수, 안전적 요구사항의 주관적인 평가가 포함되고, 이들은 각 대안들에 대하여 효과성의 종합적인 측정치를 계산하는 데 사용되었다. 의사결정 분석은 USPS에 의한 것과 약국을 활용하는 것이 최선으로 일반적으로 최선일 것이라 생각되는 차량 탑승 수령형 POD가 최악으로 나타났다. 선호되는 대안 두 가지 모두 100%의 인력 감축이 가능했고 기존의 전형적인 POD에 비해 훨씬 빠른 분배 방식이었다.

© Marcio Jose Sanchez/AP Images

자료 : A. Richter, and S. Khan, "Pilot Model: Judging Alternate Modes of Dispensing Prophylaxis in Los Angeles County," *Interfaces* 39, no. 3 (May–June 2009): 238–40.

효용

이 장에서 소개된 모든 의사결정 기준은 화폐로 환산된 가치에 기초하고 있다. 다시 말해 의사결정은 선택 대안들의 잠재적 금전적 가치에 기초하여 내려지고 있다. 그러나 개인들이 이처럼 기대적 가치의 다소를 기준으로 해서만 의사결정을 내리지 않는 경우도 있다. 예를 들어, 자동차보험에 가입하는 소비자를 생각해 보자. 의사결정의 대안은 보험에 가입할 것인지 말 것인지이고 가능한 상황은 사고가 발생하는 경우와 발생하지 않는 경우이다. 이 의사결정 문제에 대한 성과표가 확률을 포함하여 표 10.13에 나타나 있다.

표 10.13

자동차보험 예제의 성과표가 확률

의사결정 대안	가능한 상황(달러)	
	무사고(.992)	사고 발생(.008)
보험 가입	500	500
보험 미가입	0	10,000

표 10.13에 나타나 있는 금액은 각 결과에 해당하는 비용을 의미한다. 사고의 발생 여부에 관계없이 보험 비용은 500달러이다. 보험에 가입하지 않고 사고가 발생하지 않을 경우 비용은 0이다. 그러나 만일 사고가 발생한다면 소비자가 부담해야 될 비용은 1만 달러이다. 각 의사결정에 따르는 기대비용(expected cost, EC)은 다음과 같이 구할 수 있다.

$$EC(보험에 가입할 경우) = .992(\$500) + .008(\$500) = \$500$$

$$EC(보험에 가입하지 않을 경우) = .992(\$0) + .008(\$10,000) = \$80$$

이 중에서 더 낮은 기대비용은 80달러이므로 이 소비자의 의사결정은 보험에 가입하지 않는 것이 되어야 한다. 그럼에도 불구하고, 사람들은 거의 언제나(심지어는 보험에 가입해야 하는 아무런 법적 강제력이 없는 경우에도) 보험에 가입한다. 이것은 사고 보험, 생명 보험, 화재 보험 등 모든 종류의 보험 시장에서 성립하는 사실이다. 왜 사람들은 이런 종류의 의사결정에서 더 높은 기대 수익을 주는 선택 대안을 포기하는 것일까? 해답은 사람들이 재난에 가까운 고통스러운 상황을 피하고 싶기 때문이라는 것이다. 비교적 적은 액수의 보험 비용과 재난에 가까운 손실 중에서 사람들은 보통 재난을 피하기 위한 적은 비용을 기꺼이 지불하려고 한다. 위험한 상황을 회피한다는 의미에서 이러한 특성을 보이는 사람들을 위험 기피자(risk averter)라고 부른다.

반면에, 경마에 돈을 걸거나 룰렛 게임을 즐기기 위해서 애틀랜틱시티에 가거나 선물 시장에서 투기를 하는 사람들은 그들이 만일 현금을 그대로 보유하고만 있어도 더 높은 기대 수익이 발생하는 상황에서도 기꺼이 위험을 감수하려고 한다. 이러한 부류의 사람들은 소위 "대박"의 기회를 얻기 위해서 확실한 것(그들의 돈을 보유하고 있기만 해도 누릴 수 있는)으로부터 발생하는 더 높은 기대 수익을 기꺼이 포기한다. 이러한 부류의 사람들을 우리는 위험 선호자(risk takers)라고 부른다.

위험 중립자를 포함해서 위험 기피자와 위험 선호자 모두는 그들의 의사결정을 내리는 데 있어서 금전적 가치로 표시되는 기대 수익 이외의 다른 의사결정 기준을 사용하는 것이다. 이러한 대안적 의사결정 기준은 효용(utility)이라고 알려져 있다. 효용이란 금전적 가치로부터 파생되는 만족감의 척도이다. 앞에서 설명한 위험 기피자와 위험 선호자의 예에서, 의사결정자의 효용의 가치는 기대 수익의 가치를 능가하였다. 예를 들어, 보험에 가입하는 의사결정자들의 효용은 보험에 가입하지 않을 때의 효용보다 일반적으로 훨씬 크다.

다른 하나의 예로서, 어떤 특별히 어렵고 지루한 작업을 수행하는 대가로 각각 10만 달러의 급여를 제안 받은 두 사람을 생각해 보자. 그중 한 사람의 연간 소득은 1만 달러이고 다

+ 낮은 확률로 위험을 피하기 위해 높은 기대 가치를 포기하는 사람들은 위험 기피자라고 한다.

+ 확실한 것 대신에 매우 낮은 확률로 대박의 기회를 잡고자 하는 사람들을 위험 선호자라고 한다.

+ 효용
금전적 가치로부터 파생되는 개인적 만족감의 척도이다.

른 한 사람은 백만장자라고 가정하자. 백만장자는 그 제안을 거절할 테지만 연간 소득이 1만 달러에 불과한 보통 사람은 10만 달러의 소득을 올릴 수 있는 기회를 얻기 위하여 최선의 노력을 다할 것이라고 가정하는 것은 합리적이다. 분명히 10만 달러는 두 사람 중의 한 사람에게 더 높은 효용(혹은 가치)을 줄 것이기 때문이다.

일반적으로, 소득의 동일한 증가분이 모든 사람에게 동일한 내적 효용(혹은 가치)을 더해주는 것은 아니다. 자산이 많은 사람들에게 있어서는 자산이 적은 사람들이 느끼는 것과 같은 수준의 내적 효용(혹은 가치)을 소득의 증가분이 보장하지 않는다. 다시 말해서, 비록 소득의 화폐적인 가치는 같지만 개인마다 보유한 자산의 양에 따라서 효용으로 측정한 가치는 서로 다른 것이다. 그러므로 이 경우 효용이라는 것은 자산이 증가될 때 개인마다 느끼는 즐거움 혹은 만족감의 척도라고 할 수 있을 것이다.

어떤 의사결정 상황에서 의사결정자는 효용에 대해서 주관적인 수치를 부여하려고 애쓴다. 이 수치는 전형적으로 유틸(utiles)이라고 불리는 척도를 이용하여 측정한다. 예를 들면, 앞의 예에서 10만 달러의 급여는 저소득자에게 100유틸의 효용을 주지만 백만장자에게는 0유틸의 효용을 줄 뿐일지도 모른다.

자동차보험의 예에서 보험을 구입하는 것은 1,000유틸의 기대 효용을 주지만 보험을 구입하지 않는 것은 단지 1유틸만을 줄 뿐일지도 모른다. 이처럼 주관적인 효용의 가치는 표 10.13에서 계산된 금전적 기대 수익과 전적으로 역행하는 것이며 금전적 기대 수익이 낮을지라도 보험을 구입하는 결정을 내리는 소비자의 행동을 설명해준다.

충분히 예상할 수 있는 바와 같이, 일반적으로 의사결정의 결과로 말미암은 효용(즉, 유틸 수)를 계측하는 것은 매우 어렵다. 왜냐하면 이는 의사결정자의 심리적 선호가 먼저 결정되어야 하는 대단히 주관적인 작업이기 때문이다. 때문에 비록 효용이라는 개념이 실용적이고 때로는 금전적 기대 수익보다 실제 의사결정의 기준을 정확히 묘사해 줄 수 있는 장점이 있지만, 효용에 기초한 의사결정 기준의 현실 적용은 어려우며 아직은 제한적인 것도 사실이다.

+ 유틸
효용을 측정하는 가상의 주관적 척도이다.

요약

이 장의 목적은 불확실성이 존재할 때의 의사결정에 관련된 개념들과 기본적인 내용들을 설명하는 것이다. 이러한 맥락에서 몇 가지 의사결정 기준들이 소개되었다. 확률이 부여될 수 없는 의사결정 상황에 적용하는 maximax, maximin, minimax 손실, 등확률 의사결정 그리고 후르비츠 기준들을 설명하였다. 확률이 부여될 수 있는 의사결정 상황에 대해서는 기대가치 기준과 의사결정나무 분석법을 논의하였다.

이 장에 소개된 모든 의사결정 기준은 다소 단순화된 예를 들어 설명하였는데, 일반적으로 실제의 의사결정 상황은 이보다 훨씬 복잡할 것이다. 그럼에도 불구하고, 이 장에서 제시된 의사결정 분석법은 대부분의 의사결정자들이 의사결정 시 따르게 될 논리적 절차와 방법이라고 할 수 있을 것이다.

예제 문제와 풀이

아래의 예제는 의사결정 분석 문제의 해결 과정을 보여 준다.

문제 설명 ■　기업 인수자인 T. 본 퍼켓은 어느 섬유회사를 합병한 후 그 회사에 속한 공장들 중 사우스캐롤라이나에 위치한 한 공장을 장차 어떻게 할 것인지 심사숙고하고 있다. 다음과 같은 세 가지 대안이 고려되고 있다.

⑴ 그 공장을 확장시키고 대외 경쟁이 거의 없는 군수 시장에 내다 팔 수 있는 가볍고 내구력이 강한 옷감을 생산한다.
⑵ 그 공장의 현재 상태를 유지하면서 심한 대외 경쟁이 따르는 섬유 제품을 계속 생산한다.
⑶ 그 공장을 즉시 매각한다.

만약 처음 두 가지 대안 중 어느 하나가 선택되더라도 그 공장은 연말에는 매각될 예정이다. 1년 후 공장 판매로 인해 얻어질 수익의 총액은 현재 의회에 계류 중인 통상 중지 법안의 상황을 포함하는 대외시장 조건에 달려 있다. 다음 성과표는 이러한 의사결정 상황을 요약하고 있다.

의사결정 대안	가능한 상황(달러)	
	좋은 대외경쟁 조건	좋지 못한 대외경쟁 조건
확장	800,000	500,000
유지	1,300,000	−150,000
매각	320,000	320,000

A. 다음 의사결정 기준을 사용하여 가장 좋은 선택 대안을 결정하시오.

1. Maximax 의사결정 기준
2. Maximin 의사결정 기준
3. Minimax 기회손실 기준
4. 후르비츠 기준($\alpha = .3$)
5. 등확률 기준

B. 대외경쟁 조건이 좋을 확률이 70%이고 대외경쟁 조건이 나쁠 확률이 30%인 것으로 예측되었다고 가정하자. 기댓값과 기대 기회손실을 이용하여 최선의 의사결정을 내리시오.

C. 완전정보 기대가치를 계산하시오.

D. 각각의 확률마디에 기댓값을 가지는 의사결정나무를 작성하시오.

E. T. 본 퍼켓은 컨설팅 업체를 고용하여서 미래의 정치적 혹은 시장 상황을 예측하는 보고서를 제출하도록 하였다. 이 보고서는 미래의 대외 경쟁 상황이 좋거나(g) 혹은 나쁠(p) 것임을 가리키는 긍정적(P) 혹은 부정적(N) 내용을 담을 수 있다. 주어진 각 상황(g 혹은 p)에 대해서 각 보고서 결과(P 혹은 N)의 조건부 확률은 다음과 같다.

$$P(\text{P} \mid \text{g}) = .70$$
$$P(\text{N} \mid \text{g}) = .30$$
$$P(\text{P} \mid \text{p}) = .20$$
$$P(\text{N} \mid \text{p}) = .80$$

베이즈의 법칙을 사용하여 사후적 확률을 구하시오.

F. (E)에서 구한 사후적 확률을 사용하여 의사결정나무 분석을 수행하시오.

풀이 ■ 1단계(A) : 확률을 이용하지 않는 의사결정을 내린다.

Maximax :

확장	$ 800,000		
유지	1,300,000	←	최댓값
매각	320,000		

의사결정 : 현재 상태 유지

Maximin :

확장	$ 500,000	←	최댓값
유지	−150,000		
매각	320,000		

의사결정 : 확장

inimax 기회손실 :

확장	$ 500,000	←	최솟값
유지	650,000		
매각	980,000		

의사결정 : 확장

후르비츠($\alpha = .3$)

확장	$ 800,000(.3) + 500,000(.7) = \$590,000$
유지	$1,300,000(.3) − 150,000(.7) = \$285,000$

| | 매각 | $320,000(.3) + 320,000(.7) = \$320,000$ |

의사결정 : 확장

등확률 :

확장	$\$ 800,000(.50) + 500,000(.50) = \$650,000$
유지	$1,300,000(.50) - 150,000(.50) = \$575,000$
매각	$320,000(.50) + 320,000(.50) = \$320,000$

의사결정 : 확장

2단계(B) : 기댓값(EV)과 기대 기회손실(EOL)을 이용한 의사결정을 내린다.

기댓값 :

확장	$\$ 800,000(.70) + 500,000(.30) = \$710,000$
유지	$1,300,000(.70) - 150,000(.30) = \$865,000$
매각	$320,000(.70) + 320,000(.30) = \$320,000$

의사결정 : 현재 상태 유지

기대 기회손실 :

확장	$\$ 500,000(.70) + 0(.30) = \$350,000$
유지	$\$ 0(.70) - 650,000(.30) = \$195,000$
매각	$980,000(.70) + 180,000(.30) = \$740,000$

의사결정 : 현재 상태 유지

3단계(C) : 완전정보 기대가치($EVPI$)를 계산한다.

완전한 정보하의 기댓값 $= 1,300,000(.70) + 500,000(.30) = \$1,060,000$

완전한 정보가 없는 기댓값 $= 1,300,000(.70) - 150,000(.30) = \$865,000$

완전정보 기대가치($EVPI$) $= \$1,060,000 - 865,000 = \$195,000$

4단계(D) : 의사결정나무를 작성한다.

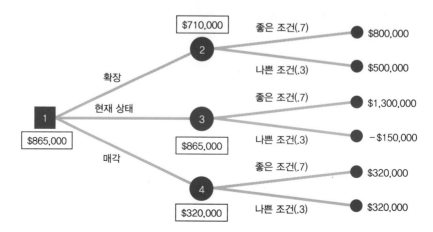

5단계(E) : 사후적 확률을 계산한다.

$$P(g \mid P) = \frac{P(P \mid g)P(g)}{P(P \mid g)P(g) + P(P \mid p)P(p)}$$

$$= \frac{(.70)(.70)}{(.70)(.70) + (.20)(.30)}$$

$$= .891$$

$$P(p \mid P) = .109$$

$$P(g \mid N) = \frac{P(N \mid g)P(g)}{P(N \mid g)P(g) + P(N \mid p)P(p)}$$

$$= \frac{(.30)(.70)}{(.30)(.70) + (.80)(.30)}$$

$$= .467$$

$$P(p \mid N) = .533$$

6단계(F) : 사후적 확률을 이용한 의사결정나무 분석을 수행한다.

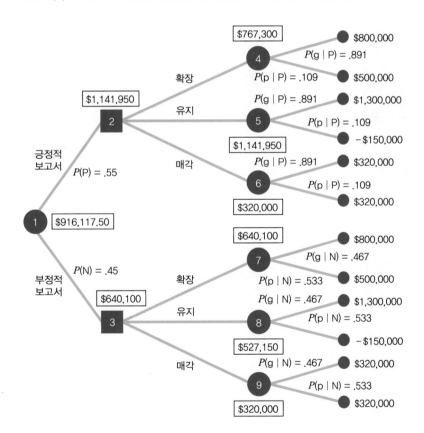

01 아이오와 주의 한 농부는 추가 토지를 임대하는 것과 지역 은행의 저축채권에 투자하는 것을 고려하고 있다. 만약 내년에 날씨가 좋다면, 추가 토지에서 많은 작물을 수확할 수 있다. 그러나 날씨가 나쁘면 손실을 겪게 된다. 저축채권은 날씨와 상관없이 동일한 수익을 보장한다. 날씨 상황에 따른 각 투자에 대한 수익(단위 : 달러)이 다음의 성과표에 나타나 있다.

의사결정	날씨	
	좋음	나쁨
토지임대	90,000	−40,000
저축채권 구매	10,000	10,000

다음의 의사결정 기준을 이용하여 최선의 결정을 선택하시오.

a. maximax 의사결정 기준

b. maximin 의사결정 기준

02 애틀랜타에 있는 Royal Sundown 호텔의 사환인 스티비 스톤은 매니저 자리를 제의받았다. 경기 침체기에 이 제의를 받아들이면 직장을 보장받을 수 있지만 경기 호황기에는 오히려 매니저로 일하는 것이 사환으로 일하는 것보다 수입을 감소시킨다(왜냐하면 경기 호황기에는 사환으로서 그는 큰 액수의 팁을 받을 수 있기 때문이다). 향후 5년 동안 두 가지 경제 상황하에서 두 직종으로부터 그가 받을 수 있는 봉급(단위 : 달러)은 다음의 성과표에 요약되어 있다.

의사결정	경제상황	
	호황	불황
사환	120,000	60,000
매니저	85,000	85,000

다음의 의사결정 기준을 이용하여 최선의 결정을 내리시오.

a. minimax 기회손실 기준

b. 후르비츠 기준(α = .4)

c. 등확률 기준

03 조지아 주의 한 농부는 내년에 그의 농지에 옥수수, 땅콩, 콩 중 어느 작물을 심을지 결정해야 한다. 각 작물로부터의 이윤은 현재 심의 중인 러시아와의 새 무역 법안이 미 상원을 통과할 것인가에 달려 있다. 무역 법안의 두 가지 가능한 결과 가결 혹은 부결에 따른 각 작물로부터 농부가 얻을 이윤(단위 : 달러)은 다음 성과표에 요약되어 있다.

작물	무역 법안	
	가결	부결
옥수수	35,000	8,000
땅콩	18,000	12,000
콩	22,000	20,000

다음의 의사결정 기준을 이용하여 최선의 작물을 결정하시오.

a. maximax 기준

b. maximin 기준

c. minimax 기회손실 기준

d. 후르비츠 기준(α = .3)

e. 등확률 기준

04 Columbia 건설사의 회장은 주택개발, 쇼핑센터 건설, 모든 장비를 다른 회사에 대여하는 것 중에 의사결정을 내릴 필요가 있다. 각 대안에 대한 이익은 원자재비용이 안정적인가, 올라가는가에 따라 달라진다. 각 대안과 원자재 비용에 대한 두 가지 가능성에 따른 이익(단위 : 달러)이 다음의 성과표에 나타나 있다.

의사결정	원자재 비용	
	안정	상승
주택개발	70,000	30,000
쇼핑센터 건설	105,000	20,000
장비대여	40,000	40,000

a. maximax 기준

b. maximin 기준

c. minimax 기회손실 기준

d. 후르비츠 기준(α = .2)

e. 등확률 기준

05 어느 텔레비전 유선 방송사는 다음의 세 가지 미식축구 경기, 즉 앨라배마 대 오번, 조지아 대 조지아텍, 육군 대 해군 중 어느 게임을 추수감사절 이후의 토요일에 방영할지 여름 동안에 결정해야 한다. 예상되는 시청자 수(단위 : 100만 가정)는 6개 팀의 승패 기록에 달려 있고 이는 다음의 성과표에 요약되어 있다.

경기	시청자 수		
	두 팀 모두 승리	한 팀 승리; 한 팀 패배	두 팀 모두 패배
앨라배마 대 오번	10.2	7.3	5.4
조지아 대 조지아텍	9.6	8.1	4.8
육군 대 해군	12.5	6.5	3.2

다음 의사결정 기준을 이용하여 방송할 최선의 게임을 결정하시오.

a. maximax 기준

b. maximin 기준

c. 등확률 기준

06 앤 타일러는 조부모로부터 상속을 받았다. 몇 가지 대안들에 대해 투자를 고심하고 있다. 1년 뒤의 수익률은 다음 해의 이자율에 따라 달라진다. 현재 이자율은 7%이고 앤은 기껏해야 2포인트 올라가거나 내려가거나 동일할 것으로 예상하고 있다. 다양한 투자 대안들과 이에 따른 수익(단위 : 1만 달러)이 다음 표와 같이 나타난다.

투자안	이자율				
	5%	6%	7%	8%	9%
머니마켓 펀드	2	3.1	4	4.3	5
주식성장 펀드	−3	−2	2.5	4	6
채권형 펀드	6	5	3	3	2
정부형 펀드	4	3.6	3.2	3	2.8
리스크 펀드	−9	−4.5	1.2	8.3	14.7
저축채권	3	3	3.2	3.4	3.5

다음 의사결정 기준을 이용하여 최선의 투자를 결정하시오.

a. maximax 기준

b. maximin 기준

c. 등확률 기준

07 Tech 미식축구 감독은 경기에 임할 때마다 사용하는 여섯 가지의 기본적인 공격 전술을 가지고 있다. Tech는 토요일에 주립대학과의 경기를 앞두고 있는데 Tech 미식축구 감독은 주립대학이 다섯 가지의 수비 전술을 사용할 것임을 알고 있다. Tech 미식축구 감독은 Tech가 여섯 가지의 공격 전술을 각각의 수비 전술에 적용했을 경우 얻을 수 있는 야드 수를 다음 성과표에서와 같이 예측하였다.

공격 전술	수비 전술				
	54	63	Wide Tackle	Nickel	Blitz
Off tackle	3	−2	9	7	−1
Option	−1	8	−2	9	12
Toss sweep	6	16	−5	3	14
Draw	−2	4	3	10	−3
Pass	8	20	12	−7	−8
Screen	−5	−2	8	3	16

a. 만약 감독들이 공격적인 게임 전략을 채택한다면 maximax 기준을 사용할 것이다. 이때 최선의 공격 전술은 위의 표에서 어느 것인가?

b. 만약 감독들이 방어적인 게임 전략을 채택한다면 maximin 기준을 사용할 것이다. 이때 최선의 공격 전술은 위의 표에서 어느 것인가?

c. 만약 주립대학이 다섯 가지 수비 전술을 등확률로 사용한다면 최선의 공격 전술은 어느 것인가?

08 Microcom은 개인용 컴퓨터를 제작하는 미국 회사이다. 이 회사는 제작 및 배급을 위한 새로운 시설을 한국, 중국, 타이완, 필리핀 혹은 멕시코 중의 한 곳에 지으려고 한다. 기초적인 인프라(도로 등)를 공급하고 새로운 설비를 건축하고 이를 작동시키는 데 드는 공사는 약 5년 정도 소요될 예정이다. 설비 공사에 드는 최종 비용은 나라마다 다르고 심지어 한 나라 안에서도 금융, 노동, 정치 환경, 환율에 따라 지역마다 편차가 나타난다. 이 회사는 다음 표에 요약한 바와 같이 세 가지 서로 다른 경제적·정치적 환경하에서 각 나라 기준의 설비비용(단위 : 100만 달러)을 추정하였다.

국가	경제적·정치적 환경		
	침체	동일	개선
한국	21.7	19.1	15.2
중국	19.0	18.5	17.6
대만	19.2	17.1	14.9
필리핀	22.5	16.8	13.8
멕시코	15.0	21.2	12.5

다음 의사결정 기준을 이용하여 최선의 의사결정을 내리시오.

a. minimin 기준

b. minimax 기준

c. 후르비츠 기준($\alpha = .4$)

d. 등확률 기준

09 부동산 회사인 Place-Plus는 몇 가지 개발 프로젝트를 고민 중이다. 이는 사무실 파크를 건설하고 빌려주는 것, 땅을 구매하여 임대할 사무실 건물을 건설하는 것, 창고를 구매하고 임대해주는 것, 백화점을 짓는 것, 콘도를 짓고 판매하는 것의 대안들이다. 이러한 프로젝트들의 재무적 성공은 추후 5년간의 이자율 움직임에 따라 달라진다. 이자율이 낮아지거나 동일하거나 올라가는 경우의 5년간의 이익(단위 : 100만 달러)은 다음 성과표에 제시되어 있다.

프로젝트	이자율		
	하락	동일	상승
사무실 파크	0.5	1.7	4.5
사무실 건물	1.5	1.9	2.5
창고	1.7	1.4	1.0
백화점	0.7	2.4	3.6
콘도	3.2	1.5	0.6

다음 의사결정 기준을 이용하여 최선의 투자를 결정하시오.

a. maximax

b. maximin

c. 등확률

d. 후르비츠($\alpha = .3$)

10 오클랜드 Bombers 프로 농구단은 지난 시즌 플레이오프 진출권을 놓치고 나서, 다음 시즌 플레이오프에 진출하기 위해서는 대단히 우수한 자유계약선수 1명을 영입할 필요가 있다고 느끼게 되었다. 이 팀은 현재 배리 버드, 레이닐 오닐, 마빈 존슨, 마이클 고든 이렇게 4명의 선수를 놓고 고민하고 있다. 각 선수는 포지션, 능력, 그리고 팬 인기도 면에서 서로 다르다. 시즌 성적에 따라 계약이나 관객 입장 수입, 팀 관련 상품 판매 수입 등으로부터 발생하는 팀의 수익성은 각 선수별로 다른데, 이는 다음 성과표(단위 : 100만 달러)에 요약되어 있다.

선수	수익성		
	탈락	경쟁력 있음	플레이오프 진출
배리 버드	−3.2	1.3	4.4
레이닐 오닐	−5.1	1.8	6.3
마빈 존슨	−2.7	0.7	5.8
마이클 고든	−6.3	−1.6	9.6

다음 의사결정 기준을 이용하여 최선의 의사결정을 내리시오.

a. maximax 기준

b. maximin 기준

c. 후르비츠 기준($\alpha = .60$)

d. 등확률 기준

11 두 개의 커피전문점 체인인 Startrak과 Mill Mountain이 콜럼버스 시장을 장악하고 있다. Startrak은 가을 시즌을 위해 세 가지 새로운 마케팅 전략인 1, 2, 3을 개발했고, 각 전략들은 미디어와 인쇄 광고 및 판촉의 다양한 조합을 포함하고 있다. Mill Mountain은 Startrak이 마케팅 캠페인을 계획한다는 것을 알고 있으며, Startrak의 전략을 상쇄하기 위해 A, B, C의 세 가지 자체 전략을 개발했다. 아래의 성과표는 Mill Mountain이 세 가지 가능한 전략을 고려할 때 Startrak이 예상하는 시장 점유율 증가(또는 손실) 비율을 보여 준다.

Startrak 전략	Mill Mountain 전략		
	A	B	C
1	8	−3.5	5.5
2	−2	7	4
3	1	6	3

다음 의사결정 기준을 이용하여 Startrak이 채택할 최선의 의사결정을 내리시오.

a. maximax 기준

b. maximin 기준

c. minimax 기회손실 기준

d. 후르비츠 기준($\alpha = .4$)

e. 등확률 기준

12 문제 11의 Mill Mountain이 마케팅 전략 A, B, C를 사용할 확률이 각각 0.25, 0.45, 0.30이라고 가정하고, Startrak의 각 전략에 대한 기댓값을 계산하여 가장 적합한 대안을 선택하시오.

13 어느 기계 상회의 사장은 새 천공 압축기, 선반, 연마기 중 어느 것을 구입할지 결정하려고 한다. 각 기계 구입의 수익성은 이 회사가 정부와 국방 용역 계약을 체결하느냐에 달려 있다. 기계 구입에 따르는 이윤 혹은 손실액(단위 : 달러)과 계약 체결 확률은 아래 성과표에 요약되어 있다.

구입 대안	계약(0.4)	계약 안함(0.6)
1	40,000	−8,000
2	20,000	4,000
3	12,000	10,000

각 기계 구입에 대한 기댓값을 구하고 최선의 대안을 선택하시오.

14 Tech과 A&M의 풋볼경기에서 영업권을 가지고 있는 매니저는 상인들로 하여금 선바이저를 팔게 할 것인지 우산을 팔게 할 것인지 결정해야 한다. 경기가 개최될 College Junction은 일기예보에 따르면, 30%의 확률로 비, 15%의 확률로 흐림, 55%의 확률로 맑을 것으로 예상된다. 매니저는 각 기상조건에 따라 각 의사결정으로부터 얻을 수 있는 수익(단위 : 달러)을 다음 표와 같이 예측하였다.

의사결정	기상조건		
	비(.30)	흐림(.15)	맑음(.55)
선바이저	−500	−200	1,500
우산	2,000	0	−900

a. 각 의사결정에 대한 기댓값을 계산하고 최선의 대안을 선택하시오.
b. 기회손실표를 만들고 각 의사결정에 대한 기회손실의 기댓값을 계산하시오.

15 앨런 애보트는 자신의 차고에 이르는 넓게 굽이치는 언덕길을 소유하고 있다. 겨울에 폭설이 내릴 때면 앨런은 인부를 고용해서 언덕길의 눈을 치우도록 하는 데 30달러씩 지불한다. 다음은 매해 겨울 폭설이 내릴 횟수에 대한 확률분포이다.

폭설	확률
1	.13
2	.18
3	.26
4	.23
5	.10
6	.07
7	.03
	1.00

앨런은 새 자동 제설기를 625달러에 구입할지를 고민하고 있는데, 이 제설기는 자신이나 부인 혹은 아이들도 쉽게 언덕길의 눈을 제거할 수 있도록 해 주는 기계이다. 앨런이 어떤 결정을 내릴지 논하고 그 이유를 설명하시오.

16 Miramar 회사는 세 가지 신제품 Widget, Hummer, Nimnot 중 하나를 소개하려고 한다. 다음 성과표에 요약된 바와 같이 시장 환경(호의적, 안정적, 비관적)은 이 회사의 이윤 혹은 손실액(단위 : 달러)에 영향을 미치는 중요한 요인이다.

제품	시장 환경		
	호의적	안정적	비관적
Widget	120,000	70,000	−30,000
Hummer	60,000	40,000	20,000
Nimnot	35,000	30,000	30,000

a. 각 대안에 대한 기댓값을 구하고 최선의 대안을 선택하시오.

b. 기회손실표를 그리고 각 대안의 기회손실의 기댓값을 구하시오.

c. 이 기업이 미래의 시장 환경에 대한 더 나은 정보를 얻는 대가로 시장 조사업체에 얼마를 지불할 용의가 있는지 답하시오.

17 Blue Ridge 산에 있는 Downhill 스키 리조트가 재무적인 성공을 이루는 것은 겨울 동안 눈의 양에 달려 있다. 만약 눈이 평균적으로 40인치보다 많으면 성공이고 20인치에서 40인치 사이면 중간 정도의 수익을 기대할 수 있고, 20인치 이하이면 손실이 예상된다. 각 눈의 양에 따라 재무적 수익과 확률은 다음과 같다.

눈의 양(인치)	재무적 수익(달러)
> 40, .4	120,000
20~40, .2	40,000
< 20, .4	−40,000

큰 호텔 체인은 겨울 동안 4만 달러에 이 리조트를 임대하는 제안을 하였다. 이 리조트가 직접 운영을 하는 것과 임대를 하는 것을 결정하기 위한 기댓값을 계산하시오. 그 이유를 설명하시오.

18 문제 06에서 앤 타일러는 재무 관련 뉴스와 연구결과를 바탕으로 내년 동안 발생 가능한 이자율에 대한 확률을 다음과 같이 산정할 수 있게 되었다.

이자율(%)	확률
5	.2
6	.3
7	.3
8	.1
9	.1

기댓값을 사용하여, 최선의 투자 의사결정을 내리시오.

19 문제 07에서 Tech 감독은 선행 경기 필름을 판독한 결과 주립대학이 사용할 수비 전술의 확률이 다음과 같음을 발견하였다.

수비	확률
54	.4
63	.1
Wide tackle	.2
Nickel	.2
Blitz	.1

a. 기댓값을 사용하여 최선부터 최하까지 Tech의 공격 전술의 순위를 매기시오.

b. 실제 경기 동안 Tech가 세 번째 다운을 기록하고 10야드 전진하는 기회를 얻었다. Tech 감독은 주립대학이 Blitz 전술을 택할 확률이 60%인 것으로 확신하고 나머지 네 종류의 수비 전략을 각기 10% 정도의 확률로 사용할 것으로 생각한다. Tech는 어떤 공격 전술을 취하는 것이 좋은가? Tech가 첫 번째 다운을 얻을 수 있을 것으로 생각하는가?

20 문제 08의 Microcom에 고용된 경제학자는 해외와 멕시코의 정치 경제 환경이 향후 5년 동안 하락할 확률이 .40이고 대략 같은 수준으로 머무를 확률은 .50이며 개선될 확률은 .10으로 예측하였다. 새로운 시설을 건설하기에 최선의 국가는 어디인지 결정하고, 완전정보 기대가치를 구하시오.

21 문제 09에서 Place-Plus 부동산 회사는 향후 5년 동안 이자율이 어떻게 움직일 것인지에 대한 각각의 확률을 평가하기 위해 경제학자를 고용했다. 그 경제학자는 이자율이 하락할 확률을 .50 동일할 확률을 .40, 상승 확률을 .10으로 예상하였다.

a. 기댓값을 사용하여 최선의 프로젝트를 선정하시오.

b. 완전정보 기대가치를 구하시오.

22 부부 자동차 딜러인 펜턴과 파라 프렌들리는 새로운 딜러 상회를 개설하려고 한다. 이 딜러 상회에는 입점할 세 종류의 사업 제안서가 접수되었는데 이들은 외국산 소형 승용차 회사와 미국산 대형 승용차 회사, 그리고 트럭 회사이다. 각 판매 차종의 성공 여부는 향후 수년간 사용할 수 있는 가솔린 양의 정도 부족 혹은 잉여에 달려 있다고 한다. 가솔린 상태에 따른 각 판매 차종의 이윤(단위 : 달러)은 다음 성과표에 요약되어 있다.

입점기업 유형	가솔린 가용성	
	부족 .6	잉여 .4
소형 승용차	300,000	150,000
대형 승용차	−100,000	600,000
트럭	120,000	170,000

프렌들리 부부가 선택할 판매 차종을 결정하시오.

23 Loebuck 식료품점은 매주 수요를 맞추기 위해서 몇 상자의 우유를 진열할지 결정해야 한다. 1주일 동안 수요(단위 : 파운드)의 확률분포는 다음 표에 나타나 있다.

수요	확률
15	.20
16	.25
17	.40
18	.15
	1.00

이 식료품점은 우유 1상자를 10달러에 들여와서 12달러에 판매한다. 팔리지 않은 우유는 가축을 사육하는 주변 농가에 1상자당 2달러를 받고 판매한다. 만약 수요를 맞추지 못해서 우유의 재고량이 부족하게 되면 식품업자는 손님의 기분을 상하게 하는 비용으로 부족한 우유 1상자당 4달러의 손실을 입는 셈이 된다. 이 식품업자는 매주 몇 상자의 우유를 주문해야 할지 결정하려고 한다.

a. 이 의사결정 상황에 대한 성과표를 작성하시오.

b. 진열할 수 있는 우유량의 각 대안에 대한 기댓값을 계산하고 최선의 대안을 선택하시오.

c. 기회손실표를 작성하고 최선의 대안을 선택하시오.

d. 완전정보 기대가치를 계산하시오.

24 Mazey's 백화점의 연하장 카드 판매구역의 매니저는 크리스마스 카드를 주문하려고 한다. 크리스마스 시즌에는 각 카드 박스를 3달러에 구입할 수 있고, 5달러에 팔 수 있다. 크리스마스 이후에는 카드는 2달러에 팔릴 수 있다. 카드 판매구역 매니저는 모든 남은 카드는 이 가격에 팔릴 수 있다고 생각한다. 크리스마스 시즌 동안 예측된 크리스마스 카드 수요(단위 : 박스)는 각 확률과 함께 다음과 같이 주어졌다.

수요	확률
25	.10
26	.15
27	.30
28	.20
29	.15
30	.10

a. 각 의사결정 상황에 대한 성과표를 작성하시오.

b. 각 대안에 대한 기댓값을 계산하고 최선의 대안을 선택하시오.

c. 완전정보 기대가치를 계산하시오.

25 Parm Garden 식물원은 소매 화원에 판매하는 카네이션을 전문적으로 재배한다. 카네이션은 12송이 한 묶음을 3.00달러에 판매한다. 카네이션을 키우고 소매상에 배급하는 비용은 12송이 한 묶음에 2.00달러이다. 하루 판매가 끝난 후 남는 카네이션은 지역 레스토랑이나 호텔 등에 12송이당 0.75달러의 가격으로 판매한다. 수요가 충족되지 않을 시 발생하는 소비자 비용은 12송이당 1.00달러이다. 카네이션의 하루 예측 수요량은 (12송이 기준으로) 다음과 같다.

하루 수요	확률
20	.05
22	.10
24	.25
26	.30
28	.20
30	.10
	1.00

a. 이 결정 상황에 대한 성과표를 작성하시오.

b. 각 카네이션 수량(12송이 기준) 대안의 기댓값을 계산하고 최선의 대안을 선택하시오.

c. 기회손실표를 작성하고 최선의 의사결정을 내리시오.

d. 완전정보 기대가치를 계산하시오.

26 문제 24에서 수요에 대한 확률은 더 이상 유효하지 않다고 가정하자. 의사결정은 확률이 없는 바로 지금 이 순간이라고 생각하자. 다음의 기준들을 통해 재고로 축적해야 하는 최선의 카드 박스 수를 결정하시오.

a. maximin 기준

b. maximax 기준

c. 후르비츠 기준(α = .4)

d. minimax 기회손실 기준

27 글로벌 공급사슬망을 가진 전자기기와 컴퓨터 제조기업인 Foxcomp는 일부 부품의 새로운 공급기업을 추가하고자 하고, 고려하는 대상 기업들은 대만, 인도, 태국, 필리핀에 위치해 있다. 위험관리의 일환으로, Foxcomp는 홍수, 화재, 해일, 지진과 같은 자연재해 발생 시 공급기업이 폐쇄될 때 발생하는 충격을 평가하고 싶어 한다. 다음의 성과표는 사건 발생의 심각한 정도와 회복 수준에 따라 기업 폐쇄의 피해손실액(단위 : 100만 달러)을 보여 준다.

공급기업 국가	사건발생의 심각한 정도		
	낮음	중간	높음
대만	8	11	21
인도	6	7	14
태국	3	12	17
필리핀	5	9	15

다음의 기준을 사용하여 최선의 의사결정을 하여시오.

a. minimin 기준

b. minimax 기준

c. 등확률 기준

d. minimax 기회손실 기준

28   문제 27에서 각 국가별 사건발생의 심각한 정도에 대한 확률은 아래와 같다.

공급기업 국가	사건발생의 심각한 정도		
	낮음	중간	높음
대만	.43	.45	.12
인도	.56	.33	.11
태국	.37	.41	.22
필리핀	.47	.46	.07

기댓값을 사용하여 Foxcomp를 위한 최선의 의사결정을 하시오.

29   글로벌 의류기업인 Suntrek은 청바지를 만들기 위한 천을 공급할 새로운 기업을 추가하려고 하고 있고 고려하는 기업들은 상하이, 뭄바이, 마닐라, 산토스, 베라크루즈 항구 근처에 위치해 있다. 이 회사의 의사결정의 주요한 요소는 운송비용이고, 이는 항의 교통량, 컨테이너 비용, 미래 기름 가격 등의 요인들에 의해 달라질 수 있다. 다음의 성과표는 관련 물류비용의 미래 상태에 따라 각 항구의 공급기업별 매달 총 운송비용(단위 : 10만 달러)을 나타내고 있다.

항구	물류비용		
	하락	동일	상승
상하이	2.7	3.9	6.3
뭄바이	2.1	3.8	6.5
마닐라	1.7	4.3	6.1
산토스	3.5	4.5	5.7
베라크루즈	4.1	5.1	5.4

다음의 기준을 사용하여 최선의 의사결정을 하시오.

a. minimin 기준

b. minimax 기준

c. 등확률 기준

d. minimax 기회손실 기준

30   문제 29에서 Suntrek은 물류비용이 하락할 확률은 0.09, 동일할 확률은 0.27, 상승할 확률은 0.64로 예측하였다. 기댓값을 이용하여 최선의 공급기업을 선정하시오.

31   Federated Electronics 사는 컴퓨터와 TV를 위한 스크린과 모니터를 제조하고 전 세계에 판매한다. 아시아에서 급성장하는 시장을 위해서 아시아에 물류창고를 새로 구축하고 싶다. 상하이, 싱가포르, 부산, 가오슝, 홍콩의 항구도시가 대상지가 될 수 있고, 각각에 대한 매출을 평가하였다(건설비용을 제거하였고, 이 비용은 홍콩과 같은 일부 시에서는 높게 책정되었음). 각 지역에서 예상 매출은 주로 두 가지 요인에 의해 결정된다. 이 두 가지는 예측된 교통량, 기반시설, 근로 임금 및 가용성, 확장 및 현대화 가능성 등의 경제적 조건과 정치적 안정성, 세관, 무역관련 규정 등의 정치적 상황이 된다. 다음의 성과표는 항구와 정부의 상황들의 긍정적이고 부정적인 4가지 조합에 대해 6년간의 예상 매출(단위 : 100만 달러)을 보여 준다.

항구	항구와 정부의 상황			
	항구 부정적/ 정부 부정적	항구 부정적/ 정부 긍정적	항구 긍정적/ 정부 부정적	항구 긍정적/ 정부 긍정적
상하이	−0.271	0.437	0.523	1.08
싱가포르	−0.164	0.329	0.441	0.873
부산	0.119	0.526	0.337	0.732
가오슝	−0.235	0.522	0.226	1.116
홍콩	−0.371	0.256	0.285	1.653

다음의 기준을 사용하여 새로운 물류창고로서 최선의 항구를 선택하시오.

a. maximax 기준

b. maximin 기준

c. 등확률 기준

d. 후르비츠 기준(α = .55)

32 문제 31에서 Federated Electronics 사는 5개의 항구에 대하여 항구와 정부 상황의 각 조합들에 대한 확률을 Washington DC 기반의 연구소를 통해 평가하였다. 이 연구소는 다음과 같이 확률을 평가하였다.

항구	항구와 정부의 상황			
	항구 부정적/ 정부 부정적	항구 부정적/ 정부 긍정적	항구 긍정적/ 정부 부정적	항구 긍정적/ 정부 긍정적
상하이	.09	.27	.32	.32
싱가포르	.05	.22	.22	.51
부산	.08	.36	.27	.29
가오슝	.11	.12	.46	.31
홍콩	.10	.23	.30	.37

a. 기댓값을 이용하여, 물류창고를 구축하기 가장 좋은 항구를 선택하시오.

b. 임의의 의사결정 기준을 사용하여, 물류창고로서 최선의 입지를 결정하고 답에 대하여 설명하시오.

33 문제 10에서 오클랜드 Bombers의 경영진은 각 선수별로 미래 시즌 성과의 발생 확률을 다음 표와 같이 파악하였다.

선수	확률		
	탈락	경쟁력 있음	플레이오프 진출
배리 버드	.15	.55	.30
레이닐 오닐	.18	.26	.56
마빈 존슨	.21	.32	.47
마이클 고든	.30	.25	.45

각 선수별로 기댓값을 계산하고 이 중 어느 선수가 최종 계약서에 사인하게 될지 예측하시오.

34 Orange Community College의 진로상담센터 책임자는 학생들에게 어떤 2년 단위의 학위 과정을 선택할 것인지에 대한 의사결정을 돕기 위해 정보를 제공하고자 한다. 책임자는 가장 인기 있고 성공적인 6개의 학위과정에 대하여 네 가지의 경제 상황에 따라 벌 수 있는 5년간의 총 수입(단위 : 달러)을 다음 성과표와 같이 제시하였다.

학위과정	경제 상황			
	침체	평균	좋음	건실함
그래픽디자인	145,000	175,000	220,000	260,000
간호	150,000	180,000	205,000	215,000
부동산	115,000	165,000	220,000	320,000
의료기술	130,000	180,000	210,000	280,000
요리기술	115,000	145,000	235,000	305,000
컴퓨터 정보기술	125,000	150,000	190,000	250,000

다음의 의사결정 기준들을 사용하여 예상된 수입을 기준으로 최선의 학위 과정을 결정하시오.
a. maximax 기준
b. maximin 기준
c. 등확률 기준
d. 후르비츠 기준($\alpha = .50$)

35 문제 34에서 책임자는 향후 5년간에 대한 경제적 상황에 대한 확률을 알기 위해 지역 투자회 사에 작은 비용을 지급하였다. 그 회사는 불황의 확률을 .20으로, 평균의 확률을 .40으로, 좋을 확률을 .30으로, 건실할 확률을 .10으로 예측하였다. 기댓값을 이용하여 예상 수입을 기준으로 최선의 학위 과정을 결정하시오. 만약 여러분이 책임자라면, 어떤 과정을 추천할 것인가?

36 폭스바겐은 6개의 모델을 생산할 계획이다. 제조 시설에서는 Polo, Vento, Ameo, GTI, Tiguan, Passat를 생산할 수 있다. 이 모든 모델을 생산하지만 가장 많이 팔린 차에만 집중하고 싶어 한다. 경제학자들은 내년도 시장 상황이 세 가지 상호 배타적인 결과인 '경기 침체', '완만함', '성장'으로 나타날 것이며, 각각의 확률은 0.30, 0.25, 0.45라고 예측하고 있다. 폭스바겐은 과거에 유사한 조건이 존재했을 때 얼마나 많은 자동차를 판매했는지 보여 주는 다음 데이터를 가지고 있다.

	경기 침체	완만함	성장
모델/확률	.30	.25	.45
Polo	25	18	45
Vento	38	24	46
Ameo	40	16	38
GTI	36	25	28
Tiguan	40	20	44
Passat	25	21	30

a. 기댓값을 이용하여, 폭스바겐이 집중해야 하는 모델을 제시해보시오.
b. 기대손실을 구하시오.

37 문제 36의 폭스바겐 상황에 대한 의사결정나무를 작성하고, 어떤 의사결정이 최선인지를 나타내시오.

38 다음의 주어진 순차적 의사결정나무에 대하여, A와 B 중에 어떠한 것이 최적인지 결정하시오.

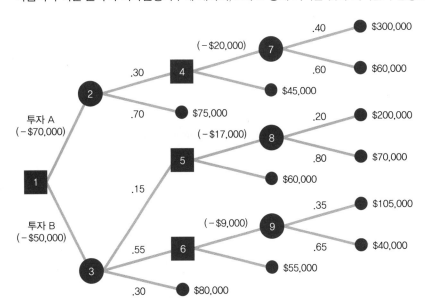

39 Americo Oil 회사는 연방 정부에서 주관하는 석유 개발 계약 입찰에 참가할 것을 고려 중이다. 이 회사는 입찰 가격으로 1억 1,000만 달러를 제시하기로 결정하였다. 이 가격으로 계약을 수주할 확률은 60%인데 만약 계약을 수주하게 된다면 시추 방법으로 세 가지 중 하나를 선택해야 한다. 석유를 추출하는 새 방법을 개발하거나, 기존의 (비효율적인) 방식을 사용하거나 혹은 일단 시추공을 확립한 후 여러 개의 작은 회사들에게 하청을 주는 방법을 이용할 수 있다. 이들 각 대안으로부터 실현될 이윤의 결과는 다음과 같다.

- 새 방법 개발

결과	확률	이윤(100만 달러)
대성공	.30	600
중간 정도 성공	.60	300
실패	.10	−100

- 기존 방법 사용

결과	확률	이윤(100만 달러)
대성공	.50	300
중간 정도 성공	.30	200
실패	.20	−40

- 하청

결과	확률	이윤(100만 달러)
중간 정도 성공	1.00	250

계약 제안서를 마련하는 비용은 200만 달러이다. 만약 입찰에 참가하지 않는다면 이 회사는 확실한 이윤 3,000만 달러를 보장받을 수 있는 대안적 투자처를 가지고 있다. 이 의사결정 상황에 대한 순차적 의사결정나무를 작성하고 입찰에 참가할지를 결정하시오.

40   문제 13의 기계 상회의 주인은 정부 계약을 수주할 수 있는지 확인하기 위해 군사 고문관을 고용하였다. 이 군사 고문관은 이런 정보를 입수할 수 있는 다양한 경로의 인맥을 구축한 전직 장교이다. 이 군사 고문관을 고용한 적이 있는 다른 기계 상회에 문의한 결과, 계약이 수주되었을 때 그가 호의적인 보고서를 제출한 확률은 .70이고 계약이 수주되지 않았을 때 그가 비판적인 보고서를 제출한 확률은 .80인 것으로 조사되었다. 의사결정나무를 이용해서 이 주인이 취할 전략을 결정하고, 이 전략의 기댓값을 구한 후 이 주인이 더 많은 정보를 얻기 위해 군사 고문관에게 최대 얼마까지 지불할 수 있는지 구하시오.

41   문제 16의 Miramar Company는 미래의 시장 상황을 파악하기 위한 설문 조사를 수행하기로 시장 조사 기관과 계약을 체결하였다. 설문 결과는 긍정적 혹은 부정적 시장 상황을 표시할 것이다. 호의적 상황하에서 긍정적 보고서를 낼 확률은 .60이고 안정적 상황하에서 긍정적 보고서는 .30의 확률로, 비관적 상황하에서 긍정적 보고서는 .10의 확률로 발행하였다. 반면에, 비관적 상황하에서 부정적 보고서를 낼 확률은 .90이고 안정적 상황하에서 부정적 보고서는 .70의 확률로, 호의적 상황에서 부정적 보고서는 .40의 확률로 발생하였다. 의사결정나무 분석과 사후적 확률표를 사용하여 설문 조사 결과의 대가로 이 회사가 시장 조사 기관에 최대한 얼마까지 지불할 수 있는지 구하시오.

42   문제 36의 폭스바겐은 컨설턴트 고용을 고려하고 있다. 컨설턴트가 완벽한 정보를 제공하여 폭스바겐을 돕게 되는 경우에 도출할 수 있는 완벽한 정보의 기대가치를 구하시오.

43   할리우드의 영화 제작자인 제프리 모굴은 새 영화 대본 작가이자 감독인 베티 조 서스틴이 집필한 대본을 검토하고 있다. 제프리는 새 감독이 제작한 영화가 성공할 확률은 .10이고 실패할 확률이 .90임을 알고 있다. 만일 이 영화가 성공한다면 2,500만 달러를 벌고 실패한다면 800만 달러를 잃을 것으로 경리부는 예측한다. 제프리는 저명한 영화 평론가인 딕 로퍼에게 대본을 주고 성공 확률을 예측토록 하였다. 로퍼가 성공작을 옳게 예측할 확률은 70%이고 실패작을 옳게 예측할 확률은 80%이다. 로퍼는 수고료로 100만 달러를 요구하였다. 모굴이 로퍼를 고용할지 결정하고, 만일 고용하기로 한다면 기댓값을 이용하여 모굴이 취할 전략을 제시하시오.

44   문제 06과 18에서, 앤 타일러는 최선의 투자 의사결정을 위해 재무분석가를 고용하는 것을 고려하고 있다. 그녀가 이 재무분석가에게 지불할 수 있는 최대금액은 얼마인가?

45   문제 30에서 Suntrek은 미래의 물류비용이 얼마가 될 것인가를 정확히 평가하기 위해 공급사슬 분석가를 고용하고 싶어 한다. 얼마가 이 분석가에게 지불할 수 있는 최대금액인가?

46   제이 시고는 자신의 사고를 유발한 원인이 차량의 결함 때문인 것으로 믿고 자동차 제조 회사를 상대로 350만 달러의 손해배상 청구소송을 하려고 한다. 제이는 사고 때문에 1년 동안 일을 할 수 없었다. 자동차 회사는 제이에게 70만 달러의 합의금을 제안하였고 제이는 그중 변호사 비용을 제외한 60만 달러를 수령할 수 있다. 변호사는 이 소송에서 승소할 확률이 50%라고 조

언하였다. 만약 패소한다면 제이는 변호사 비용과 법정 비용으로 7만 5,000달러를 부담하게 된다. 만약 승소하더라도 제이가 요구하는 350만 달러를 전부 받을 수는 없다. 변호사의 견해로는 50%의 확률로 변호사 비용을 제외한 200만 달러를 제이가 받을 수 있고, 다시 50%의 확률로 배심원들은 100만 달러를 허용하는데, 제이는 그중 50만 달러를 받게 된다. 의사결정나무 분석을 사용해서 제이가 자동차 회사를 제소할지 결정하시오.

47 자동차 제조업체는 자동차용 볼트 및 너트와 같은 부품을 구입한다. 평균적으로 이 회사는 한 달에 100만 세트를 구매한다. 회사는 도착한 부품들을 검사하고 매장 마당으로 옮기게 된다.

결함(%)	결함확률	
	공급업체 A	공급업체 B
2	.12	.25
4	.18	.28
6	.23	.18

공급업체 A와 B는 운송 비용과 제조 기술이 다르기 때문에 제품에 대해 부과하는 가격이 전부 다르다. 다음 표는 각 공급업체가 제공하는 제품의 비용(단위 : 파운드)을 보여 준다.

결함(%)	비용	
	공급업체 A	공급업체 B
2	45,000	42,000
4	42,000	44,000
6	38,000	37,500

의사결정나무를 사용하여 회사에서 이 부품의 세트를 조달해야 하는 공급업체를 결정하시오.

48 Kroft 식품 회사는 스페셜 초이스로 불리는 샐러드 드레싱 생산 라인을 도입해야 할지 결정하려고 한다. 이 회사는 일부 지역을 선정해서 이 샐러드 드레싱의 시장 테스트를 실시하든지 아니면 시장 테스트 없이 이 제품을 전국적으로 도입할 것이다. 시장 테스트 비용은 15만 달러가 든다. 만약 시장 테스트를 실시하면 전국적으로 이 샐러드 드레싱 도입을 결정하기 전에 테스트 결과를 기다려야 한다. 시장 테스트 결과가 긍정적일 확률은 0.60이다. 반면에, 시장 테스트를 거치지 않고 곧바로 이 드레싱을 도입할지 말지를 결정할 수도 있다. 만약 이 샐러드 드레싱이 전국적으로 도입되고 성공을 거둔다면, Kroft는 연간 160만 달러의 이윤을 얻을 수 있다. 반면에 이 드레싱이 실패한다면 70만 달러의 손실을 본다. Kroft는 시장 테스트 없이 이 샐러드 드레싱을 도입하였을 때의 성공 확률이 0.50인 것으로 믿고 있다. 만약 시장 테스트를 실시하여 결과가 긍정적이라면 이 드레싱의 성공 확률은 0.8로 높아진다. 그러나 만약 시장 테스트 결과가 부정적임에도 불구하고 이 샐러드 드레싱을 도입하였을 때의 성공 확률은 0.30으로 떨어진다.
의사결정나무 분석을 사용해서 이 회사가 시장 테스트를 실시해야 할지 결정하시오.

49 문제 48에서 표본정보 기대가치(즉, 시장 테스트의 가치)와 완전정보 기대가치를 구하시오.

50 Blue Ridge Power and Light는 승용차와 경트럭 및 건설 장비를 포함하는 다수의 차량을 보유한 전기 공사 회사이다. 이 회사는 보유 차량을 최소 비용으로 관리하기 위한 네 가지 대안적 전략을 시험 중이다. (1) 예방 관리를 하지 않고 고장이 날 때마다 차량 부품을 보수한다. (2) 정기적으로 오일 표본을 채취하여 오일 분석 결과에 따라 예방 관리를 실시한다. (3) 정기적으로 차량 오일을 교체하고 필요하면 보수를 실시한다. (4) 정기적으로 오일을 교체하고, 오일 표본을 채취하며, 표본 분석 결과에 따라 관리 및 보수를 실시한다.

승용차와 경트럭의 경우, 전략 1은 비용이 들지 않지만 다음 두 가지 결과를 초래한다. 즉, 확률 .10으로 부품의 결함이 발생하고 비상 보수 비용 1,200달러가 들거나 확률 .90으로 부품의 결함도 발생하지 않고 보수 비용도 들지 않는다.

전략 2를 실시하는(즉, 오일 표본을 채취하는) 비용은 20달러이고 확률 .10으로 결함 부품이 발생하거나 확률 .90으로 결함이 발생하지 않는다. 만약 실제로 결함 부품이 발생하는 경우에, 오일 표본이 이를 정확히 찾아낼 확률은 .70이고 예방 관리비용 500달러가 든다. 그러나 확률 .30으로 오일 표본이 결함을 찾아내지 못하고 이상 없는 것으로 인지한다면 후에 비상 관리비용으로 1,200달러가 든다. 반면에, 실제로는 이상이 없음에도 불구하고 결함이 있는 것으로 오일 표본이 잘못 판단하는 확률은 .20이고 이 경우에는 불필요한 보수 관리비용으로 250달러가 든다. 실제로 이상이 없을 때 오일 표본이 정확하게도 이상이 없는 것으로 판정할 확률은 .80이며 이때의 보수 관리비용은 0이다.

전략 3의 실시비용은 14.80달러로 다음 두 결과를 가져온다. 즉, 확률 .04로 결함이 존재하여 1,200달러의 비상 보수 비용이 들거나 확률 .96으로 결함이 존재하지 않고 아무런 보수 비용이 들지 않는다.

전략 4의 실시비용은 34.80달러로 결함이 존재하거나 존재하지 않을 확률은 전략 3에서와 같다. 결함 부품이 존재한다면 확률 .70으로 오일 표본이 이를 찾아낼 것이고 500달러의 예방 관리비용이 들게 된다. 반면에, 확률 .30으로 오일 표본은 결함을 찾아내지 못하고 비상 보수 비용으로 1,200달러가 든다. 또한 실제로는 부품에 결함이 존재하지 않을 때 오일 표본은 확률 .20으로 결함이 있는 것으로 잘못 판정하고 불필요한 보수 관리비용 250달러를 초래하는 반면 확률 .80으로 이상 없음을 옳게 판정하므로 관리비용이 들지 않는다.

Blue Ridge Power and Light가 선택할 전략을 확정하고 이 전략의 기댓값을 구하시오.

51 문제 50에서 의사결정 분석은 승용차와 경트럭을 대상으로 한 것이다. Blue Ridge Power and Light는 이제 회사가 보유한 건설 중장비를 대상으로 이 문제를 재구성하기를 원한다. 건설 중장비의 비상 보수 비용은 1만 5,000달러로 (승용차와 경트럭보다) 훨씬 비싸다. 예방 관리비용은 2,000달러이고 불필요한 관리비용은 1,200달러이다. 오일 교환비용은 100달러이며 오일 샘플 채취와 분석비용은 30달러이다. 모든 확률은 문제 26에서와 같다. Blue Ridge Power and Light가 선택할 건설 중장비 관리 전략을 결정하시오.

52 문제 10에서 오클랜드 Bombers의 경영진은 다음 시즌 팀의 가능성을 평가하기 위해 스포츠 전문가 제리 맥과이어를 고용하였다. 맥과이어는 4명의 자유계약선수 중 1명과 팀이 계약할 것을 가정하고 평가를 실시할 것이다. 그 결과 경영진은 4명의 자유계약선수가 각기 팀에 합류할 경우 팀이 패배할 확률을 평균하여 4명의 자유계약선수 중 어느 1명을 보유하고도 패배할 확률이 .21인 것으로 판단하였다. 팀이 시즌 내내 잘 싸우고도 플레이오프에 진출하지 못할 확률도 비슷한 방식으로 추정되었는데 이는 .35인 것으로 파악되었다. 팀이 플레이오프에 진출할 확률은 .44이다. 맥과이어가 팀의 시즌 패배를 옳게 예측할 확률은 .75이다. 반면에, 그가 실제로는 패배할 시즌을 경쟁력 있는 시즌으로 예측할 확률은 .15이고 실제로는 패배할 시즌을 플레이오

프에 진출할 시즌으로 잘못 예측할 확률은 .10이다. 맥과이어가 팀의 경쟁력 있는 시즌을 옳게 예측할 확률은 .80이다. 반면에, 그가 실제로는 경쟁력 있는 시즌을 패배할 시즌으로 잘못 예측할 확률은 .10이고 실제로는 경쟁력 있는 시즌을 플레이오프에 진출 시즌으로 잘못 예측할 확률은 .10이다. 맥과이어가 팀의 플레이오프에 진출할 시즌을 옳게 예측할 확률은 .85이다. 반면에, 그가 실제로는 플레이오프에 진출할 시즌을 패배할 시즌으로 잘못 예측할 확률은 .05이고 실제로는 플레이오프에 진출할 시즌을 경쟁력 있는 시즌으로 잘못 예측할 확률은 .10이다. 의사결정나무 분석과 사후적 확률을 사용해서 이 팀이 택할 전략을 확정하고 그 전략의 기댓값을 구하시오. 이 팀이 제리 맥과이어의 정확한 예측의 대가로 지불할 최대 금액은 얼마인가?

53 문제 19에서 Place-Place 부동산 개발 회사는 경제학자의 미래 이자율 변동 확률 예측에 대하여 불만족스러워 금융자문회사에 미래 이자율에 대한 보고서를 요청하는 것을 고려하고자 한다. 이 자문회사는 실적을 참고할 수 있고, 이는 이자율이 하락할 것이라 예측한 것이 하락했던 것은 80%, 동일할 것이라 예측한 것이 하락한 것은 10%, 상승할 것이라 한 것이 하락한 것은 10%라는 것을 보여주고 있다. 이자율이 계속 동일할 것을 맞추는 것은 70%, 내려갈 것을 예측했는데 동일한 것은 20%, 상승할 것을 예측했는데 동일한 것은 10%가 된다. 상승을 예측했는데 상승하는 것은 90%로 맞추고 감소하는 것은 2%, 동일한 것은 8%가 된다.

이 자문회사가 정확한 보고서를 제공한다고 할 때, Place-Plus는 자문회사에게 얼마나 비용지불을 할 수 있는지 결정하고 이 정보가 얼마나 효율적인지 판단하시오.

54 한 젊은 부부가 저축 채권과 부동산에 투자할 5,000달러를 가지고 있다. 호황 혹은 불황인 경제 상황하에서 각 투자의 기대 수익(단위 : 달러)은 다음 성과표에 나타나 있다.

펀드	시장상황	
	호황 .0	불황 .4
저축채권	1,000	1,000
부동산	10,000	−2,000

저축 채권 투자의 기댓값은 1,000달러이고 부동산 투자의 기댓값은 5,200달러이다. 그러나 이 부부는 저축 채권에 투자하기로 결정하였다. 이 부부의 결정을 각 투자와 연관된 효용을 중심으로 설명하시오.

55 래브란 존스는 클리블랜드 프로 농구팀에서 지난 8시즌 동안 선수로 활동하였고 리그에서 최고 선수 중의 한 명으로 우뚝 섰다. 그는 최근 자유계약선수가 되었고, 이는 그가 클리블랜드와 새로운 계약을 할 수 있고 다른 팀과 새로 계약할 수 있음을 의미한다. 클리블랜드는 결코 심각하게 우승을 하려고 노력하지 않아, 래브란은 우승 가능성이 높은 마이애미나 대중미디어 시장이 커서 더욱 많은 재무적 기회와 보상을 받을 수 있는 뉴욕으로 이적할 강력한 의지를 가지고 있다. 세 개의 팀들이 래브란에게 6년 계약을 제공하였으나 봉급 상한제 때문에, 마이애미는 1억 1,000만 달러만 제시할 수 있고, 뉴욕은 1억 2,000만 달러, 클리블랜드는 1억 2,500만 달러를 제시하고 있다. 승률 예측가는 래브란과 함께한다면 마이애미는 70%로, 클리블랜드는 40%, 뉴욕은 10%로 점치고 있다. 만약 래브란이 우승한다면, 그는 거의 확실히 그 팀에서 선수 생활을 마칠 것이다. 만약 그 팀이 뉴욕이라면, 6년 뒤에 그는 은퇴 후 약 5억 달러 정도의 재무적 보상이 있는 새로운 계약이 체결될 것이다. 그러나 뉴욕이 그가 있는 6년간 우승하지 못한다면, 그는 2억 달러를 받고 남거나, 새로운 팀과 4년 계약을 할 것이다. 만약 새로운 팀과

계약한다면 그는 50 대 50의 확률로 우승할 수 있는 충분히 좋은 팀과 계약할 것이나 그의 쇠퇴하는 능력 때문에 새로운 팀과 우승을 한다면 1억 2,000만 달러만 받을 것이다. 그러나 만약 우승하지 못한다면, 최종 수입은 6,500만 달러가 될 것이다. 만약 마이애미와 계약하고 우승한다면 그는 이 팀에 남을 것이고 3억 7,000만 달러를 받을 것이나 우승하지 못한다면 9,000만 달러를 받고 남아있거나, 새로운 팀과 계약을 할 것인데, 이는 뉴욕 활동 후 새로운 팀과 계약하면 받을 수 있는 것과 동일한 수준이 될 것이다. 만약 클리블랜드와 재계약을 하고 우승을 하면, 은퇴까지 최종 수입은 3억 달러가 될 것이나, 우승하지 못하면 1억 4,500만 달러를 받거나 또는 새로운 계약을 할 것이고 이는 뉴욕 및 마이애미 활동 후 새로운 팀과 계약하는 것과 동일한 수준으로 새로운 팀과 계약할 것이다. 의사결정나무 분석을 이용하여, 래브란은 어떤 팀과 새로운 계약을 하는 것이 좋은지 결정하고 그의 결정에 대한 기댓값을 구하시오.

사례 문제

Steeley Associates와 Concord Falls

자산 개발 기업인 Steeley Associates 회사는 State University가 위치한 Concord Falls의 마을 광장 근처에 있는 오래된 집을 구입하였다. 이 오래된 집은 1800년대 중반에 지어졌고, Steeley Associates가 이를 복원하였다. 거의 십여 년 동안, Steeley는 이를 학교에 학술 사무 공간으로 대여하였다. 이 집은 넓은 잔디 위에 있고 이 타운의 랜드마크가 되어 왔다.

그러나 2008년 학교와의 대여기간은 종료되었고, Steeley Associates는 이곳에 많은 학생들이 거주할 수 있는 아파트 건설을 결정하였다. 지역사회는 분노하였고 마을의회는 반대하였다. 마을을 위한 법적 자문가는 Steeley의 대변인과 이야기를 하였고 만약 Steeley가 허가를 신청하면 아마도 마을은 거절할 것이라고 살며시 알려주었다. Steeley가 마을 건축법규를 이미 검토하였고 그 계획은 지침 내에서 이루어졌다. 그러나 이것이 마을에서 허가를 승낙하는 소송을 이길 수 있다는 것을 의미하는 것은 아니었다. Steeley Associates의 대표들은 대안들을 검토하기 위해 수차례 회의를 개최하였다. 그들은 세 가지 옵션을 결정하였다. 이는 허가를 요청하는 것과, 자산을 파는 것, 마을이 싸우지 않을 정도의 적은 인원이 사용하는 사무용 건물을 구축하는 것이었다. 마지막 두 가지 옵션의 경우, 만약 Steeley가 집과 자산을 판다면, 90만 달러를 벌 수 있을 것으로 생각한다. 만약 새로운 사무용 건물을 짓는다면, 그 수익은 미래의 마을 성장에 달려 있다. 성장 가능성은 70%로 예측되고 이 경우 Steeley는 (10년의 기간에 대해) 130만 달러의 수익을 기대할 수 있다. 그러나 성장이 없거나 쇠퇴한다면, 단지 20만 달러를 벌 수 있을 것으로 예상된다.

만약 Steeley가 아파트에 대한 허가를 요청하면, 좋거나 나쁜 결과 모두 가능하다. 즉각적으로 좋은 결과물은 허가를 승인받는 것이고 그 결과는 300만 달러의 수익을 기대할 수 있다. 그러나 Steeley는 이렇게 이루어질 확률은 10%밖에 되지 않는다고 생각한다. 반면에 신청을 거절할 확률은 90%로 생각하고 이 경우 다른 의사결정을 내려야 한다.

Steeley는 그 시점에 자산을 매각할 수 있다. 그러나 허가의 거절로 인해 잠재적 구매자들에게는 의심의 여지없이 가치가 떨어질 수밖에 없을 것이고 Steeley는 70만 달러 정도 받을 것으로 예상하고 있다. 또한 사무용 건물을 지을 수 있고 이는 전과 동일하게 30%의 확률로 성장이 없는 경우 20만 달러 수익을 기대할 수 있고 70%의 확률로 성장하는 경우 130만 달러의 수익을 기대할 수 있다. 세 번째 옵션은 마을을 상대로 소송을 하는 것이다. 표면상으로 Steeley의 경우는 괜찮은 편이나 마을 건축법규는 애매하고 동정적인 판사는 소송을 폐기해 버릴 수도 있을 것이다. 이기든 지든 간에 Steeley는 법정 비용으로 30만 달러를 예상하고 있고 40%의 승산을 예측하고 있다. 그러나 만약 승소한다면, 보상은 거의 100만 달러가 되고 아파트로부터 300만 달러의 수익을 얻을 것으로 예상한다. Steeley는 또한 사건이 오랫동안 법정에서 지속되어 미래수익이 사라지게 되는 경우가 10% 정도일 것으로 예상하고 이 경우에는 20만 달러의 법정 비용이 소요될 것이다.

만약 Steeley가 패소하면, 자산을 매각하거나 사무용 건물을 건설하는 것을 동일하게 고려할 것이다. 그러나 소송이면 미래까지 진행된다면, 판매가격은 그 시점의 마을 성장 가능성에 따라 달라진다. 각 상황은 50 대 50 정도이고, 성장하는 상황이라면 보수적으로 90만 달러가 잠재적인 판매 가능 가격이 되고 성장하지 않는다면 50만 달러 정도가 될 것으로 예상한다. 마지막으로 Steeley가 사무용 건물을 건설할 때, 50%의 확률로 마을이 성장할 것으로 예상되고, 그 수익은 단지 120만 달러가 될 것이다. 만약 성장하지 않는다면, 보수적으로 단지 10만 달러를 수익으로 예상하고 있다.

A. 기댓값을 이용하여 Steeley Associates의 의사결정 상황에 의사결정나무 분석을 실시하고 이러한 기준에 적절한 결정을 내려시오.

B. 여러분이 내릴 결정에 대하여 언급하고 이유를 설명하시오.

Mountain States Electric Service 사의 변압기 교체

Mountain States Electric Service 사는 로키산맥 지역에 있는 여러 주를 서비스하는 전력회사이다. 이 회사는 변전소에서 장비를 교체하는 것을 고려하고 있고 오래된 PCB 변압기를 교체해야 할지를 결정하려고 하고 있다. (PCB는 폴리 염화 비페닐로 알려진 화학적 독성물질이다.) PCB 발전기가 모든 현재 규정을 준수하고 있으나, 만약 화재와 같은 사고가 발생하여 PCB의 오염이 지역의 사업, 농장, 환경에 해를 끼치게 된다면, 이 회사가 책임을 져야 한다. 최근 법정 사례에서는 전력회사가 다른 이들에게 피해를 끼치면 규정을 준수했다 하더라도 책임을 감해주지 않는다고 나타나 있다. 또한 법정은 독성물질 사고에 의해 크게 피해를 본 개인과 사업자들에 대하여 보상할 것을 요구하고 있다.

만약 이 전력회사가 PCB 변압기를 교체한다면, PCB 사고는 발생하지 않을 것이며 그 교체 비용은 8만 5,000달러가 될 것이다. 반면, 회사가 계속 PCB 변압기 사용을 고수한다면, 50 대 50으로 사고 발생 가능성이 높거나, 사고 발생 가능성이 낮을 것으로 추정하고 있다. 사고 발생 가능성이 높은 경우에 대해서는 .004의 확률로 남은 변압기 수명 동안 화재가 발생하고 .996의 확률로 화재가 발생하지 않을 것이다. 만약 화재가 발생했을 때, 이것이 큰 화재이고 이 화재를 정리하기 위해서 약 9,000만 달러의 높은 비용이 발생할 확률은 .20로 생각되고, 작은 화재가 발생해서 800만 달러의 낮은 비용이 발생할 확률은 .80이 된다. 만약 화재가 발생하지 않는다면, 정리하는 비용은 발생하지 않는다.

사고 발생 가능성이 낮은 경우에는 변압기 잔여 수명 동안 .001의 확률로 화재가 발생하고 .999의 확률로 화재가 발생하지 않을 것이다. 만약 화재가 발생한다면, 큰 화재와 작은 화재의 정리 비용과 확률은 앞의 경우와 동일하다. 유사하게, 화재가 발생하지 않으면 정리 비용은 없다.

Mountain State Electric Service 사를 위한 의사결정나무 분석을 실시하고 해결책을 제시하시오. 이 결과가 회사가 내려야 하는 적절한 결정이라고 생각하는가? 의견을 설명하시오.

자료 : W. Balson, J. Welsh, and D. Wilson, "Using Decision Analysis and Risk Analysis to Manage Utility Environmental Risk," *Interfaces* 22, no. 6 (November–December 1992): 126–39.

The Carolina Cougars

The Carolina Cougars는 3년차 운영을 시작하는 확장 중인 메이저리그 야구팀이다. 이 팀은 첫 2년간 계속 패배해 왔고 지역팀 중 하위권이었다. 그러나 이 팀은 젊고 일반적으로 경쟁력을 가지고 있다. 이 팀의 총괄 매니저인 Frank Lane과 매니저인 Biff Diamond는 좋은 선수들을 영입한다면 Cougars는 지역 우승 도전자 또는 우승자까지도 바라볼 수 있을 것으로 생각한다. 그들은 구단주인 Bruce Wayne에게 새로운 자유계약선수 영입을 위한 몇 가지 제안을 준비하였다.

한 가지 제안은 팀이 투수 두 명, 유격수 한 명, 타격을 상당히 잘하는 외야수 두 명을 보너스와 연봉을 합쳐 5,200만 달러에 자유계약선수들과 계약하는 것이다. 두 번째 제안은 조금은 덜 적극적이지만 한 명의 안정적인 투수, 한 명의 지속적이고 타격을 잘하는 내야수, 한 명의 상당히 훌륭한 타격의 외야수를 2,000만 달러에 영입하는 것이다. 마지막 제안은 현재 팀을 격려하고 지속적으로 발전시키는 것이다.

총괄 매니저 Lane은 구단주가 각 의사결정 전략에 대한 장기적인 영향을 평가할 수 있게 가능한 시즌 시나리오를 열거하고자 한다. 구단주가 이해할 수 있는 기준은 돈이기 때문에, Lane은 이 분석이 각 전략별로 얼마나 많이 벌 수 있는지 또는 잃을 수 있는지를 정량화시키고 싶어 한다. 이 분석을 진행하기 위해서, Lane은 Tech의 경영과학과 졸업생인 그의 아이들, Penny와 Nathan을 고용하였다.

Penny와 Nathan은 지난 5번의 시즌들의 경기관람률 경향, 로고 판매(옷, 기념품, 모자 등), 선수 거래, 매출 등에 관한 리그 데이터들을 분석하였다. 또한 그들은 몇몇 구단주, 총괄 매니저, 리그 사무직원들과 인터뷰를 하였으며, 팀이 계약을 고려한 자유계약선수들을 분석하였다.

Penny와 Nathan의 분석결과로는 만약 자유계약선수들에 투자하지 않는다면, 우승에 도전해 볼 확률이 25%, 그렇지 못할 확률이 75%이다. 만약 우승 도전자가 된다면, 경기관람률은 시즌이 진행될 때 늘어나서 높은 관람률(150~200만)을 달성하고 티켓 판매, 영업권, 광고, TV와 라디오 매출, 로고 판매를 통해 1억 7,000만 달러의 수익을 얻을 확률이 .70이 된다. 보통 정도의 관람률(100~150만)로 1억 1,500만 달러의 수익을 얻을 확률은 .25이고, 낮은 관람률(100만 이하)로 9,000만 달러의 수익을 얻을 확률은 .05가 될 것으로 추정한다. 만약 우승 도전자가 되지 못한다면, Penny와 Nathan은 9,500만 달러 수익의 높은 관람률을 가질 확률은 .05, 5,500만 달러 수익의 중간 관람률을 가질 확률은 .20, 3,000만 달러 수익의 낮은 관람률을 가질 확률은 .75로 평가한다.

만약 자유계약선수들에게 2,000만 달러를 투자한다면, 우승 도전자가 될 50 대 50의 확률을 갖게 된다. 만약 우승 도전자가 된다면, 시즌 후반에 현재 선수들을 격려하고 지속관리하거나 지역 우승의 확률을 높이기 위해 선수들을 트레이드 또는 영입할 수 있다. 격려하고 지속관리한다면, 관람률을 높이고 1억 9,500만 달러의 수익을 가져다 줄 확률은 .75이 된다. 1억 6,000만 달러 수익의 중간 관람률이 될 확률은 .20이고 1억 2,000만 달러의 수익으로 낮은 관람률을

갖게 될 확률은 .05가 된다. 대신, 선수들을 트레이드하거나 영입하게 된다면, 비용은 800만 달러가 들게 되고, 2억 달러의 수익을 가져다 줄 높은 관람률에 대한 확률은 .80이 된다. 1억 7,000만 달러의 수익을 가져다 줄 중간 관람률에 대한 확률은 .15이고 1억 2,500만 달러의 수익을 가져다 줄 낮은 관람률에 대한 확률은 .05가 될 것이다.

만약 팀이 우승 도전자가 되지 못한다면, 선수들을 격려하고 지속관리하거나, 약 800만 달러의 수익을 내며 일부 선수들을 방출할 수 있을 것이다. 격려하고 지속관리할 경우, 1억 1,000만 달러의 수익을 예상하는 높은 관람률이 될 확률은 .12이고, 650만 달러의 수익으로 중간 관람률이 될 확률은 .28, 400만 달러의 수익으로 낮은 관람률이 될 확률은 .60이 될 것이다. 만약 선수들을 방출한다면, 팬들은 훨씬 빠른 속도로 흥미를 잃게 되고, 1억 달러 수익의 높은 관람률을 갖게 될 확률은 .08로 떨어지게 되고, 600만 달러 수익의 중간 관람률의 확률은 .22, 350만 달러 수익의 낮은 관람률의 확률은 .70이 될 것이다.

가장 야심찬 자유계약 전략은 우승 도전자가 될 확률을 65%까지 끌어올릴 것이다. 이 전략은 또한 비시즌에도 팬들을 흥분하게 만들고 그해 티켓 수입, 광고, 로고 판매를 늘릴 것이다. 만약 팀이 우승에 도전하게 된다면, 시즌 후반에 더 많은 선수를 영입할 것인가를 결정하게 된다. 만약 Cougars가 격려하며 지속관리한다면, 2억 1,000만 달러의 수익이 예상되는 높은 관람률이 될 확률이 .80이 되고, 1억 7,000만 달러의 수익이 예상되는 중간 관람률이 될 확률은 .15, 1억 2,500만 달러의 수익이 예상되는 낮은 관람률의 확률은 .05가 될 것이다. 만약 팀이 1,000만 달러를 들여 새로운 선수를 영입한다면, 2억 2,000만 달러의 수익이 예상되는 높은 관람률이 될 확률은 .83으로 올라갈 것이고, 1억 7,500만 달러의 수익이 예상되는 중간 관람률이 될 확률은 .12, 1억 3,000만 달러의 수익이 예상되는 낮은 관람률이 될 확률은 .05가 될 것이다.

만약 팀이 우승후보가 되지 못한다면, 팀은 시즌 후반에 약 120만 달러를 받고 선수들을 방출하거나 격려하고 지속

관리하게 된다. 만약 지속관리하게 된다면, 1억 1,000만 달러의 수익이 예상되는 높은 관람률이 될 확률은 .15이고, 7,000만 달러의 수익이 예상되는 중간 관람률이 될 확률은 .30, 5,000만 달러의 수익이 예상되는 낮은 관람률이 될 확률은 .55가 될 것이다. 만약 팀이 선수들을 방출하면 1억 500만 달러의 수익이 예상되는 높은 관람률이 될 확률은 .10이고, 6,500만 달러의 수익이 예상되는 중간관람률의 확률은 .30, 4,500만 달러의 수익이 예상되는 낮은 관람률이 될 확률은 .60이 될 것이다.

Penny와 Nathan이 선택하여야 하는 최선의 전략을 결정하고 그 기댓값을 계산하시오.

WestCom Systems Products Company의 R&D 평가

WestCom Systems Products Company는 상업용 판매를 목적으로 컴퓨터 시스템과 소프트웨어 제품을 개발한다. 매년 이 회사는 수행할 다양한 R&D를 고려하고 평가한다. 회사는 제품 개발에 투자하는 초기 의사결정에서부터 최종 제품의 실제 상업화까지의 R&D 프로세스에서 의사결정 사항을 확인하는 표준화된 의사결정나무의 형태로 로드맵을 작성한다.

첫 번째 의사결정 사항은 1년 동안 제안된 프로젝트에 자금 지원을 할 것인가에 대한 것이다. 만약 투자 필요성이 없다고 의사결정이 내려지면, 이에 대한 비용은 없다. 투자를 하겠다고 결정한다면 비용을 점진적으로 늘려가면서 프로젝트가 진행된다. 이 회사는 1년 뒤의 프로젝트를 위해 구체적이면서 단기적인, 초기 기술적 주요 단계를 수립한다. 만약 이 초기 주요 단계가 성사되면, 프로젝트는 프로젝트

의사결정 결과/사건	프로젝트				
	1	2	3	4	5
자금 지원–1년	200,000	350,000	170,000	230,000	400,000
P(초기 단계–성공)	.70	.67	.82	.60	.75
P(초기 단계–실패)	.30	.23	.18	.40	.25
장기 지원	650,000	780,000	450,000	300,000	450,000
P(후기 단계–성공)	.60	.56	.65	.70	.72
P(후기 단계–실패)	.40	.44	.35	.30	.28
사전 출시 지원	300,000	450,000	400,000	500,000	270,000
P(전략 적합성–있음)	.80	.75	.83	.67	.65
P(전략 적합성–없음)	.20	.25	.17	.33	.35
P(투자–성공)	.60	.65	.70	.75	.80
P(투자–실패)	.40	.35	.30	.25	.20
P(지연–성공)	.80	.70	.65	.80	.85
P(지연–실패)	.20	.30	.35	.20	.15
투자–성공	7,300,000	8,000,000	4,500,000	5,200,000	3,800,000
투자–실패	−2,000,000	−3,500,000	−1,500,000	−2,100,000	−900,000
지연–성공	4,500,000	6,000,000	3,300,000	2,500,000	2,700,000
지연–실패	−1,300,000	−4,000,000	−800,000	−1,100,000	−900,000

개발의 다음 단계로 넘어간다. 만약 성사되지 못한다면, 포기된다. 프로세스를 계획하는 단계에서, 회사는 초기 주요 단계의 성공 확률과 실패 확률을 추정한다. 만약 초기 주요 단계가 성공한다면, 프로젝트는 연장된 기간 동안 개발을 진척시키기 위한 자금지원을 받는다. 이 시점이 끝날 때, 프로젝트는 (후기) 기술적 주요 단계에 따라 평가된다. 다시 말해, 회사는 후기 주요 단계가 성공할지 아닌지의 확률을 추정하게 된다.

만약 후기 주요 단계가 성공한다면, 기술적 불확실성과 문제점은 극복되었다고 보고 이것이 전략적 사업 목표와 부합하는지에 대한 평가를 하게 된다. 이 단계에서, 회사는 최종 제품이 회사의 경쟁력과 부합하는지, 궁극적이고 확실한 시장인지를 알고 싶어 한다. 그래서 이 질문에 답하기 위해 "사전 출시"를 한다. 사전 출시 결과는 전략 적합성이 있거나 없거나이고 회사는 이 각 시나리오에 대한 확률을 산정한다. 만약 전략적으로 적합하지 않다면 프로젝트는 포기되고 사전 출시 단계 투자 손실을 입는다. 그러나 적합하다

고 판명되면, 다음의 세 가지 시나리오가 존재한다. (1) 회사는 제품을 출시하고 성공하거나 실패하거나 한다. (2) 회사는 제품 출시를 연기하고 추후에 출시할지 포기할지를 결정한다. (3) 추후 출시된다면, 결과는 각각의 추정된 확률로 성공 또는 실패이다. 또한 제품 출시가 연기된다면 가까운 미래에 기술이 진부화되거나 구식이 될 확률이 존재하고 이는 기대 수익을 감소시킬 수 있다.

왼쪽의 표는 회사가 고려하는 5개의 프로젝트에 대한 다양한 비용(단위 : 달러), 사건 확률, 투자 결과에 대한 정보를 제공한다.

각 프로젝트에 대한 기댓값을 계산하고 이에 따라 회사가 고려해야 하는 프로젝트의 순위를 결정하시오.

자료 : R. K. Perdue, W. J. McAllister, P. V. King, and B. G. Berkey, "Valuation of R and D Projects Using Options Pricing and Decision Analysis Models," *Interfaces* 29, no. 6 (November–December 1999): 57–74.

CHAPTER 11

대기행렬 분석

대기행렬(waiting in queues, waiting lines)은 일상에서 가장 흔하게 발생하는 현상 중의 하나이다. 사람들은 누구나 상점이나 극장에서 물건이나 표를 구입하기 위해 줄을 서서 기다리는 불편함을 경험한다. 사람들은 상당히 많은 시간을 기다리는 데 소비하고, 생산품들은 생산 공장에서, 기계류는 서비스를 받기 위해, 비행기들은 이착륙을 위해 대기해야만 한다. 시간은 소중한 자원이기 때문에 대기시간의 감소는 중요한 분석 주제가 된다.

+ 빠른 서비스의 제공은 품질 높은 고객 서비스를 전달에 있어 중요한 요소이다.

최근 서비스와 관련된 운영에 있어 특히 품질이 강조되면서, 대기 시간에 관한 서비스 개선이 더욱 중요해졌다. 대출, 현금 인출, 예금을 위해 은행을 방문하는 경우 또는 자동차 수리와 서비스를 위해 서비스 센터에 가거나 쇼핑을 위해 상점에 가는 경우, 고객들은 양질의 서비스란 신속한 서비스를 의미한다고 생각하는 경향이 점점 더 강해지고 있다. 이 점을 인식하고 있는 회사들은 점점 더 품질 개선의 주요 요소인 대기 시간을 줄이는 데 초점을 맞추고 있다. 일반적으로, 회사들은 서비스 제공 능력을 증대시킴으로써 대기 시간을 줄이고 빠른 서비스를 제공할 수 있는데, 서비스 제공 능력의 증대는 은행 창구의 직원 수, 자동차 서비스 센터의 작업자 수, 상점의 판매원 수를 늘리는 것과 같이 더 많은 서비스 제공자를 확충하는 것을 의미한다. 그러나 이와 같은 서비스 제공 능력의 확대는 금전적 비용을 발생시키며, 이 점에서 대기행렬 분석의 필요성이 존재한다. 즉, 서비스 개선의 비용과 고객을 대기하게 만드는 비용 사이의 조율이 필요하다.

+ 대기행렬 분석
고객의 기다림을 분석하는 확률적 분석방법이다.

대기행렬 분석(queueing analysis)은 의사결정 분석과 같이 결정론적 분석이 아닌 확률적 분석의 형태를 갖는다. 그러므로 운영 특성이라고 일컬어지는 대기행렬 분석의 결과들은 확률적이다. 대기행렬을 포함하고 있는 운영 시스템의 관리자는 이러한 (서비스 받기 전까지 한 사람이 대기행렬에서 기다려야 하는 평균 시간과 같은) 운영 통계치들을 사용하여 의사결정을 한다.

여러 가지의 대기행렬 시스템을 처리하기 위한 다수의 서로 다른 대기행렬 모형들이 존재한다. 결국에는 이러한 많은 대기행렬 모형들을 살펴보겠지만, 가장 일반적인 유형의 시스템들 중 두 가지인 단일 서버 시스템과 복수 서버 시스템을 중점적으로 다루려고 한다.

대기행렬 분석의 구성요소

대기행렬은 서비스를 제공하는 장소 또는 서버에 사람이나 물건이 서비스를 제공받을 수 있는 것보다 더 빨리 도착하기 때문에 형성된다. 이것이 서비스 운영 인원의 부족이나 고객 유입을 처리할 수 있는 총 능력의 부족을 의미하는 것은 아니다. 사실, 장기적으로 보면 대부분의 기업과 단체들은 고객의 요구를 처리할 수 있는 충분한 서비스 능력을 가지고 있다. 대기행렬은 고객들이 상수 또는 일정한 간격의 비율로 도착하지 않거나, 개개의 서비스 시간이 동일하지 않기 때문에 발생하는 결과이다. 고객들은 임의대로(random) 도착하며, 그들 개개인의 서비스 시간은 모두 다르다. 그러므로 대기행렬은 그 길이가 끊임없이 증가하거나 감소하며(때로는 비어 있음), 장기적으로 가면 결국 고객의 평균 도착률(arrival rate)과 고객의 평균 서비스 시간에 가까워진다. 예를 들어, 한 상점의 계산대에 시간당 평균 100명의 고객을 충분히 처리할 수 있는 판매원이 있고, 어떤 시간대에는 고객이 60명 정도밖에 오지 않는다. 그러나 1시간 동안의 특정 시점에, 평균 이상의 고객이 도착하거나 도착한 고객이 평균 이상의 물품을 구매한다면 대기행렬이 만들어진다.

+ 운영 특성치
대기행렬 시스템의 성능을 나타내는 특성(대기 고객 수, 대기 시간 등)의 평균값을 의미한다.

대기행렬에 관한 의사결정과 대기행렬의 관리는 이러한 도착과 서비스 시간에 대한 평균값에 근거를 두고 있다. 평균 대기 고객 수와 평균 대기 시간과 같은 운영 특성치의 계산을 위해 이러한 평균값들이 대기행렬 공식에서 사용된다. 분석 대상이 되는 대기행렬 시스템의 유형에 따라 서로 다른 공식이 적용될 것이다. 예를 들면, 드라이브 스루 고객을 위한 은행 창구에서의 대기행렬 모형과 3~4명의 항공사 직원이 서비스를 제공하는 항공권 계산대에서의 대기행렬 모형은 서로 다르다. 자세한 대기행렬 공식을 소개하기 이전에 대기행렬의 여러 가지 구성요소를 살펴보자.

단일 서버 대기행렬 시스템

하나의 대기열(waiting line)을 갖는 단일 서버 모형은 대기행렬 시스템의 가장 단순한 형태로, 대기행렬 시스템의 기본 원리를 설명하는 데 사용된다. Fast Shop Market을 예로 들어 보자.

+ 고객의 도착, 서버, 대기행렬의 구조 등이 대기행렬 시스템의 구성요소이다.

+ queue는 대기행렬을 의미하는 용어이다.

Fast Shop Market에는 계산대 1대와 계산기를 운영하는 1명의 판매원이 있다. 이러한 대기행렬 모형에서는 계산기와 판매원이 함께 서버 또는 서비스 설비를 구성한다. 물품 값을 계산하려고 계산대에 줄을 서는 고객들이 대기행렬(waiting line or queue)을 형성한다. 이 예제에 대한 구성은 그림 11.1과 같다.

그림 11.1과 같은 대기행렬 시스템의 분석에서 고려해야 하는 주요 요소들은 다음과 같다.

1. 고객이 서비스를 받는 순서에 대한 대기 규칙(queue discipline) : 고객이 어떤 순서로 서비스를 제공받는가
2. 고객 집단(calling population)의 특징 : 어디서 오는 고객인가
3. 고객이 대기행렬에 도착하는 정도를 나타내는 도착률(arrival rate) : 고객들이 대기행렬에 얼마나 빈번하게 도착하는가
4. 고객이 서비스를 받는 정도를 나타내는 서비스율(service rate) : 얼마나 빠르게 서비스를 제공받는가

각각의 요소들을 예제와 관련하여 살펴보자.

그림 11.1

Fast Shop Market의 대기행
렬 시스템

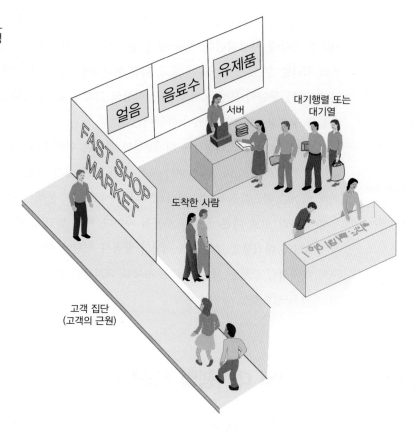

대기 규칙

+ 대기 규칙
대기 중인 고객에게 서비스를
제공하는 순서를 의미한다.

대기 규칙(queue discipline)은 대기고객의 서비스 순서이다. Fast Shop Market에 있는 고객들은 선착순 또는 선입선출(first-come, first-served, FIFO) 규칙에 따라 서비스를 제공받는다. 즉, 계산대 앞의 대기행렬에 있는 첫 번째 고객은 우선적으로 서비스를 제공받는다. 선착순 규칙은 가장 일반적인 대기행렬 규칙이다. 선착순 규칙 외에 다른 대기행렬 규칙도 가능하다. 예를 들면, 기계공이 제조 과정에 있는 부품을 기계 옆에 쌓아 둔다고 가정하면, 가장 위에 쌓여 있는 부품이 다음에 선택될 것이다. 이러한 대기행렬 규칙을 후입선출(last-in, first-out, LIFO)이라 한다. 또는 기계공이 부품을 상자에서 임의적으로 선택하는 경우, 이러한 대기행렬 규칙을 임의적(random)이라 한다. 치과나 병원의 환자들 또는 예약이 필요한 식당의 고객들처럼, 고객 서비스 순서는 종종 미리 정해진 순서에 따라 결정되기도 한다. 이 경우 고객의 서비스 순서는 예정된 일정에 따라 그들의 도착 시간과 무관하게 이루어진다. 마지막으로, 학교 등록이나 면접과 같이 고객의 이름 순서로 서비스가 진행되는 경우 또한 다양한 대기 규칙의 한 예가 될 수 있다.

고객 집단

+ 고객 집단
고객의 원천을 의미하며, 무한
또는 유한한 형태가 될 수 있다.

고객 집단(calling population)은 고객의 원천을 의미하며, 예제에서는 무한(infinite)하다고 가정한다. 다시 말해, 상점이 있는 지역에서 상점을 방문할 가능성이 있는 고객은 무수히 많으며 무한하다고 가정한다. 고객 집단이 유한한 대기행렬도 존재할 수 있다. 예를 들면, 20대의 트럭을 가진 회사의 정비 공장은 유한 고객 집단을 갖는다. 이 경우에 대기 고객 수는 정비를 기다리는 트럭 수를 나타내며, 20대의 트럭은 유한 고객 집단이 된다. 그러나 무한 고객 집단을 가정하는 대기행렬 시스템이 보다 일반적이다.

고객 도착률

+ 도착률
확률분포에 따라 고객이 대기
행렬에 도착하는 빈도이다.

고객 도착률(arrival rate)은 일정한 기간 동안 서비스 시설에 도착하는 고객의 속도(rate)이다. 이 도착 속도는 시스템 또는 유사 시스템의 분석으로 얻어진 실험 자료로부터 추정되거나 또는 자료의 평균이다. 예를 들면, 10시간의 영업시간 동안 100명의 고객이 상점의 계산대에 도착했다면 고객 도착률은 시간당 평균 10명이다. 그러나 상점에서 10시간의 영업시간 동안 계산을 마친 고객 수를 산출하여 고객 도착률을 결정할 수는 있겠지만, 이 고객들이 언제 도착했는지는 정확히 알 수 없다. 즉, 1시간 동안 아무도 도착하지 않고, 다음 1시간 동안 20명이 도착할 수도 있다. 일반적으로 이러한 고객 도착은 서로 독립적이며 시간에 따라 임의적(random)으로 변한다고 가정한다.

+ 도착률(λ)은 **푸아송 분포**를
통해 가장 많이 묘사되고 있다.

이 가정과 더불어, 서비스 시설로의 도착이 하나의 확률분포를 따른다고 가정한다. 어떠한 분포로도 도착의 묘사가 가능하지만, 대기행렬 이론 연구자들의 수년간 연구와 실무 경험을 통해, 단위 시간당 서비스 시설에 도착하는 수는 푸아송 분포(Poisson distribution)로 정의될 수 있음을 알게 되었다. (교재의 부록 C에서는 푸아송 분포에 대한 좀 더 자세한 설명이 제공된다.)

서비스율

+ 서비스율
일정 기간 동안 서비스를 받을
수 있는 평균 고객 수이다.

서비스율(service rate)은 주어진 시간 동안 서비스를 받을 수 있는 평균 고객 수이다. Fast Shop Market 예제에서는 1시간 동안 30명의 고객이 서비스를 받을 수 있다. 서비스율은 확률변수라는 점에서 도착률과 유사하다. 다시 말하면, 고객의 서로 다른 구매량, 거스름돈의 양, 지불 방법과 같은 요인들이 시간에 따라 서비스를 받을 수 있는 고객 수를 변화시킨다. 즉, 처음 1시간 동안 단 10명의 고객이 서비스를 받을 수도 있고, 다음 1시간 동안에는 40명의 고객이 서비스를 받을 수도 있다.

도착을 속도로, 서비스를 시간으로 표현하는 것은 대기행렬 이론의 관례이다. 도착률처럼 서비스 시간도 하나의 확률분포로 정의내릴 수 있다고 가정한다. 대기행렬 이론 연구자들에

아그너 크라루프 에어랑(Agner Krarup Erlang)

대기행렬 이론은 전화망의 혼잡도 문제에서 그 유래를 찾을 수 있으며, 덴마크의 수학자이며 코펜하겐 전화 회사의 과학 기술 고문이었던 에어랑(A. K. Erlang, 1878~1929)의 업적이다. 1917년 그는 전화 통화량 이론 전개의 초안이 된 논문을 발표했다. 이 논문에서 그는 시스템 균형상태(equilibrium)의 대기 통화 수와 대기 시간에 대한 확률을 구했다. 그는 무한 고객 집단으로부터의 푸아송 입력(도착)과 지수분포를 따르는 서비스 시간을 가정하였다. 에어랑의 업적은 이후의 대기행렬 이론 발전의 근간을 형성하였고 기폭제가 되었다.

+ 서비스 시간은 종종 음의 지수분포로 설명된다.

의하면 서비스 시간은 음의 지수분포(negative exponential distribution)로 종종 정의내릴 수 있다(부록 C에서는 지수분포에 대한 좀 더 자세한 설명이 제공된다). 그러나 대기행렬 시스템을 분석하기 위해서는 도착과 서비스의 측정 단위가 호환되어야 한다. 즉, 서비스 시간은 도착률에 상응하는 서비스율로 표현되어야 한다.

단일 서버 모형

Fast Shop Market 계산대는 단일 서버 대기행렬 모형의 한 예로서, 다음의 특성을 갖는다.

+ 단일 서버 대기행렬 모형의 가정이다.

1. 무한의 고객 집단
2. 선착순(first-come, first-served) 대기 규칙
3. 푸아송 도착률
4. 지수 서비스 시간

단일 서버 대기행렬 시스템의 모형을 설정하기 위해 이러한 특징들을 가정하였다. 가장 간단한 대기행렬 모형이지만, 분석적 유도 과정(derivation)은 비교적 길고 복잡하다. 그러므로 모형의 자세한 유도 과정은 생략하고 대기행렬 분석 결과만 살펴보자. 그러나 이 공식들은 상기 조건들을 만족하는 대기행렬 시스템에서만 적용 가능함을 유의해야 한다.

$$\lambda = \text{평균 도착률(단위 시간 동안에 도착하는 평균 고객 수)}$$
$$\mu = \text{평균 서비스율(단위 시간 동안에 서비스받는 고객 수)}$$

+ 고객은 도착하는 것보다 더 빨리 서비스를 받아야 한다. 그렇지 않으면 무한히 큰 대기행렬이 생성된다.

이고 $\lambda < \mu$(고객은 도착보다 빠른 비율로 서비스 받아야 한다)라는 조건이 만족되면, 단일 서버 모형의 운영 특성치에 관한 공식을 아래와 같이 표현할 수 있다.

대기행렬 시스템에 고객이 없을 확률(대기 중이거나 서비스 중인 고객 포함)은 다음과 같다.

$$P_0 = \left(1 - \frac{\lambda}{\mu}\right)$$

대기행렬 시스템에 n명의 고객이 있을 확률은 다음과 같다.

$$P_n = \left(\frac{\lambda}{\mu}\right)^n \cdot P_0 = \left(\frac{\lambda}{\mu}\right)^n \left(1 - \frac{\lambda}{\mu}\right)$$

대기행렬 시스템에 있는 평균 고객 수(대기 중이거나 서비스 중인 고객 포함)는 다음과 같다.

$$L = \frac{\lambda}{\mu - \lambda}$$

대기 중인 평균 고객 수는 다음과 같다.

$$L_q = \frac{\lambda^2}{\mu(\mu - \lambda)}$$

대기행렬 시스템에서 보낸 평균 체류 시간(대기 시간과 서비스 시간의 합)은 다음과 같다.

$$W = \frac{1}{\mu - \lambda} = \frac{L}{\lambda}$$

서비스를 받기 위해 대기행렬에서 보낸 평균 대기 시간은 다음과 같다.

$$W_q = \frac{\lambda}{\mu(\mu - \lambda)}$$

+ 이용계수
서버가 바쁠 확률을 의미한다.

이용계수(utilization factor)로 알려진 서버가 바쁠 확률(즉, 고객이 대기행렬에서 기다려야 하는 확률)은 다음과 같다.

$$U = \frac{\lambda}{\mu}$$

서버 유휴(idle) 확률(즉, 고객이 대기행렬에서 기다리지 않고 바로 서비스 받을 수 있는 확률)은 다음과 같다.

$$I = 1 - U = 1 - \frac{\lambda}{\mu}$$

상기 항 $1 - (\lambda/\mu)$은 P_0와 같다. 즉, 대기행렬 시스템에 고객이 없을 확률은 서버의 유휴 확률과 같다.

평균 도착률과 서비스율을 상기 공식에 대입하여 Fast Shop Market에 대한 다양한 운영 특성치를 계산할 수 있다. 예를 들어, 만일

λ = (시간당) 24명의 고객이 계산대에 도착

μ = (시간당) 30명의 고객이 계산을 마침

이라면,

$$P_0 = \left(1 - \frac{\lambda}{\mu}\right)$$

$$= (1 - 24/30)$$

$$= \text{시스템이 비어 있을 확률은 } 0.20$$

$$L = \frac{\lambda}{\mu - \lambda} = \frac{24}{30 - 25} = \text{대기행렬 시스템에 있는 평균 고객 수는 4명}$$

$$L_q = \frac{\lambda^2}{\mu(\mu - \lambda)} = \frac{(24)^2}{30(30 - 24)} = \text{평균 대기 고객 수는 3.2명}$$

$$W = \frac{1}{\mu - \lambda} = \frac{1}{30 - 24} = \text{평균 시스템 체류 시간은 0.067시간(또는 10분)}$$

$$W_q = \frac{\lambda}{\mu(\mu - \lambda)} = \frac{(24)}{30(30 - 24)} = \text{평균 대기 시간은 0.133 시간(또는 8분)}$$

$$U = \frac{\lambda}{\mu} = \frac{24}{30} = \text{서버가 바쁠 확률 또는 도착 고객이 대기해야 하는 확률은 .80}$$

$$I = 1 - U = 1 - .80$$
$$= \text{서버 유휴 확률 또는 도착 고객이 기다리지 않고 바로 서비스를 받을 확률은 .20}$$

일반적 모형과 앞선 예제와 관련해서 몇몇 중요한 측면을 자세히 살펴보자.

첫째, 운영 특성치는 평균값이다. 또한, 안정 상태(steady state)의 평균을 가정한다. 안정 상태는 일정 시간이 지난 후 시스템이 도달하게 되는 일정한 평균 수준을 말한다. 대기행렬 시스템에서 안정 상태는 일정한 기간의 시간 흐름에 따라 결정되는 평균 운영 특성치로 표현된다.

✚ 대기행렬 시스템은 **안정 상태**의 조건에서 작동한다.

이러한 조건과 관련하여 이용계수 U는 1보다 반드시 작아야 한다.

$$U < 1$$

또는

$$\frac{\lambda}{\mu} < 1.0$$

또는

$$\lambda < \mu$$

다시 말하면, 도착률 대 서비스율의 비율은 반드시 1보다 작아야 하며, 이 모형이 적용되려면 서비스율은 도착률보다 반드시 커야 함을 의미한다. 장기적으로 서버는 고객이 상점에 들어오는 속도보다 고객에게 더 빠른 서비스를 제공할 수 있어야 한다. 그렇지 않으면 대기행렬은 무한의 크기로 커질 것이고, 시스템은 결코 안정 상태에 도달할 수 없다.

운영 특성치가 경영자의 의사결정에 미치는 효과

위의 예제를 통해 경영자의 의사결정과 관련된 운영 특성치를 살펴보자. 평균적으로 도착률이 시간당 24명이라는 것은 고객이 매 2.5분마다 도착함을 의미한다. 이 수치는 상점이 매우 번잡함을 알려 준다. 상점의 특성에 따라, 적은 품목을 구매한 고객은 빠른 서비스를 기대하며, 슈퍼마켓에서는 일반적으로 고객들이 보다 많은 품목을 구매하기 때문에 상대적으로 더 많은 시간을 소비할 것으로 기대된다. 편의점의 구매 고객은 적어도 슈퍼마켓보다는 소요 시간이 적으므로 보다 빠른 서비스를 기대한다.

고객의 예상대로, 상점의 관리자는 1명의 고객이 8분 이상의 대기 시간(waiting time)과 10분 이상의 총 체류 시간(상품 구매 시간을 제외한 총 시간)을 참아 내기는 어려울 것으로 생각한다. 관리자는 고객의 대기 시간을 줄이기 위해 몇몇 대안—(1) 포장을 담당하는 판매원의 추가 고용, (2) 계산대의 추가—을 시험해 보려고 한다.

대안 1 : 판매원의 추가 고용 한 사람의 판매원이 추가되면 주당 150달러의 추가 비용이 발생한다. 시장조사기관의 분석에 따라, 관리자는 고객의 평균 대기 시간이 1분 감소하면 주당 75달러의 판매 손실을 피할 수 있을 것으로 생각한다. 즉, 긴 대기행렬로 인해 고객이 구매하지 않고 상점을 떠나거나 고객이 다시 방문하지 않으면 상점의 판매에 손실이 발생한다.

새로운 판매원이 고용되면, 고객들은 보다 짧은 시간 안에 서비스를 받을 수 있다. 다시 말하면, 일정한 시간 동안에 서비스 받는 고객 수로 표현되는 서비스율이 증가한다. 추가 고용 전의 서비스율은

$$\mu = 30명/시간$$

판매원의 추가 고용으로 서비스율은 다음과 같이 증가된다.

$$\mu = 40명/시간$$

증가된 서비스율이 고객의 도착률을 증대시키지는 않지만 대신 고객 손실을 최소화하기 때문에 고객의 도착률(시간당 명)은 변함이 없다고 가정한다. 그러나 장기적으로는 서비스율의 증가가 도착률의 증가로 이어질 수 있다는 가정은 타당하다.

새로운 λ와 μ값이 주어지면 운영 특성치들은 다음과 같이 얻을 수 있다.

시스템이 비어 있을 확률 : $P_0 = \left(1 - \dfrac{\lambda}{\mu}\right) = \left(1 - \dfrac{24}{40}\right) = .40$

대기행렬 시스템에 있는 평균 고객 수 : $L = \dfrac{\lambda}{\mu - \lambda} = \dfrac{24}{40 - 24} = 1.5명$

평균 대기 고객 수 : $L_q = \dfrac{\lambda^2}{\mu(\mu - \lambda)} = \dfrac{(24)^2}{40(16)} = 0.90명$

평균 시스템 체류 시간 : $W = \dfrac{1}{\mu - \lambda} = \dfrac{1}{40 - 24} = 0.063시간(또는 3.75분)$

평균 대기 시간 : $W_q = \dfrac{\lambda}{\mu(\mu - \lambda)} = \dfrac{24}{40(16)} = 0.038시간(또는 2.25분)$

도착 고객이 대기해야 하는 확률 : $U = \dfrac{\lambda}{\mu} = \dfrac{24}{30} = .60$

서버가 유휴하고 도착 고객이 기다리지 않고 바로 서비스 받을 확률 :
$I = 1 - U = 1 - .60 = .40$

이러한 운영 특성치들은 절대적인 값이 아니라 시간의 경과에 따른 평균값임을 유의해야 한다. 다시 말해, Fast Shop Market의 계산대에 도착한 고객은 대기행렬에서 0.90명의 고객을 보지는 못한다. 예를 들면, 대기행렬에는 아무도 없거나, 1명, 2명 또는 3명의 고객이 있을 수 있다. 0.90이라는 값은 단지 시간의 경과에 따른 평균값이며, 다른 운영 특성치의 값들도 마찬가지이다.

고객이 기다리는 평균 대기 시간이 8분에서 2.25분으로 크게 감소하였다. 주당 절약비용(판매 손실의 감소분)은 다음과 같다.

$$8.00분 - 2.25분 = 5.75분$$

$$5.75분 \times \$75분 = \$431.25$$

판매원의 추가 고용비용은 주당 150달러이므로, 주당 총 절약비용은 다음과 같다.

$$\$431.25 - \$150 = \$281.25/주$$

상점 관리자는 아마도 이 절약비용을 기쁘게 받아들일 것이며, 1명의 판매원만 고용했던 원래 모형보다 상기 운영 특성치를 더 선호할 것이다.

대안 2 : 새 계산대의 추가   다음으로 새로운 계산대를 추가하는 대안을 살펴보자. 이 대안의 총 비용은 6,000달러의 시설 비용과 주당 200달러의 판매원 비용이 추가된다.

새 계산대는 현재 계산대의 반대편에 위치하며, 둘러싸인 계산대 구역에서 판매원들은 서로 등을 지고 근무한다. 두 계산대의 대기행렬 사이에는 여러 개의 전시용 상자와 선반이 놓여 있어 대기하고 있는 고객들이 두 대기행렬의 앞뒤를 왔다 갔다 할 수 없다. 이러한 이동을 끼어들기(jockeying)라 하며 앞선 대기행렬 모형에서는 허용되지 않았다. 고객들이 동일한 비율로 두 계산대 중 하나를 선택한다고 가정하면, 각 계산대에 도착하는 도착률은 계산대 1대가 있는 경우의 반이 된다. 각 계산대의 고객 도착률은 시간당

$$\lambda = 12명$$

이고, 각 계산대의 서비스율은 변하지 않은 동일한 값으로 시간당

$$\mu = 30명$$

이다.

새로운 도착률과 서비스율을 앞서 소개한 대기행렬 공식에 대입하면 다음과 같은 운영 특성치를 얻을 수 있다.

시스템이 비어 있을 확률 : $P_0 = .60$

대기행렬 시스템에 있는 평균 고객 수 : $L = 0.67$명

평균 대기 고객 수 : $L_q = 0.27$명

평균 시스템 체류 시간 : $W = 0.055$시간(또는 3.33분)

평균 대기 시간 : $W_q = 0.022$시간(또는 1.33분)

도착 고객이 대기해야만 하는 확률 : $U = .40$

서버가 유휴하고 도착 고객이 기다리지 않고 바로 서비스 받을 확률 : $I = .60$

대기시간 감소 1분에 주당 75달러의 판매 손실비용이 절약됨을 상기하면, 상점의 주당 절약비용은 다음과 같다.

$$8.00분 - 1.33분 = 6.67분$$

$$6.67분 \times \$75/분 = \$500.00/주$$

다음으로 새로운 판매원의 고용 비용인 주당 200달러를 위의 합에서 빼면 총 절약 비용은 다음과 같다.

$$\$500 - 200 = \$300$$

새로운 계산대의 추가 설치 비용이 6,000달러이므로, 이 비용에 대한 이자 비용을 무시한다면 초기 비용을 회수하는 데 20주($\$6,000/\$300 = 20주$)가 소요된다. 초기 비용이 회수된 이후에 상점은 대안 1(판매원을 추가로 고용한 경우)보다 매주 18.75달러($\$300 - 281.26$)를 더 절약할 수 있다. 그러나 판매원의 추가 고용만으로 매주 281.25달러의 절약 비용이 발생하는 20주의 비용 회수 기간을 간과해서는 안 된다.

표 11.1은 각 대안의 운영 특성치를 보여 준다. 관리자의 입장에서 보면 대기행렬에서 8분을 기다려야하는 원래 모형보다 두 대안 모두를 선호한다. 그러나 관리자가 두 대안 중 하나를 선택하는 것은 어렵다. 대기 시간 외에 다른 요인들도 고려하는 것이 타당하다. 예를 들면, 판매원 유휴 확률은 대안 1에서는 0.40이고, 대안 2에서는 0.60이다. 이 값은 상당한 차이를 보인다. 또 다른 추가 요인은 새로운 계산대 설치로 인한 공간의 손실이다.

표 11.1

각 대안 시스템의 운영 특성치

운영 특성치	현재 시스템	대안 1	대안 2
L	4.00명	1.50명	0.67명
L_q	3.20명	0.90명	0.27명
W	10.00분	3.75분	3.33분
W_q	8.00분	2.25분	1.33분
U	.80	.60	.40

그러나 최종 결정은 관리자 자신의 경험과 파악한 요구에 근거를 두고 내려져야 한다. 앞서 언급한 바와 같이, 대기행렬 분석의 결과는 의사결정을 위한 정보를 제공할 뿐 최적화 모형처럼 실질적인 추천안을 제공하지는 않는다.

앞서 언급한 2개의 대안은 서비스 향상과 관련된 비용의 상충 관계(trade-offs)를 설명하고 있다. 서비스 수준이 증가함에 따라 상응하는 서비스 비용도 함께 증가한다. 예를 들면, 대안 1에서 판매원을 추가 고용하면 서비스도 향상되며 서비스 제공 비용도 함께 증가한다. 서비스 수준이 증가하면 고객의 대기 시간과 관련된 비용은 감소한다. 적정한 서비스 수준을 유

그림 11.2

서비스 수준과 비용의 상충관계

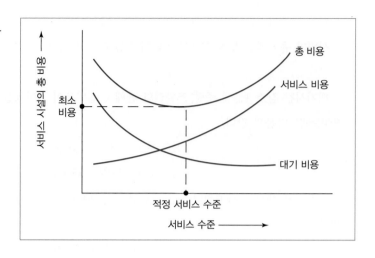

+ 서비스 수준이 향상되면 서비스 비용이 증가한다.

지하는 길은 가능한 한 이 두 비용의 합을 최소화하는 것이다. 이에 관한 비용 상충 관계는 그림 11.2와 같이 요약된다. 서비스 수준이 증가함에 따라 서비스 비용이 증가하고 대기 시간 비용은 감소한다. 이 두 비용의 합이 총 비용 곡선을 만들며, 서비스 수준은 총 비용 곡선이 최소화되는 수준으로 일정하게 유지되어야 한다. 그러나 결정할 수 있는 서비스와 대기 시간 특성치가 평균값이며 불확실하기 때문에, 이것이 곧 정확한 최소 비용의 해를 구할 수 있음을 의미하는 것은 아니다.

엑셀과 엑셀용 QM을 이용한 단일 서버 모형 적용 결과

비록 누군가는 모든 대기행렬 공식을 스프레드시트에 입력해야 하지만, 엑셀 스프레드시트를 이용하여 대기행렬 문제를 풀 수 있다. 제시 11.1은 원래 Fast Shop Market 예제의 단일 서버 대기행렬 모형을 풀기 위한 스프레드시트의 구조를 보여 준다. 고객 도착률은 셀 D3에, 서비스율은 셀 D4에, 단일 서버 모형의 대기행렬 공식은 셀 D6부터 셀 D10에 걸쳐 입력되었다. 예를 들면, 스프레드시트의 맨 위의 수식 입력 줄(formula bar)에서 볼 수 있듯이 셀 D7에는 평균 대기 고객 수 L_q의 공식이 입력되어 있다.

제시 11.1

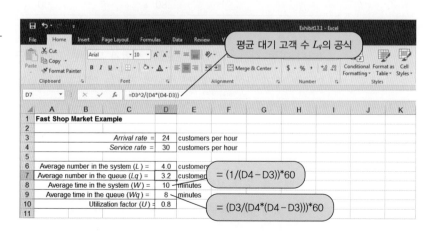

엑셀용 QM은 이 장에서 등장하는 다양한 모든 대기행렬 모형과 대기모형 분석에 필요한 스프레드시트 매크로(macro)를 포함하고 있다. 엑셀용 QM에 포함된 대기행렬 매크로는 이 교재의 유용한 기능 중의 하나이다. 왜냐하면 앞으로 설명할 대기행렬 공식 중 일부는 복잡하면서 때로는 스프레드시트의 셀에 하나하나 입력하는 것이 어렵기 때문이다.

엑셀용 QM을 활성화한 후, 스프레드시트 맨 위의 "Add-Ins" 메뉴에서 "대기 시간 분석 (Waiting Time Analysis)" 메뉴를 찾는다. 문제의 제목을 설정하고 스프레드시트 결과를 구체화시킬 수 있는 스프레드시트 초기화 창이 나타난다. 제시 11.2는 단일 서버 대기행렬 모형인 Fast Shop Market 예제의 엑셀용 QM 스프레드시트를 나타낸다. 이 스프레드시트 창이 처음 열리면 셀 B7 : B8은 예제 데이터 값 및 도착률과 서비스율에 대한 결과 값을 포함하고 있다. 그러므로 Fast Shop Market 예제의 도착률과 서비스율을 셀 B7 : B8에 입력하는 것이 첫 단계이다. 결과값은 매크로에 내재되어 있는 대기행렬 공식에 의해 자동적으로 계산된다.

경영과학 응용 사례

아부다비의 보건센터 설계를 위한 대기행렬 분석

아랍에미리트의 아부다비 정부는 제3세계 국가로부터 온 노동자들의 건강검진을 제공하는 예방 및 검진 센터를 운영하고 있다. 이 센터는 등록, 신체검사, 채혈, 엑스레이(X-ray)를 위한 서비스 구역이 있다. 고객들은 신체검사와 엑스레이를 위하여 옷을 벗고 입는다. 현재 센터의 제한된 가용능력과 수요에 있어서 예측된 증가로 인해, 새로운 센터가 그 증가를 맞추기 위해 설계되었다. 현재 센터의 문제점들은 손님들이 서비스 공간에서 기다릴 때 혼잡하고 붐비는 복도들, 계속적인 흐름에 방해가 되는 엑스레이를 위해 옷을 갈아입는 작은 공간, 손님들이 한 서비스 구역에서 다른 구역으로 이동할 때 반복적으로 지시사항들을 듣는 것, 손님들이 센터를 통과할 때 반복적으로 옷을 벗고 입는 것 등이 있다. 재설계 과정의 목표는 건강한 환경을 만들고, 감염의 위험을 줄이고, 효율성을 올리고, 좋은 방문 경험이 되게 하고, 과정들에 대하여 손님들을 잘 교육하는 것이다. 프로세스 시간에 대한 적절한 확률분포의 평균과 표준편차를 확인하기 위해서 센터 전체적으로 손님들을 추적하였고 각 서비스 구역에서 시간을 측정하였다. 대기행렬 모형은 평균 대기시간, 대기행렬 길이, 주기시간, 센터에서 각 서비스 구역별 출발시간의 변동성을 계산하기 위해서 그리고 다른 센터 배치를 검사하기 위해 사용되었다. 결과적으로 센터는 손님이 센터 전체적으로 정해진 경로를 따르게끔 하는 레인을 만들게 되었다. 이 레인은 두 명 또는 세 명의 의사들과 엑스레이 장비들 근처에 설치되었다. 등록 담당자는 의사를 기다리는 공간에서 자리가 가용해질 때만 손님을 센터 안쪽으로 들어가게끔 한다. 재설계된 센터는 사무직원들이 의사와 엑스레이 서비스공간에 집중하고, 센터 자산의 효율적인 활용을 가능하게 하고, 센터에서 대기공간 필요성을 최소화하고, 손님들이 더욱 순서있는 흐름을 따르게 하는 것이 가능해졌다.

© Creative Images/Shutterstock

자료 : Based on K. L. Luangkesorn, Y. Zhuang, M. Falbo, and J. Sysko, "Practice Summaries: Designing Disease Prevention and Screening Centers in Abu Dhabi," *Interfaces* 42, no. 4 (July-August 2012): 406-409.

제시 11.2

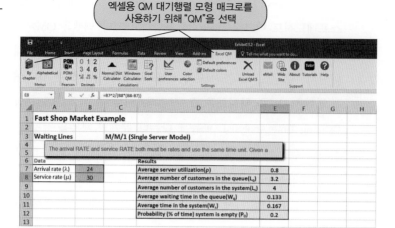

제시 11.3

윈도우용 QM을 이용한 단일 서버 모형의 적용 결과

윈도우용 QM은 대기행렬 분석을 수행할 수 있는 모듈을 가지고 있다. Fast Shop Market 예제를 분석하기 위해 단일 서버 대기행렬 모형을 컴퓨터로 분석하는 방법으로 윈도우용 QM을 사용하고자 한다. 제시 11.3은 모형의 입력값과 분석 결과인 출력값을 보여 준다.

불확정적 서비스 시간과 상수 서비스 시간

+ 기계 또는 자동화 장비가 제공하는 서비스의 서비스 시간은 일정하다.

때로는 대기행렬 시스템의 도착이 푸아송 분포를 따르거나 서비스 시간이 지수분포를 따른다고 가정할 수 없는 경우도 있다. 예를 들면, 제조 공정은 상수의 서비스 시간을 가진 자동화된 설비나 로봇을 많이 사용한다. 그러므로 푸아송 도착과 상수 서비스 시간을 갖는 단일 서버 모형은 특히 제조 공정에 중요한 대기행렬 변형모형의 일종이 된다.

+ 상수 서비스 시간은 단일 서버 모형의 특별한 경우이다.

사실, 상수 서비스 시간 모형은 단일 서버 모형의 특별한 경우로 지수 서비스 시간 분포를 따르지 않는다. 이러한 이유에서 서비스 시간이 '일반적(general)'이거나 '불확정적(undefined)'이라고 말할 수 있다. 불확정 서비스 시간을 갖는 대기행렬 모형의 운영 특성치에 대한 기본 대기행렬 공식은 다음과 같다.

$$P_0 = 1 - \frac{\lambda}{\mu}$$

$$L_q = \frac{\lambda^2 \sigma^2 + (\lambda/\mu)^2}{2(1 - \lambda/\mu)}$$

$$L = L_q + \frac{\lambda}{\mu}$$

$$W_q = \frac{L_q}{\lambda}$$

$$W = W_q + \frac{1}{\mu}$$

$$U = \frac{\lambda}{\mu}$$

불확정 서비스 시간 모형에 대한 핵심은 평균 대기 고객 수 L_q 공식이다. 이 식에서 μ와 σ는 독립적인 일반 서비스 분포의 평균과 표준편차를 의미한다.

푸아송 분포의 평균과 분산은 같다. 서비스 시간이 지수분포를 따른다면 이 관계는 푸아송 서비스율의 경우에도 적용된다. 그러므로 불확정 서비스 시간 모형의 L_q 공식에 $\sigma = \mu$를 대입하면 지수 서비스 시간 분포를 갖는 기본 공식과 같아진다는 것을 알 수 있다. 또한, 모든 공식이 기본 단일 서버 대기행렬 모형과 동일한 형태를 갖게 된다.

불확정 서비스 시간을 갖는 단일 서버 대기행렬 모형의 예로서 1대의 팩스를 소유한 기업을 생각해 보자. 푸아송 분포에 따라 시간당 평균 20명의 비율로 사원들이 팩스를 사용하기 위해 임의적으로 도착한다. 사원들의 팩스 사용 시간은 어떠한 확정적인 확률분포로도 정의할 수 없지만, 사용 시간의 평균은 2분, 표준편차 4분이다. 이 모형의 운영 특성치들은 다음과 같이 계산될 수 있다.

팩스를 사용하지 않을 확률 : $P_0 = 1 - \dfrac{\lambda}{\mu} = 1 - \dfrac{20}{30} = .33$

평균 대기 고객 수 : $L_q = \dfrac{\lambda^2 \sigma^2 + (\lambda/\mu)^2}{2(1 - \lambda/\mu)} = \dfrac{(20)^2(1/5)^2 + (20/30)^2}{2(1 - (20/30))} = 0.33$명

시스템 내에 있는 평균 고객 수 : $L = L_q + \dfrac{\lambda}{\mu} = 3.33 + (20/30) = 4.0$명

평균 대기 시간 : $W_q = \dfrac{L_q}{\lambda} = \dfrac{3.33}{20} = 0.1665$시간(또는 10분)

평균 시스템 체류 시간 : $W = W_q + \dfrac{1}{\mu} = 0.1665 + \dfrac{1}{30} = 0.1998$시간(또는 12분)

팩스 이용계수 : $U = \lambda/\mu = 20/30 = 67\%$

+ 상수 서비스 시간 모형에서는 서비스 시간에 변동이 없다.

상수 서비스 시간 모형에서 서비스 시간의 변동은 없다. 즉, 각 고객에 대한 서비스 시간은 모두 동일한 상수 값이다. 즉, $\sigma = 0$이다. 불확정 서비스 시간 모형의 L_q 공식에 $\sigma = 0$를 대입하면 상수 서비스 시간을 갖는 L_q 공식을 다음과 같이 구할 수 있다.

$$L_q = \frac{\lambda^2 \sigma^2 + (\lambda/\mu)^2}{2(1-(\lambda/\mu))}$$

$$= \frac{\lambda^2 (0)^2 + (\lambda/\mu)^2}{2(1-(\lambda/\mu))}$$

$$= \frac{(\lambda/\mu)^2}{2(1-(\lambda/\mu))}$$

$$L_q = \frac{\lambda^2}{2\mu(\mu-\lambda)}$$

상수 서비스 시간 모형의 새로운 L_q 공식은 단순히 기본 단일 서버 대기행렬 모형의 공식 L_q를 2로 나눈 것과 같다. 새로운 식을 이용하면, 나머지 L, W_q, W 에 대한 공식도 단일 서버 대기행렬 모형의 L_q 식과 같음을 알 수 있다.

다음 예제를 통해 상수 서비스 시간을 갖는 단일 서버 대기행렬 모형을 살펴보자. Petroco Service Station은 하나의 자동 세차 설비를 갖추고 있으며, 휘발유를 구매한 고객은 할인된 가격으로 세차를 받는다. 할인율은 고객이 구매한 휘발유의 양에 따라 다르다. 세차 설비는 한 번에 1대의 차를 세차할 수 있으며, 세차 시간은 4.5분으로 모두 동일하다. 고객은 시간당 평균 10대의 도착률로 푸아송 분포에 따라 세차장에 도착한다. 세차장 관리자는 대기행렬의 평균 길이와 평균 대기 시간을 예측하려고 한다.

우선, 주어진 상황으로부터 시간당 도착률 λ와 서비스율 μ를 알아보자.

$$\lambda = 10대$$

$$\mu = 60/4.5 = 13.3대$$

λ와 μ를 상수 서비스 시간을 갖는 대기행렬 공식에 대입하면 다음과 같다.

평균 대기 자동차 수 :

$$L_q = \frac{\lambda^2}{2\mu(\mu-\lambda)} = \frac{(10)^2}{2(13.3)(13.3-10)} = 1.14대$$

평균 대기 시간 :

$$W_q = \frac{L_q}{\lambda} = \frac{1.14}{10} = 0.114시간(또는 6.84분)$$

엑셀을 이용한 상수 서비스 시간 모형의 적용 결과

제시 11.4는 상수 서비스 시간을 갖는 Petroco Service Station 예제를 풀기 위한 엑셀 스프레드시트의 구성도이다. Fast Shop Market 예제의 제시 11.1과 같이 대기행렬 공식이 각 셀에 기입되어 있다. 예를 들면, 평균 대기 고객 수 L_q의 공식은 셀 D6에 입력되어 있으며, 스프레드시트의 맨 위 수식 입력 줄에서 확인할 수 있다.

제시 11.4

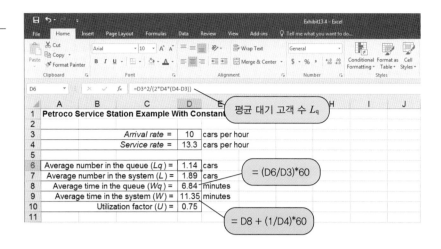

윈도우용 QM을 이용한 불확정 또는 상수 서비스 시간 모형의 적용 결과

앞 절에서 설명한 것과 동일하게 불확정(또는 일반) 또는 상수 서비스 시간을 갖는 단일 서버 대기행렬 모형을 분석하는 데 윈도우용 QM이 사용될 수 있다. 제시 11.5는 불확정 서비스 시간을 갖는 팩스 사용의 예제를 윈도우용 QM으로 출력한 화면이다.

제시 11.5

Parameter	Value	Parameter	Value	Minutes	Seconds
M/G/1 (general service times)		Average server utilization	.6667		
Arrival rate(lambda)	20	Average number in the queue(Lq)	3.3601		
Service rate(mu)	30	Average number in the system(L)	4.0267		
Number of servers	1	Average time in the queue(Wq)	.168	10.0802	604.8121
Standard deviation	.067	Average time in the system(W)	.2013	12.0802	724.8121

Waiting Lines/M/G/1 (general service times) Results
Fax Machine Example Solution

유한 대기 길이

+ 유한 대기 길이 모형에서는 대기행렬의 길이가 제한된다.

일부 대기행렬 시스템에서는 대기행렬이 형성되는 실제 공간의 제약으로 대기 길이가 제한된다. 즉, 공간은 제한된 수의 대기 고객을 받아들인다. 이러한 대기행렬 시스템을 유한 대기 길이(finite queue) 모형이라고 하며, 이는 단일-단계, 단일-경로 대기행렬 모형의 변형이다.

유한 대기 길이 시스템을 분석하기 위해 기본 단일 서버 모형을 바꾸어 보자. 이 경우, 안정 상태에 도달하기 위하여, 서비스율이 도착률보다 반드시 크지 않아도 된다. M을 시스템 내에 허용되는 최대 고객 수라고 한다면, 결과적으로 다음과 같은 운영 특성치를 구할 수 있다.

$$P_0 = \frac{1-(\lambda/\mu)}{1-(\lambda/\mu)^{M+1}}$$

$$P_n = (P_0)\left(\frac{\lambda}{\mu}\right)^n, \text{ 여기서 } n \leq M$$

$$L = \frac{\lambda/\mu}{1-(\lambda/\mu)} - \frac{(M+1)(\lambda/\mu)^{M+1}}{1-(\lambda/\mu)^{M+1}}$$

M을 시스템 내에 허용되는 최대 고객 수라고 정의한다면, P_n은 시스템 내에 n명의 고객이 있을 확률이고, $P_M(n=M$일 때의 P_n 값)은 도착하는 고객이 시스템에 합류하지 못할 확률이다. 나머지 공식은 다음과 같다.

$$L_q = L - \frac{\lambda(1-P_M)}{\mu}$$

$$W = \frac{L}{\lambda(1-P_M)}$$

$$W_q = W - \frac{1}{\mu}$$

유한 대기 길이 모형의 예제로, 대도시의 복잡한 고속도로 옆에 위치한, 하나의 방죽(bay) 설비를 갖춘 Metro Quick Lube를 생각해 보자. 설비는 한번에 1대의 차만 서비스할 수 있으며 3대의 차가 대기할 수 있는 공간을 갖고 있다. 고속도로 근처에는 차를 대기시킬 만한 장소가 없어 대기 공간(3대)이 꽉 차면 고객들은 돌아가야만 한다.

윤활유 교체 서비스를 받기 위해 도착하는 고객 간격의 평균 시간은 3분이며, 윤활유 교체를 위해 필요한 서비스 시간은 평균 2분이다. 고객 도착 간격 시간과 서비스 시간은 지수 분포를 따른다고 가정하자. 앞서 말한 바와 같이, 시스템이 허용하는 차량의 수는 최대 4대이다. 시간당 운영 특성치는 다음과 같다.

$$\lambda = 20$$
$$\mu = 30$$
$$M = 4$$

우선, 시스템이 포화 상태에서 도착 고객이 서비스를 받지 못하고 돌아갈 확률 을 구해 보자. 그러나 P_M을 구하기 위해서는 먼저 P_0의 값을 결정해야 한다.

시스템이 비어 있을 확률 :

$$P_0 = \frac{1-(\lambda/\mu)}{1-(\lambda/\mu)^{M+1}} = \frac{1-(20/30)}{1-(20/30)^5} = .38$$

시스템에 4대의 차가 있고, 도착 고객이 서비스를 받지 못하고 돌아가야 하는 확률 :

$$P_M = P_0\left(\frac{\lambda}{\mu}\right)^{n=M} = (.38)\left(\frac{20}{30}\right)^4 = .076$$

다음으로, 평균 대기 고객 수 L_q와 시스템 내에 있는 평균 고객 수 L를 구해 보자.

시스템 내에 있는 평균 고객 수 :

$$L = \frac{\lambda/\mu}{1-(\lambda/\mu)} - \frac{(M+1)(\lambda/\mu)^{M+1}}{1-(\lambda/\mu)^{M+1}}$$

$$L = \frac{(20/30)}{1-(20/30)} - \frac{(5)(20/30)^5}{1-(20/30)^5} = 1.24\text{대}$$

평균 대기 고객 수 :

$$L_q = L - \frac{\lambda(1-P_M)}{\mu} = 1.24 - \frac{20(1-.076)}{30} = 0.62\text{대}$$

평균 대기 시간 W_q을 구하기 전에 평균 시스템 체류 시간 W를 먼저 구해야 한다.

평균 시스템 체류 시간 :

$$W = \frac{L}{\lambda(1-P_M)} = \frac{1.24}{20(1-.076)} = 0.067\text{시간(또는 4.03분)}$$

평균 대기 시간 :

$$W_q = W - \frac{1}{\mu} = 0.067 - \frac{1}{30} = 0.033\text{시간(또는 2.03분)}$$

엑셀을 이용한 유한 대기 길이 모형의 적용 결과

유한 대기 길이 모형인 Metro Quick Lube 예제의 엑셀 스프레드시트 적용 해가 제시 11.6에 주어져 있다. 스프레드시트의 맨 위 수식 입력 줄에서 볼 수 있듯이 P_0의 공식이 셀 D7에 입력되어 있으며, L에 대한 공식은 참고 상자에서 알 수 있듯이 셀 D9에 입력되어 있다.

엑셀용 QM은 유한 대기 길이 대기행렬 모형에 대한 스프레드시트 매크로를 갖고 있으며, 제시 11.2에서의 단일 서버 모형과 유사하게 사용된다.

제시 11.6

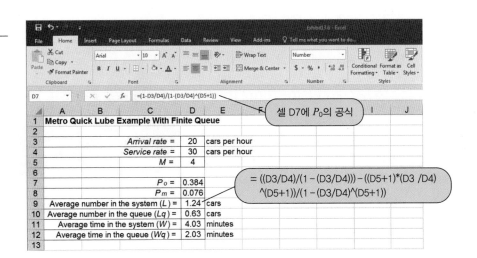

윈도우용 QM을 이용한 유한 대기 길이 모형의 적용 결과

유한 대기 길이 단일 서버 모형은 윈도우용 QM을 이용하여 풀 수 있으며, 제시 11.7은 Metro Quick Lube 예제의 모형 해에 대한 화면이다.

제시 11.7

Waiting Lines/M/M/1 with a Finite System Size Results

Metro Quick Lube Example Solution

Parameter	Value		Parameter	Value	Minutes	Seconds
M/M/1 with a Finite System Size			Average server utilization	.6161		
Arrival rate(lambda)	20		Average number in the queue(Lq)	.6256		
Service rate(mu)	30		Average number in the system(L)	1.2417		
Number of servers	1		Average time in the queue(Wq)	.0338	2.0308	121.8462
Maximum system size	4		Average time in the system(W)	.0672	4.0308	241.8461
			Effective arrival rate	18.4834		
			Probability that system is full	.0758		

경영과학 응용 사례

통신판매 소매업에서의 전화 주문 서비스 제공

아그너 크라루프 에어랑(A. K. Erlang)을 소개한 "쉬어가기" 코너에서 대기행렬 분석은 1890년대의 전화망 혼잡도 문제에서 유래되었다고 언급하였다. 오늘날에도 미국에서 가장 큰 소매업 중 하나인 통신판매(retail catalog business)의 전화 서비스 분석에 있어 대기행렬 분석 방법은 중요하다. 최근에, 가장 큰 통신판매 회사 중 하나로 연매출액이 10억 달러가 넘는 L. L. Bean은 고객으로부터 1년 동안 1,200만 통이 넘는 전화를 받았다. 휴가철 성수기 동안, 가장 바쁜 날에는 회사의 3,000명의 고객 서비스 담당자들이 14만 통이 넘는 고객 전화를 받았다. 미국에서 15번째로 크고, 매출액이 연 13억 달러가 넘는 우편 주문 회사인 Lands' End는 매년 150만 통이 넘는 고객 전화를 받는다. 회사의 300회선이 넘는 전화로 평균 4만 통에서 5만 통의 전화를 처리하며, 크리스마스 전 수주 동안에는 전화선이 1,100회선으로 확장되며 매일 10만 통 이상의 전화를 처리한다. 성공적인 통신판매 전화 주문 시스템을 유지하는 핵심 요인은 신속한 서비스를 제공하는 것이다. 고객이 고객 서비스 담당자와 통화하기 위해 오래 기다려야 한다면 그들은 전화를 끊고 다시는 전화를 하지 않을 것이다. L. L. Bean이나 Lands' End와 같은 통신판매 회사들은 주문 처리 공정에 대한 수많은 의사결정을 내리기 위해 대기행렬 분석을 종종 사용한다. 이와 관련된 의사결정은 다음과 같다. 전화 중계 회선 수와 일별 또는 시간대별 필요한 고객 서비스 담당자 수, 걸려 오는 전화의 총량을 처리할 수 있는 처리 능력, 필요한 작업장 수와 설비의 양, 고용하고 교육시켜야 할 전임 담당자 수 또는 시간제 고객 서비스 담당자 수이다.

© Wavebreakmedia/Shutterstock

유한 고객 집단

✦ 유한 고객 집단
서비스 설비에 도착할 수 있는
잠재적 고객 수가 제한적임을
의미한다.

일부 대기행렬 시스템에서는 서비스 설비에 도착할 수 있는 잠재적 고객 수가 제한된다. 이 경우 시스템이 유한 고객 집단(finite calling population)을 갖는다고 말한다. 이러한 모형의 예로 Wheelco 제조 회사를 살펴보자.

Wheelco 제조 회사는 20대의 기계를 운영한다. 다양한 작업 때문에 기계의 마모가 심해 수시로 수리를 해야 한다. 기계가 고장 나면 수리를 위해 고장이 발생한 날짜의 정보를 적은 꼬리표를 붙이고 수리공을 호출한다. 회사에는 1명의 수석 수리공과 1명의 보조 수리공이 있다. 기계의 수리는 고장이 난 순서(선착순 대기 규칙)에 따라 이루어진다. 기계의 고장은 푸아송 분포에 따라 발생하며, 기계의 수리 시간은 지수분포를 따른다.

이 예제의 유한 고객 집단은 20대의 기계이며, N으로 표기한다.

푸아송 고객 도착, 지수 서비스 분포와 유한 고객 집단을 갖는 단일 서버 대기행렬 모형의 운영 특성치에 대한 공식은 다음과 같다. 여기서 λ는 모집단 내 각 구성원의 도착률을 나타낸다.

$$P_0 = \frac{1}{\sum_{n=0}^{N} \frac{N!}{(N-n)!} \left(\frac{\lambda}{\mu}\right)^n} \quad \text{여기서, } N = \text{모집단의 크기}$$

$$P_n = \frac{N!}{(N-n)!} \left(\frac{\lambda}{\mu}\right)^n P_0 \quad \text{여기서, } n = 1, 2, \cdots, N$$

$$L_q = N - \left(\frac{\lambda + \mu}{\lambda}\right)(1 - P_0)$$

$$L = L_q + (1 - P_0)$$

$$W_q = \frac{L_q}{(N-L)\lambda}$$

$$W = W_q + \frac{1}{\mu}$$

식 P_0와 P_n은 비교적 복잡하여, 직접 손으로 계산하기 어렵다. 그래서 λ와 μ가 주어지면 이 값들을 계산하기 위해 산술 제표(표)가 자주 사용된다. 윈도우용 QM에 포함된 대기행렬 모듈을 통해 유한 고객 집단 모형을 풀 수 있으며, 다음에 소개하도록 한다.

Wheelco 제조 회사 예제에서, 각 기계는 고장 발생 전에 평균 200시간 가동되며 평균 수리시간은 3.6시간이다. 고장률은 푸아송 분포를 따르고, 수리 시간은 지수분포를 따른다. 회사는 현재의 수리공 수가 충분한지 알아보기 위해 고장으로 인한 기계의 유휴 시간(idle time)을 분석하려고 한다.

유한 고객 집단을 지닌 단일 서버 모형의 공식을 이용하여 기계 수리 시스템에 대한 운영 특성치를 구하면 다음과 같다.

$$\lambda = 1/200 = \text{시간당 } 0.005$$

$$\mu = 1/3.6 = \text{시간당 } 0.2778$$

$$N = 20\text{대}$$

$$P_0 = \frac{1}{\displaystyle\sum_{n=0}^{N} \frac{N!}{(N-n)!}\left(\frac{\lambda}{\mu}\right)^n} = \frac{1}{\displaystyle\sum_{n=0}^{20} \frac{20!}{(20-n)!}\left(\frac{0.005}{0.2778}\right)^n} = .649$$

평균 대기 기계 수 :

$$L_q = N - \left(\frac{\lambda + \mu}{\lambda}\right)(1 - P_0) = 20 - \left(\frac{0.005 + 0.2778}{0.005}\right)(1 - .649) = 0.169\text{대}$$

평균 시스템 내에 있는 기계 수 :

$$L = L_q + (1 - P_0) = .169 + (1 - .649) = 0.520\text{대}$$

평균 대기 시간 :

$$W_q = \frac{L_q}{(N-L)\lambda} = \frac{.169}{(20 - 0.520)(0.005)} = 1.74\text{시간}$$

평균 시스템 체류 시간 :

$$W = W_q + \frac{1}{\mu} = 1.74 + \frac{1}{0.2778} = 5.33\text{시간}$$

이 결과로부터 수석 수리공과 보조 수리공은 기계 수리 시간 중 35% 정도 바쁘게 일한다는 것을 알 수 있다. 또한 20대의 기계 중 평균 0.52대 또는 2.6%의 기계가 고장 난 상태이며, 수리 중이거나 수리를 기다리고 있다. 고장이 난 각 기계는 고장 중인(수리중이거나 또는 수리를 기다리는 중) 상태로 평균 5.33시간 동안 유휴함을 알 수 있다. 따라서 현재 시스템이 적절한 상태에 있다고 볼 수 있다.

엑셀과 엑셀용 QM을 이용한 유한 고객 집단 모형의 적용 결과

스프레드시트에 식을 입력하는 것이 복잡하기 때문에 엑셀 스프레드시트를 이용하여 유한 고객 집단 대기행렬 모형의 해를 구하는 것은 힘든 작업이다. 식 P_0의 분모에 있는 합을 계산하기 위해 N개의 원소를 갖는 배열을 정의하여야 한다. 제시 11.8은 Wheelco 제조 회사 예제의 엑셀 스프레드시트를 보여 주고 있다. 스프레드시트의 셀 **F4 : G26**에 이 합에 대한 배열이 정의되어 있다.

엑셀용 QM에 정의된 스프레드시트 매크로가 매우 유용함을 이 예제를 통해 알 수 있다. 스프레드시트의 맨 위 메뉴 막대에 있는 "Add-Ins" 메뉴를 통해 유한 고객 집단 모형을 이용할 수 있다. "스프레드시트 초기화(Spreadsheet Initialization)"를 선택하면 제시 11.9와 같은 Wheelco 제조 회사 예제의 결과 스프레드시트 화면을 얻을 수 있다. 엑셀용 QM 예제처럼 스프레드시트는 초기 예제 데이터 값을 보여 준다. 제시 11.9처럼 예제의 모수 값을 셀 B7 : B9에 입력하는 것이 첫 번째 단계이다.

제시 11.8

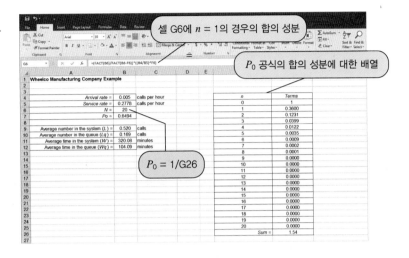

제시 11.9

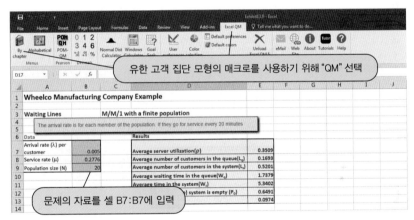

윈도우용 QM을 이용한 유한 고객 집단 모형의 적용 결과

유한 고객 집단 모형처럼 식이 복잡하고 손으로 직접 계산하는 것이 힘들고 소모적인 작업일 경우, 윈도우용 QM을 이용하는 것이 더 유용하다. 제시 11.10은 Wheelco 제조 회사 예제에 윈도우용 QM을 이용한 해의 화면이다.

제시 11.10

Waiting Lines/M/M/1 with a Finite Population Results

Wheelco Manufacturing Company Example Solution

Parameter	Value	Parameter	Value	Minutes	Seconds
M/M/1 with a Finite Population		Average server utilization	.3506		
Arvl rt PER CUSTOMER	.005	Average number in the queue(Lq)	.169		
Service rate(mu)	.2778	Average number in the system(L)	.5196		
Number of servers	1	Average time in the queue(Wq)	1.7349	104.0937	6245.619
Population size	20	Average time in the system(W)	5.3346	320.0764	19204.58
		Probability (% of time) system is empty (P0)	.6494		
		Effective arrival rate	.0974		

복수 서버 대기행렬

복수 서버 모형은 하나의 대기행렬이 둘 이상의 서버(복수 서버)에 의해 서비스받는 모형으로 단일 서버 대기행렬 시스템보다 다소 복잡하다. 승객들이 하나의 대기행렬을 구성하고 다수의 항공사 직원 중 한 사람에게 서비스를 받는 항공권 구매 및 탑승 수속창구, 또는 우체국 직원 여러 명 중 1명에게 서비스를 받기 위해 고객들이 하나의 대기행렬에서 대기하는 우체국을 이 모형의 예로 들 수 있다. 그림 11.3은 이러한 복수 서버 대기행렬 시스템을 묘사하고 있다.

＋ 복수 서버 대기행렬 시스템
두 개 이상의 독립 서버가 병렬로 단일 대기 행렬에 서비스를 제공한다.

복수 서버 대기행렬 시스템의 예로서 Biggs 백화점의 고객 서비스 매장을 살펴보자. 백화점의 고객 서비스 매장에는 벽을 따라 의자들이 배치된 (하나의 대기행렬을 구성하는) 대기실이 있다. 고객들은 문의와 불만을 토로하거나 신용카드 청구서 내용을 확인하기 위해 고객 서비스 매장을 방문한다. 고객들은 진열장으로 분할된 3개의 구역에 있는 판매 대리인 중 1명에게 선착순 대기 규칙에 따라 서비스를 제공받는다.

지나친 대기 시간으로 화가 난 고객들은 다른 백화점으로 이동해 물품을 구매할 수 있기 때문에 백화점 관리자는 이러한 대기행렬 모형의 분석을 필요로 한다. 고객 서비스 매장을 찾은 고객들은 토로할 불만을 가지고 있기 때문에 참을성이 많지 않다. 오랜 기다림은 그들의 조바심을 악화시킨다.

그림 11.3

복수 서버 대기행렬

첫째로, 복수 서버 대기행렬 시스템의 대기행렬 공식을 살펴보자. 단일 서버 모형의 공식처럼 이 공식은 선착순 대기 규칙, 푸아송 도착, 지수 서비스 시간과 무한 고객 집단의 가정하에 도출되었다. 복수 서버 모형의 모수는 다음과 같다.

$$\lambda = \text{도착률(단위 시간 동안 도착하는 평균 고객 수)}$$

$$\mu = \text{서비스율(서버당 단위 시간 동안 서비스받는 평균 고객 수)}$$

$$c = \text{서버의 수}$$

$$c\mu = \text{평균 유효 서비스율(도착률보다 커야 함 : 즉, } c\mu > \lambda)$$

+ $c\mu > \lambda$: 고객이 도착하는 것보다 더 빨리 고객에게 서비스를 제공할 수 있어야 한다.

복수 서버 모형의 운영 특성치에 대한 공식은 다음과 같다.

시스템 내에 고객이 하나도 없을 확률(모든 서버가 유휴함)은 다음과 같다.

$$P_0 = \frac{1}{\left[\sum\limits_{n=0}^{n=c-1} \frac{1}{n!}\left(\frac{\lambda}{\mu}\right)^n\right] + \frac{1}{c!}\left(\frac{\lambda}{\mu}\right)^c\left(\frac{c\mu}{c\mu - \lambda}\right)}$$

시스템 내에 n명의 고객이 있을 확률은 다음과 같다.

$$P_n = \frac{1}{c!\,c^{n-c}}\left(\frac{\lambda}{\mu}\right)^n P_0, \quad \text{여기서 } n > c\,; \; P_n = \frac{1}{n}\left(\frac{\lambda}{\mu}\right)^n P_0, \quad \text{여기서 } n \le c$$

시스템 내의 평균 대기 고객 수는 다음과 같다.

$$L = \frac{\lambda\mu(\lambda/\mu)^c}{(c-1)!(c\mu - \lambda)^2} P_0 + \frac{\lambda}{\mu}$$

평균 체류 시간(대기 시간과 서비스 시간의 합)은 다음과 같다.

$$W = \frac{L}{\lambda}$$

평균 대기 고객 수는 다음과 같다.

$$L_q = L - \frac{\lambda}{\mu}$$

평균 대기 시간은 다음과 같다.

$$W_q = W - \frac{1}{\mu} = \frac{L_q}{\lambda}$$

도착 고객이 서비스를 받기 위해 기다려야만 하는 확률, 즉 모든 서버가 바쁠 확률은 다음과 같다.

$$P_w = \frac{1}{c!}\left(\frac{\lambda}{\mu}\right)^c \frac{c\mu}{c\mu - \lambda} P_0$$

위의 공식에서 $c = 1$이면(즉 단일 서버인 경우), 공식은 앞에 소개한 단일 서버 모형의 공식과 같아진다.

다시 예제로 돌아가서, 고객 서비스 매장을 12개월 동안 조사한 바에 의하면 시간당 고객 도착률과 서비스율은 다음과 같다.

$$\lambda = 10$$
$$\mu = 4$$

이 외에도, 3명의 서버가 있는 대기행렬 모형임을 상기하면,

$$c = 3$$

복수 서버 모형의 공식을 이용하여 다음과 같은 고객 서비스 매장의 운영 특성치를 구할 수 있다.

시스템 내에 고객이 1명도 없을 확률 :

$$P_0 = \cfrac{1}{\sum\limits_{n=0}^{n=c-1} \cfrac{1}{n!}\left(\cfrac{\lambda}{\mu}\right)^n + \cfrac{1}{c!}\left(\cfrac{\lambda}{\mu}\right)^c\left(\cfrac{c\mu}{c\mu-\lambda}\right)}$$

$$= \cfrac{1}{\left[\cfrac{1}{0!}\left(\cfrac{10}{4}\right)^0 + \cfrac{1}{1!}\left(\cfrac{10}{4}\right)^1 + \cfrac{1}{2!}\left(\cfrac{10}{4}\right)^2\right] + \cfrac{1}{3!}\left(\cfrac{10}{4}\right)^3 \cfrac{3(4)}{3(4)-10}} = .045$$

시스템 내의 평균 고객 수 :

$$L = \cfrac{\lambda\mu(\lambda/\mu)^c}{(c-1)!(c\mu-\lambda)^2}P_0 + \cfrac{\lambda}{\mu} = \cfrac{(10)(4)(10/4)^3}{(3-1)![3(4)-10]^2}(.045) + \cfrac{10}{4} = 6\text{명}$$

평균 체류 시간(대기 시간과 서비스 시간의 합) :

$$W = \cfrac{L}{\lambda} = \cfrac{6}{10} = 0.60\text{시간(또는 36분)}$$

평균 대기 고객 수 :

$$L_q = L - \cfrac{\lambda}{\mu} = 6 - \cfrac{10}{4} = 3.5\text{명}$$

평균 대기 시간 :

$$W_q = \cfrac{L_q}{\lambda} = \cfrac{3.5}{10} = 0.35\text{시간(또는 21분)}$$

도착 고객이 서비스를 받기 위해 기다려야 하는 확률, 즉 시스템에 3명 이상의 고객이 있을 확률 :

$$P_w = \cfrac{1}{c!}\left(\cfrac{\lambda}{\mu}\right)^c \cfrac{c\mu}{c\mu-\lambda}P_0 = \cfrac{1}{3!}\left(\cfrac{10}{4}\right)^3 \cfrac{3(4)}{3(4)-10}(.045) = .703$$

백화점 관리자는 고객이 평균 21분이라는 상당히 긴 시간을 기다려야 하고, 기다려야 할 확률도 0.703이나 되는 것을 알았다. 관리자는 개선책으로 1명의 판매 대리인을 추가 배치하기로 결정하였다. $c = 4$로 두고 복수 서버 대기행렬 모형의 운영 특성치를 다시 구해 보자.

대기행렬 공식에 λ, μ와 함께 이 값을 대입하면 다음과 같은 운영 특성치를 얻을 수 있다.

시스템 내에 고객이 하나도 없을 확률 : P_0 = .073

시스템 내의 평균 고객 수 : L = 3.0명

평균 체류 시간(대기 시간과 서비스 시간의 합) : W = 0.30시간(또는 18분)

평균 대기 고객 수 : L_q = 0.5명

평균 대기 시간 : W_q = 0.05시간(또는 3분)

도착 고객이 서비스를 받기 위해 기다려야 하는 확률 : P_w = .31

AT&T의 911 전화 통화 보증

2001년 AT&T는 서비스 지역 중 한 지역 손님들로부터 하루 중 특정 시간대에 전화가 되지 않는다는 불만을 접수하였다. AT&T는 911 응급 전화를 거는 손님들처럼 매우 심각한 문제가 될 수 있다고 생각하였다. 국가 통계에 의하면, 이 서비스 지역에서 생명을 위협하는 것과 관련된 911 전화의 수는 하루에 약 90건이 된다. 처음에는 이 문제는 새로운 고객라인을 추가하는 것과 관련한 유지보수 관리의 문제라고 의심되었으나 유지보수 관리는 주로 낮에 수행되고 전화 문제는 주로 밤에 일어나기에 이것은 그 문제는 아니라고 판명되었다. 대기행렬 분석에 의해 이 문제는 일반적으로 음성통화보다 훨씬 길게 하는 인터넷 전화 때문이라고 밝혀졌다. 이 서비스 지역에서의 450만 거주자 전화에 대한 데이터 분석을 통해 일반적으로 받아들여지는 음성통화 시간 기준인 3분보다 확연히 긴, 평균 297초의 분포를 따른다는 것이 나타났다. 그 전화의 단지 6%만이 인터넷 전화였음도 밝혀졌다. 그래서, 인터넷 전화의 비율이 작음에도 불구하고 이렇게 전화통화가 안 되는 정체 현상을 유발할 수 있는지 확인할 필요가 있었다. 분석가는 인터넷 전화를 자세히 분석하여 인터넷 서비스 제공자(ISPs)로의 전화가 평균 1,956초(30분이 넘음)가 되는 것을 확인하였다. 정체가 발생하고 전화가 안 될 때 많은 회로가 오랫동안 지속되는 ISP 전화연결에 의해 점유되고 있었다고 결론 내려졌다. 911 응급전화가 확실히 걸리기 위해서, AT&T는 정체 상황에서는 새로운 ISP 전화는 회로에 접속되지 않고 극한 정체 상황에서는 음성통화를 위해 통화 중인 ISP 전화가 끊기는 자동 통제를 포함하는 새로운 해결책을 제시하였다. 이 통제시스템은 통화 중인 ISP 전화를 종료시키고 동일한 통화자를 반복적으로 종료시킬 확률이 매우 낮게 설계되었다. 분석에 따르면 많은 인터넷 전화들은 3자 스위치에 의해서 ISP로 할당되고 AT&T는 좀 더 효율적으로 전화를 다른 사업자에게 전환할 수 있게 되어 연간 약 1,500만 달러를 줄일 수게 되었다.

© SIPA USA/SIPA/Newscom

자료 : Based on V. Ramaswami, D. Poole, S. Ahn, S. Byer, and A. Kaplan, "Ensuring Access to Emergency Services in the Presence of Long Internet Dial-Up Calls," *Interfaces* 35, no. 5 (September–October 2005): 411–22.

단일 서버 시스템의 앞 예제에서처럼 대기행렬 운영 특성치들은 의사결정 과정의 정보를 제공하며, 의사결정 기준은 대기 시간과 서비스의 비용이다. 백화점 관리자는 판매 대리인의 추가 고용에 따른 비용과 21분에서 3분으로 대폭 감소한 고객 대기 시간을 비교 검토하여 의사결정을 내려야 한다.

엑셀과 엑셀용 QM을 이용한 복수 서버 모형의 적용 결과

복수 서버 모형은 스프레드시트 형식 구성에 있어 다소 성가신 과정을 거치는데, 그 이유는 복잡한 대기행렬 공식을 스프레드시트의 셀에 입력해야 하기 때문이다. 제시 11.11은 Biggs 백화점 복수 서버 예제의 스프레드시트 구성을 보여 준다.

제시 11.11

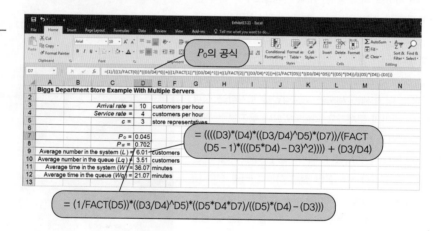

셀 D7에 있는 P_0식은 스프레드시트의 맨 위 수식 입력 줄에서 확인할 수 있다. 보는 바와 같이 식은 길고 복잡하다. 예제에서 식에 있는 합의 항은 공식에 직접 입력되어 있다. 더 많은 수의 서버를 갖는 큰 문제의 경우 추가적인 합의 항이 입력되어야 한다. FACT()는 셀에 있는 수의 계승을 계산해 주는 함수이다. 예를 들면 FACT(1)은 1!이다. 더욱 복잡한 P_w와 L의 공식은 제시 11.11에 첨부된 참고 상자에서 확인할 수 있다.

더 복잡한 다른 대기행렬 모형처럼 복수 서버 모형의 해는 엑셀 스프레드시트를 사용하면 시간이 오래 걸린다. 보다 복잡한 대기행렬 모형은 엑셀용 QM이 더 효율적이다. 제시 12.12는 Biggs 백화점 예제의 엑셀용 QM 스프레드시트를 보여 준다. 다른 대기행렬 모형과 같이 스프레드시트에 모든 공식이 이미 기입되어 있기 때문에 엑셀용 QM 대기행렬 매크로를 사용하여 해를 구할 수 있다. 고객 도착률, 서비스율 그리고 서버의 수와 같은 필요한 모든 자료가 셀 B7 : B9에 입력되어 있으며, 셀 E7 : E12에 있는 운영 특성치들은 자동적으로 계산된다.

제시 11.12

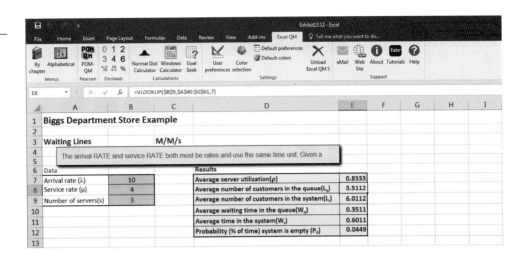

윈도우용 QM을 이용한 복수 서버 모형의 적용 결과

제시 11.13은 Biggs 백화점 복수 서버 예제의 윈도우용 QM 적용 결과를 보여 준다.

제시 11.13

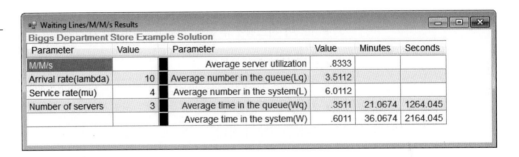

추가 대기행렬 시스템

단일 서버 단일 대기행렬, 복수 서버 단일 대기행렬은 가장 보편적인 대기행렬 시스템 중 하나이다. 그러나 일반적인 대기행렬 시스템에 또 다른 두 가지 범주가 있다. 하나는 단일 서버가 일렬(in sequence)로 있는 단일 대기행렬 모형이고, 또 다른 하나는 복수 서버가 일렬로 있는 단일 대기행렬 모형이다. 각 시스템은 그림 11.4를 통해 확인할 수 있다.

일렬의 단일 서버에 연결된 단일 대기행렬을 가지는 대기행렬 시스템의 예로 취업 희망자가 지원을 위해 줄을 서는 회사의 인사부를 살펴보자. 모든 지원자들은 한 곳에서 이름순으로 자신의 순서를 기다린다. 지원 과정은 1명의 면접관에게서 시험지를 받고, 질문에 답하고, 양식을 작성하는 등 이와 같은 일련 순서에 따라 다음 단계로 이동 진행된다. 또 다른 예로는 제품이 일련의 기계 가공에 앞서 쌓여 있는 조립 공정을 들 수 있다.

그림 11.4

일련의 단일 서버 혹은 복수 서버를 갖는 단일 대기행렬

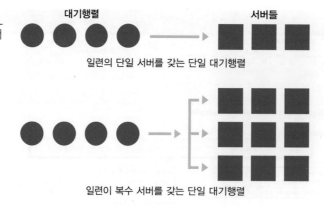

대기행렬   **서버들**

일련의 단일 서버를 갖는 단일 대기행렬

일련이 복수 서버를 갖는 단일 대기행렬

인사부 예제에서 면접관이 추가로 배치된다면 복수 서버가 일렬로 있는 단일 대기행렬 시스템이 된다. 이와 비슷하게, 제품이 3개의 조립 공정 중 어느 하나에 있는 기계 가공에 앞서 하나의 대기행렬에 쌓이게 되면 일렬의 복수 서버 모형이 된다.

대기행렬 시스템에는 네 가지의 일반적인 범주가 있다. 다음 사항들은 가능한 대기행렬 시스템의 다양성의 원인이 된다.

- 고객이 시스템에 참여를 거부하거나(balk) 대기행렬이 너무 길어 대기 고객이 서비스를 받지 않고 대기행렬을 이탈하는(renege) 대기행렬 시스템
- 이름순이나 예약과 같이 선착순 이외의 다른 규칙에 따라 서비스를 제공하는 서버
- 지수분포가 아닌 불확정 또는 상수 서비스 시간
- 푸아송 분포가 아닌 도착률
- 은행 창구가 여러 개 있는 은행 또는 계산대가 여러 개 있는 상점처럼, 각각의 서버가 구분된 대기행렬을 갖는 복수 서버 대기행렬에서 흔히 발생하는 대기행렬 사이를 왔다 갔다 하는 행위(jockeying)

요약

다양한 대기행렬 시스템의 형태로 인해 대기행렬은 잠재적으로 분석하기 복잡한 분야이다. 그러나 우리는 대기행렬을 일상 속에서 자주 직면하기 때문에 대기행렬 분석은 중요하며 경영과학에서 광범위하게 연구되어 온 분야이다. 우리는 단지 몇 가지 대기행렬 기본 모형의 원리를 살펴보았다. 보다 복잡한 대기행렬 시스템을 분석하기 위해 여러 가지 분석 방법이 개발되어 왔다.

그러나 몇몇 대기 상황은 복잡하여 수리적 분석이 불가능하다. 이러한 상황을 분석하는 또 다른 방법이 시뮬레이션이다. 시뮬레이션은 현실의 대기행렬 시스템을 전산화된 수학적

모형으로 모의 실험하는 것을 말한다. 모의 실험된 대기행렬 시스템을 관찰함으로써 운영 특성치를 얻는다. 다음 장에서 또 다른 형태의 분석 방법인 시뮬레이션을 살펴보자.

예제 문제와 풀이

다음의 예제를 통해 단일 서버와 복수 서버 대기행렬 시스템의 운영 특성치를 구하고, 두 대기행렬 시스템을 분석해 보자.

문제 설명 ■ Citizen Northen Saving Bank의 대출 담당자는 신규 대출을 원하는 모든 고객을 면담한다. 대출을 원하는 고객은 푸아송 분포에 따라 시간당 4명의 도착률로 도착하며, 신규 대출을 위해 대출 담당자는 고객당 평균 12분을 소비한다.

A. 이 시스템의 운영 특성치 P_0, L, L_q, W, W_q, P_w를 구해 보자.

B. 새로운 대출 담당자를 추가로 배치하면, 2명의 서버를 갖는 복수 서버 대기행렬 시스템이 된다. 이 새로운 시스템에 대해 A에서와 같은 운영 특성치를 구해 보자.

풀이 ■ **단계 1 : 단일 서버 시스템의 운영 특성치를 구해 보자.**

$$\lambda = 4\text{명/시간}$$
$$\mu = 5\text{명/시간}$$

시스템 내에 고객이 하나도 없을 확률 :

$$P_0 = \left(1 - \frac{\lambda}{\mu}\right) = \left(1 - \frac{4}{5}\right) = .20$$

대기행렬 시스템에 있는 평균 고객 수 :

$$L = \frac{\lambda}{\mu - \lambda} = \frac{4}{5 - 4} = 4\text{명}$$

평균 대기 고객 수 :

$$L_q = \frac{\lambda^2}{\mu(\mu - \lambda)} = \frac{(4)^2}{5(5 - 4)} = 3.2\text{명}$$

평균 시스템 체류 시간 :

$$W = \frac{1}{\mu - \lambda} = \frac{1}{5 - 4} = 1$$

평균 대기 시간 :

$$W_q = \frac{\lambda}{\mu(\mu - \lambda)} = \frac{4}{5(5 - 4)} = 0.80\text{시간(또는 48분)}$$

대출 담당자가 바빠서 도착 고객이 대기해야 하는 확률 :

$$P_W = \frac{\lambda}{\mu} = \frac{4}{5} = .80$$

단계 2 : 복수 서버 시스템의 운영 특성치를 구해 보자.

$$\lambda = 4명/시간$$

$$\mu = 5명/시간$$

$$c = 2명$$

시스템 내에 고객이 없을 확률 :

$$P_0 = \frac{1}{\left[\sum\limits_{n=0}^{n=c-1} \frac{1}{n!}\left(\frac{\lambda}{\mu}\right)^n\right] + \frac{1}{c!}\left(\frac{\lambda}{\mu}\right)^c\left(\frac{c\mu}{c\mu-\lambda}\right)}$$

$$= \frac{1}{\left[\frac{1}{0!}\left(\frac{4}{5}\right)^0 + \frac{1}{1!}\left(\frac{4}{5}\right)^1\right] + \frac{1}{2!}\left(\frac{4}{5}\right)^2 \frac{2(5)}{2(5)-4}} = .429$$

시스템 내의 평균 고객 수 :

$$L = \frac{\lambda\mu\left(\frac{\lambda}{\mu}\right)^c}{(c-1)!(c\mu-\lambda)^2}P_0 + \frac{\lambda}{\mu}$$

$$= \frac{(4)(5)\left(\frac{4}{5}\right)^2}{1![2(5)-4]^2}(.429) + \frac{4}{5} = 0.952명$$

평균 대기 고객 수 :

$$L_q = L - \frac{L}{\lambda} = 0.952 - \frac{4}{5} = 0.152명$$

평균 체류 시간 :

$$W = \frac{L}{\lambda} = \frac{0.952}{4} = 0.238시간(또는 14.3분)$$

평균 대기 시간 :

$$W_q = \frac{L_q}{\lambda} = \frac{0.152}{4} = 0.038시간(또는 2.3분)$$

도착 고객이 서비스를 받기 위해 기다려야 하는 확률 :

$$P_W = \frac{1}{c!}\left(\frac{\lambda}{\mu}\right)^c \frac{c\mu}{c\mu-\lambda}P_0 = \frac{1}{2!}\left(\frac{4}{5}\right)^2 \frac{2(5)}{2(5)-4}(.429) = .229$$

01 다음의 대기행렬 시스템에서 시스템이 단일 또는 복수 서버 모형인지, 대기 규칙은 무엇인지, 고객 집단의 유한 또는 무한 여부를 밝히시오.

a. 미용실 b. 은행
c. 빨래방 d. 진료실
e. 지도 교수의 연구실 f. 공항 활주로
g. 정비소 h. 복사실
i. 교관 j. 웹사이트

02 무한 고객 집단과 선착순 대기 규칙을 갖는 단일 서버 대기행렬 모형의 고객 도착률과 서비스율이 다음과 같다.

$$\lambda = 16명/시간$$
$$\mu = 24명/시간$$

P_0, P_3, L, L_q, W, W_q, U를 구하시오.

03 대학 식당에 있는 스타벅스에는 1명의 직원이 주문창구에서 주문을 받고 서비스 직원에게 주문을 전달한다. 서비스 직원은 시간당 30명의 학생에게 서비스를 제공할 수 있다. 평상시에는 학생들이 시간당 20명씩 도착한다. 학생들은 다음 수업에 참여해야 하기 때문에 주문을 하고 커피를 받기 위해 15분 이상 기다리는 것을 좋아하지 않는다.

a. 평균적으로 기다리고 있는 학생 수를 구하시오.
b. 주문한 학생이 대기해야 하는 평균 시간을 구하시오.
c. 주문하고 주문한 커피를 받을 때까지 소모하는 평균시간을 계산하시오.
d. 학생들은 늦지 않고 다음 수업에 참여할 수 있는지 판단하시오.

04 Dynaco 제조 회사는 조립 공정으로 특정 제품을 생산한다. 조립 공정상 드릴 기계가 하나의 공정을 구성하며, 조립 공정에 부분적으로 완성된 제품을 공급한다. 부분 완성 제품은 평균적으로 매 7.5분마다 도착하며, 드릴 기계 작업자는 평균적으로 시간당 10개를 작업할 수 있다. 평균 대기 재공품 수, 작업자가 바쁠 확률과 드릴 기계의 유휴 확률을 구하시오.

05 Dynaco 제조 회사(문제 04) 관리자는 작업자가 90% 정도의 바쁠 확률을 기대한다. 관리자가 원하는 정도로 작업자가 바쁘기 위해서는 조립 공정의 도착률이 어떻게 되어야 하는가?

06 작은 식료품 가게에는 계산대가 하나 있다. 카운터 직원이 고객에게 서비스를 제공하는 데 평균 3분이 걸린다. 고객은 시간당 15의 비율로 카운터에 도착한다. 점장은 고객으로부터 대기 시간이 길고 상점에 다른 계산대가 필요하다는 피드백을 받고 있다. 점장은 계산대를 하나 더 열고 도착하는 고객을 두 계산대에 균등하게 나눌 계획이다. 그는 결정을 실행하기 전에 비용-편익 분석을 통해 평가하려고 한다. 관리자는 다른 계산대를 여는 데 연간 7만 루피의 비용이 들 것으로 추정한다. 또한 대기 시간을 1분 단축하면 연간 1만 루피의 수익을 올릴 수 있다고 추정하고 있다. 관리자가 두 번째 카운터를 열어야 하는지 여부를 판단하시오.

07 주립 대학교에서는 매 학기 등록 기간 동안에 경영대학 학생들은 지도 교수로부터 수강 과목에 대한 승인을 받아야 한다. 지도 교수가 승인을 하는 데 평균 2분이 걸리고, 지도 교수 방에 도착하는 학생들은 시간당 평균 28명이다.

a. L, L_q, W, W_q, U를 구하시오.

b. 경영대학 학장은 다수의 학생으로부터 수강 과목의 승인을 받기 위한 대기 시간이 길다는 불평을 들었다. 그는 10분의 대기 시간은 적절하지 않다고 생각한다. 학장이 지도 교수 방에 할당한 각 조교는 승인 시간을 평균 0.25분씩 단축할 수 있으며, 최소 시간 1분까지 줄일 수 있다. 몇 명의 조교가 할당되어야 하는가?

08 앨버커키와 애머릴로 간의 40번 주도를 운행하는 모든 트럭은 중량 관측소를 거쳐야 한다. 중량 관측소에 도착하는 트럭은 8시간에 200대이며, 관측소에서 하루에 평균 220대를 중량 관측할 수 있다.

a. 평균 대기 트럭 수와 트럭의 평균 대기 시간 및 체류 시간을 구하시오.

b. 트럭 운전자들이 관측소에서 평균 15분 이상 기다려야만 한다면 다른 경로를 이용할 것이다. 이것은 뉴멕시코 주의 세금 감소를 초래하며, 뉴멕시코 주는 중량 관측소에서 기다리는 매 1분이 연간 1만 달러의 손실을 가져오는 것으로 추정한다. 새로운 측량기는 현재의 측량기와 동일한 관측 능력을 갖고 있으며, 도착하는 트럭들은 두 관측기에 동일한 비중으로 줄을 선다고 가정하자. 새로운 측량기의 비용은 연간 5만 달러이다. 뉴멕시코 주는 새로운 측량기를 설치해야 하는가?

09 문제 08에서 도착한 트럭 운전자가 대기 중인 트럭의 대수를 알 수 있다고 가정하자. 그들은 대기 중인 4대 이상의 트럭을 본다면 불법이지만 그냥 지나칠 것이다. 트럭이 중량 관측소를 그냥 지나칠 확률은 얼마인가?

10 문제 07에서 주립 대학교의 경영대학장은 학생들의 승인 시간을 줄이기 위해 지도 교수 사무실에 1명의 지도 교수를 추가로 배치하는 것을 고려하고 있다. 새로운 지도 교수는 기존의 지도 교수와 동일한 능력으로 학생들을 서비스한다. 이 변형된 시스템의 L, L_q, W, W_q를 구하시오. 학생 입장에서 새로운 지도 교수의 추가 배치를 권장하는가?

11 Acme 기계 수리점에는 주기적으로 고장이 발생하여, 수리를 필요로 하는 5대의 기계가 있다. 고장 발생 간격은 평균 4일로 지수분포를 따르고, 수리 시간은 지수분포를 따르며 평균 1일이다. 고장 난 순서에 따라 수리공이 기계를 수리한다.

a. 기계의 유휴 확률을 구하시오.

b. 수리를 기다리는 평균 대기 기계 수를 구하시오.

c. 수리를 위해 기다리는 평균 대기 시간을 구하시오.

d. 3대의 기계가 수리 중이거나 수리 대기 중일 확률을 구하시오.

12 Tanglewood Mall에 있는 게임장인 Game World는 새로운 가상공간 전쟁게임을 설치하였다. 게임을 하는 데 정확히 2.7분이 소요된다. 손님들은 평균적으로 푸아송 분포를 따라 2.9분마다 게임을 하기 위하여 도착한다. 게임을 하기 위해 기다리는 손님의 줄은 얼마나 길고 평균적으로 얼마나 기다리는가?

13 City 공항에 있는 자동판매기는 20초의 서비스 시간으로 뜨거운 커피, 초콜릿, 차를 판매한다. 자동판매기에 도착하는 고객은 푸아송 분포를 따라 시간당 평균 60명이다. 평균 대기 시간과 대기 고객 수를 구하시오.

14 Bay City 경찰국은 8대의 순찰차를 소유하고 있다. 순찰차는 하루 24시간 운행된다. 순찰차는 지수분포에 따라 평균 20일마다 수리를 해야 한다. 고장 난 순찰차는 1명의 수리공이 항상 상주하는 주차장으로 이동되고, 수리 시간은 지수분포를 따르며 평균 8시간이다. 고장 상태에 있는 순찰차 1대의 고장 평균 시간과 고장 중인 순찰차의 평균 차량 수를 구하시오. 현재의 차량 수리 서비스가 적절한가?

15 문제 07에서 수강 승인 이외에 지도 교수는 질문에 응답하고 수강 상담을 하므로 이 서비스 시간은 더 이상 지수분포를 따르지 않는다고 가정하자. 대신 서비스 시간 분포는 평균 2분, 표준편차 5분의 불확정적(예를 들면, 일반 함수) 함수를 따른다. L, L_q, W와 W_q를 계산하고 이를 문제 07(a)의 결과와 비교하시오.

16 Riverton 우체국은 4개의 창구를 갖고 있다. 고객은 선착순 규칙에 따라 하나의 줄에 대기한다. 도착은 푸아송 분포에 따라 시간당 평균 40명이며, 서비스 시간은 평균 4분인 지수분포를 따른다. Riverton 우체국의 운영 특성치를 구하시오. 운영 특성치가 (a) 우체국 직원들의 유휴 시간, (b) 고객 대기 시간 또는 대기 고객 수, (c) 도착 고객이 기다리지 않고 바로 서비스 받을 확률 조건을 충족시키는지 밝히시오.

17 Freshfood Bakery에서 구워지는 케이크들은 오븐에서 세 개의 포장기 중 하나로 포장하기 위해 보내진다. 각 포장기는 시간당 평균 200개의 케이크를 포장한다. 케이크는 포장기로 시간당 500개 보내진다. 만약 포장되기 전에 5분 이상 대기하고 있다면, 품질관리 기준을 충족시킬 만큼 충분히 신선하지 않게 된다. 이 베이커리는 또 다른 포장기를 채택해야 하는가?

18 요하네스버그에 있는 사무실에 20대의 컴퓨터가 있는 회사가 있다. 컴퓨터는 새 제품이지만 고장이 나면 회사 업무에 영향을 준다. 컴퓨터는 25일마다 문제를 일으킨다. 회사는 고장 난 컴퓨터로 인해 하루에 1만 랜드(남아프리카 공화국의 화폐)의 손실을 입은 것으로 추정하고 있다. 컴퓨터에는 서비스 보증이 있기 때문에 컴퓨터 공급자는 무료로 결함이 있는 컴퓨터를 수리하고, 한 대의 컴퓨터를 수리하는 데 2일이 소요된다. 회사는 2일도 못 참겠다며 500랜드를 청구하고 하루 만에 컴퓨터를 수리하는 다른 서비스 센터를 찾고 있다. 회사가 결함이 있는 컴퓨터를 수리하기 위해 공급업체 또는 새 서비스 센터를 찾아보는 것이 맞는지 판단해 보시오.

19 Burger Doodle 패스트푸드점에는 드라이브-스루 창구가 하나 있다. 고객은 푸아송 분포를 따라 시간당 10명의 비율로 창구에 도착한다. 주문을 받고 주문을 완수하는 시간은 평균 4분의 지수분포를 따른다. 이 음식점 체인은 평균 3분의 대기 시간을 서비스 목표로 하고 있다.
a. 현재의 시스템이 음식점의 서비스 목표를 만족시키는가?
b. 서비스 목표를 만족시키지 못한다면, 두 번째 드라이브-스루 창구를 설치할 수 있으며 서비스 시간을 2.5분으로 축소시킨다. 창구의 추가 설치가 음식점의 서비스 목표를 만족시키는가?
c. 2시간의 점심시간 동안 드라이브-스루 창구로의 고객 도착률이 시간당 20명으로 증가된다. 2개의 창구를 지닌 음식점이 이 시간 동안에 서비스 목표를 달성할 수 있는가?

20   숙박을 위해 고급스런 고가의 Regency 호텔의 현관에 도착하는 고객은 푸아송 분포를 따르며 시간당 40명이다. 호텔 프런트에는 통상적으로 3명의 안내원이 근무한다. 안내원이 고객의 투숙 수속에 소요하는 시간은 평균 4분인 지수분포를 따른다. 호텔의 안내원은 시간당 24달러를 받으며, 호텔은 고객이 대기하는 경우 분당 2달러의 비용을 추산하고 있다. 현재의 투숙 수속은 비용 면에서 효율적인가? 만약 그렇지 않으면, 호텔 관리자가 무엇을 해야 하는가?

21   Footrite 신발 회사는 백화점에 새로운 지점을 열고자 하고, 경영진들은 얼마나 많은 영업인들이 고용되어야 하는지를 결정하려고 한다. 백화점 교통에 대한 분석에 따르면, 회사는 손님들이 시간당 10명 정도로 가게에 도착할 것으로 예측하고 과거의 경험상 영업인은 시간당 6명의 고객들을 서비스할 수 있을 있을 것으로 생각한다. 평균적으로 서비스를 받기 위해서 기다리는 손님의 확률이 .30보다 크지 않게 하려는 기업의 정책을 유지하기 위해서 얼마나 많은 영업인이 고용되어야 하는가?

22   Moore's 텔레비전 수리점은 하루(8시간 근무) 평균 6대의 수리를 의뢰받는다. 수리점 관리자는 평균적으로 고객에게 1일 서비스를 보장하기 원한다. 고객에게 1일 서비스를 보장하기 위해서는 텔레비전 1대당 평균 수리 시간은 어떻게 조정되어야 하는가? 고객의 도착은 푸아송 분포를, 수리 시간은 지수분포를 따른다고 가정하자.

23   문제 22에서, Moore's 텔레비전 수리점은 한 번에 30대 이상의 텔레비전을 보관할 수 없다고 가정하자. 수리 중이거나 수리 대기 중인 것을 포함해 보관 중인 텔레비전의 수가 수리점의 능력을 초과할 확률은 얼마인가?

24   Maggie Attaberry는 Community 병원에서 밤 10시에서 새벽 6시까지 밤 근무조로 일하는 간호사이다. 그녀는 담당구역에 15명의 담당 환자가 있다. 평균적으로 매일 밤 그녀의 환자들로부터 평균 두 번의 호출을 받고, 각 호출에 대해 (지수분포를 따라) 평균 10분 정도 걸린다. Attaberry는 그녀의 근무조 책임자에게, 기록은 없지만 그녀의 환자들이 평균적으로 그녀가 응답하기까지 10분을 기다려야 한다고 알리고 새로운 간호사가 투입될 필요가 있다고 요청하였다. 책임자는 10분은 환자가 기다리기 너무 긴 시간이라고 생각하나 그 시간의 40% 이상 쉬고 있는 것을 원하지도 않는다. 책임자가 무엇을 해야 하는지를 결정하시오.

25   Hudson Valley Books는 소설과 비소설 책을 출판하는 소규모 독립 출판사이다. 매주 출판사는 푸아송 분포를 따라 평균 7권의 미출간 원고를 받으며, 출판사에는 12명의 프리랜서 평론가가 있다. 각 평론가가 원고를 읽고 간단한 개요를 작성하는 데 걸리는 시간은 평균 10일인 지수분포를 따른다. 평론가는 1주일 중 7일 동안 일을 하는 것으로 가정하자. 출판사가 평론가의 원고 평가서를 받는 데 평균 며칠을 기다려야 하는가? 평균 몇 편의 원고가 대기하고 있으며, 또한 평론가들은 얼마나 바쁜가?

26   제조 공정의 작업장에 재공품은 푸아송 분포를 따라 시간당 평균 40개가 도착한다. 작업장에서 작업 시간은 개당 평균 1.2분인 지수분포를 따른다. 제조 회사는 평균 재공품 재고 비용이 하루에 개당 31달러라고 추정한다. 그러나 회사는 작업자를 추가 배치함으로써 공정 시간을 개당 0.90분으로 줄일 수 있으며 비용은 하루에 52달러이다. 회사가 현재의 공정을 유지해야 하는지 아니면 추가로 작업자를 고용해야 하는지 밝히시오.

27   국립 미술관의 아래층에 위치한 Waterfall 뷔페는 관람객과 직원을 위해 매일 셀프서비스 방식으로 음식을 제공한다. 오전 7시부터 9시까지는 고객이 분당 10명, 오전 9시부터 12시까지는 분당 4명, 12시부터 2시까지는 분당 14명, 2시부터 영업 종료 시간인 5시까지는 분당 8명의 고객이 도착한다. 모든 고객이 동일한 시간만큼 머물다 떠난다고 가정하자. 뷔페에서 식사를 마친 고객은 0.4분의 계산 시간을 소비한다. 미술관은 고객이 계산하는 데 4분 이상 기다리지 않기를 원한다. 하루 4번의 각 시간대에 몇 명의 판매원이 근무해야 하는가?

28   배들은 Savannah의 항구에 일반적으로 화물 컨테이너를 꽉 채운 채로 (푸아송 분포를 따르며) 30일 한 달 기준 40번 도착한다. 평균 크기의 컨테이너 배에 짐을 싣고 내리는 데 (지수분포를 따라) 평균 12시간이 소요된다. 현재, 항구에는 싣고 내리기 충분한 부두 크레인들이 있는 하나의 일반적인 터미널이 있다.
      a. 빈 터미널 정박지를 위해 기다리는 평균 배의 숫자를 계산하고, 배를 기다리는 시간을 계산하시오.
      b. 항구에서의 배 교통량이 내년에 매달 60대로 늘어날 것으로 예상된다. 항구는 추가 교통량을 다룰 수 있을 것인가? 만약 그렇지 않다면, 추가 교통량을 처리하기 위해서는 얼마나 많은 터미널이 필요한가?
      c. 만약 항구에서의 배 교통량이 2년 후에 매달 80대로 늘어난다면, (b)에서 결정된 터미널의 수를 사용한다면, 배의 대기시간에 어떤 영향을 미칠 것인가?

29   짐 카터는 장식장, 책장, 작은 테이블, 의자와 같은 고객 맞춤형 가구를 제작한다. 그는 한 번에 1명의 고객이 주문한 하나의 가구만 작업한다. 하나의 가구를 만드는 시간은 평균 5주인 지수분포를 따르고, 연간 평균 14명의 고객이 그에게 가구 제작을 주문하며, 주문은 푸아송 분포를 따른다. 그러나 짐은 최고 8개의 선주문을 받는다. 가구를 주문한 고객이 가구를 받을 때까지의 평균 대기 시간과 짐이 바쁠 확률을 구하시오. 고객이 짐에게 가구를 주문할 수 있는 확률은 어떻게 되는가?

30   Tri-Cities Regional 공항 출입문의 TSA 보안 회사는 푸아송 분포에 따라 시간당 50명의 승객들을 검사하고 통과시킨다. 승객들은 푸아송 분포에 따라 시간당 40명이 도착한다. 평균 대기 고객 수와 평균 대기 시간을 구하시오.

31   유명한 의료서비스 제공업체인 Mediclinic은 두바이 마리나에 지점을 두고 있다. 클리닉은 하루 8시간 동안 열려 있고, 현재 3명의 의사가 도착한 환자를 돌볼 수 있다. 각 의사는 하루에 32명의 환자에게 서비스를 제공할 수 있다(지수분포). 매일 평균 90명의 환자가 클리닉에 도착하고 있다.
      a. 환자의 평균 대기 시간을 구하시오.
      b. 환자들의 대기 시간을 10분 이하로 줄이고자 한다면 얼마나 많은 의사를 더 고용해야 하는가?

32   문제 31의 Mediclinic은 4번째 의사를 추가하는 것이 아니라 기존 의사들의 효율성을 높일 계획이다. 적절한 교육과 기술의 혁신적인 채택으로 의사는 하루에 최대 40명의 환자를 진료할 수 있다. 도착률이 동일하게 유지된다면 이러한 변화가 고객의 대기 시간에 어떤 영향을 미치는가?

33   문제 30에서 공항 보안 게이트에 도착하는 승객 도착률은 낮 시간 동안 크게 다르다. 비행기 이륙이 임박한 시간에는 승객이 매우 많고 다른 시간에는 보안 게이트를 통과하는 승객이 거의 또는 전혀 없다. 비행기 이륙 직전에 승객은 푸아송 분포로 시간당 110명의 비율로 도착한다. 이러한 승객의 도착을 수용할 수 있는 대기행렬 시스템을 제안하시오.

34   Hampton County 응급 의료 서비스(EMS)는 인구 10만 명이 넘는 500평방마일의 면적을 대상으로 서비스를 제공한다. EMS는 구급차와 소방차 외에도 생명이 위태로운 응급 상황을 겪고 있는 것으로 보이는 1순위 환자에 적시에 대응하기 위해 의료 장비가 장착된 SUV 3대를 구입하는 것을 고려하고 있다. 환자에 대한 응답에 요구되는 시간은 국가 표준인 9분이고, EMS는 이 목표를 달성하고자 한다. EMS는 평일 오전 8시~오후 8시 푸아송 분포를 따르는 평균 10건의 긴급전화를 받으며, 각 전화는 지수분포로 1시간이 소요된다. 3개의 새로운 SUV로 EMS가 국가 표준을 충족할 수 있는가? EMS가 두 대의 SUV만 구매했다면 국가 표준을 충족할 수 있는가?

사례 문제

경영대학 복사실

주립 대학교의 경영대학 복사실은 대학 행정관들 사이에 점점 더 뜨거운 논쟁거리가 되고 있다. 복사실에서 대기하는 긴 줄과 오랜 대기 시간에 대해 학과장들은 부학장에게 불평을 해 왔다. 그들은 비서들이 사무실에서 보다 생산적인 일을 해야 하는 시간에 줄을 서서 잡담을 하고 있는 것은 부족한 자원을 낭비하는 것이라고 주장했다. 한편, 부학장 핸드포드 버리스는 대학의 운영비 제한 때문에 문제 해결을 위해 하나 또는 몇 대의 새로운 복사기를 구입하지 못한다고 말한다. 이러한 교착 상태는 수년간 계속되어 왔다.

복사 설비의 개선을 위해 경영과학 부장인 로렌 무어는 복사실에 대한 정보 수집을 위해 학생들에게 과제를 할당하였다. 비서들이 복사실에 도착한 후 복사를 하는 데 소요되는 시간과 그들의 도착에 대해 기록하였고, 추가적으로 학생들은 복사실이 어떻게 운영되는지 보고하도록 하였다.

학생들이 무어 교수에게 과제 보고서를 제출하였다. 보고서에 따르면 복사실에는 2대의 복사기가 있으며, 비서들이 복사실에 도착했을 때 그들은 대기행렬에 합류한다. 이것은 마치 학생들에게 제분기의 주위를 도는 것처럼 보였다. 그러나 그들은 자기의 차례를 알고 있었고 결과적으로 1대의 가용 복사기에 하나의 대기행렬을 형성했다고 학생들은 인지했다. 또한 복사는 그들에게 주어진 일이기 때문에 비서들은 줄이 얼마나 긴지 또는 얼마나 오래 기다려야 하는가에 상관없이 복사를 위해 거기에 머물렀다. 그들은 결코 대기행렬을 떠나지 않았다.

학생들의 자료로부터, 무어 교수는 비서들은 푸아송 분포를 따라 8분마다 복사실에 도착하고 그들의 복사 시간은 평균 12분인 지수분포를 따른다는 것을 알았다.

무어 교수는 자신의 자료와 대학 인사부의 자료로부터 비서들의 평균 임금은 시간당 8.50달러이고 1년 동안의 실제 근무 일수가 247일임을 알았다. 그러나 여름방학 동안에는 업무량이 상당히 적으며, 아마 복사실도 보다 낮은 통행량을 가질 것이다. 여름방학은 대략 70일 정도이며 그 기간 동안 복사실의 통행량은 학기 중의 반 정도가 되지만, 복사 시간은 동일할 것으로 추정한다.

다음으로 무어 교수는 지역 공급업자에게 전화를 걸어 복사기에 대한 금액을 알아보았다. 현재 복사실에 있는 것과 같은 기종의 신제품은 3만 6,000달러이며, 연간 유지비용은 8,000달러이고 사용 기한은 6년이다.

무어 교수는 부학장에게 새로운 복사기를 구입하는 것이 비용 효율적이라고 납득시킬 수 있는가?

Northwoods Backpackers

버몬트에서 밥과 캐롤 패커는 야외용 상품을 판매하는 Northwoods Backpackers 상점을 성공적으로 운영하고 있다. 그들은 등산, 배낭용 침구류, 의복, 장신구와 같은 야외용 방한제품을 주로 들여놓았다. 그들은 양질의 제품과 서비스로 뉴잉글랜드 전역에 좋은 명성을 쌓았다. 밥과 캐롤은 지역 근교에 살지 않는 고객들의 전화 주문이 판매에 점점 더 많은 부분을 차지하고 있음을 알았다. 결국 회사는 물품 목록을 돌리고 전화 주문 서비스를 개설하기로 결정하였다. 전화 주문 부서는 월요일부터 금요일의 오전 10시부터 오후 6시까지 하루 8시간을 근무하는 5명의 교환원에 의해 운영된다. 지난 수년 동안 우편 주문 서비스는 비교적 성공적이며 투자 비용이 거의 회수된 상태이다. 전화 주문 서비스를 운영한 지 3년째 휴가철에는 전화 주문이 폭주했다. 비록 그들은 상당한 수익을 올렸지만, 많은 판매 기회 손실이 있었다고 생각한다. 전화 통화량과 고객의 불만에 대한 전화 회사의 정보에 따르면 그들은 대략 10만 달러의 판매 기회 손실이 있었다고 추정한다. 전화 주문 부서의 좋지 않은 서비스 때문에 그들은 상당수의 단골과 새로운 잠재 고객을 잃었다고 생각한다.

다음 휴가철 이전에 회사는 전화 주문 서비스를 개선하기 위한 몇몇 대안을 고려 중이다. 현재의 시스템은 하루 8시간씩 주 5일 컴퓨터 단말기를 보며 근무하는 5명으로 구성되어 있다. 회사는 현재 시스템 분석을 위해 1명의 컨설턴트를 고용하였다. 그녀는 교환원이 고객의 주문을 처리하는 시간은 평균 3.6분인 지수분포를 따르며, 6주의 휴가철 동안 고객의 주문은 푸아송 분포를 따라 시간당 175건이 올 것으로 기대된다고 보고하였다. 모든 교환원이 바쁘면 고객은 전화기에서 흘러나오는 음악을 들으며 기다리며, 대기 전화 주문은 선착순 규칙에 따라 처리된다. 그녀의 다른 전화 주문 회사의 경험과 Northwoods Backpackers의 자료에 따라, 만약 Northwoods Backpackers가 고객의 대기 시간을 대략 0.5분 정도로 줄일 수 있으면 회사는 휴가철 동안 13만 5,000달러의 판매 기회 손실을 만회할 수 있다고 그녀는 주장했다.

회사는 이 정도 수준의 전화 주문 서비스를 그들의 목표로 설정했다. 그러나 단순히 판매 기회 손실을 피하는 것뿐만 아니라 회사는 고객 서비스가 좋다는 명성을 유지할 수 있도록 대기 시간을 감소시키는 것이 중요하다고 믿고 있다. 그래서 그들은 전화 주문 고객의 70%가 즉각적인 서비스를 받을 수 있기를 원한다.

회사는 현재와 같은 수의 교환대와 컴퓨터 단말기를 유지하며, 교환원을 오전 8시부터 자정까지의 2교대로 배치하여 16시간으로 근무 시간을 증가시킬 수 있다. 고객들이 회사의 근무 시간 확대를 알게 되면 주문 전화는 모든 시간대에 균등하게 분배되어 시간당 87.5건(푸아송 분포)이 될 것이라고 믿는다. 이러한 운영 시간 변경은 6주의 휴가철 동안 대략 1만 1,500달러의 비용을 초래한다.

고객의 대기 시간을 감소시키기 위한 다른 대안은 주말 서비스를 제공하는 것이다. 그러나 만약 그들이 주말 서비스를 제공한다면 그것은 주중에 제공하는 것과 동일해야 한다고 생각한다. 왜냐하면 주중과 주말의 서비스 제공 시간이 다르면 고객을 혼돈스럽게 하기 때문이다. 다시 말하면, 주중 하루에 8시간의 전화 주문 서비스를 제공한다면, 그들은 주말에도 동일하게 8시간의 서비스를 제공해야 한다. 주중 하루에 16시간의 서비스를 제공한다면 역시 주말에도 16시간의 서비스를 제공해야 한다. 하루 8시간의 서비스가 주 7일 동안 제공된다면 전화 주문은 시간당 125건으로 감소할 것이고, 3,600달러의 비용이 초래된다. 하루 16시간의 서비스가 제공된다면 전화 주문은 시간당 62.5건으로 감소될 것이고 7,200달러의 비용이 초래된다.

더 많은 교환대를 추가하는 것도 방법이다. 각 교환대는 책상, 교환원, 전화와 컴퓨터 단말기로 구성되어 있다. 휴가철에 주 5일, 하루 8시간 운영되는 새로운 교환대의 비용은 2,900달러이며, 16시간 운영된다면 비용은 4,700달러이다. 주 7일 운영된다면 8시간 근무의 경우에는 3,800달러의 비용이, 16시간 근무의 경우에는 6,300달러의 비용이 발생한다.

Northwoods Backpackers의 설비는 최대 10대의 교환대를 수용할 수 있다. 교환대 수가 10대를 넘으면 회사는 새로운 설비를 임대하고 개축하고 회선을 배선해야 한다. 회사는 이번 휴가철에 이러한 자본 지출을 원하지 않는다. 다른 한편으로 회사는 현재의 교환대 수를 줄이고 싶지도 않다.

회사가 그들의 목표를 달성하기 위하여 어떠한 전화 주문 설정 환경을 선택해야 하는가? 대안을 제시하고 설명하시오.

Tech 대학 재난 상황 분석

두 개의 지역 병원은 근처 Tech University에서 재난 관련 상황이 발생했을 때, 얼마나 효과적으로 시설들이 잘 대응할 수 있을 것인가를 확인하기 위한 몇 개의 기획 프로젝트를 합동으로 시작해 왔다. 재난들은 (토네이도와 같이) 날씨와 관련되어 있을 수 있고 화재, (가스 폭발, 건물 붕괴와 같은) 사고, 또는 테러가 될 수 있다. 이러한 프로젝트들 중 하나는 재난피해자들을 Tech 캠퍼스에서 이 지역 Montgomery Regional, Radford Memorial의 두 개의 지역 병원으로 이송하는 것에 초점이 맞추어져 있다. 재난이 Tech에서 발생할 때, 비상 차량들은 Tech 경찰, 지역 응급구조팀, 병원, 지역 및 시 경찰서에 의해 분배된다. 피해자들은 재난 지역 근처의 집합지로 보내지고, 두 병원 중의 하나로 이송되길 기다리게 된다. 프로젝트 분석은 피해자들이 재난지에서 응급구조차가 병원으로 이송하기까지 기다리는 대기 시간과 병원에 도착 후 처치를 받기 위해 기다리는 시간을 포함한다. 이 프로젝트 팀은 다양한 대기행렬 모형을 다음과 같이 분석한다. (특별히 언급되지 않았다면, 도착은 푸아송 분포를 따르고, 서비스 시간은 지수분포를 따른다.)

a. 첫 번째로 모든 가용한 응급 차량이 서버로 간주되는 단일 대기행렬 모형을 고려하자. 피해자가 병원으로 이송될 준비가 되어 있는 집합지에 매 7분 간격으로 도착하고 응급차량은 풍부하고 태울 준비가 되어 있으며, 매 4.5분 간격으로 이송한다고 가정하자. 피해자들에 대한 평균 대기 시간을 계산하시오. 다음으로 서비스 시간에 대한 분포가 평균 4.5분과 표준편차 5분이나 불확정적인 상황을 가정하자. 피해자들에 대한 평균 대기 시간을 계산하시오.

b. 다음으로 피해자를 병원으로 이송하기 위해 가용한 응급차량이 8대인 복수 서버 모형을 고려하고, 차량이 피해자를 태우고 이송하는 데 걸리는 평균 시간은 20분이라고 가정하자. (도착률은 (a)에서와 같다고 가정한다.) 피해자들의 평균 대기행렬, 평균 대기 시간, 시스템 내에서 평균 시간 (대기 및 이송)을 계산하시오.

c. (b)에서의 복수 서버 모형에서 제한된 수의 피해자 18명을 가정하자. 평균 대기행렬, 평균 대기 시간, 시스템 내에서의 평균 시간을 계산하시오. (복수 서버의 유한 고객 집단 모형은 윈도우용 QM을 사용할 필요가 있다.)

d. 두 병원의 관점에서 두 병원이 서버인 복수 서버 모형을 고려하자. 재난지에서 응급차량은 한 줄 서기를 하고 있고, 각 운전자는 어느 병원이 피해자를 우선적으로 받을 수 있는지를 확인하기 위해 사전에 전화를 해보고 그 병원으로 이송한다. 차량들은 병원에 평균적으로 8.5분마다 도착하고, 응급요원이 피해자를 받고 처치하는 데 평균적으로 12분이 소요된다. 피해자들에 대한 평균 대기행렬, 평균 대기 시간, 시스템에서의 평균 시간을 계산하시오.

e. 다음으로 도와주는 요원들과 함께 5명의 외과의사가 있는 Montgomery Regional 하나의 병원을 고려하자. 피해자는 병원에 평균적으로 8.5분마다 도착한다. 평균적으로 응급실 팀이 피해자를 처치하는 데 21분이 소요된다. 평균 대기행렬, 평균 대기 시간, 시스템에서의 평균 시간을 계산하시오.

f. (e)에서 복수 서버 모형에 대하여, 피해자가 23명으로 한정되어 있다고 하자. 평균 대기행렬, 평균 대기 시간, 시스템에서의 평균 시간을 계산하시오. (복수 서버의 유한 고객 집단 모형은 윈도우용 QM을 사용할 필요가 있다.)

g. 이러한 대기행렬 모형 중에 어떠한 것이 재난상황을 분석하는 데 가장 유용하다고 생각하는가? 재난상황을 분석하는 데 일부 또는 모든 모형들이 함께 사용이 되는 것은 어떨 것이라고 생각하는가? 재난상황을 분석하는 데 있어서 어떤 종류의 대기행렬 모형이 가장 유용할 것인가?

공항 승객 도착 예측-계속

제 13장의 "공항 승객 도착 예측" 사례 문제에서는 목적이 Berry International Airport(BEI)의 7월 오전 4시부터 오후 10시까지 2시간 간격으로 매일 공항 승객들이 도착하는 것을 예측하는 예측 모형을 개발하는 것이다. 이러한 모형은 가장 번잡한 시기인 7월 달의 어떠한 날

에 각각의 2시간 간격 동안 남쪽 홀에서 얼마나 많은 게이트가 필요한지를 결정하기 위해서 요구된다. 제13장 사례 문제에서 개발된 예측 모형을 통해 각 2시간 간격 동안 얼마나 많은 보안검색대가 필요한지를 대기행렬 분석을 수행하시오. 승객이 남쪽 홀 보안검색대 입구에 도착할 때, 여러 서비스 구역 중의 하나에서 보딩패스와 신분증을 확인하기 위해서 한 줄로 선다. 승객들이 서비스 구역을 떠나면, 검사 장비를 지나가기 전에 다시 한 줄로 서서 거의 균등하게 보안검색대로 나누어진다. 7월에 공항은 오전 4시에서 오후 6시까지의 각 2시간 간격에 대해서 6개의 보안검색대의 인력을, 오후 6시에서 오후 8시까지 3개의 보안검색대의 인력을, 오후 8시에서 10시까지 2개의 보안검색대의 인력을 배치하는 것을 계획하고 있다. 이 보안검색대의 도착률은 푸아송 분포를 따르고, 제13장 사례에서 예측된 승객 도착률을 평균 도착률로서 가정하라. 또한 서비스 시간은 평균 11.6초의 지수분포를 따른다고 가정하라. 승객이 과도한 기다림 없이 이 보안검색대를 자유로이 지나가기 위해서는 몇 개의 검색대가 필요한지를 결정하시오. 만약 현재의 검색대가 충분하지 않다면 어떤 결과가 발생하는가? 만약 계획이 충분하지 않을 것 같다면, 각 2시간 간격에 대하여 과도한 대기시간 없이 보안검색대를 빠르게 통과하기 위해서 얼마나 많은 검색대가 필요한지를 결정하시오.

CHAPTER 12

시뮬레이션

시뮬레이션(simulation)은 앞 장에서 설명했던 주제들과 매우 상이하다. 앞서 언급된 주제들은 일반적으로 특정한 유형의 문제에 응용할 수 있는 수학적 모형과 공식을 다루었다. 대개 이러한 문제에 대한 해의 접근 방식은 분석적이다. 그러나 특정한 형태의 기법을 적용하고 계산을 수행함으로써 모든 실제 문제들의 해를 구할 수 있는 것은 아니다. 일부의 문제 상황은 매우 복잡하여 지금까지 소개된 간략한 기법들로 기술될 수 없다. 이 경우, 시뮬레이션이 분석을 위한 하나의 대안적 방식이 된다.

+ 유사 시뮬레이션에서는 물리적 시스템을 조작하기 쉬운 유사한 물리적 시스템으로 대체한다.

유사 시뮬레이션(analogue simulation)은 대부분의 사람들에게 친숙한 시뮬레이션의 한 형태이다. 유사 시뮬레이션에서 본래의 물리적 시스템은 보다 조작하기 쉬운 유사한 물리적 시스템으로 대체된다. 유인 우주 비행의 경우, 많은 실험이 우주의 상태를 재현한 물리적 시뮬레이션을 이용하여 시행된다. 예를 들어 무중력 상태는 물이 채워진 방을 이용하여 시뮬레이션을 시행하며, 비행체의 상태를 시뮬레이션하기 위한 풍동 시험(wind tunnel test)과, 도로 대신 자동차 타이어의 마모를 시뮬레이션하기 위해 실험실에서 사용되는 트레드밀(treadmill: 회전식 벨트 위를 달리는 운동기구)이 또 다른 실제 사례들이다.

+ 컴퓨터 시뮬레이션에서 하나의 시스템은 컴퓨터를 이용해 분석된 수학적 모형으로 전환된다.

이 장에서는 시뮬레이션의 대안적 형태인 컴퓨터 시뮬레이션(computer mathematical simulation)을 다루고자 한다. 이러한 방식의 시뮬레이션에서 하나의 시스템은 컴퓨터를 이용해 분석된 수학적 모형으로 전환된다. 컴퓨터 시뮬레이션은 매우 대중적이며, 광범위하고 다양한 경영 문제에 응용되고 있다. 대중적인 이유 중 하나는 이 책에 소개된 다른 경영과학적 기법들로 분석할 수 없는 매우 복잡한 시스템에 대한 분석 방법을 제시하기 때문이다. 그러나 이러한 복잡한 시스템은 본문의 영역을 벗어나기 때문에 실제 시뮬레이션 모형은 기술하지 않았으며, 그 대신 수학적으로도 분석 가능한 단순화된 모형을 소개한다. 확률변수를 시뮬레이션하기 위한 몬테카를로(Monte Carlo) 과정을 포괄하는, 가장 단순한 시뮬레이션 모형부터 시작하려고 한다.

몬테카를로 과정

분석이 어려운 시스템들은 확률분포를 나타내는 확률변수로 구성되어 있다는 특성을 갖고 있다. 따라서 대부분의 시뮬레이션 응용은 확률적 모형에 관한 것이다.

+ 몬테카를로
확률분포로부터 임의적으로 수를 선택하는 하나의 기법이다.

최근 들어 몬테카를로는 확률적 시뮬레이션과 같은 의미를 지닌 용어가 되었다. 그러나 좁은 의미에서, 몬테카를로 기법은 한 번의 시뮬레이션 실행에 사용하기 위한 수를 확률분포로부터 임의적으로 선택하는 하나의 기법으로 정의된다. 몬테카를로 기법은 시뮬레이션 모형 중의 한 유형이 아니며, 시뮬레이션 내에 사용되는 하나의 수학적 과정이다.

+ 몬테카를로 과정은 카지노에서 사용하는 도박 장치와 유사하다.

몬테카를로 과정의 숨겨진 기본 원리는 모나코(Monaco)에 있는 카지노의 운영과 같은 원리를 갖고 있기 때문에 몬테카를로라는 명칭이 붙여졌다. 모나코에서는 룰렛, 주사위, 카드와 같은 도구들이 사용된다. 이러한 도구들이 잘 정의된 모집단으로부터 임의적으로 결정된 수치(number)를 부여한다. 예를 들면, 2개의 주사위를 던져 나온 수의 합 7은 2부터 12까지 11개의 수가 가능한 모집단으로부터 나온 하나의 임의값(random value)이다. 시뮬레이션 모형에 사용되는 몬테카를로 과정에서는 원칙적으로 이와 동일한 과정이 적용된다.

난수의 사용

확률분포에 따라 난수(random number)를 선택하는 몬테카를로 과정은 다음 예제를 통해 자세히 설명될 수 있다. 컴퓨터와 관련 제품을 판매하는 ComputerWorld의 관리자는 랩톱 컴퓨터의 주당 주문량을 결정하려고 한다. 가장 중요하게 고려되어야 할 점은 주당 판매될 평균 랩톱 컴퓨터 수와 랩톱 컴퓨터의 판매로 얻게 될 주당 평균 수익이다. 랩톱 컴퓨터는 대당 3,400달러에 팔린다. 주당 랩톱 컴퓨터의 수요는 0부터 4의 값을 갖는 확률변수(이후 x로 표기)이다. 과거 100주의 판매기록을 통해 관리자는 랩톱 수요의 빈도를 파악할 수 있다. 이 빈도 분포로부터 수요에 대한 확률분포를 표 12.1과 같이 구할 수 있다.

표 12.1

랩톱 컴퓨터의 수요 확률분포

주당 컴퓨터의 수요	수요의 빈도	확률, $P(x)$
0	20	.20
1	40	.40
2	20	.20
3	10	.10
4	10	.10
	100	1.00

　몬테카를로 과정의 목적은 확률분포 $P(x)$로부터 표본을 추출하여 확률변수, 즉 수요를 생성하는 것이다. 주당 수요는 확률분포(그림 12.1)에 따라, 영역이 구획된 룰렛을 돌려 임의적으로 생성될 수 있다. 몬테카를로 과정에서는 확률분포를 통해 확률 변수값을 발생시킨다.

그림 12.1

수요에 대한 룰렛과 확률분포

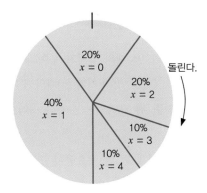

　룰렛 표면이 각 주당 수요의 확률에 따라 구분되어 있기 때문에, 수요가 임의적으로 발생된다면 수요에 대한 확률분포를 복제할 수 있다. 1주의 수요를 모의실험하기 위해 관리자는

바퀴를 돌린다. 바퀴가 멈춘 영역이 1주의 수요를 나타낸다. 바퀴를 많이 돌려 얻어 낸 수요량들의 발생 빈도는 확률분포 $P(x)$의 근사치가 된다. 확률분포, 즉 바퀴에서 임의적으로 선택하여 변수 x를 발생시키는 방법이 몬테카를로 과정이다.

+ 긴 시간의 실제 시간은 짧은 시간의 시뮬레이션 시간으로 표현된다.

룰렛을 돌림으로써 관리자는 주당 PC의 구매량을 인위적으로 재구성한다. 이러한 재구성을 통해 긴 기간(몇 주)에 걸친 실제 시간이 짧은 기간의 시뮬레이션 시간(몇 번의 바퀴를 돌림)으로 기술된다.

룰렛을 조금 변경해 보자. 수요의 확률에 따른 영역 구분에 추가적으로 실제 룰렛처럼 바퀴의 바깥 테두리에 숫자를 매겨 보자. 재구성된 룰렛은 그림 12.2와 같다.

그림 12.2

숫자를 포함한 룰렛

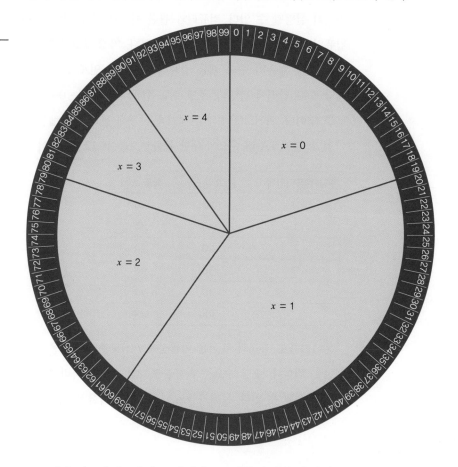

룰렛의 테두리에 0부터 99까지의 100개의 숫자가 부여되어 있고, 각 수요의 확률에 따라 영역이 구분되어 있다. 예를 들면, 0부터 19까지의 20개의 숫자(100개의 수 중 20%)가 PC 수요 0에 해당된다. 이제 룰렛이 멈춘 뒤 가리키는 숫자나 영역으로 주당 수요의 값을 결정할 수 있다.

관리자가 다시 바퀴를 돌리면, 실제 PC의 수요량이 숫자에 의해서 결정된다. 예를 들면, 바퀴를 돌려 숫자 71을 얻었다고 하면 주당 PC 수요는 2대이고, 숫자 30을 얻었다면 PC 수요는 1대이다. 관리자는 바퀴를 돌리기 전에는 어떠한 숫자가 나올 것인지 알 수 없기 때문에 100개의 숫자는 동일한 확률을 지닌다. 즉, 숫자는 임의적으로 발생하므로 난수(random

+ 난수
큰 모집단으로부터 선택될 확률이 동일한 수를 의미한다.

numbers)이다.

룰렛을 돌려 매주의 PC 수요를 얻는 방법은 일반적으로 비실용적이다. 룰렛을 돌리는 과정은 난수를 사용함으로써 모사될 수 있다.

우선, 룰렛으로부터 각 수요에 대한 난수의 범위를 표 12.2로 바꾸어 보자. 다음으로, 난수를 얻기 위해 바퀴를 돌리는 대신 표 12.3의 난수표(random number table)에서 하나의 난수를 선택하자. 컴퓨터에 의해 발생된 이러한 난수들은 바퀴를 돌리는 것과 같이 발생 확률이 동일하다. 난수의 생성에 대해서는 이 장의 뒷부분에서 보다 자세히 살펴보려고 한다. 예를 들면, 표 12.3의 첫 번째 숫자인 39를 선택하자. 숫자 39는 20~59의 범위에 포함되므로 이것은 랩톱 컴퓨터의 주당 수요 1대에 해당된다.

+ 난수표에서 난수는 컴퓨터 프로그램과 같은 인위적인 프로세스를 통해 얻을 수 있다.

+ 난수들은 발생 확률이 동일하다.

표 12.2

난수의 범위와 수요

수요, x	확률, r
0	0~19
1 ←	20~59 ← — $r = 39$
2	60~79
3	80~89
4	90~99

표 12.3

난수표

39 65 76 45 45	19 90 69 64 61	20 26 36 31 62	58 24 97 14 97	95 06 70 99 00
73 71 23 70 90	65 97 60 12 11	31 56 34 19 19	47 83 75 51 33	30 62 38 20 46
72 18 47 33 84	51 67 47 97 19	98 40 07 17 66	23 05 09 51 80	59 78 11 52 49
75 12 25 69 17	17 95 21 78 58	24 33 45 77 48	69 81 84 09 29	93 22 70 45 80
37 17 79 88 74	63 52 06 34 30	01 31 60 10 27	35 07 79 71 53	28 99 52 01 41
02 48 08 16 94	85 53 83 29 95	56 27 09 24 43	21 78 55 09 82	72 61 88 73 61
87 89 15 70 07	37 79 49 12 38	48 13 93 55 96	41 92 45 71 51	09 18 25 58 94
98 18 71 70 15	89 09 39 59 24	00 06 41 41 20	14 36 59 25 47	54 45 17 24 89
10 83 58 07 04	76 62 16 48 68	58 76 17 14 86	59 53 11 52 21	66 04 18 72 87
47 08 56 37 31	71 82 13 50 41	27 55 10 24 92	28 04 67 53 44	95 23 00 84 47
93 90 31 03 07	34 18 04 52 35	74 13 39 35 22	68 95 23 92 35	36 63 70 35 33
21 05 11 47 99	11 20 99 45 18	76 51 94 84 86	13 79 93 37 55	98 16 04 41 67
95 89 94 06 97	27 37 83 28 71	79 57 95 13 91	09 61 87 25 21	56 20 11 32 44
97 18 31 55 73	10 65 81 92 59	77 31 61 95 46	20 44 90 32 64	26 99 76 75 63
69 08 88 86 13	59 71 74 17 32	48 38 75 93 29	73 37 32 04 05	60 82 29 20 25
41 26 10 25 03	87 63 93 95 17	81 83 83 04 49	77 45 85 50 51	79 88 01 97 30
91 47 14 63 62	08 61 74 51 69	92 79 43 89 79	29 18 94 51 23	14 85 11 47 23
80 94 54 18 47	08 52 85 08 40	48 40 35 94 22	72 65 71 08 86	50 03 42 99 36
67 06 77 63 99	89 85 84 46 06	64 71 06 21 66	89 37 20 70 01	61 65 70 22 12
59 72 24 13 75	42 29 72 23 19	06 94 76 10 08	81 30 15 39 14	81 33 17 16 33
63 62 06 34 41	79 53 36 02 95	94 61 09 43 62	20 21 14 68 86	84 95 48 46 45
78 47 23 53 90	79 93 96 38 63	34 85 52 05 09	85 43 01 72 73	14 93 87 81 40
87 68 62 15 43	97 48 72 66 48	53 16 71 13 81	59 97 50 99 52	24 62 20 42 31
47 60 92 10 77	26 97 05 73 51	88 46 38 03 58	72 68 49 29 31	75 70 16 08 24
56 88 87 59 41	06 87 37 78 48	65 88 69 58 39	88 02 84 27 83	85 81 56 39 38
22 17 68 65 84	87 02 22 57 51	68 69 80 95 44	11 29 01 95 80	49 34 35 36 47
19 36 27 59 46	39 77 32 77 09	79 57 92 36 59	89 74 39 82 15	08 58 94 34 74
16 77 23 02 77	28 06 24 25 93	22 45 44 84 11	87 80 61 65 31	09 71 91 74 25
78 43 76 71 61	97 67 63 99 61	30 45 67 93 82	59 73 19 85 23	53 33 65 97 21
03 28 28 26 08	69 30 16 09 05	53 58 47 70 93	66 56 45 65 79	45 56 20 19 47

(계속)

04 31 17 21 56	33 73 99 19 87	26 72 39 27 67	53 77 57 68 93	60 61 97 22 61
61 06 98 03 91	87 14 77 43 96	43 00 65 98 50	45 60 33 01 07	98 99 46 50 47
23 68 35 26 00	99 53 93 61 28	52 70 05 48 34	56 65 05 61 86	90 92 10 70 80
15 39 25 70 99	93 86 52 77 65	15 33 59 05 28	22 87 26 07 47	86 96 98 29 06
58 71 96 30 24	18 46 23 34 27	85 13 99 24 44	49 18 09 79 49	74 16 32 23 02
93 22 53 64 39	07 10 63 76 35	87 03 04 79 88	08 13 13 85 51	55 34 57 72 69
78 76 58 54 74	92 38 70 96 92	52 06 79 79 45	82 63 18 27 44	69 66 92 19 09
61 81 31 96 82	00 57 25 60 59	46 72 60 18 77	55 66 12 62 11	08 99 55 64 57
42 88 07 10 05	24 98 65 63 21	47 21 61 88 32	27 80 30 21 60	10 92 35 36 12
77 94 30 05 39	28 10 99 00 27	12 73 73 99 12	49 99 57 94 82	96 88 57 17 91

표 12.3에서 하나의 난수를 선택하고 선택된 난수로부터 주당 수요량을 결정하는 과정을 반복함으로써 일정 기간 동안의 수요를 모의실험할 수 있다. 난수표에서 난수의 선택은 어느 곳에서든 시작할 수 있으며 어떠한 방향으로도 이동 가능하지만, 같은 순서의 반복은 피해야 한다. 예를 들면, 표 12.4는 15주 동안의 수요를 보여 준다.

표 12.4

15주 동안의 수요

주	r	수요, x	수익
1	39	1	$4,300
2	73	2	8,600
3	72	2	
4	75	2	
5	37	1	4,300
6	02	0	0
7	87	3	12,900
8	98	4	17,200
9	10	0	0
10	47	1	4,300
11	93	4	17,200
12	20	1	4,300
13	95	4	17,200
14	97	4	17,200
15	69	2	8,600
		$\Sigma = 31$	$133,300

표 12.4로부터 관리자는 추정된 주간 평균 수요와 평균 수익을 계산할 수 있다.

$$추정\ 평균\ 수요\ 대/주 = \frac{31}{15} = 2.07대/주$$

$$추정\ 평균\ 수익\ 주 = \frac{\$133,300}{15} = \$8,886.67$$

관리자는 이러한 정보를 이용하여 주당 PC 주문량을 결정할 수 있다.

이 예제는 시뮬레이션이 어떻게 이용되는지 잘 설명하고 있지만, 평균 수요는 기댓값 (expected value) 공식을 사용하여 수학적으로 계산되는 것이 보다 적절하다. 주당 기댓값 또는 평균은 확률분포 $P(x)$로부터 수학적 계산이 가능하다.

$$EV(x) = \sum_{i=1}^{n} P(x_i)x$$

여기서, x_i는 수요 i의 값, $P(x)$는 수요의 확률, 그리고 n은 서로 다른 수요의 경우의 수를 나타낸다. 그러므로 기댓값은 다음과 같이 구할 수 있다.

$$EV(x) = (.20)(0) + (.40)(1) + (.20)(2) + (.10)(3) + (.10)(4)$$

$$= 1.5P대/주$$

+ 시뮬레이션을 충분히 시도하여 안정 상태에 도달하지 않는 한 시뮬레이션 결과는 수학적 분석 결과와 동일하지 않다.

평균수요가 1.5대라는 수학적 결과는 평균 2.07대인 시뮬레이션 결과에 가깝지만, 다소 차이를 보인다. 시뮬레이션 결과와 수학적 결과 사이의 0.57대의 차이는 시뮬레이션이 수행된 기간 동안에 걸쳐 발생한 차이이다. 어떠한 시뮬레이션 결과도 시뮬레이션의 수행 길이(또는 시도 횟수)에 영향을 받는다. 그러므로 보다 긴 기간 동안 시뮬레이션이 수행된다면 보다 정확한 결과를 얻을 것이다. 실례로, 수요를 1,000주에 걸쳐 모의실험을 한다면 평균값은 수학적 결과(1.5대/주)와 정확하게 동일한 값을 갖게 될 것이다.

일단 시뮬레이션이 충분한 기간에 걸쳐 반복된다면 상수의 평균값에 도달할 것이다. 이것이 앞서 대기행렬 분석에서 언급하였던 안정 상태의 결과이다. 이 예제를 통해, 1.5대는 장기적인 수행 평균 또는 안정 상태의 결과이며, 시뮬레이션이 안정 상태의 값에 도달하기 위해서는 15주 이상 시도되어야 함을 알 수 있다.

+ 시뮬레이션 결과가 실제로 현실을 잘 모사하는지에 대한 타당성을 검증하기 어려운 경우가 많다.

이 예제에서 시뮬레이션 결과와 수학적 결과(기댓값)의 비교는 시뮬레이션에서 발생할 수 있는 몇 가지 문제 중 하나를 지적하고 있다. 시뮬레이션 결과의 타당성, 즉 참인 안정 상태의 평균값에 도달할 수 있는지를 검증하는 것은 대체적으로 어려운 일이다. 이 예제의 경우 시뮬레이션 결과와 기댓값(참인 안정 상태의 결과)을 비교해 보면 두 결과가 다소 차이가 있음을 알 수 있다. 안정 상태의 평균을 구하는 데 15번의 시뮬레이션 실행은 충분하지 않음을 논리적으로 추론할 수 있다. 그러나 시뮬레이션은 수학적 분석이 불가능한 경우에 자주 이용될 수 있다. 시뮬레이션이 일반적으로 사용되고 있는 이유 중 하나가 바로 이 점이다. 이

존 폰 노이만(John Von Neumann)

몬테카를로 방법의 수학적 운용은 수년 동안 알려져 왔다. 영국 수학자 로드 켈빈(Lord Kelvin)은 그의 1901년 논문에서 이 방법을 사용하였다. 그러나 몬테카를로 방법은 헝가리 수학자 노이만이 제2차 세계 대전 중 로스앨러모스(Los Alamos) 원자폭탄 연구 과제에 참여하면서 명명하였다고 공식적으로 알려져 있다. 과제를 수행하는 동안 물리학자들은 중성자가 다양한 물질을 어떻게 통과하는가(핵분열성 물질에서의 중성자 확산)를 측정하는 문제에 직면했다. 로스앨러모스 연구의 동료인 스타니슬라스 울람(Stanislas Ulam)은 이 문제의 해법(즉, 중성자의 임의적 행위들을 표현하기 위해 난수를 선택하는 방법)으로 몬테카를로 과정을 노이만에게 제안하였다. 그러나 시뮬레이션에 이용되는 몬테카를로 방법은 종전 이후 현대식(전자)컴퓨터가 개발될 때까지 폭넓은 인기를 얻지 못했다. 흥미롭게도 탁월한 능력을 가졌던 노이만은 컴퓨터 개발의 핵심적 인물로 명성을 얻었다.

경우에는 비교할 수학적 기준이 없으며, 시뮬레이션 결과의 타당성을 검증하기가 더욱 어려워진다. 이 장의 뒷부분에서 타당성 검증에 대해 보다 자세히 살펴보자.

엑셀 스프레드시트를 활용한 시뮬레이션

ComputerWorld 예제에서는 시뮬레이션을 수작업으로 수행하는 데 큰 어려움이 없었다. 그러나 만약 시뮬레이션을 1,000주 동안 수행한다면 이것은 몇 시간이 소요될 것이다. 반면, 시뮬레이션을 컴퓨터로 수행하면 단지 수초 만에 결과를 얻을 수 있다. 앞의 시뮬레이션 예제는 복잡하지 않았다. 시뮬레이션 모형이 점점 복잡해짐에 따라, 시뮬레이션을 수작업으로 수행하는 것이 사실상 불가능해지면서 컴퓨터를 필요로 하게 되었다.

+ 시뮬레이션은 일반적으로 컴퓨터를 활용하여 수행된다.

컴퓨터 언어로 이 예제에 대한 시뮬레이션 모형을 개발하지 않고서도, 엑셀 스프레드시트를 이용하여 전산화된 시뮬레이션 모형을 개발하는 방법을 설명하려고 한다.

시뮬레이션 모형을 개발하는 첫 번째 단계는 난수의 발생이다. 사실상 모든 컴퓨터에서 사용 가능한 다수의 서브루틴(subroutine)들이 난수를 발생시킨다. 대부분은 매우 사용하기 쉬우며, 프로그램에 단지 몇 줄의 명령문을 입력하는 과정을 필요로 한다. 이러한 난수들은 룰렛을 돌리는 것과 같은 물리적 과정과는 달리 수학적 과정에 의해 발생된다. 이러한 이유에서 이 난수들을 가난수(pseudorandom numbers)라고 부른다. 이전의 논의를 통해 살펴보았듯, 난수가 확률적 시뮬레이션에서 매우 중요한 역할을 한다는 점은 분명하다. 몇 개의 난수들은 난수표 12.3으로부터 구했다. 그러나 난수는 오직 표에서 얻어지는 것은 아니며, 처음에 생각했던 것처럼 난수를 발생시키는 것이 간단한 문제만은 아니다. 만약 난수가 진정으로 임의적이지 않다면 시뮬레이션 결과는 상당히 유의미한 영향을 받게 될 것이다.

+ 물리적 과정을 통하지 않고 수학적 과정을 활용하여 생성된 난수를 **가난수**라고 한다.

표 12.3에 있는 난수들은 '수리적 방법'에 의해 생성되었다. 그러므로 이 난수들은 진정한 난수가 아닌 가난수이다. 진정한 난수는 반복적으로 룰렛을 돌리는 것과 같은 물리적 과정에 의해서만 발생된다. 그러나 룰렛을 돌리는 것과 같은 물리적 과정은 컴퓨터 시뮬레이션 모형에 쉽게 적용될 수 없다. 따라서 난수를 인위적으로 생성할 수 있는 수리적 방법이 필요하다.

+ 난수는 일반적으로 컴퓨터와 수리적 방법을 활용하여 생성된다.

모의실험되는 시스템을 정확하게 반영하기 위해, 인위적으로 생성된 난수는 반드시 다음의 속성을 갖추어야 한다.

+ 난수표는 균등하고 효율적으로 생성되어야 하며 편향된 패턴이 없어야 한다.

1. 난수는 균등하게 분포(일양분포)되어야 한다. 즉, 난수의 범위(즉, 0에서 1 또는 0에서 100)에서 각 난수는 동일한 선택 기회를 갖는다. 만약 이러한 조건이 충족되지 못하면, 시뮬레이션 결과는 보다 많은 선택 기회를 갖는 난수로 인해 편향된다.

2. 난수를 생성하기 위한 수리적 방법은 효율적이어야 한다. 즉, 난수는 상수(constant value)로 퇴화되거나 매우 빈번하게 순환되어서는 안 된다.

3. 난수의 순서(수열)는 특정한 반복적 형태를 드러내서는 안 된다. 예를 들면, 수열 0, 1, 2, 3, 4, 5, 6, 7, 8, 9, 0, 1, 2, 3, 4, 5, 6, 7, 8, 9, 0, 1, 2, 3, 4, 5, 6, 7, 8, 9, 0은 균등하지만 임의적이지 않다.

엑셀에서 0과 1 사이의 난수는 셀에 식 = **RAND()**를 입력함으로써 생성시킬 수 있다. 이 공식으로 생성된 난수들은 앞서 말한 필수조건, 임의성(randomness)과 균등성(uniformity)을 충족시킨다. 제시 12.1은 셀 A3에 식 = **RAND()**를 입력하고, 이것을 범위 **A3∶J12**에 복사함으로써 100개의 난수를 생성시킨 엑셀 스프레드시트를 보여 준다. 다시 한 번 두 가지 방법으로 여러 셀의 값을 복사할 수 있음을 기억하자. 우선 셀 **A3∶J12**를 커서로 블록을 설정하고 셀 A3에 식 = **RAND()**를 입력한 다음, "Ctrl"과 "Enter" 키를 동시에 누른다. 또 다른 방법으로는, 셀 A3에 식 = **RAND()**를 입력하고, 이 셀을 마우스 오른쪽 버튼을 이용하여 복사한 후 셀 **A3∶J12**를 커서로 블록을 설정하고 식을 마우스 오른쪽 버튼을 이용하여 붙여 넣는다.

제시 12.1

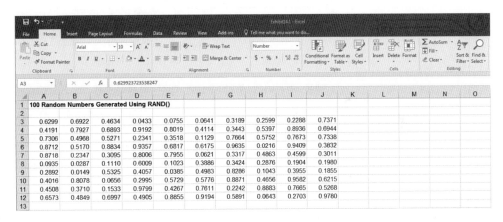

난수는 불러올 때마다 다른 난수가 생성되기 때문에, 만약 이 스프레드시트를 모사한다면 제시 12.1에 보이는 것과는 다른 난수를 생성할 것이다. 사실, 스프레드시트에 있는 모든 값들이 다시 계산될 때마다 난수는 변경된다. F9 키를 눌러 모든 난수가 변경되는 것을 관찰해 보면 이것을 확인할 수 있다. 그러나 시뮬레이션 모형에서 동일한 집단 또는 흐름의 난수를 반복적으로 사용하는 것이 유용한 경우가 간혹 있다. 난수가 있는 셀들을 커서로 블록을 설정함으로써 스프레드시트에서 사용했던 난수를 고정시킬 수 있다. 예를 들면, 제시 12.1에서의 셀 **A3∶J12** 다음으로 마우스 오른쪽 버튼을 이용하여 이 셀들을 복사한다. 그리고 스프레드시트 맨 위의 "편집(Edit)" 메뉴를 클릭한 후, 메뉴로부터 "선택하여 붙여넣기(Paste Special)"를 선택한 후, 다음으로 "값(Values)"을 선택하고 "OK"를 클릭한다. 이 과정은 셀에 있는 숫자를 복사하여 식 = **RAND()**를 가진 동일한 셀에 붙여 넣음으로써 숫자를 적절한 자리에 고정시킨다.

　제시 12.1에 대해 한 가지 더 언급하자면, 표 12.3의 난수들은 0과 100 사이의 값을 갖는 정수(whole numbers)인 반면, 제시 12.1의 난수들은 0과 1 사이의 값을 갖는다. 앞부분에서는 설명을 위해 정수를 사용하였으나, 엑셀과 같은 컴퓨터 프로그램에서는 일반적으로 0과 1 사이의 값을 지닌 난수를 부여한다.

　이제 엑셀을 이용하여 ComputerWorld 상점의 시뮬레이션 모형 예제를 모사해 보자. 제시 12.2는 표 12.4에서 전개되었던 시뮬레이션 모형의 스프레드시트를 보여 준다.

제시 12.2

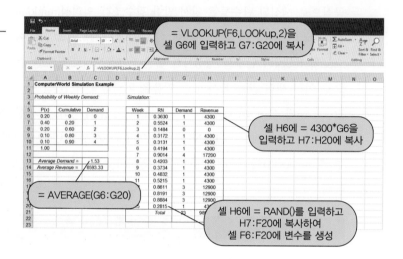

　랩톱 컴퓨터의 주간 수요에 대한 확률분포를 셀 **A6:C10**에, 누적 확률분포를 열 B에 입력하였다. 처음으로 셀 B6에 0을 입력하고, 셀 B7에 = **A6 + B6** 식을 입력한 후, 이 식을 셀 B8:B10에 복사하여 누적 확률분포를 만든다. 누적 확률분포는 각 수요량에 대응하는 난수의 범위를 생성한다. 예를 들면, 0.20보다 작은 난수는 수요 0을, 0.20보다 크고 0.60보다 작은 난수는 수요 1을 발생시킨다. 셀 B11의 값은 없다. 이는 0.90보다 크거나 같은 난수는 마지막 수요량 4에 해당되기 때문이다.

　식 = **RAND()**를 셀 F6에 입력하고 이것을 셀 F7:F20에 복사함으로써 셀 **F6:F20**에 있는 난수를 생성하였다.

　열 F에 있는 각 난수들로부터 수요량이 생성된다. 우선 셀 B6:C10에 있는 누적 확률과 수요량을 커서를 이용해 블록으로 설정한다. 다음으로 셀 블록을 "Lookup"이라고 명명하자. 셀 B6의 수식 입력 줄에 직접 "Lookup"을 입력하거나, 또는 스프레드시트 맨 위의 "삽입(Insert)" 단추를 누르고 "Name"과 "Define"을 선택한 후, "Lookup"을 입력함으로써 제목을 정할 수 있다. 난수의 범위와 그에 상응하는 수요량을 가진 'Lookup'이라 불리는 표를 생성하였다. 다음으로, 셀 G6에 식 = **VLOOKUP(F6,Lookup,2)**을 입력하고, 이것을 셀 **G7:G20**에 복사한다. 이 공식은 열 F의 난수와 셀 B6:B10의 누적 확률을 비교하여 셀 **C6:C10**으로부터 정확한 수요량을 생성한다.

일단 열 G에 수요량이 생성되고 나면, 셀 H6에 식 = 4300*G6을 입력하고 이것을 셀 **H6 : H20**에 복사함으로써 주간 수익을 구할 수 있다.

식 = **AVERAGE(G6 : G20)**을 이용하여 셀 C13에 평균 주간 수요를, 셀 C14에 이와 유사한 식을 입력함으로써 평균 주간 수익을 구할 수 있다.

제시 12.2에서 평균 주간 수요 1.53은 표 12.4에서 얻은 시뮬레이션 결과 2.07과 차이를 보인다. 이는 서로 다른 난수의 흐름을 사용했기 때문이다. 앞서 언급한 바와 같이, 참인 안정 상태의 값과 유사한 평균값을 얻기 위해서는 아마도 15주보다 더 많은 시도의 시뮬레이션이 필요할 것이다. 예를 들면, 제시 12.3은 100주 동안의 수요를 모의실험하고 있다. 제시 12.3에서 창은 행 16에서 고정되었는데, 처음 10주와 마지막 6주의 결과를 보여 주기 위해 화면이 위로 이동하였다.

제시 12.3

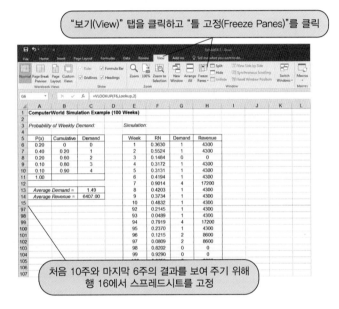

시뮬레이션을 이용한 의사결정

앞 예제에서, ComputerWorld의 관리자는 수요량의 충족을 위해 매주 필요한 랩톱 컴퓨터의 양을 결정하는 데 도움을 주는 주간 수요와 수익에 대한 유용한 정보를 얻었다. 그러나 이 예제에서는 의사결정의 직접적인 결론에 도달하지 못했다. 이제 가능한 의사결정을 유도하기 위해 ComputerWorld 상점 예제를 확장해 보자.

제시 12.3의 시뮬레이션으로부터 상점 관리자는 랩톱 컴퓨터의 평균 주간 수요가 대략 1.49임을 알았다. 그러나 관리자는 매주 1.49대의 랩톱 컴퓨터를 주문할 수 없다. 왜냐하면 분수의 컴퓨터 대수는 존재할 수 없기 때문에, 반드시 1대 또는 2대를 주문해야 한다. 그러므로 관리자는 두 가지 가능한 주문량에 따라 앞선 시뮬레이션을 다시 반복하려고 하며, 또한 의사결정에 영향을 미칠 수 있는 추가 정보를 포함시키기 원한다.

만약 주중의 수요를 맞추기 위해 너무 적은 양의 랩톱 컴퓨터를 수중에 가지고 있다면, 판매 기회의 손실과 고객의 불만족으로 인해 대당 500달러의 품절 비용이 발생한다. 그러나 매주 팔리지 않고 재고로 쌓여 있는 랩톱 컴퓨터는 대당 50달러의 재고(유지) 비용을 발생시킨다. 그러므로 상점이 너무 적거나 너무 많은 양의 랩톱 컴퓨터를 수중에 가지고 있으면 많은 비용이 발생한다. 이러한 상황에서 관리자는 가장 많은 평균 주간 수익을 얻을 수 있도록, 1대 또는 2대의 랩톱 컴퓨터를 주문하기 원한다.

제시 12.4는 수정된 예제의 엑셀 스프레드시트를 보여 주고 있으며, 시뮬레이션은 100주 동안 수행되었다. 제시 12.3의 모형과 유사하게 열 "1", "2", "4"는 "주(Week)", "난수(RN)" 그리고 "수요량(Demand)"을 나타낸다. 셀 B6 : C10의 배열은 "Lookup"으로 명명된 표를 나타내며, 셀 H6에 식 = **VLOOKUP(F6,Lookup,2)**을 입력하고 이 셀을 셀 **H7 : H105**에 복사하였다.

제시 12.4의 시뮬레이션은 매주의 랩톱 컴퓨터 주문량을 보여 주고 있다. 열 3의 "재고량(Inventory)"은 매주 가용한 재고량(주문량 1대와 바로 전 주에서 이월된 양의 합)의 정보를 제시한다. 매주의 누적 재고량은 셀 G7에 식 = **1 + MAX(G6 − H6,0)**를 입력하고 이 셀을 셀 **G8 : G105**에 복사함으로써 계산된다. 이 식은 주문량 1대와 이전 주로부터 이월된 양 **(G6 − H6)** 또는 0(수요를 만족시킬 만큼의 재고가 부족할 경우)의 합이다. 음의 재고량(이월 주문 : back order)은 허용되지 않는다. 다시 말하면, 재고 부족으로 판매가 이루어지지 않으면 판매 기회는 손실된다. 열 3의 재고량에 단위당 재고 비용 50달러를 곱하는 식 = **G6*50**을 열 8에 입력하여 열 8의 재고비용을 계산한다.

제시 12.4

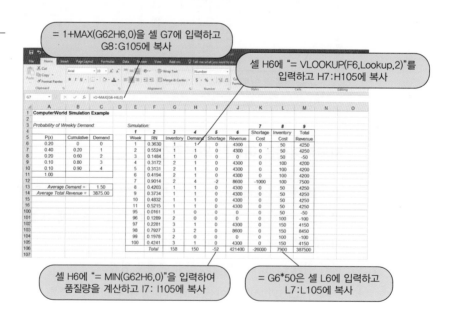

만약 품절이 발생하면 열 5의 "Shortage"에 기록되며, 품절량은 셀 I6에 식 = **MIN(G6 − H6,0)**을 입력하고 이 셀을 셀 **I7 : I105**에 복사함으로써 계산할 수 있다. 열 5의 품절량에 단위당 품절비용 500달러를 곱하는 식 = **I6*500**을 셀 K6에 입력하고, 이 셀을 셀 **K7 : K105**에 복

사하여 열 7의 품절비용을 계산한다.

열 6의 주간 수익은 셀 J6에 식 = 4300*MIN(H6,G6)을 입력하고 이 셀을 셀 J7 : J105에 복사하여 구할 수 있다. 다시 말하면, 수익은 열 3의 재고량 또는 열 4의 수요량 중 작은 값에 의해 결정된다.

열 9의 총 주간 수익은 수익에서 품절비용과 재고비용을 빼는 식 = J6 − K6 − L6을 셀 M6에 입력하고, 이 셀을 셀 M7 : M105에 복사하여 구한다. 셀 C13에서 평균 주간 수요는 1.50임을 알 수 있고, 평균 주간 수익 3,875달러는 셀 C14에 계산되어 있다.

다음으로, 매주 2대의 컴퓨터를 주문하는 모형의 시뮬레이션을 반복해 보자. 제시 12.5는 주문량이 2대인 경우의 스프레드시트를 보여 준다. 앞의 경우와의 차이점은 유일하게 열 3의 주간 재고량 계산에 사용되는 식이다. 매주 2대의 랩톱 컴퓨터를 주문하는 경우 셀 G7의 식은 스프레드시트 맨 위의 수식 입력 줄에서 볼 수 있다.

두 번째 시뮬레이션의 제시 12.5를 보면 평균 주간 수요는 1.50대이며, 평균 주간 총 수익은 4,927.50달러이다. 비록 이런 경우 상당히 많은 재고비용이 초래되지만, 평균 주간 총 수익은 제시 12.4에 나와 있는 첫 번째 시뮬레이션의 수익 3,875달러보다 크다. 그러므로 주간 수익에 근거하여 매주 2대의 랩톱 컴퓨터를 주문하는 것은 올바른 의사결정이다. 그러나 시뮬레이션이 수행되는 동안 계속적으로 증가하는 재고 수준처럼, 아마도 의사결정 과정에서 관리자가 고려해야 할 또 다른 측면이 있다. 예를 들면, 이 재고량만큼을 수용할 수 있는 충분한 보관 장소가 없을 수도 있다. 이와 같은 질문도 시뮬레이션으로 분석될 수 있을 것이다. 사실, 시뮬레이션의 중요한 특성 중 하나는 what-if? 분석처럼 실험 모형으로서의 유용성이다.

+ What-if? 분석
모형의 변경이 발생시키는 결과의 변화를 확인하기 위해 실시하는 실험의 한 형태이다.

제시 12.5

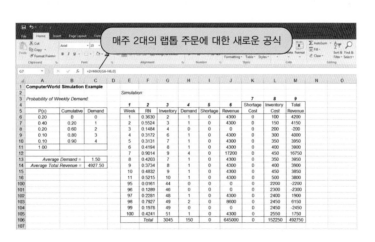

이 예제는 의사결정 문제(예를 들어, 최적화 문제)에 시뮬레이션이 어떻게 이용될 수 있는가를 보여 주는 간단한 예제이다. 예제에서 2대의 주문량에 대한 실험을 하였고, 보다 큰 수익을 내는 주문량을 결정하였다. 수백 가지의 주문량과 더욱 다양한 값을 갖는 수요량의 확률분포에 더하여 가변의 리드타임(lead time, 주문을 내고 인도받을 때까지 걸리는 시간), 이월 주문 허용, 그리고 또 다른 복잡한 요소들을 가진 보다 큰 규모의 문제를 해결하는 데도 동일한 기본 모형이 사용될 수 있다. 이러한 요소들은 시뮬레이션 모형을 보다 크고 복잡하게 만들지만, 기업들은 이러한 모형을 빈번하게 개발하면서 사용하고 있다.

대기행렬 시스템의 시뮬레이션

대기행렬 시스템의 시뮬레이션을 설명하기 위해 다음 예제를 살펴보자. Burlingham Mills는 데님을 생산한다. 생산 공정의 주요 공정 중의 하나는 데님을 짜기 위한 면사를 염색하는 일이다. 면사는 폭이 좁은 수영장과 같은 커다란 콘크리트 통에서 염색된다. 면사는 일련의 롤러 너머로 매달려, 통을 통과하고 올라가 롤러를 넘어 아래로 내려가 다시 통으로 들어가고 뒤로 돌아 올라가 다른 일련의 롤러를 지나는 과정을 거친다. 면사는 콘크리트 염색통에 표 12.5에 주어진 확률에 따라 1, 2, 3, 4일의 간격으로 도착하며 묶음으로 염색된다. 일단 면사가 염색 설비에 묶음으로 도착하면, 표 12.6에 주어진 확률에 따라 0.5, 1.0, 2.0일의 염색 시간이 소요된다.

표 12.5
도착간격의 분포

도착 간격, x	확률, $P(x)$	누적 확률	난수 범위, r_1
1.0	.20	.20	1~20
2.0	.40	.60	21~60
3.0	.30	.90	61~90
4.0	.10	1.00	91~99, 00

표 12.6
서비스 시간의 분포

서비스 시간, y	확률, $P(y)$	누적 확률	난수 범위, r_2
0.5	.20	.20	1~20
1.0	.50	.70	21~70
2.0	.30	1.00	71~99, 00

+ 누적 확률분포는 난수 범위를 결정하는 데 도움이 된다.

표 12.5는 묶음이 얼마나 자주 염색 설비에 도착하는지를 나타내는 도착 간격을 규정한다. 예를 들면, 앞선 묶음이 도착한 1일 후에 다음 묶음이 도착할 확률은 0.20이다. 표 12.6은 묶음에 대한 서비스 시간을 정의한다. 표 12.5와 표 12.6에는 누적 확률이 포함되어 있다. 앞 절의 엑셀 예제에서 설명한 바와 같이, 누적 확률은 각 확률에 대응하는 난수의 범위를 결정하는 방법을 제시한다. 예를 들면, 표 12.5에서 난수의 첫 번째 범위 r_1은 1부터 20까지이며, 이 범위는 누적 확률 0.20에 해당한다. 난수의 두 번째 범위는 21부터 60까지이며, 이 범위는 누적 확률 0.60에 해당한다. 누적 확률은 1.00까지 커지지만, 표 12.3은 0에서 99까지의 난수만을 포함하고 있다. 그러므로 숫자 0은 각 표의 마지막 난수인 100을 대신해 사용된다.

표 12.7은 콘크리트 염색통에 도착하는 10묶음의 시뮬레이션을 설명하고 있다.

표 12.7

Burlingham Mills의
시뮬레이션

묶음	r_1	도착 간격, x	도착 시간	설비 입장 시간	대기 시간	r_2	서비스 시간, y	종료 시간	시스템 체류 시간
1			0.0	0.0	0.0	65	1.0	1.0	1.0
2	71	3.0	3.0	3.0	0.0	18	0.5	3.5	0.5
3	12	1.0	4.0	4.0	0.0	17	0.5	4.5	0.5
4	48	2.0	6.0	60.	0.0	89	2.0	8.0	2.0
5	18	1.0	7.0	8.0	1.0	83	2.0	10.0	3.0
6	08	1.0	8.0	10.0	2.0	90	2.0	12.0	4.0
7	05	1.0	9.0	12.0	3.0	89	2.0	14.0	5.0
8	18	1.0	10.0	14.0	4.0	08	0.5	14.5	4.5
9	26	2.0	12.0	14.5	2.5	47	1.0	15.5	3.5
10	94	4.0	16.0	16.0	0.0	06	0.5	16.5	0.5
					12.5				24.5

수행된 시뮬레이션 과정(표 12.7)은 다음과 같이 해석될 수 있다.

1. 묶음 1은 시간 0(표 12.7의 도착 시각에 기록)에 도착했다. 시스템에 대기 중인 다른 묶음이 없기 때문에, 묶음 1은 염색 설비에 곧바로 (시간 0에) 도달한다. 대기 시간은 0이다.

2. 다음으로, 표 12.3의 두 번째 열에서 난수 $r_2 = 65$가 선택되었다. 표 12.6을 보면 난수 65에 해당되는 서비스 시간(y)은 1일이다. 콘크리트 염색통을 벗어난 후 묶음 1은 시간 1일에 시스템을 떠난다. 대기행렬에 머문 총 체류 시간은 1일이다.

3. 표 12.3에서 다음 난수 $r_1 = 71$이 선택되었고, 묶음 2가 묶음 1의 도착 후 3일 뒤 또는 시간 3.0일(표 12.7의 도착 시각 기록을 보면)에 도착했음을 나타낸다. 묶음 1이 서비스 설비를 시간 1.0일에 떠났기 때문에 묶음 2는 대기 없이 서비스를 바로 받을 수 있어 대기 시간은 0이다.

4. 표 12.3에서 다음 난수 $r_2 = 18$이 선택되었고 묶음 2는 서비스를 받는 데 0.5일이 소요되고 시간 3.5일에 시스템을 떠난다.

표 12.7에서 보는 바와 같이, 난수를 선택하고 도착 간격과 서비스 시간을 발생시키는 이러한 과정들은 묶음 10개의 도착을 모의실험할 때까지 계속된다.

일단 시뮬레이션이 종료되면, 시뮬레이션 결과로부터 다음과 같이 운영 특성치를 계산할 수 있다.

$$\text{평균 대기 시간} = \frac{12.5}{10} = 1.25일/묶음$$

$$\text{평균 체류 시간} = \frac{24.5}{10} = 2.45일/묶음$$

그러나 앞선 예제처럼 이 결과는 회의론적(skepticism)인 관점으로 보아야 한다. 10번의 시도는 안정 상태의 결과를 보장하지 못한다. 일반적으로 참인 평균값과 단 10번의 임의 시행(random draw)에 의해 추정된 값은 상당히 다를 것으로 추정된다. 예제에서 선택된 난수들이 실제 확률분포를 모사하는지를 확신하지 못하는 이유는 단지 몇 개의 난수를 사용했기 때문이다. 사용된 난수의 흐름은 아마도 크거나 작은 값에서 우세했을 수도 있다. 이것이 편향된 모형의 최종 결과를 초래한다. 예를 들면, 9개의 도착 중 5개가 1일의 도착 간격을 보인다. 이것은 .55(= 5/9)의 확률이다. 그러나 표 12.5를 보면 1일의 도착 간격을 지닐 실제 확률은 .20이다. 이러한 난수의 흐름이 발생시킨 과도하게 짧은 도착 간격이 아마도 인위적으로 시스템의 운영 통계자료를 부풀렸을지도 모른다.

임의 시행 횟수가 증가함에 따라 시뮬레이션의 확률들은 실제 확률분포에 더욱 가까워질 것이다. 즉, 대기행렬 시스템을 1,000묶음의 도착까지 시뮬레이션하면 논리적으로 도착의 20%가 1일의 도착 간격을 가질 것으로 기대할 수 있다.

+ 초기 조건은 시뮬레이션 결과에 영향을 줄 수 있는 또 하나의 요소가 된다.

시뮬레이션 결과에 영향을 미칠 수 있는 또 하나의 요인은 초기 조건이다. 만약 대기행렬 시스템을 아무런 묶음도 없는 상황에서 시작한다면 시스템이 통상적인 운영 상태를 모사하기 전에 일정한 시간만큼 모의실험해야 한다. 이 예제에서, 특히 근무일 하루 종일을 시뮬레이션한다면, 아침에 콘크리트 염색통이 운영을 시작하는 시점에 모의실험을 시작하는 것이 논리적이다. 그러나 몇몇의 대기행렬 시스템은 이미 제품을 가진 채 시작한다. 예를 들면, 염색 설비는 전날의 작업으로 부분 완료된 묶음을 가지고 하루 일을 시작하는 것이 논리적이라 볼 수 있다. 이러한 경우에는 시스템이 몇몇의 묶음을 가지고 시뮬레이션을 시작하는 것이 필연적이다.

앞서 본 바와 같이, 시뮬레이션 모형에 두 번째 확률변수를 추가하면 모형의 복잡성과 수작업 양이 증가된다. 표 12.7에 주어진 예제에 대해 1,000회의 시뮬레이션을 수작업으로 수행한다면 몇 시간을 필요로 한다. 따라서 이러한 종류의 시뮬레이션 작업은 컴퓨터로 수행하는 것이 선호된다. 다음 절에서 본 예제의 엑셀 스프레드시트 시뮬레이션을 설명하는 과정에는 표 12.7의 다양한 열의 값을 계산하기 위한 수많은 수학적 계산이 요구된다.

엑셀을 이용한 대기행렬 예제의 컴퓨터 시뮬레이션

표 12.7에서 보는 바와 같이 Burlingham Mills 염색 공정의 시뮬레이션은 엑셀을 이용해 수행할 수 있다. 제시 12.6은 스프레드시트 시뮬레이션 모형을 보여 준다.

제시 12.6

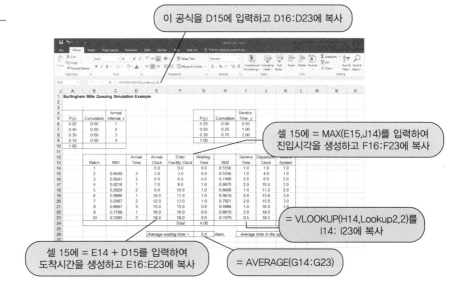

대재앙 질병 발생에 대한 계획 시뮬레이션

많은 희생자를 유발할 수 있는 대재앙 질병 발생은 응급요원들이 계획해야 하는 주요 도전 과제이다. 감염된 사람들을 구분하고, 치료시설의 입지와 규모를 확인하고, 이러한 시설을 적절히 필요한 인원으로 배치하고, 약품과 구호품을 이런 시설들로 할당하는 것을 재빨리 결정해야만 한다. 질병예방관리센터의 전문가들은 이러한 사건들을 계획할 수 있는 RealOpt라고 불리는 시뮬레이션 기반의 의사결정시스템을 개발하는 연구자들과 일을 했다. RealOpt는 시뮬레이션과 수리계획법을 포함하여 수많은 경영과학 기법들을 통합한다. 이 시스템 모듈은 의료 대책과 서비스 지원방안을 제시하고, 화학적 공격 및 방사능 공격을 방지하고 제거하는 방안을 제시하고, 단계화하고 축적된 구호품을 저장하고, 대피계획을 다루고 사건 등록을 알리고, 입지 청사진과 공간적 배치를 계획 프로세스에 포함시킨다. 다른 계획 기능들 중에, 시뮬레이션과 최적화 모형은 감염된 사람들을 보호하기 위해 요구되는 서비스를 제공하고 자원할당을 최적화하게 되는 장소의 수와 위치를 결정한다. RealOpt 시스템은 모든 주와 1,800여 개 시와 다양한 국가 경계들의 6,500이 넘는 공중보건 및 응급상황 조정자들이 사용한다. 수백 번의 응급훈련과 접종을 통해 검증되었고 훨씬 높은 생산성(동일한 응대 시간동안 더 많은 사람들이 치료를 받는 것), 소요 노동력과 분배 장소의 감소를 보여 주었고, 결과적으로 장소 구축 및 서비스에 대한 비용 절감을 이끌어 냈다. 또한, 이는 미래계획 수립을 위한 중요한 자료로서 지식 데이터 저장소를 생성할 수 있게 되었고, 응급 대응 능력을 증진시키고, 품질보증과 교육의 수준을 증진시키고, 서비스 품질을 증진시키며, 근무자 사기를 증진시키고, 계획 시간을 감소시켰다.

© Jochen Tack/Alamy Stock Photo

자료 : Based on E. K. Lee, F. Pietz, B. Benecke, J. Mason, and G. Burel, "Advancing Public Health and Medical Preparedness with Operations Research," *Interfaces* 43, no. 1 (January–February 2013): 79–98.

열 C에 있는 난수의 흐름은 제시 12.2에서 제시 12.5까지의 ComputerWorld 예제에서 사용되었던 것과 같은 식 = RAND()을 이용하여 생성되었다. 본 예제의 컴퓨터 시뮬레이션을 위해 난수를 정수 0.0에서 1.0까지의 수로 바꾸었다. 셀 B6 : C9에 있는 도착 간격의 누적 확률분포로 도착 시간을 생성하였다. 모형에 2개의 확률분포가 있기 때문에 이 배열을 "Lookup1"이라고 명명하였다. 셀 D15에 식 = VLOOKUP(C15,Lookup1,2)를 입력하고 이것을 D16 : D23에 복사하여 열 D에 도착 시간을 생성하고, 셀 E15에 식 = E14 + D15를 입력하고 이것을 셀 E16 : E23에 복사하여 도착 시각을 계산하였다.

염색 중인 다른 묶음이 없는 상태에 면사 묶음이 도착하는 경우(열 E) 염색 설비에 곧바로 들어갈 수 있으며, 염색 중이거나 염색을 기다리는 묶음이 설비를 막 떠난 경우(열 J) 또한 염색 설비에 곧바로 들어갈 수 있다. 셀 F15에 식 = MAX(E15,J14)를 입력하고 이것을 F16 : F23에 복사하여 염색 설비에 들어가는 시각을 계산할 수 있다. 대기 시간은 식 = E14 + D15를 입력하고 이것을 셀 G14 : G23에 복사하여 계산할 수 있다.

열 H에 있는 두 번째 난수의 흐름은 RAND() 함수를 이용하여 생성되며, 열 I에 있는 서비스 시간은 셀 H6 : I8에 있는 누적 확률분포로부터 "Lookup" 함수를 이용하여 생성된다. 이번에는 셀 H6 : I8에 있는 배열을 "Lookup 2"라고 명명하였고, 열 I의 서비스 시간은 셀 I14 : I23에 식 = VLOOKUP(H14,Lookup2,2)을 복사하여 생성된다. 열 J의 이탈 시간(departure time)은 셀 J14 : J23에 복사된 식 = F14 + I14을 이용하여 결정되고, "체류 시간(Time in System)"의 값은 셀 K14 : K23에 복사된 식 = J14 − E14을 이용하여 계산된다.

운영 통계자료인 평균 대기 시간은 식 = AVERAGE(G14 : G23)을 이용하여 셀 G26에 계산되며, 평균 시스템 체류 시간은 셀 L26과 유사한 식으로 계산된다. 기대했던 것처럼, 평균 대기 시간 0.4일과 평균 시스템 체류 시간 1.9일 두 값 모두가 표 12.7의 시뮬레이션 결과보다 상당히 작다.

연속 확률분포

첫 번째 예제에서 ComputerWorld 상점 관리자는 이산(discrete) 수요를 갖는 확률분포를 고려하였다. 대기행렬 모형에서는 이산 도착 간격 시간과 이산 서비스 시간을 갖는 확률분포를 고려하였다. 그러나 이산 확률분포보다 연속 확률분포를 갖는 모형이 시뮬레이션 모형의 응용에 더 일반적이다.

이산 분포에서는 난수의 범위가 명확하게 정해지며 쉽게 설명되기 때문에 이산 분포를 갖는 예제를 주로 다루었다. 난수를 연속 확률분포를 따라 선택할 경우 연속 함수가 사용되어야 한다. 예를 들면, 다음의 시간(분) x에 대한 연속 확률분포 $f(x)$ 함수를 살펴보자.

$$f(x) = \frac{x}{8}, \ 0 \leq x \leq 4$$

곡선 $f(x)$의 아래쪽 면적은 확률변수 x의 발생 확률을 나타낸다. 그러므로 확률변수의 모든 발생 확률의 합은 1.0이기 때문에, 곡선의 아래쪽 면적은 반드시 1.0이어야 한다. 0부터 확률변수 x의 어떤 한 값까지의 곡선 아래쪽 면적을 계산하면, 다음과 같이 x의 값에 대한 누적 확률을 구할 수 있다.

$$f(x) = \int_0^x \frac{x}{8}\, dx = \frac{1}{8}\int_0^x x\, dx = \left[\frac{1}{8}\left(\frac{1}{2}x^2\right)\right]_0^x$$

$$f(x) = \frac{x^2}{16}$$

누적 확률은 앞 예제에서 사용한 난수의 이산 범위와 유사하다. 그러므로 누적확률 함수 $F(x)$를 하나의 난수 r과 동일하게 두고

$$F(x) = \frac{x^2}{16}$$

x에 대해 풀면

$$x = 4\sqrt{r}$$

이 된다. 하나의 난수 r을 생성하고 그것을 이 함수에 대입함으로써 x의 값, "시간"을 결정할 수 있다. 그러나 연속 함수인 경우 난수의 범위는 0.0과 1.0 사이의 확률에 상응하는 0과 1 사이의 값이어야 한다. 예를 들어 $r = .25$이면,

$$x = 4\sqrt{.25} = 2분$$

이다.

이 예제를 설명하는 목적은 이산 함수와 연속 함수 간의 차이를 살펴보기 위한 것이다. 이 연속 함수는 비교적 간단하다. 함수가 복잡해질수록 r로부터 확률변수 x를 결정하는 방정식을 전개하는 것이 더욱 힘들어진다. 이 간단한 예제에서조차도 약간의 계산이 필요하다. 보다 복잡한 모형의 전개는 더 높은 수준의 수학을 필요로 할 것이다.

기계 고장과 정비 시스템의 시뮬레이션

+ 기계 고장 사이의 시간 연속 확률분포를 따른다.

다음 예제를 통해 연속 확률분포의 사용을 살펴보자. Bigelow 제조 회사는 여러 대의 기계로 하나의 제품을 생산한다. 기계의 고장 간격 시간은 다음과 같은 연속 확률분포를 따른다.

$$f(x) = \frac{x}{8},\ \ 0 \leq x \leq 4주$$

여기서 x는 기계 고장 사이의 시간(주)을 나타낸다.

연속 확률분포에 대해 앞 절에서 언급한 바와 같이, 주어진 난수 r_1에 대해 x를 생성하기 위한 방정식은 다음과 같다.

$$x = 4\sqrt{r_1}$$

기계가 고장 나면 수리를 해야 하며, 수리 완료 시간은 표 12.8에 주어진 이산 확률분포에

따라 1일, 2일 또는 3일이 걸린다. 기계가 고장 날 때마다, 수리될 때까지 하루에 2,000달러의 생산 손실비용이 발생한다고 가정하자.

표 12.8
고장 수리에 대한 확률분포

기계 수리 시간, y	수리 시간의 확률, $P(y)$	누적확률	난수 범위, r_2
1	.15	.15	0.00~.15
2	.55	.70	.16~.70
3	.30	1.00	.71~1.00

회사는 연 2만 달러의 비용 발생에도 불구하고 기계의 고장 빈도와 수리 시간을 줄일 수 있는 기계 정비 시스템의 실행 여부를 결정하려고 한다. 정비 프로그램을 실행하면 기계의 고장 간격 시간은 다음과 같은 연속 확률 함수를 따른다.

$$f(x) = \frac{x}{18}, \ 0 \leq x \leq 6주$$

여기서 x는 기계 고장 사이의 시간(주)을 나타낸다.

주어진 난수 n에 대해 이러한 확률분포를 따르는 x를 생성하기 위한 방정식은 다음과 같다. 정비 프로그램의 실행으로 감소되는 수리 시간은 표 12.9에 주어진 이산 확률분포를 따른다.

표 12.9
정비 프로그램의 실행으로 수정된 확률분포

기계 수리 시간, y	수리 시간의 확률, $P(y)$	누적확률	난수 범위, r_2
1	.40	.40	0.00~.40
2	.50	.90	.41~.90
3	.10	1.00	.91~1.00

이 문제를 해결하기 위해, 우선 현재 시스템을 시뮬레이션(모의실험)하여 평균 연간 수리비용을 구하자. 다음으로 정비 프로그램을 실행하면 평균 연간 수리비용이 어떻게 변화되는가를 알기 위해 정비 프로그램이 설치된 시스템을 시뮬레이션하자. 정비 프로그램이 있는 경우와 없는 경우의 평균 연간 수리비용을 비교하고 그 차이를 구해 보자. 이 차이가 정비 프로그램을 실행할 때 얻을 수 있는 평균 연간 절약비용이다. 이 절약비용이 유지 보수 프로그램의 연간 비용인 2만 달러보다 크다면 프로그램의 실행을 권장할 것이지만, 그렇지 않다면 프로그램의 실행을 권장하지 않을 것이다.

우선, 시뮬레이션 모형이 어떻게 전개되는지 알기 위해 수작업으로 정비 프로그램이 없는 현재의 기계 고장 및 정비 시스템에 대한 시뮬레이션을 수행하였다. 표 12.10은 대략 1년(52주)에 걸쳐 발생한 20번의 기계 고장 및 수리가 일어날 때까지의 기계 고장 및 수리 모형의 시뮬레이션을 보여 주고 있다.

표 12.10

B기계 고장 및 정비 시스템에 대한 시뮬레이션

고장	r_1	고장 간격 시간, x(주)	r_2	수리 시간, y(일)	비용, 2,000달러y	누적 시간, Σx(주)
1	.45	2.68	0.19	2	$4,000	2.68
2	.90	3.80	0.65	2	4,000	6.48
3	.84	3.67	0.51	2	4,000	10.15
4	.17	1.65	0.17	2	4,000	11.80
5	.74	3.44	0.63	2	4,000	15.24
6	.94	3.88	0.85	3	6,000	19.12
7	.07	1.06	0.37	2	4,000	20.18
8	.15	1.55	0.89	3	6,000	21.73
9	.04	0.80	0.76	3	6,000	22.53
10	.31	2.23	0.71	3	6,000	24.76
11	.07	1.06	0.34	2	4,000	25.82
12	.99	3.98	0.11	1	2,000	29.80
13	.97	3.94	0.27	2	4,000	33.74
14	.73	3.42	0.10	1	2,000	37.16
15	.13	1.44	0.59	2	4,000	38.60
16	.03	0.70	0.87	3	6,000	39.30
17	.62	3.15	0.08	1	2,000	42.45
18	.47	2.74	0.08	1	2,000	45.19
19	.99	3.98	0.89	3	6,000	49.17
20	.75	3.46	0.42	2	4,000	52.63
					84,000	

표 12.10의 시뮬레이션은 총 연간 8만 4,000달러의 비용을 초래한다. 그러나 이것은 단지 1년 동안의 결과이며 아주 정확한 값이 아닐 수 있다.

시뮬레이션 분석의 다음 단계로, 정비 프로그램을 실행한 후의 기계 고장 및 정비 시스템을 시뮬레이션해 보자. 수정된 기계 고장 간격 시간의 연속 확률분포와 표 12.9에 주어진 수정된 수리 시간의 이산 확률분포를 이용하여 시뮬레이션을 시행하였다. 표 12.11은 기계 고장과 수리 모형의 1년 동안의 수작업 시뮬레이션을 보여 준다.

표 12.11

정비 프로그램 실행 후 시뮬레이션

고장	r_1	고장 간격 시간, x(주)	r_2	수리 시간, y(일)	비용, 2,000달러y	누적 시간, Σx(주)
1	.45	4.03	.19	1	2,000	4.03
2	.90	5.69	.65	2	4,000	9.72
3	.84	5.50	.51	2	4,000	15.22
4	.17	2.47	.17	1	2,000	17.69
5	.74	5.16	.63	2	4,000	22.85
6	.94	5.82	.85	2	4,000	28.67

7	.07	1.59	.37	1	2,000	30.29
8	.15	2.32	.89	2	4,000	32.58
9	.04	1.20	.76	2	4,000	33.78
10	.31	3.34	.71	2	4,000	37.12
11	.07	1.59	.34	1	2,000	38.71
12	.99	5.97	.11	1	2,000	44.68
13	.97	5.91	.27	1	2,000	50.59
14	.73	5.12	.10	1	2,000	55.71
					42,000	

표 12.11로부터 정비 프로그램 실행 후 총 연간 수리비용이 4만 2,000달러임을 알 수 있다. 표 12.10의 수작업 시뮬레이션에서 본 바와 같이 정비 프로그램 실행 전의 총 연간 수리비용은 8만 4,000달러였다. 두 경우의 총 연간 수리비용의 차이는 $84,000 − $42,000 = $42,000이며, 이는 정비 프로그램의 실행이 평균 연간 수리비용을 감소시켰음을 의미한다. 정비 프로그램의 연간 비용은 2만 달러로, 따라서 권고하는 의사결정은 정비 프로그램의 실행이며, 기대되는 연간 비용 감소는 2만 2,000달러이다.

+ 시뮬레이션은 한 번의 시도라도 시뮬레이션하는 데 필요한 시간이 있기 때문에 활용에 제한적이다.

각 시스템(현재 시스템과 정비 프로그램이 있는 시스템)이 단지 일회적으로 시뮬레이션되었을 때 발생되는 잠재적인 어려움을 살펴보자. 기계 고장 간격 시간과 수리 시간은 확률적이기 때문에 시뮬레이션 결과가 상당한 변동을 보일 수 있다. 시뮬레이션 결과의 정확도를 보장할 수 있는 유일한 방법은 각 시스템에 대해 시뮬레이션을 여러 번 반복 수행하고 그 평균값을 구하는 것이다. 이렇게 시뮬레이션의 반복 수행을 수작업으로 하는 경우 상당한 시간과 노력이 필요하다. 그러나 엑셀을 이용하면 요구된 시뮬레이션 분석을 완수할 수 있다.

엑셀을 이용한 기계 고장 예제의 컴퓨터 시뮬레이션

제시 12.7은 표 12.10에서 수작업으로 수행되었던 기계 고장 예제 시뮬레이션의 엑셀 스프레드시트 모형을 보여 준다. 100번의 기계 고장을 모의실험한 엑셀 시뮬레이션이다. 셀 C14 : C113의 난수는 앞선 엑셀 예제에서 사용되었던 식 **RAND()**를 이용하여 생성된다. 열 D의 "Time Between Breakdowns" 값은 셀 D14에 연속 누적확률 함수식 = 4*SQRT(C14)를 입력하고 이것을 셀 D15 : D113에 복사하여 얻게 된다.

열 E의 "Cumulative Time"은 식 = E14 + D15를 셀 E15 : E113에 복사하여 계산되고, 열 F의 두 번째 난수의 흐름은 **RAND()** 함수를 이용하여 생성된다. 열 G의 "Repair Time"값은 셀 B6 : C8의 배열에 있는 누적 확률분포로부터 생성되었다. 앞 예제처럼, 이 배열을 "Lookup"으로 이름 짓고 셀 G14 : G113에 식 = **VLOOKUP(F14,Lookup,2)**를 복사하자. 열 H에 있는 비용은 셀 H14에 식 = **2000*G14**를 입력하고 이것을 셀 H15 : H113에 복사하여 계산되었다.

셀 H7의 "Average Annual Cost"는 식 = SUM(H14 : H113)/(E113/52)을 이용하여 계산된다. 수정 전의 본 문제에서 연간 비용은 8만 2,397.35달러인데, 이것은 표 12.10의 수작업 시뮬레이션과 크게 다르지 않다.

제시 12.8은 새로운 정비 프로그램이 있는 수정된 기계 고장 시스템(표 12.11에서 수작업으로 시뮬레이션이 수행된)의 엑셀 스프레드시트를 보여 준다. 이 두 시뮬레이션 모형의 차이는 기계 고장 간격 시간 분포와 셀 A6 : C8에 있는 감소된 수리 시간 분포(표 12.9)에 대한 누적 확률분포 공식이다.

수정된 모형의 평균 연간 비용은 셀 H8에 있는 값 4만 4,504.74달러이다. 이 연간 비용은 표 12.11의 수작업 시뮬레이션에서 얻은 값 4만 2,000달러보다 조금 크다. 그러므로 새로운 정비 시스템을 실행하라고 이전과 같은 의사결정을 내릴 수 있다.

제시 12.7

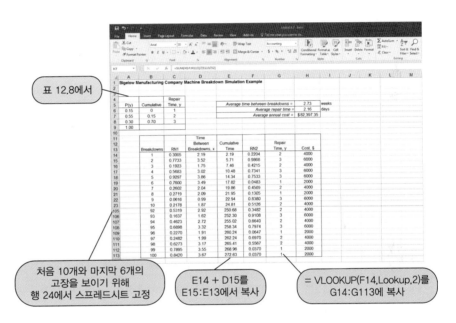

제시 12.8

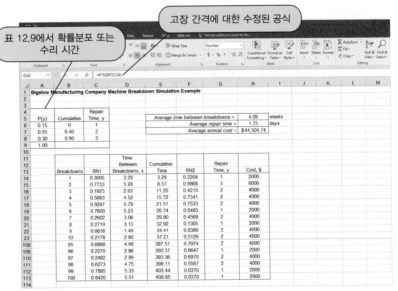

시뮬레이션 결과에 대한 통계 분석

일반적으로, 시뮬레이션 모형의 결과는 앞 예제에서 본 바와 같이 평균과 같은 통계적 측정값이다. ComputerWorld 예제에서는 평균 수익을, Burlingham Mills 대기행렬 예제에서는 염색을 기다리는 묶음의 평균 대기 시간을, Bigelow 제조 회사의 기계 고장 예제에서는 평균 연간 수리비용을 시스템의 (성능)척도로 측정하였다. 그러나 이러한 통계적 결과의 정확성을 위해 반드시 주의해야 할 사항 또한 언급하였다. 때로 이 결과들이 상대적으로 빈도가 적은 관측값(시뮬레이션의 반복)에 의존하기 때문이다. 그러므로 시뮬레이션의 한 부분인 이러한 통계적 결과는 일반적으로 정확도를 높이기 위해 추가적 통계 분석을 필요로 한다.

시뮬레이션 결과의 통계적 타당성 분석을 위해 가장 많이 사용되는 방법 중 하나가 신뢰구간이다. 시뮬레이션 모형으로부터 얻은 평균에 대한 신뢰구간은 엑셀을 이용하여 다양한 방법으로 계산될 수 있다. 95% 신뢰구간의 (통계)공식은 다음과 같다.

$$\text{신뢰구간의 상한} : x + (1.96)(s/\sqrt{n})$$

$$\text{신뢰구간의 하한} : x - (1.96)(s/\sqrt{n})$$

여기서 임의의 모집단으로부터 얻은 크기가 n인 표본의 평균을 $\bar{x}$, 표본 표준편차를 s로 나타낸다. 표본의 평균이 모집단의 평균과 정확히 일치하는가는 확신할 수 없지만, 위의 공식을 이용하여 얻은 신뢰구간의 상한(UCL)과 하한(LCL) 범위 사이에 참인 모집단 평균이 포함된다는 명제에 95%의 신뢰도를 가질 수 있다.

제시 12.9는 기계 고장 예제(제시 12.8)의 엑셀 스프레드시트이며, 스프레드시트의 셀 L13과 L14에서 평균 수리비용에 대한 신뢰구간의 상한과 하한을 알 수 있다. 셀 L11은 식 = AVERAGE(H14 : H113)를 이용하여 구한 각 기계 고장의 발생에 따른 평균 수리비용을, 셀 L12는 식 = STDEV(H14 : H113)를 이용하여 구한 표본 표준편차를 포함하고 있다. 스프레드시트 맨 위의 수식 입력 줄에 보이는 식을 이용하여 셀 L13의 신뢰구간의 상한 범위가 계산되었고, 이와 유사한 방법으로 신뢰구간의 하한 범위가 계산되었다. 그러므로 우리는 95%의

제시 12.9

신뢰도를 가지고 참인 모집단의 평균 수리비용이 3,248.50달러와 3,751.50달러의 범위에 포함된다고 이야기할 수 있다.

신뢰구간을 포함한 몇 개의 추가적인 통계 방법을 "데이터" 메뉴의 "데이터 분석"을 통

제시 12.10

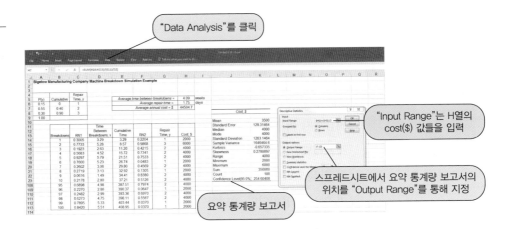

소말리아 해적 공격 예측 시뮬레이션

아덴만과 인도양에 있는 소말리아 해안의 소말리아 해적에 의한 공격은 최근 몇 년간 급격히 늘어났다. 미국 시민들은 해적들 때문에 죽었고, 2012년에는 거의 200여 명이 몸값 지불을 요구 받으며 볼모로 붙잡혀 있었고, 수송 산업에 있어 해적활동 관련 비용은 매년 160억 달러를 넘었다. 늘 개선된 장비와 전술로 해적들은 수백만 제곱마일의 범위에서 활동할 수 있고, 약 30여 척의 배로 구성된 현재의 해적 대응반은 이 넓은 지역에 대해 한정된 자산들을 할당해야만 한다. 그러나, 해적들은 높은 파도와 강한 바람에서 쉽게 찾거나 공격할 수 없는 작은 배로 활동하기 때문에 그들의 움직임과 활동은 날씨와 해양 조건에 매우 민감하다. 해적들의 공격은 매우 빠르고 훨씬 큰 배로 옮겨 타게 되는데, 결과적으로 파도가 높은 경우에는 쫓아가거나 큰 배로 옮겨 타는 것이 어렵게 된다. 또한, 해적선의 움직임은 바람과 해류에 의해 직접적으로 영향을 받는다. 배들은 탐색지역에서 목표를 기다리며 떠다니면서 연료를 아끼고 더 오랫동안 탐색을 한다. 이런 특성을 활용하여, 미 해군 해양 사무실에서는 해적 대응반이 가장 효율적인 방법으로 노력을 할당하는 것이 가능하도록 시뮬레이션을 사용하여 해적의 위협을 예측하는 모형을 개발하였다. 이 모형의 가장 최근 버전은 위협이 있는 지형적 지역에서 시간에 따른 바람, 파도, 해류와 관련하여 해적의 행동을 예측하는 시뮬레이션을 사용한다. 정보활동 데이터는 매일 입력되고 해적 활동이 인지되었을 때 환경적 예측치를 넣고, 지

역에서 해적의 지리적 분포를 예측하기 위해 이 해적 행동 모형을 사용한다. 어떤 지역에서 공격에 대한 확률을 산정하기 위해 이 지리적 분포를 상업용 배에 대한 정보와 공격의 적합성과 결합한다. 이 모형은 24시간마다 실행되고 72시간까지의 예측치를 3시간 단위로 제공한다. 이 시뮬레이션 모형은 예측 능력 때문에 가치 있는 것뿐만 아니라 해적 대응반의 작전에 영향을 미칠 수 있는 해적 문제의 가장 중요한 측면을 이해할 수 있기 때문에 가치가 있다.

© Matthew Bash/U.S. Navy/Getty Images

자료 : Based on L. A. Slootmaker, E. Regnier, J. A. Hansen and T. W. Lucas, "User Focus and Simulation Improve Predictions of Piracy Risk," *Interfaces* 43, no. 3 (May–June 2013): 256–57.

해 얻을 수 있다. "데이터 분석"를 선택한 후 결과 메뉴에서 "기술 통계법"를 선택하면 제시 12.10과 같은 대화 창이 열린다. 이 창을 제시 12.10에 나타나 있는 것과 같이 완성하면, 셀 **J8 : K23**처럼 수리비용에 대한 요약 통계량을 보여 준다. 이 요약 통계량은 평균, 표준편차, 신뢰구간 등의 통계량들을 제시해준다.

크리스털 볼

지금까지 이 장에서 우리가 설정한 이산 확률분포를 갖는 시뮬레이션 예제를 대부분 엑셀 스프레드시트에 적용하여 사용해 왔다. 이것은 스프레드시트에서 가장 작업하기 쉬운 유형의 확률분포이다. 그러나 실제로 많은 문제들은 (이산적이지 않은) 연속적인 정규분포를 따르며 앞서 사용하였던 간단한 것들보다 한층 더 다루기 어려운 이산 확률분포와 같은 복잡한 확률분포를 갖는다. 그러나 엑셀용 시뮬레이션 추가 기능(add-ins)은 사용자에게 스프레드시트 환경에서 다양한 종류의 확률분포를 사용하여 시뮬레이션 분석을 수행할 수 있도록 한다. 이러한 추가 기능 중 하나가 오라클(Oracle)에서 배포하는 크리스털 볼(Crystal Ball)이다. 크리스털 볼은 크리스털 볼의 웹사이트를 통해 다운로드받을 수 있다. 크리스털 볼은 주어진 상황에서 가능한 결과의 통계적 범위를 예측하기 위해 몬테카를로 시뮬레이션을 사용하는 위험 분석(risk analysis) 및 예측 프로그램이다. 이 절에서는 제1장에서 처음 소개했던 이익 분석의 간단한 예제에서 크리스털 볼을 어떻게 응용할 수 있는지를 개괄적으로 살펴보려고 한다.

이익 분석 모형의 시뮬레이션

제1장에서 손익분기(break-even)와 이익 분석을 설명하기 위하여 간단한 Western Clothing Company 예제를 살펴보았다. 예제에서, Western Clothing Company는 청바지를 생산했다. 바지의 가격(p)은 1벌에 23달러이며, 변동비(c_v)는 바지 1벌에 8달러이고, 고정비(c_f)는 1만 달러이다. 이러한 모수들이 주어지면, 이익 함수(Z)는 다음과 같이 정형화된다.

$$Z = vp - c_f - vc_v$$

분석의 목적은 이익도 손해도 없는 판매량, 즉 손익분기점 v를 구하는 것이었다. $Z = 0$으로 두고, v에 대한 이익 함수를 구하면 다음과 같다.

$$v = \frac{c_f}{p - c_v}$$

여기에 p, c_v, c_f의 주어진 값을 대입하면 다음과 같이 손익분기점을 얻을 수 있다.

$$v = \frac{10,000}{23 - 8} = 666.7벌$$

크리스털 볼 사용 방법을 설명하기 위해 예제를 다음과 같이 수정하자. 우선 판매량이 정규분포를 따르는 확률변수로써 평균이 1,050, 표준편차가 410이라고 가정하자.

더 나아가, 가격을 고정시키지 않고 20달러에서 26달러 사이의 일양분포를 따르는 불확실한 것으로 가정하자. 변동비 또한 상수가 아닌 삼각분포를 따른다고 가정하자. 손익분기점을 찾는 대신, 주어진 확률적 수요와 가격, 변동비로 이익 모형을 시뮬레이션 하여 Western Clothing Company의 평균 이익과 손익분기 확률을 구해 보자.

먼저 크리스털 볼이 무엇인지 살펴보자. 본 교재의 웹사이트(http://www.pearsonhighered.com/taylor)에 접속하여 시험 버전을 다운로드할 수 있다.

제시 12.11는 우리 예제의 엑셀 스프레드시트를 보여 준다.[1] 이익 모형에서 각 확률분포의 모수들에 대한 설명을 상응하는 셀 옆에 표기하였다. 예를 들면, 셀 C4는 수요에 대한 확률분포를 포함한다. 이 셀에서 우리가 하려고 하는 것은 수요의 확률분포에 따라 수요량을 생성하는 것으로 몬테카를로 시뮬레이션을 그 예로 들 수 있다. 셀 C5에서는 가격, 셀 C7에서는 변동비에 대한 몬테카를로 시뮬레이션을 하려고 한다. 앞선 ComputerWorld 예제에서 이산 확률분포로부터 수요량을 생성하기 위해 난수를 사용하였던 것과 동일한 과정이다. 우리의 스프레드시트에서 유일한 공식인, 이익에 대한 식 $= C4*C5 - C6 - (C4*C7)$은 셀 C9에 입력되어 있다.

수요에 대한 정규분포를 설정하기 위해 우선 평균값 1,050을 셀 C4에 입력하자. 시작을 위해 셀은 초기 값을 필요로 한다. 다음으로, "Define Assumption"을 선택하면 제시 12.11와 같은 분포를 선택할 수 있는 창이 열린다.

이 창은 우리가 사용할 수 있는 몇 개의 다양한 확률분포를 포함하고 있다. 예제에서 수요를 정규분포로 가정하였으므로 정규분포를 선택한다. 그러면 제시 12.12와 같은 정규분포 창이 열린다.

제시 12.15에서 창의 맨 위에 있는 "Name" 값은 현재 스프레드시트로부터 자동적으로 도출되어 "volume(v) ="의 표제를 가지고 있다. 새로운 이름 또는 다른 이름을 입력하는 것도

제시 12.11

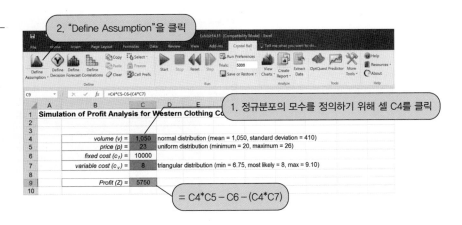

---

1 제시 12.11의 이 예제는 교재에서 제공되는 웹사이트 '크리스털 볼' 폴더에 제공된다.

가능하다. 다음으로 "Mean"을 누르거나 또는 "Tab" 키를 사용하여 이 창의 왼쪽 아래에 있는 "Mean" 표시 창에 도달하도록 한다. 스프레드시트의 셀 C4에 평균값 1,050을 입력했기 때문에 이 창에 이미 이 값이 표시된다. 다음으로 "Std Dev"를 누르거나 또는 "Std Dev" 창으로 이동하기 위해 탭 키를 사용하고, 표준편차 410을 입력하자. 다음으로 "Enter" 키를 누르면 창에 정규분포의 형상이 나타난다. "OK"를 누른다.

셀 C5에 일양분포의 모수를 입력하기 위해 이와 동일한 과정을 반복한다. 우선 셀 C5에 가격 23달러를 입력하고, 다음으로 셀 C5가 활성화된 상태에서 스프레드시트 맨 위의 "Define Assumption"을 선택한다. 분포선택 창이 열리면 이번에는 "Uniform Distribution"을 선택한다. 그러면 제시 12.13과 같은 Uniform Distribution 창이 열린다.

앞의 과정처럼, "Name" 값인 "price(p)="는 제시 12.11에 있는 현재 스프레드시트로부터 도출된다. 다음으로 "Minimum"을 누르거나 탭 키를 사용하여 창 아래에 있는 최솟값 표시 창으로 이동한 후 문제의 정의에서 언급하였던 일양분포의 하한 20을 입력한다. 다음으

제시 12.12

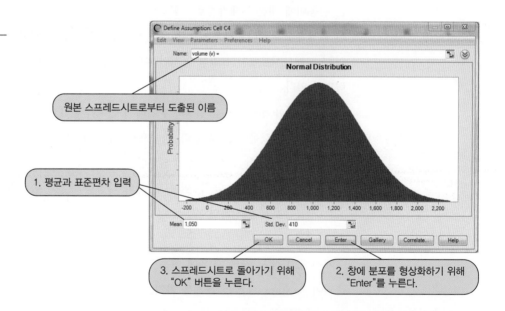

제시 12.13

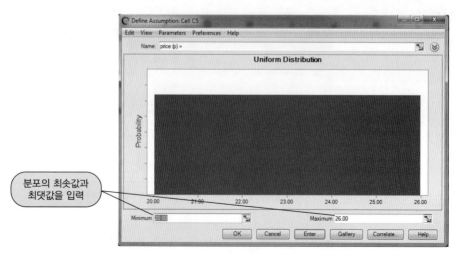

로 "Maximum" 표시 창을 활성화시키고 26을 입력한다. 다음으로 "Enter" 키를 누르면, 분포 그래프의 형상이 창에 나타난다. 마지막으로 "OK"를 누르고 창을 빠져나온다.

셀 C7에 삼각분포의 모수를 입력하기 위해 이와 동일한 과정을 반복한다. 삼각분포는 3개의 모수인 최솟값, 최빈값, 최댓값으로 정의된다. 분포를 결정할 만큼의 충분한 자료는 없으나, 분포의 최솟값, 최댓값과 중앙값(최빈값)을 추정할 수 있을 때 삼각분포는 매우 유용하다. 셀 메뉴에서 "Define Assumption"을 선택하고 분포선택 창이 열리면 삼각분포(Triangular Distribution)를 선택하면 제시 12.14와 같은 창이 열린다.

"Minimum"에 6.75를, "Likeliest"에 8.00을, "Maximum"에 9.10을 입력한다. "Enter" 키를 누르면 삼각분포의 형상이 창에 나타난다. 창을 빠져나와 스프레드시트로 돌아가기 위해 "OK"를 누른다.

다음으로, 스프레드시트의 셀 C9를 선택한다. 제시 12.11에서 이익 공식을 입력했던 셀이다. 스프레드시트에 입력한 다른 셀 값들에 의해 이익 5,750이 셀 C9에 계산된다. 제시 12.15

제시 12.14

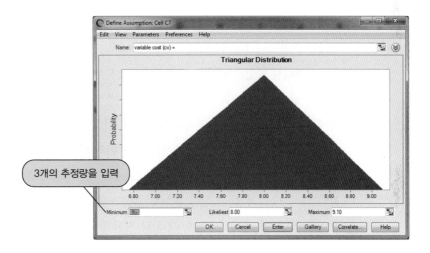

제시 12.15

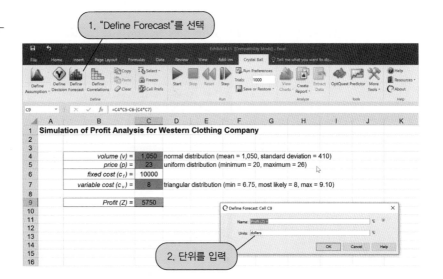

제시 12.16

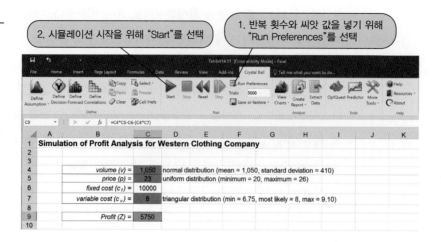

과 같이 메뉴에서 "Define Forecast"를 선택한다. 그러면 제시 12.15와 같은 창이 열린다. 표제 'Profit(Z) ='는 스프레드시트로부터 자동 입력된다. "Units" 표시를 선택하고 "dollars"를 입력한다. 다음으로 "OK"를 누르고 창을 빠져나온다. 시뮬레이션 모수와 자료의 입력 과정을 이것으로 마친다. 제시 12.16은 모수의 입력으로 변경된 스프레드시트를 보여 준다. 다음 단계는 시뮬레이션을 수행하는 일이다.

시뮬레이션 방법은 이전의 엑셀 스프레드시트 모형과 유사하다. 난수를 이용하여 셀 C4의 수요량, 셀 C5의 가격과 셀 C7의 변동비를 발생시킨다. 그 다음 이익을 계산하기 위해 이 세 가지 값은 셀 C9의 이익 공식에 대체된다. 이것이 시뮬레이션 1번의 반복 또는 시도(trial)이며, 이익의 분포를 전개하기 위해서는 여러 번의 시뮬레이션 반복이 필요하다.

시뮬레이션을 실행시키기 위해 제시 12.16의 메뉴목록에 보이는 "Run Preference"를 선택하면 제시 12.17와 같은 창이 활성화된다. 시뮬레이션 실행을 위해 시뮬레이션의 반복 횟수를 입력한다. 이 예제에서는 5,000회의 시뮬레이션을 수행하려고 한다. 다음으로 창의 윗부분에 있는 "Sampling" 탭을 선택하면, 제시 12.18과 같은 창이 활성화된다. 시뮬레이션에 사용될 난수의 흐름을 결정하는 초깃값(seed value)을 이 창에 입력해야 하며, 이 값은 내정된 값으로 999로 설정되어 있다. "OK"를 선택하고 스프레드시트로 돌아가자.

제시 12.17

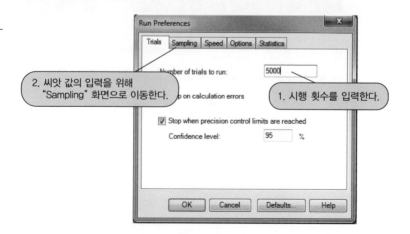

제시 12.18

제시 12.19 상단 메뉴창의 "Start"를 선택하면 시뮬레이션이 시행된다. 제시 12.19는 5,000 회의 반복을 마친 시뮬레이션과 이 결과에 대한 도수 분포표가 있는 시뮬레이션 창을 보여 준다.

제시 12.19

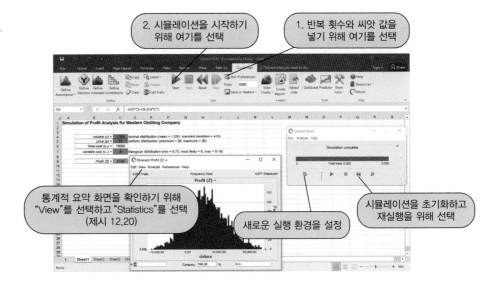

이 시뮬레이션에 대한 요약 통계량 보고서는 제시 12.20에서 보여 주는 바와 같이 "Forecast" 창 윗부분의 "View"를 선택한 후, "Statistics"를 선택하면 얻을 수 있다. 통계량 창 윗부분의 "View" 메뉴로부터 "Frequency"를 선택하면 예측 창으로 돌아갈 수 있다.

제1장에서 다루었던 원래 예제에서는 손익분기량을 결정하려고 했다. 이 수정된 예제에 서 Western Clothing Company는 시뮬레이션 분석으로부터 평균 이익과 득실이 없는(손 익분기 될) 확률을 예측하려고 한다. 제시 12.20의 "Statistics View" 창에서 보면 평균 이익 은 5,833.78달러이다. 제시 12.21에 있는 창에서 수평축의 왼쪽에 위치한 화살표를 클릭하여 '0.00'까지 잡고 끌거나, 또는 현재 '무한(Infinity)'으로 되어 있는 하한 범위를 클릭하여 0으 로 변경(이것은 하한 범위를 손익분기점인 0으로 이동시킨다)하고 "Enter"를 누르면 손익분기 확 률을 구할 수 있다. 도수 분포표는 새로운 하한 범위의 위치와 제시 12.21에서 창 아랫부분

에서 보이는 81.03%와 같이 이익이 0인 "확실성(Certainty)"을 보여 준다. 그러므로 회사가 득실이 없을(손익분기할) 확률은 0.8103이다.

지금까지 크리스털 볼의 사용법을 간단한 예제로 설명하였다. 크리스털 볼은 이 절에서 살펴본 것보다 매우 정교한 시뮬레이션 분석을 수행할 수 있다. 그러나 크리스털 볼의 이러한 능력과 또 다른 특성들을 설명하기 위해서는 더 많은 분량의 지면을 필요로 한다. 그러나 크리스털 볼을 이용하여 보다 복잡한 상황을 시뮬레이션하기 위해서는 앞에서 언급한 것보다 더 많은 지식이 필요하지만, 앞선 크리스털 볼에 대한 기본적인 소개와 설명이 크리스털 볼의 기본 특성을 이해하고 시뮬레이션 분석을 실행하는 데 좋은 출발점이 될 것이다.

제시 12.20

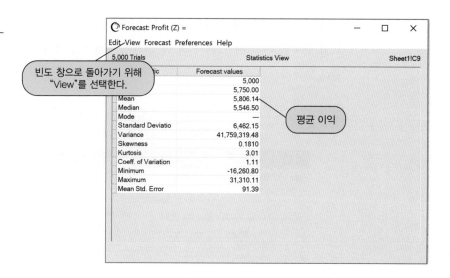

제시 12.21

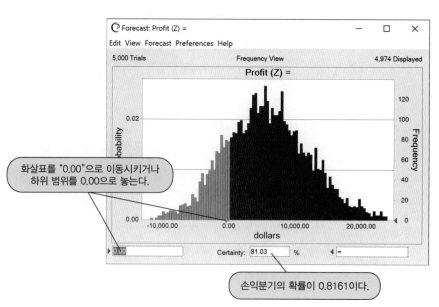

시뮬레이션의 타당성

+ 시뮬레이션 모형이 실제 시스템을 정확하게 복제하고 있는지 확인해야 한다.

시뮬레이션 모형의 통계적 결과를 검증할 수 있다 하더라도, 실제로 행해지는 것들을 시뮬레이션 모형이 정확하게 모사하는지 여부는 알지 못할 수도 있다. 시뮬레이션 사용자는 일반적으로 모형은 내부적으로 옳고, 시뮬레이션에서 수행되는 모든 작업들이 논리적이고 수학적으로 맞는지 여부를 확인하고 싶어 한다. 때로 컴퓨터 시뮬레이션과 관련된 오랜 격언 중 하나가 "garbage in, garbage out"이다. 시뮬레이션 결과의 타당성에 대해 확신을 얻기 위해 시뮬레이션 사용자가 응용할 수 있는 몇 가지의 시험 절차가 있다.

+ 때때로 단기 시뮬레이션을 수작업으로 분석해 보는 것이 시뮬레이션을 검증하는 좋은 방법이 될 수 있다.

첫 번째로, 시뮬레이션을 단기간으로 또는 적은 회수라도 시도한다. 앞 예제에서처럼, 이 시도는 시뮬레이션 결과와 수작업으로 유도한 결과를 비교하여 사용자가 불일치를 확인할 수 있다. 다른 시험 방법은 모형을 여러 부분으로 나누고 각 부분을 따로 시뮬레이션하는 것이다. 이것은 모형에 포함된 오류를 찾는 복잡함을 감소시켜 준다. 유사하게, 시뮬레이션 모형에서 수학적 관계들이 단순화되어 모형이 정확하게 운영되고 있는지를 확인하는 시험이 비교적 쉽게 운영될 수 있다.

모형이 시뮬레이션하고 있는 시스템을 정확하게 표현하고 있는지를 확인하기 위해, 때때로 시뮬레이션 결과는 실제 자료와 비교될 수 있다. 이러한 종류의 분석을 수행하기 위해 여러 가지 통계적 검정이 가능하다. 그러나 새롭거나 유일한 시스템을 모의실험하기 위해 모형이 개발되었다면 결과의 타당성을 확인하는 실질적인 방법은 없다.

시뮬레이션 모형이 분석 중인 시스템을 적절하게 표현하고 있는가를 결정하는 데 있어 추가적인 문제는 초기 조건이다. 시뮬레이션을 시스템이 비어 있는 상태로 시작할 것인가(대기행렬 모형의 시뮬레이션에서 대기행렬에 아무것도 없는 상태에서 시작해야 하는가) 또는 정상적인 운영 조건에 가능한 한 가까운 조건으로 시작해야 하는가? 이미 앞서 언급했지만, 또 다른 문제는 안정 상태가 존재한다면 참인 안정 상태의 값에 도달하기 위해 얼마나 오랫동안 시뮬레이션을 수행해야 하는가를 결정하는 것이다.

일반적으로, 타당성을 검증하기 위한 단순화된 표준 절차는 없다. 대부분의 경우 시뮬레이션 사용자는 모형을 개발한 개발자의 경험과 전문 지식에 의존해야만 한다.

시뮬레이션 적용 분야

시뮬레이션은 모든 경영과학 방법 중 가장 유용한 방법 중 하나이다. 이러한 대중성의 요인은 수학적으로 모형화되고 해를 구할 수 없는 다수의 난해한 문제들에 시뮬레이션이 응용될 수 있기 때문이다. 시뮬레이션은 시스템을 실험하는 쉬운 방법을 제공하기 때문에, 어떤 분석자는 수학적인 분석 가능 여부와 상관없이 복잡한 문제는 시뮬레이션을 통해 연구되어야 한다고 생각한다. 결과적으로 시뮬레이션은 광범위한 문제에 응용되어 왔다. 1990년대에 행해진 설문 조사에 의하면, 주요 회사의 과반수가 생산, 기획, 공학, 인사, 재무 분석, 연구 개발, 마케팅, 정보 시스템과 같은 기능 영역에서 시뮬레이션을 사용한다. 다음은 시뮬레이션의 가장 일반적인 응용 분야를 기술하고 있다.

대기행렬

시뮬레이션은 대기행렬 시스템의 분석에 주요하게 응용되어 왔다. 제11장에서 언급했던 것처럼, 운영 특성 공식의 해를 구하기 위한 가정들은 매우 제한적이다. 이러한 가정들의 완화로 초래된 보다 복잡한 대기행렬 시스템에 대해, 수학적 공식을 전개하는 것은 불가능하며 종종 시뮬레이션만이 유일하게 이용 가능한 분석 방법이다.

재고관리

기업이 유지해야 하는 재고량을 결정하는 데 제품 수요가 필수적 요소임을 대부분의 사람들은 알고 있다. 재고 시스템의 분석에 사용되는 대부분의 수학 공식에서 수요는 확률변수가 아닌 상수로 가정한다. 그러나 실제로 확신을 가질 수 있는 수요량은 거의 알려져 있지 않다. 시뮬레이션은 수요의 불확실성을 반영하기 위해 수요를 확률변수로 표현한, 재고 시스템을 분석할 수 있는 몇 가지 분석 방법 중 하나이다.

생산/제조

시뮬레이션은 종종 생산 일정 계획, 제품 순서 및 재가공품 재고의 조립 라인 균형, 공장 설계, 공장 입지 분석과 같은 생산 관리 문제에 응용된다. 다양한 생산 공정들이 얼마나 자주 시뮬레이션을 이용하여 분석 가능한 대기행렬 시스템으로 검토될 수 있는가는 놀라운 일이다. 기계 고장은 확률분포에 따라 발생하기 때문에, 정비 문제 역시 자주 시뮬레이션을 이용해 분석된다.

재무

자본 예산안 문제는 현금 흐름의 추정을 필요로 하며, 때로 다수의 확률변수의 결과이기도 하다. 시뮬레이션은 현금 흐름의 추정치를 유도하고 다양한 개입 요인들의 값을 생성하기 위해 사용되어 왔다. 또한, 시뮬레이션은 이자율 계산에 필요한 시장의 규모, 판매 가격, 성장률, 시장 점유율과 같이 확률변수로 표현되는 입력 자료의 결정에도 사용되어 왔다.

마케팅

마케팅 문제는 일반적으로 시장의 크기와 종류, 고객의 선호와 같은 다수의 확률변수를 포함한다. 시뮬레이션은 특정 시장이 새로운 제품의 도입 또는 기존 제품의 광고에 어떻게 대응하는가를 확인하기 위해 사용될 수 있다. 시뮬레이션이 응용되는 마케팅의 또 다른 영역은 가장 효율적인 유통망 시스템을 결정하기 위한 유통 경로의 분석이다.

공공 서비스 운영

경찰서, 소방서, 우체국, 병원, 법원, 공항 그리고 다른 공공 시스템의 운영은 시뮬레이션을 통해 분석되어 왔다. 일반적으로, 이러한 운영은 매우 복잡하고 많은 확률변수를 포함하고 있어 시뮬레이션 이외의 어떠한 방법도 분석에 사용될 수 없다.

환경과 자원 분석

보다 최근에는 환경문제 분야에서 혁신적으로 시뮬레이션을 응용하고 있다. 시뮬레이션 모형은 핵 발전소, 저수지, 고속도로, 댐과 같은 대규모 사업이 환경에 미치는 영향을 규명하기 위해 개발되어 왔다. 많은 경우, 모형들은 이러한 대규모 사업의 재정적 가능성을 분석하기 위한 척도를 포함하고 있다. 다른 모형들은 오염 상태를 모의실험하기 위해 전개되었다. 자원 분석의 영역에서는, 최근에 다수의 모형이 에너지 시스템과 대체 에너지 자원의 가능성을 모의실험하기 위해 개발되었다.

요약

+ 시뮬레이션은 가장 중요하고 널리 사용되고 있는 경영과학 기법 중 하나이다.

시뮬레이션은 최근에 중요성이 부각되고 있는 경영과학 기법이다. 다양한 조사에 의하면 시뮬레이션은 현실적 문제에 가장 광범위하게 응용될 수 있는 하나의 방법이다. 컴퓨터 산업과 복잡한 문제 영역을 다루는 학계가 개발한 특화된 시뮬레이션 언어의 숫자가 시뮬레이션의 대중성을 시사한다.

시뮬레이션이 대중성을 지닌 이유는 한정된 수학적 분석 방법과 비교할 때 시스템 분석에 융통성을 적용할 수 있기 때문이다. 다시 말하면, 문제를 모형이나 기법에 맞추어야 하는 것이 아니라, 문제에 맞추어 시뮬레이션 모형이 형성될 수 있다. 시뮬레이션 분석의 주요 장점은 모형의 실험을 허용한다는 것이다. 예를 들면, 보다 많은 서비스 설비와 대기행렬, 다양한 도착과 서비스 시간을 갖도록 대기행렬 모형을 확장할 수 있고, 그것의 영향을 시뮬레이션

+ 시뮬레이션은 실제 시스템을 실험해 볼 수 있는 실험실을 제공한다.

결과로부터 관찰할 수 있다. 많은 수학적 모형의 경우 이러한 실험은 공식의 적용 가능성의 제약을 받는다. 즉, 문제의 여러 부분을 변경하게 되면 특정 수학적 공식이 없는 문제가 발생할 수도 있다. 그러나 시뮬레이션은 이러한 제약에 영향을 받지 않는다. 시뮬레이션은 단지 사용자의 컴퓨터 프로그램 개발 능력에 의해 제한될 뿐이다.

시뮬레이션은 최적해를 결과로 제공하지 않는 경영과학 기법이다. 일반적으로, 시뮬레이션 모형은 "시스템의 운영"을 반영하고, 모형의 결과는 평균과 같은 기술 통계량의 형태가 된다. 그러나 때로는 "탐색 기법"을 이용하면 시뮬레이션 모형으로부터 최적해를 얻을 수도 있다.

그러나 시뮬레이션은 이러한 높은 융통성에도 불구하고 제약을 지니고 있어 사용에 주의를 기울여야 한다. 한 가지 주의할 점은 시뮬레이션 모형은 보통 체계적이지 않으며, 또한 비체계적인 시스템이나 문제를 위해 개발되어야만 한다는 것이다. 본 교재에서 언급한 체계적 기법들과 달리, 특정 문제에 간단히 응용될 수 없다. 결과적으로, 시뮬레이션 모형을 개발한다는 것은 앞서 언급한 보다 수월한 해법들에서 요구하지 않은 상상과 직관을 종종 필요로 한다. 더욱이 시뮬레이션 모형의 타당성 검증은 중요한 고려의 대상이다. 모형이 분석 대상 시스템을 정확하게 반영하고 있는가를 확인하기 위한 시뮬레이션 결과의 타당성 검증은 때로는 현실적으로 불가능하다. 이 문제는 시뮬레이션 "결과 분석(output analysis)"이라는 하나의 새로운 연구 분야의 관심 영역이 되었다. 시뮬레이션의 또 다른 문제는 모형 개발에 소요되는 시간과 비용이다. 시뮬레이션 모형은 비체계적인 시스템을 대상으로 개발되기 때문에, 개발과 실행에 종종 많은 인력과 계산 시간 그리고 비용을 필요로 한다. 많은 기업들에게 이 비용은 과중할 수 있다.

+ 시뮬레이션은 일반적으로 최적화 모형처럼 최적 의사경절을 제공하지는 않는다.

+ 시뮬레이션은 단점을 수반하고 있다.

예제 문제와 풀이

다음 예제는 이산 확률분포를 이용한 수작업 시뮬레이션을 설명하고 있다.

문제 설명 ■ Willow Creek 응급 구조대 대원은 과거 경험으로부터 다음과 같은 이산 확률분포에 따라 매일 밤 0~6통의 응급 전화를 받는다는 것을 알고 있다.

응급 전화	확률
0	.05
1	.12
2	.15
3	.25
4	.22
5	.15

(계속)

응급 전화	확률
6	.06
	1.00

구조대는 각 응급 전화를 마이너, 레귤러, 메이저 3개의 범주로 구분한다. 응급 전화가 각 범주에 해당될 확률은 다음과 같다.

응급 유형	확률
마이너	.30
레귤러	.56
메이저	.14
	1.00

응급 전화의 유형은 전화에 응하여 파견되는 대원 수를 결정한다. 마이너 응급 전화는 2명, 레귤러 응급 전화는 3명, 메이저 응급 전화는 5명의 대원을 필요로 한다.

응급 구조대가 받는 응급 전화를 10일 동안 시뮬레이션하여 걸려 오는 각 응급 전화의 종류에 대해 하루당 평균 응급 전화 수를 계산하고, 하룻밤에 필요한 최대 대원 수를 결정하시오.

풀이 ■ **단계 1 : 확률분포에 대한 난수의 범위**

응급 전화	확률	누적확률	난수의 범위, r_1
0	.05	.05	1~5
1	.12	.17	6~17
2	.15	.32	18~32
3	.25	.57	33~57
4	.22	.79	58~79
5	.15	.94	80~94
6	.06	1.00	95~99, 00
	1.00		

응급 유형	확률	누적확률	난수의 범위, r_2
마이너	.30	.30	1~30
레귤러	.56	.86	31~86
메이저	.14	1.00	87~99, 00
	1.00		

단계 2 : 시뮬레이션 표

표 12.3의 두 번째 열에 있는 난수를 이용하자.

밤	r_1	응급 전화	r_2	응급 유형	대원 수	하루에 필요한 총 대원 수
1	65	4	71	레귤러	3	
			18	마이너	2	
			12	마이너	2	
			17	마이너	2	9
2	48	3	89	메이저	5	
			18	마이너	2	
			83	레귤러	3	10
3	08	1	90	메이저	5	5
4	05	0	–	–	–	–
5	89	5	18	마이너	2	
			08	마이너	2	
			26	마이너	2	
			47	레귤러	3	
			94	메이저	5	14
6	06	1	75	레귤러	3	3
7	62	4	47	레귤러	3	
			68	레귤러	3	
			60	레귤러	3	
			88	메이저	5	14
8	17	1	36	레귤러	3	3
9	77	4	43	레귤러	3	
			28	마이너	2	
			31	레귤러	3	
			06	마이너	2	10
10	68	4	39	레귤러	3	
			71	레귤러	3	
			22	마이너	2	
			76	레귤러	3	11

단계 3 : 계산 결과

평균 마이너 응급 전화 수 : $= \dfrac{10}{10} = 1.0$

평균 레귤러 응급 전화 수 : $= \dfrac{13}{10} = 1.3$

평균 메이저 응급 전화 수 : $= \dfrac{4}{10} = 1.40$

만약 모든 전화가 같은 시간에 온다면, 하룻밤에 필요한 최대 대원 수는 14명이다.

01 Hoylake Rescue Squad는 다음의 확률분포를 따라 응급 전화를 1, 2, 3, 4, 5, 6시간마다 받는다. 전담반은 하루 24시간, 일주일 7일을 근무한다.

응급 전화 사이의 시간(시간)	확률
1	.05
2	.10
3	.30
4	.30
5	.20
6	.05
	1.00

a. 난수표를 사용하여 3일간에 대한 응급 전화를 시뮬레이션하시오.

b. 전화 간의 평균 시간을 계산하고, 이 값을 확률분포로부터 구한 전화 간 시간의 기댓값과 비교하시오.

c. 3일 동안 얼마나 많은 전화가 오는가? 이는 3일간의 평균 전화량이라고 합리적으로 가정할 수 있는가? 아니라면 그 평균을 결정하기 위해 어떻게 시뮬레이션을 할 수 있는가?

02 Dynaco 제조 회사는 5대로 구성된 기계 작업 과정을 거쳐 제품을 생산한다. 1주 동안에 고장을 일으키는 기계 대수에 대한 확률분포는 다음과 같다.

기계 고장	확률
0	.10
1	.10
2	.20
3	.25
4	.30
5	.05
	1.00

a. 20주 동안 주당 발생하는 기계 고장에 대해 시뮬레이션하시오.

b. 1주 동안 고장을 일으키는 평균 기계 대수를 구하시오.

03 제10장 문제 17을 시뮬레이션을 통해 푸시오.

04 제10장 문제 14(a)에서 묘사된 의사결정 상황을 20주에 대하여 시뮬레이션하고 최선의 선택을 제시하시오.

05 문제 02의 Dynaco 제조 회사에서 기계 고장이 발생할 때마다 수리하는 데 다음의 확률분포에 따라 1시간, 2시간 또는 3시간이 걸린다.

수리 시간(시간)	확률
1	.30
2	.50
3	.20
	1.00

a. 20주 동안 수리 시간에 대해 시뮬레이션하고, 평균 주당 수리 시간을 구하시오.

b. 주간 기계 고장에 사용되었던 난수를 고장 수리 시간에 동일하게 사용한다면 시뮬레이션 결과에 어떠한 영향을 미치는지 설명하시오.

c. 기계 고장 발생 시 생산 손실 금액을 포함해 수리 시간당 50달러의 비용이 발생하는 경우, 평균 주당 기계 고장 비용을 구하시오.

d. Dynaco 제조 회사는 다음과 같이 주당 기계 고장 확률의 변동을 가져오는 예방 정비 프로그램을 고려하고 있다.

기계 고장	확률
0	.20
1	.30
2	.20
3	.15
4	.10
5	.05
	1.00

예방 정비 프로그램은 주당 150달러의 비용이 소요된다. 시뮬레이션을 사용하여 회사가 예방 정비 프로그램을 실행해야 하는지 결정하시오.

06 조지타운에 있는 Sound Warehouse는 일본 후지 전자에서 구입한 CD 플레이어에 스피커를 포함하여 판매하고 있다. 발송 제경비 때문에 매번 5대의 CD 플레이어를 주문한다. 주문한 제품을 받을 때까지 걸리는 시간 때문에 Sound Warehouse는 현재 CD 플레이어의 재고가 5대 이하이면 매번 주문을 발주한다. 주문 비용은 100달러이다. 고객이 CD 플레이어를 찾을 때 재고가 부족하면 400달러의 판매 손실 비용이 발생한다. 재고 유지 비용은 개당 40달러이다. 고객이 제품을 찾을 때 재고 부족으로 구매할 수 없으면, 고객은 새로운 주문이 도착할 때까지 기다리지 않고 경쟁사의 제품을 구매하기 위해 떠난다. CD 플레이어에 대한 수요는 다음의 확률 분포를 따른다.

수요	확률
0	.04
1	.08
2	.28
3	.40
4	.16
5	.02
6	.02
	1.00

주문한 제품을 받을 때까지 소요되는 시간은 다음의 확률분포를 따른다.

소요시간(개월)	확률
1	.60
2	.30
3	.30
	1.00

Sound Warehouse는 5대의 CD 플레이어를 재고로 가지고 있다. 주문은 항상 주초에 발주한다. 표 12.3의 난수표의 첫 번째 열을 사용하여 Sound Warehouse의 주문과 판매에 대해 20개월 동안 시뮬레이션하고, 평균 월간 비용을 구하시오.

07 Prudhoe만의 선적장에 도착하는 유조선의 시간 간격은 다음의 확률분포를 따른다.

도착 간격 시간(분)	확률
1	.05
2	.10
3	.20
4	.30
6	.20
7	.10
8	.05
	1.00

유조선을 채우고 바다로 떠날 준비를 하는 데 걸리는 시간은 다음의 확률분포를 따른다.

유조선 준비 시간(일)	확률
3	.10
4	.20
5	.40
6	.30
	1.00

a. 하나의 선적장에서 도착하고 떠나는 유조선의 움직임에 대해 처음 20대의 도착까지 시뮬레이션하시오. 평균 도착 간격 시간, 선적을 위해 기다리는 평균 대기 시간, 선적을 기다리는 평균 대기 유조선 수를 구하시오.

b. 시뮬레이션 결과를 의사결정에 반영하는 데 어떠한 어려움이 있는지 논의하시오.

08 주립 대학교는 토요일에 Tech와 연간 미식축구 경기를 한다. 스포츠 담당 기자는 각 팀을 1년 내내 조사해 왔으며, 다음과 같은 자료를 축적해 왔다. 주립대는 스윕, 패스, 드로, 오프태클의 네 가지 기본 공격 방법으로 공격하고, Tech는 와이드 태클, 오클라호마, 블리츠의 세 가지 기본 수비 방법을 사용한다. 각 수비 방법에 대해 주립대가 각 공격 방법으로 얻은 야드 수가 다음 표에 제시되어 있다.

주립 대학교 공격 방법	Tech 수비 방법		
	와이드 태클	오클라호마	블리츠
스윕	−3	5	12
패스	12	4	−10
드로	2	1	20
오프태클	7	3	−3

주립대가 사용할 네 가지 공격 방법의 확률은 다음과 같다.

공격 방법	확률
스윕	.10
패스	.20
드로	.20
오프태클	.50

Tech가 사용할 세 가지 수비 방법에 대한 확률은 다음과 같다.

수비 방법	확률
와이드 태클	.30
오클라호마	.50
블리츠	.20

스포츠 담당 기자는 주립대가 경기 중 40번의 공격을 할 것으로 예측했다. 그는 주립대가 300 야드 이상을 얻는다면 주립대가 승리할 것이고, Tech가 300야드 미만으로 허용한다면 Tech가 승리할 것이라고 믿는다. 스포츠 담당 기자가 승리할 것으로 예상하는 팀을 결정하기 위해 시뮬레이션을 이용하시오.

09 시에는 〈Tribune〉과 〈Daily News〉, 2종류의 신문이 있다. 독자들은 일요일마다 2종류 중 하나의 신문을 가판대에서 구매한다. 다음의 행렬은 독자가 지난 일요일에 구매한 신문과 이번 일요일에 구매한 특정 신문 간의 확률을 보여 준다.

이번 일요일   **다음 일요일**

	〈Tribune〉	〈Daily News〉
〈Tribune〉	.65	.35
〈Daily News〉	.45	.55

장기적으로 독자가 각 신물을 구매할 안정 상태의 확률을 결정하기 위해 독자의 신문 구매를 20주 동안 시뮬레이션하시오.

10 Paymore Rental 차 대리점은 작은 마을에서 차량을 임대하고 있다. 대리점은 몇 대의 차량을 유지해야 하는지 예측하려고 한다. 관리자는 하루에 임대되는 차량의 수와 임대 기간에 대해 다음과 같은 확률분포를 시장 예측과 과거 자료로부터 얻었다.

일간 고객 수	확률
0	.20
1	.20
2	.50
3	.10
	1.00

임대 기간(일)	확률
1	.10
2	.30
3	.40
4	.10
5	.10
	1.00

대리점에 대한 시뮬레이션 실험을 설계하고, 4대의 차량을 보유하고 있는 대리점을 10일 동안 시뮬레이션하시오. 고객의 수요가 있을 때 대리점에 차량이 없을 확률을 구하시오. 대리점은 보유 차량의 대수를 늘려야 하는가? Paymore 대리점의 최적 보유 차량 수를 결정하기 위해 시뮬레이션 실험이 어떻게 설계되어야 하는지를 설명하시오.

11 다운타운 지역의 Corner Market에 강도가 들었다. 마켓 주인은 알람을 울릴 수 있었고, 강도는 걸어서 도망쳤다. 경찰들은 몇 분이 지나서 도착하였고, 주인에게 물어봤다. "강도가 떠난 지 얼마나 되었나요?", "몇 분 전에 떠났습니다."라고 응답했다. 한 경찰이 다른 사람에게 "아마 현재 10블록 정도 밖에 있을 것 같습니다."라고 말했다. 가게 주인은 "아마 아닐 걸요. 그는 약에 취해서 10블록을 뛰었더라도 아마 이 근처 몇 블록 안에 있을 것이라고 장담합니다. 그는 아마 주변을 뛰고 있을 거예요!"라고 말했다.

가게 주인의 가설에 대하여 시뮬레이션 실험을 수행하시오. 블록의 각 코너에는 동서남북의 네 가지 길 중 하나로 갈 확률은 동일하다고 가정하시오. 5회 시뮬레이션하고 시뮬레이션 수행 중 몇 번이 강도가 2블록 이내에 있을지를 나타내시오.

12   Farmburg에 있는 공동체 지역 병원의 응급실은 의사 1명과 간호사 1명 및 1명의 접수원이 있다. 응급실은 0시에 문을 열고, 환자들은 잠시 후에 도착하기 시작한다. 환자들의 도착은 다음의 확률분포를 따른다.

환자의 도착 간격 시간(분)	확률
5	.06
10	.10
15	.23
20	.29
25	.18
30	.14
	1.00

응급실에 도착한 환자에게 필요한 치료는 다음의 확률분포에 따라 정의된다.

필요한 치료	확률
의사 필요	.50
간호사 필요	.20
의사와 간호사 둘 다 필요	.30
	1.00

만약 환자가 의사와 간호사 모두를 보기 원한다면, 환자는 2명 중 1명을 먼저 볼 수 없다. 즉, 환자는 의사와 간호사 모두를 함께 만나기 위해 기다려야 한다.

환자의 방문 시간(분)은 다음의 확률분포를 따른다.

의사	확률	간호사	확률	의사와 간호사	확률
10	.22	5	.08	15	.07
15	.31	10	.24	20	.16
20	.25	15	.51	25	.21
25	.12	20	.17	30	.28
30	.10		1.00	35	.17
	1.00			40	.11
					1.00

응급실에 도착하는 20명의 환자에 대해 시뮬레이션하고, 환자가 기다려야 하는 확률과 평균 대기 시간을 구하시오. 시뮬레이션 결과에 따르면, 현재 시스템이 환자에게 적절한 보살핌을 제공하고 있는가?

13 Western Outfitters 상점은 데님을 전문적으로 취급한다. 데님의 변동비는 도매 가격, 인건비, 취급비용, 포장비용 등 다수의 요인에 따라 변한다. 가격 또한 확률변수이며 경쟁자의 가격에 따라 변한다. 판매량도 매달 변한다. 월별 판매량, 가격과 변동비에 대한 확률분포는 다음과 같다.

판매량	확률
300	.12
400	.18
500	.20
600	.23
700	.17
800	.10
	1.00

가격(달러)	확률
22	.07
23	.16
24	.24
25	.25
26	.18
27	.10
	1.00

변동비(달러)	확률
8	.17
9	.32
10	.29
11	.14
12	.08
	1.00

상점의 고정비는 매달 9,000달러이다.

상점의 판매량에 대해 20개월 동안 시뮬레이션하고, 손익분기가 될 확률과 평균 이익 또는 손실을 구하시오.

14   Randolph College와 Salem College는 서로 20마일 이내에 있고 각 학교의 학생들은 종종 서로 데이트를 한다. Randolph College의 학생들은 Salem College의 학생들과의 데이트가 얼마나 좋은지에 대하여 논쟁 중이다. Randolph College 학생들은 동료 학생들 수백 명을 대상으로 데이트가 어떠하였는지를 (1은 최고, 5는 나쁨) 1에서 5까지로 신체적 매력도, 지성, 개성에 대한 평가를 요청하였다. 다음은 조사 결과로 얻은 Salem College 학생의 이 세 가지 특성에 대한 확률분포이다.

신체적 매력도	확률
1	.27
2	.35
3	.14
4	.09
5	.15
	1.00

지성	확률
1	.10
2	.16
3	.45
4	.17
5	.12
	1.00

개성	확률
1	.15
2	.30
3	.33
4	.07
5	.15
	1.00

13번의 데이트에 대하여 시뮬레이션하고 Salem College 학생들의 평균 전체 평가점수를 계산하시오.

15   문제 14에서 Salem College 학생들에 대한 평균 평가점수의 정확성을 단지 20회의 시뮬레이션을 통해 어떻게 평가할 수 있는지를 논의하시오.

16   Burlingham Mills는 데님을 생산하여 청바지 제조사에 판매한다. 데님을 주 단위로 제공하기 위하여 Troy Clothing Company와 계약을 협상 중이다. Burlingham은 이 계약을 위해 다음의 확률분포에 따라 0에서 600야드의 월간 가용 생산 능력을 갖추었다.

$$f(x) = \frac{x}{180,000} , \ 0 \le x \le 600야드$$

Troy Clothing Company의 데님 주간 수요는 다음의 확률분포를 따른다.

수요(야드)	확률
0	.03
100	.12
200	.20
300	.35
400	.20
500	.10
	1.00

Troy Clothing Company의 주문을 20주 동안 시뮬레이션하고, 평균 주간 생산 능력과 수요를 구하시오. Burlingham Mills가 수요를 충족시킬 수 있는 충분한 생산 능력을 갖출 확률을 구하시오.

17 이 장의 ComputerWorld 예제에 대하여 제시 12.2에서 보여준 시뮬레이션을 크리스털 볼을 통해 다시 실행하시오. 수요는 평균 1.5 랩톱과 표준편차 0.8의 정규분포를 따른다고 가정하시오. 평균 주간 수요와 평균 주간 매출을 크리스털 볼을 통해 결정하시오.

18 수요가 평균 2.5 표준편차 1.2의 랩톱의 정규분포를 따른다고 가정하고, 문제 17에서와 같이 크리스털 볼 시뮬레이션을 수행하시오.

19 이 장에서 Bigelow Manufacturing 예제에 대하여, 표 12.10과 제시 12.7에서 보여준 시뮬레이션을 크리스털 볼을 이용하여 다시 시행하시오. 수선 시간이 평균 2.15일과 표준편차가 0.8일의 정규분포를 따른다고 가정하시오. 기계의 고장 간격 시간은 예제에서와 같이 삼각(triangular) 분포에 의해 정의된다. 크리스털 볼을 이용하여 연간 평균 고장 횟수, 연간 평균 수선 시간, 연간 평균 수선 비용을 결정하시오.

20 이 장에서 Bigelow Manufacturing 예제에 대하여, 표 12.11과 제시 12.8에서 보여준 개선된 정비 시뮬레이션을 크리스털 볼을 이용하여 다시 시행하시오. 이 개선된 정비 프로그램에 대해, 수선 시간이 평균 1.70일과 표준편차가 0.6일의 정규분포를 따른다고 가정하시오. 기계의 고장 간격 시간은 개선된 정비 프로그램에 대한 예제에서와 같이 삼각 분포에 의해 정의된다. 크리스털 볼을 이용하여 연간 평균 고장 횟수, 연간 평균 수선시간, 연간 평균 수선 비용을 결정하시오. 개선된 정비 시스템과 현재의 것(문제 19)과 비교하고 시스템을 개선하는 데 드는 비용이 주어져 있을 때(가령 2만 달러), 채택을 해야 하는지를 설명하시오.

21 트레이시 맥코이는 새 차를 구매하려고 한다. 그녀는 자신이 좋아하는 특정 SUV를 알고 있지만, 그 차의 정비비용이 매우 비싸다는 이야기를 들었다. 그녀는 차의 사용 기간의 정비비용을 추정하기 위해 시뮬레이션 모형을 개발하기로 했다. 트레이시는 새 차를 구입할 경우, 구매자에게는 사용 가능 기한이 최소 2.0년에서 최대 8.0년인 일양분포를 따른다는 것을 알고 있다. 더 나아가, 차량의 연간 운행 거리는 최솟값 3,700마일, 최댓값 1만 4,500마일, 그리고 최빈값 9,000마일의 삼각분포를 따른다고 믿고 있다. 그녀는 자신이 좋아하는 차량의 운행 마일당 정

비비용은 평균 0.08달러이고 표준편차 0.02달러인 정규분포를 따른다고 자동차협회의 자료를 통해 알고 있다. 크리스털 볼을 이용하여 1,000회의 시뮬레이션을 반복 수행하여 차의 수명 기간 동안 평균 정비비용과 정비비용이 3,000달러 이하일 확률을 구하시오.

22   문제 13에서, Western Outfitters 상점의 바지 판매량은 평균 600, 표준편차 200인 정규분포를 따른다고 가정하자. 가격은 최소 22달러, 최대 28달러인 일양분포를, 변동비는 최솟값 6달러, 최댓값 11달러, 최빈값 9달러인 삼각분포를 따른다. 크리스털 볼을 이용하여 시뮬레이션 모형을 개발하고 1,000회의 시뮬레이션을 수행하시오. Western Outfitters의 평균 수익과 손익분기에 도달할 확률을 구하시오.

23   문제 14에서 Randolph College 학생은 Salem College 학생과의 데이트에 대한 확률분포를 다음과 같이 재정의했다. 신체적 매력은 1에서 5까지 일양분포를 따른다. 지성은 최솟값 1, 최댓값 5, 최빈값 2의 삼각분포를 따른다. 개성은 최솟값 1, 최댓값 5, 최빈값 3의 삼각분포로 정의된다. 크리스털 볼을 이용하여 시뮬레이션 모형을 개발하고 1,000회의 시뮬레이션을 수행하시오. 또한 평가점수가 3.0보다 "좋을" 확률을 구하시오.

24   문제 16에서, Troy Clothing Company와의 계약에 따른 Burlingham Mills의 월간 생산 능력이 평균 3220야드, 표준편차 1200야드인 정규분포를 따르고, Troy Clothing Company의 수요는 0과 5000야드 사이의 일양분포를 따른다고 가정하자. 크리스털 볼을 이용하여 시뮬레이션 모형을 개발하고, 1,000회의 시뮬레이션을 수행하여 데님의 월간 평균 품절 및 잉여량을 결정하시오. Burlingham Mills가 항상 충분한 생산 능력을 가지고 있을 확률을 구하시오.

25   에린 존스는 10만 달러로 4개의 뮤추얼 펀드 중 2개를 선택하여 동일한 금액 5만 달러씩 분산 투자하려고 한다. 그녀는 3년간 투자를 원하며, 각 펀드의 연간 수익률(정규분포)에 대한 평균과 표준편차를 결정하기 위해 다음과 같은 4개의 뮤추얼 펀드의 과거 자료와 시장 자료를 이용하였다.

펀드	수익률(r)	
	μ	σ
인터넷	.20	.09
인덱스	.12	.04
엔터테인먼트	.16	.10
성장	.14	.06

가능한 2개 펀드의 투자 조합은 (1,2), (1,3), (1,4), (2,3), (2,4), (3,4)이다.

a. 3년 후의 기대 수익률을 결정하기 위해 크리스털 볼을 사용하여 각 투자 조합을 시뮬레이션 하시오(미래 가치 FV, 현재 투자금액 P, 수익률 r, 기간을 n(년)으로 표현하면, n년 후의 가치는 $FV_n = P_r(1+r)^n$이다). 어떤 투자 조합이 가장 높은 기대 수익을 갖는가?

b. 에린은 가능한 한 위험을 줄이려고 한다. 그녀는 10만 달러를 은행의 양도성 예금증서(Certificate of Deposit, CD)에 투자하면 3년 후에 2만 달러의 수익이 보장된다는 것을 알고 있다. 크리스털 볼의 시뮬레이션 실행의 도수 분포표를 사용하여 어떤 투자 조합이 12만 달러 이상의 수익을 올릴 확률이 가장 높은지 밝히시오.

26 경영과학협회는 내년 연례 학회를 올랜도의 Riverside 호텔에서 개최할 예정이다. 과거 자료에 의거해 협회는 학회 참석 회원을 위해 필요한 방의 수가 평균 800, 표준편차 270인 정규분포를 따른다고 믿는다. 학회 개최 1년을 앞둔 현재 협회는 방을 80달러에 예약할 수 있지만, 예약되지 않은 방은 호텔의 정상 가격인 120달러를 지불해야 한다. 협회는 학회 회원들에게 방을 80달러에 보장한다. 만약 협회가 예약한 방의 수보다 적은 수의 회원이 예약한다면, 협회는 그 차이에 대해 80달러씩 호텔에 지불해야 한다. 만약 협회가 충분한 방을 예약하지 않으면 협회는 그 차이만큼 40달러의 추가 비용을 지불해야 한다.

a. 크리스털 볼을 이용하여, 경영과학협회가 가장 적은 비용을 지출하기 위해 600, 700, 800, 900 또는 1,000개 중 몇 개의 방을 미리 예약해야 하는지 결정하시오.

b. 총 비용을 최소화시키기 위해 보다 정확하게 예약할 방의 수를 결정할 수 있는가?

사례 문제

JET 복사

제임스 뱅크스는 복사기를 사용하기 위해 클레코 복사실로 가서 로빈 콜의 옆에 줄을 섰다. "난 이런 일이 정말 싫어. 우리는 복사기를 사용하기 위해 사우스게이트로부터 여기까지 차를 몰고 와서 줄을 서고 있어. 이렇게 시간을 낭비하고 싶지 않아."라고 그가 말했다.

"무슨 뜻인지 알아. 여기에 누가 있는지 봐. 이 많은 학생들이 사우스게이트 아파트 또는 우리 근처의 다른 아파트에서 왔어. 우리 모두가 이리로 오는 것보다 클레코가 우리에게로 오는 것이 보다 논리적이라고 생각해."라고 로빈이 말했다.

제임스는 주위를 둘러보고 로빈이 무엇을 얘기하는지 알 수 있었다. 로빈과 그는 주립 대학교의 학생이고, 클레코 고객의 대부분은 학생이다. 로빈이 말한 것처럼, 대기하고 있는 많은 사람들이 사우스게이트 아파트에 살고 있는 주립 대학교 학생이다. 제임스와 어니 역시 사우스게이트 아파트에 살고 있다. 이러한 상황은 제임스에게 아이디어를 제공했고, 제임스는 그날 밤 집에 돌아가 어니, 테리 존스와 함께 의견을 나누었다.

제임스가 이야기를 시작했다. "나에게 돈을 벌 좋은 아이디어가 있어. 복사 사업을 시작하는 거야! 우리가 해야 할 일은 단지 복사기를 사서 테리의 옆방에 두고 복사한 것을 파는 거야. 클레코에서 본 사람들 모두가 우리의 고객이 될 거야. 만약 우리가 복사 서비스를 바로 여기 사우스게이트 아파트에서 제공한다면 단기간에 많은 돈을 벌 수 있을 거야."

테리와 어니는 제임스의 아이디어를 마음에 들어 했다. 그들 3명은 복사 사업을 시작하기로 결정했다. 그들은 제임스, 어니, 테리의 이름을 따서 JET 복사로 이름을 지었다. 그들의 첫 번째 일은 복사기를 구매하는 것이다. 테리 부모님의 도움으로 융자를 받아 1만 8,000달러에 주립 대학교

의 경영대학 사무실에서 사용되는 것과 같은 복사기를 구매하였다. 그들에게 복사기를 판 회사는 복사기의 신뢰성을 크게 강조했지만, 구매 후에 어니는 주립 대학교의 학장실에서 누군가가 대학교의 복사기는 자주 고장이 나고, 고장이 나면 종종 1일에서 4일 정도의 수리 시간이 필요하다고 얘기하는 걸 들었다. 어니가 이 이야기를 테리와 제임스에게 했을 때, 그들은 걱정하기 시작했다. 복사기가 고장 나고 수리공이 와서 수리할 때까지 오랜 기간 동안 사용할 수 없다면 그들은 많은 수익을 잃게 될 것이다. 그 결과, 제임스, 어니, 테리는 복사기가 고장일 때 사용할 수 있는 작은 보조 복사기를 8,000달러에 구매하는 것이 어떨지 고민했다. 그러나 그들은 또 다른 융자를 위해 테리 부모님을 만나기 전에 보조 복사기가 없다면 얼마의 손실이 발생할 것인가를 추정해 보기로 했다. 이전에 시뮬레이션 수업을 들었기 때문에, 추정을 위해 시뮬레이션 모형을 개발하기로 결정했다.

시뮬레이션 모형을 개발하기 위해, 우선 복사기가 얼마나 자주 고장이 나는지, 특히 고장 간격 시간에 대해 알아야 했다. 그러나 어느 누구도 정확한 확률분포를 제공하지 못했다. 경영대학 직원과의 대화를 통해 제임스는 고장 간격 시간은 아마도 0주에서 6주의 값을 가지며, 확률은 고장 없이 작동한 시간에 따라 증가한다고 가정할 수 있었다. 그러므로 일반적으로 복사기 고장 확률분포는 다음과 같이 될 것이다.

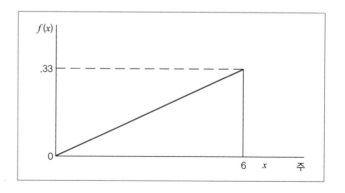

다음으로, 고장이 났을 때 수리에 얼마의 시간이 소요되는지 알 필요가 있었다. 그들은 즉시 고장수리를 보장하는 계약을 판매자와 맺었다. 테리는 경영대학으로부터 자료를 모아 다음과 같은 수리 시간에 대한 확률분포를 전개할 수 있었다.

수리 시간(일)	확률
1	.20
2	.45
3	.25
4	.10
	1.00

마지막으로, 복사기 수리를 기다리는 동안 얼마나 많은 손실을 볼 것인지를 추정할 필요가 있었다. 그들 모두는 얼마나 많은 일을 할 것인지에 대한 막연한 생각은 있었지만 정확한 일의 양을 알 수 없었다. 복사비용은 1장에 0.10달러이며 하루에 2,000장에서 8,000장의 복사를 할 것으로 추정하였다. 이러한 값에 대해 어떠한 확률분포를 적용해야 하는지는 알 수 없었으나, 결국 하루에 팔 수 있는 복사량 2,000장에서 8,000장까지의 값을 갖는 일양분포를 적용하기로 하였다.

제임스, 어니, 테리는 복사기의 고장 때문에 발생하는 수익 손실이 1만 2,000달러보다 많으면 보조 복사기를 구매하기로 결정하고, 다년간의 기계 고장과 수리에 대해 시뮬레이션을 수행하여 평균 연간 수익 손실을 구하기로 하였다. 그러나 시뮬레이션 모형을 프로그래밍하기 전에 모형이 정확히 수행되는지를 확인하기 위해 이 과정을 1년간 수작업 시뮬레이션하기로 결정하였다. JET 복사에 대한 수작업 시뮬레이션을 수행하고 1년간의 수익 손실을 구하시오.

Spradlin Bluff River 프로젝트의 이익-비용 분석

역사적으로 미 육군의 토목병단은 미국 남동부 지역의 여러 개의 강에 댐을 건설해 왔다. 평가 중인 많은 사업들의 평가와 선택의 주된 수단은 이익-비용 분석이다. 병단은 서로 다른 범주에서 사업에서 얻어지는 연간 이익과 연간 비용 모두를 추정하고, 총 이익을 총 비용으로 나누어 이익-비용의 비율을 구한다. 이 비율은 평가 중인 수많은 사업들을 비교하여 지원 사업을 선택하기 위해 병단과 의회에서 사용된다. 이익-비용 비율이 1.0보다 크면 이익이 비용보다 큰 것을 의미한다. 사업의 이익-비용 비율이 크면 클수록 비율이 낮은 사업보다 선택될 가능성은 높다.

병단은 조지아 주의 남서쪽에 있는 스프래들린 블러프 강에 댐을 건설하는 사업을 평가 중에 있다. 병단은 이익이 발생하는 6개의 전통적인 범주인 홍수 조절, 수력 발전, 항로 개선, 레크리에이션, 물고기와 야생동물 보호와 지방 상권 재개발을 평가하였다. 병단은 각 이익에 대해 최솟값, 최댓값, 최빈값 세 가지를 추정하였고, 추정된 각 이익은 다음과 같다.

범주	추정치(달러)		
	최솟값	최빈값	최댓값
홍수 조절	1,695,200	2,347,800	3,570,600
수력 발전	8,068,250	11,845,000	14,845,000
항로 개선	50,400	64,000	109,500
레크리에이션	6,404,000	9,774,000	14,566,000
물고기와 야생동물 보호	104,300	255,000	455,300
지방 상권 재개발	0	1,630,000	2,385,000

이러한 건설 프로젝트에는 100년 동안의 연이율로 환산되는 총 자본비용과 연간 운영 및 유지비용과 같은 두 종류의 관련 비용이 있으며, 정부에 의해 지정된 이자율로 계산된다. 이 사업에 대해 추정된 비용은 다음과 같다.

비용	추정치(달러)		
	최솟값	최빈값	최댓값
자본비용	12,890,750	14,150,500	19,075,900
운영 및 유지비용	7,483,500	4,890,000	7,350,800

크리스털 볼을 이용해 시뮬레이션을 시행하여 평균 이익-비용 비율과 표준편차를 구하시오. 이 프로젝트가 1.0보다 큰 이익-비용 비율을 가질 확률은 얼마인가?

Tech의 재난 계획

Tech 대학 행정관리자는 대학의 최근 날씨와 관련된 재난, 화재, 다른 재앙들을 우려하여, 응급시설들이 이러한 상황을 어떻게 효과적으로 다룰 수 있을지를 결정하기 위한 기획 프로젝트를 몇 개 시작하였다. 이러한 프로젝트 중의 하나는 캠퍼스 재난 피해자를 Montgomery Regional, Raeford Memorial, County General, Lewis Galt, HGA Healthcare의 이 지역 5개 주요 병원으로 이송하는 것에 초점이 맞추어져 있다. 이 프로젝트 팀은 얼마나 많은 피해자들이 재난으로 예상되는지, 피해자들이 병원으로 이송되는 데 얼마나 걸릴지에 대한 것을 결정하고자 한다. 그러나 이 프로젝트 팀이 직면하고 있는 문제들 중 하나는 재난이 자주 발생하지 않아 재난에 대한 데이터가 부족하다는 것이다. 프로젝트 팀은 다른 학교의 재난을 조사하고 재난 계획을 시작하는 목적에 부합하는 재난으로 인정할 피해 최소 인원을 10명으로 예측하였다. 이 팀은 또한 최대 피해 인원은 200명이 될 것으로 예측하였고 다른 학교로부터의 제한된 데이터로부터 재난 피해자의 최빈값은 대강 50으로 믿고 있다. 데이터의 부족으로 이 변수들은 삼각함수로 잘 정의된다고 가정한다. 5개의 병원지역의 응급

시설과 가용용량은 다양하다. 재난이 발생했을 때 피해자들은 병원의 상대적인 응급시설 용량에 비례하여 각 병원으로 분배된다. 25%는 Montgomery Regional로, 30%는 Raeford Memorial으로, 15%는 County General로, 10%는 Lewis Galt로, 20%는 HGA Healthcare로 보내진다. 병원에서 Tech까지의 거리 역시 다양하다. 각 병원으로까지의 이송 시간은 지수분포를 따라, Montgomery Regional까지는 평균 5분, Raeford Memorial까지는 10분, County General까지는 20분, Lewis Galt까지는 20분, County General까지는 20분, HGA Healthcare까지는 15분으로 예측되었다. (각 병원은 두 대의 응급차가 있어서 한 대가 병원을 떠나면 다른 한 대가 Tech를 떠나고, 결과 한 대가 병원에 도착하면 다른 한 대는 Tech에 도착한다. 그래서 총 이송시간은 각 피해자를 지정된 병원까지 이송하는 데 걸리는 총합이 된다.)

a. 각 병원에서 예상되는 피해자 수의 평균과 피해자를 각 병원으로 이송하는 데 요구되는 평균 총 시간을 계산하기 위해 크리스털 볼을 통해 시뮬레이션 분석을 실시하시오.

b. 프로젝트 팀은 자신 있게 피해자 수가 그들이 예측한 변수들을 사용한 삼각분포를 따른다고 가정하지 못한다고 믿고 있다고 가정하자. 대신에 그들은 각 병원에 대한 다음과 같은 변수들을 따르는 정규분포를 사용하여 최선으로 예측될 수 있다고 믿고 있다(Montgomery Regional은 평균 6분, 표준편차 4분, Raeford memorial은 평균 11분, 표준편차 4분, County General은 평균 22분, 표준편차 8분, Lewis Galt는 평균 22분, 표준편차 9분, HGA Healthcare는 평균 15분, 표준편차 5분). 이 수정된 정보를 활용해 시뮬레이션 분석을 수행하시오.

c. 이 정보가 기획 목적을 위해 어떻게 사용될지 설명하시오. 추가적인 유용한 정보를 제공하기 위해서 시뮬레이션은 어떻게 변경되는가?

CHAPTER 13

예측

예측(forecasting)은 미래에 어떤 일이 발생하는지 예상하는 것이다. 기상학자들은 날씨를 예측하고, 스포츠 방송 아나운서는 미식축구 경기의 승자를 예상하고, 회사 경영자는 제품 수요가 얼마나 될 것인가를 예상하려 한다. 경영자는 미래를 예측하고, 현시점에서 회사의 지속적인 번영을 가져다 줄 의사결정을 내리기 위해 끊임없이 노력하고 있다. 경영자는 미래에 발생할 일을 예상하기 위해 종종 판단, 의견 또는 과거의 경험을 이용한다. 경영자의 의사결정을 돕기 위한 다양한 수학적 방법 또한 이용 가능하다. 이 장에서는 전통적인 예측 방법인 시계열분석(time series analysis)과 회귀분석(regression analysis)을 소개한다. 미래를 정확하게 예측하는 것은 불가능하기 때문에, 어느 방법도 완벽하게 정확한 결과를 예측할 수 없지만, 이러한 예측 방법은 의사결정에 있어 신뢰할 만한 지침을 제공할 수 있다.

예측의 요소들

예측 방법은 다양하며, 얼마나 먼 미래를 예측하고 있는가를 나타내는 예측 기간(forecast time frame), 계절적 추세 및 성수기와 같은 반복적 패턴(pattern), 그리고 예측에 관련된 변수의 수에 따라 적용법이 달라진다. 본 장에서는 이러한 요인을 개별적으로 각각 논의할 것이다.

예측은 기간에 따라 단기(short range), 중기(medium range), 장기(long range)로 분류될 수 있다. 단기 예측은 대체로 가까운 미래를 포함하고, 하루의 수요와 필요 자원과 같은 회사의 일상 운영에 관심이 집중된다. 단기 예측은 대부분 향후 한두 달을 넘기지 않는다. 중기 예측은 일반적으로 한두 달에서 1년 사이의 미래를 포함한다. 이 기간의 예측은 연간 생산 계획과 밀접한 관계가 있으며, 수요의 성수기와 비수기 그리고 다음 해의 추가 자원 확보의 필요성을 반영한다. 장기 예측은 일반적으로 1년 또는 2년 이상의 기간을 포함한다. 장기 예측은 시장 변화에 따른 신제품 계획, 새로운 설비의 건설 또는 장기적인 자금 조달 확보에 대한 경영진의 의도와 관련되어 있다. 일반적으로 먼 미래를 예측할수록 예측은 더욱 어려워진다.

이러한 분류는 일반화된 관점에서 바라보아야 한다. 중기와 장기 예측의 경계는 매우 모호하고 명확히 구별되는 것은 아니다. 어떤 회사는 중기 예측을 몇 년 단위로 하고, 또 다른 회사는 장기 예측을 몇 달 단위로 할 수도 있다.

예측은 종종 반복적인 패턴이나 추세(trend)를 보인다. 추세는 예측되는 제품의 장기적인 변동이다. 예를 들면, 개인 컴퓨터 수요는 지난 10년간 시장에서 장기적인 감소 현상 없이 증가하는 양상을 보이고 있다. 추세는 가장 감지하기 쉬운 수요 행위의 패턴이며, 종종 예측치 전개의 시작점이 된다. 그림 13.1(a)는 일반적으로 증가 양상을 보이는 수요의 추세를 보여준다.

또한, 그림 13.1(a)는 몇몇의 임의적 변화(random movement)인 오르내림을 포함하고 있다. 임의적 변동(random variation)은 예측할 수 없는 변화이며 반복적 패턴을 따르지 않아 실질

+ 단기 예측
일상 운영(daily operation)이다.
+ 중기 예측
보통 한 달에서 일 년까지이다.

+ 장기 예측
더 전략적이고 일 년 이상이다.

+ 추세
장기간에 걸친 수요의 점차적인 오름 혹은 내림이다.

+ 임의적 변동
예측 불가능하고 패턴이 없는 수요의 움직임이다.

적으로 예측 불가능하다.

주기(cycle)는 1년 이상의 긴 시간에 걸쳐 반복되는 수요의 오르내리는 기복을 말한다. 예를 들어, 새로운 주택 건설이 시작되면 건축 관련 제품은 경제 주기를 따르는 경향을 보인다. 자동차 판매도 같은 주기를 따르는 경향이 있다. 겨울 스포츠 장비에 대한 수요는 동계 올림픽 전후로 매 4년마다 증가한다. 그림 13.1(b)는 수요의 주기에 대한 일반적 행태를 보여 준다.

계절적 패턴(seasonal pattern)은 단기간에 걸쳐 주기적으로 발생하는 반복적인 수요의 변화이다. 계절성(seasonality)은 종종 기후와 관련되어 있다. 예를 들면, 매 겨울마다 제설차와 스키의 수요는 크게 증가하고, 일반적으로 소매 판매량은 크리스마스 시즌에 증가한다. 그러나 계절적 패턴은 일간 또는 주간 단위로 일어날 수도 있다. 예를 들면, 음식점은 저녁 시간보다 점심시간에 더 분주할 수도 있고, 쇼핑몰의 상점과 극장은 주말에 높은 수요를 보이는 경향이 있다. 그림 13.1(c)는 매 주기의 같은 시간대에 동일한 수요 행태가 반복되는 계절적 패턴을 보여 준다.

물론, 수요의 행태는 빈번하게 이러한 여러 특성을 동시에 보여 준다. 비록 주택 공급의 시작은 주기적 행태를 보이지만, 새로운 주택 건설은 수년에 걸쳐 증가 추세를 보인다. 앞에서 언급한 것처럼, 스키의 수요는 계절적 패턴을 보이지만 일반적으로 과거 20년 동안 동계 스포츠 장비에 대한 수요는 증가 추세를 보이고 있다. 그림 13.1(d)는 추세와 계절적 패턴, 두 가지 수요 패턴의 조합을 보여 준다.

그림 13.1

수요 변동의 형태 : (a) 추세, (b) 주기, (c) 계절적 패턴, (d) 계절적 패턴이 있는 추세

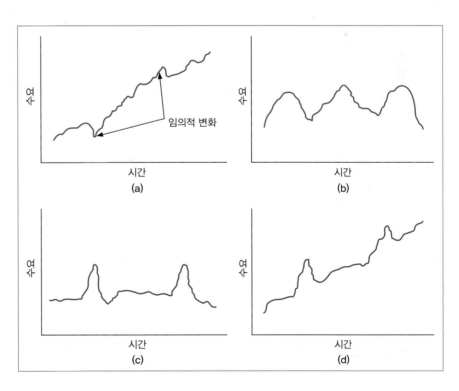

수요의 행태가 어떠한 패턴도 보이지 않는 예도 있다. 이것을 불규칙 변화 또는 변동 (variation)이라고 한다. 예를 들면, 홍수로 인하여 카펫 수요가 일시적으로 증가할 수 있고, 소송으로 인한 부정적인 평판은 일정 기간 동안 제품 수요를 떨어뜨린다. 비록 이러한 행태 는 인과적(causal)이므로 완전히 임의적이지는 않지만, 예측에 반영될 패턴을 여전히 따르지 는 않는다.

예측 방법

+ 예측 방법의 유형에는 시계 열, 회귀, 정성적 방법이 있다.

+ 시계열 예측은 과거 자료를 이용하는 통계 기법이다.

+ 회귀 방법은 예측하려는 제품 과 제품에 영향을 미치는 요인 들 사이에 수학적 관계를 전개 한다.

+ 정성적 방법
예측을 위해 판단, 전문적 지식 과 의견을 이용한다.

앞서 논의한 여러 요인은 사용될 예측 방법의 유형을 일정 부분 결정한다. 이 장에서는 기본 적인 예측 방법인 시계열, 회귀 방법, 정성적 방법(qualitative methods)을 설명한다. 시계열은 미 래의 행태를 예측하기 위해 과거 자료를 이용하는 통계 기법의 한 유형이다. 회귀 또는 인과 적인 방법은 예측하려고 하는 제품과 제품에 영향을 미치는 요인들 사이에 회귀 모형의 수 학적 관계를 전개한다. 이 절에서는 정성적 방법을 중점적으로 다루고, 시계열과 회귀 예측 방법은 다음 절에서 설명할 예정이다.

정성적 방법은 예측을 위해 경영적 판단, 전문적 지식과 의견을 이용한다. 종종 '경영자 위 원회 의견'으로 불리는 정성적 방법은 장기 전략 계획 과정에서 쓰이는 가장 보편적인 예측 방법이다. 보통 기업 조직 내에 미래에 대해 타당한 판단과 의견을 가진 개인이나 그룹이 있 다. 최고위 관리자들은 전략적 계획을 위한 예측 개발에 참여하는 핵심 그룹이다. 그들은 일 반적으로 회사의 능력과 자원 및 제품 시장에 대해 정통하다.

판매원들은 고객과 직접 접하고 있다. 이런 접촉이 아마도 다른 사람들은 갖지 못하는 미 래 고객에 대한 기대를 가늠할 기회를 제공한다. 기술공학자는 미래에 가능하고 유망한 제 품 유형의 기술적인 면을 잘 이해하고 있다.

소비자 조사 또는 시장 조사는 고객이 어떤 제품과 서비스를 원하고 구매할 것인가를 결 정하거나, 새로운 시장과 고객의 근원을 판별하기 위하여 조사와 다른 연구 방법을 사용하 는 조직화된 접근 방식이다. 소비자 조사와 시장 조사는 보통 기업 내의 마케팅 부서, 기업협 회와 단체, 사설 마케팅 또는 자문 회사에 의해 행해진다. 비록 시장 조사가 제품 수요에 대 한 정확하고 유용한 예측을 제공할 수 있다 할지라도, 이러한 조사는 기술적으로 정확하게 행해져야 하며 많은 비용이 들 수 있다.

+ 델파이 방법
미래 예측을 위해 식견이 있는 개개인들에게서 얻은 정보에 입 각한 판단과 의견을 이용한다.

델파이(Delphi) 방법은 미래에 일어날 일에 대한 일치된 예측을 도출하기 위해 일련의 설 문지를 사용하여, 식견이 있는 개개인들로부터 정보에 입각한 판단과 의견을 얻는 절차이다. 제2차 세계대전 직후, RAND 연구소는 미국에 대한 가상 핵공격의 영향을 예측하기 위하여 이 방법을 개발하였다. 델파이 방법은 다양한 분야에서 사용되어 왔지만, 주된 사용 분야 중 하나는 예측이다. 이 방법은 기술적 변화와 진보를 예측하는 데 매우 유용한 방법이다.

오늘날 세계적 기업 환경 속에서 기술 예측은 기업의 생존을 위해 매우 중요하다. 기업은 향상된 컴퓨터 기술, 새로운 생산 방법, 진보된 기계 장비를 지속적으로 이용하고 있다. 이러한 진보는 기업이 신제품을 빠르게 시장에 내놓을 수 있도록 한다. 우수한 기업은 미래 기술과 기업 능력에 대한 정확한 예측을 통하여 경쟁자보다 기술적 우위를 점유할 수 있다. 어떠한 신제품과 서비스가 기술적으로 가능할 것인가, 언제 시장에 진입할 것인가, 또한 수요가 어떠할 것인가는 미래에 대한 질문이며, 이 질문에 대한 답변은 과거 자료로부터 예측될 수 없다. 대신, 전문가의 정보에 입각한 의견과 판단은 이러한 장기 예측을 구하는 데 필수적이다.

+ 데이터 마이닝
변수 간의 패턴과 관계를 알아내기 위해 많은 양의 데이터를 분류하는 프로세스와 도구들의 집합체이다.

데이터 마이닝은 정보기술의 진화로 인해 발생한 비교적 새로운 예측 분야이다. 데이터 마이닝은 많은 양의 데이터들을 분석하기 위한 프로세스와 도구들의 집합체이고, 이를 통해 고객, 시장, 제품 간의 패턴, 경향, 관계들을 알아낸다. 데이터 마이닝은 기업의 공급사슬 전

경영과학 응용 사례

NBC의 광고 수요 예측

NBC Universal(General Electric 회사의 자회사)은 140억 달러가 넘는 매출을 가진 미국 내 최대 이윤을 내는 TV 방송사를 소유하고 운영하고 있다. 이러한 매출의 60% 이상은 TV 방송사의 방송 광고로부터 얻어진다. 주요 TV 네트워크는 5월 중순 (9월 말에 시작하는) 다음 시즌에 대한 새로운 프로그램 스케줄을 발표한다. NBC는 5월에 스케줄이 발표된 바로 직후 광고 시간을 판매하기 시작하고, 책정된 방송 시간의 60%에서 80%가 (대략 400 광고주들에게) 소위 사전시장에서 2주에서 3주 이내에 팔린다.

5월 새로운 시즌 스케줄 발표 직후, NBC는 TV 쇼에 대한 등급을 예측하고 시장 수요를 평가한다. 등급 예측은 1년간 계획된 방송 쇼를 인구통계학적 그룹별로 몇 명이 볼 것인가에 대한 추정치이고, 결국 이것은 쇼의 인기, 시간대 등급, 인접한 쇼의 등급 성과와 같은 요소에 기초한다. 총 시장 수요는 주로 경제 상황과 네트워크 스케줄의 기대 성과에 달려있다. 이러한 등급 예측과 시장 수요에 따라 NBC는 가격정책을 수립하고 쇼에 방송될 광고에 대한 가격을 결정한다.

사전시장을 예측하는 것은 NBC에게는 항상 어려운 과정이었다. 방송사는 수요 예측을 위하여 과거 패턴, 전문가 의견, 수요 예측 기관을 사용하곤 했고, 이후에는 과거 수요를 바탕으로 시계열 예측 모형을 사용했다. 그러나, 이 모형은 NBC 광고주 수요 계층의 특이성 때문에 만족스럽지 못하였다.

NBC는 사전시장 수요를 예측하기 위해서 결국 델파이 기법과 풀뿌리(grassroots) 예측 기법 조합을 포함하는 독특한 접근 방법을 개발하였다. 델파이 기법은 전문가 집단에서 합의점(또는 적어도 협의점)을 찾아내는 것이고, 풀뿌리 기법은 영업사원과 같이 최종 소비자와 가장 근접한 사람에게 소비자 구매 계획

에 대하여 물어보는 것이다. 이런 예측 접근법으로, NBC는 400명이 넘는 광고주와 친밀한 관계에 있는 100여 명이 넘는 거래처 담당자를 활용하여 개별 광고주 수요를 평가하고, 이 수요를 전체 수요 예측에 통합하고, 지속적이고 반복적으로 거래처 담당자들의 전문적인 수요 예측을 반영하기 위한 지식 창구를 만들었다. 이전의 예측 모형은 5%에서 12%의 예측 오차가 있었으나, 이 새로운 방식의 예측 과정은 단지 2.8%의 예측 오차만 발생하였다. 이는 사전 시장에 대해 NBC가 예측했던 것들 중 가장 정확한 예측이였다.

© Sherab/Alamy Stock Photo

자료 : Based on S. Bollapragada, S. Gupta, B. Hurwitz, P. Miles, and R. Tyagi, "NBC-Universal Uses a Novel Qualitative Forecasting Technique to Predict Advertising Demand," *Interfaces* 38, no. 2 (March-April 2008): 103-11.

체에서 발생되는 다양한 전자거래로부터 얻어지는 방대한 양의 데이터와 이를 저렴하게 저장할 수 있는 능력에 기인한다.

시계열 방법

시계열 방법은 시간에 걸쳐 누적된 과거 자료를 사용하는 통계 기법이다. 시계열 방법은 과거에 일어난 일이 미래에도 계속적으로 일어날 것이라고 가정한다. 시계열이라는 명칭에서 알 수 있듯이, 이 방법은 예측을 단 하나의 요인인 시간과 연관시킨다. 시계열 방법은 단기 예측에 가장 유용한 기법이지만, 장기 예측에도 사용될 수 있다. 이동평균과 지수평활, 두 종류의 시계열 방법을 살펴보자.

이동평균

시계열 예측 방법은 현재 기간의 수요를 그 다음 기간의 수요 예측에 사용하는 것처럼 단순할 수도 있다. 예를 들면, 이번 주의 수요가 100단위라면 다음 주의 수요 예측치는 100단위이고, 만약 수요가 90단위로 나타났다면 그 다음 주의 수요 예측치는 90단위가 된다. 때로 이 방법을 단순 예측(naive forecast)이라 부른다. 그러나 이런 종류의 예측 방법은 과거 수요 행태의 어떠한 종류도 고려하지 않고, 단지 현재의 수요에 의존한다. 따라서 이 방법은 수요의 전형적인 임의적 오르내림에 직접적으로 반응한다.

이동평균(moving everage) 방법은 예측을 위하여 최근의 몇몇 자료를 사용한다. 이 방법은 한 기간만을 사용한 예측의 임의적 증가와 감소를 평탄(smooth out)하게 만드는 경향이 있다. 이러한 이유에서 단순 이동평균은 상대적으로 안정적이며 추세나 계절적 패턴과 같이 명백한 행태를 보이지 않는 제품의 예측에 특히 유용하다.

이동평균은 예측이 자료를 얼마나 평탄하게 할 것이냐에 따라 3개월 또는 5개월과 같은 특정 기간으로 계산된다. 이동평균의 기간이 길수록, 더 평탄하게 나타난다. 단순 이동평균의 공식은 다음과 같다.

$$MA_n = \frac{\sum_{i=1}^{n} D_i}{n}$$

여기서, n = 이동평균의 기간 수
D_i = 기간 i의 자료

다음 예제를 통해 이동평균 예측 방법을 살펴보자. Instant Paper Clip Supply Company는 회사의 창고에서 30마일 반경 내에 있는 여러 회사와 학교, 대리점에 사무용품을 판매하고 배달한다. 사무용품 사업은 경쟁이 치열하고, 새로운 고객의 유치와 기존 고객을 유지하

+ 이동평균 방법은 명백한 패턴을 보이지 않는 안정적 수요에 적합하다.

기 위해서는 즉각적인 배달 능력이 중요하다. 사무실은 대체로 용품의 재고가 낮아지면 주문하는 것이 아니라, 용품이 완전히 떨어져야 주문을 한다. 따라서 주문은 즉각적으로 처리되어야 한다. 회사의 경영자는 주문이 즉각적으로 배달되기 위하여 충분한 운전사와 배달 차량이 있기를 원한다. 이를 위해 관리자는 다음 한 달 동안 받을 주문 횟수(즉, 배달에 대한 수요예측)를 예측하려고 한다.

관리자가 배달 기록으로부터 축적한 과거 10개월 동안의 자료는 다음 표 13.1과 같다.

표 13.1

10개월 동안의 주문 횟수

월	월간 배달된 주문 횟수
1	120
2	90
3	100
4	75
5	110
6	50
7	75
8	130
9	110
10	90

이동평균 예측은 예측 변수 값의 합(연속된 달의 월간 주문 횟수의 합)을 연속된 달의 수로 나누어 계산된다. 종종 이동평균은 3기간 또는 5기간에 대해 계산된다. 3개월 또는 5개월의 이동평균으로 구한 예측은 연속된 다음 달(이 경우에는 11월)의 예측치가 된다. 연속된 최근 3개월 동안의 주문에 대한 이동평균은 다음 공식에 따라 계산된다.

$$MA_3 = \frac{\sum\limits_{i=1}^{3} D_i}{3} = \frac{90 + 110 + 130}{3} = 110\text{주문}$$

최근 5개월 동안의 주문 자료에 대한 5개월 이동평균은 다음과 같다.

$$MA_5 = \frac{\sum\limits_{i=1}^{5} D_i}{5} = \frac{90 + 110 + 130 + 75 + 50}{5} = 91\text{주문}$$

그림 13.2는 모든 주문 자료에 대한 3개월과 5개월 이동평균을 보여 준다. 모든 달에 대한 예측치를 계산하였지만, 실제로 관리자는 가장 최근의 월간 주문 횟수에 근거한 11월의 예측치만 사용할 것이다. 그러나 그 전 달에 대한 초기 예측치는 예측 방법이 얼마나 정확한가를 파악할 수 있도록 예측치와 실제 수요의 비교를 가능하게 한다.

표 13.2의 두 이동평균 모두 실제 자료에 있는 변동을 평탄하게 만드는 경향이 있다. 이러한 평탄 효과는 그림 13.2에서 볼 수 있듯이 3개월과 5개월 이동평균은 월간 주문량을 표시한 그래프에 첨가되어 있다. 실제 월간 주문에 있는 최대와 최소, 양극단 값은 감소되었다. 이러한 감소는 양극단 값이 월간 주문량의 임의적 오르내림인 경우에 유익하다. 왜냐하면,

이동평균 예측은 양극단 값에 영향을 많이 받지 않기 때문이다.

표 13.2

3개월과 5개월 평균

월	월간 주문 횟수	3개월 이동평균	5개월 이동평균
1	120	–	–
2	90	–	–
3	100	–	–
4	75	103.3	–
5	110	88.3	–
6	50	95.0	99.0
7	75	78.3	85.0
8	130	78.3	82.0
9	110	85.0	88.0
10	90	105.0	95.0
11	–	110.0	91.0

그림 13.2

3개월과 5개월 이동평균

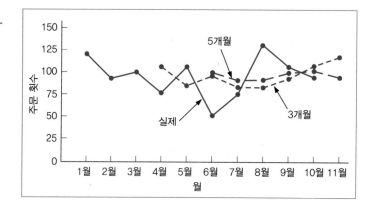

그림 13.2에서 5개월 이동평균은 3개월 이동평균보다 넓은 범위에 걸쳐 변동을 평탄하게 만든다. 그러나 3개월 이동평균은 사무용품 관리자가 사용 가능한 가장 최근 자료를 더욱 밀접하게 반영한다. 3개월 이동평균은 8월까지의 자료를 고려하는 반면에, 5개월 이동평균은 6월까지의 모든 자료를 고려한다. 일반적으로, 긴 기간을 이용한 이동평균 예측치는 짧은 기간을 이용한 이동평균 예측치보다 최근의 수요 변화에 늦게 반응한다. 추가 기간의 자료는 예측의 반응 속도를 줄인다. 종종 이동평균 예측에 사용되는 적정 기간 수의 결정은 얼마간의 시행착오를 거친다.

예측 기간을 추가적으로 살펴보자. 예측자는 때로 단일 시점보다는 단기 계획 구간에 대한 예측이 필요할 수 있다. 표 13.2에 계산되어 있는 3개월 및 5개월 이동평균 예측은 미래의 단일 기간에 대한 최종 예측치이다. 이동평균의 각 예측에는 여러 기간의 자료가 쓰이고 안정적인 수요 환경에서 자주 이용되기 때문에, 해당 예측치를 미래의 다수 기간에 사용하는 것도 적절할 수 있다. 이 예측치는 실제 수요 데이터가 추가됨에 따라 갱신될 수 있다.

이동평균법은 (어느 정도까지는 추세를 반영하지만) 추세와 계절적 영향으로 발생하는 변동에 잘 반응하지 못한다는 단점이 있다. 변화를 일으키는 이러한 요인은 일반적으로 무시된다. 이동평균법은 과거 자료를 일관된 형태로 반영하는 기계적 방법 중의 하나이다. 다수의 다양한 제품에 대한 상당한 기간 수의 이동평균법은 많은 양의 자료 축적과 보관을 필요로 하지만, 사용하기 편하고 빠르며 상대적으로 비용이 저렴하다는 장점을 가지고 있다. 일반적으로 이 방법은 단기 예측에는 좋은 예측을 제공할 수 있으나, 상당히 먼 미래의 예측에 사용되어서는 안 된다.

가중 이동평균

+ 가중 이동평균은 가장 최근 자료에 비중을 부여한다.

이동평균법은 자료의 최근 변동과 계절적 영향을 보다 밀접하게 반영하기 위해 수정될 수 있다. 이 수정된 방법이 가중 이동평균(weighted moving average)법이다. 이 방법은 최근 자료에 다음 공식에 따라 비중(weight)을 부여한다.

$$WMA_n = \sum_{i=1}^{n} W_i D_i$$

여기서, W_i = 0%에서 100% 사이의 값을 갖는 기간 i에 대한 비중

$\sum W_i = 1.0$

예를 들면, Instant Paper Clip Supply Company가 10월 자료에 50%, 9월 자료에 33%, 8월 자료에 17%의 비중을 갖는 3개월 가중 이동평균을 사용한다면 계산은 다음과 같다.

$$WMA_3 = \sum_{i=1}^{3} W_i D_i = (.50)(90) + (.33)(110) + (.17)(130) = 103.4주문$$

예측치는 0.4라는 분수 부분을 포함하고 있다. 0.4개의 주문을 할 수 없기 때문에, 이 예측치는 현실적이지 않다. 수학적 정확성 때문에 분수 부분을 계산에 포함시키지만, 최종 예측이 얻어지면 이것은 반드시 반올림되어야 한다.

이 예측치는 앞서 계산한 3개월 이동평균치 110보다 다소 작다. 그 이유는 가장 최근 달인 10월의 주문 횟수가 작은 것이 반영되었기 때문이다.

이동평균에 포함될 정확한 기간 수를 결정하는 것처럼, 각 기간의 자료에 이용될 정확한 비중을 결정하는 일도 시행착오가 필요하다. 가장 최근 달에 너무 많은 비중이 주어지면 예측은 주문 횟수의 임의적 변동에 지나치게 반응할 수 있다. 반면에, 가장 최근 달에 너무 적은 비중이 주어지면 예측은 주문 횟수 패턴의 실제 변화에 미온적인 반응을 보일 수 있다.

지수평활법

+ 지수평활법
먼 과거 자료보다 최근 수요 변화에 강하게 반응하는 평균법이다.

지수평활법(exponential smoothing)은 먼 과거 자료보다 가장 최근의 과거 자료에 큰 비중을 두는 평균법이다. 그러므로 예측은 자료의 최근 변화에 더 강하게 반응한다. 만약 자료의 최

CSAV(칠레)의 빈 수송 컨테이너 예측

칠레에 본사가 있는 Compana Sud Americana de Vapores (CSAV)는 세계에서 가장 큰 수송 기업 중의 하나이다. 이 회사는 CSAV와 다른 회사들에 의해 운영되는 180대가 넘는 배로 운송된 컨테이너를 사용하여 화물을 보낸다. 약 70,000개의 다양한 크기와 종류의 컨테이너가 있고, 그중 약 5%만이 CSAV가 소유하고 나머지는 장기 계약으로 빌리게 된다. 매주 이 회사는 방대한 수송 네트워크에 대하여 수십만 개의 컨테이너 물류 의사결정을 내려야하고, 이 의사결정과정은 다양한 국적, 문화, 시간차를 고려하기 때문에 매우 어렵다. 일반적으로 빈 컨테이너는 처음에 컨테이너 하적장에서 트럭에 실려져서 운반되고, 화물로 채워져 트럭으로 항구에 보내지고, 세관 요구사항을 맞춘 뒤 배에 적재 된다. 도착항에서 컨테이너는 배에서 하역되어져 트럭, 기차, 공급선 등에 의해 고객에게 운송되고, 고객은 컨테이너를 내리고 컨테이너를 운송회사에게 돌려보낸다. 이런 빈 컨테이너를 관리하는 것은 아주 복잡한 과정이다. 그 이유는 일부지역에서는 컨테이너를 내보내기만 하고 일부는 들여오기만 하여 지역 간의 수요 불균형이 있기 때문이다. 다른 어려운 점은 다양한 종류와 크기의 빈 컨테이너의 수요를 각 지역, 특정 일 마다 예측하는 것이다. 빈 컨테이너 수요는 불확실한데, 이는 시장 상황, 이동 시간, 빈 컨테이너 반환 지연, 빈 컨테이너를 운송하는 배의 용량과 같은 요인에 의해 발생한다. 수요 예측을 위해서 CSAV는 몇 가지 예측 방법을 복합적으로 사용한다. 과거 n일의 이동평균과 추세가 반영된 계절적 이동평균(예

측된 연간 추세와 같은 계절의 과거 수요로 계산됨)을 이용하여 반환 컨테이너를 예측한다. 이러한 시계열 예측은 전 세계 판매 대리점의 수요 기대치로 얻은 판매 예측치에 의해서 보완된다. 150만이 넘는 수요예측은 수정된 정보와 설정 속에서 생성되어진다. 그러면, 다양한 지역의 물류 계획자는 본인 지역의 경험에 맞는 정확도가 높은 예측 모형을 사용한다. 이 예측은 결과적으로 CSAV 시스템에서 빈 컨테이너의 이동을 계획하는 네트워크 흐름 최적화 모형에서 사용이 된다. 이 해법으로 구현된 첫해에 8,100만 달러의 비용절감을 이룰 수 있었다.

© S_oleg/Shutterstock

자료 : Based on R. Epstein, A. Neely, A. Weintraub, F. Valenzuela, S. Hurtado, G. Gonzalez, A. Beiza, M. Naveas, F. Infante, F. Alarcon, G. Angulo, C. Berner, J. Catalan, C. Gonzalez, and D. Yung, "A Strategic Empty Container Logistics Optimization in A Major Shipping Company," *Interfaces* 42, no. 1 (January-February 2012): 5-16.

근 변화가 임의적 변동이 아닌 계절적 패턴과 같은 실제 변화의 결과라면 이 방법은 매우 유용하다. 임의적 변동인 경우에는 단순 이동평균법으로도 충분하다.

두 형태의 지수평활법을 살펴볼 예정이다. 단순 지수평활법(simple exponential smoothing), 그리고 추세와 계절적 패턴 등을 고려한 조정 지수평활법(adjusted exponential smoothing)이다. 단순 지수평활법을 먼저 살펴보고, 다음으로 조정 지수평활법을 살펴보고자 한다.

단순 지수평활법을 설명하기 위해, Instant Paper Clip Supply Company 예제로 돌아가자. 단순 지수평활법 예측치는 다음과 같이 계산된다.

$$F_{t+1} = \alpha D_t + (1 - \alpha)F_t$$

여기서, F_{t+1} = 다음 기간의 예측치

D_t = 현 기간의 실제 수요

F_t = 이미 결정된 현재 기간에 대한 예측치

α = 평활상수로 불리는 가중 인자

평활상수 α는 0에서 1 사이의 값을 가지며, 가장 최근의 수요 자료에 주어지는 비중을 나타낸다. 예를 들어, $\alpha = .20$이면,

$$F_{t+1} = .20D_t + .80F_t$$

이 된다. 이것은 다음 기간의 예측치가 최근 수요의 20%와 과거 수요(왜냐하면 예측치 식에서 F_t를 보면, F_t는 이전 수요와 예측치로부터 유도되기 때문에)의 80%로 이루어짐을 말한다. 만약 하나의 극값인 $\alpha = 0.0$이라고 한다면,

$$F_{t+1} = 0D_t + 1F_t$$
$$= F_t$$

이고, 다음 기간에 대한 예측치는 현재 기간의 예측치와 같아진다. 다시 말하면, 예측치는 가장 최근의 수요를 전혀 반영하지 못한다.

반면에 $\alpha = 1.0$이면,

$$F_{t+1} = 1D_t + 0F_t$$
$$= D_t$$

이고, 예측치는 가장 최근 자료(현재 기간의 수요)만을 고려한다. 그러므로 α값이 커질수록, 예측치는 최근 수요에 보다 민감해진다. 반대로 α값이 0에 가까워질수록, 평탄 효과는 커진다. α가 0에 근접하면, 예측치는 실제 수요와 수요 예측치의 차이에 더 늦게 반응한다. 가장 흔히 사용되는 α값은 0.01부터 0.50 사이의 값이다. 그러나 α값의 결정은 일반적으로 주관적이며, 흔히 시행착오를 거친다. 정확하지 않은 α값을 이용한 예측은 유용성이 떨어질 수 있다.

+ α값이 1에 가까울수록 최근 수요에 크게 반응한다.

지수평활 예측법의 계산 과정을 예제를 통해 설명하고자 한다. PM Computer Service는 일반부품을 이용하여 맞춤형 개인용 컴퓨터를 조립한다. 폴렛 테일러와 모린 베커 2명의 파트타임(비상근) 주립 대학교 학생이 회사를 창업하여 운영하고 있으며, 회사는 창업 초기부터 안정적으로 성장하고 있다. 다른 파트타임 학생을 작업자로 고용하여, 회사는 컴퓨터를 대부분 밤에 조립하고 있다. 폴렛과 모린은 적정 가격이라고 생각될 때마다 일반 컴퓨터 부품을 다양한 공급자로부터 할인된 가격에 대량 구매한다. 그러므로 구매 및 보관해야 할 컴퓨터 구성 부품수를 결정하기 위하여 컴퓨터 수요에 대한 정확한 예측치를 구하는 것은 매우 중요하다.

과거 12개월 동안의 컴퓨터 수요에 대한 자료는 표 13.3과 같다. 회사는 표 13.3의 자료로부터 평활상수 α가 0.3과 0.5일 때, 지수평활 예측치를 구하고자 한다.

표 13.3
개인용 컴퓨터 수요

기간	월	수요	기간	월	수요	기간	월	수요
1	1	37	5	5	45	9	9	56
2	2	40	6	6	50	10	10	52
3	3	41	7	7	43	11	11	55
4	4	37	8	8	47	12	12	54

표 13.3의 자료에 대한 일련의 예측치를 전개하기 위해, 기간 1(1월)부터 시작하여 평활상수 α = .30일 때 기간 2(2월)에 대한 예측치를 구해 보자. 지수평활 예측법의 식은 현재 알 수 없는 기간 1에 대한 예측치를 필요로 하기 때문에, 기간 1에 대한 예측치를 기간 1의 수요와 동일한 것으로 하자. 초기 예측치를 구하는 다른 방법은 처음 3 또는 4 기간 동안의 평균을 구하거나 주관적인 예측치를 이용하는 것이다. 그러므로 2월에 대한 예측치는

$$F_2 = \alpha D_1 + (1 - \alpha)F_1 = (.30)(37) + (.70)(37) = 37단위$$

이다.

이와 유사하게 기간 3의 예측치도 계산할 수 있다.

$$F_3 = \alpha D_2 + (1 - \alpha)F_2 = (.30)(40) + (.70)(37) = 37.9단위$$

나머지 달에 대한 예측치는 표 13.4와 같다. 마지막으로 PM Computer Services의 관심대상인 기간 13(1월)에 대한 예측치는

$$F_{13} = \alpha D_{12} + (1 - \alpha)F_{12} = (.30)(54) + (.70)(50.84) = 51.79단위$$

이다.

표 13.4는 평활상수 α = .50을 이용한 예측치 또한 보여 준다. 두 지수평활 예측치가 실제 자료와 함께 그림 13.3에 그려져 있다.

그림 13.3에서 비록 두 예측치 모두 임의적 변동을 평탄하게 보여 주고 있지만, 더 큰 평활상수인 α = 0.50을 사용한 예측치가 평활상수 α = 0.30을 사용한 예측치보다 수요의 변화에 더 민감하게 반응하고 있다. 두 예측치 모두 실제 수요에 미치지 못한다. 예를 들면, 7월의 명확한 수요 감소가 8월의 예측에 반영되지 못하고 있다. 만약 이러한 변화가 단순히 임의적 변화가 아닌 추세(장기적인 오르내림의 변동)의 변화를 나타낸다면, 예측은 항상 이러한 추세

표 13.4

α=.30과 α=.50일 때의 지수 평활 예측

기간	월	수요	예측, F_{t+1}	
			α= .30	α= .50
1	1	37	–	–
2	2	40	37.00	37.00
3	3	41	37.90	38.50
4	4	37	38.83	39.75
5	5	45	38.28	38.37
6	6	50	40.29	41.68
7	7	43	43.20	45.84
8	8	47	43.14	44.42
9	9	56	44.30	45.71
10	10	52	47.81	50.85
11	11	55	49.06	51.42
12	12	54	50.84	53.21
13	1	–	51.79	53.61

에 미치지 못하게 된다. 실제로 배달 주문은 1년 전반에 걸쳐 증가하는 추세를 보인다. 두 예측치는 모두 일관적으로 실제 수요보다 낮은 경향이 있다. 즉, 예측치는 추세에 뒤처져 있다.

그림 13.3

지수평할 예측지

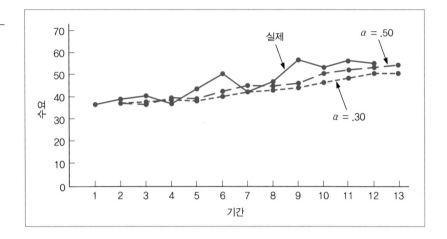

그림 13.3에 있는 두 예측치를 관찰해 보면, 평활상수 $\alpha = .50$가 실제 자료에 더 근접하게 따라가고 있기 때문에 둘 중 더 정확한 것으로 여겨진다. 예측의 정확도를 결정하는 정량적 방법 몇 가지는 이 장의 뒷부분에 소개되어 있다. 수요가 어떠한 추세도 없이 상대적으로 안정적이면, 작은 α값이 예측을 평탄화하기 때문에 더 적절하다. 그림 13.3처럼 실제 수요가 증가(또는 감소) 추세를 보이면, 더 큰 α값을 사용하는 것이 적절하다. 이를 통해 실제 자료의 최근 증가 또는 감소 변동에 빠르게 반응할 수 있다. 지수평활 방법의 몇몇 접근법에 있어, 예측의 정확성은 실제 값과 예측치의 차이로 판단된다. 이러한 차이가 크다면, α값은 예측치를 실제 자료에 적응시키기 위해 (크거나 작게) 변경되어야 한다. 그러나 지수평활 예측 방법 또한 추세의 영향에 따라 수정될 수 있다.

이동평균 예측 방법에서 언급했던 것처럼, 예측자는 때로는 미래의 한 기간 이상에 대한 예측이 필요할 때가 있다. PM Computer Service 예제에서, 계산된 최종 예측치는 1월 한 달에 대한 것이었다. 2개월 또는 3개월에 대한 예측은 요구 기간 동안의 수요 자료를 함께 묶고, 이 값을 지수평활 계산에 사용함으로써 구할 수 있다. 예를 들어, 3개월의 예측이 필요하다면, 1월, 2월과 3월에 대한 수요의 합을 구하고 이 값을 다음 3개월 기간에 대한 예측치를 구하는 데 이용한다. 최종 3개월의 수요 예측치를 구할 때까지 이를 반복한다. 만약 추세가 있다면, 마지막 기간의 예측치를 추세인자로 조정하여 예측한다.

조정 지수평활법

＋ 조정 지수평활법
추세가 추가된 지수평활 예측법이다.

조정 지수평활법(adjusted exponential smoothing)은 지수평활법에 추세 수정 인자가 추가된 방법이다. 조정된 예측치에 대한 식은 다음과 같다.

$$AF_{t+1} = F_{t+1} + T_{t+1}$$

여기서, T = 지수평활 추세인자(trend factor)

추세인자는 지수평활 예측치와 동일하게 계산된다. 추세에 대한 예측 모형은 다음과 같다.

$$T_{t+1} = \beta(F_{t+1} - F_t) + (1 - \beta)T_t$$

여기서, T_t = 마지막 기간의 추세인자

β = 추세에 대한 평활상수

α와 같이 β는 0과 1 사이의 값을 가지며, 가장 최근의 추세 자료에 주어지는 비중을 나타낸다. 또한, α처럼 β도 때로는 예측자의 판단에 근거하여 주관적으로 결정된다. 큰 값의 β가 작은 값의 β보다 추세 변화에 민감하게 반영하며, α값을 α값과 동일하게 정하는 경우도 흔하다.

추세인자의 식은 현재 예측치 F_{t+1}와 이전 예측치 F_t 간의 증가(또는 감소)에 대한 가중 척도를 반영하고 있다.

예로, PM Computer Services 예제와 같이 표 13.3에 주어진 동일한 12개월 수요 자료를 이용하여 조정 지수평활 예측치를 구하고자 한다. 평활상수 α = .50와 추세 평활상수 β = .30을 이용하여 계산한 조정 지수평활 예측치가 표 13.4에 나타나 있다.

조정 지수평활 예측식의 계산 과정을 시작하려면 추세 T_t의 초깃값이 필요하다. 이 초기 추세인자는 종종 예측자의 주관에 따라, 또는 과거 자료를 근거로 하여 결정된 추정치이다. 이 경우에는 상대적으로 긴 기간(12개월)의 수요 자료를 가지고 있기 때문에 추세의 초깃값을 0으로 설정하고 시작하자. 관심 대상인 F_{13}의 값을 구할 때까지, 비교적 좋은 추세인자를 갖추어야 한다.

추세인자가 0이기 때문에, 2월에 대한 조정 예측치 AF_2는 지수평활법으로 구한 값과 동일하다(즉, F_1과 F_2는 같고 $T_2 = 0$). 그러므로 3월에 대한 조정 예측치 AF_3는 추세인자 T_3의 계산을 시작으로 다음과 같이 구할 수 있다.

$$T_3 = \beta(F_3 - F_2) + (1 - \beta)T_2 = (.30)(38.5 - 37.0) + (.70)(0) = 0.45$$

그리고

$$AF_{13} = F_3 + T_3 = 38.5 + 0.45 = 38.95$$

3월에 대한 조정 예측치가 나머지 12개월 동안과 기간 13에 대한 조정 예측치와 함께 표 13.5에 나와 있다. 기간 13의 조정 예측치는 다음과 같이 계산되었다.

$$T_{13} = \beta(F_{13} - F_{12}) + (1 - \beta)T_{12} = (.30)(53.61 - 53.21) + (.70)(1.77) = 1.36$$

그리고

$$AF_{13} = F_{13} + T_{13} = 53.61 + 1.36 = 54.97단위$$

표 13.5의 조정 지수평활 예측치는 그림 13.4에서 지수평활 예측치, 실제 자료와 비교되어 있다.

표 13.5

조정 지수평활 예측치

기간	월	수요	예측(F_{t+1})	추세(T_{t+1})	조정된 예측(AF_{t+1})
1	1	37	37.00	–	–
2	2	40	37.00	0.00	37.00
3	3	41	38.50	0.45	38.95
4	4	37	39.75	0.69	40.44
5	5	45	38.37	0.07	38.44
6	6	50	41.68	1.04	42.73
7	7	43	45.84	1.97	47.82
8	8	47	44.42	0.95	45.37
9	9	56	45.71	1.05	46.76
10	10	52	50.85	2.28	53.13
11	11	55	51.42	1.76	53.19
12	12	54	53.21	1.77	54.98
13	1	–	53.61	1.36	54.96

그림 13.4

조정 지수평활과 지수평활 예측치

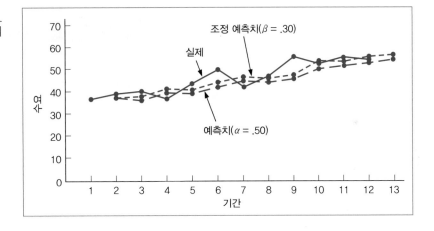

조정 예측치는 일관적으로 지수평활 예측치보다 크며, 대체로 증가하는 실제 자료의 추세를 더 잘 반영하고 있다. 그러나 두 예측치 모두에서 평탄의 정도(패턴)는 매우 유사하다.

선형 추세선

선형 회귀는 수요와 수요에 영향을 주는 여러 요인과의 수학적 관계를 전개하는 예측 인과 모형이다. 그러나 수요가 시간이 흐름에 따라 명확한 추세를 보일 때, 수요의 예측을 위해 최소제곱 회귀선(least squares regression line) 또는 선형 추세선(linear trend line)이 사용된다.

+ **선형 추세선**
수요와 시간을 연결하는 선형 회귀 모델이다.

선형 추세선은 종속변수(수요)와 하나의 독립변수(시간)와의 관계를 다음과 같은 선형 방정식으로 표현한다.

청바지 트렌드 예측

청바지 트렌드는 무작위로 발생하지 않는다. 대부분의 경우 청바지 모양, 스타일, 색상은 수개월 혹은 수년을 거슬러 올라가고 방대한 양의 자료와 정보, 정교한 예측 방법, 전문가 분석의 결과이다. 의류 트랜드는 시간이 지남에 따라 진화한다. 이는 유명 인사나 뮤직 비디오와 같은 외부 요인에 의해 주도되는 유행과는 다르다. 대부분의 대형 청바지 브랜드(리바이스, 갭, 리, 랭글러)와 패셔너블한 브랜드(H&M, 캘빈클라인, 타미힐피거, 자라)는 유사한 방법론을 써서 트렌드 예측을 한다. 먼저, 과거 인기가 많았던 색상과 스타일과 같은 트렌드를 파악한 후, 관련 요인을 결정하고, 예측과 실제 발생 간의 차이를 비교한다. 그런 다음, 미래 트렌드에 영향을 미칠 요인을 결정하는데, 이는 패션의 변화뿐만 아니라 경제 및 기술의 변화일 수 있다. 청바지 트렌드 예측과 관련 있는 요소는 다음과 같다: 새로운 면 섬유 혁신, 면 가격 및 가용성, 제조 공정 및 기계의 발전, 전 세계 제조 장소의 변화, 운송의 변화, 글로벌 시장의 변화, 지속 가능성 문제, 패션 요인(디자인, 스타일, 색상, 미디어, 블로그, 유명인사, 의류 전시회). 이러한 정보와 자료는 트렌드 예측을 위한 예측 도구 및 기법에 쓰여 진다. 예측된 트랜드와 실제 발생의 편차

발생의 원인을 밝히기 위해 면밀히 관찰하고, 필요시 예측이 수정된다. 궁극적으로 단기 및 계절 예측과 결합된 트렌드 예측은 청바지 회사의 전 세계 공급망에 영향을 준다. 그리고 급변하는 패션 트렌드와 고객 취향은 예측치를 수정하게 만들고 청바지 공급망 관리를 복잡하고 힘들게 만든다.

© Iakov Filimonov/123RF.com

자료 : Based on Randi Golllin, "Trend Forecasters Talk Fall/Winter 2012/2013," Apparel Insiders, www.apparelinsiders.com.

$$y = a + bx$$

여기서, a = 기간 0에서의 절편(intercept)

  b = 선형식의 기울기(slope)

  x = 시간 간격

  y = 기간 x에서의 수요에 대한 예측치

선형 추세선의 이러한 모수들은 선형 회귀식의 최소제곱법 공식으로부터 계산된다.

$$b = \frac{\sum xy - n\bar{x}\bar{y}}{\sum x^2 - n\bar{x}^2}$$

$$a = \bar{y} - b\bar{x}$$

여기서, n = 기간 수

$$\bar{x} = \frac{\sum x}{n}$$

$$\bar{y} = \frac{\sum y}{n}$$

하나의 예로, 표 13.3에 있는 PM Computer Services의 수요 자료를 살펴보자. 이 자료들은 선형적인 증가 추세를 보이고 있다. 그런 이유로, 이 회사는 표 13.4와 표 13.5에 있는 지

수평활 예측치와 조정 지수평활 예측치에 대한 대안으로 선형 추세선을 구해 보려고 한다. 최소제곱법의 계산에 필요한 값들이 표 13.6에 제시되어 있다.

표 13.6

최소제곱법 계산

x(기간)	y(수요)	xy	x^2
1	37	37	1
2	40	80	4
3	41	123	9
4	37	148	16
5	45	225	25
6	50	300	36
7	43	301	49
8	47	376	64
9	56	504	81
10	52	520	100
11	55	605	121
12	54	648	144
78	557	3,867	650

$\bar{x}$와 $\bar{y}$값과 표 13.6에 있는 값을 이용하여 선형 추세선의 모수를 다음과 같이 계산할 수 있다.

$$\bar{x} = \frac{78}{12} = 6.5$$

$$\bar{y} = \frac{557}{12} = 46.42$$

$$b = \frac{\sum xy - n\bar{x}\bar{y}}{\sum x^2 - n\bar{x}^2} = \frac{3,867 - (12)(6.5)(46.42)}{650 - 12(6.5)^2} = 1.72$$

$$a = \bar{y} - b\bar{x} = 46.42 - (1.72)(6.5) = 35.2$$

그러므로 선형 추세선은 다음과 같다.

$$y = 35.2 + 1.72x$$

기간 13에 대한 예측치를 구하기 위해 $x = 13$을 선형 추세선의 식에 대입하면

$$y = 35.2 + 1.72(13) = 57.56$$

이 된다.

+ 선형 추세선은 지수평활 예측법과 달리 추세의 변화를 반영하지 못한다.

그림 13.5는 선형 추세선을 실제 자료와 비교하여 보여 준다. 추세선은 실제 자료를 잘 반영하고 있는 것으로 보이며, 이 문제에 대해서는 좋은 예측 방법이다. 그러나 선형 추세선의 단점은 지수평활 예측법과는 달리 추세의 변화를 반영하지 못한다. 즉, 모든 미래의 예측은 선형을 따르는 것으로 가정하고 있다. 그러므로 이 방법은 추세가 변화하지 않을 것이라고 비교적 확신할 수 있는 짧은 기간에 대한 예측으로 사용이 제한된다.

그림 13.5

선형 추세선

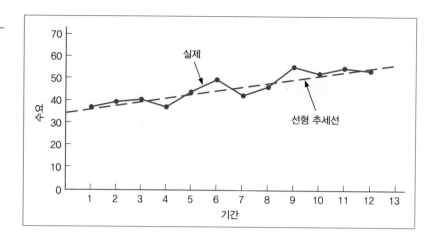

계절 인자 조정

이 장의 앞부분에서 언급한 것처럼, 계절적 패턴은 반복적인 수요의 오르내림이다. 많은 제품 수요가 계절적 행태를 보인다. 방한복의 수요는 가을과 겨울에 증가하고 봄과 여름에 감소하는(얇은 옷의 수요는 이때 증가) 것처럼 연간 의류 판매는 계절적 패턴을 따른다. 장난감, 스포츠 장비, 의류, 가전제품, 햄, 칠면조, 와인, 과일과 같은 소매 상품의 수요는 대개 크리스마스 시즌에 증가한다. 인사말 카드 수요는 밸런타인데이와 어버이날과 같은 다양한 기념일과 관련하여 증가한다. 계절적 패턴은 월간, 주간, 심지어 일간 단위로 일어날 수도 있다. 어떤 음식점들은 점심시간보다 저녁 시간에 또는 주중보다는 주말에 더 수요가 많다. 쇼핑몰의 교통량과 판매는 금요일과 토요일에 증가한다.

시계열 예측에는 계절성을 반영하기 위한 몇 가지 방법이 있다. 계절성을 조정한 예측치를 구하기 위해 예측치에 계절 인자(seasonal factor)를 곱하는 단순한 방법 하나를 살펴보자.

＋ 계절 인자를 예측치에 곱하는 방법으로 예측치를 조정할 수 있다.

수요의 계절 인자를 구하는 한 방법은 각 계절 동안의 실제 수요를 총 연간 수요로 나누는 것으로 다음과 같은 식으로 표현된다.

$$S_i = \frac{D_i}{\Sigma D}$$

0과 1 사이의 값을 갖는 계절 인자는 사실상 각 계절에 할당된 총 연간 수요의 비율이다. 계절성이 반영된 각 기간의 예측치를 구하기 위해 연간 예측 수요에 계절 인자를 곱한다.

칠면조를 키워 육류 처리 공장에 판매하는 회사인 Wishbone Farms의 예를 들어 보자. 매년 마지막 분기인 10월부터 12월까지가 수요에 있어 명확한 성수기이다. Wishbone Farms의 과거 3년간의 칠면조 수요는 표 13.7과 같다.

3년간의 수요 자료가 있기 때문에 3년간의 총 분기별 수요를 3년간의 총 수요로 나누어 계절 인자를 구할 수 있다.

표 13.7

Wishborn Farms의 터키 수요

연도	수요(1,000단위)				
	1분기	2분기	3분기	4분기	총합
1	12.6	8.6	6.3	17.5	45.0
2	14.1	10.3	7.5	18.2	50.1
3	15.3	10.6	8.1	19.6	53.6
총합	42.0	29.5	21.9	55.3	148.7

$$S_1 = \frac{D_1}{\sum D} = \frac{42.0}{148.7} = 0.28$$

$$S_2 = \frac{D_2}{\sum D} = \frac{29.5}{148.7} = 0.20$$

$$S_3 = \frac{D_3}{\sum D} = \frac{21.9}{148.7} = 0.15$$

$$S_4 = \frac{D_4}{\sum D} = \frac{55.3}{148.7} = 0.37$$

다음으로, 각 분기별 예측 수요를 얻기 위해 4년의 연간 예측 수요에 각 계절 인자를 곱해 보자. 그러나 이에 앞서 4년의 수요를 예측하여야 한다. 표 13.7의 수요 자료가 전반적으로 증가 추세를 보이고 있기 때문에, 3년간의 수요에 대한 선형 추세선을 구한 후, 예측치를 구하면 다음과 같다.

$$y = 40.97 + 4.30x = 40.97 + 4.30(4) = 58.17$$

그러므로 4년의 예측치는 58.17 또는 58,170마리의 터키이다.

이 연간 수요 예측치를 이용하여, 계절성을 반영한 4년의 각 분기별 예측치 SF_1는 다음과 같다.

$$SF_1 = (S_1)(F_4) = (.28)(58.17) = 16.28$$

$$SF_2 = (S_2)(F_4) = (.20)(58.17) = 11.63$$

$$SF_3 = (S_3)(F_4) = (.15)(58.17) = 8.73$$

$$SF_4 = (S_4)(F_4) = (.37)(58.17) = 21.53$$

이 분기별 예측치를 표 13.7의 실제 수요와 비교해 보면, 계절적 변동과 증가 추세 모두를 반영한 비교적 훌륭한 예측 추정치임을 알 수 있다.

예측 정확도

+ 예측 오차
예측치와 실제 수요의 차이이다.

완벽하게 정확한 예측은 불가능하다. 즉, 예측은 실제 수요와 어긋나기 마련이다. 실제 수요와 예측치 사이의 차이를 예측 오차(forecast error)라고 한다. 어느 정도의 예측 오차는 피할 수 없지만, 예측의 목적은 가능한 한 오차를 줄이는 것이다. 오차가 작지 않다면, 사용한 예측 방법이 적절하지 않거나 예측 방법에 사용된 모수(지수평활법의 α와 같은)의 수정이 필요함을 의미한다.

예측 오차 측정 방법은 다양하지만, 이 절에서는 평균 절대오차(mean absolute deviation, MAD), 평균 절대 백분율 오차(mean absolute percent deviation, MAPD), 누적 오차(cumulative error, E), 평균오차(average error) 또는 평균편차(average bias, $\bar{E}$), 평균 제곱 오차(mean squared error, MSE)같이 가장 많이 사용되는 몇 가지 방법을 살펴보자.

평균 절대오차

+ 평균 절대오차
예측치와 수요의 절대 차이값의 평균이다.

평균 절대오차(mean absolute deviation, MAD)는 예측 오차의 측정에 가장 많이 사용되고, 가장 사용하기 쉬운 방법 중의 하나이다. MAD는 예측치와 실제 수요의 차이의 평균이며, 다음과 같이 계산된다.

$$MAD = \frac{\Sigma \, | \, D_t - F_t \, |}{n}$$

여기서, t = 예측 기간
D_t = 기간 t의 수요
F_t = 기간 t의 예측치
n = 총 기간 수
$| \, |$ = 는 절댓값

표 13.8
MAD와 오차의 계산값

기간	수요, D_t	예측, F_t (α = .30)	오차($D_t - F_t$)	절대 오차 $| \, D_t - F_t \, |$	오차 제곱$(D_t - F_t)^2$
1	37	37.00	–	–	–
2	40	37.00	3.00	3.00	9.00
3	41	37.90	3.10	3.10	9.61
4	37	38.83	−1.83	1.83	3.35
5	45	38.28	6.72	6.72	45.15
6	50	40.29	9.71	9.71	94.28
7	43	43.20	−0.20	0.20	0.04
8	47	43.14	3.86	3.86	14.90
9	56	44.30	11.70	11.70	136.89
10	52	47.81	4.19	4.19	17.56
11	55	49.06	5.94	5.94	35.28
12	54	50.84	3.16	3.16	9.98
13	520*		49.31	53.41	376.04

*MAD 계산은 11개의 기간(2에서 12)에 기반하기 때문에 수요값 37은 제외하고 ΣD_t = 5200이다.

PM Computer Services 수요 자료에 지수평활법($\alpha = .30$과 $\alpha = .50$), 조정 지수평활법($\alpha = .50$과 $\alpha = .30$), 그리고 선형 추세선을 적용하여 예측치를 구하였다. 이 회사는 MAD를 이용하여 서로 다른 예측 방법의 정확성을 비교하고자 한다.

4개의 예측 방법 모두에 대해 MAD를 구하지만, $\alpha = .30$인 지수평활법에 대해서만 자세한 계산 과정을 설명할 것이다. 표 13.8은 지수평활법으로 구한 예측치의 MAD 계산에 필요한 값을 제시하고 있다.

$$MAD = \frac{\Sigma \, |D_t - F_t|}{n} = \frac{53.41}{11} = 4.85$$

표 13.8의 자료를 이용하면, MAD는 다음과 같다.

+ 자료의 크기에 비하여 MAD 값이 작을수록 예측의 정확성은 커진다.

MAD 값만 가지고 해석하기는 어렵지만, 일반적으로 MAD 값이 작을수록 예측의 정확성은 커진다. 예제에 주어진 자료의 값은 대체로 작으며, 그에 따라 적절히 4.85 MAD 값을 판단하여야 한다. 예제의 MAD 값은 작은 것으로 간주되며 예측치는 상대적으로 정확한 것으로 볼 수 있다. 만약 자료의 값이 수천 또는 수백만이라면, 비슷한 값의 MAD도 나쁘지 않다. 중요한 점은 4.85 MAD 값과 485 MAD 값을 비교할 수 없으며, 앞의 것은 좋고 나중 것은 나쁘다고 얘기할 수 없다는 것이다. 이러한 판단은 자료의 상대적 크기에 어느 정도 달려 있다.

MAD 방법의 한 가지 장점은 앞선 예제에서처럼, 서로 다른 예측 방법을 비교할 수 있다는 것이다. 다른 예측 방법에 대한 MAD 값은 다음과 같다.

- 지수평활법($\alpha = .50$) : $MAD = 4.04$
- 조정 지수평활법($\alpha = .50$, $\beta = .30$) : $MAD = 3.81$
- 선형 추세선 : $MAD = 2.29$

4가지 예측 방법을 비교하면, 선형 추세선의 MAD 값이 2.29로 가장 낮다. 선형 추세선이 조정 지수평활법보다 월등하게 좋지는 않지만, 가장 정확한 것으로 보인다. 더 나아가, MAD 값을 통하여 지수평활법에서 α를 .30에서 .50으로 증가시키는 것이 예측의 정확성을 높인다 라고 추정할 수 있다. 심지어 조정된 예측치는 더 정확하다고 말할 수 있다.

+ 평균 절대 백분율 오차 수요의 백분율에 대한 절대오차이다.

평균 절대 백분율 오차(mean absolute percentage deviation, $MAPD$)는 MAD의 변형된 형태 중 하나이다. 이는 기간에 대한 절대오차가 아니라 수요의 백분율에 대한 절대오차를 나타낸다. 결과적으로, MAD와 달리 이 값의 정확도를 설명하는 데 수요와 예측치의 크기를 고려해야 하는 문제가 없다. $MAPD$는 다음과 같이 계산된다.

$$MAPD = \frac{\Sigma \, |D_t - F_t|}{\Sigma \, D_t}$$

표 13.8의 자료를 이용하여 PM Computer Services를 위한 지수평활 예측치($\alpha = .30$)에

대한 *MAPD*는 다음과 같다.

$$MAPD = \frac{53.41}{520} = .103 \text{ 또는 } 10.3\%$$

*MAPD*가 낮을수록 예측이 더 정확함을 의미한다. 다른 세 가지 예측 방법에 대한 *MAPD*는 다음과 같다.

- 지수평활법($\alpha = .50$) : $MAPD = 8.5\%$
- 조정 지수평활법($\alpha = .50,\ \beta = .30$) : $MAPD = 8.1\%$
- 선형 추세선 : $MAPD = 4.9\%$

누적오차

누적오차(cumulative error)는 아래 식과 같이 예측 오차의 단순 합으로 계산된다.

$$E = \sum e_t$$

여기서, $e_t = D_t - F_t$

비교적 큰 양의 값은 예측치가 일관적으로 실제 수요보다 낮거나 혹은 낮게 편향되었음을 의미한다. 반대로, 큰 음의 값은 예측치가 일관적으로 실제 수요보다 높거나 혹은 높게 편향되었음을 뜻한다. 또한, 각 기간의 오차를 면밀히 조사한 결과 양의 값이 다수를 차지한다면, 예측치는 일관적으로 실제 수요보다 낮다는 것을 말한다. 반대의 경우도 마찬가지로 해석할 수 있다.

PM Computer Services 예제에서 지수평활 예측법의 누적오차는 표 13.8로부터 직접 읽을 수 있다. 즉, '오차' 열에 있는 값들의 단순 합이다.

$$E = \sum e_t = 49.31$$

비교적 높은 양수인 누적오차와 표 13.8의 각 기간에 대한 오차가 양수라는 사실은 예측치가 빈번하게 실제 수요보다 낮다는 것을 의미한다. 그림 13.3에 있는 지수평활 예측치($\alpha = .30$)의 그림을 보면 이러한 결과를 확인할 수 있다.

다른 예측 방법에 대한 누적오차는 다음과 같다.

- 지수평활법($\alpha = .50$) : $E = 33.21$
- 조정 지수평활법($\alpha = .50,\ \beta = .30$) : $E = 21.14$

선형 추세선에 대한 누적오차는 포함시키지 않았다. 선형 추세선에서 오차(E)는 거의 0과 가까운 값이기 때문에, 선형 추세선의 누적오차는 다른 예측 방법과 비교하기 좋은 척도는 아니다.

+ 평균오차는 누적오차의 기간 당 평균이다.

누적오차와 밀접한 관련이 있는 척도가 평균오차(average error)이다. 이것은 누적오차를 기간 수로 나눈 평균이다.

$$\overline{E} = \frac{\sum e_t}{n}$$

예를 들면, 지수평활 예측치(α = .30)의 평균오차는 다음과 같다. 첫 기간에 대한 예측치로 실제 수요량을 사용(즉, $D_1 = F_1 = 37$)했기 때문에, 기간 수 n의 값으로 11을 사용했다.

$$\overline{E} = \frac{49.31}{11} = 4.48$$

+ 큰 $+\overline{E}$ 값은 예측이 낮게 편향됨을 의미하고, 큰 $-\overline{E}$ 값은 예측이 높게 편함됨을 의미한다.

+ 평균 제곱 오차
각 오차 값을 제곱하여 합하고 평균한 값이다.

평균오차는 누적오차와 유사하게 해석된다. 양의 값은 낮은 값으로의 편향을, 음의 값은 높은 값으로의 편향을 의미하며, 0에 가까운 값은 편향이 없음을 말한다.

예측 정확성에 대한 또 다른 척도는 평균 제곱 오차(mean squared error, MSE)이다. MSE는 각 오차 값을 제곱하여 합을 구하고, 이 합의 평균으로 계산된다. PM Computer Services 예제의 지수평활 예측치(α = .30)에 대한 오차의 제곱 합인 376.04가 표 13.8의 마지막 열에 나와 있다. MSE는 다음과 같다.

$$MSE = \frac{376.04}{11} = 34.18$$

다른 예측 정확성의 척도와 마찬가지로 MSE의 값이 작을수록 더 바람직하다.

PM Computer Services 예제에 대해, 앞 절에서 살펴본 4가지 예측 방법의 예측 정확성 척도가 표 13.9에 요약되어 있다. 결과적으로 큰 α값의 지수평활법이, 지수평활법보다 조정 지수평활법이, 다른 모든 방법보다 선형 추세선이 더 정확함을 일관적으로 보여 주고 있다. 비록 이 예제에 국한되지만, 이러한 결과는 서로 다른 예측 정확성 척도가 예측 방법을 조정하는 데 어떻게 사용될 수 있고 최선의 방법을 어떻게 선택하느냐를 보여 준다.

표 13.9

PM Computer Services를 위한 예측법 비교

예측법	MAD	MAPD(%)	E	$\overline{E}$	MSE
지수평활법(α = .30)	4.85	10.3	49.31	4.48	34.18
지수평활법(α = .50)	4.04	8.5	33.21	3.02	24.64
조정 지수평활법 (α = .50, β = .30)	3.81	8.1	21.14	1.92	21.58
선형 추세선	2.29	4.9	–	–	8.67

엑셀을 이용한 시계열 예측법

앞서 설명한 모든 시계열 예측 방법은 엑셀 스프레드시트를 이용하여 전개할 수 있다. 제시 13.1은 표 13.5에 요약되어 있는 PM Computer Services 예제에 대한 지수평활법과 조정 지

수평활법의 계산을 위해 작성된 엑셀 스프레드시트이다. 스프레드시트의 맨 위의 수식 입력줄에서 셀 D10에 있는 추세인자의 계산식을 볼 수 있다. 열 E에 있는 조정 지수평활 예측치는 셀 E9에 식 = C9 + D9를 입력한 후 셀 범위 **E10 : E20**에 복사(마우스의 오른쪽 버튼을 누른후에 '복사'와 '붙여넣기'를 이용)하여 계산하였다.

지수평활 예측치는 제시 13.1에서처럼 스프레드시트의 설정을 바꾸거나 공식을 입력하지않고, 엑셀로부터 직접 구할 수 있다. 스프레드시트 맨 위의 "데이터" 메뉴에서 "데이터 분석" 옵션을 선택한다. 만약 "데이터" 메뉴에 이 옵션이 보이지 않으면, "데이터" 메뉴의 "추가기능" 옵션을 이용하여 추가하거나 엑셀 또는 MS 오피스 원본 소프트웨어를 이용하여 추가하여야 한다. 제시 13.2는 "데이터 분석" 창과 "지수평활법" 메뉴 항목을 보여 준다. 여기서 "지수평활법"을 선택하고 "확인"를 누른다. "지수평활법" 창이 제시 13.3에 제시되어 있다. 입력 범위에 제시 13.1의 열 B에 있는 수요 값을 포함시키고, 감쇠 인수(damping factor)에 $\alpha = 0.5$를 입력하고, 출력 범위에 제시 13.1의 열 C를 포함시킨다. "OK"를 누르면, 지수평활법을 이용해 계산한 제시 13.1의 열 C와 같은 예측 값을 얻게 된다. 분석 도구 그룹인 "데이터 분석"은 조정 지수평활법을 제공하지 않기 때문에, 제시 13.1과 같이 스프레드시트에 공식을 입력하여 직접 계산하였다. "데이터 분석"은 "이동평균법" 옵션을 포함하고 있고 이를통해 이동평균 예측치를 구할 수 있다.

엑셀을 이용하여 계절 인자 조정 예측치를 구할 수 있다. 제시 13.4는 Wishbone Farms의터키 수요에 대한 계절 인자 조정 예측치를 구하기 위한 엑셀 스프레드시트를 보여 주고 있다. 각 분기의 계정지수 조정 예측치는 수작업으로 구한 예측치와 약간의 차이를 보이고 있다. 예를 들면, 엑셀로 구한 SF_1은 16.43인데, 수작업으로 구한 SF_1은 16.28이다. 이런 차이가발생하는 이유는 수작업으로 예측치를 구할 때 행한 반올림 때문이다.

제시 13.1

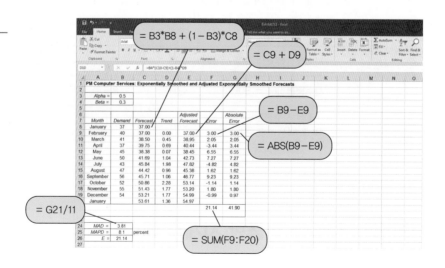

제시 13.2

이 창을 보기 위해서,
툴바 리본에서 "Data"를 선택하고
"Data Analysis"를 선택

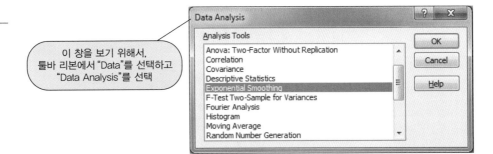

경영과학 응용 사례

자라(Zara)의 수요 예측

자라(Inditex Group의 자회사)는 84개국의 1,600개가 넘는 점포와 연간 60억 유로가 넘는 매출을 내는 세계에서 가장 크고 가장 성공한 의류 소매 기업 중 하나이다. 이 회사의 비즈니스 모델은 유행하는 패션 제품을 매장에 신속히 경쟁력 있는 가격으로 공급하는 것이다. 매장과 디자이너의 지속적인 정보 교환은 고객의 변화하는 취향을 알려주어 제조 공급 회사에게 새 디자인 주문을 재빨리 할 수 있다. 자라는 4개의 주요 창고와 물류센터가 스페인에 있고 이곳으로 완성된 의류 제품을 전 세계의 공급업자로부터 받는다. 의류 제품은 일주일에 두 번 전 세계의 매장에 직접 배송된다. 물류센터에서 주문을 받아 매장까지 배송하는 데 유럽은 평균 24시간이 소요되고, 미국과 아시아 매장은 48시간 이하가 소요된다. 각 매장 관리자는 주력 사이즈(S, M, L)와 비주력 사이즈(XXS, XXL 등)를 구분한다. 매장에 주요 사이즈가 없는 옷은 선반에서 모든 재고가 치워지고 새로운 옷으로 대체되어, 소비자들이 사고 싶어도 사이즈가 없어서 사지 못해 좌절하는 것을 방지한다. 치워진 제품은 창고에 없는 사이즈가 보충이 되면 선반에 재배치되거나, 다른 매장에서 합쳐질 수 있다면 그곳으로 배송이 된다. 자라의 도전과제는 1,500개의 각 매장에 운송할 8가지 사이즈의 최대 3,000개의 제품 각각의 정확한 개수를 결정하는 것이다. 매주 수백만까지 될 수 있는 이러한 주문 관련 의사결정은 매장 관리자가 매장 재고 정보와 전날의 판매 자료와 같은 관련 정보를 받은 후에

몇 시간 이내에 이루어져야만 한다. 창고 프로세스 시간과 운송 스케줄로 인하여 매장 입고가 추가로 하루까지도 지연될 수 있다. 자라는 과거 매장 수송 주문 자료와 판매 자료를 활용하여 수요를 예측하고, 이러한 수요 예측은 매장과 창고의 재고자료와 결합되어 전체 판매량을 최대화하는 최적 수송량 결정에 사용된다. 자라는 표준 회귀분석법을 이용하여 매장별 각 제품의 크기별로의 미래 주간 수요를 예측한다.

© Xurxo Lobato/Cover/Getty Images

자료 : Based on F. Caro, J. Gallien, M. Diaz, J. Garcia, J. Corredoira, M. Montes, J. A. Ramos, and J. Correa, "Zara Uses Operations Research to Reengineer Its Global Distribution Process," *Interfaces* 40, no. 1 (January–February 2010): 71–84; and Zara website at http://www.zara.com.

제시 13.3

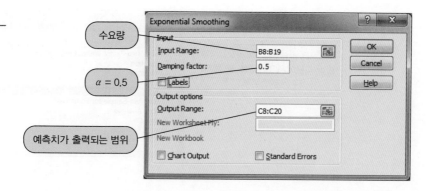

제시 13.4

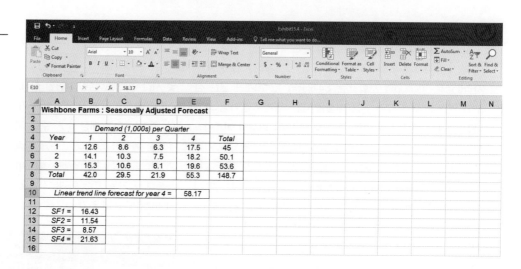

엑셀 QM을 이용한 지수평활 예측치의 계산

1장에서 스프레드시트 매크로(macro)의 집합인 엑셀 QM을 소개하였다. 엑셀 QM은 지수평활법에 대한 매크로를 포함하고 있다. 이것이 활성화되고 나면, 엑셀용 QM 메뉴는 스프레드시트 맨 위의 메뉴 막대에서 "추가 기능"을 눌러 접근할 수 있다. 이 메뉴에서 "Forecasting"을 선택하면 스프레드시트 초기화 창이 나오고, 이 창에 문제의 제목과 과거 수요의 기간 수를 입력한다. "OK"를 누르면 제시 13.5와 같은 스프레드시트 창이 보인다. 처음에, 스프레드시트는 음영으로 표시된 셀 B7과 셀 B10 : B21에 예제 값을 가지고 있다. 이 매크로를 사용하기 위한 첫 단계로 PM Computer Services 예제의 자료인 $\alpha = 0.50$을 셀 B7에, 수요 값을 셀 B10 : B21에 입력한다. 예측치는 스프레드시트에 이미 내장된 공식으로부터 자동적으로 계산된다. 다음 기간인 1월에 대한 예측치가 셀 B26에, 월간 예측치가 셀 D10 : D21에 나타난다. 이 지수평활 예측치와 *MAD*를 제시 13.1에 있는 조정 지수평활 예측치와 *MAD*와 혼동하면 안 된다.

제시 13.5

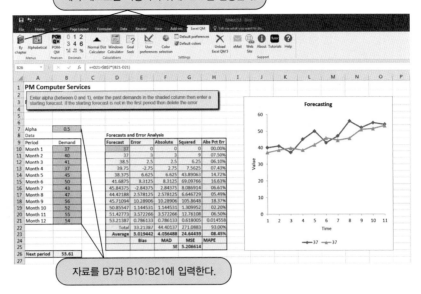

윈도우용 QM을 이용한 시계열 예측법

윈도우용 QM을 이용하여 지금까지 소개한 모든 시계열 방법에 대한 예측을 수행할 수 있다. 이동평균법, 지수평활법, 조정 지수평활법, 선형 회귀선에 대한 모듈이 윈도우용 QM에 있다.

윈도우용 QM의 예측 능력을 설명하기 위해, 표 13.4의 PC Computer Services 예제에 지수평활 예측치($\alpha = .30$)를 적용하여 보자. 제시 13.6에 그 결과가 나와 있다.

풀이의 요약은 각 기간의 예측치, 다음 기간(기간 13)에 대한 예측치와 평균오차, *MAD*, *MSE*, *MAPD*로도 불리는 *MAPE*와 같은 예측의 정확도에 대한 4가지 척도를 포함하고 있다.

제시 13.6

Details and Error Analysis

PM Computer Services Example Solution

	Demand(y)	Forecast	Error	|Error|	Error*2	|Pct Error|
1	37					
2	40	37	3	3	9	7.5%
3	41	37.9	3.1	3.1	9.61	7.561%
4	37	38.83	-1.83	1.83	3.349	4.946%
5	45	38.281	6.719	6.719	45.145	14.931%
6	50	40.297	9.703	9.703	94.154	19.407%
7	43	43.208	-.208	.208	.043	.483%
8	47	43.145	3.855	3.855	14.858	8.201%
9	56	44.302	11.698	11.698	136.849	20.89%
10	52	47.811	4.189	4.189	17.546	8.055%
11	55	49.068	5.932	5.932	35.19	10.786%
12	54	50.848	3.152	3.152	9.938	5.838%
TOTALS	557		49.311	53.386	375.682	108.598%
AVERAGE	46.417		4.483	4.853	34.153	9.873%
Next period forecast		51.793	(Bias)	(MAD)	(MSE)	(MAPE)
				Std err	6.461	

윈도우용 QM에 있는 최소 제곱 모듈 또는 단순 선형 회귀 모듈을 이용하여 선형 추세선 예측치를 할 수 있다. PC Computer Services 예제에서 최소 제곱 모듈을 사용한 선형 추세선 예측치에 대한 풀이 요약이 제시 13.7에 제시되어 있다.

제시 13.7

Forecasting/Time Series Analysis Results			
PM Computer Services Example Solution			
Measure	Value	Future Period	Forecast
Error Measures		13	57.621
Bias (Mean Error)	0	14	59.345
MAD (Mean Absolute Deviation)	2.289	15	61.069
MSE (Mean Squared Error)	8.667	16	62.793
Standard Error (denom=n-2=10)	3.225	17	64.516
MAPE (Mean Absolute Percent Error)	4.986%	18	66.24
Regression line		19	67.964
Demand(y) = 35.212		20	69.688
+ 1.724 * Time		21	71.411
Statistics		22	73.135
Correlation coefficient	.896	23	74.859
Coefficient of determination (r^2)	.803	24	76.583
		25	78.307
		26	80.03

회귀 방법

지수평활법과 이동평균법 같은 시계열 방법은 하나의 예측 변수(수요)가 시간과 관련되어 있다. 반대로, 회귀는 하나의 변수와 하나 또는 그 이상의 변수와의 관계를 측정하는 예측 방법이다. 과거의 제품 수요에 영향을 미치는 어떠한 요인을 알고 있다면, 이들의 관계를 규명하려고 할 것이다. 이를 통하여 미래에 같은 상황이 다시 일어난다면 수요의 양을 예견할 수 있다. 예를 들면, 새로운 주택 공급에 대한 수요의 증가와 낮은 이자율의 관계는 잘 알려져 있다. 유사하게, 새로운 주택 공급이 증가한다면 수많은 건축 제품과 서비스에 대한 수요가 증가할 것이다. 또한, DVD 플레이어의 판매 증가는 DVD 수요를 증가시킬 것이다.

회귀의 가장 간단한 형태는 앞선 예측 방법 중 선형 추세선의 전개에 사용하였던 선형 회귀이다. 다음 절에서 시간 외의 항목에 관련된 변수의 회귀 모형을 어떻게 전개하는지 살펴보자.

선형 회귀

+ 선형 회귀는 수요(종속변수)를 독립변수와 관련짓는다.

단순 선형 회귀(linear regression)는 하나의 종속변수를 선형식의 형태로 하나의 독립변수와 관련짓는다.

$$\text{절편(intercept)} \qquad \text{기울기}$$
$$y = a + bx$$
$$\text{종속변수} \qquad \text{독립변수}$$

선형 방정식을 전개하기 위해 기울기 b와 절편 a는 다음과 같이 최소제곱법을 이용하여 먼저 계산되어야 한다.

$$a = \bar{y} - b\bar{x}$$

$$b = \frac{\sum xy - n\bar{x}\bar{y}}{\sum x^2 - n\bar{x}^2}$$

여기서, $\bar{x} = \dfrac{\sum x}{n} = x$ 자료의 평균

$$\bar{y} = \frac{\sum y}{n} = y \text{ 자료의 평균}$$

다음 예제를 이용하여 회귀 방법을 살펴보자. 주립 대학교의 운동부는 미식축구 경기 관객 수의 예측을 기반으로 다음 연도의 예산을 수립하려고 한다. 미식축구 경기 관객 수는 운동부 수입의 가장 큰 부분을 차지하며, 운동부 감독은 관객 수가 팀의 승리 횟수와 직접적인 관련이 있다고 믿는다. 과거 8년 동안의 연간 총 관객 수에 대한 누적 자료는 다음과 같다.

승리 횟수	관객 수	승리 횟수	관객 수
4	36,300	6	44,000
6	40,100	7	45,600
6	41,200	5	39,000
8	53,000	7	47,500

선발 출전 선수의 복귀와 일정의 강도에 따라, 운동부 감독은 내년에 팀이 최소한 7승을 거둘 것이라고 믿고 있다. 감독은 이 정도의 승리에 대한 관객 수를 예측하기 위한 단순 회귀 방정식을 개발하고자 한다.

표 13.10
최소제곱 계산

x(승리 횟수)	y(관객 수, 1000단위)	xy	x^2
4	36.3	145.2	16
6	40.1	240.6	36
6	41.2	247.2	36
8	43.0	424.0	64
6	44.0	264.0	36
7	45.6	319.2	49
5	39.0	195.0	25
7	47.5	332.5	49
49	346.7	2,167.7	311

최소제곱법을 이용한 a와 b의 계산 과정이 표 13.10에 나와 있다. 수작업 계산의 편리성을 위해 y 자료의 단위를 1,000으로 하였다.

$$\bar{x} = \frac{49}{8} = 6.125$$

$$\bar{y} = \frac{346.9}{8} = 43.34$$

$$b = \frac{\sum xy - n\bar{x}\bar{y}}{\sum x^2 - n\bar{x}^2} = \frac{(2,167.7) - (8)(6.125)(43.34)}{(311) - (8)(6.125)^2} = 4.06$$

$$b = \bar{y} - b\bar{x} = 43.34 - (4.06)(6.125) = 18.46$$

계산된 a와 b 값을 선형 방정식에 대입하면, 다음과 같다.

$$y = 18.46 + 4.06x$$

그러므로 내년도의 예상 승리 횟수인 $x = 7$을 대입하면 예측 관객 수는 다음과 같다.

$$y = 18.46 + 4.06(7) = 46.88 \text{ 또는 } 46,880$$

그림 13.6은 회귀선과 함께 자료의 각 점을 보여 준다. 자료의 각 점과 관련된 회귀선을 관찰하면 자료는 뚜렷한 증가 선형 추세를 따르고 있음을 알 수 있으며, 예측이 비교적 정확하다는 것을 알 수 있다. 이 예측 모형의 MAD는 1.41로 정확한 예측 방법임을 시사한다.

그림 13.6

선형 회귀선

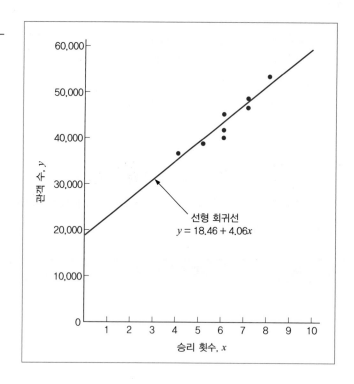

상관

선형 회귀 방정식의 상관(correlation)은 독립변수와 종속변수 간의 선형 관계의 강도의 척도이다. 상관계수의 공식은 다음과 같다.

$$r = \frac{n\sum xy - \sum x \sum y}{\sqrt{\left[n\sum x^2 - (\sum x)^2\right]\left[n\sum y^2 - (\sum y)^2\right]}}$$

r값은 −1.00에서 +1.00 사이의 값을 가지며, ±1의 값은 변수들 사이의 강한 선형 관계를 나타낸다. r = 1.00이면 독립변수의 증가는 종속변수의 동반적인 선형적 증가를, r = −1.00이면 독립변수의 증가는 종속변수의 선형적 감소를 초래한다. r의 값이 0에 가까우면 변수들 사이에 선형적 관계가 거의 없거나 전혀 없음을 의미한다.

주립 대학교 예제에서 최소제곱법을 위해 계산된 대부분의 값($\sum y^2$를 제외하고)을 r의 공식에 대입함으로써 선형 회귀 방정식의 상관계수를 결정할 수 있다.

$$r = \frac{(8)(2{,}167.7) - (49)(346.7)}{\sqrt{\left[(8)(311) - (49)^2\right]\left[(8)(15{,}224.7) - (346.7)^2\right]}}$$

$$= .948$$

계산된 상관계수 값은 1에 매우 근접하므로, 홈 관객 수와 승리 횟수 사이에 강한 선형 관계가 있음을 보여 준다.

선형 회귀 방정식에서 변수 사이의 관계의 강도에 대한 다른 척도는 결정계수(coefficient of determination)이다. 이는 r의 제곱으로 구할 수 있으며, 독립변수로 인한 종속변수 변동의 백분율을 의미한다. 앞선 예제에서 r = .948이므로 결정계수는 다음과 같다.

$$r^2 = (.948)^2 = .899$$

이러한 결정계수 값은 관객 수 변동의 89.9%가 팀의 승리 횟수에 기인한 것을 의미한다. 나머지 10.1%는 날씨, 선발진의 우수성, 명성과 같은 다른 설명되지 않은 요인에 의한 것으로 해석된다. 1 또는 100%의 결정계수 값은 관객 수가 승리 횟수에 의해 완전히 결정됨을 의미한다. 그러나 관객 수 변동의 10.1%는 다른 요인들에 의한 것이기 때문에, 어느 정도의 예측 오차가 있을 것으로 예상된다.

엑셀을 이용한 회귀분석

제시 13.8은 주립 대학교 운동부 예제의 선형 회귀 예측치를 위한 스프레드시트이다. 스프레드시트의 맨 위 수식 입력 줄에서 보이는 바와 같이 셀 E7에 입력된 식 = SLOPE(B5 : B12, A5 : A12)를 이용하여 기울기를 계산한다. 셀 E6의 절편에 관한 식은 = INTERCEPT(B5 : B12, A5 : A12)이다. 그 다음, 선형 회귀 방정식을 구성하기 위하여 기울기와 절편의 값을 셀 E9와 G9에 입력한다. 셀 E13의 상관계수는 식 = CORREL(B5 : B12, A5 : A12)를 이용하여 계산한다.

스프레드시트에는 보이지 않지만, 결정계수(r^2)는 식 **= RSQ(B5 : B12, A5 : A12)**을 이용하여 구할 수 있다.

제시 13.8

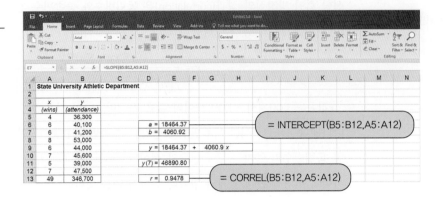

시간이 더 소요되는 지루한 작업이지만, 앞 절에서 언급한 기울기와 절편의 수학 공식을 엑셀에 입력하면 같은 선형 회귀 방정식을 엑셀에서도 구할 수 있다.

엑셀을 이용하여 그림 13.6에 있는 도표와 유사한 산포도(scatter diagram) 다이어그램도 얻을 수 있다. 우선 스프레드시트의 셀 **A5 : B12**에 있는 예제 자료를 모두 선택하고, 스프레드시트 맨 위의 도구 막대에 있는 "삽입" 메뉴를 선택하면, 제시 13.9와 같은 메뉴가 보인다.

제시 13.9

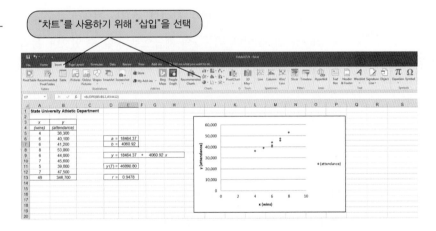

제시 13.10

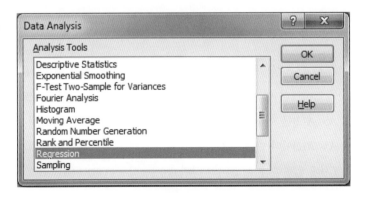

제시 13.11

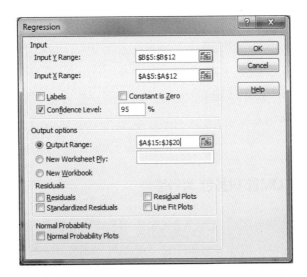

제시 13.12

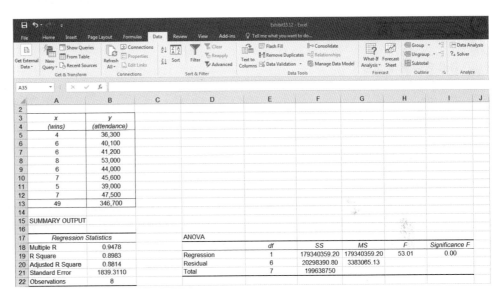

이 메뉴의 "차트" 부분에서 제시 13.9와 같이 "분산형(Scatter)" 차트를 선택한다. 제시 13.9는 주어진 예제 자료에 대한 산포도를 스프레드시트에 보여 준다.

지수평활 예측치를 구하기 위해 앞서 사용하였던 "데이터" 메뉴의 "데이터 분석" 옵션을 이용하여 선형 회귀 예측치도 엑셀로부터 직접 구할 수 있다. 제시 13.10는 "데이터 분석" 창에서 "회귀 분석"을 선택하는 화면을, 제시 13.11은 회귀 창을 보여 준다. 우선 제시 13.8로부터 y값(관객 수)을 포함하는 셀 **B5 : B12**를 입력한다. 다음으로, x값을 포함하는 셀 **A5 : A12**를 입력한다. 출력 범위는 출력 결과를 보여 줄 스프레드시트상의 위치의 범위이다. 이 범위는 크기가 18셀 × 9셀 정도로 커야 하며, 스프레드시트상에 어떠한 것과도 겹쳐서는 안 된다. "확인"를 누르면 제시 13.12와 같은 스프레드시트가 나타난다. "출력 요약(Summary Output)" 부분을 제시 13.12와 같이 화면에 다 보이도록 수정하였다.

제시 13.12의 "출력 요약" 부분은 통계 정보를 많이 제공하고 있으며, 이에 대한 해설과 사용은 이 책이 다루는 내용의 범위를 넘어선다. 주요 관심 항목은 스프레드시트 아래쪽의 "계수(coefficients)" 열에 있는 절편과 기울기("X Variable 1"로 명명된) 그리고 "회귀 통계량(Regression Statistics)" 아래에 있는 "상관계수(Multiple R)" 값이다.

엑셀 QM도 회귀 분석의 스프레드시트 매크로를 가지고 있으며, 제시 13.5와 같이 지수평활 예측법과 유사한 방법으로 사용할 수 있다.

윈도우용 QM을 이용한 회귀분석

앞서 설명한 바와 같이, 윈도우용 QM을 이용하여 선형 회귀를 수행할 수 있다. 이 프로그램 모듈을 설명하기 위해 주립 대학교 운동부의 예제를 이용해 보자. 선형 방정식과 상관계수를 포함한 프로그램의 출력이 제시 13.13에 제시되어 있다.

경영과학 응용 사례

항공 승객 예측 모형

2001년 9월 11일 테러리스트의 공격 이후, 의회에 의해 수립된 교통안전청(TSA)은 2003년 국토안전부 조직의 일부가 되었다. TSA는 국내 교통안전과 특히 미국의 상업용 항공 시스템 보안에 대한 책임을 지고 있다. TSA는 테러 방지를 위해 많은 절차, 과정, 규정들을 시행하였고, 이로 인해 의도치 않게 공항 보안 검색대에 긴 대기행렬과 대기 시간이 발생하였다.

이러한 새로운 보안관련 지표들로 인해 발생된 문제점을 해결하기 위해, TSA는 상업용 항공사들과 미국 상업용 항공 파트너십 조직(USCAP)을 형성하였다. 이 조직의 목표는 보안 기준을 효율적이고 효과적으로 실행하고 미국 상업용 항공의 안전을 유지하는 것이다. 이 목표를 달성하기 위해, USCAP는 기술 전문가를 통해 항공 운항 보안 지표들의 운영과 경제 효과를 분석하고, 정의하고, 예측하는 수리 모형을 개발하였다. 이 모형화의 주요 요소는 항공 여행 승객 수요를 예측하는 것이다.

이전에는 대부분의 항공 여행 예측 모형은 5년에서 20년 기간 동안의 장기적인 추세에 중점을 두었고, 이는 가까운 미래에 대한 전술적인 의사결정과 보안정책에 대한 즉각적인 효과를 반영하기에는 적합하지 않았다. USCAP의 모형은 승객수요를 예측하기 위해서 다음의 6개 요인을 기반으로 한 다중회귀분석을 활용하였다. 6개의 요인은 (미국의 GDP가 반영된) 경제상황, (1,000마일 운항에 대한 평균 요금으로 표현된) 티켓 가격, 운항시간, 공포(공포를 일으키는 사건으로 인한 비행기 탑승 감소), 번거로움(번거로움을 일으키는 사건으로 인한 비행기 탑승 감소), (줄어든 운영횟수로 인한) 운영상의 요인이다.

이러한 모형을 위해서 특별한 회귀분석 Solver 툴이 개발되었다. 예측 모형은 공항 보안 절차와 관련된 다양한 문제를 풀기 위한 다른 분석 모형의 기초가 되었다. 다양한 문제의 예로는 보안검색을 위한 인력계획, 공항의 검색 통로 수, 보안검색 시간, 근무자들에 대한 보안증 발급, 승객 보안관리 비용과 같은 보안 조치에 대한 상황분석 등이 있다. USCAP에 의해서 개발된 모형은 보안 절차를 개선함은 물론이고 비용적인 측면에서 몇 백억에 달하는 절감을 이루어 내었는데, 이는 20년을 고려할 경우 천억 달러의 절감액에 해당한다.

© Bill Aron/PhotoEdit, Inc.

자료 : Based on R. Peterson, R. Bittel, C. Forgie, W. Lee, and J. Nestor, "Using USCAP's Analytical Models, the Transportation Security Administration Balances the Impacts of Aviation Security Policies on Passengers and Airlines," *Interfaces* 37, no. 1 (January–February 2007): 52–67.

제시 13.13

Forecasting Results	
State University Athletic Department Summary	
Measure	**Value**
Error Measures	
Bias (Mean Error)	-.0005
MAD (Mean Absolute Deviation)	1,412.644
MSE (Mean Squared Error)	2,537,301.0
Standard Error (denom=n-2=6)	1,839.312
MAPE (Mean Absolute Percent Error)	.033
Regression line	
Dpndnt var, Y = 18,464.37	
+ 4,060.919 * X1	
Statistics	
Correlation coefficient	.9478
Coefficient of determination (r^2)	.8983

엑셀을 이용한 다중 회귀

+ 다중 회귀는 수요와 2개 또는 그 이상의 독립변수를 관련짓는다.

선형 회귀의 더욱 강력한 확장 모형인 다중 회귀(multiple regression)는 또 다른 인과적 예측 방법이다. 수요와 같은 1개의 종속변수를 1개의 독립변수와 관련짓는 선형 회귀와는 달리, 다중 회귀는 1개의 종속변수와 2개 또는 그 이상의 독립변수와의 관계를 반영한다. 다중 회귀는 다음과 같은 일반적인 형태를 보인다.

$$y = \beta_0 + \beta_1 x_1 + \beta_2 x_2 + \cdots + \beta_k x_k$$

여기서, $\beta_0 =$ 절편
$\beta_1 \cdots \beta_k =$ 독립변수의 기여를 나타내는 모수
$x_1 \cdots x_k =$ 독립변수

예를 들어, 도시 또는 지방의 새로운 주택 공급에 대한 수요(y)는 이자율, 인구수, 주택 가격, 개인 수입을 포함하는 독립변수의 함수일 것이다. 자료의 편집을 포함해 다중 회귀 방정식의 전개와 계산은 선형 회귀 방정식보다 상당히 복잡하다. 그러므로 다중 회귀 방법을 이용해 예측치를 구하기 위해서는 컴퓨터가 이용된다.

엑셀 스프레드시트를 이용하여 다중 회귀 문제를 해결하는 것을 보기 위하여, 선형 회귀 설명에 사용하였던 미식축구 경기의 관객 수 예측에 대한 주립 대학교 운동부 예제를 확장 하자. 승리 횟수를 1개의 변수로 둔 관객 수 예측 대신에 다음과 같이 광고 및 홍보 비용을 두 번째 변수로 포함시키자.

승리 횟수	광고비(달러)	관객 수(명)	승리 횟수	광고비(달러)	관객 수(명)
4	29,500	36,300	6	75,000	44,000
6	55,700	40,100	7	72,000	45,600
6	71,300	41,200	5	55,300	39,000
8	87,000	53,000	7	81,600	47,500

선형 회귀 방정식을 전개하기 위해 앞 절에서 사용하였던 것처럼, 스프레드시트 맨 위의 "데이터" 메뉴에서 "데이터 분석" 옵션을 선택한 다음, "데이터 분석" 메뉴에서 "회귀 분석"을 선택하자. 제시 13.14은 스프레드시트 결과와 다중 회귀 통계치를 함께 보여 주고 있다.

스프레드시트에서 x 변수값은 이웃한 열(예제의 경우, 열 A와 B)에 위치하도록 작성되어야 한다. 그리고 제시 13.15에서 보이는 것처럼 "X축 입력 범위(Inpnt x Range)"에 **A4 : B12**를 입력한다. 입력 범위에 변수의 이름 "승리 횟수(wins)", "광고비(promotion)", "관객 수(attendance)"의 셀인 셀 A4, B4, C4를 포함하였음을 주의해야 한다. "Labels"을 선택함으로써 이름들이 스프레드시트의 셀 A27과 A28에 위치하도록 한다.

변수(승리 횟수와 광고비)에 대한 회귀계수가 제시 13.14의 셀 B27과 B28에 제시되어 있다. 그러므로 다중 회귀 방정식은 다음과 같이 정형화된다.

$$y = 19{,}094.42 + 3{,}560.99x_1 + .0368x_2$$

이 방정식은 추정된 승리 횟수와 광고비에 기초한 관객 수 예측을 위하여 사용된다. 예를 들어, 운동부가 7번의 팀 승리와 6만 달러의 광고비를 예상한다면 관객 수의 예측치는 다음과 같다.

$$y = 19{,}094.42 + 3{,}560.99(7) + .0368(60{,}000)$$
$$= 46{,}229.35$$

만약 광고비가 고정된다면 매번 승리할 때마다 3,560.99명의 관객이 증가할 것이고, 반면에 팀 승리 횟수가 고정되면 매번 1,000달러의 광고비마다 36.8명의 관객 수가 증가할 것이다. 이것은 광고비보다 승리 횟수가 관객 수에 더 큰 영향을 주는 것을 의미한다.

제시 13.14

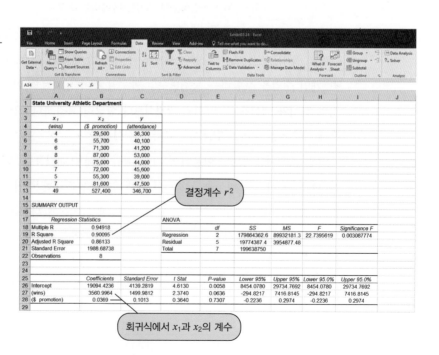

제시 13.15

x_1과 x_2 열을 포함

제시 13.14의 셀 B19에 있는 결정계수 r^2는 0.90이다. 이것은 관객 수 변동의 90%가 승리 횟수와 광고비에 기인함을 의미한다. 그러나 앞서 언급한 바와 같이, 아마도 승리 횟수가 관객 수 변동에 상당 부분을 차지할 것이다.

다중 회귀에서 흔히 직면하는 문제는 '다중 공선성(multicollinearity)'이거나 몇몇의 독립변수가 제공하는 종속변수에 대한 정보가 겹친다는 점이다. 이 문제는 일반적으로 독립변수들이 높은 상관(correlated)을 보일 때 발생한다. 예제에서 승리 횟수와 광고비는 양의 상관관계를 가지고 있다. 즉, 더 많은 승리가 있을 때 더 많은 광고비가 있다. 어쩌면 운동부는 많은 승리를 할 수 있는 좋은 팀이라고 생각되었을 때 더 많은 광고비를 지출하였을 것이다. 다중 공선성과 이것을 어떻게 극복할 것인가의 문제는 본 교재와 이 절에서 다루고 있는 다중 회귀에 대한 간략한 설명의 범위를 벗어난다. 그러나 대부분의 통계학 교재가 다중 공선성에 대하여 자세히 다루고 있다.

데이터 마이닝

과거에는 비즈니스 예측자가 정확한 예측을 하기 위해 사용하는 자료가 한정되어 있었다. 현재의 상황은 정반대로 엄청난 양의 비즈니스 자료가 쌓여 있다. 소비자가 신용카드를 사용할 때마다 혹은 웹사이트를 접속할 때마다, 또는 회사직원이 창고의 박스나 팔레트 또는 선반에 있는 상품들을 스캔할 때마다 자료가 수집된다. 전 세계에 있는 자료는 2년마다 두 배로 증가하는 것으로 예측된다. 또한, 크고 저렴한 저장 장치를 이용하여 기업은 방대한 양의 자료를 저장할 수 있게 되었다. 따라서, 예측자가 직면한 문제는 충분한 자료를 확보하는 것이 더 이상 아니라 방대한 자료를 예측 목적에 맞게 어떻게 활용할 것인가이다. 데이터 마이닝은 예측자가 유용한 예측을 내리기 위하여 대량의 자료를 사용할 수 있게 하는 프로세스와 도구들의 집합체이다.

데이터 마이닝은 주요 변수 간에 의미 있고 타당한 패턴과 관계를 확인하기 위해서 대량의 자료를 검색하고, 분류하고, 모형화하는 과정이다. 이는 추세를 확인하고, 미래의 사건을 예측하고, 가능한 조치 방안을 평가하는 데 사용된다. 예를 들면, 경찰은 언제, 어디서 범죄가 발생할지 예측하기 위해서 데이터 마이닝을 쓸 수 있다. 날씨 분석관은 날씨 패턴을 확인하고 예측하기 위해 데이터 마이닝을 쓸 수 있다. 전력회사는 여러 지역의 다양한 기상 조건에서 에너지 소비를 예측하기 위해서 데이터 마이닝을 활용할 수 있다. 호텔은 재방문 고객의 선호도를 확인하기 위해 데이터 마이닝을 사용할 수 있다. 어떤 제품이 함께 팔리는지, 기획전이 특정 제품 판매에 도움이 되는지, 특정 지역에서 특정 제품이 많이 팔리는지와 같은 예측을 위해서 데이터 마이닝은 유용할 패턴과 추세와 같은 정보를 찾을 수 있게 해준다. 데이터 마이닝은 아마존과 같은 기업이 나이, 성별, 수입, 위치 등에 의해서 분류된 소비자들이 어떤 범주의 책이나 음악을 선호할 것인가를 결정하는 것을 도울 수 있고, 온라인 신발 소매업체인 Zappos가 재구매 고객에게 신발 스타일과 크기를 추천하는 것을 가능하게 한다. 비즈니스 예측 목적의 데이터 마이닝은 시계열 방법과 회귀분석 방법과는 다르다. 이러한 전형적인 예측 방식은 우선 추세나 계절성과 같은 특성이 수요 자료에서 나타나는지를 결정하고 자료에 가장 잘 맞는 (예를 들면, 지수 평활, 가중평균, 회귀분석 등) 예측 모형을 찾는다. 그리고 자료를 잘 반영하는 모형을 이용하여 미래 수요를 예측한다. 데이터 마이닝에서는 반대의 상황이 발생한다. 예측자는 자료와 잘 맞는 패턴을 찾고자 하는 시도를 하지 않는다. 많은 경우 예측자는 패턴에 대한 정보가 없다. 대신에 데이터 마이닝은 자료가 패턴을 알아내고 이 정보를 예측에 사용하게끔 하는 방식이다.

데이터 마이닝은 데이터베이스, 데이터 웨어하우스(warehouse), 데이터 마트(mart)에 저장되어 있는 데이터들을 사용하고 분석한다. 데이터베이스는 기업이 여러 관련된 활동을 분석하기 위해 정리한 자료의 집합체이다. 예로 특정 제품에 대한 과거 매출 자료를 들 수 있다. 데이터 웨어하우스는 매출 정보를 포함한 현재와 과거의 자료와, 시장, 인구통계, 소비자, 재료, 경쟁자, 공급자, 재무 자료 등의 외부 자료를 위한 전형적인 기업의 저장소이다. 데이터 웨어하우스는 특별한 정보를 가지고 있는 데이터의 부분을 저장하는 데이터 마트와 기업이 의사결정을 내리는 것을 도와주기 위해 그룹화되어 있는 데이터로 나뉘어진다. 데이터 마이닝은 데이터베이스, 데이터 웨어하우스, 데이터 마트로부터 패턴과 관계를 이끌어내기 위해서 몇 가지 도구나 작업을 활용한다. 이러한 모든 종류의 도구는 데이터 마이닝을 하기 위해(데이터를 불러오고, 가공하고, 분석하는) 그리고 패턴과 관계를 찾기 위해 SAS나 SPSS와 같은 다양한 소프트웨어를 사용한다.

유관 규칙 학습(association rule learning)은 변수 간에 관계를 찾는 데이터 마이닝 도구이다. 예를 들면, 어떤 특성의 소비자가 셔츠와 청바지와 같이 어떤 제품의 옷을 자주 구매하는지, 어떤 소비자 집단이 선호하는 제품 중에 공통된 특징이 무엇인지를 알고자 할 경우 사용할 수 있다. 군집(clustering) 분석은 자료 내에 있는 그룹을 찾기 위해 소프트웨어를 사용하는 방법이다. 예로, 특정 포장방식 또는 운송 방식을 쓰는 공급자 집단이라던지로, 아니면 특정한 청바지를 구매하는 나이나 수입 집단을 들 수 있다. 분류법(classification)은 사물이나 행동을 구분 짓는 데 사용할 수 있다. 예를 들면, 이메일은 "정상"과 "스팸"으로 분류될 수 있고, 기업이나 제품(청바지 같은)은 "친환경"인가 그렇지 않은가로 구분될 수 있다. 예측 도구는 월간 수요와 같은 변수값을 예측하기 위해 회귀분석과 같은 전형적인 예측 방법이 사용될 수 있다. "요약하기"는 리포트를 포함하여 데이터를 간단하게 표현해 준다.

요약

서로 다른 예측 기간에서 사용될 수 있는 예측 방법 몇 가지를 살펴보았다. 시계열과 회귀 방법은 단기와 중기 예측에 주로 사용되지만, 다른 예측 기간에도 사용할 수 있다. 이러한 정량적 예측 방법은 일반적으로 이해하기 쉽고, 사용하기 편하며, 필요한 자료량이 많지 않다면 적은 비용으로 쓸 수 있다. 많은 기업이 이 방법을 사용하여 좋은 실적을 보여 주고 있다. 이러한 이유로, 회귀(특히 시계열) 방법은 대중적으로 광범위하게 사용되고 있다.

관리자와 학생들이 처음 예측 방법을 접하면, 가끔 예측치가 정확하지 않아서 놀라고 실망한다. 그러나 곧 예측은 쉽지 않으며 정확한 예측은 불가능하다는 것을 알게 된다. 예측은 고리 던지기 놀이와 매우 유사하다. 고리 걸기에 성공할 수 있는 기술과 경험을 가진 사람이 고리를 가까이 던지는 사람을 이길 것으로 생각되어진다. 하지만 고리 걸기에 성공하면 좋지만, 단지 가까이 던짐으로써도 승리할 수 있다.

예제 문제와 풀이

다음 문제는 지수평활법과 조정 지수평활법 예측치의 계산 과정에 대한 예제이다.

문제 설명 ■ 컴퓨터 소프트웨어 회사는 다음과 같은 개인 재무 소프트웨어 패키지 수요 자료를 가지고 있다.

기간	단위 수	기간	단위 수
1	56	5	66
2	61	6	65
3	55	7	72
4	70	8	75

$\alpha = .40$을 사용한 지수평활 예측치와 $\alpha = .40$와 $\beta = .20$을 이용한 지수평활 예측치를 구하시오. MAD와 누적오차를 이용하여 2개의 예측치에 대한 정확성을 비교해 보시오.

풀이 ■ 단계 1 : 지수평활 예측치의 계산

$$F_{t+1} = \alpha D_t + (1 - \alpha)F_t$$

$F_1 = 56$이라고 가정하고 기간 2에 대한 예측치를 구하면 다음과 같다.

$$F_2 = \alpha D_1 + (1 - \alpha)F_1 = (.40)(56) + (.60)(56) = 56$$

기간 3에 대한 예측치는 다음과 같다.

$$F_3 = (.40)(61) + (.60)(56) = 58$$

나머지 예측치도 유사하게 계산되며 다음 표에 제시되어 있다.

단계 2 : 조정 지수평활 예측치의 계산

$$AF_{t+1} = F_{t+1} + T_{t+1}$$

$$T_{t+1} = \beta(F_{t+1} - F_t) + (1 - \beta)T_t$$

$F_1 = F_2$이고 $T_2 = 0$라고 가정했기 때문에 기간 3의 예측치부터 시작하면,

$$T_3 = \beta(F_3 - F_2) + (1 - \beta)T_2 = (.20)(58 - 56) + (.80)(0) = .40$$

$$AF_3 = F_3 + T_3 = 58 + .40 = 58.40$$

유사한 방법으로 나머지 조정된 예측치도 계산되며 다음 표와 같다.

기간	D_t	F_t	AF_t	$D_t - F_t$	$D_t - AF_t$
1	56	–	–	–	–
2	61	56.00	56.00	5.00	5.00
3	55	58.00	58.40	−3.00	−3.40
4	70	56.80	56.88	13.20	13.12
5	66	62.08	63.20	3.92	2.80
6	65	63.65	64.86	1.35	0.14
7	72	64.18	65.26	7.81	6.73
8	75	67.31	68.80	7.68	6.20
9	–	70.39	72.19	–	–
				35.97	30.60

단계 3 : MAD 값의 계산

$$MAD(F_t) = \frac{\sum |D_t - F_t|}{n} = \frac{41.97}{7} = 5.99$$

$$MAD(AF_t) = \frac{\sum |D_t - AF_t|}{n} = \frac{37.39}{7} = 5.34$$

단계 4 : 누적오차의 계산

$$E(F_t) = 35.97$$

$$E(AF_t) = 30.60$$

조정 지수평활 예측치가 MAD와 누적오차 모두 작기 때문에 더 정확한 것으로 보인다.

다음 문제는 선형 회귀 예측치에 관한 예제이다.

문제 설명 ■ 지방의 건축 자재 상점은 과거 10분기 동안의 2 × 4(보드피트 단위) 판자의 판매량과 건축허가 수에 대한 누적 정보를 다음과 같이 가지고 있다.

분기	건축허가 수, x	목재 판매(단위 : 1,000보드피트), y
1	8	12.6
2	12	16.3
3	7	9.3
4	9	11.5
5	15	18.1
6	6	7.6
7	5	6.2
8	8	14.2
9	10	15.0
10	12	17.8

이 자료에 대해 선형 회귀 모형을 개발하고 상관을 이용하여 선형 관계의 정도를 결정하시오. 만약 모형이 상대적으로 높은 상관관계를 보이면, 다음 분기에 10개의 건축허가가 있을 경우의 목재 판매량에 대한 예측치를 구하시오.

풀이 ■ 단계 1 : 선형 회귀 방정식 계산

$$\bar{x} = \frac{92}{10} = 9.2$$

$$\bar{y} = \frac{128.6}{10} = 12.86$$

$$b = \frac{\sum xy - n\bar{x}\bar{y}}{\sum x^2 - n\bar{x}^2} = \frac{(1,290.3) - (10)(9.2)(12.86)}{(932) - (10)(9.2)^2}$$

$$b = 1.25$$

$$a = \bar{y} - b\bar{x} = 12.86 - (1.25)(9.2)$$

$$a = 1.36$$

단계 2: 선형 회귀 방정식 전개

$$y = a + bx$$
$$y = 1.36 + 1.25x$$

단계 3 : 상관계수 계산

$$r = \frac{n\sum xy - \sum x \sum y}{\sqrt{\left[n\sum x^2 - (\sum x)^2\right]\left[n\sum y^2 - (\sum y)^2\right]}}$$

$$= \frac{(10)(1,290.3) - (92)(128.6)}{\sqrt{\left[(10)(932) - (92)^2\right]\left[(10)(1,810.48) - (128.6)^2\right]}}$$

$$= .925$$

그러므로 강한 선형 관계를 보인다.

단계 4 : 허가 수 $x = 10$일 때 예측치 계산

$$y = a + bx$$
$$= 1.36 + 1.25(10)$$
$$= 13.86 \text{ 또는 } 1,386\text{보드피트}$$

01 한 지역에서 바나나를 재배하는 단체가 있다. 묘목을 심은 후 바나나 줄기를 수확하는 데 10개월이 걸린다. 생산 주기가 길고 강한 바람이 농장에 영향을 주기 때문에 단기간에 공급을 늘리는 것은 불가능하다. 따라서 수요와 공급의 균형이 생산자와 소매업자 모두에게 중요하다. 생산자와 소매업자 중에 생산자가 더 많은 위험을 감수한다. 수요보다 더 많이 생산하는 경우에는 수익이 발생하지 않는 생산비용을 감당해야 한다. 반대로 수요보다 덜 생산한 경우에는 수익의 기회를 잃게 된다. 정확한 예측은 바나나 재배자가 과잉 및 과소 생산의 위험을 최소화하는 데 도움이 된다. 이 단체는 작년 수요를 관찰하여 수요를 예측하고 그에 따라 회원들에게 조언한다. 작년 월별 바나나 수요(톤)는 다음 표를 참조하시오.

a. 4월부터 7월까지의 수요에 대한 3개월 이동평균 예측치를 계산하시오.

b. 6월부터 1월까지의 수요에 대한 5개월 이동평균 예측치를 계산하시오.

c. MAPD를 이용하여 (a)와 (b)에서 계산된 두 예측치를 비교하시오. 내년의 1월에 대하여 어느 것을 써야 하는가?

월	판매량(톤)	월	판매량(톤)
1	14	7	15
2	12	8	16
3	15	9	17
4	13	10	15
5	12	11	19
6	17	12	21

02 Fastgro 비료 회사는 잔디와 원예 식물을 취급하는 상점에 비료를 공급한다. 회사의 분기 생산 계획은 요구되는 비료의 양에 대한 예측치에 근거한다. 판매 기록으로부터 다음과 같이 과거 3년간의 자료를 수집하였다.

연	분기	비료 수요(톤)
1	1	105
	2	150
	3	93
	4	121
2	5	140
	6	170
	7	105
	8	150
3	9	150
	10	170
	11	110
	12	130

a. 분기 4부터 분기 13까지의 수요에 대한 3분기 이동평균 예측치를 구하고, 각 분기의 예측 오차를 구하시오.

b. 분기 6부터 분기 13까지의 수요에 대한 5분기 이동평균 예측치를 구하고, 각 분기의 예측 오차를 구하시오.

c. 가장 최근, 그 다음, 가장 먼 자료에 대해 각각 0.50, 0.33과 0.17의 가중치를 이용하여, 3분기 가중 이동평균 예측치를 구하고, 각 분기의 예측 오차를 구하시오.

d. 누적오차를 이용하여 (a), (b)와 (c)에서 구한 예측치를 비교하라. 어떤 예측치가 가장 정확한가? 어떤 것이 편향을 보이는가?

e. 수요 자료를 도식화하시오. 추세, 주기, 또는 계절적 패턴을 확인할 수 있는가?

03 한 식용유 유통업체는 지역의 주요 슈퍼마켓에 기름을 공급한다. 개인별 일일 기름 소비량은 거의 같을 것 같지만 유통업체의 기름 수요는 매월 변한다. 유통업체는 모든 슈퍼마켓의 주문을 통합하고 주문과 배송 작업을 시작한다. 기름 공급망의 수요와 공급의 변동성을 줄이기 위해서는 정확한 예측이 필수적이다. 다음 표는 지난 10개월 동안의 유통업체의 전체 판매량(갤런 단위)을 보여 준다.

월	판매량	월	판매량
1	12,137	6	21,192
2	14,729	7	24,560
3	15,146	8	26,883
4	16,559	9	28,926
5	18,992	10	32,592

a. α값이 0.35인 것을 이용하여 지수평활 예측치를 구하시오.

b. 조정 지수평활 예측치($\alpha = 0.35$와 $\beta = 0.40$)를 구하시오.

c. MAD를 이용하여 두 예측치를 비교하고 어떤 예측치가 더 정확한지 말하시오. 정확한 방법에 기반한 11번째 달의 예측값은 얼마인가?

04 Bayside Fountain 호텔은 2만 4,000석 규모의 대경기장에 인접해 있고, 대경기장은 시립 프로 농구팀과 프로 아이스하키 팀의 홈그라운드이며 다양한 음악회, 무역 박람회, 각종 대회를 연중 주최한다. 대경기장이 개방된 후 과거 9년간의 호텔 수용률은 다음과 같다.

연	수용률(%)	연	수용률(%)
1	83	6	85
2	78	7	89
3	75	8	90
4	81	9	86
5	86		

$\alpha = .20$을 이용한 지수평활 예측치, $\alpha = .20$와 $\beta = .20$을 이용한 조정 지수평활 예측치, 그리고 선형 추세선 예측치를 구하시오. MAD와 평균오차($\overline{E}$)를 이용하여 세 예측치의 정확성을 비교하고 가장 정확한 예측 방법을 찾으시오.

05 Eurotronics는 벨기에, 독일, 프랑스에 있는 공장에서 컴퓨터, CD 플레이어, 라디오와 같은 전자 제품에 사용되는 부품을 생산한다. 부품은 트럭에 실려 함부르크로 이송되며, 함부르크에서 멕시코, 남미, 미국, 그리고 환태평양 지역의 고객에게 배로 운반된다. 이 회사는 선박에 필요 공간을 몇 개월 또는 때로는 수년 전에 예약해야 하기 때문에, 정확한 예측 모형이 필요하다. 다음은 과거 18개월 동안 사용하였던 컨테이너 공간에 대한 자료이다.

월	컨테이너 공간(1,000입방피트)	월	컨테이너 공간(1,000입방피트)
1	10.6	10	19.2
2	12.7	11	16.3
3	9.8	12	14.7
4	11.3	13	18.2
5	13.6	14	19.6
6	14.4	15	21.4
7	12.2	16	22.8
8	16.7	17	20.6
9	18.1	18	18.7

다음 해에 비교적 정확한 예측치를 제공할 수 있는 예측 모형을 개발하고, 다음 3개월 동안 필요한 선박의 공간에 대한 예측치를 구하시오.

06 문제 02에 있는 비료 수요 자료에 대한 계절 조정 예측치를 구하시오. 4년의 수요를 예측하기 위하여 선형 추세선 모델을 이용하시오.

07 Cat Creek 채광 회사는 석탄을 캐고 운반한다. 과거 8년 동안 석탄에 대한 수요 자료는 다음과 같다.

연	석탄 판매량(톤)	연	석탄 판매량(톤)
1	4,260	5	3,900
2	4,510	6	3,470
3	4,050	7	2,890
4	3,720	8	3,100

조정 지수평활 모델(α = .30과 β = .20)과 선형 추세선 모형을 개발하고, MAD를 이용하여 두 예측치의 정확성을 비교하시오. 어떠한 예측치가 더 정확한가?

08 Beaver Creek 도자기 회사는 수공예 가게와 웹사이트에서 미국 원주민 장인이 손수 만든 그릇과 컵을 판매한다. 이러한 제품을 만드는 데 특별한 종류의 점토와 많은 노동시간이 요구되어서, 이 회사는 계획을 할 목적으로 주 판매원인 웹사이트 수요를 예측하고 싶어 한다. 다음은 과거 36개월에 대한 웹사이트에서 판매된 제품의 수요이다.

월	판매량	월	판매량	월	판매량
1	345	13	415	25	344
2	411	14	395	26	286
3	266	15	298	27	455
4	247	16	377	28	634
5	506	17	418	29	502
6	278	18	522	30	388
7	411	19	421	31	427
8	510	20	384	32	561
9	198	21	455	33	447
10	387	22	506	34	395
11	344	23	478	35	414
12	412	24	613	36	522

선형 추세선 모형, 지수 평활 모형($\alpha = .20$), 그리고 5개월 이동평균 예측 모형을 개발하고 어떤 것이 웹사이트 수요를 예측하는 데 사용되는 것이 좋을지 제시하시오.

09 메트로 푸드 벤딩은 마을 주위의 사무실, 공항, 버스정류장, 대학, 기타 사업장과 에이전시에서 자판기를 운영하고 건축현장을 위한 판매 차량을 운영하고 있다. 이 회사는 샌드위치 판매가 계절적 패턴을 따른다고 믿고 있다. 지난 4년 동안 계절별 샌드위치 판매에 대한 다음과 같은 자료를 축적해 왔다.

계절	샌드위치 판매량(1,000단위)/연			
	1	2	3	4
가을	42.7	44.3	45.7	40.6
겨울	36.9	42.7	34.8	41.5
봄	51.3	55.6	49.3	47.3
여름	62.9	64.8	71.2	74.5

이 샌드위치 판매 데이터에 대한 계절 조정 예측 모형을 개발하시오. 5년의 판매를 예측하기 위해 선형 추세선 예측을 사용하여 5년의 각 계절에 대한 수요를 예측하시오. 자료는 계절적 패턴을 가지고 있는 것으로 보이는가?

10 LT는 스마트폰 부품을 제조한다. 이 부품은 스마트폰에 대한 전 세계 수요에 의존한다. 과거 8년간의 연간 전 세계 판매량(단위 : 백만)은 아래와 같다.

연	판매량	연	판매량
1	140	5	730
2	173	6	1,030
3	305	7	1,300
4	495	8	1,430

9, 10, 그리고 11년에 대한 스마트폰 판매량 예측을 위하여 선형 추세선 모형을 개발하시오.

11 Aztec Industries는 예측 모형을 개발하여 10개월 동안 사용하였다. 예측치와 실제 수요량은 다음과 같다.

월	실제 수요	예측 수요	월	실제 수요	예측 수요
1	160	170	6	220	186
2	150	165	7	205	203
3	175	157	8	210	204
4	200	166	9	200	2007
5	190	183	10	220	203

MAD, *MAPD*, 그리고 누적오차를 이용하여 예측치의 정확성을 측정하시오. 이 예측 방법은 정확한가?

12 문제 01의 수요 자료에 대하여 $\alpha = .20$을 사용하여 지수평활 예측치를 구하시오. 이 예측치를 문제 01의 (a)에서 계산된 3개월 이동평균과 MAD를 활용하여 비교하고 어떤 예측치가 더 정확한 것처럼 보이는지 밝히시오.

13 클로버리프 스타디움 근처의 Ramona Inn 호텔 관리자는 지역 블루삭스 프로 농구팀의 경기 성적이 여름 기간의 호텔 수용률에 영향을 미친다고 믿고 있다. 과거 8년 동안 블루삭스 팀의 승리 횟수(162경기 중)와 호텔 수용률은 다음과 같다.

연	블루삭스 승리 횟수	수용률(%)	연	블루삭스 승리 횟수	수용률(%)
1	75	83	5	87	89
2	70	78	6	90	93
3	85	86	7	87	92
4	91	85	8	67	91

이 자료에 대한 선형 회귀 모형을 개발하고, 블루삭스 프로 농구팀이 88경기를 이길 경우 내년도 호텔 수용률을 예측하시오.

14 Tech의 경영대 학생들은 직접 만든 웹사이트와 소셜 미디어 사이트를 통해 경영 전공과 관련된 내용들을 전달하는 Prism이라는 학생회를 조직하였다. Prism은 만들어진 웹사이트를 통해 각 전공학과가 전공에 대한 정보를 알리고, 잠재 고용자가 일자리를 홍보하기를 바란다. 경영대 행정실과 전공학과장들이 웹사이트를 사용하는 것을 설득하기 위해 미래 웹사이트 방문 수를 예측하고자 한다. 다음은 웹사이트가 사용되었던 지난 24주 동안 주간 방문 수이다.

주	웹사이트 방문 수	주	웹사이트 방문 수
1	537	13	822
2	375	14	677
3	419	15	1,031
4	276	16	657
5	445	17	983
6	512	18	774
7	670	19	1,210
8	561	20	811
9	705	21	1,137
10	619	22	763
11	768	23	1,225
12	645	24	941

선형 추세선 예측치, 지수평활 예측치($\alpha = .60$), 그리고 3주 가중 이동평균 예측치(가장 최근은 0.5, 그 다음 최근은 0.3, 마지막 주는 0.2의 가중치)를 구하시오. 어떤 예측 모형이 가장 정확한지 제시하고 25주에 대한 예측치를 제시하시오.

15 Suntrek은 글로벌 제조 기업이고 전 세계의 의류 소매업자에게 청바지를 공급한다. 전 세계로부터 면화를 구매하여 이를 데님 원단 공장으로 보낸 후 청바지 제조시설로 보낸다. 면 구매와 생산, 배송계획은 정확한 청바지 수요예측에 달려 있다. Suntrek은 면 생산과 청바지 수요가 밀접한 관계가 있다고 믿기 때문에 면 생산을 청바지 수요 예측에 포함시킬 계획이다. 다음은 지난 6년간 전 세계의 면 생산량과 청바지 판매를 나타낸다.

연	면 생산량(백만 베일)	청바지 판매량(백만 벌)
1	123	1,830
2	109	2,010
3	118	1,903
4	114	1,875
5	103	2,110
6	109	2,005

이 자료에 대한 선형 회귀 모형을 개발하고, 115백만 베일의 면 생산에 대한 청바지 수요를 예측하고 왜 이 모형이 청바지 수요예측을 위해 사용되어야만 하는지 또는 그렇지 않은지를 설명하시오.

16 DirectCast 케이블 TV 회사는 약 3만 명의 학생들이 있는 Tech가 있는 작은 대학 마을에 서비스를 제공하는 전국 체인이다. 이 회사는 과거에는 서비스 전화와 설치를 처리할 수 있었으나, 마을의 성장 추세와 고화질 설치와 같이 갑작스런 서비스 증가로 인해 손님들에게 좋은 서비스를 유지하기 위해서 몇 명의 기술자와 트럭이 필요한지를 결정하는 것이 어렵게 되었다. 다음은 지난 36개월 동안의 서비스 전화에 대한 수요이다.

월	1년 서비스 전화 수	2년 서비스 전화 수	3년 서비스 전화 수
1월	1,048	1,155	1,135
2월	326	319	365
3월	303	324	341
4월	351	344	370
5월	673	712	694
6월	274	306	310
7월	219	245	266
8월	1,347	1,455	1,505
9월	973	1,056	981
10월	536	545	555
11월	312	298	317
12월	577	481	562

다음 해의 월간 수요를 예측하시오. 왜 서비스 전화에 대한 월간 수요가 때때로 증가하거나 감소하는지 유추하시오.

17 Gilley's 아이스크림 가게의 경영자는 아이스크림 수요의 정확한 예측치가 필요하다. 이 가게는 1주일 전에 아이스크림을 도매업자에게 주문한다. 만약 주문량이 너무 적으면 판매가 중단되고, 주문량이 너무 많으면 남은 제품은 버려야 한다. 관리자는 아이스크림 판매량의 주된 결정 요소가 기온이라고 생각한다. 즉, 기온이 높으면 높을수록 사람들이 더 많은 아이스크림을 사먹는다. 관리자가 연감(almanac)을 이용하여 얻은 지난 10주 동안의 낮 평균 기온과 아이스크림 소비량에 대한 자료는 다음과 같다.

주	평균 기온(도)	아이스크림 판매(갤런)	주	평균 기온(도)	아이스크림 판매(갤런)
1	73	110	6	77	105
2	65	95	7	82	120
3	81	135	8	93	175
4	90	160	9	86	140
5	75	97	10	79	121

a. 이 자료에 대한 선형 회귀 모형을 개발하고, 평균 주간 낮 기온이 85도(화씨)일 때의 아이스크림 소비량을 예측하시오.

b. 상관계수를 이용하여 기온과 아이스크림 소비량 사이의 선형 관계 정도를 구하시오.

18 문제 17의 자료에 대해 결정계수를 구하고 그것의 의미를 설명하시오.

19 주립 대학교 관리자들은 최근의 신입생 지원자 수의 감소가 등록금 인상과 직접적인 관련이 있다고 생각한다. 과거 10년 동안의 등록자 수와 등록금에 대한 자료는 다음과 같다.

연	신입생 지원자 수	연간 등록금(달러)	연	신입생 지원자 수	연간 등록금(달러)
1	6,050	3,600	6	4,160	5,700
2	4,060	3,600	7	3,560	6,000
3	5,200	4,000	8	2,970	6,000
4	4,410	4,400	9	3,280	7,500
5	4,380	4,500	10	3,430	8,000

    a. 이 자료에 대한 선형 회귀 모형을 개발하시오. 연간 등록금이 9,000달러로 인상되었을 때와 7,000달러로 인하되었을 때의 주립 대학교의 지원자 수를 예측하시오.

    b. 상관계수를 이용하여 신입생 지원자 수와 등록금 사이의 선형 관계의 정도를 밝히시오.

    c. 신입생 지원자의 예측치를 반영한 주립 대학교의 다양한 기획안을 기술하시오.

20 문제 19에 주어진 주립 대학교 신입생 지원자 수에 대한 선형 추세선 모형을 개발하시오.

    a. 이 예측치가 문제 19에서 개발한 선형 회귀 예측치보다 정확한가 아니면 그렇지 않은가? 정당한 이유를 설명하시오.

    b. 선형 추세선 예측법의 상관계수를 계산하고 그것의 의미를 설명하시오.

21 문제 17에서 선형 회귀식의 기울기 값을 설명하시오.

22 Precision 엔진 부품 회사의 종업원은 부품을 설계 규격에 정확히 맞추어 생산한다. 종업원은 능률 단계에 따라 임금을 받는다. 즉, 더 많은 제품을 더 빨리 생산하면 더 많은 월간 장려금을 받을 수 있다. 경영자는 이러한 임금 지불 방법이 불량 부품의 수를 증가시키는 데 일조한다고 의심하고 있다. 특정 부품은 정상적 표준 시간으로 23분의 생산 시간을 필요로 한다. 품질 관리 관리자는 지난 달 중 20일을 임의적으로 선택하여 10명의 종업원에 대하여 이 부품의 실제 평균 생산 시간을 조사하였고, 다음과 같은 부품 불량률을 얻었다.

평균 시간(분)	불량률(%)	평균 시간(분)	불량률(%)
21.6	3.1	20.8	2.7
22.5	4.6	18.9	4.5
23.1	2.7	21.4	2.8
24.6	1.8	23.7	1.9
22.8	3.5	23.8	1.1
23.7	3.2	24.9	1.2
20.9	3.7	19.8	2.3
19.7	4.5	19.7	5.1
24.5	0.8	21.2	3.6
26.7	1.2	20.8	4.2

평균 생산 시간과 불량률에 대한 선형 관계가 존재하는지 밝히기 위해 선형 회귀 모형을 개발하고, 23분의 생산 시간을 지킬 경우의 불량률을 예측하시오.

23 Gametime 모자 회사는 다양한 디자인과 색상의 여러 팀 로고가 있는 야구모자를 제조한다. 이 회사의 지난 24개월에 대한 월간 판매는 다음과 같다.

월	수요(1,000단위)	월	수요(1,000단위)
1	8.2	13	10.3
2	7.5	14	10.5
3	8.1	15	11.7
4	9.3	16	9.8
5	9.1	17	10.8
6	9.5	18	11.3
7	10.4	19	12.6
8	9.7	20	11.5
9	10.2	21	10.8
10	10.6	22	11.7
11	8.2	23	12.5
12	9.9	24	12.8

최선이라고 생각되는 방법을 사용하여 예측모형을 개발하고, 예측 정확성에 대한 측정값(또는 측정값들)을 사용하여 여러분의 선택을 정당화하시오.

24 Infoweek는 주립 대학교가 위치한 도시에서 컴퓨터, 보조 설비, 소프트웨어를 판매하는 대형 컴퓨터 할인점이다. 과거 10년 동안의 컴퓨터와 프린터 판매에 대한 자료는 다음과 같다.

연	개인용 컴퓨터 판매량	프린터 판매량	연	개인용 컴퓨터 판매량	프린터 판매량
1	1,045	326	6	1,117	506
2	1,610	510	7	1,066	612
3	860	296	8	1,310	560
4	1,211	478	9	1,517	590
5	975	305	10	1,246	676

a. 11년의 프린터 수요에 대한 선형 추세선 예측치를 구하시오.

b. 프린터 판매와 컴퓨터 판매와의 관계에 대한 선형 회귀 모형을 개발하고, 11년에 1,300대의 컴퓨터가 팔린다면 프린터 판매량의 예측치는 얼마인가?

c. (a)와 (b)에서 구한 예측치를 비교하고, 어느 예측치가 더 정확한지 밝히시오.

25 문제 24의 자료에 대하여 $\alpha = .30$을 이용한 지수평활 모형을 개발하고, 11년째의 프린터 수요에 대한 예측치를 구하시오. 그리고 (a)에서 구한 선형 추세선 예측치와 정확성을 비교하시오.

26 Arrow Air는 지역 동부 해안 항공사이다. 과거 5년 동안의 각 분기별 좌석 점유율과 평균 운임 할인율에 대한 자료는 다음과 같다.

연	분기	평균 운임 할인율(%)	좌석 점유율(%)
1	1	63	21
	2	75	34
	3	76	18
	4	58	26
2	1	59	18
	2	62	40
	3	81	25
	4	76	30
3	1	65	23
	2	70	28
	3	78	30
	4	69	35
4	1	59	20
	2	61	35
	3	83	26
	4	71	30
5	1	60	25
	2	66	37
	3	86	25
	4	74	30

a. 좌석 점유율에 대한 계절 조정 예측 모형을 개발하시오. 선형 추세선 예측치를 이용하여 6년의 좌석 점유율을 예측하시오.

b. 좌석 점유율과 운임 할인율 사이의 관계에 대한 선형 회귀 모형을 개발하고, 각 분기별 할인율이 1분기 20%, 2분기 36%, 3분기 25%, 4분기 30%임을 가정하여 6년의 각 분기별 좌석 점유율을 예측하시오.

c. (a)와 (b)에서 구한 예측치를 비교하고, 가장 정확한 예측치가 어느 것인지 밝히시오.

27 문제 26의 자료에 대해 조정 지수평활 예측 모형(α = .40와 β = .40)을 개발하여 좌석 점유율에 대한 예측치를 구하고, (a)에서 구한 계절 조정 예측 모형과 정확성을 비교하시오.

28 Taco Town 패스트푸드 음식점의 하루 중 가장 바쁜 시간은 오전 11시부터 오후 2시까지이다. Taco Town의 서비스는 매우 노동 집약적이며, 빠른 서비스를 제공하기 위한 주요 요인은 이 3시간 동안 근무하는 종업원 수이다. 3시간의 점심시간 중 각 시간대에 필요한 종업원 수를 결정하기 위해 Taco Town은 정확한 예측 모형을 필요로 한다. 과거 주중 20일 동안의 각 시간대별 점심시간 고객 수에 대한 자료는 다음과 같다.

일	시간대			일	시간대		
	11~12시	12~1시	1~2시		11~12시	12~1시	1~2시
1	90	125	87	11	57	114	106
2	76	131	93	12	68	125	95
3	89	112	99	13	75	206	102
4	83	149	78	14	94	117	118
5	71	156	83	15	103	145	122
6	94	178	89	16	67	121	93
7	56	101	124	17	94	113	76
8	63	91	66	18	83	166	94
9	73	146	119	19	79	124	87
10	101	104	96	20	81	118	115

Taco Town의 다음 날의 고객 수를 가장 잘 예측할 수 있는 예측 모형을 개발하고, 모형을 선택한 이유를 설명하시오.

29 Klorax는 지속가능성에 대한 대중들의 급증하는 관심을 기회로 삼아, GreenClean이란 천연 비합성 청소 제품을 출시하였다. Klorax가 출시한 최초의 지속가능 제품 중 하나는 천연 냉수 세제였다. 이 회사는 다양한 예측 모형을 개발하기 위해 지금까지 이 제품에 대한 수년간의 판매자료를 수집하였다. 이 회사의 마케팅 부서는 전국적인 미디어에 정부 에너지 보고서, 석유 가격 또는 에너지 가격의 상승, 석유 유출, 환경오염, 친환경 프로젝트 수행을 하여 긍정적 보도가 이루어지는 기업과 같은 주요 환경 사례가 있을 때, 판매가 증가한다고 믿고 있다. 그래서 마케팅 부서는 전국적인 미디어에 매달 보고되는 친환경 사례 수와 세제의 월간 판매를 관련 짓는 선형 회귀분석 예측 모형을 개발하고자 한다. 마케팅 부서는 몇 명의 직원들에게 과거 2년에 대한 다양한 미디어들을 확인해서 전국적으로 보고된 친환경 사례들의 수를 세게 하였고 이는 월간 판매와 함께 아래의 표에 제시되어 있다.

월	판매량	친환경 사례 수	월	판매량	친환경 사례 수
1	34,175	3	13	55,732	7
2	28,366	2	14	26,004	4
3	41,819	4	15	49,188	5
4	27,666	1	16	40,005	2
5	31,299	1	17	38,912	2
6	37,456	4	18	31,777	1
7	52,444	5	19	30,367	0
8	46,712	3	20	34,566	1
9	37,222	2	21	29,078	1
10	44,981	2	22	45,876	3
11	40,006	2	23	48,556	4
12	47,321	4	24	51,022	6

선형 회귀분석 모형을 개발하고 다음 달에 3개의 친환경 사례가 보고 될 때의 판매를 예측하시오. Klorax를 위한 이런 관계적인 예측 방식의 가치와 유용성에 대하여 논의하시오.

30 문제 29에서 Klorax가 출시할 GreenClean 라인 중 신제품은 다용도 청소 제품이고, Klorax 는 향후 5년의 수요가 어떻게 될 것인가를 예측하려고 한다. 그러나 예측 모형을 개발하기 위해 서 사용할 과거 수요 자료가 없다. 마케팅 부서는 첫 해의 판매 예측을 하였고 최고 경영진, 영 업팀, 청소 제품 무역회, 독립 마케팅 회사의 4개의 다른 곳으로부터 신제품에 대한 예측치를 받았다. 첫 해의 판매 예측으로 최고 경영진은 3만 4,000개, 마케팅 부서는 4만 7,000개, 영업팀 은 4만 1,000개, 무역회는 2만 8,000개, 독립 마케팅 회사는 5만 1,000개를 제시하였다. 이러한 예측치와 문제 29에서 주어진 수요 자료와 세제에 대한 예측 모형을 사용하여, 5년에 대한 새 로운 청소제품에 대한 수요를 예측하시오.

31 Valley United 축구 클럽은 18세까지의 모든 연령대의 남녀 순회 축구팀을 보유하고 있다. 클 럽은 성공적이며 수년간 인기를 얻고 있다. 그러나 계속된 성장의 장애물은 지역 훈련과 경기 를 할 수 있는 축구장의 부족이다. 클럽 팀에서 운동하려고 하는 어린이 수가 증가함에 따라 이를 수용하기 위한 많은 축구장이 필요하다. 클럽은 이 점을 시위원회와 공원과 레크리에이션 위원회에 주장해 왔다. 과거 15년 동안 팀에서 운동해 온 어린이 수와 도시의 인구에 대한 자료 는 다음과 같다.

연	클럽 축구선수 수	도시 인구	연	클럽 축구선수 수	도시 인구
1	146	18,060	9	235	18,506
2	135	18,021	10	231	18,583
3	159	18,110	11	239	18,609
4	161	18,125	12	251	18,745
5	176	18,240	13	266	19,003
6	190	18,231	14	301	19,062
7	227	18,306	15	327	19,114
8	218	18,477			

축구 클럽은 앞으로 기대되는 수요 증가를 시위원회에 증명하기 위해 예측 모형을 개발하려고 한다.

a. 내년에 클럽이 기대하는 축구선수 수를 예측하기 위한 선형 추세선 예측치를 구하시오.

b. 도시계획 부서는 도시 인구가 내년에는 1만 9,300명으로, 5년 후에는 2만 명으로 증가될 것 으로 기대된다고 축구 클럽에 통보해 왔다. 클럽 축구선수 수의 예측치로 도시 인구를 사용 하여 선형 회귀 모형을 개발하고, (a)에서 구한 예측치와 비교하시오. 새로운 축구장에 대한 요구를 지원하기 위해 클럽은 어떤 예측 모형을 사용하여야 하는가?

32 지난 10년 동안의 Tech의 신입생 입학 자료는 다음과 같다.

연	지원자 수	합격인원	합격률(%)	등록 수	등록률(%)
1	13,876	11,200	80.7	4112	36.7
2	14,993	11,622	77.8	4354	37.3
3	14,842	11,579	78.0	4755	41.1
4	16,285	13,207	81.1	5068	38.0
5	16,922	11,382	73.2	4532	39.8
6	16,109	11,937	74.1	4655	39.0

(계속)

연	지원자 수	합격인원	합격률(%)	등록 수	등록률(%)
7	15,883	11,616	73.1	4659	40.1
8	18,407	11,539	62.7	4620	40.0
9	18,838	13,138	69.7	5054	38.5
10	17,756	11,952	67.3	4822	40.3

Tech가 5,000명의 신입생 등록을 얻기 위한 합격률을 예측하고자 한다.

a. 내년 지원자 수와 등록률을 예측하기 위하여 선형 추세선을 개발하시오. 이 결과를 이용하여 Tech가 결정할 합격률을 추정하시오.

b. Tech가 결정할 합격률을 예측하기 위하여 선형 추세선을 개발하시오. 이를 (a)의 결과와 비교하시오. 어떤 예측이 더 정확하다고 생각하는가?

c. 11년에 Tech에는 1만 8,300명이 지원한다고 가정하시오. 5,000명의 등록 수를 얻기 위하여 합격인원을 몇 명으로 정하면 되는가?

24 Tech 행정관은 신입생 지원자 수가 등록금과 주 내의 자격 요건을 갖춘 고등학교 3학년 학생 지원자 풀(pool)의 규모에 영향을 받는다고 믿고 있다. 다음은 8년 동안의 학기당 등록금과 지원자 풀의 규모에 대한 자료이다.

등록금(달러)	지원자 풀	지원자 수	등록금(달러)	지원자 풀	지원자 수
900	76,200	1,1060	1,550	62,550	7,400
1,250	78,050	10,900	1,625	59,230	7,100
1,375	67,420	8,670	1,750	57,900	6,300
1,400	70,390	9,050	1,930	60,080	6,100

a. 엑셀을 이용하여 이 자료에 대한 다중 회귀 방정식을 구하시오.

b. 이 회귀 방정식의 결정계수는 얼마인가?

c. 학기당 등록금이 1,500달러이고, 지원자 풀이 6만 명일 때 신입생 지원자 수에 대한 예측치를 구하시오.

35 문제 24에서 Infoweeks는 프린터 판매량이 프린터의 평균 가격과 관련이 있다고 믿는다. 과거 10년 동안의 평균 프린터 가격에 대한 자료는 다음과 같다.

연	평균 프린터 가격(달러)	연	평균 프린터 가격(달러)
1	475	6	370
2	490	7	350
3	520	8	300
4	420	9	280
5	410	10	250

a. 엑셀을 이용하여 이 자료에 대한 다중 회귀 방정식을 구하시오.

b. 이 회귀 방정식의 결정계수는 얼마인가?

c. 개인용 컴퓨터 판매량이 1,500대이고, 평균 프린터 가격이 300달러일 때, 프린터 판매량의 예측치를 구하시오.

36 베이빌 경찰국의 자동차 관리자는 지난해의 주행 거리와 차량의 사용 기간에 기초해 경찰차의 연간 유지 보수에 대한 예측 모형을 개발하려고 한다. 다음은 서로 다른 8대의 차량에 대한 자료이다.

주행 거리 (마일)	차량 사용 기간(연)	유지비 (달러)	주행 거리 (마일)	차량 사용 기간(연)	유지비 (달러)
16,320	7	1,200	9,175	3	650
15,100	8	1,400	12,770	7	1,150
18,500	8	1,820	8,600	2	875
10,200	3	900	7,900	3	900

a. 엑셀을 이용하여 이 자료에 대한 다중 회귀 방정식을 구하시오.

b. 이 회귀 방정식의 결정계수는 얼마인가?

c. 5년 된 경찰차가 1년 후에 1만 마일의 주행 거리를 기록한다면, 이 차량의 연간 유지 보수비를 예측하시오.

사례 문제

주립 대학교의 예측

주의회는 과거 몇 년 동안 주립 대학교에 대한 지원금을 대폭 감축하였다. 그 결과, 주립 대학교의 행정기관은 과거 5년 동안 매년 등록금을 대폭 인상하였다. 5년 전 주립 대학교는 비교적 등록금이 저렴한 학교로 인식되었지만, 지금은 주의 지원을 받는 대학 중 등록금이 비싼 학교로 인식되고 있다. 이는 몇몇 학부형과 학생에게 주립 대학교의 교육 가치에 대한 의구심을 갖게 만들었고, 입학 지원자 수의 감소를 가져왔다. 주 교육 자금의 분배가 등록 학생 수와 관련되어 있기 때문에, 주립 대학교는 지원자 풀을 하향 조정하여 자격 미달 학생들의 입학을 허가함으로써 대학 등록자 수의 수준을 유지해 왔다.

이 문제와 더불어, 향후 10년간 대학 지원자 수는 상당히 증가할 것으로 예상된다. 주의회의 핵심 구성원들은 대학 행정기관에 주립 대학교가 다음 10년간 추가적으로 학생들을 받아들일 것으로 기대한다고 말해 왔다. 그러나 경제적 전망과 지금의 예산 상태로는 대학은 추가적인 설비, 강의실, 기숙사 또는 교수를 위한 어떠한 자금의 증가도 기대할 수 없다. 주립 대학교는 이미 25% 이상의 강의실 부족 상태를 보이고 있으며, 학급 규모도 동등한 대학들의 평균에 비해 높다.

앨버 맥마흔 총장은 이 문제의 해결을 위해 교수와 행정 직원으로 구성된 몇몇 전담반을 구성하였다. 이 그룹들은 적절한 관리 방법의 실행과 면밀하고 중점적인 계획을 포함하는 몇 개의 광범위하고 전반적인 제안을 추천하였다.

이러한 특정 영역의 문제를 다루기 위한 대학교의 계획에 예측 방법이 어떻게 이용될 수 있는지를 논의하시오. 논의에는 예측 방법의 종류를 포함하시오.

대학교 서점의 학생용 컴퓨터 판매 프로그램

대학교 서점은 주립 대학교의 소유이며, 이사회로 구성된 독립 법인을 통해 운영된다. 서점은 주립 대학교의 캠퍼스 내와 캠퍼스에 근접한 세 곳에 지점을 가지고 있다. 서점은 교재, 일반서, 로고 의류, 그림 및 교육 용품을 포함한 다양한 품목과 컴퓨터, 프린터, 모뎀, 소프트웨어 같은 컴퓨터 관련 제품을 취급한다. 서점은 상당히 할인된 가격으로 신입생과 재학생에게 개인용 컴퓨터를 판매하는 프로그램을 운영하고 있으며, 이러한 프로그램은 컴퓨터 제조업체로부터 전달받는다. 다시 말해, 서점은 매우 조금의 이익만을 남기고 컴퓨터 원가를 조금 넘는 가격으로 판매한다.

매년 여름 모든 신입생과 학부형은 3일간의 오리엔테이션 프로그램에 참여하기 위해 100명씩 그룹을 지어 주립 대학 캠퍼스를 방문한다. 학생과 학부형은 방문 기간 동안 서점의 컴퓨터 판매 프로그램에 관한 자세한 정보를 제공받는다. 몇몇의 학생들은 가을 학기를 위해 이때 컴퓨터를 주문하고 다른 학생들은 여름 하반기까지 기다린다. 또한 서점은 여름 기간 동안 재학생들의 주문도 받는다. 이 프로그램으로 인해 서점은 관리에 어려움을 겪고 있다.

주문은 여름 기간 동안 들어오며, 몇몇 주문은 가을 학기 시작을 단지 몇 주 남겨둔 시점에 들어온다. 컴퓨터 공급자는 적어도 6주의 배달 기간을 필요로 한다. 그러므로 서점은 가을 학기에 학생들의 수요를 맞추기 위한 재고 확보를 위해 컴퓨터 수요를 예측해야만 한다. 학생용 컴퓨터 판매 프로그램과 컴퓨터 수요예측은 서점의 모든 공급 사슬에 영향을 미친다. 서점은 캠퍼스 부근에 창고를 가지고 있으며, 상점에 보관 장소가 따로 없기 때문에 모든 컴퓨터는 이 창고에 보관된다. 컴퓨터를 대량 주문하는 것은 서점의 현금 보유고를 묶어 놓을 뿐만 아니라, 제한된 저장 공간을 차지함으로써 서점의 성수기에 다른 제품의 재고에 영향을 준다. 서점이 낮은 이윤을 남기고 컴퓨터를 판매하기 때문에, 서점의 순익은 다른 제품에 의존하고 있다. 우수 학생의 유치 경쟁이 심화되기 때문에, 대학은 교육의 질을 상당히 의식해 왔다. 모든 대학 시설에 모범적인 학생 서비스를 제공해야 한다는 주장은 서점이 가을 학기의 시작에 맞추어 모든 학생의 수요를 맞추어야 함을 의미한다. 주문받은 컴퓨터의 수량은 임시 저장 공간과 컴퓨터의 취급과 설치를 도와주는 서점 근무자 수에 역시 영향을 미친다. 가을 학기 등록 기간 중 매일 서점과 창고를 왕복하는 트럭 수 또한 컴퓨터 판매량의 영향을 받는다.

서점의 학생용 컴퓨터 판매 프로그램은 지난 14년간 시행되어 왔다. 이 기간 동안 학생 수는 비교적 안정적이었지만, 컴퓨터 판매량은 다소 심한 변동을 보여 왔다. 다음은 과거 가을 학기 등록 첫 달 동안의 컴퓨터 판매 자료이다.

연	컴퓨터 판매량	연	컴퓨터 판매량
1	518	8	792
2	651	9	877
3	708	10	693
4	921	11	841
5	775	12	1,009
6	810	13	902
7	856	14	1,103

서점 관리를 위해 다음 가을 학기의 컴퓨터 수요예측에 사용될 적절한 예측 모형을 개발하고, 얼마나 정확한지 제시하시오. 서점에 유용한 다른 예측 모형에는 어떤 것들이 있는가?

밸리 수영 클럽

밸리 수영 클럽은 300명의 주주가 있으며, 각 주주는 1주의 클럽 주를 가지고 있다. 1주의 클럽 주는 175달러의 연회비를 지불하는 대가로, 주주의 가족이 여름 동안 온수 실외 수영장을 사용할 수 있다. 클럽은 몇 년간 주식을 발행하지 않았으며 매년 몇 개의 기존 주식이 판매를 위해 등장한다. 이사회는 모든 주식의 판매를 관리한다. 주주가 판매를 원하면 주식을 이사회로 반환하고, 반환된 주식은 대기자 명단의 맨 위에 있는 사람에게 판매된다. 과거 몇 년 동안 대기자 수는 약 20명으로 비교적 안정적이다.

그러나 지난 겨울 동안에 클럽 주식에 대한 수요가 폭증하는 두 가지 사건이 있었다. 지난 겨울은 매우 혹독하게 추웠고, 영하의 기온과 심한 눈보라로 인해 도시와 교외의 수영장들은 무너져 사용이 불가능하게 되었다. 보수업자가 여름 개장을 위해 수영장을 준비하면서 이러한 문제점이 발견되었고, 가을까지 수리가 완료되지 못했다. 또한 겨울 동안 지역 컨트리클럽의 관리자가 이사회와 언쟁을 벌렸고, 어느 날 클럽하우스를 전소시켰다. 수영장은 손상되지 않았지만, 탈의실, 샤워실, 스낵바는 소실되었다. 이 두 사건의 여파로 밸리 수영 클럽에 주식 구매를 위한 지원자가 몰려들었다. 여름이 다가오자 대기자 수가 갑자기 250명으로 증가하였다.

클럽하우스의 이사회는 과거에는 그렇게 수요가 많지 않았고, 일반적으로 발생하는 수요는 판매를 원하는 주식으로 1년 안에 흡수되었기 때문에 새로운 주식의 발행을 자제해 왔다. 또한 이사회는 과밀 문제를 걱정하고 있다. 현재의 회원 수가 적절하다고 생각하며 현충일, 독립기념일과 같은 휴일을 제외하면 과밀에 대한 불평은 거의 없다. 그러나 새로운 지원자가 최근의 이사회에 참석하여 새로운 주식의 발행을 요구하였다. 더구나 현재 주주의 상당수가 이번이 클럽이 필요한 수리와 시설 향상을 위한 자본을 증대시키는 기회가 될 것이라고 주장하였다. 이 제안은 이사회를 부추겼다. 과거에는 주식을 500달러로 책정하였지만, 현재는 이보다 더 높게 책정할 수 있다. 더욱이 이용 고객의 증가로 인해 더 많은 구조대원이 필요하다.

이사회가 더 많은 주식을 판매할 것인가 또는 판매한다면 몇 주를 판매할 것인가를 결정하기 전에, 이사회 임원들은 더 많은 정보가 필요하다고 인식하고 있다. 특히 현재의 주식 수로 여름 동안의 일간 평균 이용 고객(가족 회원과 객원 등) 수에 대한 예측치를 원한다.

이사회는 지난 6월부터 8월까지의 일간 이용 고객 수에 대한 기록을 가지고 있다. 이 기록은 다음 여름에 대한 정확한 예측치를 제공할 것으로 생각한다.

월-139	수-380	금-193	일-399	화-177	목-238
화-273	목-367	토-378	월-197	수-161	금-224
수-172	금-359	일-461	화-273	목-308	토-368
목-275	토-463	월-242	수-213	금-256	일-541
금-337	일-578	화-177	목-303	토-391	월-235
토-402	월-287	수-245	금-262	일-400	화-218
일-487	화-247	목-390	토-447	월-224	수-271
월-198	수-356	금-284	일-399	화-239	목-259
화-310	목-322	토-417	월-275	수-274	금-232
수-347	금-419	일-474	화-241	목-205	토-317
목-393	토-516	월-194	수-190	금-361	일-369
금-421	일-478	화-207	목-243	토-411	월-361
토-595	월-303	수-215	금-277	일-419	
일-497	화-223	목-304	토-241	월-258	
월-341	수-315	금-331	일-384	화-130	
화-291	목-258	토-407	월-246	수-195	

여름 동안의 일간 수요를 예측하기 위한 예측 모형을 개발하시오.

공항 승객 도착 예측

9/11 테러리스트들의 공격이 있고난 후, 항공사 보안 강화로 인해 공항은 보안검색대 입구에서의 긴 대기 행렬과 대기 시간의 문제에 직면해 있다. 대기행렬은 수백 야드까지 길어질 수 있고, 대기 시간은 수 시간이 걸릴 수 있다. 공항은 대기행렬과 시간을 줄이기 위해, 혹은 항공수요가 늘어났을 때 행렬과 시간이 더 길어지지 않게 하기 위해, 현재의 보안 관리체계를 분석하고 정량적인 해법을 고려하고 있다. 보안 절차를 운영상으로 개선하기 위한 주요 노력 중 하나는 필요한 보안검색대 수와 인력을 결정하기 위해 보안검색대에 도착하는 승객 수를 예측하는 것이다. 베리 국제공항(Berry International Airport, BEI)의 보안 분석가는 다음 7월(1년 중 성수기)에 대기행렬과 시간이 과도하게 길어지는 것을 방지하기 위하여 배치할 검색대 수를 결정하기 위해 승객 도착 예측을 하고자 한다. 항공 여행에 대한 수요는 지난 3년간 증가하였다. BEI에는 북쪽과 남쪽에 다른 항공사를 지원하는 2개의 홀이 있다. 다음 표는 지난 3년간 7월의 오전 4시부터 오후 10시까지 2시간 간격으로 (임의로 추출된) 10일간의 남쪽 홀에 도착하는 승객들을 나타낸다.

4년의 7월의 각 기간에 대하여 BEI 남쪽 홀에 도착하는 일일 승객 수에 대한 예측을 하시오. 이 예측을 위해 사용될 수 있는 다양한 예측 모형 변형에 대해서 논의하시오.

	일	4–6 A.M.	6–8 A.M.	8–10 A.M.	10–Noon	Noon–2 P.M.	2–4 P.M.	4–6 P.M.	6–8 P.M.	8–10 P.M.
1년	1	2,400	2,700	3,200	1,400	1,700	1,800	1,600	800	200
	2	1,900	2,500	3,100	1,600	1,800	2,000	1,800	900	300
	3	2,300	3,100	2,500	1,500	1,500	1,800	1,900	1,100	200
	4	2,200	3,200	3,100	2,200	1,900	2,400	2,100	1,200	400
	5	2,400	3,300	3,400	1,700	2,200	2,100	2,000	1,000	600
	6	2,600	2,800	3,500	1,500	1,700	1,900	1,500	1,100	300
	7	1,900	2,800	3,100	1,200	1,500	2,000	1,400	900	400
	8	2,000	2,700	2,500	1,500	2,000	2,300	1,900	1,000	200
	9	2,400	3,200	3,600	1,600	2,100	2,500	1,800	1,400	200
	10	2,600	3,300	3,100	200	2,500	2,600	2,400	1,100	400
2년	11	3,100	3,900	4,100	2,200	2,600	2,300	2,500	1,100	300
	12	2,800	3,400	3,900	1,900	2,100	2,500	2,000	1,200	300
	13	2,700	3,800	4,300	2,100	2,400	2,400	2,400	1,200	400
	14	2,400	3,500	4,100	2,400	3,000	3,200	2,600	1,200	700
	15	3,300	3,700	4,000	2,600	2,600	2,700	2,900	1,000	300
	16	3,500	4,000	3,800	2,300	2,700	3,100	3,000	900	200
	17	2,900	4,100	3,900	2,400	3,000	3,200	2,500	1,100	500
	18	3,400	3,800	4,200	2,000	2,500	3,000	2,200	1,000	300
	19	3,600	3,600	4,000	2,300	2,600	2,800	2,600	1,200	200
	20	3,700	3,700	4,000	2,200	2,600	2,700	2,400	1,200	200
3년	21	4,400	4,400	4,500	2,600	3,300	3,400	3,000	1,200	400
	22	4,200	4,500	4,300	2,500	3,400	3,600	3,100	1,400	300
	23	4,500	4,500	4,700	2,700	3,400	3,500	2,900	1,200	300
	24	4,600	4,600	4,600	2,500	3,200	3,500	2,800	1,300	300
	25	4,500	4,300	4,400	2,900	3,300	3,300	3,300	1,500	400
	26	4,200	4,300	4,500	3,000	4,000	3,400	3,000	1,500	600
	27	4,500	4,500	5,100	3,300	4,000	3,700	3,100	1,200	300
	28	4,300	4,200	4,300	2,800	3,500	4,000	3,300	1,100	400
	29	4,900	4,100	4,200	3,100	3,600	3,900	3,400	1,400	500
	30	4,700	4,500	4,100	3,000	4,000	3,700	3,400	1,200	500

부록

부록 A. 정규분포와 카이제곱분포

표 A.1

정규분포표
(정규분포 곡선의 면적)

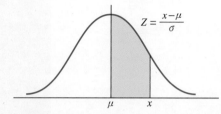

Z	.00	.01	.02	.03	.04	.05	.06	.07	.08	.09
0.0	.0000	.0040	.0080	.0120	.0160	.0199	.0239	.0279	.0319	.0359
0.1	.0398	.0438	.0478	.0517	.0557	.0596	.0636	.0675	.0714	.0753
0.2	.0793	.0832	.0871	.0910	.0948	.0987	.1026	.1064	.1103	.1141
0.3	.1179	.1217	.1255	.1293	.1331	.1368	.1406	.1443	.1480	.1517
0.4	.1554	.1591	.1628	.1664	.1700	.1736	.1772	.1808	.1844	.1879
0.5	.1915	.1950	.1985	.2019	.2054	.2088	.2123	.2157	.2190	.2224
0.6	.2257	.2291	.2324	.2357	.2389	.2422	.2454	.2486	.2517	.2549
0.7	.2580	.2611	.2642	.2673	.2704	.2734	.2764	.2794	.2823	.2852
0.8	.2881	.2910	.2939	.2967	.2995	.3023	.3051	.3078	.3106	.3133
0.9	.3159	.3186	.3212	.3238	.3264	.3289	.3315	.3340	.3365	.3389
1.0	.3413	.3438	.3461	.3485	.3508	.3531	.3554	.3577	.3599	.3621
1.1	.3643	.3665	.3686	.3708	.3729	.3749	.3770	.3790	.3810	.3830
1.2	.3849	.3869	.3888	.3907	.3925	.3944	.3962	.3980	.3997	.4015
1.3	.4032	.4049	.4066	.4082	.4099	.4115	.4131	.4147	.4162	.4177
1.4	.4192	.4207	.4222	.4236	.4251	.4265	.4279	.4292	.4306	.4319
1.5	.4332	.4345	.4357	.4370	.4382	.4394	.4406	.4418	.4429	.4441
1.6	.4452	.4463	.4474	.4484	.4495	.4505	.4515	.4525	.4535	.4545
1.7	.4554	.4564	.4573	.4582	.4591	.4599	.4608	.4616	.4625	.4633
1.8	.4641	.4649	.4656	.4664	.4671	.4678	.4686	.4693	.4699	.4706
1.9	.4713	.4719	.4726	.4732	.4738	.4744	.4750	.4756	.4761	.4767
2.0	.4772	.4778	.4783	.4788	.4793	.4798	.4803	.4808	.4812	.4817
2.1	.4821	.4826	.4830	.4834	.4838	.4842	.4846	.4850	.4854	.4857
2.2	.4861	.4864	.4868	.4871	.4875	.4878	.4881	.4884	.4887	.4890
2.3	.4893	.4896	.4898	.4901	.4904	.4906	.4909	.4911	.4913	.4916
2.4	.4918	.4920	.4922	.4925	.4927	.4929	.4931	.4932	.4934	.4936
2.5	.4938	.4940	.4941	.4943	.4945	.4946	.4948	.4949	.4951	.4952
2.6	.4953	.4955	.4956	.4957	.4959	.4960	.4961	.4962	.4963	.4964
2.7	.4965	.4966	.4967	.4968	.4969	.4970	.4971	.4972	.4973	.4974
2.8	.4974	.4975	.4976	.4977	.4977	.4978	.4979	.4979	.4980	.4981
2.9	.4981	.4982	.4982	.4983	.4984	.4984	.4985	.4985	.4986	.4986
3.0	.4987	.4987	.4987	.4988	.4988	.4989	.4989	.4989	.4990	.4990

표 A.2

카이제곱분포표
(각 항목은 특정 자유도에 대해
오른쪽 음영으로 표시된 부분
의 면적(α)에 해당하는 임계값
을 나타냄)

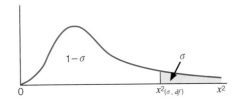

자유도	음영 표시된 면적(α)											
	.995	.99	.975	.95	.90	.75	.25	.10	.05	.025	.01	.005
1			0.001	0.004	0.016	0.102	1.323	2.706	3.841	5.024	6.635	7.879
2	0.010	0.020	0.051	0.103	0.211	0.575	2.773	4.605	5.991	7.378	9.210	10.597
3	0.072	0.115	0.216	0.352	0.584	1.213	4.108	6.251	7.815	9.348	11.345	12.838
4	0.207	0.297	0.484	0.711	1.064	1.923	5.385	7.779	9.488	11.143	13.277	14.860
5	0.412	0.554	0.831	1.145	1.610	2.675	6.626	9.236	11.071	12.833	15.086	16.750
6	0.676	0.872	1.237	1.635	2.204	3.455	7.841	10.645	12.592	14.449	16.812	18.548
7	0.989	1.239	1.690	2.167	2.833	4.255	9.037	12.017	14.067	16.013	18.475	20.278
8	1.344	1.646	2.180	2.733	3.490	5.071	10.219	13.362	15.507	17.535	20.090	21.955
9	1.735	2.088	2.700	3.325	4.168	5.899	11.389	14.684	16.919	19.023	21.666	23.589
10	2.156	2.558	3.247	3.940	4.865	6.737	12.549	15.987	18.307	20.483	23.209	25.188
11	2.603	3.053	3.816	4.575	5.578	7.584	13.701	17.275	19.675	21.920	24.725	26.757
12	3.074	3.571	4.404	5.226	6.304	8.438	14.845	18.549	21.026	23.337	26.217	28.299
13	3.565	4.107	5.009	5.892	7.042	9.299	15.984	19.812	22.362	24.736	27.688	29.819
14	4.075	4.660	5.629	6.571	7.790	10.165	17.117	21.064	23.685	26.119	29.141	31.319
15	4.601	5.229	6.262	7.261	8.547	11.037	18.245	22.307	24.996	27.488	30.578	32.801
16	5.142	5.812	6.908	7.962	9.312	11.912	19.369	23.542	26.296	28.845	32.000	34.267
17	5.697	6.408	7.564	8.672	10.085	12.792	20.489	24.769	27.587	30.191	33.409	35.718
18	6.265	7.015	8.231	9.390	10.865	13.675	21.605	25.989	28.869	31.526	34.805	37.156
19	6.844	7.633	8.907	10.117	11.651	14.562	22.718	27.204	30.144	32.852	36.191	38.582
20	7.434	8.260	9.591	10.851	12.443	15.452	23.828	28.412	31.410	34.170	37.566	39.997
21	8.034	8.897	10.283	11.591	13.240	16.344	24.935	29.615	32.671	35.479	38.932	41.401
22	8.643	9.542	10.982	12.338	14.042	17.240	26.039	30.813	33.924	36.781	40.289	42.796
23	9.260	10.196	11.689	13.091	14.848	18.137	27.141	32.007	35.172	38.076	41.638	44.181
24	9.886	10.856	12.401	13.848	15.659	19.037	28.241	33.196	36.415	39.364	42.980	45.559
25	10.520	11.524	13.120	14.611	16.473	19.939	29.339	34.382	37.652	40.646	44.314	46.928
26	11.160	12.198	13.844	15.379	17.292	20.843	30.435	35.563	38.885	41.923	45.642	48.290
27	11.808	12.879	14.573	16.151	18.114	21.749	31.528	36.741	40.113	43.194	46.963	49.645
28	12.461	13.565	15.308	16.928	18.939	22.657	32.620	37.916	41.337	44.461	48.278	50.993
29	13.121	14.257	16.047	17.708	19.768	23.567	33.711	39.087	42.557	45.722	49.588	52.336
30	13.787	14.954	16.791	18.493	20.599	24.478	34.800	40.256	43.773	46.979	50.892	53.672

부록 B. 스프레드시트 설정과 편집

경영과학 문제를 푸는 데 엑셀 스프레드시트를 사용하는 장점 중의 하나는 스프레드시트가 시각적 표현의 좋은 매개체가 된다는 점이다. 스프레드시트를 사용하면 문제를 원하는 어떠한 방식 또는 형태로든 표현할 수 있다. 그러나 세심한 입력 작업이 없으면 본 교재에 나온 것처럼 문제나 모형이 저절로 스프레드시트에 나타나지는 않는다. 여기서는 본 교재에 예시된 것처럼 스프레드시트를 설정하고 편집하는 데 필요한 절차를 살펴보고자 한다.

거의 모든 스프레드시트 편집 기능과 도구는 스프레드시트 창 상단에 있는 도구바(tool bar)에서 접근할 수 있다. 제시 B.1은 제3장에서 Beaver Creek 도자기 회사 선형계획법 예제의 해가 포함된 제시 3.4의 스프레드시트를 보여 준다. 이 예제 스프레드시트에 적용된 엑셀 편집 기능들을 알아본다.

제시 B.1

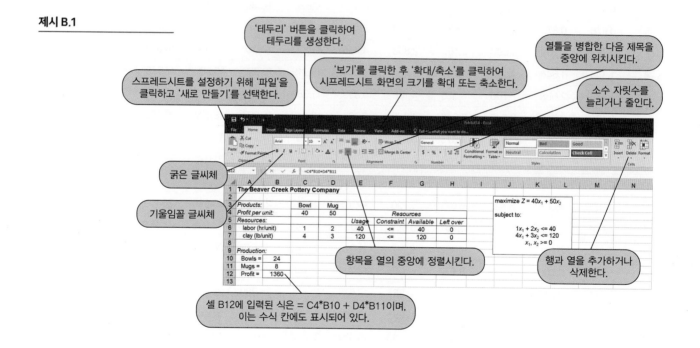

제목과 머리글

제목 "The Beaver Creek Pottery Company"는 셀 A1에 입력되었다. 이 제목의 굵은 글씨는 도구바에서 굵은 글씨체 버튼인 "**가**"를 활성화하면 만들어진다. 이 제목은 스프레드시트 상단의 중앙에 위치하고 있는데, 이와 같은 모습은 1행을 선택한 다음 "병합하고 가운데 맞춤" 버튼을 클릭하면 만들어진다. 셀 A3에 있는 "Products"와 같은 표제는 도구바에서 기울임꼴 버튼인 "*가*"를 눌러 생성한다.

테두리

제시 B.1의 모든 데이터와 제목들이 검정색 선으로 만들어지는 직사각형에 둘러싸여 있는 것을 볼 수 있다. 이러한 테두리는 스프레드시트 상단의 도구바에서 "테두리" 버튼을 클릭하여 생성한다. 이 버튼을 클릭하면 여러 가지 테두리 선의 위치와 굵기를 선택할 수 있다. 먼저 원하는 테두리를 활성화시키고, 다음에 테두리를 포함시키고 싶은 부분을 선택하고, 마지막으로 활성화시켰던 테두리를 클릭한다. 제시 B.1의 대부분의 테두리는 직사각형 상자를 만드는 테두리를 통해 생성되었다. 예를 들어, 셀 A3 : D7의 제목과 숫자들을 둘러싸고 있는 테두리를 생성하려면 먼저 커서로 이 영역을 선택한 다음, 스프레드시트 상단의 "테두리" 버튼을 클릭하면 된다.

열 가운데 맞춤

도구바에서 "병합하고 가운데 맞춤" 버튼을 사용하여 제목과 숫자를 셀 중앙(또는 셀 왼쪽 또는 셀 오른쪽)에 오게 할 수 있다. 제시 B.1의 열 C처럼 글자들을 열의 중앙에 위치시키려면, 커서로 C3 : C7를 선택한 다음 "가운데 맞춤" 버튼을 클릭한다.

열/행 삭제와 삽입

스프레드시트에서 행과 열을 삽입할 수 있다. 먼저 새로운 행/열과 바로 인접한 행/열에 커서를 클릭한 다음, 스프레드시트 창 상단에서 "셀 삽입"을 클릭하고 메뉴에서 행 또는 열 삽입하기를 선택하면 된다. 행과 열을 삭제할 수도 있는데, 먼저 삭제하고자 하는 행/열에 커서를 클릭한 다음 스프레드시트 창 상단에서 "셀 삭제"를 선택하면 된다.

소수 자릿수

소수 자릿수는 도구바에 있는 소수점 버튼을 써서 줄이거나, 늘리거나 또는 삭제할 수 있다. 소수 자릿수를 늘리는 버튼이 있고 또 소수 자릿수를 줄이는 버튼이 각각 있다는 점에 주목하자.

스프레드시트 영역 확대 또는 축소

제시 B.1의 스프레드시트에는 A부터 R까지 14개 열과 19개 행이 있는데, 이는 스프레드시트를 새로 열었을 때 나타나는 행/열의 개수보다 작다. 스프레드시트 상단의 도구바에서 "보기" 탭을 클릭한 다음 "확대/축소" 버튼을 클릭한다. 배율이 140%인데 이것은 스프레드시트의 원래 크기(100%)보다 140% 더 크게 하라는 의미로 화면에 보여지는 행과 열의 개수가 줄어들게 된다. 이 예제에서는 글씨가 더 잘 보이게 스프레드시트를 약간 확대하였다. 스프레드시트의 보이는 부분을 늘리거나 줄이기 위해서는 먼저 창의 상단에 있는 "보기"를 클릭하고 다음 "확대/축소"를 선택한다. 그러면 스프레드시트의 크기를 변경할 수 있게 해주는 창이 나타날 것이다. 100%보다 크기를 증가시키면 보이는 행과 열 개수가 줄어들고, 100% 아래로 크기를 줄이면 스프레드시트에 보이는 행과 열 개수가 늘어난다.

열/행 폭 확대 또는 축소

때로는 긴 제목이나 큰 숫자를 볼 수 있도록 열의 폭을 확대하거나 또는 작은 숫자를 반영하여 열의 폭을 축소하는 것이 바람직하다. 열의 폭을 확대하거나 축소하려면, 확대하고자 하는 열과 바로 인접한 열을 구분하는 선의 맨 상단 부분을 마우스 왼쪽 버튼으로 클릭하여 계속 누른 상태를 유지한다. 그러면 십자모양 화살표가 나타나는데, 화살표를 왼쪽 또는 오른쪽으로 움직여서 원하는 만큼 열의 폭을 확대 또는 축소할 수 있다. 동일한 절차를 따라 행의 폭을 확대할 수도 있다.

셀에 수식이나 공식 삽입

셀에 숫자나 단어를 삽입하려면, 커서를 대상 셀에 위치시키고 단어나 숫자를 입력한 다음 엔터 키를 누르거나 커서를 다른 셀에 두고 클릭하면 된다. 셀에 공식이나 수식을 입력하려면, 커서를 대상 셀에 놓고 클릭한 다음 '='를 입력하고 이후에 공식(예를 들어, 제시 B.1의 셀 B12에 있는 공식)을 입력한다. 공식은 스프레드시트 상단의 공식 바에 나타난다. 엑셀에서는 수학 연산의 순서에 따라 결과가 매우 달라질 수 있으므로, 공식이 명확하게 기술되도록 해야 함을 명심하자. 일반적으로 곱셈은 '*', 나눗셈은 '/', 제곱은 '^2'로 표현한다.

스프레드시트 출력

본 교재의 여러 예제들에서 제시되었던 스프레드시트들의 이미지는 화면 캡처 프로그램을 써서 얻은 것이다. 화면 캡처 프로그램은 전체 화면을 보이는 그대로 인쇄할 수 있게 해준다. 그러나 화면 캡처 프로그램이 없다면, 여러분의 스프레드시트가 본 교재의 스프레드시트와 똑같은 모습으로 인쇄되지 않을 수도 있다. 대신 엑셀과 윈도우의 일반적인 인쇄 절차를 통해 스프레드시트를 인쇄해야 한다. 스프레드시트 문서의 인쇄를 설정하려면, 엑셀 창 왼쪽 모서리에 있는 "파일" 버튼을 클릭하고, 다음 "인쇄"를 클릭하고, "페이지 설정"을 클릭한다.

이때 제시 B.2에 있는 창이 나타난다. 이 화면을 통해 가로 또는 세로 방향 인쇄 페이지에서 스프레드시트의 위치를 지정할 수 있을 뿐만 아니라 스프레드시트의 크기를 줄이거나 늘릴 수도 있다. 이 창의 상단에 있는 "머리글/바닥글" 탭에도 주목하자. 이 탭을 클릭하면, 인쇄될 스프레드시트의 상단 또는 바닥에 있는 머리글과 바닥글 그리고 페이지 번호를 삭제할 수 있거나 또는 머리글과 바닥글을 원하는 대로 수정할 수 있다. "페이지 설정" 창 상단의 "시트" 탭을 클릭하면, 모든 스프레드시트의 셀 경계를 구분하는 격자모양 선을 없앴을 수도 있다. 만약 그 격자모양 선을 없애면, 여러분이 생성한 경계선들만 나타날 것이다.

제시 B.2

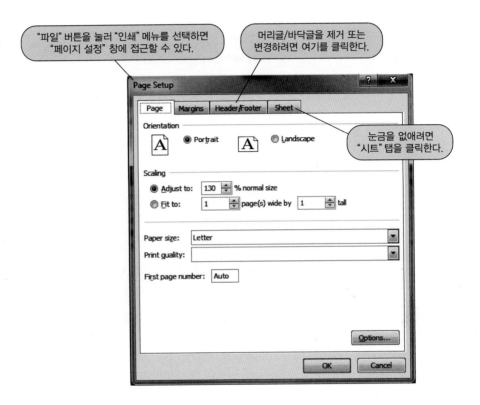

지금까지 설명한 편집 기능들은 아주 기본적인 기능들로서 엑셀 스프레드시트를 이용하여 문제 해결을 시도하는 데 도움을 주기 위해 제시되었다. 문제를 푸는 데 사용되는 보다 복잡한 엑셀 기능들은 그 기능이 적용된 장에서 찾을 수 있으며 본 교재의 찾아보기를 통해서도 찾을 수 있다.

부록 C. 푸아송 분포와 지수분포

푸아송 분포(Poisson distribution)

푸아송 분포의 공식은

$$P(x) = \frac{\lambda^x e^{-\lambda}}{x!}$$

단, λ = 평균도착률(즉, 특정 기간 동안 평균 도착 개수)
　　x = 특정 기간 동안 도착 개수
　　e = 2.71828
　　$x!$ = x의 계승(factorial) (즉, $x! = x(x-1)(x-2)\cdots(3)(2)(1)$)

이다.

푸아송 분포의 예로 시간당 5명의 평균도착률($\lambda = 5$)을 갖는 서비스시설을 고려해보자. 이 서비스시설에 정확히 2명의 고객이 도착할 확률은 위의 공식에 $x = 2$를 대입하여 계산할 수 있다.

$$P(x=2) = \frac{5^2 e^{-5}}{2!} = \frac{25(.007)}{(2)(1)} = 0.084$$

값 0.084는 정확히 2명의 고객이 이 서비스시설에 도착할 확률이다.

푸아송 분포 공식에 x 값을 대입하면 그림 C.1과 같이 1시간 동안 도착하는 고객수의 분포를 얻을 수 있다. 하지만 명심해야 할 것은 이 분포는 도착률이 시간당 고객 5명인 경우를 나타낸다. λ의 값이 달라지면 분포도 그림 C.1과 달라진다.

그림 C.1

$\lambda = 5$인 푸아송 분포

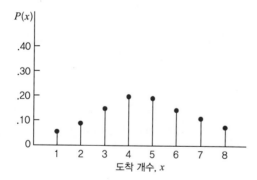

도착 개수, x

지수분포(Exponential Distribution)

지수분포의 공식은

$$f(t) = \mu e^{-\mu t},\ t \geq 0$$

단, μ = 특정 기간 동안 서비스되는 평균 고객 수
　　t = 서비스 시간
　　e = 2.71828

이다.

지수분포 공식을 통해 특정 시간 동안 어느 고객 한 명이 서비스될 확률은

$$P(T \leq t) = 1 - e^{-\mu t}$$

이다. 예를 들어 서비스율이 시간당 6명이라면, 어느 한 고객이 10분(.17시간) 이내에 서비스될 확률은 다음과 같이 계산된다.

$$P(t \leq .17) = 1 - e^{-6(.17)}$$
$$= 1 - e^{-1.0}$$
$$= 1 - .368$$
$$= 0.632$$

따라서 어느 한 명의 고객이 10분 이내에 서비스될 확률은 0.632이다. 그림 C.2는 이러한 서비스율($\mu = 6$)을 가진 지수분포를 보여 준다.

그림 C.2

μ=6인 지수분포

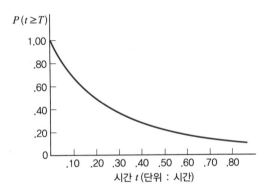

연습문제 풀이

CHAPTER 01

01 (a) $TC = \$27,500$; $TR = \$54,000$; $Z = \$26,500$;

(b) $v = 69.56$ tables

09 98.8%

11 increases v to 9,729 cupcakes

13 increases v to 65,789.47 lb.

15 do not raise price

17 The breakeven point remains the same.

18 (a) executive plan; (b) 937.5 min. per month

20 $v = 21,053$ slices; purchase equipment

22 (a) $v = 26.9$ pupils; (b) $v = 106.3$ pupils;

(c) $p = \$123.67$

23 $v = 369.57$ teams

25 (a) $v = 31.25$ jobs; (b) $Z = \$1,804$;

(c) $Z = \$1,612$

26 $v = 12,188$/month; $v = 30,208$/month

29 $x = 0$, $y = 50$, $Z = 500$

30 $x = 2$ bowls, $y = 2$ mugs, $Z = 1,100$

31 34,500 site visits

33 4 registers

CHAPTER 02

01 $x_1 = 4$, $x_2 = 0$, $Z = 40$

03 The solution point changes to $x_1 = 12/5$, $x_2 = 24/5$, $Z = 0.408$

06 (a) max. $Z = x_1 + 5x_2$; s.t. $5x_1 + 5x_2 \leq 25$, $2x_1 + 4x_2 \leq 16$, $x_1 \leq 5$, $x_1, x_2 \geq 0$;

08 $x_1 = 0$, $x_2 = 9$, $Z = 54$

09 (a) max. $Z = 300x_1 + 400x_2$; s.t. $3x_1 + 2x_2 \leq 18$, $2x_1 + 4x_2 \leq 20$, $x_2 \leq 4$, $x_1, x_2 \geq 0$;

(b) $x_1 = 4$, $x_2 = 3$, $Z = 2,400$

11 (a) maximum demand is not achieved by one bracelet;

(b) $600

13 $x_1 = 15.8$, $x_2 = 20.5$, $Z = 1,610$

17 A : $s_1 = 0$, $s_2 = 0$, $s_3 = 8$, $s_4 = 0$;

B : $s_1 = 0$, $s_2 = 3.2$, $s_3 = 0$, $s_4 = 4.8$;

C : $s_1 = 26$, $s_2 = 24$, $s_3 = 0$, $s_4 = 10$

19 changes the optimal solution

21 $x_1 = 28.125$, $x_2 = 0$, $Z = \$1,671.95$; no effect

22 $x_1 = 4$, $x_2 = 1$, $Z = 18$

24 $x_1 = 4.8$, $x_2 = 2.4$, $Z = 26.4$

25 $x_1 = 3.2$, $x_2 = 6$, $Z = 37.6$

27 no additional profit

28 (a) max. $Z = 800x_1 + 900x_2$; s.t. $2x_1 + 4x_2 \leq 30$, $4x_1 + 2x_2 \leq 30$, $x_1 + x_2 \geq 9$, $x_i \geq 0$;

(b) $x_1 = 5$, $x_2 = 5$, $Z = 8,500$

30 $x_1 = 5.3$, $x_2 = 4.7$, $Z = 806$

34 $x_1 = 38.4$, $x_2 = 57.6$, $Z = 19.78$; profit reduced

38 $x_1 = 160$, $x_2 = 106.67$, $Z = 568$

40 The feasible solution space changes and the new solution will be at $x_1 = 66.67$, $x_2 = 50$ and $Z = 28083$

45 (a) max. $Z = .18x_1 + .06x_2$, s.t. $x_1 + x_2 \leq 720,000$, $x_1/(x_1 + x_2) \leq .65$, $.22x_1 + .05x_2 \leq 100,000$, $x_1, x_2 \geq 0$;

(b) $x_1 = 376,470.59$, $x_2 = 343,526.41$, $Z = 88,376.47$

CHAPTER 03

03 Cells: B10 : B12; Constraints: B10 : B12 ≥ 0, G6 ≤ F6, G7 ≤ F7;

Profit : = B10*C4B11*D4B12*E4; Target cell = B 13.

05 F6 = C6*B12 + D6*B13, F7 = C7*B12D7*B13,

G6 = E6 − F6 G7 = E7 − F7, B14 = C4*B12D4*B13,

$x_1 = 8$, $x_2 = 5.2$, $Z = 81.6$

06 (a) $x_1 = A$, $x_2 = B$, max. $Z = 9x_1 + 7x_2$,

s.t. $12x_1 + 4x_2 \le 60$, $4x_1 + 8x_2 \le 40$;

(b) $x_1 = 4$, $x_2 = 3$, $Z = 57$;

(c) $x_1 = 2$, $x_2 = 4$;

(d) solution point will not change, $Z = 81$;

solution point will change, $x_1 = 0$, $x_2 = 5$, $Z = 100$

08 (a) $x_1, x_2 \ge 0$

(b) $x_1, x_2, s_1, s_2, s_3, s_4 \ge 0$

12 (a) $x_1 = 4$, $x_2 = 0$, $s_1 = 12$, $s_2 = 0$, $s_3 = 11$, $Z = 24{,}000$;

(b) $x_1 = 1$, $x_2 = 3$, $Z = 28{,}500$;

(c) C still optimal

14 $x_1, x_2 \ge 0$

18 The answer $x_1 = 112$ and $x_2 = 80$, $z^* = 104$

(a) There are no leftover eggs or bread

(b) Increasing the profit of Sandwich from 0.50 to 0.60 will make the ratio from 0.83 to 1, still within 0 and 1.67. The optimal solution will be $x_1 = 112$ and $x_2 = 80$; $z^* = 115.2$

(c) Adding 5 more eggs would move the egg constraint up but will still satisfy the constraints.

24 Constraint 1: $(x_1 + x_2 \ge 45)$ since $33.33 + 16.67 \ge 45$, we have a surplus of 5

Constraint 2: $(-0.20x_1 + 0.80 \, x_2 \ge 0)$ since $6.67 \ge 0$, we have a surplus of 6.67

Constraint 3: $(x_1 \le 40)$ since $33.33 \le 40$, we have a slack of 6.67

Constraint 4: $(x_1 - 2x_2 = 0)$ equality and binding constraint, no slack and no surplus

Constraint 5: $(x_1 + x_2 \le 50)$ binding constraint, no slack and no surplus

(b) $-\dfrac{1}{2} \le \dfrac{50}{70} \le \infty$ implies

$-35 \le c_1(50) \le \infty$

$-100 \le c_2 \, (70) \le \infty$ Whatever changes we make in the ratio, the ratio should not go below -0.5. Find the upper bound by observing the graph since the binding constraints have $+$ve and $-$ve slopes. At the optimal point, the slope of objective line can be varies to infinity. Still then, the optimal corner point will not change.

26 $x_1 =$ acres of land to plant rice

$x_2 =$ acres of land to plant wheat

$x_1, x_2 \ge 0$

28 min. $Z = 11x_1 + 16x_2$; s.t. $x_1 + x_2 = 500$,

$0.7x_1 + .02x_2 \le 25$, $x_1/(x_1 + x_2) \ge .20$,

$x_2/(x_1 + x_2) \ge .20$, $x_i \ge 0$

30 max. $Z = 1.20x_1 + 1.30x_2$; s.t.

$x_1 + x_2 \le 95{,}000$, $.18x_1 + .30x_2 \le 20{,}000$, $x_i \ge 0$

32 (a) 5%, \$16,111.11;

(b) $x_1 = 0$, $x_2 = 66{,}666.7$, $Z = 86{,}666.67$

34 (a) max. $Z = 6x_1 + 4x_2$; s.t. $8x_1 + 4x_2 \le 1{,}080$ min.,

$216x_1 + 324x_2 \le 43{,}200$ in^2, $x_1, x_2 \ge 0$,

$x_1 = 102.5$, $x_2 = 65$, $Z = \$875$

(b) $x_1 = 147.5$, $x_2 = 35$, $Z = 1{,}025$, increase of \$150

36 (a and b) min. $Z = 400x_1 + 180x_2 + 90x_3$; s.t. $x_1 \ge 200$,

$x_2 \ge 300$, $x_3 \ge 100$, $4x_3 - x_1 - x_2 \le 0$, $x_1 + x_2 + x_3 = 1{,}000$,

$x_i \ge 0$;

(c) $x_1 = 200$, $x_2 = 600$, $x_3 = 200$, $Z = 206{,}000$

37 max. $Z = 0.50x_1 + 0.75x_2$; s.t. $0.17x_1 + 0.25x_2 \le 4{,}000$,

$x_1 + x_2 \le 18{,}000$, $x_1 \ge 8{,}000$, $x_2 \ge 8{,}000$, $x_1, x_2 \ge 0$;

(b) max. $Z = 0.50x_1 + 0.75x_2$; $0.17x_1 + 0.25x_2 = 4{,}000$,

$x_1 + x_2 = 18{,}000$, $x_1 = 8{,}000$, $x_2 = 8{,}000$, $x_1 \ge 0$

43 (a) \$0.78, 360 cartons;

(b) \$0; (c) $x_1 = 108$, $x_2 = 54$, $x_3 = 162$, $Z = 249.48$, no discount

45 $x_1 = 3$, $x_3 = 6$, $Z = 3{,}600$;

(a) more assembly hr.;

(b) additional profit $= \$600$;

(c) no effect

47 $x_1 = 1,000$, $x_2 = 800$, $x_3 = 200$, $Z = 760$;

　(a) increase by 100, \$38 in additional profit;

　(b) $x_1 = 1,000$, $x_2 = 1,000$, $Z = 770$;

　(c) $Z = 810$; $x_1 = 1,600$, $x_2 = 200$, $x_3 = 200$

51 $x_{13} = 350$, $x_{21} = 158.33$, $x_{22} = 296.67$, $x_{23} = 75$, $x_{31} = 610$,

　$x_{42} = 240$, $Z = \$77,910$

56 (a) x_1, $x_2 \geq 0$

　(b) $x_1 = 3.5$; $x_2 = 8$; $z^* = 7750$

CHAPTER 04

01 Model must be resolved; $Z = 43,310$,

　do not implement; no; $x_1 = x_2 = x_3 = x_4 = 112.5$

02 No effect; \$740; $x_1 = 22,363.636$, $x_3 = 43,636.364$,

　$x_4 = 14,000$

03 Add slack variables for 3 warehouses $\leq$ constraints;

　coefficients in objective function—\$9 for s_1, \$6 for

　s_2, \$7 for s_3, solution does not change

04 (a) max. $Z = 190x_1 + 170x_2 + 155x3$; s.t.

　$3.5x_1 + 5.2x_2 + 2.8x_3 \leq 500$, $1.2x_1 + 0.8x_2 + 1.5x_3 \leq 240$,

　$40x_1 + 55x_2 + 20x_3 \leq 6,500$, $x_i \geq 0$;

　(b) $x_1 = 41.27$, $x_2 = 0$, $x_3 = 126.98$, $Z = 27,523.81$

05 (a) min. $Z = 12,500x_1 + 8,500x_2 + 13,700x_3$; s.t.

　$10,500x_1 + 9,500x_2 + 12,300x_3 = 2,800,000$,

　$x_1 \geq 70$, $x_2 \geq 50$, $x_3 \geq 50$, $x_1 \leq 120$, $x_2 \leq 120$, $x_3 \leq 120$;

　(b) $x_1 = 70$, $x_2 = 120$, $x_3 = 75.203$; $Z = \$2,925,284.55$

06 (a) max. $Z = 1,800x_{1a} + 2,100x_{1b} + 1,600x_{1c} + 1,000x_{2a}$

　$+ 700x_{2b} + 900x_{2c} + 1,400x_{3a} + 800x_{3b} + 2,200x_{3c}$;

　s.t. $x_{1a} + x_{1b} + x_{1c} = 30$, $x_{2a} + x_{2b} + x_{2c} = 30$,

　$x_{3a} + x_{3b} + x_{3c} = 30$, $x_{1a} + x_{2a} + x_{3a} \leq 40$,

　$x_{1b} + x_{2b} + x_{3b} \leq 60$, $x_{1c} + x_{2c} + x_{3c} \leq 50$, $x_{ij} \geq 0$;

　(b) $x_{1b} = 30$, $x_{2a} = 30$, $x_{3c} = 30$, $Z = 159,000$

08 (a) max. $Z = .02x_1 + .09x_2 + .06x_3 + .04x_4$; s.t.

　$x_1 + x_2 + x_3 + x_4 = 4,000,000$, $x_1 \leq 1,600,000$,

　$x_2 \leq 1,600,000$, $x_3 \leq 1,600,000$, $x_4 \leq 1,600,000$,

　$x_2 - x_3 - x_4 \leq 0$, $x_1 - x_3 \geq 0$, $x_1 \geq 0$, $x_2 \geq 0$, $x_3 \geq 0$, $x_4 \geq 0$;

　(b) $x_1 = 800,000$, $x_2 = 1,600,000$, $x_3 = 800,000$,

　$x_4 = 800,000$, $Z = 240,000$

09 (a) max. $Z = 7.8x_{11} + 7.8x_{12} + 8.2x_{13} + 7.9x_{14} + 6.7x_21 +$

　$8.9x_{22} + 9.2x_{23} + 6.3x_{24} + 8.4x_{31} + 8.1x_{32} + 9.0x_{33} + 5.8x_{34}$;

　s.t. $35x_{11} + 40x_{21} + 38x_{31} \leq 9,000$,

　$41x_{12} + 36x_{22} + 37x_{32} \leq 14,400$,

　$34x_{13} + 32x_{23} + 33x_{33} \leq 12,000$,

　$39x_{14} + 43x_{24} + 40x_{34} \leq 15,000$,

　$x_{11} + x_{12} + x_{13} + x_{14} = 400$,

　$x_{21} + x_{22} + x_{23} + x_{24} = 570$,

　$x_{31} + x_{32} + x_{33} + x_{34} = 320$, $x_{ij} \geq 0$;

　(b) $x_{11} = 15.385$, $x_{14} = 384.615$, $x_{22} = 400$, $x_{23} = 170$,

　$x_{31} = 121.212$, $x_{33} = 198.788$, $Z = 11,089.73$

12 (a) max. $Z = 2x_1 + 4x_2 + 3x_3 + 7x_4$; s.t. $x_2 + x_4 \leq 300$,

　$6x_1 + 15x_2 \leq 1,200$, $5x_3 + 12x_4 \leq 2,400$, $x_i \geq 0$;

　(b) $x_1 = 200$, $x_3 = 480$, $Z = 1,840$

13 (a) max. $Z = 180x_1 + 144x_2 + 120x_3$; s.t.

　$40x_1 + 25x_2 + 8x_3 \leq 420$, $24x_1 + 8x_2 + 2x_3 \leq 120$,

　$6x_1 + 2x_2 + 1x_3 \leq 60$, $12x_1 + 4x_2 + 1x_3 \leq 72$,

　$18x_1 + 6x_2 + 2x_3 \leq 120$, $x_1 \geq 0$, $x_2 \geq 0$, $x_3 \geq 0$;

　(b) $x_1 = 0$, $x_2 = 0$, $x_3 = 52.5$ batches $= 3,150$ cookies,

　　$Z = 6,300$

　(c) marginal value of oven time $= +15$, for one hr.,

　　\$900 increase in sales

14 (a) $x_m =$ number of daytime calls made

　$x_e =$ number of evening time calls made

　x_m, $x_e \geq 0$

　(b) $x_m = 1800$ calls; $x_e = 1200$ calls; $Z^* = 5700$

　(c) $x_m = 2800$ calls; $x_e = 1200$ calls; $Z^* = 7200$

　(cost increases)

16 (a) $x_{ij} =$ amount of ingredient i in candy type j,

　　where $i = c$, b and s represent chocolate liquor,

butter and sugar and $j = B$, M represent bulk chocolate and mini sticks

$x_{ij} \geq 0$

(b) Bulk chocolates $(x_{cB} + x_{bB} + x_{sB}) = 60$ lbs

Mini sticks $(x_{cM} + x_{bM} + x_{sM}) = 47$ lbs

Profit $Z = £5174.33$]

18 (a) min. $Z = 40x_1 + 65x_2 + 70x_3 + 30x_4$; s.t.

$x_1 + x_2 = 250$, $x_2 + x_4 = 400$, $x_1 + x_3 = 300$,

$x_2 + x_4 = 350$, $x_1 \geq 0$, $x_2 \geq 0$, $x_3 \geq 0$, $x_4 \geq 0$;

(b) $x_1 = 250$, $x_3 = 50$, $x_4 = 350$, $Z = 24,000$

19 (a) max. $Z = 175(7x_1)$; s.t. $8x_1 + 5x_2 + 6.5x_3 \leq 3,000$,

$x_1 + x_2 + x_3 \leq 120$, $90(7x_1) \leq 10,000$, $7x_1 - 12x_2 = 0$,

$12x_2 - 10x_3 = 0$, $7x_1 - 10x_3 = 0$, $x_1 \geq 0$, $x_2 \geq 0$, $x_3 \geq 0$;

(b) $x_1 = 15.9$, $x_2 = 9.3$, $x_3 = 11.1$, $Z = 19,444.44$

20 (a) x_{ij} = Cars transported from city i to city j; possible ij combination

$x_{ij} \geq 0$

(b) $z^* = 4700000$

$x_{GV} = 100$

$x_{GH} = 400$

$x_{HC} = 400$

21 (a) max. $Z = 0.30x_1 + 0.20x_2 + 0.05x_3 + 0.10x_4 + 0.15x_5$;

s.t. $0.3x_1 + 0.2x_2 + 0.05x_3 + 0.1x_4 + 0.15x_5 \leq 4.0$,

$x_1 + x_2 + x_3 + x_4 + x_5 \leq 24$, $x_1 \leq 4$, $x_2 \leq 8$, $x_3 \leq 10$, $x_4 \leq 3$,

$x_4 \geq 2$, $x_5 \leq 10$, $x_5 \geq 3$, $x_i \geq 0$

25 Z values: A = 1.000, B = 1.000, C = 1.000; all three efficient

26 (a) min. $Z = x$; s.t. $150x = 650 + y_1$,

$150x + y_1 = 450 + y_2$,

$150x + y_2 = 600 + y_3$, $150x + y_3 = 500 + y_4$,

$150x + y_4 = 700 + y_5$, $150x + y_5 = 650 + y_6$,

$150x + y_6 = 750 + y_7$, $150x + y_7 = 900 + y_8$,

$150x + y_8 = 800 + y_9$, $150x + y_9 = 650 + y_{10}$,

$150x + y_{10} = 700 + y_{11}$, $150x + y_{11} \geq 500$;

(b) $Z = x = 4.45$,

$y_1 = 18.18$, $y_2 = 236.36$, $y_3 = 304.54$, $y_4 = 472.72$,

$y_5 = 440.91$, $y_6 = 459.09$, $y_7 = 377.27$, $y_8 = 145.45$,

$y_9 = 13.63$, $y_{10} = 31.81$, $y_{11} = 0$

28 (a) max. $Z = y$; s.t. $y - x_1 = 0$, $y - x_2 = 0$, $y - x_3 = 0$,

$10x_1 + 8x_2 + 6x_3 \leq 960$, $9x_1 + 21x_2 + 15x_3 \leq 1,440$,

$2x_1 - 3x_2 - 2x_3 \leq 60$, $-2x_1 + 3x_2 + 2x_3 \leq 60$,

$x_i \geq 0$, $y \geq 0$;

(b) $x_1 = x_2 = x_3 = y = 20$;

(c) remove balancing requirement,

$x_1 = x_2 = x_3 = y = 32$

29 max. $Z = 850x_1 + 600x_n + 750x_s + 1,000x_w$; s.t.

$x_1 + x_n + x_s + x_w = 18$,

$x_1 + x_n + x_s + x_w + y_1 + y_n + y_s + y_w = 60$,

$400y_1 + 100y_n + 175y_s + 90y_w \leq 9,000$,

$10 \leq y_1 \leq 25$, $5 \leq y_n \leq 10$, $5 \leq y_s \leq 10$,

$5 \leq y_w \leq 10$, $x_1 \leq 6$, $x_n \leq 6$, $x_s \leq 6$, $x_w \leq 6$, $x_i \geq 0$, $x_i \geq 0$;

$x_1 = 6$, $x_n = 0$, $x_s = 6$, $x_w = 6$, $y_1 = 14.44$, $y_n = 10$,

$y_s = 7.56$, $y_w = 10$, $Z = 15,600$ (multiple optimal)

30 (a) max. $Z = .85x_1 + .90x_2 - y_1 - y_2$; s.t.

$x_1 \leq 5,000 + 3y_1$, $x_2 \leq 4,000 + 5y_2$,

$.60x_1 + .85x_2 + y_1 + y_2 \leq 16,000$, $x_1 \geq .3(x_1 + x_2)$,

$x_1 \leq .6(x_1 + x_2)$, $x_1 \geq 0$, $x_2 \geq 0$, $y_1 \geq 0$, $y_2 \geq 0$;

(b) $x_1 = 5,458.128$, $x_2 = 12,735.63$, $y_1 = 152.709$,

$y_2 = 1,747.126$, $Z = 14,201.64$

31 (a) min. $Z = \sum\sum (\text{ranking}) \cdot x_{ij}$, s.t. $\sum x_{ij} \leq \text{hr.}$,

$\sum x_{ij} = \text{project hr.}$, $\sum (\text{hourly rate}) \cdot x_{ij} \leq \text{budget}$;

(b) $x_{A3} = 400$, $x_{A4} = 50$, $x_{B4} = 250$, $x_{B5} = 350$, $x_{C4} = 175$,

$x_{C7} = 274.1$, $x_{C8} = 50.93$, $x_{D2} = 131.7$, $x_{D7} = 15.93$,

$x_{E1} = 208.33$, $x_{E8} = 149.07$, $x_{F1} = 291.67$, $x_{F2} = 108.3$,

$x_{F6} = 460$, $Z = \$12,853.33$

33 $x_1 = 0$, $x_2 = 4$, $x_3 = 18.4$, $x_4 = 6.4$, $x_5 = 24.8$,

$y_1 = 72.22$, $y_2 = 72.44$, $y_3 = 64.95$, $y_4 = 62.34$, $y_5 = 52.24$,

$y_6 = 38.9$, $y_7 = 28.53$, $y_8 = 43.35$, $Z = \$360,196$

34 (a) x_{ij} = The number of games of i played on day j;

$i = a$ (1), b(2), $\cdots$,g(7) and

$j = 1$ (Monday), 2, 3 $\cdots$,7(Sunday)

$0 \leq x_{ij} \leq 1$

(b) $Z^* = 108$

(c) Revenue = 117

(d) $x_{14} = x_{15} = x_{16} = 1$

$x_{21} = x_{25} = x_{26} = 1$

$x_{33} = x_{35} = x_{37} = 1$

$x_{44} = x_{45} = x_{47} = 1$

$x_{51} = x_{54} = x_{57} = 1$

$x_{62} = x_{65} = 1$

$x_{72} = x_{75} = 1$ max weights = 106.

35 (a) x_{ij} = One who flies flight i, returns by flight j

(either flies it or as a passenger); $i, j = 1, 2, 3, 4$ and a

through f.

$x_{ij} \geq 0$

(b) $x_{1b} = 1$; $x_{2c} = 1$; $x_{3d} = 1$; $x_{4e} = 1$; $x_{4f} = 1$; $x_{a3} = 1$,

$Z^* = 19$ hours

Notice that to fly flight F, one pilot leaves Delhi by flight #4 and waits 6 hours at Darjeeling to fly flight F. The one who flies flight A from Darjeeling returns by flight #4 as a passenger. In total five pilots are positioned in Delhi and one in Darjeeling.

36 (a) x_{ij} = Shipped from i to j;

$ij = 14, 15, 24, 25, 34, 35, 46, 47, 48, 56, 57,$ and 58,

$x_{ij} \geq 0$ for defined ijs

(b) $x_{14} = 3000$, $x_{15} = 2000$, $x_{25} = 2500$, $x_{35} = 3000$,

$x_{46} = 2000$, $x_{48} = 1000$, $x_{57} = 7500$, $Z^* = 7850000$

37 $x_1 = .0971$, $x_2 = 0$, $x_3 = .2233$, $Z = .3204$ and

$P_1 = 0.30$, $P_2 = 0$, $P_3 = 0.70$, $v = 3.12$,

CHAPTER 05

02 $x_1 = 3$, $x_2 = 3$, $x_3 = 0$, $x_4 = 15$, $Z = 150$

03 (a) max. $Z = 50x_1 + 40x_2$; s.t. $3x_1 + 5x_2 \leq 150$,

$10x_1 + 4x_2 \leq 200$, $x_i \geq 0$ and integer;

(b) $x_1 = 10$, $x_2 = 24$, $Z = 1,460$

04 (a) max. $Z = 50x_1 + 10x_2$; s.t. $x_1 + x_2 \leq 15$, $4x_1 + x_2 \leq 25$,

$x_i \geq 0$ and integer; (b) $x_1 = 6$, $x_2 = 1$, $Z = 310$

05 (a) max. $Z = 50x_1 + 40x_2$; s.t. $2x_1 + 5x_2 \leq 35$,

$3x_1 + 2x_2 \leq 20$, $x_i \geq 0$ and integer;

(b) $x_1 = 4$, $x_2 = 4$, $Z = 360$

06 $x_1 = 1$, $x_2 = 0$, $x_3 = 1$, $Z = 1,800$

07 (a) max. $Z = 85,000x_1 + 60,000x_2 - 18,000y_1$; s.t.

$x_1 + x_2 \leq 10$, $10,000x_1 + 7,000x_2 \leq 72,000$,

$x_1 - 10y_1 \leq 0$, x_1 and $x_2 \geq 0$ and integer, $y_1 = 0$ or 1;

(b) $x_1 = 0$, $x_2 = 10$, $Z = 600,000$

08 min. $Z = x_1 + x_2 + x_3 + x_4 + x_5 + x_6$; s.t. $x_6 + x_1 \geq 90$,

$x_1 + x_2 \geq 215$, $x_2 + x_3 \geq 250$, $x_3 + x_4 \geq 65$, $x_4 + x_5 \geq 300$,

$x_5 + x_6 \geq 125$, $x_i \geq 0$; $x_1 = 90$, $x_2 = 250$, $x_4 = 175$,

$x_5 = 125$, $Z = 640$

10 (a) x_i = no. of volunteers to constituency i;

$i = 1, 2, 3, 4$

$x_1, x_2, x_3, x_4 \geq 0$ and integer

(b) $x_1 = 10$; $x_2 = 15$; $x_3 = 12$; $x_4 = 10$; $Z = 26200$ voters

11 (a) x_i = no. of acres to plant i;

$i = 1$ (wheat), 2 (rice), 3 (corn)

$x_1, x_2, x_3 \geq 0$ and integer

(b) $x_1 = 0$; $x_2 = 88$; $x_3 = 62$; $Z = 2824$ tons

12 (a) x_i = no. of product, i, to fabricate;

$i = 1$ (door), 2 (gate), 3 (table)

$x_1, x_2, x_3 \geq 0$ and integer

(b) $x_1 = 20$; $x_2 = 0$; $x_3 = 28$; $Z = 37400$

(c) The relaxed version yields a $Z = 38092$ with

$x_1 = 21.31$; $x_2 = 0$; $x_3 = 27.63$; note that the round

down solution is $x_1 = 21$; $x_2 = 0$; $x_3 = 27$, which is not optimal.

14 max. $Z = 575x_1 + 120x_2 + 65x_3$; s.t.

$40x_1 + 15x_2 + 4x_3 \leq 600$, $30x_1 + 18x_2 + 5x_3 \leq 480$,

$4x_1 - x_2 \leq 0$, $x_3 = 20y_1$, $x_1, x_2, x_3 \geq 0$ and integer,

$y_1 = 0$ or 1; $x_1 = 3$, $x_2 = 16$, $x_3 = 20$, $y_1 = 1$, $Z = \$4,945$

15 max $Z = \sum_i x_i \, p_i$, s.t. $\sum_i x_i = 6$, $\sum_i x_i \, g_i, \leq 25$,

$\sum_i x_i \, d_i, \geq 5.0$, $\sum_i x_i \, c_i, \geq +6.3M$; select projects 1, 2, 4, 5 and 7; $Z = \$21.1M$

16 (b) $x_{1C} = 1$, $x_{3D} = 1$, $x_{4B} = 1$, $x_{5CA} = 1$, $Z = 83$ parts

18 (a) $x_i = 1$ if project i is selected; 0 otherwise;

$i = 1, 2, 3, 4, 5$ x_i are binary

(b) $x_1 = 0$, $x_2 = 1$, $x_3 = 1$, $x_4 = 0$, $x_5 = 1$ and $Z = 104$

19 $Z = 667$ miles

20 (a) $x_i = 1$ if the city i is included in the selection; 0 otherwise, $i = 1, 2, \cdots, 7$

$x_i = 0$ or 1

(b) $x_1 = 0$; $x_2 = 1$; $x_3 = 1$; $x_4 = 1$; $x_5 = 0$; $x_6 = 1$; $x_7 = 1$;

$Z = 265$

21 $x_{13} = 1$, $x_{22} = 1$, $x_{32} = 1$, $x_{43} = 1$, $x_{53} = 1$, $x_{61} = 1$,

$Z = \$125$ million

22 max. $Z = 127x_1 + 83x_2 + 165x_3 + 96x_4 + 112x_5 + 88x_6$

$+ 135x_7 + 141x_8 + 117x_9 + 94x_{10}$; s.t. $x_1 + x_3 \leq 1$,

$x_1 + x_2 + x_4 \leq 1$, $x_4 + x_5 + x_6 \leq 1$, $x_6 + x_7 + x_8 \leq 1$,

$x_6 + x_9 \leq 1$, $x_8 + x_{10} \leq 1$, $x_9 + x_{10} \leq 1$, $x_i = 0$ or 1;

$x_2 = 1$, $x_3 = 1$, $x_5 = 1$, $x_8 = 1$, $x_9 = 1$, $Z = \$618,000$

23 A(1,2,3), B(1,2,3), C(4,5,6), D(5,6,7), E(4,5,6), F(1,2,3), G(5,6,7), H(4,5,6), $Z = 100$ hr.

24 max. $Z = .9(3600)x_{A1} + .5(7200)x_{A2} + .9(2400)x_{B1} +$

$7(3600)x_{B2} + .95(3000)x_{C1} + .4(6000)x_{C2} + .95(3300)x_{D1}$

$+ .6(5400)x_{D2}$; s.t. $x_{A1} + x_{A2} = 1$, $x_{B1} + x_{B2} = 1$,

$x_{C1} + x_{C2} = 1$, $x_{D1} + x_{D2} = 1$, $.9x_{A1} + .5x_{A2} + .9x_{B1} + .7x_{B2} +$

$.95x_{C1} + .4x_{C2} + .95x_{D1} + .6x_{D2} \geq 3$, $x_{ij} \geq 0$, $x_{A2} = 1$,

$x_{B2} = 1$, $x_{C1} = 1$, $x_{D1} = 1$, $Z = \$4,035$ per month

25 max. $Z = \sum_{ij}(\text{profit})_i \cdot x_{ij}$; s.t. $\sum_i (\text{load, lb})_i \cdot x_{ij} \leq 80,000$ lb,

$\sum_i (\text{load, ft}^3)_i \cdot x_{ij} \leq 5,500$ ft^3, $\sum_i (\text{time})_i \cdot x_{ij} \leq 90$, $\sum_j x_{ij} \leq 1$;

$x_{1B} = 1$, $x_{2A} = 1$, $x_{3A} = 1$, $x_{4B} = 1$, $x_{7C} = 1$, $x_{11C} = 1$,

$Z = \$78,000$

CHAPTER 06

01 $x_{13} = 2$, $x_{14} = 10$, $x_{22} = 9$, $x_{23} = 8$, $x_{31} = 10$, $x_{32} = 1$,

$Z = 20,200$

02 $x_{A2} = 20$, $x_{A3} = 60$, $x_{B2} = 70$, $x_{C1} = 80$, $x_{C2} = 20$,

$Z = \$1,290$

03 $Z = 594900$

04 $Z = 14550$

05 (a) Subject to $Z = 642000$

(b) This will have no effect on the optimal solution as it is a nonbasic variable

06 (a) $Z = 4150$

(b) $Z = 5185$

(c) $Z_1 = 4780$; $Z_2 = 4600$; choose Option 2

07 1B = 60, 2A = 45, 2B = 25, 2C = 35, 3B = 5, $Z = 1,605$

08 NA = 250, SB = 300, SC = 40, EA = 150, EC = 160,

WD = 210, CB = 100, CD = 190,

$Z = 20,700$ (multiple optimal)

10 (a) $Z = 67450$

(b) The number of packs will change proportionally with the size of packs but the profit will not improve since the profit from each liter of milk sold at a city remains the same unless the dairy increases price or reduces cost of procurement and processing

(c) The new profit is R649,50, which is R2,500 less than the optimal. This decrease might be justified by the improvement in logistics

11 1C = 2, 1E = 5, 2C = 10, 3E = 5, 4D = 8, 5A = 9, 6B = 6, $Z = 1,275$ hr.

13 Houston − Shanghai = 26,000,
Savannah − Shanghai = 8,000,
Savannah − Karachi = 10,000,
Savannah − Saigon = 1,000,
New Orleans − Saigon = 14,000,
Charleston − Karachi = 12,000,
$Z = \$1,748,000$

15 China − NY = 3,149,000,
China − NO = 468,000,
India − NY = 3,978,000,
India − Marseilles = 255,000,
Japan − Bristol = 368,000,
Japan − NO = 1,932,000,
Turkey − Marseilles = 3,167,000,
Italy − Bristol = 2,067,000,
$Z = \$6,850,280$

16 (a) $Z = 56583.75$

(b) The shipment that does not get loaded completely is Shipment 1. Of the 2,350 kg load of Shipment 1, only 752.5 kgs are loaded. The bottlenecks are volume and weight of trucks. Truck 1 is full in volume and load, though Truck 2 has unfilled capacity for 1,747.5 kg, Space is full. The recommendation is to load the Shipment 1 in another truck or increase the space of Truck 2.

17 Total cost = \$1,198,500

18 Ahmed − 2 & 3   Bob − 7 & 8
Chandni − 4 & 10   David − 5 & 9
$Z = 74$
It seems the gift is fair.

19 Mexico − Houston = 18, Puerto Rico − Miami = 11, Haiti − Miami = 23, Miami − NY = 20, Miami − St. Louis = 12, Miami − LA = 2, Houston − LA = 18, $Z = 479,000$

20 $x_{1C} = 70$, $x_{2B} = 80$, $x_{3A} = 50$, $x_{BA} = 10$, $x_{CB} = 30$, $Z = 14,900$

21 (a) $x_{ij} \geq 0$ for all i and j
(b) $x_{15} = 600$; $x_{26} = 350$; $x_{37} = 550$; $x_{48} = 500$
$x_{56} = 150$; $x_{67} = 50$; $Z = 8050$

23 (a) $x_{24} = 5$, $x_{49} = 2$, $x_{410} = 3$, $x_{911} = 1$, $x_{913} = 1$, $x_{1012} = 1$, $x_{1014} = 1$, $x_{1015} = 1$, $Z = 144$;
(b) $x_{14} = 2$, $x_{24} = 3$, $x_{49} = 2$, $x_{410} = 3$, $x_{911} = 1$, $x_{913} = 1$, $x_{1012} = 1$, $x_{1014} = 1$, $x_{1015} = 1$, $Z = 154$

26 (b) x_1 (operator 1 to drill press) = 1,
x_5 (operator 2 to lathe) = 1,
x_9 (operator 3 to grinder) = 1, $Z = 70$;
(c) x_2 (operator 1 to lathe) = 1,
x_9 (operator 3 to grinder) = 1,
x_{10} (operator 4 to drill press) = 1,
$Z = 56$; should hire Kelly

27 1 − B, 2 − D, 3 − C, 4 − A, $Z = 32$

28 1 − B, 2 − E, 3 − A, 4 − C, 5 − D, 6 − F, $Z = 36$

29 1 − C, 2 − F, 3 − E, 4 − A, 5 − D, 6 − B,
$Z = 85$ defects

30 1, 4, and 7 − Columbia; 2, 6, and 8 − Atlanta 3, 5, and 9 − Nashville; $Z = 985$

32 A1's − parents' brunch; Bon Apetit − post game party; Bon Apetit − lettermen's dinner; Divine − booster club; Epicurean − contributors' dinner; University − alumni brunch; $Z = \$103,800$

33 Annie − backstroke; Debbie − breaststroke; Erin − freestyle; Fay − butterfly; $Z = 10.61$ min.

34 A − 2, C − 1, D − 1, E − 3, F − 3, G − 2, H − 1, $Z = \$1,070$

35 Car type 1 to Miracle Garden; Car type 2 to Desert Safari; Car type 3 to Burj Khalifa; Car type 4 to Global Village; $Z = 4650$

36 $x_{A2} = 1$, $x_{J2} = 1$, $x_{B1} = 1$, $x_{K1} = 1$, $x_{C1} = 1$, $x_{L3} = 1$, $x_{D2} = 1$, $x_{E1} = 1$, $x_{F1} = 1$, $x_{G2} = 1$, $x_{H3} = 1$, $Z = 104$

38 (a) Salesman 1 to G; Salesman 2 to D; Salesman 3 to E; Salesman 4 to B; Salesman 5 to C; Salesman 6 to F; Salesman 7 to A; Salesman 10 to H; $Z = \$89,000$ Salesman 8 and 9 will not be assigned to any job

    (b) The expected revenue will decrease because two salesmen will not be assigned to any job

39 Jackets-1 = 1, Panthers-1 = 1, Big Red-2 = 1, Lions-2 = 1, Bulldogs-3 = 1, Beavers-3 = 1, Tigers-4 = 1, Bears-4 = 1, Blue Devils-5 = 1, Cavaliers-5 = = 1, Blue Jays-6 = 1, Rams-6 = 1, Knights-7 = 1, Hawks-7 = 1, Wasps-8 = 1, Eagles-8 = 1, $Z = 3,168$ miles

CHAPTER 07

01 $1 - 2 = 21$, $1 - 2 - 5 = 46$, $1 - 3 = 17$, $1 - 3 - 4 = 29$, $1 - 3 - 4 - 6 = 39$, $1 - 3 - 4 - 7 = 38$

02 $1 - 2 = 25$, $1 - 2 - 3 = 60$, $1 - 2 - 4 = 43$, $1 - 5 = 48$, $1 - 6 = 50$, $1 - 7 = 32$, $1 - 7 - 8 = 72$, $1 - 7 - 9 = 61$, $1 - 5 - 10 = 72$

03 $1 - 2 = 7$, $1 - 3 = 10$, $1 - 4 = 8$, $1 - 3 - 5 = 13$, $1 - 3 - 5 - 8 = 21$, $1 - 4 - 6 = 13$, $1 - 4 - 6 - 9 = 20$, $1 - 4 - 7 = 16$, $1 - 4 - 6 - 9 - 10 = 29$

04 $1 - 7 - 6 - 10 - 12 = 18$

06 $1 - 3 - 11 - 14 = 13$ days

07 Kotzebue: $1 - 2 - 8 - 11 - 15 = 10$ hr.;

Nome: $1 - 2 - 8 - 12 - 13 = 9$ hr.;

Stebbins: $1 - 2 - 7 - 10 = 8.5$ hr.

08 $1 - 4 - 7$; $\$64,500$

09 $1 - 3 = 4.1$, $1 - 4 = 4.8$, $2 - 3 = 3.6$, $4 - 8 = 5.5$, $5 - 6 = 2.1$, $6 - 7 = 2.8$, $7 - 8 = 2.7$, $7 - 9 = 2.7$, $9 - 10 = 4.6$; $32,900$ ft.

10 $1 - 3 - 4 - 6 - 5 - 8$, $3 - 2$, $6 - 7$; 320 yd.

11 The RTA needs to construct 29 km of road to connect all the places. Total length of the road will be 59 km

12 $1 - 2 - 5 - 6 - 8 - 9$, $2 - 4 - 3$, $4 - 7$; 22 miles

14 $1 - 2$, $1 - 4 - 6 - 3$, $6 - 9 - 8 - 5$, $9 - 11$, $9 - 10 - 7$, $10 - 13$, $10 - 12 - 14$; $1,086$ ft.

15 7 will drop at 3; 3 will collect and drop at 2; 5 and 6 will drop at 4; 4 will collect and drop at 2; 2 will collect and drop at the main office

16 $1 - 2 = 7$, $1 - 4 = 5$, $1 - 3 = 10$, $2 - 5 = 0$, $4 - 6 = 5$, $2 - 7 = 7$, $5 - 7 = 10$, $6 - 7 = 5$, maximum flow = 22

17 The max. flow is 7

18 $1 - 2 = 5$, $1 - 3 = 5$, $2 - 4 = 2$, $2 - 6 = 3$, $3 - 4 = 0$, $3 - 5 = 5$, $3 - 7 = 0$, $4 - 5 = 2$, $4 - 6 = 0$, $5 - 7 = 7$, $6 - 7 = 3$; max. = 10

19 $1 - 2 = 7$, $1 - 3 = 10$, $1 - 4 = 1$, $2 - 5 = 1$, $2 - 6 = 6$, $3 - 5 = 7$, $3 - 6 = 3$, $4 - 5 = 1$, $5 - 7 = 3$, $5 - 8 = 4$, $6 - 8 = 3$, $6 - 9 = 6$, $7 - 10 = 3$, $8 - 10 = 7$, $9 - 10 = 7$; max. = 17

21 $1 - 2 = 7$, $1 - 3 = 9$, $1 - 4 = 16$, $2 - 4 = 0$, $2 - 5 = 7$, $3 - 4 = 6$, $3 - 6 = 3$, $4 - 5 = 6$, $4 - 6 = 4$, $4 - 7 = 12$, $5 - 7 = 6$, $5 - 8 = 7$, $6 - 7 = 3$, $6 - 9 = 4$, $7 - 8 = 3$, $7 - 9 = 13$, $7 - 10 = 5$, $8 - 10 = 10$, $9 - 10 = 17$; max. = 32

22 $x_{12} = 8$; $x_{13} = 9$; $x_{15} = 8$; $x_{24} = 8$; $x_{36} = 9$; $x_{49} = 8$; $x_{58} = 8$; $x_{67} = 9$; $x_{7\,11} = 9$; $x_{8\,12} = 1$; $x_{8\,13} = 7$; $x_{9\,12} = 8$; $x_{11\,13} = 9$; $x_{12\,13} = 9$; $Z = 25$

CHAPTER 08

01 $1-3-4=10$

02 $1-3-6-8=23$

04 1: $ES=0$, $EF=7$, $LS=2$, $LF=9$, $S=2$; 2: $ES=0$, $EF=10$, $LS=0$, $LF=10$, $S=0$; 3: $ES=7$, $EF=13$, $LS=9$, $LF=15$, $S=2$; 4: $ES=10$, $EF=15$, $LS=10$, $LF=15$, $S=0$; 5: $ES=10$, $EF=14$, $LS=14$, $LF=18$, $S=4$; 6: $ES=15$, $EF=18$, $LS=15$, $LF=18$, $S=0$; 7: $ES=18$, $EF=20$, $LS=18$, $LF=20$, $S=0$; $2-4-6-7=20$

05 1: $ES=0$, $EF=10$, $LS=0$, $LF=10$, $S=0$; 2: $ES=0$, $EF=7$, $LS=5$, $LF=12$, $S=5$; 4: $ES=10$, $EF=14$, $LS=14$, $LF=18$, $S=4$; 3: $ES=10$, $EF=25$, $LS=10$, $LF=25$, $S=0$; 5: $ES=7$, $EF=13$, $LS=12$, $LF=18$, $S=5$; 6: $ES=7$, $EF=19$, $LS=13$, $LF=25$, $S=6$; 7: $ES=14$, $EF=21$, $LS=18$, $LF=25$, $S=4$; 8: $ES=25$, $EF=34$, $LS=25$, $LF=34$, $S=0$; $1-3-8=34$

07 $2-4-10-13-14-17=78$ wk.

08 $b-c-d-f-i=23$ days

09 $a-b-f-g-i-k-m-q=27$ days

10 $a-d-g-k=33$ days; $\sigma=3.87$; $p(x\le40)=0.9649$

11 The probability that the project will be completed within 25 days is 0.988

12 $1-3-7-8-10-12=18$ mo.; $\sigma=1.97$

13 $a-d-e-g-i-j=23$ days; $\sigma=1.7$; $p(x\le21)=.119$

14 $b-f-j-k=28.17$; $\sigma=3.00$; $p(\text{fixed})=.0113$

16 $a-b-e-f-g-h-i-j-k=104.83$; 4.96

17 $a-d-j-n-o=42.3$ wks.; $\sigma=4.10$; $x=47.59$

18 $a-c-d-f=14$

19 $a-e-f-g-j-o-p=91.67$ days; $\sigma=3.31$; $p(x\le101)=.9976$

20 $a-h-l-m-n-o-s-w=126.67$ days;

$\sigma=8.14$; $p(x\le150)=.9979$

21 $a-d-h$ and $b-e-h=28$ wks., $\$3,200$

22 $x_1=0$, $x_2=9$, $x_3=6$, $x_4=3$, $x_5=9$, $x_6=14$, $x_7=16$, $x_8=16$, $x_9=Z=25$

23 $a-d-g-k=33$; $\$5,100$

CHAPTER 09

01 min. $P_1d_1^-$, $P_2d_2^-$, $P_3d_1^+$, $P_4d_3^+$, s.t.

$5x_1+2x_2+4x_3+d_1^--d_1^+=240$,

$3x_1+5x_2+2x_3+d_2^--d_2^+=500$,

$4x_1+6x_2+3x_3+d_3^--d_3^+=400$

03 min. $P_1d_1^-$, $P_2d_2^-$, $P_3d_3^+$, $3P_4d_4^-+6P_4d_5^-+P_4d_6^-+2P_4d_7^-$, s.t.

$80,000x_1+24,000x_2+15,000x_3+40,000x_4+d_1^-$

$=600,000$,

$1,500x_1+3,000x_2+500x_3+1,000x_4+d_2^--d_2^+$

$=20,000$,

$4x_1+8x_2+3x_3+5x_4+d_3^--d_3^+=50$,

$x_1+d_4^--d_4^+=7$, $x_2+d_5^--d_5^+=10$,

$x_3+d_6^--d_6^+=8$, $x_4+d_7^--d_7^+=12$

05 $x_1=20$, $d_2^-=10$, $d_3^-=50$

06 $x_1=15$, $d_1^+==12$, $d_2^+=10$, $d_4^-=6$; not satisfied

07 (a) min. $Z=P_1d_1^-$, $P_2d_4^+$, $3P_3d_2^-+2P_3d_3^-$, $P_4d_1^+$; s.t.

$x_1+x_2+d_1^--d_1^+=80$, $x_1+d_2^-=60$, $x_2+d_3^-=35$,

$d_1^++d_4^--d_4^+=10$;

(b) $x_1=60$, $x_2=30$, $d_1=10$, $d_3^-=5$

08 (a) min. $P_1d_1^-$, $P_2d_2^+$, $P_3d_3^-$, $P_4d_4^-$; s.t.

$x_1+d_1^--d_1^+=30$,

$20x_1+40x_2+150x_3+d_2^--d_2^+=1,200$,

$x_2+x_3+d_3^--d_3^+=20$, $x_3+d_4^--d_4^+=6$;

(b) $x_1=30$, $x_2=15$, $d_3^-=5$, $d_4^-=6$

09 (b) x_1 (Sunday) $=0$, x_2 (Monday) $=7$, x_3 (Tuesday) $=0$, x_4 (Wednesday) $=27$, x_5 (Thursday) $=0$,

x_6 (Friday) = 25, x_7 (Saturday) = 1

11 (a) Terraces = .3147, Vistas = .1600, Foxfield = .5253;

(b) CI = .0018, CI/RI = .003, consistent

13 Global = $17,225.50; Blue Chip = $43,014.50;

Bond = $24,760.

14 Pawlie = .4575, Cooric = .4243, Brokenaw = .1182

15 Arrington = .2906, Barton = .3817, Claiborne = .3277

16 A = .4937, B = .1781, C = .3282

17 Gym = .215, Field = .539, Tennis = .104, Pool = .142

19 The pairwise matrix for weather is perfectly consistent; the pairwise matrix for entertainment is not consistent; the pairwise matrix for cost is perfectly consistent; the pairwise matrix for criteria is not consistent

20 She will probably vote for Party 1.

22 Shanghai = .2383, Saigon = .3989, Karachi = .3627

24 WAR: CI = .0833, CI/RI = .0926; Contract: CI = .0440, CI/RI = .0489; Injury/History: CI = .1181, CI/RI = .1312, not consistent; Criteria: CI = .0543, CI/RI = .0937

26 1 = .3120, 2 = = .3398, 3 = .2772, 4 = .0709

27 (a) The first preference is Dubai, second is Sharjah, and the third is Abu Dhabi

(b) The set of pairwise comparison is not consistent

31 The pairwise matrix for cost is consistent; the pairwise matrix for battery life is not consistent; the pairwise matrix for features is not consistent; the pairwise matrix for criteria is consistent

32 Cleveland = .1529, Miami = .4486, NY = .2192, Chicago = .1794

34 S(A) = 77.5, S(B) = 75.5, S(C) = 74.25, S(D) = 78.75; select D

38 S(South) = 73.8, S(West A) = 74.5, S(West B) = 67.25, S(East) = 76.75, East

39 S(C) = 76, S(E) = 75, S(D) = 74, S(B) = 70, S(A) = 69

40 (a) Cost comes first; speed of processing comes second; storage capacity comes third; after-sales service comes fourth.

(b) The set of pairwise comparison is not consistent

CHAPTER 10

01 (a) lease land;

(b) savings certificate

02 (a) bellhop;

(b) management;

(c) bellhop

03 (a) corn; (b) soybeans;

(c) corn; (d) soybeans; (e) corn

04 (a) build shopping center;

(b) lease equipment;

(c) build shopping center;

(d) lease equipment;

(e) build shopping center

05 (a) Army vs. Navy;

(b) Alabama vs. Auburn;

(c) Alabama vs. Auburn

07 (a) pass;

(b) off tackle or option;

(c) toss sweep

09 (a) office park;

(b) office building;

(c) office park or shopping center;

(d) office building

11 (a) strategy 1; (b) strategy 1;

(c) strategy 3; (d) strategy 3;

(e) strategy 1 or 3

13 press

15 EV (shoveler) = $99.6

17 EV (operate) same as leasing; conservative decision is to lease

18 bond fund

20 Taiwan, $EVPI = \$-0.47$ million

22 compact car dealership

23 (b) Stock 16 cases;

(c) stock 16 cases;

(d) $5.80

25 (b) Stock 26 dozen;

(c) stock 26 dozen;

(d) $3.10

27 (a) Thailand; (b) India;

(c) India; (d) Philippines

29 (a) Manila; (b) Veracruz;

(c) Manila; (d) Manila

31 (a) Pusan; (b) Pusan;

(c) Hong Kong; (d) Shanghai

33 O'Neil

35 EV (graphic design) = 191,000

36 (a) Volkswagen should to focus on Vento.

(b) Minimum regret value corresponds to Vento, which is 0.85.

38 A, EV (A) = $23,300

39 make bid, $EV = \$143.2$

41 produce widget, $EV = \$69,966$

43 hire Roper, $EVSI = \$5.01M$

45 $EVPI = \$543,000$

46 Jay should settle; $EV = 600,000$

47 Min. cost = 2,1700 (Supplier A)

49 $EVSI = \$234,000$, $EVPI = \$350,000$

50 oil change, $EV = \$62.80$

52 $EV = \$3.75$ million, $EVSI = \$670,000$

54 risk averters

55 Miami, $EV = \$400.3$

CHAPTER 11

02 $P_0 = .33$, $P_3 = .099$, $L = 2$, $L_q = 1.33$, $W = .125$, $W_q = .083$, $U = .67$

05 $\lambda = 9$

06 When only one counter is operational, $W_q = 0.15$ hours (= 9 minutes)

When two counters are operational, the arrival rate is split into two.

$W_q = 0.03$ hours (= 1.8 minutes)

Reduction in waiting time = 7.2 minutes

Cost savings = 7.2 * 10,000 = 72,000 > cost of a counter (70,000)

The manager should install a new checkout counter.

08 (a) $L_q = 9.09$, $W = 24$ min., $W_q = 21.6$ min;

(b) $W = 4$ min., the state should install scales

10 $W_q = .56$ min., add an advisor

11 (a) $P_0 = .20$;

(b) $L_q = 1$;

(c) $W_q = 1.25$ days;

(d) $P_3 = .1825$

12 $L_q = 6.34$, $W_q = 18.39$ min

13 $L_q = .083$, $W_q = .083$ min

14 $W = 23.67$ hr.

15 $L = 47.97$, $L_q = 47.04$, $W = 1.71$ hr., $W_q = 1.68$ hr.,

16 (a) 33%;

(b) $W_q = 1.13$ min, $L_q = .756$;

(c) $P_0 = = .061$

17 $W_q = .007$ hr.; no

19 (a) no, $W_q = 8$ min.;

(b) yes, $W_q = 0.11$ min.;

(c) yes, $W_q = .53$ min.

20 hire clerks, 5

21 Pw = .29976, three salespeople sufficient

22 1.14 hr.

24 W_q = 10.27 min., P_0 = .423

25 L_q = 2.25, L = 12.25, W_q = .321 wk., W = 1.75 wk.,
U = .833

26 add extra employees

27 7 − 9 a.m. = 5, 9 − noon = 2, noon − 2 p.m. = 6,
2 − 5 p.m. = 4

28 (a) L_q = 1.32 ships, W_q = 23.8 hrs.;

(b) 2 terminals;

(c) W_q = 10.33 hrs.

29 W = 8.92 months; P = .6765

30 L_q = 3.2 passengers, W_q = 4.8 min.

32 The waiting time will decrease to 9.08 minutes from 70.74 minutes.

33 c = 3 security gates

34 3 SUVs will achieve the national standard; 2 SUVs will not achieve the 9 min. standard.

CHAPTER 12

01 (a and b) $\mu \approx 3.48$, EV = 3.65, the results differ because not enough simulations were done in part a;

(c) approximately 21 calls; no; repeat simulations to get enough observations

02 (a and b) $\mu \approx 2.95$

04 sun visors

06 (a) μ = $256

07 (a) average time between arrivals ≈ 4.3 days, average waiting time ≈ 6.25 days, average number of tankers waiting ≈ 1.16;

(b) system has not reached steady state

08 total yardage $\approx$ 155 yd.; the sportswriter will predict Tech will win

09 [Tribune Daily News] = [.50,.50]; too few iterations to approach a steady state

10 expansion is probably warranted

11 two of five trials(depended on random number stream)

12 system inadequate

14 avg. Salem dates = 2.92

16 P (capacity > demand) = .75

17 mean weekly demand = 1.52 laptops,
mean weekly revenue = $6,516.71

19 mean annual breakdowns = 24.84,
mean annual repair time = 54.2 days,
mean repair cost = $108,389

21 avg. maintenance cost = $3,594.73;
P(cost ≤ $3,000) = .435

23 avg. rating = 2.91; $P(x \geq 3.0)$ = .531

25 (a) $P(1,2)$ = .974, $P(1,3)$ = .959, $P(1,4)$ = .981,
$P(2,3)$ = .911, $P(2,4)$ = .980, $P(3,4)$ = .653;

(b) (1,4) and (2,4)

26 (a) 700 rooms;

(b) 690 rooms

CHAPTER 13

02 (a) F_4 = 116.00, F_5 = 121.33, F_6 = 118.00, F_7 = 143.67, F_8 = 138.33, F_9 = 141.67, F_{10} = 135.00, F_{11} = 156.67, F_{12} = 143.33, F_{13} = 136.67;

(b) F_6 = 121.80, F_7 = 134.80, F_8 = 125.80, F_9 = 137.20, F_{10} = 143.00, F_{11} = 149.00, F_{12} = 137.00, F_{13} = 142.00;

(c) F_4 = 113.85, F_5 = 116.69, F_6 = 125.74, F_7 = 151.77, F_8 = 132.4, F_9 = 138.55, F_{10} = 142.35, F_{11} = 160.0, F_{12} = 136.69, F_{13} = 130.20;

(d) $3-$ qtr $MA : E = 32.0$, $5-$ qtr $MA : E = 36.4$, weighted $MA : E = 28.09$

04 $F(10) = 0.85$, Adj $F(10) = .856$, LTL $F(10) = .903$, MAD LTL $= .0266$

06 $d = 15000/300 = 50$ per day

$p = 300$ per day

$C_0 = $ Rs. 5000

$C_c = $ Rs. 50

$$Q^* = \sqrt{\frac{2DC_o}{C_c\left(1-\dfrac{d}{p}\right)}} = \sqrt{\frac{2*15000*5000}{50\left(1-\dfrac{50}{300}\right)}} = 1897.37 \text{ tables}$$

$$TC_{min} = \frac{D}{Q}*C_o + \frac{Q}{2}\left(1-\frac{d}{p}\right)*C_c$$

$$TC_{min} = \frac{15000}{1897.37}*5000 + \frac{1897.37}{2}\left(1-\frac{50}{300}\right)*50$$

$$TC_{min} = 39528.47 + 39528.47 = \text{Rs. } 79056.94$$

07 (a) $Q^* = \sqrt{\dfrac{2DC_o}{Q}} = \sqrt{\dfrac{2*500*300000}{500000}} = 24.5$ cars

(b) $TC_{min} = \dfrac{D}{Q}*C_o + \dfrac{Q}{2}*C_c$

$$TC_{min} = \frac{500}{24.5}*300000 + \frac{24.5}{2}*500000$$

$$TC_{min} = 6123724.36 + 6123724.36$$
$$= [[yen]].12247448.71$$

(c) Time between orders $= Q/D = 24.5/500 = 0.073$ yrs.$(= 17.88$ days$)$

(d) Number of order $= D/Q = 20.41$ orders per year

(e) Reorder point $= (500/365)*20 = 27.39$ cars

08 Linear trend line $- F(37) = 347.33$; exponential smoothing$(a = .20) - F(37) = 460.56$; 5-mo. moving avg. $- F(37) = 467.80$

09 fall $= 44.61$, winter $= 40.08$, spring $= 52.29$, summer $= 70.34$; yes

10 $y(9) = 1,615$, $y(10) = 1,818$, $y(11) = 2,022$

11 $E = 86.00$, $\overline{E} = 86.0$, $MAD = 15.00$, $MAPD = 0.08$

12 $MAD : MA = 1.89$, exp. smooth $= 2.16$; 3-mo. moving average

13 $y = 0.67 + .223x$, 88.58%

14 $y = 354.35 + 30.195x$, $y(25) = 1109.23$, $MAD = 119.83$; month $25 = 998.76$, $MAD = 164.02$; month $25 = 1057.89$, $MAD = 109.18$

15 $y = 3513.72 - 13.83x$, $y(115) = 1923.23$, $r = -0.952$

16 $y(4) = 7,655.33$

17 (a) $y = -113.4 + 2.986x$, 140.43 gal.; (b) $.929$

19 (a) $y = 6,541.66 - .448x$; $y(+9,000) = 2,503.2$, $y(+7,000) = 3,400.6$; (b) $-.754$

21 $b = 2.98$, the number of gallons sold per each degree increase

22 $y = 13.476 - 0.4741x$, $r = -0.76$, $r^2 = 0.58$; yes, relationship; $y = 2.57\%$ defects

23 linear trend line, 3-mo. MA and adj. exp. smooth all are relatively accurate

25 exponential smoothing appears to be less accurate than linear trend line

27 F_6(adj.) $= 74.19$ seat occupancy, $\overline{E} = 1.08$, $MAD = 8.6$

30 $y = 40,200 + 251.65x$; $y(48) = 52,279$

32 (a) $y = 13,803.07 + 470.55x$, 65.15%; (b) $y = 83 - 1.68x$; 64.5%

34 (a) $y = 745.91 - 2.226x_1 + .163x_2$; (b) $r^2 = .992$; (c) $y = 7,186.91$

36 (a) $y = 117.128 + .072x_1 + 19.148x_2$; (b) $r^2 = .822$; (c) $y = \$940.60$

찾아보기

책을 만든 사람들

지은이

Bernard W. Taylor III
버지니아 공과대학교 교수

옮긴이

박찬규(parkck@dongguk.edu)
서울대학교 대학원 산업공학과 박사(공학박사)
현재 동국대학교 경영대학 경영학과 교수

서용원(seoyw@cau.ac.kr)
서울대학교 대학원 산업공학과 박사(공학박사)
현재 중앙대학교 경영경제대학 경영학부 교수

임성묵(sungmook@dongguk.edu)
서울대학교 대학원 산업공학과 박사(공학박사)
현재 동국대학교 경영대학 경영학과 교수

이행주(haengjulee@pusan.ac.kr)
컬럼비아대학교 산업공학 박사(공학박사)
현재 부산대학교 경영대학 경영학과 부교수

이평수(pyoungsoo@kgu.ac.kr)
고려대학교 대학원 경영학과 박사(경영학박사)
현재 경기대학교 경영학부 경영학전공 조교수